Probabilidade & Estatística

8ª EDIÇÃO

WALPOLE   MYERS   MYERS   YE

Probabilidade & Estatística
para engenharia e ciências

8ª EDIÇÃO

Ronald E. Walpole
Roanoke College

Raymond H. Myers
Virginia Polytechnic Institute and State University

Sharon L. Myers
Radford University

Keying Ye
University of Texas at San Antonio

Tradução
Luciane F. Pauleti Vianna

Revisão Técnica
Edna A. Reis
Profa. do Departamento de Estatística
Universidade Federal de Minas Gerais

© 2009 by Pearson Education do Brasil

Todos os direitos reservados. Nenhuma parte desta publicação poderá ser reproduzida ou transmitida de qualquer modo ou por qualquer outro meio, eletrônico ou mecânico, incluindo fotocópia, gravação ou qualquer outro tipo de sistema de armazenamento e transmissão de informação, sem prévia autorização, por escrito, da Pearson Education do Brasil.

Diretor editorial: Roger Trimer
Gerente editorial: Sabrina Cairo
Supervisor de produção editorial: Marcelo Françozo
Editora sênior: Tatiana Pavanelli Valsi
Editora: Thelma Babaoka
Preparação: Paula Brandão Perez Mendes
Revisão: Norma Gusukuma, Daniela Medeiros, Maria Aiko Nishijima e Letícia Scarp
Capa: Rafael Mazzo sob projeto original
Projeto gráfico e diagramação: Jordana Chaves/Casa de Idéias
Assistentes de diagramação: Elis Nunes e Tatiana Yamada /Casa de Idéias

Dados Internacionais de Catalogação na Publicação (CIP)
(Câmara Brasileira do Livro, SP, Brasil)

Probabilidade e estatística para engenharia e ciências / Ronald E. Walpole...[et al.] ; [tradução Luciane F. Pauleti Vianna]. -- São Paulo : Pearson Prentice Hall, 2009.

Outros autores: Raymond H. Myers, Sharon L. Myers, Keying Ye
Título original: Probability & statistics for engineers & scientists.
8. ed. americana.
Bibliografia.
ISBN 978-85-7605-199-2

1. Engenharia - Métodos estatísticos 2. Probabilidades I. Walpole, Ronald E.. II. Myers, Raymond H.. III. Myers, Sharon L.. IV. Ye, Keying.

08-11061   CDD-519.2

Índices para catálogo sistemático
1. Ciência : Estatística e probabilidade   519.2
2. Engenharia : Estatística e probabilidade   519.2

Direitos exclusivos cedidos à
Pearson Education do Brasil Ltda.,
uma empresa do grupo Pearson Education
Avenida Santa Marina, 1193
CEP 05036-001 - São Paulo - SP - Brasil
Fone: 11 2178-8609 e 11 2178-8653
pearsonuniversidades@pearson.com

Distribuição
Grupo A Educação
www.grupoa.com.br
Fone: 0800 703 3444

Este livro é dedicado a

Billy e Julie
R.H.M. e S.L.M.

Limin
K.Y.

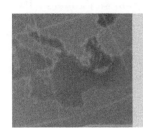

SUMÁRIO

1 **Introdução à estatística e análise de dados.....1**
  1.1 Visão geral: inferência estatística, amostras, populações e planejamento experimental..1
  1.2 O papel da probabilidade 2
  1.3 Procedimentos de amostragem e coleta de dados.....................................4
  1.4 Medidas de localização: média e mediana amostrais 7
     Exercícios..8
  1.5 Medidas de variabilidade 9
     Exercícios..10
  1.6 Dados discretos e contínuos........................11
  1.7 Modelagem estatística, inspeção científica e diagnósticos gráficos 11
  1.8 Métodos gráficos e descrição de dados 12
  1.9 Tipos gerais de estudos estatísticos: experimento planejado, estudo observacional e estudo retrospectivo....................................15
     Exercícios..17

2 **Probabilidade 20**
  2.1 Espaço amostral...20
  2.2 Eventos..22
     Exercícios..24
  2.3 Contagem de pontos amostrais.....................26
     Exercícios..29
  2.4 Probabilidade de um evento........................31
  2.5 Regras aditivas..33
     Exercícios..35
  2.6 Probabilidade condicional 37
  2.7 Regras multiplicativas 39
     Exercícios..41
  2.8 Regra de Bayes..43
     Exercícios..45
     Exercícios de revisão 46

3 **Variáveis aleatórias e distribuições de probabilidade 50**
  3.1 Conceito de variável aleatória 50
  3.2 Distribuições de probabilidades discretas..52
  3.3 Distribuições de probabilidades contínuas...54
     Exercícios..56
  3.4 Distribuição de probabilidade conjunta 59
     Exercícios..64
     Exercícios de revisão 66
  3.5 Conceitos errôneos e riscos em potencial; relação com assuntos de outros capítulos..68

4 **Esperança matemática 70**
  4.1 Média de uma variável aleatória.................70
     Exercícios..73
  4.2 Variância e covariância de variáveis aleatórias 75
     Exercícios..78
  4.3 Médias e variâncias de combinações lineares de variáveis aleatórias 79
  4.4 Teorema de Chebyshev...............................84
     Exercícios..85
     Exercícios de revisão 87
  4.5 Conceitos errôneos e riscos em potencial; relação com o material de outros capítulos..89

5 **Algumas distribuições de probabilidade discretas..91**
  5.1 Introdução e motivação 91
  5.2 Distribuição uniforme discreta 91
  5.3 Distribuições binomial e multinomial 92
     Exercícios..96

5.4 Distribuição hipergeométrica......................98
   Exercícios..101
5.5 Distribuições binomial negativa e geométrica 102
5.6 Distribuição de Poisson e o processo de Poisson...104
   Exercícios..106
   Exercícios de revisão 108
5.7 Conceitos errôneos e riscos em potencial; relação com o material de outros capítulos..111

6 Algumas distribuições de probabilidade contínuas 112
6.1 Distribuição uniforme contínua 112
6.2 Distribuição normal 112
6.3 Áreas abaixo da curva normal 114
6.4 Aplicações da distribuição normal.............117
   Exercícios..119
6.5 Aproximação normal da binomial.............121
   Exercícios..125
6.6 Distribuições gama e exponencial 126
6.7 Aplicações das distribuições gama e exponencial...127
6.8 Distribuição qui-quadrado.........................129
6.9 Distribuição log-normal 130
6.10 Distribuição Weibull (opcional).................130
   Exercícios..132
   Exercícios de revisão 133
6.11 Conceitos errôneos e riscos em potencial; relação com material de outros capítulos...135

7 Funções de variáveis aleatórias (opcional) .136
7.1 Introdução..136
7.2 Transformações de variáveis 136
7.3 Momentos e funções geradoras de momentos...140
   Exercícios..143

8 Distribuições amostrais fundamentais e descrição de dados 146
8.1 Amostragem aleatória 146
8.2 Algumas estatísticas importantes................147
   Exercícios..149
8.3 Apresentação dos dados e métodos gráficos ..150
8.4 Distribuição amostral 154
8.5 Distribuição amostral das médias...............155

   Exercícios..158
8.6 Distribuição amostral de S^2.......................161
8.7 Distribuição t 162
8.8 Distribuição F...165
   Exercícios..167
   Exercícios de revisão 168
8.9 Conceitos errôneos e riscos em potencial; relação com material de outros capítulos 169

9 Problemas de estimação em uma e duas amostras..171
9.1 Introdução 171
9.2 Inferência estatística 171
9.3 Métodos clássicos de estimação.................171
9.4 Amostra única: estimação da média 173
9.5 Erro-padrão de um estimador pontual....177
9.6 Intervalos de predição.................................177
9.7 Limites de tolerância 179
   Exercícios..180
9.8 Duas amostras: estimando a diferença entre duas médias 182
9.9 Observações emparelhadas........................186
   Exercícios..188
9.10 Amostra única: estimando uma proporção..190
9.11 Duas amostras: estimando a diferença entre duas proporções..............................192
   Exercícios..193
9.12 Amostra única: estimando a variância.....194
9.13 Duas amostras: estimando a razão de duas variâncias 195
   Exercícios..196
9.14 Estimação de máxima verossimilhança (opcional)...196
   Exercícios..199
   Exercícios de revisão 200
9.15 Conceitos errôneos e riscos em potencial; relação com material de outros capítulos..203

10 Testes de hipóteses em uma e duas amostras..205
10.1 Hipótese estatística: conceitos gerais 205
10.2 Testando uma hipótese estatística............206
10.3 Testes uni e bilaterais 210
10.4 Uso de valores P para tomada de decisão em testes de hipóteses 211
   Exercícios..213

10.5 Amostra única: testes referentes a uma única média (variância conhecida) 214
10.6 Relação com a estimação via intervalo de confiança 216
10.7 Amostra única: testes para uma única média (variância desconhecida) 216
10.8 Duas amostras: testes para duas médias ... 218
10.9 Escolha do tamanho da amostra para testar médias 221
10.10 Métodos gráficos para a comparação de médias 223
Exercícios 224
10.11 Amostra única: teste para uma única proporção 229
10.12 Duas amostras: teste para duas proporções 230
Exercícios 231
10.13 Testes para variâncias em uma e duas amostras 232
Exercícios 234
10.14 Teste da qualidade do ajuste 235
10.15 Teste de independência (dados categóricos) 237
10.16 Teste de homogeneidade 238
10.17 Teste para diversas proporções 239
10.18 Estudo de caso com duas amostras 240
Exercícios 242
Exercícios de revisão 244
10.19 Conceitos errôneos e riscos em potencial; relação com material de outros capítulos 246

11 Regressão linear simples e correlação 247

11.1 Introdução à regressão linear 247
11.2 O modelo de regressão linear simples 248
11.3 Mínimos quadrados e o modelo ajustado 250
Exercícios 251
11.4 Propriedades dos estimadores de mínimos quadrados 254
11.5 Inferências sobre os coeficientes de regressão 256
11.6 Predição 259
Exercícios 261
11.7 Escolha de um modelo de regressão 263
11.8 Abordagem da análise de variância 263
11.9 Teste da linearidade da regressão: dados com observações repetidas 264

Exercícios 268
11.10 Gráficos dos dados e transformações 271
11.11 Estudo de caso de regressão linear simples 274
11.12 Correlação 275
Exercícios 278
Exercícios de revisão 279
11.13 Conceitos errôneos e riscos em potencial; relação com material de outros capítulos 283

12 Regressão linear múltipla e alguns modelos de regressão não-linear 284

12.1 Introdução 284
12.2 Estimação dos coeficientes 284
12.3 Modelo de regressão linear usando matrizes (opcional) 286
Exercícios 288
12.4 Propriedades dos estimadores de quadrados mínimos 291
12.5 Inferências na regressão linear múltipla 292
Exercícios 296
12.6 Escolha de um modelo ajustado por meio de testes de hipóteses 297
12.7 Caso especial de ortogonalidade (opcional) 299
Exercícios 301
12.8 Variáveis categóricas ou indicadoras 302
Exercícios 304
12.9 Métodos seqüenciais para seleção de modelos 305
12.10 Estudo dos resíduos e violação das hipóteses (verificação do modelo) 309
12.11 Validação cruzada, C_p, e outros critérios para seleção de modelos 311
Exercícios 315
12.12 Modelos não-lineares especiais para condições não ideais 319
Exercícios de revisão 321
12.13 Conceitos errôneos e riscos em potencial; relação com material de outros capítulos 326

13 Experimentos com um fator: geral 327

13.1 Técnica da análise de variância 327
13.2 A estratégia do delineamento experimental 328

- 13.3 Análise de variância simples: delineamento completamente aleatorizado (ANOVA simples) ... 328
- 13.4 Testes da igualdade de diversas variâncias ... 331
  - *Exercícios* ... 333
- 13.5 Comparações grau de liberdade único ... 335
- 13.6 Comparações múltiplas ... 337
- 13.7 Comparando tratamentos com um controle ... 339
  - *Exercícios* ... 340
- 13.8 Comparação de um conjunto de tratamentos em blocos ... 343
- 13.9 Delineamento completamente aleatorizado em blocos ... 344
- 13.10 Métodos gráficos e verificação do modelo ... 348
- 13.11 Transformações dos dados na análise de variância ... 349
- 13.12 Quadrados latinos (opcional) ... 350
  - *Exercícios* ... 352
- 13.13 Modelos com efeitos aleatórios ... 355
- 13.14 Poder dos testes na análise de variância ... 358
- 13.15 Estudo de caso ... 360
  - *Exercícios* ... 361
  - *Exercícios de revisão* ... 363
- 13.16 Conceitos errôneos e riscos em potencial; relação com o material de outros capítulos ... 366

14 Experimentos fatoriais (dois ou mais fatores) ... 367
- 14.1 Introdução ... 367
- 14.2 Interação no experimento com dois fatores ... 368
- 14.3 Análise de variância com dois fatores ... 369
  - *Exercícios* ... 375
- 14.4 Experimentos com três fatores ... 378
  - *Exercícios* ... 383
- 14.5 Experimentos fatoriais modelos II e III ... 386
- 14.6 Escolha do tamanho da amostra ... 388
  - *Exercícios* ... 390
  - *Exercícios de revisão* ... 391
- 14.7 Conceitos errôneos e riscos em potencial; relação com material de outros capítulos ... 394

15 Experimentos fatoriais 2^k e frações ... 395
- 15.1 Introdução ... 395
- 15.2 O fatorial 2^k: cálculo de efeitos e análise de variância ... 396
- 15.3 Experimento fatorial 2^k não replicado ... 399
- 15.4 Estudo de caso de modelagem por injeção ... 399
  - *Exercícios* ... 401
- 15.5 Experimentos fatoriais no contexto de regressão ... 404
- 15.6 O delineamento ortogonal ... 408
- 15.7 Experimentos fatoriais em blocos incompletos ... 412
  - *Exercícios* ... 415
- 15.8 Experimentos fatoriais fracionados ... 417
- 15.9 Análise de experimentos fatoriais fracionados ... 421
  - *Exercícios* ... 422
- 15.10 Frações maiores e delineamento de seleção ... 424
- 15.11 Construção do delineamento e da resolução III e IV com 8, 16 e 32 pontos de delineamento ... 424
- 15.12 Outros delineamentos de resolução III em dois níveis; os delineamentos de Plackett-Burman ... 425
- 15.13 Delineamento de parâmetro robusto ... 427
  - *Exercícios* ... 430
  - *Exercícios de revisão* ... 430
- 15.14 Conceitos errôneos e riscos em potencial; relação com material de outros capítulos ... 432

16 Estatísticas não-paramétricas ... 433
- 16.1 Testes não-paramétricos ... 433
- 16.2 Teste dos postos sinalizados ... 436
  - *Exercícios* ... 437
- 16.3 Teste da soma de postos de Wilcoxon ... 439
- 16.4 Teste de Kruskal-Wallis ... 441
  - *Exercícios* ... 442
- 16.5 Teste de corridas ... 443
- 16.6 Limites de tolerância ... 444
- 16.7 Coeficiente de correlação de postos ... 445
  - *Exercícios* ... 446
  - *Exercícios de revisão* ... 448

17 Controle de qualidade estatístico 449
17.1 Introdução 449
17.2 Natureza dos limites de controle...............450
17.3 Propósitos do gráfico de controle............450
17.4 Gráficos de controle para variáveis 451
17.5 Gráficos de controle para atributos 458
17.6 Gráficos de controle Cusum 463
Exercícios de revisão 464

18 Estatística bayesiana (opcional).............. 466
18.1 Conceitos bayesianos 466
18.2 Inferências bayesianas 467
18.3 Estimativas de Bayes usando a estrutura da Teoria da Decisão............................470
Exercícios...470

Apêndice B – Respostas para os exercícios ímpares 473

Referências bibliográficas............................. 486

Índice remissivo... 488

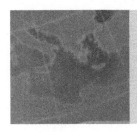

PREFÁCIO

Abordagem geral e nível matemático

Sabemos da importância de se manter um equilíbrio entre a teoria e suas aplicações. Engenheiros e cientistas físicos e da área de informática são treinados para fazer cálculos e, desta forma, o suporte matemático é dado quando sentimos que o aprendizado é aprimorado por meio dele. Este tipo de abordagem evita que o material se torne uma coleção de instrumentos sem raízes matemáticas. Estudantes com formação em cálculo e, em alguns poucos casos, em álgebra linear, certamente estão capacitados para entender melhor os conceitos e usar o instrumento resultante de modo mais prático. Caso contrário, há risco de que o estudante seja capaz de aplicar o material apenas em situações limitadas.

Esta obra contém um grande número de exercícios, que desafiam o estudante a usar os conceitos do material para resolver problemas, lidando com muitas situações reais das áreas de ciência e engenharia, além de abranger outras áreas de aplicação, como biomedicina, bioengenharia, problemas na área de negócios e relacionados à informática, dentre outras. Mesmo os capítulos que lidam com introdução à teoria da probabilidade contêm exemplos e exercícios com uma vasta gama de aplicações, que podem ser considerados importantes por estudantes de ciências e engenharia. O uso do cálculo é restrito à teoria da probabilidade elementar e à distribuição de probabilidades. Estes tópicos são discutidos nos capítulos 2, 3, 4, 6 e 7. O Capítulo 7 é opcional e inclui transformações de variáveis e funções geradoras de momentos. Álgebra de matrizes é usada somente em pequena quantidade no material sobre regressão linear nos capítulos 11 e 12. Para aqueles que desejam um apoio mais significativo em matrizes, há uma seção opcional disponível no Capítulo 12.

Conteúdo

O Capítulo 1 é uma síntese elementar sobre inferência estatística, criada para iniciantes, que contém material sobre amostragem e análise de dados, e vários exemplos e exercícios para motivação. Na verdade, alguns aspectos rudimentares do planejamento experimental estão incluídos, com a apreciação de técnicas gráficas e de certas características vitais da coleta de dados. Os capítulos 2, 3 e 4 lidam com probabilidade básica e com variáveis aleatórias discretas e contínuas. Os capítulos 5 e 6 cobrem distribuições contínuas e discretas específicas, com ilustrações de seus usos e da relação entre elas. Além disso, é dado um grande número de exemplos e exercícios que ilustram seus usos.

O Capítulo 7 é opcional e trata da transformação de variáveis aleatórias. O professor pode escolher usar este material, caso lecione em um curso mais teórico. Este capítulo é, claramente, o mais matemático do livro. O Capítulo 8 contém material adicional sobre métodos gráficos, assim como uma importante introdução à noção de distribuição amostral. Também são discutidos gráficos de probabilidade. O material sobre distribuição amostral é reforçado por meio de uma completa discussão do Teorema Central do Limite, assim como a distribuição de uma variância amostral sob a suposição de uma amostra de observações i.i.d (independentes e identicamente distribuídas) da distribuição normal. As distribuições t e F são apresentadas com estímulo e referência a seu uso nos capítulos seguintes. Os capítulos 9 e 10 contêm material sobre estimação por intervalo e teste de hipóteses em uma ou duas amostras. O Capítulo 9 trata de intervalos de confiança, intervalos de predição, intervalos de tolerância e estimação de máxima verossimilhança.

Nos capítulos 8 e 12 são apresentadas regressões lineares simples e múltiplas, respectivamente. O Capítulo 12 também contém material sobre regressão logística, que tem aplicações em muitas áreas das ciências biológicas e da engenharia. O material sobre regressão linear múltipla é bastante extenso e fornece flexibilidade ao professor. Entre os 'tópicos especiais' que o professor tem acesso estão regressões ortogonais, variáveis categóricas ou indicadoras, métodos seqüenciais para a seleção do modelo, estudo de resíduos e de violação das hipóteses, validação cruzada e uso de PRESS e C_p e, é claro, regressão logística. Do capítulo 13 ao 17 encontram-se tópicos sobre análise de variância, delineamento de experimentos, estatística não-paramétrica e controle de qualidade. O Capítulo 15 trata de fatoriais de dois níveis (com ou sem uso de blocos) e fatoriais fracionados e, novamente, existe uma grande flexibilidade causada pelos muitos 'tópicos especiais' oferecidos nesse capítulo.

Os tópicos incluem, além dos delineamentos padrão 2k e 2k fracionados com uso de blocos e confundimento parcial, também os delineamentos com frações mais altas e de seleção, delineamentos Plackett-Burman e de parâmetro robusto.

Estudos de casos e *software* de computador

O material de teste de hipótese com duas amostras, regressão linear múltipla, análise de variâncias e uso de experimentos fatoriais em dois níveis são suplementados por estudos de casos que apresentam material de programas de computador e material gráfico. São apresentados o *SAS* e o *Minitab*. O uso de telas impressas desses programas ressalta nossa visão de que o estudante deve passar pela experiência de ler e interpretar as impressões e gráficos, mesmo se o programa apresentado no material não é aquele usado pelo professor. A exposição de um tipo de *software* pode ampliar a experiência do estudante. Não há razão para crer que o *software* utilizado no curso será o mesmo usado após a graduação. Muitos exemplos e estudos de casos no material são suplementados, quando apropriado, por vários tipos de gráficos de resíduos, gráficos de quantis, gráficos de probabilidade normal e outros. Isso é utilizado, predominantemente, nos capítulos 11 a 15.

Material de apoio do livro

No site www.grupoa.com.br professores e alunos podem acessar os seguintes materiais adicionais:

Para o professor
- Manual de soluções (em inglês).
- Apresentações em PowerPoint.

Esse material é de uso exclusivo para professores e está protegido por senha. Para ter acesso a ele, os professores que adotam o livro devem entrar em contato através do e-mail divulgacao@grupoa.com.br.

Para o estudante
- Conjunto de dados relacionados com exemplos.
- Apêndice adicional sobre tabelas estatísticas e provas.

Agradecimentos

Agradecemos aos nossos colegas que revisaram as edições anteriores deste livro e forneceram inúmeras sugestões úteis para esta edição. São eles: Andre Adler, *Illinois Institute of Technology*; Georgiana Baker, *University of South Carolina*; Barbara Bennie, *University of Minnesota*; Nirmal Devi, *Embry Riddle*; Ruxu Du, *University of Miami*; Stephanie Edwards, *Bemidji State University*; CharlesMcAllister, *Louisiana State University*; Judith Miller, *Georgetown University*; Timothy Raymond, *Bucknell University*; Dennis Webster, *Louisiana State University*; Blake Whitten, *University of Iowa*; Michael Zabarankin, *Stevens Institute of Technology*.

Gostaríamos de agradecer os serviços editoriais e de produção fornecidos por um grande número de pessoas da Prentice Hall, especialmente a editora-chefe Sally Yagan, o editor de produção Lynn Savino Wendel e a editora Patricia Daly. Agradecemos os inúmeros e úteis comentários, sugestões e revisões de Richard Charnigo, Jr., Michael Anderson, Joleen Beltrami e George Lobell. Também gostaríamos de agradecer o Virginia Tech Statistical Consulting Center, que foi a fonte de inúmeros dados reais. Ainda, agradecemos Linda Douglas, que trabalhou muito para nos ajudar na preparação do manuscrito.

R.H.M.
S.L.M.
K.Y.

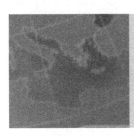

Introdução à estatística e análise de dados

1.1 Visão geral: inferência estatística, amostras, populações e planejamento experimental

Desde o início dos anos 1980 até o século XXI, uma grande atenção foi concentrada no aumento da qualidade na indústria norte-americana. Muito foi dito e escrito a respeito do 'milagre industrial' japonês, iniciado em meados do século XX. Os japoneses foram capazes de obter sucesso onde os Estados Unidos e outros países falharam, isto é, a criação de uma atmosfera que permitisse a fabricação de produtos de alta qualidade. Boa parte do sucesso deles foi atribuída ao uso de métodos estatísticos e do pensamento estatístico entre os dirigentes (de indústrias).

Uso de dados científicos

O uso de métodos estatísticos na fabricação, no desenvolvimento de alimentos, de softwares de computadores, na indústria farmacêutica e em muitas outras áreas envolve a coleta de informações ou *dados científicos*. É claro que isso não é novidade. Ela é feita há mais de mil anos. Os dados são coletados, resumidos, apresentados e armazenados para um uso mais detalhado. Entretanto, há uma grande diferença entre a coleta de informação científica e a inferência estatística. Esta última tem recebido mais atenção recentemente.

O surgimento da *inferência estatística* tem funcionado como uma grande 'caixa de ferramentas' dos métodos estatísticos empregados. Tais métodos foram desenvolvidos para contribuir com o processo de realizar julgamentos científicos diante de *incerteza* e *variação*. No processo de manufatura, a densidade do produto feito de um material específico não será sempre a mesma. De fato, se o processo envolvido for de lotes, em vez de ser contínuo, haverá variação na densidade do material não somente entre os lotes (variação lote a lote) que saem da linha, como também dentro de cada um deles. Os métodos estatísticos são usados para analisar dados de um processo e esse para identificar onde, dentro do processo, mudanças podem ser feitas para melhorar a qualidade. Assim a *qualidade* pode ser definida em relação à proximidade do valor alvo da densidade em harmonia com o momento em que esse critério é atingido. Um engenheiro pode estar preocupado com um instrumento específico, que é usado para medir monóxido de enxofre no ar, durante estudos sobre a poluição. Caso ele tenha dúvidas sobre a eficácia desse instrumento, será preciso lidar com duas *fontes de variação*. A primeira é a variação do monóxido de enxofre que está presente no ar no mesmo local em um único dia. A segunda é entre os valores observados e a quantidade *real* de monóxido de enxofre presente no ar naquele dado momento. Se qualquer uma dessas fontes de variação for extremamente grande (de acordo com o padrão estabelecido pelo engenheiro), o instrumento talvez tenha de ser substituído. Em um estudo biomédico sobre uma nova droga que reduz a hipertensão arterial, 85% dos pacientes sentiram alívio, ao passo que é amplamente reconhecido que a droga atual ou 'antiga' tem o mesmo efeito para 80% dos pacientes com essa doença crônica. No entanto, a nova droga é mais cara para ser produzida e pode trazer alguns efeitos colaterais. Ela deveria ser adotada? Esse é um problema encontrado com freqüência (e com maior nível de complexidade) pela indústria farmacêutica e pelo FDA (*Food and Drug Administration*, órgão que regulamenta a produção e a comercialização de alimentos e medicamentos nos Estados Unidos). Novamente, é preciso levar em conta a variação. Os '85%' de sucesso são baseados num certo número de pacientes escolhidos para o estudo. Talvez, se esse estudo fosse repetido com outros pacientes, o índice de sucesso seria de 75%! É a variação natural entre estudos que precisa ser levada em conta no processo de tomada de decisão. Tal variação é claramente importante, já que a variação de paciente para paciente é natural neste problema.

Variabilidade nos dados científicos

Nos problemas discutidos anteriormente, os métodos estatísticos usados envolvem lidar com a variabilidade e, em cada caso, a variabilidade a ser estudada é aquela encontrada nos dados científicos. Se a densidade do produto observado no processo fosse sempre a mesma e atingisse sempre a meta, não haveria a necessidade de métodos estatísticos.

Se o instrumento usado para medir monóxido de enxofre sempre fornecesse o mesmo resultado e este valor fosse sempre preciso (ou seja, fosse correto), não precisaríamos de análises estatísticas. Se não houvesse a variação de paciente para paciente na resposta sobre a nova droga (ou seja, se sempre há alívio ou não), a vida seria bem simples para os cientistas das indústrias farmacêuticas e para o FDA, e não seriam necessárias estatísticas no processo de decisão. A inferência estatística produziu um grande número de métodos que permitiram a análise de dados de sistemas como os já descritos. Isso reflete a verdadeira natureza da ciência que chamamos de inferência estatística, nomeando assim o uso de técnicas que nos permitem ir além de simplesmente reportar dados, mas chegar também a conclusões (ou inferências) sobre o sistema científico. Os estatísticos utilizam as leis fundamentais da probabilidade e da inferência estatística para chegar a conclusões sobre tais sistemas. A informação é reunida em forma de amostras ou coleções de *observações*. O processo de amostragem é introduzido no Capítulo 2 e a discussão continua por todo o livro.

As amostras são coletadas de *populações*, que são coleções de indivíduos ou itens individuais de um tipo em particular. Algumas vezes, população significa um sistema científico. Por exemplo, uma indústria de placas de computadores deseja eliminar os defeitos. Um processo de amostragem envolve coletar informação de 50 placas, amostradas aleatoriamente do processo. Aqui, a população diz respeito a todas as placas manufaturadas pela empresa por determinado tempo. Em um experimento com drogas, uma amostra de pacientes é selecionada, e para cada um é dada uma droga específica para a redução de pressão arterial. O interesse é focado em chegar a conclusões sobre a população daqueles que sofrem de hipertensão. Se uma melhora é realizada no processo de fabricação das placas de computador e uma segunda amostra de placas é coletada, qualquer conclusão tomada com respeito à eficácia da mudança no processo deveria se estender a toda a população de placas de computador que estão sob o 'processo melhorado'.

Com freqüência, é muito importante coletar dados científicos de maneira sistemática, com um bom planejamento. Às vezes o planejamento é, por necessidade, muito limitado. Costumamos focar certas propriedades ou características dos itens ou objetos na população. Essa característica tem importância particular na engenharia ou, digamos, na biologia, para o 'cliente', o cientista ou engenheiro que procura entender a população. Por exemplo, em um dos casos dados, a qualidade do processo tinha relação com a densidade do produto resultante dele. Um engenheiro pode precisar estudar o efeito das condições de temperatura, umidade, quantidade de um ingrediente em particular do processo, e assim por diante. Ele pode sistematicamente mover esses *fatores* para quaisquer níveis que são sugeridos de acordo com qualquer que seja a prescrição ou *planejamento expe-rimental* desejado. Entretanto, um cientista florestal que esteja interessado em estudar os fatores que influenciam a densidade da madeira em certo tipo de árvore não pode, necessariamente, planejar um experimento. Nesse caso, pode-se precisar de um *estudo observacional* no qual os dados são coletados no campo, mas onde os *níveis dos fatores* não podem ser pré-selecionados. Esses dois tipos de estudo são utilizados em métodos de inferência estatística. No primeiro, a qualidade das inferências dependerá do planejamento apropriado do experimento. No segundo, o cientista está à mercê do que pode ser reunido. Por exemplo, seria triste se um agrônomo estivesse interessado em estudar o efeito das chuvas em uma plantação e os dados tivessem sido colhidos durante uma estiagem.

Podem-se perceber a importância do pensamento estatístico dos gerentes e o uso de inferência estatística pelos cientistas. Os cientistas-pesquisadores se beneficiam muito dos dados científicos, pois eles fornecem entendimento do fenômeno científico. Engenheiros de processo e produto aprendem mais em seus esforços *off-line* para melhorias no processo. E também ganham uma percepção valiosa quando reúnem dados de produção (monitoramento *on-line*) regularmente. Isso permite a determinação de modificações necessárias para manter o processo no nível desejado de qualidade.

Algumas vezes, um profissional da ciência deseja somente conseguir algum tipo de síntese de um conjunto de dados representado em uma amostra. Em outras palavras, não é usada a inferência estatística. Em vez disso, um conjunto de estatísticas individuais ou *estatísticas descritivas* pode ser útil. Tais números dão um senso do centro da localização dos dados, da variabilidade nos dados e da natureza geral da distribuição das observações na amostra. Embora nenhum dos métodos estatísticos específicos que levam à *inferência estatística* esteja incorporado, muito pode ser aprendido. Por vezes, a estatística descritiva é acompanhada de gráficos. Os modernos pacotes de softwares estatísticos permitem calcular *médias, medianas, desvios-padrão* e outras estatísticas, bem como produzir gráficos que mostram uma 'projeção' da natureza da amostra. Definições e ilustrações de estatísticas, bem como descrições de métodos gráficos, incluindo histogramas, diagramas de ramo-e-folhas, diagramas de pontos e gráficos de caixa (box-plot) serão dados na seção que segue.

1.2 O papel da probabilidade

Neste livro, os capítulos 2 a 6 lidam com noções fundamentais de probabilidade. Um amplo estudo dos fundamentos desses conceitos permite ao leitor um melhor entendimento da inferência estatística. Sem um pouco de formalismo sobre probabilidade, o estudante pode não apreciar a verdadeira interpretação da análise de dados por meio dos métodos estatísticos modernos. É natural estudar probabilidade antes da inferência estatística. Os elementos da probabilidade nos permitem quantificar a força ou 'confiança' em nossas conclusões. Nesse sentido, os conceitos sobre probabilidade formam o principal componente que completa os métodos estatísticos e auxilia a medir a força da inferência estatística. A disciplina de probabilidade, assim, fornece a transição entre a estatística descritiva e os métodos inferenciais. Seus elementos permitem que a conclusão seja colocada na linguagem exigida pela ciência ou engenharia. A seguir, temos um exemplo que permite ao leitor entender a noção de um valor P que, freqüentemente, fornece a base da interpretação dos resultados dos métodos estatísticos.

■ **Exemplo 1.1**

Suponha que um engenheiro encontre dados de um processo de fabricação no qual 100 itens são amostrados e dez deles têm defeitos. É esperado e antecipado que, às vezes, haverá itens defeituosos. Obviamente, esses 100 itens representam a amostra. Entretanto, foi determinado que, no longo prazo, a empresa só pode tolerar 5% de defeitos no processo. Agora, os elementos da probabilidade permitem ao engenheiro determinar quão conclusiva é a informação da amostra em relação à natureza do processo. Nesse caso, a *população* representa, conceitualmente, todos os itens possíveis do processo. Suponha a descoberta de que, se o processo fosse aceitável, ou seja, se não produzisse mais do que 5% de produtos com defeitos, haveria uma probabilidade de 0,0282 de obter dez ou mais itens defeituosos em uma amostra aleatória de 100 itens. Essa pequena probabilidade demonstra que o processo tem, de fato, uma porcentagem de defeituosos que excede 5% no longo prazo. Em outras palavras, sob a condição de um processo aceitável, a informação obtida nesta amostra raramente ocorreria. Entretanto, ela ocorreu! É óbvio que aconteceria com uma probabilidade muito maior se a taxa de itens defeituosos fosse muito maior que 5%.

Desse exemplo, fica claro que os elementos da probabilidade ajudam na transformação das informações da amostra em algo conclusivo ou inconclusivo sobre o sistema científico. De fato, descobriu-se uma informação provavelmente alarmante para o engenheiro ou gerente. Os métodos estatísticos (que serão abordados no Capítulo 10) produziram um valor P de 0,0282. O resultado sugere que o processo, muito provavelmente, não é aceitável. O conceito do *valor P* é trabalhado extensivamente nos próximos capítulos. O exemplo a seguir fornece uma segunda explanação.

■ **Exemplo 1.2**

Freqüentemente, a natureza do estudo científico ditará o papel que a probabilidade e o pensamento dedutivo terão na inferência estatística. O Exercício 9.40 fornece dados associados a um estudo conduzido no Instituto Politécnico da Universidade Estadual da Virgínia, sobre o desenvolvimento de uma relação entre raízes de árvores e a ação de um fungo. Minerais foram transferidos dos fungos para as árvores e açúcares, das árvores para os fungos. Duas amostras de dez mudas do carvalho vermelho do norte foram plantadas em estufas, uma contendo mudas tratadas com nitrogênio e outra sem. As outras condições ambientais foram mantidas constantes. Todas as mudas continham o fungo *Pisolithus tinctorus*. Mais detalhes são dados no Capítulo 9. O peso dos caules, em gramas, foi registrado depois de 140 dias. Os dados estão na Tabela 1.1.

Neste exemplo, há duas amostras de duas *populações distintas*. O propósito do experimento é determinar se o uso de nitrogênio exerce influência no crescimento das raízes. É um estudo comparativo (ou seja, procuramos comparar as duas populações quanto a uma importante característica). É instrutivo fazer um gráfico dos dados como mostrado na Figura 1.1. Os valores marcados com o símbolo o representam os dados 'com nitrogênio' e aqueles valores marcados com × representam os dados 'sem nitrogênio'. Agora, o propósito desse experimento é determinar se o uso de nitrogênio tem influência no crescimento das raízes. Note que a disposição geral dos dados no gráfico pode sugerir ao leitor que, na média, o uso de nitrogênio aumenta o peso do caule. Quatro observações da amostra com nitrogênio são consideravelmente maiores do que qualquer uma das observações da amostra 'sem nitrogênio'. A maioria das observações 'sem nitrogênio' parece estar abaixo do centro dos dados. A disposição dos dados parece indicar que o nitrogênio é eficaz. Mas como isso pode ser quantificado? Como resumir toda essa evidência visual? Assim como no exemplo anterior, podemos usar os fundamentos da probabilidade. As conclusões podem ser sintetizadas em uma afirmação probabilística ou valor P. Não mostraremos aqui a inferência estatística que produz esta probabilidade. Como no Exemplo 1.1, tais métodos serão discutidos no Capítulo 10. O assunto gira em torno da 'probabilidade de que dados como esses sejam observados', uma vez que o *nitrogênio*

Tabela 1.1 Dados para o Exemplo 1.2.

Sem nitrogênio	Com nitrogênio
0,32	0,26
0,53	0,43
0,28	0,47
0,37	0,49
0,47	0,52
0,43	0,75
0,36	0,79
0,42	0,86
0,38	0,62
0,43	0,46

Figura 1.1 Dados do peso dos caules.

não tem efeito ou, em outras palavras, uma vez que ambas as amostras foram geradas da mesma população. Suponha que esta seja uma probabilidade pequena, digamos de 0,03. Isso certamente será uma forte evidência de que o uso de nitrogênio influencia de fato (aparentemente aumenta) o peso médio dos caules das mudas de carvalho.

Como probabilidade e inferência estatística trabalham juntas?

É importante que o leitor tenha uma clara distinção entre a disciplina de probabilidade, uma ciência com características próprias, e a disciplina de inferência estatística. Como já indicado, o uso ou aplicação dos conceitos de probabilidade permite uma interpretação dos resultados da inferência estatística na vida real. Como resultado, podemos dizer que a inferência estatística utiliza conceitos de probabilidade. Pode-se concluir dos dois exemplos dados que a informação da amostra está disponível para o analista e, acrescentando-se os métodos estatísticos e elementos da probabilidade, podem-se tirar conclusões sobre alguma característica da população (o processo parece não ser aceitável no Exemplo 1.1 e o nitrogênio influencia o peso médio dos caules no Exemplo 1.2). Então, para um problema estatístico, *a amostra juntamente com a inferência estatística nos permitem chegar a conclusões sobre a população, com a inferência estatística fazendo claro uso dos elementos da probabilidade*. Esse raciocínio é *indutivo* na natureza. Agora, conforme seguirmos para os demais capítulos, o leitor perceberá que, diferentemente dos dois exemplos aqui citados, não focaremos a resolução de problemas estatísticos. Muitos exemplos que não envolvem amostras serão dados. Haverá uma população claramente descrita com todas as suas características conhecidas. Assim, as questões de importância focarão a natureza dos dados que hipoteticamente podem ser retirados da população. Pode-se dizer que *problemas em probabilidade nos permitem tirar conclusões sobre as características de dados hipotéticos retirados da população, baseadas nas características conhecidas desta população*. Tal tipo de raciocínio é *dedutivo* na natureza. A Figura 1.2 mostra a relação fundamental entre probabilidade e inferência estatística.

Agora, pensando em esquemas maiores, qual é mais importante, a área de probabilidade ou a de estatística? Ambas são muito importantes e claramente se complementam. A única certeza relacionada ao ensino das duas disciplinas está no fato de que, se a estatística deverá ser ensinada em um nível mais elevado do que o básico, então a disciplina de probabilidade deverá ser ensinada an-

Figura 1.2 Relação fundamental entre probabilidade e inferência estatística.

tes. Essa regra surge do fato de que nada pode ser aprendido sobre uma população, a partir de uma amostra, até que o analista aprenda os princípios básicos da incerteza naquela amostra. Por exemplo, considere o Exemplo 1.1. A questão concentra-se no fato de a população definida pelo processo ter ou não mais que 5% de defeituosos. Em outras palavras, a conjectura é que, *na média*, cinco de 100 itens são defeituosos. Agora, as amostras contêm 100 itens e dez deles são defeituosos. Isso apóia ou refuta a conjectura anterior? Superficialmente, aparentaria uma refutação, pois dez em 100 itens parecem ser 'um pouco demais'. Mas, sem os elementos da probabilidade, como saberemos? Somente por meio de estudo do material presente nos capítulos subseqüentes aprenderemos que, sob a condição de que o processo é aceitável (5% de itens defeituosos), a probabilidade de obter dez ou mais itens com defeito em uma amostra de 100 é de 0,0282.

Apresentamos dois exemplos em que os elementos da probabilidade fornecem uma síntese que o cientista ou engenheiro pode usar como evidência para chegar a uma decisão. A ponte entre os dados e a conclusão é claramente baseada nos fundamentos da inferência estatística, teoria de distribuições e distribuições amostrais, discutidas em capítulos futuros.

1.3 Procedimentos de amostragem e coleta de dados

Na Seção 1.1, discutimos brevemente a noção de amostra e processo de amostragem. Embora amostragem pareça ser um conceito simples, a complexidade das questões que precisam ser respondidas sobre a população ou populações exige que o processo de amostragem seja, por vezes, muito complexo. Embora a noção de amostragem seja discutida de maneira técnica no Capítulo 8, vamos nos esforçar para dar algumas noções comuns sobre amostragem neste capítulo. Essa é uma transição natural para a discussão do conceito de variabilidade.

Amostragem aleatória simples

A importância de uma amostragem apropriada gira em torno do grau de confiança com o qual o analista é capaz de responder às questões apresentadas. Vamos assumir que existe somente uma população no problema. Recorde que, no Exemplo 1.2, duas populações estavam envolvidas. A *amostragem aleatória simples* implica que qualquer amostra particular de um tamanho específico tenha a mesma chance de ser selecionada que qualquer outra amostra de mesmo tamanho. O termo *tamanho da amostra* significa simplesmente o número de elementos na amostra. Obviamente, uma tabela de números aleatórios pode ser usada na seleção de amostras em muitos casos. A virtude da amostragem aleatória simples é que ela auxilia na eliminação do problema de ter a amostra refletindo uma população diferente (e possivelmente mais restrita) do que aquela na qual inferências precisam ser feitas. Por exemplo, uma amostra será escolhida para responder a certas questões referentes a preferências políticas em um determinado Estado dos Estados Unidos. Ela envolve a escolha de, digamos, 1.000 famílias, e uma pesquisa será conduzida. Agora, suponha que uma amostragem aleatória não seja usada. Ao contrário, todas, ou quase todas, as 1.000 famílias escolhidas moram em uma área urbana. Acredita-se que preferências políticas em áreas rurais diferem daquelas das áreas urbanas. Em outras palavras, a amostra retirada restringiu a população e, assim, as inferências precisam ser restritas à 'população limitada' e, nesse caso, a restrição pode ser indesejável. Se, de fato, as inferências precisam ser feitas no Estado como um todo, a amostra de tamanho 1.000 descrita aqui é freqüentemente referida como uma *amostra tendenciosa (ou 'viciada')*.

Como indicamos anteriormente, a amostragem aleatória simples nem sempre é apropriada. A escolha da abordagem alternativa depende da complexidade do problema. Em geral, por exemplo, as unidades amostrais não são homogêneas e se dividem naturalmente em grupos que não se sobrepõem e que são homogêneos. Esses grupos são chamados *estratos* e um procedimento chamado *amostragem aleatória estratificada* envolve a seleção aleatória de uma amostra dentro de cada estrato. O propósito é ter certeza de que cada um dos estratos não está nem super nem sub-representado. Por exemplo, suponha que um levantamento amostral seja conduzido para reunir as opiniões preliminares referentes a um referendo que está sendo conduzido em certa cidade. A cidade é subdividida em diversos grupos étnicos que representam estratos naturais. Para não se desprezar ou super-representar qualquer um dos grupos, amostras aleatórias de famílias podem ser escolhidas separadamente em cada grupo.

Planejamento experimental

O conceito de aleatoriedade ou seleção aleatória tem um grande papel no *planejamento experimental*, que foi introduzido brevemente na Seção 1.1 e é um importante componente em quase todas as áreas da engenharia ou da ciência experimental. Isso será discutido em detalhes nos capítulos 13 a 15. Entretanto, é instrutivo fazer uma breve apresentação aqui, no contexto da amostragem aleatória. Um conjunto de chamados *tratamentos* ou *combinações de tratamentos* prepara a população para ser estudada ou comparada de alguma maneira. Um exemplo é o caso do tratamento 'com nitrogênio' *versus* 'sem nitrogênio', do Exemplo 1.2. Outro exemplo simples poderia ser 'placebo' *versus* 'droga ativa' ou, em um estudo sobre corrosão por desgaste, poderíamos ter combinações de tratamentos que envolvem o espécime que está revestido ou não, assim como as condições de baixa ou alta umidade às quais o espécime foi exposto. Na verdade, neste caso, há quatro tratamentos ou combinações de fatores (ou seja, quatro populações), e muitas questões científicas podem ser formuladas e respondidas por meio de métodos estatísticos e inferenciais. Considere, primeiro, a situação do Exemplo 1.2. Há 20 mudas doentes envolvidas no experimento. É fácil ver, pelos dados, que as mudas são diferentes entre si. No grupo com nitrogênio (ou no grupo sem) há uma *variabilidade* considerável no peso dos caules. Essa variabilidade acontece devido ao que é geralmente chamado de *unidade experimental* – um conceito essencial na inferência estatística, mas que não terá sua descrição terminada neste capítulo. A natureza da variabilidade é muito importante. Se for muito grande, originando-se de uma condição de não-homogeneidade excessiva nas unidades experimentais, a variabilidade 'apagará' qualquer diferença detectável entre as duas populações. Lembre-se de que esse caso não aconteceu.

O diagrama de pontos da Figura 1.1 e o valor P indicam uma distinção clara entre essas duas condições. Que papel essas unidades experimentais têm no processo de coleta de dados? O senso comum e, na verdade, a abordagem-padrão é distribuir as 20 mudas ou unidades experimentais *aleatoriamente para os dois tratamentos ou condições*. No estudo da droga, podemos decidir usar um total de 200 pacientes disponíveis, e que serão claramente diferentes entre si. Eles são as unidades experimentais. Entretanto, todos têm a mesma condição crônica para a qual a droga é um tratamento potencial. Então, em um chamado *planejamento completamente aleatorizado*, 100 pacientes são escolhidos aleatoriamente para receber o placebo e outros 100 para a droga ativa. Novamente, são essas unidades experimentais pertencentes a um grupo ou tratamento que produzem a variabilidade nos dados resultantes (ou seja, a variabilidade no resultado mensurado), como a pressão arterial, ou qualquer que seja o valor da eficácia da droga considerado importante. No estudo de corrosão por desgaste, as unidades experimentais são os espécimes objetos da corrosão.

Por que designar aleatoriamente as unidades experimentais?

Qual é o possível impacto negativo de não designar aleatoriamente as unidades experimentais para os tratamentos ou combinações de tratamentos? Isso pode ser visto mais claramente no caso do estudo da droga. Entre as características dos pacientes as quais produzem variabilidade nos resultados estão idade, gênero, peso e outros. Suponha que, meramente por acaso, o grupo do placebo contenha uma amostra de pessoas que são predominantemente mais pesadas do que as do grupo em tratamento. Talvez indivíduos mais pesados tenham uma tendência maior a ter pressão arterial mais alta. Isso claramente influencia o resultado e, de fato, qualquer resultado obtido por meio da inferência estatística pode ter pouco a ver com a droga, mas muito a ver com as diferenças de peso entre as duas amostras de pacientes.

Deveríamos enfatizar a importância do termo *variabilidade*. A variabilidade excessiva entre unidades experimentais 'camufla' descobertas científicas. Nas futuras seções tentaremos caracterizar e quantificar medidas de variabilidade. Nas seções a seguir introduziremos e discutiremos quantidades específicas que podem ser calculadas em amostras; elas fornecem uma percepção da natureza da amostra em relação ao centro da localização dos dados e à variabilidade nos dados. Uma discussão de diversas dessas medidas numéricas individuais serve para fornecer uma prévia de quais informações estatísticas serão importantes componentes dos métodos estatísticos usados nos capítulos 8 a 15. Essas medidas que ajudam a caracterizar a natureza do conjunto de dados pertencem à categoria das *estatísticas descritivas*. Esse material é uma antecipação para uma breve apresentação de métodos ilustrativos e gráficos que vão mais longe na caracterização do conjunto de dados. O leitor deve compreender que os métodos estatísticos ilustrados aqui serão usados em todo o livro. Para que o leitor tenha uma clara descrição do que está envolvido nos estudos de planejamento experimental, oferecemos o Exemplo 1.3.

■ **Exemplo 1.3**

Um estudo foi conduzido para determinar se o metal alumínio revestido com substância anticorrosão sofre uma redução na quantidade de corrosão. O revestimento é uma proteção anunciada como uma maneira de minimizar os danos causados pelo uso nesse tipo de material. Também, de interesse, é a influência da umidade na quantidade de corrosão. A medição da corrosão pode ser expressa em milhares de ciclos até a falha. Foram utilizados dois níveis de revestimento: nenhum revestimento e revestimento químico contra corrosão. Além disso, os dois níveis de umidade relativa são 20% e 80%.

O experimento envolve quatro combinações de tratamentos, listadas na Tabela 1.2. Há oito unidades experimentais a serem usadas e são espécimes de alumínio preparados, com duas designadas aleatoriamente para cada uma das quatro combinações de tratamentos. Os dados são apresentados na Tabela 1.2.

Tabela 1.2 Dados para o Exemplo 1.3.

Revestimento	Umidade	Corrosão média em milhares de ciclos até a falha
Sem revestimento	20%	975
	80%	350
Revestimento químico	20%	1.750
	80%	1.550

Os dados da corrosão são as médias dos dois espécimes. Um gráfico das médias está na Figura 1.3. Um número relativamente grande de ciclos até a falha representa uma pequena quantidade de corrosão. Como pode ser esperado, um aumento na umidade parece piorar a corrosão. O uso do revestimento químico aparenta reduzir a corrosão.

■

Nessa ilustração de planejamento experimental, o engenheiro selecionou sistematicamente as quatro combinações de tratamento. Para amarrar a situação aos conceitos com os quais o leitor foi exposto até este momento, devemos assumir que as condições que representam as quatro combinações de tratamentos são quatro populações distintas e os dois valores de corrosão observados em cada população são importantes pedaços de informação. A importância da média na captura e síntese de certas características na população será enfatizada na Seção 1.4. Embora possamos chegar a conclusões sobre o papel da umidade e o impacto do revestimento do espécime por meio da figura, não podemos realmente avaliar os resultados de um ponto de vista analítico sem levar em consideração a variabilidade em torno da média. Novamente, como indicado antes, se os dois valores de corrosão em cada combinação de tratamento forem próximos, a Figura 1.3 poderá ser uma descrição correta. Mas, se cada um desses valores for a média de dois

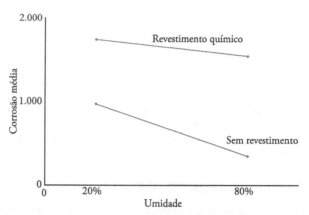

Figura 1.3 Resultados da corrosão para o Exemplo 1.3.

valores que são muito diferentes, então essa variabilidade pode realmente descartar qualquer informação que pareça correta quando observamos somente as médias. O exemplo precedente ilustra os conceitos:

(1) Atribuição aleatória das combinações de tratamentos (revestimentos/umidade) às unidades experimentais (espécimes).
(2) O uso de médias amostrais (média dos valores de corrosão) na sintetização das informações da amostra.
(3) A necessidade de considerar as medidas de variabilidade na análise de qualquer amostra ou conjuntos de amostras.

Esse exemplo sugere a necessidade do que segue nas seções 1.4 e 1.5, quer dizer, estatísticas descritivas que indicam medidas do centro de localização em um conjunto de dados e aqueles que medem variabilidade.

1.4 Medidas de localização: média e mediana amostrais

As medidas de localização em um conjunto de dados são designadas para fornecer ao analista alguma medida quantitativa de onde, na amostra, o centro dos dados está. No Exemplo 1.2, parece que o centro da amostra com nitrogênio excede claramente a sem nitrogênio. Uma medida óbvia e muito útil é a *média amostral*, que é simplesmente uma média numérica.

Definição 1.1
Suponha que as observações na amostra sejam $x_1, x_2, ..., x_n$. A *média amostral*, denotada por $\bar{x}$, é

$$\bar{x} = \sum_{i=1}^{n} \frac{x_i}{n} = \frac{x_1 + x_2 + \cdots + x_n}{n}.$$

Existem outras medidas de tendência central que são discutidas em detalhes nos próximos capítulos. Uma importante medida é a *mediana amostral*. Seu propósito é refletir a tendência central da amostra de modo que não seja influenciada por valores extremos ou discrepantes. Dado que as observações na amostra são $x_1, x_2, ..., x_n$, organizadas em ordem crescente, a mediana é

$$\tilde{x} = \begin{cases} x_{(n+1)/2}, & \text{se } n \text{ for ímpar,} \\ \frac{1}{2}(x_{n/2} + x_{n/2+1}), & \text{se } n \text{ for par.} \end{cases}$$

Por exemplo, suponha que o conjunto de dados seja o seguinte: 1,7; 2,2; 3,9; 3,11 e 14,7. A média e a mediana da amostra são, respectivamente:

$$\bar{x} = 5,12 \qquad \tilde{x} = 3,9.$$

Claramente, a média é influenciada de maneira considerável pela presença de uma observação extrema (14,7), enquanto a mediana enfatiza o verdadeiro 'centro' do conjunto de dados. No caso do conjunto de dados com duas amostras do Exemplo 1.2, as duas medidas de tendência central para cada amostra são:

$\tilde{x}$ (sem nitrogênio) = 0,399 gramas,

$\bar{x}$ (sem nitrogênio) = $\dfrac{0,38 + 0,42}{2}$ = 0,400 gramas,

$\tilde{x}$ (nitrogênio) = 0,565 gramas,

$\bar{x}$ (nitrogênio) = $\dfrac{0,49 + 0,52}{2}$ = 0,505 gramas.

É óbvio que há uma diferença de conceito entre média e mediana. Pode ser de interesse para o leitor que tem formação em engenharia saber que a média amostral é o *centróide dos dados* na amostra. De certa forma, é o ponto no qual o fulcro pode ser colocado para balancear um sistema de 'pesos', que são as localizações dos dados individuais. Isso é mostrado na Figura 1.4 para a amostra 'com nitrogênio'.

Em capítulos futuros, a base para o cálculo de $\bar{x}$ é a *estimação* da *média populacional*. Como indicamos anteriormente, o propósito da inferência estatística é chegar a conclusões sobre características da população ou *parâmetros*, e a *estimação* é um aspecto fundamental da inferência estatística.

A média e a mediana podem ser muito diferentes uma da outra. Note, entretanto, que no caso dos dados sobre o peso do caule, o valor da média amostral sem nitrogênio é bem similar ao valor da mediana.

Outras medidas de localização

Existem diversos outros métodos para se quantificar o centro da localização dos dados em uma amostra. Não lidaremos com eles aqui. Para a maior parte, as alternativas para a média amostral são planejadas para produzir valores que representam o compromisso entre a média e a mediana. Raramente fazemos uso dessas outras medidas. Entretanto, vale a pena discutir uma classe de estimadores, chamada classe das *médias aparadas*. Uma média aparada é calculada aparando-se certa porcentagem dos maiores e menores valores. Por exemplo, para calcular a média aparada de 10%, deve-se eliminar 10% dos valores maiores e 10% dos valores menores, e então calcular a média dos valores remanescentes. No caso dos dados do

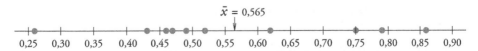

Figura 1.4 Média amostral como centróide das medidas de peso dos caules 'com nitrogênio'.

peso dos caules, eliminaríamos o maior e o menor, já que o tamanho de cada amostra é dez. Então, para o grupo 'sem nitrogênio', a média aparada de 10% é dada por

$$\bar{x}_{tr(10)} = \frac{0{,}32 + 0{,}37 + 0{,}47 + 0{,}36 + 0{,}42 + 0{,}38 + 0{,}43}{8}$$
$$= 0{,}39750$$

e para a média aparada de 10% do grupo sem nitrogênio temos:

$$\bar{x}_{tr(10)} =$$
$$\frac{0{,}43 + 0{,}47 + 0{,}49 + 0{,}52 + 0{,}75 + 0{,}79 + 0{,}62 + 0{,}46}{8}$$
$$= 0{,}56625.$$

Note que, nesse caso, conforme esperado, as médias aparadas são próximas tanto da média quanto da mediana para cada amostra. A abordagem da média aparada é, com certeza, mais insensível às observações isoladas do que a média amostral, mas não tão insensível quanto a mediana. Por outro lado, essa abordagem faz uso de mais informações que a mediana. Observe que a mediana amostral é, de fato, um caso especial de média aparada, no qual todos os dados da amostra são eliminados, exceto uma ou duas observações do meio.

Exercícios

1.1 Foram registradas as seguintes medidas para o tempo de secagem, em horas, de certa marca de tinta látex:

3,4 2,5 4,8 2,9 3,6
2,8 3,3 5,6 3,7 2,8
4,4 4,0 5,2 3,0 4,8

Suponha que as medidas sejam uma amostra aleatória simples.
(a) Qual é o tamanho da amostra acima?
(b) Calcule a média amostral para esse conjunto de dados.
(c) Calcule a mediana amostral.
(d) Faça um diagrama de pontos destes dados.
(e) Calcule a média aparada de 20% para o conjunto de dados acima.

1.2 De acordo com o jornal *Chemical Engineering*, uma importante propriedade da fibra é sua absorção de água. Uma amostra aleatória de 20 pedaços de fibra de algodão foi retirada e a absorção de cada pedaço foi medida. Temos os seguintes valores de absorção:

18,71 21,41 20,72 21,81 19,29 22,43 20,17
23,71 19,44 20,50 18,92 20,33 23,00 22,85
19,25 21,77 22,11 19,77 18,04 21,12

(a) Calcule a média e mediana amostrais para os valores de absorção dados.
(b) Calcule a média aparada de 10%.
(c) Faça um diagrama de pontos dos dados de absorção.

1.3 Certo polímero é usado em sistemas de evacuação para aeronaves. É importante que o polímero seja resistente ao processo de envelhecimento. Vinte espécimes dele foram usados no experimento. Dez foram escolhidos aleatoriamente para ser expostos ao processo de aceleração de envelhecimento que envolve exposição a altas temperaturas por dez dias. Foram tomadas as medidas da resistência à tensão dos espécimes, e os seguintes dados de resistência à tensão, em psi, foram registrados:

Sem envelhecimento: 227 222 218 217 225
218 216 229 228 221
Com envelhecimento: 219 214 215 211 209
218 203 204 201 205

(a) Faça um diagrama de pontos dos dados.
(b) Analisando o gráfico, podemos dizer que o processo de envelhecimento tem efeito na resistência à tensão desse polímero? Explique.
(c) Calcule a média amostral da resistência à tensão nas duas amostras.
(d) Calcule a mediana de ambas. Discuta a similaridade ou a falta dela entre a média e a mediana de cada grupo.

1.4 Em um estudo conduzido pelo departamento de engenharia mecânica da Virgínia Tech, as barras de aço fornecidas por duas empresas diferentes foram comparadas. Dez amostras de molas foram feitas dessas barras de aço fornecidas por cada empresa e foi calculada a flexibilidade de cada uma delas. Os dados são os que seguem:

Empresa A: 9,3 8,8 6,8 8,7 8,5
6,7 8,0 6,5 9,2 7,0
Empresa B: 11,0 9,8 9,9 10,2 10,1
9,7 11,0 11,1 10,2 9,6

(a) Calcule a média e mediana dos dados das duas empresas.
(b) Faça um diagrama de pontos conjunto para as duas empresas e dê sua opinião.

1.5 Vinte adultos do sexo masculino, com idades entre 30 e 40 anos, foram incluídos num estudo para avaliar os efeitos de um certo regime alimentar, que envolve dieta e exercícios, no colesterol sangüíneo. Dez foram escolhidos aleatoriamente para ser o grupo de controle e outros dez foram designados para tomar parte do regime como grupo de tratamento, por um período de seis meses. Os dados a seguir mostram a redução nos níveis de colesterol experimentada pelos 20 indivíduos no período:

Grupo de controle: 7   3 -4 14   2
                      5 22 -7   9   5
Grupo em tratamento: -6   5   9   4   4
                     12 37   5   3   3

(a) Faça um diagrama de pontos com os dados de ambos os grupos.
(b) Calcule a média, a mediana e a média aparada de 10% para ambos os grupos.
(c) Explique por que a diferença entre as médias sugere uma conclusão sobre os efeitos do regime, enquanto a diferença entre as medianas ou entre as médias aparadas sugere uma conclusão diferente.

1.6 Acredita-se que a resistência à tensão da borracha siliconizada seja uma função da temperatura de cura. Um estudo foi realizado, no qual amostras de 12 espécimes de borracha foram preparadas usando temperaturas de cura de 20 ºC e 45 ºC. Os dados mostram os valores de resistência à tensão, em megapascals:

20 ºC: 2,07 2,14 2,22 2,03 2,21 2,03
       2,05 2,18 2,09 2,14 2,11 2,02
45 ºC: 2,52 2,15 2,49 2,03 2,37 2,05
       1,99 2,42 2,08 2,42 2,29 2,01

(a) Mostre o diagrama de pontos dos valores da resistência à tensão em temperaturas baixas e altas.
(b) Calcule a média amostral da resistência à tensão em ambas as amostras.
(c) A temperatura de cura parece ter influência na resistência à tensão baseando-se no gráfico? Comente.
(d) Alguma outra coisa parece ser influenciada pelo aumento na temperatura de cura? Explique.

1.5 Medidas de variabilidade

A variabilidade na amostra desempenha um importante papel na análise de dados. A variabilidade do processo e do produto é um fato real na engenharia e nos sistemas científicos. O controle ou redução do processo de variabilidade costuma ser fonte de grande dificuldade. Mais e mais engenheiros e gerentes de processos estão aprendendo que a qualidade do produto e, como resultado, os lucros derivados dos produtos industrializados são, muitas vezes, função do *processo de variabilidade*. Em conseqüência, boa parte dos capítulos 9 a 15 trata da análise de dados e de procedimentos de modelagem nos quais a variabilidade da amostra tem um papel primordial. Mesmo em problemas de análise de poucos dados, o sucesso de um método estatístico em particular depende da magnitude da variabilidade entre as observações na amostra. Medidas de localização em uma amostra não fornecem uma síntese apropriada da natureza do conjunto de dados. Por exemplo, no Exemplo 1.2 não podemos concluir que o uso de nitrogênio aumenta o crescimento sem levar em conta a variabilidade amostral.

Embora os detalhes da análise desse tipo de conjunto de dados sejam adiados para o Capítulo 9, deveria ficar claro com a Figura 1.1 que a variabilidade entre as observações do grupo 'sem nitrogênio' e do grupo 'com nitrogênio' são certamente de alguma conseqüência. De fato, parece que a variabilidade na amostra com nitrogênio é maior do que a variabilidade na amostra sem nitrogênio. Talvez haja alguma coisa sobre a inclusão de nitrogênio que não somente faz crescer a altura do caule ($\bar{x}$ de 0,565 gramas comparada a $\bar{x}$ de 0,399 gramas para a amostra sem nitrogênio), mas também faz aumentar a variabilidade na altura do caule (isto é, torna a altura do caule mais inconsistente).

Como outro exemplo, compare os dois conjuntos de dados a seguir. Cada um contém duas amostras e a diferença nas médias é aproximadamente a mesma para os dois conjuntos. O grupo de dados B parece fornecer um contraste mais agudo entre as duas populações das quais as amostras foram retiradas. Se o propósito desse experimento for detectar a distinção entre as duas populações, a tarefa seria cumprida no caso do conjunto de dados B. Entretanto, no conjunto de dados A, a grande variabilidade *nas* duas amostras cria uma dificuldade. De fato, não fica claro se há distinção *entre* as duas populações.

```
Conjunto de dados A: X X X X X X   0 X X 0 0 X X X 0   0 0 0 0 0 0 0
                            |                    |
                           x̄_X                  x̄_0
Conjunto de dados B: X X X X X X X X X X   0 0 0 0 0 0 0 0 0 0
                            |                    |
                           x̄_X                  x̄_0
```

Amplitude e desvio-padrão amostrais

Assim como há muitas medidas de tendência central ou de localização, há também muitas medidas de dispersão ou variabilidade. Talvez a mais simples seja a *amplitude amostral* $X_{max} - X_{min}$. A amplitude pode ser muito útil e será discutida longamente no Capítulo 17, que trata de *controle estatístico de qualidade*. A medida amostral de dispersão mais utilizada é o *desvio-padrão amostral*. Novamente, deixaremos $x_1, x_2, \ldots, x_n$ denotar os valores da amostra.

Definição 1.2
A *variância amostral*, denotada por s^2, é dada por:

$$s^2 = \sum_{i=1}^{n} \frac{(x_i - \bar{x})^2}{n-1}.$$

O *desvio-padrão amostral*, denotado por s, é a raiz quadrada positiva de s^2, isto é, $s = \sqrt{s^2}$.

Deveria estar claro ao leitor que o desvio-padrão amostral é, de fato, uma medida de variabilidade. Uma grande variabilidade em conjuntos de dados produz valores de $(x - \bar{x})^2$ relativamente grandes e, assim, uma ampla variância amostral. A quantidade $n - 1$ é, freqüentemente, chamada de *graus de liberdade associados à estimativa da variância*. Nesse exemplo simples, os graus de liberdade representam o número de pedaços independentes de informação disponíveis para o cálculo da variabilidade. Suponha que desejemos calcular a variância e o desvio-padrão amostrais do conjunto de dados (5, 17, 6, 4). A média amostral é $\bar{x} = 8$. O cálculo da variância envolve:

$$(5-8)^2 + (17-8)^2 + (6-8)^2 + (4-8)^2 = (-3)^2 + 9^2 + (-2)^2 + (-4)^2.$$

A soma das quantidades entre parênteses é zero. De modo geral, $\sum_{i=1}^{n}(x_i - \bar{x}) = 0$ (veja o Exercício 1.16). Então, o cálculo da variância amostral não envolve n *independentes desvios quadrados* da média $\bar{x}$. De fato, como o último valor de $x - \bar{x}$ é determinado por $n-1$ valores iniciais, podemos dizer que são $n-1$ pedaços de informação que produzem s^2. Portanto, há $n-1$ graus de liberdade em vez de n graus de liberdade no cálculo da variância amostral.

■ **Exemplo 1.4**

Em um exemplo discutido extensivamente no Capítulo 10, um engenheiro está interessado em testar a 'tendenciosidade' em um medidor de pH. Os dados foram coletados pelo medidor em uma substância neutra (pH = 7,0). Uma amostra de tamanho dez é retirada com resultados dados por:

7,07   7,00   7,10   6,97   7,00   7,03   7,01
7,01   6,98   7,08.

A média amostral $\bar{x}$ é dada por

$$\bar{x} = \frac{7,07 + 7,00 + 7,10 + \cdots + 7,08}{10} = 7,0250.$$

A variância amostral s^2 é dada por

$$s^2 = \frac{1}{9}[(7,07 - 7,025)^2 + (7,00 - 7,025)^2 + (7,10 - 7,025)^2 + \cdots + (7,08 - 7,025)^2] = 0,001939.$$

Como resultado, o desvio-padrão da amostra é dado por:

$$s = \sqrt{0,00193} = 0,044.$$

Então, o desvio-padrão da amostra é 0,0440, com $n-1 = 9$ graus de liberdade.

Unidades para desvio-padrão e variância

Deveria ser evidente, da Definição 1.2, que a variância é uma média dos quadrados dos desvios da média $\bar{x}$. Usamos o termo *desvio quadrado médio*, embora a definição utilize uma divisão pelos graus de liberdade $n-1$ em vez de n. É claro, se n é grande, a diferença no denominador será irrelevante. Como resultado, a variância amostral tem unidades que são o quadrado das unidades nos dados observados, enquanto o desvio-padrão amostral é encontrado em unidades lineares. Como exemplo, considere os dados do Exemplo 1.2. Os pesos dos caules são medidos em gramas. Em consequência, os desvios-padrão das amostras são em gramas e as variâncias são medidas em gramas². De fato, os desvios-padrão individuais são de 0,0728 gramas no caso sem nitrogênio e de 0,1867 gramas no grupo com nitrogênio. Note que a variabilidade, como foi caracterizada pelo desvio-padrão, indica uma variabilidade consideravelmente maior na amostra com nitrogênio. Essa condição é notada na Figura 1.1.

Qual medida de variabilidade é mais importante?

Conforme indicado anteriormente, a amplitude amostral tem aplicações em áreas de controle estatístico de qualidade. Pode parecer ao leitor que o uso da variância e do desvio-padrão amostrais é redundante. Ambas as medidas refletem o mesmo conceito ao medir a variabilidade, mas o desvio-padrão amostral mede a variabilidade em unidades lineares, enquanto a variância amostral é medida em unidades quadradas. Ambas desempenham papel importante nos métodos estatísticos. Muito do que foi realizado no contexto da inferência estatística envolve chegar a conclusões sobre as características de populações. Entre essas características existem constantes chamadas *parâmetros populacionais*. Dois importantes parâmetros são a *média populacional* e a *variância populacional*. A variância amostral tem papel explícito nos métodos estatísticos usados para chegar a inferências sobre a variância populacional. O desvio-padrão amostral ao lado da média amostral tem um papel importante nas inferências feitas sobre a média populacional. Em geral, a variância é considerada mais na teoria inferencial, enquanto o desvio-padrão amostral é mais usado em aplicações.

Exercícios

1.7 Considere os dados do tempo de secagem do Exercício 1.1. Calcule a variância e o desvio-padrão amostrais.

1.8 Calcule a variância e o desvio-padrão amostrais para os dados sobre absorção de água do Exercício 1.2.

1.9 O Exercício 1.3 mostrou amostras de dados sobre resistência à tensão, uma para espécimes que foram expostos ao processo de envelhecimento e outra para os que não foram expostos. Calcule a variância e o desvio-padrão da resistência à tensão em ambas as amostras.

1.10 Pelos dados do Exercício 1.4, calcule a média e a variância da 'flexibilidade' para as empresas A e B.

1.11 Considere os dados do Exercício 1.5. Calcule a variância e o desvio-padrão amostrais para os grupos de controle e de tratamento.

1.12 Para o Exercício 1.6, calcule o desvio-padrão amostral da resistência à tensão separadamente para as duas temperaturas. O aumento nas temperaturas parece influenciar a variabilidade da resistência à tensão? Explique.

1.6 Dados discretos e contínuos

A inferência estatística, por meio da análise de estudos observacionais ou experimentos planejados, é usada em muitas áreas específicas. Os dados reunidos podem ser *discretos* ou *contínuos*, dependendo da área de aplicação. Por exemplo, um engenheiro químico pode estar interessado em conduzir um experimento que levará a uma condição em que o rendimento é maximizado. Aqui, é claro, o rendimento pode ser em porcentagem ou gramas/libras, medidos em uma seqüência contínua. Por outro lado, um toxicologista que conduz um experimento sobre uma combinação de drogas pode encontrar dados que são binários por natureza (ou seja, o paciente responde ou não).

Grandes distinções são feitas entre dados discretos e contínuos na teoria da probabilidade que nos permite realizar inferências estatísticas. Aplicações freqüentes de inferência estatística são encontradas quando os dados são *contagens*. Por exemplo, um engenheiro pode estar interessado em estudar o número de partículas radioativas que passam por um contador em, digamos, um milésimo de segundo. O pessoal responsável pela eficiência de um porto pode estar interessado no número de petroleiros que chegam a cada dia em certo porto da cidade. Diversos cenários, levando a diferentes maneiras de lidar com os dados, serão discutidos no Capítulo 5 em situações com dados de contagem.

Devemos dar atenção especial, mesmo nesse estágio inicial do livro, a alguns detalhes sobre dados binários. As aplicações que requerem análise estatística de dados binários são volumosas. Em geral, a medida usada na análise é a *proporção amostral*. Obviamente, uma situação binária envolve duas categorias. Se há unidades n envolvidas nos dados e x é definido como o número que está na categoria 1, então $n - x$ cai na categoria 2. Assim, x/n é a proporção amostral na categoria 1 e $1 - x/n$ é a proporção amostral na categoria 2. Em uma aplicação biomédica, 50 pacientes podem representar as unidades da amostra e, se 20 deles experimentarem uma melhora na indisposição estomacal (comum a todos os 50) após todos os 50 tomarem a droga, então $20/50 = 0,4$ é a proporção da amostra para a qual a droga foi eficaz e $1 - 0,4 = 0,6$ é a proporção da amostra para a qual a droga foi ineficaz. Na verdade, a medida numérica básica para dados binários é geralmente denotada por 0 ou 1. Por exemplo, em nosso exemplo médico, um sucesso do tratamento é denotado por 1 e um fracasso, por 0. Como resultado, a proporção amostral será, na verdade, uma média amostral de zeros e uns. Para categoria dos sucessos,

$$\frac{x_1 + x_2 + \cdots + x_{50}}{50} = \frac{1 + 1 + 0 + \cdots + 0 + 1}{50} = \frac{20}{50} = 0,4.$$

Que tipos de problemas são resolvidos em situações com dados binários?

Os tipos de problemas enfrentados por engenheiros e cientistas que lidam com dados binários não são muito impressionantes, diferentemente daqueles nos quais são as medições contínuas que interessam. Entretanto, técnicas diferentes são usadas, visto que as propriedades estatísticas das proporções amostrais são bastante diferentes das médias amostrais resultantes de médias tomadas de populações contínuas. Considere os dados do Exercício 1.6. O problema estatístico presente no exemplo trata da questão de saber se uma intervenção, digamos, o aumento da temperatura de cura, alterará a resistência à tensão da média da população associada com o processo de borrachas siliconizadas. Por outro lado, na área de controle de qualidade, suponha que um fabricante de pneus para automóveis reporte que o transporte de 5.000 pneus, selecionados aleatoriamente do processo, resulta em 100 deles com deformidades. Aqui, a proporção é $100/5.000 = 0,02$. Depois de uma mudança no processo para reduzir as deformidades, uma segunda amostra de 5.000 pneus é tirada e 90 pneus apresentam deformidades. A proporção é reduzida para $90/5.000 = 0,018$. Então, surge a questão: 'O decréscimo da proporção amostral de 0,02 para 0,018 é substancial o suficiente para sugerir uma real melhoria na proporção populacional?' Ambos os exemplos exigem o uso das propriedades estatísticas das médias amostrais – uma das amostras de uma população contínua e a outra de amostras de uma população discreta (binária). Nos dois casos, a média amostral é uma *estimativa* de um parâmetro da população, uma média populacional no primeiro exemplo (ou seja, resistência média à tensão) e uma proporção populacional (ou seja, a proporção de pneus deformados na população), no segundo caso. Portanto, temos estimativas amostrais usadas para chegar a conclusões científicas a respeito de parâmetros populacionais. Como indicamos na Seção 1.4, esse é o tema geral em muitos problemas práticos que usam a inferência estatística.

1.7 Modelagem estatística, inspeção científica e diagnósticos gráficos

Com freqüência, o resultado de uma análise estatística é a estimação de parâmetros de um *modelo postulado*. Isso é natural para cientistas e engenheiros, já que eles costumam lidar com modelagem. Um modelo estatístico não é determinístico, ao contrário, deve requerer alguns aspectos de probabilidade. A forma do modelo é freqüentemente a base das *suposições* feitas pelo analista. Por exemplo, no Exemplo 1.2, o cientista pode desejar delinear algum nível de distinção entre a população 'com nitrogênio' e 'sem nitrogênio' por meio de informações da amostra. A análise pode requerer um certo modelo para os dados – por exemplo, que as duas amostras venham de uma *distribuição normal* ou *Gaussiana*. Veja no Capítulo 6 uma discussão sobre distribuição normal.

Algumas vezes o modelo postulado pode assumir uma forma mais complicada. Considere, por exemplo, uma indústria têxtil que planeja um experimento em que espécimes de tecidos que são produzidos contêm várias porcentagens de algodão. Considere os dados da Tabela 1.3.

Cinco espécimes de tecidos são fabricados para cada uma das quatro porcentagens de algodão. Nesse caso, tanto o modelo quanto o tipo de análise usado devem levar em conta o objetivo do experimento e importantes contribuições do cientista têxtil. Alguns gráficos simples podem esclarecer a distinção entre as amostras. Veja a Figura 1.5; as médias e a variabilidade amostrais são descritas habilmente no gráfico. Um possível objetivo desse experimento é simplesmente determinar quais porcentagens de algodão são realmente distintas das outras. Em outras palavras, como no caso dos dados com nitrogênio/sem nitrogênio, para quais porcentagens de algodão há distinções claras entre as populações ou, mais especificamente, entre as médias populacionais? Nesse caso, talvez um modelo razoável seja aquele em que cada uma das amostras vem de uma distribuição normal. Aqui, o objetivo é muito parecido com aquele dos dados com nitrogênio/sem nitrogênio, excetuando-se que mais amostras estão envolvidas. O formalismo da análise envolve noções de teste de hipóteses, discutidas no Capítulo 10. Incidentalmente, essa formalidade talvez não seja necessária à luz do gráfico de diagnóstico. Mas, isso descreve o real objetivo do experimento e, portanto, a abordagem apropriada para a análise de dados? É provável que o cientista antecipe a existência de uma *média populacional máxima da resistência à tensão* dentro do intervalo de valores de concentração de algodão observados no experimento. Aqui, a análise dos dados deveria girar em torno de um tipo diferente de modelo, que postulasse um tipo de estrutura relacionando a média populacional da resistência à tensão com a concentração de algodão. Em outras palavras, um modelo pode ser escrito

$$\mu_{t,c} = \beta_0 + \beta_1 C + \beta_2 C^2,$$

onde $\mu_{t,c}$ é a média populacional da resistência à tensão, a qual varia de acordo com a quantidade C de algodão no produto. A implicação desse modelo é que, para um nível fixo de algodão, há uma população de medidas de resistência à tensão com média populacional igual a $\mu_{t,c}$. Esse tipo

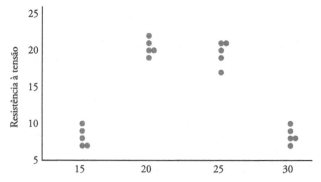

Figura 1.5 Gráfico da resistência à tensão e porcentagens de algodão.

de modelo, chamado *modelo de regressão*, será discutido nos capítulos 11 e 12. A forma funcional é escolhida pelo cientista. Algumas vezes, a análise dos dados pode sugerir que o modelo seja trocado. Então, o analista de dados 'tenta' um modelo que pode ser alterado depois de alguma análise realizada. O uso de um modelo empírico é assistido pela teoria de estimação, através da qual β_0, β_1 e β_2 são estimados pelos dados. Além disso, a inferência estatística pode ser usada para determinar a adequação do modelo.

Dois pontos se tornam evidentes aqui: (1) o tipo de modelo usado para descrever os dados freqüentemente depende do objetivo do experimento; e (2) a estrutura do modelo deve considerar o *input* científico não-estatístico. A escolha de um modelo representa uma *suposição fundamental* sob a qual a inferência estatística resultante é baseada. Ficará aparente durante todo o livro quão importantes os gráficos podem ser. Em geral, os gráficos podem ilustrar informações que permitem que os resultados de uma inferência estatística formal sejam mais bem comunicados ao cientista ou engenheiro. Algumas vezes, gráficos ou *análises exploratórias de dados* podem ensinar ao analista algo que não foi resgatado da análise formal. Quase toda análise formal requer suposições que surgem do modelo dos dados. Gráficos podem enfatizar bem a *violação de suposições*, que poderia ter passado despercebida. Ao longo do livro, os gráficos são usados extensivamente para suplementar a análise formal de dados. As seções seguintes revelam algumas ferramentas gráficas úteis utilizadas em análise exploratória ou descritiva de dados.

1.8 Métodos gráficos e descrição de dados

Obviamente, o usuário de métodos estatísticos não é capaz de gerar informações ou dados experimentais suficientes para caracterizar a totalidade da população. Mas conjuntos de dados são freqüentemente usados para aprender certas propriedades da população. Cientistas e engenheiros estão acostumados a lidar com conjuntos de dados. A importância de caracterizar ou *sintetizar* a

Tabela 1.3 Resistência à tensão.

Porcentagem de algodão	Resistência à tensão
15	7, 7, 9, 8, 10
20	19, 20, 21, 20, 22
25	21, 21, 17, 19, 20
30	8, 7, 8, 9, 10

natureza das coleções de dados deveria ser óbvia. Com freqüência, o resumo de uma coleção de dados por meio de um gráfico pode fornecer uma percepção a respeito do sistema de onde os dados foram coletados.

Nesta seção, o papel da amostragem e da análise gráfica de dados para aprimorar a *inferência estatística* será explorado em detalhes. Nós introduzimos algumas ferramentas gráficas simples, mas eficazes, que complementam o estudo de populações estatísticas. Dados estatísticos, gerados em grandes massas, podem ser muito úteis para o estudo do comportamento da distribuição se apresentados em uma combinação de tabela e gráfico chamada *diagrama de ramo-e-folhas*.

Para ilustrar a construção do diagrama de ramo-e-folhas, considere os dados da Tabela 1.4, que especifica a 'vida útil' de 40 baterias de carros similares, registrada até o décimo de um ano. As baterias têm garantia de três anos. Primeiro, divida cada observação em duas partes, consistindo em um ramo e uma folha, de maneira tal que o ramo represente o dígito precedendo o decimal e a folha corresponda à parte decimal do número. Em outras palavras, para o número 3,7 o dígito 3 é designado ramo e o dígito 7 é designado folha. Os quatro ramos 1, 2, 3 e 4 para nossos dados estão listados verticalmente no lado esquerdo da Tabela 1.5; as folhas estão no lado direito em oposição ao valor correspondente do ramo. Então, a folha 6 do número 1,6 está oposta ao ramo 1; a folha 5 do número 2,5 está oposta ao ramo 2, e assim por diante. O número de folhas opostas a cada ramo está resumido sob a coluna de freqüências.

O diagrama de ramo-e-folhas da Tabela 1.5 contém somente quatro ramos e, em conseqüência, não fornece uma representação adequada da distribuição. Para remediar esse problema, precisamos aumentar o número de ramos em nosso gráfico. Uma maneira simples de fazê-lo é escrever cada valor de ramo duas vezes e registrar as folhas 0, 1, 2, 3 e 4 no lado oposto ao valor do ramo onde ele aparece pela primeira vez; e as folhas 5, 6, 7, 8 e 9 opostas a estes mesmos valores de ramo onde aparecem pela segunda vez. Esse diagrama de ramo-e-folhas duplo é ilustrado na Tabela 1.6, em que os ramos correspondentes às folhas de 0 a 4 foram codificados pelo símbolo * e os ramos correspondentes às folhas de 5 a 9 foram codificados pelo símbolo •.

Em qualquer problema dado, devemos decidir o valor apropriado dos ramos. Tal decisão é tomada, de certa forma, arbitrariamente, embora sejamos guiados pelo tamanho de nossa amostra. Em geral, escolhemos entre cinco e 20 ramos. Quanto menor for o número de dados disponíveis, menor será nossa escolha de números de ramos. Por exemplo, se o dado consiste em números de 1 a 21, representando o número de pessoas na fila de uma cafeteria em 40 itens selecionados aleatoriamente, e escolhemos um diagrama de ramo-e-folhas duplo, os ramos seriam 0*, 0•, 1*, 1• e 2*, de forma que a menor observação, 1, tem ramo 0* e folha 1, o número 18 tem ramo 1• e folha 8, e a observação maior, 21, tem ramo 2* e folha 1. Por outro lado, se os dados consistem em números de $ 18.800 a $ 19.600, representando as melhores negociações possíveis de cem novos automóveis de certa revenda, e escolhemos um diagrama de ramo-e-folhas simples, os ramos seriam 188, 189, 190, ... e 196 e as folhas teriam agora dois dígitos cada uma. Um carro que fosse vendido por $ 19.385 teria um valor de ramo de 193 e uma folha de dois dígitos de 85. Folhas de dígitos múltiplos pertencentes ao mesmo ramo são geralmente separadas por vírgulas no diagrama de ramo-e-folhas. A vírgula decimal nos dados costuma ser ignorada quando todos os dígitos à direita do decimal formam a folha. Esse foi o caso nas tabelas 1.5 e 1.6. Entretanto, se os dados consistem em números que vão de 21,8 a 74,9, podemos escolher os dígitos 2, 3, 4, 5, 6 e 7 como nossos ramos, de forma que um número como 48,3 tenha um valor de ramo de 4 e uma folha de 8,3.

O diagrama de ramo-e-folhas é uma maneira eficaz de resumir dados. Outra maneira é o uso da *distribuição de freqüências*, na qual os dados são agrupados em diferentes classes ou intervalos, que podem ser construídos

Tabela 1.4 Vida útil das baterias de carro.

2,2	4,1	3,5	4,5	3,2	3,7	3,0	2,6
3,4	1,6	3,1	3,3	3,8	3,1	4,7	3,7
2,5	4,3	3,4	3,6	2,9	3,3	3,9	3,1
3,3	3,1	3,7	4,4	3,2	4,1	1,9	3,4
4,7	3,8	3,2	2,6	3,9	3,0	4,2	3,5

Tabela 1.5 Diagrama de ramo-e-folhas da vida das baterias.

Ramo	Folhas	Freqüência
1	69	2
2	25669	5
3	0011112223334445567778899	25
4	11234577	8

Tabela 1.6 Diagrama de ramo-e-folhas duplo de vida útil das baterias.

Ramo	Folhas	Freqüência
1•	69	2
2*	2	1
2•	5669	4
3*	001111222333444	15
3•	5567778899	10
4*	11234	5
4•	577	3

contando-se as folhas pertencentes a cada ramo, cada um deles definindo um intervalo de classe. Na Tabela 1.5, o ramo 1, com 2 folhas, define o intervalo 1,0–1,9, contendo duas observações; o ramo 2, com 5 folhas, define o intervalo 2,0–2,9, contendo cinco observações; o ramo 3, com 25 folhas, define o intervalo 3,0–3,9, com 25 observações; e o ramo 4, com 8 folhas, define o intervalo 4,0–4,9, com oito observações. Para o diagrama de ramo-e-folhas duplo da Tabela 1.6, os ramos definem os sete intervalos de classe 1,5–1,9; 2,0–2,4; 2,5–2,9; 3,0–3,4; 3,5–3,9; 4,0–4,4 e 4,5–4,9, com freqüências 2, 1, 4, 15, 10, 5 e 3, respectivamente. Dividindo a freqüência de cada classe pelo número total de observações, obtemos a proporção de observações em cada uma das classes. A tabela que lista as freqüências relativas é chamada de distribuição de freqüências relativas. Essa distribuição para os dados da Tabela 1.4, mostrando os pontos médios de cada intervalo de classe, é dada na Tabela 1.7.

A informação fornecida pela distribuição de freqüências relativas na forma de tabela é mais fácil de ser entendida se representada graficamente. Usando os pontos médios de cada intervalo e as freqüências relativas correspondentes, construímos um *histograma de freqüências relativas* (Figura 1.6).

Muitas distribuições de freqüências contínuas podem ser representadas graficamente pela curva 'em forma de sino' da Figura 1.7. Ferramentas gráficas como as que vimos nas figuras 1.6 e 1.7 ajudam na caracterização da natureza da população. Nos capítulos 5 e 6, discutiremos uma propriedade populacional chamada de *distribuição*. Embora uma definição mais rigorosa de distribuição ou *distribuição de probabilidade* seja dada adiante neste livro, neste momento pode-se vê-la como o que seria a Figura 1.7 no limite, ou seja, à medida que se aumentasse o tamanho da amostra.

Uma distribuição é dita *simétrica* se puder ser dobrada ao longo de um eixo vertical de modo que os dois lados coincidam. A distribuição que carece de simetria em relação ao eixo vertical é dita *assimétrica*. A distribuição ilustrada na Figura 1.8(a) é chamada de assimétrica à direita, já que tem uma grande cauda à direita e uma cauda muito menor à esquerda. Na Figura 1.8(b), vemos que a distribuição é simétrica, enquanto na Figura 1.8(c) ela é assimétrica à esquerda.

Ao fazer a rotação do diagrama de ramo-e-folhas em sentido anti-horário em um ângulo de 90°, observamos que as colunas de folhas resultantes formam uma figura similar a um histograma. Conseqüentemente, se nosso propósito primário ao olhar os dados é determinar a forma da distribuição, raramente será necessário construir um histograma de freqüências relativas. Há muitos outros tipos de ferramentas gráficas que podem ser usadas. Elas serão discutidas no Capítulo 8, depois de introduzirmos outros detalhes teóricos.

Outras características que distinguem as amostras

Existem outras características da distribuição ou amostra, além das medidas do centro de localização e de variabi-

Tabela 1.7 Distribuição de freqüências relativas da vida útil das baterias.

Intervalo de classe	Ponto médio de classe	Freqüência, f	Freqüência relativa
1,5–1,9	1,7	2	0,050
2,0–2,4	2,2	1	0,025
2,5–2,9	2,7	4	0,100
3,0–3,4	3,2	15	0,375
3,5–3,9	3,7	10	0,250
4,0–4,4	4,2	5	0,125
4,5–4,9	4,7	3	0,075

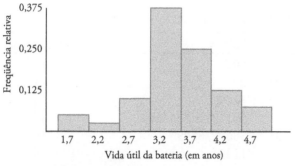

Figura 1.6 Histograma de freqüências relativas.

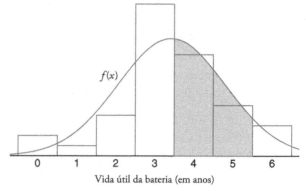

Figura 1.7 Estimativa da distribuição de freqüências.

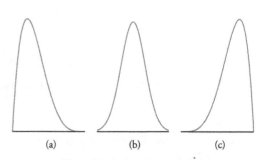

Figura 1.8 Assimetria dos dados.

lidade, que também definem sua natureza. Por exemplo, enquanto a mediana divide os dados (ou a distribuição) em duas partes, há medidas que dividem outras partes da distribuição que podem ser muito úteis. A divisão é feita em quatro partes pelos quartis, com o terceiro quartil separando o quarto superior dos dados do restante; o segundo quartil sendo a mediana; e o primeiro quartil separando o quarto inferior dos dados do restante. A distribuição ainda pode ser dividida em partes menores calculando-se os percentis da distribuição. Essas quantidades dão ao analista uma noção das chamadas *caudas* da distribuição (ou seja, valores que são relativamente extremos, sejam grandes ou pequenos). Por exemplo, o 95º (nonagésimo quinto) percentil separa os 5% mais altos dos 95% mais baixos. Definições similares prevalecem para extremos no lado mais baixo ou *cauda inferior* da distribuição. O 1º (primeiro) percentil separa o 1% mais baixo do restante da distribuição. O conceito de percentil terá um papel fundamental em muito do que será visto nos próximos capítulos.

1.9 Tipos gerais de estudos estatísticos: experimento planejado, estudo observacional e estudo retrospectivo

Nas seções anteriores, enfatizamos a noção de amostragem de uma população e o uso de métodos estatísticos para estudar ou, talvez, confirmar informações importantes sobre a população. As informações procuradas e estudadas por meio desses métodos estatísticos podem influenciar a tomada de decisões e solução de problemas em muitas áreas importantes da ciência e engenharia. Para explicar, o Exemplo 1.3 descreve um experimento simples no qual os resultados podem auxiliar a determinação dos tipos de condições sob as quais é aconselhável usar uma liga de alumínio em particular que pode ter uma perigosa vulnerabilidade à corrosão. Os resultados podem ser úteis não somente para aqueles que produzem a liga, mas também para o cliente que considera utilizá-la. Esse exemplo, bem como muitos outros que aparecem nos capítulos 13 a 15, enfatiza o conceito de planejamento ou controle de condições experimentais (combinações de condições de revestimento e umidade) interessantes para se aprender sobre algumas características ou medições (nível de corrosão) que resultam dessas condições. Os métodos estatísticos que utilizam medidas de tendência central em medições de corrosão, bem como medidas de variabilidade, são empregados. Como o leitor observará adiante neste material, tais métodos frequentemente levam a um modelo estatístico como o discutido na Seção 1.7. Nesse caso, o modelo pode ser usado para estimar (ou prever) a medida de corrosão como uma função da umidade e do tipo de revestimento empregado. Novamente, ao desenvolver esse tipo de modelo, a estatística descritiva, que enfatiza a tendência central e a variabilidade, se torna muito útil.

A informação dada no Exemplo 1.3 ilustra muito bem os tipos de perguntas feitas pela engenharia e respondidas pelos métodos estatísticos que são empregados para um experimento planejado e apresentados neste livro. São elas:

(i) Qual é a natureza do impacto da umidade relativa na corrosão da liga de alumínio dentro do intervalo de valores de umidade relativa adotados nesse experimento?

(ii) O revestimento químico reduz os níveis de corrosão e este efeito pode ser quantificado de algum modo?

(iii) Há *interação* entre o tipo de revestimento e a umidade relativa que impacta suas influências na corrosão da liga? Se sim, qual é sua interpretação?

O que é interação?

A importância das questões (i) e (ii) deveria estar clara para o leitor, já que lidam com tópicos importantes tanto para produtores como para usuários da liga. Mas e a questão (iii)? O conceito de *interação* será discutido em detalhes nos capítulos 14 e 15. Considere a representação da Figura 1.3. É um exemplo da detecção da interação entre dois *fatores* em um experimento planejado simples. Note que as linhas que conectam as médias amostrais não são paralelas. O *paralelismo* teria indicado que o efeito (visto como um resultado da inclinação das linhas) da umidade relativa é o mesmo, neste caso, negativo, para as condições sem revestimento ou com revestimento químico. Lembre-se de que a inclinação 'negativa' implica a corrosão se tornar mais pronunciada conforme a umidade aumenta. A falta de paralelismo implica uma interação entre o tipo de revestimento e a umidade relativa. A linha quase 'horizontal' para o revestimento, em oposição a uma inclinação excessiva para a condição sem revestimento, sugere que *o revestimento não somente é benéfico (note a distância entre as linhas), mas também sua presença torna o efeito da umidade insignificante*. Claramente, todas essas questões são muito importantes para os efeitos individuais dos dois fatores e para a interpretação da interação, se estiver presente.

Os modelos estatísticos são muitos úteis para responder questões como as listadas em (i), (ii) e (iii), em que os dados vêm de um experimento planejado. Mas nem sempre se tem o luxo ou os recursos que permitem o emprego de um experimento planejado. Por exemplo, há muitos casos em que as condições de interesse do cientista ou engenheiro não podem ser implementadas simplesmente porque *fatores importantes não podem ser con-*

trolados. No Exemplo 1.3, a umidade relativa e o tipo de revestimento (ou falta dele) são facilmente controlados. Isso, é claro, é a característica que define um experimento planejado. Em muitos campos, fatores que precisam ser estudados não podem ser controlados por uma ou várias razões. Um controle rígido, como no Exemplo 1.3, permite ao analista acreditar que as diferenças encontradas (por exemplo, nos níveis de corrosão) são devido aos fatores sob controle. Como segundo caso, considere o Exemplo 1.6. Suponha que, nesse caso, 24 espécimes de borracha siliconizada sejam selecionados e 12 sejam designados para cada nível de temperatura de cura. As temperaturas são controladas cuidadosamente e, assim, temos um exemplo de experimento planejado com um *único fator*, sendo este a temperatura de cura. As diferenças encontradas na média da resistência à tensão seriam atribuídas às diferentes temperaturas de cura.

E se os fatores não puderem ser controlados?

Suponha que não haja fatores controlados nem *atribuições aleatórias* de tratamentos fixos para as unidades experimentais e, ainda assim, haja necessidade de colher informações de um conjunto de dados. Como exemplo, um estudo foi realizado no qual o interesse é centrado na relação entre os níveis de colesterol e a quantidade de sódio medida no sangue. Um grupo de indivíduos foi monitorado por algum tempo, e tanto o colesterol quanto o sódio foram observados. Certamente alguma informação útil pode ser tirada de tal conjunto de dados. Entretanto, deveria ficar claro que não é possível haver controle rígido dos níveis de sódio no sangue. Idealmente, os indivíduos deveriam ser divididos aleatoriamente em dois grupos, sendo um designado com 'alto nível' e outro com 'baixo nível' de sódio. Mas isso não pode ser feito. As mudanças experimentadas no colesterol podem ser devidas a inúmeros outros fatores que não foram controlados. Tal tipo de estudo, sem controle de fatores, é chamado de *estudo observacional*. Muitas vezes ele envolve uma situação na qual os objetos são observados ao longo de um tempo.

Estudos biológicos e biomédicos geralmente são, por necessidade, estudos observacionais. Entretanto, tais estudos não estão limitados a essas áreas. Por exemplo, considere um estudo com o objetivo de determinar a influência da temperatura ambiental na energia elétrica consumida por determinada indústria química. Obviamente, os níveis de temperatura ambiental não podem ser controlados, e, então, a estrutura de dados só pode ser uma monitoração dos dados da indústria durante certo período.

Deveria ser evidente que a diferença impressionante entre um estudo experimental bem planejado e estudos observacionais é a dificuldade de determinar, no último, causa e efeito reais. Além disso, as diferenças encontradas na resposta fundamental (por exemplo, níveis de corrosão, colesterol sangüíneo, consumo de energia elétrica na indústria) podem ser devidas a outros fatores subjacentes que não foram controlados. Idealmente, em um experimento planejado, estes *fatores de perturbação* seriam igualados por meio do processo de aleatorização. Com certeza, mudanças no colesterol sangüíneo poderiam ocorrer por ingestão de gordura ou falta de exercícios físicos, e assim por diante. O consumo de energia elétrica poderia ser afetado pela quantidade ou até mesmo pela pureza dos produtos produzidos.

Outra desvantagem que costuma ser ignorada em um estudo observacional, quando comparado a experimentos planejados cuidadosamente, é que, ao contrário do último, o primeiro está à mercê da natureza, do meio ambiente ou de outras circunstâncias não controláveis, que causam impacto na amplitude dos valores dos fatores de interesse. Por exemplo, no estudo biomédico referente à influência dos níveis de sódio no colesterol, é possível que haja, de fato, uma forte influência, mas o conjunto de dados usado não envolve variação observada suficiente nos níveis de sódio, por causa da natureza dos dados envolvidos. É claro que, em um experimento planejado, o analista escolhe e controla a amplitude dos fatores.

Um terceiro tipo de estudo estatístico que pode ser muito útil, mas que tem claras desvantagens quando comparado ao experimento planejado, é o *estudo retrospectivo*. Esse tipo de estudo usa estritamente *dados históricos*, tirados de um período de tempo específico. Uma vantagem óbvia de dados retrospectivos é que não há custo para coletá-los. Entretanto, como se deve esperar, há claras desvantagens:

(i) A validade e confiabilidade dos dados históricos são geralmente duvidosas.
(ii) Se o tempo é um aspecto importante da estrutura dos dados, pode haver dados faltantes.
(iii) Pode haver erros desconhecidos na coleta dos dados.
(iv) Novamente, como nos casos de dados observacionais, não há controle na amplitude dos valores das variáveis medidas (os fatores em um estudo). Na verdade, as amplitudes encontradas em dados históricos podem não ser relevantes para estudos atuais.

Estudos que não são conduzidos para derivar a relação entre variáveis

Na Seção 1.7, alguma atenção foi dada à modelagem de relações entre as variáveis. Introduzimos a noção de análise de regressão, que é abordada nos capítulos 11 e 12 e ilustrada como uma forma de análise de dados para experimentos planejados, discutidos nos capítulos 14 e 15. Nessa mesma seção, um modelo relacionando a média populacional da resistência à tensão de tecidos às porcentagens de algodão foi usado como exemplo, no qual 20 espécimes de tecido representavam as unidades experimentais. Naquele caso, os dados vieram de um experimento planejado simples, no qual as porcentagens individuais de algodão foram selecionadas pelos cientistas.

Com freqüência, tanto os dados observacionais como os retrospectivos são usados com o propósito de observar as relações entre as variáveis por meio de procedimentos de construção de modelos, discutidos nos capítulos 11 e 12. Embora as vantagens dos experimentos planejados certamente se apliquem quando o objetivo é a construção de um modelo estatístico, há muitas áreas em que o planejamento de experimentos não é possível. Então, *dados observacionais ou históricos devem ser usados*. Estamos nos referindo aqui ao conjunto de dados históricos encontrado no Exercício 12.9. O objetivo é construir um modelo que resultará numa equação ou relação que relaciona a energia elétrica consumida mensalmente à média da temperatura ambiental x_1, o número de dias no mês x_2, a média da pureza do produto x_3 e as toneladas de produto produzido x_4. Os dados são dados históricos do ano anterior.

Exercícios

1.13 Uma indústria de componentes eletrônicos está interessada em determinar a vida útil de certo tipo de bateria. Uma amostra, em horas, segue abaixo:

123, 116, 122, 110, 175, 126, 125, 111, 118, 117.

(a) Encontre a média e a mediana amostrais.
(b) Qual característica nessa amostra é responsável pela considerável diferença entre as duas?

1.14 Uma indústria de pneus quer determinar o diâmetro interno de certa graduação de pneu. Idealmente, o diâmetro deveria ser de 570 mm. Os dados seguem abaixo:

572, 572, 573, 568, 569, 575, 565, 570.

(a) Encontre a média e a mediana amostrais.
(b) Encontre a variância, o desvio-padrão e a amplitude amostrais.
(c) Usando as estatísticas calculadas em (a) e (b), você pode comentar a qualidade dos pneus?

1.15 Cinco lançamentos independentes de moedas resultam em *cinco caras*. Ocorre que, se a moeda é imparcial, a probabilidade de esse resultado acontecer é $(1/2)^5 = 0,03125$. Há uma forte evidência de que a moeda não é imparcial? Comente e use o conceito do valor P, discutido na Seção 1.2.

1.16 Mostre que n pedaços de informação em $\sum_{i=1}^{n}(x_i - \bar{x})^2$ não são independentes; isto é, mostre que

$$\sum_{i=1}^{n}(x_i - \bar{x}) = 0.$$

1.17 Um estudo dos efeitos do tabagismo nos padrões de sono é conduzido. A medida observada é o tempo, em minutos, que se leva para dormir. Os dados obtidos são:

Fumantes: 69,3 56,0 22,1 47,6
            53,2 48,1 52,7 34,4
            60,2 43,8 23,2 13,8

Não-fumantes: 28,6 25,1 26,4 34,9
              29,8 28,4 38,5 30,2
              30,6 31,8 41,6 21,1
              36,0 37,9 13,9

(a) Encontre a média amostral em cada grupo.
(b) Encontre o desvio-padrão amostral em cada grupo.
(c) Faça um diagrama de pontos dos dois conjuntos de dados.
(d) Comente o tipo de impacto que o fumo aparenta ter no tempo que se leva para dormir.

1.18 As seguintes pontuações representam as notas no exame final de um curso elementar de estatística:

23 60 79 32 57 74 52 70 82
36 80 77 81 95 41 65 92 85
55 76 52 10 64 75 78 25 80
98 81 67 41 71 83 54 64 72
88 62 74 43 60 78 89 76 84
48 84 90 15 79 34 67 17 82
69 74 63 80 85 61

(a) Construa um diagrama de ramo-e-folhas para as notas, no qual os ramos sejam 1, 2, 3, ..., 9.
(b) Estabeleça uma distribuição de freqüências relativas.
(c) Construa um histograma de freqüências relativas, desenhe a curva de uma estimativa da distribuição e discuta a assimetria desta distribuição.
(d) Calcule a média, a mediana e o desvio-padrão amostrais.

1.19 Os dados a seguir representam a duração da vida útil, em anos, medidos do décimo mais próximo, de 30 bombas de combustível:

2,0 3,0 0,3 3,3 1,3 0,4
0,2 6,0 5,5 6,5 0,2 2,3
1,5 4,0 5,9 1,8 4,7 0,7
4,5 0,3 1,5 0,5 2,5 5,0
1,0 6,0 5,6 6,0 1,2 0,2

(a) Construa um diagrama de ramo-e-folhas para a vida, em anos, das bombas de combustível, usando o dígito à esquerda da vírgula decimal como ramo para cada observação.
(b) Estabeleça a distribuição de freqüências relativas.

(c) Calcule a média, a amplitude e o desvio-padrão amostrais.

1.20 Os seguintes dados representam o tempo de vida, em segundos, de 50 moscas drosófilas submetidas a um novo *spray* em um experimento de laboratório controlado:

17	20	10	9	23	13	12	19	18	24
12	14	6	9	13	6	7	10	13	7
16	18	8	13	3	32	9	7	10	11
13	7	18	7	10	4	27	19	16	8
7	10	5	14	15	10	9	6	7	15

(a) Construa um diagrama de ramo-e-folhas para o tempo de vida das moscas usando os ramos 0*, 0•, 1*, 1•, 2*, 2• e 3*, de tal forma que os ramos codificados pelos símbolos * e • sejam associados, respectivamente, com as folhas de 0 a 4 e de 5 a 9.
(b) Estabeleça uma distribuição de freqüências relativas.
(c) Construa um histograma de freqüências relativas.
(d) Encontre a mediana.

1.21 O teor de nicotina, em miligramas, em 40 cigarros de certa marca foi registrado como segue:

1,09	1,92	2,31	1,79	2,28
1,74	1,47	1,97	0,85	1,24
1,58	2,03	1,70	2,17	2,55
2,11	1,86	1,90	1,68	1,51
1,64	0,72	1,69	1,85	1,82
1,79	2,46	1,88	2,08	1,67
1,37	1,93	1,40	1,64	2,09
1,75	1,63	2,37	1,75	1,69

(a) Encontre a média e a mediana amostrais.
(b) Encontre o desvio-padrão amostral.

1.22 Os seguintes dados são as medidas dos diâmetros de 36 cabeças de rebites em 1/100 de polegada:

6,72	6,77	6,82	6,70	6,78	6,70	6,62	6,75
6,66	6,66	6,64	6,76	6,73	6,80	6,72	6,76
6,76	6,68	6,66	6,62	6,72	6,76	6,70	6,78
6,76	6,67	6,70	6,72	6,74	6,81	6,79	6,78
6,66	6,76	6,76	6,72				

(a) Calcule a média e o desvio-padrão amostrais.
(b) Construa um histograma de freqüências relativas dos dados.
(c) Comente se há, ou não, indicação clara de que a amostra veio de uma população que apresenta uma distribuição 'em forma de sino'.

1.23 As emissões de hidrocarboneto em velocidade lenta, em partes por milhão (ppm), de automóveis de 1980 e 1990 são dadas por 20 carros selecionados aleatoriamente.

Modelos de 1980:
141 359 247 940 882 494 306 210 105 880
200 223 188 940 241 190 300 435 241 380

Modelos de 1990:
140 160 20 20 223 60 20 95 360 70
220 400 217 58 235 380 200 175 85 65

(a) Construa um diagrama de pontos como na Figura 1.1.
(b) Calcule as médias amostrais para os dois anos e sobreponha as duas médias no gráfico.
(c) Comente o que o gráfico indica em relação às mudanças de emissões da população de canos de 1980 para a de 1990. Use os conceitos de variabilidade em seus comentários.

1.24 Os dados históricos seguintes são os salários de pessoal (dólares por aluno) em 30 escolas amostradas no lado oeste dos Estados Unidos, no início dos anos 70.

3,79	2,99	2,77	2,91	3,10	1,84	2,52	3,22
2,45	2,14	2,67	2,52	2,71	2,75	3,57	3,85
3,36	2,05	2,89	2,83	3,13	2,44	2,10	3,71
3,14	3,54	2,37	2,68	3,51	3,37		

(a) Calcule a média e o desvio-padrão amostrais.
(b) Construa um histograma de freqüências relativas dos dados.
(c) Construa um diagrama de ramo-e-folhas dos dados.

1.25 O conjunto de dados a seguir está relacionado àquele do Exercício 1.24. Eles dão a porcentagem de famílias que estão no mais alto nível de renda nas mesmas escolas, na mesma ordem do exercício anterior.

72,2	31,9	26,5	29,1	27,3	8,6	22,3	26,5
20,4	12,8	25,1	19,2	24,1	58,2	68,1	89,2
55,1	9,4	14,5	13,9	20,7	17,9	8,5	55,4
38,1	54,2	21,5	26,2	59,1	43,3		

(a) Calcule a média amostral.
(b) Calcule a mediana amostral.
(c) Construa um histograma de freqüências relativas dos dados.
(d) Calcule a média aparada a 10%. Compare com os resultados de (a) e (b) e comente.

1.26 Suponha que seja de interesse usar os conjuntos de dados dos exercícios 1.24 e 1.25 para derivar um modelo para prever os salários de pessoal como uma função da porcentagem das famílias no mais alto nível de renda, nestas escolas. Comente qualquer desvantagem em realizar esse tipo de análise.

1.27 Um estudo foi feito para determinar a influência do desgaste, y, de um rolamento em função da carga, x, no rolamento. Um experimento planejado foi usado para esse estudo. Três níveis de carga foram usados, 700 libras, 1.000 libras e 1.300 libras, respectivamente. Quatro espécimes foram usados em cada nível e as médias amostrais são, respectivamente, 210, 325 e 375.
(a) Faça o gráfico da média do desgaste *versus* carga.

(b) Do gráfico em (a), parece que há uma relação entre o desgaste e a carga?

(c) Suponha que temos os valores individuais do desgaste para cada um dos quatro espécimes a cada nível de carga (tabela a seguir).

	\multicolumn{3}{c}{x}	
	700	**1.000**	**1.300**
y_1	145	250	150
y_2	105	195	180
y_3	260	375	420
y_4	330	480	750

$\bar{y}_1 = 210 \quad \bar{y}_2 = 325 \quad \bar{y}_3 = 375$

Faça um gráfico dos resultados do desgaste para todos os espécimes *versus* os três valores de carga.

(d) Do gráfico em (c), parece que existe uma clara relação? Se sua resposta for diferente daquela dada em (b), explique.

1.28 Muitas empresas de manufatura nos Estados Unidos e em outros países usam partes moldadas como componentes do processo. O encolhimento é freqüentemente um grande problema. Então, um molde é construído para uma peça maior do que o nominal para permitir o encolhimento. Num estudo de moldagem por injeção, sabe-se que o encolhimento é influenciado por muitos fatores e, entre eles, está a velocidade da injeção, em pés por segundo, e a temperatura do molde, em graus Celsius. Os dois conjuntos de dados a seguir mostram os resultados de um experimento planejado no qual a velocidade de injeção foi mantida em dois níveis (digamos 'baixo' e 'alto') e a temperatura de molde foi mantida constante no nível 'baixo'. O encolhimento é medido em centímetros $\times 10^4$.

Os valores de encolhimento em velocidade de injeção baixa são:

72,68 72,62 72,58 72,48 73,07
72,55 72,42 72,84 72,58 72,92

Os valores de encolhimento em velocidade de injeção alta são:

71,62 71,68 71,74 71,48 71,55
71,52 71,71 71,56 71,70 71,50

(a) Construa um diagrama de pontos de ambos os conjuntos de dados. Indique no gráfico as médias de encolhimento das velocidades de injeção baixa e alta.

(b) Com base nos resultados gráficos em (a), usando a localização das duas médias e seu senso de variabilidade, qual é sua conclusão a respeito do efeito da velocidade de injeção no encolhimento do molde em 'baixa' temperatura?

1.29 Considere a situação do Exercício 1.28, mas agora use o seguinte conjunto de dados, no qual o encolhimento é medido novamente em velocidades de injeção baixa e alta. Entretanto, dessa vez a temperatura do molde foi elevada para um nível 'alto' e mantida constante.

Valores de encolhimento em velocidade de injeção baixa:

76,20 76,09 75,98 76,15 76,17
75,94 76,12 76,18 76,25 75,82

Valores de encolhimento em velocidade de injeção alta:

93,25 93,19 92,87 93,29 93,37
92,98 93,47 93,75 93,89 91,62

(a) Como no Exercício 1.28, construa um diagrama de pontos de ambos os conjuntos de dados e identifique ambas as médias (ou seja, a média de encolhimento para velocidade de injeção baixa e alta).

(b) Como no Exercício 1.28, comente a influência da velocidade de injeção no encolhimento para temperatura alta do molde. Leve em consideração a posição das duas médias e a variabilidade em torno de cada uma.

(c) Compare suas conclusões em (b) com aquelas em (b) do Exercício 1.28, no qual a temperatura do molde foi mantida no nível baixo. Você diria que há uma interação entre a velocidade de injeção e a temperatura do molde? Explique.

1.30 Use os resultados dos exercícios 1.28 e 1.29 para criar um gráfico que ilustre a evidente interação dos dados. Use o gráfico da Figura 1.3 no Exemplo 1.3 como guia. O tipo de informação contido nos exercícios 1.28, 1.29 e 1.30 poderia ter sido encontrado em um estudo observacional, no qual não haveria controle pelo analista sobre a velocidade de injeção e temperatura do molde? Explique por que sim ou por que não.

Capítulo 2

Probabilidade

2.1 Espaço amostral

No estudo da estatística, estamos interessados, basicamente, na apresentação e interpretação dos *possíveis resultados* que ocorrem em um estudo planejado ou em uma investigação científica. Por exemplo, podemos registrar o número de acidentes que acontecem na interseção de duas estradas, na tentativa de justificar a instalação de um semáforo; podemos classificar itens que saem da linha de montagem de uma indústria como 'defeituosos' ou 'não defeituosos'; ou podemos estar interessados no volume de gás liberado em uma reação química quando a concentração de um ácido é variada. Portanto, o estatístico freqüentemente lida com dados experimentais, representando contagens ou medições, ou, talvez, com *dados categóricos* que podem ser classificados de acordo com algum critério.

Podemos nos referir ao registro de qualquer informação, seja numérica ou categórica, como uma *observação*. Então, os números 2, 0, 1 e 2, representando o número de acidentes que aconteceram a cada mês, entre janeiro e abril do ano passado, na interseção de duas estradas, constituem um conjunto de observações. Similarmente, os dados categóricos N, D, N, N e D, representando os itens defeituosos ou não encontrados na linha de montagem quando cinco itens são inspecionados, também são registrados como observações.

Os estatísticos usam a palavra *experimento* para descrever qualquer processo que gere um conjunto de dados. Um exemplo simples de experimento estatístico é o jogo de cara ou coroa com uma moeda. Nesse caso, existem somente dois resultados possíveis, cara ou coroa. Outro experimento pode ser o lançamento de um míssil e a observação de sua velocidade em momentos específicos. As opiniões de eleitores em relação a um novo imposto também podem ser consideradas observações de um experimento. Estamos particularmente interessados nas observações obtidas ao se repetir o experimento diversas vezes. Na maioria dos casos, os resultados dependerão da probabilidade e, então, não podem ser previstos com certeza. Se um químico realiza uma análise diversas vezes sob as mesmas condições, ele obterá diferentes medidas, indicando um elemento de probabilidade no procedimento experimental. Mesmo quando jogamos a moeda repetidamente, não podemos ter certeza de que certa jogada irá resultar em cara. Entretanto, conhecemos todas as possibilidades para cada jogada.

Dada a discussão na Seção 1.9, devemos lidar com toda a extensão do termo *experimento*. Foram revistos três tipos de estudos estatísticos e dados diversos exemplos de cada um deles. Em cada um dos três casos — *experimentos planejados*, *estudos observacionais* e *estudos retrospectivos* — o resultado foi um conjunto de dados que é, obviamente, sujeito a *incertezas*. Embora somente um deles contenha a palavra *experimento* em sua descrição, o processo de gerar ou de observar dados faz parte de um experimento. O estudo sobre corrosão, discutido na Seção 1.3, certamente envolve um experimento com as medidas da corrosão representando os dados. O exemplo dado na Seção 1.9, no qual colesterol e sódio foram observados em um grupo de indivíduos, representa um estudo observacional (em oposição a um experimento *planejado*) e, ainda assim, o processo gerou dados e o resultado é sujeito à incerteza. Portanto, é um experimento. Um terceiro exemplo, da Seção 1.9, representou um estudo retrospectivo no qual foram observados dados históricos sobre o consumo mensal de energia elétrica e a temperatura ambiental média. Embora os dados estivessem arquivados há décadas, o processo ainda é chamado de experimento.

Definição 2.1
O conjunto de todos os resultados possíveis em um experimento estatístico é chamado de espaço amostral e é representado pelo símbolo S.

Cada resultado é chamado de *elemento* ou *membro* do espaço amostral, ou simplesmente um *ponto amostral*. Se o espaço amostral tem um número finito de elementos, podemos listar os membros separados por vírgulas e colocá-los entre chaves. Então, o espaço amostral S dos resultados possíveis quando a moeda é jogada pode ser escrito como:

$$S = \{H, T\},$$

onde H e T correspondem a cara e coroa, respectivamente.

■ **Exemplo 2.1**

Considere o experimento de jogo de dados. Se estivermos interessados no número que aparecerá no topo, o espaço amostral será:

$$S_1 = \{1, 2, 3, 4, 5, 6\}.$$

Se estivermos interessados em saber se o número será par ou ímpar, o espaço amostral será simplesmente:

$$S_2 = \{\text{par, ímpar}\}.$$

O Exemplo 2.1 ilustra o fato de que mais de um espaço amostral pode ser usado para descrever os resultados de um experimento. Nesse caso, S_1 fornece mais informações do que S_2. Se soubermos qual elemento ocorre em S_1, poderemos dizer qual resultado ocorre em S_2; entretanto, o conhecimento do que acontece em S_2 é de pouca ajuda para determinar qual elemento ocorre em S_1. Em geral, é desejável usar um espaço amostral que dê mais informações relacionadas aos resultados de um experimento. Em alguns casos, é adequado listar os elementos do espaço amostral sistematicamente, por meio de um *diagrama de árvore*.

■ **Exemplo 2.2**

Um experimento consiste em jogar uma moeda (cara ou coroa), e depois jogá-la uma segunda vez se der cara. Se der coroa na primeira jogada, então um dado é jogado uma vez. Para listar os elementos de um espaço amostral que fornece o maior número de informações, construímos o diagrama de árvore da Figura 2.1. Os vários caminhos que seguem os galhos da árvore fornecem os pontos amostrais distintos. Começando com o galho esquerdo, no topo, e movendo para a direita junto ao primeiro caminho, conseguimos o ponto amostral *HH*, que indica a possibilidade de acontecer cara em duas jogadas sucessivas. Do mesmo modo, o ponto amostral *T*3 indica a possibilidade de a moeda mostrar coroa seguida de um três no lançamento do dado. Continuando por todos os caminhos, vemos que o espaço amostral é:

$$S = \{HH, HT, T1, T2, T3, T4, T5, T6\}.$$

Muitos dos conceitos neste capítulo são mais bem ilustrados com exemplos que utilizam dados e cartas. Essas aplicações são particularmente importantes no início do processo de aprendizagem. Isso permitirá o uso desses novos conceitos, fluindo mais facilmente para os exemplos da engenharia e ciência, como o que se segue.

■ **Exemplo 2.3**

Suponha que três itens sejam selecionados em um processo industrial. Cada um é inspecionado e classificado como defeituoso, *D*, ou não defeituoso, *N*. Para listar os elementos do espaço amostral que fornece o maior número de informações, construímos o diagrama de árvore da Figura 2.2. Agora, os diversos caminhos ao longo dos galhos da árvore fornecem pontos amostrais distintos. Começando pelo primeiro caminho, temos o ponto amostral *DDD*, indicando a possibilidade de que todos os três itens inspecionados sejam defeituosos. Conforme prosseguimos ao longo dos outros caminhos, vemos que o espaço amostral é

$$S = \{DDD, DDN, DND, DNN, NDD, NDN, NND, NNN\}.$$

Os espaços amostrais com um número grande ou infinito de pontos amostrais são mais bem descritos por um *enunciado* ou *regra*. Por exemplo, se os resultados possíveis de um experimento são o conjunto de cidades no mundo com população acima de um milhão de habitantes, nosso espaço amostral é escrito como:

$$S = \{x \mid x \text{ é a cidade com população acima de um milhão de habitantes}\},$$

o qual se lê 'S é o grupo de todas as *x*, tal que *x* é uma cidade com população acima de um milhão de habitan-

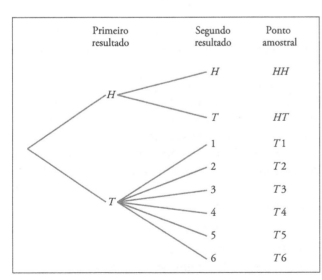

Figura 2.1 Diagrama de árvore para o Exemplo 2.2.

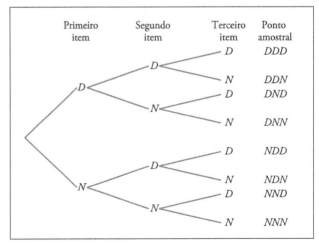

Figura 2.2 Diagrama de árvore para o Exemplo 2.3.

tes'. A barra vertical é lida 'tal que'. Similarmente, se S é o conjunto de todos os pontos (x, y) na borda ou no interior de um círculo de raio 2 centrado na origem, podemos escrever a regra:

$$S = \{(x, y) \mid x^2 + y^2 \leq 4\}.$$

Descrever o espaço amostral pelo método da regra ou pela listagem dos elementos dependerá do problema específico naquele dado momento. O método da regra tem vantagens práticas, particularmente para experimentos em que a listagem se torna uma tarefa tediosa.

Considere a situação do Exemplo 2.3, no qual os itens de um processo industrial são D, defeituosos, ou N, não defeituosos. Há muitos procedimentos estatísticos chamados planos amostrais, que determinam se um 'lote' de itens é considerado satisfatório ou não. Um de tais planos envolve amostragem até que k itens defeituosos sejam observados. Suponha que o experimento seja amostrar itens aleatoriamente até que um item defeituoso seja observado. O espaço amostral nesse caso é

$$S = \{D, ND, NND, NNND, ...\}.$$

2.2 Eventos

Para qualquer experimento dado, podemos estar interessados na ocorrência de certos *eventos* em vez de no resultado de um elemento específico do espaço amostral. Por exemplo, podemos estar interessados no evento A cujo resultado, quando um dado é lançado, é divisível por 3. Isso ocorrerá se o resultado for um elemento do subgrupo $A = \{3, 6\}$ do espaço amostral S_1, no Exemplo 2.1. Como explicação adicional, podemos estar interessados no evento B cujo número de defeituosos é maior que 1 no Exemplo 2.3. Isso ocorrerá se o resultado for um elemento do subgrupo

$$B = \{DDN, DND, NDD, DDD\}$$

do espaço amostral S.

Para cada evento atribuímos uma coleção de pontos amostrais, que constituem um subconjunto do espaço amostral. Tal subconjunto representa todos os elementos para os quais o evento é verdadeiro.

Definição 2.2
Um *evento* é um subconjunto de um espaço amostral.

■ **Exemplo 2.4**
Dado o espaço amostral $S = \{t \mid t \geq 0\}$, onde t é a vida útil, em anos, de certo componente eletrônico, então o evento A, cujo componente falha antes do quinto ano de vida útil, é o subconjunto $A = \{t \mid 0 \leq t < 5\}$.

É concebível que um evento possa ser um subconjunto que inclua um espaço amostral S inteiro, ou um subconjunto de S, chamado *conjunto vazio*, denotado pelo símbolo ϕ, que não contém nenhum elemento. Por exemplo, se definimos A o evento da detecção de um organismo microscópico a olho nu em um experimento biológico, então $A = \phi$. Também, se

$$B = \{x \mid x \text{ é um divisor par de 7}\},$$

então B deve ser o grupo nulo, já que os únicos divisores possíveis de 7 são os números ímpares 1 e 7.

Considere um experimento em que são registrados os hábitos relacionados ao fumo dos funcionários de uma indústria. Um espaço amostral possível pode classificar um indivíduo como não-fumante, fumante leve, moderado ou intenso. Considere o subconjunto de fumantes como um evento. Então, todos os não-fumantes correspondem a um evento diferente, também subconjunto de S, que é chamado de complemento do subconjunto de fumantes.

Definição 2.3
O *complemento* de um evento A relacionado a S é o subconjunto de todos os elementos de S que não estão em A. Denotamos o complemento de A pelo símbolo A'.

■ **Exemplo 2.5**
Seja R o evento no qual uma carta vermelha é selecionada de um baralho comum com 52 cartas, e S o baralho inteiro. Então R' é o evento no qual a carta selecionada do baralho não é vermelha, mas preta.

■ **Exemplo 2.6**
Considere o espaço amostral

$$S = \{\text{livro, catalisador, cigarro, precipitado,} \\ \text{engenheiro, rebite}\}.$$

Considere $A = \{\text{catalisador, rebite, livro, cigarro}\}$. Então, o complemento de A é $A' = \{\text{precipitado, engenheiro}\}$.

Agora, consideremos algumas operações com eventos que resultarão na formação de novos eventos. Esses novos eventos serão subgrupos do mesmo espaço amostral, como nos eventos dados. Suponha que A e B sejam dois eventos associados a um experimento. Em outras palavras, A e B são subconjuntos do mesmo espaço amostral S. Por exemplo, no lançamento de dados, podemos deixar A ser o evento no qual um número par ocorre e B, o evento no qual aparece um número maior do que 3. Então, os subgrupos $A = \{2, 4, 6\}$ e $B = \{4, 5, 6\}$ são subgrupos do mesmo espaço amostral

$$S = \{1, 2, 3, 4, 5, 6\}.$$

Note que A e B ocorrerão juntos em determinada jogada se o resultado for um elemento do subgrupo $\{4, 6\}$, que nada mais é que a *intersecção* de A e B.

Definição 2.4
A *intersecção* de dois eventos A e B, denotada pelo símbolo $A \cap B$, é o evento que contém todos os elementos comuns a A e B.

■ **Exemplo 2.7**
Seja C o evento no qual uma pessoa selecionada aleatoriamente em um cibercafé é um estudante universitário, e M o evento no qual essa pessoa é do sexo masculino. Então, $C \cap M$ é o evento formado por todos os estudantes universitários do sexo masculino no café.

■ **Exemplo 2.8**
Seja $M = \{a, e, i, o, u\}$ e $N = \{r, s, t\}$; então, segue-se que $M \cap N = \phi$. Ou seja, M e N não têm elementos em comum e, portanto, não podem ocorrer simultaneamente.

Em certos experimentos estatísticos não é incomum definir que dois eventos, A e B, não possam ocorrer simultaneamente. Os eventos A e B são então ditos *mutuamente exclusivos*. Mais formalmente, temos a seguinte definição:

Definição 2.5
Dois eventos A e B são *mutuamente exclusivos*, ou *disjuntos*, se $A \cap B = \phi$, ou seja, se A e B não tiverem elementos em comum.

■ **Exemplo 2.9**
Uma empresa de televisão a cabo oferece programas de oito canais diferentes, dos quais três são afiliados à ABC, dois à NBC e um à CBS. Os outros dois são um canal educativo e o canal de esportes ESPN. Suponha que o assinante desse serviço ligue seu aparelho de televisão sem antes selecionar o canal desejado. Seja A o evento no qual o programa pertença à rede NBC e B, o evento no qual o programa pertença à CBS. Já que um programa não pode pertencer a mais de uma rede, os eventos A e B não têm programas em comum. Então, a intersecção $A \cap B$ não contém programas e, conseqüentemente, os eventos A e B são mutuamente exclusivos.

Freqüentemente, pode-se estar interessado na ocorrência de pelo menos um de dois eventos associados ao experimento. Então, no experimento do lançamento de dados, se:

$$A = \{2, 4, 6\} \text{ e } B = \{4, 5, 6\},$$

podemos estar interessados na ocorrência de A ou B, ou ambos. Tal evento, chamado de união de A e B, ocorrerá se o resultado for um elemento do subconjunto $\{2, 4, 5, 6\}$.

Definição 2.6
A *união* de dois eventos A e B, denotada pelo símbolo $A \cup B$, é o evento que contém todos os elementos que pertencem a A ou B, ou a ambos.

■ **Exemplo 2.10**
Seja $A = \{a, b, c\}$ e $B = \{b, c, d, e\}$; então $A \cup B = \{a, b, c, d, e\}$.

■ **Exemplo 2.11**
Seja P o evento no qual um funcionário de uma empresa petrolífera, selecionado aleatoriamente, é fumante. Seja Q o evento no qual o funcionário selecionado ingere bebidas alcoólicas. Então o evento $P \cup Q$ é o conjunto de todos os funcionários que fumam, ou que bebem, ou que fazem ambos.

■ **Exemplo 2.12**
Se $M = \{x \mid 3 < x < 9\}$ e $N = \{y \mid 5 < y < 12\}$, então $M \cup N = \{z \mid 3 < z < 12\}$.

A relação entre os eventos e o espaço amostral correspondente pode ser ilustrada graficamente pelo *diagrama de Venn*. Nesse tipo de diagrama, o espaço amostral é um retângulo e os eventos são representados por círculos desenhados em seu interior. Assim, na Figura 2.3 vemos que:

$$A \cap B = \text{regiões 1 e 2},$$
$$B \cap C = \text{regiões 1 e 3},$$
$$A \cup C = \text{regiões 1, 2, 3, 4, 5 e 7},$$
$$B' \cap A = \text{regiões 4 e 7},$$
$$A \cap B \cap C = \text{região 1},$$
$$(A \cup B) \cap C' = \text{regiões 2, 6 e 7},$$

e assim por diante. Na Figura 2.4, vemos que os eventos A, B e C são todos subconjuntos de um espaço amostral S. Também fica claro que o evento B é um subgrupo do evento A; o evento $B \cap C$ não contém elementos e, ainda, B e C são mutuamente exclusivos; o evento $A \cap C$ tem,

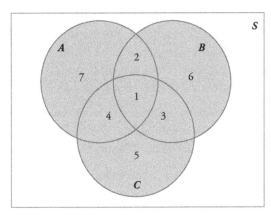

Figura 2.3 Eventos representados por várias regiões.

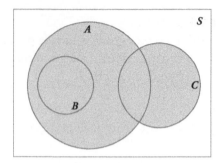

Figura 2.4 Eventos do espaço amostral S.

pelo menos, um elemento; e o evento $A \cup B = A$. A Figura 2.4 pode, então, representar uma situação em que selecionamos uma carta aleatoriamente de um baralho comum de 52 cartas e observamos o seguinte evento acontecer:

A: a carta é vermelha,
B: a carta é o valete, a rainha ou o rei de ouros,
C: a carta é um ás.

Claramente, o evento $A \cap C$ consiste somente nos dois ases vermelhos.

Diversos resultados oriundos das definições precedentes, os quais podem ser facilmente verificados pelo diagrama de Venn, são os seguintes:
1. $A \cap \phi = \phi$.
2. $A \cup \phi = A$.
3. $A \cap A' = \phi$.
4. $A \cup A' = S$.
5. $S' = \phi$.
6. $\phi' = S$.
7. $(A')' = A$.
8. $(A \cap B)' = A' \cup B'$.
9. $(A \cup B)' = A' \cap B'$.

Exercícios

2.1 Liste os elementos de cada um dos seguintes espaços amostrais:
(a) O conjunto de números inteiros entre 1 e 50 divisíveis por 8.
(b) O conjunto $S = \{x \mid x^2 + 4x - 5 = 0\}$.
(c) O conjunto de resultados quando uma moeda é jogada até que apareça uma coroa ou três caras.
(d) O conjunto $S = \{x \mid x \text{ é um continente}\}$.
(e) O conjunto $S = \{x \mid 2x - 4 \geq 0 \text{ e } x < 1\}$.

2.2 Use o método da regra para descrever o espaço amostral S que consiste em todos os pontos no primeiro quadrante dentro de um círculo de raio 3 centrado na origem.

2.3 Qual dos seguintes eventos são iguais?
(a) $A = \{1, 3\}$.
(b) $B = \{x \mid x \text{ é um número em um dado}\}$.
(c) $C = \{x \mid x^2 - 4x + 3 = 0\}$.
(d) $D = \{x \mid x \text{ é o número de caras quando seis moedas são jogadas}\}$.

2.4 Um experimento envolve o lançamento de um par de dados, um verde e um vermelho, e o registro dos números obtidos. Se x é igual ao resultado quando o dado verde é lançado e y, quando o dado vermelho é lançado, descreva o espaço amostral S:
(a) Listando os elementos (x, y).
(b) Usando o método da regra.

2.5 Um experimento consiste em lançar um dado e, então, uma moeda uma vez, se o número do dado for par. Se o número no dado for ímpar, a moeda é jogada duas vezes. Usando a notação $4H$, por exemplo, para denotar o resultado no qual o dado dá 4 e a moeda dá cara, e $3HT$ para denotar o resultado quando o dado dá 3 e a moeda dá uma cara e uma coroa, construa um diagrama de árvore para mostrar os 18 elementos do espaço amostral S.

2.6 Dois jurados são selecionados entre quatro suplentes para participar de um julgamento de assassinato. Usando a notação $A_1 A_3$, por exemplo, para denotar o evento simples no qual os suplentes 1 e 3 são selecionados, liste os seis elementos do espaço amostral S.

2.7 Quatro estudantes são selecionados aleatoriamente em uma aula de química e classificados como sendo do sexo masculino ou feminino. Liste os elementos do espaço amostral S_1 usando a letra M para masculino e F para feminino. Defina um segundo espaço amostral S_2, onde os elementos representam o número de estudantes do sexo feminino selecionados.

2.8 Para o espaço amostral do Exercício 2.4:
(a) Liste os elementos correspondentes ao evento A, cuja soma seja maior que 8.
(b) Liste os elementos correspondentes ao evento B, em que ocorra o 2 em qualquer um dos dados.
(c) Liste os elementos correspondentes ao evento C, em que um número maior que 4 seja o resultado no dado verde.
(d) Liste os elementos correspondentes ao evento $A \cap C$.
(e) Liste os elementos correspondentes ao evento $A \cap B$.
(f) Liste os elementos correspondentes ao evento $B \cap C$.
(g) Construa um diagrama de Venn para ilustrar as intersecções e uniões entre os eventos A, B e C.

2.9 Para o espaço amostral do Exercício 2.5:
(a) Liste os elementos correspondentes ao evento A, em que um número menor que 3 seja obtido no dado.
(b) Liste os elementos correspondentes ao evento B, em que ocorram duas coroas.
(c) Liste os elementos correspondentes ao evento A'.
(d) Liste os elementos correspondentes ao evento $A' \cap B$.
(e) Liste os elementos correspondentes ao evento $A \cup B$.

2.10 Uma empresa de engenharia é contratada para determinar se certas hidrovias, no estado norte-americano da Virgínia, são seguras para a prática de pesca. Foram retiradas amostras de três rios.
(a) Liste os elementos do espaço amostral S, usando as letras F para 'seguro para pesca' e N para 'não seguro para pesca'.
(b) Liste os elementos de S correspondentes ao evento E, em pelo menos dois dos três rios são seguros para pesca.
(c) Defina um evento que tenha como elementos os pontos:

$$\{FFF, NFF, FFN, NFN\}.$$

2.11 Os currículos de dois candidatos do sexo masculino para a vaga de professor universitário de química são colocados no mesmo arquivo dos currículos de duas candidatas do sexo feminino. Surgem duas vagas e a primeira, para professor-assistente, é preenchida selecionando-se um dos quatro candidatos aleatoriamente. A segunda vaga, para instrutor, é então preenchida selecionando-se aleatoriamente um dos três candidatos remanescentes. Usando a notação $M_2 F_1$, por exemplo, para denotar o evento simples no qual a primeira vaga é preenchida pelo segundo candidato do sexo masculino e a segunda vaga é preenchida pela primeira candidata do sexo feminino:
(a) Liste os elementos do espaço amostral S.
(b) Liste os elementos de S que correspondem ao evento A em que a posição de professor-assistente é preenchida por um candidato do sexo masculino.
(c) Liste os elementos de S que correspondem ao evento B em que exatamente uma das duas posições é preenchida por um candidato do sexo masculino.
(d) Liste os elementos de S correspondentes ao evento C em que nenhuma das posições é preenchida por um candidato do sexo masculino.
(e) Liste os eventos de S correspondentes ao evento $A \cap B$.
(f) Liste os eventos de S correspondentes ao evento $A \cup B$.
(g) Construa um diagrama de Venn para ilustrar as intersecções e uniões dos eventos A, B e C.

2.12 Exercícios e dietas são estudados como possíveis substitutos para a medicação que reduz a pressão arterial. Três grupos de pessoas serão utilizados no estudo sobre a eficácia dos exercícios. O grupo um é sedentário, enquanto o grupo dois caminha e o grupo três nada uma hora por dia. Metade de cada um dos três grupos estará em dieta sem sal. Um grupo adicional de sujeitos não se exercitará nem restringirá o sal, mas receberá a medicação-padrão. Use Z para o grupo sedentário, W para o grupo dos que caminham, S para o grupo dos que nadam, Y para o grupo dos que usarão sal, N para o grupo dos que não utilizarão sal, M para o grupo que usará medicação e F para o grupo que não usará medicação.
(a) Mostre os elementos do espaço amostral S.
(b) Dado que A é o grupo de sujeitos sem medicação e B é o grupo dos sujeitos que caminham, liste os elementos de $A \cup B$.
(c) Liste os elementos de $A \cap B$.

2.13 Construa um diagrama de Venn para ilustrar as possíveis intersecções e uniões para os seguintes eventos relativos a um espaço amostral que consiste em todos os automóveis fabricados nos Estados Unidos.

F: quatro portas, S: teto solar, P: direção hidráulica.

2.14 Se $S = \{0, 1, 2, 3, 4, 5, 6, 7, 8, 9\}$ e $A = \{0, 2, 4, 6, 8\}$, $B = \{1, 3, 5, 7, 9\}$, $C = \{2, 3, 4, 5\}$ e $D = \{1, 6, 7\}$, liste os elementos dos grupos correspondentes aos seguintes eventos:
(a) $A \cup C$;
(b) $A \cap B$;
(c) C';
(d) $(C' \cap D) \cup B$;
(e) $(S \cap C)'$;
(f) $A \cap C \cap D'$.

2.15 Considere o espaço amostral $S = \{$cobre, sódio, nitrogênio, potássio, urânio, oxigênio, zinco$\}$ e os eventos
  $A = \{$cobre, sódio, zinco$\}$,
  $B = \{$sódio, nitrogênio, potássio$\}$,
  $C = \{$oxigênio$\}$.
Liste os elementos dos grupos correspondentes aos seguintes eventos:
(a) A';
(b) $A \cup C$;
(c) $(A \cap B') \cup C'$;
(d) $B' \cap C'$;
(e) $A \cap B \cap C$;
(f) $(A' \cup B') \cap (A' \cap C)$.

2.16 Se $S = \{x \mid 0 < x < 12\}$, $M = \{x \mid 1 < x < 9\}$ e $N = \{x \mid 0 < x < 5\}$, determine:
(a) $M \cup N$;
(b) $M \cap N$;
(c) $M' \cap N'$.

2.17 Sejam A, B e C eventos relativos ao espaço amostral S. Usando um diagrama de Venn, sombreie as áreas que representam os seguintes eventos:
(a) $(A \cap B)'$;
(b) $(A \cup B)'$;
(c) $(A \cap C') \cup B$.

2.18 Quais dos seguintes pares de eventos são mutuamente exclusivos?
(a) Um jogador de golfe que acerta o menor *round* de 18 buracos, em um torneio com 72 buracos, e perde o torneio.

(b) Um jogador de pôquer que tem um *flush* (todas as cartas do mesmo naipe) e três de outro tipo na mesma mão de cinco cartas.

(c) Uma mãe que dá à luz uma menina e gêmeas no mesmo dia.

(d) Um jogador de xadrez que perde o último jogo e ganha a competição.

2.19 Suponha que uma família esteja saindo para as férias de verão em seu *trailer* e que M seja o evento no qual irão passar por problemas mecânicos, T seja o evento no qual receberão uma multa de trânsito e V seja o evento no qual chegarão a um *camping* sem vagas. Referindo-se ao diagrama de Venn da Figura 2.5, expresse em palavras os eventos representados nas seguintes regiões:

(a) Região 5.
(b) Região 3.
(c) Regiões 1 e 2 juntas.
(d) Regiões 4 e 7 juntas.
(e) Regiões 3, 6, 7 e 8 juntas.

2.20 Referindo-se ao Exercício 2.19 e ao diagrama de Venn da Figura 2.5, liste os números das regiões que representam os seguintes eventos:

(a) A família não passará por problemas mecânicos nem cometerá violações de trânsito, mas chegará a um *camping* sem vagas.

(b) A família terá problemas mecânicos e para localizar um *camping* que tenha vagas, mas não receberá multa de trânsito.

(c) A família terá problemas mecânicos ou chegará a um *camping* sem vagas, mas não receberá multa de trânsito.

(d) A família não chegará a um *camping* que não tenha vagas.

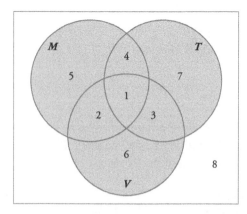

Figura 2.5 Diagrama de Venn para os exercícios 2.19 e 2.20.

2.3 Contagem de pontos amostrais

Um dos problemas que os estatísticos devem considerar e tentar avaliar é o elemento de probabilidade associado a certos eventos quando um experimento é realizado. Esses problemas pertencem ao campo da probabilidade, assunto que será introduzido na Seção 2.4. Em muitos casos, podemos solucionar um problema de probabilidade contando os números de pontos num espaço amostral sem, na verdade, listar todos os elementos. O princípio fundamental da contagem, freqüentemente referido como *regra da multiplicação*, é afirmado como se segue:

> **Teorema 2.1**
> Se uma operação pode ser realizada de n_1 maneiras, e se para cada uma dessa maneiras uma segunda operação pode ser realizada de n_2 maneiras, então as duass operações podem ser realizadas em conjunto de $n_1 n_2$ maneiras.

■ **Exemplo 2.13**

Quantos pontos amostrais existem no espaço amostral quando um par de dados é jogado uma vez?

Solução: O primeiro dado pode cair de qualquer uma das $n_1 = 6$ maneiras. Para cada uma dessas seis maneiras, o segundo dado também pode cair de $n_2 = 6$ maneiras. Então, o par de dados pode cair de

$$n_1 n_2 = (6)(6) = 36 \text{ maneiras possíveis.}$$

■ **Exemplo 2.14**

Os possíveis compradores de casas recebem as opções de estilos externos Tudor, rústico, colonial e tradicional e as seguintes opções de planta: rancho, sobrado e casa com diversos níveis. Em quantas diferentes maneiras o comprador pode pedir uma dessas residências?

Solução: Já que $n_1 = 4$ e $n_2 = 3$, o comprador deve escolher entre

$$n_1 n_2 = (4)(3) = 12 \text{ residências possíveis.}$$

As respostas para os dois exemplos anteriores podem ser verificadas construindo-se diagramas de árvore e contando os vários caminhos por meio dos galhos. Por exemplo, no Exemplo 2.14, haverá $n_1 = 4$ galhos correspondendo aos estilos externos e, então, haverá $n_2 = 3$ galhos se estendendo de cada um desses quatro galhos, para representar as plantas baixas. Esse diagrama de árvore rende $n_1 n_2 = 12$ escolhas de casas, dados pelos caminhos ao longo dos galhos, como ilustrado na Figura 2.6.

A regra da multiplicação do Teorema 2.1 pode ser estendida para cobrir inúmeras operações. Suponha, por exemplo, que um cliente deseja instalar um telefone AT&T™ e pode escolher entre $n_1 = 10$ cores decorativas, que assumimos estarem disponíveis em qualquer um dos $n_2 = 3$ comprimentos de fios opcionais com $n_3 = 2$ tipos de discagem, ou seja, por rotação ou rápida. Essas três classificações resultam em $n_1 n_2 n_3 = (10)(3)(2) = 60$ diferentes

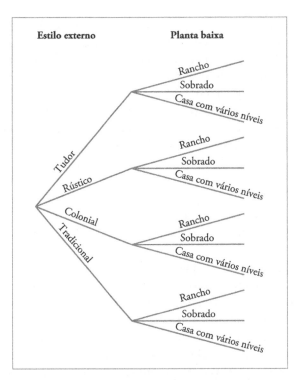

Figura 2.6 Diagrama de árvore para o Exemplo 2.14.

maneiras para o cliente pedir um dos telefones. A *regra da multiplicação generalizada* que cobre k operações é enunciada no seguinte teorema:

Teorema 2.2
Se uma operação pode ser realizada de n_1 maneiras, e se para cada uma delas uma segunda operação pode ser realizada de n_2 maneiras, e se, para cada uma das duas primeiras, uma terceira operação pode ser realizada de n_3 maneiras, e assim por diante, então a seqüência de k operações pode ser realizada de $n_1 n_2 \ldots n_k$ maneiras.

■ **Exemplo 2.15**

Sam vai montar um computador sozinho. Ele tem a opção de pedir *chips* de duas marcas diferentes, o disco rígido de quatro, a memória de três e o grupo de acessórios de cinco lojas locais. De quantas maneiras diferentes Sam pode pedir os equipamentos?

Solução: Já que $n_1 = 2$, $n_2 = 4$, $n_3 = 3$ e $n_4 = 5$, há

$$n_1 \times n_2 \times n_3 \times n_4 = 2 \times 4 \times 3 \times 5 = 120$$

maneiras diferentes para pedir os equipamentos.

■ **Exemplo 2.16**

Quantos números pares com quatro dígitos podem ser formados com os dígitos 0, 1, 2, 5, 6 e 9, se cada dígito só pode ser usado uma vez?

Solução: Já que os números devem ser pares, temos somente $n_1 = 3$ opções para a posição das unidades. Entretanto, para um número de quatro dígitos, a posição do milhar não pode ser 0. Então, consideramos a posição das unidades em duas partes, 0 ou não 0. Se a posição das unidades for 0 (ou seja, $n_1 = 1$), temos $n_2 = 5$ escolhas para a posição do milhar, $n_3 = 4$ para a posição da centena e $n_4 = 3$ para a posição da dezena. Então, nesse caso temos um total de:

$$n_1 n_2 n_3 n_4 = (1)(5)(4)(3) = 60$$

números pares com quatro dígitos. Por outro lado, se a posição das unidades não for 0 (isto é, $n_1 = 2$), temos $n_2 = 4$ escolhas para a posição do milhar, $n_3 = 4$ para as centenas e $n_3 = 3$ para as dezenas. Nessa situação, o total de números de quatro dígitos pares é:

$$n_1 n_2 n_3 n_4 = (2)(4)(4)(3) = 96$$

Já que os dois casos são mutuamente exclusivos, o número total de números pares de quatro dígitos pode ser calculado por 60 + 96 = 156.

Freqüentemente, estamos interessados em um espaço amostral que contenha como elementos todas as ordens ou disposições possíveis de um conjunto de objetos. Por exemplo, podemos querer saber quantas disposições diferentes são possíveis para sentar seis pessoas ao redor de uma mesa, ou podemos querer saber as diferentes ordens possíveis para fazer dois jogos de loteria de um total de 20. As diferentes disposições são chamadas de *permutações*.

Definição 2.7
Uma permutação é uma disposição de todo ou de parte de um conjunto de objetos.

Considere as três letras a, b e c. As permutações possíveis são *abc*, *acb*, *bac*, *bca* e *cba*. Então, vemos que há seis disposições diferentes. Usando o Teorema 2.2, podemos chegar à resposta 6 sem listar as diferentes ordens. Há $n_1 = 3$ escolhas para a primeira posição, então $n_2 = 2$ para segunda posição, deixando somente $n_3 = 1$ escolha para a última posição, dando um total de

$$n_1 n_2 n_3 = (3)(2)(1) = 6 \text{ permutações.}$$

Em geral, n objetos distintos podem ser dispostos em

$$n(n-1)(n-2)\cdots(3)(2)(1) \text{ maneiras.}$$

Representamos esse produto pelo símbolo $n!$, que se lê 'n fatorial'. Três objetos podem ser dispostos em $3! = (3)(2)(1) = 6$ maneiras. Por definição, $1! = 1$. Também definimos $0! = 1$.

Teorema 2.3
O número de permutações de n objetos é $n!$.

O número de permutações das quatro letras a, b, c e d será $4! = 24$. Agora considere o número de permutações possíveis retirando duas letras por vez, das quatro. Isso seria *ab*, *ac*, *ad*, *ba*, *bc*, *bd*, *ca*, *cb*, *cd*, *da*, *db* e *dc*. Usando o Teorema 2.1 novamente, temos duas posições para completar com $n_1 = 4$ escolhas para a primeira e, então, $n_2 = 3$ escolhas para a segunda para um total de

$$n_1 n_2 = (4)(3) = 12$$

permutações. Em geral, n objetos distintos, retirados r de uma vez podem ser dispostos em

$$n(n-1)(n-2) \cdots (n-r+1)$$

maneiras. Representamos esse produto pelo símbolo

$$_nP_r = \frac{n!}{(n-r)!}.$$

Como resultado, temos o teorema a seguir:

Teorema 2.4
O número de permutações de n objetos distintos retirados r de uma vez é

$$_nP_r = \frac{n!}{(n-r)!}.$$

■ **Exemplo 2.17**

Em um ano, três premiações (pesquisa, ensino e serviços) serão entregues a 25 alunos da graduação do departamento de estatística. Se cada estudante pode receber no máximo um prêmio, quantas seleções são possíveis?
Solução: Já que os prêmios são distinguíveis, este é um problema de permutação. O número total de pontos de amostragem é:

$$_{25}P_3 = \frac{25!}{(25-3)!} = \frac{25!}{22!} = (25)(24)(23) = 13.800.$$

■ **Exemplo 2.18**

Um presidente e um tesoureiro serão escolhidos em um clube de estudantes, que consiste em 50 pessoas. Quantas possíveis escolhas diferentes são possíveis se:
(a) não houver restrições;
(b) A servir apenas se for presidente;
(c) B e C servirem juntos ou não servirem de nenhuma maneira;
(d) D e E não servirem juntos?
Solução:
(a) O número total de escolhas, se não houver restrições, é

$$_{50}P_2 = \frac{50!}{48!} = (50)(49) = 2.450.$$

(b) Já que A servirá apenas se for presidente, temos duas situações possíveis aqui: (i) A é selecionado como presidente, o que dá 49 resultados possíveis; ou (ii) Os funcionários são selecionados para as posições dentre as outras 49 pessoas remanescentes, que têm o número de escolhas $_{49}P_2 = (49)(48) = 2.352$. Então, o número total de escolhas é $49 + 2.352 = 2.401$.
(c) O número de seleções quando B e C servem juntos é 2. O número de seleções quando B e C juntos não são escolhidos é $_{48}P_2 = 2.256$. Então, o número total de escolhas nessa situação é $2 + 2.256 = 2.258$.
(d) O número total de seleções, no qual D serve e E não, é $(2)(48) = 96$, onde 2 é o número de posições que D pode ter e 48 é o número de seleções de outro estudante dentre o grupo remanescente, exceto E. O número de seleções quando E serve, mas não D, é também $(2)(48) = 96$. O número de seleções onde D e E não são selecionados é $_{48}P_2 = 2.256$. Então, o número total de escolhas é $(2) + (96) + 2.256 = 2.448$. Esse problema também tem uma solução mais curta: já que D e E só podem servir juntos, de duas maneiras, a resposta é $2.450 - 2 = 2.448$.

As permutações que ocorrem ao dispor objetos em um círculo são chamadas *permutações circulares*. Duas permutações circulares não são consideradas diferentes a menos que os objetos correspondentes nas duas disposições sejam precedidos ou seguidos por um objeto diferente, conforme prosseguimos no sentido horário. Por exemplo, se quatro pessoas estão jogando *bridge*, não teremos uma nova permutação se todos moverem uma posição no sentido horário. Considerando-se uma pessoa numa posição fixa e dispondo as outras três em 3! maneiras, encontramos seis disposições distintas para o jogo.

Teorema 2.5
O número de permutações de n objetos dispostos em círculo é $(n-1)!$.

Até aqui, consideramos permutações de objetos distintos. Isto é, todos os objetos eram completamente diferentes ou distinguíveis. Obviamente, se as letras *b* e *c* são iguais a *x*, então seis permutações das letras *a*, *b* e *c* se tornam *axx*, *axx*, *xax*, *xax*, *xxa* e *xxa*, das quais apenas três são distintas. Então, com três letras, duas sendo iguais, temos $3!/2! = 3$ permutações distintas. Com quatro letras diferentes *a*, *b*, *c* e *d*, temos 24 permutações distintas. Se considerarmos *a* = *b* = *x* e *c* = *d* = *y*, poderemos listar somente as seguintes permutações distintas: *xxyy*, *xyxy*, *yxxy*, *yyxx*, *xyyx* e *yxyx*. Então, temos $4!/(2!\,2!) = 6$ permutações distintas.

Teorema 2.6
O número de permutações distintas de n coisas, das quais n_1 é de um tipo, n_2, um segundo tipo, ..., n_k, um tipo k-ésimo, é

$$\frac{n!}{n_1! n_2! \cdots n_k!}.$$

■ **Exemplo 2.19**

Em uma sessão de treinamento de um time de futebol, o coordenador da defesa precisa ter dez jogadores em uma fila. Entre esses dez jogadores, há um calouro, dois alunos do segundo ano, quatro do terceiro ano e três do

último ano. Em quantas maneiras diferentes eles podem ser ordenados em fila, se somente seus níveis escolares podem ser distintos?
Solução: Usando diretamente o Teorema 2.6, o número total de disposições é:

$$\frac{10!}{1!\ 2!\ 4!\ 3!} = 12.600.$$

Com freqüência, ficamos preocupados com o número de maneiras de se dividir um conjunto de n objetos em r subconjuntos, chamados de *células*. Uma partição é obtida se a intersecção de todos os pares possíveis dos r subconjuntos for o grupo vazio ϕ e se a união de todos os subconjuntos resultar no conjunto original. A ordem dos elementos dentro da célula não tem importância. Considere o grupo $\{a, e, i, o, u\}$. As divisões possíveis em duas células nas quais a primeira célula contém quatro elementos e a segunda contém um elemento são:

$$\{(a, e, i, o), (u)\}, \{(a, i, o, u), (e)\}, \{(e, i, o, u), (a)\},$$
$$\{(a, e, o, u), (i)\}, \{(a, e, i, u), (o)\}.$$

Vemos que há cinco maneiras de se dividir um conjunto de quatro elementos em dois subconjuntos ou células, com quatro elementos na primeira célula e um elemento na segunda.

O número de divisões para esse exemplo é denotado pelo símbolo

$$\binom{5}{4,1} = \frac{5!}{4!\ 1!} = 5,$$

onde o número na parte superior representa o número total de elementos e o número na parte inferior representa o número de elementos que vai para cada uma das células. Afirmamos isso de modo mais geral no seguinte teorema:

Teorema 2.7
O número de maneiras de dividir um conjunto de n objetos em r células, com n_1 elementos na primeira célula e n_2 elementos na segunda, e assim por diante, é

$$\binom{n}{n_1, n_2, \ldots, n_r} = \frac{n!}{n_1!n_2!\cdots n_r!},$$

onde $n_1 + n_2 + \cdots + n_r = n$.

■ **Exemplo 2.20**
De quantas maneiras sete estudantes da graduação podem ser designados para um dormitório triplo e dois duplos em um hotel durante uma conferência?
Solução: O número total de divisões possíveis seria

$$\binom{7}{3, 2, 2} = \frac{7!}{3!\ 2!\ 2!} = 210.$$

Em muitos problemas, estamos interessados no número de maneiras de selecionar r objetos de n, sem observar uma ordem. Essas seleções são chamadas de *combinações*. Uma combinação é, na verdade, uma divisão com duas células, sendo uma com os r objetos selecionados e outra com $(n - r)$ objetos restantes. O número de tais combinações, denotado por

$\binom{n}{r, n-r}$, é normalmente reduzido para $\binom{n}{r}$,

já que o número de elementos na segunda célula deve ser $n - r$.

Teorema 2.8
O número de combinações de n objetos distintos retirados r por vez é

$$\binom{n}{r} = \frac{n!}{r!(n-r)!}.$$

■ **Exemplo 2.21**
Um menino pede à sua mãe cinco cartuchos de Game Boy™ de sua coleção de dez jogos de fliperama e cinco de jogos de esportes. Quantas maneiras possíveis existem para que a mãe dele pegue três jogos de fliperama e dois de esportes, respectivamente?
Solução: O número de maneiras de selecionar três cartuchos entre dez é

$$\binom{10}{3} = \frac{10!}{3!\ (10-3)!} = 120.$$

O número de maneiras para selecionar dois cartuchos dentre cinco é

$$\binom{5}{2} = \frac{5!}{2!\ 3!} = 10.$$

Usando a regra da multiplicação do Teorema 2.1 com $n_1 = 120$ e $n_2 = 10$, há $(120)(10) = 1.200$ maneiras.

■ **Exemplo 2.22**
Quantas disposições diferentes de letras podem ser feitas com as letras da palavra STATISTICS (estatística)?
Solução: Usando o mesmo argumento da discussão para o Teorema 2.8, neste exemplo podemos, na verdade, aplicar o Teorema 2.7 para obter

$$\binom{10}{3, 3, 2, 1, 1} = \frac{10!}{3!\ 3!\ 2!\ 1!\ 1!} = 50.400.$$

Aqui temos um total de dez letras, enquanto duas letras (S, T) aparecem três vezes cada, a letra I aparece duas e as letras A e C aparecem somente uma vez.

Exercícios

2.21 São oferecidos aos participantes de uma grande convenção seis passeios turísticos em cada um dos três dias. Em quantas maneiras uma pessoa pode se organizar para fazer um passeio planejado pela convenção?

2.22 Em um estudo médico, os pacientes são classificados em oito maneiras, de acordo com seu tipo sangüíneo, AB^+, AB^-, A^+, A^-, B^+, B^-, O^+ ou O^-, e também de acordo com sua pressão arterial, baixa, alta ou normal. Determine o número de maneiras em que os pacientes podem ser classificados.

2.23 Se um experimento consiste em lançar um dado e depois escrever uma letra do alfabeto inglês aleatoriamente, quantos pontos há no espaço amostral?

2.24 Os estudantes de uma faculdade privada de artes são classificados como calouros, alunos do segundo ano, do terceiro ano ou do último ano e também de acordo com o sexo, masculino ou feminino. Determine o número total de possíveis classificações nesta faculdade.

2.25 Certo sapato vem em cinco estilos diferentes, com cada estilo disponível em quatro cores distintas. Se uma loja quer mostrar pares desse sapato, com todos os estilos e cores, quantos pares diferentes a loja terá de mostrar?

2.26 Um estudo na Califórnia concluiu que, seguindo sete regras simples de saúde, a vida de um homem pode ser estendida em 11 anos em média, e a de uma mulher em 7 anos em média. As sete regras são as seguintes: não fumar, fazer exercícios regularmente, ingerir álcool com moderação, dormir de sete a oito horas por noite, manter o peso apropriado, tomar café da manhã e não comer entre as refeições. Em quantas maneiras uma pessoa pode adotar cinco dessas regras,
(a) se atualmente esta pessoa viola todas as sete regras?
(b) se esta pessoa nunca bebe e sempre toma café da manhã?

2.27 O criador de uma nova subdivisão oferece a possíveis compradores de casas a opção de quatro projetos, três sistemas de aquecimento diferentes, uma garagem ou estacionamento e um pátio ou uma varanda com tela. Quantos planos diferentes estão disponíveis para esse comprador?

2.28 Uma droga para alívio da asma pode ser comprada de cinco diferentes indústrias, em forma líquida, tablete ou cápsula, todas com concentração regular ou extra. Em quantas maneiras diferentes um médico pode prescrever essa droga para o paciente que sofre de asma?

2.29 Em um estudo para economia de combustível, cada um dos três carros de corrida é testado usando cinco marcas diferentes de gasolina, em sete pistas de testes localizadas em diferentes regiões do país. Se dois motoristas são usados no estudo, e testes de corridas são realizados sob cada um dos conjuntos distintos de condições, quantos testes de corrida são necessários?

2.30 Em quantas maneiras diferentes um teste de verdadeiro ou falso, com nove questões, pode ser respondido?

2.31 Se um teste de múltipla escolha tem cinco questões, com quatro possíveis respostas para cada uma, onde somente uma resposta é correta,
(a) quantas maneiras diferentes um aluno tem para marcar uma resposta para cada questão?
(b) quantas maneiras diferentes um aluno tem para marcar uma resposta para cada questão e errar todas as questões?

2.32 (a) Quantas permutações distintas podem ser formadas com as letras da palavra *columns* (colunas)?
(b) Quantas dessas permutações começam com a letra *m*?

2.33 Uma testemunha de um acidente em que o motorista bateu e fugiu contou à polícia que o número da placa continha as letras RLH, seguidas de três dígitos, onde o primeiro era 5. Se a testemunha não consegue se lembrar dos dois últimos dígitos, mas tem certeza de que todos os três dígitos são diferentes entre si, determine o número máximo de registros de automóveis que a polícia deverá checar.

2.34 (a) Em quantas maneiras seis pessoas podem ser alinhadas para tomar um ônibus?
(b) Se três pessoas específicas, entre as seis, insistem em ficar uma seguida da outra, quantas maneiras possíveis existem?
(c) Se duas pessoas específicas, entre as seis, se recusam a seguir uma a outra, quantas maneiras são possíveis?

2.35 Um empreiteiro quer construir nove casas, cada uma com um estilo diferente. De quantas maneiras ele pode construir essas casas numa rua, se seis lotes estão de um lado da rua e três lotes estão do lado oposto?

2.36 (a) Quantos números de três dígitos podem ser formados com os dígitos 0, 1, 2, 3, 4, 5 e 6, se cada dígito só pode ser usado uma vez?
(b) Quantos desses serão números ímpares?
(c) Quantos deles são maiores que 330?

2.37 Em quantas maneiras diferentes quatro meninos e cinco meninas podem sentar em fila, se meninos e meninas devem estar alternados?

2.38 Quatro casais compraram oito lugares na mesma fileira para assistir a um concerto. Em quantas maneiras diferentes eles podem se sentar
(a) sem restrições?
(b) se cada casal sentar junto?
(c) se todos os homens sentarem juntos à direita de todas as mulheres?

2.39 Em um concurso regional de soletração, os oito finalistas consistem em três meninos e cinco meninas. Determine o número de pontos amostrais no espaço

amostral S para o número de possíveis ordens, na conclusão do concurso, para:
(a) todos os oito finalistas;
(b) para as três primeiras posições.

2.40 Em quantas maneiras as cinco posições iniciais em um time de basquete podem ser preenchidas por oito atletas que podem jogar em qualquer posição?

2.41 Determine o número de maneiras nas quais seis professores podem ser designados para quatro seções de um curso introdutório de psicologia, se nenhum professor pode ser designado para mais de uma seção.

2.42 Três bilhetes de loteria para o primeiro, segundo e terceiro prêmios são tirados de um grupo de 40 bilhetes. Determine o número de pontos amostrais em S para entregar os três prêmios, se cada competidor tem apenas um bilhete.

2.43 Em quantas maneiras cinco árvores diferentes podem ser plantadas em círculo?

2.44 Em quantas maneiras uma caravana com oito vagões cobertos do Arizona pode ser colocada em círculo?

2.45 Quantas permutações distintas podem ser formadas com as letras da palavra *infinity* (infinito)?

2.46 Em quantas maneiras três carvalhos, quatro pinheiros e dois bordos podem ser organizados ao longo da linha de uma propriedade, se não se distinguem entre as árvores do mesmo tipo?

2.47 Uma faculdade participa de 12 jogos de futebol durante uma temporada. De quantas maneiras um time pode terminar a temporada com sete vitórias, três derrotas e dois empates?

2.48 Nove pessoas participam de uma viagem para esquiar, em três carros que levam dois, quatro e cinco passageiros, respectivamente. Em quantas maneiras é possível transportar as nove pessoas até a estação de esqui usando todos os carros?

2.49 Quantas maneiras existem para selecionar três candidatos entre oito recém-formados, igualmente qualificados, para vagas em uma empresa de contabilidade?

2.50 Quantas maneiras existem para que dois estudantes não tenham a mesma data de nascimento em uma classe de 60 alunos?

2.4 Probabilidade de um evento

O princípio da teoria da probabilidade talvez tenha surgido da sede insaciável da humanidade pelos jogos de azar. Num esforço para aumentar seus ganhos, os jogadores recorreram aos matemáticos para que estes lhes formulassem estratégias para os mais diversos jogos de azar. Entre alguns desses matemáticos estavam Pascal, Leibniz, Fermat e James Bernoulli. Como resultado deste desenvolvimento da teoria da probabilidade, a inferência estatística, com todas as suas previsões e generalizações, foi muito além dos jogos de azar, abrangendo muitos outros campos associados à ocorrência de probabilidades, tais como política, negócios, previsão do tempo e pesquisas científicas. Para que essas previsões e generalizações sejam razoavelmente corretas, o entendimento da teoria da probabilidade básica é essencial.

O que queremos dizer quando afirmamos: "John provavelmente vencerá essa partida de tênis", ou "Tenho 50% de chance de conseguir um número par quando jogar o dado", ou "Provavelmente não ganharei no bingo esta noite", ou "A maioria dos formandos de nossa classe provavelmente estará casada em três anos"? Em cada um desses casos, estamos expressando um resultado do qual não temos certeza, mas baseados em informações anteriores ou por meio do entendimento de certo experimento, temos certo grau de confiança na validade da afirmação.

Durante todo o restante deste capítulo, consideraremos somente os experimentos nos quais o espaço amostral contém um número finito de elementos. A probabilidade da ocorrência de um evento resultante de um experimento estatístico é avaliada por meio de um conjunto de números reais chamados *pesos* ou *probabilidades*, que variam de 0 a 1. Para todo ponto num espaço amostral, atribuímos uma probabilidade de modo que a soma de todas as probabilidades seja 1. Se tivermos razão para acreditar que certo ponto amostral é muito provável de ocorrer quando o experimento é conduzido, a probabilidade atribuída deve ser próxima de 1. Por outro lado, uma probabilidade próxima de 0 é atribuída para um ponto amostral que não é provável de ocorrer. Em muitos experimentos, tais como o lançamento de uma moeda ou um dado, todos os pontos amostrais têm a mesma chance de ocorrer e, assim, probabilidades iguais são atribuídas. Para pontos fora do espaço amostral, ou seja, para eventos simples que não podem ocorrer, designamos uma probabilidade 0.

Para determinar a probabilidade de um evento A, somamos todas as probabilidades atribuídas para os pontos amostrais em A. Essa soma é chamada de probabilidade de A e é denotada por $P(A)$.

Definição 2.8
A probabilidade de um evento A é a soma das probabilidades de todos os pontos amostrais em A. Por isso,
$$0 \leq P(A) \leq 1, \quad P(\phi) = 0 \quad \text{e} \quad P(S) = 1.$$
Além disso, se $A_1, A_2, A_3, \ldots$ é uma seqüência de eventos mutuamente exclusivos, então
$$P(A_1 \cup A_2 \cup A_3 \cup \cdots) = P(A_1) + P(A_2) + P(A_3) + \cdots.$$

Exemplo 2.23

Uma moeda é jogada duas vezes. Qual é a probabilidade de ocorrer pelo menos uma cara?

Solução: O espaço amostral para esse evento é

$$S = \{HH, HT, TH, TT\}.$$

Se a moeda for balanceada, cada um desses resultados poderá igualmente ocorrer. Assim, atribuímos uma probabilidade ω para cada ponto amostral. Então, $4\omega = 1$ ou $\omega = 1/4$. Se A representa o evento da ocorrência de pelo menos uma cara, então

$$A = \{HH, TT, TH\} \quad \text{e} \quad P(A) = \frac{1}{4} + \frac{1}{4} + \frac{1}{4} = \frac{3}{4}.$$

Exemplo 2.24

Um dado é adulterado de tal modo que um número par tem duas vezes mais chance de ocorrer do que um número ímpar. Se E é o evento no qual um número menor que 4 ocorre numa única jogada do dado, determine $P(E)$.

Solução: O espaço amostral é $S = \{1, 2, 3, 4, 5, 6\}$. Atribuímos uma probabilidade ω para cada número ímpar e uma probabilidade 2ω para cada número par. Já que a soma das probabilidades deve ser 1, temos $9\omega = 1$ ou $\omega = 1/9$. Portanto, probabilidades de 1/9 e 2/9 são atribuídas para cada número ímpar e par, respectivamente. Assim,

$$E = \{1, 2, 3\} \quad \text{e} \quad P(E) = \frac{1}{9} + \frac{2}{9} + \frac{1}{9} = \frac{4}{9}.$$

Exemplo 2.25

No Exemplo 2.24, seja A o evento no qual um número par ocorre e B, o evento no qual um número divisível por 3 ocorre. Determine $P(A \cup B)$ e $P(A \cap B)$.

Solução: Para eventos $A = \{2, 4, 6\}$ e $B = \{3, 6\}$ temos

$$A \cup B = \{2, 3, 4, 6\} \quad \text{e} \quad A \cap B = \{6\}.$$

Atribuindo uma probabilidade de 1/9 para cada número ímpar e 2/9 para cada número par, temos

$$P(A \cup B) = \frac{2}{9} + \frac{1}{9} + \frac{2}{9} + \frac{2}{9} = \frac{7}{9} \quad \text{e} \quad P(A \cap B) = \frac{2}{9}.$$

Se o espaço amostral de um experimento contém N elementos, todos os quais igualmente possíveis, atribuímos uma probabilidade igual a $1/N$ para cada um dos N pontos. A probabilidade de qualquer evento A que contenha n desses N pontos amostrais é, então, a razão do número de elementos em A para o número de elementos em S.

Teorema 2.9

Se um experimento pode resultar em qualquer um de N diferentes resultados equiprováveis, e se exatamente n desses resultados correspondem ao evento A, então a probabilidade do evento A é

$$P(A) = \frac{n}{N}.$$

Exemplo 2.26

Uma sala de aula de engenharia consiste em 25 estudantes de engenharia industrial, 10 de mecânica, 10 de elétrica e 8 de engenharia civil. Se uma pessoa é selecionada aleatoriamente pelo instrutor para responder a uma pergunta, determine a probabilidade de que o estudante escolhido seja (a) um estudante de engenharia industrial, (b) um estudante de engenharia civil ou elétrica.

Solução: Os estudantes de engenharia industrial, mecânica, elétrica e civil são designados por I, M, E e C, respectivamente. O número total de estudantes na classe é 53, todos com a mesma chance de serem selecionados.

(a) Já que 25 dos 53 estudantes estão se formando em engenharia industrial, a probabilidade de o evento I selecionar um estudante de engenharia industrial aleatoriamente para responder à questão é

$$P(I) = \frac{25}{53}.$$

(b) Já que 18 dos 53 estudantes são de engenharia elétrica ou civil, segue-se que

$$P(C \cup E) = \frac{18}{53}.$$

Exemplo 2.27

Em uma mão de pôquer que consiste de cinco cartas, determine a probabilidade de se ter dois ases e três valetes.

Solução: O número de maneiras de escolher dois ases dos quatro existentes é

$$\binom{4}{2} = \frac{4!}{2!\,2!} = 6,$$

e o número de maneiras de se tirar três valetes entre quatro é

$$\binom{4}{3} = \frac{4!}{3!\,1!} = 4.$$

Pela regra da multiplicação do Teorema 2.1, há $n = (6)(4) = 24$ mãos com dois ases e três valetes. O número total de mãos de cinco cartas no pôquer, todas com a mesma possibilidade de ocorrer, é

$$N = \binom{52}{5} = \frac{52!}{5!\,47!} = 2.598.960.$$

Então, a probabilidade de o evento C, no qual se têm dois ases e três valetes ocorrerendo numa mão de cinco cartas, é

$$P(C) = \frac{24}{2.598.960} = 0{,}9 \times 10^{-5}.$$

Se os resultados de um experimento não forem igualmente prováveis de acontecer, as probabilidades devem ser determinadas com base no conhecimento prévio ou na evidência experimental. Por exemplo, se uma moeda não for balanceada, poderíamos estimar as probabilidades de caras e coroas ocorrerem jogando a moeda um grande número de vezes e registrando os resultados. De acordo com a definição da probabilidade como freqüência relativa, as reais probabilidades seriam frações de caras e coroas que ocorreriam a longo prazo.

Para determinar um valor numérico que represente adequadamente a probabilidade de se ganhar em um jogo de tênis, devemos depender de nossos desempenhos anteriores no jogo e também dos de nosso oponente e, até certo ponto, da nossa crença de que podemos vencer. Similarmente, para determinarmos a probabilidade de um cavalo ganhar uma corrida, devemos chegar a essa probabilidade baseados nos registros anteriores de todos os cavalos participantes da corrida, assim como nos registros dos jóqueis participantes. A intuição também tem, indubitavelmente, papel importante na determinação do tamanho de nossa aposta. O uso da intuição, de crenças pessoais e outras informações indiretas para se chegar à probabilidade é chamado de definição *subjetiva* de probabilidade.

Na maioria das aplicações de probabilidade neste livro, a interpretação da probabilidade como freqüência relativa é muito importante. Sua base está mais no experimento estatístico do que na subjetividade. É mais bem vista como *freqüência relativa limite*. Como resultado, muitas aplicações da probabilidade na ciência e engenharia devem ser baseadas em experimentos que possam ser repetidos. Noções menos objetivas de probabilidade são encontradas quando determinamos probabilidades baseadas em informações prévias e opiniões. Por exemplo, 'há uma boa chance de que o Lions perca o Superbowl'. Quando opiniões e informações prévias diferem de indivíduo para indivíduo, a probabilidade subjetiva se torna o recurso relevante.

2.5 Regras aditivas

Costuma ser mais fácil calcular a probabilidade de certo evento com base nas probabilidades conhecidas de outro evento. Isso pode ser verdadeiro se o evento em questão puder ser representado como a união de outros dois eventos ou como o complemento de certo evento. A seguir, temos diversas leis importantes que, freqüentemente, simplificam o cálculo das probabilidades.

A primeira dessas leis, chamada de *regra aditiva*, é aplicada para união de eventos.

Teorema 2.10
Se A e B são dois eventos, então:
$$P(A \cup B) = P(A) + P(B) - P(A \cap B).$$

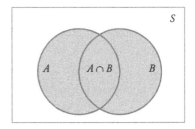

Figura 2.7 Regra aditiva de probabilidade.

Prova: Considere o diagrama de Venn da Figura 2.7. $B(A \cup B)$ é a soma das probabilidades dos pontos amostrais em $A \cup B$. Agora, $P(A) + P(B)$ é a soma de todas as probabilidades em A mais a soma de todas as probabilidades em B. Então, adicionamos as probabilidades em $(A \cap B)$ duas vezes. Assim, devemos subtrair a $P(A \cup B)$ uma vez para obter a soma das probabilidades em $A \cup B$.

Corolário 2.1
Se A e B são mutuamente exclusivos, então:
$$P(A \cup B) = P(A) + P(B).$$

O Corolário 2.1 é resultado imediato do Teorema 2.10, já que se A e B são mutuamente exclusivos, $A \cap B = \phi$ e, então, $P(A \cap B) = P(\phi) = 0$. Em geral, escrevemos:

Corolário 2.2
Se $A_1, A_2, \ldots, A_n$ são mutuamente exclusivos, então
$$P(A_1 \cup A_2 \cup \cdots \cup A_n) = P(A_1) + P(A_2) + \cdots + P(A_n).$$

Uma coleção de eventos $\{A_1, A_2, \ldots A_n\}$ de um espaço amostral S é chamada de *partição* de S se $A_1, A_2, \ldots, A_n$ forem mutuamente exclusivos e $A_1 \cup A_2 \cup \cdots \cup A_n = S$. Então temos,

Corolário 2.3
Se $A_1, A_2, \ldots, A_n$ é uma partição do espaço amostral S, então
$$P(A_1 \cup A_2 \cup \cdots \cup A_n) = P(A_1) + P(A_2) + \cdots + P(A_n) = P(S) = 1.$$

Como podemos esperar, o Teorema 2.10 estende-se em uma forma análoga.

Teorema 2.11
Para três eventos A, B e C,
$$P(A \cup B \cup C) = P(A) + P(B) + P(C) - P(A \cap B) - P(A \cap C) - P(B \cap C) + P(A \cap B \cap C).$$

■ Exemplo 2.28
John vai se formar em engenharia industrial no final do semestre. Depois de ser entrevistado por duas empresas, ele avalia que a probabilidade de conseguir uma oferta da empresa A é de 0,8 e da empresa B é de 0,6. Se, por outro lado, ele crê que a probabilidade de conseguir uma oferta

das duas empresas é de 0,5, qual é a probabilidade de que ele consiga uma oferta de pelo menos uma das empresas?
Solução: Usando a regra aditiva, temos:
$$P(A \cup B) = P(A) + P(B) - P(A \cap B) =$$
$$0,8 + 0,6 - 0,5 = 0,9.$$

■ Exemplo 2.29
Qual é a probabilidade de se conseguir uma soma igual a 7 ou 11 quando um par de dados honestos é lançado?
Solução: Seja A o evento no qual 7 ocorre e B, o evento no qual 11 ocorre. Agora, o total 7 ocorre para seis dos 36 pontos amostrais e o total 11 ocorre para somente dois dos pontos amostrais. Já que todos os pontos amostrais são igualmente prováveis, temos $P(A) = 1/6$ e $P(B) = 1/18$. Os eventos A e B são mutuamente exclusivos, já que os totais 7 e 11 não podem ocorrer na mesma jogada. Portanto,
$$P(A \cup B) = P(A) + P(B) = \frac{1}{6} + \frac{1}{18} = \frac{2}{9}.$$

Esse resultado também poderia ser obtido contando-se o número total de pontos para o evento $A \cup B$ (ou seja, 8) e escrevendo
$$P(A \cup B) = \frac{n}{N} = \frac{8}{36} = \frac{2}{9}.$$

O Teorema 2.10 e seus três corolários devem auxiliar o leitor a ter mais percepção sobre a probabilidade e sua interpretação. Os corolários 1 e 2 sugerem o resultado intuitivo de lidar com a probabilidade de ocorrência de pelo menos um evento dentre outros quando dois deles não podem ocorrer simultaneamente. A probabilidade de que pelo menos um evento ocorra é a soma das probabilidades da ocorrência dos eventos individuais. A terceira conclusão simplesmente afirma que o valor mais alto de uma probabilidade (a unidade) é atribuído para todo o espaço amostral S.

■ Exemplo 2.30
Se as probabilidades de uma pessoa, que está comprando um carro, escolher as cores verde, branca, vermelha ou azul são, respectivamente, 0,09; 0,15; 0,21 e 0,23, qual é a probabilidade de que determinado cliente comprará um carro em uma dessas cores?
Solução: Sejam G, W, R e B os eventos nos quais o comprador seleciona, respectivamente, as cores verde, branca, vermelha e azul. Já que os eventos são mutuamente exclusivos, a probabilidade é:
$$P(G \cup W \cup R \cup B) = P(G) + P(W) + P(R) +$$
$$P(B) = 0,09 + 0,15 + 0,21 + 0,23 = 0,68.$$

Geralmente, é mais difícil calcular a probabilidade de um evento ocorrer do que a probabilidade de que ele não ocorra. Se este for o caso para algum evento A, simplesmente determinamos $P(A')$ primeiro e, então, usando o Teorema 2.10, encontramos $P(A)$ por meio de subtração.

> **Teorema 2.12**
> Se A e A' são eventos complementares, então
> $$P(A) + P(A') = 1$$

Prova: Já que $A \cup A' = S$ e os grupos A e A' são disjuntos, então
$$1 = P(S) = P(A \cup A') = P(A) + P(A').$$

■ Exemplo 2.31
Se as probabilidades de um mecânico de automóveis consertar 3, 4, 5, 6, 7 ou 8 ou mais carros em qualquer dia de trabalho são, respectivamente, 0,12; 0,19; 0,28; 0,24; 0,10 e 0,7, qual é a probabilidade de que consertará pelo menos cinco carros em seu próximo dia de trabalho?
Solução: Seja E o evento no qual cinco carros são reparados. Agora, $P(E') = 1 - P(E')$, onde E' é o evento no qual menos de cinco carros são reparados. Já que
$$P(E') = 0,12 + 0,19 = 0,31,$$
segue-se do Teorema 2.12 que
$$P(E) = 1 - 0,31 = 0,69.$$

■ Exemplo 2.32
Suponha que as especificações do fabricante sobre a extensão de certo tipo de cabo para computadores sejam de 2.000 ± 10 milímetros. Nessa indústria, sabe-se que um cabo menor tem a mesma possibilidade de ser defeituoso (não atender às especificações) do que um cabo maior. Ou seja, a probabilidade de se produzir, aleatoriamente, um cabo maior que 2.010 mm é igual à probabilidade de se produzir um cabo com menos de 1.990 mm. Sabe-se que a probabilidade de que os procedimentos de produção atendam às especificações é de 0,99.
(a) Qual é a probabilidade de que um cabo selecionado aleatoriamente seja muito grande?
(b) Qual é a probabilidade de que um cabo selecionado aleatoriamente seja maior que 1.990 mm?

Solução: Seja M o evento no qual as especificações são atendidas. Sejam S e L os eventos nos quais o cabo é pequeno ou grande demais, respectivamente. Então
(a) $P(M) = 0,99$ e $P(S) = P(L) = \frac{1 - 0,99}{2} = 0,005$.
(b) Denotando-se como X a extensão do cabo selecionado aleatoriamente, temos
$$P(1990 \leq X \leq 2010) = P(M) = 0,99.$$
Já que $P(X \geq 2010) = P(L) = 0,005$, então
$$P(X \geq 1990) = P(M) + P(L) = 0,995.$$

Isso também pode ser resolvido usando-se o Teorema 2.12:

$$P(X \geq 1990) + P(X < 1990) = 1$$

Então, $P(X \geq 1990) = 1 - P(S) = 1 - 0{,}005 = 0{,}995$.

Exercícios

2.51 Encontre os erros em cada uma das afirmações abaixo:
(a) As probabilidades de que um vendedor de carros venda 0, 1, 2 ou 3 carros em qualquer dia de fevereiro são, respectivamente, 0,19; 0,38; 0,29 e 0,15.
(b) A probabilidade de que choverá amanhã é de 0,40, e a probabilidade de que não choverá é de 0,52.
(c) As probabilidades de que uma impressora cometerá 0, 1, 2, 3, 4 ou mais erros ao preparar um documento são, respectivamente, 0,19; 0,34; –0,25; 0,43 e 0,29.
(d) Em uma única retirada de cartas de um baralho, a probabilidade de se tirar uma carta de copas é de ¼, a probabilidade de se tirar uma carta preta é de ½ e de selecionar uma carta de copas preta é de ⅛.

2.52 Supondo que todos os elementos de S no Exercício 2.8 são igualmente prováveis de ocorrer, determine:
(a) a probabilidade do evento A.
(b) a probabilidade do evento C.
(c) a probabilidade do evento $A \cap C$.

2.53 Uma caixa tem 500 envelopes, dos quais 75 contêm $ 100 em dinheiro, 150 contêm $ 25 e 275 contêm $ 10. Um envelope pode ser comprado por $ 25. Qual é o espaço amostral para as diferentes quantias de dinheiro? Atribua probabilidades para os pontos amostrais e, então, determine a probabilidade de que o primeiro envelope comprado tenha menos de $ 100.

2.54 Suponha que, em uma sala do último ano de uma faculdade com 500 alunos, encontramos 210 fumantes, 258 pessoas que ingerem bebidas alcoólicas, 216 pessoas que comem entre as refeições, 122 que fumam e ingerem bebidas alcoólicas, 83 que comem entre as refeições e ingerem bebidas alcoólicas, 97 que fumam e comem entre as refeições e 52 se enquadram nessas três práticas prejudiciais à saúde. Se um membro dessa sala é selecionado aleatoriamente, determine a probabilidade de que tal estudante:
(a) fume, mas não ingira bebidas alcoólicas;
(b) coma entre as refeições e ingira bebidas alcoólicas, mas não fume;
(c) não fume nem coma entre as refeições.

2.55 A probabilidade de que uma indústria norte-americana será localizada em Xangai, na China, é de 0,7; a probabilidade de que será localizada em Pequim, China, é de 0,4; e a probabilidade de que será localizada em Xangai ou em Pequim, ou em ambos os lugares, é de 0,8. Qual é a probabilidade de que a empresa seja localizada
(a) em ambas as cidades?
(b) em nenhuma das cidades?

2.56 Um corretor da Bolsa de Valores acredita, baseado em experiências anteriores, que, sob a atual situação econômica, a probabilidade de um cliente investir em títulos isentos de impostos é de 0,6; a probabilidade de investimento em fundos mútuos é de 0,3; e a probabilidade de investimentos em ambos é de 0,15. Dessa vez, determine a probabilidade de que o cliente investir
(a) em títulos isentos de impostos ou fundos mútuos.
(b) nem em títulos isentos de impostos nem em fundos mútuos.

2.57 Se uma letra é escolhida aleatoriamente do alfabeto inglês, determine a probabilidade de que ela seja:
(a) uma vogal excluindo-se y.
(b) listada em algum lugar à frente de j.
(c) listada em algum lugar depois de g.

2.58 Uma indústria automobilística está preocupada com um possível *recall* de seu sedã quatro portas mais vendido. Se houver um *recall*, há 0,25 de probabilidade de que o defeito seja no sistema de freios; 0,18 de que seja na transmissão; 0,17 de que seja no sistema de combustível e 0,40 de que seja em alguma outra parte.
(a) Qual é a probabilidade de que o defeito esteja nos freios ou no sistema de combustível, se a probabilidade de defeitos em ambos os sistemas, simultaneamente, é de 0,15?
(b) Qual é a probabilidade de que não haja defeitos nem no sistema de freios nem no sistema de combustível?

2.59 Se cada item codificado em um catálogo começa com três letras distintas, seguidas de quatro dígitos distintos e diferentes de zero, determine a probabilidade de se selecionar, aleatoriamente, um desses itens com a primeira letra sendo uma vogal e o último dígito sendo par.

2.60 Um par de dados é lançado. Determine a probabilidade de se obter:
(a) um total de 8.
(b) no máximo, um total de 5.

2.61 Duas cartas são retiradas, sucessivamente, de um baralho, sem ser repostas. Qual é a probabilidade de que as duas cartas sejam maiores que 2 e menores que 8?

2.62 Se três livros são selecionados aleatoriamente de uma prateleira que tem cinco romances, três livros de poemas e um dicionário, qual é a probabilidade de que:
(a) o dicionário seja selecionado?
(b) dois romances e um livro de poemas sejam selecionados?

2.63 Em uma mão de pôquer consistindo de cinco cartas, determine a probabilidade de se ter:
(a) três ases.
(b) quatro copas e um paus.

2.64 Em um jogo de Yahtzee (no qual se marcam pontos jogando os dados para conseguir certas combinações), em que cinco dados são lançados simultaneamente, determine a probabilidade de se obter quatro de um mesmo tipo.

2.65 Em uma classe de 100 formandos do ensino médio, 54 estudaram matemática, 69 estudaram história e 35 estudaram ambas as matérias. Se um desses estudantes for selecionado aleatoriamente, determine a probabilidade de que:
(a) o estudante tenha estudado matemática ou história.
(b) o estudante não tenha estudado nenhuma dessas matérias.
(c) o estudante tenha estudado história, mas não matemática.

2.66 A companhia de pizzas Dom utiliza testes de sabores e análise estatística de dados anteriores para comercializar novos produtos. Considere um estudo que envolva três tipos de crosta (fina, fina com alho e orégano e fina com lascas de queijo). A Dom também está estudando três tipos de molho (padrão, um novo molho com mais alho e um novo molho com manjericão fresco).
(a) Quantas combinações de crosta e molho estão envolvidas?
(b) Qual é a probabilidade de que um julgador obtenha uma crosta fina com o molho padrão em seu primeiro teste de sabores?

2.67 De acordo com a revista *Consumer Digest* (julho/agosto, 1996), a provável localização de PCs (computadores pessoais) em uma residência é:

Quarto do adulto:	0,03
Quarto da criança:	0,15
Outro quarto:	0,14
Escritório ou gabinete:	0,40
Outros cômodos:	0,28

(a) Qual é a probabilidade de um PC estar em um quarto?
(b) Qual é a probabilidade de que o PC não esteja em um quarto?
(c) Suponha que uma casa de família seja selecionada aleatoriamente entre as casas que têm um PC; em qual cômodo você esperaria encontrá-lo?

2.68 Há um interesse centrado na vida útil de um componente eletrônico. Suponha que se saiba que a probabilidade de que esse componente sobreviva mais que 6.000 horas é de 0,42. Suponha, também, que a probabilidade de que tal componente sobreviva não mais que 4.000 horas é de 0,04.
(a) Qual é a probabilidade de que a vida útil do componente seja menor ou igual a 6.000 horas?
(b) Qual é a probabilidade de que a vida útil desse componente seja maior que 4.000 horas?

2.69 Considere a situação do Exercício 2.68. Seja A o evento no qual o componente falha em um teste em particular e B, o evento no qual o componente deforma-se, mas não falha. O evento A ocorre com a probabilidade de 0,20 e o evento B, com a probabilidade de 0,35.
(a) Qual é a probabilidade de que o componente não falhe no teste?
(b) Qual é a probabilidade de que o componente funcione perfeitamente bem (ou seja, não falhe nem se deforme)?
(c) Qual é a probabilidade de que o componente falhe ou se deforme no teste?

2.70 Os trabalhadores de uma fábrica são encorajados constantemente para que se pratique a tolerância zero a acidentes de trabalho. Os acidentes podem ocorrer devido ao ambiente de trabalho ou a condições que não são seguras. Por outro lado, eles podem ocorrer por descuido ou erro humano. Além disso, os turnos de trabalho dos funcionários, que são das 7h às 15h (turno matutino), das 15h às 23h (turno vespertino) e das 23h às 7h (turno noturno), podem ser outro fator de acidentes. Durante o ano passado, ocorreram 300 acidentes. As porcentagens de acidentes para as combinações de condições são:

Turno	Condições inseguras	Erro humano
Matutino	5%	32%
Vespertino	6%	25%
Noturno	2%	30%

Se um acidente reportado é selecionado aleatoriamente dentre os 300,
(a) Qual é a probabilidade de que o acidente tenha ocorrido durante o turno noturno?
(b) Qual é a probabilidade de que o acidente tenha ocorrido devido a erro humano?
(c) Qual é a probabilidade de que o acidente tenha ocorrido devido a condições inseguras?
(d) Qual é a probabilidade de que o acidente tenha ocorrido no turno vespertino ou no turno noturno?

2.71 Considere a situação do Exemplo 2.31.
(a) Qual é a probabilidade de que não mais do que quatro carros sejam consertados pelo mecânico?
(b) Qual é a probabilidade de o mecânico consertar menos de oito carros?

(c) Qual é a probabilidade de que o mecânico conserte três ou quatro carros?

2.72 Há um interesse na natureza de um forno comprado em certa loja de departamentos. Ele pode ser a gás ou elétrico. Considere a decisão tomada por seis compradores distintos.
(a) Suponha que a probabilidade de que no máximo dois desses indivíduos tenham comprado um forno elétrico é de 0,40. Qual é a probabilidade de que pelo menos três comprem o forno elétrico?
(b) Suponha que a probabilidade de que todos que tenham comprado o forno elétrico seja de 0,007, enquanto a probabilidade de que todos que tenham comprado o forno a gás é de 0,104. Qual é a probabilidade de que pelo menos um de cada tipo seja comprado?

2.73 É comum, em muitas áreas industriais, o uso de máquinas envasadoras para colocar os produtos em caixas. Isso ocorre na indústria alimentícia, bem como em outras áreas nas quais os produtos têm uso doméstico, como o detergente. Tais máquinas não são perfeitas e podem: A, atender às especificações; B, encher as caixas menos do que o necessário; ou C, encher mais do que o necessário. Geralmente, o não enchimento das caixas é o que se deseja evitar. Seja $P(B) = 0,001$ enquanto $P(A) = 0,990$.
(a) Forneça $P(C)$.
(b) Qual é a probabilidade de a máquina não encher as caixas menos do que o necessário?
(c) Qual é a probabilidade de a máquina encher as caixas mais do que o necessário ou encher menos do que o necessário?

2.74 Considere a situação do Exercício 2.73. Suponha que sejam produzidas 50.000 caixas de detergente por semana; suponha também que aquelas que não estão cheias sejam devolvidas e que os clientes estejam pedindo o reembolso do valor de compra. Suponha que o custo da produção seja de $ 4,00 por caixa, enquanto o valor de compra é de $ 4,50 por caixa.
(a) Qual é o lucro semanal sob a condição de não haver caixas defeituosas?
(b) Qual é a perda esperada no lucro no caso de não enchimento das caixas?

2.75 Como a situação do Exercício 2.73 pode sugerir, os procedimentos estatísticos são freqüentemente usados para o controle de qualidade (ou seja, controle de qualidade industrial). Às vezes, o *peso* de um produto é uma variável importante a ser controlada. São dadas as especificações para peso de certo produto empacotado e o pacote é rejeitado se estiver muito pesado ou muito leve. Os dados históricos sugerem que 0,95 é a probabilidade de que o produto atenda às especificações de peso, enquanto 0,002 é a probabilidade de que o produto seja leve demais. Para cada pacote do produto o fabricante investe $ 20,00 na produção e o preço de compra pelo cliente é de $ 25,00.
(a) Qual é a probabilidade de que um pacote escolhido aleatoriamente da linha de produção esteja muito pesado?
(b) Para cada 10.000 pacotes vendidos, qual é o lucro do fabricante se todos os pacotes atendem às especificações?
(c) Assumindo-se que todos os pacotes 'defeituosos' sejam rejeitados e não rendam lucro nenhum, de quanto será o lucro reduzido em 10.000 pacotes devido à falha de não se atender às especificações?

2.76 Prove que
$$P(A' \cap B') = 1 + P(A \cap B) - P(A) - P(B).$$

2.6 Probabilidade condicional

A probabilidade de um evento B ocorrer quando sabemos que algum evento A ocorreu é chamada de *probabilidade condicional* e é denotada por $P(B|A)$. O símbolo $P(B|A)$ normalmente é lido como 'a probabilidade de que B ocorra dado que A ocorre' ou, simplesmente, 'a probabilidade de B dado A'.

No lançamento de um dado, considere o evento B, no qual o número obtido tem raiz quadrada inteira. Este dado foi construído para que os números pares tenham duas vezes mais chance de ocorrer do que os números ímpares. Baseado no espaço amostral $S = \{1, 2, 3, 4, 5, 6\}$, com probabilidades de 1/9 e 2/9 determinadas, respectivamente, para os números ímpares e pares, a probabilidade de B ocorrer é de 1/3. Agora, suponha que sabemos que o lançamento do dado resultou em um número maior que 3. Estamos lidando com um espaço amostral reduzido, $A = \{4, 5, 6\}$, que é um subgrupo de S. Para determinar a probabilidade de que B ocorra, relativo ao espaço A, devemos designar novas probabilidades aos elementos de A, proporcionais a suas probabilidades originais, de modo que sua soma seja 1. Designada uma probabilidade ω para um número ímpar em A e 2ω para os dois números pares em A, temos $5\omega = 1$ ou $\omega = 1/5$. Relativo ao espaço A, descobrimos que B contém como elemento único o 4. Denotando esse evento pelo símbolo $B|A$, escrevemos $B|A = \{4\}$, e então

$$P(B|A) = \frac{2}{5}.$$

Este exemplo ilustra que eventos podem ter diferentes probabilidades quando considerados em relação a diferentes espaços amostrais.

Também podemos escrever:

$$P(B|A) = \frac{2}{5} = \frac{2/9}{5/9} = \frac{P(A \cap B)}{P(A)},$$

onde $P(A \cap B)$ e $P(A)$ são encontrados no espaço amostral original S. Em outras palavras, uma probabilidade condicional relativa ao subespaço A de S pode ser calculada diretamente das probabilidades atribuídas aos elementos do espaço amostral original S.

Definição 2.9
A probabilidade condicional de B dado A, denotada por $P(B|A)$, é definida por

$$P(B|A) = \frac{P(A \cap B)}{P(A)} \text{ desde que } P(A) > 0.$$

Como exemplo adicional, suponha que nosso espaço amostral S seja a população adulta de uma pequena cidade a qual completou os requerimentos para o nível universitário.

Devemos categorizá-los de acordo com gênero e *status* empregatício. Os dados são apresentados na Tabela 2.1.

Um desses indivíduos é selecionado aleatoriamente para uma turnê pelo país para divulgar as vantagens de novas indústrias se estabelecerem na cidade. Devemos nos preocupar com os seguintes eventos:

M: um homem é escolhido.
E: o escolhido está empregado.

Usando o espaço amostral reduzido, descobrimos que

$$P(M|E) = \frac{460}{600} = \frac{23}{30}.$$

Seja $n(A)$ a denotação para o número de elementos em qualquer conjunto A. Usando essa notação, podemos escrever:

$$P(M|E) = \frac{n(E \cap M)}{n(E)} = \frac{n(E \cap M)/n(S)}{n(E)/n(S)} = \frac{P(E \cap M)}{P(E)},$$

onde $P(E \cap M)$ e $P(E)$ são encontrados no espaço amostral original S. Para verificar o resultado, note que

$$P(E) = \frac{600}{900} = \frac{2}{3} \quad \text{e} \quad P(E \cap M) = \frac{460}{900} = \frac{23}{45}.$$

Então,

$$P(M|E) = \frac{23/45}{2/3} = \frac{23}{30},$$

como antes.

Tabela 2.1 Categorização de adultos de uma pequena cidade.

	Empregados	Desempregados	Total
Homem	460	40	500
Mulher	140	260	400
Total	600	300	900

■ **Exemplo 2.33**

A probabilidade de que um vôo regular marcado parta na hora é $P(D) = 0{,}83$; a probabilidade de que chegue na hora é $P(A) = 0{,}82$; e a probabilidade de que o vôo parta e chegue na hora é $P(D \cap A) = 0{,}78$. Determine a probabilidade de que (a) o avião chegue na hora, dado que partiu na hora, e (b) partiu na hora, dado que chegou na hora.

Solução: (a) A probabilidade de que o avião chegue na hora, dado que partiu na hora, é

$$P(A|D) = \frac{P(D \cap A)}{P(D)} = \frac{0{,}78}{0{,}83} = 0{,}94.$$

(b) A probabilidade de que o avião tenha partido na hora, dado que chegou na hora, é

$$P(D|A) = \frac{P(D \cap A)}{P(A)} = \frac{0{,}78}{0{,}82} = 0{,}95.$$

No experimento de lançamentos de dados discutido anteriormente, notamos que $P(B|A) = 2/5$ enquanto $P(B) = 1/3$. Ou seja, $P(B|A) \neq P(B)$, indicando que B depende de A. Agora, considere um experimento no qual duas cartas são retiradas, sucessivamente, de um baralho comum, com reposição. Os eventos são definidos como

A: a primeira carta é um ás.
B: a segunda carta é espada.

Já que a primeira carta é reposta, nosso espaço amostral para a primeira e a segunda cartas consiste de 52 cartas, contendo quatro ases e 13 espadas. Então,

$$P(B|A) = \frac{13}{52} = \frac{1}{4} \quad \text{e} \quad P(B) = \frac{13}{52} = \frac{1}{4}.$$

Ou seja, $P(B|A) = P(B)$. Quando isso for verdadeiro, os eventos A e B serão ditos *independentes*.

A noção de probabilidade condicional fornece a capacidade de reavaliar a idéia da probabilidade de um evento à luz de informações adicionais, ou seja, quando é sabido que outro evento ocorreu. A probabilidade $P(A|B)$ é uma 'atualização' de $P(A)$, baseada no conhecimento de que o evento B ocorreu. No Exemplo 2.33, é importante saber a probabilidade de o vôo chegar na hora. Recebe-se a informação de que o vôo não partiu na hora. De posse dessa informação adicional, a probabilidade mais pertinente é $P(A|D')$, ou seja, a probabilidade de o vôo chegar na hora, já que não partiu na hora. Em muitas situações, as conclusões tiradas da observação da probabilidade condicional mais importante mudam todo o cenário. Nesse exemplo, o cálculo de $P(A|D')$ é

$$P(A|D') = \frac{P(A \cap D')}{P(D')} = \frac{0{,}82 - 0{,}78}{0{,}17} = 0{,}24.$$

Como resultado, a probabilidade de uma chegada pontual é reduzida severamente na presença da informação adicional.

■ **Exemplo 2.34**

O conceito de probabilidade condicional tem incontáveis aplicações tanto na indústria como na biomedicina.

Considere o processo industrial em uma indústria têxtil, no qual tiras de determinado tipo de tecido estão sendo produzidas. Essas faixas de tecido podem ter dois tipos de defeitos, no comprimento ou na natureza de sua textura. No caso do segundo, o processo de identificação é bastante complicado. Sabe-se, de dados históricos do processo, que 10% dos tecidos falham no teste de comprimento, 5% falham no teste de textura, e somente 0,8% falham em ambos os testes. Se uma faixa de tecido for selecionada aleatoriamente do processo e uma rápida medição indicar que tal faixa falhou no teste de comprimento, qual é a probabilidade de que haja defeito na textura?

Solução: Considere os eventos

L: defeito no comprimento.

T: defeito na textura.

Então, dado que a faixa falhou no teste de comprimento, a probabilidade de que apresente defeito na textura é dada por

$$P(T|L) = \frac{P(T \cap L)}{P(L)} = \frac{0{,}008}{0{,}1} = 0{,}08$$

Portanto, o conhecimento dado pela probabilidade condicional fornece consideravelmente mais informações do que meramente o conhecimento de $P(T')$.

Eventos independentes

Embora a probabilidade condicional permita uma alteração da probabilidade de um evento à luz de material adicional, ela também nos permite entender melhor o importante conceito de *independência* ou, no contexto atual, eventos independentes. Na ilustração sobre o aeroporto, do Exemplo 2.33, $P(A|D)$ difere de $P(A)$. Isso sugere que a ocorrência de D influenciou A, o que certamente é esperado nesse caso. Entretanto, considere a situação na qual temos eventos A e B e

$$P(A|B) = P(A).$$

Em outras palavras, a ocorrência de B não teve impacto nas chances de ocorrência de A. Aqui, a ocorrência de A é independente da ocorrência de B. A importância do conceito de independência não pode ser superenfatizada. Ela tem papel vital em todos os capítulos deste livro e em todas as áreas da estatística aplicada.

Definição 2.10
Dois eventos A e B são independentes se e somente se
$$P(B|A) = P(B) \text{ ou } P(A|B) = P(A),$$
desde que as probabilidades condicionais existam. Caso contrário, A e B serão *dependentes*.

A condição $P(B|A) = P(B)$ implica que $P(A|B) = P(A)$, e vice-versa. Para o experimento da retirada de cartas, no qual mostramos que $P(B|A) = P(B) = 1/4$, também podemos ver que $P(A|B) = P(A) = 1/13$.

2.7 Regras multiplicativas

Multiplicando a fórmula da Definição 2.9 por $P(A)$, obtemos a importante regra multiplicativa a seguir, que nos permite calcular a probabilidade de que dois eventos ocorrerão.

Teorema 2.13
Se em um experimento ambos os eventos A e B podem ocorrer, então
$$P(A \cap B) = P(A)P(B|A), \text{ desde que } P(A) > 0.$$

Então, a probabilidade de que ambos A e B ocorram é igual à probabilidade de que A ocorra multiplicada pela probabilidade condicional de que B ocorra, dado que A ocorre. Já que os eventos $A \cap B$ e $B \cap A$ são equivalentes, baseado no Teorema 2.13, podemos também dizer:

$$P(A \cap B) = P(B \cap A) = P(B)P(A|B).$$

Em outras palavras, não importa qual evento é atribuído a A e qual é atribuído a B.

■ **Exemplo 2.35**

Suponha que temos uma caixa com 20 fusíveis, dentre os quais cinco apresentam defeito. Se dois fusíveis são selecionados aleatoriamente e removidos da caixa, sucessivamente, sem reposição do primeiro, qual é a probabilidade de que ambos apresentem defeito?

Solução: Devemos considerar que A seja o evento no qual o primeiro fusível apresenta defeito e B, o evento no qual o segundo apresenta defeito; então, interpretamos $A \cap B$ como o evento em que A ocorre, e então B ocorre após A ter ocorrido. A probabilidade de remover primeiro um fusível defeituoso é de ¼; e então a probabilidade de se remover o segundo com defeito do restante dos quatro fusíveis é de 4/19. Portanto,

$$P(A \cap B) = \left(\frac{1}{4}\right)\left(\frac{4}{19}\right) = \frac{1}{19}.$$

■ **Exemplo 2.36**

Um saco contém quatro bolas brancas e três pretas, e um segundo saco contém três bolas brancas e cinco pretas. Uma bola é retirada do primeiro saco e colocada sem ser vista no segundo saco. Qual é a probabilidade de que uma bola, selecionada depois do segundo saco, seja preta?

Solução: B_1, B_2 e W_1 representam, respectivamente, a retirada de uma bola preta do saco 1, uma bola preta do saco 2 e uma bola branca do saco 1. Estamos interessados na união dos dois eventos mutuamente exclusivos

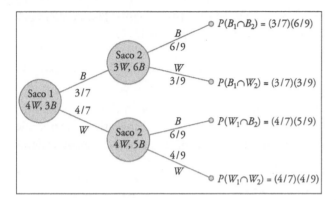

Figura 2.8 Diagrama de árvore para o Exemplo 2.36.

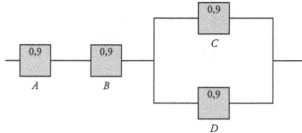

Figura 2.9 Sistema elétrico para o Exemplo 2.38.

$B_1 \cap B_2$ e $W_1 \cap B_2$. As várias possibilidades e suas probabilidades estão ilustradas na Figura 2.8. Agora,

$P[(B_1 \cap B_2) \text{ ou } (W_1 \cap B_2)] = P(B_1 \cap B_2) + P(W_1 \cap B_2)$
$= P(B_1) + P(B_2|B_1) + P(W_1) P(B_2|W_1)$
$= \left(\dfrac{3}{7}\right)\left(\dfrac{6}{9}\right) + \left(\dfrac{4}{7}\right)\left(\dfrac{5}{9}\right) = \dfrac{38}{63}$.

Se, no Exemplo 2.35, o primeiro fusível for reposto e os fusíveis forem totalmente reorganizados após o segundo ser removido, então a probabilidade de um fusível defeituoso na segunda seleção continua sendo de ¼; ou seja $P(B|A) = P(B)$ e os eventos A e B são independentes. Quando isso é verdadeiro, podemos substituir $P(B)$ por $P(B|A)$ no Teorema 2.13 para obter a seguinte regra multiplicativa especial:

Teorema 2.14
Dois eventos A e B são independentes se e somente se

$$P(A \cap B) = P(A)P(B).$$

Portanto, para obter a probabilidade de que ambos os eventos ocorrerão, simplesmente determinamos o produto de suas probabilidades individuais.

■ **Exemplo 2.37**
Uma pequena cidade tem um caminhão de bombeiros e uma ambulância para as emergências. A probabilidade de que o caminhão de bombeiros esteja disponível quando necessário é de 0,98 e a da ambulância é de 0,92. No caso de um ferimento causado por um incêndio em um prédio, determine a probabilidade de a ambulância e o caminhão de bombeiros estarem disponíveis.
Solução: A e B representam os respectivos eventos nos quais o caminhão e a ambulância estão disponíveis. Então,

$P(A \cap B) = P(A) P(B) = (0,98) (0,92) = 0,9016$.

■ **Exemplo 2.38**
Um sistema elétrico consiste em quatro componentes, como ilustrado na Figura 2.9. O sistema funciona se ambos os componentes A e B funcionarem e se ou o componente C, ou D, ou ambos funcionarem. A confiabilidade (probabilidade de funcionamento) de cada componente também é mostrada na figura. Determine a probabilidade de que (a) o sistema funcione por completo, e (b) de que o componente C não funcione, dado que o sistema todo funciona. Assuma que os quatro componentes trabalhem independentemente.
Solução: Nessa configuração do sistema, A, B e o subsistema C e D constituem um sistema de circuito serial, enquanto o próprio subsistema C e D é um sistema de circuito paralelo.

(a) Claramente, a possibilidade de que todo o sistema funcione pode ser calculada da seguinte maneira:

$P(A \cap B \cap (C \cup D)) = P(A)P(B) \, P(C \cup D)$
$= P(A) \, P(B)[1 - P(C' \cap D')]$
$= P(A) \, P(B)[1 - P(C')P(D')]$
$= (0,9) \, (0,9)[1 - (1 - 0,8)(1 - 0,8)]$
$= 0,7776$.

As igualdades se mantêm devido à independência entre os quatro componentes.

(b) Para calcular a probabilidade condicional nesse caso, note que:

$P = \dfrac{P(\text{o sistema funciona, mas } C \text{ não})}{P(\text{sistema funciona})}$

$= \dfrac{P(A \cap B \cap C' \cap D)}{P(\text{sistema funciona})} = \dfrac{(0,9)(0,9)(1 - 0,8)(0,8)}{0,7776}$

$= 0,1667$.

Teorema 2.15
Se, em um experimento, os eventos $A_1, A_2, \ldots, A_k$ podem ocorrer, então

$P(A_1 \cap A_2 \cap \cdots \cap A_k) = (A_1)P(A_2|A_1)P(A_3|A_1 \cap A_2) \cdots P(A_k|A_1 \cap A_2 \cap \cdots \cap A_{k-1})$.

Se os eventos $A_1, A_2, \ldots, A_k$ são independentes, então

$P(A_1 \cap A_2 \cap \cdots \cap A_k) = P(A_1)P(A_2) \cdots P(A_k)$.

■ **Exemplo 2.39**
Três cartas são escolhidas em sucessão, sem reposição, de um baralho comum. Determine a probabilidade de que

o evento $A_1 \cap A_2 \cap A_3$ ocorra, onde A_1 é o evento no qual a primeira carta é um ás vermelho, A_2, o evento no qual a segunda carta é um 10 ou um valete, e A_3, o evento no qual a terceira carta é maior que 3, mas menor que 7.

Solução: Primeiro, definimos os eventos

A_1: a primeira carta é um ás vermelho.
A_2: a segunda carta é um 10 ou um valete.
A_3: a terceira carta é maior que 3 e menor que 7.

Agora

$$P(A_1) = \frac{2}{52}, \quad P(A_2|A_1) = \frac{8}{51}, \quad P(A_3|A_1 \cap A_2) = \frac{12}{50},$$

e, então, pelo Teorema 2.15:

$$P(A_1 \cap A_2 \cap A_3) = P(A_1)P(A_2|A_1)P(A_3|A_1 \cap A_2)$$
$$= \left(\frac{2}{52}\right)\left(\frac{8}{51}\right)\left(\frac{12}{50}\right) = \frac{8}{5525}.$$

■ **Exemplo 2.40**

Uma moeda é adulterada para que a cara tenha duas vezes mais chances de ocorrer do que a coroa. Se a moeda for jogada três vezes, qual é a probabilidade de obter duas coroas e uma cara?

Solução: O espaço amostral para esse experimento contém oito elementos,

$$S = \{HHH, HHT, HTH, THH, HTT, THT, TTH, TTT\}.$$

Entretanto, com a moeda não balanceada, não é mais possível determinar probabilidades iguais para cada ponto amostral. É fácil ver que $P(H) = 2/3$ e $P(T) = 1/3$ para uma jogada, já que a cara tem duas vezes mais chances de ocorrer do que a coroa. Agora, seja A o evento de conseguir duas coroas e uma cara em três lançamentos da moeda. Então,

$$A = \{TTH, THT, HTT\},$$

e já que os resultados de cada lançamento são independentes, decorre do Teorema 2.15 que

$$P(TTH) = P(T)P(T)P(H) = \left(\frac{1}{3}\right)\left(\frac{1}{3}\right)\left(\frac{2}{3}\right) = \frac{2}{27}.$$

Similarmente, $P(THT) = P(HTT) = 2/27$, e então $P(A) = 2/27 + 2/27 + 2/27 = 2/9$.

Exercícios

2.77 Se R é o evento no qual um condenado cometeu assalto à mão armada e D é o evento no qual o condenado vendeu drogas, enuncie em palavras as probabilidades expressas por:
(a) $P(R|D)$;
(b) $P(D'|R)$;
(c) $P(R'|D')$.

2.78 Uma aula de física avançada tem dez estudantes do primeiro ano, 30 do último ano e dez formados. O resultado final mostra que três dos alunos do primeiro ano, dez do último ano e cinco dos formados receberam um A pelo curso. Se um estudante for escolhido aleatoriamente nessa aula e for sabido que ele recebeu um A, qual é a probabilidade de que seja um aluno do último ano?

2.79 Uma amostra aleatória de 200 adultos é classificada pelo seu sexo e nível de instrução.

Nível de instrução	Sexo masculino	Sexo feminino
Elementar	38	45
Secundário	28	50
Universitário	22	17

Se uma pessoa desse grupo for escolhida aleatoriamente, determine a probabilidade de que:
(a) a pessoa é um homem, e recebeu educação secundária.
(b) a pessoa não tem nível universitário, e é do sexo feminino.

2.80 Em um experimento para estudar a relação entre a hipertensão e os hábitos de fumo, foram coletados os seguintes dados de 180 indivíduos:

	Não-fumantes	Fumantes moderados	Fumantes intensos
H	21	36	30
NH	48	26	19

onde H e NH, na tabela, representam hipertensos e não hipertensos, respectivamente. Se um desses indivíduos for selecionado aleatoriamente, determine a probabilidade de que a pessoa
(a) esteja sofrendo de hipertensão, dado que é fumante intenso.
(b) seja um não-fumante, dado que não esteja sofrendo de hipertensão.

2.81 No último ano de uma classe com 100 alunos que estão se formando no ensino médio, 42 alunos estudaram matemática, 68 estudaram psicologia, 54 estudaram história, 22 estudaram matemática e história, 25 estudaram matemática e psicologia, 7 estudaram história mas não matemática nem psicologia, 10 estudaram as três matérias e 8 não estudaram nenhuma delas. Se um estudante for selecionado aleatoriamente, determine a probabilidade de que:
(a) uma pessoa matriculada em psicologia tenha estudado todas as três matérias.

(b) uma pessoa que não esteja estudando psicologia esteja estudando história e matemática.

2.82 Um fabricante de vacinas contra a gripe está preocupado com a qualidade de seu soro. Lotes de soro são processados em três departamentos diferentes, com taxas de rejeição de 0,10; 0,08 e 0,12, respectivamente. As inspeções pelos três departamentos são seqüenciais e independentes.
(a) Qual é a probabilidade de que um lote de soro sobreviva à primeira inspeção departamental, mas seja rejeitado no segundo departamento?
(b) Qual é a probabilidade de que um lote do soro seja rejeitado pelo terceiro departamento?

2.83 No jornal *USA Today* (de 5 de setembro de 1996) foram listados os resultados de uma pesquisa sobre o uso de roupas de dormir durante viagens:

	Sexo masculino	Sexo feminino	Total
Roupa íntima	0,220	0,024	0,244
Camisola	0,002	0,180	0,182
Nada	0,160	0,018	0,178
Pijama	0,102	0,073	0,175
Camiseta	0,046	0,088	0,134
Outro	0,084	0,003	0,087

(a) Qual é a probabilidade de que o viajante seja uma mulher que durma nua?
(b) Qual é a probabilidade de o viajante ser homem?
(c) Assumindo que o viajante seja homem, qual é a probabilidade de que ele durma de pijama?
(d) Qual é a probabilidade de que o viajante seja homem se ele dorme de pijama ou camiseta?

2.84 A probabilidade de que um automóvel sendo abastecido com gasolina também necessite de uma troca de óleo é de 0,25; a probabilidade de que ele precise de um novo filtro de óleo é de 0,40; e a probabilidade de que sejam necessárias tanto a troca de óleo quanto a de filtro é de 0,14.
(a) Se o óleo tiver de ser trocado, qual é a probabilidade de que o filtro também tenha de ser trocado?
(b) Se for preciso um novo filtro, qual é a probabilidade de que o óleo também precise ser trocado?

2.85 A probabilidade de que um homem casado assista a certo programa de televisão é de 0,4 e de que uma mulher casada assista é de 0,5. A probabilidade de que um homem assista ao programa, dado que sua mulher assiste, é de 0,7. Determine a probabilidade de que:
(a) um casal assista ao programa.
(b) uma esposa assista ao programa, dado que seu marido o faça.
(c) pelo menos uma pessoa do casal assista ao programa.

2.86 Para casais que moram em determinado subúrbio, a probabilidade de que o marido votará em um referendo é de 0,21, a probabilidade de que a esposa votará é de 0,28, e a probabilidade de que ambos, esposa e marido, votem é de 0,15. Qual é a probabilidade de que:
(a) pelo menos um membro do casal irá votar?
(b) a esposa vote, dado que seu marido votará?
(c) o marido vote, dado que sua esposa não votará?

2.87 A probabilidade de que um veículo entrando nas cavernas Luray tenha placa canadense é de 0,12; a probabilidade de que seja um *trailer* é de 0,28; e a probabilidade de ser um *trailer* com placa canadense é de 0,09. Qual é a probabilidade de que:
(a) um *trailer* entrando em Luray tenha placa canadense?
(b) um veículo com placa canadense entrando em Luray seja um *trailer*?
(c) um veículo entrando em Luray não tenha placa canadense e não seja um *trailer*?

2.88 A probabilidade de que o chefe de uma família esteja em casa quando um operador de telemarketing liga é de 0,4. Dado que o chefe da família está em casa, a probabilidade de que produtos da empresa sejam comprados é de 0,3. Determine a probabilidade de que o chefe da família esteja em casa e de que os produtos sejam comprados.

2.89 A probabilidade de que um médico faça o diagnóstico de uma doença corretamente é de 0,7. Dado que o médico faz um diagnóstico incorreto, a probabilidade de que o paciente entre com um processo é de 0,9. Qual é a probabilidade de que o médico erre o diagnóstico e seja processado pelo paciente?

2.90 Em 1970, 11% dos norte-americanos completaram quatro anos de faculdade; 43% deles eram mulheres. Em 1990, 22% dos norte-americanos completaram quatro anos de faculdade; 53% deles eram mulheres (revista *Time* de janeiro de 1996).
(a) Dado que uma pessoa completou quatro anos de faculdade em 1970, qual é a probabilidade de que fosse uma mulher?
(b) Qual é a probabilidade de que uma mulher terminaria os quatro anos de faculdade em 1990?
(c) Qual é a probabilidade de que, em 1990, um homem não terminaria a faculdade?

2.91 Um corretor de imóveis tem oito chaves mestras para abrir diversas casas. Somente uma delas abrirá qualquer uma das casas. Se 40% dessas casas são, normalmente, deixadas destrancadas, qual é a probabilidade de que o corretor entre em uma casa específica se ele selecionou três chaves mestras aleatoriamente antes de sair do escritório?

2.92 Antes da distribuição de certo software estatístico, um de cada quatro CDs tem testada sua precisão. O pro-

cesso de teste consiste em rodar quatro programas independentes e checar os resultados. O índice de falha para os quatro programas testados é, respectivamente, 0,01; 0,03; 0,02 e 0,01.
(a) Qual é a probabilidade de que um certo CD seja testado e falhe em qualquer teste?
(b) Dado que um CD foi testado, qual é a probabilidade de que ele tenha falhado nos programas 2 ou 3?
(c) Numa amostra de 100 CDs, quantos você esperaria que sejam rejeitados?
(d) Dado que um CD apresenta defeitos, qual é a probabilidade de que tenha sido testado?

2.93 Uma cidade tem dois carros de bombeiros operando independentemente. Cada cano tem uma probabilidade de 0,96 de estar disponível em caso de necessidade.
(a) Qual é a probabilidade de que nenhum esteja disponível quando necessário?
(b) Qual é a probabilidade de que algum carro esteja disponível quando necessário?

2.94 A probabilidade de que Tom estará vivo daqui a 20 anos é de 0,7 e a de que Nancy estará viva é de 0,9. Se assumirmos a independência para ambos, qual é a probabilidade de que nenhum deles esteja vivo em 20 anos?

2.95 Uma valise contém dois frascos de aspirinas e três frascos de tabletes para a tireóide. Uma segunda sacola contém três frascos de aspirinas, dois tabletes para tireóide e um frasco de laxantes. Se um frasco for retirado aleatoriamente de cada uma das sacolas, determine a probabilidade de que
(a) ambos contenham tabletes para a tireóide.
(b) nenhum dos frascos contenha tabletes para a tireóide.
(c) os dois frascos contenham tabletes diferentes.

2.96 A probabilidade de que uma pessoa em uma consulta ao dentista faça um raio X é de 0,6; a probabilidade de que a pessoa que fez o raio X também tenha de fazer uma obturação é de 0,3; e a probabilidade de que a pessoa que fez a obturação também tenha de extrair um dente é de 0,1. Qual é a probabilidade de que a pessoa, em sua visita ao dentista, tenha de fazer um raio X, uma obturação e uma extração?

2.97 Determine a probabilidade de selecionar, aleatoriamente, quatro bons galões de leite em sucessão, de uma geladeira que tem 20 galões, dos quais cinco estão estragados, usando:
(a) a primeira fórmula do Teorema 2.15.
(b) as fórmulas dos teoremas 2.8 e 2.9.

2.98 Suponha que o diagrama de um sistema elétrico seja o da Figura 2.10. Qual é a probabilidade de que o sistema funcione? Assuma que os componentes falham independentemente.

2.99 Um sistema de circuitos é dado na Figura 2.11. Assuma que os componentes falham independentemente.
(a) Qual é a probabilidade de que o sistema todo funcione?
(b) Dado que o sistema funciona, qual é a probabilidade de que o componente A não esteja funcionando?

2.100 Na situação do Exercício 2.99, sabe-se que o sistema não funciona. Qual é a probabilidade de que o componente A também não funcione?

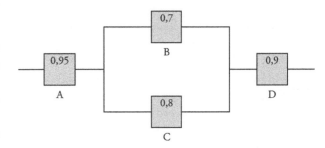

Figura 2.10 Diagrama para o Exercício 2.98.

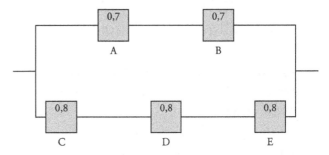

Figura 2.11 Diagrama para o Exercício 2.99.

2.8 Regra de Bayes

Retornemos, agora, ao exemplo da Seção 2.6, no qual um indivíduo é selecionado, aleatoriamente, entre os adultos de uma pequena cidade, para realizar uma turnê pelo país divulgando as vantagens de novas indústrias se estabelecerem em sua cidade. Suponha que, agora, temos a informação adicional de que 36 pessoas daquelas que estão empregadas e 12 daquelas que estão desempregadas são membros do Rotary Club. Desejamos determinar a probabilidade do evento A, no qual o indivíduo selecionado para realizar a turnê é membro do Rotary. Referindo-se à Figura 2.12, podemos escrever A como a união de dois eventos mutuamente exclusivos $E \cap A$ e $E' \cap A$. Então $A = (E \cap A) \cup (E' \cap A)$ e, pelo Corolário 2.1 do Teorema 2.10 e, depois, pelo Teorema 2.13, podemos escrever:

$$P(A) = P[(E \cap A) \cup (E' \cap A)] = P(E \cap A) + P(E' \cap A)$$
$$= P(E)P(A|E) + P(E')P(A|E').$$

Os dados da Seção 2.6, juntamente com a informação adicional dada, sobre o conjunto A, nos permitem calcular

$$P(E) = \frac{600}{900} = \frac{2}{3}, \quad P(A|E) = \frac{36}{600} = \frac{3}{50}$$

e $\quad P(E') = \frac{1}{3}, \quad P(A|E') = \frac{12}{300} = \frac{1}{25}.$

Se mostrarmos essas probabilidades pelo diagrama de árvore da Figura 2.13, no qual o primeiro galho produz a probabilidade $P(E')P(A|E)$, e o segundo, a probabilidade $P(E')P(A|E')$, temos então

$$P(A) = \left(\frac{2}{3}\right)\left(\frac{3}{50}\right) + \left(\frac{1}{3}\right)\left(\frac{1}{25}\right) = \frac{4}{75}.$$

Uma generalização dos exemplos anteriores, em que o espaço amostral é particionado em k subconjuntos, é explicada pelo teorema a seguir, chamado, algumas vezes, de *teorema da probabilidade total* ou *regra de eliminação*.

Teorema 2.16
Se os eventos $B_1, B_2, \ldots, B_k$ constituem uma partição do espaço amostral S, de modo que $P(B_i) \neq 0$ para $i = 1, 2, \ldots, k$, então para qualquer evento A de S,

$$P(A) = \sum_{i=1}^{k} P(B_i \cap A) = \sum_{i=1}^{k} P(B_i)P(A|B_i).$$

Prova: Considere o diagrama de Venn, da Figura 2.14. O evento A é visto como a união dos eventos mutuamente exclusivos

$$B_1 \cap A, B_2 \cap A, \ldots, B_k \cap A;$$

ou seja,

$$A = (B_1 \cap A) \cup (B_2 \cap A) \cup \cdots \cup (B_k \cap A).$$

Usando o Corolário 2.2, do Teorema 2.10 e o Teorema 2.13, temos

$$\begin{aligned}P(A) &= P[(B_1 \cap A) \cup (B_2 \cap A) \cup \cdots \cup (B_k \cap A)] \\ &= P(B_1 \cap A) + P(B_2 \cap A) + \cdots + P(B_k \cap A) \\ &= \sum_{i=1}^{k} P(B_i \cap A) \\ &= \sum_{i=1}^{k} P(B_i)P(A|B_i).\end{aligned}$$

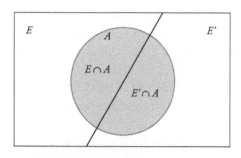

Figura 2.12 Diagrama de Venn para eventos A, E e E'.

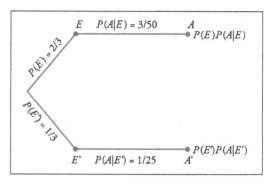

Figura 2.13 Diagrama de árvore para os dados da p. 38, usando a informação adicional da Seção 2.8.

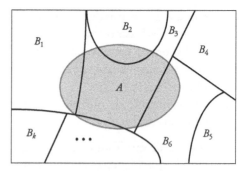

Figura 2.14 Partição do espaço amostral S.

■ **Exemplo 2.41**

Em certa linha de montagem, três máquinas B_1, B_2 e B_3 produzem 30%, 45% e 25% dos produtos, respectivamente. Sabe-se, de experiências anteriores, que 2%, 3% e 2% dos produtos feitos por cada máquina são, respectivamente, defeituosos. Agora, suponha que um produto, já acabado, seja selecionado aleatoriamente. Qual é a probabilidade de que tal produto apresente algum defeito?

Solução: Considere os seguintes eventos:

A: o produto tem defeito.
B_1: o produto é feito pela máquina B_1.
B_2: o produto é feito pela máquina B_2.
B_3: o produto é feito pela máquina B_3.

Aplicando-se a regra da eliminação, temos

$$\begin{aligned}P(A) = &\, P(B_1)P(A|B_1) + P(B_2)P(A|B_2) \\ &+ P(B_3)P(A|B_3).\end{aligned}$$

Referindo-se ao diagrama de árvore da Figura 2.15, podemos dizer que os três galhos nos dão as probabilidades

$$P(B_1)P(A|B_1) = (0,3)(0,02) = 0,006,$$
$$P(B_2)P(A|B_2) = (0,45)(0,03) = 0,0135,$$
$$P(B_3)P(A|B_3) = (0,25)(0,02) = 0,005,$$

e então

$$P(A) = 0,006 + 0,0135 + 0,005 = 0,0245.$$

Em vez de pedirmos $P(A)$, pela regra de eliminação, suponha que, agora, queremos determinar a probabili-

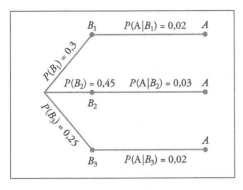

Figura 2.15 Diagrama de árvore para o Exemplo 2.41.

dade condicional $P(B_i/A)$, no Exemplo 2.14. Em outras palavras, suponha que um produto foi selecionado aleatoriamente e apresentou defeitos. Qual é a probabilidade de que esse produto tenha sido produzido pela máquina B_i?

Questões desse tipo podem ser respondidas usando-se o seguinte teorema, chamado de *regra de Bayes*:

Teorema 2.17

(*Regra de Bayes*) Se os eventos $B_1, B_2, \ldots, B_k$ constituem uma partição do espaço amostral S, de modo que $P(B_i) \neq 0$ para $i = 1, 2, \ldots, k$, então, para qualquer evento A em S, tal que $P(A) \neq 0$, temos que

$$P(B_r|A) = \frac{P(B_r \cap A)}{\sum_{i=1}^{k} P(B_i \cap A)} = \frac{P(B_r)P(A|B_r)}{\sum_{i=1}^{k} P(B_i)P(A|B_i)}$$

para $r = 1, 2, \ldots, k$.

Prova: Pela definição de probabilidade condicional,

$$P(B_r|A) = \frac{P(B_r \cap A)}{P(A)},$$

e, então, usando o Teorema 2.16 no denominador, temos

$$P(B_r|A) = \frac{P(B_r \cap A)}{\sum_{i=1}^{k} P(B_i \cap A)} = \frac{P(B_r)P(A|B_r)}{\sum_{i=1}^{k} P(B_i)P(A|B_i)},$$

o que completa a prova.

■ **Exemplo 2.42**

Com referência ao Exercício 2.41, se um produto for selecionado aleatoriamente e descobrir-se que apresenta defeitos, qual é a probabilidade de que o produto tenha sido fabricado pela máquina B_3?

Solução: Usando a regra de Bayes, escrevemos

$P(B_3|A)$

$= \frac{P(B_3)P(A|B_3)}{P(B_1)P(A|B_1) + P(B_2)P(A|B_2) + P(B_3)P(A|B_3)}$,

e, então, substituindo as probabilidades calculadas no Exemplo 2.41, temos

$$P(B_3|A) = \frac{0,005}{0,006 + 0,0135 + 0,005} = \frac{0,005}{0,0245} = \frac{10}{49}.$$

Como o produto selecionado apresentava defeitos, esse resultado sugere que ele, provavelmente, não foi fabricado pela máquina B_3.

■ **Exemplo 2.43**

Uma indústria emprega três planos analíticos para criar e desenvolver certo produto. Devido aos custos, os três planos são usados em momentos variados. Na verdade, os planos 1, 2 e 3 são usados para 30%, 20% e 50% dos produtos, respectivamente. O 'índice de defeitos' é diferente para os três procedimentos:

$P(D|P_1) = 0,01, \quad P(D|P_2) = 0,03, \quad P(D|P_3) = 0,02,$

onde $P(D/P_j)$ é a probabilidade de um produto apresentar defeitos, dado o plano j. Se selecionarmos um produto aleatoriamente e observarmos que ele apresenta defeitos, qual foi provavelmente o plano usado e, em conseqüência, responsável pelo defeito?

Solução: Da afirmação do problema,

$P(P_1) = 0,30, \quad P(P_2) = 0,20 \quad \text{e} \quad P(P_3) = 0,50,$

devemos determinar $P(P_j/D)$ para $j = 1, 2, 3$. A regra de Bayes do Teorema 2.17 mostra que

$P(P_1|D) =$

$\frac{P(P_1)P(D|P_1)}{P(P_1)P(D|P_1) + P(P_2)P(D|P_2) + P(P_3)P(D|P_3)} =$

$\frac{(0,30)(0,01)}{(0,3)(0,01) + (0,20)(0,03) + (0,50)(0,02)} =$

$\frac{0,003}{0,019} = 0,158.$

Similarmente,

$$P(P_2|D) = \frac{(0,03)(0,20)}{0,019} = 0,316$$

e $\quad P(P_3|D) = \frac{(0,02)(0,50)}{0,019} = 0,526.$

A probabilidade condicional de um defeito, dado o plano 3, é a maior dos três; portanto, um produto com defeito é, mais provavelmente, resultado do uso do plano 3.

Ao usar a regra de Bayes, uma metodologia estatística chamada de método bayesiano tem atraído muita atenção nas aplicações. Introduziremos tal método no Capítulo 18.

Exercícios

2.101 Em certa região do país, sabe-se, baseado em experiências anteriores, que a probabilidade de selecionar um adulto com mais de 40 anos, com câncer, é de 0,05. Se a probabilidade de o médico diagnosticar corretamente uma pessoa com câncer como portadora da doença é de 0,78 e a probabilidade de diagnosticar incorretamente uma pessoa sem câncer como sendo portadora da doença é de 0,06, qual é a probabilidade de que a pessoa seja diagnosticada com câncer?

2.102 A polícia planeja impor limites de velocidade, usando radares em quatro locais diferentes em uma cidade. Os radares para cada local L_1, L_2, L_3 e L_4 são operados 40%, 30%, 20% e 30% do tempo. Se uma pessoa que está indo em alta velocidade para o seu trabalho tem 0,2; 0,1; 0,5 e 0,2 de probabilidade de passar, respectivamente, por esses locais, qual é a probabilidade de que ela seja multada?

2.103 Referindo-se ao Exercício 2.101, qual é a probabilidade de que a pessoa diagnosticada com câncer realmente tenha a doença?

2.104 Se, no Exercício 2.102, a pessoa recebeu uma multa por excesso de velocidade em seu caminho para o trabalho, qual é a probabilidade de que ela tenha passado pelo radar localizado em L_2?

2.105 Suponha que quatro inspetores em uma fábrica de filmes tenham de estampar a data de validade em cada pacote de filme, ao final da linha de montagem. John, que estampa 20% dos pacotes, não estampa a data de validade em um de cada 200 pacotes; Tom, que estampa 60% dos pacotes, erra uma vez a cada 100 pacotes; Jeff, que estampa 15% dos pacotes, erra uma vez a cada 90 pacotes; e Pat, que estampa 5% dos pacotes, erra uma vez a cada 200 pacotes. Se um cliente reclama que sua embalagem de filme não contém a data de validade, qual é a probabilidade de que ela tenha sido inspecionada por John?

2.106 Uma companhia telefônica regional opera em três estações de transmissão em diferentes locais. Durante o período de um ano, o número de maus funcionamentos registrados em cada estação e as causas são mostrados na tabela a seguir.

Estação	A	B	C
Problema com fornecimento de energia elétrica	2	1	1
Mau funcionamento de computadores	4	3	2
Mau funcionamento de equipamentos elétricos	5	4	2
Causados por outros erros humanos	7	7	5

Suponha que um mau funcionamento tenha sido reportado e causado por erro humano. Qual é a probabilidade de que o problema venha da estação C?

2.107 A poluição dos rios nos Estados Unidos é um problema há anos. Considere os seguintes eventos:

A = {O rio é poluído.}
B = {Uma amostra da água testada detecta poluição.}
C = {A pesca é permitida.}

Assuma $P(A) = 0,3$, $P(B|A) = 0,75$, $P(B|A') = 0,20$, $P(C|A \cap B) = 0,20$, $P(C|A' \cap B) = 0,15$, $P(C|A \cap B') = 0,80$, e $P(C|A' \cap B') = 0,90$.

(a) Determine $P(A \cap B \cap C)$.
(b) Determine $P(B' \cap C)$.
(c) Determine $P(C)$.
(d) Determine a probabilidade de o rio ser poluído, dado que a pesca é permitida e a amostra testada não detectou poluição.

2.108 Uma cadeia de lojas de produtos para pintura produz e vende látex e tinta semibrilho. Com base nas vendas de longo prazo, a probabilidade de que o cliente compre a tinta látex é de 0,75. Daqueles que compram látex, 60% também compram rolos. Mas somente 30% dos que compram tinta semibrilho compram também rolos. Um comprador selecionado aleatoriamente compra um rolo e uma lata de tinta. Qual é a probabilidade de que a tinta seja látex?

Exercícios de revisão

2.109 Um soro da verdade tem a propriedade de que 90% dos suspeitos culpados sejam julgados corretamente enquanto, é claro, 10% os suspeitos culpados sejam julgados incorretamente (declarados inocentes). Por outro lado, suspeitos inocentes são julgados erroneamente em 1% das vezes. Se um suspeito for selecionado de um grupo de suspeitos, no qual apenas 5% já cometeram um crime, e o soro indica que ele é culpado, qual é a probabilidade de que seja inocente?

2.110 Uma médica que trata alergias afirma que 50% dos pacientes testados por ela são alérgicos a algum tipo de erva. Qual é a probabilidade de que
(a) exatamente três de seus quatro próximos pacientes sejam alérgicos a ervas?
(b) nenhum de seus quatro próximos pacientes seja alérgico a ervas?

2.111 Comparando as regiões apropriadas de diagramas de Venn, verifique que
(a) $(A \cap B) \cup (A \cap B') = A$;
(b) $A' \cap (B \cup C) = (A' \cap B) \cup (A' \cap C)$.

2.112 As probabilidades de que um posto coloque gasolina em 0, 1, 2, 3, 4 ou 5 ou mais carros, durante um período de 30 minutos, são de 0,03; 0,18; 0,24; 0,28;

0,10 e 0,17, respectivamente. Determine a probabilidade de que, nesse período de 30 minutos.

(a) mais de dois carros recebam gasolina.
(b) no máximo quatro carros recebam gasolina.
(c) quatro ou mais carros recebam gasolina.

2.113 Quantas mãos de *bridge* (jogo de cartas) podem conter quatro espadas, seis ouros, um paus e duas copas?

2.114 Se a probabilidade de que uma pessoa cometa um erro em sua declaração de imposto de renda é de 0,1, determine a probabilidade de que

(a) uma de quatro pessoas, que não têm nenhuma relação entre si, cometa um erro.
(b) os senhores Jones e Clark cometam um erro e o senhor Roberts e a sra. Williams não cometam erro.

2.115 Uma grande indústria usa três hotéis locais para fornecer acomodação para seus clientes. Com base em experiências anteriores, sabe-se que 20% dos clientes são hospedados no Ramada Inn, 50% no Sheraton e 30% no Lakeview Motor Lodge. Se 5% dos quartos do Ramada Inn, 4% dos quartos do Sheraton e 8% dos quartos do Lakeview têm problemas com encanamento, qual é a probabilidade de que

(a) um cliente seja acomodado em um quarto com problemas no encanamento?
(b) uma pessoa acomodada em um quarto que apresenta problemas no encanamento esteja hospedada no Lakeview?

2.116 De um grupo com quatro homens e cinco mulheres, quantos comitês de tamanho 3 são possíveis

(a) sem restrições?
(b) com um homem e duas mulheres?
(c) com dois homens e uma mulher, se um homem específico precisa estar no comitê?

2.117 A probabilidade de que um paciente se recupere de uma delicada operação cardíaca é de 0,8. Qual é a probabilidade de que

(a) exatamente dois dos três próximos pacientes que passarão por essa cirurgia sobreviverão?
(b) todos os três próximos pacientes a serem operados sobreviverão?

2.118 Em certa prisão federal sabe-se que 2/3 dos presidiários têm menos de 25 anos de idade. Sabe-se, também, que 3/5 dos presidiários são homens e que 5/8 são mulheres ou têm 25 anos ou mais de idade. Qual é a probabilidade de que um presidiário selecionado aleatoriamente nessa prisão seja uma mulher com pelo menos 25 anos de idade?

2.119 De quatro maçãs vermelhas, cinco verdes e três amarelas, quantas seleções de nove maçãs são possíveis se três de cada cor devem ser selecionadas?

2.120 De uma caixa que contém seis bolas pretas e quatro verdes são retiradas três bolas sucessivamente, cada bola tendo sido substituída na caixa antes da próxima retirada. Qual é a probabilidade de que

(a) as três bolas sejam da mesma cor?
(b) cada uma das cores seja representada?

2.121 Um carregamento de 12 televisores contém três aparelhos defeituosos. Em quantas maneiras um hotel pode comprar cinco desses aparelhos e receber pelo menos dois com defeitos?

2.122 As grades curriculares das engenharias elétrica, química, industrial e mecânica foram analisadas. Sabe-se que alguns alunos não estudaram estatística, alguns estudaram um semestre de estatística e outros, dois semestres. Considere os seguintes eventos:

A: Estatística foi estudada.
B: Estudantes de engenharia elétrica e industrial.
C: Estudantes de engenharia química.

Use um diagrama de Venn e sombreie as áreas que representam os seguintes eventos:

(a) $(A \cap B)'$.
(b) $(A \cup B)'$.
(c) $(A \cap C') \cup B$.

2.123 Certa agência federal emprega três empresas de consultoria (A, B e C), com probabilidades de 0,40; 0,35 e 0,25, respectivamente. Sabe-se, com base em experiências anteriores, que a probabilidade de os custos serem ultrapassados por cada uma das empresas é de 0,05; 0,03 e 0,15, respectivamente. Suponha que a agência exceda os custos.

(a) Qual é a probabilidade de que a consultoria envolvida seja a C?
(b) Qual é a probabilidade de que seja a consultoria A?

2.124 Um fabricante está estudando os efeitos da temperatura, do tempo e do tipo de óleo de cozinha na fabricação de batatas *chips*. São usadas três temperaturas diferentes, quatro tempos de cozimento diferentes e três tipos de óleo diferentes.

(a) Qual o número total de combinações a serem estudadas?
(b) Quantas combinações serão usadas para cada tipo de óleo?
(c) Discuta por que as permutações não são assunto deste exercício.

2.125 Considere a situação do Exercício 2.124 e suponha que o fabricante possa testar somente duas combinações por dia.

(a) Qual é a probabilidade de que qualquer conjunto de dois testes seja escolhido?

(b) Qual é a probabilidade de que a temperatura mais alta seja usada em qualquer uma dessas duas combinações?

2.126 Sabe-se que a probabilidade de um certo tipo de câncer ocorrer em mulheres com mais de 60 anos é de 0,07. Há um teste para se detectar a doença, mas ele não é infalível. De fato, sabe-se que, em 10% do tempo, o teste dá um resultado negativo em uma mulher com câncer e, em 5% do tempo, dá um resultado positivo em uma mulher sem câncer. Se uma mulher, com mais de 60 anos, passar pelo teste e receber um resultado favorável (ou seja, negativo), qual é a probabilidade de que ela, na verdade, tenha a doença?

2.127 O produtor de certo tipo de componente eletrônico despacha os produtos para seus clientes em lotes de 20. Suponha que 60% de todos os lotes enviados não contenham componentes com defeitos, 30% contenham um componente com defeito e 10% contenham dois componentes com defeito. Um lote é selecionado e dois componentes deste lote são escolhidos aleatoriamente e testados, e nenhum deles apresenta defeitos.

(a) Qual é a probabilidade de que exista zero componente com defeito neste lote?

(b) Qual é a probabilidade de que exista um componente com defeito neste lote?

(c) Qual é a probabilidade de que existam dois componentes com defeito neste lote?

2.128 Uma doença rara afeta apenas uma em cada 500 pessoas. Existe um teste para se detectar tal doença, mas é claro que não é infalível. Um resultado positivo, dado que o paciente tem a doença, ocorre 95% das vezes, enquanto um resultado positivo, dado que o paciente não tem a doença, ocorre em 1% das vezes. Se um indivíduo, selecionado aleatoriamente, passar pelo teste e receber um resultado positivo, qual é a probabilidade de que ele tenha a doença?

2.129 Uma construtora emprega dois engenheiros de vendas. Um engenheiro realiza o trabalho de estimar os custos para 70% das ofertas de trabalho da empresa. O segundo engenheiro faz o trabalho para 30% das ofertas. Sabe-se que o índice de erros no trabalho do engenheiro 1 é de 0,02 e do engenheiro 2 é de 0,04. Suponha que uma oferta de trabalho chegue à empresa e sérios erros aconteçam quando da estimativa do custo dessa oferta. Qual engenheiro você acredita que realizou o trabalho? Explique e mostre.

2.130 A estatística é freqüentemente usada no campo de controle de qualidade para determinar se um processo está 'fora de controle'. Suponha que o processo esteja, realmente, fora de controle e 20% dos itens produzidos apresentem defeitos.

(a) Se três itens terminam a linha de montagem em sucessão, qual é a probabilidade de que todos apresentem defeitos?

(b) Se quatro itens terminam em sucessão, qual é a probabilidade de que três apresentem defeitos?

2.131 Uma indústria está conduzindo um estudo para saber quanto tempo os empregados machucados levam para voltar ao trabalho. Registros mostram que 10% de todos os trabalhadores machucados são internados no hospital para tratamento e 15% voltam ao trabalho no dia seguinte. Além disso, estudos mostram que 2% dos trabalhadores machucados são internados no hospital e voltam para o trabalho no dia seguinte. Se um trabalhador se machuca, qual é a probabilidade de que ele será internado no hospital ou voltará ao trabalho no dia seguinte, ou ambas as coisas?

2.132 Uma empresa costuma treinar seus operadores para realizarem certas tarefas na linha de produção. Sabe-se que os operadores que realizam o curso alcançam suas cotas de produção em 90% do tempo. Os operadores novos, que ainda não realizaram o curso, alcançam suas cotas em apenas 65% do tempo. Cinqüenta por cento dos novos operadores passam pelo curso. Dado que um operador alcança sua cota de produção, qual é a probabilidade de que ele tenha passado pelo curso?

2.133 Uma pesquisa entre aqueles que utilizam um software estatístico específico indica que 10% estão insatisfeitos. Metade daqueles que estão insatisfeitos comprou o sistema do vendedor A. Sabe-se, também, que 20% dos entrevistados compraram do vendedor A. Dado que o pacote de software foi comprado do vendedor A, qual é a probabilidade de que este usuário esteja insatisfeito?

2.134 Durante uma crise econômica, os funcionários de uma indústria são demitidos e substituídos por máquinas. O histórico de 100 trabalhadores que perderam o emprego devido aos avanços tecnológicos foi revisado. Para cada um desses indivíduos, foi determinado se ele recebeu um trabalho alternativo na mesma empresa; se encontrou um emprego em outra empresa, mas está trabalhando na mesma área; ou se está desempregado há um ano. Além disso, a situação sindical de cada um desses trabalhadores também foi registrada. A tabela abaixo sintetiza os resultados.

	Pertence ao sindicato	Não pertence ao sindicato
Mesma empresa	40	15
Nova empresa (mesma área)	13	10
Nova área	4	11
Desempregado	2	5

(a) Se um trabalhador selecionado encontrou trabalho na mesma área em outra empresa, qual é a probabilidade de que ele seja membro do sindicato?
(b) Se o trabalhador é membro do sindicato, qual é a probabilidade de que esteja desempregado há um ano?

2.135 Há uma chance de 50% de que uma rainha carregue o gene da hemofilia. Se ela for portadora do gene, então cada príncipe terá, independentemente, 50% de chance de ter hemofilia. Se a rainha não for portadora, o príncipe não terá a doença. Supondo que a rainha tenha tido três príncipes sem a doença, qual é a probabilidade de que ela seja portadora do gene?

2.136 Qual é probabilidade de que dois estudantes não tenham a mesma data de nascimento em uma classe com 60 alunos? (Veja o Exercício 2.50.)

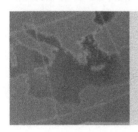

Capítulo 3

Variáveis aleatórias e distribuições de probabilidade

3.1 Conceito de variável aleatória

A Estatística está interessada em fazer inferências sobre populações e suas características. Os experimentos são conduzidos com resultados que estão sujeitos ao acaso. Testar certo número de componentes eletrônicos é um exemplo de *experimento estatístico*, termo usado para descrever qualquer processo pelo qual são geradas várias observações probabilísticas. Freqüentemente é importante atribuir uma descrição numérica ao resultado. Por exemplo, o espaço amostral que fornece uma descrição detalhada de cada resultado possível quando três componentes eletrônicos são testados pode ser escrito como:

$S = \{NNN, NND, NDN, DNN, NDD, DND, DDN, DDD\}$,

onde N denota os componentes 'não defeituosos' e D denota aqueles considerados 'defeituosos'. Naturalmente, uma pessoa está interessada no número de componentes com defeito. Assim, para cada ponto no espaço amostral será *atribuído um valor numérico* 0, 1, 2 ou 3. Esses valores são, é claro, quantidades aleatórias *determinadas pelo resultado do experimento*. Eles podem ser vistos como os valores assumidos pela *variável aleatória* X, o número de itens com defeito quando três componentes eletrônicos são testados.

Definição 3.1
Uma *variável aleatória* é uma função que associa um número real a cada elemento do espaço amostral.

Usamos uma letra maiúscula, digamos X, para denotar a variável aleatória e sua letra minúscula correspondente, neste caso x, para denotar um de seus valores. No exemplo sobre o teste de componentes eletrônicos, notamos que a variável aleatória X assume o valor 2 para todos os elementos no subgrupo

$E = \{DDN, DND, NDD\}$

do espaço amostral S. Ou seja, cada valor possível de X representa um evento que é um subconjunto do espaço amostral para aquele experimento específico.

■ **Exemplo 3.1**

Duas bolas são retiradas, sucessivamente, de uma urna que contém quatro bolas vermelhas e três pretas, sem serem repostas. Os resultados possíveis e os valores y da variável aleatória Y, onde Y é o número de bolas vermelhas, são

Espaço amostral	y
RR	2
RB	1
BR	1
BB	0

■ **Exemplo 3.2**

Um auxiliar de almoxarifado devolve três capacetes de segurança, aleatoriamente, para três funcionários de uma usina siderúrgica, que já os haviam usado anteriormente. Se Smith, Jones e Brown recebem, nessa ordem, um dos capacetes, liste os pontos de amostragem para as possíveis ordens nas quais os capacetes podem ter sido devolvidos e determine o valor m da variável aleatória M, que representa o número de combinações corretas (entre capacetes e seus donos).

Solução: Se S, J e B representam os capacetes de Smith, Jones e Brown, respectivamente, então as possíveis disposições nas quais os capacetes foram devolvidos e o número correto de combinações são:

Espaço amostral	m
SJB	3
SBJ	1
BJS	1
JSB	1
JBS	0
BSJ	0

Em cada um dos exemplos anteriores, o espaço amostral contém um número finito de elementos. Por outro lado, quando jogamos um dado até que um 5 ocorra, obtemos um espaço amostral com uma seqüência infinita de elementos.

$$S = \{F, NF, NNF, NNNF, ...\},$$

onde F e N representam, respectivamente, a ocorrência ou não de um 5. Mas, mesmo nesse experimento, o número de elementos pode ser associado ao conjunto dos números inteiros, de modo que haja um primeiro elemento, um segundo elemento, um terceiro elemento, e assim por diante, e, desse modo, possa ser contado.

Há casos em que a variável aleatória é categórica por natureza. Variáveis freqüentemente chamadas de *variáveis dummy* são utilizadas. Uma boa ilustração é o caso no qual a variável é binária por natureza, como no exemplo a seguir.

■ **Exemplo 3.3**

Considere a situação simples na qual componentes estão saindo de uma linha de produção e são classificados como defeituosos ou não defeituosos. Defina a variável aleatória X por:

$$X = \begin{cases} 1, \text{ se o componente apresentar defeito} \\ 0, \text{ se o componente não apresentar defeito} \end{cases}$$

Claramente, a designação 1 e 0 é arbitrária, mas bastante conveniente. Isso ficará mais claro nos próximos capítulos. A variável aleatória na qual 0 e 1 são escolhidos para descrever os dois valores possíveis é chamada de *variável aleatória de Bernoulli*.

Mais ilustrações sobre variáveis aleatórias serão apresentadas nos quatro exemplos seguintes.

■ **Exemplo 3.4**

Os estatísticos utilizam *planos amostrais* para aceitar ou rejeitar grupos ou lotes de material. Suponha que um desses planos amostrais envolva tomar amostras, independentemente, de dez itens de um lote de 100 itens, no qual 12 apresentam defeitos.

Considere X a variável aleatória definida como o número de itens que apresentam defeitos na amostra de dez. Nesse caso, a variável aleatória assume os valores 0, 1, 2, ..., 9, 10.

■ **Exemplo 3.5**

Suponha que um plano amostral envolva selecionar itens de um processo até que seja observado um item defeituoso. A avaliação do processo dependerá de quantos itens consecutivos serão observados. Assim, seja X a variável aleatória definida pelo número de itens selecionados até que se observe um item com defeito. Designando N para um item que não apresenta defeitos e D para aquele que apresenta defeitos, os espaços amostrais são $S = (D)$ dado $X = 1$, $S = (ND)$ dado $X = 2$, $S = (NND)$ dado $X = 3$, e assim por diante.

■ **Exemplo 3.6**

Há certo interesse na proporção de pessoas que respondem a certa solicitação de vendas por catálogo. Considere X esta proporção. X é a variável aleatória que aceita todos os valores x tais que $0 \leq x \leq 1$.

■ **Exemplo 3.7**

Considere X a variável aleatória definida pelo tempo de espera, em horas, entre motoristas flagrados por um radar de velocidade. A variável aleatória aceita todos os valores x nos quais $x \geq 0$.

Definição 3.2
Se o espaço amostral contém um número finito de possibilidades ou uma seqüência infinita com tantos elementos quanto são os números inteiros, ele é chamado de *espaço amostral discreto*.

Os resultados de alguns experimentos estatísticos podem não ser finitos nem enumeráveis. Esse é o caso, por exemplo, quando se conduz uma investigação para medir a distância que certo tipo de automóvel percorrerá em um teste prescrito com cinco litros de gasolina. Ao assumir que a distância é a variável medida para qualquer grau de precisão, então, claramente, temos um número infinito de possíveis distâncias no espaço amostral, que não podem ser associadas ao conjunto dos números inteiros. Também, se registrássemos o tempo que uma reação química leva para acontecer, mais uma vez, os valores de tempo possíveis que constituem nosso espaço amostral seriam em número infinito e não enumeráveis. Veremos, agora, que os espaços amostrais não precisam ser discretos.

Definição 3.3
Se um espaço amostral contém um número infinito de possibilidades igual ao número de pontos em um segmento de linha, ele é chamado de *espaço amostral contínuo*.

Uma variável aleatória é chamada de *variável aleatória discreta* se seu conjunto de resultados possíveis for enumerável. As variáveis aleatórias nos exemplos 3.1 a 3.5 são variáveis aleatórias discretas. Mas, se a variável aleatória tiver como conjunto de valores possíveis um intervalo contínuo de números, então ela não será discreta. Quando uma variável pode assumir valores em uma escala contínua, ela é chamada de *variável aleatória contínua*. Freqüentemente, os valores possíveis de uma variável aleatória contínua são, precisamente, os mesmos valores que estão contidos no espaço amostral contínuo. Assim, as variáveis aleatórias descritas nos exemplos 3.6 e 3.7 são variáveis aleatórias contínuas.

Na maioria dos problemas práticos, as variáveis aleatórias contínuas representam dados *medidos*, tais como todas as possíveis alturas, pesos, temperaturas, distâncias ou períodos de vida, enquanto variáveis aleatórias discretas representam dados *de contagem*, tais como o número de itens com defeitos em uma amostra de *k* itens ou o número de acidentes fatais em uma estrada por ano em certo estado. Note que as variáveis aleatórias *Y* e *M* dos exemplos 3.1 e 3.2 representam dados de contagem, *Y* é o número de bolas vermelhas e *M* é o número de associações corretas dos capacetes.

3.2 Distribuições de probabilidades discretas

Uma variável aleatória discreta assume cada um de seus valores com certa probabilidade. No caso de se jogar uma moeda três vezes, a variável *X*, que representa o número de caras, assume o valor 2 com probabilidade de 3/8, já que três de oito igualmente prováveis pontos de amostragem resultam em duas caras e uma coroa. Se assumirmos pesos iguais para os eventos simples do Exemplo 3.2, a probabilidade de que nenhum funcionário receba seu capacete corretamente, ou seja, a probabilidade de que *M* assuma o valor 0, é 1/3. Os valores possíveis *m* de *M* e suas probabilidades são:

m	0	1	3
P(M = m)	$\frac{1}{3}$	$\frac{1}{2}$	$\frac{1}{6}$

Note que os valores de *m* abrangem todos os casos possíveis e, portanto, as probabilidades têm soma igual a 1.

Com freqüência, é conveniente representar todas as probabilidades de uma variável aleatória *X* por uma fórmula. Tal fórmula seria, necessariamente, uma função dos valores numéricos *x*, denotamos esta função por $f(x)$, $g(x)$, $r(x)$, e assim por diante. Portanto, escrevemos $f(x) = P(X = x)$, ou seja, $f(3) = P(X = 3)$. O conjunto de pares ordenados $(x, f(x))$ é chamado de *função de probabilidade* ou *distribuição de probabilidade* da variável aleatória discreta *X*.

Definição 3.4

O conjunto de pares ordenados $(x, f(x))$ é a *função de probabilidade*, *função de massa de probabilidade* ou *distribuição de probabilidade* da variável discreta *X*, se, para cada resultado possível *x*,

1. $f(x) \geq 0$,
2. $\sum_x f(x) = 1$,
3. $P(X = x) = f(x)$.

■ Exemplo 3.8

Um carregamento de oito microcomputadores similares para um ponto-de-venda contém três que apresentam defeitos. Se uma escola faz uma compra aleatória de dois desses microcomputadores, determine a distribuição de probabilidade para o número de defeituosos.

Solução: Considere *X* a variável aleatória cujos valores *x* são os números possíveis de computadores com defeito comprados pela escola. Então *x* pode ser qualquer um dos números 0, 1 e 2. Agora,

$$f(0) = P(X = 0) = \frac{\binom{3}{0}\binom{5}{2}}{\binom{8}{2}} = \frac{10}{28},$$

$$f(1) = P(X = 1) = \frac{\binom{3}{1}\binom{5}{1}}{\binom{8}{2}} = \frac{15}{28},$$

$$f(2) = P(X = 2) = \frac{\binom{3}{2}\binom{5}{0}}{\binom{8}{2}} = \frac{3}{28}.$$

Portanto, a distribuição de probabilidade de *X* é

x	0	1	3
f(x)	$\frac{10}{28}$	$\frac{15}{28}$	$\frac{3}{28}$

■ Exemplo 3.9

Se uma agência de veículos vende 50% de seu estoque de certo carro importado equipado com *airbags*, determine a fórmula para a distribuição de probabilidade do número de carros com *airbags* entre os próximos quatro carros vendidos pela agência.

Solução: Já que a probabilidade de se vender um automóvel com *airbags* é de 0,5, os $2^4 = 16$ pontos no espaço amostral são igualmente prováveis de ocorrer. Então, o denominador para todas as probabilidades, e também para nossa função, é 16. Para obter o número de maneiras de vender três modelos com *airbags*, devemos considerar o número de maneiras de particionar os quatro resultados em duas células com os três modelos com *airbags* designados para uma célula e o modelo sem *airbags* designado para a outra célula. Isso pode ser feito em $\binom{4}{3} = 4$ maneiras. De modo geral, o fato de se vender *x* modelos com *airbags* e $4 - x$ modelos sem *airbags* pode ocorrer em $\binom{4}{x}$ maneiras, onde *x* pode ser 0, 1, 2, 3 ou 4. Assim, a função de probabilidade $f(x) = P(X = x)$ é

$$f(x) = \frac{\binom{4}{x}}{16}, \quad \text{para } x = 0, 1, 2, 3, 4.$$

Há muitos problemas em que podemos desejar calcular a probabilidade na qual o valor observado da variável aleatória *X* será menor ou igual a algum número real *x*. Escrevendo $F(x) = P(X \leq x)$ para cada número real *x*, definimos $F(x)$ como a *função de distribuição acumulada* da variável aleatória *X*.

Definição 3.5
A *função de distribuição acumulada* $F(x)$ de uma variável aleatória discreta X, que tem distribuição de probabilidade $f(x)$ é

$$F(x) = P(X \leq x) = \sum_{t \leq x} f(t), \quad \text{para } -\infty < x < \infty.$$

Para a variável aleatória M, o número de associações corretas no Exemplo 3.2, temos:

$$F(2) = P(M \leq 2) = f(0) + f(1) = \frac{1}{3} + \frac{1}{2} = \frac{5}{6}.$$

A função de distribuição acumulada de M é

$$F(m) = \begin{cases} 0, & \text{para } m < 0, \\ \frac{1}{3}, & \text{para } 0 \leq m < 1, \\ \frac{5}{6}, & \text{para } 1 \leq m < 3, \\ 1, & \text{para } m \geq 3. \end{cases}$$

Deve-se prestar atenção ao fato de que a função de distribuição acumulada é uma função monótona não decrescente, definida não apenas para os valores assumidos para a variável aleatória dada, mas também para todos os números reais.

■ **Exemplo 3.10**
Determine a função de distribuição acumulada da variável aleatória X no Exemplo 3.9. Usando $F(x)$, verifique se $f(2) = 3/8$.

Solução: Cálculos diretos da distribuição de probabilidade do Exemplo 3.9 dão $f(0) = 1/16, f(1) = 1/4, f(2) = 3/8, f(3) = 1/4$ e $f(4) = 1/16$. Portanto,

$$F(0) = f(0) = \frac{1}{16},$$

$$F(1) = f(0) + f(1) = \frac{5}{16},$$

$$F(2) = f(0) + f(1) + (2) = \frac{11}{16},$$

$$F(3) = f(0) + f(1) + (2) + f(3) = \frac{15}{16},$$

$$F(4) = f(0) + f(1) + (2) + f(3) + (4) = 1.$$

Assim,

$$F(x) = \begin{cases} 0, & \text{para } x < 0, \\ \frac{1}{16}, & \text{para } 0 \leq x < 1, \\ \frac{5}{16}, & \text{para } 1 \leq x < 2, \\ \frac{11}{16}, & \text{para } 2 \leq x < 3, \\ \frac{15}{16}, & \text{para } 3 \leq x < 4, \\ 1, & \text{para } x \geq 4. \end{cases}$$

Agora,

$$f(2) = F(2) - F(1) = \frac{11}{16} - \frac{5}{16} = \frac{3}{8}.$$

Costuma ser útil olhar a distribuição de probabilidade na forma gráfica. Pode-se fazer um gráfico dos pontos $(x, f(x))$ do Exemplo 3.9 para obter a Figura 3.1. Unindo os pontos ao eixo x com uma linha tracejada ou sólida, obtemos o que é chamado comumente de *gráfico de barras*. A Figura 3.1 facilita a visualização de quais valores de X são mais prováveis de ocorrer, e também indica, nesse caso, uma situação de simetria perfeita.

Em vez de representar os pontos $(x, f(x))$, freqüentemente construímos retângulos, como na Figura 3.2. Aqui, os retângulos são construídos de modo que suas bases de igual largura estejam centradas em cada valor x e suas alturas sejam iguais às probabilidades correspondentes dadas por $f(x)$. As bases são construídas de modo a não deixar espaço entre os retângulos. A Figura 3.2 é chamada de *histograma de probabilidade*.

Uma vez que cada base na Figura 3.2 tem largura unitária, o $P(X = x)$ é igual à área do retângulo centrado em x. Mesmo se as bases não tivessem largura unitária, poderíamos ajustar a altura dos retângulos para obter áreas que ainda se igualariam às probabilidades de X assumir qualquer um de seus valores x. Esse conceito de usar áreas para representar as probabilidades é necessário para nos-

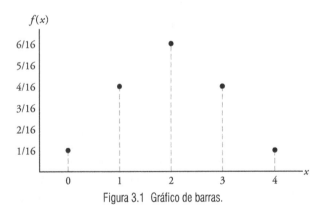
Figura 3.1 Gráfico de barras.

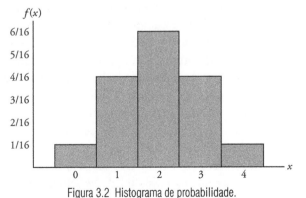
Figura 3.2 Histograma de probabilidade.

sa consideração sobre distribuição de probabilidade de uma variável aleatória contínua.

O gráfico da função de distribuição acumulada do Exemplo 3.9, que aparece como uma função escada na Figura 3.3, é obtido representando-se os pontos (x, F(x)).

Certas distribuições de probabilidade são aplicáveis a mais de uma situação física. A distribuição de probabilidade do Exemplo 3.9, por exemplo, também se aplica à variável aleatória Y, onde Y é o número de caras quando jogamos uma moeda quatro vezes, ou à variável aleatória W, onde W é o número de cartas vermelhas que ocorrem quando quatro cartas são sucessivamente retiradas, de maneira aleatória, de um baralho, com cada carta sendo reposta e o baralho embaralhado antes da próxima retirada. Distribuições discretas especiais que podem ser aplicadas em muitas situações experimentais serão consideradas no Capítulo 5.

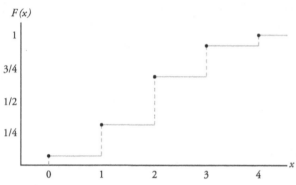

Figura 3.3 Função de distribuição acumulada discreta.

3.3 Distribuições de probabilidades contínuas

Uma variável aleatória contínua tem uma probabilidade zero de assumir *exatamente* qualquer um de seus valores. Conseqüentemente, sua distribuição de probabilidade não pode ser dada na forma de tabela. Num primeiro momento, isso pode parecer espantoso, mas se torna mais plausível quando consideramos um exemplo em particular. Vamos discutir uma variável aleatória cujos valores são as alturas de todas as pessoas com mais de 21 anos. Entre dois valores quaisquer, digamos 163,5 e 164,5 centímetros, ou até mesmo 163,99 e 164,01 centímetros, há um número infinito de alturas, uma das quais aleatoriamente é 164 centímetros. A probabilidade de se selecionar aleatoriamente uma pessoa cuja altura seja exatamente 164 centímetros, e não um dos infinitos grupos de altura tão próximo a 164 centímetros, que não se pode humanamente medir a diferença é remota e, então, designamos probabilidade zero ao evento. Este não é o caso, entretanto, se pensarmos na possibilidade de selecionar uma pessoa que tenha no mínimo 163 centímetros de altura e no máximo 165 centímetros de altura. Agora, estamos lidando com um intervalo em vez de um valor pontual de nossa variável aleatória.

Devemos nos preocupar em calcular as probabilidades para diversos intervalos de variáveis aleatórias contínuas, tais como $P(a < X < b)$, $P(W \geq c)$, e assim por diante. Note que, quando X é contínuo,

$$P(a < X \leq b) = P(a < X < b) + P(X = b)$$
$$= P(a < X < b).$$

Ou seja, não importa se incluímos ou não a igualdade no intervalo. Isso não é verdade, entretanto, se X for discreto.

Embora a distribuição de probabilidade de uma variável aleatória contínua não possa ser apresentada na forma de tabela, ela pode ser expressa como uma fórmula. Tal fórmula seria, necessariamente, uma função dos valores numéricos da variável aleatória contínua X e, como tal, representada pela notação de função $f(x)$. Ao lidar com variáveis contínuas, $f(x)$ é usualmente chamada de *função de densidade de probabilidade*, ou simplesmente *função de densidade* de X. Já que X é definida sobre um espaço amostral contínuo, é possível que $f(x)$ tenha um número finito de descontinuidades. Entretanto, a maioria das funções de densidade que têm aplicações práticas na análise de dados estatísticos é contínua, e seus gráficos assumem uma de várias formas, algumas delas mostradas na Figura 3.4. Como áreas serão usadas para representar as probabilidades, e probabilidades são valores numéricos positivos, a função de densidade deve estar inteiramente acima do eixo x.

Uma função de densidade de probabilidade é construída de modo que a área abaixo de sua curva até o eixo x seja igual a 1, quando calculada para a amplitude de X para a qual $f(x)$ foi definida. Se essa amplitude de X for um intervalo finito, é sempre possível estender o intervalo para incluir o conjunto inteiro dos números reais, definindo-se $f(x)$ como sendo zero em todos os pontos nas porções estendidas do intervalo. Na Figura 3.5, a probabilidade de que X assuma um valor entre a e b é igual à área sombreada abaixo da função de densidade entre as ordenadas $x = a$ e $x = b$, e, do cálculo integral, é dada por

$$P(a < X < b) = \int_a^b f(x)\, dx.$$

(a) (b) (c) (d)

Figura 3.4 Funções de densidade típicas.

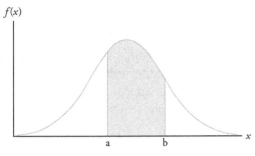

Figura 3.5 $P(a < X < b)$.

Definição 3.6
A função $f(x)$ é a *função de densidade de probabilidade* para a variável aleatória contínua X, definida no conjunto de números reais R, se

1. $f(x) \geq 0$, para todo $x \in R$.
2. $\int_{-\infty}^{\infty} f(x)\,dx = 1$.
3. $P(a < X < b) = \int_a^b f(x)\,dx$.

■ **Exemplo 3.11**

Suponha que o erro na temperatura de reação (em °C), para um experimento de laboratório controlado, seja a variável aleatória contínua X, que tem a função de densidade de probabilidade

$$f(x) = \begin{cases} \frac{x^2}{3}, & -1 < x < 2, \\ 0, & \text{caso contrário.} \end{cases}$$

(a) Verifique a condição 2 da Definição 3.6.
(b) Determine $P(0 < X \leq 1)$.

Solução:

(a) $\int_{-\infty}^{\infty} f(x)\,dx = \int_{-1}^{2} \frac{x^2}{3}\,dx = \frac{x^3}{9}\Big|_{-1}^{2} = \frac{8}{9} + \frac{1}{9} = 1$.

(b) $P(0 < X \leq 1) = \int_0^1 \frac{x^2}{3}\,dx = \frac{x^3}{9}\Big|_0^1 = \frac{1}{9}$.

Definição 3.7
A *função de distribuição acumulada* $F(x)$ de uma variável aleatória contínua X, com função densidade $f(x)$, é

$$F(x) = P(X \leq x) = \int_{-\infty}^{x} f(t)\,dt, \quad \text{para } -\infty < x < \infty.$$

Como conseqüência imediata da Definição 3.7, podem-se escrever os dois resultados

$$P(a < X < b) = F(b) - F(a) \quad \text{e} \quad f(x) = \frac{dF(x)}{dx},$$

se a derivada existir.

■ **Exemplo 3.12**

Para a função de densidade do Exemplo 3.11, determine $F(x)$ e use-a para avaliar $P(0 < X \leq 1)$.

Solução: Para $-1 < x < 2$,

$$F(x) = \int_{-\infty}^{x} f(t)\,dt = \int_{-1}^{x} \frac{t^2}{3}\,dt = \frac{t^3}{9}\Big|_{-1}^{x} = \frac{x^3 + 1}{9}$$

Então,

$$F(x) = \begin{cases} 0, & x < -1, \\ \frac{x^3+1}{9}, & -1 \leq x < 2, \\ 1, & x \geq 2. \end{cases}$$

A função de distribuição acumulada $F(x)$ é expressa graficamente na Figura 3.6.

Agora,

$$P(0 < X \leq 1) = F(1) - F(0) = \frac{2}{9} - \frac{1}{9} = \frac{1}{9},$$

o que está de acordo com o resultado obtido usando-se a função de densidade do Exemplo 3.11.

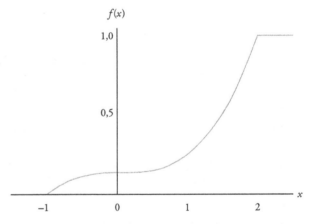

Figura 3.6 Função de distribuição acumulada contínua.

■ **Exemplo 3.13**

O departamento de energia coloca projetos em concorrência e, geralmente, estima qual seria um valor razoável de um lance. Chame essa estimativa de b. O departamento de energia determinou que a função densidade do lance vencedor é

$$f(y) = \begin{cases} \frac{5}{8b}, & \frac{2}{5}b \leq y \leq 2b, \\ 0, & \text{caso contrário.} \end{cases}$$

Determine $F(y)$ e use-a para determinar a probabilidade de que o lance vencedor seja menor do que a estimativa preliminar b.

Solução: Para $\frac{2}{5}b \leq y \leq 2b$,

$$F(y) \int_{2b/5}^{y} \frac{5}{8b}\,dy = \frac{5t}{8b}\Big|_{2b/5}^{y} = \frac{5y}{8b} - \frac{1}{4}.$$

Então,

$$F(y) = \begin{cases} 0, & y < \frac{2}{5}b, \\ \frac{5y}{8b} - \frac{1}{4}, & \frac{2}{5}b \leq y < 2b, \\ 1, & y \geq 2b. \end{cases}$$

Para determinar a probabilidade de que o lance vencedor seja menor do que o lance preliminar estimado b, temos

$$P(Y \leq b) = F(b) = \frac{5}{8} - \frac{1}{4} = \frac{3}{8}.$$

Exercícios

3.1 Classifique as seguintes variáveis aleatórias como discretas ou contínuas:
X: número de acidentes de carro por ano, na Virgínia.
Y: o tempo para jogar 18 buracos no golfe.
M: a quantidade de leite produzida anualmente por determinada vaca.
N: o número de ovos postos por uma galinha a cada mês.
P: o número de permissões para construção de prédios em uma cidade a cada mês.
Q: a produção (em toneladas) de um grão por acre.

3.2 Um carregamento de cinco automóveis importados contém dois com pequenas manchas na pintura. Se uma agência recebe três desses automóveis aleatoriamente, liste os elementos do espaço amostral S, usando as letras B e N para automóveis com manchas na pintura ou sem manchas na pintura, respectivamente; e, então, para cada ponto de amostragem atribua um valor x da variável aleatória X, que representa o número de automóveis comprados pela agência com manchas na pintura.

3.3 Considere W a variável aleatória definida como o número de caras menos o número de coroas em três jogadas de uma moeda. Liste os elementos do espaço amostral para três lançamentos da moeda e, para cada ponto amostral, atribua um valor w de W.

3.4 Uma moeda é lançada até que ocorram três caras sucessivamente. Liste somente aqueles elementos do espaço amostral que requerem seis ou menos lançamentos. Ele é um espaço amostral discreto? Explique.

3.5 Determine o valor c de modo que cada uma das seguintes funções possa servir como distribuição de probabilidade da variável aleatória discreta X:
(a) $f(x) = c(x^2 + 4)$, para $x = 0, 1, 2, 3$;
(b) $f(x) = c\binom{2}{x}\binom{3}{3-x}$, para $x = 0, 1, 2$.

3.6 O prazo de validade, em dias, para frascos de certo medicamento prescrito é uma variável aleatória que tem como função de densidade

$$f(x) = \begin{cases} \frac{20.000}{(x+100)^3}, & x > 0, \\ 0, & \text{caso contrário.} \end{cases}$$

Determine a probabilidade de que um frasco do medicamento tenha prazo de validade de

(a) pelo menos 200 dias;
(b) qualquer valor entre 80 e 120 dias.

3.7 O número total de horas, medido em unidades de 100 horas, que uma família utiliza o aspirador de pó em sua casa, durante o período de um ano, é uma variável aleatória contínua X, que tem função de densidade

$$f(x) = \begin{cases} x, & 0 < x < 1, \\ 2 - x, & 1 \leq x < 2, \\ 0, & \text{caso contrário.} \end{cases}$$

Determine a probabilidade de que, durante o período de um ano, a família use o aspirador
(a) menos de 120 horas;
(b) entre 50 e 100 horas.

3.8 Determine a distribuição de probabilidade da variável aleatória W do Exercício 3.3, assumindo que a moeda seja viciada, de modo que cara seja duas vezes mais provável de ocorrer do que uma coroa.

3.9 A proporção de pessoas que respondem a certa solicitação de vendas por catálogo é a variável aleatória contínua X, que tem como função de densidade

$$f(x) = \begin{cases} \frac{2(x+2)}{5}, & 0 < x < 1, \\ 0, & \text{caso contrário} \end{cases}$$

(a) Mostre que $P(0 < X < 1) = 1$.
(b) Determine a probabilidade de que mais de 1/4 e menos do que 1/2 das pessoas contatadas responderão a esse tipo de solicitação.

3.10 Determine a fórmula para distribuição de probabilidade da variável aleatória X, que representa o resultado quando um único dado é jogado uma vez.

3.11 Um carregamento de sete televisores contém dois aparelhos com defeitos. Um hotel faz uma compra aleatória de três desses aparelhos. Se x é o número de aparelhos com defeitos comprados pelo hotel, determine a distribuição de probabilidade de X. Expresse os resultados graficamente em um histograma de probabilidade.

3.12 Uma empresa de investimentos oferece a seus clientes títulos municipais que vencem depois de vários anos. Dado que a função de distribuição acumulada de T, o número de anos para o vencimento de um título selecionado aleatoriamente, é

$$F(t) = \begin{cases} 0, & t < 1, \\ \frac{1}{4}, & 1 \leq t < 3, \\ \frac{1}{2}, & 3 \leq t < 5, \\ \frac{3}{4}, & 5 \leq t < 7, \\ 1, & t \geq 7, \end{cases}$$

determine
(a) $P(T = 5)$;
(b) $P(T > 3)$;
(c) $P(1,4 < T < 6)$.

3.13 A distribuição de probabilidade de X, o número de imperfeições a cada dez metros de um tecido sintético produzido em rolos contínuos de largura uniforme, é dada por:

x	0	1	2	3	4
$f(x)$	0,41	0,37	0,16	0,05	0,01

Construa a função de distribuição acumulada de X.

3.14 O tempo de espera, em horas, entre sucessivos motoristas flagrados por um radar que ultrapassam o limite de velocidade, é uma variável aleatória contínua com função de distribuição acumulada

$$f(x) = \begin{cases} 0, & x < 0, \\ 1 - e^{-8x}, & x \geq 0. \end{cases}$$

Determine a probabilidade de o tempo de espera entre sucessivos motoristas ser menor que 12 minutos,
(a) usando a função de distribuição acumulada de X;
(b) usando a função de densidade de probabilidade de X.

3.15 Determine a função de distribuição acumulada de uma variável aleatória X que representa o número dos itens com defeito do Exercício 3.11. Então, usando $F(x)$, determine
(a) $P(X = 1)$;
(b) $P(0 < X \leq 2)$.

3.16 Construa um gráfico da função de distribuição acumulada do Exercício 3.15.

3.17 Uma variável aleatória contínua X, que pode assumir valores entre $x = 1$ e $x = 3$, tem função de densidade dada por $f(x) = 1/2$.
(a) Mostre que a área abaixo da curva é igual a 1.
(b) Determine $P(2 < X < 2,5)$.
(c) Determine $P(X \leq 1,6)$.

3.18 Uma variável aleatória contínua X, que pode assumir valores entre $x = 2$ e $x = 5$, tem função de densidade dada por $f(x) = 2(1 + x)/27$. Determine
(a) $P(X < 4)$;
(b) $P(3 \leq X < 4)$.

3.19 Para a função de densidade do Exercício 3.17, determine $F(x)$ e use-a para avaliar $P(2 < X < 2,5)$.

3.20 Para a função de densidade do Exercício 3.18, determine $F(x)$ e use-a para avaliar $P(3 \leq X < 4)$.

3.21 Considere a função de densidade

$$f(x) = \begin{cases} k\sqrt{x}, & 0 < x < 1, \\ 0, & \text{caso contrário.} \end{cases}$$

(a) Encontre o valor de k.
(b) Determine $F(x)$ e use-a para avaliar $P(0,3 < X < 0,6)$.

3.22 Três cartas são retiradas, sucessivamente, de um baralho sem reposição. Determine a distribuição de probabilidade para o número de espadas.

3.23 Determine a função de distribuição acumulada para a variável aleatória W no Exercício 3.8. Usando $F(w)$, determine
(a) $P(W > 0)$;
(b) $P(-1 \leq W < 3)$.

3.24 Determine a distribuição de probabilidade para o número de CDs de jazz selecionados quando quatro CDs são selecionados aleatoriamente de uma coleção que consiste em cinco CDs de jazz, dois CDs de música clássica e três CDs de rock. Expresse seus resultados por meio de uma fórmula.

3.25 De uma caixa que contém quatro moedas de 10 centavos e duas de 5 centavos, três moedas são selecionadas aleatoriamente sem reposição. Determine a distribuição de probabilidade para a soma T dos valores das três moedas. Expresse a distribuição de probabilidade graficamente, por meio de um histograma de probabilidade.

3.26 De uma caixa que contém três bolas pretas e três verdes, três bolas são selecionadas sucessivamente, cada uma sendo reposta na caixa antes que a próxima retirada seja feita. Determine a distribuição de probabilidade para o número de bolas verdes selecionadas.

3.27 O tempo até a falha, em horas, de uma importante parte de um equipamento eletrônico usado na fabricação de um aparelho de DVD tem como função de densidade

$$f(x) = \begin{cases} \frac{1}{2000} \exp(-x/2.000), & x \geq 0, \\ 0, & x < 0. \end{cases}$$

(a) Determine $F(x)$.
(b) Determine a probabilidade de que o componente (e, conseqüentemente, o aparelho de DVD) dure mais do que mil horas antes que o componente tenha de ser substituído.
(c) Determine a probabilidade de que o componente falhe antes de 2.000 horas.

3.28 Um fabricante de cereais sabe que o peso do produto por caixa varia levemente entre uma caixa e outra. De fato, dados históricos consideráveis permitiram a determinação da função de densidade que descreve a estrutura de probabilidade para o peso, em onças (1 onça = 28,4 gramas). Na verdade, sendo X a variável aleatória do peso, em onças, a função de densidade pode ser descrita como

$$f(x) = \begin{cases} \frac{2}{5}, & 23,75 \leq x \leq 26,25, \\ 0, & \text{caso contrário.} \end{cases}$$

(a) Verifique que essa é uma função de densidade válida.
(b) Determine a probabilidade de que o peso seja menor que 24 onças (aproximadamente 595 gramas).
(c) A empresa deseja que um peso superior a 26 onças (aproximadamente 738 gramas) ocorra muito raramente. Qual é a probabilidade de que esta ocorrência rara ocorra realmente?

3.29 Um importante fator no combustível sólido de um míssil é a distribuição do tamanho de partículas. Problemas significativos podem ocorrer se o tamanho das partículas for muito grande. Dos dados de produção obtidos no passado, foi determinado que a distribuição do tamanho da partícula (em micrometros) é caracterizada por

$$f(x) = \begin{cases} 3x^{-4}, & x > 1, \\ 0, & \text{caso contrário.} \end{cases}$$

(a) Verifique que essa é uma função densidade válida.
(b) Avalie $F(x)$.
(c) Qual é a probabilidade de que uma partícula aleatória de um combustível manufaturado exceda 4 micrometros?

3.30 Medições de sistemas científicos são sempre sujeitas à variação, algumas mais do que outras. Há muitas estruturas para se medir erros, e os estatísticos passam boa parte do tempo modelando esses erros. Suponha que o erro de medição X, de certa quantidade física, seja determinado pela função de densidade

$$f(x) = \begin{cases} k(3 - x^2), & -1 \leq x \leq 1, \\ 0, & \text{caso contrário.} \end{cases}$$

(a) Calcule o valor k que torna $f(x)$ uma função de densidade válida.
(b) Determine a probabilidade de que um erro aleatório na medição seja menor que 1/2.
(c) Para essa medição em particular, não é desejável que a *magnitude* do erro (isto é, $|x|$) exceda 0,8. Qual é a probabilidade de que isso ocorra?

3.31 Com base em testes extensivos, foi determinado por um fabricante de máquinas de lavar roupas que o tempo Y, em anos, antes que sejam necessários grandes reparos na máquina, é caracterizado pela função de densidade de probabilidade

$$f(x) = \begin{cases} \frac{1}{4} e^{-y/4}, & y \geq 0, \\ 0, & \text{caso contrário.} \end{cases}$$

(a) Os críticos certamente considerariam o produto uma barganha se for improvável que ele necessite de grandes reparos antes do 6º ano de uso. Comente determinando $P(Y > 6)$.
(b) Qual é a probabilidade de que seja necessário um grande reparo no primeiro ano?

3.32 A proporção do orçamento de certo tipo de indústria, que é alocado para controle ambiental e de poluição, é determinada após uma análise cuidadosa. Um projeto de coleta de dados determina que a distribuição dessa proporção seja dada por

$$f(x) = \begin{cases} 5(1-y)^4, & 0 \leq y \leq 1, \\ 0, & \text{caso contrário.} \end{cases}$$

(a) Verifique que essa densidade é válida.
(b) Qual é a probabilidade de que uma empresa escolhida aleatoriamente gaste menos de 10% de seu orçamento nos controles ambientais e de poluição?
(c) Qual é a probabilidade de que uma empresa selecionada aleatoriamente gaste mais de 50% nos controles ambientais e de poluição?

3.33 Suponha que um tipo especial de pequena empresa de processamento de dados seja tão especializada que tenha problemas em obter lucro em seu primeiro ano de funcionamento. A função de densidade de probabilidade (fdp) que caracteriza a proporção Y de empresas deste tipo que geram lucro no primeiro ano é dada por

$$f(y) = \begin{cases} ky^4(1-y)^3, & 0 \leq y \leq 1, \\ 0, & \text{caso contrário.} \end{cases}$$

(a) Qual é o valor de k que faz da fórmula dada uma função de densidade válida?
(b) Determine a probabilidade de que no máximo 50% das firmas tenham lucro no primeiro ano.
(c) Determine a probabilidade de que pelo menos 80% das firmas tenham lucro no primeiro ano.

3.34 Tubos de magnétron são produzidos em uma linha de montagem mecanizada. Um plano amostral é usado periodicamente para avaliar a qualidade no comprimento dos tubos. Essa medição é sujeita a incertezas. Acredita-se que a probabilidade de que um tubo aleatório atinja a especificação seja de 0,99. Um plano amostral é usado no qual os comprimentos de cinco tubos são medidos.

(a) Mostre que a função de probabilidade de Y, o número de tubos, dentre os cinco selecionados, que atingem a especificação de comprimento, é dada pela seguinte função de probabilidade discreta

$$f(y) = \frac{5!}{y!(5-y)!}(0,99)^y(0,01)^{5-y},$$

para $y = 0, 1, 2, 3, 4, 5$.

(b) Suponha que seleções aleatórias sejam realizadas na linha de montagem e três tubos estejam fora das especificações. Use a $f(y)$ dada para apoiar ou refutar a conjectura de que a probabilidade de que um único tubo atinja as especificações seja 0,99.

3.35 Suponha que se saiba, com base em um grande número de dados históricos, que X, o número de carros que chegam a uma interseção específica durante um período de tempo de 20 segundos, é caracterizado pela seguinte função de probabilidade discreta

$$f(x) = e^{-6}\frac{6^x}{x!}, \quad x = 0, 1, 2\ldots$$

(a) Determine a probabilidade de que, em um período específico de 20 segundos, mais de oito carros cheguem à interseção.
(b) Determine a probabilidade de que apenas dois carros cheguem.

3.36 Em uma tarefa em um laboratório, se o equipamento estiver funcionando, a função densidade do resultado observado X, é

$$f(x) = \begin{cases} 2(1-x), & 0 < x < 1, \\ 0, & \text{caso contrário.} \end{cases}$$

(a) Calcule $P(X \leq 1/3)$.
(b) Qual é a probabilidade de que X exceda 0,5?
(c) Dado que $X \geq 0,5$, qual é a probabilidade de que X seja menor que 0,75?

3.4 Distribuição de probabilidade conjunta

O estudo de variáveis aleatórias e suas distribuições de probabilidade nas seções anteriores está restrito a espaços amostrais unidimensionais, nos quais registramos resultados de um experimento como sendo os valores assumidos por uma única variável aleatória. Haverá situações, entretanto, em que poderemos achar desejável registrar os resultados simultâneos de diversas variáveis aleatórias. Por exemplo, podemos medir a quantidade de precipitado P e volume V de um gás liberado em um experimento químico controlado, gerando um espaço amostral bidimensional que consiste nos resultados (p, v); ou podemos estar interessados na dureza D e na resistência à tensão T do cobre distendido a frio, resultando nas saídas (d, t). Em um estudo para determinar a probabilidade de sucesso na faculdade, com base em dados do ensino médio, podemos usar um espaço amostral tridimensional e registrar, para cada indivíduo, o resultado no teste vocacional, a classificação no ensino médio e a nota média ao final do primeiro ano de faculdade.

Se X e Y são duas variáveis aleatórias discretas, a distribuição de probabilidade para suas ocorrências simultâneas pode ser representada por uma função com valores $f(x, y)$ para qualquer par de valores (x, y) dentro da amplitude dos valores das variáveis aleatórias X e Y. Costuma-se referir a essa função como *distribuição de probabilidade conjunta* de X e Y.

Portanto, no caso discreto,

$$f(x, y) = P(X = x, Y = y);$$

ou seja, os valores $f(x, y)$ fornecem a probabilidade de que resultados x e y ocorram ao mesmo tempo. Por exemplo, se um aparelho de TV for consertado e X representa sua idade, arredondada em anos desse aparelho e Y representa o número de tubos defeituosos no aparelho, então $f(5, 3)$ é a probabilidade de que ele tenha cinco anos de idade e precise de três novos tubos.

Definição 3.8

A função $f(x, y)$ é a *distribuição de probabilidade conjunta* ou *função de massa de probabilidade conjunta* das variáveis aleatórias discretas X e Y se

1. $f(x, y) \geq 0$ para todo (x, y),
2. $\sum_x \sum_y f(x, y) = 1$,
3. $P(X = x, Y = y) = f(x, y)$.

Para qualquer região A no plano xy, $P[(X, Y) \in A] = \sum\sum_A f(x, y)$.

■ **Exemplo 3.14**

Dois refis para uma caneta esferográfica são selecionados aleatoriamente de uma caixa que contém três refis azuis, dois vermelhos e três verdes. Se X é o número de refis azuis e Y é o número de refis vermelhos selecionados, determine
(a) a distribuição de probabilidade conjunta $f(x, y)$;
(b) $P[(X, Y) \in A]$, onde A é a região $\{(x, y) | x + y \leq 1\}$.

Solução: (a) Os possíveis pares de valores (x, y) são (0, 0), (0, 1), (1, 0), (1, 1), (0, 2) e (2, 0). Agora, $f(0, 1)$, por exemplo, representa a probabilidade de que um refil vermelho e um verde sejam selecionados. O número total de maneiras igualmente prováveis de selecionar quaisquer dois refis de oito é $\binom{8}{2} = 28$. O número de maneiras de selecionar um vermelho entre dois refis vermelhos e um verde entre três refis verdes é $\binom{2}{1}\binom{3}{1} = 6$. Portanto, $f(0,1) = 6/28 = 3/14$. Cálculos similares fornecem as probabilidades para os outros casos, que estão representados na Tabela 3.1. Note que as probabilidades somam 1. No Capítulo 5 ficará mais claro que a distribuição de probabilidade conjunta da Tabela 3.1 pode ser representada pela fórmula

$$f(x, y) = \frac{\binom{3}{x}\binom{2}{y}\binom{3}{2-x-y}}{\binom{8}{2}},$$

para $x = 0, 1, 2; y = 0, 1, 2;$ e $0 \leq x + y \leq 2$.

(b) $P[(X,Y) \in A] = P(X + Y \leq 1) = f(0, 0) + f(0, 1) + f(1, 0) = \frac{3}{28} + \frac{3}{14} + \frac{9}{28} = \frac{9}{14}$.

Quando X e Y são variáveis aleatórias contínuas, a *função de densidade conjunta* $f(x, y)$ é a superfície aci-

Tabela 3.1 Distribuição de probabilidade conjunta para o Exemplo 3.14.

$f(x,y)$		x 0	x 1	x 2	Total das linhas
	0	$\frac{3}{28}$	$\frac{9}{28}$	$\frac{3}{28}$	$\frac{15}{28}$
y	1	$\frac{3}{14}$	$\frac{3}{14}$	0	$\frac{3}{7}$
	2	$\frac{1}{28}$	0	0	$\frac{1}{28}$
Total das colunas		$\frac{5}{14}$	$\frac{15}{28}$	$\frac{3}{28}$	1

ma do plano xy, e $P[(X, Y) \in A]$, onde A é qualquer região no plano xy, é igual ao volume do cilindro apropriado delimitado pela base A e pela superfície.

Definição 3.9

A função $f(x, y)$ é uma *função de densidade conjunta* das variáveis aleatórias contínuas X e Y se

1. $f(x, y) \geq 0$, para todo (x, y),
2. $\int_{-\infty}^{\infty}\int_{-\infty}^{\infty} f(x, y) \, dx \, dy = 1$,
3. $P[(X, Y) \in A] = \iint_A f(x, y) \, dx \, dy$,

para qualquer região A no plano xy.

■ **Exemplo 3.15**

Uma indústria de doces distribui caixas de chocolates com uma mistura de cremes, caramelos e frutas secas cobertas por chocolate escuro ou *light*. Para uma caixa selecionada aleatoriamente, considere X e Y, respectivamente, as proporções de chocolate *light* e escuro que são cremes e suponha que a função de densidade conjunta seja

$$f(x, y) = \begin{cases} \frac{2}{5}(2x+3y), & 0 \leq x \leq 1, 0 \leq y \leq 1, \\ 0, & \text{caso contrário.} \end{cases}$$

(a) Verifique a condição 2 da Definição 3.9.
(b) Determine $P[(X, Y) \in A]$, onde
$A = \{(x, y) | 0 < x < \frac{1}{2}, \frac{1}{4} < y < \frac{1}{2}\}$.

Solução:

(a) $\int_{-\infty}^{\infty}\int_{-\infty}^{\infty} f(x, y) \, dx \, dy = \int_0^1 \int_0^1 \frac{2}{5}(2x + 3y) \, dx \, dy$

$= \int_0^1 \left(\frac{2x^2}{5} + \frac{6xy}{5}\right)\Big|_{x=0}^{x=1} dy$

$= \int_0^1 \left(\frac{2}{5} + \frac{6y}{5}\right) dy = \left(\frac{2y}{5} + \frac{3y^2}{5}\right)\Big|_0^1 = \frac{2}{5} + \frac{3}{5} = 1$.

(b) $P[(X, Y) \in A] = P(0 < X < \frac{1}{2}, \frac{1}{4} < Y < \frac{1}{2})$

$= \int_{1/4}^{1/2}\int_0^{1/2} \frac{2}{5}(2x + 3y) \, dx \, dy = \int_{1/4}^{1/2}\left(\frac{2x^2}{5} + \frac{6xy}{5}\right)\Big|_{x=0}^{x=1/2} dy$

$= \int_{1/4}^{1/2} \left(\frac{1}{10} + \frac{3y}{5}\right) dy = \left(\frac{y}{10} + \frac{3y^2}{10}\right)\Big|_{1/4}^{1/2}$

$= \frac{1}{10}\left[\left(\frac{1}{2} + \frac{3}{4}\right) - \left(\frac{1}{4} + \frac{3}{16}\right)\right] = \frac{13}{160}$.

Dada a distribuição de probabilidade conjunta $f(x, y)$ das variáveis aleatórias discretas X e Y, a distribuição de probabilidade $g(x)$ de X somente é obtida somando-se $f(x, y)$ para todos os valores de Y. Similarmente, a distribuição de probabilidade $h(y)$ de Y somente é obtida somando-se $f(x, y)$ para todos os valores de X. Definimos $g(x)$ e $h(y)$ como sendo as *distribuições marginais* de X e Y, respectivamente. Quando X e Y são variáveis aleatórias contínuas, as somas são substituídas por integrais. Podemos, agora, chegar à seguinte definição.

Definição 3.10

As *distribuições marginais* de X somente e de Y somente são

$$g(x) = \sum_y f(x, y) \quad \text{e} \quad h(y) = \sum_x f(x, y),$$

para o caso discreto, e

$$g(x) = \int_{-\infty}^{\infty} f(x, y) \, dy \quad \text{e} \quad h(y) = \int_{-\infty}^{\infty} f(x, y) \, dx,$$

para o caso contínuo.

O termo *marginal* é usado aqui porque, no caso discreto, os valores de $g(x)$ e $h(y)$ são os totais marginais de suas respectivas colunas e linhas quando os valores de $f(x,y)$ são mostrados em uma tabela retangular.

■ **Exemplo 3.16**

Mostre que os totais das colunas e das linhas da Tabela 3.1 fornecem as distribuições marginais de X e de Y.

Solução: Para a variável aleatória X, temos

$g(0) = f(0, 0) + f(0, 1) + f(0, 2) = \frac{3}{28} + \frac{3}{14} + \frac{1}{28} = \frac{5}{14}$,

$g(1) = f(1, 0) + f(1, 1) + f(1, 2) = \frac{9}{28} + \frac{3}{14} + 0 = \frac{15}{28}$,

e

$g(2) = f(2, 0) + f(2, 1) + f(2, 2) = \frac{3}{28} + 0 + 0 = \frac{3}{28}$,

que são exatamente os valores totais das colunas da Tabela 3.1. Da mesma maneira, poderíamos mostrar que os valores de $h(y)$ são dados pelos totais das linhas. Na forma de tabela, essas distribuições marginais podem ser escritas da seguinte maneira:

x	0	1	2
$g(x)$	$\frac{5}{14}$	$\frac{15}{28}$	$\frac{3}{28}$

y	0	1	2
$h(y)$	$\frac{15}{28}$	$\frac{3}{7}$	$\frac{1}{28}$

■ **Exemplo 3.17**

Determine $g(x)$ e $h(y)$ para a função de densidade conjunta do Exemplo 3.15.

Solução: Por definição,

$$g(x) = \int_{-\infty}^{\infty} f(x,y)\,dy = \int_0^1 \frac{2}{5}(2x+3y)\,dy =$$

$$\left(\frac{4xy}{5} + \frac{6y^2}{10}\right)\Bigg|_{y=0}^{y=1} = \frac{4x+3}{5},$$

para $0 \leq x \leq 1$, e $g(x) = 0$ caso contrário. Similarmente,

$$h(y) = \int_{-\infty}^{\infty} f(x,y)\,dx = \int_0^1 \frac{2}{5}(2x+3y)\,dx = \frac{2(1+3y)}{5},$$

para $0 \leq y \leq 1$, e $h(y) = 0$ caso contrário.

O fato de as distribuições marginais $g(x)$ e $h(y)$ serem, de fato, as distribuições de probabilidade das variáveis X e Y individualmente pode ser verificado mostrando-se que as condições da Definição 3.4 ou da 3.6 estão satisfeitas. Por exemplo, no caso contínuo

$$\int_{-\infty}^{\infty} g(x)\,dx = \int_{-\infty}^{\infty}\int_{-\infty}^{\infty} f(x,y)\,dy\,dx = 1,$$

e

$$P(a < X < b) = P(a < X < b, -\infty < Y < \infty)$$

$$= \int_a^b \int_{-\infty}^{\infty} f(x,y)\,dy\,dx = \int_a^b g(x)\,dx.$$

Na Seção 3.1 afirmamos que o valor x da variável aleatória X representa um evento que é um subgrupo do espaço amostral. Se usarmos a definição de probabilidade condicional enunciada no Capítulo 2,

$$P(B|A) = \frac{P(A \cap B)}{P(A)}, \quad P(A) > 0,$$

onde A e B são, agora, eventos definidos por $X = x$ e $Y = y$, respectivamente, então

$$P(Y = y|X = x) = \frac{P(X = x, Y = y)}{P(X = x)} = \frac{f(x,y)}{g(x)}, \quad g(x) > 0,$$

onde X e Y são variáveis aleatórias discretas.

Não é difícil mostrar que a função $f(x,y)/g(x)$, que é uma função estritamente de y, com x fixo, satisfaz todas as condições de uma distribuição de probabilidade. Isso também é verdadeiro quando $f(x,y)$ e $g(x)$ são a densidade conjunta e a distribuição marginal, respectivamente, de variáveis aleatórias contínuas. Como resultado, é extremamente importante fazermos uso do tipo especial de distribuição da forma $f(x,y)/g(x)$ para calcularmos as probabilidades condicionais. Esse tipo de distribuição é chamado de *distribuição de probabilidade condicional*; segue-se a definição formal.

Definição 3.11

Considere X e Y duas variáveis aleatórias, contínuas ou discretas. A *distribuição condicional* da variável aleatória Y, dado que $X = x$, é

$$f(y|x) = \frac{f(x,y)}{g(x)}, \quad g(x) > 0.$$

De modo similar, a distribuição condicional da variável aleatória X, dado que $Y = y$, é

$$f(x|y) = \frac{f(x,y)}{h(y)}, \quad h(y) > 0.$$

Se desejarmos determinar a probabilidade de que a variável aleatória discreta X esteja entre a e b, quando se sabe que a variável aleatória discreta $Y = y$, calculamos

$$P(a < X < b|Y = y) = \sum_{a < x < b} f(x|y),$$

onde a soma se estende sobre todos os valores de X entre a e b. Quando X e Y são contínuas, calculamos

$$P(a < X < b|Y = y) = \int_b^a f(x|y)\,dx.$$

■ **Exemplo 3.18**

Referindo-se ao Exemplo 3.14, determine a distribuição condicional de X, dado que $Y = 1$, e use-a para determinar $P(X = 0|Y = 1)$.

Solução: Precisamos encontrar $f(x|y)$, onde $y = 1$. Primeiro, determinamos que

$$h(1) = \sum_{x=0}^{2} f(x,1) = \frac{3}{14} + \frac{3}{14} + 0 = \frac{3}{7}.$$

Agora,

$$f(x|1) = \frac{f(x,1)}{h(1)} = \frac{7}{3} f(x,1), \quad x = 0, 1, 2.$$

Portanto,

$$f(0|1) = \left(\frac{7}{3}\right) f(0,1) = \left(\frac{7}{3}\right)\left(\frac{3}{14}\right) = \frac{1}{2},$$

$$f(1|1) = \left(\frac{7}{3}\right) f(1,1) = \left(\frac{7}{3}\right)\left(\frac{3}{14}\right) = \frac{1}{2},$$

$$f(2|1) = \left(\frac{7}{3}\right) f(2,1) = \left(\frac{7}{3}\right)(0) = 0,$$

e a distribuição condicional de X, dado que $Y = 1$, é

x	0	1	2
$f(x|1)$	$\frac{1}{2}$	$\frac{1}{2}$	0

Finalmente,
$$P(X=0|Y=1) = f(0|1) = \frac{1}{2}.$$

Portanto, se sabemos que um dos dois refis selecionados é vermelho, temos a probabilidade igual a 1/2 de que o outro refil não seja azul.

■ **Exemplo 3.19**

A densidade conjunta das variáveis aleatórias (X, Y), onde X é a unidade de mudança de temperatura e Y é a proporção de mudança de espectro que certa partícula atômica produz, é

$$f(x,y) = \begin{cases} 10xy^2, & 0 < x < y < 1, \\ 0, & \text{caso contrário.} \end{cases}$$

(a) Determine as densidades marginais $g(x)$ e $h(y)$ e a densidade condicional $f(y|x)$.
(b) Determine a probabilidade de que o espectro mude em mais da metade do total de observações, dado que a temperatura é aumentada para 0,25 unidade.

Solução: (a) Por definição,

$$g(x) = \int_{-\infty}^{\infty} f(x,y)\, dy = \int_x^1 10xy^2\, dy$$
$$= \frac{10}{3} xy^3 \Big|_{y=x}^{y=1} = \frac{10}{3} x(1-x^3), \ 0 < x < 1,$$

$$h(y) = \int_{-\infty}^{\infty} f(x,y)\, dx = \int_0^y 10xy^2\, dx = 5x^2 y^2 \Big|_{x=0}^{x=y} = 5y^4,$$
$0 < y < 1$.

Agora,

$$f(y|x) = \frac{f(x,y)}{g(x)} = \frac{10xy^2}{\frac{10}{3} x(1-x^3)} = \frac{3y^2}{1-x^3}, \ 0 < x < y < 1.$$

(b) Portanto,

$$P\left(Y > \frac{1}{2} \Big| X = 0,25\right) = \int_{1/2}^1 f(y|x=0,25)\, dy$$
$$= \int_{1/2}^1 \frac{3y^2}{1-0,25^3}\, dy = \frac{8}{9}.$$

■ **Exemplo 3.20**

Dada a função de densidade conjunta

$$f(x,y) = \begin{cases} \frac{x(1+3y^2)}{4}, & 0 < x < 2, \ 0 < y < 1, \\ 0, & \text{caso contrário,} \end{cases}$$

determine $g(x)$, $h(y)$, $f(x|y)$ e calcule $P(\frac{1}{4} < X < \frac{1}{2} | Y = \frac{1}{3})$.

Solução: Por definição,

$$g(x) = \int_{-\infty}^{\infty} f(x,y)\, dy = \int_0^1 \frac{x(1+3y^2)}{4}\, dy$$
$$= \left(\frac{xy}{4} + \frac{xy^3}{4}\right)\Big|_{y=0}^{y=1} = \frac{x}{2}, \ 0 < x < 2$$

e

$$h(y) = \int_{-\infty}^{\infty} f(x,y)\, dx = \int_0^2 \frac{x(1+3y^2)}{4}\, dx$$
$$= \left(\frac{x^2}{8} + \frac{3x^2 y^2}{8}\right)\Big|_{x=0}^{x=2} = \frac{1+3y^2}{2}, \ 0 < y < 1.$$

Portanto,

$$f(x|y) = \frac{f(x,y)}{h(y)} = \frac{x(1+3y^2)/4}{(1+3y^2)/2} = \frac{x}{2}, \ 0 < x < 2$$

e

$$P\left(\frac{1}{4} < X < \frac{1}{2} \Big| Y = \frac{1}{3}\right) = \int_{1/4}^{1/2} \frac{x}{2}\, dx = \frac{3}{64}.$$

Independência estatística

Se $f(x|y)$ não depende de y, como é o caso do Exemplo 3.20, então $f(x|y) = g(x)$ e $f(x,y) = g(x)h(y)$. A prova segue abaixo, substituindo

$$f(x,y) = f(x|y)h(y)$$

na distribuição marginal de X. Ou seja,

$$g(x) = \int_{-\infty}^{\infty} f(x,y)\, dy = \int_{-\infty}^{\infty} f(x|y)h(y)\, dy.$$

Se $f(x|y)$ não depende de y, podemos escrever

$$g(x) = f(x|y)\int_{-\infty}^{\infty} h(y)\, dy.$$

Agora

$$\int_{-\infty}^{\infty} h(y)\, dy = 1,$$

já que $h(y)$ é a função densidade de probabilidade de Y. Portanto,

$$g(x) = f(x|y) \quad \text{e então} \quad f(x,y) = g(x)h(y).$$

Deve fazer sentido para o leitor que, se $f(x|y)$ não depende de y, então, é claro, o resultado da variável aleatória Y não tem impacto no resultado da variável aleatória X. Em outras palavras, dizemos que X e Y são variáveis aleatórias independentes. Teremos, agora, a seguinte definição formal de independência estatística.

Definição 3.12

Considere X e Y duas variáveis aleatórias, discretas ou contínuas, com distribuição de probabilidade conjunta $f(x,y)$ e distribuições marginais $g(x)$ e $h(y)$, respectivamente. As variáveis aleatórias X e Y são ditas *estatisticamente independentes* se e somente se

$$f(x,y) = g(x)h(y)$$

para todo (x,y) dentro de seu domínio.

As variáveis aleatórias contínuas do Exemplo 3.20 são estatisticamente independentes, já que o produto das duas distribuições marginais fornece a função de densidade conjunta. Isso não é, obviamente, o caso das variáveis aleatórias discretas do Exemplo 3.19. Verificar a independência estatística de variáveis aleatórias discretas exige uma investigação mais completa, já que é possível ter o produto das distribuições marginais igual à distribuição de probabilidade conjunta para algumas, mas não todas as combinações de (x, y). Se você encontrar qualquer ponto (x, y) para o qual $f(x, y)$ é definida por $f(x, y) \neq g(x)h(y)$, as variáveis discretas X e Y não são estatisticamente independentes.

■ Exemplo 3.21

Mostre que as variáveis aleatórias do Exemplo 3.14 não são estatisticamente independentes.

Prova: Consideremos o ponto (0, 1). Da Tabela 3.1, encontramos três probabilidades $f(0, 1)$, $g(0)$ e $h(1)$ como sendo

$$f(0, 1) = \frac{3}{14},$$

$$g(0) = \sum_{y=0}^{2} f(0, y) = \frac{3}{28} + \frac{3}{14} + \frac{1}{28} = \frac{5}{14},$$

$$h(1) = \sum_{x=0}^{2} f(x, 1) = \frac{3}{14} + \frac{3}{14} + 0 = \frac{3}{7}.$$

Claramente,

$$f(0, 1) \neq g(0)\, h(1),$$

e então X e Y não são estatisticamente independentes.

Todas as definições anteriores a respeito de duas variáveis aleatórias podem ser generalizadas para o caso de n variáveis aleatórias. Considere $f(x_1, x_2, \ldots, x_n)$ a função de probabilidade conjunta das variáveis aleatórias $X_1, X_2, \ldots, X_n$. A distribuição marginal de X_1, por exemplo, é

$$g(x_1) = \sum_{x_2} \cdots \sum_{x_n} f(x_1, x_2, \ldots, x_n)$$

para o caso discreto, e

$$g(x_1) = \int_{-\infty}^{\infty} \cdots \int_{-\infty}^{\infty} f(x_1, x_2, \ldots, x_n)\, dx_2\, dx_3 \ldots dx_n$$

para o caso contínuo. Podemos, agora, obter as *distribuições marginais conjuntas*, tais como $g(x_1, x_2)$, onde

$$g(x_1, x_2) = \begin{cases} \sum_{x_3} \cdots \sum_{x_n} f(x_1, x_2, \ldots, x_n), \\ \text{(caso discreto)}; \\ \int_{-\infty}^{\infty} \cdots \int_{-\infty}^{\infty} f(x_1, x_2, \ldots, x_n)\, dx_3\, dx_4 \ldots dx_n, \\ \text{(caso contínuo)}. \end{cases}$$

Poderíamos considerar inúmeras distribuições condicionais. Por exemplo, a *distribuição condicional conjunta* de X_1, X_2 e X_3, dado que $X_4 = x_4, X_5 = x_5, \ldots, X_n = x_n$, é escrita

$$f(x_1, x_2, x_3 \mid x_4, x_5, \ldots, x_n) = \frac{f(x_1, x_2, \ldots, x_n)}{g(x_4, x_5, \ldots, x_n)},$$

onde $g(x_4, x_5, \ldots, x_n)$ é a distribuição marginal conjunta das variáveis aleatórias $X_4, X_5, \ldots, X_n$.

A generalização da Definição 3.12 leva à seguinte definição para independência estatística mútua das variáveis $X_1, X_2, \ldots, X_n$.

> **Definição 3.13**
> Considere as n variáveis aleatórias $X_1, X_2, \ldots, X_n$, discretas ou contínuas, com função de probabilidade conjunta $f(x_1, x_2, \ldots, x_n)$ e distribuições marginais $f_1(x_1), f_2(x_2), \ldots, f_n(x_n)$, respectivamente. As variáveis aleatórias $X_1, X_2, \ldots, X_n$ são ditas mutuamente *estatisticamente independentes* se e somente se
>
> $$f(x_1, x_2, \ldots, x_n) = f_1(x_1) f_2(x_2) \cdots f_n(x_n)$$
>
> para todo $(x_1, x_2, \ldots, x_n)$, dentro de seu domínio.

■ Exemplo 3.22

Suponha que o prazo de validade de certo alimento perecível empacotado em caixas de papelão seja uma variável aleatória cuja função densidade de probabilidade é dada por

$$f(x) = \begin{cases} e^{-x}, & x > 0, \\ 0, & \text{caso contrário}. \end{cases}$$

Considere que X_1, X_2 e X_3 representam o prazo de validade para três dessas caixas, selecionadas independentemente, e determine $P(X_1 < 2, 1 < X_2 < 3, X_3 > 2)$.

Solução: Já que as caixas foram selecionadas independentemente, podemos assumir que as variáveis aleatórias X_1, X_2 e X_3 são estatisticamente independentes, tendo densidade de probabilidade conjunta

$$f(x_1, x_2, x_3) = f(x_1) f(x_2) f(x_3) = e^{-x_1} e^{-x_2} e^{-x_3}$$
$$= e^{-x_1 - x_2 - x_3},$$

para $x_1 > 0, x_2 > 0, x_3 > 0$, e $f(x_1, x_2, x_3) = 0$ caso contrário. Então

$$P(X_1 < 2, 1 < X_2 < 3, X_3 > 2) = \int_2^{\infty} \int_1^3 \int_0^2 e^{-x_1 - x_2 - x_3}\, dx_1 dx_2 dx_3$$
$$= (1 - e^{-2})(e^{-1} - e^{-3}) e^{-2} = 0{,}0372.$$

Quais são as características importantes das distribuições de probabilidade e de onde elas vêm?

Esse é um ponto importante neste livro, por fornecer ao leitor uma transição para os três próximos capítulos. Fornecemos exemplos e exercícios de situações práticas científicas e de engenharia, nas quais as distribuições de probabilidade e suas propriedades são usadas na solução de problemas. Essas distribuições de probabilidade, discretas ou contínuas, foram introduzidas por frases como 'sabe-se que' ou 'suponha que' ou, em alguns casos, 'evidências históricas sugerem que'. Essas são situações nas quais a natureza da distribuição e mesmo uma boa estimativa da estrutura da probabilidade podem ser determinadas por meio de dados históricos, dados de estudos de longo prazo ou até de grandes quantidades de dados planejados. O leitor deve se lembrar da discussão sobre o uso de histogramas do Capítulo 1 e, através disso, relembrar como distribuições de freqüência são estimadas de histogramas. Entretanto, nem todas as funções de probabilidade e funções de densidade de probabilidade são derivadas de grandes quantidades de dados históricos. Há um número considerável de situações nas quais a natureza do cenário científico sugere o tipo de distribuição. De fato, muitas dessas situações refletidas nos exercícios dos capítulos 2 e 3. Quando observações repetidas independentes são binárias por natureza (por exemplo, 'com ou sem defeito', 'sobrevivente ou não', 'alérgico ou não'), com observações 0 ou 1, a distribuição de probabilidade correspondente a essa situação é chamada de *distribuição binomial*, e a função de probabilidade é conhecida e será demonstrada no Capítulo 5. O Exercício 3.34 da Seção 3.3 e o Exercício de revisão 3.82 são exemplos, e há outros que o leitor poderá reconhecer. O cenário de uma distribuição contínua do 'tempo até falha', como no Exercício de revisão 3.71 ou no Exercício 3.27, freqüentemente sugere um tipo de distribuição chamada de *distribuição exponencial*. Tais exemplos, meramente, duas de muitas das chamadas distribuições-padrão, usadas extensivamente nos problemas do mundo real porque o cenário científico que as faz surgir é reconhecível e ocorre com freqüência na prática. Os capítulos 5 e 6 cobrem muitos desses tipos juntamente com alguma teoria sobre seu uso.

Uma segunda parte dessa transição para o material nos próximos capítulos lida com a noção de *parâmetros populacionais* ou *parâmetros da distribuição*. Relembre que, no Capítulo 1, discutimos a necessidade do uso de dados para fornecer informação sobre esses parâmetros. Fomos além e discutimos a noção de *média* e *variância*, fornecendo uma visão dos conceitos no contexto de uma população. De fato, média e variância populacionais são facilmente calculadas com base na função de probabilidade para o caso discreto ou na função de densidade de probabilidade, no caso contínuo. Esses parâmetros e sua importância na solução de muitos tipos de problemas reais fornecerão muito do material dos capítulos 8 a 17.

Exercícios

3.37 Determine os valores de c de modo que as seguintes funções representem as distribuições de probabilidade conjuntas das variáveis aleatórias X e Y:
(a) $f(x, y) = cxy$, para $x = 1, 2, 3$; $y = 1, 2, 3$;
(b) $f(x, y) = c|x - y|$, para $x = -2, 0, 2$; $y = -2, 3$.

3.38 Se a distribuição de probabilidade conjunta de X e Y é dada por

$$f(x,y) = \frac{x+y}{30}, \quad \text{para } x = 0, 1, 2, 3;\ y = 0, 1, 2,$$

determine
(a) $P(X \leq 2, Y = 1)$;
(b) $P(X > 2, Y \leq 1)$;
(c) $P(X > Y)$;
(d) $P(X + Y = 4)$.

3.39 De um saco de frutas que contém três laranjas, duas maçãs e três bananas, uma amostra aleatória de quatro frutas é selecionada. Se X é o número de laranjas e Y é número de maçãs, determine
(a) a distribuição de probabilidade conjunta de X e Y;
(b) $P[(X, Y) \in A]$, onde A é a região dada por $\{(x, y) \mid x + y \leq 2\}$.

3.40 Uma loja de bebidas particular opera com as facilidades de *drive-in* (comprar sem a necessidade de descer do carro) e *walk-in* (o cliente entra na loja). Em um dia, selecionado aleatoriamente, sejam X e Y, respectivamente, as proporções do tempo em que as facilidades de *drive-in* e *walk-in* estão em uso, e suponha que a função densidade conjunta dessas variáveis aleatórias seja

$$f(x,y) = \begin{cases} \frac{2}{3}(x + 2y), & 0 \leq x \leq 1,\ 0 \leq y \leq 1, \\ 0, & \text{caso contrário.} \end{cases}$$

(a) Determine a densidade marginal de X.
(b) Determine a densidade marginal de Y.
(c) Determine a probabilidade de que o sistema *drive-in* esteja ocupado durante menos da metade do tempo.

3.41 Uma empresa de doces distribui caixas de chocolate com uma mistura de cremes, caramelos e bebidas. Suponha que o peso de cada caixa seja de um quilograma, mas os pesos individuais dos cremes, caramelos e das bebidas variem de uma caixa para outra. Para uma caixa selecionada aleatoriamente, sejam X e Y os pesos dos cremes e dos caramelos, respectivamente, e suponha que a função de densidade conjunta dessas variáveis seja

$$f(x,y) = \begin{cases} 24xy, & 0 \leq x \leq 1,\ 0 \leq y \leq 1, \\ & x + y \leq 1, \\ 0, & \text{caso contrário.} \end{cases}$$

(a) Determine a probabilidade de que, em certa caixa, os chocolates com bebida sejam responsáveis por mais do que 1/2 do peso.
(b) Determine a densidade marginal para o peso dos cremes.
(c) Determine a probabilidade de que o peso dos caramelos em uma caixa seja menor que 1/8 de quilograma, se sabemos que os cremes constituem 3/4 do peso.

3.42 Considere X e Y a vida útil, em anos, de dois componentes em um sistema eletrônico. Se a função de densidade conjunta dessas variáveis é

$$f(x,y) = \begin{cases} e^{-(x+y)}, & x > 0, \ y > 0, \\ 0, & \text{caso contrário.} \end{cases}$$

determine $P(0 < X < 1 \mid Y = 2)$.

3.43 Considere X o tempo de reação, em segundos, para certo estímulo, e Y a temperatura (medida em °F = Fahrenheit e 1 °C = 1,8 °F) na qual certa reação começa a acontecer. Suponha que as duas variáveis aleatórias X e Y tenham a densidade conjunta

$$f(x,y) = \begin{cases} 4xy, & 0 < x < 1, \ 0 < y < 1, \\ 0, & \text{caso contrário.} \end{cases}$$

Determine
(a) $P(0 \le X \le \frac{1}{2} \text{ e } \frac{1}{4} < Y < \frac{1}{2})$;
(b) $P(X < Y)$.

3.44 Cada pneu traseiro de um avião experimental precisa ser enchido com uma pressão de 40 libras (1 libra = 454 gramas) por polegada quadrada (psi – libra por polegada quadrada). Considere X a pressão atual para o pneu direito e Y, para o pneu esquerdo. Suponha que X e Y sejam variáveis aleatórias com densidade conjunta

$$f(x,y) = \begin{cases} k(x^2 + y^2), & 30 \le x < 50; \\ & 30 \le y < 50, \\ 0, & \text{caso contrário.} \end{cases}$$

(a) Determine k.
(b) Determine $P(30 \le X \le 40 \text{ e } 40 \le Y \le 50)$.
(c) Determine a probabilidade de que os dois pneus não estejam cheios o suficiente.

3.45 Considere que X denota o diâmetro de um cabo elétrico blindado e Y, o diâmetro do molde cerâmico para a fabricação do cabo. Tanto X quanto Y estão padronizadas para que a amplitude de ambas esteja entre 0 e 1. Suponha que X e Y tenham densidade conjunta

$$f(x,y) = \begin{cases} \frac{1}{y}, & 0 < x < y < 1, \\ 0, & \text{caso contrário.} \end{cases}$$

Determine $P(X + Y > 1/2)$.

3.46 Referindo-se ao Exercício 3.38, determine
(a) a distribuição marginal de X;
(b) a distribuição marginal de Y.

3.47 A quantidade de querosene, em milhares de litros, em um tanque, no início de qualquer dia, é uma quantidade aleatória Y, da qual uma quantidade aleatória X é vendida por dia. Suponha que o tanque não seja reabastecido durante o dia, de modo que $x \le y$, e assuma que a função densidade conjunta dessas variáveis seja

$$f(x,y) = \begin{cases} 2, & 0 < x < y < 1, \\ 0, & \text{caso contrário.} \end{cases}$$

(a) Determine se X e Y são independentes.
(b) Determine $P(1/4 < X < 1/2 \mid Y = 3/4)$.

3.48 Referindo-se ao Exercício 3.39, determine
(a) $f(y \mid 2)$ para todos os valores de y;
(b) $P(Y = 0 \mid X = 2)$.

3.49 Considere X o número de vezes que certa máquina de controle numérico irá funcionar de maneira errada: uma, duas ou três vezes em qualquer dia. Seja Y o número de vezes que o técnico é chamado para uma emergência. Suas distribuições de probabilidade conjuntas são

$f(x,y)$		1	x 2	3
	1	0,05	0,05	0,1
y	2	0,05	0,1	0,35
	3	0	0,2	0,1

(a) Avalie a distribuição marginal de X.
(b) Avalie a distribuição marginal de Y.
(c) Determine $P(Y = 3 \mid X = 2)$.

3.50 Suponha que X e Y tenham a seguinte distribuição de probabilidade conjunta:

$f(x,y)$		x 2	4
	1	0,10	0,15
y	3	0,20	0,30
	5	0,10	0,15

(a) Determine a distribuição marginal de X.
(b) Determine a distribuição marginal de Y.

3.51 Considere um experimento que consiste em duas jogadas de um dado balanceado. Se X é o número de resultados quatro e Y é o número de resultados cinco obtidos em duas jogadas do dado, determine
(a) a distribuição de probabilidade conjunta de X e Y;
(b) $P[(X, Y) \in A]$, onde A é a região $\{(x,y) \mid 2x + y < 3\}$.

3.52 Considere X o número de caras e Y o número de caras menos o número de coroas quando três moedas são lançadas. Determine a distribuição de densidade conjunta de X e Y.

3.53 Três cartas são retiradas, sem reposição, de 12 cartas com figuras (valetes, damas e reis) de um baralho comum de 52 cartas. Considere X o número de reis selecionados e Y, o número de valetes. Determine
(a) a distribuição de probabilidade conjunta de X e Y;

(b) $P[(X, Y) \in A]$, onde A é a região dada por $\{(x, y) \mid x + y \geq 2\}$.

3.54 Uma moeda é jogada duas vezes. Considere Z o número de caras na primeira jogada e W o número total de caras nas duas jogadas. Se a moeda não for equilibrada, tal que cara tem 40% de chance de ocorrer, determine
(a) a distribuição de probabilidade conjunta de Z e W;
(b) a distribuição marginal de Z;
(c) a distribuição marginal de W;
(d) a probabilidade de que pelo menos uma cara ocorra.

3.55 Dada a função de densidade conjunta

$$f(x, y) = \begin{cases} \frac{6-x-y}{8}, & 0 < x < 2, \ 2 < y < 4, \\ 0, & \text{caso contrário}. \end{cases}$$

determine $P(1 < Y < 3 \mid X = 1)$.

3.56 Determine se as duas variáveis aleatórias do Exercício 3.49 são dependentes ou independentes.

3.57 Determine se as duas variáveis aleatórias do Exercício 3.50 são dependentes ou independentes.

3.58 A função de densidade conjunta das variáveis aleatórias X e Y é

$$f(x, y) = \begin{cases} 6x, & 0 < x < 1, \ 0 < y < 1-x, \\ 0, & \text{caso contrário}. \end{cases}$$

(a) Mostre que X e Y não são independentes.
(b) Determine $P(X > 0,3 \mid Y = 0,5)$.

3.59 Considere X, Y e Z com a seguinte função de densidade de probabilidade conjunta

$$f(x, y, z) = \begin{cases} kxy^2z, & 0 < x, y < 1, \ 0 < z < 2, \\ 0, & \text{caso contrário}. \end{cases}$$

(a) Determine k.
(b) Determine $P(X < \frac{1}{4}, Y > \frac{1}{2}, 1 < Z < 2)$.

3.60 Determine se as duas variáveis aleatórias do Exercício 3.43 são dependentes ou independentes.

3.61 Determine se as duas variáveis aleatórias do Exercício 3.44 são independentes ou não.

3.62 A densidade de probabilidade conjunta das variáveis aleatórias X, Y e Z é

$$f(x, y, z) = \begin{cases} \frac{4xyz^2}{9}, & 0 < x, y < 1; \ 0 < z < 3, \\ 0, & \text{caso contrário}. \end{cases}$$

Determine
(a) a função de densidade marginal conjunta de Y e Z;
(b) a densidade marginal de Y;

(c) $P(\frac{1}{4} < X < \frac{1}{2}, Y > \frac{1}{3}, 1 < Z < 2)$;
(d) $P(0 < X < \frac{1}{2} \mid Y = \frac{1}{4}, Z < 2)$.

Exercícios de revisão

3.63 Uma empresa de tabaco produz misturas com diversas proporções de tabaco turco, doméstico e outros. A proporção de tabaco turco e doméstico em uma mistura são as variáveis aleatórias com função de densidade conjunta (X = turco e Y = doméstico).

$$f(x, y) = \begin{cases} 24xy, & 0 \leq x, y \leq 1; \ x + y \leq 1, \\ 0, & \text{caso contrário}. \end{cases}$$

(a) Determine a probabilidade de que, em uma caixa, o tabaco turco seja responsável por mais da metade da mistura.
(b) Determine a função de densidade marginal para a proporção de tabaco doméstico.
(c) Determine a probabilidade de que a proporção de tabaco turco seja menor que 1/8, sabendo-se que a mistura contém 3/4 de tabaco doméstico.

3.64 Uma empresa de seguros oferece a seus segurados inúmeras opções de pagamento de prêmio. Para um seguro selecionado aleatoriamente, considere X o número de meses entre pagamentos sucessivos. A função de distribuição acumulada de X é

$$F(x) = \begin{cases} 0, & \text{se } x < 1, \\ 0,4, & \text{se } 1 \leq x < 3, \\ 0,6, & \text{se } 3 \leq x < 5, \\ 0,8, & \text{se } 5 \leq x < 7, \\ 1,0, & \text{se } x \geq 7, \end{cases}$$

(a) Qual é a função de massa da probabilidade de X?
(b) Calcule $P(4 < X \leq 7)$.

3.65 Dois componentes eletrônicos do sistema de um míssil funcionam em harmonia para o sucesso total do sistema. Considere X e Y a vida, em horas, dos dois componentes. A densidade conjunta de X e Y é

$$f(x, y) = \begin{cases} ye^{-y(1+x)}, & x, y \geq 0, \\ 0, & \text{caso contrário}. \end{cases}$$

(a) Dê as funções de densidade marginais para as duas variáveis aleatórias.
(b) Qual é a probabilidade de que as vidas de ambos os componentes excedam duas horas?

3.66 Um serviço de facilidades opera com duas linhas de serviço. Em um dia selecionado aleatoriamente, considere X a proporção do tempo no qual a primeira linha é usada e Y a proporção do tempo no qual a segunda linha é usada. Suponha que a função de densidade probabilidade conjunta para (X, Y) seja

$$f(x,y) = \begin{cases} \frac{3}{2}(x^2 + y^2) & 0 \leq x, y \leq 1, \\ 0, & \text{caso contrário.} \end{cases}$$

(a) Calcule a probabilidade de que nenhuma das duas linhas esteja ocupada mais do que a metade do tempo.
(b) Encontre a probabilidade de que a primeira linha esteja ocupada mais do que 75% do tempo.

3.67 Considere o número de ligações recebidas por uma central telefônica durante um intervalo de cinco minutos uma variável aleatória X com função de probabilidade

$$f(x) = \frac{e^{-2}2^x}{x!}, \quad \text{para } x = 0, 1, 2...$$

(a) Determine a probabilidade de que X seja igual a 0, 1, 2, 3, 4, 5 e 6.
(b) Faça um gráfico da função massa da probabilidade para esses valores de X.
(c) Determine a função de distribuição acumulada para esses valores de X.

3.68 Considere as variáveis aleatórias X e Y com função de densidade conjunta

$$f(x,y) = \begin{cases} x + y, & 0 \leq x, y \leq 1, \\ 0, & \text{caso contrário.} \end{cases}$$

(a) Determine as distribuições marginais de X e Y.
(b) Determine $P(X > 0,5, Y > 0,5)$.

3.69 Um processo industrial fabrica itens que podem ser classificados como defeituosos ou não defeituosos. A probabilidade de que um item seja defeituoso é de 0,1. Um experimento é conduzido, no qual cinco itens são selecionados aleatoriamente do processo. Considere a variável X o número de itens defeituosos na amostra de cinco itens. Qual é a função massa de probabilidade de X?

3.70 Considere a seguinte função de densidade de probabilidade conjunta para as variáveis aleatórias X e Y:

$$f(x,y) = \begin{cases} \frac{3x-y}{9} & 1 < x < 3, 1 < y < 2, \\ 0, & \text{caso contrário.} \end{cases}$$

(a) Determine as funções de densidade marginais de X e Y.
(b) X e Y são independentes?
(c) Determine $P(X > 2)$.

3.71 O tempo de vida, em horas, de um componente eletrônico é uma variável aleatória com função de distribuição acumulada

$$F(x) = \begin{cases} 1 - e^{-\frac{x}{50}}, & x > 0, \\ 0, & \text{caso contrário.} \end{cases}$$

(a) Determine sua função densidade de probabilidade.
(b) Determine a probabilidade de que o tempo de vida do componente exceda 70 horas.

3.72 Certo ponto-de-venda produz calças. As calças são checadas por um grupo de dez funcionários. Eles inspecionam calças retiradas aleatoriamente da linha de produção. Cada inspetor é designado por um número de um a dez. Um comprador seleciona uma calça para comprar. Considere a variável X o número do inspetor.
(a) Dê uma função de massa de probabilidade razoável para X.
(b) Faça um gráfico da função de distribuição acumulada de X.

3.73 O prazo de validade de certo produto é uma variável aleatória que está relacionada com a aceitação do consumidor. Ocorre que o prazo de validade Y, em dias, de certo tipo de produto de padaria tem função de densidade

$$f(y) = \begin{cases} \frac{1}{2}e^{-y/2}, & 0 \leq y < \infty, \\ 0, & \text{caso contrário.} \end{cases}$$

Qual proporção esse tipo de pão estocado hoje você espera que ainda possa estar a venda daqui a três dias?

3.74 O congestionamento de passageiros é um problema de serviço nos aeroportos. Trens são instalados dentro do aeroporto para diminuir esse congestionamento. Com seu uso, o tempo X, em minutos, que se leva para ir do terminal principal até um corredor específico tem função de densidade

$$f(x) = \begin{cases} \frac{1}{10}, & 0 \leq x \leq 10, \\ 0, & \text{caso contrário.} \end{cases}$$

(a) Mostre que a fdp acima é uma função de densidade válida.
(b) Determine a probabilidade de que o tempo que um passageiro leva do terminal principal até o corredor não exceda sete minutos.

3.75 As impurezas no lote do produto final de um processo químico freqüentemente refletem um grave problema. De dados consideráveis reunidos, sabe-se que a proporção Y de impurezas em um lote tem função de densidade dada por

$$f(y) = \begin{cases} 10(1-y)^9, & 0 \leq y \leq 1, \\ 0, & \text{caso contrário.} \end{cases}$$

(a) Verifique que a função dada é uma função de densidade válida.
(b) Um lote é considerado impróprio para venda e, então, não é aceito, se a porcentagem de impureza exceder 60%. Com a qualidade atual do processo, qual é a porcentagem de lotes não aceitáveis?

3.76 O tempo Z, em minutos, entre as ligações para um fornecedor de energia elétrica tem função densidade de probabilidade de

$$f(z) = \begin{cases} \frac{1}{10}e^{-z/10}, & 0 < z < \infty, \\ 0, & \text{caso contrário.} \end{cases}$$

(a) Qual é a probabilidade de que não haja ligações em um intervalo de 20 minutos?

(b) Qual é a probabilidade de que a primeira ligação aconteça dentro de dez minutos após a abertura?

3.77 Um sistema químico que resulta de uma reação química tem dois importantes componentes, entre outros, em sua mistura. A distribuição conjunta que descreve as proporções X_1 e X_2 desses dois componentes é dada por

$$f(x_1, x_2) = \begin{cases} 2, & 0 < x_1 < x_2 < 1, \\ 0, & \text{caso contrário.} \end{cases}$$

(a) Dê a distribuição marginal de X_1.
(b) Dê a distribuição marginal de X_2.
(c) Qual é a probabilidade de que as proporções dos componentes produzam os resultados $X_1 < 0{,}2$ e $X_2 > 0{,}5$?
(d) Dê a distribuição condicional $f_{x_1|x_2}(x_1|x_2)$.

3.78 Considere a situação do Exercício de revisão 3.77, mas suponha que a distribuição conjunta das duas proporções seja dada por

$$f(x_1, x_2) = \begin{cases} 6x_2, & 0 < x_2 < x_1 < 1, \\ 0, & \text{caso contrário.} \end{cases}$$

(a) Dê a distribuição marginal $f_{x_1}(x_1)$ da proporção X_1 e verifique se essa é uma função de densidade válida.
(b) Qual é a probabilidade de que a proporção X_2 seja menor que 0,5, dado que X_1 é 0,7?

3.79 Considere as variáveis aleatórias X e Y, que representam o número de veículos que chegam a duas esquinas separadas de ruas durante um período de dois minutos. Essas esquinas são razoavelmente próximas uma da outra, então é importante que os engenheiros de tráfego lidem com elas em conjunto, se necessário. A distribuição conjunta de X e Y é

$$f(x, y) = \frac{9}{6} \cdot \frac{1}{4^{(x+y)}},$$

para $x = 0, 1, 2, \ldots,$ e $y = 0, 1, 2, \ldots$

(a) As duas variáveis aleatórias X e Y são independentes? Explique por que sim ou por que não.
(b) Qual é a probabilidade de que, durante o tempo em questão, menos do que quatro veículos cheguem às duas esquinas?

3.80 O comportamento de componentes em série tem papel fundamental nos problemas de confiabilidade da engenharia e da ciência. A confiabilidade do sistema inteiro certamente não é melhor do que o componente mais fraco na série. Num sistema em série, os componentes operam independentemente um do outro. Em um sistema em particular, que contém três componentes, as probabilidades de atingir as especificações para os componentes 1, 2 e 3, respectivamente, são de 0,95, 0,99 e 0,92. Qual é a probabilidade de que o sistema inteiro funcione?

3.81 Outro tipo de sistema empregado em um trabalho de engenharia é um grupo de componentes em paralelo ou um sistema em paralelo. Nessa abordagem mais conservadora, a probabilidade de que o sistema opere é maior do que a probabilidade de que qualquer componente opere. O sistema falha somente quando todo os sistemas falham. Considere a situação na qual há quatro componentes independentes em um sistema em paralelo com probabilidade de operação dada por:

Componente 1: 0,95.   Componente 2: 0,94.
Componente 3: 0,90.   Componente 4: 0,97.

Qual é a probabilidade de que o sistema não falhe?

3.82 Considere um sistema de componentes no qual há cinco componentes independentes, cada um com uma probabilidade operacional de 0,92. O sistema tem uma redundância que faz com que ele não falhe se três dos cinco componentes estiverem operando. Qual é a probabilidade de que todo o sistema esteja operando?

3.5 Conceitos errôneos e riscos em potencial; relação com assuntos de outros capítulos

Nos capítulos futuros se tornará mais evidente que as distribuições de probabilidade representam a estrutura por meio da qual as probabilidades calculadas auxiliam na avaliação e entendimento de um processo. Por exemplo, no Exercício de revisão 3.67, a distribuição de probabilidade que quantifica a probabilidade de uma carga pesada durante certos períodos de tempo pode ser muito útil para o planejamento de qualquer mudança no sistema. O Exercício de revisão 3.71 descreve um cenário no qual é estudado o tempo de vida de um componente eletrônico. O conhecimento da estrutura de probabilidade do componente irá contribuir significativamente para o entendimento da confiabilidade de um sistema maior, do qual o componente faz parte. Além disso, um entendimento da natureza geral das distribuições de probabilidade aumentará o entendimento do conceito do valor P, que foi introduzido brevemente no Capítulo 1 e que terá papel fundamental a partir do Capítulo 10 e será estendido por todo o livro.

Os capítulos 4, 5 e 6 dependem muito do material deste capítulo. No Capítulo 4, discutiremos o significado de importantes *parâmetros* nas distribuições de probabilidade. Tais parâmetros quantificam as noções de *tendência central* e de *variabilidade* em um sistema. De fato, o conhecimento dessas quantidades, por si só, além da distribuição completa, pode fornecer uma percepção da natureza do sistema. O capítulos 5 e 6 lidam com cenários da engenharia, biologia ou ciência geral que identificam tipos especiais de distribuições. Por exemplo, a estrutura da função de probabilidade do Exercício 3.67 será facilmente identificada sob certas suposições discutidas no Capítulo 5. O mesmo acontece para o cenário do Exercício de revisão 3.71, que é um tipo especial de problema de tempo até a falha, para o qual a função de densidade de probabilidade será discutida no Capítulo 6.

Em relação aos riscos no uso do material deste capítulo, o aviso para o leitor é para não ler mais no material do que está evidente. A natureza geral da distribuição de probabilidade para um fenômeno científico mais específico não é óbvia com base no que foi estudado neste capítulo. O propósito do capítulo é ensinar a manipular uma distribuição de probabilidade, não ensinar a identificar um tipo específico. Os capítulos 5 e 6 vão mais adiante no que diz respeito à identificação de acordo com a natureza geral do sistema científico.

Capítulo 4

Esperança matemática

4.1 Média de uma variável aleatória

Se duas moedas são lançadas 16 vezes e X é o número de caras que ocorrem por jogada, então os valores de X podem ser 0, 1 e 2. Suponha que o experimento não resulte em nenhuma cara, gere uma cara e gere duas caras num total de quatro, sete e cinco vezes, respectivamente. O número médio de caras por jogada das duas moedas é, então,

$$\frac{(0)(4) + (1)(7) + (2)(5)}{16} = 1{,}06.$$

Esse é um valor médio e não necessariamente um resultado possível para o experimento. Por exemplo, a renda média mensal de um vendedor não é, provavelmente, igual a nenhum de seus contracheques mensais.

Vamos, agora, reestruturar nosso cálculo do número médio de caras para obtermos a seguinte forma equivalente:

$$(0)\left(\frac{4}{16}\right) + (1)\left(\frac{7}{16}\right) + (2)\left(\frac{5}{16}\right) = 1{,}06.$$

Os números 4/16, 7/16 e 5/16 são frações do total de jogadas que resultam em zero, uma e duas caras, respectivamente. Essas frações são também as freqüências relativas para os diferentes valores de X em nosso experimento. De fato, podemos calcular a média de um conjunto de dados sabendo os valores que podem ocorrer e suas freqüências relativas, sem nenhum conhecimento do número total de observações em nosso conjunto de dados. Portanto, se 4/16 ou 1/4 das jogadas não resultam em nenhuma cara, 7/16 das jogadas resultam em uma cara e 5/16 das jogadas resultam em duas caras, o número médio de caras por jogada seria 1,06, não importando se o número total de jogadas foi 16, 1.000 ou mesmo 10.000.

Vamos usar agora esse método das freqüências relativas para calcular o número médio de caras por lançamento de duas moedas que podemos esperar no longo prazo. Nós nos referimos a esse valor médio como a *média da variável X* ou a *média da distribuição de probabilidade de X*, e o escrevemos como μ_x, ou simplesmente μ, quando sabemos claramente a qual variável nos referimos. Também é comum os estatísticos se referirem a essa média como esperança matemática ou o valor esperado da variável aleatória X, sendo denotado por $E(X)$.

Supondo que duas moedas honestas são lançadas, descobrimos que o espaço amostral para nosso experimento é

$$S = \{HH, HT, TH, TT\}.^*$$

Já que os quatro pontos de amostragem são igualmente prováveis, segue-se que

$$P(X = 0) = P(TT) = \frac{1}{4},$$

$$P(X = 1) = P(TH) + P(HT) = \frac{1}{2}$$

e

$$P(X = 2) = P(HH) = \frac{1}{4},$$

onde um elemento típico, digamos TH, indica que o primeiro lançamento resultou em uma coroa seguida por uma cara na segunda jogada. Essas probabilidades são apenas as freqüências relativas para os eventos dados. Portanto,

$$\mu = E(X) = (0)\left(\frac{1}{4}\right) + (1)\left(\frac{1}{2}\right) + (2)\left(\frac{1}{4}\right) = 1.$$

Esse resultado significa que, se uma pessoa jogar duas moedas várias vezes, na média, obterá uma cara por jogada.

O método descrito para calcular o número esperado de caras no lançamento de duas moedas sugere que a média ou o valor esperado de qualquer variável aleatória discreta possa ser obtido multiplicando cada um dos valores $x_1, x_2, \ldots, x_n$ da variável aleatória X por sua probabilidade correspondente $f(x_1), f(x_2), \ldots, f(x_n)$ e somando-se os produtos. No entanto, isso é verdade somente se a variável aleatória for discreta. No caso de variáveis aleatórias contínuas, a definição de um valor esperado é, essencialmente, a mesma, com somas substituídas por integrações.

---

* Onde H denota um resultado 'cara' e T denota um resultado 'coroa' (N. RT.).

Definição 4.1
Seja X uma variável aleatória com distribuição de probabilidade $f(x)$. A *média* ou o *valor esperado* de X é

$$\mu = E(X) = \sum_x xf(x)$$

se X for discreta, e

$$\mu = E(X) = \int_{-\infty}^{\infty} xf(x)\,dx$$

se X for contínua.

■ **Exemplo 4.1**

Um lote com sete componentes é analisado pelo inspetor de qualidade; o lote contém quatro componentes em bom estado e três componentes defeituosos. Uma amostra de três é retirada pelo inspetor. Determine o valor esperado do número de componentes em bom estado nessa amostra.
Solução: Seja X o número de componentes em bom estado na amostra. A distribuição de probabilidade de X é

$$f(x) = \frac{\binom{4}{x}\binom{3}{3-x}}{\binom{7}{3}}, \qquad x = 0, 1, 2, 3.$$

Alguns cálculos simples geram $f(0) = 1/35$, $f(1) = 12/35$, $f(2) = 18/35$ e $f(3) = 4/35$. Portanto,

$$\mu = E(X) = (0)\left(\frac{1}{35}\right) + (1)\left(\frac{12}{35}\right)$$
$$+ (2)\left(\frac{18}{35}\right) + (3)\left(\frac{4}{35}\right) = \frac{12}{7} = 1{,}7.$$

Então, se uma amostra de tamanho três é selecionada, aleatoriamente, diversas vezes de um lote com quatro componentes bons e três defeituosos, ela conteria, em média, 1,7 componente em bom estado.

■ **Exemplo 4.2**

Em um jogo de azar, um homem recebe $ 5, se consegue três caras ou três coroas quando três moedas são jogadas, e paga $ 3 se uma ou duas caras são obtidas. Qual é seu ganho esperado?
Solução: O espaço amostral para os resultados possíveis quando três moedas são jogadas simultaneamente ou, de maneira equivalente, se uma moeda for jogada três vezes é

$$S = \{HHH, HHT, HTH, THH,$$
$$HTT, THT, TTH, TTT\}.$$

Pode-se argumentar que cada uma dessas possibilidades é igualmente provável e ocorre com probabilidade igual a 1/8. Uma abordagem alternativa seria aplicar a regra multiplicativa da probabilidade para eventos independentes para cada elemento de S. Por exemplo,

$$P(HHT) = P(H)P(H)P(T) = \left(\frac{1}{2}\right)\left(\frac{1}{2}\right)\left(\frac{1}{2}\right) = \frac{1}{8}.$$

A variável aleatória de interesse é Y, quantia que o apostador pode ganhar; e os valores possíveis de Y são $ 5, se o evento $E_1 = \{HHH, TTT\}$ ocorrer, e $-$ 3, se o evento $E_2 = \{HHT, HTH, THH, HTT, THT, TTH\}$ ocorrer. Já que E_1 e E_2 ocorrem com probabilidades de 1/4 e 3/4, respectivamente, segue-se que

$$\mu = E(Y) = (5)\left(\frac{1}{4}\right) + (-3)\left(\frac{3}{4}\right) = -1.$$

Nesse jogo, o apostador perderá, em média, $ 1 por lançamento das três moedas. Um jogo é considerado 'justo' se o apostador sai sem perder nem ganhar. Portanto, um valor zero para o valor esperado de ganho define um jogo justo.

Os exemplos 4.1 e 4.2 foram planejados para permitir que o leitor consiga perceber o que queremos dizer por valor esperado de uma variável aleatória. Em ambos os casos, a variável é discreta. No exemplo a seguir, com variável contínua, um engenheiro está interessado na *vida média* de certo tipo de equipamento eletrônico. Trata-se de uma ilustração do problema de *tempo até a falha* que ocorre com muita freqüência na prática. O valor esperado da vida do equipamento é um parâmetro importante para sua avaliação.

■ **Exemplo 4.3**

Seja X a variável aleatória que denota a vida, em horas, de certo equipamento eletrônico. A função de densidade da probabilidade é

$$f(x) = \begin{cases} \frac{20.000}{x^3}, & x > 100, \\ 0, & \text{caso contrário.} \end{cases}$$

Determine o valor esperado de vida desse tipo de equipamento.
Solução: Usando a Definição 4.1, temos

$$\mu = E(X) = \int_{100}^{\infty} x \frac{20.000}{x^3}\,dx = \int_{100}^{\infty} \frac{20.000}{x^2}\,dx = 200.$$

Portanto, podemos esperar que tal tipo de equipamento dure, em média, 200 horas.

Agora, consideremos uma nova variável aleatória $g(X)$, que depende de X; ou seja, cada valor de $g(X)$ é determinado pelo conhecimento dos valores de X. Por exemplo, $g(X)$ pode ser X^2 ou $3X - 1$, de modo que, quando X assumir o valor 2, $g(X)$ assume o valor $g(2)$. Em particular, se X for uma variável aleatória discreta com distribuição de probabilidade $f(X)$, para $x = -1, 0, 1, 2$ e $g(X) = X^2$, então

$$P[g(X) = 0] = P(X = 0) = f(0),$$
$$P[g(X) = 1] = P(X = -1) + P(X = 1) = f(-1) + f(1),$$
$$P[g(X) = 4] = P(X = 2) = f(2),$$

de modo que a distribuição de probabilidade de $g(X)$ pode ser escrita como

$g(x)$	0	1	4
$P[g(X) = g(x)]$	$f(0)$	$f(-1) + f(1)$	$f(2)$

Pela definição do valor esperado de uma variável aleatória, obtemos

$$\mu_{g(X)} = E[g(x)] = 0f(0) + 1[f(-1) + f(1)] + 4f(2)$$
$$= (-1)^2 f(-1) + (0)^2 f(0) + (1)^2 f(1) + (2)^2 f(2)$$
$$= \sum_x g(x) f(x).$$

Esse resultado é generalizado no Teorema 4.1, tanto para variáveis aleatórias discretas quanto contínuas.

Teorema 4.1
Seja X a variável aleatória com distribuição de probabilidade $f(X)$. O valor esperado da variável aleatória $g(X)$ é

$$\mu_{g(X)} = E[g(X)] = \sum_x g(x) f(x)$$

se X for discreta, e

$$\mu_{g(X)} = E[g(X)] = \int_{-\infty}^{\infty} g(x) f(x) \, dx$$

se X for contínua.

■ **Exemplo 4.4**
Suponha que o número de carros X que passam por um lava-rápido entre 16h e 17h, numa sexta-feira ensolarada, tenha a seguinte distribuição de probabilidade:

x	4	5	6	7	8	9
$P(X = x)$	$\frac{1}{12}$	$\frac{1}{12}$	$\frac{1}{4}$	$\frac{1}{4}$	$\frac{1}{6}$	$\frac{1}{6}$

Seja $g(X) = 2X - 1$ a quantia (em dólares) paga ao atendente pelo gerente. Determine os ganhos esperados do atendente para esse período em particular.

Solução: Pelo Teorema 4.1, o atendente pode esperar receber

$$E[g(X)] = E(2X - 1) = \sum_{x=4}^{9} (2x - 1) f(x)$$
$$= (7)\left(\frac{1}{12}\right) + (9)\left(\frac{1}{12}\right) + (11)\left(\frac{1}{4}\right) + (13)\left(\frac{1}{4}\right)$$
$$+ (15)\left(\frac{1}{6}\right) + (17)\left(\frac{1}{6}\right) = \$ 12{,}67.$$

■ **Exemplo 4.5**
Seja X a variável aleatória com função de densidade

$$f(x) = \begin{cases} \frac{x^2}{3}, & -1 < x < 2, \\ 0, & \text{caso contrário.} \end{cases}$$

Determine o valor esperado de $g(X) = 4X + 3$.
Solução: Pelo Teorema 4.1, temos

$$E(4X + 3) = \int_{-1}^{2} \frac{(4x + 3) x^2}{3} dx$$
$$= \frac{1}{3} \int_{-1}^{2} (4x^3 + 3x^2) \, dx = 8.$$

Devemos, agora, estender nossos conceitos sobre esperança matemática para o caso de duas variáveis aleatórias X e Y, com distribuição de probabilidade conjunta $f(x, y)$.

Definição 4.2
Sejam X e Y variáveis aleatórias com distribuição de probabilidade conjunta $f(x, y)$. A média ou valor esperado da variável aleatória $g(x, y)$ é

$$\mu_{g(X,Y)} = E[g(X, Y)] = \sum_x \sum_y g(x, y) f(x, y)$$

se X e Y forem discretas, e

$$\mu_{g(X,Y)} = E[g(X, Y)] = \int_{-\infty}^{\infty} \int_{-\infty}^{\infty} g(x, y) f(x, y) \, dx \, dy$$

se X e Y forem contínuas.

A generalização da Definição 4.2 para o cálculo de esperanças matemáticas de funções de diversas variáveis aleatórias é simples.

■ **Exemplo 4.6**
Sejam X e Y variáveis aleatórias com distribuição de probabilidade conjunta indicada na Tabela 3.1. Determine o valor esperado de $g(X, Y) = XY$. A tabela foi reimpressa aqui para sua conveniência.

$f(x, y)$		x = 0	x = 1	x = 2	Total das linhas
	0	$\frac{3}{28}$	$\frac{9}{28}$	$\frac{3}{28}$	$\frac{15}{28}$
y	1	$\frac{3}{14}$	$\frac{3}{14}$	0	$\frac{3}{7}$
	2	$\frac{1}{28}$	0	0	$\frac{1}{28}$
Total das colunas		$\frac{5}{14}$	$\frac{15}{28}$	$\frac{3}{28}$	1

Solução: Pela Definição 4.2, escrevemos

$$E(XY) = \sum_{x=0}^{2} \sum_{y=0}^{2} xy f(x, y)$$
$$= (0)(0) f(0, 0) + (0)(1) f(0, 1)$$
$$+ (1)(0) f(1, 0) + (1)(1) f(1, 1) + (2)(0) f(2, 0)$$
$$= f(1, 1) = \frac{3}{14}.$$

■ **Exemplo 4.7**
Determine $E(Y/X)$ para a função de densidade

$$f(x, y) = \begin{cases} \frac{x(1+3y^2)}{4}, & 0 < x < 2, \; 0 < y < 1, \\ 0, & \text{caso contrário.} \end{cases}$$

Solução: Temos
$$E\left(\frac{Y}{X}\right) = \int_0^1 \int_0^2 \frac{y(1+3y^2)}{4}\,dx\,dy = \int_0^1 \frac{y+3y^3}{2}\,dy = \frac{5}{8}.$$

Note que, se $g(X, Y) = X$ na Definição 4.2, temos

$$E(X) = \begin{cases} \sum_x \sum_y xf(x,y) = \sum_x xg(x), \\ \text{(caso discreto)}, \\ \int_{-\infty}^{\infty} \int_{-\infty}^{\infty} xf(x,y)\,dy\,dx = \int_{-\infty}^{\infty} xg(x)\,dx, \\ \text{(caso contínuo)}, \end{cases}$$

onde $g(X)$ é a distribuição marginal de X. Portanto, ao calcular $E(X)$ sobre um espaço bidimensional, pode-se usar a distribuição de probabilidade conjunta de X e Y ou a distribuição marginal de X. De modo similar, definimos

$$E(Y) = \begin{cases} \sum_y \sum_x yf(x,y) = \sum_y yh(y), \\ \text{(caso discreto)}, \\ \int_{-\infty}^{\infty} \int_{-\infty}^{\infty} yf(x,y)\,dx\,dy = \int_{-\infty}^{\infty} yh(y)\,dy, \\ \text{(caso contínuo)}, \end{cases}$$

onde $h(y)$ é a distribuição marginal da variável aleatória Y.

Exercícios

4.1 Suponha que duas variáveis aleatórias (X, Y) sejam uniformemente distribuídas num círculo de raio a. Então, a função de densidade de probabilidade conjunta é

$$f(x,y) = \begin{cases} \frac{1}{\pi a^2}, & x^2+y^2 \le a^2, \\ 0, & \text{caso contrário.} \end{cases}$$

Determine o valor esperado de X, denotado por μ_X.

4.2 A distribuição de probabilidade da variável aleatória discreta X é

$$f(x) = \binom{3}{x}\left(\frac{1}{4}\right)^x\left(\frac{3}{4}\right)^{3-x}, \quad x = 0, 1, 2, 3.$$

Determine a média de X.

4.3 Determine a média da variável aleatória T que representa o total das três moedas do Exercício 3.25.

4.4 Uma moeda é adulterada de modo que cara tem três vezes mais probabilidade de ocorrer do que coroa. Determine o número esperado de coroas quando essa moeda é jogada duas vezes.

4.5 A distribuição de probabilidade de X, o número de imperfeições por dez metros de um tecido sintético em rolos contínuos de largura igual, é dada no Exercício 3.13 como

x	0	1	2	3	4
$f(x)$	0,41	0,37	0,16	0,05	0,01

Determine o número médio de imperfeições por dez metros desse tecido.

4.6 Um atendente é pago de acordo com o número de carros que passam pelo lava-rápido. Suponha que as probabilidades sejam 1/12, 1/12, 1/4, 1/4, 1/6 e 1/6, respectivamente, de que o atendente receba $ 7, $ 9, $ 11, $ 13, $ 15 ou $ 17, entre as 16h e 17h, em uma sexta-feira ensolarada. Determine os ganhos esperados do atendente para esse período em particular.

4.7 Ao investir em uma ação específica, uma pessoa pode gerar um lucro de $ 4.000 em um ano com probabilidade de 0,3, ou perder $ 1.000 em um ano com probabilidade de 0,7. Qual é o ganho esperado da pessoa?

4.8 Suponha que uma negociante de jóias antigas esteja interessada em comprar um colar de ouro, com as probabilidades de 0,22; 0,36; 0,28 e 0,14, respectivamente, de que consiga revendê-lo com um lucro de $ 250, ou com um lucro de $ 150, ou de ficar sem lucro ou prejuízo ou de revendê-lo com uma perda de $ 150. Qual é seu lucro esperado?

4.9 Em um jogo de azar, uma mulher recebe $ 3, se tirar um valete ou uma dama, e $ 5, se tirar um rei ou um ás de um baralho comum com 52 cartas. Se tirar qualquer outra carta, ela perde. Quanto ela deve pagar para participar se o jogo for justo?

4.10 Dois especialistas em qualidade examinam pilhas de pneus e designam uma classificação de qualidade para cada pneu, numa escala de três pontos. Sejam X a nota dada pelo especialista A e Y a nota dada por B. A tabela a seguir fornece a distribuição conjunta de X e Y.

$f(x,y)$		y 1	2	3
	1	0,10	0,05	0,02
x 2		0,10	0,35	0,05
	3	0,03	0,10	0,20

Determine μ_X e μ_Y.

4.11 Um piloto particular deseja fazer um seguro de seu avião no valor de $ 200.000. A empresa de seguros estima que uma perda total possa ocorrer com probabilidade de 0,002, uma perda de 50% possa ocorrer com probabilidade de 0,01 e uma perda de 25% possa ocorrer com 0,1 de probabilidade. Ignorando todas as outras perdas parciais, que prêmio a empresa de seguros deveria cobrar do piloto a cada ano para obter um lucro médio de $ 500?

4.12 Se o lucro de um revendedor, em unidades de $ 5.000, sobre um novo automóvel pode ser visto como a variável aleatória X, tendo função de densidade

$$f(x) = \begin{cases} 2(1-x), & 0 < x < 1, \\ 0, & \text{caso contrário,} \end{cases}$$

determine o lucro médio por automóvel.

4.13 A função de densidade das medidas codificadas do afastamento das roscas de um ajuste é

$$f(x) = \begin{cases} \frac{4}{\pi(1+x^2)}, & 0 < x < 1, \\ 0, & \text{caso contrário.} \end{cases}$$

Determine o valor esperado de X.

4.14 Qual proporção de indivíduos se pode esperar para responder a certa solicitação de venda por catálogo, se a proporção X tem função de densidade

$$f(x) = \begin{cases} \frac{2(x+2)}{5}, & 0 < x < 1, \\ 0, & \text{caso contrário.} \end{cases}$$

4.15 A função de densidade de uma variável aleatória contínua X, o número total de horas (em unidades de 100 horas) que uma família usa o aspirador de pó em sua casa, no período de um ano, é dada no Exercício 3.7 como

$$f(x) = \begin{cases} x, & 0 < x < 1, \\ 2-x, & 1 \le x < 2, \\ 0, & \text{caso contrário.} \end{cases}$$

Determine o número médio de horas por ano que as famílias usam seus aspiradores de pó.

4.16 Suponha que você esteja inspecionando um lote de mil lâmpadas, entre as quais há 20 defeituosas. Escolha duas lâmpadas aleatoriamente desse lote sem repô-las. Seja

$$X_1 = \begin{cases} 1, & \text{se a primeira lâmpada for defeituosa,} \\ 0, & \text{se não o for,} \end{cases}$$

$$X_2 = \begin{cases} 1, & \text{se a segunda lâmpada for defeituosa,} \\ 0, & \text{se não o for.} \end{cases}$$

Determine a probabilidade de que pelo menos uma lâmpada escolhida seja defeituosa. [*Sugestão*: calcule $P(X_1 + X_2 = 1)$.]

4.17 Seja X a variável aleatória com a seguinte distribuição de probabilidade:

x	−3	6	9
f(x)	1/6	1/2	1/3

Determine $\mu_{g(X)}$, onde $g(X) = (2X+1)^2$.

4.18 Determine o valor esperado da variável aleatória $g(X) = X^2$, onde X tem a distribuição de probabilidade do Exercício 4.2.

4.19 Uma grande indústria compra diversos novos processadores de texto no final de cada ano, sendo que o número exato de processadores depende da freqüência dos reparos no ano anterior. Suponha que o número de processadores, X, que são comprados a cada ano tenha a seguinte distribuição de probabilidade:

x	0	1	2	3
f(x)	1/10	3/10	2/5	1/5

Se o custo do modelo desejado permanecer fixo em $ 1.200 durante este ano e um desconto de $50X^2$ (em dólares) for creditado em relação a qualquer compra, quanto a empresa espera gastar em novos processadores de texto no final deste ano?

4.20 Uma variável aleatória contínua X tem função de densidade

$$f(x) = \begin{cases} e^{-x}, & x > 0, \\ 0, & \text{caso contrário.} \end{cases}$$

Determine o valor esperado de $g(X) = e^{2X/3}$.

4.21 Qual é o lucro médio de um revendedor, por automóvel, se o lucro em cada automóvel é dado por $g(X) = X^2$, onde X é a variável aleatória que tem a função de densidade do Exercício 4.12?

4.22 O período de hospital, em dias, para pacientes em tratamento para certo tipo de problema renal é a variável aleatória $Y = X + 4$, onde X tem a seguinte função de densidade

$$f(x) = \begin{cases} \frac{32}{(x+4)^3}, & x > 0, \\ 0, & \text{caso contrário.} \end{cases}$$

Determine o número médio de dias que uma pessoa permanece hospitalizada em tratamento.

4.23 Suponha que X e Y tenham a seguinte função de probabilidade conjunta:

		x	
f(x,y)		2	4
	1	0,10	0,15
y	3	0,20	0,30
	5	0,10	0,15

(a) Determine o valor esperado de $g(X, Y) = XY^2$.
(b) Determine μ_X e μ_Y.

4.24 Em relação às variáveis aleatórias cuja distribuição de probabilidade conjunta é dada no Exercício 3.39,
(a) determine $E(X^2Y - 2XY)$;
(b) determine μ_X e μ_Y.

4.25 Em relação às variáveis aleatórias cuja distribuição de probabilidade conjunta é dada no Exercício 3.53, determine a média do número total de valetes e reis quando três cartas são retiradas, sem reposição, das 12 cartas com figuras, de um baralho comum com 52 cartas.

4.26 Sejam X e Y as variáveis aleatórias com função de densidade conjunta

$$f(x, y) = \begin{cases} 4xy, & 0 < x, y < 1, \\ 0, & \text{caso contrário.} \end{cases}$$

Determine o valor esperado de $Z = \sqrt{X^2 + Y^2}$.

4.27 No Exercício 3.27, a função de densidade é dada para o tempo até a falha de um importante componente de um aparelho de DVD. Determine o número médio de horas até a falha do componente e, em conseqüência, do DVD.

4.28 Considere a informação do Exercício 3.28. O problema lida com o peso, em onças, do produto em uma caixa de cereais com

$$f(x) = \begin{cases} \frac{2}{5}, & 23{,}75 \leq x \leq 26{,}25 \\ 0, & \text{caso contrário.} \end{cases}$$

(a) Faça um gráfico da função de densidade.
(b) Calcule o valor esperado ou o peso médio em onças.
(c) Você ficou surpreso com suas respostas em (b)? Explique.

4.29 No Exercício 3.29, estávamos lidando com a distribuição do tamanho de uma importante partícula, com a distribuição do tamanho da partícula caracterizada por

$$f(x) = \begin{cases} 3x^{-4}, & x > 1, \\ 0, & \text{caso contrário.} \end{cases}$$

(a) Represente a função de densidade.
(b) Dê o tamanho médio da partícula.

4.30 No Exercício 3.31, a distribuição do tempo antes de um reparo considerável em uma máquina de lavar era dada por

$$f(y) = \begin{cases} \frac{1}{4}e^{-y/4}, & y \geq 0, \\ 0, & \text{caso contrário.} \end{cases}$$

Qual é a média populacional do 'tempo até o reparo'?

4.31 Considere o Exercício 3.32.
(a) Qual é a proporção média do orçamento alocada para controles ambientais e de poluição?
(b) Qual é a probabilidade de que uma empresa selecionada aleatoriamente tenha a proporção alocada para controles ambientais e de poluição que exceda a média da população dada em (a)?

4.32 No Exercício 3.13, a distribuição do número de imperfeições por dez metros de um tecido sintético é dada por

x	0	1	2	3	4
$f(x)$	0,41	0,37	0,16	0,05	0,01

(a) Faça um gráfico da função de probabilidade.
(b) Determine o número esperado de imperfeições, $E(X) = \mu$.
(c) Determine $E(X^2)$.

4.2 Variância e covariância de variáveis aleatórias

A média ou valor esperado de uma variável aleatória X é especialmente importante em estatística porque descreve onde a distribuição de probabilidade está centrada. Sozinha, entretanto, a média não fornece uma descrição adequada da forma da distribuição. Precisamos caracterizar a variabilidade na distribuição. Na Figura 4.1, temos os histogramas de duas distribuições de probabilidade discretas com a mesma média $\mu = 2$, mas que diferem consideravelmente na variabilidade ou dispersão de suas observações em torno da média.

A medida de variabilidade mais importante de uma variável aleatória X é obtida aplicando-se o Teorema 4.1 com $g(X) = (X - \mu)^2$. Por causa de sua importância em estatística, referimo-nos a ela como a *variância da variável aleatória X*, ou a *variância da distribuição de probabilidade de X*, e a denotamos por $Var(X)$ ou pelo símbolo σ_x^2, ou simplesmente por σ^2, quando está claro sobre a qual variável aleatória nos referimos.

Definição 4.3

Seja X uma variável aleatória com distribuição de probabilidade $f(X)$ e média μ. A variância de X é

$$\sigma^2 = E[(X - \mu)^2] = \sum_x (x - \mu)^2 f(x),$$

se X for discreta, e

$$\sigma^2 = E[(X - \mu)^2] = \int_{-\infty}^{\infty} (x - \mu)^2 f(x)\, dx,$$

se X for contínua.

A raiz quadrada positiva da variância, σ, é chamada de desvio-padrão de X.

A quantidade $x - \mu$ na Definição 4.3 é chamada de *desvio de uma observação* de sua média. Já que esses desvios são elevados ao quadrado e, então, é calculada a média, σ^2 será muito menor para valores x que estão próximos de μ do que seria para valores x que distam consideravelmente de μ.

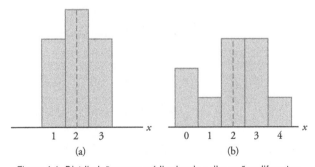

Figura 4.1 Distribuições com médias iguais e dispersões diferentes.

■ **Exemplo 4.8**

Seja a variável X o número de automóveis usados com propósitos comerciais durante um dia de trabalho. A distribuição de probabilidade para a empresa A [Figura 4.1(a)] é

x	1	2	3
$f(x)$	0,3	0,4	0,3

e para a empresa B [Figura 4.1(b)] é

x	0	1	2	3	4
$f(x)$	0,2	0,1	0,3	0,3	0,1

Mostre que a variância da distribuição de probabilidade da empresa B é maior do que a da empresa A.
Solução: Para a empresa A, descobrimos que

$$\mu_A = E(X) = (1)(0,3) + (2)(0,4) + (3)(0,3) = 2,0,$$

e então,

$$\sigma_A^2 = \sum_{x=1}^{3}(x-2)^2 f(x)$$

$$= (1-2)^2(0,3) + (2-2)^2(0,4) + (3-2)^2(0,3) = 0,6.$$

Para a empresa B, temos

$$\mu_B = E(X) = (0)(0,2) + (1)(0,1) + (2)(0,3) + (3)(0,3) + (4)(0,1) = 2,0,$$

e, então,

$$\sigma_B^2 = \sum_{x=0}^{4}(x-2)^2 f(x)$$

$$= (0-2)^2(0,2) + (1-2)^2(0,1) + (2-2)^2(0,3) + (3-2)^2(0,3) + (4-2)^2(0,1) = 1,6.$$

Claramente, a variância no número de automóveis usados com fins comerciais é maior na empresa B do que na empresa A.

Uma fórmula alternativa e preferencial para encontrar σ^2, que costuma simplificar os cálculos, é afirmada no seguinte teorema:

Teorema 4.2
A variância de uma variável aleatória X é
$$\sigma^2 = E(X^2) - \mu^2.$$

Prova: Para o caso discreto, podemos escrever

$$\sigma^2 = \sum_x (x-\mu)^2 f(x) = \sum_x (x^2 - 2\mu x + \mu^2) f(x)$$

$$= \sum_x x^2 f(x) - 2\mu \sum_x x f(x) + \mu^2 \sum_x f(x).$$

Já que $\mu = \sum_x x f(x)$ por definição, e $\sum_x f(x) = 1$ para qualquer distribuição de probabilidade discreta, segue-se

$$\sigma^2 = \sum_x x^2 f(x) - \mu^2 = E(X^2) - \mu^2.$$

Para o caso contínuo, o passo a passo da prova é o mesmo, com somatórios substituídos por integrais.

■ **Exemplo 4.9**

Seja a variável aleatória X, o número de partes defeituosas em uma máquina quando três partes são amostradas da linha de produção e testadas. A seguir, temos a distribuição de probabilidade de X.

x	0	1	2	3
$f(x)$	0,51	0,38	0,10	0,01

Usando o Teorema 4.2, calcule σ^2.
Solução: Primeiro, calculamos

$$\mu = (0)(0,51) + (1)(0,38) + (2)(0,10) + (3)(0,01) = 0,61.$$

Agora

$$E(X^2) = (0)(0,51) + (1)(0,38) + (4)(0,10) + (9)(0,01) = 0,87.$$

Portanto,

$$\sigma^2 = 0,87 - (0,61)^2 = 0,4979.$$

■ **Exemplo 4.10**

A demanda semanal por Pepsi, em milhares de litros, de uma rede de lojas de conveniência local é a variável aleatória contínua X, que tem como densidade de probabilidade

$$f(x) = \begin{cases} 2(x-1), & 1 < x < 2, \\ 0, & \text{caso contrário.} \end{cases}$$

Determine a média e a variância de X.
Solução: $\mu = E(X) = 2\int_1^2 x(x-1)\,dx = \dfrac{5}{3}$

e

$$E(X^2) = 2\int_1^2 x^2(x-1)\,dx = \dfrac{17}{6}.$$

Portanto,

$$\sigma^2 = \dfrac{17}{6} - \left(\dfrac{5}{3}\right)^2 = \dfrac{1}{18}.$$

Nesse ponto, a variância ou desvio-padrão só faz sentido quando comparamos uma ou mais distribuições com a mesma unidade de medida. Portanto, poderíamos comparar as variâncias da distribuição de conteúdos, medidas em litros, para duas empresas fabricantes de suco de laranja, e o maior valor indicaria a empresa cujo produto é mais variável ou menos uniforme. Não faria sentido comparar a variância de uma distribuição de alturas com a variância da distribuição de resultados de aptidão. Na Seção 4.4, mostraremos como o desvio-padrão pode ser usado para descrever uma única distribuição de observações.

Devemos estender nosso conceito da variância de uma variável aleatória X para também incluirmos variáveis aleatórias relacionadas a X. Para a variável aleatória

$g(X)$, a variância será denotada por $\sigma^2_{g(X)}$, e calculada por meio do teorema a seguir.

Teorema 4.3
Seja X uma variável aleatória com distribuição de probabilidade $f(X)$. A variância da variável aleatória $g(X)$ é

$$\sigma^2_{g(X)} = E\{[g(X) - \mu_{g(X)}]^2\} = \sum_x [g(x) - \mu_{g(X)}]^2 f(x)$$

se X for discreta, e

$$\sigma^2_{g(X)} = E\{[g(X) - \mu_{g(X)}]^2\} = \int_{-\infty}^{\infty} [g(x) - \mu_{g(X)}]^2 f(x) \, dx$$

se X for contínua.

Prova: Já que $g(X)$ é, por si só, uma variável aleatória com média $\mu_{g(X)}$, conforme definição do Teorema 4.1, segue-se da Definição 4.3 que

$$\sigma^2_{g(X)} = E\{[g(X) - \mu_{g(X)}]\}.$$

Agora, aplicando o Teorema 4.1 novamente para a variável aleatória $[g(X) - \mu_{g(x)}]^2$, a prova está completa.

■ **Exercício 4.11**

Calcule a variância de $g(X) = 2X + 3$, onde X é a variável aleatória com distribuição de probabilidade

x	0	1	2	3
$f(x)$	$\frac{1}{4}$	$\frac{1}{8}$	$\frac{1}{2}$	$\frac{1}{8}$

Solução: Primeiro, encontramos a média da variável aleatória $2X + 3$. De acordo com o Teorema 4.1,

$$\mu_{2X+3} = E(2X + 3) = \sum_{x=0}^{3}(2x + 3)f(x) = 6.$$

Agora, usando o Teorema 4.3, temos

$$\sigma^2_{2X+3} = E\{[(2X+3) - \mu_{2x+3}]^2\} = E[(2X + 3 - 6)^2]$$
$$= E(4X^2 - 12X + 9) = \sum_{x=0}^{3}(4x^2 - 12x + 9)f(x) = 4.$$

■ **Exemplo 4.12**

Seja X a variável aleatória com a função de densidade dada no Exemplo 4.5. Determine a variância da variável aleatória $g(X) = 4X + 3$.

Solução: No Exemplo 4.5 descobrimos que $\mu_{4X+3} = 8$. Agora, usando o Teorema 4.3,

$$\sigma^2_{4X+3} = E\{[(4X+3) - 8]^2\} = E[(4X - 5)^2]$$
$$= \int_{-1}^{2}(4x - 5)^2 \frac{x^2}{3} dx$$
$$= \frac{1}{3}\int_{-1}^{2}(16x^4 - 40x^3 + 25x^2)\, dx = \frac{51}{5}.$$

Se $g(X, Y) = (X - \mu_X)(Y - \mu_Y)$, onde $\mu_X = E(X)$ e $\mu_Y = E(Y)$, a Definição 4.2 nos fornece um valor esperado chamado de covariância de X e Y, que denotamos por σ_{XY} ou $Cov(X, Y)$.

Definição 4.4
Sejam X e Y variáveis aleatórias com distribuição de probabilidade conjunta $f(x, y)$. A covariância de X e Y é

$$\sigma_{XY} = E[(X - \mu_X)(Y - \mu_Y)]$$
$$= \sum_x \sum_y (x - \mu_X)(y - \mu_Y) f(x, y)$$

se X e Y forem discretas, e

$$\sigma_{XY} = E[(X - \mu_X)(Y - \mu_Y)] =$$
$$= \int_{-\infty}^{\infty} \int_{-\infty}^{\infty} (x - \mu_X)(y - \mu_Y) f(x, y) \, dx \, dy$$

se X e Y forem contínuas.

A covariância entre duas variáveis aleatórias é uma medida da natureza da associação entre as duas. Se grandes valores de X freqüentemente resultam em grandes valores de Y, ou valores pequenos de X resultam em valores pequenos de Y, então a diferença $X - \mu_X$ positiva resultará com freqüência na diferença $Y - \mu_Y$ positiva e $X - \mu_X$ negativa resultará com freqüência em $Y - \mu_Y$ negativa. Então, o produto $(X - \mu_X)(Y - \mu_Y)$ tende a ser positivo. Por outro lado, se grandes valores de X costumam resultar em pequenos valores de Y, o produto $(X - \mu_X)(Y - \mu_Y)$ tende a ser negativo. Dessa forma, o *sinal* da covariância indica se a relação entre duas variáveis aleatórias dependentes é positiva ou negativa. Quando X e Y são estatisticamente independentes, pode ser mostrado que a covariância é zero (veja o Corolário 4.5). O inverso, entretanto, não é geralmente verdadeiro. Duas variáveis podem ter covariância zero e ainda assim não ser estatisticamente independentes. Note que a covariância descreve somente a relação *linear* entre duas variáveis aleatórias. Portanto, se a covariância entre X e Y for zero, X e Y podem ter uma relação não-linear, o que significa que elas não são necessariamente independentes.

A fórmula preferencial e alternativa para σ_{XY} é enunciada no Teorema 4.4.

Teorema 4.4
A covariância entre duas variáveis aleatórias X e Y com médias μ_X e μ_Y, respectivamente, é dada por

$$\sigma_{XY} = E(XY) - \mu_X \mu_Y.$$

Prova: Para o caso discreto, temos

$$\sigma_{XY} = \sum_x \sum_y (x - \mu_X)(y - \mu_Y) f(x, y)$$
$$= \sum_x \sum_y (xy - \mu_X y - \mu_Y x + \mu_X \mu_Y) f(x, y)$$

$$= \sum_x \sum_y xy f(x,y) - \mu_X \sum_x \sum_y y f(x,y)$$
$$- \mu_Y \sum_x \sum_y x f(x,y) + \mu_X \mu_Y \sum_x \sum_y f(x,y).$$

Já que
$$\mu_X = \sum_x x f(x,y) \quad \text{e} \quad \mu_Y = \sum_y y f(x,y)$$

por definição, e além disso
$$\sum_x \sum_y f(x,y) = 1$$

para qualquer distribuição conjunta discreta, segue-se que
$$\sigma_{XY} = E(XY) - \mu_X \mu_Y - \mu_Y \mu_X + \mu_X \mu_Y =$$
$$E(XY) - \mu_X \mu_Y.$$

Para o caso contínuo, a prova é idêntica, com somatórios substituídos por integrais.

■ **Exemplo 4.13**

O Exemplo 3.14 descreve uma situação que envolve um número X de refis azuis e um número Y de refis vermelhos para canetas. Dois refis para uma caneta esferográfica são selecionados aleatoriamente de uma caixa, com a seguinte distribuição de probabilidade conjunta:

$f(x,y)$	x = 0	1	2	$h(y)$
y = 0	$\frac{3}{28}$	$\frac{9}{28}$	$\frac{3}{28}$	$\frac{15}{28}$
1	$\frac{3}{14}$	$\frac{3}{14}$	0	$\frac{3}{7}$
2	$\frac{1}{28}$	0	0	$\frac{1}{28}$
$g(x)$	$\frac{5}{14}$	$\frac{15}{28}$	$\frac{3}{28}$	1

Determine a covariância de X e Y.

Solução: Do Exemplo 4.6, vemos que $E(XY) = 3/4$. Agora,

$$\mu_X = \sum_{x=0}^{2} x g(x) = (0)\left(\frac{5}{14}\right) + (1)\left(\frac{15}{28}\right) + (2)\left(\frac{3}{28}\right) = \frac{3}{4}$$

e

$$\mu_Y = \sum_{y=0}^{2} y h(y) = (0)\left(\frac{15}{28}\right) + (1)\left(\frac{3}{7}\right) + (2)\left(\frac{1}{28}\right) = \frac{1}{2}.$$

Portanto,
$$\sigma_{XY} = E(XY) - \mu_X \mu_Y = \frac{3}{14} - \left(\frac{3}{4}\right)\left(\frac{1}{2}\right) = -\frac{9}{56}.$$

■ **Exemplo 4.14**

A fração X de corredores do sexo masculino e a fração Y de corredoras do sexo feminino que competem em uma maratona são descritas pela função de densidade conjunta:

$$f(x,y) = \begin{cases} 8xy, & 0 \le y \le x \le 1, \\ 0, & \text{caso contrário.} \end{cases}$$

Determine a covariância de X e Y.

Solução: Calculamos, primeiro, as funções de densidade marginais. Elas são
$$g(x) = \begin{cases} 4x^3, & 0 \le x \le 1, \\ 0, & \text{caso contrário} \end{cases}$$

e
$$h(y) = \begin{cases} 4y(1 - y^2), & 0 \le y \le 1, \\ 0, & \text{caso contrário.} \end{cases}$$

Usando as funções de densidade marginais dadas acima, calculamos

$$\mu_X = E(X) = \int_0^1 4x^4 \, dx = \frac{4}{5} \quad \text{e}$$

$$\mu_Y = \int_0^1 4y^2(1 - y^2) \, dy = \frac{8}{15}.$$

Da função de densidade conjunta, temos
$$E(XY) = \int_0^1 \int_y^1 8x^2 y^2 \, dx \, dy = \frac{4}{9}.$$

Então,
$$\sigma_{XY} = E(XY) - \mu_X \mu_Y = \frac{4}{9} - \left(\frac{4}{5}\right)\left(\frac{8}{15}\right) = \frac{4}{225}.$$

Embora a covariância entre duas variáveis aleatórias forneça informações sobre a natureza da relação, a magnitude de σ_{XY} não indica nada sobre a intensidade da relação, já que σ_{XY} não é adimensional. Sua magnitude dependerá das unidades de medida de X e Y. Há uma versão adimensional da covariância chamada de *coeficiente de correlação*, que é amplamente usado em estatística.

Definição 4.5

Sejam X e Y variáveis aleatórias com covariância σ_{XY} e desvios-padrão σ_X e σ_Y, respectivamente. O coeficiente de correlação de X e Y é

$$\rho_{XY} = \frac{\sigma_{XY}}{\sigma_X \sigma_Y}.$$

Deveria ficar claro para o leitor que ρ_{XY} não depende das unidades de medida de X e Y. O coeficiente de correlação satisfaz a desigualdade $-1 \le \rho_{XY} \le 1$. Ele assume um valor zero quando $\sigma_{XY} = 0$. Quando há uma dependência linear exata, digamos $Y \equiv a + bX$, temos $\rho_{XY} = 1$, se $b > 0$, e $\rho_{XY} = -1$, se $b < 0$. (Veja o Exercício 4.48.) O coeficiente de correlação será assunto de mais discussões no Capítulo 12, onde lidaremos com regressão linear.

Exercícios

4.33 Use a Definição 4.3, para encontrar a variância da variável aleatória X do Exercício 4.7.

4.34 Seja X uma variável aleatória com a seguinte distribuição de probabilidade:

x	−2	3	5
$f(x)$	0,3	0,2	0,5

Determine o desvio-padrão de X.

4.35 A variável aleatória X, que representa o número de erros por cem linhas de um código de *software*, tem a seguinte distribuição de probabilidade:

x	2	3	4	5	6
$f(x)$	0,01	0,25	0,4	0,3	0,04

Usando o Teorema 4.2, determine a variância de X.

4.36 Suponha que 0,4; 0,3; 0,2 e 0,1, respectivamente, sejam as probabilidades de que nenhum, um, dois ou três problemas com energia afetarão certa subdivisão durante dado ano. Determine a média e a variância da variável aleatória X que representa o número de problemas com energia que afeta essa subdivisão.

4.37 O lucro de um revendedor, em unidades de $ 5.000, com um novo automóvel, é a variável aleatória X que tem a função de densidade dada no Exercício 4.12. Determine a variância de X.

4.38 A proporção de pessoas que respondem a certa solicitação de compras por catálogo é a variável aleatória X, tendo a função de densidade dada no Exercício 4.14. Determine a variância de X.

4.39 O número total de horas, em unidades de cem horas, que uma família utiliza o aspirador de pó no período de um ano é a variável aleatória X, tendo a função de densidade dada no Exercício 4.15. Determine a variância de X.

4.40 Em relação ao Exercício 4.14, determine $\sigma^2_{g(X)}$ para a função $g(X) = 3X^2 + 4$.

4.41 Determine o desvio-padrão da variável aleatória $g(X) = (2X + 1)^2$ no Exercício 4.17.

4.42 Usando os resultados do Exercício 4.21, determine a variância de $g(X) = X^2$, onde X é uma variável aleatória com função de densidade dada no Exercício 4.12.

4.43 O tempo, em minutos, para que um avião obtenha liberação para decolar de certo aeroporto é a variável aleatória $Y = 3X − 2$, onde X tem função de densidade

$$f(x) = \begin{cases} \frac{1}{4}e^{-x/4}, & x > 0, \\ 0, & \text{caso contrário.} \end{cases}$$

Determine a média e a variância da variável aleatória Y.

4.44 Determine a covariância das variáveis aleatórias X e Y do Exercício 3.39.

4.45 Determine a covariância das variáveis aleatórias X e Y do Exercício 3.49.

4.46 Determine a covariância das variáveis aleatórias X e Y do Exercício 3.44.

4.47 Em relação às variáveis aleatórias cuja função de densidade conjunta é dada no Exercício 3.40, determine a covariância de X e Y.

4.48 Dada a variável aleatória X, com desvio-padrão σ_X, e a variável aleatória $Y = a + bX$, mostre que, se $b < 0$, o coeficiente de correlação $\rho_{XY} = -1$, e, se $b > 0$, $\rho_{XY} = 1$.

4.49 Considere a situação do Exercício 4.32. A distribuição do número de imperfeições por dez metros de tecido sintético é dada por

x	0	1	2	3	4
$f(x)$	0,41	0,37	0,16	0,05	0,01

Determine a variância e o desvio-padrão do número de imperfeições.

4.50 Num laboratório, se um equipamento está funcionando, a função de densidade do resultado observado, X, é

$$f(x) = \begin{cases} 2(1-x), & 0 < x < 1, \\ 0, & \text{caso contrário.} \end{cases}$$

Determine a variância e o desvio-padrão de X.

4.3 Médias e variâncias de combinações lineares de variáveis aleatórias

Desenvolvemos agora algumas propriedades úteis que irão simplificar os cálculos de médias e variâncias das variáveis aleatórias que apareceram em capítulos anteriores. Essas propriedades nos permitirão lidar com esperanças em relação a outros parâmetros que são conhecidos ou facilmente calculados. Todos os resultados que apresentamos aqui são válidos tanto para variáveis aleatórias discretas quanto para contínuas. As provas são dadas somente para o caso contínuo. Começaremos com um teorema e dois corolários que devem ser intuitivamente razoáveis para o leitor.

Teorema 4.5
Se a e b são constantes, então
$$E(aX + b) = aE(X) + b.$$

Prova: Pela definição de um valor esperado,

$$E(aX + b) = \int_{-\infty}^{\infty} (ax + b)f(x)\, dx$$

$$= a\int_{-\infty}^{\infty} xf(x)\, dx + b\int_{-\infty}^{\infty} f(x)\, dx.$$

A primeira integral à direita é $E(X)$ e a segunda integral é igual a 1. Portanto, temos:
$$E(aX + b) = aE(X) + b.$$

Corolário 4.1
Fazendo $a = 0$, vemos que $E(b) = b$.

Corolário 4.2
Fazendo $b = 0$, vemos que $E(aX) = aE(X)$.

■ **Exemplo 4.15**
Aplicando o Teorema 4.5 à variável aleatória discreta $f(X) = 2X - 1$, trabalhe novamente o Exemplo 4.4.
Solução: De acordo com o Teorema 4.5, podemos escrever
$$E(2X - 1) = 2E(X) - 1.$$
Agora,
$$\mu = E(X) = \sum_{x=4}^{9} x f(x)$$
$$= (4)\left(\frac{1}{12}\right) + (5)\left(\frac{1}{12}\right) + (6)\left(\frac{1}{4}\right) + (7)\left(\frac{1}{4}\right)$$
$$+ (8)\left(\frac{1}{6}\right) + (9)\left(\frac{1}{6}\right) = \frac{41}{6}.$$
Portanto,
$$\mu_{2X-1} = (2)\left(\frac{41}{6}\right) - 1 = \$\, 12{,}67,$$
como antes.

■ **Exemplo 4.16**
Aplicando o Teorema 4.5 à variável aleatória contínua $g(X) = 4X + 3$, trabalhe novamente o Exemplo 4.5.
Solução: No Exemplo 4.5, podemos usar o Teorema 4.5 para escrever
$$E(4X + 3) = 4E(X) + 3.$$
Agora,
$$E(X) = \int_{-1}^{2} x\left(\frac{x^2}{3}\right) dx = \int_{-1}^{2} \frac{x^3}{3} dx = \frac{5}{4}.$$
Portanto,
$$E(4X + 3) = (4)\left(\frac{5}{4}\right) + 3 = 8,$$
como antes.

Teorema 4.6
O valor esperado da soma ou diferença de duas ou mais funções de uma variável aleatória X é a soma ou a diferença dos valores esperados das funções. Ou seja,
$$E[g(X) \pm h(X)] = E[g(X)] \pm E[h(X)].$$

Prova: Por definição,
$$E[g(X) \pm h(X)] = \int_{-\infty}^{\infty} [g(x) \pm h(x)] f(x) \, dx$$
$$= \int_{-\infty}^{\infty} g(x) f(x) \, dx \pm \int_{-\infty}^{\infty} h(x) f(x) \, dx$$
$$= E[g(X)] \pm E[h(X)].$$

■ **Exemplo 4.17**
Seja X uma variável aleatória com a seguinte função de probabilidade:

x	0	1	2	3
$f(x)$	$\frac{1}{3}$	$\frac{1}{2}$	0	$\frac{1}{6}$

Determine o valor esperado de $Y = (X - 1)^2$.
Solução: Aplicando-se o Teorema 4.6 à função $Y = (X - 1)^2$, podemos escrever
$$E[(X-1)^2] = E(X^2 - 2X + 1) = E(X^2) - 2E(X) + E(1).$$
Do Corolário 4.1, $E(1) = 1$, e por cálculo direto,
$$E(X) = (0)\left(\frac{1}{3}\right) + (1)\left(\frac{1}{2}\right) + (2)(0) + (3)\left(\frac{1}{6}\right) = 1$$
e
$$E(X^2) = (0)\left(\frac{1}{3}\right) + (1)\left(\frac{1}{2}\right) + (4)(0) + (9)\left(\frac{1}{6}\right) = 2.$$
Sendo assim,
$$E[(X - 1)^2] = 2 - (2)(1) + 1 = 1.$$

■ **Exemplo 4.18**
A demanda semanal de certa bebida, em milhares de litros, em uma rede de lojas de conveniência é a variável aleatória contínua $g(X) = X^2 + X - 2$, onde X tem função de densidade
$$f(x) = \begin{cases} 2(x - 1), & 1 < x < 2, \\ 0, & \text{caso contrário.} \end{cases}$$
Determine o valor esperado para a demanda semanal da bebida.
Solução: Pelo Teorema 4.6, escrevemos
$$E(X^2 + X - 2) = E(X^2) + E(X) - E(2).$$
Do Corolário 4.1, $E(2) = 2$, e por integração direta,
$$E(X) = \int_{1}^{2} 2x(x - 1) \, dx = 2 \int_{1}^{2} (x^2 - x) \, dx = \frac{5}{3}$$
e
$$E(X^2) = \int_{1}^{2} 2x^2(x - 1) \, dx = 2 \int_{1}^{2} (x^3 - x^2) \, dx = \frac{17}{6}.$$
Agora,
$$E(X^2 + X - 2) = \frac{17}{6} + \frac{5}{3} - 2 = \frac{5}{2},$$
de modo que a demanda semanal média da bebida nessa rede de lojas de conveniência é de 2.500 litros.

Suponha que tenhamos duas variáveis aleatórias X e Y com distribuição de probabilidade conjunta $f(x, y)$. Duas propriedades adicionais, que serão muito úteis nos próximos capítulos, envolvem os valores esperados da soma, da diferença e do produto dessas duas variáveis aleatórias. Primeiro, no entanto, vamos provar um teorema sobre o valor esperado da soma ou diferença de funções das variáveis dadas. Isso, é claro, é apenas uma extensão do Teorema 4.6.

Teorema 4.7
O valor esperado da soma ou diferença de duas ou mais funções das variáveis aleatórias X e Y é a soma ou diferença dos valores esperados das funções. Ou seja,
$$E[g(X, Y) \pm h(X, Y)] = E[g(X, Y)] \pm E[h(X, Y)].$$

Prova: Pela Definição 4.2,

$E[g(X, Y) \pm h(X, Y)]$

$$= \int_{-\infty}^{\infty} \int_{-\infty}^{\infty} [g(x,y) \pm h(x,y)] f(x,y) \, dx \, dy$$

$$= \int_{-\infty}^{\infty} \int_{-\infty}^{\infty} g(x,y) f(x,y) \, dx \, dy$$

$$\pm \int_{-\infty}^{\infty} \int_{-\infty}^{\infty} h(x,y) f(x,y) \, dx \, dy$$

$$= E[g(X, Y)] \pm E[h(X, Y)].$$

Corolário 4.3
Fazendo $g(X, Y) = g(X)$ e $h(X, Y) = h(Y)$, vemos que
$$E[g(X) \pm h(Y)] = E[g(X)] \pm E[h(Y)].$$

Corolário 4.4
Fazendo $g(X, Y) = X$ e $h(X, Y) = Y$, vemos que
$$E[X \pm Y] = E[X] \pm E[Y].$$

Se X representa a produção diária de algum item da máquina A, e Y a produção diária do mesmo item da máquina B, então $X + Y$ representa o número total de itens produzidos diariamente por ambas as máquinas. O Corolário 4.4 afirma que a produção média diária para ambas as máquinas é igual à soma da produção média diária de cada máquina.

Teorema 4.8
Sejam X e Y duas variáveis aleatórias independentes. Então,
$$E(XY) = E(X) E(Y).$$

Prova: Pela Definição 4.2,
$$E(XY) = \int_{-\infty}^{\infty} \int_{-\infty}^{\infty} xy f(x,y) \, dx \, dy.$$

Já que X e Y são independentes, podemos escrever
$$f(x, y) = g(x) h(y),$$
onde $g(X)$ e $h(y)$ são as distribuições marginais de X e Y, respectivamente. Então,

$$E(XY) = \int_{-\infty}^{\infty} \int_{-\infty}^{\infty} xy g(x) h(y) \, dx \, dy$$

$$= \int_{-\infty}^{\infty} x g(x) \, dx \int_{-\infty}^{\infty} y h(y) \, dy$$

$$= E(X) E(Y).$$

O Teorema 4.8 pode ser ilustrado por variáveis discretas ao se considerar o experimento do lançamento de um dado verde e um vermelho. Sejam a variável aleatória X o resultado do dado verde e a variável aleatória Y, o resultado do dado vermelho. Então, XY representa o produto dos números que ocorrem no par de dados. A longo prazo, a média dos produtos dos números é igual ao produto do número médio que ocorre no dado verde pelo número médio que ocorre no dado vermelho.

Corolário 4.5
Sejam X e Y duas variáveis aleatórias independentes. Então, $\sigma_{XY} = 0$.

Prova: A prova pode ser vista usando-se os teoremas 4.4 e 4.8.

■ **Exemplo 4.19**

Na produção de microchips de arseneto de gálio, sabe-se que a razão entre gálio e arseneto é independente de se produzir uma alta porcentagem de pastilhas trabalháveis, que são os principais componentes do microchip. Seja X a razão entre gálio e arseneto e Y, a porcentagem de micropastilhas trabalháveis devolvidas durante um período de uma hora. X e Y são variáveis aleatórias independentes com densidade conjunta conhecida

$$f(x, y) = \begin{cases} \frac{x(1+3y^2)}{4}, & 0 < x < 2, \ 0 < y < 1, \\ 0, & \text{caso contrário.} \end{cases}$$

Ilustre que $E(XY) = E(X) E(Y)$, como o Teorema 4.8 sugere.

Solução: Por definição,

$$E(XY) = \int_0^1 \int_0^2 xy f(x, y) \, dx \, dy$$

$$= \int_0^1 \int_0^2 \frac{x^2 y(1+3y^2)}{4} \, dx \, dy$$

$$= \int_0^1 \left. \frac{x^3 y(1+3y^2)}{12} \right|_{x=0}^{x=2} dy$$

$$= \int_0^1 \frac{2y(1+3y^2)}{3} dy = \frac{5}{6},$$

$$E(X) = \int_0^1 \int_0^2 xy f(x,y) \, dx \, dy$$
$$= \int_0^1 \int_0^2 \frac{x^2(1+3y^2)}{4} \, dx \, dy$$
$$= \int_0^1 \frac{x^3(1+3y^2)}{12}\Big|_{x=0}^{x=2} dy$$
$$= \int_0^1 \frac{2(1+3y^2)}{3} dy = \frac{4}{3},$$
$$E(Y) = \int_0^1 \int_0^2 y f(x,y) \, dx \, dy$$
$$= \int_0^1 \int_0^2 \frac{xy(1+3y^2)}{4} \, dx \, dy$$
$$= \int_0^1 \frac{x^2 y(1+3y^2)}{8}\Big|_{x=0}^{x=2} dy$$
$$= \int_0^1 \frac{y(1+3y^2)}{2} dy = \frac{5}{8}.$$

Então,
$$E(X)E(Y) = \left(\frac{4}{3}\right)\left(\frac{5}{8}\right) = \frac{5}{6} = E(XY).$$

Concluímos esta seção fornecendo dois teoremas que são úteis para o cálculo das variâncias ou desvios-padrão.

Teorema 4.9
Se a e b são constantes, então
$$\sigma^2_{aX+b} = a^2 \sigma^2_X = a^2 \sigma^2.$$

Prova: Por definição,
$$\sigma^2_{aX+b} = E\{[(aX+b) - \mu_{aX+b}]^2\}.$$
Agora,
$$\mu_{aX+b} = E(aX+b) = a\mu + b$$
pelo Teorema 4.5. Portanto,
$$\sigma^2_{aX+b} = E[(aX + b - a\mu - b)^2] = a^2 E[(X-\mu)^2] = a^2 \sigma^2.$$

Corolário 4.6
Fazendo $a = 1$, vemos que
$$\sigma^2_{X+b} = \sigma^2_X = \sigma^2.$$

Corolário 4.7
Fazendo $b = 0$, vemos que
$$\sigma^2_{aX} = a^2 \sigma^2_X = a^2 \sigma^2.$$

A Conclusão 4.6 afirma que a variância não é mudada se uma constante é adicionada ou subtraída da variável aleatória. A adição ou subtração de uma constante simplesmente muda os valores de X para a direita ou esquerda, mas não muda sua variabilidade. No entanto, se uma variável aleatória for multiplicada ou dividida por uma constante, então o Corolário 4.7 afirma que a variância é multiplicada ou dividida pelo quadrado da constante.

Teorema 4.10
Se X e Y são variáveis aleatórias com distribuição de probabilidade conjunta $f(x, y)$, então
$$\sigma^2_{aX+bY} = a^2 \sigma^2_X + b^2 \sigma^2_Y + 2ab\sigma_{XY}.$$

Prova: Pela definição,
$$\sigma^2_{aX+bY} = E\{[(aX+bY) - \mu_{aX+bY}]^2\}.$$
Agora,
$$\mu_{aX+bY} = E(aX+bY) = aE(X) + bE(Y) = a\mu_X + b\mu_Y,$$
ao usar o Corolário 4.4 seguido pelo Corolário 4.2. Portanto,
$$\sigma^2_{aX+bY} = E\{[a(X-\mu_X) + b(Y-\mu_Y)]^2\}$$
$$= a^2 E[(X-\mu_X)^2] + b^2 E[(Y-\mu_Y)^2]$$
$$+ 2ab E[(X-\mu_X)(Y-\mu_Y)]$$
$$= a^2 \sigma^2_X + b^2 \sigma^2_Y + 2ab\sigma_{XY}.$$

Corolário 4.8
Se X e Y são variáveis aleatórias independentes, então
$$\sigma^2_{aX+bY} = a^2 \sigma^2_X + b^2 \sigma^2_Y.$$

O resultado afirmado no Corolário 4.8 é obtido do Teorema 4.10, ao invocar o Corolário 4.5.

Corolário 4.9
Se X e Y são variáveis aleatórias independentes, então
$$\sigma_{aX-bY} = a^2 \sigma^2_X + b^2 \sigma^2_Y.$$

O Corolário 4.9 segue substituindo-se b por $-b$ no Corolário 4.8. Generalizando para uma combinação linear de n variáveis aleatórias independentes, escrevemos

Corolário 4.10
Se $X_1, X_2, \ldots, X_n$ são variáveis aleatórias independentes, então
$$\sigma^2_{a_1 X_1 + a_2 X_2 + \cdots + a_n X_n} = a_1^2 \sigma^2_{X_1} + a_2^2 \sigma^2_{X_2} + \cdots + a_n^2 \sigma^2_{X_n}.$$

■ **Exemplo 4.20**
Se X e Y são variáveis aleatórias com variâncias $\sigma^2_X = 2$, $\sigma^2_Y = 4$ e covariância $\sigma_{XY} = -2$, determine a variância da variável aleatória $Z = 3X - 4Y + 8$.
Solução:
$$\sigma^2_Z = \sigma^2_{3X-4Y+8} = \sigma^2_{3X-4Y} \quad \text{(pelo Teorema 4.9)}$$
$$= 9\sigma^2_X + 16\sigma^2_Y - 24\sigma_{XY} \quad \text{(pelo Teorema 4.10)}$$
$$= (9)(2) + (16)(4) - (24)(-2) = 130.$$

Exemplo 4.21

Sejam X e Y a quantidade de dois tipos diferentes de impurezas em um lote de certo produto químico. Suponha que X e Y sejam variáveis aleatórias independentes com variâncias $\sigma_X^2 = 2$ e $\sigma_Y^2 = 3$. Determine a variância da variável aleatória $Z = 3X - 2Y + 5$.

Solução:

$$\begin{aligned}\sigma_Z^2 &= \sigma_{3X-2Y+5}^2 = \sigma_{3X-2Y}^2 \quad \text{(pelo Teorema 4.9)} \\ &= 9\sigma_x^2 + 4\sigma_y^2 \quad \text{(pelo Corolário 4.9)} \\ &= (9)(2) + (4)(3) = 30.\end{aligned}$$

E se a função for não-linear?

Antes desta seção, lidamos com propriedades de funções lineares de variáveis aleatórias por razões muito importantes. Do Capítulo 8 ao Capítulo 15, muito do que é discutido e ilustrado são problemas reais e práticos, nos quais o analista constrói um *modelo linear* para descrever um conjunto de dados e, então, descrever ou explicar o comportamento de certo fenômeno científico. Então, é natural que encontremos valores esperados e variâncias de combinações lineares de variáveis aleatórias. Entretanto, há situações nas quais propriedades de *funções não-lineares* de variáveis aleatórias se tornam importantes. É claro que há muitos fenômenos científicos que são não-lineares e, claramente, a modelagem estatística que usa funções não-lineares é muito importante. De fato, no Capítulo 12, lidaremos com a modelagem do que se tornaram certos modelos não-lineares padrão. Além disso, mesmo uma função simples de variáveis aleatórias, digamos $Z = X/Y$, ocorre com bastante freqüência na prática e, diferentemente das regras já dadas nesta seção para o valor esperado de combinações lineares de variáveis aleatórias, não há uma regra geral simples.

Por exemplo,

$$E(Z) = E(X/Y) \neq E(X)/E(Y),$$

exceto em circunstâncias muito especiais.

O material fornecido pelos teoremas 4.5 a 4.10 e os vários corolários são extremamente úteis, já que não há restrições na forma das funções de densidade ou de probabilidade, exceto a propriedade de independência quando esta é requerida, como nos corolários que seguem o Teorema 4.10. Para ilustrar, considere o Exemplo 4.21; a variância de $Z = 3X - 2Y + 5$ não requer restrições nas distribuições das quantidades X e Y dos dois tipos de impurezas. Só é requerida a independência entre X e Y. Agora, temos à nossa disposição a capacidade para determinar $\mu_{g(X)}$ e $\sigma_{g(X)}^2$ para qualquer função $g(\cdot)$ dos primeiros princípios estabelecidos nos teoremas 4.1 e 4.3, onde se assume que a distribuição $f(X)$ correspondente seja *conhecida*. Os exercícios 4.40, 4.41 e 4.42, entre outros, ilustram o uso desses teoremas. Então, se a função $g(X)$ for não-linear e a função de densidade (ou função de probabilidade no caso discreto) for conhecida, $\mu_{g(X)}$ e $\sigma_{g(X)}^2$ podem ser avaliados exatamente. Mas, como as regras dadas para as combinações lineares, há regras para as funções não-lineares que podem ser usadas quando a forma da distribuição das variáveis aleatórias pertinentes não é conhecida?

Em geral, suponha que X seja uma variável aleatória e $Y = g(x)$. A solução geral para $E(Y)$ ou $Var(Y)$ pode ser difícil e depende da complexidade da função $g(\cdot)$. Entretanto, há aproximações disponíveis que dependem de uma aproximação linear da função $g(X)$. Por exemplo, suponha que denotemos $E(X)$ como μ e $Var(X) = \sigma_X^2$. Então, uma aproximação pela série de Taylor de $g(x)$ em torno de $X = \mu_x$ dá

$$g(x) = g(\mu_X) + \frac{\partial g(x)}{\partial x}\bigg|_{x=\mu_X}(x - \mu_X) + \frac{\partial^2 g(x)}{\partial x^2}\bigg|_{x=\mu_X}\frac{(x - \mu_X)^2}{2} + \cdots.$$

Como resultado, se truncarmos no termo linear e pegarmos o valor esperado de ambos os lados, obtemos $E[g(X)] \approx g(\mu_X)$, que é certamente intuitivo e, em alguns casos, dá uma aproximação razoável. No entanto, se incluirmos um termo de segunda ordem da série de Taylor, então teremos um ajuste de segunda ordem para essa *aproximação de primeira ordem* como

Aproximação de $E[g(X)]$

$$E[g(X)] \approx g(\mu_X) + \frac{\partial^2 g(x)}{\partial x^2}\bigg|_{x=\mu_X}\frac{\sigma_X^2}{2}.$$

Exemplo 4.22

Dada a variável aleatória X, com média μ_x e variância $\sigma_{g(X)}^2$, dê a aproximação de segunda ordem para $E(e^X)$.

Solução: Já que $\frac{\partial e^x}{\partial x} = e^x$ e $\frac{\partial^2 e^x}{\partial x^2} = e^x$, obtemos $E(e^X) \approx e^{\mu_X}(1 + \sigma_x^2/2)$.

De modo similar, podemos desenvolver uma aproximação para $Var[g(x)]$ somando a variância de ambos os lados da expansão de primeira ordem da série de Taylor de $g(x)$.

Aproximação de $Var[g(X)]$

$$Var[g(X)] \approx \left[\frac{\partial g(x)}{\partial x}\right]^2_{x=\mu_X}\sigma_x^2.$$

Exemplo 4.23

Dada a variável aleatória X, como no Exemplo 4.22, dê a fórmula aproximada para $Var[g(x)]$.

Solução: Novamente $\frac{\partial e^x}{\partial x} = e^x$; então $Var(X) \approx e^{2\mu x}\sigma_x^2$.

Essas aproximações podem ser estendidas para funções não-lineares de mais de uma variável aleatória.

Dado o grupo de variáveis aleatórias independentes $X_1, X_2, \ldots, X_k$, com médias $\mu_1, \mu_2, \ldots, \mu_k$ e variâncias $\sigma_1^2, \sigma_2^2, \ldots, \sigma_k^2$, respectivamente, seja

$$Y = h(X_1, X_2, \ldots, X_k)$$

uma função não-linear; então o que se segue são aproximações para $E(Y)$ e $Var(Y)$:

$Var(Y)$:

$$E(Y) \approx h(\mu_1, \mu_2, \ldots, \mu_k)$$

$$+ \sum_{i=1}^{k} \frac{\sigma_i^2}{2} \left[\frac{\partial^2 h(x_1, x_2, \ldots, x_k)}{\partial x_i^2} \right]\Bigg|_{x_i = \mu_i, \ 1 \leq i \leq k},$$

$$Var(Y) \approx \sum_{i=1}^{k} \left[\frac{\partial h(x_1, x_2, \ldots, x_k)}{\partial x_i} \right]^2\Bigg|_{x_i = \mu_i, \ 1 \leq i \leq k} \sigma_i^2.$$

■ **Exemplo 4.24**

Considere duas variáveis aleatórias independentes, X e Z, com médias μ_X e μ_Z, e variâncias σ_X^2 e σ_Z^2, respectivamente. Considere a variável aleatória

$$Y = X/Z.$$

Dê aproximações para $E(Y)$ e $Var(Y)$.

Solução: Para $E(Y)$, devemos usar $\frac{\partial y}{\partial x} = \frac{1}{z}$ e $\frac{\partial y}{\partial z} = -\frac{x}{z^2}$. Então,

$$\frac{\partial^2 y}{\partial x^2} = 0 \quad \text{e} \quad \frac{\partial^2 y}{\partial z^2} = \frac{2x}{z^3}.$$

Como resultado,

$$E(Y) \approx \frac{\mu_X}{\mu_Z} + \frac{\mu_X}{\mu_Z^3} \sigma_Z^2 = \frac{\mu_X}{\mu_Z} \left(1 + \frac{\sigma_Z^2}{\mu_Z^2}\right),$$

e a aproximação para a variância de Y é dada por

$$Var(Y) \approx \frac{1}{\mu_Z^2} \sigma_X^2 + \frac{\mu_X^2}{\mu_Z^4} \sigma_Z^2 = \frac{1}{\mu_Z^2} \left(\sigma_X^2 + \frac{\mu_X^2}{\mu_Z^2} \sigma_Z^2\right).$$

4.4 Teorema de Chebyshev

Na Seção 4.2, afirmamos que a variância de uma variável aleatória nos diz alguma coisa sobre a variabilidade das observações em torno da média. Se uma variável aleatória tem uma pequena variância ou um pequeno desvio-padrão, esperaríamos que a maioria dos valores fosse agrupada em torno da média. Então, a probabilidade de que uma variável aleatória assuma um valor em certo intervalo em torno da média é maior do que para uma variável aleatória similar com um grande desvio-padrão. Se pensarmos em probabilidade como área, poderíamos esperar uma distribuição contínua com um grande valor de σ para indicar uma maior variabilidade e, então, deveríamos esperar que a área fosse mais espalhada, como na Figura 4.2(a). Entretanto, um desvio-padrão pequeno poderia ter a maior parte de sua área próxima de μ, como na Figura 4.2(b).

Podemos argumentar a mesma coisa sobre a distribuição discreta. A área no histograma de probabilidade da Figura 4.3(b) é muito mais espalhada do que a da Figura 4.3(a), indicando uma distribuição mais variável das medidas ou resultados.

O matemático russo P. L. Chebyshev (1821-1894) descobriu que a fração da área entre quaisquer dois valores simétricos sobre a média está relacionada ao desvio-padrão. Já que a área abaixo da curva da distribuição de probabilidade ou em um histograma de probabilidade soma 1, a área entre dois números quaisquer é a probabilidade de a variável aleatória assumir um valor entre esses números.

O teorema a seguir, de Chebyshev, fornece uma estimativa conservadora da probabilidade de que uma variável aleatória assuma um valor a k desvios-padrão de sua média, para qualquer número real k. Forneceremos a prova somente para o caso contínuo, deixando o caso discreto como exercício.

Teorema 4.11

(*Teorema de Chebyshev*) A probabilidade de que qualquer variável aleatória X assuma um valor a k desvios-padrão da média é, pelo menos, $1 - 1/k^2$. Ou seja,

$$P(\mu - k\sigma < X < \mu + k\sigma) \geq 1 - \frac{1}{k^2}.$$

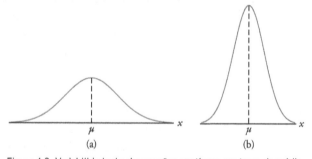

Figura 4.2 Variabilidade de observações contínuas em torno da média.

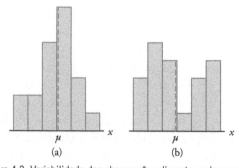

Figura 4.3 Variabilidade das observações discretas sobre a média.

Prova: Por nossa definição prévia da variância de X, podemos escrever

$$\sigma^2 = E[(X - \mu)^2] = \int_{-\infty}^{\infty} (x - \mu)^2 f(x)\, dx$$

$$= \int_{-\infty}^{\mu - k\sigma} (x - \mu)^2 f(x)\, dx + \int_{\mu - k\sigma}^{\mu + k\sigma} (x - \mu)^2 f(x)\, dx$$

$$+ \int_{\mu + k\sigma}^{\infty} (x - \mu)^2 f(x)\, dx$$

$$\geq \int_{-\infty}^{\mu - k\sigma} (x - \mu)^2 f(x)\, dx + \int_{\mu + k\sigma}^{\infty} (x - \mu)^2 f(x)\, dx,$$

já que a segunda das três integrais é não negativa. Agora, como $|x - \mu| \geq k\sigma$ sempre que $x \geq \mu + k\sigma$ ou $x \leq \mu - k\sigma$, temos $(x - \mu)^2 \geq k^2\sigma^2$ em ambas as integrais restantes. Segue-se que

$$\sigma^2 \geq \int_{-\infty}^{\mu - k\sigma} k^2\sigma^2 f(x)\, dx + \int_{\mu + k\sigma}^{\infty} k^2\sigma^2 f(x)\, dx$$

e que

$$\int_{-\infty}^{\mu - k\sigma} f(x)\, dx + \int_{\mu + k\sigma}^{\infty} f(x)\, dx \leq \frac{1}{k^2}.$$

Então,

$$P(\mu - k\sigma < X < \mu + k\sigma) = \int_{\mu - k\sigma}^{\mu + k\sigma} f(x)\, dx \geq 1 - \frac{1}{k^2},$$

e o teorema está estabelecido.

Para $k = 2$, o teorema afirma que a variável aleatória X tem probabilidade de pelo menos $1 - 1/2^2 = 3/4$ de situar-se a dois desvios-padrão da média. Ou seja, três quartos ou mais das observações de qualquer distribuição estão no intervalo $\mu \pm 2\sigma$. De modo similar, o teorema diz que pelo menos oito nonos das observações de qualquer distribuição situam-se no intervalo $\mu \pm 3\sigma$.

■ **Exemplo 4.25**

Uma variável aleatória X tem média $\mu = 8$, variância $\sigma^2 = 9$ e distribuição de probabilidade desconhecida. Determine
(a) $P(-4 < X < 20)$,
(b) $P(|X - 8| \geq 6)$.

Solução:
(a) $P(-4 < X < 20) = P[8 - (4)(3) < X < 8 + (4)(3)]$
$$\geq \frac{15}{16}.$$
(b) $P(|X - 8| \geq 6) = 1 - P(|X - 8| < 6)$
$$= 1 - P(-6 < X - 8 < 6)$$
$$= 1 - P[8 - (2)(3) < X < 8 + (2)(3)]$$
$$\leq \frac{1}{4}.$$

O teorema de Chebyshev é válido para qualquer distribuição de observações e, por essa razão, os resultados são geralmente fracos. O valor dado pelo teorema é apenas um limite inferior. Ou seja, sabemos que a probabilidade de uma variável aleatória se situar a dois desvios-padrão da média não pode *ser menor* que 3/4, mas nunca sabemos quanto maior ela pode realmente ser. Podemos determinar as probabilidades exatas somente quando a distribuição de probabilidade é conhecida. Por isso, chamamos o teorema de resultado *livre de distribuição*. Quando distribuições específicas são assumidas, como nos capítulos seguintes, os resultados serão menos conservadores. O uso do teorema de Chebyshev é deixado para situações em que a forma de distribuição é desconhecida.

Exercícios

4.51 Em relação ao Exercício 4.35, determine a média e a variância da variável aleatória discreta $Z = 3X - 2$, quando X representa o número de erros por cem linhas do código.

4.52 Usando os teoremas 4.5 e 4.9, determine a média e a variância da variável aleatória $Z = 5X + 3$, onde X tem a distribuição de probabilidade do Exercício 4.36.

4.53 Suponha que uma mercearia compre cinco caixas de leite desnatado com o preço de atacado de $ 1,20 por caixa e revenda esse leite por $ 1,65 por caixa. Depois da data de validade, o leite não vendido é retirado da prateleira e o dono da mercearia recebe um crédito do distribuidor igual a três quartos do preço de atacado. Se a distribuição de probabilidade da variável aleatória X, número de caixas vendidas desse lote, é

x	0	1	2	3	4	5
$f(x)$	$\frac{1}{15}$	$\frac{2}{15}$	$\frac{2}{15}$	$\frac{3}{15}$	$\frac{4}{15}$	$\frac{3}{15}$

determine o lucro esperado.

4.54 Repita o Exercício 4.43, aplicando os teoremas 4.5 e 4.9.

4.55 Seja X a variável aleatória com a seguinte distribuição de probabilidade:

x	-3	6	9
$f(x)$	$\frac{1}{6}$	$\frac{1}{2}$	$\frac{1}{3}$

Determine $E(X)$ e $E(X^2)$ e, então, usando esses valores, avalie $E[(2X + 1)^2]$.

4.56 O tempo total, medido em unidades de cem horas, no qual uma adolescente usa seu aparelho de som durante o período de um ano, é a variável aleatória que tem função de densidade

$$f(x) = \begin{cases} x, & 0 < x < 1, \\ 2 - x, & 1 \leq x < 2, \\ 0, & \text{caso contrário.} \end{cases}$$

Use o Teorema 4.6 para avaliar a média da variável aleatória $Y = 60X^2 + 39X$, onde Y é igual ao número total de quilowatts-hora gastos anualmente.

4.57 Se a variável aleatória X é definida de modo que

$$E[(X-1)^2] = 10, \quad E[(X-2)^2] = 6,$$

determine μ e σ^2.

4.58 Suponha que X e Y sejam variáveis aleatórias independentes que têm como distribuição de probabilidade conjunta

$f(x,y)$	$x=2$	$x=4$
$y=1$	0,10	0,15
$y=3$	0,20	0,30
$y=5$	0,10	0,15

Determine
(a) $E(2X - 3Y)$;
(b) $E(XY)$.

4.59 Use o Teorema 4.7 para avaliar $E(2XY^2 - X^2Y)$ para a distribuição de probabilidade conjunta mostrada na Tabela 3.1.

4.60 Estão sendo abertas 70 novas vagas de emprego em uma fábrica de automóveis, mas 1.000 candidatos surgem para essas vagas. Para selecionar os 70 melhores entre os candidatos, a empresa distribui um teste que abrange conhecimentos de mecânica, destreza manual e habilidade matemática. A nota média desse teste é 60 e a pontuação tem um desvio-padrão igual a 6. Uma pessoa que conseguiu uma pontuação 84 pode contar que conseguiu uma das vagas? [*Sugestão*: use o teorema de Chebyshev.] Assuma que a distribuição de probabilidade seja simétrica em torno da média.

4.61 Uma indústria elétrica fabrica uma lâmpada de 100 watts que, de acordo com as especificações da embalagem, tem vida média de 900 horas, com desvio-padrão de 50 horas. No máximo, qual é a porcentagem de que uma lâmpada não dure nem mesmo 700 horas? Assuma que a distribuição seja simétrica em torno da média.

4.62 Uma empresa local fabrica fios para telefones. O comprimento médio do fio é 52 polegadas com um desvio-padrão de 6,5 polegadas. No máximo, qual é a porcentagem de que os fios para telefone produzidos por essa empresa excedam 71,5 polegadas? Assuma que a distribuição seja simétrica em torno da média.

4.63 Suponha que você jogue um dado, não adulterado, de dez lados (0, 1, 2, ... , 9) 500 vezes. Usando o teorema de Chebyshev, calcule a probabilidade de que a média amostral, $\bar{X}$, esteja entre 4 e 5.

4.64 Se X e Y são variáveis aleatórias independentes com variâncias $\sigma_X^2 = 5$ e $\sigma_Y^2 = 3$, determine a variância da variável aleatória $Z = -2X + 4Y - 3$.

4.65 Repita o Exercício 4.64 se X e Y não forem independentes e $\sigma_{XY} = 1$.

4.66 A variável aleatória X tem média $\mu = 12$, variância $\sigma^2 = 9$ e distribuição de probabilidade desconhecida. Usando o teorema de Chebyshev, estime
(a) $P(6 < X < 18)$;
(b) $P(3 < X < 21)$.

4.67 A variável aleatória X tem média $\mu = 10$ e variância $\sigma^2 = 4$. Usando o teorema de Chebyshev, determine
(a) $P(|X - 10| \geq 3)$;
(b) $P(|X - 10| < 3)$;
(c) $P(5 < X < 15)$;
(d) o valor da constante c de modo que

$$P(|X - 10| \geq c) \leq 0,04.$$

4.68 Calcule $P(\mu - 2\sigma < X < \mu + 2\sigma)$, onde X tem função de densidade

$$f(x) = \begin{cases} 6x(1-x), & 0 < x < 1, \\ 0, & \text{caso contrário,} \end{cases}$$

e compare com o resultado dado no teorema de Chebyshev.

4.69 Sejam X o número que ocorre quando um dado vermelho é jogado e Y, o número que ocorre quando um dado verde é jogado. Determine
(a) $E(X + Y)$;
(b) $E(X - Y)$;
(c) $E(XY)$.

4.70 Suponha que X e Y sejam variáveis aleatórias independentes com densidades de probabilidade

$$g(x) = \begin{cases} \frac{8}{x^3}, & x > 2, \\ 0, & \text{caso contrário} \end{cases}$$

e

$$h(y) = \begin{cases} 2y, & 0 < y < 1, \\ 0, & \text{caso contrário.} \end{cases}$$

Determine o valor esperado de $Z = XY$.

4.71 Se a função de densidade conjunta de X e Y é dada por

$$f(x,y) = \begin{cases} \frac{2}{7}(x + 2y), & 0 < x < 1,\ 1 < y < 2, \\ 0, & \text{caso contrário,} \end{cases}$$

determine o valor esperado de $g(X, Y) = X/Y^3 + X^2Y$.

4.72 Sejam X o número que ocorre quando um dado verde é jogado e Y, o número que ocorre quando um dado vermelho é jogado. Determine a variância da variável aleatória
(a) $2X - Y$;
(b) $X + 3Y - 5$.

4.73 Considere a variável aleatória X com função de densidade

$$f(x) = \begin{cases} \frac{1}{5}, & 0 \leq x \leq 5, \\ 0, & \text{caso contrário.} \end{cases}$$

(a) Determine $\mu = E(X)$ e $\sigma^2 = E[(X - \mu)^2]$.
(b) Demonstre que o teorema de Chebyshev é válido para $k = 2$ e $k = 3$.

4.74 A força P em watts que é dissipada em um circuito elétrico com resistência R é dada por $P = I^2R$, onde I é a corrente em ampères e R é uma constante fixa em 50 ohms. Entretanto, I é uma variável aleatória com $\mu_I = 15$ ampères e $\sigma_I^2 = 0{,}03$ ampères^2. Dê aproximações numéricas para a média e a variância da força P.

4.75 Considere o Exercício de revisão 3.79. As variáveis aleatórias X e Y representam o número de veículos que chegam a duas esquinas separadas durante um período de dois minutos num dia. A distribuição conjunta é

$$f(x, y) = \frac{1}{4^{(x+y)}} \cdot \frac{9}{16},$$

para $x = 0, 1, 2,\ldots$ e $y = 0, 1, 2,\ldots$
(a) Dê $E(X)$, $E(Y)$, $Var(X)$ e $Var(Y)$.
(b) Considere $Z = X + Y$ a soma das duas. Determine $E(Z)$ e $Var(Z)$.

4.76 Considere o Exercício de revisão 3.66. Há duas linhas de serviço. As variáveis aleatórias X e Y são as proporções de tempo em que a linha 1 e a linha 2 são usadas, respectivamente. A função de densidade de probabilidade conjunta é dada por

$$f(x,y) = \begin{cases} \frac{3}{2}(x^2 + y^2), & 0 \leq x, y \leq 1, \\ 0, & \text{caso contrário.} \end{cases}$$

(a) Determine se X e Y são independentes ou não.
(b) É de interesse saber algo sobre a proporção $Z = X + Y$, a soma das duas proporções. Determine $E(X + Y)$. Determine também $E(XY)$.
(c) Determine $Var(X)$, $Var(Y)$ e $Cov(X,Y)$.
(d) Determine $Var(X + Y)$.

4.77 O tempo, em minutos, necessário para gerar uma reação humana ao gás lacrimejante tem função de densidade

$$f(y) = \begin{cases} \frac{1}{4}e^{-y/4}, & 0 \leq y < \infty, \\ 0, & \text{caso contrário.} \end{cases}$$

(a) Qual é o tempo médio para a reação?
(b) Determine $E(Y^2)$ e $Var(Y)$.

4.78 Uma indústria desenvolveu uma eficiente máquina para limpar tapetes, já que despeja o produto muito rapidamente. Nosso interesse é a variável aleatória Y, o número de galões despejados por minuto. Sabe-se que a função de densidade é dada por:

$$f(y) = \begin{cases} 1, & 7 \leq y \leq 8, \\ 0, & \text{caso contrário.} \end{cases}$$

(a) Faça um esboço da função de densidade.
(b) Dê $E(Y)$, $E(Y^2)$ e $Var(Y)$.

4.79 Para a situação do Exercício 4.78, calcule $E(e^Y)$, usando o Teorema 4.1, ou seja, utilizando

$$E(e^Y) = \int_7^8 e^y f(y) dy.$$

Então, calcule $E(e^Y)$, sem usar $f(y)$, mas sim o ajuste de segunda ordem para a aproximação de primeira ordem de $E(e^Y)$. Comente.

4.80 Considere, novamente, a situação do Exercício 4.78. É necessário determinar $Var(e^Y)$. Use os teoremas 4.2 e 4.3 e defina $Z = e^Y$. Então, utilize as condições do Exercício 4.79 para determinar

$$Var(Z) = E(Z^2) - [E(Z)]^2.$$

Então, faça-o sem usar $f(y)$, mas sim a aproximação da primeira ordem da série de Taylor. Comente!

Exercícios de revisão

4.81 Prove o teorema de Chebyshev quando X for uma variável aleatória discreta.

4.82 Determine a covariância das variáveis aleatórias X e Y, que têm como função de densidade de probabilidade conjunta

$$f(x,y) = \begin{cases} x + y, & 0 < x < 1, \ 0 < y < 1, \\ 0, & \text{caso contrário.} \end{cases}$$

4.83 Em relação às variáveis aleatórias cuja função de densidade de probabilidade conjunta é dada no Exercício 3.47, determine a quantidade média de querosene deixada no tanque no fim do dia.

4.84 Assuma que a duração X, em minutos, de certo tipo de conversa ao telefone é uma variável aleatória com função de densidade de probabilidade

$$f(x) = \begin{cases} \frac{1}{5}e^{-x/5}, & x > 0, \\ 0, & \text{caso contrário.} \end{cases}$$

(a) Determine a duração média, $E(X)$, desse tipo de conversa ao telefone.
(b) Determine a variância e o desvio-padrão de X.
(c) Determine $E[(X + 5)^2]$.

4.85 Em relação às variáveis aleatórias cuja função de densidade é dada no Exercício 3.41, determine a covariância entre o peso dos cremes e o peso dos caramelos nessas caixas de chocolate.

4.86 Em relação às variáveis aleatórias cuja função de densidade é dada no Exercício 3.41, determine o peso esperado para a soma dos cremes e caramelos se uma caixa desses chocolates for comprada.

4.87 Suponha que se saiba que a vida X de certo compressor, em horas, tem função de densidade

$$f(x) = \begin{cases} \frac{1}{900} e^{-x/900}, & x > 0, \\ 0, & \text{caso contrário.} \end{cases}$$

(a) Determine a vida média do compressor.
(b) Determine $E(X^2)$.
(c) Determine a variância e o desvio-padrão da variável aleatória X.

4.88 Em relação às variáveis aleatórias cuja função de densidade conjunta é dada no Exercício 3.40,
(a) determine μ_X e μ_Y;
(b) determine $E[(X + Y)/2]$.

4.89 Mostre que $Cov(aX, bY) = ab\, Cov(X, Y)$.

4.90 Considere a função de densidade do Exercício de revisão 4.87. Demonstre que o teorema de Chebyshev é válido para $k = 2$ e $k = 3$.

4.91 Considere a função de densidade conjunta

$$f(x,y) = \begin{cases} \frac{16y}{x^3}, & x > 2, 0 < y < 1, \\ 0, & \text{caso contrário.} \end{cases}$$

Calcule o coeficiente de correlação ρ_{XY}.

4.92 Considere as variáveis aleatórias X e Y do Exercício 4.65. Calcule ρ_{XY}.

4.93 O lucro de um revendedor com um novo automóvel, em unidades de $ 5.000, é a variável aleatória X, que tem como função de densidade

$$f(x) = \begin{cases} 2(1-x), & 0 \leq x \leq 1, \\ 0, & \text{caso contrário.} \end{cases}$$

(a) Determine a variância do lucro do revendedor.
(b) Demonstre que a desigualdade de Chebyshev é válida para $k = 2$, com a função de densidade acima.
(c) Qual é a probabilidade de que o lucro exceda $ 500?

4.94 Considere o Exercício 4.10. Pode-se dizer que as notas dadas pelos dois especialistas são independentes? Explique.

4.95 Uma empresa de marketing e contabilidade calculou que, se ela comercializar seu novo produto, a contribuição desse produto para o lucro da empresa durante os próximos seis meses está descrita abaixo:

Lucro	Probabilidade
– $ 5.000 (perda)	0,2
$ 10.000	0,5
$ 30.000	0,3

Qual é o lucro esperado da empresa?

4.96 Um importante sistema age como apoio para um veículo do programa espacial. Um componente único e crucial opera somente 85% do tempo. Para aumentar a confiabilidade no sistema, decidiu-se que três componentes serão instalados em paralelo, de modo que o sistema falhe somente se todos os componentes falharem. Assuma que os componentes funcionem independentemente e que sejam equivalentes no sentido de que todos têm 85% de taxa de sucesso. Considere a variável aleatória X o número de componentes, dentre os três, que falham.

(a) Escreva a função de probabilidade para a variável aleatória X.
(b) Qual é $E(X)$ (ou seja, o número médio de componentes, dentre os três, que falham)?
(c) Qual é a $Var(X)$?
(d) Qual é a probabilidade de que o sistema inteiro tenha sucesso?
(e) Qual é a probabilidade de que o sistema falhe?
(f) Se desejarmos ter um sistema com 0,99 de probabilidade de sucesso, os três componentes são suficientes? Se não, quantos são necessários?

4.97 Nos negócios é importante planejar e realizar pesquisas para antecipar o que ocorrerá no final do ano. Pesquisas sugerem que o espectro de lucro (perda) seja o que se segue, com as respectivas probabilidades.

Lucro	Probabilidade
– $ 15.000	0,05
$ 0	0,15
$ 15.000	0,15
$ 25.000	0,30
$ 40.000	0,15
$ 50.000	0,10
$ 100.000	0,05
$ 150.000	0,03
$ 200.000	0,02

(a) Qual é o lucro esperado?
(b) Calcule o desvio-padrão do lucro.

4.98 Sabe-se, por meio da coleta de dados e de muitas pesquisas, que o tempo, em segundos, que certo funcionário de uma empresa chega atrasado para o trabalho é a variável aleatória X, com função de densidade

$$f(x) = \begin{cases} \frac{3}{4 \times 50^3}(50^2 - x^2), & -50 \leq x \leq 50, \\ 0, & \text{caso contrário.} \end{cases}$$

Em outras palavras, ele não somente chega um pouco atrasado algumas vezes, mas também pode chegar mais cedo ao trabalho.

(a) Determine o valor esperado do tempo, em segundos, que ele chega atrasado.
(b) Determine $E(X^2)$.
(c) Qual é o desvio-padrão do tempo que ele chega atrasado?

4.99 Um caminhão de entregas viaja do ponto A ao ponto B e volta usando a mesma rota, todos os dias. Existem quatro semáforos no caminho. Sejam X_1 o número de faróis vermelhos que o caminhão encontra quando vai de A para B e X_2, o número encontrado quando ele retorna. Os dados coletados durante um longo período sugerem que a distribuição de probabilidade conjunta é dada por

			x_2		
x_1	0	1	2	3	4
0	0,01	0,01	0,03	0,07	0,01
1	0,03	0,05	0,08	0,03	0,02
2	0,03	0,11	0,15	0,01	0,01
3	0,02	0,07	0,10	0,03	0,01
4	0,01	0,06	0,03	0,01	0,01

(a) Dê a densidade marginal de X_1.
(b) Dê a densidade marginal de X_2.
(c) Dê a distribuição de densidade condicional de X_1, dado que $X_2 = 3$.
(d) Dê $E(X_1)$.
(e) Dê $E(X_2)$.
(f) Dê $E(X_1|X_2 = 3)$.
(g) Dê o desvio-padrão de X_1.

4.100 Uma loja de conveniência tem dois locais separados em que os clientes fecham a conta antes de ir embora. Ambos os locais têm duas caixas registradoras e dois funcionários para fechar a conta dos clientes. Sejam X o número de caixas registradoras usadas em um momento específico no local 1 e Y, o número de caixas registradoras usadas no mesmo período no local 2. A função de probabilidade conjunta é dada por

		y	
x	0	1	2
0	0,12	0,04	0,04
1	0,08	0,19	0,05
2	0,06	0,12	0,30

(a) Dê as densidades marginais de X e Y, bem como a distribuição de probabilidade de X dado $Y = 2$.
(b) Dê $E(X)$ e $Var(X)$.
(c) Dê $E(X|Y = 2)$ e $Var(X|Y = 2)$.

4.101 Considere que uma balsa possa carregar tanto ônibus quanto carros em uma viagem por um canal. Cada viagem custa para o proprietário da balsa aproximadamente $ 10. A taxa para carros é $ 3 e, para ônibus, $ 8. Sejam X e Y o número de ônibus e carros, respectivamente, levados em uma viagem. A distribuição conjunta de X e Y é dada por

		x	
y	0	1	2
0	0,01	0,01	0,03
1	0,03	0,08	0,07
2	0,03	0,06	0,06
3	0,07	0,07	0,13
4	0,12	0,04	0,03
5	0,08	0,06	0,02

Calcule o lucro esperado para a balsa.

4.102 Como ilustraremos no Capítulo 12, os métodos estatísticos associados a modelos lineares e não-lineares são muito importantes. De fato, as funções exponenciais são usadas freqüentemente em diversos problemas da ciência e da engenharia. Considere um modelo, ajustado um conjunto de dados, que envolve os valores medidos k_1 e k_2 e uma certa resposta Y para essas medidas. O modelo postulado é

$$\hat{Y} = e^{b_0 + b_1 k_1 + b_2 k_2},$$

onde $\hat{Y}$ denota o *valor estimado de Y*; k_1 e k_2 são os valores fixos; e b_0, b_1 e b_2 são *estimativas* de constantes e, portanto, são variáveis aleatórias. Assuma que essas variáveis aleatórias sejam independentes e use a fórmula de aproximação para a variância de uma função não-linear de mais de uma variável. Dê a expressão para $Var(\hat{Y})$. Assuma que as médias de b_0, b_1 e b_2 sejam conhecidas e iguais a β_0, β_1 e β_2 e assuma que as variâncias de b_0, b_1 e b_2 sejam conhecidas e sejam σ_0^2, σ_1^2 e σ_2^2, respectivamente.

4.103 Considere o Exercício de revisão 3.75. Ele envolvia Y, a proporção de impurezas em um lote, e a sua função de densidade era dada por

$$f(y) = \begin{cases} 10(1-y)^9, & 0 \le y \le 1, \\ 0, & \text{caso contrário.} \end{cases}$$

(a) Determine a porcentagem esperada de impurezas.
(b) Determine o valor esperado da proporção do material de qualidade (ou seja, determine $E(1 - Y)$).
(c) Determine a variância da variável aleatória $Z = 1 - Y$.

4.5 Conceitos errôneos e riscos em potencial; relação com o material de outros capítulos

O material deste capítulo é fundamental em sua natureza, tanto quanto aquele do Capítulo 3. Enquanto naquele capítulo tentamos mostrar as características gerais de uma distribuição de probabilidade, neste definimos importantes quantidades ou *parâmetros* que caracterizam a natureza geral do sistema. A *média* de uma distribuição reflete a *tendência central*, e a *variância* ou o *desvio-padrão* refletem a *variabilidade* no sistema. Além disso, a covariância reflete a tendência de duas variáveis aleatórias se 'moverem juntas' no sistema. Esses importantes parâmetros continuarão fundamentais no decorrer do livro.

O leitor deve entender que o tipo de distribuição é, freqüentemente, ditado pelo cenário científico. Entretanto, os valores dos parâmetros precisam ser estimados dos dados científicos. Por exemplo, no caso do Exercício de revisão 4.87, o fabricante do compressor deve saber (material que será apresentado no Capítulo 6), da experiência conseguida por meio do conhecimento do tipo de compressor, que a natureza da distribuição é a indicada no exercício. Mas a média $\mu = 900$ seria *estimada* da experimentação da máquina. Embora o valor do parâmetro igual a 900 seja dado como conhecido aqui, ele não será conhecido nas situações da vida real sem o uso de dados experimentais. O Capítulo 9 é dedicado à *estimação*.

Capítulo 5

Algumas distribuições de probabilidade discretas

5.1 Introdução e motivação

O comportamento de uma variável aleatória com distribuição de probabilidade discreta pode ser descrito tanto graficamente, pelo histograma, quanto pela tabela de freqüências ou por meio de uma fórmula. Freqüentemente, as observações geradas por diferentes experimentos estatísticos têm um mesmo tipo geral de comportamento. Como conseqüência, as variáveis aleatórias associadas a esses experimentos podem ser descritas, essencialmente, pela mesma distribuição de probabilidade e, portanto, representadas por uma única fórmula. De fato, precisa-se apenas de um número reduzido de importantes distribuições de probabilidade para descrever muitas das variáveis aleatórias encontradas na prática.

Na verdade, esse número reduzido de distribuições descreve diversos fenômenos aleatórios que acontecem na vida real. Por exemplo, em um estudo sobre a eficácia de uma nova droga, o número de pacientes curados entre o número total de pacientes que utilizam a tal droga segue, aproximadamente, uma distribuição binomial (Seção 5.3). Em um exemplo na indústria, quando testamos uma amostra de itens selecionados de um lote produzido, o número de itens defeituosos usualmente pode ser modelado como uma variável aleatória hipergeométrica (Seção 5.4). Em um problema de controle estatístico de qualidade, o pesquisador irá sinalizar uma mudança na média do processo quando os dados observados excederem certos limites. O número de amostras necessário para se produzir um alarme falso segue uma distribuição geométrica, que é um caso especial de distribuição binomial negativa (Seção 5.5). Por outro lado, o número de células brancas de uma quantidade fixa da amostra de sangue de um indivíduo é usualmente aleatório e pode ser descrito por uma distribuição de Poisson (Seção 5.6). Neste capítulo, apresentaremos e daremos exemplos dessas distribuições comumente utilizadas.

5.2 Distribuição uniforme discreta

A mais simples de todas as distribuições de probabilidade discretas é aquela em que a variável aleatória assume cada um de seus valores com igual probabilidade. Tal probabilidade é chamada de *distribuição uniforme discreta*.

Distribuição uniforme discreta
Se a variável X assume os valores $x_1, x_2, ..., x_k$ com igual probabilidade, então a distribuição uniforme discreta é dada por

$$f(x; k) = \frac{1}{k}, \quad x = x_1, x_2, \ldots, x_k.$$

Usamos a notação $f(x; k)$ em vez de $f(x)$ para indicar que a distribuição uniforme depende do *parâmetro k*.

■ **Exemplo 5.1**

Quando selecionamos uma lâmpada, aleatoriamente, de uma caixa que contém uma lâmpada de 40 watts, uma de 60 watts, uma de 75 watts e uma de 100 watts, cada elemento do espaço amostral $S = \{40, 60, 75, 100\}$ ocorre com probabilidade de 1/4. Portanto, temos uma distribuição uniforme, com

$$f(x; 4) = \frac{1}{4}, \quad x = 40, 60, 75, 100.$$

■ **Exemplo 5.2**

Quando um dado não adulterado é lançado, cada elemento do espaço amostral $S = \{1, 2, 3, 4, 5, 6\}$ ocorre com probabilidade de 1/6. Portanto, temos uma distribuição uniforme, com

$$f(x; 6) = \frac{1}{6}, \quad x = 1, 2, 3, 4, 5, 6.$$

A representação gráfica da distribuição uniforme por meio de um histograma sempre é um conjunto de retângulos com mesma altura. O histograma para o Exemplo 5.2 é mostrado na Figura 5.1.

Teorema 5.1
A média e a variância da distribuição uniforme discreta $f(x; k)$ são

$$\mu = \frac{1}{k}\sum_{i=1}^{k} x_i \quad \text{e} \quad \sigma^2 = \frac{1}{k}\sum_{i=1}^{k}(x_i - \mu)^2.$$

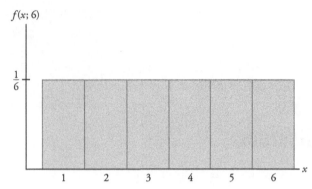

Figura 5.1 Histograma para o lançamento de um dado.

Prova: Por definição

$$\mu = E(X) = \sum_{i=1}^{k} x_i f(x_i; k) = \sum_{i=1}^{k} \frac{x_i}{k} = \frac{1}{k}\sum_{i=1}^{k} x_i,$$

$$\sigma^2 = E[(X-\mu)^2] = \sum_{i=1}^{k}(x_i - \mu)^2 f(x_i; k) = \frac{1}{k}\sum_{i=1}^{k}(x_i - \mu)^2.$$

■ **Exemplo 5.3**

Em relação ao Exemplo 5.2, descobrimos que

$$\mu = \frac{1+2+3+4+5+6}{6} = 3,5$$

e

$$\sigma^2 = \frac{1}{6}[(1-3,5)^2 + (2-3,5)^2 + \cdots + (6-3,5)^2] = \frac{17,5}{6} = \frac{35}{12} = 2,92.$$

5.3 Distribuições binomial e multinomial

Freqüentemente, um experimento consiste em tentativas repetidas, cada uma com dois resultados possíveis que podem ser chamados de *sucesso* ou *falha*. A aplicação mais óbvia lida com o teste de itens assim que saem da linha de montagem, onde cada teste ou tentativa pode indicar um item com ou sem defeito. Podemos escolher definir qualquer um dos dois resultados como um sucesso. O processo é chamado de *processo de Bernoulli*. Cada tentativa é chamada de *tentativa de Bernoulli*. Note, por exemplo, que se alguém retira cartas de um baralho, as probabilidades para as tentativas repetidas muda se as cartas não são repostas. Ou seja, a probabilidade de selecionar uma carta de copas na primeira retirada é de 1/4, mas na segunda retirada há uma probabilidade condicional de se ter um valor de 13/51 ou 12/51, dependendo se a carta de copas apareceu na primeira retirada: isso, então, não seria mais considerado um conjunto de tentativas de Bernoulli.

O processo de Bernoulli

A rigor, o processo de Bernoulli deve ter as seguintes propriedades:

1. O experimento consiste em *n* tentativas repetidas.
2. Cada tentativa gera um resultado que pode ser classificado como sucesso ou falha.
3. A probabilidade de sucesso, denotada por *p*, se mantém constante de tentativa para tentativa.
4. As tentativas repetidas são independentes.

Considere o conjunto de tentativas de Bernoulli, no qual três itens de um processo de fabricação são selecionados aleatoriamente, inspecionados e classificados como defeituosos ou não defeituosos. Um item defeituoso é chamado de sucesso. O número de sucessos é uma variável aleatória X, que assume valores inteiros de 0 a 3. Os oito resultados possíveis e os valores correspondentes de X são

Resultado	x
NNN	0
NDN	1
NND	1
DNN	1
NDD	2
DND	2
DDN	2
DDD	3

Já que os itens são selecionados independentemente de um processo que assumimos produzir 25% de defeituosos,

$$P(NDN) = P(N)P(D)P(N) = \left(\frac{3}{4}\right)\left(\frac{1}{4}\right)\left(\frac{3}{4}\right) = \frac{9}{64}.$$

Cálculos similares geram as probabilidades para os outros resultados. A distribuição de probabilidade de X é, portanto,

x	0	1	2	3
$f(x)$	$\frac{27}{64}$	$\frac{27}{64}$	$\frac{9}{64}$	$\frac{1}{64}$

O número X de sucessos em n tentativas de Bernoulli é chamado de *variável aleatória binomial*. A distribuição de probabilidade dessa variável aleatória discreta é chamada de *distribuição binomial*, e seus valores serão denotados por $b(x; n, p)$, já que dependem do número de tentativas e da probabilidade de um sucesso em uma determinada tentativa. Então, para a distribuição de probabilidade X, o número de itens defeituosos é

$$P(X=2) = f(2) = b\left(2; 3, \frac{1}{4}\right) = \frac{9}{64}.$$

Agora, vamos generalizar o exemplo dado para obter a fórmula para $b(x; n, p)$. Ou seja, desejamos encontrar uma fórmula que nos dê a probabilidade de x sucessos em n tentativas, para um experimento binomial. Primeiro, considere a probabilidade de x sucessos e $n-x$ falhas em uma ordem específica. Já que as tentativas são independentes, podemos multiplicar todas as probabilidades correspondentes aos diferentes resultados. Cada sucesso ocorre com probabilidade p e cada falha, com probabilidade $q = 1 - p$. Portanto, a probabilidade para esta ordem específica é $p^x q^{n-x}$. Devemos, agora, determinar o número total de pontos amostrais no experimento que tem x sucessos e $n - x$ falhas. Tal número é igual ao número de partições de n resultados em dois grupos, com x resultados em um grupo e $n - x$ no outro, e é escrito $\binom{n}{x}$ conforme apresentado na Seção 2.3. Como essas divisões são mutuamente exclusivas, somamos as probabilidades de todas as diferentes partições para obter a fórmula geral, ou simplesmente multiplicar $p^x q^{n-x}$ por $\binom{n}{x}$.

Distribuição binomial

Uma tentativa de Bernoulli pode resultar em um sucesso com probabilidade p, ou em uma falha, com probabilidade $q = 1 - p$. Então, a distribuição de probabilidade da variável aleatória X, o número de sucessos em n tentativas independentes, é

$$b(x; n, p) = \binom{n}{x} p^x q^{n-x}, \quad x = 0, 1, 2, \ldots, n.$$

Note que, quando $n = 3$ e $p = 1/4$, a distribuição de probabilidade de X, o número de itens defeituosos, pode ser escrita como

$$b\left(x; 3, \frac{1}{4}\right) = \binom{3}{x}\left(\frac{1}{4}\right)^x \left(\frac{3}{4}\right)^{3-x}, \quad x = 0,1,2,3,$$

em vez da tabela.

■ **Exemplo 5.4**

A probabilidade de que certo tipo de componente sobreviverá a um teste de choque é de 3/4. Determine a probabilidade de que exatamente dois dos próximos quatro componentes testados sobrevivam.

Solução: Assumindo que os testes sejam independentes e $p = 3/4$, obtemos:

$$b\left(2; 4, \frac{3}{4}\right) = \binom{4}{2}\left(\frac{3}{4}\right)^2 \left(\frac{1}{4}\right)^2 = \left(\frac{4!}{2!\,2!}\right)\left(\frac{3^2}{4^4}\right) = \frac{27}{128}.$$

De onde vem o nome binomial?

O nome distribuição binomial é derivado do fato de que os $n + 1$ termos na expansão binomial de $(q + p)^n$ correspondem aos diversos valores de $b(x; n, p)$ para $x = 0, 1, 2, \ldots, n$. Ou seja,

$$(q + p)^n = \binom{n}{0} q^n + \binom{n}{1} pq^{n-1}$$
$$+ \binom{n}{2} p^2 q^{n-2} + \cdots + \binom{n}{n} p^n$$
$$= b(0; n, p) + b(1; n, p) + b(2; n, p) + \cdots + b(n; n, p).$$

Já que $p + q = 1$, vemos que

$$\sum_{x=0}^{n} b(x; n, p) = 1,$$

uma condição que deve se manter para qualquer distribuição de probabilidade.

Com freqüência, estamos interessados nos problemas em que é necessário encontrar $P(X < r)$ ou $P(a \leq X \leq b)$. Felizmente, as somas binomiais

$$B(r; n, p) = \sum_{x=0}^{r} b(x; n, p)$$

estão disponíveis e são dadas na Tabela A.1 do Apêndice on-line para $n = 1, 2, \ldots, 20$ e valores selecionados de p de 0,1 a 0,9. Ilustramos o uso da Tabela A.1 nos próximos exemplos.

■ **Exemplo 5.5**

A probabilidade de que um paciente se recupere de uma doença sangüínea rara é de 0,4. Se 15 pessoas contraíram essa doença, qual é a probabilidade de que (a) pelo menos dez sobrevivam, (b) de três a oito pessoas sobrevivam e (c) exatamente cinco sobrevivam?

Solução: Seja X o número de pessoas que sobreviverão

(a) $P(X \geq 10) = 1 - P(X < 10) = 1 - \sum_{x=0}^{9} b(x; 15, 0,4)$
$= 1 - 0,9662 = 0,0338$

(b) $P(3 \leq X \leq 8) = \sum_{x=3}^{8} b(x; 15, 0,4) = \sum_{x=0}^{8} b(x; 15, 0,4)$
$- \sum_{x=0}^{2} b(x; 15, 0,4) = 0,9050 - 0,0271 = 0,8779$

(c) $P(X = 5) = b(5; 15, 0,4) = \sum_{x=0}^{5} b(x; 15, 0,4)$
$- \sum_{x=0}^{4} b(x; 15, 0,4) = 0,4032 - 0,2173 = 0,1859$

■ **Exemplo 5.6**

Uma grande rede varejista compra certo tipo de equipamento eletrônico de um fabricante. O fabricante indica que a taxa de equipamentos com defeito é de 3%.

(a) O inspetor da rede seleciona 20 itens de um carregamento. Qual é a probabilidade de que haja pelo menos um item defeituoso entre esses 20?

(b) Suponha que a rede varejista receba dez carregamentos por mês e o inspetor selecione aleatoriamente 20 equipamentos de cada carregamento. Qual é a probabilidade de que haja três carregamentos com pelo menos um item com defeito?

Solução:

(a) Denote por X o número de equipamentos defeituosos entre os 20. Tal X segue uma distribuição $b(x; 20, 0,03)$. Assim

$$P(X \geq 1) = 1 - P(X = 0) = 1 - b(0; 20, 0{,}03)$$
$$= 1 - 0{,}03^0(1 - 0{,}03)^{20-0} = 0{,}4562.$$

(b) Neste caso, cada carregamento pode ou não conter pelo menos um item com defeito. Então, o teste do resultado de cada carregamento pode ser visto como uma tentativa de Bernoulli com $p = 0{,}4562$ da parte (a). Assumindo a independência de carregamento para carregamento, e chamando de Y o número de carregamentos que contêm pelo menos um item defeituoso, Y segue a distribuição binomial $b(y; 10, 0{,}4562)$. Portanto, a resposta é

$$P(Y = 3) = \binom{10}{3} 0{,}4562^3 (1 - 0{,}4562)^7 = 0{,}1602.$$

Áreas de aplicação

Com base nos exemplos 5.4, 5.5 e 5.6, deveria estar claro que a distribuição binomial tem aplicações em muitas áreas científicas. Um engenheiro industrial está muito interessado na 'proporção de itens defeituosos' em um processo industrial. Freqüentemente, as medidas e esquemas de amostragem para processos de controle de qualidade são baseados em distribuições binomiais. A binomial é aplicada em qualquer situação da indústria em que os resultados do processo são dicotômicos e independentes, com a probabilidade de sucesso constante de tentativa para tentativa. Ela também é extensivamente usada para aplicações médicas e militares. Em ambos os casos, um resultado que demonstra sucesso ou fracasso é importante. Por exemplo, a 'cura' ou 'não cura' é importante para a indústria farmacêutica, enquanto 'acertar' ou 'errar' costuma ser uma interpretação do resultado do disparo de um míssil teleguiado.

Já que a distribuição de probabilidade de qualquer variável aleatória binomial depende somente dos valores assumidos pelos parâmetros n, p e q, pareceria razoável assumir que a média e a variância da variável aleatória binomial também dependam dos valores assumidos para esses parâmetros. De fato, isso é verdade, e, no Teorema 5.2, derivamos fórmulas gerais como funções de n, p e q que podem ser utilizadas para calcular a média e a variância de qualquer variável aleatória binomial.

Teorema 5.2
A média e a variância da distribuição binomial $b(x; n, p)$ são:
$$\mu = np \text{ e } \sigma^2 = npq.$$

Prova: Considere que o resultado da j–ésima tentativa seja representado por uma variável aleatória Benoulli I_j, que assume os valores 0 e 1 com probabilidades q e p, respectivamente. Portanto, em um experimento binomial, o número de sucessos pode ser escrito como a soma de n variáveis indicadoras independentes. Então,

$$X = I_1 + I_2 + \ldots + I_n.$$

A média de qualquer I_j é $E(I_j) = (0)(q) + (1)(p) = p$. Portanto, usando o Corolário 4.4, a média da distribuição binomial é

$$\mu = E(X) = E(I_1) + E(I_2) + \cdots$$
$$+ E(I_n) = \underbrace{p + p + \cdots + p}_{n \text{ termos}} = np.$$

A variância de qualquer I_j é

$$\sigma_{I_j}^2 = E[(I_j - p)^2] = E(I_j^2) - p^2 = (0)^2$$
$$(q) + (1)^2(p) - p^2 = p(1 - p) = pq.$$

Estendendo o Corolário 4.10 para o caso de n variáveis independentes, a variância da distribuição binomial é

$$\sigma_X^2 = \sigma_{I_1}^2 + \sigma_{I_2}^2 + \cdots + \sigma_{I_n}^2 = \underbrace{pq + pq + \cdots + pq}_{n \text{ termos}} = npq.$$

■ **Exemplo 5.7**

Determine a média e a variância da variável aleatória binomial do Exemplo 5.5 e, então, use o teorema de Chebyshev para interpretar o intervalo $\mu \pm 2\sigma$.

Solução: Já que o Exemplo 5.5 era um experimento com $n = 15$ e $p = 0{,}4$, pelo Teorema 5.2, temos

$$\mu = (15)(0{,}4) = 6 \quad \text{e} \quad \sigma^2 = (15)(0{,}4)(0{,}6) = 3{,}6.$$

Tomando a raiz quadrada de 3,6, descobrimos que $\sigma = 1{,}897$. Então, o intervalo requerido é $6 \pm (2)(1{,}897)$, ou de 2,206 até 9,794. O teorema de Chebyshev afirma que o número de pacientes recuperados dentre os 15 que sofrem da doença tem probabilidade de pelo menos 3/4 de estar entre 2,206 e 9,794, ou, como os dados são discretos, entre 3 e 9 inclusive.

■ **Exemplo 5.8**

Supõe-se que exista uma impureza em 30% dos poços de certa comunidade rural. Para se entender melhor este problema, determinou-se que alguns testes sejam realizados. Fazê-los com todos os poços na área tornaria o custo muito alto, então dez poços foram escolhidos aleatoriamente para ser testados.

(a) Usando a distribuição binomial, qual é a probabilidade de que exatamente três poços tenham impurezas, assumindo que a suposição esteja correta?
(b) Qual é a probabilidade de que mais do que três poços apresentem impurezas?

Solução: (a) Requeremos

$$b(3; 10, 0{,}3) = P(X = 3) = \sum_{x=0}^{3} b(x; 10, 0{,}3) -$$

$$\sum_{x=0}^{2} b(x; 10, 0{,}3) = 0{,}6496 - 0{,}3828 = 0{,}2668.$$

(b) Nesse caso, $P(X > 3) = 1 - 0{,}6496 = 0{,}3504$.

Há soluções nas quais o cálculo das probabilidades binomiais pode nos permitir fazer inferências sobre a população científica, depois que os dados são coletados. Um exemplo é dado a seguir.

■ **Exemplo 5.9**

Considere a situação do Exemplo 5.8. Os '30% de poços com impurezas' é uma mera conjectura produzida pela companhia de águas local. Suponha que dez poços sejam selecionados aleatoriamente e seis apresentam impurezas. O que isso implica na conjectura? Use uma afirmação de probabilidade.

Solução: Primeiro, devemos perguntar: "Se a conjectura está correta, é provável termos encontrado seis ou mais poços com impurezas?".

$$P(X \geq 6) = \sum_{x=0}^{10} b(x; 10, 0{,}3) - \sum_{x=0}^{5} b(x; 10, 0{,}3)$$

$$= 1 - 0{,}9527 = 0{,}0473.$$

Como resultado, é muito improvável (4,7% de chance) de que seis ou mais poços fossem encontrados com impurezas se somente 30% do total apresentasse essas impurezas. Isso lança uma dúvida considerável sobre a conjectura e sugere que o problema das impurezas é muito mais grave.

Como o leitor deveria perceber agora, em muitas aplicações há mais de dois resultados possíveis. Tomando emprestado um exemplo da área da genética, as cores dos filhotes de porquinhos-da-índia podem ser vermelha, preta ou branca. Com freqüência, a dicotomia 'com defeito' ou 'sem defeito' em situações da engenharia é, na verdade, uma grande simplificação. De fato, costuma haver mais de duas categorias que caracterizam itens ou peças que saem da linha de produção.

Experimentos multinomiais

O experimento binomial se torna *multinomial* se deixarmos que cada tentativa tenha mais de dois resultados possíveis. Portanto, a classificação de um produto manufaturado como sendo leve, pesado ou aceitável e o registro de acidentes em certo cruzamento, de acordo com o dia da semana, constituem experimentos multinomiais. A retirada de uma carta de um baralho, *com reposição*, também é um experimento multinomial se os quatro naipes são os resultados de interesse.

Em geral, se certa tentativa pode resultar em k resultados possíveis $E_1, E_2, \ldots, E_k$ com probabilidades $p_1, p_2, \ldots, p_k$, então a *distribuição multinomial* nos dará a probabilidade de que E_1 ocorra x_1 vezes, E_2 ocorra x_2 vezes, ..., e E_k ocorra x_k vezes em n tentativas independentes, onde

$$x_1 + x_2 + \ldots + x_k = n.$$

Denotamos essa distribuição de probabilidade conjunta por

$$f(x_1, x_2, \ldots, x_k; p_1, p_2, \ldots, p_k, n).$$

Claramente, $p_1 + p_2 + \ldots + p_k = 1$, já que o resultado de cada tentativa deve ser um dos k resultados possíveis.

Forma geral das probabilidades multinomiais

Para derivar a fórmula geral, procedemos como no caso binomial. Já que as tentativas são independentes, qualquer ordem específica que forneça x_1 resultados para E_1, x_2 para E_2, ..., x_k para E_k ocorrerá com probabilidade $p_1^{x_1} p_2^{x_2} \cdots p_k^{x_k}$. O número total de ordens que fornecem resultados similares para n tentativas é igual ao número de partições de n itens em k grupos, com x_1 no primeiro grupo, x_2 no segundo, ..., e x_k no k–ésimo grupo. Isso pode ser feito de

$$\binom{n}{x_1, x_2, \ldots, x_k} = \frac{n!}{x_1! \, x_2! \cdots x_k!}$$

maneiras. Já que todas as divisões são mutuamente exclusivas e ocorrem com igual probabilidade, obtemos a distribuição multinomial multiplicando a probabilidade para uma ordem específica pelo número total de partições.

Distribuição multinomial

Se certa tentativa pode resultar em k resultados $E_1, E_2, \ldots, E_k$, com probabilidades $p_1, p_2, \ldots, p_k$, então a distribuição de probabilidade das variáveis aleatórias $X_1, X_2, \ldots, X_k$, representando o número de ocorrências de $E_1, E_2, \ldots, E_k$ em n tentativas independentes, é

$$f(x_1, x_2, \ldots, x_k; p_1, p_2, \ldots, p_k, n)$$
$$= \binom{n}{x_1, x_2, \ldots, x_k} p_1^{x_1} p_2^{x_2} \cdots p_k^{x_k},$$

com

$$\sum_{i=1}^{k} x_i = n \quad \text{e} \quad \sum_{i=1}^{k} p_i = 1.$$

A distribuição multinomial recebe esse nome porque os termos da expansão multinomial de $(p_1 + p_2 + \ldots + p_k)^n$ correspondem a todos os valores possíveis de $f(x_1, x_2, \ldots, x_k; p_1, p_2, \ldots, p_k, n)$.

■ **Exemplo 5.10**

A complexidade das chegadas e partidas em um aeroporto é tanta que simulações de computadores geralmente são utilizadas para modelar as condições 'ideais'. Para certo aeroporto que possui três pistas de decolagem/aterrissagem, sabe-se que, em um cenário ideal, as probabilidades de que as pistas individuais sejam acessadas pela chegada aleatória de vôos comerciais são:

Pista 1: $p_1 = 2/9$,
Pista 2: $p_2 = 1/6$,
Pista 3: $p_3 = 11/18$.

Qual é a probabilidade de que seis aviões chegando aleatoriamente ao aeroporto sejam distribuídos da seguinte maneira?

Pista 1: 2 aviões,
Pista 2: 1 avião,
Pista 3: 3 aviões.

Solução: Usando a distribuição multinomial, temos

$$f\left(2,1,3;\frac{2}{9},\frac{1}{6},\frac{11}{18},6\right) = \binom{6}{2,1,3}\left(\frac{2}{9}\right)^2\left(\frac{1}{6}\right)^1\left(\frac{11}{18}\right)^3$$

$$= \frac{6!}{2!\,1!\,3!}\cdot\frac{2^2}{9^2}\cdot\frac{1}{6}\cdot\frac{11^3}{18^3} = 0,1127.$$

Exercícios

5.1 Um funcionário é escolhido de um grupo de dez para supervisionar um projeto selecionando-se uma etiqueta aleatoriamente de uma caixa que contém dez etiquetas numeradas de 1 a 10. Determine a fórmula para a distribuição de probabilidade de X, que representa o número na etiqueta selecionada. Qual é a probabilidade de que o número selecionado seja menor que 4?

5.2 Doze pessoas recebem dois oradores idênticos para ouvirem as diferenças entre eles, se houver. Suponha que essas pessoas responderam somente adivinhando. Determine a probabilidade de que três pessoas afirmem ter ouvido uma diferença entre os dois oradores.

5.3 Determine a média e a variância da variável aleatória X do Exercício 5.1.

5.4 Em certo bairro de uma cidade, a necessidade de dinheiro para comprar drogas é citada como a razão para 75% de todos os roubos. Determine a probabilidade de que, entre os próximos cinco assaltos reportados nesse bairro,
(a) exatamente dois resultem da necessidade de dinheiro para comprar drogas;
(b) no máximo três resultem da necessidade de dinheiro para comprar drogas.

5.5 De acordo com a publicação *Chemical Engineering Progress* (nov. 1990), aproximadamente 30% de todas as falhas nas tubulações das indústrias são causadas por erro do operador.
(a) Qual é a probabilidade de que, das próximas 20 falhas na tubulação, pelo menos dez sejam por erro do operador?
(b) Qual é a probabilidade de que não mais que quatro de 20 falhas sejam causadas por erro do operador?
(c) Suponha, para uma indústria em particular, que em uma amostra aleatória de 20 falhas exatamente cinco sejam erros operacionais. Você acredita que os 30% citados anteriormente se aplicam a essa indústria?

5.6 De acordo com uma pesquisa feita pela Administrative Management Society, metade das empresas norte-americanas oferece a seus funcionários quatro semanas de férias, depois de 15 anos de serviço na empresa. Determine a probabilidade de que, entre seis empresas pesquisadas aleatoriamente, o número das que oferecem quatro semanas de férias após 15 anos de serviço seja
(a) entre dois e cinco;
(b) menor que três.

5.7 Um importante médico afirma que 70% daqueles que sofrem de câncer de pulmão são fumantes inveterados. Se sua declaração estiver correta,
(a) determine a probabilidade de que, de dez pacientes recentemente internados num hospital para tratamento desse câncer, menos da metade seja fumante inveterado;
(b) determine a probabilidade de que, de 20 pacientes recentemente internados num hospital para tratamento desse câncer, menos da metade seja fumante inveterado.

5.8 De acordo com um estudo publicado por um grupo de sociólogos da Universidade de Massachusetts, aproximadamente 60% dos usuários de Valium, no Estado de Massachusetts, tomaram o medicamento pela primeira vez por conta de problemas psicológicos. Determine a probabilidade de que, entre os oito próximos usuários entrevistados,
(a) exatamente três começaram a tomar Valium por causa de problemas psicológicos;
(b) pelo menos cinco começaram a tomar Valium por causa de problemas não psicológicos.

5.9 Ao testar certo tipo de pneu de caminhão em um terreno irregular, descobriu-se que 25% dos caminhões falhavam ao tentar completar o percurso do teste sem ter pneus estourados. Dos próximos 15 caminhões testados, determine a probabilidade de que
(a) de três a seis terão pneus furados;
(b) menos de quatro terão pneus furados;
(c) mais de cinco terão pneus furados.

5.10 Uma pesquisa mundial com pessoas na terceira idade, realizada pela Universidade de Michigan, revelou que 70% desaprovam o uso diário de maconha, de acordo com uma reportagem da *Parade*. Se 12 pessoas da terceira idade são selecionadas aleatoriamente e questionadas sobre suas opiniões, determine a probabilidade de que o número dos que desaprovam o uso diário da maconha seja

(a) entre sete e nove;

(b) no máximo cinco;

(c) não menos que oito.

5.11 A probabilidade de que um paciente se recupere de uma delicada operação cardíaca é 0,9. Qual é a probabilidade de que exatamente cinco dos sete próximos pacientes operados se recuperem?

5.12 Um engenheiro de controle de tráfego relata que 75% dos veículos que passam por um ponto de checagem são do estado. Qual é a probabilidade de que menos de quatro dos próximos nove veículos sejam de fora do estado?

5.13 Um estudo examinou as atitudes nacionais relacionadas a antidepressivos e revelou que aproximadamente 70% acreditam que 'os antidepressivos não curam nada, só mascaram os verdadeiros problemas'. De acordo com esse estudo, qual é a probabilidade de que pelo menos três das próximas cinco pessoas selecionadas aleatoriamente tenham essa mesma opinião?

5.14 Sabe-se que a porcentagem de vitórias para que o time de basquete da NBA Chicago Bulls fosse para as finais das temporadas de 1996-97 era de 87,7. Arredonde-a para 90 para usar a Tabela A.1.

(a) Qual é a probabilidade de que os Bulls conquistem (4-0) na série melhor de sete?

(b) Qual é a probabilidade de que os Bulls *vençam* a série melhor de sete?

(c) Que importante suposição é feita para que se responda às partes (a) e (b)?

5.15 Sabe-se que 60% dos camundongos inoculados com soro estão protegidos contra determinada doença. Se cinco camundongos são inoculados, determine a probabilidade de que

(a) nenhum contraia a doença;

(b) menos de dois contraiam a doença;

(c) mais de três contraiam a doença.

5.16 Suponha que os motores de um avião operem independentemente e falhem com igual probabilidade de 0,4. Assumindo que um avião realiza um vôo seguro se pelo menos metade dos motores funcionar, determine se um avião com quatro motores ou um com dois motores tem maior probabilidade de um vôo bem-sucedido.

5.17 Se X representa o número de pessoas do Exercício 5.13 que acreditam que os antidepressivos não curam, mas somente escondem o problema verdadeiro, determine a média e a variância de X quando cinco pessoas são selecionadas aleatoriamente e, então, use o teorema de Chebyshev para interpretar o intervalo $\mu \pm 2\sigma$.

5.18 (a) No Exercício 5.9, quantos dos 15 caminhões vocês esperaria que tivessem pneus furados?

(b) De acordo com o teorema de Chebyshev, há uma probabilidade de pelo menos 3/4 de que o número de caminhões com pneus furados entre os próximos 15 esteja em qual intervalo?

5.19 Um estudante dirige até a escola e encontra um semáforo. Esse semáforo fica verde por 35 segundos, amarelo por cinco segundos e vermelho por 60 segundos. Assuma que o estudante vá para a escola todos os dias da semana entre 8h e 8h30. Sejam X_1 o número de vezes que ele encontra o farol verde, X_2 o número de vezes que ele encontra o farol amarelo e X_3 o número de vezes que ele encontra o farol vermelho. Determine a distribuição conjunta de X_1, X_2 e X_3.

5.20 De acordo com a publicação *USA Today* (18 de março de 1997), de quatro milhões de trabalhadores, 5,8% têm teste positivo para uso de drogas. Destes, 22,5% são usuários de cocaína e 54,4% são usuários de maconha.

(a) Qual é a probabilidade de que, de dez trabalhadores com teste positivo para drogas, dois sejam usuários de cocaína, cinco de maconha e três de outras drogas?

(b) Qual é a probabilidade de que, dos dez testados, todos sejam usuários de maconha?

(c) Qual é a probabilidade de que, dos dez testados, nenhum seja usuário de cocaína?

5.21 A superfície de um alvo circular de dardos tem um pequeno círculo central chamado de olho do touro e 20 regiões em forma de pedaços de pizza numeradas de 1 a 20. Cada uma dessas regiões é redividida em três partes, de modo que, quando uma pessoa atira um dardo e acerta em um número específico, marca os pontos desse número, dobra esse número ou o triplica, dependendo de qual das três partes o dardo acerta. Se uma pessoa acerta o olho do touro com probabilidade de 0,01, acerta um 'dobro' com probabilidade de 0,10, um 'triplo' com probabilidade de 0,05 e erra o alvo com probabilidade de 0,02, qual é a probabilidade de que sete jogadas resultem em nenhum acerto ao olho do touro, nenhum 'triplo', dois 'dobros' e um erro de alvo?

5.22 De acordo com uma teoria genética, certo cruzamento de porquinhos-da-índia resultará em uma ninhada de vermelhos, pretos e brancos com a razão de 8:4:4. Determine a probabilidade de que, entre oito porquinhos, cinco serão vermelhos, dois serão pretos e um será branco.

5.23 As probabilidades de que uma delegação chegue a uma convenção de avião, ônibus, automóvel ou trem são de 0,4; 0,2; 0,3 e 0,1, respectivamente. Qual é a probabilidade de que, entre nove delegações selecionadas aleatoriamente nessa convenção, três chegaram de avião, três de ônibus, uma de automóvel e duas de trem?

5.24 Um engenheiro de segurança afirma que somente 40% de todos os trabalhadores usam capacetes quando almoçam no local de trabalho. Assumindo que a afirmação esteja correta, determine a probabilidade de que quatro de seis trabalhadores, escolhidos aleatoriamente, estejam usando os capacetes enquanto almoçam no local de trabalho.

5.25 Suponha que, para um grande carregamento de *chips* de circuito integrado, a probabilidade de falha em qualquer um deles seja de 0,10. Assumindo que as suposições que fundamentam as distribuições binomiais sejam satisfeitas, determine a probabilidade de que, no máximo, três *chips* falhem em uma amostra aleatória de 20.

5.26 Assumindo que seis em cada dez acidentes de automóvel sejam causados principalmente por violação aos limites de velocidade, determine a probabilidade de que seis entre oito acidentes ocorram devido a essa violação
(a) usando a fórmula para a distribuição binomial;
(b) usando a tabela binomial.

5.27 Se a probabilidade de uma lâmpada fluorescente ter vida útil de pelo menos 800 horas é de 0,9, determine a probabilidade de que, entre 20 lâmpadas,
(a) exatamente 18 terão vida útil de pelo menos 800 horas;
(b) pelo menos 15 terão vida útil de pelo menos 800 horas;
(c) pelo menos duas *não* terão vida útil de pelo menos 800 horas.

5.28 Um fabricante sabe que, na média, 20% das torradeiras elétricas que ele produz necessitarão de reparos dentro de um ano após serem vendidas. Ao selecionar 20 torradeiras aleatoriamente, encontre os números x e y apropriados de modo que
(a) a probabilidade de que pelo menos x delas necessitarão de reparos seja menor que 0,5;
(b) a probabilidade de que pelo menos y delas *não* precisarão de reparos seja maior que 0,8.

5.4 Distribuição hipergeométrica

A maneira mais simples de ver a diferença entre a distribuição binomial da Seção 5.3 e a distribuição hipergeométrica é entender como a amostragem é feita. Os tipos de aplicação da hipergeométrica são muito similares aos da distribuição binomial. Estamos interessados em calcular probabilidades para o número de observações que estão em uma determinada categoria. Mas, no caso da binomial, a independência entre as tentativas é necessária. Como resultado, se a binomial for aplicada, por exemplo, na amostragem de um lote de itens (um baralho de cartas, um lote de itens de uma produção), essa amostragem precisa ser feita *com reposição* de cada item, depois de este ser observado. Por outro lado, a distribuição hipergeométrica não necessita de independência e se baseia na amostragem feita *sem reposição*.

As aplicações para a distribuição hipergeométrica são encontradas em diversas áreas, com grandes usos em testes de amostragem por aceitação (de produto, por exemplo), testes eletrônicos e garantia de qualidade. Obviamente, para muitas dessas áreas os testes são feitos à custa do item a ser testado. Ou seja, o item é destruído e não pode ser reposto na amostra. Dessa forma, a amostragem sem reposição do item é necessária. Um exemplo simples com cartas servirá como primeira ilustração.

Se desejarmos encontrar a probabilidade de observar três cartas vermelhas em cinco retiradas de um baralho comum com 52 cartas, a distribuição binomial da Seção 5.3 não se aplica a não ser que cada carta seja reposta e o baralho, embaralhado antes da próxima retirada. Para resolver o problema da amostragem sem reposição, vamos recolocar o problema. Suponhamos que cinco cartas são retiradas aleatoriamente, e estamos interessados na probabilidade de retirar três cartas vermelhas das 26 disponíveis e duas cartas pretas das 26 disponíveis no baralho. Há $\binom{26}{3}$ maneiras de selecionarmos três cartas vermelhas e, para cada uma dessas maneiras, podemos escolher duas cartas pretas de $\binom{26}{2}$ maneiras. Portanto, o número total de maneiras para selecionarmos três cartas vermelhas e duas cartas pretas em cinco retiradas é o produto $\binom{26}{3}\binom{26}{2}$. O número total de maneiras para selecionar quaisquer cinco cartas de 52 disponíveis é $\binom{52}{5}$. Assim, a probabilidade de selecionarmos cinco cartas sem reposição, das quais três são vermelhas e duas são pretas, é dada por

$$\frac{\binom{26}{3}\binom{26}{2}}{\binom{52}{5}} = \frac{[26!/(3!\,23!)][26!/(2!\,24!)]}{52!/(5!\,47!)} = 0,3251.$$

Em geral, estamos interessados na probabilidade de selecionar x sucessos de k itens considerados sucessos e $n-x$ falhas de $N-k$ itens considerados falhas, quando uma amostra aleatória de tamanho n é selecionada de N itens. Isto é conhecido como *experimento hipergeométrico*, ou seja, aquela que possui as seguintes propriedades:

1) uma amostra aleatória de tamanho n é selecionada sem reposição de N itens;
2) k dos N itens são classificados como sucessos e $N-k$ são classificados como falhas.

O número X de sucessos de um experimento hipergeométrico é chamado de *variável aleatória hipergeométrica*. Assim, a distribuição de probabilidade de uma variável hipergeométrica é chamada de *distribuição hipergeométrica*, e seus valores serão denotados por $h(x; N, n, k)$, já que dependem do número de sucessos k em um conjunto N do qual selecionamos n itens.

Distribuição hipergeométrica em testes de amostragem por aceitação

Como no caso da distribuição binomial, a distribuição hipergeométrica encontra aplicações em testes de amostragem por aceitação, onde lotes de material ou peças são amostrados para se determinar se o lote inteiro é aceito ou não.

■ Exemplo 5.11

Uma peça usada como equipamento de injeção é vendida em lotes de dez. O produtor sente que o lote é considerado aceitável se não mais que um item defeituoso for encontrado nele. Alguns lotes são amostrados e o plano de amostragem envolve tomar amostras aleatórias e testar três peças entre dez. Se nenhuma das três apresentar defeitos, o lote é aceito. Comente a utilidade desse plano.

Solução: Vamos assumir que o lote seja verdadeiramente *inaceitável* (por exemplo, dois dos dez itens apresentam defeito). A probabilidade de que nosso plano amostral determine um lote aceitável é

$$P(X = 0) = \frac{\binom{2}{0}\binom{8}{3}}{\binom{10}{3}} = 0{,}467.$$

Assim, se o lote é verdadeiramente inaceitável com dois itens defeituosos, esse plano amostral permitirá a aceitação em aproximadamente 47% das vezes. Como resultado, esse plano deveria ser considerado falho.

Agora, faremos uma generalização para encontrar a fórmula para $h(x; N, n, k)$. O número total de amostras de tamanho n, escolhidas de N itens, é $\binom{N}{n}$. Essas amostras são assumidas como sendo igualmente prováveis. Há $\binom{k}{x}$ maneiras de selecionarmos x sucessos de k que estão disponíveis e, para cada uma delas, podemos escolher $n - x$ falhas em $\binom{N-k}{n-x}$ maneiras. Desse modo, o número total de amostras favoráveis entre as $\binom{N}{n}$ amostras possíveis é dado por $\binom{k}{x}\binom{N-k}{n-x}$. Assim, temos a seguinte definição.

Distribuição hipergeométrica

A distribuição de probabilidade da variável aleatória hipergeométrica X, o número de sucessos em uma amostra aleatória de tamanho n selecionada de N itens dos quais k são chamados de *sucessos* e $N - k$ de *falhas*, é

$$h(x; N, n, k) = \frac{\binom{k}{x}\binom{N-k}{n-x}}{\binom{N}{n}},$$

$$\max\{0, n - (N - k)\} \leq x \leq \min\{n, k\}.$$

A amplitude de x pode ser determinada pelos três coeficientes binomiais na definição, onde x e $n - x$ não são maiores que de k e $N - k$, respectivamente; e ambos não podem ser menores que 0. Geralmente, quando ambos os k (número de sucessos) e $N - k$ (número de falhas) são maiores do que o tamanho da amostra n, a amplitude da variável aleatória hipergeométrica será $x = 0, 1, ..., n$.

■ Exemplo 5.12

Lotes de 40 componentes cada são chamados de inaceitáveis se contiverem três ou mais itens defeituosos. O procedimento para a amostragem do lote é selecionar cinco componentes aleatoriamente e rejeitar o lote se um item defeituoso for encontrado. Qual é a probabilidade de que exatamente um item defeituoso seja encontrado na amostra se há três defeituosos no lote inteiro?

Solução: Usando a distribuição hipergeométrica com $n = 5$, $N = 40$, $k = 3$ e $x = 1$, descobrimos que a probabilidade de obter um item defeituoso é

$$h(1; 40, 5, 3) = \frac{\binom{3}{1}\binom{37}{4}}{\binom{40}{5}} = 0{,}3011.$$

Novamente, esse plano não é desejável já que detecta um lote ruim (três itens defeituosos) somente 30% das vezes.

Teorema 5.3

A média e a variância de uma distribuição hipergeométrica $h(x; N, n, k)$ são

$$\mu = \frac{nk}{N} \quad \text{e} \quad \sigma^2 = \frac{N-n}{N-1} \cdot n \cdot \frac{k}{N}\left(1 - \frac{k}{N}\right).$$

A prova para a média é mostrada no Apêndice on line A.25.

■ Exemplo 5.13

Agora, vamos investigar novamente o Exemplo 3.9. O propósito desse exemplo era ilustrar a noção de variável aleatória e seu espaço amostral correspondente. No exemplo, temos um lote de cem itens, dos quais 12 apresentam defeitos. Qual é a probabilidade de que, em uma amostra de dez, três apresentem defeitos?

Solução: Usando a função de probabilidade hipergeométrica, temos

$$h(3; 100, 10, 12) = \frac{\binom{12}{3}\binom{88}{7}}{\binom{100}{10}} = 0{,}08.$$

■ Exemplo 5.14

Determine a média e a variância da variável aleatória do Exemplo 5.12 e, então, use o teorema de Chebyshev para interpretar o intervalo $\mu \pm 2\sigma$.

Solução: Já que o Exemplo 5.12 era um experimento hipergeométrico com $N = 40$, $n = 5$ e $k = 3$, pelo Teorema 5.3, temos

$$\mu = \frac{(5)(3)}{40} = \frac{3}{8} = 0{,}375$$

e
$$\sigma^2 = \left(\frac{40-5}{39}\right)(5)\left(\frac{3}{40}\right)\left(1-\frac{3}{40}\right) = 0{,}3113.$$

Tomando a raiz quadrada de 0,3113, descobrimos que $\sigma = 0{,}558$. Assim, o intervalo requerido é 0,375 ± (2)(0,558), ou seja, de –0,741 a 1,491. O teorema de Chebyshev afirma que o número de itens defeituosos obtidos quando cinco componentes são selecionados aleatoriamente de um lote com 40 componentes, dos quais três apresentam defeitos, tem probabilidade de pelo menos 3/4 de estar entre –0,741 e 1,491. Ou seja, em pelo menos 3/4 das vezes os cinco componentes incluem menos de dois defeituosos.

Relação com a distribuição binomial

Neste capítulo discutimos diversas distribuições discretas importantes que têm uma ampla aplicabilidade. Muitas dessas distribuições são relacionadas umas às outras. O aluno que está no estágio inicial deveria obter um claro entendimento dessas relações. Há uma relação interessante entre as distribuições binomial e hipergeométrica. Como se pode esperar, quando n é pequeno comparado a N, a natureza dos N itens muda pouco a cada retirada. Então, a distribuição binomial pode ser usada para aproximar a distribuição hipergeométrica quando n é pequeno comparado a N. De fato, como princípio básico, a aproximação é boa quando $\frac{n}{N} \leq 0{,}05$.

Assim, a quantidade $\frac{n}{N}$ desempenha o papel do parâmetro binomial p. Como resultado, a distribuição binomial pode ser vista como uma versão de grande população da distribuição hipergeométrica. A média e a variância, então, vêm das fórmulas

$$\mu = np = \frac{nk}{N}, \quad \sigma^2 = npq = n \cdot \frac{k}{N}\left(1-\frac{k}{N}\right).$$

Comparando essas fórmulas com aquelas do Teorema 5.3, vemos que a média é a mesma, enquanto a variância difere por um fator de correção de $(N-n)/(N-1)$, que é irrisório quando n é pequeno em relação a N.

■ **Exemplo 5.15**

Um fabricante de pneus de automóveis relata que, entre um carregamento de 5.000 enviados a um distribuidor local, mil estão levemente manchados. Se alguém comprar dez desses pneus aleatoriamente, qual é a probabilidade de que exatamente três estejam manchados?

Solução: Já que $N = 5.000$ é grande em relação à amostra de tamanho $n = 10$, aproximaremos a probabilidade desejada usando a distribuição binomial. A probabilidade de se obter um pneu manchado é de 0,2. Portanto, a probabilidade de obtermos exatamente três pneus manchados é

$$h(3; 5.000, 10, 1.000) \approx b(3; 10, 0{,}2) = \sum_{x=0}^{3} b(x; 10, 0{,}2)$$

$$- \sum_{x=0}^{2} b(x; 10, 0{,}2) = 0{,}8791 - 0{,}6778 = 0{,}2013.$$

Por outro lado, a probabilidade exata é $h(3; 5.000, 10, 1.000) = 0{,}2015$.

A distribuição hipergeométrica pode ser estendida para tratar do caso em que os N itens podem ser divididos em k células $A_1, A_2, ..., A_k$ com a_1 elementos na primeira célula, a_2 elementos na segunda célula, ..., a_k elementos na k-ésima célula. Estamos, agora, interessados na probabilidade de que uma amostra aleatória de tamanho n forneça x_1 elementos de A_1, x_2 elementos de A_2, ..., e x_k elementos de A_k. Representaremos a probabilidade por

$$f(x_1, x_2, \ldots, x_k; a_1, a_2, \ldots a_k, N, n).$$

Para obter a fórmula geral, notamos que o número total de amostras que podem ser escolhidas de tamanho n de N itens ainda é $\binom{N}{n}$. Há $\binom{a_1}{x_1}$ maneiras de selecionarmos x_1 itens dos itens em A_1 e, para cada uma delas, podemos escolher x_2 itens dos itens em A_2 de $\binom{a_2}{x_2}$ maneiras. Então, podemos selecionar x_1 itens de A_1 e x_2 itens de A_2 de $\binom{a_1}{x_1}\binom{a_2}{x_2}$ maneiras. Continuando assim, podemos selecionar todos os n itens que consistem em x_1 de A_1, x_2 de A_2, ..., e x_k de A_k de

$$\binom{a_1}{x_1}\binom{a_2}{x_2}\cdots\binom{a_k}{x_k} \quad \text{maneiras.}$$

A distribuição de probabilidade requerida é definida como se segue.

Distribuição hipergeométrica multivariada

Se N itens podem ser divididos em k células $A_1, A_2, ..., A_k$ com $a_1, a_2, ..., a_k$ elementos, respectivamente, a distribuição de probabilidade das variáveis aleatórias $X_1, X_2, ..., X_k$, representando o número de elementos selecionados de $A_1, A_2, ..., A_k$ em uma amostra aleatória de tamanho n, é

$$f(x_1, x_2, \ldots, x_k; a_1, a_2, \ldots, a_k, N, n) = \frac{\binom{a_1}{x_1}\binom{a_2}{x_2}\cdots\binom{a_k}{x_k}}{\binom{N}{n}},$$

com $\sum_{i=1}^{k} x_i = n$ e $\sum_{i=1}^{k} a_i = N$.

■ **Exemplo 5.16**

Um grupo de dez indivíduos é usado para um estudo biológico de casos. O grupo tem três pessoas com tipo sangüíneo O, quatro com tipo sangüíneo A e três com tipo sangüíneo B. Qual é a probabilidade de que uma amostra aleatória de cinco contenha uma pessoa com tipo sangüíneo O, duas com tipo A e duas com tipo B?

Solução: Usando a extensão da distribuição hipergeométrica com $x_1 = 1$, $x_2 = 2$, $x_3 = 2$, $a_1 = 3$, $a_2 = 4$, $a_3 = 3$, $N = 10$ e $n = 5$, descobrimos que a probabilidade desejada é

$$f(1,2,2;3,4,3,10,5) = \frac{\binom{3}{1}\binom{4}{2}\binom{3}{2}}{\binom{10}{5}} = \frac{3}{14}.$$

Exercícios

5.29 Se sete cartas são retiradas de um baralho comum com 52 cartas, qual é a probabilidade de que
(a) exatamente duas delas sejam cartas com figuras?
(b) pelo menos uma carta seja uma dama?

5.30 Para evitar a detenção na alfândega, um viajante coloca seis tabletes de narcóticos em um frasco com nove pílulas de vitamina, que são similares em aparência. Se o fiscal da alfândega selecionar três desses tabletes aleatoriamente, qual é a probabilidade de que o viajante seja preso por posse ilegal de drogas?

5.31 Uma dona de casa planta seis bulbos selecionados aleatoriamente de uma caixa com seis bulbos de tulipas e quatro bulbos de narcisos. Qual é a probabilidade de que ela tenha plantado dois narcisos e quatro tulipas?

5.32 De um lote de dez mísseis, quatro são selecionados aleatoriamente e disparados. Se o lote contém três mísseis com defeito que não irão disparar, qual é a probabilidade de que
(a) todos os quatro disparem?
(b) no máximo dois não disparem?

5.33 Um comitê aleatório de tamanho três é selecionado de quatro médicos e duas enfermeiras. Escreva a fórmula para a distribuição de probabilidade da variável aleatória X que representa o número de médicos no comitê. Determine $P(2 \leq X \leq 3)$.

5.34 Qual é a probabilidade de que uma garçonete se recuse a vender bebidas alcoólicas para apenas dois menores, se ela checa aleatoriamente as identidades de cinco estudantes dentre nove, dos quais quatro não têm idade legal para beber?

5.35 Uma empresa está interessada em avaliar seu procedimento atual de inspeção de carregamentos de 50 itens idênticos. O procedimento é retirar uma amostra de cinco itens e liberar o carregamento se não mais que dois itens forem defeituosos. Qual proporção dos 20% de carregamentos defeituosos será aceita?

5.36 Uma indústria usa um esquema de aceitação em seus itens de produção antes de serem transportados. O plano é feito em duas etapas. Caixas com 25 itens são preparadas para o transporte e uma amostra de três é testada para defeitos. Se algum item defeituoso é encontrado, a caixa inteira é enviada de volta para uma varredura de 100%. Se não forem encontrados itens defeituosos, a caixa é transportada.
(a) Qual é a probabilidade de que uma caixa com três itens defeituosos seja transportada?
(b) Qual é a probabilidade de que uma caixa com somente um item defeituoso seja enviada de volta para a varredura?

5.37 Suponha que a indústria do Exercício 5.36 decida mudar seu esquema de aceitação. No novo esquema, um inspetor escolhe um item aleatoriamente, inspeciona-o e depois o coloca de volta na caixa; um segundo inspetor realiza o mesmo procedimento. Finalmente, um terceiro inspetor realiza o mesmo procedimento. A caixa não é transportada se qualquer um deles encontra um defeituoso. Responda ao Exercício 5.36 sob esse novo esquema.

5.38 No Exercício 5.32, quantos mísseis com defeito podemos esperar serem incluídos entre os quatro selecionados? Use o teorema de Chebyshev para descrever a variabilidade do número de mísseis defeituosos incluídos quando quatro são selecionados de diversos lotes de tamanho 10 contendo três mísseis com defeito.

5.39 Se uma pessoa recebe 13 cartas de um baralho comum com 52 cartas, quantas cartas de copas são esperadas? Entre quais dois valores você esperaria que o número de copas estivesse pelo menos em 75% do tempo?

5.40 Estima-se que 4.000 entre 10.000 eleitores moradores de uma cidade sejam contra o novo imposto sobre mercadorias. Se 15 eleitores qualificados forem selecionados aleatoriamente e forem pedidas suas opiniões, qual é a probabilidade de que no máximo sete sejam a favor do novo imposto?

5.41 Um processo de anexação contra uma subdivisão de um município com 1.200 moradores está sendo considerado por uma cidade vizinha. Se os ocupantes de metade das residências opõem-se a serem anexados, qual é a probabilidade de que, em uma amostra aleatória de dez, pelo menos três sejam a favor da anexação?

5.42 Dentre 150 funcionários da Receita Federal de uma grande cidade, apenas 30 são mulheres. Se dez dos funcionários são escolhidos aleatoriamente para fornecer assistência gratuita sobre os impostos para os residentes nesta cidade, use a aproximação binomial para a hipergeométrica para encontrar a probabilidade de que pelo menos três mulheres sejam selecionadas.

5.43 Uma pesquisa com 17.000 idosos dos Estados Unidos, realizada pela Universidade de Michigan, revelou que quase 70% desaprovam o uso diário de maconha. Se 18 desses idosos são selecionados aleatoriamente e são pedidas suas opiniões, qual é a probabilidade de que mais de nove e menos de 14 desaprovem o uso de maconha?

5.44 Determine a probabilidade de se distribuir uma mão de bridge (jogo de cartas) de 13 cartas, com cinco espadas, duas copas, três ouros e três paus.

5.45 Um clube de estudantes estrangeiros lista como membros dois canadenses, três japoneses, cinco italianos e dois alemães. Se um comitê de quatro estudantes for selecionado aleatoriamente, determine a probabilidade de que
(a) todas as nacionalidades sejam representadas;
(b) todas as nacionalidades, exceto os italianos, sejam representadas.

5.46 Uma urna contém três bolas verdes, duas azuis e quatro vermelhas. Em uma amostra aleatória de cinco bolas, determine a probabilidade de que ambas as bolas azuis e pelo menos uma vermelha sejam selecionadas.

5.47 Estudos sobre populações na biologia e no meio ambiente freqüentemente capturam, colocam uma etiqueta com identificação e soltam os animais para estimar o tamanho e o grau de certas características em uma população. Dez animais de certa população que se acreditava extinta (ou próxima da extinção) são capturados, identificados e soltos em uma região. Depois de um período de tempo, uma amostra aleatória de 15 animais desse tipo é selecionada na região. Qual é a probabilidade de que cinco desses animais selecionados sejam dos etiquetados, se na região há 25 animais do mesmo tipo?

5.48 Uma grande empresa tem um sistema de inspeção para os lotes de pequenos compressores comprados de vendedores. Um lote típico contém 15 compressores. No sistema de inspeção, uma amostra aleatória de cinco é selecionada e todos são testados. Suponha que dois dos 15 compressores apresentem defeitos.
(a) Qual é a probabilidade de haver um compressor com defeito na amostra?
(b) Qual é a probabilidade de a inspeção descobrir os dois compressores que apresentam defeitos?

5.49 Uma força-tarefa do governo suspeita que algumas indústrias violam as regulamentações federais contra poluição, em relação ao despejo de certo tipo de produto. Vinte empresas estão sob suspeita, mas não se pode inspecionar todas. Suponha que três delas estejam violando as regulamentações.
(a) Qual é a probabilidade de que a inspeção de cinco indústrias não encontre violações?
(b) Qual é a probabilidade de que o plano citado em (a) encontre duas violações?

5.50 A cada hora, 10.000 latas de refrigerante são cheias por uma máquina, dentre as quais 300 latas não são totalmente enchidas. A cada hora, 30 latas de refrigerante são selecionadas aleatoriamente e o peso, em número de onças (1 onça = 28,349 gramas) por lata, é checado. Seja X o número de latas selecionadas que não estão completamente cheias. Determine a probabilidade de que pelo menos uma lata não totalmente cheia esteja entre aquelas amostradas.

5.5 Distribuições binomial negativa e geométrica

Consideremos um experimento no qual as propriedades são as mesmas daquelas listadas para um experimento binomial, com a exceção de que as tentativas serão repetidas até que um número fixo de sucessos ocorra. Então, em vez de encontrarmos a probabilidade de x sucessos em n tentativas, onde n é fixo, estamos agora interessados na probabilidade de que o k-ésimo sucesso ocorra na x-ésima tentativa. Experimentos desse tipo são chamados de *experimentos binomiais negativos*.

Como exemplo, considere que se sabe que o uso de uma droga é eficaz em 60% dos casos nos quais é utilizada. Tal uso será considerado um sucesso se trouxer algum grau de alívio para o paciente. Estamos interessados em descobrir a probabilidade de que o quinto paciente a experimentar alívio seja o sétimo paciente a receber a droga durante uma dada semana. Designando um sucesso por S e uma falha por F, uma possível ordem para se alcançar o resultado desejado é $SFSSSFS$, que ocorre com probabilidade

$$(0,6)(0,4)(0,6)(0,6)(0,6)(0,4)(0,6) = (0,6)^5(0,4)^2.$$

Poderíamos listar todas as ordens possíveis rearranjando os F e S, exceto para o último resultado, que deve ser o quinto sucesso. O número total de possíveis ordens é igual ao número de partições das primeiras seis tentativas em dois grupos, com duas falhas designadas para um grupo e quatro sucessos designados para o outro grupo. Isso pode ser feito de $\binom{6}{4} = 15$ maneiras mutuamente exclusivas. Assim, se X representa o resultado no qual o quinto sucesso ocorre, então

$$P(X = 7) = \binom{6}{4}(0,6)^5(0,4)^2 = 0,1866.$$

O que é a variável aleatória binomial negativa?

O número X de tentativas para produzir k sucessos em um experimento binomial negativo é chamado de *variável aleatória binomial negativa*, e sua distribuição de probabilidade é chamada de *distribuição binomial negativa*. Já que suas probabilidades dependem do número de sucessos desejado e da probabilidade de sucesso em cada tentativa, devemos denotá-las pelo símbolo $b^*(x; k, p)$. Para obter a fórmula geral para $b^*(x; k, p)$, considere a probabilidade de um sucesso na x-ésima tentativa, precedido por $k-1$ sucessos e $x-k$ falhas, em alguma ordem especificada. Já que as tentativas são independentes, podemos multiplicar todas as probabilidades correspondentes a cada resultado desejado. Cada sucesso ocorre com probabilidade p e cada falha, com probabilidade $q = 1 - p$. Então, a probabilidade para uma ordem especificada que termina em sucesso é

$$p^{k-1}q^{x-k}p = p^k q^{x-k}.$$

O número total de pontos amostrais no experimento que termina em um sucesso, depois da ocorrência de $k-1$ sucessos e $x-k$ falhas, em qualquer ordem, é igual ao número de divisões de $x-1$ tentativas em dois grupos, com $k-1$ sucessos em um grupo e $x-k$ falhas no outro grupo. Esse número é especificado pelo termo $\binom{x-1}{k-1}$, cada um mutuamente exclusivo e ocorrendo com igual probabilidade $p^k q^{x-k}$. Obtemos a fórmula geral ao multiplicar $p^k q^{x-k}$ por $\binom{x-1}{k-1}$.

Distribuição binomial negativa

Se tentativas independentes repetidas podem resultar em um sucesso com probabilidade p e em uma falha com probabilidade $q = 1 - p$, então a distribuição de probabilidade da variável aleatória X, o número da tentativa na qual o k-ésimo sucesso ocorre, é

$$b^*(x; k, p) = \binom{x-1}{k-1} p^k q^{x-k}, \quad x = k, k+1, k+2, \ldots$$

■ **Exemplo 5.17**

Em uma série do campeonato de basquete da NBA, o time que ganhar quatro jogos em sete será o vencedor. Suponha que o time A tenha probabilidade de 0,55 de ganhar do time B e que ambos os times A e B se enfrentam nos jogos do campeonato.

(a) Qual é a probabilidade de que A vença a série em seis jogos?
(b) Qual é a probabilidade de que A vença a série?
(c) Se ambos os times se enfrentam nas finais regionais e o vencedor é decidido quando ganha três de cinco jogos, qual é a probabilidade de que o time A vença uma final?

Solução:

(a) $b^*(6; 4, 0{,}55) = \binom{5}{3} 0{,}55^4 (1 - 0{,}55)^{6-4} = 0{,}1853$.
(b) P (time A vence as séries do campeonato) é

$b^*(4; 4, 0{,}55) + b^*(5; 4, 0{,}55) + b^*(6; 4, 0{,}55)$
$+ b^*(7; 4, 0{,}55) = 0{,}0915 + 0{,}1647 + 0{,}1853$
$+ 0{,}1668 = 0{,}6083.$

(c) P (time A vence a final) é

$b^*(3; 3, 0{,}55) + b^*(4; 3, 0{,}55) + b^*(5; 3, 0{,}55)$
$= 0{,}1664 + 0{,}2246 + 0{,}2021 = 0{,}5931.$

O nome distribuição binomial negativa deve-se ao fato de que cada termo na expansão de $p^k(1 - q)^{-k}$ corresponde aos valores de $b^*(x; k, p)$ para $x = k, k+1, k+2, \ldots$ Se considerarmos o caso especial da distribuição binomial negativa em que $k = 1$, temos a distribuição de probabilidade para o número de tentativas necessárias para um único sucesso. Um exemplo seria jogar uma moeda até que uma cara ocorra. Podemos estar interessados na probabilidade de que a primeira cara ocorra na quarta jogada. A distribuição binomial negativa se reduz à forma

$$b^*(x; 1, p) = pq^{x-1}, x = 1, 2, 3, \ldots$$

Já que os termos sucessivos constituem uma progressão geométrica, costumamos nos referir a esse caso especial como *distribuição geométrica* e denotar seus valores por $g(x; p)$.

Distribuição geométrica

Se tentativas independentes repetidas podem resultar em um sucesso com probabilidade p e a uma falha com probabilidade $q = 1 - p$, então a distribuição de probabilidade da variável aleatória X, o número da tentativa na qual o primeiro sucesso ocorre, é

$$g(x; p) = pq^{x-1}, x = 1, 2, 3, \ldots$$

■ **Exemplo 5.18**

Em certo processo de fabricação, sabe-se que, em média, um em cada 100 itens apresenta defeitos. Qual é a probabilidade de que o quinto item inspecionado seja o primeiro item defeituoso encontrado?

Solução: Usando a distribuição geométrica com $x = 5$ e $p = 0{,}01$, temos

$$g(5; 0{,}01) = (0{,}01)(0{,}99)^4 = 0{,}0096.$$

■ **Exemplo 5.19**

No horário de pico, uma central telefônica está muito próxima de sua capacidade máxima, por isso os usuários têm dificuldades para concluir suas chamadas. Pode ser interessante saber o número de tentativas necessário para que o usuário consiga completar sua chamada. Suponha que $p = 0{,}05$ seja a probabilidade de uma conexão no horário de pico. Estamos interessados em saber a probabilidade de que sejam necessárias cinco tentativas para se conseguir completar uma chamada.

Solução: Usando a distribuição geométrica com $x = 5$ e $p = 0{,}05$, temos

$$P(X = x) = g(5; 0{,}05) = (0{,}05)(0{,}95)^4 = 0{,}041.$$

Quase sempre, a média e a variância são importantes quando se aplica a distribuição geométrica. No Exemplo 5.19, o número *esperado* de chamadas para se conseguir uma conexão é bastante importante. O seguinte teorema afirma, sem prova, a média e a variância da distribuição geométrica.

> **Teorema 5.4**
> A média e a variância de uma variável aleatória que segue a distribuição geométrica são
> $$\mu = \frac{1}{p}, \quad \sigma^2 = \frac{1-p}{p^2}.$$

Aplicações das distribuições binomial negativa e geométrica

As áreas de aplicação das distribuições binomial negativa e geométrica se tornam óbvias quando focamos os exemplos desta seção e os exercícios dedicados a essas distribuições no fim da Seção 5.6. No caso da distribuição geométrica, o Exemplo 5.19 mostra uma situação na qual os engenheiros ou gerentes tentam determinar quão ineficiente é o sistema de telefonia durante os horários de pico. Claramente, neste caso, as tentativas que ocorrem antes de um sucesso representam um custo. Se há uma grande probabilidade de diversas tentativas antes de se conseguir uma conexão, então há a necessidade de criar planos para redesenhar o sistema.

As aplicações da binomial negativa são similares em sua natureza. As tentativas representam custos e *ocorrem em seqüência*. Uma grande probabilidade de requerer um 'grande' número de tentativas para se experimentar um número fixo de sucessos não é benéfica para o engenheiro ou cientista. Considere os cenários dos exercícios de revisão 5.94 e 5.95. No Exercício 5.95, o perfurador de petróleo define certo nível de sucessos dos locais de perfuração. Se somente seis tentativas foram realizadas até que o segundo sucesso foi experimentado, os lucros devem ter dominado substancialmente os investimentos realizados na perfuração.

5.6 Distribuição de Poisson e o processo de Poisson

Experimentos que geram valores numéricos da variável aleatória X, o número de resultados que ocorrem durante um dado intervalo de tempo ou em uma região específica, são chamados de *experimentos de Poisson*. O intervalo de tempo dado pode ter qualquer extensão, tal como um minuto, um dia, uma semana, um mês ou até mesmo um ano. Assim, um experimento de Poisson pode gerar observações para a variável aleatória X que representa o número de telefonemas por hora recebidos em um escritório, o número de dias que uma escola fica fechada por conta de nevascas durante o inverno ou o número de jogos adiados devido à chuva em uma temporada de beisebol. A região específica pode ser um segmento de linha, uma área, um volume ou talvez um pedaço de material. Em tais casos, X pode representar o número de ratos do campo por acre, o número de bactérias em certa cultura ou o número de erros de digitação por página. Um experimento de Poisson deriva de um *processo de Poisson*, que tem as seguintes propriedades:

Propriedades do processo de Poisson

1. O número de resultados que ocorrem em um intervalo de tempo ou em uma região específica é independente do número de resultados que ocorre em outro intervalo de tempo disjunto ou região do espaço disjunta. Nesse caso, dizemos que o processo de Poisson não tem memória.
2. A probabilidade de que um único resultado ocorrerá durante um breve intervalo de tempo ou em uma região pequena é proporcional à extensão do intervalo de tempo ou ao tamanho da região, e não depende do número de resultados que ocorrem fora desse intervalo de tempo ou dessa região.
3. A probabilidade de que mais de um resultado ocorrerá em um intervalo de tempo muito breve ou em uma região muito pequena é desprezível.

O número X de resultados que ocorrem durante um experimento de Poisson é chamado de *variável aleatória de Poisson*, e sua distribuição de probabilidade é chamada de *distribuição de Poisson*. O número médio de resultados é $\mu = \lambda t$, onde t é o 'tempo', a 'distância', a 'área' ou o 'volume' específico de interesse. Já que suas probabilidades dependem de λ, a taxa de ocorrência de resultados, devemos denotá-las pelo símbolo $p(x; \lambda t)$. A derivação da fórmula para $p(x; \lambda t)$, com base nas três propriedades de um processo de Poisson, está além do escopo deste livro. O conceito a seguir é utilizado para calcular as probabilidades de Poisson.

Distribuição de Poisson

A distribuição de probabilidade da variável aleatória de Poisson X, que representa o número de resultados que ocorrem em certo intervalo de tempo ou em uma região específica denotados por t, é

$$p(x; \lambda t) = \frac{e^{-\lambda t}(\lambda t)^x}{x!}, \quad x = 0, 1, 2, \ldots,$$

onde λ é o número médio de resultados por unidade de tempo, distância, área ou volume, e $e = 2{,}71828\cdots$

A Tabela A.2 contém as somas das probabilidades de Poisson

$$P(r; \lambda t) = \sum_{x=0}^{r} p(x; \lambda t),$$

para alguns valores selecionados de λt variando de 0,1 a 18. Ilustramos o uso dessa tabela nos dois exemplos a seguir.

Exemplo 5.20

Durante um experimento de laboratório, o número médio de partículas que passam por um contador em um milésimo de segundo é quatro. Qual é a probabilidade de que seis partículas entrem no contador em um dado milésimo de segundo?

Solução: Usando a distribuição de Poisson com $x = 6$, $\lambda t = 4$ e a Tabela A.2, temos

$$p(6;4) = \frac{e^{-4}4^6}{6!} = \sum_{x=0}^{6} p(x;4) - \sum_{x=0}^{5} p(x;4)$$
$$= 0{,}8893 - 0{,}7851 = 0{,}1042.$$

Exemplo 5.21

O número médio de navios petroleiros que chegam a cada dia em certo porto é dez. As instalações do porto podem suportar no máximo 15 navios por dia. Qual é a probabilidade de que, em certo dia, navios terão de ser mandados embora?

Solução: Seja X o número de petroleiros que chegam a cada dia. Então, usando a Tabela A.2, temos

$$P(X > 15) = 1 - P(X \leq 15)$$
$$= 1 - \sum_{x=0}^{15} p(x;10) = 1 - 0{,}9513 = 0{,}0487.$$

Como na distribuição binomial, a distribuição de Poisson é usada para controle de qualidade, garantia de qualidade e testes de aceitação por amostragem. Além disso, certas distribuições contínuas importantes usadas na teoria da confiabilidade e na teoria das filas dependem do processo de Poisson. Algumas dessas distribuições serão discutidas e desenvolvidas no Capítulo 6.

Teorema 5.5
Tanto a média quanto a variância da distribuição de Poisson $p(x; \lambda t)$ são λt.

A prova desse teorema está no Apêndice on-line A.26.

No Exemplo 5.20, em que $\lambda t = 4$, temos também $\sigma^2 = 4$ e, daí, $\sigma = 2$. Usando o teorema de Chebyshev, podemos afirmar que nossa variável aleatória tem probabilidade de pelo menos 3/4 de estar no intervalo $\mu \pm 2\sigma$ = $4 \pm (2)(2)$, ou seja, de 0 a 8. Portanto, concluímos que em pelo menos 3/4 do tempo o número de partículas radioativas que entram no contador estará entre 0 e 8 no milésimo de segundo dado.

A distribuição de Poisson como uma forma limite da binomial

Com base nos três princípios do processo de Poisson, deve ter ficado evidente que a distribuição de Poisson está relacionada com a distribuição binomial. Embora a Poisson normalmente encontre aplicações em problemas de tempo e espaço, como ilustrado nos exemplos 5.20 e 5.21, ela pode ser vista como uma forma limite da distribuição binomial. No caso da binomial, se n for muito grande e p for pequeno, as condições começam a simular as implicações de *região do espaço ou do tempo contínuos* do processo de Poisson. A independência entre as tentativas de Bernoulli no caso binomial é consistente com a propriedade 2 do processo de Poisson. Permitir que o parâmetro p esteja próximo de 0 está relacionado com a propriedade 3 do processo de Poisson. De fato, se n é grande e p é próximo de 0, a distribuição de Poisson pode ser utilizada, com $\mu = np$, para aproximar as probabilidades binomiais. Se p é próximo de 1, podemos ainda usar a distribuição de Poisson para aproximar as probabilidades binomiais ao permutar o que definimos como um sucesso ou uma falha, desse modo trocando p para um valor próximo de 0.

Teorema 5.6
Seja X uma variável aleatória binomial com distribuição de probabilidade $b(x; n, p)$. Quando $n \to \infty$, $p \to 0$ e $np \xrightarrow{n \to \infty} \mu$ permanece constante,
$$b(x; n, p) \xrightarrow{n \to \infty} p(x; \mu).$$

A prova desse teorema está no Apêndice on-line A.27.

Natureza da função de probabilidade de Poisson

Como muitas distribuições contínuas e discretas, a forma da distribuição se torna cada vez mais simétrica, até mesmo em forma de sino, conforme a média aumenta. A Figura 5.2 ilustra isso. Temos representações da função de probabilidade para $\mu = 0{,}1$, $\mu = 2$ e, finalmente, $\mu = 5$. Note a proximidade da simetria conforme μ se torna tão grande quanto 5. Existe uma condição similar para a distribuição binomial, que será ilustrada no momento apropriado no decorrer do livro.

Exemplo 5.22

Em certa instalação industrial, acidentes ocorrem com baixa freqüência. Sabe-se que a probabilidade de um acidente em certo dia é de 0,005, e os acidentes são independentes uns dos outros.

(a) Qual é a probabilidade de que, em qualquer período de 400 dias, haja um acidente em um dia?

(b) Qual é a probabilidade de que haja, no máximo, três dias com um acidente?

Solução: Seja X a variável aleatória binomial com $n = 400$ e $p = 0{,}005$. Então, $np = 2$. Usando a aproximação de Poisson,

(a) $P(X = 1) = e^{-2} 2^1 = 0{,}271$ e

(b) $P(X \leq 3) = \sum_{x=0}^{3} e^{-2} 2^x / x! = 0{,}857.$

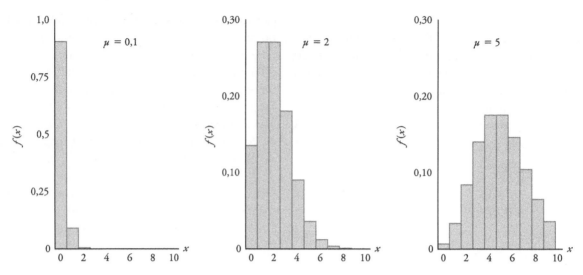

Figura 5.2 Funções de densidade de Poisson para diferentes médias.

■ **Exemplo 5.23**
Em um processo de manufatura, em que produtos de vidros são fabricados todos os dias, bolhas e defeitos ocorrem ocasionalmente, fornecendo uma peça indesejável para o mercado. Sabe-se que, em média, um de cada mil itens produzidos tem uma ou mais bolhas. Qual é a probabilidade de que, em uma amostra aleatória de 8.000, haverá menos de sete itens com bolhas?

Solução: Esse é um experimento essencialmente binomial com $n = 8.000$ e $p = 0,001$. Já que p é muito próximo de 0 e n é um número bastante grande, vamos usar a aproximação da distribuição de Poisson com

$$\mu = (8.000)(0,001) = 8$$

Portanto, se X representa o número de bolhas, temos

$$P(X < 7) = \sum_{x=0}^{6} b(x; 8.000, 0,001) \approx p(x; 8) = 0,3134.$$

Exercícios

5.51 A probabilidade de que uma pessoa, moradora de certa cidade, tenha um cachorro é estimada em 0,3. Determine a probabilidade de que a décima pessoa aleatoriamente entrevistada na cidade seja a quinta a ter um cachorro.

5.52 Um cientista inocula o germe de certa doença em diversos ratos até encontrar dois que contraíram a doença. Se a probabilidade de contrair a doença é de 1/6, qual é a probabilidade de que oito ratos sejam necessários?

5.53 O estudo de um estoque mostra que, em média, as demandas por um item em particular do depósito são feitas cinco vezes por dia. Qual é a probabilidade de que, em determinado dia, esse item

(a) seja pedido mais de cinco vezes?
(b) não seja pedido nenhuma vez?

5.54 Determine a probabilidade de que uma pessoa, ao jogar uma moeda, consiga
(a) a terceira cara na sétima jogada;
(b) a primeira cara na quarta jogada.

5.55 Três pessoas lançam uma moeda não adulterada e aquela que obtiver um resultado diferente das outras duas paga o café. Se os resultados forem os mesmos, elas lançam a moeda novamente. Determine a probabilidade de que menos de quatro lançamentos da moeda sejam necessários.

5.56 De acordo com um estudo publicado por um grupo de sociólogos da Universidade de Michigan, aproximadamente 2/3 dos 20 milhões de pessoas que tomam Valium nos Estados Unidos são mulheres. Assumindo que esse número seja uma estimativa válida, determine a probabilidade de que, em certo dia, a quinta prescrição do medicamento feita por um médico seja
(a) a primeira prescrevendo o medicamento para uma mulher;
(b) a terceira prescrevendo Valium para uma mulher.

5.57 A probabilidade de que um aluno de pilotagem passe no exame escrito para a licença de piloto particular é de 0,7. Determine a probabilidade de que o aluno passará no teste
(a) na terceira tentativa;
(b) antes da quarta tentativa.

5.58 Certo cruzamento resulta em três acidentes por mês em média. Qual é a probabilidade de que em certo mês nesse cruzamento ocorram
(a) exatamente cinco acidentes?
(b) menos de três acidentes?
(c) pelo menos dois acidentes?

5.59 Uma secretária comete dois erros por página, em média. Qual é a probabilidade de que, na próxima página, ela cometa
(a) quatro ou mais erros?
(b) nenhum erro?

5.60 Uma área do leste dos Estados Unidos é atingida, em média, por seis ciclones por ano. Determine a probabilidade de que, em certo ano, a área seja atingida por
(a) menos de quatro ciclones;
(b) entre seis e oito ciclones.

5.61 Suponha que a probabilidade de uma pessoa acreditar nas histórias sobre as transgressões cometidas por uma atriz famosa seja de 0,8. Qual é a probabilidade de que
(a) a sexta pessoa a ouvir essas histórias seja a quarta a acreditar nelas?
(b) a terceira pessoa a ouvir essas histórias seja a primeira a acreditar nelas?

5.62 O número médio de ratos do campo por acre em um campo de trigo com cinco acres é estimado em 12. Determine a probabilidade de que menos de sete ratos sejam encontrados
(a) em um dado acre;
(b) em dois dos três próximos acres inspecionados.

5.63 Um chefe de restaurante prepara uma salada, em média, com cinco tipos de vegetais. Determine a probabilidade de que a salada contenha mais de cinco tipos de vegetais
(a) em um dado dia;
(b) em três dos próximos quatro dias;
(c) pela primeira vez no dia 5 de abril.

5.64 A probabilidade de uma pessoa morrer de certa infecção respiratória é de 0,002. Determine a probabilidade de que menos de cinco dos próximos 2.000 infectados morram.

5.65 Suponha que, em média, uma pessoa em mil cometa um erro numérico ao preparar sua declaração de imposto de renda. Se 10.000 formulários forem selecionados aleatoriamente, determine a probabilidade de que seis, sete ou oito formulários contenham um erro.

5.66 A probabilidade de que um aluno de ensino médio não passe em um exame de escoliose (curvatura da espinha) realizado numa escola é de 0,004. Dentre os próximos 1.875 alunos que passam pelo exame, determine a probabilidade de que
(a) menos de cinco não passem no exame;
(b) oito, nove ou dez não passem no exame.

5.67 (a) Determine a média e a variância da variável aleatória X do Exercício 5.64, a qual representa o número de pessoas entre as 2.000 que morrem de infecção respiratória.
(b) De acordo com o teorema de Chebyshev, há probabilidade de pelo menos 3/4 de que o número de pessoas que morrem entre as 2.000 infectadas esteja em qual intervalo?

5.68 (a) Determine a média e a variância da variável aleatória X do Exercício 5.65, a qual representa o número de pessoas entre as 10.000 que cometem um erro ao preparar a declaração de imposto de renda.
(b) De acordo com o teorema de Chebyshev, há uma probabilidade de pelo menos 8/9 de que o número de pessoas que cometem erros ao preencher a declaração de imposto de renda entre as 10.000 esteja em qual intervalo?

5.69 Uma indústria de automóveis está preocupada com uma falha no mecanismo dos freios de determinado modelo. Essa falha pode, em raras ocasiões, causar uma catástrofe em uma rodovia. A distribuição do número de carros, por ano, que sofrerão essa falha é uma variável aleatória de Poisson com $\lambda = 5$.
(a) Qual é a probabilidade de que no máximo três carros por ano experimentem essa catástrofe?
(b) Qual é a probabilidade de que mais de um carro por ano experimente essa catástrofe?

5.70 Mudanças nos procedimentos em um aeroporto requerem um planejamento considerável. As taxas de chegada de aeronaves são fatores importantes que devem ser levados em consideração. Suponha que pequenas aeronaves cheguem a certo aeroporto de acordo com um processo de Poisson, com taxa de seis por hora. Então, o parâmetro de Poisson para chegadas em um período de horas é $\mu = 6t$.
(a) Qual é a probabilidade de que exatamente quatro pequenas aeronaves cheguem durante um período de uma hora?
(b) Qual é a probabilidade de que pelo menos quatro cheguem durante o período de uma hora?
(c) Se definirmos um dia de trabalho como 12 horas, qual é a probabilidade de que pelo menos 75 aeronaves pequenas cheguem em um dia?

5.71 Assumimos que o número de clientes que chegam a cada hora em certo posto de serviços automobilísticos segue uma distribuição de Poisson com média $\lambda = 7$.
(a) Calcule a probabilidade de que mais de dez clientes cheguem em um período de duas horas.
(b) Qual é o número médio de chegadas durante o período de duas horas?

5.72 Considere o Exercício 5.66. Qual é o número médio de alunos que não passam no exame?

5.73 A probabilidade de que uma pessoa morra ao contrair uma infecção viral é de 0,001. Dos próximos

4.000 infectados, qual é o número médio daqueles que morrerão?

5.74 Uma empresa compra grandes lotes de um tipo de equipamento eletrônico. É utilizado um método que rejeita um lote se duas ou mais unidades forem encontradas com defeito em uma amostra aleatória de 100 unidades.
(a) Qual é o número médio de unidades defeituosas encontrado em uma amostra de 100 unidades se o lote tem 1% de defeitos?
(b) Qual é a variância?

5.75 Em certo fio de cobre, sabe-se que, em média, ocorre 1,5 falha por milímetro. Assumindo que o número de falhas seja uma variável aleatória de Poisson, qual é a probabilidade de que não ocorram falhas em certa porção de fio com comprimento de cinco milímetros? Qual é o número médio de falhas em uma porção de extensão de cinco milímetros?

5.76 Os buracos em uma estrada podem ser um grave problema e precisam de constantes reparos. Para um certo tipo de terreno e pista feita de concreto, experiências passadas sugerem uma média de dois buracos por milha (1.609 km) depois de certo tempo de uso. Assumimos que o processo de Poisson se aplica para a variável aleatória 'número de buracos'.
(a) Qual é a probabilidade de que não mais do que um buraco apareça em um seguimento de uma milha (1.609 km)?
(b) Qual é a probabilidade de que não mais do que quatro buracos apareçam em determinado seguimento de cinco milhas (8.045 km)?

5.77 Administradores de hospitais em cidades grandes estão preocupados com os problemas de trânsito nas salas de emergência dos hospitais. Em determinado hospital de uma grande cidade, os funcionários não conseguem acomodar o paciente se houver mais de dez casos de emergência em uma dada hora. Assume-se que a chegada de um paciente siga um processo de Poisson, e dados históricos sugerem que, em média, chegam cinco emergências por hora.
(a) Qual é a probabilidade de que, em determinada hora, o hospital não consiga mais acomodar o trânsito de emergências?
(b) Qual é a probabilidade de que mais do que 20 emergências cheguem durante um turno de três horas?

5.78 Na checagem de bagagens de um aeroporto, sabe-se que 3% das pessoas revistadas têm objetos suspeitos em suas bagagens. Qual é a probabilidade de que uma fila de 15 pessoas passe pela revista com sucesso antes que um indivíduo seja pego com um objeto suspeito? Qual é o número esperado de pessoas em uma fila que passam pela revista antes de um indivíduo ser parado?

5.79 A tecnologia de computadores produziu um ambiente em que 'robôs' operam com o auxílio de microprocessadores. A probabilidade de que um robô falhe durante qualquer turno de seis horas é de 0,10. Qual é a probabilidade de que um robô opere em no máximo cinco turnos antes de falhar?

5.80 Sabemos que o índice de recusas em pesquisas de opinião por telefone é de aproximadamente 20%. Uma reportagem de jornal indica que 50 pessoas foram entrevistadas antes da primeira recusa.
(a) Comente a validade da reportagem. Use uma probabilidade em seu argumento.
(b) Qual é o número esperado de pessoas entrevistadas antes de uma recusa?

Exercícios de revisão

5.81 Durante um processo de fabricação, 15 unidades são selecionadas aleatoriamente da linha de produção, a cada dia, para a checagem de itens com defeitos. Sabe-se, de dados históricos, que a probabilidade de um item defeituoso é de 0,05. Quando dois ou mais itens defeituosos são encontrados na amostra de 15, o processo é paralisado. Tal procedimento é usado para fornecer um sinal no caso de a probabilidade de itens defeituosos ter aumentado.
(a) Qual é a probabilidade de que, em um dia, o processo de produção seja paralisado? (Assuma 5% de itens defeituosos.)
(b) Suponha que a probabilidade de um defeito tenha aumentado para 0,07. Qual é a probabilidade de que, em certo dia, a produção não seja paralisada?

5.82 Considera-se produzir uma máquina de soldagem automática. Ela será considerada para a compra se 99% de suas soldagens forem eficazes. Caso contrário, a máquina não será considerada eficiente. Realiza-se um teste em um protótipo, que precisa efetuar 100 soldagens. A máquina será aceita se perder não mais do que três soldagens.
(a) Qual é a probabilidade de que uma máquina eficiente seja rejeitada?
(b) Qual é a probabilidade de que uma máquina ineficiente com 95% de soldagens seja aceita?

5.83 Uma agência de aluguel de veículos no aeroporto local tem disponíveis cinco Fords, sete Chevrolets, quatro Dodges, três Hondas e quatro Toyotas. Se a agência selecionar aleatoriamente nove desses carros para levar representantes do aeroporto até um centro de convenções na região central da cidade, determine a probabilidade de que dois Fords, três Chevrolets, um Dodge, um Honda e dois Toyotas sejam usados.

5.84 As ligações para um centro de manutenção ocorrem de acordo com um processo de Poisson e, em mé-

dia, 2,7 chamadas são recebidas por minuto. Determine a probabilidade de que
(a) não mais do que quatro chamadas sejam recebidas em um minuto qualquer;
(b) menos de duas chamadas sejam recebidas em um minuto qualquer;
(c) mais do que dez chamadas sejam recebidas em um período de cinco minutos.

5.85 Uma indústria de produtos eletrônicos afirma que a proporção de itens defeituosos de um processo é de 5%. Um comprador tem o procedimento padrão de inspecionar 15 unidades selecionadas aleatoriamente de um lote. Em certa ocasião, o comprador encontra cinco itens defeituosos.
(a) Qual é a probabilidade dessa ocorrência, dado que a afirmação de 5% de itens defeituosos é verdadeira?
(b) Qual seria sua reação se você fosse o comprador?

5.86 Um interruptor eletrônico falha ocasionalmente e pode precisar ser substituído. Sabe-se que o equipamento é satisfatório se comete não mais de 0,20 erro por hora, em média. Um período de cinco horas é escolhido para 'teste' do equipamento. Se não mais de uma falha ocorrer, o equipamento é considerado satisfatório.
(a) Qual é a probabilidade de que um equipamento satisfatório seja considerado insatisfatório com base nos outros equipamentos? Assuma que haja um processo de Poisson.
(b) Qual é a probabilidade de que um equipamento seja aceito como satisfatório quando, na verdade, o número médio de falhas é de 0,25? Novamente, assuma que haja um processo de Poisson.

5.87 Uma empresa geralmente compra grandes lotes de certo tipo de equipamento eletrônico. O método utilizado rejeita o lote se dois ou mais itens com defeitos forem encontrados em uma amostra aleatória de 100 unidades.
(a) Qual é a probabilidade de rejeição de um lote se há 1% de itens defeituosos?
(b) Qual é a probabilidade de aceitação de um lote se há 5% de itens com defeito?

5.88 O proprietário de uma drogaria local sabe que, em média, 100 pessoas passam em sua loja por hora.
(a) Determine a probabilidade de que, em um período de três minutos, ninguém entre na drogaria.
(b) Determine a probabilidade de que, em um período de três minutos, mais de cinco pessoas entrem na drogaria.

5.89 (a) Suponha que você jogue quatro dados. Determine a probabilidade de se conseguir obter pelo menos um número 1.
(b) Suponha que você jogue dois dados 24 vezes. Determine a probabilidade de que você consiga pelo menos um (1, 1), ou seja, jogue um 'olhos de serpente'.
[Nota: a probabilidade do item (a) é maior do que a do item (b).]

5.90 Suponha que sejam vendidos 500 bilhetes de loteria. Dentre eles, 200 bilhetes pagam pelo menos o custo do bilhete. Agora, suponha que você comprou cinco bilhetes. Determine a probabilidade de que você ganhará pelo menos o custo de três bilhetes.

5.91 As imperfeições em placas de circuito e *chips* de computador conduzem a um tratamento estatístico. Para um tipo específico de placa, a probabilidade de falha do diodo é de 0,03. Suponha que uma placa de circuito tenha 200 diodos.
(a) Qual é o número médio de falhas entre os diodos?
(b) Qual é a variância?
(c) A placa funcionará se não houver nenhum diodo danificado. Qual é a probabilidade de que a placa funcionará?

5.92 Um comprador em potencial de certo motor pede (entre outras coisas) que o motor dê partida com eficácia em dez vezes consecutivas. Suponha que a probabilidade de uma partida eficaz seja de 0,990. Assuma que os resultados das tentativas de partida sejam independentes.
(a) Qual é a probabilidade de que o motor seja aceito após dez partidas apenas?
(b) Qual é a probabilidade de que sejam feitas 12 tentativas de partida durante o processo de aceitação?

5.93 O esquema de aceitação para a compra de lotes que contêm um grande número de baterias é testar não mais do que 75 baterias aleatoriamente selecionadas e rejeitar o lote se uma única bateria falhar. Suponha que a probabilidade de falha seja de 0,001.
(a) Qual é a probabilidade de que o lote seja aceito?
(b) Qual é a probabilidade de que o lote seja rejeitado no vigésimo teste?
(c) Qual é a probabilidade de que o lote seja rejeitado em dez tentativas ou menos?

5.94 Uma empresa de extração de petróleo se arrisca em vários locais, e seu sucesso ou fracasso varia de um local para outro. Suponha que a probabilidade de um sucesso em um local específico seja de 0,25.
(a) Qual é a probabilidade de que a empresa perfure dez locais e encontre um sucesso?
(b) A empresa sente que vai falir se tiver de perfurar dez vezes antes de conseguir o primeiro sucesso. Qual é a perspectiva de falência para a empresa?

5.95 Considere a informação do Exercício de revisão 5.94. A empresa sente que vai obter grandes resultados se o segundo sucesso ocorrer na sexta tentativa ou antes dela. Qual é a probabilidade de a empresa conseguir esses grandes resultados?

5.96 Um casal decide que continuará a ter filhos até que consiga dois meninos. Assumindo que P(menino) = 0,5, qual é a probabilidade de que o segundo menino seja o quarto filho?

5.97 Sabe-se, por meio de pesquisas, que uma em cada 100 pessoas carrega um gene que leva a uma doença crônica hereditária. De uma amostra aleatória de 1.000 indivíduos, qual é a probabilidade de que menos de sete deles carreguem o gene? Use uma aproximação de Poisson. Por meio dela, qual é o número médio aproximado de pessoas entre 1.000 que carregam o gene?

5.98 Um processo de produção produz peças de componentes eletrônicos. Foi estabelecido que, supostamente, a probabilidade de uma peça defeituosa é de 0,01. Durante um teste dessa suposição, 500 itens são amostrados aleatoriamente e são encontrados 15 defeituosos entre os 500 amostrados.
(a) Qual é sua resposta para a suposição de que o processo tem 1% de itens defeituosos? Tenha a certeza de que uma probabilidade calculada acompanha seu comentário.
(b) Sob a suposição de 1% de itens defeituosos no processo, qual é a probabilidade de que somente três itens sejam considerados defeituosos?
(c) Faça (a) e (b) novamente usando a aproximação de Poisson.

5.99 Um processo produz itens em lotes de 50. Há um plano amostral no qual lotes são separados periodicamente e expostos a certo tipo de inspeção. Assume-se que a proporção de itens defeituosos no processo seja muito pequena. Também, é muito importante para a empresa que os lotes que contêm itens defeituosos sejam muito raros. Atualmente, o plano de inspeção da empresa consiste em, periodicamente, amostrar aleatoriamente dez dentre os 50 itens em um lote e, se nenhum apresentar defeitos, não há nenhuma intervenção no processo.
(a) Suponha que, em um lote escolhido aleatoriamente, dois dos 50 itens apresentam defeitos. Qual é a probabilidade de que pelo menos um item na amostra de dez do lote seja defeituoso?
(b) Com base em sua resposta em (a), comente sobre a qualidade do plano amostral.
(c) Qual é o número médio de itens defeituosos encontrado em dez itens?

5.100 Considere a situação do Exercício de revisão 5.99. Determinou-se que o plano amostral deveria ser extenso o bastante para que houvesse uma alta probabilidade, digamos de 0,9, de que se até dois defeitos existirem no lote de 50, pelo menos um deve ser encontrado na amostragem. Com essas restrições, quantos dos 50 deveriam ser amostrados?

5.101 O Departamento de Defesa e a tecnologia antimíssil nos fazem ter certeza de que poderemos detectar a chegada de projéteis ou mísseis. Para tornar a defesa eficaz, são necessárias múltiplas telas de radares. Suponha que seja determinado que três telas independentes devem ser operadas e a probabilidade de que qualquer uma delas detecte um míssil é de 0,8. Obviamente, se nenhuma tela detectar o míssil, o sistema é ineficaz e precisa ser melhorado.
(a) Qual é a probabilidade de que um míssil não seja detectado por nenhuma das telas?
(b) Qual é a probabilidade de que o míssil seja detectado por uma tela somente?
(c) Qual é a probabilidade de que o míssil seja detectado por, pelo menos, duas das três telas?

5.102 Considere o Exercício de revisão 5.101. Suponha que seja importante que o sistema como um todo esteja o mais próximo possível da perfeição. Assumindo que a qualidade das telas seja como indicada no Exercício 5.101,
(a) quantas telas são necessárias para assegurar que a probabilidade de um míssil não ser detectado seja de 0,0001?
(b) suponha que foi decidido ficar apenas com as três telas e tentar melhorar sua capacidade de detecção. Qual precisa ser a eficácia individual de cada tela (ou seja, a sua probabilidade de detecção) para se atingir a eficácia necessária em (a)?

5.103 Volte para o Exercício de revisão 5.99(a). Recalcule a probabilidade usando a distribuição binomial. Comente.

5.104 Há duas vagas em certo departamento de estatística. Cinco indivíduos se candidatam às vagas. Dois deles têm especialização em modelos lineares e um tem especialização em probabilidade aplicada. O comitê de seleção é instruído para escolher dois indivíduos aleatoriamente.
(a) Qual é a probabilidade de que os dois escolhidos sejam aqueles com especialização em modelos lineares?
(b) Qual é a probabilidade de que, dos dois escolhidos, um tenha especialização em modelos lineares e o outro, em probabilidade aplicada?

5.105 O fabricante de um triciclo para crianças recebeu reclamações sobre breques com defeitos nos produtos. De acordo com o projeto do produto e testes preliminares, determinou-se que a probabilidade de esse tipo de defeito ocorrer era de 1 em 10.000 (ou seja, 0,0001).

Depois de uma investigação detalhada das reclamações, determinou-se que, durante um certo período, 200 produtos fossem escolhidos aleatoriamente da produção e cinco desses apresentaram defeitos nos breques.

(a) Comente a afirmação '1 em 10.000' feita pelo fabricante. Use um argumento probabilístico. Utilize a distribuição binomial para seus cálculos.

(b) Faça o item (a) usando a aproximação de Poisson.

5.7 Conceitos errôneos e riscos em potencial; relação com o material de outros capítulos

As distribuições discretas discutidas neste capítulo ocorrem com grande freqüência na engenharia e nas ciências biológicas e físicas. Os exercícios e exemplos certamente sugerem isso. No caso das distribuições binomial e de Poisson, os planos amostrais industriais e muitos dos julgamentos da engenharia são baseados nessas duas distribuições. Esse também é o caso da distribuição hipergeométrica. Embora as distribuições geométrica e binomial negativa sejam usadas, de certa maneira, em menor extensão, elas também encontram aplicações. Em particular, uma variável aleatória binomial negativa também pode ser vista como uma mistura de variáveis aleatórias de Poisson e gama (a distribuição gama será discutida no Capítulo 6).

Apesar do rico patrimônio que essas distribuições encontram em aplicações na vida real, elas podem ser utilizadas de modo errôneo se o praticante das ciências não for prudente e cuidadoso. É claro que qualquer cálculo de probabilidade para as distribuições discutidas neste capítulo é feito sob a suposição de que o valor de parâmetro é conhecido. As aplicações reais costumam resultar em um valor de parâmetro que pode se 'deslocar' devido a fatores que são difíceis de controlar no processo ou por causa de intervenções no processo que não são levadas em consideração. Por exemplo, no Exercício de revisão 5.81, 'dados históricos' são usados. Mas o processo que existe agora é o mesmo no qual os dados históricos foram coletados? O uso da distribuição de Poisson pode sofrer ainda mais dessa dificuldade. Por exemplo, considere o Exercício de revisão 5.84. As questões (a), (b) e (c) se baseiam no uso de $\mu = 2{,}7$ ligações por minuto. Com base nos registros históricos, esse é o número de chamadas que ocorrem 'em média'. Mas nesta e em muitas outras aplicações da distribuição de Poisson há 'horários de folga' e 'horários de pico', então, é esperado que haja momentos nos quais as condições para o processo de Poisson parecem se manter, quando, na verdade, isso não acontece. Portanto, os cálculos das probabilidades podem estar incorretos. No caso da binomial, a suposição que pode falhar em certas aplicações (além da inconstância de p) é a suposição da independência, que afirma que as tentativas de Bernoulli devem ser independentes.

Um dos usos errôneos mais famosos da distribuição binomial ocorreu na temporada de beisebol de 1961, quando os jogadores Mickey Mantle e Roger Maris estavam travando uma amigável batalha para quebrar o recorde de 60 *home-runs* (corridas à base), estabelecido anteriormente por Babe Ruth. Uma famosa revista fez uma previsão baseada na teoria da probabilidade e previu que Mantle quebraria o recorde, com base em uma alta probabilidade calculada com o uso da distribuição binomial. O erro clássico cometido foi a escolha de uma estimativa do parâmetro p (para cada jogador) com base na freqüência histórica de *home-runs* de cada um em suas carreiras. Maris, diferentemente de Mantle, não havia sido um rebatedor brilhante nos anos anteriores a 1961. Como resultado, sua 'estimativa' de p foi bastante baixa. Assim, a probabilidade de quebrar o recorde foi muito alta para Mantle e muito baixa para Maris. O resultado: Mantle não conseguiu quebrar o recorde e quem o fez foi Maris.

Capítulo 6

Algumas distribuições de probabilidade contínuas

6.1 Distribuição uniforme contínua

Uma das mais simples distribuições contínuas de toda a estatística é a *distribuição uniforme contínua*. Essa distribuição é caracterizada por uma função de densidade que é 'plana' e, portanto, a probabilidade é uniforme em um intervalo fechado, digamos [A, B]. Embora as aplicações dessa distribuição não sejam tão abundantes quanto as das outras que serão discutidas neste capítulo, é apropriado que o estudante iniciante seja introduzido às distribuições contínuas por meio da distribuição uniforme.

Distribuição uniforme

A função de densidade da variável aleatória contínua uniforme X no intervalo [A, B] é

$$f(x; A, B) = \begin{cases} \frac{1}{B-A}, & A \leq x \leq B, \\ 0, & \text{caso contrário.} \end{cases}$$

Devemos enfatizar para o leitor que a função de densidade forma um retângulo de base $B - A$ e *altura constante* de $\frac{1}{B-A}$. Como resultado, a distribuição uniforme é freqüentemente chamada de *distribuição retangular*. A função de densidade para uma variável aleatória uniforme no intervalo [1, 3] é apresentada na Figura 6.1.

As probabilidades para uma distribuição uniforme são facilmente calculadas devido à natureza simples da função de densidade. Entretanto, note que a aplicação dessa variável distribuição se baseia na suposição de que a probabilidade de a variável estar situada em um intervalo de comprimento fixo dentro de [A, B] é constante.

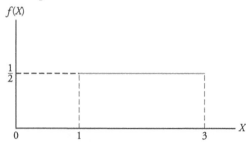

Figura 6.1 A função de densidade para uma variável aleatória no intervalo [1, 3].

■ **Exemplo 6.1**

Suponha que uma grande sala de conferências usada por certa empresa não possa ficar reservada por mais do que quatro horas. No entanto, o uso da sala é tal que conferências longas e curtas ocorrem com muita freqüência. Na verdade, pode-se assumir que a duração X de uma conferência tem distribuição uniforme no intervalo [0, 4].

(a) Qual é a função de densidade de probabilidade?
(b) Qual é a probabilidade de que qualquer conferência dada dure pelo menos três horas?

Solução: (a) A função de densidade apropriada para a variável aleatória X uniformemente distribuída é

$$f(x) = \begin{cases} \frac{1}{4}, & 0 \leq x \leq 4, \\ 0, & \text{caso contrário.} \end{cases}$$

(b) $P[X \geq 3] = \int_3^4 \frac{1}{4}\, dx = \frac{1}{4}.$

Teorema 6.1

A média e a variância da distribuição uniforme são

$$\mu = \frac{A+B}{2} \quad e \quad \sigma^2 = \frac{(B-A)^2}{12}.$$

As provas para esse teorema são deixadas para o leitor. Veja o Exercício 6.20.

6.2 Distribuição normal

A mais importante das distribuições de probabilidade contínuas em todo o campo da estatística é a *distribuição normal*. Seu gráfico, chamado de *curva normal*, é a curva em forma de sino da Figura 6.2, que descreve muitos dos fenômenos que ocorrem na natureza, na indústria e nas pesquisas. Medições físicas em áreas como experimentos meteorológicos, estudos sobre chuvas, medições de peças manufaturadas são explicadas mais do que adequadamente por meio da distribuição normal. Além disso, erros em medições científicas são muito bem aproximados pela distribuição normal. Em 1733, Abraham DeMoivre desenvolveu a equação matemática da curva normal, que serviu de base para boa parte da

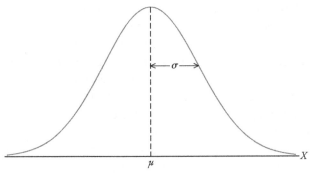

Figura 6.2 A curva normal.

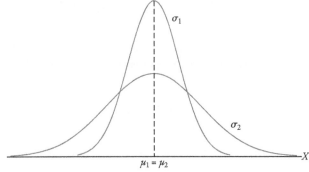

Figura 6.4 Curvas normais com $\mu_1 = \mu_2$ e $\sigma_1 < \sigma_2$.

teoria da estatística indutiva. Freqüentemente, referimo-nos à distribuição normal como *distribuição gaussiana*, em homenagem a Karl Friedrich Gauss (1777-1855), que também derivou sua equação a partir de um estudo dos erros em medições repetidas da mesma quantidade.

Uma variável aleatória contínua X que tem a distribuição em froma de sino da Figura 6.2 é chamada de *variável aleatória normal*. A equação matemática para a distribuição de probabilidade da variável normal depende de dois parâmetros, μ e σ, sua média e seu desvio-padrão. Então, denotamos os valores de densidade de X por $n(x; \mu, \sigma)$.

Distribuição normal

A densidade da variável aleatória normal X, com média μ e variância σ^2, é

$$n(x;\mu,\sigma) = \frac{1}{\sqrt{2\pi}\sigma} e^{-\frac{1}{2\sigma^2}(x-\mu)^2}, \quad -\infty < x < \infty,$$

quando $\pi = 3{,}14159\ldots$ e $e = 2{,}71828\ldots$

Uma vez que μ e σ são especificados, a curva normal está completamente determinada. Por exemplo, se $\mu = 50$ e $\sigma = 5$, então as ordenadas $n(x; 50, 5)$ podem ser calculadas para vários valores de x, e a curva, representada. Na Figura 6.3, esquematizamos duas curvas normais com o mesmo desvio-padrão, mas com médias diferentes. As duas curvas são idênticas na forma, mas centradas em diferentes posições ao longo do eixo horizontal.

Na Figura 6.4, esquematizamos duas curvas normais com a mesma média, mas diferentes desvios-padrão. Dessa vez, vemos que as duas curvas estão centradas exatamente na mesma posição no eixo horizontal, mas a curva com maior desvio-padrão é mais baixa e se prolonga para mais longe. Lembre-se de que a área abaixo de uma curva de probabilidade deve ser igual a 1 e, então, quanto mais variável o conjunto de observações, mais baixa e larga será a curva correspondente.

A Figura 6.5 mostra os resultados do esboço de duas curvas normais que têm médias e desvios-padrão diferentes. Claramente, estão centradas em diferentes posições no eixo horizontal e suas formas refletem dois valores diferentes de σ.

Ao analisar as figuras 6.2 a 6.5 e examinar a primeira e a segunda derivadas de $n(x; \mu, \sigma)$, listamos as seguintes propriedades da curva normal:

1. A moda, que é o ponto no eixo horizontal onde a curva é o máximo, ocorre em $x = \mu$.
2. A curva é simétrica em torno do eixo vertical que passa na média μ.
3. A curva tem seus pontos de inflexão em $x = \mu \pm \sigma$, é côncava para baixo se $\mu - \sigma < X < \mu + \sigma$ e, caso contrário, é côncava para cima.
4. A curva normal aproxima-se do eixo horizontal assintoticamente conforme nos afastamos da média em qualquer direção.

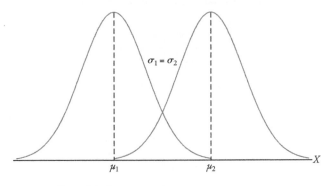

Figura 6.3 Curvas normais com $\mu_1 < \mu_2$ e $\sigma_1 = \sigma_2$.

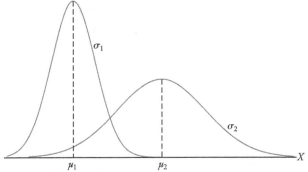

Figura 6.5 Curvas normais com $\mu_1 < \mu_2$ e $\sigma_1 < \sigma_2$.

5. A área total abaixo da curva e acima do eixo horizontal é igual a 1.

Agora, mostraremos que os parâmetros μ e σ^2 são, de fato, a média e a variância da distribuição normal. Para avaliar a média, escrevemos

$$E(X) = \frac{1}{\sqrt{2\pi}\sigma} \int_{-\infty}^{\infty} x e^{-\frac{1}{2}[(x-\mu)/\sigma]^2} dx.$$

Colocando $z = (x-\mu)/\sigma$ e $dx = \sigma\, dz$, obtemos

$$E(X) = \frac{1}{\sqrt{2\pi}} \int_{-\infty}^{\infty} (\mu + \sigma z) e^{-\frac{z^2}{2}} dz$$

$$= \mu \frac{1}{\sqrt{2\pi}} \int_{-\infty}^{\infty} e^{-\frac{z^2}{2}} dz + \frac{\sigma}{\sqrt{2\pi}} \int_{-\infty}^{\infty} z e^{-\frac{z^2}{2}} dz.$$

O primeiro termo à direita é μ vezes a área abaixo da curva normal com média 0 e variância 1 e, portanto, igual a μ. Por integração direta, o segundo termo é igual a 0. Então,

$$E(X) = \mu.$$

A variância da distribuição normal é dada por

$$E[(X-\mu)^2] = \frac{1}{\sqrt{2\pi}\sigma} \int_{-\infty}^{\infty} (x-\mu)^2 e^{-\frac{1}{2}[(x-\mu)/\sigma]^2} dx.$$

Novamente, colocando $z = (x-\mu)/\sigma$ e $dx = \sigma\, dz$, obtemos

$$E[(X-\mu)^2] = \frac{\sigma^2}{\sqrt{2\pi}} \int_{-\infty}^{\infty} z^2 e^{-\frac{z^2}{2}} dz.$$

Integrando por partes com $u = z$ e $dv = ze^{-z^2/2}\, dz$ de modo que $du = dz$ e $v = -e^{-z^2/2}$, descobrimos que

$$E[(X-\mu)^2] = \frac{\sigma^2}{\sqrt{2\pi}} \left(-ze^{-z^2/2}\Big|_{-\infty}^{\infty} + \int_{-\infty}^{\infty} e^{-z^2/2}\, dz \right)$$

$$= \sigma^2(0+1) = \sigma^2.$$

Muitas variáveis aleatórias têm distribuições de probabilidade que podem ser descritas adequadamente pela curva normal, uma vez que μ e σ^2 são especificados. Neste capítulo, assumiremos que esses dois parâmetros sejam conhecidos, talvez de investigações anteriores. Mais tarde faremos inferências estatísticas quando μ e σ^2 forem desconhecidos e tiverem sido estimados dos dados experimentais disponíveis.

Já apontamos o papel que a distribuição normal desempenha como uma aproximação razoável das variáveis científicas em experimentos reais. Há outras aplicações da distribuição normal que poderão ser apreciadas pelo leitor conforme prosseguimos. A distribuição normal encontra grandes aplicações como uma *distribuição limite*. Sob certas condições, a distribuição normal fornece uma boa aproximação contínua para as distribuições binomial e hipergeométrica. O caso da aproximação da binomial é tratado na Seção 6.5. No Capítulo 8, o leitor poderá ler sobre *distribuições amostrais*. Constatamos que a distribuição limite das médias amostrais é normal. Isso nos fornece uma ampla base para inferência estatística, que se prova muito valiosa para o analista de dados interessado na estimação e em testes de hipóteses. Áreas importantes da análise da variância (capítulos 13, 14 e 15) e controle de qualidade (Capítulo 17) têm suas teorias baseadas em suposições que fazem uso da distribuição normal.

Conforme prosseguimos na Seção 6.3, fornecemos exemplos que demonstram o uso das tabelas da distribuição normal. A Seção 6.4 segue com exemplos de aplicações da distribuição normal.

6.3 Áreas abaixo da curva normal

A curva de qualquer distribuição de probabilidade contínua ou função de densidade é construída de modo que a área abaixo da curva delimitada pelas duas ordenadas $x = x_1$ e $x = x_2$ seja igual à probabilidade de que a variável aleatória X assuma um valor entre $x = x_1$ e $x = x_2$. Portanto, a curva normal da Figura 6.6,

$$P(x_1 < X < x_2) = \int_{x_1}^{x_2} n(x; \mu, \sigma)\, dx$$

$$= \frac{1}{\sqrt{2\pi}\sigma} \int_{x_1}^{x_2} e^{-\frac{1}{2\sigma^2}(x-\mu)^2} dx,$$

é representada pela área na região sombreada.

Nas figuras 6.3, 6.4 e 6.5, vimos como a curva normal depende da média e do desvio-padrão da distribuição sob investigação. A área abaixo da curva entre duas ordenadas também deve depender dos valores μ e σ. Isso fica evidente na Figura 6.7, onde temos regiões sombreadas correspondentes a $P(x_1 < X < x_2)$ para duas curvas com médias e variâncias diferentes. A $P(x_1 < X < x_2)$, onde X é a variável aleatória que descreve a distribuição A, é indicada pela área sombreada mais escura. Se X for a variável aleatória que descreve a distribuição B, então $P(x_1 < X < x_2)$ é dada por toda a região sombreada. Obviamente, as duas regiões sombreadas são diferentes

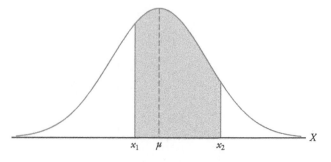

Figura 6.6 $P(x_1 < X < x_2)$ = área da região sombreada.

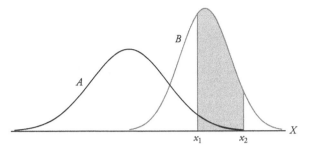

Figura 6.7 $P(x_1 < X < x_2)$ para curvas normais diferentes.

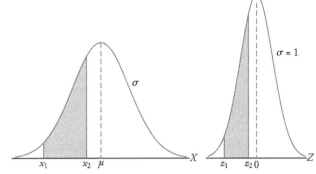

Figura 6.8 Distribuições normais original e transformada.

em tamanho; portanto, a probabilidade associada a cada uma delas será diferente para os dois valores de X dados.

A dificuldade encontrada para resolver as integrais da função de densidade normal gera a necessidade de tabulação das áreas da curva normal para referências rápidas. Entretanto, seria uma tarefa complicada tentar criar tabelas separadas para cada valor concebível de μ e σ. Felizmente, podemos transformar todas as observações de qualquer variável aleatória normal X em um novo grupo de observações da variável aleatória normal Z, com média 0 e variância 1. Isso pode ser feito pela transformação

$$Z = \frac{X - \mu}{\sigma}.$$

Quando X assume um valor de x, o valor correspondente de Z é dado por $z = (x - \mu)/\sigma$. Então, se X estiver entre os valores $x = x_1$ e $x = x_2$, a variável aleatória Z estará entre os valores correspondentes de $z_1 = (x_1 - \mu)/\sigma$ e $z_2 = (x_2 - \mu)/\sigma$. Como conseqüência, podemos escrever

$$P(x_1 < X < x_2)$$
$$= \frac{1}{\sqrt{2\pi}\sigma} \int_{x_1}^{x_2} e^{-\frac{1}{2\sigma^2}(x-\mu)^2} dx = \frac{1}{\sqrt{2\pi}} \int_{z_1}^{z_2} e^{-\frac{1}{2}z^2} dz$$
$$= \int_{z_1}^{z_2} n(z; 0, 1) \, dz = P(z_1 < Z < z_2),$$

onde Z é visto como uma variável aleatória normal com média 0 e variância 1.

Definição 6.1
A distribuição de uma variável aleatória normal com média 0 e variância 1 é chamada de *distribuição normal padrão*.

As distribuições original e transformada são ilustradas na Figura 6.8. Já que todos os valores de X entre x_1 e x_2 têm valores correspondentes de z entre z_1 e z_2, a área abaixo da curva de X entre as ordenadas $x = x_1$ e $x = x_2$ na Figura 6.8 é igual à área abaixo da curva de Z, entre as ordenadas transformadas $z = z_1$ e $z = z_2$.

Agora, reduzimos o número necessário de tabelas das áreas da curva normal para uma, a da distribuição normal padrão. A Tabela A.3 indica a área abaixo da curva normal padrão, correspondente a $P(Z < z)$, para valores de z que variam de $-3,49$ a $3,49$. Para ilustrar o uso dessa tabela, vamos determinar a probabilidade de que Z seja menor que $1,74$. Primeiro, estabelecemos um valor de z igual a $1,7$ na coluna à esquerda, então nos movemos pela linha para a coluna abaixo de $0,04$, onde lemos $0,9591$. Portanto, $P(Z < 1,74) = 0,9591$. Para encontrar um valor de z correspondente à probabilidade dada, o processo é invertido. Por exemplo, o valor de z que deixa uma área de $0,2148$ abaixo da curva à esquerda de z é visto como $-0,79$.

■ **Exemplo 6.2**

Dada uma distribuição normal padrão, determine a área abaixo da curva que está
(a) à direita de $z = 1,84$ e
(b) entre $z = -1,97$ e $z = 0,86$.

Solução: (a) A área na Figura 6.9(a) à direita de $z = 1,84$ é igual a 1 menos a área da Tabela A.3 à esquerda de $z = 1,84$, ou seja, $1 - 0,9671 = 0,0329$.
(b) A área na Figura 6.9(b) entre $z = -1,97$ e $z = 0,86$ é igual à área à esquerda de $z = 0,86$ menos a área à esquerda de $z = -1,97$. Da Tabela A.3, determinamos que a área desejada está entre $0,8051 - 0,0244 = 0,7807$.

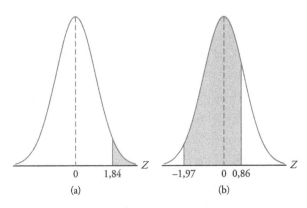

Figura 6.9 Áreas para o Exemplo 6.2.

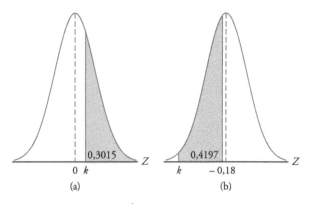

Figura 6.10 Áreas para o Exemplo 6.3.

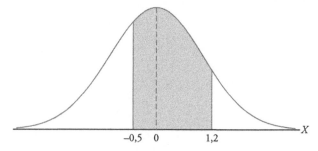

Figura 6.11 Área para o Exemplo 6.4.

■ **Exemplo 6.3**

Dada uma distribuição normal padrão, determine o valor de k de modo que
(a) $P(Z > k) = 0{,}3015$ e
(b) $P(k < Z < -0{,}18) = 0{,}4197$.

Solução: (a) Na Figura 6.10(a) vemos que o valor de k que deixa uma área de 0,3015 à esquerda deve, então, deixar uma área de 0,6985 à esquerda. Da Tabela A.3, temos que $k = 0{,}52$.

(b) Na Tabela A.3, notamos que a área total à esquerda de −0,18 é igual a 0,4286. Na Figura 6.10(b), vemos que a área entre k e −0,18 é 0,4197, de modo que a área à esquerda de k deve ser $0{,}4286 - 0{,}4197 = 0{,}0089$. Então, da Tabela A.3, temos $k = -2{,}37$.

■ **Exemplo 6.4**

Dada uma variável aleatória X com distribuição normal com $\mu = 50$ e $\sigma = 10$, determine a probabilidade de que X assuma um valor entre 45 e 62.

Solução: Os valores de z correspondentes a $x_1 = 45$ e $x_2 = 62$ são

$$z_1 = \frac{45 - 50}{10} = -0{,}5 \quad \text{e} \quad z_2 = \frac{62 - 50}{10} = 1{,}2.$$

Então,

$$P(45 < X < 62) = P(-0{,}5 < Z < 1{,}2).$$

A $P(-0{,}5 < Z < 1{,}2)$ é mostrada pela área da região sombreada da Figura 6.11. Essa área pode ser encontrada subtraindo-se a área à esquerda da ordenada $z = -0{,}5$ da área total à esquerda de $z = 1{,}2$. Usando a Tabela A.3, temos

$$P(45 < X < 62) = P(-0{,}5 < Z < 1{,}2)$$
$$= P(Z < 1{,}2) - P(Z < -0{,}5)$$
$$= 0{,}8849 - 0{,}3085 = 0{,}5764.$$

■ **Exemplo 6.5**

Dado que X tem distribuição normal com $\mu = 300$ e $\sigma = 50$, determine a probabilidade de que X assuma um valor maior que 362.

Solução: A distribuição de probabilidade normal com a área desejada é mostrada na Figura 6.12. Para determinar $P(X > 362)$, precisamos avaliar a área abaixo da curva normal à direita de $x = 362$. Isso pode ser feito transformando-se $x = 362$ no valor de z correspondente, obtendo a área à esquerda de z na Tabela A.3 e, então, subtraindo-se essa área de 1. Encontramos

$$z = \frac{362 - 300}{50} = 1{,}24.$$

Portanto,

$$P(X > 362) = P(Z > 1{,}24) = 1 - P(Z < 1{,}24)$$
$$= 1 - 0{,}8925 = 0{,}1075.$$

De acordo com o teorema de Chebyshev, a probabilidade de que uma variável aleatória assuma um valor dentro de dois desvios-padrão da média é de pelo menos 3/4. Se a variável aleatória tiver distribuição normal, os valores de z correspondentes a $x_1 = \mu - 2\sigma$ e $x_2 = \mu + 2\sigma$ são facilmente calculados como

$$z_1 = \frac{(\mu - 2\sigma) - \mu}{\sigma} = -2 \quad \text{e} \quad z_2 = \frac{(\mu + 2\sigma) - \mu}{\sigma} = 2.$$

Daí,

$$P(\mu - 2\sigma < X < \mu + 2\sigma) = P(-2 < Z < 2)$$
$$= P(Z < 2) - P(Z < -2)$$
$$= 0{,}9772 - 0{,}0228 = 0{,}9544,$$

que é uma afirmação muito mais forte do que aquela do teorema de Chebyshev.

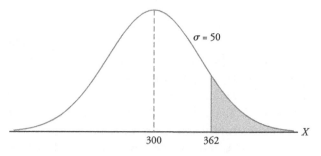

Figura 6.12 Área para o Exemplo 6.5.

Usando a curva normal 'ao contrário'

Ocasionalmente, temos de encontrar o valor de z correspondente a uma probabilidade específica que está entre os valores listados na Tabela A.3 (veja o Exemplo 6.6). Por conveniência, vamos escolher o valor de z correspondente à probabilidade tabelada que mais se aproxima da probabilidade requerida.

Os dois últimos exemplos foram resolvidos indo primeiro de um valor de x a um valor de z e, então, calculando-se a área desejada. No Exemplo 6.6, invertemos o processo e começamos com uma área ou probabilidade conhecida, determinamos o valor de z e, daí, determinamos x rearranjando a fórmula

$$z = \frac{x - \mu}{\sigma} \quad \text{para dar} \quad x = \sigma z + \mu.$$

■ **Exemplo 6.6**

Dada uma distribuição normal com $\mu = 40$ e $\sigma = 6$, determine o valor de x que tem

(a) 45% da área à esquerda e
(b) 14% da área à direita.

Solução: (a) Uma área de 0,45 à esquerda do valor de x desejado está sombreada na Figura 6.13(a). Precisamos de um valor de z que deixe uma área de 0,45 à esquerda. Da Tabela A.3, descobrimos que $P(Z < -0,13) = 0,45$, então o valor de z desejado é $-0,13$. Portanto,

$$x = (6)(-0,13) + 40 = 39,22.$$

(b) Na Figura 6.13(b) sombreamos a área igual a 0,14 à direita do valor de x desejado. Dessa vez, precisamos de um valor de z que deixe 0,14 de área à direita e, então, uma área de 0,86 à esquerda. Novamente, da Tabela A.3, descobrimos que $P(Z < 1,08) = 0,86$, então o valor de z desejado é 1,08 e

$$x = (6)(1,08) + 40 = 46,48.$$

6.4 Aplicações da distribuição normal

Alguns dos muitos problemas nos quais podemos aplicar a distribuição normal são tratados nos exemplos a seguir.

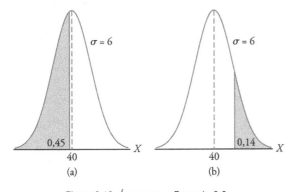

Figura 6.13 Áreas para o Exemplo 6.6.

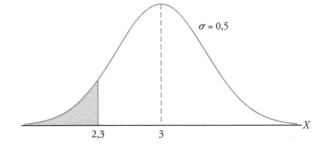

Figura 6.14 Área para o Exemplo 6.7.

O uso da curva normal para aproximar as probabilidades binomiais será considerado na Seção 6.5.

■ **Exemplo 6.7**

Certo tipo de armazenados de bateria dura, em média, três anos, com desvio-padrão de 0,5 ano. Assumindo que a vida dos armazenadores é distribuída normalmente, encontre a probabilidade de que certo armazenador dure pelo menos 2,3 anos.

Solução: Primeiro, construa um diagrama como o da Figura 6.14, mostrando a distribuição da vida do acumulador e a área desejada. Para determinar $P(X < 2,3)$, precisamos avaliar a área abaixo da curva normal à esquerda de 2,3. Isso pode ser feito ao determinar a área à esquerda do valor de z correspondente. Assim, determinamos que

$$z = \frac{2,3 - 3}{0,5} = -1,4,$$

e, então, usando a Tabela A.3, temos

$$P(X < 2,3) = P(Z < -1,4) = 0,0808.$$

■ **Exemplo 6.8**

Uma indústria elétrica fabrica lâmpadas que têm vida útil, antes de queimarem, normalmente distribuída com média igual a 800 horas e desvio-padrão de 40 horas. Encontre a probabilidade de que uma lâmpada queime entre 778 e 834 horas.

Solução: A distribuição das lâmpadas é ilustrada na Figura 6.15. Os valores de z correspondentes a $x_1 = 778$ e $x_2 = 834$ são

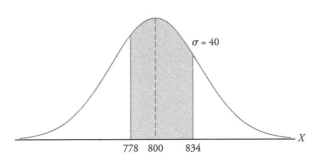

Figura 6.15 Área para o Exemplo 6.8.

$$z_1 = \frac{778 - 800}{40} = -0{,}55 \quad \text{e} \quad z_2 = \frac{834 - 800}{40} = 0{,}85.$$

Então
$$P(778 < X < 834) = P(-0{,}55 < Z < 0{,}85)$$
$$= P(Z < 0{,}85) - P(Z < -0{,}55)$$
$$= 0{,}8023 - 0{,}2912 = 0{,}5111.$$

■ **Exemplo 6.9**

Em um processo industrial, o diâmetro de um rolamento é uma parte importante do processo. O comprador determina que as especificações para o diâmetro sejam $3{,}0 \pm 0{,}01$ cm. A conseqüência é que nenhuma peça fora dessas especificações será aceita. Sabe-se que, no processo, o diâmetro do rolamento tem distribuição normal com média $\mu = 3{,}0$ e desvio-padrão $\sigma = 0{,}005$. Em média, quantos rolamentos fabricados serão inutilizados?

Solução: A distribuição dos diâmetros é ilustrada pela Figura 6.16. Os valores correspondentes aos limites das especificações são $x_1 = 2{,}99$ e $x_2 = 3{,}01$. Os valores de z correspondentes são

$$z_1 = \frac{2{,}99 - 3{,}0}{0{,}005} = -2{,}0 \quad \text{e} \quad z_2 = \frac{3{,}01 - 3{,}0}{0{,}005} = +2{,}0.$$

Assim
$$P(2{,}99 < X < 3{,}01) = P(-2{,}0 < Z < 2{,}0).$$

Da Tabela A.3, $P(Z < -2{,}0) = 0{,}0228$. Devido à simetria da distribuição normal, descobrimos que

$$P(Z < -2{,}0) + P(Z > 2{,}0) = 2(0{,}0228) = 0{,}0456.$$

Como resultado, antecipamos que, em média, 4,56% dos rolamentos fabricados serão inutilizados.

■ **Exemplo 6.10**

Calibradores são utilizados para rejeitar todos os componentes nos quais certa dimensão não está dentro da especificação $1{,}50 \pm d$. Sabe-se que essa medição é distribuída com média 1,50 e desvio-padrão 0,2. Determine o valor d tal que as especificações 'cubram' 95% das medições.

Solução Da Tabela A.3, sabemos que
$$P(-1{,}96 < Z < 1{,}96) = 0{,}95.$$

Portanto,
$$1{,}96 = \frac{(1{,}50 + d) - 1{,}50}{0{,}2},$$

do qual obtemos
$$d = (0{,}2)(1{,}96) = 0{,}392.$$

Uma ilustração das especificações é mostrada na Figura 6.17.

■ **Exemplo 6.11**

Certa máquina fabrica resistores elétricos com uma resistência média de 40 ohms e desvio-padrão de 2 ohms. Supondo que a resistência siga uma distribuição normal e que pode ser medida para qualquer grau de acuidade, qual é a porcentagem de resistores que terão uma resistência excedendo 43 ohms?

Solução: Uma porcentagem é encontrada multiplicando-se a freqüência relativa por 100%. Já que a freqüência relativa para um intervalo é igual à probabilidade de estar no intervalo, devemos encontrar a área à direita de $x = 43$, na Figura 6.18. Isso pode ser feito transformando-se $x = 43$ no valor de z correspondente, obtendo a área à esquerda de z da Tabela A.3 e, então, subtraindo-se essa área de 1. Determinamos

$$z = \frac{43 - 40}{2} = 1{,}5.$$

Portanto,
$$P(X > 43) = P(Z > 1{,}5) = 1 - P(Z < 1{,}5)$$
$$= 1 - 0{,}9332 = 0{,}0668.$$

Assim, 6,68% dos resistores terão resistência excedendo 43 ohms.

■ **Exemplo 6.12**

Determine a porcentagem de resistências que excedem 43 ohms para o Exemplo 6.11, se a resistência for medida para o ohm mais próximo.

Solução: Esse problema difere do Exemplo 6.11 pelo fato de, agora, designarmos uma medição de 43 ohms

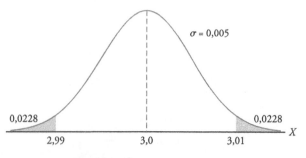

Figura 6.16 Área para o Exemplo 6.9.

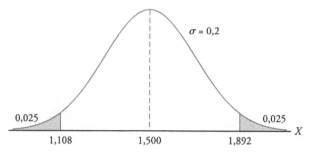

Figura 6.17 Área para o Exemplo 6.10.

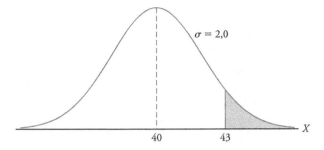

Figura 6.18 Área para o Exemplo 6.11.

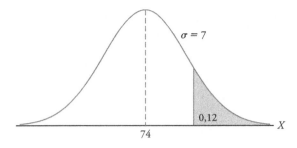

Figura 6.20 Área para o Exemplo 6.13.

para todos os resistores cujas resistências são maiores que 42,5 e menores que 43,5. Estamos, na verdade, aproximando a distribuição discreta por meio da distribuição contínua normal, neste caso. A área solicitada é a região sombreada à direita de 43,5 na Figura 6.19. Agora, determinamos que

$$z = \frac{43,5 - 40}{2} = 1,75.$$

Assim,

$$P(X > 43,5) = P(Z > 1,75) = 1 - P(Z < 1,75)$$
$$= 1 - 0,9599 = 0,0401.$$

Portanto, 4,01% das resistências excederam 43 ohms quando medidas para o ohm mais próximo. A diferença 6,68% − 4,01% = 2,67% entre essa resposta e a do Exemplo 6.11 representa todos os resistores que têm resistência maior que 43 e menor que 43,5, que agora estão sendo registrados como 43 ohms.

■ **Exemplo 6.13**

A nota média em um exame é 74, e o desvio-padrão é 7. Se 12% da classe recebe A, e as notas são ajustadas para seguir uma distribuição normal, qual é o A mais baixo possível e o B mais alto possível?

Solução: Neste exemplo, começamos com uma área de probabilidade conhecida, encontramos o valor de z e, então, determinamos x da fórmula $x = \sigma z + \mu$. A área de 0,12, que corresponde à fração de estudantes que receberam A, está sombreada na Figura 6.20. Precisamos de um valor de z que deixe 0,12 da área à direita e, en-

tão, uma área de 0,88 à esquerda. Da Tabela A.3, $P(Z < 1,18)$ tem o valor mais próximo a 0,88, de modo que o valor desejado de z é 1,18. Assim,

$$x = (7)(1,18) + 74 = 82,26.$$

Portanto, o A mais baixo é 83 e o B mais alto é 82.

■ **Exemplo 6.14**

Volte ao Exemplo 6.13 e determine o sexto decil.

Solução: O sexto decil, escrito D_6, é o valor de x que deixa 60% da área à esquerda, como mostrado na Figura 6.21. Da Tabela A.3, encontramos que $P(Z < 0,25) \approx 0,6$, de modo que o valor desejado de z é 0,25. Agora, $x = (7)(0,25) + 74 = 75,75$. Então, $D_6 = 75,75$. Ou seja, 60% das notas são menores ou iguais a 75.

Exercícios

6.1 Dada uma distribuição normal padrão, determine a área abaixo da curva que fica
(a) à esquerda de $z = 1,43$;
(b) à direita de $z = -0,89$;
(c) entre $z = -2,16$ e $z = -0,65$;
(d) à esquerda de $z = -1,39$;
(e) à direita de $z = 1,96$;
(f) entre $z = -0,48$ e $z = 1,74$.

6.2 Determine o valor de z se a área abaixo da curva normal padrão
(a) à direita de z é 0,3622;
(b) à esquerda de z é 0,1131;

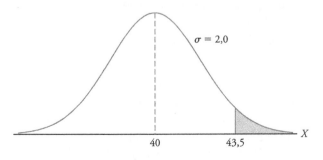

Figura 6.19 Área para o Exemplo 6.12.

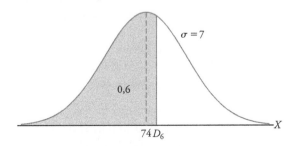

Figura 6.21 Área para o Exemplo 6.14.

(c) entre 0 e z, com $z > 0$, é 0,4838;
(d) entre $-z$ e z, com $z > 0$, é 0,9500.

6.3 Dada uma distribuição normal padrão, determine o valor de k de modo que
(a) $P(Z < k) = 0{,}0427$;
(b) $P(Z > k) = 0{,}2946$;
(c) $P(-0{,}93 < Z < k) = 0{,}7235$.

6.4 Dada uma distribuição normal com $\mu = 30$ e $\sigma = 6$, determine
(a) a área da curva normal à direita de $x = 17$;
(b) a área da curva normal à esquerda de $x = 22$;
(c) a área da curva normal entre $x = 32$ e $x = 41$;
(d) o valor de x que tem 80% da área da curva normal à esquerda;
(e) os dois valores de x que contêm os 75% da área do meio da curva normal.

6.5 Dada a variável distribuída normalmente X com média 18 e desvio-padrão 2,5, determine
(a) $P(X < 15)$;
(b) o valor de k de modo que $P(X < k) = 0{,}2236$;
(c) o valor de k de modo que $P(X > k) = 0{,}1814$;
(d) $P(17 < X < 21)$.

6.6 De acordo com o teorema de Chebyshev, a probabilidade de que variável aleatória qualquer assuma um valor dentro de três desvios-padrão da média é de pelo menos 8/9. Se sabemos que a distribuição de probabilidade da variável aleatória X é normal com média μ e variância σ^2, qual é o valor exato de $P(\mu - 3\sigma < X < \mu + 3\sigma)$?

6.7 Um cientista reporta que camundongos viverão uma média de 40 meses quando suas dietas forem bastante restritas e, portanto, enriquecidas com vitaminas e proteínas. Assumindo que a vida de tais camundongos é distribuída normalmente com desvio-padrão de 6,3 meses, determine a probabilidade de que certo camundongo viverá
(a) mais de 32 meses;
(b) menos de 28 meses;
(c) entre 37 e 49 meses.

6.8 Os pães de centeio distribuídos por certa padaria para as lojas locais têm comprimento médio de 30 cm e desvio-padrão de 2 cm. Assumindo que os comprimentos são distribuídos normalmente, qual é a porcentagem de pães que
(a) têm mais de 31,7 centímetros?
(b) têm entre 29,3 e 33,5 centímetros de comprimento?
(c) têm menos de 25,5 centímetros?

6.9 Uma máquina de refrigerante está regulada de modo a despejar uma média de 200 mililitros de refrigerante por copo. Se a quantidade da bebida é normalmente distribuída com desvio-padrão de 15 mililitros,
(a) que fração de copos conterá mais de 224 mililitros?
(b) qual é a probabilidade de que um copo contenha entre 191 e 209 mililitros?
(c) quantos copos provavelmente transbordarão se forem utilizados copos de 230 mililitros para as próximas mil bebidas?
(d) abaixo de qual valor temos os 25% menores volumes da bebida?

6.10 O diâmetro interno terminado de um anel de pistão é distribuído normalmente com média de 10 centímetros e desvio-padrão de 0,03 centímetro.
(a) Qual é a proporção de anéis que terão diâmetro interno excedendo 10,075 centímetros?
(b) Qual é a probabilidade de que um anel de pistão tenha diâmetro interno entre 9,97 e 10,03 centímetros?
(c) Abaixo de qual valor do diâmetro interno estarão 15% dos anéis de pistão?

6.11 Um advogado viaja diariamente de sua casa nos subúrbios até o escritório no centro da cidade. O tempo médio da viagem de ida é de 24 minutos, com desvio-padrão de 3,8 minutos. Assuma que seus tempos de viagem sejam distribuídos normalmente.
(a) Qual é a probabilidade de que uma viagem leve pelo menos de meia hora?
(b) Se o escritório abre às 9h e ele sai de sua casa às 8h45, qual é a porcentagem do tempo em que ele estará atrasado para o trabalho?
(c) Se ele sai de casa às 8h35 e o café é servido no escritório entre 8h50 e 9h, qual é a probabilidade de ele perder o café?
(d) Determine o tempo acima do qual encontramos os 15% menores tempos de viagem.
(e) Determine a probabilidade de que duas das próximas três viagens levarão pelo menos 30 minutos.

6.12 No artigo da publicação *Chemical Engineering Progress*, de novembro de 1990, um estudo discutiu a porcentagem de pureza do oxigênio de certo fornecedor. Assuma que a média era 99,61, com desvio-padrão de 0,08. Assuma que a distribuição da porcentagem de pureza era aproximadamente normal.
(a) Qual porcentagem dos valores de pureza você esperaria encontrar entre 99,5 e 99,7?
(b) Qual valor de pureza você esperaria exceder exatamente 5% da população?

6.13 A vida média de certo tipo de pequeno motor é de dez anos, com desvio-padrão de dois anos. O fabricante substitui gratuitamente os motores que falharem enquanto estiverem sob a garantia. Se ele deseja substituir somente 3% dos motores que falham, quanto tempo de garantia deve ser oferecido? Assuma que a vida do motor segue uma distribuição normal.

6.14 As alturas de mil estudantes são normalmente distribuídas com média de 174,5 centímetros e desvio-padrão de 6,9 centímetros. Assumindo que as alturas são registradas para o meio centímetro mais próximo, quantos desses estudantes você esperaria que tivessem alturas
(a) menores que 160 centímetros?
(b) entre 171,5 e 182 centímetros, inclusive?
(c) iguais a 175 centímetros?
(d) maiores ou iguais a 188 centímetros?

6.15 Uma empresa paga a seus funcionários um salário médio de $ 15,90 por hora, com desvio-padrão de $ 1,50. Se os salários são distribuídos aproximadamente de maneira normal e pagos ao centavo mais próximo,
(a) qual porcentagem de funcionários recebe salários entre $ 13,75 e $ 16,22 inclusive, por hora?
(b) os 5% mais altos salários por hora são maiores do que qual quantia?

6.16 Os pesos de um grande número de minipoodles têm distribuição aproximadamente normal com média de 8 quilogramas e desvio-padrão de 0,9 quilograma. Se as medições são registradas para o décimo mais próximo de um quilograma, encontre as frações desses poodles com pesos
(a) acima de 9,5 quilogramas;
(b) no máximo de 8,6 quilogramas;
(c) entre 7,3 e 9,1 quilogramas, inclusive.

6.17 A resistência à tensão de certo componente de metal é normalmente distribuída com média de 10.000 quilogramas por centímetro quadrado e desvio-padrão de 100 quilogramas por centímetro quadrado. As medições são registradas para os 50 quilogramas por centímetro quadrado mais próximos.
(a) Qual é a proporção desses componentes que excede 10.150 quilogramas por centímetro quadrado na resistência à tensão?
(b) Se as especificações exigem que todos os componentes tenham resistência à tensão entre 9.800 e 10.200 quilogramas por centímetro quadrado, inclusive, qual é a proporção de componentes que você espera serem inutilizados?

6.18 Se um conjunto de observações é distribuído normalmente, qual porcentagem desta difere da média em
(a) mais de $1,3\sigma$?
(b) menos de $0,52\sigma$?

6.19 Os QIs (quocientes de inteligência) de 600 candidatos de certa faculdade são aproximadamente distribuídos segundo a distribuição normal, com média de 115 e desvio-padrão de 12. Se a faculdade exige um QI de pelo menos 95, quantos desses estudantes serão rejeitados sem ser consideradas outras qualificações?

6.20 Dada uma distribuição uniforme contínua, mostre que

(a) $\mu = \frac{A+B}{2}$ e
(b) $\sigma^2 = \frac{(B-A)^2}{12}$.

6.21 A quantidade diária de café, em litros, dispensada por uma máquina localizada no saguão de um aeroporto é a variável aleatória X, que tem uma distribuição uniforme contínua com $A = 7$ e $B = 10$. Encontre a probabilidade de que, em certo dia, a quantidade de café dispensada pela máquina será
(a) no máximo de 8,8 litros;
(b) mais de 7,4 litros, mas menos de 9,5 litros;
(c) pelo menos de 8,5 litros.

6.22 Um ônibus chega a cada dez minutos em um ponto de parada. Assume-se que o tempo de espera para um indivíduo em particular é uma variável aleatória com distribuição uniforme contínua.
(a) Qual é a probabilidade de que o indivíduo espere mais de sete minutos?
(b) Qual é a probabilidade de que o indivíduo espere entre dois e sete minutos?

6.5 Aproximação normal da binomial

Probabilidades associadas com experimentos binomiais são prontamente obtidas da fórmula $b(x; n, p)$ da distribuição binomial ou da Tabela A.1, quando n é pequeno. Além disso, as probabilidades binomiais estão prontamente disponíveis em muitos pacotes de *softwares* para computadores. Entretanto, é instrutivo aprender a relação entre as distribuições binomial e normal. Na Seção 5.6, ilustramos como a distribuição de Poisson pode ser utilizada para aproximar as probabilidades binomiais quando n é muito grande e p é muito próximo de 0 ou 1. Ambas as distribuições, binomial e de Poisson, são discretas.

A primeira aplicação de uma distribuição de probabilidade contínua para aproximar probabilidades sobre um espaço amostral discreto é demonstrada no Exemplo 6.12, no qual utilizamos uma curva normal. A distribuição normal é, com freqüência, uma boa aproximação para uma distribuição discreta quando esta assume uma forma de sino simétrica. Do ponto de vista teórico, algumas distribuições convergem para a normal conforme seus parâmetros se aproximam de certos limites. A distribuição normal é uma distribuição aproximada conveniente porque sua função de distribuição acumulada é facilmente tabulada. A distribuição binomial é bem aproximada pela normal em problemas práticos, quando se trabalha com a função de distribuição acumulada. Vamos enunciar agora um teorema que nos permite usar as áreas abaixo da curva normal para aproximar as propriedades binomiais quando n é suficientemente grande.

Teorema 6.2
Se X é uma variável aleatória binomial com média $\mu = np$ e variância $\sigma^2 = npq$, então a forma limite da distribuição de

$$Z = \frac{X - np}{\sqrt{npq}},$$

quando $n \to \infty$, é a distribuição normal padrão $n(z; 0, 1)$.

Constatamos que a distribuição normal com $\mu = np$ e $\sigma^2 = np(1 - p)$ não só fornece uma aproximação muito precisa para a distribuição binomial quando n é grande e p não está extremamente próximo de 0 ou 1, mas também fornece uma aproximação razoavelmente boa mesmo quando n é pequeno e p está razoavelmente próximo de 1/2.

Para ilustrar a aproximação normal para binomial, primeiro desenhamos um histograma para $b(x; 15, 0,4)$ e, então, sobrepomos a curva normal em particular que tem a mesma média e variância que a variável aleatória X. Ou seja, desenhamos a curva normal com

$$\mu = np = (15)(0,4) = 6$$
$$\text{e } \sigma^2 = npq = (15)(0,4)(0,6) = 3,6.$$

O histograma de $b(x; 15, 0,4)$ e a correspondente curva normal sobreposta, que é completamente determinada por sua média e variância, são ilustrados na Figura 6.22.

A probabilidade exata de que a variável aleatória binomial X assuma um dado valor de x é igual à área da barra cuja base é centrada em x. Por exemplo, a probabilidade exata de que X assuma o valor 4 é igual à área do retângulo com base centrada em $x = 4$. Usando a Tabela A.1, descobrimos que essa área é

$$P(X = 4) = b(4; 15, 0,4) = 0,1268,$$

que é aproximadamente igual à área da região sombreada abaixo da curva normal entre as duas ordenadas $x_1 = 3,5$ e $x_2 = 4,5$, da Figura 6.23. Convertendo para valores de z, temos

$$z_1 = \frac{3,5 - 6}{1,897} = -1,32 \quad \text{e} \quad z_2 = \frac{4,5 - 6}{1,897} = -0,79.$$

Se X é uma variável aleatória binomial e Z é a variável normal padrão, então

$$P(X = 4) = b(4; 15, 0,4) \approx P(-1,32 < Z < -0,79)$$
$$= P(Z < -0,79) - P(Z < -1,32)$$
$$= 0,2148 - 0,0934 = 0,1214,$$

que é muito próximo do valor exato de 0,1268.

A aproximação normal é mais útil para calcular somas binomiais, para grandes valores de n. Em relação à Figura 6.23, podemos estar interessados na probabilidade de que X assuma um valor entre 7 e 9, inclusive. A probabilidade exata é dada por

$$P(7 \leq X \leq 9) = \sum_{x=0}^{9} b(x; 15, 0,4) - \sum_{x=0}^{6} b(x; 15, 0,4)$$
$$= 0,9662 - 0,6098 = 0,3564,$$

que é igual à soma das áreas dos retângulos com bases centradas em $x = 7$, 8 e 9. Para a aproximação normal, determinamos a área da região sombreada abaixo da curva entre as ordenadas $x_1 = 6,5$ e $x_2 = 9,5$ na Figura 6.23.

Os valores correspondentes são

$$z_1 = \frac{6,5 - 6}{1,897} = 0,26 \quad \text{e} \quad z_2 = \frac{9,5 - 6}{1,897} = 1,85.$$

Agora,

$$P(7 \leq X \leq 9) \approx P(0,26 < Z < 1,85)$$
$$= P(Z < 1,85) - P(Z < 0,26)$$
$$= 0,9678 - 0,6026 = 0,3652.$$

Novamente, a aproximação da curva normal fornece um valor muito próximo do valor exato de 0,3564. O grau de precisão, que depende de quão bem a curva se ajusta ao histograma, aumentará conforme n aumentar. Isso é particularmente verdadeiro quando p não está muito próximo de 1/2 e o histograma não é mais simétrico. As figuras 6.24 e 6.25 mostram os histogramas para $b(x; 6, 0,2)$ e $b(x; 15, 0,2)$, respectivamente. É evidente que a curva normal se ajustaria ao histograma de maneira consideravelmente melhor quando $n = 15$ do que quando $n = 6$.

Em nossas ilustrações da aproximação normal para a binomial, tornou-se aparente que, na procura da área

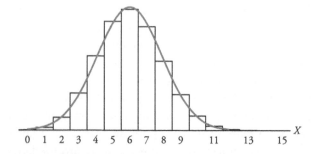

Figura 6.22 Aproximação normal de $b(x; 15, 0,4)$.

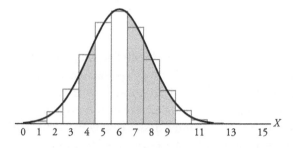

Figura 6.23 Aproximação normal de $b(x, 15, 0,4)$ e $\sum_{x=7}^{9} b(x; 15, 0,4)$.

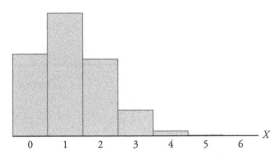

Figura 6.24 Histograma para $b(x; 6, 0,2)$.

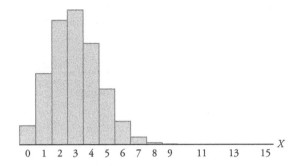

Figura 6.25 Histograma para $b(x;15, 0,2)$.

abaixo da curva normal à esquerda de, digamos, x, é mais preciso usar $x + 0,5$. Essa é uma correção para acomodar o fato de que uma distribuição discreta está sendo aproximada por uma distribuição contínua. A correção $+ 0,5$ é chamada de *correção de continuidade*. Da discussão anterior, fornecemos a seguinte aproximação formal da normal para a binomial:

Aproximação normal para a distribuição binomial

Seja X uma variável aleatória binomial com parâmetros n e p. Então X tem distribuição aproximadamente normal com $\mu = np$ e $\sigma^2 = npq = np(1 - p)$, e

$$P(X \leq x) = \sum_{k=0}^{x} b(k; n, p)$$

$\approx$ área abaixo da curva normal à esquerda de $x + 0,5$

$$= P\left(Z \leq \frac{x + 0,5 - np}{\sqrt{npq}}\right),$$

e a aproximação será boa se np e $n(1 - p)$ forem maiores ou iguais a 5.

Como indicamos anteriormente, a qualidade da aproximação é bastante boa para um n grande. Se p for próximo de 1/2, uma amostra de tamanho pequeno ou moderado será suficiente para uma aproximação razoável. Oferecemos a Tabela 6.1 como uma indicação da qualidade da aproximação. São dadas a aproximação normal e as probabilidades binomiais acumuladas verdadeiras. Note que, em $p = 0,05$ e $p = 0,10$, a aproximação é razoavelmente grosseira para $n = 10$. Entretanto, mesmo para $n = 10$, observe a melhora para $p = 0,50$. Por outro lado, quando p é fixado em $p = 0,05$, note a melhoria da aproximação conforme vamos de $n = 20$ a $n = 100$.

■ **Exemplo 6.15**

A probabilidade de que um paciente se recupere de uma rara doença sangüínea é de 0,4. Se soubermos que 100 pessoas contraíram a doença, qual é a probabilidade de que 30 sobrevivam?

Solução: Seja X a variável binomial que representa o número de pacientes que sobrevivem. Já que $n = 100$, podemos obter resultados razoavelmente precisos usando a aproximação pela curva normal com

$$\mu = np = (100)(0,4) = 40$$

e

$$\sigma = \sqrt{npq} = \sqrt{(100)(0,4)(0,6)} = 4,899.$$

Tabela 6.1 Aproximação normal e as probabilidades binomiais acumuladas verdadeiras.

	$p = 0,05, n = 10$		$p = 0,10, n = 10$		$p = 0,50, n = 10$	
r	**Binomial**	**Normal**	**Binomial**	**Normal**	**Binomial**	**Normal**
0	0,5987	0,5000	0,3487	0,2981	0,0010	0,0022
1	0,9139	0,9265	0,7361	0,7019	0,0107	0,0136
2	0,9885	0,9981	0,9298	0,9429	0,0547	0,0571
3	0,9990	1,0000	0,9872	0,9959	0,1719	0,1711
4	1,0000	1,0000	0,9984	0,9999	0,3770	0,3745
5			1,0000	1,0000	0,6230	0,6255
6					0,8281	0,8289
7					0,9453	0,9429
8					0,9893	0,9864
9					0,9990	0,9978
10					1,0000	0,9997

(continua)

(*continuação*)

Tabela 6.1 Aproximação normal e probabilidades binomiais acumuladas verdadeiras.

			$p = 0,05$			
	$n = 20$		$n = 50$		$n = 100$	
r	Binomial	Normal	Binomial	Normal	Binomial	Normal
0	0,3585	0,3015	0,0769	0,0968	0,0059	0,0197
1	0,7358	0,6985	0,2794	0,2578	0,0371	0,0537
2	0,9245	0,9382	0,5405	0,5000	0,1183	0,1251
3	0,9841	0,9948	0,7604	0,7422	0,2578	0,2451
4	0,9974	0,9998	0,8964	0,9032	0,4360	0,4090
5	0,9997	1,0000	0,9622	0,9744	0,6160	0,5910
6	1,0000	1,0000	0,9882	0,9953	0,7660	0,7549
7			0,9968	0,9994	0,8720	0,8749
8			0,9992	0,9999	0,9369	0,9463
9			0,9998	1,0000	0,9718	0,9803
10			1,0000	1,0000	0,9885	0,9941

Para obtermos a probabilidade desejada, devemos determinar a área à esquerda de $x = 29,5$. O valor de z correspondente a 29,5 é

$$z = \frac{29,5 - 40}{4,899} = -2,14,$$

e a probabilidade de que menos de 30 dos 100 pacientes sobrevivam é dada pela região sombreada na Figura 6.26. Assim,

$$P(X < 30) \approx P(Z < -2,14) = 0,0162.$$

■ **Exemplo 6.16**

Um teste de múltipla escolha tem 200 perguntas, cada uma com quatro respostas possíveis, das quais apenas uma resposta é correta. Qual é a probabilidade de que o estudante acerte por adivinhação de 25 a 30 respostas corretas para 80 as 200 perguntas sobre as quais o estudante não tem nenhum conhecimento?

Solução: A probabilidade de uma resposta correta para cada uma das 80 questões é $p = 1/4$. Se X representa o número de respostas corretas devido à adivinhação, então

$$P(25 \leq X \leq 30) = \sum_{x=25}^{30} b(x; 80, 1/4).$$

Usando a aproximação pela curva normal com

$$\mu = np = (80)\left(\frac{1}{4}\right) = 20$$

e

$$\sigma = \sqrt{npq} = \sqrt{(80)(1/4)(3/4)} = 3,873,$$

precisamos da área entre $x_1 = 24,5$ e $x_2 = 30,5$. Os valores de z correspondentes são

$$z_1 = \frac{24,5 - 20}{3,873} = 1,16, \quad \text{e} \quad z_2 = \frac{30,5 - 20}{3,873} = 2,71.$$

A probabilidade de uma adivinhação correta de 25 a 30 questões é dada pela região sombreada na Figura 6.27. Da Tabela A.3, descobrimos que

$$P(25 \leq X \leq 30) = \sum_{x=25}^{30} b(x; 80, 0,25)$$

$$\approx P(1,16 < Z < 2,71)$$

$$= P(Z < 2,71) - P(Z < 1,16)$$

$$= 0,9966 - 0,8770 = 0,1196.$$

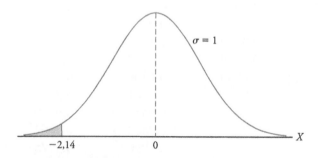

Figura 6.26 Área para o Exemplo 6.15.

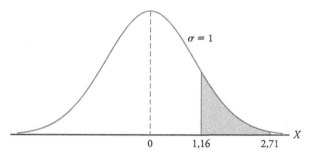

Figura 6.27 Área para o Exemplo 6.16.

Exercícios

6.23 Avalie $P(1 \leq X \leq 4)$ para a variável binomial com $n = 15$ e $p = 0,2$ usando
(a) a Tabela A.1 do Apêndice on-line;
(b) a aproximação pela curva normal.

6.24 Uma moeda é jogada 400 vezes. Use a aproximação pela curva normal para determinar a probabilidade de obter
(a) entre 185 e 210 caras, inclusive;
(b) exatamente 205 caras;
(c) menos de 176 ou mais de 227 caras.

6.25 Um processo para fabricação de um componente eletrônico gera 1% de itens defeituosos. Um plano de controle de qualidade seleciona 100 itens do processo e, se nenhum apresentar defeito, o processo continua. Use a aproximação normal da binomial para determinar
(a) a probabilidade de que o processo continue no plano amostral descrito;
(b) a probabilidade de que o processo continue mesmo que ele não esteja adequado (ou seja, se a freqüência de componentes defeituosos for mudada para 5,0% de defeituosos).

6.26 Um processo gera 10% de itens defeituosos. Se 100 itens são selecionados aleatoriamente do processo, qual é a probabilidade de que o número de defeituosos
(a) exceda 13?
(b) seja menor que oito?

6.27 A probabilidade de um paciente se recuperar de uma delicada operação cardíaca é de 0,9. Dos próximos 100 pacientes operados, qual é a probabilidade de que
(a) entre 84 e 95, inclusive, sobrevivam?
(b) menos de 86 sobrevivam?

6.28 Pesquisadores da Universidade George Washington e do Instituto Nacional de Saúde dos Estados Unidos afirmam que aproximadamente 75% das pessoas acreditam que "os tranqüilizantes funcionam muito bem para deixar as pessoas mais calmas e relaxadas". Das próximas 80 pessoas entrevistadas, qual é a probabilidade de que
(a) pelo menos 50 tenham essa opinião?
(b) no máximo 56 tenham essa opinião?

6.29 Se 20% dos residentes em uma cidade dos Estados Unidos preferem aparelho telefônico na cor branca do que em qualquer outra cor, qual é a probabilidade de que, entre os próximos 1.000 telefones instalados na cidade,
(a) entre 170 e 185, inclusive, sejam brancos?
(b) pelo menos 210, mas não mais do que 225, sejam brancos?

6.30 Uma indústria farmacêutica afirma que uma droga cura certa doença sangüínea, em média, 80% das vezes. Para checar essa afirmação, analistas do governo usaram a droga em 100 indivíduos e decidiram aceitar a afirmação de que 75 ou mais possam ser curados.
(a) Qual é a probabilidade de que a afirmação seja rejeitada quando a probabilidade de cura for, de fato, de 0,8?
(b) Qual é a probabilidade de a afirmação ser aceita pelo governo quando a probabilidade de cura é tão baixa quanto 0,7?

6.31 Um sexto dos calouros do sexo masculino que entram em uma grande escola pública são estudantes de outros estados. Se eles são colocados em dormitórios aleatórios, 180 em cada prédio, qual é a probabilidade de que certo dormitório receba pelo menos um quinto de estudantes que são de fora do estado?

6.32 Uma indústria farmacêutica sabe que aproximadamente 5% das pílulas anticoncepcionais têm um ingrediente abaixo da dosagem mínima, tornando-as ineficazes. Qual é a probabilidade de que menos de dez em uma amostra de 200 pílulas sejam ineficazes?

6.33 Estatísticas lançadas pela Administração de Segurança Nacional das Estradas e o Conselho de Segurança Nacional dos Estados Unidos mostram que, em uma noite do fim de semana, um em cada dez motoristas na estrada está alcoolizado. Se 400 motoristas forem checados aleatoriamente no próximo sábado à noite, qual é a probabilidade de que o número de motoristas bêbados seja
(a) menor que 32?
(b) maior que 49?
(c) pelo menos 35, mas não mais que 47?

6.34 Um par de dados é jogado 180 vezes. Qual é a probabilidade de que o total 7 ocorra
(a) pelo menos 25 vezes?
(b) entre 33 e 41 vezes, inclusive?
(c) exatamente 30 vezes?

6.35 Uma empresa produz peças para um motor. As especificações sugerem que 95% dos itens estão dentro das especificações. As peças são enviadas para os clientes em lotes de 100.
(a) Qual é a probabilidade de que mais de dois itens apresentarão defeitos em certo lote?
(b) Qual é a probabilidade de que mais de dez itens apresentarão defeito em um lote?

6.36 Uma prática comumente usada por companhias aéreas é vender mais passagens do que o número real de assentos em um vôo porque nem todos os clientes que compram passagem aparecem para viajar. Suponha que a porcentagem de passageiros que não aparecem na hora do vôo é de 2%. Para um vôo com 197 lugares, um total de 200 passagens é vendido. Qual é a probabilidade de que haja um *overbooking* (venda de mais passagens do que lugares disponíveis) neste vôo?

6.37 O nível de colesterol X em garotos de 14 anos tem distribuição normal com média 170 e desvio-padrão de 30.
(a) Determine a probabilidade de que o nível de colesterol de um garoto de 14 anos selecionado aleatoriamente exceda 230.
(b) Em uma escola de ensino médio há 300 meninos com 14 anos de idade. Determine a probabilidade de que pelo menos oito garotos tenham nível de colesterol que exceda 230.

6.38 Uma empresa de telemarketing tem uma máquina especial que abre e remove o conteúdo de envelopes. Se o envelope é colocado de modo impróprio na máquina, os conteúdos podem não ser retirados ou podem ser danificados. Neste caso, dizemos que a máquina falhou.
(a) Se a máquina tem uma probabilidade de falha de 0,01, qual é a probabilidade de que mais de uma falha ocorra em um lote de 20 envelopes?
(b) Se a probabilidade de falha da máquina é de 0,01 e precisamos abrir um lote de 500 envelopes, qual é a probabilidade de que mais de oito falhas ocorram?

6.6 Distribuições gama e exponencial

Embora a distribuição normal possa ser utilizada para resolver muitos problemas em engenharia e ciência, há ainda inúmeras situações que requerem diferentes tipos de funções de densidade. Duas dessas funções, as *distribuições gama* e *exponencial*, são discutidas nesta seção.

Constatamos que a exponencial é um caso especial da distribuição gama. Ambas possuem um grande número de aplicações. As distribuições gama e exponencial têm um papel muito importante na teoria das filas e em problemas de confiabilidade. O tempo entre chegadas em instalações de serviços e o tempo até a falha de peças de componentes e sistemas elétricos geralmente são bem modelados pela distribuição exponencial. A relação entre a gama e a exponencial permite que a gama seja envolvida em problemas similares. Forneceremos mais detalhes e exemplos na Seção 6.7.

A distribuição gama deriva seu nome da famosa *função gama*, estudada em muitas áreas da matemática. Antes de prosseguirmos com a distribuição gama, vamos revisar esta função e algumas de suas importantes propriedades.

Definição 6.2
A *função gama* é definida por
$$\Gamma(\alpha) = \int_0^\infty x^{\alpha-1} e^{-x} \, dx, \quad \text{para } \alpha > 0.$$

Integrando por partes com $u = x^{\alpha-1}$ e $dv = e^{-x} dx$, obtemos

$$\Gamma(\alpha) = -e^{-x} x^{\alpha-1}\Big|_0^\infty + \int_0^\infty e^{-x}(\alpha-1)x^{\alpha-2} \, dx$$

$$= (\alpha-1)\int_0^\infty x^{\alpha-2} e^{-x} \, dx,$$

para $\alpha > 1$, que rende uma fórmula recorrente

$$\Gamma(\alpha) = (\alpha-1)\Gamma(\alpha-1).$$

A aplicação repetida da fórmula recorrente fornece
$$\Gamma(\alpha) = (\alpha-1)(\alpha-2)\Gamma(\alpha-2)$$
$$= (\alpha-1)(\alpha-2)(\alpha-3)\Gamma(\alpha-3),$$

e assim por diante. Note que quando $\alpha = n$, em que n é um número inteiro positivo,

$$\Gamma(n) = (n-1)(n-2)\cdots(1)\Gamma(1).$$

Entretanto, pela Definição 6.2,

$$\Gamma(1) = \int_0^\infty e^{-x} \, dx = 1,$$

então

$$\Gamma(n) = (n-1)!.$$

Uma importante propriedade da função gama, deixada para que o leitor faça a verificação (veja o Exercício 6.41), é que $\Gamma(1/2) = \sqrt{\pi}$.

Agora, incluiremos a função gama em nossa definição da distribuição gama.

Distribuição gama
A variável aleatória contínua X tem uma *distribuição gama*, com parâmetros α e β, se sua função de densidade for dada por

$$f(x; \alpha, \beta) = \begin{cases} \frac{1}{\beta^\alpha \Gamma(\alpha)} x^{\alpha-1} e^{-x/\beta}, & x > 0, \\ 0, & \text{caso contrário}, \end{cases}$$

onde $\alpha > 0$ e $\beta > 0$.

Gráficos de diversas distribuições gama são mostrados na Figura 6.28 para alguns valores dos parâmetros α e β. A distribuição gama especial, para a qual $\alpha = 1$, é chamada de *distribuição exponencial*.

Distribuição exponencial
A variável aleatória contínua X tem uma *distribuição exponencial*, com parâmetro β, se sua função de densidade é dada por

$$f(x; \beta) = \begin{cases} \frac{1}{\beta} e^{-x/\beta}, & x > 0, \\ 0, & \text{caso contrário}, \end{cases}$$

onde $\beta > 0$.

O teorema e o corolário a seguir fornecem a média e a variância das distribuições gama e exponencial.

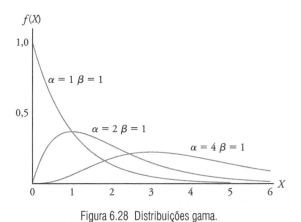

Figura 6.28 Distribuições gama.

Teorema 6.3
A média e a variância da distribuição gama são
$$\mu = \alpha\beta \text{ e } \sigma^2 = \alpha\beta^2.$$

A prova para este teorema está no Apêndice on-line A.28.

Corolário 6.1
A média e a variância da distribuição exponencial são
$$\mu = \beta \text{ e } \sigma^2 = \beta^2.$$

Relação com o processo de Poisson

Continuaremos com as aplicações da distribuição exponencial e depois retornaremos para a distribuição gama. As aplicações mais importantes da distribuição exponencial são as situações em que o processo de Poisson é aplicado (veja o Capítulo 5). O leitor deve se lembrar que o processo de Poisson permite o uso da distribuição discreta chamada de distribuição de Poisson. Lembre-se de que essa distribuição é usada para calcular a probabilidade de números específicos de 'eventos' durante *certo intervalo de tempo ou região de espaço*. Em muitas aplicações, o intervalo de tempo ou um intervalo do espaço é a variável aleatória. Por exemplo, um engenheiro industrial pode estar interessado em modelar o tempo T entre as chegadas de veículos a um cruzamento congestionado, durante o horário de *rush*, em uma grande cidade. Uma chegada representa um evento de Poisson.

A relação entre a distribuição exponencial (freqüentemente chamada de exponencial negativa) e o processo de Poisson é bastante simples. No Capítulo 5 desenvolvemos a distribuição de Poisson como uma distribuição de parâmetro único, o parâmetro λ, onde λ pode ser interpretado como o número médio de eventos *por unidade de 'tempo'*. Considere agora a *variável aleatória* descrita pelo tempo necessário até que o primeiro evento ocorra. Usando a distribuição de Poisson, descobrimos que a probabilidade de que nenhum evento ocorra no intervalo de tempo t é dada por

$$p(0; \lambda t) = \frac{e^{-\lambda t}(\lambda t)^0}{0!} = e^{-\lambda t}.$$

Podemos, agora, fazer uso da fórmula anterior e deixar X ser o tempo até o primeiro evento de Poisson. A probabilidade de que o tempo até o primeiro evento exceda x é igual à probabilidade de que nenhum evento de Poisson ocorra em x. A última é dada por $e^{-\lambda x}$. Como resultado,

$$P(X > x) = e^{-\lambda x}.$$

Portanto, a função de distribuição acumulada para X é dada por

$$P(0 \leq X \leq x) = 1 - e^{-\lambda x}.$$

Agora, para reconhecermos a presença da distribuição exponencial, podemos derivar esta função de distribuição acumalada para obter a função de densidade

$$f(x) = \lambda e^{-\lambda x},$$

que é a função de densidade da distribuição exponencial com $\lambda = 1/\beta$.

6.7 Aplicações das distribuições gama e exponencial

Anteriormente, fornecemos a fundamentação para a aplicação da distribuição exponencial em problemas de 'tempo até a chegada' ou tempo até a ocorrência de eventos de Poisson. Aqui, mostraremos exemplos e, então, prosseguiremos com a discussão sobre o papel da distribuição gama nesses modelos de aplicações. Note que a média da distribuição exponencial é o parâmetro β, o inverso do parâmetro na distribuição de Poisson. O leitor deve se lembrar de que foi dito que a distribuição de Poisson não tem memória, o que implica que as ocorrências em períodos de tempo sucessivos são independentes. O importante parâmetro β é a média do tempo entre os eventos. Na teoria da confiabilidade, em que uma falha em um equipamento freqüentemente obedece a esse processo de Poisson, β é chamado de *tempo médio entre falhas*. Muitas panes em equipamentos seguem o processo de Poisson, e, portanto, a distribuição exponencial se aplica. Outras aplicações incluem o tempo de sobrevivência em experimentos biomédicos e o tempo de resposta de computadores.

No exemplo a seguir, mostramos uma aplicação simples da distribuição exponencial para um problema de confiabilidade. A distribuição binomial também é usada na solução.

■ **Exemplo 6.17**

Suponha que um sistema contém certo tipo de componente cujo tempo, em anos, até a falha é dado por T. A variável aleatória T é bem modelada pela distribuição exponencial, com tempo médio até a falha $\beta = 5$. Se cinco desses componentes são instalados em sistemas diferentes, qual é a probabilidade de que pelo menos dois ainda estejam funcionando no final de oito anos?

Solução: A probabilidade de que certo componente ainda esteja funcionando após oito anos é dada por

$$P(T > 8) = \frac{1}{5}\int_8^\infty e^{-t/5}\,dt = e^{-8/5} \approx 0{,}2.$$

Considere X o número de componentes funcionando após oito anos. Assim, usando a distribuição binomial,

$$P(X \geq 2) = \sum_{x=2}^5 b(x; 5, 0{,}2) = 1 - \sum_{x=0}^1 b(x; 5, 0{,}2)$$

$$= 1 - 0{,}7373 = 0{,}2627.$$

Há exercícios e exemplos no Capítulo 3 nos quais o leitor já encontrou a distribuição exponencial. Outros, envolvendo tempo de espera e problemas de confiabilidade, podem ser encontrados no Exemplo 6.24, na seção Exercícios e nos Exercícios de revisão, no final deste capítulo.

A propriedade da falta de memória e seu efeito na distribuição exponencial

Os tipos de aplicação da distribuição exponencial nos problemas de confiabilidade e vida útil de componentes ou equipamentos são influenciados pela propriedade da *falta de memória* da distribuição exponencial. Por exemplo, no caso de um componente elétrico cuja vida útil tem uma distribuição exponencial, a probabilidade de que o componente dure, digamos, t horas, ou seja, $P(X \geq t)$, é a mesma que a probabilidade condicional

$$P(X \geq t_0 + t \mid X \geq t_0).$$

Então, se o componente 'funciona' até t_0 horas, a probabilidade de durar t horas adicionais é a mesma de durar t horas. Assim, não há 'punição' devido ao desgaste que possa ter ocorrido para durar as primeiras t_0 horas. Portanto, a distribuição exponencial é mais apropriada quando a propriedade da falta de memória é justificada. Mas, se a falha de um componente é resultado de um desgaste gradual ou lento (como no desgaste mecânico), então a exponencial não se aplica, e a distribuição gama ou de Weibull (Seção 6.10) podem ser mais apropriadas.

A importância da distribuição gama está no fato de que ela define uma família na qual outras distribuições são casos especiais. Mas a distribuição gama por si só tem importantes aplicações em tempo de espera e teoria da confiabilidade. Enquanto a distribuição exponencial descreve o tempo até a ocorrência de um evento de Poisson (ou o tempo entre os eventos de Poisson), o tempo (ou espaço) transcorrido até que *um número específico de eventos de Poisson* aconteça é uma variável aleatória cuja função de densidade é descrita pela distribuição gama. Esse número específico de eventos é o parâmetro α na função de densidade gama. Assim, fica fácil entender que, quando $\alpha = 1$, o caso especial da distribuição exponencial ocorre. A densidade gama pode ser desenvolvida a partir de sua relação com o processo de Poisson, da mesma maneira que desenvolvemos a densidade exponencial. Os detalhes são deixados para o leitor. A seguir, temos um exemplo numérico do uso da distribuição gama em uma aplicação de tempo de espera.

■ **Exemplo 6.18**

Suponha que as chamadas recebidas em uma central telefônica sigam um processo de Poisson, com média de cinco chamadas por minuto. Qual é a probabilidade de que um minuto transcorra até que duas chamadas cheguem à central telefônica?

Solução: O processo de Poisson se aplica aqui, com o tempo até dois eventos de Poisson, seguindo uma distribuição gama com $\beta = 1/5$ e $\alpha = 2$. Considere X o tempo, em minutos, que transcorre antes que duas chamadas sejam recebidas. A probabilidade requerida é dada por

$$P(X \leq 1) = \int_0^1 \frac{1}{\beta^2}xe^{-x/\beta}\,dx = 25\int_0^1 xe^{-5x}\,dx$$

$$= 1 - e^{-5}(1 + 5) = 0{,}96.$$

Embora a origem da distribuição gama lide como o tempo (ou espaço) até a ocorrência de α eventos de Poisson, há muitos exemplos em que a distribuição gama funciona muito bem, apesar de não haver uma estrutura de Poisson clara. Isso é particularmente verdadeiro para problemas de *tempo de sobrevivência*, em aplicações biomédicas e de engenharia.

■ **Exemplo 6.19**

Em um estudo biomédico com ratos, uma investigação sobre resposta à dose é usada para determinar o efeito da dose de uma substância tóxica no tempo de sobrevivência dos ratos. Essa substância é uma daquelas freqüentemente despejadas na atmosfera por motores a jato. Para certa dose da substância, o estudo determina que o tempo de sobrevivência, em semanas, tem uma distribuição gama com $\alpha = 5$ e $\beta = 10$. Qual é a probabilidade de que um rato não sobreviva mais do que 60 semanas?

Solução: Considere a variável aleatória X, o tempo de sobrevivência (tempo até a morte). A probabilidade requerida é

$$P(X \leq 60) = \frac{1}{\beta^5}\int_0^{60}\frac{x^{\alpha-1}\,e^{-x/\beta}}{\Gamma(5)}\,dx.$$

A integral acima pode ser resolvida pelo uso de uma *função gama incompleta*, que transforma a função de distribuição acumulada para a distribuição gama. Essa função é escrita como

$$F(x;\alpha) = \int_0^x \frac{y^{\alpha-1}\,e^{-y}}{\Gamma(\alpha)}\,dy.$$

Se considerarmos $y = x/\beta$, então $x = \beta y$, temos

$$P(X \leq 60) = \int_0^6 \frac{y^4 e^{-y}}{\Gamma(5)} dy,$$

que é denotado por $F(6; 5)$ na tabela da função gama incompleta, no Apêndice on-line A.24. Note que isso permite um cálculo rápido das probabilidades para a distribuição gama. De fato, para esse problema, a probabilidade de que um rato não sobreviva mais do que 60 dias é dada por

$$P(X \leq 60) = F(6; 5) = 0{,}715.$$

■ **Exemplo 6.20**

Sabe-se, de dados anteriores, que o período, em meses, entre as reclamações de clientes sobre certo produto tem distribuição gama com $\alpha = 2$ e $\beta = 4$. Foram realizadas mudanças que envolveram um aumento nas condições de controle de qualidade. Depois dessas mudanças, a primeira reclamação de cliente ocorreu depois de 20 meses. O aumento no controle de qualidade parece ter surtido efeito?

Solução: Considere X o tempo até a primeira reclamação, que, sob as condições anteriores à mudança, segue uma distribuição gama com $\alpha = 2$ e $\beta = 4$. A questão centra-se na raridade de $X \geq 20$ dado que α e β permanecem com valores 2 e 4, respectivamente. Em outras palavras, sob as condições anteriores, um 'tempo até a reclamação' tão grande quanto 20 meses é razoável? Assim, precisamos de, seguindo a solução do Exemplo 6.19,

$$P(X \geq 20) = 1 - \frac{1}{\beta^\alpha} \int_0^{20} \frac{x^{\alpha-1} e^{-x/\beta}}{\Gamma(\alpha)} dx.$$

Novamente, usando $y = x/\beta$, temos

$$P(X \geq 20) = 1 - \int_0^5 \frac{y e^{-y}}{\Gamma(2)} dy = 1 - F(5; 2)$$
$$= 1 - 0{,}96 = 0{,}04,$$

onde $F(5; 2) = 0{,}96$ é encontrado na Tabela A.24.

Como resultado, poderíamos concluir que as condições da distribuição gama com $\alpha = 2$ e $\beta = 4$, não são apoiadas pelos dados de que um tempo observado até a reclamação seja tão grande quanto 20 meses. Portanto, é razoável concluir que o trabalho do controle de qualidade foi eficaz.

■ **Exemplo 6.21**

Considere o Exercício 3.31. Com base em testes extensivos, determina-se que o tempo Y, em anos, antes que um grande reparo em certa máquina de lavar seja necessário, é caracterizado pela função de densidade

$$f(y) = \begin{cases} \frac{1}{4} e^{-y/4}, & y \geq 0, \\ 0, & \text{caso contrário.} \end{cases}$$

Note que essa é uma exponencial com $\mu = 4$ anos. A máquina é considerada uma barganha se não necessitar de um grande reparo antes do sexto ano. Assim, qual é a probabilidade de $P(Y > 6)$? E qual é a probabilidade de que um grande reparo seja necessário no primeiro ano?

Solução: Considere a função de distribuição acumulada $F(y)$ para a distribuição exponencial.

$$F(y) = \frac{1}{\beta} \int_0^y e^{-t/\beta} dt = 1 - e^{-y/\beta}.$$

Então,

$$P(Y > 6) = 1 - F(6) = e^{-3/2} = 0{,}2231.$$

Portanto, a probabilidade de que a máquina necessite de um grande reparo após seis anos é de 0,223. É claro que ela precisará de um reparo antes do sexto ano com probabilidade de 0,777. Assim, podemos concluir que a máquina não é de fato uma barganha. A probabilidade de que um grande reparo seja necessário no primeiro ano é

$$P(Y < 1) = 1 - e^{-1/4} = 1 - 0{,}779 = 0{,}221.$$

6.8 Distribuição qui-quadrado

Outro importante caso especial da distribuição gama é obtido ao considerar $\alpha = v/2$ e $\beta = 2$, onde v é um número inteiro positivo. O resultado é chamado de *distribuição qui-quadrado*. Essa distribuição tem um único parâmetro, v, chamado de *graus de liberdade*.

Distribuição qui-quadrado

A variável aleatória contínua X tem distribuição qui-quadrado, com v graus de liberdade, se sua função de densidade for dada por

$$f(x; v) = \begin{cases} \frac{1}{2^{v/2} \Gamma(v/2)} x^{v/2-1} e^{-x/2}, & x > 0, \\ 0, & \text{caso contrário,} \end{cases}$$

onde v é um número inteiro positivo.

A distribuição qui-quadrado tem papel vital na inferência estatística. Tem consideráveis aplicações tanto na metodologia quanto na teoria. Embora não discutamos as aplicações em detalhes neste capítulo, é importante entender que os capítulos 8, 9 e 16 contêm importantes aplicações. Essa distribuição é um componente essencial do teste das hipóteses e estimação estatísticas.

Os tópicos que lidam com distribuições amostrais, análises de variância e estatísticas não-paramétricas envolvem uso extenso da distribuição qui-quadrado.

Teorema 6.4
A média e a variância da distribuição qui-quadrado são
$$\mu = v \text{ e } \sigma^2 = 2v.$$

6.9 Distribuição log-normal

A distribuição log-normal é usada em uma grande variedade de aplicações. Ela se aplica nos casos em que uma transformação log-natural resulte em uma distribuição normal.

Distribuição log-normal

A variável contínua aleatória X tem distribuição log-normal se a variável aleatória $Y = \ln(X)$ tiver uma distribuição normal com média μ e desvio-padrão σ. A função de densidade de X é

$$f(x;\mu,\sigma) = \begin{cases} \frac{1}{\sqrt{2\pi}\sigma x} e^{-\frac{1}{2\sigma^2}[\ln(x)-\mu]^2}, & x \geq 0, \\ 0, & x < 0. \end{cases}$$

Os gráficos de algumas distribuições log-normais são ilustrados na Figura 6.29.

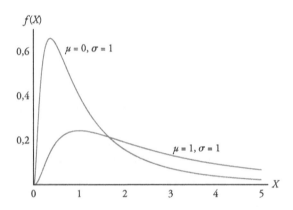

Figura 6.29 Distribuições log-normais.

Teorema 6.5

A média e a variância da distribuição log-normal são

$$\mu_x = e^{\mu + \sigma^2/2} \quad \text{e} \quad \sigma_x^2 = e^{2\mu + \sigma^2}(e^{\sigma^2} - 1).$$

A função de distribuição acumulada é bastante simples devido à sua relação com a distribuição normal. O uso da função de distribuição é ilustrado no exemplo a seguir.

■ **Exemplo 6.22**

A concentração de poluentes produzidos por indústrias químicas é conhecida historicamente por exibir um comportamento que lembra uma distribuição log-normal. Isso é importante quando consideramos assuntos relacionados ao cumprimento das regulamentações governamentais. Suponha que assumimos que a concentração de certo poluente, em partes por milhão, tem distribuição log-normal com parâmetros $\mu = 3,2$ e $\sigma = 1$. Qual é a probabilidade de que a concentração exceda oito partes por milhão?

Solução: Considere a variável aleatória X a concentração de poluentes.

$$P(X > 8) = 1 - P(X \leq 8).$$

Já que $\ln(X)$ tem distribuição normal com média $\mu = 3,2$ e desvio-padrão $\sigma = 1$,

$$P(X \leq 8) = \Phi\left[\frac{\ln(8) - 3,2}{1}\right] = \Phi(-1,12) = 0,1314.$$

Aqui, usamos a notação Φ para denotar a função de distribuição acumulada da distribuição normal padrão. Como resultado, a probabilidade de que a concentração do poluente exceda oito partes por milhão é de 0,1314.

■ **Exemplo 6.23**

A vida, em milhares de milhas, de certo tipo de controle eletrônico para locomotivas tem uma distribuição log-normal aproximada com $\mu = 5,149$ e $\sigma = 0,737$. Determine o quinto percentil da vida de tal locomotiva.

Solução: Da Tabela A.3, sabemos que $P(Z < -1,645) = 0,05$. Considere X a vida da locomotiva. Já que $\ln(X)$ tem distribuição normal com média $\mu = 5,149$ e $\sigma = 0,737$, o quinto percentil de X pode ser calculado como

$$\ln(x) = 5,149 + (0,737)(-1,645) = 3,937.$$

Portanto, $x = 51,265$. Isso significa que apenas 5% das locomotivas terão vida menor que 51,265 milhares de milhas.

6.10 Distribuição Weibull (opcional)

A tecnologia moderna nos permite criar muitos sistemas complexos cuja operação, e talvez segurança, depende da confiabilidade de vários componentes que os formam. Por exemplo, um fusível pode queimar, uma coluna de aço pode entortar ou um componente de detecção de calor pode falhar. Componentes idênticos submetidos a condições ambientais idênticas falharão em momentos diferentes e imprevisíveis. Vimos o papel que as distribuições gama e exponencial têm nesses tipos de problema. Outra distribuição que tem sido usada de modo extensivo recentemente para lidar com tais problemas é a *distribuição Weibull*, introduzida pelo físico sueco Waloddi Weibull, em 1939.

Distribuição Weibull

A variável aleatória contínua X tem uma *distribuição Weibull*, com parâmetros α e β, se sua função de densidade for dada por

$$f(x;\alpha,\beta) = \begin{cases} \alpha\beta x^{\beta-1} e^{-\alpha x^\beta}, & x > 0, \\ 0, & \text{caso contrário,} \end{cases}$$

onde $\alpha > 0$ e $\beta > 0$.

Os gráficos da distribuição Weibull para $\alpha = 1$ e para vários valores do parâmetro β são ilustrados na Figura 6.30.

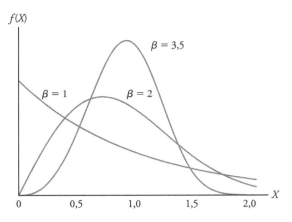

Figura 6.30 Distribuições Weibull ($\alpha = 1$).

Vemos que as curvas mudam consideravelmente de forma para diferentes valores do parâmetro β. Se considerarmos $\beta = 1$, a distribuição Weibull se reduz a uma distribuição exponencial. Para valores de $\beta > 1$, as curvas tomam a forma de sino, e lembram as curvas normais, apesar de mostrarem certa simetria.

A média e a variância da distribuição Weibull são afirmadas no teorema a seguir. O leitor deve fornecer a prova no Exercício 6.48.

Teorema 6.6
A média e a variância da distribuição Weibull são

$$\mu = \alpha^{-1/\beta} \, \Gamma\left(1 + \frac{1}{\beta}\right) \text{ e}$$

$$\sigma^2 = \alpha^{-2/\beta} \left\{ \Gamma\left(1 + \frac{2}{\beta}\right) - \left[\Gamma\left(1 + \frac{1}{\beta}\right)\right]^2 \right\}.$$

Como as distribuições gama e exponencial, a distribuição Weibull também é aplicada em problemas de confiabilidade e testes de vida útil, tais como *tempo até a falha* ou *tempo de vida* de um componente, medida de um tempo específico até a falha. Vamos representar esse tempo até a falha pela variável aleatória contínua T, com função de densidade de probabilidade $f(t)$, onde $f(t)$ é uma distribuição Weibull. Essa distribuição tem a flexibilidade inerente de não requerer a propriedade de falta de memória da distribuição exponencial. A função de distribuição acumulada (fda) para a Weibull pode ser escrita de forma fechada e é certamente útil para cálculos de probabilidades.

Função de distribuição acumulada da distribuição Weibull
A função de distribuição acumulada (fda) da distribuição Weibull é dada por

$$F(x) = 1 - e^{-\alpha x^\beta}, \quad \text{para } x \geq 0$$

para $\alpha > 0$ e $\beta > 0$.

■ **Exemplo 6.24**

O tempo de vida X, em horas, de um item de uma oficina de usinagem tem distribuição Weibull com $\alpha = 0{,}01$ e $\beta = 2$. Qual é a probabilidade de que esse item falhe antes de oito horas de uso?

Solução:
$P(X < 8) = F(8) = 1 - e^{-(0{,}01)8^2} = 1 - 0{,}527 = 0{,}473$.

Taxa de falha para a distribuição Weibull

Quando a distribuição Weibull se aplica, ela é útil para determinarmos *a taxa de falha* (algumas vezes chamada de taxa de risco) e percebermos o desgaste ou deterioração do componente. Primeiro, vamos definir a confiabilidade de um componente ou produto como *a probabilidade de que ele funcionará apropriadamente por, pelo menos, um tempo determinado, sob condições experimentais específicas*. Então, se $R(t)$ é definido como sendo a confiabilidade de certo componente em um tempo t, podemos escrever

$$R(t) = P(T > t) = \int_t^\infty f(t)\, dt = 1 - F(t),$$

onde $F(t)$ é a função de distribuição acumulada de T. A probabilidade condicional de que o componente falhe em um intervalo de $T = t$ a $T = t + \Delta t$, dado que ele sobreviveu até o tempo t, é

$$\frac{F(t + \Delta t) - F(t)}{R(t)}.$$

Dividindo essa razão por Δt e tomando o limite $\Delta t \to 0$, temos *a taxa de falha*, denotada por $Z(t)$. Assim,

$$Z(t) = \lim_{\Delta t \to 0} \frac{F(t + \Delta t) - F(t)}{\Delta t} \frac{1}{R(t)}$$

$$= \frac{F'(t)}{R(t)} = \frac{f(t)}{R(t)} = \frac{f(t)}{1 - F(t)},$$

que expressa a taxa de falha em função da distribuição do tempo até a falha. Já que $Z(t) = f(t)/[1 - F(t)]$, então a taxa de falha é dada como se segue.

Taxa de falha para a distribuição Weibull
A taxa de falha em um tempo t para a distribuição Weibull é dada por

$$Z(t) = \alpha \beta t^{\beta - 1}, \quad t > 0.$$

Interpretação da taxa de falha

A quantidade $Z(t)$ é apropriadamente chamada de taxa de falha, já que quantifica a taxa de mudança, ao longo do tempo, da probabilidade condicional de que o componente dure um tempo Δt adicional, dado que *o componente durou até o tempo t*. A taxa de redução (ou aumento) com o tempo é importante. Os pontos a seguir são cruciais.

(a) Se $\beta = 1$, a taxa de falha = α, ou seja, constante. Isso, como indicado antes, é o caso especial da distribuição exponencial na qual a falta de memória prevalece.
(b) Se $\beta > 1$, $Z(t)$ é uma função crescente de t, que indica que o componente se desgasta com o tempo.
(c) Se $\beta < 1$, $Z(t)$ é uma função decrescente de tempo e, então, o componente se fortalece ou se solidifica com o tempo.

Por exemplo, o item na oficina de usinagem do Exemplo 6.24 tem $\beta = 2$ e, portanto, se desgasta com o tempo. De fato, a função da taxa de falha é dada por $Z(t) = 0,02t$. Por outro lado, suponha que os parâmetros sejam $\beta = 3/4$ e $\alpha = 2$. Neste caso, $Z(t) = 1,5/t^{1/4}$, e, então, o componente se fortalece com o tempo.

Exercícios

6.39 Se uma variável aleatória X tem distribuição gama com $\alpha = 2$ e $\beta = 1$, determine $P(1,8 < X < 2,4)$.

6.40 Em uma cidade, o consumo diário de água (em milhões de litros) segue, aproximadamente, uma distribuição gama com $\alpha = 2$ e $\beta = 3$. Se a capacidade diária da cidade é de nove milhões de litros de água, qual é a probabilidade de que, em qualquer dia escolhido, o suprimento de água seja inadequado?

6.41 Use a função gama com $y = \sqrt{2x}$ para mostrar que $\Gamma(1/2) = \sqrt{\pi}$.

6.42 Suponha que o tempo, em horas, que se leva para consertar uma bomba de aquecimento é a variável aleatória X, que tem distribuição gama com parâmetros $\alpha = 2$ e $\beta = 1/2$. Qual é a probabilidade de que a próxima chamada de serviço precise de
(a) no máximo uma hora para consertar a bomba?
(b) pelo menos duas horas para consertar a bomba?

6.43 (a) Determine a média e a variância do consumo diário de água do Exercício 6.40.
(b) De acordo com o teorema de Chebyshev, há uma probabilidade de pelo menos 3/4 de que o consumo de água em qualquer dia escolhido esteja em qual intervalo?

6.44 Em certa cidade, o consumo diário de energia elétrica, em milhões de quilowatts-hora, é uma variável aleatória X com distribuição gama com média $\mu = 6$ e variância $\sigma^2 = 12$.
(a) Determine os valores de α e β.
(b) Determine a probabilidade de que, em um dia qualquer, o consumo de energia elétrica exceda 12 milhões de quilowatts-hora.

6.45 O tempo para um indivíduo ser servido em uma cafeteria é uma variável aleatória que tem distribuição exponencial com uma média de quatro minutos. Qual é a probabilidade de que uma pessoa seja servida em menos de três minutos, em pelo menos quatro dos próximos seis dias?

6.46 A vida, em anos, de certo tipo de interruptor elétrico tem distribuição exponencial com vida média de $\beta = 2$. Se 100 desses interruptores são instalados em sistemas diferentes, qual é a probabilidade de que no máximo 30 falhem durante o primeiro ano?

6.47 Suponha que a vida útil, em anos, da bateria de um aparelho auditivo é uma variável aleatória com distribuição Weibull, com $\alpha = 1/2$ e $\beta = 2$.
(a) Quanto tempo podemos esperar que a bateria dure?
(b) Qual é a probabilidade de que a bateria esteja operando após dois anos?

6.48 Derive a média e a variância da distribuição Weibull.

6.49 O tempo de vida de uma vedação para automóveis tem distribuição Weibull com taxa de falha $Z(t) = 1/\sqrt{t}$. Determine a probabilidade de que tal vedação ainda esteja intacta após quatro anos.

6.50 A variável aleatória contínua X tem uma distribuição beta com parâmetros α e β se sua função de densidade é dada por

$$f(x) = \begin{cases} \frac{\Gamma(\alpha+\beta)}{\Gamma(\alpha)\Gamma(\beta)} x^{\alpha-1}(1-x)^{\beta-1}, & 0 < x < 1, \\ 0, & \text{caso contrário,} \end{cases}$$

onde $\alpha > 0$ e $\beta > 0$. Se a proporção de uma marca de televisores que necessitam de reparos durante o primeiro ano de uso é uma variável aleatória que tem distribuição beta com $\alpha = 3$ e $\beta = 2$, qual é a probabilidade de que pelo menos 80% dos novos modelos dessa marca vendidos esse ano necessitarão de reparos durante seu primeiro ano de operação?

6.51 Em uma pesquisa biomédica, determinou-se que o tempo de vida, em semanas, de um animal quando submetido a certa exposição de radiação gama tem distribuição gama com $\alpha = 5$ e $\beta = 10$.
(a) Qual é o tempo médio de sobrevivência de um animal, do mesmo tipo usado no experimento selecionado aleatoriamente?
(b) Qual é o desvio-padrão do tempo de sobrevivência?
(c) Qual é a probabilidade de que um animal sobreviva mais de 30 semanas?

6.52 A vida útil, em semanas, de um tipo de transistor segue uma distribuição gama com média de dez semanas e desvio-padrão de $\sqrt{50}$ semanas.
(a) Qual é a probabilidade de que o transistor dure no máximo 50 semanas?
(b) Qual é a probabilidade de que o transistor não sobreviva às dez primeiras semanas?

6.53 O tempo de resposta de computadores é uma importante aplicação das distribuições gama e exponencial. Suponha que um estudo sobre certo sistema de computador revele que o tempo de resposta, em segundos, tem uma distribuição exponencial com média de três segundos.
(a) Qual é a probabilidade de que o tempo de resposta exceda cinco segundos?
(b) Qual é a probabilidade de que o tempo de resposta exceda dez segundos?

6.54 Dados de taxas freqüentemente seguem uma distribuição log-normal. A média de energia usada (dB por hora – decibéis por hora) em certa empresa é estudada e sabe-se que segue uma distribuição log-normal com parâmetros $\mu = 4$ e $\sigma = 2$. Qual é a probabilidade de que a empresa use mais do que 270 dB durante uma hora?

6.55 Para o Exercício 6.54, qual é a média de energia usada (média de dBs por hora)? Qual é a variância?

6.56 O número de automóveis que chegam a um cruzamento, por minuto, tem uma distribuição de Poisson com média de cinco. Temos interesse no tempo que transcorre antes de dez automóveis aparecerem no cruzamento.
(a) Qual é a probabilidade de que mais de dez carros apareçam no cruzamento durante um dado minuto?
(b) Qual é a probabilidade de que sejam necessários mais do que dois minutos antes que dois carros apareçam?

6.57 Considere a informação do Exercício 6.56.
(a) Qual é a probabilidade de que mais de um minuto transcorra entre as chegadas?
(b) Qual é o número médio de minutos que transcorrem entre as chegadas?

6.58 Mostre que a função de taxa de falha é dada por
$$Z(t) = \alpha\beta t^{\beta-1}, \quad t > 0,$$
se, e somente se, a distribuição do tempo até a falha for a distribuição Weibull
$$f(t) = \alpha\beta t^{\beta-1} e^{-\alpha t^\beta}, \quad t > 0.$$

Exercícios de revisão

6.59 De acordo com um estudo publicado por um grupo de sociólogos da Universidade de Massachusetts, aproximadamente 49% dos usuários de Valium, no estado de Massachusetts, são homens de negócios. Qual é a probabilidade de que entre 482 e 510, inclusive, dos próximos mil usuários de Valium selecionados aleatoriamente neste estado sejam homens de negócios?

6.60 A distribuição exponencial é freqüentemente aplicada em tempos de espera entre sucessos em um processo de Poisson. Se o número de chamadas recebidas, por hora, por uma central telefônica é uma variável aleatória de Poisson, com parâmetro $\lambda = 6$, sabemos que o tempo, em horas, entre as chamadas sucessivas tem distribuição exponencial com parâmetro $\beta = 1/6$. Qual é a probabilidade de uma espera de mais de 15 minutos entre duas chamadas sucessivas?

6.61 Quando α é um número inteiro positivo n, a distribuição gama também é conhecida como *distribuição de Erlang*. Fazendo $\alpha = n$ na distribuição gama da página 126, a distribuição de Erlang é
$$f(x) = \begin{cases} \frac{x^{n-1} e^{-x/\beta}}{\beta^n (n-1)!}, & x > 0, \\ 0, & \text{caso contrário.} \end{cases}$$

Isso pode ser mostrado quando os tempos entre eventos sucessivos forem independentes, cada um com uma distribuição exponencial com parâmetro β, então o tempo total de espera X transcorrido até que todos os n eventos ocorram tem distribuição de Erlang. Em relação ao Exercício de revisão 6.60, qual é a probabilidade de que os próximos três telefonemas serão recebidos nos próximos 30 minutos?

6.62 Um fabricante de certo tipo de máquina grande deseja comprar rebites de um entre dois fabricantes. É importante que a carga de ruptura de cada rebite exceda 10.000 psi (unidade de pressão). Dois fabricantes (A e B) oferecem esse tipo de rebite e ambos têm rebites cuja carga de ruptura é distribuída normalmente. As cargas de ruptura médias para os fabricantes A e B são 14.000 e 13.000 psi, respectivamente. Os desvios-padrão são 2.000 e 1.000 psi, respectivamente. Qual fabricante produzirá, em média, menos rebites com defeito?

6.63 De acordo com um censo recente, quase 65% das famílias nos Estados Unidos são compostas de uma ou duas pessoas. Assumindo que essa porcentagem é válida ainda hoje, qual é a probabilidade de que entre 590 e 625, inclusive, das próximas 1.000 famílias selecionadas aleatoriamente consistirão ou de uma ou de duas pessoas?

6.64 A vida útil de certo equipamento tem taxa de falha anunciada de 0,01 por hora. A taxa de falha é constante e a distribuição exponencial se aplica.
(a) Qual é o tempo médio até a falha?
(b) Qual é a probabilidade de que 200 horas passarão antes que se observe uma falha?

6.65 Em uma indústria química, é importante que a produção de certo tipo de lote fique acima de 80%. Se ficar abaixo disso por um período extenso, a empresa perde dinheiro. Lotes fabricados que apresentam defeito ocasionalmente não são muito relevantes. Mas se diversos lotes apresentam defeitos por dia, a indústria fecha

e realiza ajustes. Sabe-se que a produção é distribuída normalmente, com desvio-padrão de 4%.
(a) Qual é a probabilidade de um 'alarme falso' (rendimento menor que 80%) quando a produção média é de 85%?
(b) Qual é a probabilidade de que um lote fabricado tenha produção que exceda 80%, quando, na verdade, a produção média está em 79%?

6.66 Considere uma taxa de falha de um componente elétrico a cada cinco horas. É importante considerar o tempo que se leva para que dois componentes falhem.
(a) Assumindo que se aplica a distribuição gama, qual é o tempo médio que se leva para que dois componentes falhem?
(b) Qual é a probabilidade de que 12 horas transcorram antes de dois componentes falharem?

6.67 O alongamento de uma barra de aço sobre uma carga foi estabelecido para ser distribuído normalmente, com média de 0,05 polegada e $\sigma = 0,01$ polegada. Determine a probabilidade de que o alongamento seja
(a) acima de 0,1 polegada;
(b) abaixo de 0,04 polegada;
(c) entre 0,025 e 0,065 polegada.

6.68 Sabe-se que um satélite controlado tem um erro (distância do alvo) que é distribuído normalmente com média 0 e desvio-padrão de 4 pés. O fabricante do satélite define um 'sucesso' como um lançamento no qual o satélite chega a, no máximo, 10 pés do alvo. Calcule a probabilidade de o satélite falhar.

6.69 Um técnico planeja testar certo tipo de resina desenvolvida em laboratório para determinar a natureza do tempo que se leva antes de a colagem acontecer. Sabe-se que o tempo médio para colagem é de três horas, com desvio-padrão de 0,5 hora. O produto será considerado indesejável se seu tempo de colagem for menor que uma hora ou maior do que quatro horas. Comente sobre a utilidade da resina. Com que freqüência seu desempenho seria considerado indesejável? Assuma que o tempo de colagem é distribuído normalmente.

6.70 Considere a informação do Exercício de revisão 6.64. Qual é a probabilidade de que menos de 200 horas transcorrerão antes que duas falhas ocorram?

6.71 Para o Exercício de revisão 6.70, qual é a média e a variância do tempo que transcorre antes que duas falhas ocorram?

6.72 A taxa média de consumo de água (milhares de galões por hora) por uma comunidade segue uma distribuição log-normal com parâmetros $\mu = 5$ e $\sigma = 2$. É importante para o planejamento ter uma idéia dos períodos de maior consumo de água. Qual é a probabilidade de que, em qualquer hora escolhida, serão usados 50.000 galões de água?

6.73 Para o Exercício de revisão 6.72, qual é a média do consumo médio de água por hora, em milhares de galões?

6.74 No Exercício 6.52, a vida útil de um transistor tem distribuição gama com média de dez semanas e desvio-padrão de $\sqrt{50}$ semanas. Suponha que a conjectura da distribuição gama seja incorreta. Assuma que a distribuição é normal.
(a) Qual é a probabilidade de que o transistor dure, no máximo, 50 semanas?
(b) Qual é a probabilidade de que o transistor não dure as primeiras dez semanas?
(c) Comente sobre a diferença nos resultados aqui e nos resultados encontrados no Exercício 6.52.

6.75 Considere o Exercício 6.50. A distribuição beta tem considerável aplicação em problemas de confiabilidade, nos quais a variável aleatória básica é uma proporção no cenário prático ilustrado no exemplo. Nesse sentido, considere o Exercício de revisão 3.75. Impurezas no lote de produto de um processo químico refletem um sério problema. Sabemos que a proporção de impurezas Y em um lote tem a função de densidade

$$f(y) = \begin{cases} 10(1-y)^9, & 0 \leq y \leq 1, \\ 0, & \text{caso contrário.} \end{cases}$$

(a) Verifique se a função dada é uma função de densidade válida.
(b) Qual é a probabilidade de que um lote seja considerado inaceitável (ou seja, $Y > 0,6$)?
(c) Quais são os parâmetros α e β da distribuição beta ilustrada aqui?
(d) A média de uma distribuição beta é $\frac{\alpha}{\alpha+\beta}$. Qual é a proporção média de impurezas no lote?
(e) A variância de uma variável aleatória com distribuição beta é

$$\sigma^2 = \frac{\alpha\beta}{(\alpha+\beta)^2(\alpha+\beta+1)}.$$

Qual é a variância de Y neste problema?

6.76 Considere agora o Exercício de revisão 3.76. A função de densidade do tempo Z, em minutos, entre as chamadas para a fornecedora de energia elétrica, é dada por

$$f(z) = \begin{cases} \frac{1}{10}e^{-z/10}, & 0 < z < \infty, \\ 0, & \text{caso contrário.} \end{cases}$$

(a) Qual é o tempo médio entre as chamadas?
(b) Qual é a variância do tempo entre as chamadas?
(c) Qual é a probabilidade de que o tempo entre as chamadas exceda a média?

6.77 Considere o Exercício de revisão 6.76. Dada a conjectura da distribuição exponencial, qual é o número médio de chamadas por hora? Qual é a variância do número de chamadas por hora?

6.78 Em um projeto experimental sobre fator humano, determinou-se que o tempo de reação de um piloto a um estímulo visual é distribuído normalmente com média de 1/2 segundo e desvio-padrão de 2/5 segundos.
(a) Qual é a probabilidade de que uma reação do piloto leve mais do que 0,3 segundo?
(b) Qual é o tempo de reação que é excedido por 95% dos tempos?

6.79 O tempo entre panes em um equipamento essencial é importante para a decisão de se usar o equipamento auxiliar. Um engenheiro entende que o melhor modelo para o tempo entre as panes de um gerador é uma distribuição exponencial com média de 15 dias.
(a) Se o gerador acabou de quebrar, qual é a probabilidade de que ele quebrará novamente nos próximos 21 dias?
(b) Qual é a probabilidade de que o gerador vai operar nos próximos 30 dias sem nenhuma falha?

6.80 A vida útil, em horas, de uma broca de perfuração em uma operação mecânica tem distribuição Weibull com $\alpha = 2$ e $\beta = 50$. Determine a probabilidade de que a broca falhará antes de dez horas de uso.

6.81 Derive a função de densidade acumulada (fda) para a distribuição Weibull. [*Sugestão*: Na definição de uma fda, faça a transformação $z = y^\beta$.]

6.82 No Exercício de revisão 6.80, explique por que a natureza do cenário não combinaria com uma distribuição exponencial.

6.83 Estabeleça a relação entre a variável aleatória qui-quadrado e a variável aleatória gama, prove que a média da variável aleatória qui-quadrado é v e a variância é $2v$.

6.84 O tempo, em segundos, que um usuário de computador leva para ler seus e-mails é distribuído como uma variável aleatória log-normal, com $\mu = 1,8$ e $\sigma^2 = 4,0$.
(a) Qual é a probabilidade de que o usuário leia seus e-mails por mais de 20 segundos? E por mais de 1 minuto?
(b) Qual é a probabilidade de que o usuário leia seus e-mails por um período que é igual à média da distribuição log-normal?

6.11 Conceitos errôneos e riscos em potencial; relação com material de outros capítulos

Muitos dos riscos no uso do material deste capítulo são muito similares aos do Capítulo 5. Um dos maiores enganos no uso da estatística é a suposição de uma distribuição normal em certo tipo de inferência estatística quando, na verdade, ela não é normal. O leitor será exposto a testes de hipóteses nos capítulos 10 a 15, nos quais faremos a suposição de normalidade. Além disso, entretanto, o leitor será lembrado de que existem *testes da bondade de ajuste*, bem como rotinas gráficas, que serão discutidos nos capítulos 8 e 10, que nos permitem 'checar' os dados para determinar se a suposição de normalidade é razoável.

Capítulo 7

Funções de variáveis aleatórias (opcional)

7.1 Introdução

Este capítulo tem uma grande abrangência. Os capítulos 5 e 6 tratam de tipos específicos de distribuições, tanto discretas quanto contínuas, que têm usos em muitas áreas de aplicação, incluindo confiabilidade, controle de qualidade e testes de aceitação por amostragem. Neste capítulo, começaremos com um tópico mais geral, o das distribuições das funções de variáveis aleatórias. Introduziremos técnicas gerais e as ilustraremos com exemplos. Depois, seguiremos com um conceito relacionado, as *funções geradoras de momentos*, que podem ser úteis quando estudamos as distribuições de funções lineares de variáveis aleatórias.

Nos métodos estatísticos padrão, o resultado de testes de hipóteses, estatística, de estimação ou até mesmo os gráficos estatísticos não envolvem uma única variável aleatória, mas sim *funções de uma ou mais variáveis aleatórias*. Como resultado, a inferência estatística requer as distribuições dessas funções. Por exemplo, é comum o uso de *médias de variáveis aleatórias*. Além disso, as somas e as combinações lineares mais gerais são importantes. Freqüentemente, estamos interessados na distribuição das somas dos quadrados de variáveis aleatórias, particularmente no uso das técnicas de análise de variância, discutidas nos capítulos 11 a 14.

7.2 Transformações de variáveis

É freqüente, em estatística, encontrarmos a necessidade de derivar a distribuição de probabilidade de uma função de uma ou mais variáveis aleatórias. Por exemplo, suponha que X é uma variável aleatória discreta com distribuição de probabilidade $f(x)$ e suponha, também, que $Y = u(X)$, defina uma transformação um a um entre os valores de X e Y. Queremos determinar a distribuição de probabilidade de Y. É importante perceber que uma transformação um a um implica que cada valor x está relacionado com um, e apenas um, valor $y = u(x)$, e cada valor y está relacionado com um, e apenas um, valor $x = w(y)$, onde $w(y)$ é obtido pela solução de $y = u(x)$ para x em função de y.

De nossa discussão sobre as distribuições de probabilidades discretas, no Capítulo 3, fica claro que a variável aleatória Y assume o valor y quando X assume o valor $w(y)$. Como conseqüência, a distribuição de probabilidade de Y é dada por:

$$g(y) = P(Y = y) = P[X = w(y)] = f[w(y)].$$

Teorema 7.1

Suponha que X é uma variável aleatória *discreta* com distribuição de probabilidade $f(x)$. Defina $Y = u(X)$ a transformação um a um entre os valores de X e Y, de modo que a equação $y = u(x)$ possa ser unicamente resolvida por x em função de y, digamos $x = w(y)$. Portanto, a distribuição de probabilidade de Y é

$$g(y) = f[w(y)].$$

■ **Exemplo 7.1**

Considere X uma variável aleatória geométrica com distribuição de probabilidade

$$f(x) = \frac{3}{4}\left(\frac{1}{4}\right)^{x-1}, \qquad x = 1, 2, 3, \ldots$$

Determine a distribuição de probabilidade da variável aleatória $Y = X^2$.

Solução: Já que os valores de X são todos positivos, a transformação define a correspondência um a um entre os valores x e y, $y = x^2$ e $x = \sqrt{y}$. Então,

$$g(y) = \begin{cases} f(\sqrt{y}) = \frac{3}{4}\left(\frac{1}{4}\right)^{\sqrt{y}-1}, & y = 1, 4, 9, \ldots, \\ 0, & \text{caso contrário.} \end{cases}$$

■

Considere um problema em que X_1 e X_2 são duas variáveis aleatórias discretas com distribuição de probabilidade conjunta $f(x_1, x_2)$ e queremos determinar a distribuição de probabilidade conjunta $g(y_1, y_2)$ das duas novas variáveis aleatórias,

$$Y_1 = u_1(X_1, X_2) \qquad \text{e} \qquad Y_2 = u_2(X_1, X_2),$$

que definem uma transformação um a um entre os conjuntos de pontos (x_1, x_2) e (y_1, y_2). Solucionando as equações $y_1 = u_1(x_1, x_2)$ e $y_2 = u_2(x_1, x_2)$ simultaneamente, obtemos a solução inversa única

$$x_1 = w_1(y_1, y_2) \quad \text{e} \quad x_2 = w_2(y_1, y_2).$$

Portanto, as variáveis aleatórias Y_1 e Y_2 assumem os valores y_1 e y_2, respectivamente, quando X_1 assume o valor $w_1(y_1, y_2)$ e X_2 assume o valor $w_2(y_1, y_2)$. A distribuição de probabilidade conjunta de Y_1 e Y_2 é, então,

$$\begin{aligned} g(y_1, y_2) &= P(Y_1 = y_1, Y_2 = y_2) \\ &= P[X_1 = w_1(y_1, y_2), X_2 = w_2(y_1, y_2)] \\ &= f[w_1(y_1, y_2), w_2(y_1, y_2)]. \end{aligned}$$

Teorema 7.2
Suponha que X_1 e X_2 sejam variáveis aleatórias **discretas** com distribuição de probabilidade conjunta $f(x_1, x_2)$. Deixe $Y_1 = u_1(X_1, X_2)$ e $Y_2 = u_2(X_1, X_2)$. Defina a transformação um a um entre os pontos (x_1, x_2) e (y_1, y_2) de modo que as equações

$$y_1 = u_1(x_1, x_2) \quad \text{e} \quad y_2 = u_2(x_1, x_2)$$

sejam unicamente solucionadas para x_1 e x_2 em função de y_1 e y_2, ou seja, $x_1 = w_1(y_1, y_2)$ e $x_2 = w_2(y_1, y_2)$. Assim, a distribuição de probabilidade conjunta de Y_1 e Y_2 é

$$g(y_1, y_2) = f[w_1(y_1, y_2), w_2(y_1, y_2)].$$

O Teorema 7.2 é extremamente útil para encontrarmos a distribuição de alguma variável aleatória $Y_1 = u_1(X_1, X_2)_2$, onde X_1 e X_2 são variáveis aleatórias discretas com distribuição de probabilidade conjunta $f(x_1, x_2)$. Simplesmente definimos uma segunda função, digamos $Y_2 = u_2(X_1, X_2)$, mantendo a correspondência um a um entre os pontos (x_1, x_2) e (y_1, y_2), e obtemos a distribuição de probabilidade conjunta $g(y_1, y_2)$. A distribuição de y_1 é a distribuição marginal de $g(y_1, y_2)$ encontrada somando-se os valores de y_2. Denotando a distribuição de Y_1 por $h(y_1)$, podemos escrever

$$h(y_1) = \sum_{y_2} g(y_1, y_2).$$

■ **Exemplo 7.2**

Considere X_1 e X_2 duas variáveis aleatórias independentes com distribuições de Poisson com parâmetros μ_1 e μ_2, respectivamente. Determine a distribuição da variável aleatória $Y_1 = X_1 + X_2$.

Solução: Já que X_1 e X_2 são independentes, podemos escrever

$$\begin{aligned} f(x_1, x_2) &= f(x_1)f(x_2) = \frac{e^{-\mu_1}\mu_1^{x_1}}{x_1!} \frac{e^{-\mu_2}\mu_2^{x_2}}{x_2!} \\ &= \frac{e^{-(\mu_1+\mu_2)}\mu_1^{x_1}\mu_2^{x_2}}{x_1!x_2!}, \end{aligned}$$

onde $x_1 = 0, 1, 2, ...,$ e $x_2 = 0, 1, 2, ...$ Definiremos, agora, uma segunda variável aleatória, digamos $Y_2 = X_2$.

As funções inversas são dadas por $x_1 = y_1 - y_2$ e $x_2 = y_2$. Usando o Teorema 7.2, descobrimos que a distribuição de probabilidade conjunta de Y_1 e Y_2 é

$$g(y_1, y_2) = \frac{e^{-(\mu_1+\mu_2)}\mu_1^{y_1-y_2}\mu_2^{y_2}}{(y_1-y_2)!y_2!},$$

onde $y_1 = 0, 1, 2, ...$ e $y_2 = 0, 1, 2, ... y_1$. Note que, como $x_1 > 0$, a transformação $x_1 = y_1 - x_2$ implica que y_2 e, portanto, x_2 devem ser sempre menores ou iguais a y_1. Conseqüentemente, a distribuição de probabilidade marginal de Y_1 é

$$\begin{aligned} h(y_1) &= \sum_{y_2=0}^{y_1} g(y_1, y_2) = e^{-(\mu_1+\mu_2)} \sum_{y_2=0}^{y_1} \frac{\mu_1^{y_1-y_2}\mu_2^{y_2}}{(y_1-y_2)!y_2!} \\ &= \frac{e^{-(\mu_1+\mu_2)}}{y_1!} \sum_{y_2=0}^{y_1} \frac{y_1!}{y_2!(y_1-y_2)!} \mu_1^{y_1-y_2}\mu_2^{y_2} \\ &= \frac{e^{-(\mu_1+\mu_2)}}{y_1!} \sum_{y_2=0}^{y_1} \binom{y_1}{y_2} \mu_1^{y_1-y_2}\mu_2^{y_2}. \end{aligned}$$

Reconhecendo essa soma como a expansão binomial de $(\mu_1 + \mu_2)^{y_1}$, obtemos

$$h(y_1) = \frac{e^{-(\mu_1+\mu_2)}(\mu_1+\mu_2)^{y_1}}{y_1!}, \quad y_1 = 0, 1, 2, ...,$$

da qual podemos concluir que a soma das duas variáveis aleatórias independentes com distribuição de Poisson, com parâmetros μ_1 e μ_2, tem distribuição de Poisson com parâmetro $\mu_1 + \mu_2$.

Para determinarmos a distribuição de probabilidade da variável aleatória $Y = u(X)$, quando X é uma variável aleatória contínua e a transformação é um a um, precisamos utilizar o Teorema 7.3.

Teorema 7.3
Suponha que X é uma variável aleatória *contínua*, com distribuição de probabilidade $f(x)$. Defina $Y = u(X)$ a correspondência um a um entre os valores de X e Y, de modo que a equação $y = u(x)$ possa ser unicamente resolvida para x em função de y, ou seja, $x = w(y)$. Portanto, a distribuição de probabilidade de Y é

$$g(y) = f[w(y)]|J|,$$

onde $J = w'(y)$ e é chamado de *jacobiano* da transformação.

Prova: Suponha que $y = u(x)$ é uma função crescente como na Figura 7.1. Então, vemos que sempre que Y está entre a e b, a variável aleatória X deve estar entre $w(a)$ e $w(b)$. Portanto

$$P(a < Y < b) = P[w(a) < X < w(b)] = \int_{w(a)}^{w(b)} f(x)\, dx.$$

Mudando a variável da integração de x para y, pela relação $x = w(y)$, obtemos $dx = w'(y)\, dy$ e, então,

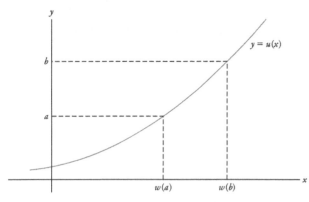

Figura 7.1 Função crescente.

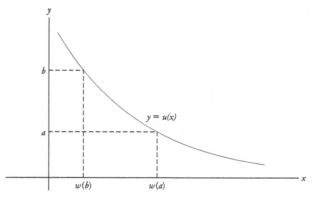

Figura 7.2 Função decrescente.

$$P(a < Y < b) = \int_a^b f[w(y)]w'(y)\,dy.$$

Já que a integral fornece a probabilidade desejada para todo $a < b$, dentro do grupo de valores de y admissíveis, então a distribuição de probabilidade de Y é

$$g(y) = f[w(y)]w'(y) = f[w(y)]J.$$

Se reconhecermos $J = w'(y)$ como o inverso da inclinação da linha tangente à curva da função crescente de $y = u(x)$, então é óbvio que $J = |J|$. Assim

$$g(y) = f[w(y)]|J|.$$

Suponha que $y = u(x)$ é uma função decrescente como na Figura 7.2. Então escrevemos

$$P(a < Y < b) = P[w(b) < X < w(a)] = \int_{w(b)}^{w(a)} f(x)\,dx.$$

Novamente, mudando a variável de integração para y, obtemos

$$P(a < Y < b) = \int_b^a f[w(y)]w'(y)\,dy$$

$$= -\int_a^b f[w(y)]w'(y)\,dy,$$

da qual podemos concluir que

$$g(y) = -f[w(y)]w'(y) = -f[w(y)]J.$$

Nesse caso, a inclinação da curva é negativa e $J = -|J|$. Portanto

$$g(y) = f[w(y)]|J|,$$

como antes.

■ **Exemplo 7.3**

Considere X uma variável aleatória contínua com distribuição de probabilidade

$$f(x) = \begin{cases} \frac{x}{12}, & 1 < x < 5, \\ 0, & \text{caso contrário.} \end{cases}$$

Determine a distribuição de probabilidade da variável aleatória $Y = 2X - 3$.

Solução: A solução inversa de $y = 2x - 3$ rende $x = (y+3)/2$, da qual obtemos $J = w'(y) = dx/dy = 1/2$. Então, usando o Teorema 7.3, descobrimos que a função de densidade de Y é

$$g(y) = \begin{cases} \frac{(y+3)/2}{12}\left(\frac{1}{2}\right) = \frac{y+3}{48}, & -1 < y < 7, \\ 0, & \text{caso contrário.} \end{cases}$$

Para descobrirmos a distribuição de probabilidade conjunta das variáveis aleatórias $Y_1 = u_1(X_1, X_2)$ e $Y_2 = u_2(X_1, X_2)$, quando X_1 e X_2 são contínuas e a transformação é um a um, precisamos de um teorema adicional, análogo ao Teorema 7.3, que afirmamos a seguir, sem prova.

Teorema 7.4

Suponha que X_1 e X_2 sejam variáveis aleatórias *contínuas* com distribuição de probabilidade conjunta $f(x_1, x_2)$. Considere $Y_1 = u_1(X_1, X_2)$ e $Y_2 = u_2(X_1, X_2)$ uma transformação um a um entre os pontos (x_1, x_2) e (y_1, y_2), de modo que as equações $y_1 = u_1(x_1, x_2)$ e $y_2 = u_2(x_1, x_2)$ possam ser unicamente resolvidas para x_1 e x_2 em função de y_1 e y_2, digamos $x_1 = w_1(y_1, y_2)$ e $x_2 = w_2(y_1, y_2)$. Portanto, a distribuição de probabilidade conjunta de Y_1 e Y_2 é

$$g(y_1, y_2) = f[w_1(y_1, y_2), w_2(y_1, y_2)]|J|,$$

onde o jacobiana é o determinante 2×2

$$J = \begin{vmatrix} \frac{\partial x_1}{\partial y_1} & \frac{\partial x_1}{\partial y_2} \\ \frac{\partial x_2}{\partial y_1} & \frac{\partial x_2}{\partial y_2} \end{vmatrix}$$

e $\frac{\partial x_1}{\partial y_1}$ é simplesmente a derivativa de $x_1 = w_1(y_1, y_2)$ em relação a y_1, com y_2 mantido constante, referido no cálculo como a derivada parcial de x_1 em relação a y_1. As outras derivadas parciais são definidas de maneira similar.

■ **Exemplo 7.4**

Considere X_1 e X_2 duas variáveis aleatórias contínuas com distribuição de probabilidade conjunta

$$f(x_1, x_2) = \begin{cases} 4x_1 x_2, & 0 < x_1 < 1,\ 0 < x_2 < 1, \\ 0, & \text{caso contrário.} \end{cases}$$

Determine a distribuição de probabilidade conjunta de $Y_1 = X_1^2$ e $Y_2 = X_1 X_2$.

Solução: As soluções inversas de $y_1 = x_1^2$ e $y_2 = x_1 x_2$ são $x_1 = \sqrt{y_1}$ e $x_2 = y_2/\sqrt{y_1}$, das quais obtemos

$$J = \begin{vmatrix} 1/(2\sqrt{y_1}) & 0 \\ -y_2/2y_1^{3/2} & 1/\sqrt{y_1} \end{vmatrix} = \frac{1}{2y_1}.$$

Para determinarmos o conjunto de pontos B no plano $y_1 y_2$ no qual o conjunto de pontos A no plano $x_1 x_2$ está mapeado, escrevemos

$$x_1 = \sqrt{y_1} \quad \text{e} \quad x_2 = y_2/\sqrt{y_1}$$

e, então, colocando $x_1 = 0$, $x_2 = 0$, $x_1 = 1$ e $x_2 = 1$, os limites do conjunto A são transformados em $y_1 = 0$, $y_2 = 0$, $y_1 = 1$ e $y_2 = \sqrt{y_1}$ ou $y_2^2 = y_1$. As duas regiões estão ilustradas na Figura 7.3. Claramente, a transformação é um a um, mapeando o conjunto $A = \{(x_1, x_2) \mid 0 < x_1 < 1, 0 < x_2 < 1\}$ no conjunto $B = \{(y_1, y_2) \mid y_2^2 < y_1 < 1, 0 < y_2 < 1\}$. Do Teorema 7.4, a distribuição de probabilidade conjunta de Y_1 e Y_2 é

$$g(y_1, y_2) = 4(\sqrt{y_1}) \frac{y_2}{\sqrt{y_1}} \frac{1}{2y_1}$$

$$= \begin{cases} \frac{2y_2}{y_1}, & y_2^2 < y_1 < 1, \; 0 < y_2 < 1, \\ 0, & \text{caso contrário.} \end{cases}$$

Freqüentemente, surgem problemas quando desejamos determinar a distribuição de probabilidade da variável aleatória $Y = u(X)$ quando X é uma variável aleatória contínua e a transformação não é um a um. Ou seja, para cada valor x corresponde exatamente um valor y, mas para cada valor y corresponde mais do que um valor x. Por exemplo, suponha que $f(x)$ é positiva sobre o intervalo $-1 < x < 2$, e 0, caso contrário. Considere a transformação $y = x^2$. Nesse caso, $x = \pm\sqrt{y}$ para $0 < y < 1$, e $x = \sqrt{y}$ para $1 < y < 4$. Para o intervalo $1 < y < 4$, a distribuição de probabilidade de Y é encontrada como antes, usando o Teorema 7.3. Ou seja,

$$g(y) = f[w(y)]|J| = \frac{f(\sqrt{y})}{2\sqrt{y}}, \quad 1 < y < 4.$$

Entretanto, quando $0 < y < 1$, podemos particionar o intervalo $-1 < x < 1$ para obter as duas funções inversas

$$x = -\sqrt{y}, \quad -1 < x < 0 \quad \text{e} \quad x = \sqrt{y} \quad 0 < x < 1.$$

Então, para todo valor y corresponde um único valor x para cada partição. Da Figura 7.4, vemos que

$$P(a < Y < b) = P(-\sqrt{b} < X < -\sqrt{a}) + P(\sqrt{a} < X < \sqrt{b})$$

$$= \int_{-\sqrt{b}}^{-\sqrt{a}} f(x) \, dx + \int_{\sqrt{a}}^{\sqrt{b}} f(x) \, dx.$$

Mudando a variável da integração de x para y, obtemos

$$P(a < Y < b) = \int_b^a f(-\sqrt{y}) J_1 \, dy + \int_a^b f(\sqrt{y}) J_2 \, dy$$

$$= -\int_a^b f(-\sqrt{y}) J_1 \, dy + \int_a^b f(\sqrt{y}) J_2 \, dy,$$

onde

$$J_1 = \frac{d(-\sqrt{y})}{dy} = \frac{-1}{2\sqrt{y}} = -|J_1|$$

e

$$J_2 = \frac{d(\sqrt{y})}{dy} = \frac{1}{2\sqrt{y}} = |J_2|.$$

Então, podemos escrever

$$P(a < Y < b) = \int_a^b [f(-\sqrt{y})|J_1| + f(\sqrt{y})|J_2|] \, dy$$

e, então,

$$g(y) = f(-\sqrt{y})|J_1| + f(\sqrt{y})|J_2|$$

$$= \frac{f(-\sqrt{y}) + f(\sqrt{y})}{2\sqrt{y}}, \quad 0 < y < 1.$$

A distribuição de probabilidade de Y para $0 < y < 4$ pode ser escrita agora

$$g(y) = \begin{cases} \frac{f(-\sqrt{y}) + f(\sqrt{y})}{2\sqrt{y}}, & 0 < y < 1, \\ \frac{f(\sqrt{y})}{2\sqrt{y}}, & 1 < y < 4, \\ 0, & \text{caso contrário.} \end{cases}$$

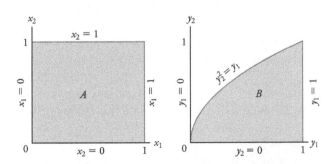

Figura 7.3 Mapeamento do conjunto A no conjunto B.

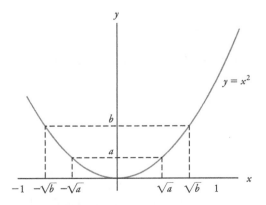

Figura 7.4 Funções decrescente e crescente.

Esse procedimento para encontrarmos $g(y)$ quando $0 < y < 1$ é generalizado no Teorema 7.5 a k funções inversas. Para transformações que não sejam um a um de funções de diversas variáveis, o leitor pode consultar o livro *Introduction to Mathematical Statistics* (Introdução à estatística matemática), de Hogg e Craig (veja Referências bibliográficas).

Teorema 7.5

Suponha que X é uma variável aleatória *contínua* com distribuição de probabilidade $f(x)$. Seja $Y = u(X)$ uma transformação entre os valores de X e Y que não é um a um. Se o intervalo sobre o qual X é definido pode ser particionado em k conjuntos mutuamente disjuntos, de modo que cada uma das funções inversas

$$x_1 = w_1(y), \quad x_2 = w_2(y), \quad \ldots \quad x_k = w_k(y)$$

de $y = u(x)$ defina uma correspondência um a um, então a distribuição de probabilidade de Y é

$$g(y) = \sum_{i=1}^{k} f[w_i(y)]|J_i|,$$

onde $J_i = w'_i(y)$, $i = 1, 2, \ldots, k$.

■ **Exemplo 7.5**

Mostre que $Y = (X - \mu)^2/\sigma^2$ tem uma distribuição qui-quadrado com grau 1 de liberdade, quando X tem distribuição normal com média μ e variância σ^2.

Solução: Considere $Z = (X - \mu)/\sigma$, onde a variável aleatória Z tem distribuição normal padrão

$$f(z) = \frac{1}{\sqrt{2\pi}} e^{-z^2/2}, \quad -\infty < z < \infty.$$

Devemos, agora, determinar a distribuição da variável aleatória $Y = Z^2$. As soluções inversas de $y = z^2$ são $z = \pm\sqrt{y}$. Se designarmos $z_1 = -\sqrt{y}$ e $z_2 = \sqrt{y}$, então $J_1 = -1/2\sqrt{y}$ e $J_2 = 1/2\sqrt{y}$. Então, pelo Teorema 7.5, temos

$$g(y) = \frac{1}{\sqrt{2\pi}} e^{-y/2} \left|\frac{-1}{2\sqrt{y}}\right| + \frac{1}{\sqrt{2\pi}} e^{-y/2} \left|\frac{1}{2\sqrt{y}}\right|$$

$$= \frac{1}{\sqrt{2\pi}} y^{1/2-1} e^{-y/2}, \quad y > 0.$$

Já que $g(y)$ é a função de densidade, segue-se que

$$1 = \frac{1}{\sqrt{2\pi}} \int_0^\infty y^{1/2-1} e^{-y/2} \, dy$$

$$= \frac{\Gamma(1/2)}{\sqrt{\pi}} \int_0^\infty \frac{y^{1/2-1} e^{-y/2}}{\sqrt{2}\Gamma(1/2)} \, dy = \frac{\Gamma(1/2)}{\sqrt{\pi}},$$

a integral sendo a área abaixo da curva de probabilidade gama com parâmetros $\alpha = 1/2$ e $\beta = 2$. Portanto, $\sqrt{\pi} = \Gamma(1/2)$ e a distribuição de probabilidade de Y é dada por

$$g(y) = \begin{cases} \frac{1}{\sqrt{2}\Gamma(1/2)} y^{1/2-1} e^{-y/2}, & y > 0, \\ 0, & \text{caso contrário}, \end{cases}$$

que é vista como uma distribuição qui-quadrado com grau 1 de liberdade.

7.3 Momentos e funções geradoras de momentos

Nesta seção, nos concentraremos nas aplicações das funções geradoras de momentos. O propósito óbvio dessa função é determinar os momentos das variáveis aleatórias. Entretanto, sua maior contribuição é estabelecer distribuições de funções de variáveis aleatórias.

Se $g(X) = X^r$, para $r = 0, 1, 2, 3, \ldots$, a Definição 7.1 fornece um valor esperado chamado de r-ésimo *momento em torno da origem* da variável aleatória X, que denotamos por μ'_r.

Definição 7.1

O r-ésimo *momento em torno da origem* da variável aleatória X é dado por

$$\mu'_r = E(X^r) = \begin{cases} \sum_x x^r f(x), & \text{se } X \text{ for discreta}, \\ \int_{-\infty}^{\infty} x^r f(x) \, dx, & \text{se } X \text{ for contínua}. \end{cases}$$

Já que o primeiro e o segundo momentos em torno da origem são dados por $\mu'_1 = E(X)$ e $\mu'_2 = E(X^2)$, podemos escrever a média e a variância da variável aleatória X como

$$\mu = \mu'_1 \quad \text{e} \quad \sigma^2 = \mu'_2 - \mu^2.$$

Embora os momentos de uma variável aleatória possam ser determinados diretamente da Definição 7.1, há um procedimento alternativo. Esse procedimento requer uma *função geradora de momentos*.

Definição 7.2

A *função geradora de momentos* da variável aleatória X é dada por $E(e^{tX})$ e é denotada por $M_X(t)$. Então

$$M_X(t) = E(e^{tX}) = \begin{cases} \sum_x e^{tx} f(x), & \text{se } X \text{ for discreta}, \\ \int_{-\infty}^{\infty} e^{tx} f(x) \, dx, & \text{se } X \text{ for contínua}. \end{cases}$$

As funções geradoras de momentos somente existirão se a soma ou a integral da Definição 7.2 convergir. Se a função geradora de momentos da variável aleatória X existe, ela pode ser utilizada para gerar todos os momentos daquela variável. O método é descrito no Teorema 7.6.

Teorema 7.6

Considere X uma variável aleatória com função geradora de momentos $M_X(t)$. Então,

$$\left.\frac{d^r M_X(t)}{dt^r}\right|_{t=0} = \mu'_r.$$

Prova: Assumindo que podemos derivar dentro da soma e da integral, obtemos

$$\frac{d^r M_X(t)}{dt^r} = \begin{cases} \sum_x x^r e^{tx} f(x), & \text{se } X \text{ for discreta,} \\ \int_{-\infty}^{\infty} x^r e^{tx} f(x)\, dx, & \text{se } X \text{ for contínua.} \end{cases}$$

Colocando $t = 0$, vemos que ambos os casos reduzem-se a $E(X^r) = \mu'_r$.

■ **Exemplo 7.6**

Determine a função geradora de momentos da variável aleatória binomial X e, então, use-a para verificar que $\mu = np$ e $\sigma^2 = npq$.

Solução: Da Definição 7.2, temos

$$M_X(t) = \sum_{x=0}^n e^{tx} \binom{n}{x} p^x q^{n-x} = \sum_{x=0}^n \binom{n}{x} (pe^t)^x q^{n-x}.$$

Reconhecendo essa última soma como a expansão binomial de $(pe^t + q)^n$, obtemos

$$M_X(t) = (pe^t + q)^n.$$

Agora,

$$\frac{dM_X(t)}{dt} = n(pe^t + q)^{n-1} pe^t$$

e

$$\frac{d^2 M_X(t)}{dt^2} = np[e^t(n-1)(pe^t + q)^{n-2} pe^t + (pe^t + q)^{n-1} e^t].$$

Colocando $t = 0$, temos

$$\mu'_1 = np$$

e

$$\mu'_2 = np[(n-1)p + 1].$$

Portanto,

$$\mu = \mu'_1 = np$$

e

$$\sigma^2 = \mu'_2 - \mu^2 = np(1-p) = npq,$$

que está de acordo com os resultados obtidos no Capítulo 5.

■ **Exemplo 7.7**

Mostre que a função geradora de momentos da variável aleatória X, que tem uma distribuição de probabilidade normal com média μ e variância σ^2, é dada por

$$M_X(t) = \exp\left(\mu t + \frac{1}{2}\sigma^2 t^2\right).$$

Solução: Da Definição 7.2, a função geradora de momentos da variável aleatória normal X é

$$M_X(t) = \int_{-\infty}^{\infty} e^{tx} \frac{1}{\sqrt{2\pi}\sigma} \exp\left[-\frac{1}{2}\left(\frac{x-\mu}{\sigma}\right)^2\right] dx$$

$$= \int_{-\infty}^{\infty} \frac{1}{\sqrt{2\pi}\sigma} \exp\left[-\frac{x^2 - 2(\mu + t\sigma^2)x + \mu^2}{2\sigma^2}\right] dx.$$

Completando o quadrado no expoente, podemos escrever

$$x^2 - 2(\mu + t\sigma^2)x + \mu^2$$
$$= [x - (\mu + t\sigma^2)]^2 - 2\mu t\sigma^2 - t^2\sigma^4$$

e então

$$M_X(t) = \int_{-\infty}^{\infty} \frac{1}{\sqrt{2\pi}\sigma}$$

$$\exp\left\{-\frac{[x - (\mu + t\sigma^2)]^2 - 2\mu t\sigma^2 - t^2\sigma^4}{2\sigma^2}\right\} dx$$

$$= \exp\left(\frac{2\mu t + \sigma^2 t^2}{2}\right) \int_{-\infty}^{\infty} \frac{1}{\sqrt{2\pi}\sigma}$$

$$\exp\left\{-\frac{[x - (\mu + t\sigma^2)]^2}{2\sigma^2}\right\} dx.$$

Considerando $w = [x - (\mu + t\sigma^2)]/\sigma$, então $dx = \sigma\, dw$ e

$$M_X(t) = \exp\left(\mu t + \frac{1}{2}\sigma^2 t^2\right)$$

$$\int_{-\infty}^{\infty} \frac{1}{\sqrt{2\pi}} e^{-w^2/2}\, dw = \exp\left(\mu t + \frac{1}{2}\sigma^2 t^2\right),$$

já que a última integral representa a área abaixo da curva de densidade normal padrão e, assim, é igual a 1.

■ **Exemplo 7.8**

Mostre que a função geradora de momentos da variável aleatória X, que tem distribuição qui-quadrado com v graus de liberdade, é $M_X(t) = (1 - 2t)^{-v/2}$.

Solução: A distribuição qui-quadrado foi obtida como um caso especial da distribuição gama, colocando $\alpha = v/2$ e $\beta = 2$. Substituindo por $f(x)$ na Definição 7.2, obtemos

$$M_X(t) = \int_0^{\infty} e^{tx} \frac{1}{2^{v/2}\Gamma(v/2)} x^{v/2-1} e^{-x/2}\, dx$$

$$= \frac{1}{2^{v/2}\Gamma(v/2)} \int_0^{\infty} x^{v/2-1} e^{-x(1-2t)/2}\, dx.$$

Escrevendo $y = x(1-2t)/2$ e $dx = [2/(1-2t)]$, obtemos, para $t < \frac{1}{2}$,

$$M_X(t) = \frac{1}{2^{v/2}\Gamma(v/2)} \int_0^{\infty} \left(\frac{2y}{1-2t}\right)^{v/2-1} e^{-y} \frac{2}{1-2t}\, dy$$

$$= \frac{1}{\Gamma(v/2)(1-2t)^{v/2}} \int_0^{\infty} y^{v/2-1} e^{-y}\, dy = (1-2t)^{-v/2},$$

já que a última integral é igual a $\Gamma(v/2)$.

Embora o método das variáveis transformadas forneça uma maneira efetiva de se determinar a distribuição da função de diversas variáveis aleatórias, há um procedimento alternativo, e muitas vezes preferido, quando a função em questão é uma combinação linear de variáveis aleatórias independentes. Tal procedimento utiliza as propriedades das funções geradoras de momentos discutidas nos próximos quatro teoremas. Ao manter o escopo matemático deste livro, afirmamos o Teorema 7.7 sem prova.

Teorema 7.7
(*Teorema da unicidade*) Considere X e Y duas variáveis aleatórias com funções geradoras de momentos $M_X(t)$ e $M_Y(t)$, respectivamente. Se $M_X(t) = M_Y(t)$ para todos os valores de t, então X e Y têm a mesma distribuição de probabilidade.

Teorema 7.8
$$M_{X+a}(t) = e^{at} M_X(t).$$

Prova: $M_{X+a}(t) = E[e^{t(X+a)}] = e^{at} E(e^{tX}) = e^{at} M_X(t).$

Teorema 7.9
$$M_{aX}(t) = M_X(at).$$

Prova: $M_{aX}(t) = E[e^{t(aX)}] = E[e^{(at)X}] = M_X(at).$

Teorema 7.10
Se $X_1, X_2, \ldots, X_n$ são variáveis aleatórias independentes com funções geradoras de momento $M_{X_1}(t), M_{X_2}(t), \ldots, M_{X_n}(t)$, respectivamente, e $Y = X_1 + X_2 + \ldots + X_n$, então
$$M_Y(t) = M_{X_1}(t) M_{X_2}(t) \cdots M_{X_n}(t).$$

Prova: Para o caso contínuo
$$M_Y(t) = E(e^{tY}) = E[e^{t(X_1 + X_2 + \cdots + X_n)}]$$
$$= \int_{-\infty}^{\infty} \cdots \int_{-\infty}^{\infty} e^{t(X_1 + X_2 + \cdots + X_n)} f(x_1, x_2, \ldots, x_n) \, dx_1 \, dx_2 \cdots dx_n.$$

Já que as variáveis são independentes, temos
$$f(x_1, x_2, \ldots, x_n) = f_1(x_1) f_2(x_2) \cdots f_n(x_n)$$
e, então,
$$M_Y(t) = \int_{-\infty}^{\infty} e^{tx_1} f_1(x_1) \, dx_1 \int_{-\infty}^{\infty} e^{tx_2} f_2(x_2) \, dx_2 \cdots$$
$$\int_{-\infty}^{\infty} e^{tx_n} f_n(x_n) \, dx_n$$
$$= M_{X_1}(t) M_{X_2}(t) \cdots M_{X_n}(t).$$

A prova para o caso discreto é obtida de maneira similar, substituindo as integrais por somas.

Os teoremas 7.7 a 7.10 são vitais para entendermos as funções geradoras de momentos. A seguir, temos um exemplo para ilustrar. Há muitas situações nas quais precisamos saber a distribuição da soma das variáveis aleatórias. Podemos usar os teoremas 7.7 e 7.10 e o resultado do Exercício 7.19, a seguir nesta seção, para determinar a distribuição da soma de duas variáveis aleatórias de Poisson independentes com funções geradoras de momentos dadas por
$$M_{X_1}(t) = e^{\mu_1(e^t - 1)} \quad \text{e} \quad M_{X_2}(t) = e^{\mu_2(e^t - 1)},$$
respectivamente. De acordo com o Teorema 7.10, a função geradora de momento da variável aleatória $Y_1 = X_1 + X_2$ é
$$M_{Y_1}(t) = M_{X_1}(t) M_{X_2}(t) = e^{\mu_1(e^t - 1)} e^{\mu_2(e^t - 1)}$$
$$= e^{(\mu_1 + \mu_2)(e^t - 1)},$$
que identificamos imediatamente como a função geradora de momentos de uma variável aleatória que tem distribuição de Poisson com parâmetro $\mu_1 + \mu_2$. Então, de acordo com o Teorema 7.7, novamente concluímos que a soma de duas variáveis aleatórias independentes que têm distribuição de Poisson, com parâmetros μ_1 e μ_2, tem uma distribuição de Poisson com parâmetro $\mu_1 + \mu_2$.

Combinações lineares das variáveis aleatórias

Em estatística aplicada, freqüentemente precisamos saber a distribuição de probabilidade de uma combinação linear de variáveis aleatórias normais independentes. Vamos obter a distribuição da variável aleatória $Y = a_1 X_1 + a_2 X_2$, quando X_1 é uma variável aleatória normal com média μ_1 e variância σ_1^2 e X_2 também é uma variável normal, mas independente de X_1, com média μ_2 e variância σ_2^2. Primeiro, pelo Teorema 7.10, determinamos
$$M_Y(t) = M_{a_1 X_1}(t) M_{a_2 X_2}(t),$$
e, então, usando o Teorema 7.9,
$$M_Y(t) = M_{X_1}(a_1 t) M_{X_2}(a_2 t).$$

Substituindo $a_1 t$ por t e, depois, $a_2 t$ por t na função geradora de momentos da distribuição normal derivada no Exemplo 7.7, temos
$$M_Y(t) = \exp(a_1 \mu_1 t + a_1^2 \sigma_1^2 t^2 / 2 + a_2 \mu_2 t + a_2^2 \sigma_2^2 t^2 / 2)$$
$$= \exp[(a_1 \mu_1 + a_2 \mu_2) t + (a_1^2 \sigma_1^2 + a_2^2 \sigma_2^2) t^2 / 2],$$
que reconhecemos como a função geradora de momentos de uma distribuição normal com média $a_1 \mu_1 + a_2 \mu_2$ e variância $a_1^2 \sigma_1^2 + a_2^2 \sigma_2^2$.

Generalizando para o caso de n variáveis normais independentes, afirmamos o seguinte resultado.

Teorema 7.11
Se $X_1, X_2, \ldots, X_n$ são variáveis aleatórias independentes com distribuição normal, com médias $\mu_1, \mu_2, \ldots, \mu_n$ e variâncias $\sigma_1^2, \sigma_2^2, \ldots, \sigma_n^2$, respectivamente, então a variável aleatória

$$Y = a_1 X_1 + a_2 X_2 + \cdots + a_n X_n$$

tem distribuição normal com média

$$\mu_Y = a_1 \mu_1 + a_2 \mu_2 + \cdots + a_n \mu_n$$

e variância

$$\sigma_Y^2 = a_1^2 \sigma_1^2 + a_2^2 \sigma_2^2 + \cdots + a_n^2 \sigma_n^2.$$

Agora fica evidente que a distribuição de Poisson e a distribuição normal possuem uma propriedade reprodutiva, na qual a soma de variáveis aleatórias independentes que têm uma dessas distribuições é uma variável aleatória que também tem o mesmo tipo de distribuição. A distribuição qui-quadrado também possui essa propriedade reprodutiva.

Teorema 7.12

Se $X_1, X_2, \ldots, X_n$ são variáveis aleatórias mutuamente independentes que têm distribuição qui-quadrado com graus de $v_1, v_2, \ldots, v_n$ liberdade, respectivamente, então a variável aleatória

$$Y = X_1 + X_2 + \cdots + X_n$$

tem distribuição qui-quadrado com $v = v_1 + v_2 + \ldots + v_n$ graus de liberdade.

Prova: Pelo Teorema 7.10,

$$M_Y(t) = M_{X_1}(t) M_{X_2}(t) \cdots M_{X_n}(t).$$

Do Exemplo 7.8,

$$M_{X_i}(t) = (1 - 2t)^{-v_i/2}, \qquad i = 1, 2, \ldots, n.$$

Então,

$$M_Y(t) = (1 - 2t)^{-v_1/2} (1 - 2t)^{-v_2/2} \cdots (1 - 2t)^{-v_n/2}$$
$$= (1 - 2t)^{-(v_1 + v_2 + \cdots + v_n)/2},$$

que reconhecemos como a função geradora de momento de uma distribuição qui-quadrado com $v_1 + v_2 + \ldots + v_n$ graus de liberdade.

Corolário 7.1

Se $X_1, X_2, \ldots, X_n$ são variáveis aleatórias independentes que têm distribuições normais idênticas com média μ e variância σ^2, então a variável aleatória

$$Y = \sum_{i=1}^{n} \left(\frac{X_i - \mu}{\sigma} \right)^2$$

tem distribuição qui-quadrado com $v = n$ graus de liberdade.

Esse corolário é conseqüência imediata do Exemplo 7.5, que afirma que cada uma das n variáveis aleatórias independentes $[(X_i - \mu)/\sigma]^2$, $i = 1, 2, \ldots, n$, tem distribuição qui-quadrado com 1 grau de liberdade. Tal corolário é extremamente importante, pois estabelece uma relação entre a importante distribuição qui-quadrado e a distribuição normal. Também deveria fornecer ao leitor uma clara idéia do que queremos dizer pelo parâmetro que chamamos de graus de liberdade. Conforme seguimos para os próximos capítulos, a noção de graus de liberdade desempenha papel de crescente importância. Vemos pelo Corolário 7.1 que, se $Z_1, Z_2, \ldots, Z_n$ são variáveis aleatórias normais padrão, então $\sum_{i=1}^{n} Z_i^2$ tem distribuição qui-quadrado e seu único *parâmetro*, v, os graus de liberdade, é n, o *número* de variáveis normais padrão. Além disso, se cada variável aleatória normal X_i, no Corolário 7.1, tiver média e variância diferentes, podemos ter o seguinte resultado.

Corolário 7.2

Se $X_1, X_2, \ldots, X_n$ são variáveis aleatórias independentes e X_i segue uma distribuição normal com média μ_i e variância σ_i^2 para $i = 1, 2, \ldots, n$, então a variável aleatória

$$Y = \sum_{i=1}^{n} \left(\frac{X_i - \mu_i}{\sigma_i} \right)^2$$

tem distribuição qui-quadrado com $v = n$ graus de liberdade.

Exercícios

7.1 Considere X uma variável aleatória com probabilidade

$$f(x) = \begin{cases} \frac{1}{3}, & x = 1, 2, 3, \\ 0, & \text{caso contrário}. \end{cases}$$

Determine a distribuição de probabilidade da variável aleatória $Y = 2X - 1$.

7.2 Considere X uma variável aleatória binomial com distribuição de probabilidade

$$f(x) = \begin{cases} \binom{3}{x} \left(\frac{2}{5}\right)^x \left(\frac{3}{5}\right)^{3-x}, & x = 0, 1, 2, 3, \\ 0, & \text{caso contrário}. \end{cases}$$

Determine a distribuição de probabilidade da variável aleatória $Y = X^2$.

7.3 Considere X_1 e X_2 variáveis aleatórias discretas com distribuição conjunta multinomial.

$$f(x_1, x_2) = \binom{2}{x_1, x_2, 2 - x_1 - x_2} \left(\frac{1}{4}\right)^{x_1} \left(\frac{1}{3}\right)^{x_2} \left(\frac{5}{12}\right)^{2 - x_1 - x_2}$$

para $x_1 = 0, 1, 2$; $x_2 = 0, 1, 2$; $x_1 + x_2 \leq 2$, e 0, caso contrário. Determine a distribuição de probabilidade conjunta de $Y_1 = X_1 + X_2$ e $Y_2 = X_1 - X_2$.

7.4 Considere X_1 e X_2 variáveis aleatórias discretas com distribuição de probabilidade conjunta

$$f(x_1, x_2) = \begin{cases} \frac{x_1 x_2}{18}, & x_1 = 1, 2; \ x_2 = 1, 2, 3, \\ 0, & \text{caso contrário.} \end{cases}$$

Determine a distribuição de probabilidade da variável aleatória $Y = X_1 X_2$.

7.5 Considere que X tenha a distribuição de probabilidade

$$f(x) = \begin{cases} 1, & 0 < x < 1, \\ 0, & \text{caso contrário.} \end{cases}$$

Mostre que a variável aleatória $Y = -2\ln X$ tem distribuição qui-quadrado com 2 graus de liberdade.

7.6 Dada a variável aleatória X com distribuição de probabilidade

$$f(x) = \begin{cases} 2x, & 0 < x < 1, \\ 0, & \text{caso contrário,} \end{cases}$$

determine a distribuição de probabilidade de $Y = 8X^3$.

7.7 A velocidade de uma molécula em um gás uniforme em equilíbrio é a variável aleatória V, cuja distribuição de probabilidade é dada por

$$f(v) = \begin{cases} kv^2 e^{-bv^2}, & v > 0, \\ 0, & \text{caso contrário,} \end{cases}$$

onde k é uma constante apropriada e b depende da temperatura absoluta e da massa da molécula. Determine a distribuição de probabilidade da energia cinética da molécula W, onde $W = mV^2/2$.

7.8 O lucro de um revendedor, em unidades de $5.000, em um novo automóvel é dado por $Y = X^2$, onde X é uma variável aleatória com função de densidade

$$f(x) = \begin{cases} 2(1-x), & 0 < x < 1, \\ 0, & \text{caso contrário.} \end{cases}$$

(a) Determine a função de densidade de probabilidade da variável aleatória Y.
(b) Usando a função de densidade de Y, determine a probabilidade de que o lucro será menor que $500 no próximo automóvel vendido por esse revendedor.

7.9 O período de internação, em dias, para pacientes que fazem tratamento para certo tipo de doença renal é uma variável aleatória $Y = X + 4$, onde X tem função densidade

$$f(x) = \begin{cases} \frac{32}{(x+4)^3}, & x > 0, \\ 0, & \text{caso contrário.} \end{cases}$$

(a) Determine a função de densidade de probabilidade da variável aleatória Y.
(b) Usando a função de densidade de Y, determine a probabilidade de que o período de internação para um paciente que segue esse tratamento exceda oito dias.

7.10 As variáveis aleatórias X e Y, que representam os pesos de cremes e caramelos em caixas com um quilograma de chocolates contendo uma mistura de cremes, caramelos e bebidas, têm distribuição de probabilidade conjunta

$$f(x, y) = \begin{cases} 24xy, & 0 \leq x \leq 1, \ 0 \leq y \leq 1, \\ & x + y \leq 1, \\ 0, & \text{caso contrário.} \end{cases}$$

(a) Determine a função de densidade de probabilidade da variável aleatória $Z = X + Y$.
(b) Usando a função de densidade de Z, determine a probabilidade de que, em certa caixa, a soma de cremes e caramelos represente pelo menos 1/2, mas menos de 3/4 do peso total da caixa.

7.11 A quantidade de querosene, em milhares de litros, em um tanque no começo de um dia é a quantidade variável Y, da qual uma quantidade variável X é vendida naquele dia. Assuma que a função de densidade conjunta dessas variáveis seja dada por

$$f(x, y) = \begin{cases} 2, & 0 < x < y, \ 0 < y < 1, \\ 0, & \text{caso contrário.} \end{cases}$$

Determine a função de densidade de probabilidade para a quantidade de querosene restante no tanque ao final do dia.

7.12 Considere X_1 e X_2 variáveis aleatórias independentes e cada uma com distribuição de probabilidade

$$f(x) = \begin{cases} e^{-x}, & x > 0, \\ 0, & \text{caso contrário.} \end{cases}$$

Mostre que as variáveis aleatórias Y_1 e Y_2 são independentes quando $Y_1 = X_1 + X_2$ e $Y_2 = X_1/(X_1 + X_2)$.

7.13 Uma corrente de ampères I que flui em uma resistência de R ohms varia de acordo com a distribuição de probabilidade

$$f(i) = \begin{cases} 6i(1-i), & 0 < i < 1, \\ 0, & \text{caso contrário.} \end{cases}$$

Se a resistência varia, independentemente da corrente de acordo com a distribuição de probabilidade

$$g(r) = \begin{cases} 2r, & 0 < r < 1, \\ 0, & \text{caso contrário,} \end{cases}$$

determine a distribuição de probabilidade para a força $W = I^2 R$ watts.

7.14 Considere X uma variável aleatória com distribuição de probabilidade

$$f(x) = \begin{cases} \frac{1+x}{2}, & -1 < x < 1, \\ 0, & \text{caso contrário.} \end{cases}$$

Determine a distribuição de probabilidade da variável aleatória $Y = X^2$.

7.15 Considere que X tenha a distribuição de probabilidade

$$f(x) = \begin{cases} \frac{2(x+1)}{9}, & -1 < x < 2, \\ 0, & \text{caso contrário.} \end{cases}$$

Determine a distribuição de probabilidade da variável aleatória $Y = X^2$.

7.16 Mostre que o r-ésima momento em torno da origem da distribuição gama é

$$\mu_r' = \frac{\beta^r \Gamma(\alpha + r)}{\Gamma(\alpha)}.$$

[*Sugestão*: Substitua $y = x/\beta$ na integral que define μ_r' e, então, use a função gama para avaliar a integral.]

7.17 Uma variável aleatória X tem distribuição uniforme discreta

$$f(x;k) = \begin{cases} \frac{1}{k}, & x = 1, 2, ..., k, \\ 0, & \text{caso contrário.} \end{cases}$$

Mostre que a função geradora de momentos de X é

$$M_X(t) = \frac{e^t(1 - e^{kt})}{k(1 - e^t)}.$$

7.18 Uma variável aleatória X tem distribuição geométrica $g(x;p) = pq^{x-1}$ para $x = 1, 2, 3, ...$ Mostre que a função geradora de momento de X é

$$M_X(t) = \frac{pe^t}{1 - qe^t}, \qquad t < \ln q,$$

e, então, use $M_X(t)$ para determinar a média e a variância da distribuição geométrica.

7.19 Uma variável aleatória X tem distribuição de Poisson $p(x;\mu) = e^{-\mu}\mu^x/x!$ para $x = 0, 1, 2, ...$ Mostre que a função geradora de momentos é

$$M_X(t) = e^{\mu(e^t - 1)}.$$

Usando $M_X(t)$, determine a média e a variância da distribuição de Poisson.

7.20 A função geradora de momento de uma variável aleatória de Poisson X é dada por

$$M_X(t) = e^{\mu(e^t - 1)}.$$

Determine $P(\mu - 2\sigma < X < \mu + 2\sigma)$.

7.21 Usando a função geradora de momento do Exemplo 7.8, mostre que a média e a variância da distribuição qui-quadrado com v graus de liberdade são, respectivamente, v e $2v$.

7.22 Ao expandir e^{tx} em uma série de MacLaurin e integrando termo a termo, mostre que

$$M_X(t) = \int_{-\infty}^{\infty} e^{tx} f(x)\, dx$$
$$= 1 + \mu t + \mu_2' \frac{t^2}{2!} + \cdots + \mu_r' \frac{t^r}{r!} + \cdots.$$

7.23 Se X e Y, distribuídas independentemente, seguem distribuições exponenciais com parâmetro de média igual a 1, determine as distribuições de
(a) $U = X + Y$ e
(b) $V = X/(X + Y)$.

Distribuições amostrais fundamentais e descrição de dados

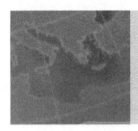

8.1 Amostragem aleatória

O resultado de um experimento estatístico pode ser registrado como um valor numérico ou como uma representação descritiva. Quando dois dados são lançados e o resultado total é o que interessa, registramos um valor numérico. Entretanto, se estudantes de uma escola passam por exames de sangue e o tipo sangüíneo é o que interessa, então uma representação descritiva pode ser mais útil. O sangue de um indivíduo pode ser classificado de oito maneiras: AB, A, B ou O, com um sinal positivo ou negativo, dependendo da presença ou não do antígeno Rh.

Neste capítulo, focaremos a amostragem de distribuições ou populações e estudaremos importantes quantidades, tais como a *média amostral* e a *variância amostral*, que são vitais para os próximos capítulos. Além disso, tentaremos fornecer ao leitor uma introdução sobre o papel que a média e a variância da amostra terão nos capítulos sobre inferência estatística. A utilização de computadores com processadores de alto desempenho permite aos cientistas ou engenheiros aprimorar o uso da inferência estatística formal com técnicas gráficas. Muitas vezes, a inferência formal parece um tanto árida e talvez até abstrata para o praticante ou gerente que deseja usar a análise estatística como um guia para suas tomadas de decisões.

Populações e amostras

Começaremos esta seção discutindo as noções de *populações* e *amostras*. Ambas são amplamente mencionadas no Capítulo 1. No entanto, precisamos discutir muito mais sobre elas, particularmente no contexto do conceito de variáveis aleatórias. A totalidade das observações na qual estamos interessados, seja ela um número finito ou infinito, constitui o que chamamos de *população*. Houve um tempo em que essa palavra se referia a observações obtidas de estudos estatísticos sobre pessoas. Hoje, os estatísticos usam o termo para se referir a observações relevantes de qualquer conjunto de interesse, sejam conjuntos de pessoas, animais, ou todos os resultados possíveis de algum complicado sistema biológico ou de engenharia.

Definição 8.1
Uma *população* consiste na totalidade de observações nas quais estamos interessados.

O número de observações na população é definido pelo tamanho dela. Se há 600 estudantes na escola, que são classificados por tipo sangüíneo, dizemos que existe uma população de tamanho 600. Os números das cartas em um baralho, as alturas dos moradores de uma cidade e os comprimentos dos peixes em determinado rio são exemplos de populações com tamanho finito. Em cada caso, o número total de observações é um número finito. As observações obtidas ao medir a pressão atmosférica todos os dias, ou todas as medidas da profundidade de um lago em qualquer posição concebível, são exemplos de populações cujo tamanho é infinito. Algumas populações finitas são tão grandes que, em teoria, são assumidas como infinitas. Isso é verdadeiro se você considerar a população das vidas úteis de certos acumuladores que são produzidos em massa para ser distribuídos por todo o país.

Cada observação em uma população é um valor de uma variável aleatória X, com distribuição de probabilidade $f(x)$. Se alguém inspeciona itens que saem de uma linha de montagem para encontrar itens defeituosos, então cada observação na população pode ser um valor 0 ou 1 da variável aleatória de Bernoulli X com distribuição de probabilidade

$$b(x; 1, p) = p^x q^{1-x}, \qquad x = 0, 1,$$

onde 0 indica um item sem defeito e 1 indica um item defeituoso. É claro, supõe-se que p, a probabilidade de que qualquer item seja defeituoso, permanece constante de tentativa para tentativa. No experimento do tipo sangüíneo, a variável aleatória X representa um tipo de sangue, que assume um valor de 1 a 8. Cada estudante recebe um desses valores da variável aleatória discreta. As vidas úteis dos acumuladores são valores assumidos por uma variável aleatória contínua que tem, talvez, uma distribuição normal. Quando nos referirmos, daqui por diante, a uma 'população binomial', a uma 'população normal' ou, em geral, a uma 'população $f(x)$', queremos dizer uma população cujas observações são valores de uma variável aleatória que tem uma distribuição binomial, uma distribuição normal ou uma distribuição de probabilidade $f(x)$. Portanto, a média e a variância de uma variável aleatória ou de uma distribuição de probabilidade também são referidas como a média e a variância da população correspondente.

No campo da inferência estatística, os estatísticos estão interessados em chegar a conclusões relacionadas a uma população quando é impossível ou impraticável observar o conjunto inteiro de observações que constitui a população. Por exemplo, na tentativa de se determinar o tempo médio de vida de uma marca de lâmpadas, seria impossível testar todas as lâmpadas se precisamos ter algumas para serem vendidas. Os custos exorbitantes também podem ser um fator proibitivo no estudo de populações inteiras. Por isso, precisamos depender de um subconjunto de observações da população para nos ajudar a fazer inferências relacionadas à mesma população. Isso nos leva a considerar a noção de amostragem.

Definição 8.2
Uma *amostra* é um subconjunto de uma população.

Para que nossas inferências da amostra da população sejam válidas, devemos obter amostras que sejam representativas da população. Com freqüência, somos tentados a escolher uma amostra selecionando os membros mais convenientes de uma população. Tal procedimento pode levar a inferências errôneas relacionadas à população. Qualquer procedimento de amostragem que produz inferências que consistentemente superestimam ou subestimam alguma característica da população é chamado de *tendencioso*. Para eliminarmos qualquer possibilidade de tendenciosidade no procedimento amostral, é aconselhável escolher uma *amostra aleatória*, no sentido de que as observações sejam feitas de maneira independente e aleatória.

Ao selecionar uma amostra aleatória de tamanho n de uma população $f(x)$, definiremos a variável aleatória X_i, $i = 1, 2, ..., n$, para representar a i-ésima medição ou valor amostral que observamos. As variáveis aleatórias $X_1, X_2, ..., X_n$ irão, então, constituir uma amostra aleatória da população $f(x)$, com valores numéricos $x_1, x_2, ..., x_n$, se as medições forem obtidas repetindo-se o experimento n vezes independentes, essencialmente sob as mesmas condições. Por causa das condições idênticas sob as quais os elementos da amostra são selecionados, é razoável assumir que as n variáveis aleatórias $X_1, X_2, ..., X_n$ sejam independentes e que cada uma tenha a mesma distribuição de probabilidade $f(x)$. Ou seja, as distribuições de probabilidade de $X_1, X_2, ..., X_n$ são, respectivamente, $f(x_1), f(x_2), ..., f(x_n)$ e sua distribuição de probabilidade conjunta é $f(x_1, x_2, ..., x_n) = f(x_1), f(x_2), ..., f(x_n)$. O conceito de amostra aleatória é descrito formalmente pela definição a seguir.

Definição 8.3
Sejam $X_1, X_2, ..., X_n$ n variáveis aleatórias, cada uma tendo a distribuição de probabilidade $f(x)$. Defina $X_1, X_2, ..., X_n$ como uma *amostra aleatória* de tamanho n da população $f(x)$ e escreva sua distribuição de probabilidade conjunta como
$$f(x_1, x_2, ..., x_n) = f(x_1)f(x_2) \cdots f(x_n).$$

Se fizermos uma seleção aleatória de $n = 8$ acumuladores de bateria de um processo de fabricação, no qual mantivemos a mesma especificação, e registrarmos a vida útil de cada bateria, com a primeira medição x_1 sendo um valor de X_1, a segunda medição x_2 sendo um valor de X_2, e assim por diante, então $x_1, x_2, ..., x_8$ são os valores da amostra aleatória $X_1, X_2, ..., X_8$. Se assumirmos a população da vida útil das baterias como normal, os valores possíveis de qualquer X_i, $i = 1, 2, ..., 8$, serão precisamente os mesmos daqueles na população original e, portanto, X_i tem distribuição normal idêntica a X.

8.2 Algumas estatísticas importantes

Nosso objetivo principal ao selecionar amostras aleatórias é extrair informações sobre os parâmetros desconhecidos da população. Suponha, por exemplo, que desejamos chegar a uma conclusão sobre a proporção de pessoas nos Estados Unidos que preferem certa marca de café. Seria impossível questionar todos os norte-americanos que bebem café para calcularmos o valor do parâmetro p, que representa a proporção populacional. Em vez disso, uma ampla amostra aleatória é selecionada e a proporção $\hat{p}$ de pessoas nessa amostra que preferem a marca de café em questão é calculada. O valor $\hat{p}$ é usado agora para fazermos uma inferência relacionada com a verdadeira proporção p.

Agora, $\hat{p}$ é uma função dos valores observados na amostra aleatória; já que muitas amostras aleatórias da mesma população são possíveis, espera-se que $\hat{p}$ varie de alguma maneira de amostra para amostra. Ou seja, $\hat{p}$ é um valor de uma variável aleatória que representamos por P, que é chamada de *estatística*.

Definição 8.4
Qualquer função de variáveis aleatórias que constituem uma amostra aleatória é chamada de *estatística*.

Tendência central na amostra; a média amostral

No Capítulo 4, apresentamos dois parâmetros, μ e σ^2, que medem o centro da localização e a variabilidade de uma distribuição de probabilidade. Eles são parâmetros populacionais constantes e não são, de modo algum, afetados ou influenciados pelas observações da amostra aleatória. Entretanto, vamos definir algumas importantes estatísticas que descrevem medidas correspondentes da amostra aleatória. As estatísticas mais comumente usadas para medirmos o centro de um conjunto de dados são, em ordem de magnitude, a *média*, a *mediana* e a *moda*. Todas essas estatísticas estão definidas no Capítulo 1. A média será definida novamente a seguir.

Definição 8.5
Se $X_1, X_2, ..., X_n$ representam uma amostra aleatória de tamanho n, então a *média amostral* é definida pela estatística
$$\bar{X} = \frac{1}{n}\sum_{i=1}^{n} X_i.$$

Note que a estatística $\bar{X}$ assume o valor $\bar{x} = \frac{1}{n}\sum_{i=1}^{n} x_i$ quando X_1 assume o valor x_1, X_2 assume o valor x_2, e assim por diante. Na prática, o valor de uma estatística usualmente recebe o mesmo nome da estatística. Por exemplo, o termo *média amostral* é aplicado tanto para a estatística $\bar{X}$ quanto para seu valor calculado $\bar{x}$.

Há uma referência, feita anteriormente no Capítulo 1, à média amostral. Foram dados exemplos para ilustrar seu cálculo.

Como sugerimos no Capítulo 1, a medição da tendência central na amostra por si só não fornece uma clara indicação da natureza desta amostra. Então, uma medição da variabilidade na amostra também deve ser considerada.

A variância amostral

A variabilidade na amostra deveria mostrar como as observações se espalham em torno da média. O leitor pode voltar ao Capítulo 1 para uma maior discussão. É possível termos dois conjuntos de observações com a mesma média ou mediana, mas que diferem consideravelmente na variabilidade de suas medidas em torno da média.

Considere as seguintes medidas, em litros, para duas amostras de suco de laranja engarrafado pelas empresas A e B.

Amostra A	0,97	1,00	0,94	1,03	1,06
Amostra B	1,06	1,01	0,88	0,91	1,14

Ambas as amostras têm a mesma média, 1,00 litro. É óbvio que a empresa A engarrafa o suco de laranja com um conteúdo mais uniforme do que a empresa B. Dizemos que a variabilidade ou a dispersão das observações em torno da média é menor para a amostra A do que para a amostra B. Então, quando comprarmos suco de laranja engarrafado, estaremos mais confiantes em comprar uma garrafa com a quantidade de suco mais próxima da anunciada se ele for produzido pela empresa A.

No Capítulo 1, introduzimos várias medidas de variabilidade amostral, incluindo a variância amostral e a amplitude amostral. Neste Capítulo, focaremos na variância amostral.

Definição 8.6
Se $X_1, X_2, ..., X_n$ representam uma amostra aleatória de tamanho n, então a *variância amostral* é definida pela estatística
$$S^2 = \frac{1}{n-1}\sum_{i=1}^{n}(X_i - \bar{X})^2.$$

O valor calculado de S^2 para uma amostra é denotado por s^2. Note que S^2 é essencialmente definida como sendo a média dos quadrados dos desvios das observações de sua média. A razão para usarmos $n-1$ como divisor, em vez da escolha mais óbvia n, se tornará mais clara no Capítulo 9.

■ **Exemplo 8.1**

Uma comparação dos preços de café em quatro supermercados selecionados aleatoriamente em San Diego, Estados Unidos, mostrou que o preço subiu 12, 15, 17 e 20 centavos, respectivamente, se comparado ao mês anterior, para o pacote de um quilograma. Determine a variância dessa amostra aleatória de aumento de preços.

Solução: Ao calcular a média da amostra, temos
$$\bar{x} = \frac{12 + 15 + 17 + 20}{4} = 16 \text{ centavos.}$$

Então,
$$s^2 = \frac{1}{3}\sum_{i=1}^{4}(x_i - 16)^2$$
$$= \frac{(12-16)^2 + (15-16)^2 + (17-16)^2 + (20-16)^2}{3}$$
$$= \frac{(-4)^2 + (-1)^2 + (1)^2 + (4)^2}{3} = \frac{34}{3}.$$

Enquanto a expressão para a variância amostral na Definição 8.6 ilustra bem que S^2 é uma medida da variabilidade, uma expressão alternativa também tem seu mérito e o leitor deve estar atento a ela. O teorema a seguir contém tal expressão.

Teorema 8.1
Se S^2 é a variância de uma amostra aleatória de tamanho n, podemos escrever que
$$S^2 = \frac{1}{n(n-1)}\left[n\sum_{i=1}^{n}X_i^2 - \left(\sum_{i=1}^{n}X_i\right)^2\right].$$

Prova: Por definição,
$$S^2 = \frac{1}{n-1}\sum_{i=1}^{n}(X_i - \bar{X})^2$$
$$= \frac{1}{n-1}\sum_{i=1}^{n}(X_i^2 - 2\bar{X}X_i + \bar{X}^2)$$

$$= \frac{1}{n-1}\left[\sum_{i=1}^{n} X_i^2 - 2\bar{X}\sum_{i=1}^{n} X_i + n\bar{X}^2\right].$$

Substituindo $\bar{X}$ por $\sum_{i=1}^{n} X_i/n$ e multiplicando o numerador e o denominador por n, obtemos a fórmula de cálculo mais útil do Teorema 8.1.

Definição 8.7
O *desvio-padrão amostral*, denotado por S, é a raiz quadrada positiva da variância amostral.

■ **Exemplo 8.2**

Determine a variância dos dados 3, 4, 5, 6, 6 e 7, que representam o número de trutas pescadas por uma amostra aleatória de seis pescadores em 19 de junho de 1996, no lago Muskoka.

Solução: Descobrimos que $\sum_{i=1}^{6} x_i^2 = 171$, $\sum_{i=1}^{6} x_i = 31$, $n = 6$. Portanto,

$$s^2 = \frac{1}{(6)(5)}[(6)(171) - (31)^2] = \frac{13}{6}.$$

Então, o desvio-padrão amostral é $s = \sqrt{13/6} = 1{,}47$.

Exercícios

8.1 Defina as populações adequadas, das quais as seguintes amostras são selecionadas:
(a) Pessoas em 200 casas, na cidade de Richmond, recebem ligações e são questionadas sobre o nome de seu candidato para o conselho escolar.
(b) Uma moeda é jogada 100 vezes e 34 coroas são registradas.
(c) Duzentos pares de um novo tipo de tênis foram testados e duraram, em média, quatro meses.
(d) Em cinco ocasiões diferentes, o advogado levou 21, 26, 24, 22 e 21 minutos para ir de sua casa a seu escritório no centro da cidade.

8.2 O número de multas aplicadas por violações às leis de trânsito por oito policiais durante o fim de semana de um feriado nacional são 5, 4, 7, 7, 6, 3, 8 e 6.
(a) Se esses valores representam o número de multas aplicadas por uma amostra aleatória de oito policiais de Montgomery, na Virgínia, defina uma população adequada.
(b) Se os valores representam o número de multas aplicadas por uma amostra aleatória de policiais da Carolina do Sul, defina uma população adequada.

8.3 O número de respostas incorretas num teste de verdadeiro ou falso, para uma amostra aleatória de 15 estudantes, foi registrado como se segue: 2, 1, 3, 0, 1, 3, 6, 0, 3, 3, 5, 2, 1, 4 e 2. Determine

(a) a média;
(b) a mediana;
(c) a moda.

8.4 O tempo, em minutos, que dez pacientes esperam em um consultório médico antes de receber tratamento foi registrado como: 5, 11, 9, 5, 10, 15, 6, 10, 5 e 10. Tratando os dados como uma amostra aleatória, determine
(a) a média;
(b) a mediana;
(c) a moda.

8.5 Os tempos de reação a um estimulante para uma amostra aleatória de nove indivíduos foram registrados como 2,5; 3,6; 3,1; 4,3; 2,9; 2,3; 2,6; 4,1 e 3,4 segundos. Calcule
(a) a média;
(b) a mediana.

8.6 De acordo com a ecologista Jaqueline Killeen, os fosfatos presentes nos detergentes domésticos passam por nossos sistemas de esgoto, poluindo nossos rios e lagos, que, com o tempo, podem acabar secando e se transformar em desertos. Os dados a seguir mostram a quantidade de fosfatos por peso de roupa lavada, em gramas, em uma amostra aleatória de diversos tipos de detergentes usados de acordo com as instruções prescritas:

Detergente	Fosfatos por peso (gramas)
A & P Blue Sail	48
Dash	47
Concentrated All	42
Cold Water All	42
Breeze	41
Oxydol	34
Ajax	31
Sears	30
Fab	29
Cold Power	29
Bold	29
Rinso	26

Para os dados apresentados, determine
(a) a média;
(b) a mediana;
(c) a moda.

8.7 Uma amostra aleatória de empregados de uma indústria local prometeu as seguintes doações, em dólares, para uma gestão de fundos: 100, 40, 75, 15, 20, 100, 75, 50, 30, 10, 55, 75, 25, 50, 90, 80, 15, 25, 45 e 100. Calcule
(a) a média;
(b) a moda.

8.8 Determine a média, a mediana e a moda para a amostra cujas observações, 15, 7, 8, 95, 19, 12, 8, 22 e 14, representam o número de dias de licença médica em nove declarações de imposto de renda. Qual valor parece ser a melhor medida do centro de nossos dados? Explique as razões para sua preferência.

8.9 Em relação aos tempos que dez pacientes esperaram no consultório médico antes de receber tratamento, no Exercício 8.4, determine
(a) a amplitude;
(b) o desvio-padrão.

8.10 Em relação à amostra dos tempos de reação para nove indivíduos que receberam o estimulante, no Exercício 8.5, calcule
(a) a amplitude;
(b) a variância, usando a fórmula da Definição 8.6.

8.11 Em relação à amostra aleatória das respostas incorretas do teste de verdadeiro ou falso para os 15 estudantes do Exercício 8.3, calcule a variância usando a fórmula
(a) da Definição 8.6;
(b) do Teorema 8.1.

8.12 O teor de alcatrão em oito marcas de cigarro, selecionadas aleatoriamente da última lista divulgada pela Comissão Federal de Comércio (FTC) são: 7,3; 8,6; 10,4; 16,1; 12,2; 15,1; 14,5 e 9,3 miligramas. Calcule
(a) a média;
(b) a variância.

8.13 As médias das notas de 20 veteranos de uma faculdade, selecionados aleatoriamente, são as seguintes:

$$\begin{array}{ccccc} 3{,}2 & 1{,}9 & 2{,}7 & 2{,}4 & 2{,}8 \\ 2{,}9 & 3{,}8 & 3{,}0 & 2{,}5 & 3{,}3 \\ 1{,}8 & 2{,}5 & 3{,}7 & 2{,}8 & 2{,}0 \\ 3{,}2 & 2{,}3 & 2{,}1 & 2{,}5 & 1{,}9 \end{array}$$

Calcule o desvio-padrão.

8.14 (a) Mostre que a variância amostral não muda se uma constante c for adicionada ou subtraída de cada valor na amostra.
(b) Mostre que a variância amostral se torna c^2 vezes seu valor original, se cada observação na amostra for multiplicada por c.

8.15 Verifique que a variância da amostra 4, 9, 3, 6, 4 e 7 é 5,1 e, usando esse fato juntamente com os resultados do Exercício 8.14, determine
(a) a variância da amostra 12, 27, 9, 18, 12 e 21;
(b) a variância da amostra 9, 14, 8, 11, 9 e 12.

8.16 Na temporada de 2004-05, o time de futebol da Universidade do Sul da Califórnia teve as seguintes diferenças de pontuação em seus 13 jogos disputados.

11 49 32 3 6 38 38 30 8 40 31 5 36

Determine
(a) a média das diferenças de pontuação;
(b) a mediana das diferenças de pontuação.

8.3 Apresentação dos dados e métodos gráficos

No Capítulo 1, introduzimos as distribuições empíricas. O estímulo é usar apresentações criativas para extrair informações sobre as propriedades de um conjunto de dados. Por exemplo, os diagramas de ramo-e-folhas fornecem uma visão da simetria e outras propriedades dos dados. Neste capítulo, lidamos com amostras que, é claro, são coleções de dados experimentais a partir das quais chegamos a conclusões sobre as populações. Freqüentemente, a aparência da amostra fornece informações sobre a distribuição da qual os dados foram retirados. Por exemplo, no Capítulo 1, ilustramos a natureza geral de pares de amostras com diagramas de pontos que mostravam uma comparação relativa entre a tendência central e a variabilidade entre duas amostras.

Nos próximos capítulos, vamos supor que a distribuição é normal. Informações gráficas relativas à validade dessa suposição podem ser encontradas em gráficos como o diagrama de ramo-e-folhas e histogramas de freqüências. Além disso, introduziremos nesta seção a noção de *gráficos de probabilidade normal e gráficos de quantis*. Tais gráficos são utilizados em estudos com graus variados de complexidade, cujo objetivo principal é fornecer uma verificação diagnóstica da suposição de que os dados vieram de uma distribuição normal.

Caracterizamos a análise estatística como o processo de chegar a conclusões sobre sistemas na presença do sistema de variabilidade. A tentativa de um engenheiro de se informar sobre um processo químico costuma ser obscurecida pela *variabilidade do processo*. Um estudo que envolve o número de itens defeituosos em um processo de produção é freqüentemente realizado com maior dificuldade pela variabilidade no método de fabricação dos itens. Já aprendemos sobre amostras e estatísticas que expressam o centro da localização e a variabilidade na amostra. Essas estatísticas fornecem medidas isoladas, enquanto os gráficos acrescentam informações na forma de uma figura.

Diagrama de caixa-e-bigodes ou diagrama de caixa

Outro gráfico que é útil por refletir as propriedades da amostra é o *diagrama de caixa-e-bigodes*. Ele inclui a *amplitude interquartílica* dos dados em uma caixa que tem a mediana mostrada dentro dela. A amplitude interquartílica tem como seus extremos o 75º percentil (quartil superior) e o 25º percentil (quartil inferior). Além da caixa, retas (chamadas de bigodes) se estendem, mostrando observações extremas na amostra. Para amostras razoavelmente grandes, o gráfico mostra o centro da localização, a variabilidade e o grau de assimetria.

Adicionalmente, uma variação chamada *diagrama de caixa* pode fornecer informações sobre quais observações podem ser *valores discrepantes*, que são observações consideradas excepcionalmente distantes da maioria dos dados. Há muitos testes estatísticos que são desenhados para detectar os valores discrepantes. Tecnicamente, pode-se entender um valor discrepante como uma observação que representa um 'evento raro' (há uma pequena probabilidade de se obter um valor tão distante quanto ele da maioria dos dados). O conceito dos valores discrepantes será retomado no Capítulo 12, no contexto da análise de regressão.

A informação visual do diagrama de caixa-e-bigodes ou do diagrama de caixa não tem a intenção de ser um teste formal para valores discrepantes. Em vez disso, é vista como uma ferramenta de diagnóstico. Enquanto a determinação de quais observações são valores discrepantes varia com o tipo de *software* usado, um procedimento comum é usar um *múltiplo amplitude interquartílica*. Por exemplo, se sua distância da caixa excede 1,5 vez a amplitude interquartílica (em qualquer direção), a observação pode ser denominada como um valor discrepante.

■ **Exemplo 8.3**

Considere os dados do Exercício 1.21, no final do Capítulo 1. O teor de nicotina foi medido em uma amostra aleatória de 40 cigarros. Os dados são reapresentados na Tabela 8.1.

A Figura 8.1 mostra o diagrama de caixa-e-bigodes dos dados que descrevem as observações 0,72 e 0,85 como valores discrepantes moderados na cauda inferior,

Tabela 8.1 Dados sobre a nicotina para o Exemplo 8.3

1,09	1,92	2,31	1,79	2,28	1,74	1,47	1,97
0,85	1,24	1,58	2,03	1,70	2,17	2,55	2,11
1,86	1,90	1,68	1,51	1,64	0,72	1,69	1,85
1,82	1,79	2,46	1,88	2,08	1,67	1,37	1,93
1,40	1,64	2,09	1,75	1,63	2,37	1,75	1,69

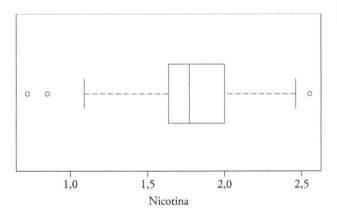

Figura 8.1 Diagrama de caixa-e-bigodes para os dados sobre nicotina do Exercício 1.21.

```
A vírgula decimal está 1 dígito à esquerda do |
  7 | 2
  8 | 5
  9 |
 10 | 9
 11 |
 12 | 4
 13 | 7
 14 | 07
 15 | 18
 16 | 3447899
 17 | 045599
 18 | 2568
 19 | 0237
 20 | 389
 21 | 17
 22 | 8
 23 | 17
 24 | 6
 25 | 5
```

Figura 8.2 Diagrama de ramo-e-folhas para os dados sobre nicotina.

enquanto a observação 2,55 é um valor discrepante moderado na cauda superior. Nesse exemplo, a amplitude interquartílica é 0,365, e 1,5 vez a amplitude interquartílica é 0,5475. A Figura 8.2, por outro lado, fornece um diagrama de ramo-e-folhas.

■ **Exemplo 8.4**

Considere os dados da Tabela 8.2, que consiste em 30 amostras medindo a espessura das 'alças' de latas de tinta (veja o trabalho de Hogg e Ledolter em Referências Bibliográficas). A Figura 8.3 mostra um diagrama de caixa-e-bigodes para esse conjunto de dados assimétrico. Note que o bloco da esquerda é consideravelmente maior que o da direita. A mediana é 35. O quartil inferior é 31, enquanto o quartil superior é 36. Repare também que a observação extrema à direita é mais distante da caixa do que a observação extrema à esquerda. Não há valores discrepantes nesse conjunto de dados.

Tabela 8.2 Dados para o Exemplo 8.4

Amostra	Medidas	Amostra	Medidas
1	29 36 39 34 34	16	35 30 35 29 37
2	29 29 28 32 31	17	40 31 38 35 31
3	34 34 39 38 37	18	35 36 30 33 32
4	35 37 33 38 41	19	35 34 35 30 36
5	30 29 31 38 29	20	35 35 31 38 36
6	34 31 37 39 36	21	32 36 36 32 36
7	30 35 33 40 36	22	36 37 32 34 34
8	28 28 31 34 30	23	29 34 33 37 35
9	32 36 38 38 35	24	36 36 35 37 37
10	35 30 37 35 31	25	36 30 35 33 31
11	35 30 35 38 35	26	35 30 29 38 35
12	38 34 35 35 31	27	35 36 30 34 36
13	34 35 33 30 34	28	35 30 36 29 35
14	40 35 34 33 35	29	38 36 35 31 31
15	34 35 38 35 30	30	30 34 40 28 30

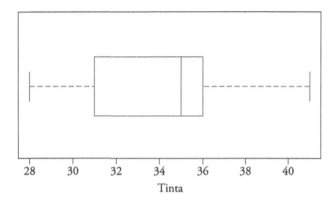

Figura 8.3 Diagrama de caixa-e-bigodes para a espessura da 'alça' da lata de tinta.

Há outras maneiras de os diagramas de caixa-e-bigodes e outros gráficos ajudarem o analista. Amostras múltiplas podem ser comparadas graficamente. Gráficos dos dados podem sugerir relações entre as variáveis e auxiliar na detecção de anomalias ou observações discrepantes nas amostras.

Outro tipo de gráfico que pode ser particularmente útil para caracterizar a natureza de um conjunto de dados é o *gráfico de quantis*. Como no caso do diagrama de caixa-e-bigodes, podem-se usar as idéias básicas no gráfico de quantis para *comparar amostras de dados,* onde o objetivo do analista é extrair distinções. Mais exemplos desse tipo de uso serão dados em capítulos futuros, nos quais a inferência estatística formal, associada com a comparação de amostras, é discutida. Nesse ponto, serão mostrados estudos de casos nos quais o leitor será exposto tanto à inferência formal quanto a gráficos de diagnóstico para o mesmo conjunto de dados.

Gráfico de quantis

O propósito do gráfico de quantis é representar, na forma amostral, a função de distribuição acumulada discutida no Capítulo 3.

Definição 8.8
Um *quantil* de uma amostra, $q(f)$, é o valor para o qual uma fração específica, f, dos valores dos dados é menor ou igual a $q(f)$.

Obviamente, um quantil representa uma estimativa de uma característica de uma população, ou ainda, da distribuição teórica. A mediana amostral é $q(0,5)$. O 75º percentil (quartil superior) é $q(0,75)$ e o quartil inferior é $q(0,25)$.

Um *gráfico de quantis* simplesmente *representa os valores dos dados no eixo vertical contra uma avaliação empírica da fração de observações excedida pelos valores dos dados.* Para propósitos teóricos, essa fração é calculada por

$$f_i = \frac{i - \frac{3}{8}}{n + \frac{1}{4}},$$

onde i é a ordem das observações quando são classificadas do menor para o maior valor. Em outras palavras, se denotarmos as observações classificadas em ordem crescente por

$$y_{(1)} \leq y_{(2)} \leq y_{(3)} \leq \cdots \leq y_{(n-1)} \leq y_{(n)},$$

então o gráfico de quantis descreve uma representação de $y_{(i)}$ contra f_i. Na Figura 8.4, fornecemos o gráfico de quantis para os dados sobre as 'alças' das latas de tinta, já discutidos.

Diferentemente do diagrama de caixa-e-bigodes, o gráfico de quantil mostra, na verdade, todas as observações. Todos os quantis, incluindo a mediana e os quantis superior e inferior, podem ser visualmente aproximados. Por exemplo, observamos prontamente uma mediana de 35 e um quartil superior de aproximadamente 36. Indicações de aglomerações relativamente grandes ao redor de valores específicos são feitas por inclinações próximas a zero, enquanto dados esparsos em certas áreas produzem inclinações mais acentuadas. A Figura 8.4 descreve escassez de dados nos valores de 28 a 30, mas a densidade relativamente alta de 36 a 38. Nos capítulos 9 e 10 prosseguimos com a representação dos quantis ilustrando maneiras úteis de comparar amostras distintas.

Detecção de desvios da normalidade

Deveria ser evidente para o leitor detectar que se um conjunto de dados vem ou não de uma distribuição normal pode ser uma importante ferramenta para o analista de dados. Como indicamos anteriormente nesta seção, freqüentemente supomos que todas as observações ou subconjuntos de observações em um conjunto de dados são realizações de variáveis aleatórias normais inde-

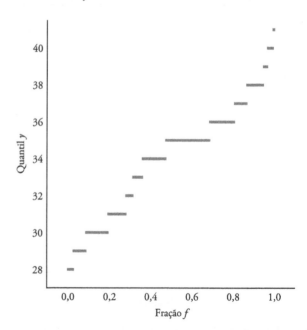

Figura 8.4 Gráfico de quantis para os dados de tinta.

pendentes e identicamente distribuídas. Novamente, o gráfico de diagnóstico pode ampliar (para propósitos de exposição) um *teste da qualidade do ajuste* formal sobre os dados. Esses testes de ajuste serão discutidos no Capítulo 10. Para o leitor de um texto ou relatório científico, a informação de diagnóstico é muito clara, menos árida e talvez não tediosa. Nos capítulos a seguir (capítulos 9 a 13), focaremos novamente os métodos para detecção de desvios da normalidade como um aumento da inferência estatística formal. Tais tipos de representações são úteis na detecção dos tipos de distribuição. Essas também são situações tanto em construção de modelos quanto em planejamento de experimentos nos quais as representações são usadas para detectar importantes *efeitos* ou *modelos de termos* que são ativos. Em outras situações, eles são usados para determinar se as suposições feitas pelo cientista ou engenheiro ao construir o modelo são razoáveis ou não. Muitos exemplos com ilustrações serão encontrados nos capítulos 11, 12 e 13. A subseção seguinte fornece uma discussão e um exemplo de um gráfico de diagnóstico chamado *gráfico quantil-quantil normal*.

Gráfico quantil-quantil normal

O gráfico quantil-quantil normal tira vantagem do que é conhecido sobre os quantis da distribuição normal. A metodologia envolve um gráfico dos quantis empíricos, discutidos anteriormente, contra os quantis correspondentes da distribuição normal. Agora, a expressão para um quantil de uma variável aleatória $N(\mu, \sigma)$ é muito complicada. Entretanto, uma boa aproximação é dada por

$$q_{\mu,\sigma}(f) = \mu + \sigma\{4,91[f^{0,14} - (1-f)^{0,14}]\}.$$

A expressão entre chaves (o múltiplo de σ) é a aproximação para o quantil correspondente para a variável aleatória $N(0, 1)$, ou seja,

$$q_{0,1}(f) = 4,91[f^{0,14} - (1-f)^{0,14}].$$

> **Definição 8.9**
> O *gráfico quantil-quantil normal* é um gráfico de $y_{(i)}$ (observações ordenadas) contra a $q_{0,1}(f_i)$, onde $f_i = \frac{i - \frac{3}{8}}{n + \frac{1}{4}}$.

Uma relação próxima de uma linha direta sugere que os dados vieram de uma distribuição normal. O intercepto no eixo vertical é uma estimativa da média populacional μ e a inclinação é uma estimativa do desvio-padrão σ. A Figura 8.5 mostra um gráfico quantil-quantil normal para os dados sobre a lata de tinta.

Gráfico de probabilidade normal

Note como o desvio da normalidade se torna claro pela aparência do gráfico. A assimetria mostrada nos dados resulta em mudanças na inclinação.

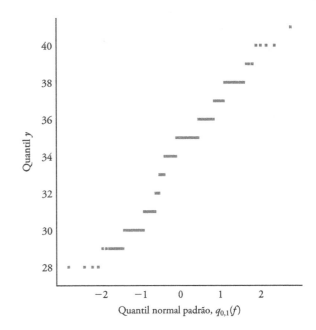

Figura 8.5 Gráfico quantil-quantil normal para os dados da tinta.

A idéia da representação gráfica de probabilidade é manifestada em outros gráficos além do gráfico quantil-quantil normal, discutido aqui. Por exemplo, muita atenção é dada ao chamado *gráfico de probabilidade normal*, no qual o eixo vertical contém *f* representada em papel especial com uma escala tal que, se a distribuição de dados é normal, os pontos devem se dispor em torno de uma reta, quando é representada contra os valores dos dados ordenados. Além disso, um gráfico alternativo faz uso dos valores esperados das observações para a distribuição normal e descreve as observações ordenadas contra seus valores esperados, sob a suposição dos dados de $N(\mu, \sigma)$. Novamente, uma reta é o gabarito do gráfico usado. Continuamos a sugerir que a base em métodos gráficos analíticos desenvolvidos nesta seção auxiliam na ilustração dos métodos formais de distinção entre amostras de dados.

■ **Exemplo 8.5**

Considere os dados do Exercício 10.41, no Capítulo 10. Em um estudo, *Nutrient retention and macro invertebrate community response to sewage stress in a stream ecosystem* (Retenção de nutrientes e resposta da comunidade macro invertebrada ao estresse causado pelos esgotos em um ecossistema de rios), conduzido pelo Departamento de Zoologia do Instituto Politécnico e pela Universidade Estadual da Virgínia, foram coletados dados sobre medidas de densidade (número de organismos por metro quadrado), em duas estações de coleta diferentes. Os detalhes em relação aos métodos analíticos de comparação de amostras, para determinar se ambas são da mesma distribuição $N(\mu, \sigma)$, são dados no Capítulo 10. Os dados são fornecidos pela Tabela 8.3.

Tabela 8.3 Dados para o Exemplo 8.5

Número de organismos por metro quadrado			
Estação 1		Estação 2	
5.030	4.980	2.800	2.810
13.700	11.910	4.670	1.330
10.730	8.130	6.890	3.320
11.400	26.850	7.720	1.230
860	17.660	7.030	2.130
2.200	22.800	7.330	2.190
4.250	1.130		
15.040	1.690		

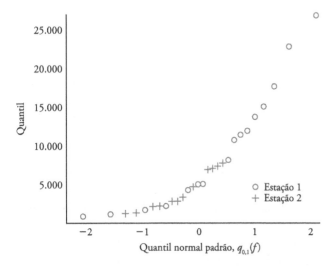

Figura 8.6 Gráfico quantil-quantil normal para os dados de densidade do Exemplo 8.5.

Construa um gráfico quantil-quantil normal e conclua se é razoável ou não assumirmos que as duas amostras são da mesma distribuição $n(x, \mu, \sigma)$.

Solução: A Figura 8.6 mostra o gráfico quantil-quantil normal para as medidas de densidade. O gráfico tem uma aparência que está muito distante de uma reta única. De fato, os dados da estação 1 refletem poucos valores na cauda inferior da distribuição e muitos valores na cauda superior. O 'agrupamento' das observações demonstra ser improvável que as duas amostras venham de uma mesma distribuição $N(\mu, \sigma)$.

8.4 Distribuição amostral

O campo da inferência estatística está basicamente relacionado às generalizações e previsões. Por exemplo, podemos afirmar, com base em opiniões de diversas pessoas entrevistadas nas ruas, que nas próximas eleições 60% dos eleitores na cidade de Detroit serão a favor de certo candidato. Neste caso, estamos lidando com uma variável aleatória de opiniões de uma população finita bastante grande. Como segundo exemplo, podemos afirmar que o custo médio para construirmos uma residência em Charleston, Carolina do Sul, fica entre 230.000 e 235.000 dólares, com base em estimativas de três empreiteiros selecionados aleatoriamente entre os 30 que trabalham na cidade neste momento. A população amostrada aqui é novamente finita, mas muito pequena. Finalmente, consideremos uma máquina de refrigerantes da qual a quantidade média de bebida dispensada é de 240 mililitros. Um funcionário da empresa calcula o volume médio de 40 bebidas, obtendo $\bar{x} = 236$ mililitros e, com base nesse valor, decide que a máquina continua dispensando bebidas com um conteúdo médio de $\mu = 240$ mililitros. As 40 bebidas representam uma amostra da população infinita de bebidas possíveis que serão dispensadas por essa máquina.

Inferências sobre a população a partir da informação na amostra

Em cada um dos exemplos dados, calculamos uma estatística de uma amostra selecionada da população, e dessas estatísticas fizemos diversas afirmações relacionadas aos valores dos parâmetros populacionais as quais podem ou não ser verdadeiras. O funcionário da empresa de refrigerantes tomou a decisão de que a máquina dispensa bebidas com um conteúdo médio de 240 mililitros, apesar de a média amostral ser de 236 mililitros, porque ele sabe, baseado na teoria da amostragem, que tal valor amostral pode ocorrer. Na verdade, se ele realizasse testes similares, digamos, a cada hora, poderia esperar que os valores de $\bar{x}$ flutuassem acima e abaixo de $\mu = 240$ mililitros. Somente quando o valor de $\bar{x}$ for substancialmente diferente de 240 mililitros, o funcionário da empresa de refrigerantes iniciará um ajuste na máquina.

Já que uma estatística é uma variável aleatória que depende somente da amostra observada, ela deve ter uma distribuição de probabilidade.

Definição 8.10
A distribuição de probabilidade de uma estatística é chamada de *distribuição amostral*.

A distribuição amostral de $\bar{X}$ é chamada de *distribuição amostral da média*.

A distribuição amostral de um dado estatístico depende do tamanho da população, do tamanho das amostras e do método de escolha das amostras. No restante deste capítulo, estudaremos as distribuições amostrais mais importantes de estatísticas freqüentemente utilizadas. As aplicações dessas distribuições amostrais em problemas de inferência estatística são consideradas na maioria dos próximos capítulos.

Qual é a distribuição amostral de X̄?

Deveríamos ver as distribuições amostrais de $\bar{X}$ e S^2 como mecanismos a partir dos quais eventualmente fazemos inferências sobre os parâmetros μ e σ^2. A distribuição amostral de $\bar{X}$, calculada em uma amostra de tamanho n, é a distribuição resultante quando um *experimento é conduzido várias vezes* (sempre com uma amostra de tamanho n), *resultando em muitos valores de $\bar{X}$*. Essa distribuição amostral, então, descreve a variabilidade das médias amostrais em torno da média populacional μ. No caso da máquina de refrigerantes, o conhecimento da distribuição amostral de $\bar{X}$ arma o analista com conhecimento de uma discrepância 'típica' entre um valor observado $\bar{x}$ e a verdadeira μ. O mesmo princípio se aplica no caso da distribuição S^2. A distribuição amostral produz informações sobre a variabilidade dos valores s^2 em torno de σ^2 em experimentos repetidos.

8.5 Distribuição amostral das médias

A primeira distribuição amostral a ser considerada é aquela da média $\bar{X}$. Suponha que uma amostra aleatória de n observações seja retirada de uma população normal com média μ e variância σ^2. Cada observação X_i, $i = 1, 2, ..., n$ da amostra aleatória terá, portanto, a mesma distribuição normal da população sendo amostrada. Então, pela propriedade reprodutiva da distribuição normal, estabelecida no Teorema 7.11, concluímos que

$$\bar{X} = \frac{1}{n}(X_1 + X_2 + \cdots + X_n)$$

tem uma distribuição normal com média

$$\mu_{\bar{X}} = \frac{1}{n}\underbrace{(\mu + \mu + \cdots + \mu)}_{n \text{ termos}} = \mu$$

e variância

$$\sigma^2_{\bar{X}} = \frac{1}{n^2}\underbrace{(\sigma^2 + \sigma^2 + \cdots + \sigma^2)}_{n \text{ termos}} = \frac{\sigma^2}{n}.$$

Se estivermos amostrando de uma população com distribuição desconhecida, seja finita ou infinita, a distribuição amostral de $\bar{X}$ ainda será aproximadamente normal, com média μ e variância σ^2/n, se o tamanho da amostra é grande. Esse surpreendente resultado é uma conseqüência imediata do teorema a seguir, chamado de teorema central do limite.

Teorema 8.2

Teorema central do limite: se $\bar{X}$ é a média da amostra aleatória de tamanho n, retirada de uma população com média μ e variância σ^2, então a forma limite da distribuição de

$$Z = \frac{\bar{X} - \mu}{\sigma/\sqrt{n}},$$

quando $n \to \infty$, é a distribuição normal $n(z; 0, 1)$.

A aproximação normal para $\bar{X}$ geralmente será boa se $n \geq 30$. Se $n < 30$, a aproximação é boa somente se a população não for muito diferente de uma distribuição normal; e, como afirmado anteriormente, se sabemos que a população é normal, a distribuição amostral de $\bar{X}$ seguirá exatamente uma distribuição normal, não importando quão pequeno é o tamanho das amostras.

O tamanho de amostra $n = 30$ é um guia para o uso do teorema central do limite. Entretanto, como a afirmação desse teorema implica, a suposição de normalidade na distribuição de $\bar{X}$ se torna mais correta conforme n cresce em tamanho. De fato, a Figura 8.7 ilustra como esse teorema funciona. Ela mostra como a distribuição de $\bar{X}$ se torna mais próxima da normal conforme n cresce em tamanho, começando com uma distribuição claramente assimétrica de uma observação individual ($n = 1$). Também ilustra que a média de $\bar{X}$ é igual a μ para qualquer tamanho de amostra e que a variância de $\bar{X}$ se torna menor conforme n aumenta.

Como se pode esperar, a distribuição de $\bar{X}$ será próxima da normal para o tamanho de amostra $n < 30$, se a distribuição de uma observação individual for próxima da normal.

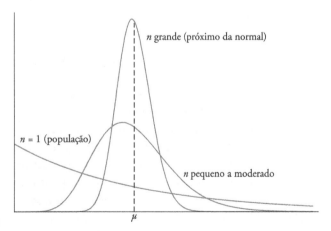

Figura 8.7 Ilustração do teorema central do limite (distribuição de $\bar{X}$ para n = 1, n moderado e n grande).

■ **Exemplo 8.6**

Uma indústria elétrica fabrica lâmpadas que têm vida útil distribuída aproximadamente normal, com média

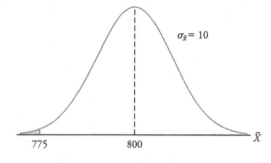

Figura 8.8 Área para o Exemplo 8.6.

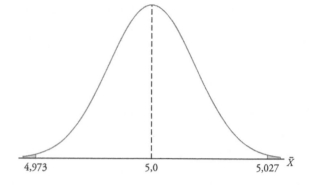

Figura 8.9 Área para o Exemplo 8.7.

igual a 800 horas e desvio-padrão de 40 horas. Determine a probabilidade de que uma amostra aleatória de 16 lâmpadas terá vida útil média menor que 775 horas.

Solução: A distribuição amostral de $\bar{X}$ será aproximadamente normal, com $\mu_{\bar{X}} = 800$ e $\sigma_{\bar{X}} = 40/\sqrt{16} = 10$. A probabilidade desejada é dada pela área da região sombreada na Figura 8.8.

Para $\bar{x} = 775$, descobrimos que

$$z = \frac{775 - 800}{10} = -2{,}5$$

e, portanto,

$$P(\bar{X} < 775) = P(Z < -2{,}5) = 0{,}0062.$$

Inferências sobre a média populacional

Uma aplicação muito importante do teorema central do limite é a determinação de valores razoáveis da média μ da população. Tópicos como o teste de hipóteses, a estimação, o controle de qualidade e outros fazem uso do teorema central do limite. O exemplo a seguir ilustra o uso desse teorema, embora a aplicação formal dos tópicos seguintes esteja nos capítulos futuros.

■ **Exemplo 8.7**

Um importante processo industrial produz componentes cilíndricos para a indústria automotiva. É importante que o processo produza peças que tenham uma média de 5,0 milímetros. O engenheiro envolvido supõe que a média da população é de 5,0 milímetros. Um experimento é conduzido, no qual 100 peças produzidas pelo processo são selecionadas aleatoriamente e têm seu diâmetro medido. Sabe-se que o desvio-padrão da população é de $\sigma = 0{,}1$. O experimento indica que o diâmetro médio da amostra é de $\bar{x} = 5{,}027$ milímetros. A informação da amostra parece apoiar ou não a suposição do engenheiro?

Solução: Este exemplo reflete o tipo de problema freqüentemente imposto e solucionado pelo teste de hipóteses, a ser introduzido nos próximos capítulos. Não usaremos a formalidade relacionada a teste de hipóteses aqui, mas ilustraremos a lógica e os princípios usados.

Se os dados apóiam ou não a suposição depende da probabilidade de que dados similares aos obtidos no experimento ($\bar{x} = 5{,}027$) possam realmente ocorrer quando, na verdade, $\mu = 5{,}0$ (Figura 8.9). Em outras palavras, qual é a probabilidade de se obter $\bar{x} \geq 5{,}027$ com $n = 100$, se a média da população é $\mu = 5{,}0$? Se essa probabilidade sugere que $\bar{x} = 5{,}027$ não é absurdo, a suposição não é refutada. Se a probabilidade é bastante baixa, pode-se certamente argumentar que os dados não apóiam a suposição de que $\mu = 5{,}0$. A probabilidade que escolhemos calcular é dada por $P(|\bar{X} - 5| \geq 0{,}027)$.

Em outras palavras, se a média $\mu = 5$, qual é a chance de que $\bar{X}$ desviará de μ pelo menos 0,027 milímetros?

$$P(|\bar{X} - 5| \geq 0{,}027) = P(\bar{X} - 5 \geq 0{,}027)$$
$$+ P(\bar{X} - 5 \leq -0{,}027)$$
$$= 2P\left(\frac{\bar{X} - 5}{0{,}1/\sqrt{100}} \geq 2{,}7\right).$$

Aqui, simplesmente padronizamos $\bar{X}$ de acordo com o teorema central do limite. Se a suposição $\mu = 5{,}0$ for verdadeira, $\frac{\bar{X} - 5}{0{,}1/\sqrt{100}}$ deveria seguir $N(0, 1)$. Então,

$$2P\left(\frac{\bar{X} - 5}{0{,}1/\sqrt{100}} \geq 2{,}7\right) = 2P(Z \geq 2{,}7)$$
$$= 2(0{,}0035) = 0{,}007.$$

Então, poderíamos experimentar, por mero acaso, $\bar{x} = 0{,}027$ milímetros da média em somente sete de mil experimentos. Como resultado, esse experimento com $\bar{x} = 5{,}027$ milímetros certamente não gera evidências que apóiem a suposição de que $\mu = 5{,}0$. Na verdade, ele refuta fortemente essa suposição!

Distribuição amostral da diferença entre duas médias

A ilustração no Exemplo 8.7 lida com as noções de inferência estatística em uma única média μ. O engenheiro estava interessado em apoiar uma suposição relacionada a uma única média populacional. Uma aplicação mais importante envolve duas populações. Um cientista ou engenheiro está interessado em um experimento comparativo no qual dois métodos de manufatura, 1 e 2, serão comparados. A base para tal comparação é $\mu_1 - \mu_2$, a diferença entre as médias populacionais.

Suponha que temos duas populações diferentes, a primeira com média μ_1 e variância σ_1^2, e a segunda com média μ_2 e variância σ_2^2. Considere que a estatística $\bar{X}_1$ represente a média de uma amostra aleatória de tamanho n_1, selecionada da primeira população, e que a estatística $\bar{X}_2$ represente a média da amostra de tamanho n_2, selecionada da segunda população, de modo independente da amostra da primeira população. O que podemos dizer sobre a distribuição amostral da diferença $\bar{X}_1 - \bar{X}_2$ para amostras repetidas de tamanho n_1 e n_2? De acordo com o Teorema 8.2, as variáveis $\bar{X}_1$ e $\bar{X}_2$ têm distribuição aproximadamente normal com médias μ_1 e μ_2 e variâncias σ_1^2/n_1 e σ_2^2/n_2, respectivamente. Essa aproximação melhora conforme n_1 e n_2 aumentam. Ao escolher amostras independentes de duas populações, as variáveis $\bar{X}_1$ e $\bar{X}_2$ serão independentes e, portanto, usando-se o Teorema 7.11, com $a_1 = 1$ e $a_2 = -1$, podemos concluir que $\bar{X}_1 - \bar{X}_2$ tem distribuição aproximadamente normal com média

$$\mu_{\bar{X}_1 - \bar{X}_2} = \mu_{\bar{X}_1} - \mu_{\bar{X}_2} = \mu_1 - \mu_2$$

e variância

$$\sigma^2_{\bar{X}_1 - \bar{X}_2} = \sigma^2_{\bar{X}_1} + \sigma^2_{\bar{X}_2} = \frac{\sigma_1^2}{n_1} + \frac{\sigma_2^2}{n_2}.$$

Teorema 8.3
Se amostras independentes de tamanho n_1 e n_2 são selecionadas aleatoriamente de duas populações, discretas ou contínuas, com médias μ_1 e μ_2 e variâncias σ_1^2 e σ_2^2, respectivamente, então a distribuição amostral das diferenças entre as médias, $\bar{X}_1 - \bar{X}_2$, é aproximadamente normal, com média e variância dadas por

$$\mu_{\bar{X}_1 - \bar{X}_2} = \mu_1 - \mu_2 \quad \text{e} \quad \sigma^2_{\bar{X}_1 - \bar{X}_2} = \frac{\sigma_1^2}{n_1} + \frac{\sigma_2^2}{n_2}.$$

Assim,

$$Z = \frac{(\bar{X}_1 - \bar{X}_2) - (\mu_1 - \mu_2)}{\sqrt{(\sigma_1^2/n_1) + (\sigma_2^2/n_2)}}$$

tem distribuição aproximadamente normal padrão.

Se n_1 e n_2 forem maiores ou iguais a 30, a aproximação normal para a distribuição de $\bar{X}_1 - \bar{X}_2$ é muito boa quando as distribuições originais não são tão distantes da normal. Entretanto, mesmo quando n_1 e n_2 são menores que 30, a aproximação é razoavelmente boa, exceto quando as populações são decididamente não normais. É claro, se ambas as populações forem normais, então $\bar{X}_1 - \bar{X}_2$ tem uma distribuição normal, não importando quais os tamanhos de n_1 e n_2.

■ **Exemplo 8.8**

Dois experimentos independentes são realizados nos quais dois tipos diferentes de tinta são comparados. Dezoito espécimes são pintados utilizando-se a tinta A e o tempo de secagem, em horas, é registrado em cada um deles. O mesmo é feito com a tinta B. Os desvios-padrão são conhecidos como 1,0.

Assumindo que a média do tempo de secagem é igual para os dois tipos de tinta, determine $P(\bar{X}_A - \bar{X}_B > 1,0)$, onde $\bar{X}_A$ e $\bar{X}_B$ são as médias dos tempos de secagem para as amostras de tamanho $n_A = n_B = 18$.

Solução: Da distribuição amostral de $\bar{X}_A - \bar{X}_B$, sabemos que a distribuição é aproximadamente normal com média

$$\mu_{\bar{X}_A - \bar{X}_B} = \mu_A - \mu_B = 0$$

e variância

$$\sigma^2_{\bar{X}_A - \bar{X}_B} = \frac{\sigma_A^2}{n_A} + \frac{\sigma_B^2}{n_B} = \frac{1}{18} + \frac{1}{18} = \frac{1}{9}.$$

A probabilidade desejada é dada pela região sombreada na Figura 8.10. Para o valor de $\bar{X}_A - \bar{X}_B = 1,0$, temos

$$z = \frac{1 - (\mu_A - \mu_B)}{\sqrt{1/9}} = \frac{1 - 0}{\sqrt{1/9}} = 3,0;$$

então,

$$P(Z > 3,0) = 1 - P(Z < 3,0) = 1 - 0,9987 = 0,0013.$$

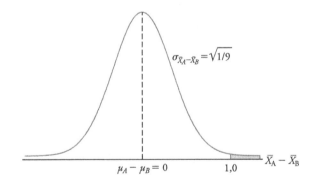

Figura 8.10 Área para o Exemplo 8.8.

O que aprendemos com esse exemplo?

O sistema de cálculo é baseado na suposição de que $\mu_A = \mu_B$. Suponha, entretanto, que o experimento seja realmente conduzido para se fazer uma inferência relacionada à igualdade de μ_A e μ_B, as médias dos tempos de secagem das duas populações. Se as duas médias amostrais diferem tanto quanto uma hora (ou mais), isto claramente é uma evidência que nos levaria a concluir que as médias dos tempos de secagem não são as mesmas para os dois tipos de tinta. Por outro lado, suponha que a diferença entre as médias amostrais seja tão pequena quanto, digamos, 15 minutos. Se $\mu_A = \mu_B$,

$$P[(\bar{X}_A - \bar{X}_B) > 0{,}25 \text{ hora}] = P\left(\frac{\bar{X}_A - \bar{X}_B - 0}{\sqrt{1/9}} > \frac{3}{4}\right)$$

$$= P\left(Z > \frac{3}{4}\right) = 1 - P(Z < 0{,}75)$$

$$= 1 - 0{,}7734 = 0{,}2266.$$

Já que essa probabilidade não é baixa, poderíamos concluir que uma diferença de 15 minutos entre as médias amostrais pode acontecer por mero acaso (ou seja, acontece com freqüência, embora $\mu_A = \mu_B$). Como resultado, esta grandeza de diferença entre as médias amostrais dos tempos de secagem certamente *não é um sinal* de que $\mu_A \neq \mu_B$.

Como indicamos anteriormente, mais formalismos a respeito desse e de outros tipos de inferência estatística (por exemplo, teste de hipóteses) serão fornecidos em detalhes em capítulos futuros. O teorema central do limite e as distribuições amostrais discutidas nas três seções a seguir também terão papel vital.

■ **Exemplo 8.9**

Os tubos de imagem de aparelhos de televisão fabricados pela indústria A têm vida útil média de 6,5 anos e desvio-padrão de 0,9 ano, enquanto aqueles fabricados pela indústria B têm vida útil média de 6,0 anos e desvio-padrão de 0,8 ano. Qual é a probabilidade de que uma amostra aleatória de 36 tubos do fabricante A tenha vida útil média de pelo menos um ano a mais do que a vida útil média de uma amostra de 49 tubos do fabricante B?
Solução: Temos a seguinte informação:

População 1	População 2
$\mu_1 = 6{,}5$	$\mu_2 = 6{,}0$
$\sigma_1 = 0{,}9$	$\sigma_2 = 0{,}8$
$n_1 = 36$	$n_2 = 49$

Se usarmos o Teorema 8.3, a distribuição amostral de $\bar{X}_1 - \bar{X}_2$ será aproximadamente normal e terá média e desvio-padrão iguais a

$$\mu_{\bar{X}_1 - \bar{X}_2} = 6{,}5 - 6{,}0 = 0{,}5$$

e $\sigma_{\bar{X}_1 - \bar{X}_2} = \sqrt{\dfrac{0{,}81}{36} + \dfrac{0{,}64}{49}} = 0{,}189.$

A probabilidade de que a média dos 36 tubos do fabricante A seja pelo menos um ano maior do que a média dos 49 tubos do fabricante B é dada pela área da região sombreada na Figura 8.11. Para o valor de $\bar{x}_1 - \bar{x}_2 = 1{,}0$, descobrimos que

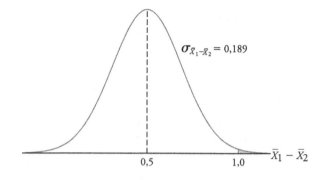

Figura 8.11 Área para o Exemplo 8.9.

$$z = \frac{1{,}0 - 0{,}5}{0{,}189} = 2{,}65$$

e, portanto,

$$P(\bar{X}_1 - \bar{X}_2 \geq 1{,}0) = P(Z > 2{,}65) = 1 - P(Z < 2{,}65)$$
$$= 1 - 0{,}9960 = 0{,}0040.$$

Mais sobre distribuição amostral de médias – Aproximação normal para a binomial

Na Seção 6.5, discutimos muito sobre a aproximação normal para a distribuição binomial. Foram fornecidas condições sobre os parâmetros n e p para as quais a distribuição de uma variável aleatória binomial pode ser aproximada pela distribuição normal. Os exemplos e exercícios refletiram a importância da ferramenta que chamamos de 'aproximação normal'. O que acontece é que o teorema central do limite irradia ainda mais luz sobre como e por que essa aproximação funciona. Certamente sabemos que uma variável aleatória binomial é o número X de sucessos em n tentativas independentes, onde o resultado de cada tentativa é binário. Também ilustramos no Capítulo 1 que a proporção calculada em tal experimento é uma média de um conjunto de zeros e uns. De fato, enquanto a proporção X/n é uma média, X é a soma desse conjunto de zeros e uns, e ambas X e X/n são aproximadamente normais se n for suficientemente grande. É claro que, como aprendemos no Capítulo 6, há condições em n e p que afetam a qualidade da aproximação, a saber $np \geq 5$ e $nq \geq 5$.

Exercícios

8.17 Se todas as amostras possíveis de tamanho 16 são retiradas de uma população com média igual a 50 e desvio-padrão igual a 5, qual é a probabilidade de que a média amostral $\bar{X}$ estará em um intervalo de $\mu_{\bar{X}} - 1{,}9\sigma_{\bar{X}}$ a $\mu_{\bar{X}} - 0{,}4\sigma_{\bar{X}}$? Assuma que as médias amostrais podem ser medidas em qualquer grau de precisão.

8.18 Dada a população uniforme discreta

$$f(x) = \begin{cases} \frac{1}{3}, & x = 2, 4, 6, \\ 0, & \text{caso contrário,} \end{cases}$$

determine a probabilidade de que uma amostra aleatória de tamanho 54, selecionada com reposição, gere uma média amostral maior que 4,1, mas menor que 4,4. Assuma que as médias são medidas até o décimo mais próximo.

8.19 Um tipo de fio é fabricado com resistência média à tensão de 78,3 quilogramas e desvio-padrão de 5,6 quilogramas. Em quanto a variância da média amostral muda quando o tamanho da amostra é
(a) aumentado de 64 para 196?
(b) reduzido de 784 para 49?

8.20 Se o desvio-padrão da média amostral em amostras aleatórias de tamanho 36 de uma população grande ou infinita é 2, quão grande deverá ser o tamanho da amostra se o desvio-padrão tiver de ser reduzido para 1,2?

8.21 Uma máquina de refrigerantes está sendo regulada de modo que a quantidade de bebida dispensada seja em média de 240 mililitros, com desvio-padrão de 15 mililitros. Periodicamente, a máquina é checada retirando-se uma amostra de 40 bebidas e calculando-se o conteúdo médio. Se a média das 40 bebidas for um valor dentro do intervalo $\mu_{\bar{X}} \pm 2\sigma_{\bar{X}}$, considera-se que a máquina está operando normalmente; caso contrário, ajustes são realizados. Na Seção 8.4, o funcionário da empresa de refrigerantes descobriu que a média de 40 bebidas era $\bar{x} = 236$ mililitros e concluiu que a máquina não precisava de ajustes. Foi uma decisão razoável?

8.22 As alturas de 1.000 estudantes têm distribuição aproximadamente normal com média de 174,5 centímetros e desvio-padrão de 6,9 centímetros. Se 200 amostras aleatórias de tamanho 25 forem retiradas dessa população e suas médias registradas até o décimo mais próximo de um centímetro, determine
(a) a média e o desvio-padrão da distribuição amostral de $\bar{X}$.
(b) o número de médias amostrais que estão entre 172,5 e 175,8 centímetros, inclusive.
(c) o número de médias amostrais que estão abaixo de 172 centímetros.

8.23 A variável aleatória X, que representa o número de cerejas em um bolinho, tem a seguinte distribuição de probabilidade:

x	4	5	6	7
$P(X = x)$	0,2	0,4	0,3	0,1

(a) Determine a média μ e a variância σ^2 de X.
(b) Determine a média $\mu_{\bar{X}}$ e a variância $\sigma^2_{\bar{X}}$ da média $\bar{X}$ para amostras aleatórias de 36 bolinhos de cereja.

(c) Determine a probabilidade de que o número médio de cerejas em 36 bolinhos seja menor que 5,5.

8.24 Se uma máquina produz resistores elétricos com resistência média de 40 ohms e desvio-padrão de 2 ohms, qual é a probabilidade de que uma amostra aleatória de 36 desses resistores tenha uma resistência combinada de mais de 1.458 ohms?

8.25 A vida média de uma máquina de fabricar pão é de sete anos, com desvio-padrão de um ano. Assumindo que a vida dessas máquinas segue aproximadamente uma distribuição normal, determine
(a) a probabilidade de que a vida média em uma amostra aleatória de nove máquinas estará entre 6,4 e 7,2 anos;
(b) o valor de x à direita do qual estarão 15% das médias calculadas em amostras aleatórias de tamanho 9.

8.26 O tempo que um bancário gasta com um cliente é uma variável aleatória com média $\mu = 3,2$ minutos e desvio-padrão $\sigma = 1,6$ minuto. Se uma amostra aleatória de 64 clientes for observada, determine a probabilidade de que o tempo médio no balcão de atendimento será de
(a) no máximo 2,7 minutos;
(b) mais 3,5 minutos;
(c) pelo menos 3,2 minutos, mas menos que 3,4 minutos.

8.27 Em um processo químico, a quantidade de certo tipo de impureza no produto é difícil de se controlar e, portanto, é uma variável aleatória. A especulação é que a média da quantidade de impureza na população seja de 0,20 grama por grama de produto. Sabe-se que o desvio-padrão é 0,1 grama por grama do produto. Um experimento é conduzido para se obter maior percepção sobre a especulação de que $\mu = 0,2$. O processo foi feito, em uma escala de laboratório, 50 vezes e a média amostral $\bar{x}$ foi de 0,23 grama por grama. Comente sobre a especulação de que a média da quantidade de impureza é de 0,20 grama por grama. Use o teorema central do limite.

8.28 Uma amostra de tamanho 25 é retirada de uma população normal que tem média 80 e desvio-padrão 5. Uma segunda amostra aleatória de tamanho 36 é retirada de outra população normal com média 75 e desvio-padrão 3. Determine a probabilidade de que a média amostral calculada nas 25 medições exceda a média amostral calculada nas 36 medições por, pelo menos, 3,4, mas menos que 5,9. Assuma que a diferença entre as médias seja medida para o décimo mais próximo.

8.29 A distribuição das alturas de cães da raça *terrier* tem altura média de 72 centímetros e um desvio-padrão de 10 centímetros, enquanto a distribuição das alturas de *poodles* tem altura média de 28 centímetros e desvio-padrão de 5 centímetros. Assumindo que as médias amostrais podem ser medidas para qualquer grau de precisão, determine a probabilidade de que a média amostral em uma amostra aleatória das alturas de 64 *terriers* exceda a média amostral em uma amostra aleatória das alturas de 100 *poodles* por, no máximo, 44,2 centímetros.

8.30 A nota média de calouros em um teste de aptidão em certa faculdade é de 540, com desvio-padrão de 50. Qual é a probabilidade de que dois conjuntos de estudantes selecionados aleatoriamente, que consistem em 32 e 50 alunos, respectivamente, vão diferir em suas notas médias em
(a) mais de 20 pontos?
(b) uma quantidade entre 5 e 10 pontos?
Assuma que as médias são medidas em qualquer grau de precisão.

8.31 Faça um gráfico de quantis dos dados a seguir. As vidas úteis, em horas, de 50 lâmpadas incandescentes resfriadas internamente de 40 watts e 110 volts, tomadas em testes de vida aceleradas:

919	1196	785	1126	936	918
1156	920	948	1067	1092	1162
1170	929	950	905	972	1035
1045	855	1195	1195	1340	1122
938	970	1237	956	1102	1157
978	832	1009	1157	1151	1009
765	958	902	1022	1333	811
1217	1085	896	958	1311	1037
702	923				

8.32 Considere o Exemplo 8.8. Suponha que 18 espécimes foram utilizados para cada tipo de tinta em um experimento e que $\bar{x}_A - \bar{x}_B$, a diferença no tempo médio de secagem, tenha sido de 1,0.
(a) Esse parece ser um resultado razoável se as médias dos tempos de secagem das duas populações são verdadeiramente iguais? Utilize o resultado da solução do Exemplo 8.8.
(b) Se alguém realizasse esse experimento 10.000 vezes sob as condições de que $\mu_A = \mu_B$, em quantas delas haveria uma diferença $\bar{x}_A - \bar{x}_B$ tão grande quanto (ou maior que) 1,0?

8.33 Duas máquinas diferentes são utilizadas para encher caixas de cereais em uma linha de produção. A medição crítica influenciada por essas máquinas é o peso do produto nas máquinas. Engenheiros têm quase certeza de que a variância no peso do produto é $\sigma^2 = 1$ onça (28,34 gramas). Experimentos são conduzidos usando ambas as máquinas com amostras de tamanho 36 cada. As médias amostrais para as máquinas A e B são $\bar{x}_A = 4,5$ onças (127,53 gramas) e $\bar{x}_B = 4,7$ onças (133,19 gramas). Os engenheiros ficaram surpresos com o fato de as médias amostrais das duas máquinas serem tão diferentes.
(a) Use o teorema central do limite para determinar $P(\bar{X}_B - \bar{X}_A \geq 0,2)$, sob a condição de que $\mu_A = \mu_B$.
(b) O experimento anterior parece, de algum modo, apoiar fortemente a suposição de que as duas médias populacionais das duas máquinas são diferentes? Explique usando sua resposta em (a).

8.34 Faça um gráfico quantil-quantil normal dos dados a seguir. Os diâmetros de 36 das cabeças de rebites em 1/100 de uma polegada:

6,72	6,77	6,82	6,70	6,78	6,70	6,62
6,75	6,66	6,66	6,64	6,76	6,73	6,80
6,72	6,76	6,76	6,68	6,66	6,62	6,72
6,76	6,70	6,78	6,76	6,67	6,70	6,72
6,74	6,81	6,79	6,78	6,66	6,76	6,76
6,72						

8.35 O benzeno químico é extremamente tóxico para humanos. Entretanto, ele é usado na fabricação de muitos corantes de medicamentos, de couros e em muitos outros revestimentos. Em qualquer produção que envolva benzeno, a água no produto do processo não pode exceder 7.950 partes por milhão (ppm) de benzeno por conta de regulamentações governamentais. Para um processo de interesse em particular, uma amostra da água foi coletada 25 vezes aleatoriamente por um fabricante e a média amostral $\bar{x}$ foi de 7.960 ppm. Sabe-se, de dados históricos, que o desvio-padrão σ é de 100 ppm.
(a) Qual é a probabilidade de que a média amostral nesse experimento exceda o limite do governo se a média populacional for igual ao limite? Use o teorema central do limite.
(b) Um $\bar{x} = 7.960$ observado nesse experimento é uma forte evidência de que a média populacional do processo excede o limite do governo? Responda calculando

$$P(\bar{X} \geq 7960 | \mu = 7950).$$

Assuma que a distribuição da concentração de benzeno seja normal.

8.36 Duas ligas de metal, A e B, são usadas para a fabricação de certo produto de aço. Um experimento precisa ser planejado para comparar as duas ligas em termos de capacidade máxima de carga, em toneladas. Esse é o máximo que pode ser tolerado sem haver quebras. Sabe-se que os dois desvios-padrão da capacidade de carga são iguais a cinco toneladas cada. Um experimento foi conduzido, no qual 30 espécimes de cada liga (A e B) foram testados e resultaram em

$$\bar{x}_A = 49,5, \quad \bar{x}_B = 45,5, \quad \bar{x}_A - \bar{x}_B = 4.$$

Os fabricantes da liga A estão convencidos de que esta evidência mostra conclusivamente que $\mu_A > \mu_B$ e apóiam firmemente sua liga. Os fabricantes da liga B afirmam que o experimento poderia ter facilmente resultado em $\bar{x}_A - \bar{x}_B = 4$, *mesmo se* as médias das duas populações fossem iguais. Em outras palavras, 'as coisas estão inconcludentes'!

(a) Crie um argumento de que os fabricantes da liga B estão errados. Faça isso calculando
$$P(\bar{X}_A - \bar{X}_B > 4 \mid \mu_A = \mu_B).$$

(b) Você acredita que esses dados apóiam fortemente o fabricante A?

8.37 Considere a situação do Exemplo 8.6. Esses resultados estimulam você a questionar a premissa de que $\mu = 800$ horas? Dê um resultado probabilístico que indique quão raro é um evento em que $\bar{X} \leq 775$ quando $\mu = 800$. Por outro lado, quão raro ele seria se μ fosse verdadeiramente, digamos, 760 horas?

8.38 Considere $X_1, X_2, \ldots, X_n$ uma amostra aleatória de uma distribuição que pode tomar apenas valores positivos. Use o teorema central do limite para produzir um argumento de que, se n for suficientemente grande, então $Y = X_1 X_2 \ldots X_n$ tem uma distribuição aproximadamente log-normal.

8.6 Distribuição amostral de S^2

Na seção anterior, aprendemos sobre a distribuição amostral de $\bar{X}$. O teorema central do limite nos permitiu fazer uso do fato de que
$$\frac{\bar{X} - \mu}{\sigma/\sqrt{n}}$$
tende à $N(0, 1)$, à medida que o tamanho da amostra aumenta. Os exemplos 8.6 a 8.9 ilustram as aplicações do teorema central do limite. A *distribuição amostral de importantes estatísticas* nos permite aprender informações sobre parâmetros. Geralmente, os parâmetros são a contrapartida da estatística em questão. Se um engenheiro está interessado na média populacional da resistência de certo tipo de resistor, a distribuição amostral de $\bar{X}$ será explorada quando a informação da amostra for reunida. Por outro lado, se a variabilidade na resistência for estudada, claramente a distribuição amostral de S^2 será usada para aprendermos sobre sua contrapartida paramétrica, a variância populacional σ^2.

Se uma amostra aleatória de tamanho n é retirada de uma população normal com média μ e variância σ^2, e a variância amostral é calculada, obtemos um valor da estatística S^2. Vamos prosseguir considerando a distribuição da estatística $(n-1)S^2/\sigma^2$.

Pela adição e subtração da média amostral $\bar{X}$, é fácil ver que
$$\sum_{i=1}^{n}(X_i - \mu)^2 = \sum_{i=1}^{n}[(X_i - \bar{X}) + (\bar{X} - \mu)]^2$$
$$= \sum_{i=1}^{n}(X_i - \bar{X})^2 + \sum_{i=1}^{n}(\bar{X} - \mu)^2 + 2(\bar{X} - \mu)\sum_{i=1}^{n}(X_i - \bar{X})$$
$$= \sum_{i=1}^{n}(X_i - \bar{X})^2 + n(\bar{X} - \mu)^2.$$

Dividindo cada termo da igualdade por σ^2 e substituindo $(n-1)S^2$ por $\sum_{i=1}^{n}(X_i - \bar{X})^2$, obtemos
$$\frac{1}{\sigma^2}\sum_{i=1}^{n}(X_i - \mu)^2 = \frac{(n-1)S^2}{\sigma^2} + \frac{(\bar{X} - \mu)^2}{\sigma^2/n}.$$

Agora, de acordo com o corolário do Teorema 7.12, sabemos que
$$\sum_{i=1}^{n}\frac{(X_i - \mu)^2}{\sigma^2}$$
é uma variável aleatória qui-quadrado com n graus de liberdade. Temos uma variável aleatória qui-quadrado com n graus de liberdade dividida em dois componentes. O segundo termo no lado direito é um Z^2, que é uma variável aleatória qui-quadrado com um grau de liberdade e, assim, $(n-1)S^2/\sigma^2$ é uma variável aleatória qui-quadrado com $n-1$ graus de liberdade. Formalizamos isso no teorema a seguir.

Teorema 8.4

Se S^2 é a variância de uma amostra aleatória de tamanho n, retirada de uma população normal, com variância σ^2, então a estatística
$$\chi^2 = \frac{(n-1)S^2}{\sigma^2} = \sum_{i=1}^{n}\frac{(X_i - \bar{X})^2}{\sigma^2}$$
tem distribuição qui-quadrado com $v = n-1$ graus de liberdade (g.l.).

Os valores da variável aleatória χ^2 são calculados de cada amostra pela fórmula
$$\chi^2 = \frac{(n-1)s^2}{\sigma^2}.$$

A probabilidade de que uma amostra aleatória produza um valor χ^2 maior que algum valor especificado é igual à área abaixo da curva à direita desse valor. Costuma-se denotar por χ^2_α o valor χ^2 acima, do qual encontramos uma área α. Isso é ilustrado pela região sombreada na Figura 8.12.

A Tabela A.5 dá os valores de χ^2_α para vários valores de α e v. As áreas α são as colunas dos cabeçalhos; os graus de liberdade v são dados na coluna da esquerda, e as entradas

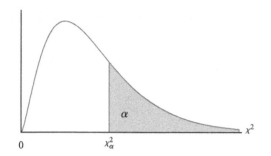

Figura 8.12 A distribuição qui-quadrado.

da tabela são os valores χ^2. Assim, o valor χ^2, com 7 graus de liberdade, que deixa uma área de 0,05 à direita, é $\chi^2_{0,05}$ = 14,067. Devido à falta de simetria, devemos também usar as tabelas para determinar $\chi^2_{0,95}$ = 2,167 para v = 7.

Exatamente 95% de uma distribuição qui-quadrado está entre $\chi^2_{0,975}$ e $\chi^2_{0,025}$. Um valor χ^2 que fica à direita de $\chi^2_{0,025}$ não é provável de ocorrer a menos que o valor assumido de σ^2 seja muito pequeno. De modo similar, um valor de χ^2 que esteja à esquerda de $\chi^2_{0,975}$ é improvável a menos que o valor assumido de σ^2 seja muito grande. Em outras palavras, é possível termos um valor de χ^2 à esquerda de $\chi^2_{0,975}$ ou à direita de $\chi^2_{0,025}$ quando o valor assumido por σ^2 está correto, mas, se isso ocorrer, é mais provável que o valor assumido para σ^2 esteja errado.

■ **Exemplo 8.10**

Um fabricante de baterias de carros garante que elas durarão, em média, três anos, com desvio-padrão de um ano. Se cinco dessas baterias têm vida útil de 1,9; 2,4; 3,0; 3,5 e 4,2 anos, o fabricante ainda estará convencido de que elas têm desvio-padrão de um ano? Assuma que a vida útil das baterias segue uma distribuição normal.

Solução: Primeiro, determinamos a variância amostral usando o Teorema 8.1,

$$s^2 = \frac{(5)(48,26) - (15)^2}{(5)(4)} = 0,815.$$

Então,

$$\chi^2 = \frac{(4)(0,815)}{1} = 3,26$$

é um valor de uma distribuição qui-quadrado com 4 graus de liberdade. Já que 95% dos valores de χ^2 com 4 graus de liberdade estão entre 0,484 e 11,143, o valor calculado com σ^2 = 1 é razoável e, portanto, o fabricante não tem razão para suspeitar de que o desvio-padrão seja diferente de um ano.

Os graus de liberdade como uma medida da informação amostral

O leitor pode obter alguma percepção ao considerar o Teorema 8.4 e o Corolário 7.1, da Seção 7.3. Sabemos que, com as condições do Teorema 7.12, isto é, uma amostra aleatória sendo retirada de uma distribuição normal, a variável aleatória

$$\sum_{i=1}^{n} \frac{(X_i - \mu)^2}{\sigma^2}$$

tem uma distribuição χ^2 com *n graus de liberdade*. Agora, note o Teorema 8.4, que indica que, com as mesmas condições do Teorema 7.12, a variável aleatória

$$\frac{(n-1)S^2}{\sigma^2} = \sum_{i=1}^{n} \frac{(X_i - \bar{X})^2}{\sigma^2}$$

tem uma distribuição χ^2 com $n - 1$ *graus de liberdade*. O leitor pode relembrar que o termo *graus de liberdade*, usado em contexto idêntico, foi discutido no Capítulo 1.

Como indicamos antes, a prova do Teorema 8.4 não será dada. Entretanto, o leitor pode ver o Teorema 8.4 como indicador de que, quando μ não é conhecido e considera-se a distribuição de

$$\sum_{i=1}^{n} \frac{(X_i - \bar{X})^2}{\sigma^2},$$

há *um grau de liberdade a menos*, ou um grau de liberdade é perdido na estimação de μ (ou seja, quando μ é substituído por $\bar{x}$). Em outras palavras, há n graus de liberdade ou *partes de informação* independentes na amostra aleatória da distribuição normal. Quando os dados (os valores na amostra) são usados para calcular a média, há um grau de liberdade a menos na informação a ser usada para estimar σ^2.

8.7 Distribuição *t*

Na Seção 8.5, discutimos a utilidade do teorema central do limite. Suas aplicações giram em torno de inferências sobre a média populacional ou sobre a diferença entre duas médias populacionais. O uso do teorema central do limite e da distribuição normal certamente auxilia nesse contexto. Entretanto, assumimos que o desvio-padrão da população é conhecido. Essa suposição pode ser razoável quando o engenheiro ou cientista está familiarizado com o sistema ou processo. Todavia, em muitos cenários experimentais, o conhecimento de σ certamente não é mais razoável do que o conhecimento da média populacional μ. Freqüentemente, na verdade, uma estimativa de σ deve ser fornecida pela mesma informação da amostra que produziu a média amostral $\bar{x}$. Como resultado, uma estatística natural a considerar ao lidar com inferências sobre μ é

$$T = \frac{\bar{X} - \mu}{S/\sqrt{n}},$$

já que S é o análogo amostral de σ. Se o tamanho da amostra é pequeno, os valores de S^2 flutuam consideravelmente de amostra para amostra (veja o Exercício

8.45) e a distribuição de T desvia apreciavelmente de uma distribuição normal padrão.

Se o tamanho da amostra é grande o suficiente, digamos $n \geq 30$, a distribuição de T não difere consideravelmente de uma distribuição normal padrão. No entanto, se $n < 30$, é útil lidar com a distribuição exata de T. Ao desenvolver a distribuição amostral de T, assumimos que nossa amostra aleatória foi selecionada de uma população normal. Podemos escrever

$$T = \frac{(\bar{X} - \mu)/(\sigma/\sqrt{n})}{\sqrt{S^2/\sigma^2}} = \frac{Z}{\sqrt{V/(n-1)}},$$

onde

$$Z = \frac{\bar{X} - \mu}{\sigma/\sqrt{n}}$$

tem distribuição normal padrão e

$$V = \frac{(n-1)S^2}{\sigma^2}$$

tem distribuição qui-quadrado com $v = n - 1$ graus de liberdade. Na amostragem de populações normais, podemos mostrar que $\bar{X}$ e S^2 são independentes e, conseqüentemente, Z e V também são. O teorema a seguir fornece a definição de uma variável aleatória T como uma função de Z (normal padrão) e uma função de χ^2. Para completar, a função de densidade da distribuição t é fornecida.

Teorema 8.5
Considere Z uma variável aleatória normal padrão e V uma variável aleatória qui-quadrado com v graus de liberdade. Se Z e V são independentes, então a distribuição da variável aleatória T, onde

$$T = \frac{Z}{\sqrt{V/v}},$$

é dada pela função de densidade

$$h(t) = \frac{\Gamma[(v+1)/2]}{\Gamma(v/2)\sqrt{\pi v}} \left(1 + \frac{t^2}{v}\right)^{-(v+1)/2}, \quad -\infty < t < \infty,$$

conhecida como a *distribuição t* com v graus de liberdade (g.l.).

Do que foi exposto e do teorema dado, temos o Corolário a seguir.

Corolário 8.1
Considere $X_1, X_2, ..., X_n$ variáveis aleatórias independentes, todas normais com média μ e desvio-padrão σ. Considere

$$\bar{X} = \frac{1}{n}\sum_{i=1}^{n} X_i \quad \text{e} \quad S^2 = \frac{1}{n-1}\sum_{i=1}^{n}(X_i - \bar{X})^2.$$

Assim, a variável aleatória $T = \frac{\bar{X} - \mu}{S/\sqrt{n}}$ tem distribuição t com $v = n - 1$ graus de liberdade.

A distribuição de probabilidade de T foi publicada pela primeira vez em 1908, em um texto de W. S. Gosset. Naquela época, Gosset era funcionário de um fabricante de cervejas irlandês que desaprovava a publicação de pesquisas por membros de seu grupo de trabalho. Para driblar essa restrição, ele publicou seu trabalho secretamente sob o codinome de 'Estudante'. Conseqüentemente, a distribuição de T é usualmente chamada de distribuição t do Estudante, ou apenas distribuição t. Ao derivar a equação dessa distribuição, Gosset assumiu que as amostras foram selecionadas de uma população normal. Embora possa parecer uma suposição restritiva, pode-se mostrar que as populações não normais com distribuições que têm uma forma aproximada de sino ainda fornecerão valores de T que aproximam a distribuição t muito bem.

Qual é a aparência da distribuição *t*?

A distribuição de T é similar à distribuição de Z, já que ambas são simétricas em torno da média 0. Ambas as distribuições têm forma de sino, mas a t é mais variável, devido ao fato de os valores de T dependerem das flutuações de duas quantidades, $\bar{X}$ e S^2, enquanto os valores de Z dependem somente das mudanças de $\bar{X}$ de amostra para amostra. A distribuição de T difere da de Z, já que a variância de T depende do tamanho n da amostra e é sempre maior que 1. Somente quando o tamanho da amostra é $n \to \infty$, as duas distribuições se tornam a mesma. Na Figura 8.13, mostramos a relação entre a distribuição normal padrão ($v = \infty$) e a distribuição t com 2 e 5 graus de liberdade. Os pontos de porcentagem da distribuição t são dados na Tabela A.4.

Costuma-se denotar por t_α o valor t acima do qual encontramos uma área igual a α. Então, o valor t com 10 graus de liberdade que deixa uma área de 0,025 à sua direita é $t = 2,228$. Já que a distribuição t é simétrica em torno da média 0, temos $t_{1-\alpha} = -t_\alpha$; ou seja, o valor t que deixa uma área de $1 - \alpha$ à sua direita e, portanto, uma área de α à sua esquerda,

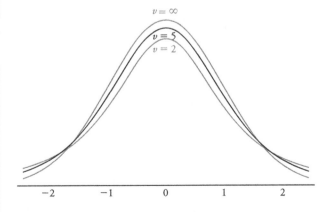

Figura 8.13 As curvas da distribuição t para $v = 2, 5$ e ∞.

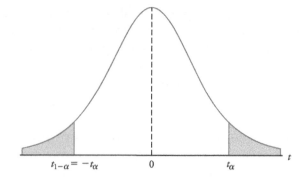

Figura 8.14 Propriedade de simetria da distribuição t.

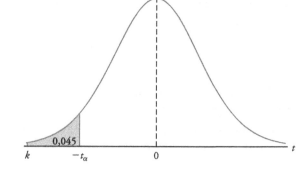

Figura 8.15 Valores t para o Exemplo 8.13.

é igual ao negativo do valor de t que deixa uma área de α na cauda direita da distribuição (veja a Figura 8.14). Ou seja, $t_{0,95} = -t_{0,05}$, $t_{0,99} = -t_{0,01}$, e assim por diante.

■ **Exemplo 8.11**

O valor t com $v = 14$ graus de liberdade, que deixa uma área de 0,025 à esquerda e, portanto, uma área de 0,975 à direita, é

$$t_{0,975} = -t_{0,025} = -2,145.$$

■ **Exemplo 8.12**

Determine $P(-t_{0,025} < T < t_{0,05})$.

Solução: Já que $t_{0,05}$ deixa uma área de 0,05 à direita, e $-t_{0,025}$ deixa uma área de 0,025 à esquerda, encontramos uma área total de

$$1 - 0,05 - 0,025 = 0,925$$

entre $-t_{0,025}$ e $t_{0,05}$. Assim,

$$P(-t_{0,025} < T < t_{0,05}) = 0,925.$$

■ **Exemplo 8.13**

Determine k de modo que $P(k < T < -1,761) = 0,045$ para uma amostra aleatória de tamanho 15, selecionada de uma distribuição normal com $T = \frac{\bar{X} - \mu}{s/\sqrt{n}}$.

Solução: Da Tabela A.4, notamos que 1,761 corresponde a $t_{0,05}$ quando $v = 14$. Portanto, $-t_{0,05} = -1,761$. Já que k, na afirmação de probabilidade, fica à esquerda de $-t_{0,05} = -1,761$, considere $k = -t_\alpha$. Então, da Figura 8.15, temos

$$0,045 = 0,05 - \alpha \quad \text{ou} \quad \alpha = 0,005.$$

Portanto, da Tabela A.4 com $v = 14$,

$$k = -t_{0,005} = -2,977$$

e $P(-2,977 < T < -1,761) = 0,045.$

Exatamente 95% dos valores de uma distribuição t com $v = n - 1$ graus de liberdade estão entre $-t_{0,025}$ e $t_{0,025}$. É claro, há outros valores t que contêm 95% da distribuição, tais como $-t_{0,02}$ e $t_{0,03}$, mas eles não aparecem na Tabela A.4 e, além disso, o intervalo mais curto possível é obtido escolhendo-se valores t que deixam exatamente a mesma área nas duas caudas de nossa distribuição. Um valor t abaixo de $-t_{0,025}$ ou acima de $t_{0,025}$ tenderia a nos fazer acreditar que ou um evento muito raro aconteceu ou talvez nossa suposição sobre μ seja um erro. Caso isto aconteça, tomaremos a decisão de afirmar que o valor que assumimos para μ está incorreto. De fato, um valor t menor que $-t_{0,01}$ ou maior que $t_{0,01}$ forneceria evidências ainda mais fortes de que nosso valor assumido de μ é muito improvável. Os procedimentos gerais para testes de afirmações relacionadas ao valor do parâmetro μ serão tratados no Capítulo 10. Uma visão preliminar na fundamentação desses procedimentos é ilustrada pelo exemplo a seguir.

■ **Exemplo 8.14**

Um engenheiro químico afirma que a média populacional do rendimento de certo lote do processo é 500 gramas por mililitro de matéria-prima. Para checar essa afirmação, ele amostra 25 lotes a cada mês. Se o valor t calculado ficar entre $-t_{0,05}$ e $t_{0,05}$, ele fica satisfeito com sua afirmação. A que conclusão ele deveria chegar em relação a uma amostra que tem média $\bar{x} = 518$ gramas por mililitro e desvio-padrão $s = 40$ gramas? Assuma que a distribuição dos rendimentos é aproximadamente normal.

Solução: Da Tabela A.4, descobrimos que $t_{0,05} = 1,711$ para 24 graus de liberdade. Então, o fabricante está satisfeito com sua afirmação se a amostra de 25 lotes tem um valor t entre $-1,711$ e $1,711$. Se $\mu = 500$, então

$$t = \frac{518 - 500}{40/\sqrt{25}} = 2,25,$$

um valor bem acima de 1,711. A probabilidade de se obter um valor t, com $v = 24$, igual ou maior que 2,25 é de aproximadamente 0,02. Se $\mu > 500$, o valor t calculado na amostra é mais razoável. Assim, o fabricante provavelmente concluirá que o produto é melhor do que ele pensava.

Para que usamos a distribuição *t*?

A distribuição t é extensivamente usada em problemas que lidam com inferência sobre a média populacional (como ilustrado no Exemplo 8.14) ou em problemas que envolvem amostras comparativas (ou seja, em casos em que se tenta determinar se as médias de duas amostras são significativamente diferentes). O uso da distribuição será estendido nos capítulos 9, 10, 11 e 12. O leitor deve notar que o uso da distribuição t para a estatística

$$T = \frac{\bar{X} - \mu}{S/\sqrt{n}}$$

requer que $X_1, X_2, ..., X_n$ sejam normais. O uso da distribuição t e a consideração do tamanho da amostra não se relacionam com o teorema central do limite. O uso da distribuição normal padrão em vez da T para $n \geq 30$ meramente implica que S é um estimador de σ suficientemente bom neste caso. Nos capítulos a seguir, a distribuição t encontra um uso mais extensivo.

8.8 Distribuição F

Motivamos a distribuição t em parte com base na sua aplicação em problemas nos quais há uma amostragem comparativa (ou seja, uma comparação entre duas médias amostrais). Alguns de nossos exemplos, em capítulos futuros, fornecerão o formalismo. Um engenheiro químico coleta dados sobre dois catalisadores. Um biólogo coleta dados sobre dois meios de crescimento. Um químico reúne dados sobre dois métodos de revestimento de um material para inibir a corrosão. Embora seja de interesse deixar que a informação da amostra ilumine as duas médias populacionais, freqüentemente é o caso de uma comparação de variabilidade ser igualmente importante, se não mais. A distribuição F tem grande aplicação na comparação de duas variâncias. As aplicações da distribuição F são encontradas em problemas que envolvem duas ou mais amostras.

A estatística F é definida pela razão de duas variáveis aleatórias qui-quadrado independentes, cada uma dividida por seu número de graus de liberdade. Assim, podemos escrever

$$F = \frac{U/v_1}{V/v_2},$$

onde U e V são variáveis aleatórias independentes com distribuições qui-quadrado com v_1 e v_2 graus de liberdade, respectivamente. Podemos, agora, anunciar a distribuição amostral de F.

Teorema 8.6
Considere U e V duas variáveis aleatórias independentes com distribuição qui-quadrado com v_1 e v_2 graus de liberdade, respectivamente. A distribuição da variável aleatória $F = \dfrac{U/v_1}{V/v_2}$ é dada pela densidade

$$h(f) = \begin{cases} \dfrac{\Gamma[(v_1+v_2)/2](v_1/v_2)^{v_1/2}}{\Gamma(v_1/2)\Gamma(v_2/2)} \dfrac{f^{(v_1/2)-1}}{(1+v_1 f/v_2)^{(v_1+v_2)/2}}, & f > 0, \\ 0, & f \leq 0, \end{cases}$$

conhecida como *distribuição F* com v_1 e v_2 graus de liberdade (g.l.).

Novamente, faremos uso considerável da variável aleatória F nos próximos capítulos. Entretanto, a função de densidade não será usada e é fornecida somente como complemento. A curva da distribuição F depende não só dos dois parâmetros v_1 e v_2, mas também da ordem na qual são anunciadas. Uma vez dados esses dois valores, podemos identificar a curva. Distribuições F típicas são dadas na Figura 8.16.

Considere f_α o valor de f acima do qual encontramos uma área igual a α. Isso é ilustrado pela região sombreada na Figura 8.17. A Tabela A.6 fornece os valores de f_α somente para $\alpha = 0{,}05$ e $\alpha = 0{,}01$, com várias combinações de graus de liberdade v_1 e v_2. Então, o valor de f com 6 e 10 graus de liberdade, deixando uma área de 0,05 à direita, é $f_{0{,}05} = 3{,}22$. Pelo teorema a seguir, a Tabela A.6 também pode ser utilizada para determinar os valores de $f_{0{,}95}$ e $f_{0{,}99}$. A prova é deixada para o leitor.

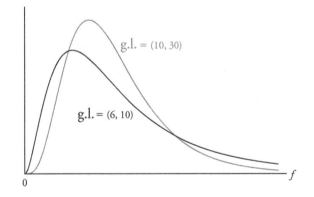

Figura 8.16 Distribuições F típicas.

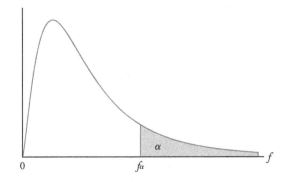

Figura 8.17 Ilustração do f_α para a distribuição F.

Teorema 8.7
Escrevendo $f_\alpha(v_1, v_2)$ para f_α com v_1 e v_2 graus de liberdade, obtemos

$$f_{1-\alpha}(v_1, v_2) = \frac{1}{f_\alpha(v_2, v_1)}.$$

Então, o valor f com 6 e 10 graus de liberdade, deixando uma área de 0,95 à direita, é

$$f_{0,95}(6, 10) = \frac{1}{f_{0,05}(10, 6)} = \frac{1}{4,06} = 0,246.$$

Distribuição F com duas variâncias amostrais

Suponha que amostras aleatórias de tamanho n_1 e n_2 são selecionadas de duas populações normais, com variâncias σ_1^2 e σ_2^2, respectivamente. Do Teorema 8.4, sabemos que

$$X_1^2 = \frac{(n_1 - 1)S_1^2}{\sigma_1^2} \quad \text{e} \quad X_2^2 = \frac{(n_2 - 1)S_2^2}{\sigma_2^2}$$

são variáveis aleatórias com distribuições qui-quadrado com graus de liberdade $v_1 = n_1 - 1$ e $v_2 = n_2 - 1$. Além disso, já que as amostras são selecionadas aleatoriamente, estamos lidando com variáveis aleatórias independentes e, portanto, ao usar o Teorema 8.6, com $X_1^2 = U$ e $X_2^2 = V$, obtemos o resultado a seguir.

Teorema 8.8
Se S_1^2 e S_2^2 são variâncias de amostras aleatórias independentes, de tamanho n_1 e n_2, retiradas de populações normais com variâncias σ_1^2 e σ_2^2, respectivamente, então

$$F = \frac{S_1^2/\sigma_1^2}{S_2^2/\sigma_2^2} = \frac{\sigma_2^2 S_1^2}{\sigma_1^2 S_2^2}$$

tem uma distribuição F com $v_1 = n_1 - 1$ e $v_2 = n_2 - 1$ graus de liberdade.

Para que usamos a distribuição F?

Respondemos a essa questão, em parte, no início desta seção. A distribuição F é usada nas situações de duas amostras, para fazermos inferências sobre as variâncias populacionais. Isso envolve a aplicação do resultado do Teorema 8.8. Entretanto, a distribuição F é aplicada em muitos outros tipos de problemas nos quais as variâncias amostrais estão envolvidas. Na verdade, a distribuição F é chamada de *distribuição da razão de variâncias*. Como ilustração, considere o Exemplo 8.8. Duas tintas, A e B, foram comparadas em relação a seus tempos de secagem. A distribuição normal é bem aplicada neste caso (assumindo que σ_A e σ_B são conhecidos). Entretanto, suponha que haja três tipos de tinta a serem comparados, digamos A, B e C. Desejamos determinar se as médias populacionais são equivalentes. Suponha que importantes informações sobre esse experimento sejam as que se seguem:

Tinta	Média amostral	Variância amostral	Tamanho da amostra
A	$\bar{X}_A = 4,5$	$s_A^2 = 0,20$	10
B	$\bar{X}_B = 5,5$	$s_B^2 = 0,14$	10
C	$\bar{X}_C = 6,5$	$s_C^2 = 0,11$	10

O problema é se as médias amostrais ($\bar{x}_A$, $\bar{x}_B$, $\bar{x}_C$) estão suficientemente distantes ou não. A implicação de 'estão suficientemente distantes' é muito importante. Pareceria razoável que, se a variabilidade entre as médias amostrais fosse maior do que esperaríamos por mero acaso, os dados não apoiariam a conclusão de que $\mu_A = \mu_B = \mu_C$. O fato de essas médias amostrais poderem ocorrer ou não por mero acaso depende da *variabilidade dentro das amostras*, quantificadas por s_A^2, s_B^2 e s_C^2. A noção sobre importantes componentes da variabilidade pode ser mais bem vista através de gráficos simples. Considere o gráfico dos dados brutos das amostras A, B e C, mostrados na Figura 8.18. Esses dados poderiam facilmente ter gerado a informação resumida dada na tabela anterior.

Parece evidente que os dados vieram de populações com diferentes médias, embora haja alguma sobreposição entre as amostras. Uma análise que envolva todos os dados tentaria determinar se a variabilidade entre as médias amostrais *e* a variabilidade dentro das amostras poderiam ter ocorrido conjuntamente *se, de fato, as populações tivessem uma média comum*. Note que a chave para essa análise centra-se ao redor das duas fontes de variabilidade a seguir.

(1) Variabilidade dentro das amostras (entre observações de uma mesma amostra)

(2) Variabilidade entre as amostras (entre as médias amostrais)

Claramente, se a variabilidade em (1) é consideravelmente maior que em (2), haverá uma sobreposição considerável nos dados das amostras e um sinal de que todos os dados poderiam ter vindo de uma mesma distribuição. Encontramos um exemplo no conjunto de dados que contém três amostras, mostrados na Figura 8.19. Por outro lado, é muito improvável que dados vindos de dis-

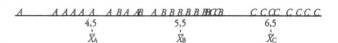

Figura 8.18 Dados de três amostras distintas.

Figura 8.19 Dados que poderiam facilmente ter vindo da mesma população.

tribuições com médias iguais tenham variabilidade entre as médias amostrais consideravelmente maior do que a variabilidade dentro das amostras.

As fontes de variabilidade em (1) e (2) geram importantes razões de *variâncias amostrais* e razões são usadas em conjunto com a distribuição F. O procedimento geral envolvido é chamado de *análise de variância*. É interessante que, no exemplo das tintas descrito, estamos lidando com inferências nas médias das três populações, mas duas fontes de variabilidade são usadas. Não forneceremos detalhes aqui, mas, nos capítulos 13 a 15, faremos uso extensivo da análise de variância e, é claro, a distribuição F terá um importante papel.

Exercícios

8.39 Para uma distribuição qui-quadrado, determine
(a) $\chi^2_{0,025}$ quando $v = 15$;
(b) $\chi^2_{0,01}$ quando $v = 7$;
(c) $\chi^2_{0,05}$ quando $v = 24$.

8.40 Para uma distribuição qui-quadrado, determine o seguinte:
(a) $\chi^2_{0,005}$ quando $v = 5$;
(b) $\chi^2_{0,05}$ quando $v = 19$;
(c) $\chi^2_{0,01}$ quando $v = 12$.

8.41 Para uma distribuição qui-quadrado, determine χ^2_α, de modo que
(a) $P(X^2 > \chi^2_\alpha) = 0,99$ quando $v = 4$;
(b) $P(X^2 > \chi^2_\alpha) = 0,025$ quando $v = 19$;
(c) $P(37,652 < X^2 < \chi^2_\alpha) = 0,045$ quando $v = 25$.

8.42 Para uma distribuição qui-quadrado, determine χ^2_α, de modo que
(a) $P(X^2 > \chi^2_\alpha) = 0,01$ quando $v = 21$;
(b) $P(X^2 < \chi^2_\alpha) = 0,95$ quando $v = 6$;
(c) $P(\chi^2_\alpha < X^2 < 23,209) = 0,015$ quando $v = 10$.

8.43 Determine a probabilidade de que uma amostra aleatória de 25 observações, de uma população normal com variância $\sigma^2 = 6$, terá uma variância amostral s^2
(a) maior que 9,1;
(b) entre 3,462 e 10,745.

Assuma que as variâncias amostrais são medidas contínuas.

8.44 As pontuações em testes de colocação dados a calouros de uma faculdade nos últimos cinco anos têm distribuição aproximadamente normal, com uma média $\mu = 74$ e variância $\sigma^2 = 8$. Você ainda consideraria $\sigma^2 = 8$ um valor válido, se uma amostra aleatória de 20 estudantes que realizaram o teste este ano obtivesse um valor de $s^2 = 20$?

8.45 Mostre que a variância de S^2, para amostras aleatórias de tamanho n de uma população normal, decresce conforme n se torna maior. [*Sugestão*: Primeiro determine a variância de $(n-1)S^2/\sigma^2$.]

8.46 (a) Determine $t_{0,025}$ quando $v = 14$.
(b) Determine $-t_{0,10}$ quando $v = 10$.
(c) Determine $t_{0,995}$ quando $v = 7$.

8.47 (a) Determine $P(T < 2,365)$ quando $v = 7$.
(b) Determine $P(T > 1,318)$ quando $v = 24$.
(c) Determine $P(-1,356 < T < 2,179)$ quando $v = 12$.
(d) Determine $P(T > -2,567)$ quando $v = 17$.

8.48 (a) Determine $P(-t_{0,005} < T < t_{0,01})$ para $v = 20$.
(b) Determine $P(T > -t_{0,025})$.

8.49 Dada uma amostra aleatória de tamanho 24 de uma distribuição normal, determine k de modo que
(a) $P(-2,069 < T < k) = 0,965$;
(b) $P(k < T < 2,807) = 0,095$;
(c) $P(-k < T < k) = 0,90$.

8.50 Uma indústria afirma que as baterias usadas em seus jogos eletrônicos durarão, em média, 30 horas. Para manter essa média, são testadas 16 baterias a cada mês. Se os valores calculados de t estiverem entre $-t_{0,025}$ e $t_{0,025}$, a empresa fica satisfeita com sua afirmação. A que conclusão a empresa deveria chegar sobre uma amostra que tem uma média de $\bar{x} = 27,5$ horas e desvio-padrão $s = 5$ horas? Assuma que a vida útil das baterias é aproximadamente normal.

8.51 Uma população normal com variância desconhecida tem uma média de 20. É provável obter uma amostra aleatória de tamanho 9 desta população, com média 24 e desvio-padrão 4,1? Se não, que conclusão podemos tirar?

8.52 Um fabricante de certa marca de barras de cereal de baixas calorias afirma que a média de gordura saturada presente nas barras é de 0,5 grama. Em uma amostra aleatória de oito barras de cereal dessa marca, o conteúdo de gordura saturada era 0,6; 0,7; 0,7; 0,3; 0,4; 0,5; 0,4 e 0,2. Você concorda com a afirmação do fabricante? Assuma uma distribuição normal.

8.53 Para uma distribuição F, determine
(a) $f_{0,05}$ com $v_1 = 7$ e $v_2 = 15$;
(b) $f_{0,05}$ com $v_1 = 15$ e $v_2 = 7$;
(c) $f_{0,01}$ com $v_1 = 24$ e $v_2 = 19$;
(d) $f_{0,95}$ com $v_1 = 19$ e $v_2 = 24$;
(e) $f_{0,99}$ com $v_1 = 28$ e $v_2 = 12$.

8.54 Testes de força de tração em dez condutores de chumbo soldados para um equipamento semicondutor têm os seguintes resultados da força, em libras, necessários para romper a solda:

19,8   12,7   13,2   16,9   10,6

18,8   11,1   14,3   17,0   12,5

Outro conjunto de oito condutores foi testado depois do encapsulamento para determinar se a força de tração aumentou por meio do encapsulamento do equipamento, com os seguintes resultados:

24,9   22,8   23,6   22,1   20,4   21,6   21,8   22,5

Comente sobre a evidência disponível relacionada à igualdade das duas variâncias populacionais.

8.55 Considere as seguintes medidas de capacidade de obter calor do carvão produzido em duas minas (em milhões de calorias por tonelada):

Mina 1   8260   8130   8350   8070   8340
Mina 2   7950   7890   7900   8140   7920   7840

Podemos concluir que as duas variâncias populacionais são iguais?

Exercícios de revisão

8.56 Considere os dados mostrados no Exercício 1.20. Construa um gráfico de caixa-e-bigodes e comente a natureza da amostra. Calcule a média e o desvio-padrão.

8.57 Se $X_1, X_2, ..., X_n$ são variáveis aleatórias independentes, com distribuição exponencial idêntica com parâmetro θ, mostre que a função de densidade da variável aleatória $Y = X_1 + X_2 + ... + X_n$ é aquela da distribuição gama com parâmetros $\alpha = n$ e $\beta = \theta$.

8.58 Nos testes sobre monóxido de carbono em certa marca de cigarros, os dados, em miligramas por cigarro, foram codificados subtraindo-se 12 de cada observação. Use os resultados do Exercício 8.14 para determinar o desvio-padrão para o monóxido de carbono contido em uma amostra aleatória de 15 cigarros dessa marca, se as medidas codificadas são 3,8; –0,9; 5,4; 4,5; 5,2; 5,6; 2,7; –0,1; –0,3; –1,7; 5,7; 3,3; 4,4; –0,5 e 1,9.

8.59 Se S_1^2 e S_2^2 representam as variâncias de amostras aleatórias independentes de tamanho $n_1 = 8$ e $n_2 = 12$, retiradas de populações normais com variâncias iguais, determine $P(S_1^2/S_2^2 < 4,89)$.

8.60 Uma amostra aleatória de cinco presidentes de bancos indica salários anuais de $ 395.000, $ 521.000, $ 483.000, $ 479.00 e $ 510.000. Determine a variância neste conjunto.

8.61 Se o número de furacões que atingem certa área do leste dos Estados Unidos por ano é uma variável aleatória com distribuição de Poisson com $\mu = 6$, determine a probabilidade de que essa área seja atingida por
(a) exatamente 15 furacões em dois anos;
(b) no máximo 9 furacões em dois anos.

8.62 Uma empresa de táxis testa uma amostra aleatória de pneus radiais de uma marca e registra os seguintes desgastes: 48.000, 53.000, 45.000, 61.000, 59.000, 56.000, 63.000, 49.000, 53.000 e 54.000 quilômetros. Use os resultados do Exercício 8.14 para determinar o desvio-padrão desse conjunto de dados, primeiro dividindo cada observação por 1.000 e depois subtraindo 55.

8.63 Considere os dados do Exercício 1.19. Construa um gráfico de caixa-e-bigodes. Comente. Calcule a média e o desvio-padrão amostrais.

8.64 Se S_1^2 e S_2^2 representam as variâncias de amostras aleatórias independentes de tamanho $n_1 = 25$ e $n_2 = 31$, retiradas de uma população normal, com variâncias $\sigma_1^2 = 10$ e $\sigma_2^2 = 15$, respectivamente, determine

$$P(S_1^2/S_2^2 > 1,26).$$

8.65 Considere o Exercício 1.21. Comente sobre qualquer valor discrepante.

8.66 Considere o Exercício de revisão 8.56. Comente sobre qualquer valor discrepante nos dados.

8.67 A força de ruptura X de certo rebite usado no motor de uma máquina tem média de 5.000 psi e desvio-padrão de 400 psi. Uma amostra aleatória de 36 rebites é retirada. Considere a distribuição de $\bar{X}$, a média amostral da força de ruptura.
(a) Qual é a probabilidade de que a média amostral esteja entre 4.800 psi e 5.200 psi?
(b) Qual amostra n seria necessária para termos

$$P(4900 < \bar{X} < 5100) = 0,99?$$

8.68 Considere a situação do Exercício de revisão 8.62. Se a população da qual cada amostra foi retirada tem média populacional $\mu = 53.000$ quilômetros, a informação da amostra aqui parece apoiar aquela afirmação? Em sua resposta, calcule

$$t = \frac{\bar{x} - 53.000}{s/\sqrt{10}}$$

e determine, da Tabela A.4 (com 9 g.l.), se o valor t calculado é razoável ou parece ser um evento raro?

8.69 Dois propelentes de combustível sólido distintos, tipo A e tipo B, estão sendo considerados em uma atividade de um programa espacial. Os índices de queima dos propelentes são fundamentais. Amostras aleatórias de 20 espécimes dos dois propelentes são retiradas, com médias amostrais dadas por 20,5 cm/s para o propelente A e 24,50 cm/s para o propelente B. Geralmente assume-se que a variabilidade no índice de queima seja aproximadamente a mesma para os dois propelentes e é dada pelo desvio-padrão populacional de 5 cm/s. Assuma que os índices de queima para cada propelente são aproximadamente normais e fazem uso do teorema central do limite. Não se sabe nada sobre as médias populacionais dos índices de queima e espera-se que esse experimento auxilie de algum modo.

(a) Se, de fato, $\mu_A = \mu_B$, qual é $P(\bar{X}_B - \bar{X}_A \geq 4{,}0)$?
(b) Use sua resposta em (a) para auxiliar na proposição de que $\mu_A = \mu_B$.

8.70 A concentração de um ingrediente ativo no produto de uma reação química é fortemente influenciada pelo catalisador usado na reação. Sente-se que quando o catalisador A é usado, a média populacional da concentração excede 65%. O desvio-padrão é $\sigma = 5\%$. Uma amostra dos produtos de 30 experimentos independentes fornece uma concentração média de $\bar{x}_A = 64{,}5\%$.

(a) Essa informação da amostra com uma concentração média de $\bar{x}_A = 64{,}5\%$ fornece informações incômodas de que, talvez, μ_A não seja 65%, mas menos do que isso? Apóie sua resposta com uma afirmação de probabilidade.
(b) Suponha que um experimento similar seja realizado com o uso de outro catalisador, o B. O desvio-padrão σ ainda é assumido como 5% e $\bar{x}_B$ é 70%. Comente se a informação da amostra sobre o catalisador B parece fornecer ou não fortes informações que sugerem que μ_B é realmente maior que μ_A. Apóie sua resposta calculando

$$P(\bar{X}_B - \bar{X}_A \geq 5{,}5 \mid \mu_B = \mu_A).$$

(c) Sob a condição de que $\mu_A = \mu_B = 65\%$, dê a distribuição aproximada das seguintes quantidades (com a média e a variância de cada uma). Faça uso do teorema central do limite.
   i) $\bar{X}_B$;
   ii) $\bar{X}_A - \bar{X}_B$;
   iii) $\frac{\bar{X}_A - \bar{X}_B}{\sigma\sqrt{2/30}}$.

8.71 Da informação do Exercício de revisão 8.70, calcule (assumindo $\mu_B = 65\%$)

$$P(\bar{X}_B \geq 70).$$

8.72 Dada uma variável aleatória normal X, com média 20 e variância 9, e uma amostra aleatória de tamanho n retirada desta distribuição, qual é o tamanho da amostra necessário de modo que

$$P(19{,}9 \leq \bar{X} \leq 20{,}1) = 0{,}95?$$

8.73 No Capítulo 9, discutiremos extensivamente o conceito de *estimação de parâmetros*. Suponha que X é uma variável aleatória com média μ e variância $\sigma^2 = 1{,}0$. Suponha também que uma amostra aleatória de tamanho n é retirada e $\bar{x}$ é usada como uma *estimativa* de μ. Quando os dados são retirados e a média amostral é medida, desejamos que esteja dentro de 0,05 unidade da média real com probabilidade de 0,99. Ou seja, queremos que haja uma boa chance de que $\bar{x}$ calculada da amostra seja 'muito próxima' da média populacional (qualquer que seja!), então desejamos

$$P(|\bar{X} - \mu| < 0{,}05) = 0{,}99.$$

Qual é o tamanho de amostra necessário?

8.74 Suponha que uma máquina de enchimento seja utilizada para encher caixas de papelão com um produto líquido. A especificação que é estritamente reforçada para a máquina de enchimento é 9 ± 1,5 onça (1 onça = 28,34 gramas). Se qualquer caixa for produzida com peso fora desses limites, ela é considerada defeituosa pelo fabricante. Espera-se que pelo menos 99% das caixas atendam às especificações. Com as condições de $\mu = 9$ e $\sigma = 1$, qual é a proporção de caixas do processo que apresentam defeitos? Se mudanças forem realizadas para reduzir a variabilidade, enquanto σ deve ser reduzido para atender às especificações da probabilidade de 0,99? Assuma uma distribuição normal para o peso.

8.75 Considere a situação do Exercício de revisão 8.74. Suponha que um considerável esforço de qualidade seja conduzido para 'apertar' a variabilidade no sistema. Seguindo o esforço, uma amostra aleatória de tamanho 40 é retirada da nova linha de produção e a variância amostral é $s^2 = 0{,}188$ onça². Temos fortes evidências numéricas de que σ^2 foi reduzida para menos de 1,0? Considere a probabilidade

$$P(S^2 \leq 0{,}188 \mid \sigma^2 = 1{,}0),$$

e chegue a uma conclusão.

8.9 Conceitos errôneos e riscos em potencial; relação com material de outros capítulos

O teorema central do limite é uma das ferramentas mais poderosas em toda a Estatística e e este capítulo, embora seja relativamente curto, contém uma riqueza de informações fundamentais que estão ligadas com as ferramentas que serão usadas durante o livro.

A noção de distribuição amostral é um dos conceitos mais importantes em toda a Estatística, e o aluno, nesse ponto de seus estudos, deveria ter um entendimento claro antes de proceder além deste capítulo. Todos os capítulos a seguir farão uso considerável de distribuições amostrais. Suponha que queremos usar a estatística $\bar{X}$ para chegar a inferências sobre a média populacional μ. Isso será feito usando-se os valores observados de $\bar{x}$ de uma única amostra de tamanho n. Então, qualquer inferência feita deve ser realizada levando-se em consideração não somente este único valor, mas também a estrutura teórica ou a *distribuição de todos os valores de $\bar{x}$ que poderiam ser observados de amostras de tamanho n*. Então, o termo *distribuição amostral* é introduzido. Essa distribuição é a base para o teorema central do limite. As distribuições t, χ^2 e F também são usadas no contexto das distribuições amostrais. Por exemplo, a distribuição t, ilustrada na Figura 8.13, representa a estrutura que ocorre se todos os valores de $\frac{\bar{x}-\mu}{s/\sqrt{n}}$ são calculados, onde $\bar{x}$ e s são retirados das amostras de tamanho n de uma distribuição $n(x; \mu, \sigma)$. Observações similares podem ser feitas sobre χ^2 e F, e o leitor não deve esquecer que a informação da amostra que forma as estatísticas para todas essas distribuições é a normal. Então, *pode-se dizer que onde há um t, F ou χ^2, a fonte foi uma amostra de uma distribuição normal*.

Pode parecer que as três distribuições descritas anteriormente tenham sido introduzidas de forma isolada, sem indicação sobre o que elas significam. Entretanto, elas aparecerão em soluções de problemas mais práticos em todo o restante do livro.

Agora, há algumas coisas que devemos ter em mente para que não haja confusão relacionada a essas distribuições fundamentais:

(i) Não se pode usar o teorema central do limite a menos que σ seja conhecido. Quando σ não é conhecido, ele deve ser substituído por s, o desvio-padrão amostral, para poder usar este teorema.

(ii) A estatística T *não* é um resultado do teorema central do limite e $x_1, x_2, ..., x_n$ devem vir de uma distribuição $n(x; \mu, \sigma)$ para que $\frac{\bar{x}-\mu}{s/\sqrt{n}}$ seja uma distribuição t, e, é claro, s seja meramente uma estimativa de σ.

(iii) Embora a noção de *graus de liberdade* seja nova nesse momento, o conceito deveria ser muito intuitivo, já que é razoável que a natureza da distribuição de S e também de t deveria depender da quantidade de informação na amostra $x_1, x_2, ..., x_n$.

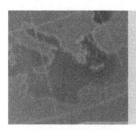

Capítulo 9
Problemas de estimação em uma e duas amostras

9.1 Introdução

Nos capítulos anteriores, enfatizamos as propriedades da média e da variância amostrais. Também enfatizamos a representação dos dados em várias formas. O propósito dessas apresentações é construir uma base que permita aos estatísticos chegar a conclusões sobre os parâmetros da população de dados experimentais. Por exemplo, o teorema central do limite fornece informações sobre a distribuição da média amostral $\bar{X}$. A distribuição envolve a média populacional μ. Então, qualquer conclusão sobre μ obtida a partir de uma média amostral observada deve depender do conhecimento dessa distribuição amostral. Comentários similares podem ser aplicados para S^2 e σ^2. Claramente, qualquer conclusão sobre a variância de uma distribuição normal muito provavelmente envolveria a distribuição amostral de S^2.

Neste capítulo, começaremos pela descrição formal do propósito da inferência estatística. Seguiremos discutindo o problema da *estimação dos parâmetros populacionais*. Limitamos nossos desenvolvimentos formais de procedimentos de estimação específicos de problemas que envolvem uma e duas amostras.

9.2 Inferência estatística

No Capítulo 1, discutimos a filosofia geral da inferência estatística formal. A teoria da *inferência estatística* consiste nos métodos pelos quais realizamos inferências ou generalizações sobre uma população. A tendência de hoje é distinguir entre o *método clássico* de estimação de um parâmetro populacional, por meio do qual inferências são baseadas estritamente nas informações obtidas de uma amostra aleatória selecionada da população, e o *método bayesiano*, que utiliza um conhecimento subjetivo prévio sobre a distribuição de probabilidade dos parâmetros desconhecidos em conjunção com a informação fornecida pelos dados amostrais. Durante a maior parte deste capítulo, usaremos os métodos clássicos para estimar parâmetros desconhecidos da população como a média, a proporção e a variância por meio do cálculo de estatísticas em amostras aleatórias e da aplicação da teoria das distribuições amostrais, bastante abordadas no Capítulo 8. A estimação bayesiana será discutida no Capítulo 18.

A inferência estatística pode ser dividida em duas áreas principais: *estimação* e *testes de hipóteses*. Tratamos essas duas áreas separadamente, lidando com a teoria e as aplicações da estimação neste capítulo e com o teste de hipóteses no Capítulo 10. Para distinguir claramente entre essas duas áreas, considere os seguintes exemplos. Um candidato a um cargo público pode desejar estimar a verdadeira proporção de eleitores a seu favor ao obter as opiniões de uma amostra aleatória de 100 eleitores. A fração de eleitores na amostra que favorece o candidato poderia ser usada como uma estimação da verdadeira proporção na população de eleitores. Um conhecimento da distribuição amostral de uma proporção permite que se estabeleça o grau de acurácia de nossa estimação. Portanto, esse problema faz parte da área de estimação.

Agora, considere o caso no qual estamos interessados em descobrir se a marca de cera para pisos A é mais resistente a riscos do que a marca B. Podemos formular uma hipótese de que a marca A seja melhor do que a marca B e, depois dos testes apropriados, aceitar ou rejeitar tal hipótese. Neste exemplo, não tentamos estimar um parâmetro, mas sim chegar a uma decisão correta sobre uma hipótese pré-afirmada. Novamente, dependemos da teoria da amostragem e do uso dos dados para obter alguma medida de acurácia para nossa decisão.

9.3 Métodos clássicos de estimação

Uma *estimação pontual* de algum parâmetro populacional θ é um único valor $\hat{\theta}$ de uma estatística $\hat{\Theta}$. Por exemplo, o valor $\bar{x}$ da estatística $\bar{X}$, calculado em uma amostra de tamanho n, é uma estimativa pontual do parâmetro populacional μ. De modo similar, $\hat{p} = x/n$ é uma estimativa pontual da proporção real p para um experimento binomial.

Não é esperado que um estimador estime um parâmetro populacional sem erro. Não esperamos que $\bar{X}$ estime μ de maneira exata, mas certamente esperamos que ele não fique muito distante. Para uma amostra em particular, é possível obter uma estimação mais próxima de μ usando-se a mediana amostral $\tilde{X}$ como estimador. Considere, por exemplo, uma amostra que se compõe dos valores 2, 5 e 11 de uma população cuja média é 4, mas supostamente desconhecida. Estimaríamos μ como $\bar{x} = 6$, usando a média amostral como nossa estimativa, ou $\tilde{x} = 5$, usando a mediana amostral como estimativa. Nesse caso, o estimador $\tilde{X}$ produz uma estimativa mais próxima do parâmetro verdadeiro do que a do estimador $\bar{X}$. Por outro lado, se nossa amostra aleatória tiver os valores 2, 6 e 7, então $\bar{x} = 5$ e $\tilde{x} = 6$, de modo que $\bar{X}$ é agora um estimador melhor. Em caso de não se saber o real valor de μ, devemos decidir antecipadamente se usaremos $\bar{X}$ ou $\tilde{X}$ como nosso estimador.

Estimador não viciado

Quais são as propriedades desejáveis de uma 'boa' função de decisão que nos influenciaria a escolher um estimador em vez de outro? Considere $\hat{\Theta}$ um estimador cujo valor $\hat{\theta}$ é uma estimativa pontual de algum parâmetro populacional θ desconhecido. Certamente, desejaríamos que a distribuição amostral de $\hat{\Theta}$ tivesse uma média igual ao parâmetro estimado. Um estimador que possui essa propriedade é dito *não viciado ou não enviesado*.

> **Definição 9.1**
> Uma estatística $\hat{\Theta}$ é considerada um estimador *não viciado* do parâmetro θ se
> $$\mu_{\hat{\Theta}} = E(\hat{\Theta}) = \theta.$$

■ **Exemplo 9.1**
Mostre que S^2 é um estimador não viciado do parâmetro σ^2.
Solução: Escrevamos
$$\sum_{i=1}^{n}(X_i - \bar{X})^2 = \sum_{i=1}^{n}[(X_i - \mu) - (\bar{X} - \mu)]^2$$
$$= \sum_{i=1}^{n}(X_i - \mu)^2 - 2(\bar{X} - \mu)\sum_{i=1}^{n}(X_i - \mu) + n(\bar{X} - \mu)^2$$
$$= \sum_{i=1}^{n}(X_i - \mu)^2 - n(\bar{X} - \mu)^2.$$

Agora,
$$E(S^2) = E\left[\frac{1}{n-1}\sum_{i=1}^{n}(X_i - \bar{X})^2\right]$$
$$= \frac{1}{n-1}\left[\sum_{i=1}^{n}E(X_i - \mu)^2 - nE(\bar{X} - \mu)^2\right]$$
$$= \frac{1}{n-1}\left(\sum_{i=1}^{n}\sigma_{X_i}^2 - n\sigma_{\bar{X}}^2\right).$$

Entretanto,
$$\sigma_{X_i}^2 = \sigma^2 \quad \text{para } i = 1, 2, \ldots, n \quad \text{e} \quad \sigma_{\bar{X}}^2 = \frac{\sigma^2}{n}.$$
Portanto,
$$E(S^2) = \frac{1}{n-1}\left(n\sigma^2 - n\frac{\sigma^2}{n}\right) = \sigma^2.$$

Embora S^2 seja um estimador não viciado de σ^2, temos que S, por outro lado, é um estimador viciado de σ, com a tendenciosidade se tornando insignificante para amostras maiores. Esse exemplo ilustra *por que dividimos por $n-1$* em vez de n quando a variância é estimada.

Variância de um estimador pontual

Se $\hat{\Theta}_1$ e $\hat{\Theta}_2$ são dois estimadores não viciados do mesmo parâmetro populacional θ, escolheríamos o estimador cuja distribuição amostral tem menor variância. Então, se $\sigma_{\hat{\Theta}_1}^2 < \sigma_{\hat{\Theta}_2}^2$, dizemos que $\hat{\Theta}_1$ é um *estimador mais eficiente* de θ do que $\hat{\Theta}_2$.

> **Definição 9.2**
> Se considerarmos todos os possíveis estimadores não viciados de algum parâmetro θ, aquele com a menor variância é chamado de *estimador mais eficiente* de θ.

Na Figura 9.1, ilustramos a distribuição amostral de três estimadores diferentes $\hat{\Theta}_1$, $\hat{\Theta}_2$ e $\hat{\Theta}_3$, todos estimando θ. Está claro que somente $\hat{\Theta}_1$ e $\hat{\Theta}_2$ são não viciados, já que suas distribuições são centradas em θ. O estimador $\hat{\Theta}_1$ tem menor variância do que $\hat{\Theta}_2$ e, portanto, é mais eficiente. Então, nossa escolha de um estimador de θ, entre os três considerados, seria $\hat{\Theta}_1$.

Para populações normais pode-se mostrar que ambos $\bar{X}$ e $\tilde{X}$ são estimadores não viciados da média populacional μ, mas a variância de $\bar{X}$ é menor que a variância de $\tilde{X}$. Portanto, ambas as estimativas $\bar{x}$ e $\tilde{x}$, em média, igualarão a média populacional μ, mas $\bar{x}$ é mais provável de estar mais próximo de μ para a amostra dada e, então, $\bar{X}$ é mais eficiente do que $\tilde{X}$.

Noção de estimação por intervalo

Até mesmo o estimador não viciado mais eficiente dificilmente estimará o parâmetro populacional exatamente.

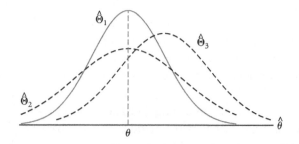

Figura 9.1 Distribuições amostrais de diferentes estimadores de θ.

É verdade que nossa acurácia aumenta com amostras maiores, mas ainda não há razão para esperarmos que uma estimativa *pontual* obtida em uma dada amostra seja exatamente igual ao parâmetro populacional a ser estimado. Há muitas situações nas quais é preferível determinar um intervalo dentro do qual esperaríamos encontrar o valor do parâmetro. Tal intervalo é chamado de *estimativa intervalar*.

Estimativa intervalar

Uma estimativa intervalar de um parâmetro populacional θ é um intervalo da forma $\hat{\theta}_L < \theta < \hat{\theta}_S$, onde $\hat{\theta}_L$ e $\hat{\theta}_S$ dependem do valor da estatística $\hat{\Theta}$ para uma amostra em particular e também da distribuição amostral de $\hat{\Theta}$. Assim, uma amostra aleatória das notas dos calouros no teste SAT ao entrar em uma faculdade pode produzir um intervalo de 530 a 550, dentro do qual esperamos encontrar a verdadeira média de todos os testes SAT para essa turma. Os valores dos limites de intervalo, 530 e 550, dependerão da média amostral calculada $\bar{x}$ e da distribuição amostral de $\bar{X}$. Conforme o tamanho da amostra aumenta, sabemos que $\sigma_{\bar{X}}^2 = \sigma^2/n$ decresce e, conseqüentemente, nossa estimativa provavelmente estará próxima do parâmetro μ, resultando em um intervalo mais curto. Então, a estimativa intervalar indica, por extensão, a acurácia da estimativa pontual. Um engenheiro poderá obter alguma percepção sobre a proporção de defeituosos na população ao retirar uma amostra e calcular a *proporção de defeituosos na amostra*. Mas uma estimação intervalar pode ser mais informativa.

Interpretação das estimativas intervalares

Já que amostras diferentes geralmente fornecerão valores diferentes de $\hat{\Theta}$ e, portanto, valores diferentes de $\hat{\theta}_L$ e $\hat{\theta}_S$, esses limites do intervalo são valores das correspondentes variáveis aleatórias $\hat{\Theta}_L$ e $\hat{\Theta}_S$. Da distribuição amostral de $\hat{\Theta}$, podemos determinar $\hat{\Theta}_L$ e $\hat{\Theta}_S$, de modo que a $P(\hat{\Theta}_L < \theta < \hat{\Theta}_S)$ seja igual a qualquer valor fracional positivo que especificamos. Se, por exemplo, determinarmos $\hat{\Theta}_L$ e $\hat{\Theta}_S$ de modo que

$$P(\hat{\Theta}_L < \theta < \hat{\Theta}_S) = 1 - \alpha,$$

para $0 < \alpha < 1$, então temos uma probabilidade igual a $1 - \alpha$ de selecionar uma amostra aleatória que produzirá um intervalo contendo θ. O intervalo ($\hat{\theta}_L < \theta < \hat{\theta}_S$), calculado na amostra selecionada, é então chamado de um *intervalo de confiança* de $100(1-\alpha)\%$, a fração $1 - \alpha$ é chamada de *coeficiente de confiança* ou *grau de confiança*, e os limites, $\hat{\theta}_L$ e $\hat{\theta}_S$, são chamados de *limites de confiança* inferior e superior. Então, quando $\alpha = 0{,}05$, temos um intervalo de confiança de 95% e, quando $\alpha = 0{,}01$, obtemos um intervalo de confiança mais amplo, de 99%. Quanto mais amplo o intervalo de confiança, mais confiantes podemos estar de que o intervalo fornecido contém o parâmetro desconhecido. É claro, é melhor estar 95% confiante de que a vida útil média de certo transistor de um aparelho de televisão está entre seis e sete anos do que ter 99% de confiança de que essa vida útil média está entre três e dez anos. Idealmente, preferimos um intervalo curto com um grau de confiança alto. Às vezes, restrições no tamanho de nossa amostra nos impedem de atingir um intervalo curto sem sacrificar o grau de confiança.

Nas seções a seguir, continuamos com as noções de estimativa pontual e intervalar, com cada seção representando um caso especial diferente. O leitor deve notar que, embora as estimativas pontual e intervalar representem diferentes abordagens para obter informações sobre um parâmetro, elas são relacionadas, já que os estimadores via intervalo de confiança são baseados nos estimadores pontuais. Na seção a seguir, por exemplo, veremos que $\bar{X}$ é um estimador pontual bem razoável de μ. Como resultado, o importante estimador via intervalo de confiança para μ depende do conhecimento da distribuição amostral de $\bar{X}$.

Começamos a próxima seção com o caso mais simples do intervalo de confiança. O cenário é simples e não muito realista. Estamos interessados em estimar uma média populacional μ assumindo que σ é conhecido. Claramente, se μ é desconhecido, é muito improvável que σ seja conhecido. Qualquer informação histórica que tenha produzido informações suficientes para permitir a suposição de que σ é conhecido teria produzido informação similar sobre μ. Apesar desse argumento, começamos com este caso porque os conceitos e os mecanismos resultantes associados à estimativa intervalar de confiança continuarão os mesmos quando situações mais realistas surgirem mais adiante na Seção 9.4 e nas seguintes.

9.4 Amostra única: estimação da média

A distribuição amostral de $\bar{X}$ é centrada em μ e, na maioria das aplicações, sua variância é menor do que qualquer um dos outros estimadores de μ. Portanto, a média amostral $\bar{x}$ será usada como uma estimativa pontual para a média populacional μ. Lembre-se de que $\sigma_{\bar{X}}^2 = \sigma^2/n$, de modo que uma amostra grande fornecerá um valor de $\bar{X}$ que vem de uma distribuição amostral com uma variância pequena. Então, $\bar{x}$ provavelmente será uma estimativa muito precisa de μ quando n for grande.

Vamos considerar a estimativa intervalar de μ. Se nossa amostra for selecionada de uma população normal, ou, caso isso não ocorra, se n for suficientemente grande, podemos estabelecer um intervalo de confiança para μ considerando a distribuição amostral de $\bar{X}$.

De acordo com o teorema central do limite, podemos esperar que a distribuição amostral de $\bar{X}$ seja aproxima-

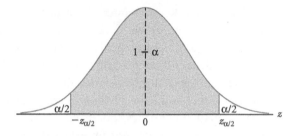

Figura 9.2 $P(-z_{\alpha/2} < Z < z_{\alpha/2}) = 1 - \alpha$.

damente normal, com média $\mu_{\bar{x}} = \mu$ e desvio-padrão de $\sigma_{\bar{X}} = \sigma/\sqrt{n}$. Denotando $z_{\alpha/2}$ para o valor z acima do qual encontramos uma área igual a $\alpha/2$, podemos ver na Figura 9.2 que

$$P(-z_{\alpha/2} < Z < z_{\alpha/2}) = 1 - \alpha,$$

onde

$$Z = \frac{\bar{X} - \mu}{\sigma/\sqrt{n}}.$$

Assim,

$$P\left(-z_{\alpha/2} < \frac{\bar{X} - \mu}{\sigma/\sqrt{n}} < z_{\alpha/2}\right) = 1 - \alpha.$$

Multiplicando cada termo na desigualdade por $\sigma/\sqrt{n}$ e depois subtraindo $\bar{X}$ de cada termo e multiplicando por -1 (revertendo o sentido das desigualdades), obtemos

$$P\left(\bar{X} - z_{\alpha/2}\frac{\sigma}{\sqrt{n}} < \mu < \bar{X} + z_{\alpha/2}\frac{\sigma}{\sqrt{n}}\right) = 1 - \alpha.$$

Uma amostra aleatória de tamanho n é selecionada de uma população cuja variância σ^2 é conhecida e a média $\bar{x}$ é calculada para dar o intervalo de confiança de $100(1 - \alpha)\%$ a seguir. É importante enfatizar que invocamos o teorema central do limite. Como resultado, é importante notar as condições para a aplicação do intervalo a seguir.

Intervalo de confiança para μ; σ conhecido
Se $\bar{x}$ é a média de uma amostra aleatória de tamanho n de uma população com variância conhecida σ^2, um intervalo de confiança de $100(1 - \alpha)\%$ para μ é dado por

$$\bar{x} - z_{\alpha/2}\frac{\sigma}{\sqrt{n}} < \mu < \bar{x} + z_{\alpha/2}\frac{\sigma}{\sqrt{n}},$$

onde $z_{\alpha/2}$ é o valor z que deixa uma área de $\alpha/2$ à direita.

Para pequenas amostras selecionadas de populações não normais, não podemos esperar que nosso grau de confiança seja exato. Entretanto, para amostras de tamanho $n \geq 30$, com a forma das distribuições não muito assimétrica, a teoria da amostragem garante bons resultados.

Claramente, os valores das variáveis aleatórias $\hat{\Theta}_L$ e $\hat{\Theta}_S$, definidas na Seção 9.3, são os limites de confiança

$$\hat{\theta}_L = \bar{x} - z_{\alpha/2}\frac{\sigma}{\sqrt{n}} \quad \text{e} \quad \hat{\theta}_S = \bar{x} + z_{\alpha/2}\frac{\sigma}{\sqrt{n}}.$$

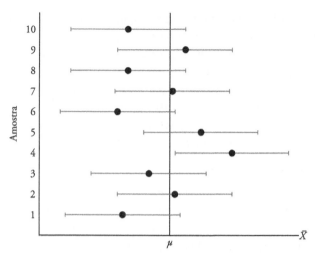

Figura 9.3 Estimativas intervalares de μ para diferentes amostras.

Amostras diferentes fornecerão valores diferentes de $\bar{x}$ e, assim, produzirão estimativas intervalares diferentes do parâmetro μ, como mostrado na Figura 9.3. Os pontos circulares no centro de cada intervalo indicam a posição da estimativa pontual $\bar{x}$ para cada amostra aleatória. A maioria dos intervalos contém μ, mas não todos. Note que todos os intervalos têm a mesma amplitude, já que ela depende somente da escolha de $z_{\alpha/2}$, uma vez que $\bar{x}$ é determinado. Quanto maior o valor escolhido para $z_{\alpha/2}$, mais largos serão todos os intervalos, e poderemos ter mais confiança que a amostra selecionada produzirá um intervalo que contenha o parâmetro desconhecido μ.

■ **Exemplo 9.2**
A concentração média de zinco recuperado de uma amostra de medições desse material em 36 locações diferentes é 2,6 gramas por mililitro. Determine os intervalos de confiança de 95% e 99% para a média de concentração de zinco no rio. Assuma que o desvio-padrão da população seja 0,3.
Solução: A estimativa pontual de μ é $\bar{x} = 2,6$. O valor z, que deixa uma área de 0,025 à direita e, então, uma área de 0,975 à esquerda, é $z_{0,025} = 1,96$ (Tabela A.3). Então, o intervalo de confiança de 95% é

$$2,6 - (1,96)\left(\frac{0,3}{\sqrt{36}}\right) < \mu < 2,6 + (1,96)\left(\frac{0,3}{\sqrt{36}}\right),$$

que se reduz a $2,50 < \mu < 2,70$. Para determinar o intervalo de confiança de 99%, determinamos o valor z, que deixa uma área de 0,005 à direita e de 0,995 à esquerda. Portanto, usando a Tabela A.3 novamente, $z_{0,005} = 2,575$, e o intervalo de confiança de 99% é

$$2,6 - (2,575)\frac{0,3}{\sqrt{36}} < \mu < 2,6 + (2,575)\frac{0,3}{\sqrt{36}}$$

ou simplesmente

$$2,47 < \mu < 2,73.$$

Agora vemos que um intervalo mais longo é necessário para estimar μ com um grau de confiança maior.

O intervalo de confiança de $100(1 - \alpha)\%$ fornece uma estimativa da acurácia de nossa estimativa pontual. Se μ é, na verdade, o valor central do intervalo, então $\bar{x}$ estima μ sem erro. Na maioria das vezes, entretanto, $\bar{x}$ não será exatamente igual a μ e a estimativa pontual terá um erro. O tamanho desse erro será o valor absoluto da diferença entre μ e $\bar{x}$, e podemos estar $100(1 - \alpha)\%$ confiantes de que essa diferença não excederá $z_{\alpha/2}\frac{\sigma}{\sqrt{n}}$. Podemos prontamente ver isso se desenharmos um diagrama de um intervalo de confiança hipotético, como o da Figura 9.4.

> **Teorema 9.1**
> Se $\bar{x}$ é usado como uma estimativa de μ, podemos então estar $100(1 - \alpha)\%$ confiantes de que o erro não excederá $z_{\alpha/2}\frac{\sigma}{\sqrt{n}}$.

No Exemplo 9.2, estamos 95% confiantes de que a média amostral $\bar{x} = 2,6$ difere da verdadeira média μ por uma quantidade menor que 0,1 e 99% confiantes de que a diferença é menor do que 0,13.

Freqüentemente, desejamos saber qual o tamanho da amostra necessário para termos uma garantia de que o erro ao estimar μ seja menor do que uma quantidade especificada e. Pelo Teorema 9.1, isso significa que devemos escolher n de modo que $z_{\alpha/2}\frac{\sigma}{\sqrt{n}} = e$. Resolvendo essa equação, temos a seguinte fórmula para n.

> **Teorema 9.2**
> Se $\bar{x}$ é usado como uma estimativa de μ, podemos estar $100(1 - \alpha)\%$ confiantes de que o erro não excederá um valor específico e quando o tamanho da amostra for
> $$n = \left(\frac{z_{\alpha/2}\sigma}{e}\right)^2.$$

Quando calculamos o tamanho da amostra, n, todos os valores fracionais são arredondados para cima para o próximo número inteiro. Ao aderir a esse princípio, podemos ter a certeza de que nosso grau de confiança nunca estará abaixo de $100(1 - \alpha)\%$.

Estritamente falando, a fórmula do Teorema 9.2 somente se aplica quando sabemos a variância da população da qual iremos selecionar nossa amostra. Na falta dessa informação, poderíamos retirar uma amostra preliminar de tamanho $n \geq 30$ para fornecer uma estimativa de σ. Portanto, usando s como uma aproximação para σ no Teorema 9.2, poderíamos determinar aproximadamente quantas observações são necessárias para fornecer o grau de acurácia desejado.

■ **Exemplo 9.3**

Qual deve ser o tamanho da amostra necessário, no Exemplo 9.2, se quisermos estar 95% confiantes de que nossa estimativa de μ está distante por menos de 0,05?
Solução: O desvio-padrão populacional é $\sigma = 0,3$. Então, pelo Teorema 9.2,

$$n = \left[\frac{(1,96)(0,3)}{0,05}\right]^2 = 138,3.$$

Portanto, podemos estar 95% confiantes de que uma amostra aleatória de tamanho 139 fornecerá uma estimativa $\bar{x}$ diferindo de μ por uma quantidade menor que 0,05.

Limites de confiança unilaterais

Os intervalos e os limites de confiança resultantes discutidos até aqui são bilaterais em sua natureza (ou seja, são dados tanto o limite superior quanto o inferior). Entretanto, há muitas aplicações em que apenas um limite é procurado. Por exemplo, se a medida de interesse é a resistência à tensão, o engenheiro recebe mais informação somente do limite inferior. Esse limite comunica o cenário do 'pior caso'. Por outro lado, se a medida é algo para o qual um valor relativamente grande de μ não é lucrativo ou desejável, então um limite superior é de interesse. Um exemplo seria um caso no qual inferências poderiam ser feitas sobre a média da composição de mercúrio em um rio. Um limite superior seria muito informativo nesse caso.

Os limites de confiança unilaterais são desenvolvidos da mesma maneira que os intervalos bilaterais. No entanto, a fonte é uma afirmação de probabilidade unilateral, que faz uso do teorema central do limite

$$P\left(\frac{\bar{X} - \mu}{\sigma/\sqrt{n}} < z_\alpha\right) = 1 - \alpha.$$

Pode-se manipular a afirmação de probabilidade como antes e obter

$$P(\mu > \bar{X} - z_\alpha \sigma/\sqrt{n}) = 1 - \alpha.$$

Como manipulação similar de $P\left(\frac{\bar{X} - \mu}{\sigma/\sqrt{n}} > -z_\alpha\right) = 1 - \alpha$ fornece

$$P(\mu < \bar{X} + z_\alpha \sigma/\sqrt{n}) = 1 - \alpha.$$

Como resultado, seguem-se os limites unilaterais superior e inferior.

Limites de confiança unilaterais de μ; σ conhecido
Se $\bar{X}$ é a média de uma amostra aleatória de tamanho n de uma população com variância σ^2, o limite de confiança unilateral de $100(1 - \alpha)\%$ para μ é dado por

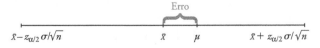

Figura 9.4 Erro ao estimar μ por $\bar{x}$.

Limite unilateral superior: $\bar{x} + z_\alpha \sigma/\sqrt{n}$;
Limite unilateral inferior: $\bar{x} - z_\alpha \sigma/\sqrt{n}$.

■ Exemplo 9.4

Em um experimento de teste psicológico, 25 indivíduos são selecionados aleatoriamente e seus tempos de reação, em segundos, para certo experimento são medidos. Experiências passadas sugerem que a variância no tempo de reação para esses tipos de estímulo é de 4 segundos² e que o tempo de reação é aproximadamente normal. O tempo médio para os indivíduos foi de 6,2 segundos. Dê o limite superior 95% para o tempo médio de reação.

Solução: O limite superior 95% é dado por:

$$\bar{x} + z_\alpha \sigma/\sqrt{n} = 6,2 + (1,645)\sqrt{4/25} = 6,2 + 0,658$$
$$= 6,858 \text{ segundos.}$$

Assim, estamos 95% confiantes de que o tempo médio de reação é menor do que 6,858 segundos.

Caso do σ desconhecido

Com freqüência, tentamos estimar a média de uma população quando a variância é desconhecida. O leitor deve relembrar o Capítulo 8, onde aprendemos que, se temos uma amostra aleatória de uma distribuição normal, então a variável aleatória

$$T = \frac{\bar{X} - \mu}{S/\sqrt{n}}$$

tem uma distribuição *t* com *n* – 1 graus de liberdade. Aqui, *S* é o desvio-padrão amostral. Nessa situação com σ desconhecido, *T* pode ser usado para construirmos um intervalo de confiança para μ. O procedimento é o mesmo usado com σ conhecido, exceto que σ é substituído por *S* e a distribuição normal padrão é substituída pela distribuição *t*. Em relação à Figura 9.5, podemos afirmar que

$$P(-t_{\alpha/2} < T < t_{\alpha/2}) = 1 - \alpha,$$

onde $t_{\alpha/2}$ é o valor *t*, com *n* – 1 graus de liberdade, acima do qual encontramos uma área igual a $\alpha/2$. Por causa da simetria, uma área igual a $\alpha/2$ estará à esquerda de $-t_{\alpha/2}$. Substituindo por *T*, escrevemos

$$P\left(-t_{\alpha/2} < \frac{\bar{X} - \mu}{S/\sqrt{n}} < t_{\alpha/2}\right) = 1 - \alpha.$$

Multiplicando cada termo na desigualdade por $S/\sqrt{n}$ e então subtraindo $\bar{X}$ de cada termo e multiplicando por –1, obtemos

$$P\left(\bar{X} - t_{\alpha/2}\frac{S}{\sqrt{n}} < \mu < \bar{X} + t_{\alpha/2}\frac{S}{\sqrt{n}}\right) = 1 - \alpha.$$

Para nossa amostra aleatória de tamanho *n*, a média $\bar{x}$ e o desvio-padrão *s* são calculados e o intervalo de confiança $100(1 - \alpha)$% para μ é obtido.

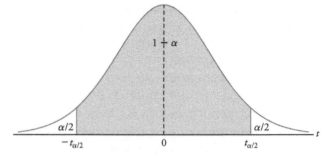

Figura 9.5 $P(-t_{\alpha/2} < T < t_{\alpha/2}) = 1 - \alpha$.

Intervalo de confiança para μ; σ desconhecido

Se $\bar{x}$ e *s* são a média e o desvio-padrão de uma amostra aleatória de tamanho *n* de uma população normal com variância desconhecida σ^2, um intervalo de confiança de $100(1 - \alpha)$% para μ é

$$\bar{x} - t_{\alpha/2}\frac{s}{\sqrt{n}} < \mu < \bar{x} + t_{\alpha/2}\frac{s}{\sqrt{n}},$$

onde $t_{\alpha/2}$ é um valor *t* com $v = n - 1$ graus de liberdade que deixa uma área de $\alpha/2$ à direita.

Fizemos uma distinção entre os casos de σ conhecido e σ desconhecido ao calcularmos as estimativas intervalares de confiança. Devemos enfatizar que, para o caso do σ conhecido, exploramos o teorema central do limite, enquanto para o σ desconhecido, utilizamos a distribuição amostral da variável aleatória *T*. Entretanto, o uso da distribuição *t* é baseado na premissa de que a amostra vem de uma distribuição normal. Se a distribuição tem aproximadamente a forma de sino, os intervalos de confiança podem ser calculados quando σ^2 é desconhecido usando-se a distribuição *t* e podemos esperar bons resultados.

Os limites de confiança unilaterais calculados para μ com σ desconhecido, como o leitor poderia esperar, são

$$\bar{x} + t_\alpha \frac{s}{\sqrt{n}} \quad \text{e} \quad \bar{x} - t_\alpha \frac{s}{\sqrt{n}}.$$

Esses são os limites de $100(1 - \alpha)$% superior e inferior, respectivamente. Aqui, t_α é o valor *t* tendo área α à direita.

Conceito de intervalo de confiança em uma amostra grande

Em geral, os estatísticos recomendam que, mesmo quando a normalidade não pode ser assumida, σ é desconhecido e $n \geq 30$, *s* pode substituir σ e o intervalo de confiança

$$\bar{x} \pm z_{\alpha/2}\frac{s}{\sqrt{n}}$$

pode ser usado. Este é freqüentemente chamado de *intervalo de confiança em amostra grande*. A justificativa está somente na premissa de que, com uma amostra tão grande quanto 30 e uma distribuição de população não muito assimétrica, *s* será muito próximo do verdadeiro σ e, então, o teorema central do limite prevalece. Devemos enfatizar que isso é apenas uma aproximação e que a qualidade da abordagem se torna melhor conforme o tamanho da amostra aumenta.

■ **Exemplo 9.5**

Os conteúdos de ácido sulfúrico em sete contêineres similares são 9,8; 10,2; 10,4; 9,8; 10,0; 10,2 e 9,6 litros. Determine um intervalo de confiança de 95% para a média de todos os contêineres, assumindo uma distribuição aproximadamente normal.

Solução: A média e o desvio-padrão amostrais para os dados fornecidos são

$$\bar{x} = 10,0 \quad \text{e} \quad s = 0,283.$$

Usando a Tabela A.4, determinamos $t_{0,025} = 2,447$ para $v = 6$ graus de liberdade. Assim, o intervalo de confiança de 95% para μ é

$$10,0 - (2,447)\left(\frac{0,283}{\sqrt{7}}\right) < \mu < 10,0 + (2,447)\left(\frac{0,283}{\sqrt{7}}\right),$$

que se reduz a $9,74 < \mu < 10,26$.

9.5 Erro-padrão de um estimador pontual

Fizemos uma distinção bem clara entre os objetivos das estimativas pontuais e os das estimativas por intervalos de confiança. A primeira fornece um número único extraído de um conjunto de dados experimentais, e a última fornece um intervalo, *conforme os dados experimentais* que seja razoável para o parâmetro; ou seja, $100(1 - \alpha)\%$ de tais intervalos calculados 'cobrem' o parâmetro.

Essas duas abordagens para estimação estão relacionadas entre si. A 'relação comum' é a distribuição amostral de um estimador pontual. Considere, por exemplo, o estimador $\bar{X}$ de μ com σ conhecido. Indicamos anteriormente que a medida de qualidade de um estimador imparcial é sua variância. A variância de $\bar{X}$ é

$$\sigma^2_{\bar{X}} = \frac{\sigma^2}{n}.$$

Portanto, o desvio-padrão de $\bar{X}$ ou *erro-padrão* de $\bar{X}$ é $\sigma/\sqrt{n}$. Simplesmente colocado, o erro-padrão de um estimador é seu desvio-padrão. Para o caso de $\bar{X}$, o limite de confiança calculado

$$\bar{x} \pm z_{\alpha/2} \frac{\sigma}{\sqrt{n}} \quad \text{é escrito como} \quad \bar{x} \pm z_{\alpha/2} \text{ e.p.}(\bar{x}),$$

onde 'e.p.' é o erro-padrão. O ponto importante é que a amplitude do intervalo de confiança para μ depende da qualidade do estimador pontual por meio de seu erro-padrão. Nesse caso, onde σ é desconhecido e a amostra vem de uma distribuição normal, *s* substitui σ e o *erro-padrão estimado* $s/\sqrt{n}$ está envolvido. Então, os limites de confiança em μ são

Limites de confiança em μ para σ desconhecido

$$\bar{x} \pm t_{\alpha/2} \frac{s}{\sqrt{n}} = \bar{x} \pm t_{\alpha/2} \text{ e.p.}(\bar{x})$$

Novamente, o intervalo de confiança *não é melhor* (em termos de amplitude) *do que a qualidade da estimativa pontual*, neste caso por meio de seu erro-padrão estimado. Pacotes de computador freqüentemente se referem a erros-padrão estimados meramente como 'erros-padrão'.

Conforme nos movemos para intervalos mais complexos, há um conceito predominante de que as amplitudes dos intervalos de confiança se tornam menores conforme a qualidade da estimativa pontual correspondente melhora, embora não seja sempre tão simples como ilustramos aqui. Pode-se argumentar que o intervalo de confiança é meramente uma expansão da estimativa pontual para se levar em conta sua precisão.

9.6 Intervalos de predição

As estimativas pontuais e intervalar da média nas seções 9.4 e 9.5 fornecem boas informações sobre o parâmetro desconhecido μ de uma distribuição normal, ou de uma distribuição não normal da qual uma grande amostra é retirada. Às vezes, além da média populacional, o pesquisador pode também estar interessado em prever o *possível valor de uma observação futura*. Por exemplo, no caso de controle de qualidade, o pesquisador pode precisar usar os dados observados para prever uma nova observação. Um processo que produz uma peça de metal pode ser avaliado com base no fato de as partes atenderem ou não às especificações do processo com relação à resistência à tensão. Em certas ocasiões um cliente pode estar interessado em comprar uma *única peça*. Nesse caso, um intervalo de confiança para a média da resistência à tensão não captura o requisito. O cliente requer uma afirmação sobre a incerteza de uma *observação única*. O tipo de requerimento é bem preenchido por meio da construção de um *intervalo de predição*.

É bastante simples obter um intervalo de predição para as situações consideradas até agora. Assuma que uma amostra aleatória venha de uma população normal com média μ desconhecida e variância σ^2 conhecida. Um estimador pontual natural de uma nova observação é $\bar{X}$. Sabe-se, da Seção 8.5, que a variância de $\bar{X}$ é σ^2/n. Entretanto, para prever uma nova observação, precisamos considerar não somente a variação devida à estimativa da média, como também precisamos considerar a *variação de uma observação futura*. Da suposição, sabemos que a variância do erro aleatório em uma nova observação é σ^2. O desenvolvimento de um intervalo de predição é mais bem ilustrado ao começar com uma variável aleatória normal $x_0 - \bar{x}$, onde x_0 é a nova observação e $\bar{x}$ vem da amostra. Já que x_0 e $\bar{x}$ são independentes, sabemos que

$$z = \frac{x_0 - \bar{x}}{\sqrt{\sigma^2 + \sigma^2/n}} = \frac{x_0 - \bar{x}}{\sigma\sqrt{1 + 1/n}}$$

é $n(z; 0, 1)$. Como resultado, se usarmos a afirmação de probabilidade

$$P(-z_{\alpha/2} < Z < z_{\alpha/2}) = 1 - \alpha$$

com a estatística z acima, e colocarmos x_0 no centro da afirmação de probabilidade, temos a ocorrência do seguinte evento, com probabilidade $1 - \alpha$:

$$\bar{x} - z_{\alpha/2}\sigma\sqrt{1 + 1/n} < x_0 < \bar{x} + z_{\alpha/2}\sigma\sqrt{1 + 1/n}.$$

Como resultado, o intervalo de predição calculado é formalizado como se segue:

Intervalo de predição de uma observação futura; σ conhecido

Para uma distribuição normal das medidas, com média desconhecida μ e variância conhecida σ^2, um *intervalo de predição* de $100(1 - \alpha)\%$ de uma observação futura x_0 é

$$\bar{x} - z_{\alpha/2}\sigma\sqrt{1 + 1/n} < x_0 < \bar{x} + z_{\alpha/2}\sigma\sqrt{1 + 1/n}.$$

onde $z_{\alpha/2}$ é o valor z que deixa uma área de $\alpha/2$ à direita.

■ **Exemplo 9.6**

Devido à queda nos índices de juros, o First Citizens Bank recebeu muitas hipotecas. Uma amostra recente de 50 empréstimos com garantia hipotecária resultou em uma média de $ 257.300. Assuma um desvio-padrão da população de $ 25.000. Se o próximo cliente cancelar um empréstimo com garantia hipotecária, determine um intervalo de predição de 95% para a quantia do empréstimo do cliente.

Solução: A predição pontual da quantia de empréstimo do próximo cliente é $\bar{x} = \$ 257.300$. O valor z aqui é $z_{0,025} = 1,96$. Então, o intervalo de predição de 95% para um futuro empréstimo é

$$257.300 - (1,96)(25.000)\sqrt{1 + 1/50} < x_0$$
$$< 257.300 + (1,96)(25.000)\sqrt{1 + 1/50},$$

que resulta no intervalo ($ 207.812,43, $ 306.787,57). ■

O intervalo de predição fornece uma boa estimativa da localização de uma observação futura, o que é bastante diferente da estimativa do valor da média amostral. Devemos notar que a variação desta predição é a soma da variação devido à estimativa da média com a variação de uma única observação. No entanto, como no passado, consideramos o caso da variância conhecida primeiro. É, então, importante lidar com o intervalo de predição de uma observação futura na situação em que a variância é desconhecida. Assim, uma distribuição t de *student* pode ser usada nesse caso, como descrito no resultado a seguir. Aqui, a distribuição normal é meramente substituída pela distribuição t.

Intervalo de predição de uma observação futura; σ desconhecido

Para uma distribuição normal das medições, com média μ e variância σ^2 desconhecidas, um *intervalo de predição* de $100(1 - \alpha)\%$ de uma observação futura x_0 é

$$\bar{x} - t_{\alpha/2}s\sqrt{1 + 1/n} < x_0 < \bar{x} + t_{\alpha/2}s\sqrt{1 + 1/n},$$

onde $t_{\alpha/2}$ é o valor t, com $v = n - 1$ graus de liberdade, que deixa uma área de $\alpha/2$ à direita.

Os intervalos de predição unilaterais também podem ser implementados. Eles certamente se aplicam aos casos em que, digamos, o foco deve ser colocado em futuras observações maiores. Aqui, o limite superior de predição se aplica. O interesse sobre pequenas observações futuras sugere o uso de limites inferiores de predição. O limite superior é dado por

$$\bar{x} + t_\alpha s\sqrt{1 + 1/n}$$

e o limite inferior por

$$\bar{x} - t_\alpha s\sqrt{1 + 1/n}.$$

■ **Exemplo 9.7**

Um inspetor de carnes mediu aleatoriamente 30 pacotes de 95% de carne magra. A amostra resultou em uma média de 96,2% com desvio-padrão de 0,8%. Determine um intervalo de predição de 99% para um novo pacote. Assuma normalidade.

Solução: Para $v = 29$ graus de liberdade, $t_{0,005} = 2,756$. Então, um intervalo de predição de 99% para uma nova observação x_0 é

$$96,2 - (2,756)(0,8)\sqrt{1 + \frac{1}{30}} < x_0$$
$$< 96,2 + (2,756)(0,8)\sqrt{1 + \frac{1}{30}},$$

que se reduz a (93,96; 98,44). ■

Uso dos limites de predição para detecção de valores discrepantes

Até aqui, pouca atenção foi dada ao conceito de *valores discrepantes* ou observações anormais. A maioria dos investigadores científicos é intensamente sensível à existência de observações discrepantes ou das chamadas 'falhas' ou 'dados ruins'. Lidaremos amplamente com o conceito no Capítulo 12, no qual a detecção de valores discrepantes em análise de regressão é ilustrada. No entanto, certamente é de interesse considerá-la aqui, já que há uma importante relação entre a detecção de valor discrepante e os intervalos de predição.

É conveniente, para nossos propósitos, ver uma observação discrepante como uma na qual a observação vem de uma população com uma média que é diferente daquela que rege o resto da amostra de tamanho n que está sendo estudada. O intervalo de predição produz um limite que 'cobre' uma única observação futura com probabilidade $1 - \alpha$, se vier da população da qual a amostra foi retirada. Como resultado, uma metodologia para a detecção de valores discrepantes envolve a regra de que *uma observação é um valor discrepante se estiver fora do intervalo de predição calculado sem a inclusão de observações questionáveis da amostra*. Portanto, para o intervalo de predição do Exemplo 9.7, se um novo pacote for observado e contiver um produto com porcentagem de gordura fora do intervalo (93,96; 98,44), ele pode ser visto como um valor discrepante.

9.7 Limites de tolerância

Aprendemos, da discussão na Seção 9.6, que o cientista ou engenheiro pode estar menos interessado em estimar parâmetros e mais preocupado em obter uma noção sobre onde uma medida ou *observação* individual pode estar. Então, o interesse está nos intervalos de predição. Entretanto, há um terceiro tipo de intervalo que é de interesse em muitas aplicações. Novamente, suponha que o interesse se concentre na fabricação de um componente e existam especificações sobre a dimensão desse componente. Há pouca preocupação sobre a média da dimensão. Apesar disso, diferentemente do cenário da Seção 9.6, pode-se estar menos interessado em uma única observação e mais interessado em onde está a maioria da população. Se as especificações de um processo são importantes, então o gerente do processo está preocupado com o desempenho de longo alcance, *não com a próxima observação*. Deve-se tentar determinar limites que, em algum sentido probabilístico, 'cobrem' os valores na população (ou seja, os valores medidos da dimensão).

Um método para se estabelecer o limite desejado é determinar um intervalo de confiança para uma *proporção fixa* das medidas. Isso é mais bem estimulado pela visualização da situação na qual estamos fazendo uma amostragem aleatória de uma distribuição normal, com média μ e variância σ^2 conhecidas. Claramente, um limite que cobre 95% das observações centrais da propelação

$$\mu \pm 1{,}96\sigma.$$

Este é o chamado *intervalo de tolerância*, e realmente a cobertura de 95% das observações medidas é exata.

Entretanto, na prática, μ e σ são raramente conhecidos; então o usuário deve aplicar

$$\bar{x} \pm ks,$$

e agora, é claro, o intervalo é uma variável aleatória e, portanto, a *cobertura* de uma proporção da população apreciada pelo intervalo não é exata. Como resultado, um intervalo de confiança de $100(1 - \gamma)\%$ é aplicado à afirmação, já que não podemos esperar que $\bar{x} \pm ks$ cubra qualquer proporção específica o tempo todo. Sendo assim, temos a definição a seguir.

Limites de tolerância

Para uma distribuição normal das medidas, com média μ e desvio-padrão σ desconhecidos, os *limites de tolerância* são dados por $\bar{x} \pm ks$, onde k é determinado de modo que podemos afirmar, com $100(1 - \gamma)\%$ de confiança, que os limites contêm, pelo menos, a proporção $1 - \alpha$ das medidas.

A Tabela A.7 fornece os valores de k para $1 - \alpha = 0{,}90;\ 0{,}95;\ 0{,}99;\ \gamma = 0{,}05;\ 0{,}01;$ e para os valores selecionados de n de 2 a 1.000.

■ Exemplo 9.8

Uma máquina produz peças de metal com formato cilíndrico. Uma amostra dessas peças é retirada e os diâmetros encontrados são 1,01; 0,97; 1,03; 1,04; 0,99; 0,98; 0,99; 1,01 e 1,03 centímetros. Determine os limites de tolerância de 99% que conterão 95% das peças de metal produzidas por essa máquina, assumindo uma distribuição aproximadamente normal.

Solução: A média e o desvio-padrão amostrais para os dados fornecidos são

$$\bar{x} = 1{,}0056 \text{ e } s = 0{,}0246.$$

Da Tabela A.7 para $n = 9$, $1 - \gamma = 0{,}99$ e $1 - \alpha = 0{,}95$, determinamos $k = 4{,}550$ para os limites bilaterais. Assim, os limites de tolerância de 99% são

$$1{,}0056 \pm (4{,}550)(0{,}0246).$$

Ou seja, temos 99% de confiança de que o intervalo de tolerância de 0,894 a 1,117 conterá 95% das peças de metal produzidas por essa máquina. É interessante notar que o intervalo de confiança de 99% correspondente para μ (veja o Exercício 9.13) tem o limite inferior de 0,978 e o superior de 1,033, verificando nossa afirmação anterior de que o intervalo de tolerância precisa ser, necessariamente, mais amplo do que o intervalo de confiança com o mesmo grau de confiança.

Distinção entre intervalos de confiança, de predição e de tolerância

É importante enfatizarmos novamente a diferença entre os três tipos de intervalo discutidos e ilustrados nas seções anteriores. Os cálculos são diretos, mas as interpretações podem ser confusas. Em aplicações reais, esses intervalos não são intercambiáveis, pois suas interpretações são muito distintas.

No caso dos intervalos de confiança discutidos, estamos atentos somente à *média populacional*. Por exemplo, no Exercício 9.15, há um processo de engenharia que produz pinos de desvio. A especificação será situada na medida de dureza Rockwell, abaixo da qual o cliente não aceitará nenhum pino. Aqui, um parâmetro populacional deve ser secundário. É importante que o engenheiro saiba *onde a maioria dos valores da medida de dureza Rockwell estará*. Assim, limites de tolerância devem ser usados. Certamente, quando os limites de tolerância resultantes em qualquer processo são mais estreitos do que suas especificações, então as notícias são boas para o gerente do processo.

É verdade que a interpretação dos limites de tolerância está, de algum modo, relacionada com o intervalo de confiança. O intervalo de tolerância de $100(1-\alpha)\%$ na, digamos, proporção 0,95 pode ser visto como um intervalo de confiança dos 95% dos valores centrais da distribuição normal correspondente. Limites de tolerância unilaterais também são relevantes. No caso do problema da medida de dureza Rockwell, é desejável ter um limite inferior da forma $\bar{x} - ks$, de modo a estarmos '99% confiantes de que pelo menos 99% dos valores de dureza Rockwell excederão o valor calculado'.

Os limites de predição são aplicáveis quando é importante determinar um limite sobre um *valor único*. A média não é o interesse, e a localização da maioria da população não é o interesse direto. Em vez disso, a localização de uma nova observação única é requerida.

Exercícios

9.1 Vamos definir $S'^2 = \sum_{i=1}^{n}(X_i - \bar{X})^2/n$. Mostre que
$$E(S'^2) = [(n-1)/n]\sigma^2,$$
e, então, S'^2 é um estimador viciado de σ^2.

9.2 Se X é uma variável aleatória binomial, mostre que
(a) $\hat{P} = X/n$ é um estimador não viciado de p;
(b) $P' = \frac{X + \sqrt{n}/2}{n + \sqrt{n}}$ é um estimador viciado de p.

9.3 Mostre que o estimador P' do Exercício 9.2(b) se torna não viciado quando $n \to \infty$.

9.4 Uma indústria elétrica fabrica lâmpadas com vida útil distribuída aproximadamente normal, com desvio-padrão de 40 horas. Se uma amostra de 30 lâmpadas tem média de vida de 780 horas, determine um intervalo de confiança de 96% para a média populacional de todas as lâmpadas produzidas pela empresa.

9.5 Muitos pacientes cardíacos usam marcapassos implantados para controlar os batimentos do coração. Um módulo conector plástico é montado no topo do marcapasso. Assumindo um desvio-padrão de 0,0015 e uma distribuição aproximadamente normal, determine um intervalo de confiança de 95% para a média de todos os módulos conectores fabricados por certa indústria. Uma amostra aleatória de 75 módulos tem média de 0,310 polegada.

9.6 As alturas de uma amostra aleatória de 50 estudantes universitários mostraram média de 174,5 centímetros e um desvio-padrão de 6,9 centímetros.
(a) Construa um intervalo de confiança de 98% para a altura média de todos os estudantes.
(b) O que podemos afirmar, com 98% de confiança, sobre o possível tamanho de nosso erro se estimarmos a altura média de todos os estudantes como sendo 174,5 centímetros?

9.7 Uma amostra aleatória de 100 proprietários de automóveis mostra que, no estado da Virgínia (Estados Unidos), um automóvel é dirigido a uma média de 23.500 quilômetros por ano, com desvio-padrão de 3.900 quilômetros. Assuma a distribuição das medidas como sendo aproximadamente normal.
(a) Construa um intervalo de confiança de 99% para o número médio de quilômetros que um automóvel percorre anualmente no estado da Virgínia.
(b) O que podemos afirmar com 99% de confiança sobre o tamanho possível de nosso erro se estimarmos o número médio de quilômetros percorridos pelos proprietários de automóveis como sendo 23.500 quilômetros por ano?

9.8 Qual é o tamanho da amostra necessário no Exercício 9.4 se desejamos estar 96% confiantes de que nossa média amostral estará dentro das dez horas da média verdadeira?

9.9 Qual é o tamanho da amostra necessário no Exercício 9.5 se desejamos estar 95% confiantes de que nossa média amostral estará dentro de 0,0005 polegada da média verdadeira?

9.10 Um eficiente especialista deseja determinar o tempo médio que se leva para furar três buracos em um grampo de metal. Qual é o tamanho da amostra necessário para que ele esteja 95% confiante de que sua média amostral estará a 15 segundos da verdadeira média? Assuma que se saiba, de estudos anteriores, que $\sigma = 40$ segundos.

9.11 Um pesquisador da UCLA (Universidade da Califórnia, Los Angeles) afirma que o tempo de vida de camundongos pode ser estendido em 25% quando as calorias de seus alimentos são reduzidas para aproximadamente 40% das calorias do tempo em que eram amamentados. As dietas restritivas são enriquecidas aos níveis normais por proteínas e vitaminas. Assumindo que se sabe, de estudos anteriores, que $\sigma = 5{,}8$ meses, quantos camundongos devem ser incluídos na amostra se desejamos estar 99% confiantes de que a média do tempo de vida estará dentro de dois meses da média populacional para todos os camundongos sujeitos a essa dieta reduzida?

9.12 O consumo regular de cereais pré-adoçados contribui para a decadência dos dentes, doenças cardíacas e outras doenças degenerativas, de acordo com estudos conduzidos pelo Dr. W. H. Bowen, do Instituto Nacional de Saúde, e pelo Dr. J. Yudben, professor de Nutrição e Dietas da Universidade de Londres. Em uma amostra aleatória de 20 porções do cereal Alpha-Bits, a quantidade média de açúcar foi de 11,3 gramas com desvio-padrão de 2,45 gramas. Assumindo que a quantidade de açúcar é distribuída normalmente, construa um intervalo de confiança de 95% para a média da quantidade de açúcar para porções únicas de Alpha-Bits.

9.13 Uma máquina está produzindo peças de metal com formato cilíndrico. Uma amostra é retirada e seus diâmetros são 1,01; 0,97; 1,03; 1,04; 0,99; 0,98; 0,99; 1,01 e 1,03 centímetros. Determine um intervalo de confiança de 99% para o diâmetro médio das peças dessa máquina, assumindo uma distribuição aproximadamente normal.

9.14 Uma amostra aleatória de dez barras energéticas de chocolate de certa marca tem, em média, 230 calorias com desvio-padrão de 15 calorias. Construa um intervalo de confiança de 99% para a quantidade média real de calorias dessa barra energética. Assuma que a distribuição das calorias é aproximadamente normal.

9.15 Uma amostra aleatória de 12 pinos de desvio é retirada em um estudo da dureza Rockwell da cabeça dos pinos. Medições na escala de dureza Rockwell foram realizadas para cada um dos 12 pinos, rendendo um valor médio de 48,50, com desvio-padrão amostral de 1,5. Assumindo que as medidas são normalmente distribuídas, construa um intervalo de confiança de 90% para a média da dureza Rockwell.

9.16 Uma amostra aleatória de 12 formandos de uma escola de secretariado digitou, em média, 79,3 palavras por minuto, com desvio-padrão de 7,8 palavras por minuto. Assumindo uma distribuição normal para o número de palavras digitadas, determine um intervalo de confiança de 95% para o número médio de palavras digitadas por todos os formandos da escola.

9.17 Uma amostra aleatória de 25 frascos de aspirina contém, em média, 325,05 mg de aspirina, com desvio-padrão de 0,5 mg. Determine os limites de tolerância de 95% que conterão 90% dos conteúdos de aspirina para essa marca. Assuma que o conteúdo de aspirina é normalmente distribuído.

9.18 As medidas a seguir foram registradas para o tempo de secagem, em horas, de certa marca de tinta látex:

3,4	2,5	4,8	2,9	3,6
2,8	3,3	5,6	3,7	2,8
4,4	4,0	5,2	3,0	4,8

Assumindo que as medidas representam uma amostra aleatória de uma população normal, determine os limites de tolerância de 99% que conterão 95% dos tempos de secagem.

9.19 Em relação ao Exercício 9.7, construa um intervalo de tolerância de 99% que contenha 99% das milhas percorridas pelos automóveis anualmente na Virgínia.

9.20 Em relação ao Exercício 9.15, construa um intervalo de tolerância de 95% que contenha 90% de todas as medidas.

9.21 Na Seção 9.3, enfatizamos a noção de 'estimador mais eficiente' comparando a variância de dois estimadores imparciais, $\hat{\Theta}_1$ e $\hat{\Theta}_2$. Entretanto, isso não leva em consideração a tendenciosidade no caso de um ou de ambos estimadores serem viciados. Considere a quantidade

$$EQM = E(\hat{\Theta} - \theta),$$

onde EQM denota o *erro médio quadrado*. O EQM é freqüentemente usado para comparar dois estimadores $\hat{\Theta}_1$ e $\hat{\Theta}_2$ de θ quando um ou ambos são imparciais porque (i) é intuitivamente razoável e (ii) é responsável pela tendenciosidade. Mostre que EQM pode ser escrito

$$EQM = E[\hat{\Theta} - E(\hat{\Theta})]^2 + [E(\hat{\Theta} - \theta)]$$
$$= Var(\hat{\Theta}) + [Vício(\hat{\Theta})]^2.$$

9.22 Considere o Exercício 9.1 e S'^{12}, o estimador de σ^2. Analistas freqüentemente usam S'^{12} em vez de dividir $\sum_{i=1}^{n}(X_i - \bar{X})^2$ por $n-1$, os graus de liberdade na amostra.
(a) Qual é o vício de S'^{12}?
(b) Mostre que o vício de S'^{12} se aproxima de zero quando $n \to \infty$.

9.23 Compare S^2 e S'^{12} (veja o Exercício 9.1), os dois estimadores de σ^2, para determinar qual é mais eficiente. Assuma que eles são estimadores encontrados usando $X_1, X_2, ..., X_n$, variáveis aleatórias independentes de $n(x; \mu, \sigma)$. Qual estimador é mais eficiente considerando-se somente a variância dos estimadores? [*Sugestão:* Use o Teorema 8.4 e a Seção 6.8, na qual aprendemos que a variância de X^2_v é $2v$.]

9.24 Considere o Exercício 9.23. Use o *EQM* discutido no Exercício 9.21 para determinar qual estimador é mais eficiente. Na verdade, escreva

$$\frac{EQM(S^2)}{EQM(S'^2)}.$$

9.25 Considere o Exercício 9.12. Calcule um intervalo de predição de 95% para a quantidade de açúcar para a próxima porção de Alpha-Bits.

9.26 Considere o Exercício 9.16. Calcule o intervalo de predição de 95% para o próximo número observado de palavras digitadas por minuto por um membro da escola de secretariado.

9.27 Considere o Exercício 9.18. Calcule o intervalo de predição de 95% em uma nova medição observada do tempo de secagem para a tinta látex.

9.28 Considere a situação do Exercício 9.13. A estimativa do diâmetro médio, embora importante, não é tão relevante quanto a tentativa de 'reconhecer' a localização da maioria da distribuição dos diâmetros. Para isso, determine o limite de tolerância de 95% que contém 95% dos diâmetros.

9.29 Em um estudo conduzido pelo Departamento de Zoologia da Virginia Tech, 15 'amostras' de água foram coletadas de certa estação no rio James para se obter alguma percepção sobre a quantidade de ácido fosfórico no rio. A concentração do elemento químico é medida em miligramas por litro. Suponha que a média na estação não é tão importante como os extremos superiores da distribuição do elemento químico na estação. A preocupação centra-se em se as concentrações nesses extremos são muito grandes. Leituras para as 15 amostras de água fornecem uma média de 3,84 miligramas por litro e desvio-padrão amostral de 3,07 miligramas por litro. Assuma que as leituras são uma amostra aleatória de uma distribuição normal. Calcule um intervalo de predição (intervalo de predição superior de 95%) e um limite de tolerância (limite de tolerância superior de 95% que exceda 95% da população do valor). Interprete ambos; ou seja, diga o que cada um nos comunica sobre os extremos superiores da distribuição de ácido fosfórico na estação de amostragem.

9.30 Um tipo de rosca está sendo estudado por suas propriedades de resistência à tensão. Cinqüenta peças foram testadas sob condições similares e os resultados mostram uma resistência média à tensão de 78,3 quilogramas e desvio-padrão de 5,6 quilogramas. Assumindo uma distribuição normal da resistência à tensão, dê o intervalo de predição inferior de 95% para um único valor observado da resistência à tensão. Além disso, dê o limite de tolerância de 95% que é excedido por 99% dos valores de resistência à tensão.

9.31 Volte ao Exercício 9.30. Por que as quantidades requeridas no exercício são provavelmente mais importantes para o fabricante da rosca do que um intervalo de confiança para a média da resistência à tensão?

9.32 Volte ao Exercício 9.30 novamente. Suponha que as especificações do comprador das roscas são de que as resistências à tensão do material devem ser de pelo menos 62 quilogramas. O fabricante ficará satisfeito se, no máximo, 5% das peças fabricadas tiver resistência à tensão menor do que 62 quilogramas. Há razão para preocupação? Dessa vez, use um limite de tolerância unilateral de 99% que seja excedido por 95% dos valores de resistência à tensão.

9.33 Considere as medidas dos tempos de secagem do Exercício 9.18. Suponha que as 15 observações no conjunto de dados também incluam um 16º valor de 6,9 horas. No contexto original das 15 observações, o 16º valor é discrepante? Mostre.

9.34 Considere os dados do Exercício 9.15. Suponha que o fabricante dos pinos insista que a dureza Rockwell do produto será tão ou mais baixa do que um valor de 44,0 somente 5% do tempo. Qual seria sua reação? Use o cálculo do limite de tolerância para determinar seu julgamento.

9.8 Duas amostras: estimando a diferença entre duas médias

Se tivermos duas populações com médias μ_1 e μ_2 e variâncias σ_1^2 e σ_2^2, respectivamente, um estimador pontual da diferença entre μ_1 e μ_2 é fornecido pela estatística $\bar{X}_1 - \bar{X}_2$. Portanto, para obtermos uma estimativa pontual de $\mu_1 - \mu_2$, devemos selecionar duas variáveis aleatórias independentes, uma de cada população, de tamanhos n_1 e n_2, e calcular a diferença $\bar{x}_1 - \bar{x}_2$ das médias amostrais. Claramente, devemos considerar a distribuição de amostral $\bar{X}_1 - \bar{X}_2$.

De acordo com o Teorema 8.3, podemos esperar que a distribuição amostral de $\bar{X}_1 - \bar{X}_2$ seja aproximadamente normal, com média $\mu_{\bar{X}_1 - \bar{X}_2} = \mu_1 - \mu_2$ e desvio-padrão $\sigma_{\bar{X}_1 - \bar{X}_2} = \sqrt{\sigma_1^2/n_1 + \sigma_2^2/n_2}$. Portanto, podemos afirmar, com uma probabilidade de $1 - \alpha$, que a variável normal padrão

$$Z = \frac{(\bar{X}_1 - \bar{X}_2) - (\mu_1 - \mu_2)}{\sqrt{\sigma_1^2/n_1 + \sigma_2^2/n_2}}$$

ficará entre $-z_{\alpha/2}$ e $z_{\alpha/2}$. Referindo-se novamente à Figura 9.2, escrevemos

$$P(-z_{\alpha/2} < Z < z_{\alpha/2}) = 1 - \alpha.$$

Substituindo Z, afirmamos, de modo equivalente, que

$$P\left(-z_{\alpha/2} < \frac{(\bar{X}_1 - \bar{X}_2) - (\mu_1 - \mu_2)}{\sqrt{\sigma_1^2/n_1 + \sigma_2^2/n_2}} < z_{\alpha/2}\right) = 1 - \alpha,$$

o que nos leva ao seguinte intervalo de confiança de $100(1 - \alpha)\%$ para $\mu_1 - \mu_2$.

Intervalo de confiança para $\mu_1 - \mu_2$; σ_1^2 e σ_2^2 conhecidos

Se $\bar{x}_1$ e $\bar{x}_2$ são médias de amostras aleatórias independentes de tamanhos n_1 e n_2 de populações com variâncias conhecidas σ_1^2 e σ_2^2, respectivamente, um intervalo de confiança de $100(1 - \alpha)\%$ para $\mu_1 - \mu_2$ é dado por

$$(\bar{x}_1 - \bar{x}_2) - z_{\alpha/2}\sqrt{\frac{\sigma_1^2}{n_1} + \frac{\sigma_2^2}{n_2}} < \mu_1$$

$$- \mu_2 < (\bar{x}_1 - \bar{x}_2) + z_{\alpha/2}\sqrt{\frac{\sigma_1^2}{n_1} + \frac{\sigma_2^2}{n_2}},$$

onde $z_{\alpha/2}$ é o valor de z que deixa uma área de $\alpha/2$ à direita.

O grau de confiança é exato quando amostras são selecionadas de populações normais. Para populações não normais, o teorema central do limite permite uma boa aproximação para amostras de tamanhos razoáveis.

Condições experimentais e unidade experimental

Para o caso da estimativa por intervalo de confiança da diferença entre duas médias, precisamos considerar as condições experimentais no processo de coleta dos dados. Assume-se que temos duas amostras aleatórias independentes de distribuições com médias μ_1 e μ_2, respectivamente. É importante que as condições experimentais emulem esse 'ideal' descrito pelas suposições o mais próximo possível. Freqüentemente, o pesquisador deve planejar a estratégia do experimento de maneira adequada. Para quase qualquer estudo desse tipo, há uma chamada *unidade experimental*, que é aquela parte do experimento que produz um erro experimental e é responsável pela variância populacional a que nos referimos como σ^2. Em um estudo sobre drogas, a unidade experimental é o paciente ou indivíduo. Em um experimento agrícola, a unidade experimental pode ser um lote de solo. Em um experimento químico, pode ser a quantidade de matéria-prima. É importante que as diferenças entre essas unidades tenham impacto mínimo nos resultados. O pesquisador terá um grau de segurança de que as unidades experimentais não irão influenciar os resultados se as condições que definem as duas populações forem *atribuídas aleatoriamente* às unidades experimentais. Focaremos, novamente, a aleatoriedade nos capítulos futuros que lidam com teste de hipóteses.

■ **Exemplo 9.9**

Um experimento foi conduzido no qual dois tipos de motores, A e B, foram comparados. A milhagem da gasolina, em milhas por galão, foi medida. Cinqüenta experimentos foram conduzidos usando o motor tipo A e 75 experimentos foram realizados com o motor B. A gasolina usada e as outras condições foram mantidas constantes. A milhagem média para o motor A foi de 36 milhas por galão e a média para o motor B foi de 42 milhas por galão. Determine um intervalo de confiança de 96% para $\mu_B - \mu_A$, onde μ_A e μ_B são as médias populacionais da milhagem para os motores A e B, respectivamente. Assuma que os desvios-padrão populacionais são 6 e 8 para os motores A e B, respectivamente.

Solução: A estimativa pontual de $\mu_B - \mu_A$ é $\bar{x}_B - \bar{x}_A = 42 - 36 = 6$. Usando $\alpha = 0{,}04$, determinamos $z_{0,02} = 2{,}05$ da Tabela A.3. Então, com a substituição na fórmula acima, o intervalo de confiança é

$$6 - 2{,}05\sqrt{\frac{64}{75} + \frac{36}{50}} < \mu_B - \mu_A < 6 + 2{,}05\sqrt{\frac{64}{75} + \frac{36}{50}},$$

ou, simplesmente, $3{,}43 < \mu_B - \mu_A < 8{,}57$. ■

Esse procedimento para estimar a diferença entre duas médias é aplicável se σ_1^2 e σ_2^2 forem conhecidos. Se as variâncias não forem conhecidas e as duas distribuições envolvidas forem aproximadamente normais, a distribuição t pode ser utilizada, como no caso de uma única amostra. Se não se deseja assumir a normalidade, amostras maiores (digamos, maiores que 30) permitirão o uso de s_1 e s_2 no lugar de σ_1 e σ_2, respectivamente, com a justificativa de que $s_1 \approx \sigma_1$ e $s_2 \approx \sigma_2$. Novamente, é claro, o intervalo de confiança é aproximado.

Variâncias desconhecidas

Considere o caso em que σ_1^2 e σ_2^2 são desconhecidos. Se $\sigma_1^2 = \sigma_2^2 = \sigma^2$, obtemos uma variável normal padrão da forma

$$Z = \frac{(\bar{X}_1 - \bar{X}_2) - (\mu_1 - \mu_2)}{\sqrt{\sigma^2[(1/n_1) + (1/n_2)]}}.$$

De acordo com o Teorema 8.4, as duas variáveis aleatórias

$$\frac{(n_1 - 1)S_1^2}{\sigma^2} \quad \text{e} \quad \frac{(n_2 - 1)S_2^2}{\sigma^2}$$

têm distribuições qui-quadrado com $n_1 - 1$ e $n_2 - 1$ graus de liberdade, respectivamente. Além disso, elas são variáveis qui-quadrado independentes, já que as amostras aleatórias foram selecionadas independentemente. Como conseqüência, sua soma

$$V = \frac{(n_1 - 1)S_1^2}{\sigma^2} + \frac{(n_2 - 1)S_2^2}{\sigma^2}$$

$$= \frac{(n_1 - 1)S_1^2 + (n_2 - 1)S_2^2}{\sigma^2}$$

tem uma distribuição qui-quadrado com $v = n_1 + n_2 - 2$ graus de liberdade.

Como pode ser mostrado que as expressões precedentes para Z e V podem ser independentes, decorre do Teorema 8.5 que a estatística

$$T = \frac{(\bar{X}_1 - \bar{X}_2) - (\mu_1 - \mu_2)}{\sqrt{\sigma^2[(1/n_1) + (1/n_2)]}} \Big/ \sqrt{\frac{(n_1 - 1)S_1^2 + (n_2 - 1)S_2^2}{\sigma^2(n_1 + n_2 - 2)}}$$

tem distribuição t com $v = n_1 + n_2 - 2$ graus de liberdade.

Uma estimativa pontual de uma variância comum desconhecida σ^2 pode ser obtida combinando-se as variâncias das amostras. Denotando o estimador combinado por S_p^2, escrevemos

Estimativa combinada da variância

$$S_p^2 = \frac{(n_1 - 1)S_1^2 + (n_2 - 1)S_2^2}{n_1 + n_2 - 2}.$$

Substituindo S_p^2 na estatística T, obtemos a seguinte forma menos complicada:

$$T = \frac{(\bar{X}_1 - \bar{X}_2) - (\mu_1 - \mu_2)}{S_p\sqrt{(1/n_1) + (1/n_2)}}.$$

Usando a estatística T, temos

$$P(-t_{\alpha/2} < T < t_{\alpha/2}) = 1 - \alpha,$$

onde $t_{\alpha/2}$ é o valor t com $n_1 + n_2 - 2$ graus de liberdade, acima do qual encontramos uma área de $\alpha/2$. Substituindo por T na desigualdade, escrevemos

$$P\left[-t_{\alpha/2} < \frac{(\bar{X}_1 - \bar{X}_2) - (\mu_1 - \mu_2)}{S_p\sqrt{(1/n_1) + (1/n_2)}} < t_{\alpha/2}\right] = 1 - \alpha.$$

Depois de realizar as manipulações matemáticas usuais, a diferença das médias amostrais $\bar{x}_1 - \bar{x}_2$ e a variância combinada são calculadas e o seguinte intervalo de confiança de $100(1 - \alpha)\%$ para $\mu_1 - \mu_2$ é obtido. O valor para s_p^2 é facilmente visto como uma média ponderada das variâncias amostrais s_1^2 e s_2^2, na qual os pesos são os graus de liberdade.

Intervalo de confiança para $\mu_1 - \mu_2$; $\sigma_1^2 = \sigma_2^2$, mas desconhecidos

Se $\bar{x}_1$ e $\bar{x}_2$ são as médias de amostras aleatórias independentes de tamanhos n_1 e n_2, respectivamente, de populações aproximadamente normais com variâncias desconhecidas, mas iguais, um intervalo de confiança de $100(1 - \alpha)\%$ para $\mu_1 - \mu_2$ é dado por

$$(\bar{x}_1 - \bar{x}_2) - t_{\alpha/2} s_p \sqrt{\frac{1}{n_1} + \frac{1}{n_2}} < \mu_1 - \mu_2 <$$

$$(\bar{x}_1 - \bar{x}_2) + t_{\alpha/2} s_p \sqrt{\frac{1}{n_1} + \frac{1}{n_2}},$$

onde s_p é a estimativa combinada do desvio-padrão da população e $t_{\alpha/2}$ é o valor t com $v = n_1 + n_2 - 2$ graus de liberdade, que deixa uma área de $\alpha/2$ à direita.

■ **Exemplo 9.10**

No artigo "Macroinvertebrate community structure as an indicator of acid mine pollution" (Estrutura da comunidade macroinvertebrada como indicadora de poluição ácida de uma mina), publicado no *Journal of Environmental Pollution*, nos foi fornecido um relatório sobre uma investigação realizada no riacho Cane, no Alabama (Estados Unidos), para determinar a relação entre os parâmetros físico-químicos e as diferentes medidas da estrutura da comunidade macroinvertebrada. Uma faceta da investigação foi uma avaliação da efetividade do índice numérico da diversidade das espécies para indicar a degradação aquática devido à drenagem ácida de minas. Conceitualmente, um alto índice de diversidade das espécies macroinvertebradas deveria indicar um sistema aquático não acentuado, enquanto um índice baixo deveria indicar um sistema aquático sob estresse.

Duas estações de amostragem independentes foram escolhidas para esse estudo, uma localizada no sentido da corrente do rio do ponto de descarga da mina e outra localizada contra a corrente do rio. Por 12 meses, amostras foram recolhidas na estação no sentido da correnteza e o índice da diversidade das espécies teve valor médio de $\bar{x}_1 = 3{,}11$ e um desvio-padrão de $s_1 = 0{,}771$, enquanto, durante 10 meses, amostras foram recolhidas na estação no sentido contra a correnteza, com média de $\bar{x}_2 = 2{,}04$ e desvio-padrão de $s_2 = 0{,}448$. Determine um intervalo de confiança de 90% para a diferença entre as médias populacionais para as duas localizações, assumindo que as populações são distribuídas aproximadamente de maneira normal, com variâncias iguais.

Solução: Considere μ_1 e μ_2 as médias populacionais, respectivamente, para o índice de diversidade das espécies nas duas estações. Desejamos determinar um intervalo de confiança de 90% para $\mu_1 - \mu_2$. Nossa estimativa pontual de $\mu_1 - \mu_2$ é

$$\bar{x}_1 - \bar{x}_2 = 3{,}11 - 2{,}04 = 1{,}07.$$

A estimativa combinada, s_p^2, da variância comum σ^2 é

$$s_p^2 = \frac{(n_1 - 1)s_1^2 + (n_2 - 1)s_2^2}{n_1 + n_2 - 2}$$

$$= \frac{(11)(0{,}771^2) + (9)(0{,}448^2)}{12 + 10 - 2} = 0{,}417.$$

Tomando a raiz quadrada, obtemos $s_p = 0,646$. Usando $\alpha = 0,1$, descobrimos na Tabela A.4 que $t_{0,05} = 1,725$ para $v = n_1 + n_2 - 2 = 20$ graus de liberdade. Portanto, o intervalo de confiança de 90% para $\mu_1 - \mu_2$ é

$$1,07 - (1,725)(0,646)\sqrt{\frac{1}{12} + \frac{1}{10}} < \mu_1 - \mu_2 <$$

$$1,07 + (1,725)(0,646)\sqrt{\frac{1}{12} + \frac{1}{10}},$$

que é simplificado por $0,593 < \mu_1 - \mu_2 < 1,547$.

Interpretação do intervalo de confiança

Para o caso de um único parâmetro, o intervalo de confiança simplesmente produz limites de erro sobre o parâmetro. Os valores contidos no intervalo deveriam ser vistos como valores razoáveis de acordo com os dados experimentais. No caso de uma diferença entre duas médias, a interpretação pode ser estendida na comparação de duas médias. Por exemplo, se temos uma alta confiança de que a diferença $\mu_1 - \mu_2$ é positiva, certamente iríamos inferir que $\mu_1 > \mu_2$ com um pequeno risco de erro. No Exemplo 9.10, estamos 90% confiantes de que um intervalo entre 0,593 e 1,547 contém a diferença das médias populacionais para os valores do índice da diversidade das espécies nas duas estações. O fato de que ambos os limites de confiança são positivos indica que, em média, o índice para a estação localizada na direção da corrente do rio do ponto de descarga é maior do que o índice para a estação localizada na direção contra a corrente do rio.

Amostras de tamanhos iguais

O procedimento para a construção de intervalos de confiança para $\mu_1 - \mu_2$ com $\sigma_1 = \sigma_2 = \sigma$ desconhecido exige a suposição de que as populações são normais. Leves desvios de qualquer uma das suposições de variâncias iguais ou de normalidade não alteram seriamente o grau de confiança de nosso intervalo. (No Capítulo 10 é apresentado um procedimento para testar a igualdade de duas variâncias populacionais desconhecidas com base na informação fornecida pelas variâncias amostrais.) Se as variâncias populacionais são consideravelmente diferentes, ainda obtemos resultados razoáveis quando as populações são normais, dado que $n_1 = n_2$. Portanto, em um experimento planejado, deve-se fazer todo o esforço para igualar o tamanho das amostras.

Variâncias diferentes

Consideremos agora o problema para se determinar um intervalo estimado de $\mu_1 - \mu_2$ quando as variâncias populacionais desconhecidas provavelmente não são iguais. A estatística mais freqüentemente usada neste caso é

$$T' = \frac{(\bar{X}_1 - \bar{X}_2) - (\mu_1 - \mu_2)}{\sqrt{(S_1^2/n_1) + (S_2^2/n_2)}},$$

que tem aproximadamente uma distribuição t com v graus de liberdade, onde

$$v = \frac{(s_1^2/n_1 + s_2^2/n_2)^2}{[(s_1^2/n_1)^2/(n_1 - 1)] + [(s_2^2/n_2)^2/(n_2 - 1)]}.$$

Já que v raramente é um número inteiro, nós *arredondamos para baixo* para o número inteiro mais próximo.

Usando a estatística T', escrevemos

$$P(-t_{\alpha/2} < T' < t_{\alpha/2}) \approx 1 - \alpha,$$

onde $t_{\alpha/2}$ é o valor da distribuição t com v graus de liberdade, acima do qual encontramos uma área de $\alpha/2$. Substituindo T' na desigualdade, e seguindo exatamente os mesmos passos de antes, afirmamos o resultado final.

Intervalo de confiança para $\mu_1 - \mu_2$; $\sigma_1^2 \neq \sigma_2^2$, e desconhecidos

Se $\bar{x}_1$ e s_1^2 e $\bar{x}_2$ e s_2^2 são as médias e as variâncias de amostras aleatórias independentes de tamanhos n_1 e n_2, respectivamente, de uma população aproximadamente normal, com variâncias diferentes e desconhecidas, um intervalo de confiança de $100(1 - \alpha)\%$ para $\mu_1 - \mu_2$ é dado por

$$(\bar{x}_1 - \bar{x}_2) - t_{\alpha/2}\sqrt{\frac{s_1^2}{n_1} + \frac{s_2^2}{n_2}} < \mu_1 - \mu_2 <$$

$$(\bar{x}_1 - \bar{x}_2) + t_{\alpha/2}\sqrt{\frac{s_1^2}{n_1} + \frac{s_2^2}{n_2}},$$

onde $t_{\alpha/2}$ é o valor t com

$$v = \frac{(s_1^2/n_1 + s_2^2/n_2)^2}{[(s_1^2/n_1)^2/(n_1 - 1)] + [(s_2^2/n_2)^2/(n_2 - 1)]}$$

graus de liberdade, que deixa uma área de $\alpha/2$ à direita.

Note que o valor v dado envolve variáveis aleatórias e, portanto, representa uma *estimativa* dos graus de liberdade. Em aplicações, tal estimativa não será um número inteiro e, então, o analista deve arredondar para baixo para o número inteiro mais próximo, para atingir a confiança desejada.

Antes de ilustrarmos com um exemplo o intervalo de confiança dado, devemos ressaltar que todos os intervalos de confiança para $\mu_1 - \mu_2$ são da mesma forma geral daqueles de uma única média; em outras palavras, que eles podem ser escritos como

Estimativa pontual $\pm\ t_{\alpha/2}\ \widehat{e.p.}$ (estimativa pontual)

ou

Estimativa pontual $\pm\ z_{\alpha/2}$ e.p. (estimativa pontual).

Por exemplo, no caso em que $\sigma_1 = \sigma_2 = \sigma$, o erro-padrão estimado de $\bar{x}_1 - \bar{x}_2$ é $s_p\sqrt{1/n_1 + 1/n_2}$. Para o caso em que $\sigma_1^2 \neq \sigma_2^2$,

$$\widehat{e.p.}(\bar{x}_1 - \bar{x}_2) = \sqrt{\frac{s_1^2}{n_1} + \frac{s_2^2}{n_2}}.$$

Exemplo 9.11

Um estudo foi conduzido pelo Departamento de Zoologia do Instituto Politécnico da Universidade Estadual da Virgínia para estimar a diferença na quantidade de ácido fosfórico em duas estações diferentes no rio James. O ácido é medido em miligramas por litro. Foram coletadas 15 amostras da estação 1, e 12 da estação 2. As 15 amostras da estação 1 continham uma média de 3,84 miligramas por litro e um desvio-padrão de 3,07 miligramas, enquanto as 12 amostras da estação 2 continham uma média de 1,49 miligrama por litro e desvio-padrão de 0,80 miligrama por litro. Determine um intervalo de confiança de 95% para a diferença nas médias reais dos conteúdos de ácido fosfórico nessas duas estações, assumindo que as observações vêm de populações normais com variâncias diferentes.

Solução: Para a estação 1, temos $\bar{x}_1 = 3,84$, $s_1 = 3,07$ e $n_1 = 15$. Para a estação 2, $\bar{x}_2 = 1,49$, $s_2 = 0,80$ e $n_2 = 12$. Queremos determinar um intervalo de confiança de 95% para $\mu_1 - \mu_2$. Já que as variâncias populacionais são assumidas como desiguais, podemos somente encontrar um intervalo de confiança de 95% aproximado com base em uma distribuição t com v graus de liberdade, onde

$$v = \frac{(3,07^2/15 + 0,80^2/12)^2}{[(3,07^2/15)^2/14] + [(0,80^2/12)^2/11]} = 16,3 \approx 16.$$

Nossa estimativa pontual de $\mu_1 - \mu_2$ é

$$\bar{x}_1 - \bar{x}_2 = 3,84 - 1,49 = 2,35.$$

Usando $\alpha = 0,05$, descobrimos na Tabela A.4 que $t_{0,025} = 2,120$ para $v = 16$ graus de liberdade. Então, o intervalo de confiança de 95% para $\mu_1 - \mu_2$ é

$$2,35 - 2,120\sqrt{\frac{3,07^2}{15} + \frac{0,80^2}{12}} < \mu_1 - \mu_2 <$$

$$2,35 + 2,120\sqrt{\frac{3,07^2}{15} + \frac{0,80^2}{12}},$$

que se simplifica para $0,60 < \mu_1 - \mu_2 < 4,10$. Então, estamos 95% confiantes de que o intervalo entre 0,60 e 4,10 miligramas por litro contém a verdadeira diferença entre as médias dos conteúdos de ácido fosfórico para essas duas localizações.

9.9 Observações emparelhadas

Aqui, vamos considerar os procedimentos de estimação da diferença entre duas médias quando as amostras não são independentes e as variâncias das duas populações não são necessariamente iguais. A situação considerada lida com uma situação experimental muito especial, aquela das *observações emparelhadas*. Diferentemente da situação já descrita, as condições de duas populações não são atribuídas aleatoriamente para as unidades experimentais. Em vez disso, cada unidade experimental homogênea recebe ambas as condições das populações; como resultado, cada unidade experimental tem um par de observações, sendo um para cada população. Por exemplo, se realizarmos um teste sobre uma nova dieta usando 15 indivíduos, os pesos antes e depois da dieta formam a informação para nossas duas amostras. Essas duas populações são o 'antes' e 'depois' e a unidade experimental é o indivíduo. Obviamente, as observações em um par têm alguma coisa em comum. Para determinar se a dieta é efetiva, consideramos as diferenças $d_1, d_2, ..., d_n$ nas observações emparelhadas. Essas diferenças são os valores de uma amostra aleatória $D_1, D_2, ..., D_n$ de uma população de diferenças que assumimos serem normalmente distribuídas com média $\mu_D = \mu_1 - \mu_2$ e variância σ_D^2. Estimamos σ_D^2, por s_d^2, a variância das diferenças que constituem a amostra. A estimativa pontual de μ_D é dada por $\bar{D}$.

Quando o emparelhamento deve ser feito?

As observações emparelhadas em um experimento são uma estratégia que pode ser empregada em muitas áreas. O leitor será exposto a esse conceito no material relacionado a testes de hipóteses no Capítulo 10 e nos experimentos planejados nos capítulos 13 e 15. Ao selecionar unidades experimentais que são relativamente homogêneas (dentro das unidades) e permitir que cada unidade experimente as condições de ambas as populações, a 'variância efetiva de erro experimental' (neste caso σ_D^2) é reduzida. O leitor pode visualizar que o i-ésimo par consiste na medição

$$D_i = X_{1i} - X_{2i}.$$

Já que as duas observações são retiradas de uma mesma unidade experimental amostral, elas não são independentes, e, de fato,

$$Var(D_i) = Var(X_{1i} - X_{2i})$$
$$= \sigma_1^2 + \sigma_2^2 - 2Cov(X_{1i}, X_{2i}).$$

Agora, intuitivamente, é esperado que σ_D^2 seja reduzida por causa da similaridade na natureza dos 'erros' das duas observações dentro de uma unidade experimental, e isso surge na expressão dada anteriormente. Com certeza, espera-se que, se a unidade for homogênea, a covariância seja positiva. Como resultado, o ganho em qualidade do intervalo de confiança em relação àquele em que não emparelhamos será maior quando há homogeneidade dentro das unidades e grandes diferenças quando nos movemos de unidade para unidade. Devemos manter em mente que o desempenho do intervalo de confiança dependerá do erro-padrão de $\bar{D}$, que é, claro, $\sigma_D/\sqrt{n}$, onde n é o número de pares. Como indicamos antes, a intenção do emparelhamento é reduzir σ_D.

Troca entre a redução da variância e a perda dos graus de liberdade

Ao comparar o intervalo de confiança com aquela do não emparelhamento, há, aparentemente, uma 'troca' envolvida. Embora o emparelhamento devesse reduzir a variância e, portanto, o erro-padrão da estimativa pontual, os graus de liberdade são reduzidos pela diminuição do problema para o de amostra única. Como resultado, o ponto $t_{\alpha/2}$ anexado ao erro-padrão é ajustado de acordo. Assim, o emparelhamento pode ser contraproducente. E esse será certamente o caso se experimentarmos somente uma modesta redução na variância (por meio de σ_D^2) pelo emparelhamento.

Outra ilustração do emparelhamento pode envolver a escolha de n pares de indivíduos com cada par tendo características similares, tais como QI, idade, raça e assim por diante; então, para cada par, um membro é selecionado aleatoriamente para gerar um valor de X_1, deixando o outro membro fornecer o valor de X_2. Neste caso, X_1 e X_2 podem representar as notas obtidas por dois indivíduos de QI igual quando um deles é classificado aleatoriamente para uma aula que usa a abordagem convencional com palestras, enquanto o outro é classificado para uma aula que utiliza materiais programados.

Um intervalo de confiança de $100(1-\alpha)\%$ para μ_D pode ser estabelecido escrevendo-se

$$P(-t_{\alpha/2} < T < t_{\alpha/2}) = 1 - \alpha,$$

onde $T = \frac{\bar{D} - \mu_D}{S_d/\sqrt{n}}$ e $t_{\alpha/2}$, como antes, é um valor de uma distribuição t com $n-1$ graus de liberdade.

Agora temos um procedimento de rotina para substituir T por sua definição na desigualdade acima e executar os passos matemáticos para levar ao seguinte intervalo de confiança de $100(1-\alpha)\%$ para $\mu_1 - \mu_2 = \mu_D$.

Intervalo de confiança para $\mu_D = \mu_1 - \mu_2$ com observações emparelhadas

Se $\bar{d}$ e s_d são a média e o desvio-padrão, respectivamente, de diferenças normalmente distribuídas de n pares de medidas aleatórias, um intervalo de confiança de $100(1-\alpha)\%$ para $\mu_D = \mu_1 - \mu_2$ é

$$\bar{d} - t_{\alpha/2}\frac{s_d}{\sqrt{n}} < \mu_D < \bar{d} + t_{\alpha/2}\frac{s_d}{\sqrt{n}},$$

onde $t_{\alpha/2}$ é o valor t, com $v = n - 1$ graus de liberdade, que deixa uma área de $\alpha/2$ à direita.

Tabela 9.1 Dados para o Exemplo 9.12

Veterano	TCDD Níveis em plasma	TCDD Níveis em tecido adiposo	d_i
1	2,5	4,9	-2,4
2	3,1	5,9	-2,8
3	2,1	4,4	-2,3
4	3,5	6,9	-3,4
5	3,1	7,0	-3,9
6	1,8	4,2	-2,4
7	6,0	10,0	-4,0
8	3,0	5,5	-2,5
9	36,0	41,0	-5,0
10	4,7	4,4	-0,3
11	6,9	7,0	-0,1
12	3,3	2,9	0,4
13	4,6	4,6	0,0
14	1,6	1,4	0,2
15	7,2	7,7	-0,5
16	1,8	1,1	0,7
17	20,0	11,0	9,0
18	2,0	2,5	-0,5
19	2,5	2,3	0,2
20	4,1	2,5	1,6

Fonte: Schecter, A. et al. "Partitioning of 2, 3, 7, 8-chlorinated dibenzo-p-dioxins and dibenzofurans between adipose tissue and plasma lipid of 20 Massachusetts Vietnan veterans", *Chemosphere*, v. 20, n. 7–9, 1990, p. 954–955 (tabelas I e II).

■ **Exemplo 9.12**

Um estudo publicado na *Chemosphere* reportou os níveis da dioxina TCDD em 20 veteranos do Vietnã, em Massachusetts, que foram possivelmente expostos ao herbicida Agente Laranja. A quantidade de níveis de TCDD no plasma e no tecido adiposo está listada na Tabela 9.1.

Determine um intervalo de confiança de 95% para $\mu_1 - \mu_2$, onde μ_1 e μ_2 representam as verdadeiras média de TCDD no plasma e no tecido adiposo, respectivamente. Assuma que a distribuição das diferenças seja aproximadamente normal.

Solução: Desejamos encontrar um intervalo de 95% para $\mu_1 - \mu_2$. Como as observações são emparelhadas, $\mu_1 - \mu_2 = \mu_D$. A estimativa pontual de μ_D é $\bar{d} = -0,87$. O desvio-padrão s_d das diferenças amostrais é

$$s_d = \sqrt{\frac{1}{n-1}\sum_{i=1}^{n}(d_i - \bar{d})^2} = \sqrt{\frac{168,4220}{19}} = 2,9773.$$

Usando $\alpha = 0,05$, descobrimos na Tabela A.4 que $t_{0,025} = 2,093$ para $v = n - 1 = 19$ graus de liberdade.

Então, o intervalo de confiança de 95% é

$$-0,8700 - (2,093)\left(\frac{2,9773}{\sqrt{20}}\right) < \mu_D <$$

$$-0,8700 + (2,093)\left(\frac{2,9773}{\sqrt{20}}\right),$$

ou, simplesmente, $-2,2634 < \mu_D < 0,5234$, da qual podemos concluir que não há diferença significativa entre a média dos níveis de TCDD no plasma e a média de TCDD no tecido adiposo.

Exercícios

9.35 Uma amostra aleatória de tamanho $n_1 = 25$ de uma população normal com desvio-padrão $\sigma_1 = 5$ tem média $\bar{x}_1 = 80$. Uma segunda amostra aleatória de tamanho $n_2 = 36$, retirada de uma população normal diferente, com desvio-padrão $\sigma_2 = 3$, tem média $\bar{x}_2 = 75$. Determine um intervalo de confiança de 94% para $\mu_1 - \mu_2$.

9.36 Dois tipos de roscas são comparados por sua resistência. Cinqüenta peças de cada tipo de rosca são testadas sob condições similares. A marca A tem uma resistência à tensão com média de 78,3 quilogramas e desvio-padrão de 5,6 quilogramas, enquanto a B tem resistência à tensão com média de 87,2 quilogramas e desvio-padrão de 6,3 quilogramas. Construa um intervalo de confiança de 95% para a diferença entre as médias populacionais.

9.37 Um estudo foi conduzido para determinar se certo tratamento em metal tem algum efeito sobre a quantidade de metal removida durante uma operação de decapagem com ácido. Uma amostra aleatória de 100 peças foi submersa em um banho por 24 horas sem o tratamento, rendendo uma média de 12,2 milímetros de metal removido e um desvio-padrão de 1,1 milímetro. Uma segunda amostra de 200 peças, expostas ao tratamento, foi imersa por 24 horas, resultando em uma média de remoção de 9,1 milímetros e desvio-padrão de 0,9 milímetro. Calcule um intervalo de confiança de 98% estimado para a diferença entre as médias das populações. O tratamento parece reduzir a quantidade média de metal removido?

9.38 Em um lote de um processo químico, dois catalisadores foram comparados em relação a seu efeito no resultado do processo de reação. Uma amostra de 12 lotes foi preparada usando o catalisador 1 e outra amostra de dez lotes foi obtida usando o catalisador 2. Os 12 lotes nos quais o catalisador 1 foi usado forneceram uma média de 85, com desvio-padrão de 4; na segunda amostra obtivemos uma média de 81, com desvio-padrão de 5. Determine um intervalo de confiança de 90% para a diferença entre as médias populacionais, assumindo que as populações têm distribuição aproximadamente normal com variâncias iguais.

9.39 Alunos puderam escolher entre um curso de física de três horas semestrais sem laboratório e um curso de quatro horas semestrais com laboratório. O exame escrito final foi o mesmo para cada seção. Se 12 estudantes na seção com laboratório obtiveram nota média no exame de 84, com desvio-padrão de 4, e 18 estudantes na seção sem laboratório obtiveram uma média de 77, com desvio-padrão de 6, determine um intervalo de confiança de 99% para a diferença entre as notas médias para os dois cursos. Assuma que as populações têm distribuição aproximadamente normal, com variâncias iguais.

9.40 Em um estudo conduzido pelo Instituto Politécnico da Universidade Estadual da Virgínia sobre o desenvolvimento de fungos ectomicorrízicos, uma relação simbiótica entre as raízes de árvores e um fungo na qual os minerais são transferidos dos fungos para as árvores e os açúcares são transferidos das árvores para os fungos, 20 mudas de carvalhos vermelhos com o fungo *Pisolithus tinctorus* foram plantadas em uma estufa. Todas as mudas foram plantadas no mesmo tipo de solo e receberam a mesma quantidade de luz solar e água. Metade não recebeu nitrogênio no momento do plantio para servir como um controle e a outra metade recebeu 368 ppm de nitrogênio no formato $NaNO_3$. O peso dos caules, registrado em gramas, ao final dos 140 dias foi registrado como segue:

Sem nitrogênio	Com nitrogênio
0,32	0,26
0,53	0,43
0,28	0,47
0,37	0,49
0,47	0,52
0,43	0,75
0,36	0,79
0,42	0,86
0,38	0,62
0,43	0,46

Construa um intervalo de confiança de 95% para a diferença entre as médias dos pesos dos caules entre as mudas que não receberam nitrogênio e aquelas que receberam 368 ppm de nitrogênio. Assuma que as populações são normalmente distribuídas com variâncias iguais.

9.41 Os dados a seguir, registrados em dias, representam o período para a recuperação de pacientes aleatoriamente tratados com um de dois medicamentos para curar sérias infecções urinárias.

Medicamento 1	Medicamento 2
$n_1 = 14$	$n_2 = 16$
$\bar{x}_1 = 17$	$\bar{x}_2 = 19$
$s_1^2 = 1{,}5$	$s_2^2 = 1{,}8$

Determine um intervalo de confiança de 99% para a diferença $\mu_2 - \mu_1$ nas médias dos tempos de recuperação para os dois medicamentos, assumindo populações normais com variâncias iguais.

9.42 Um experimento reportado no *Popular Science* comparou a economia de combustível em dois tipos de caminhonetes a diesel. Vamos supor que 12 caminhonetes Volkswagen e dez Toyotas foram usadas em um teste de 90 quilômetros por hora com distância fixa. Se as 12 caminhonetes Volkswagen fazem uma média de 16 quilômetros por litro, com desvio-padrão de 1,0 quilômetro, e as Toyotas fazem uma média de 11 quilômetros por litro, com desvio-padrão de 0,8 quilômetro por litro, construa um intervalo de confiança de 90% para a diferença entre as médias dos quilômetros por litro para essas duas marcas de caminhonetes. Assuma que as distâncias por litro de cada modelo têm distribuição aproximadamente normal, com variâncias iguais.

9.43 Uma empresa de táxi está tentando decidir se compra a marca A ou B de pneus para sua frota. Para estimar a diferença entre as duas marcas, um experimento é conduzido usando 12 de cada uma. Os pneus são usados até se desgastarem. Os resultados são:

Marca A: $\bar{x}_1 = 36.300$ quilômetros,
$\qquad s_1 = 5.000$ quilômetros.
Marca B: $\bar{x}_2 = 38.100$ quilômetros,
$\qquad s_2 = 6.100$ quilômetros.

Calcule um intervalo de confiança de 95% para $\mu_A - \mu_B$, assumindo que as populações têm distribuição aproximadamente normal. Você pode não assumir que as variâncias sejam iguais.

9.44 Em relação ao Exercício 9.43, determine um intervalo de confiança de 99% para $\mu_1 - \mu_2$, se um pneu de cada marca for atribuído aleatoriamente para cada uma das rodas traseiras de oito táxis e as distâncias, em quilômetros, são as registradas a seguir:

Táxi	Marca A	Marca B
1	34.400	36.700
2	45.500	46.800
3	36.700	37.700
4	32.000	31.100
5	48.400	47.800
6	32.800	36.400
7	38.100	38.900
8	30.100	31.500

Assuma que as diferenças entre as distâncias têm distribuição aproximadamente normal.

9.45 O governo concedeu permissão para o Departamento de Agricultura de nove universidades testar a capacidade de rendimento de duas novas variedades de trigo. Cada variedade foi plantada em campos de áreas iguais em cada universidade e os rendimentos, em quilogramas por campo, foram os seguintes:

	Universidade								
Variedade	1	2	3	4	5	6	7	8	9
1	38	23	35	41	44	29	37	31	38
2	45	25	31	38	50	33	36	40	43

Determine um intervalo de confiança de 95% para a diferença entre as médias dos rendimentos das duas variedades, assumindo que a diferença entre elas têm distribuição aproximadamente normal. Explique por que o emparelhamento é necessário nesse problema.

9.46 Os dados a seguir representam a duração de dois filmes feitos por duas produtoras.

Empresa	Tempo (em minutos)
I	103 94 110 87 98
II	97 82 123 92 175 88 118

Calcule um intervalo de confiança de 90% para a diferença entre as médias de duração para os filmes produzidos pelas duas empresas. Assuma que as diferenças da duração dos filmes têm distribuição aproximadamente normal com variâncias desiguais.

9.47 Da revista *Fortune* (março de 1997), dez de 431 empresas estudadas estão listadas abaixo. Os retornos totais para os dez anos anteriores a 1996, incluindo 1996, estão listados. Determine o intervalo de confiança de 95% para a mudança média na porcentagem dos retornos para os investidores.

Empresa	Retorno total para investidores	
	1986–1996	1996
Coca-Cola	29,8%	43,3%
Mirage Resorts	27,9%	25,4%
Merck	22,1%	24,0%
Microsoft	44,5%	88,3%
Johnson & Johnson	22,2%	18,1%
Intel	43,8%	131,2%
Pfizer	21,7%	34,0%
Procter & Gamble	21,9%	32,1%
Berkshire Hathaway	28,3%	6,2%
S&P 500	11,8%	20,3%

9.48 Uma indústria automotiva está considerando dois tipos de bateria para seus automóveis. A informação da amostra sobre a vida útil das baterias está sendo usada. Vinte baterias do tipo A e 20 do tipo B estão sendo usadas. As estatísticas são $\bar{x}_A = 32{,}91$, $\bar{x}_B = 30{,}47$, $s_A = 1{,}57$ e $s_B = 1{,}74$. Assuma que os dados de cada bateria sejam normalmente distribuídos e que $\sigma_A = \sigma_B$.
(a) Determine um intervalo de confiança de 95% para $\mu_A - \mu_B$.
(b) Tire uma conclusão de (a) que forneça alguma percepção se A ou B deve ser adotada.

9.49 Duas marcas diferentes de tinta látex estão sendo consideradas. O tempo de secagem, em horas, está sendo medido em amostras de espécimes de uso das duas tintas. Quinze espécimes são selecionados de cada tinta e os tempos de secagem são os seguintes:

Tinta A					Tinta B				
3,5	2,7	3,9	4,2	3,6	4,7	3,9	4,5	5,5	4,0
2,7	3,3	5,2	4,2	2,9	5,3	4,3	6,0	5,2	3,7
4,4	5,2	4,0	4,1	3,4	5,5	6,2	5,1	5,4	4,8

Assuma que os tempos de secagem são normalmente distribuídos com $\sigma_A = \sigma_B$. Determine um intervalo de confiança de 95% para $\mu_B - \mu_A$, onde μ_A e μ_B são as médias do tempo de secagem.

9.50 Dois níveis (alto e baixo) de doses de insulina são dados para dois conjuntos de ratos diabéticos para checar a capacidade de aglutinação de insulina, gerando os dados a seguir:

Dose baixa: $n_1 = 8$ $\bar{x}_1 = 1{,}98$ $s_1 = 0{,}51$
Dose alta: $n_2 = 13$ $\bar{x}_2 = 1{,}30$ $s_2 = 0{,}35$

Assuma que ambas as variâncias são iguais. Dê um intervalo de confiança de 95% para a diferença nas média de capacidade de aglutinação de insulina entre duas amostras.

9.10 Amostra única: estimando uma proporção

Uma estimativa pontual de uma proporção p em um experimento binomial é dado pela estatística $\hat{P} = X/n$, onde X representa o número de sucessos em n tentativas. Então, a proporção amostral $\hat{p} = x/n$ será usada como estimativa pontual do parâmetro p.

Se não se espera que a proporção p desconhecida seja muito próxima de 0 ou 1, podemos estabelecer um intervalo de confiança para p considerando a distribuição amostral de $\hat{P}$. Ao classificar uma falha em cada tentativa binomial pelo valor 0 e um sucesso pelo valor 1, o número de sucessos, x, pode ser interpretado como a soma de n valores que consistem em zeros e uns, e $\hat{p}$ é apenas a média amostral desses n valores. Então, pelo teorema central do limite, para n suficientemente grande, $\hat{P}$ têm distribuição aproximadamente normal com média

$$\mu_{\hat{P}} = E(\hat{P}) = E\left(\frac{X}{n}\right) = \frac{np}{n} = p$$

e variância

$$\sigma_{\hat{P}}^2 = \sigma_{X/n}^2 = \frac{\sigma_X^2}{n^2} = \frac{npq}{n^2} = \frac{pq}{n}.$$

Portanto, podemos afirmar que

$$P(-z_{\alpha/2} < Z < z_{\alpha/2}) = 1 - \alpha,$$

onde

$$Z = \frac{\hat{P} - p}{\sqrt{pq/n}},$$

e $z_{\alpha/2}$ é o valor da curva normal padrão acima do qual encontramos uma área de $\alpha/2$. Substituindo Z, escrevemos

$$P\left(-z_{\alpha/2} < \frac{\hat{P} - p}{\sqrt{pq/n}} < z_{\alpha/2}\right) = 1 - \alpha.$$

Multiplicando cada termo da desigualdade por $\sqrt{pq/n}$ e, então, subtraindo $\hat{P}$ e multiplicando por -1, obtemos

$$P\left(\hat{P} - z_{\alpha/2}\sqrt{\frac{pq}{n}} < p < \hat{P} + z_{\alpha/2}\sqrt{\frac{pq}{n}}\right) = 1 - \alpha.$$

É difícil manipular as desigualdades de modo a obter um intervalo aleatório cujos limites sejam independentes de p, o parâmetro desconhecido. Quando n é grande, muito pouco erro é introduzido substituindo-se p sob o radical pela estimativa pontual $\hat{p} = x/n$. Então, podemos escrever

$$P\left(\hat{P} - z_{\alpha/2}\sqrt{\frac{\hat{P}\hat{Q}}{n}} < p < \hat{P} + z_{\alpha/2}\sqrt{\frac{\hat{P}\hat{Q}}{n}}\right) \approx 1 - \alpha.$$

Para nossa amostra aleatória particular de tamanho n, a proporção amostral $\hat{p} = x/n$ é calculada e o seguinte intervalo de confiança de $100(1 - \alpha)\%$ aproximado para p é obtido.

Intervalo de confiança para p em amostra grande

Se $\hat{p}$ é a proporção de sucessos em uma amostra aleatória de tamanho n, e $\hat{q} = 1 - \hat{p}$, um intervalo de confiança de $100(1 - \alpha)\%$ aproximado para o parâmetro binomial p é dado por

$$\hat{p} - z_{\alpha/2}\sqrt{\frac{\hat{p}\hat{q}}{n}} < p < \hat{p} + z_{\alpha/2}\sqrt{\frac{\hat{p}\hat{q}}{n}},$$

onde $z_{\alpha/2}$ é o valor z que deixa uma área de $\alpha/2$ à direita.

Quando n é pequeno e acredita-se que a proporção desconhecida p está próxima de 0 ou 1, o procedimento do intervalo de confiança estabelecido aqui é duvidoso e, portanto, não deve ser usado. Para estar mais seguro, deve-se exigir ambos $n\hat{p}$ e $n\hat{q}$ maiores ou iguais a 5. O método para se determinar um intervalo de confiança para o parâmetro binomial p também é aplicável quando a distribuição binomial está sendo usada para aproximar a distribuição hipergeométrica, ou seja, quando n é pequeno em relação a N, como ilustrado pelo Exemplo 9.13.

■ **Exemplo 9.13**

Em uma amostra aleatória de $n = 500$ famílias que possuem aparelhos de televisão na cidade de Hamilton, Canadá, descobre-se que $x = 340$ assinavam a HBO. Determine um intervalo de confiança de 95% para a atual proporção de famílias dessa cidade que assinam a HBO.

Solução: A estimativa pontual de p é $\hat{p} = 340/500 = 0{,}68$. Usando a Tabela A.3, descobrimos que $z_{0{,}025} = 1{,}96$. Então, o intervalo de confiança de 95% para p é

$$0{,}68 - 1{,}96\sqrt{\frac{(0{,}68)(0{,}32)}{500}} < p <$$

$$0{,}68 + 1{,}96\sqrt{\frac{(0{,}68)(0{,}32)}{500}},$$

que é simplificado para $0{,}64 < p < 0{,}72$.

Se p é o centro do intervalo de confiança $100(1 - \alpha)\%$, então $\hat{p}$ estima p sem erro. Na maioria das vezes, entretanto, $\hat{p}$ não será exatamente igual a p e a estimativa pontual terá erro. O tamanho deste erro será a diferença positiva que separa p e $\hat{p}$, e podemos estar $100(1 - \alpha)\%$ confiantes de que essa diferença não excederá $z_{\alpha/2}\sqrt{\hat{p}\hat{q}/n}$. Podemos prontamente ver isso se desenharmos um diagrama de um intervalo de confiança típico como na Figura 9.6.

Teorema 9.3
Se $\hat{p}$ é usado como estimativa de p, podemos estar $100(1 - \alpha)\%$ confiantes de que o erro não excederá $z_{\alpha/2}\sqrt{\hat{p}\hat{q}/n}$.

No Exemplo 9.13, estamos 95% confiantes de que a proporção amostral $\hat{p} = 0{,}68$ difere da proporção real p por uma quantidade que não excede 0,04.

Escolha do tamanho da amostra

Para determinarmos o tamanho da amostra é necessário assegurar que o erro na estimação de p será menor que uma quantidade específica e. Pelo Teorema 9.3, isso significa que devemos escolher n de modo que $z_{\alpha/2}\sqrt{\hat{p}\hat{q}/n} = e$.

Teorema 9.4
Se $\hat{p}$ é usado como estimativa de p, podemos estar $100(1 - \alpha)\%$ confiantes de que o erro será menor do que a quantidade especificada e quando o tamanho da amostra for aproximadamente

$$n = \frac{z_{\alpha/2}^2 \hat{p}\hat{q}}{e^2}.$$

O Teorema 9.4 é, de certa forma, confuso no sentido de que devemos usar $\hat{p}$ para determinar o tamanho da amostra n, mas $\hat{p}$ é calculado da amostra. Se uma estimativa grosseira de p pode ser obtida sem retirar uma amostra, esse valor pode ser usado para determinar n. Na falta de tal estimativa, poderíamos retirar uma amostra preliminar de tamanho $n \geq 30$ para fornecer uma estimativa de p. Usando o Teorema 9.4, poderíamos determinar aproximadamente quantas observações são necessárias para fornecer o grau desejado de acurácia. Note que valores fracionais de n são arredondados para cima para o número inteiro mais próximo.

■ **Exemplo 9.14**

Qual é o tamanho da amostra necessário no Exemplo 9.13 se quisermos estar 95% confiantes de que nossa estimativas de p está dentro de 0,02?

Solução: Vamos tratar as 500 famílias como uma amostra preliminar ao fornecer uma estimação $\hat{p} = 0{,}68$. Então, pelo Teorema 9.4,

$$n = \frac{(1{,}96)^2(0{,}68)(0{,}32)}{(0{,}02)^2} = 2089{,}8 \approx 2090.$$

Portanto, se basearmos nossa estimação de p em uma amostra aleatória de tamanho 2090, podemos estar 95% confiantes de que nossa proporção amostral não diferirá da proporção real por mais de 0,02.

Ocasionalmente, será impraticável obter uma estimativa de p para ser usada na determinação do tamanho da amostra para um grau de confiança específico. Se isso acontecer, um limite superior para n é estabelecido ao notar que $\hat{p}\hat{q} = \hat{p}(1 - \hat{p})$, que deve ser, no máximo, igual a 1/4, já que $\hat{p}$ deve estar entre 0 e 1. Esse fato pode ser verificado ao completar o quadrado. Assim,

$$\hat{p}(1 - \hat{p}) = -(\hat{p}^2 - \hat{p}) = \frac{1}{4} - \left(\hat{p}^2 - \hat{p} + \frac{1}{4}\right) = \frac{1}{4} - \left(\hat{p} - \frac{1}{2}\right)^2,$$

que é sempre menor que 1/4, exceto quando $\hat{p} = 1/2$ e, então, $\hat{p}\hat{q} = 1/4$. Portanto, se substituirmos $\hat{p} = 1/2$ na fórmula por n no Teorema 9.4 quando, de fato, p na verdade difere de 1/2, então n se tornará maior do que o necessário para o grau de confiança especificado e, como resultado, nosso grau de confiança aumentará.

Figura 9.6 Erro ao estimar p por $\hat{p}$.

> **Teorema 9.5**
> Se $\hat{p}$ é usado como uma estimativa de p, podemos estar *pelo menos* $100(1 - \alpha)\%$ confiantes de que o erro não excederá uma quantidade específica e quando o tamanho da amostra é
> $$n = \frac{z_{\alpha/2}^2}{4e^2}.$$

■ **Exemplo 9.15**

Qual é o tamanho de amostra necessário no Exemplo 9.13 se quisermos estar pelo menos 95% confiantes de que nossa estimativa de p estará dentro de 0,02?

Solução: Diferentemente do Exemplo 9.14, agora assumiremos que nenhuma amostra preliminar foi retirada para fornecer uma estimativa de p. Como conseqüência, podemos estar pelo menos 95% confiantes de que nossa proporção amostral não diferirá da proporção verdadeira por mais de 0,02 se escolhermos uma amostra de tamanho

$$n = \frac{(1{,}96)^2}{(4)(0{,}02)^2} = 2401.$$

Comparando os resultados dos exemplos 9.14 e 9.15, as informações relacionadas a p, fornecidas pela amostra preliminar, ou talvez de experiências anteriores, nos permitem escolher uma amostra menor enquanto mantemos nosso grau de acurácia requerido.

9.11 Duas amostras: estimando a diferença entre duas proporções

Considere o problema no qual desejamos estimar a diferença entre dois parâmetros binomiais p_1 e p_2. Por exemplo, podemos deixar p_1 ser a proporção de fumantes com câncer de pulmão e p_2, a proporção de não-fumantes com câncer de pulmão. Nosso problema, então, é estimar a diferença entre essas duas proporções. Primeiro, selecionamos amostras aleatórias independentes de tamanhos n_1 e n_2 de duas populações binomiais com médias $n_1 p_1$ e $n_2 p_2$ e variâncias $n_1 p_1 q_1$ e $n_2 p_2 q_2$, respectivamente, então determinamos os números x_1 e x_2 de pessoas em cada amostra com câncer de pulmão e formamos as proporções $\hat{p}_1 = x_1/n$ e $\hat{p}_2 = x_2/n$. Uma estimativa pontual da diferença entre as duas proporções, $p_1 - p_2$, é dada pela estatística $\hat{P}_1 - \hat{P}_2$. Assim, a diferença entre as proporções amostrais, $\hat{p}_1 - \hat{p}_2$, será usada como estimativa pontual de $p_1 - p_2$.

Um intervalo de confiança para $p_1 - p_2$ pode ser estabelecido considerando-se a distribuição amostral $\hat{P}_1 - \hat{P}_2$. Da Seção 9.10, sabemos que $\hat{P}_1$ e $\hat{P}_2$ têm distribuição aproximadamente normal, com médias p_1 e p_2 e variâncias $p_1 q_1/n_1$ e $p_2 q_2/n_2$, respectivamente. Ao escolher amostras independentes de duas populações, as variáveis $\hat{P}_1$ e $\hat{P}_2$ serão independentes e, então, pela propriedade reprodutiva da distribuição normal estabelecida no Teorema 7.11, concluímos que $\hat{P}_1 - \hat{P}_2$ têm distribuição aproximadamente normal com média

$$\mu_{\hat{P}_1 - \hat{P}_2} = p_1 - p_2$$

e variância

$$\sigma^2_{\hat{P}_1 - \hat{P}_2} = \frac{p_1 q_1}{n_1} + \frac{p_2 q_2}{n_2}.$$

Portanto, podemos afirmar que

$$P(-z_{\alpha/2} < Z < z_{\alpha/2}) = 1 - \alpha,$$

onde

$$Z = \frac{(\hat{P}_1 - \hat{P}_2) - (p_1 - p_2)}{\sqrt{p_1 q_1/n_1 + p_2 q_2/n_2}},$$

e $z_{\alpha/2}$ é o valor da curva normal padrão acima do qual encontramos uma área de $\alpha/2$. Substituindo Z, escrevemos

$$P\left[-z_{\alpha/2} < \frac{(\hat{P}_1 - \hat{P}_2) - (p_1 - p_2)}{\sqrt{p_1 q_1/n_1 + p_2 q_2/n_2}} < z_{\alpha/2}\right] = 1 - \alpha.$$

Depois de realizarmos as manipulações matemáticas, substituímos p_1, p_2, q_1 e q_2 sob o radical por seus estimadores $\hat{p}_1 = x_1/n_1$, $\hat{p}_2 = x_2/n_2$, $\hat{q}_1 = 1 - \hat{p}_1$ e $\hat{q}_2 = 1 - \hat{p}_2$ dado que $n_1\hat{p}_1$, $n_1\hat{q}_1$, $n_2\hat{p}_2$ e $n_2\hat{q}_2$ são todos maiores ou iguais a 5 e, assim, obtemos o intervalo de confiança de $100(1 - \alpha)\%$ aproximado para $p_1 - p_2$.

> **Intervalo de confiança para $p_1 - p_2$ em amostras grandes**
> Se $\hat{p}_1$ e $\hat{p}_2$ são as proporções de sucessos em amostras aleatórias de tamanho n_1 e n_2, respectivamente, $\hat{q}_1 = 1 - \hat{p}_1$ e $\hat{q}_2 = 1 - \hat{p}_2$, um intervalo de confiança de $100(1 - \alpha)\%$ aproximado para a diferença dos dois parâmetros binomiais $p_1 - p_2$ é dado por
> $$(\hat{p}_1 - \hat{p}_2) - z_{\alpha/2}\sqrt{\frac{\hat{p}_1 \hat{q}_1}{n_1} + \frac{\hat{p}_2 \hat{q}_2}{n_2}} < p_1 - p_2$$
> $$< (\hat{p}_1 - \hat{p}_2) + z_{\alpha/2}\sqrt{\frac{\hat{p}_1 \hat{q}_1}{n_1} + \frac{\hat{p}_2 \hat{q}_2}{n_2}},$$
> onde $z_{\alpha/2}$ é o valor z que deixa uma área de $\alpha/2$ à direita.

■ **Exemplo 9.16**

Uma mudança no processo de fabricação de um componente está sendo considerada. Amostras são retiradas usando tanto o procedimento já existente como o novo, de modo a determinar se os resultados do último mostram uma melhoria. Se 75 de 1.500 itens do procedimento existente são considerados defeituosos e 80 de 2.000 itens do novo procedimento são considerados defeituosos, determine o intervalo de confiança de 90%

para a real diferença na fração de defeituosos entre o processo existente e o novo.

Solução: Considere p_1 e p_2 as proporções reais de itens defeituosos para o procedimento existente e para o novo, respectivamente. Então, $\hat{p}_1 = 75/1500 = 0,05$ e $\hat{p}_2 = 80/2000 = 0,04$, e a estimativa pontual de $p_1 - p_2$ é

$$\hat{p}_1 - \hat{p}_2 = 0,05 - 0,04 = 0,01.$$

Usando a Tabela A.3, descobrimos $z_{0,05} = 1,645$. Portanto, ao substituir na fórmula, com

$$1,645 \sqrt{\frac{(0,05)(0,95)}{1500} + \frac{(0,04)(0,96)}{2000}} = 0,0117,$$

obtemos o intervalo de confiança de 90% como sendo $-0,0017 < p_1 - p_2 < 0,0217$. Já que o intervalo contém o valor 0, não há razão para acreditar que o novo procedimento produzirá um decréscimo significativo na proporção de itens defeituosos sobre o procedimento já existente.

Até aqui, todos os intervalos de confiança apresentados são da forma:

Estimativa pontual $\pm K$ e.p. (estimativa pontual),

onde K é uma constante (um percentil de ponto t ou normal). Este é o caso quando o parâmetro é uma média, a diferença entre as médias, a proporção ou a diferença entre as proporções, devido à simetria das distribuições t e Z. Entretanto, isso não se estende para variâncias e razões de variâncias, que serão discutidas nas seções 9.12 e 9.13.

Exercícios

9.51 (a) Uma amostra aleatória de 200 eleitores é selecionada e 114 apóiam um processo de anexação. Determine o intervalo de confiança de 96% para a fração da população de eleitores que votam a favor do processo.
(b) O que podemos afirmar com 96% de confiança sobre o possível tamanho de nosso erro se estimarmos a fração de eleitores a favor da anexação como sendo de 0,57?

9.52 Um fabricante de aparelhos de reprodução de CDs usa um conjunto amplo de testes para avaliar as funções elétricas do produto. Todos os aparelhos devem passar por todos os testes antes de serem vendidos. Uma amostra aleatória de 500 aparelhos resulta em 15 reprovados em um ou mais testes. Determine um intervalo de confiança de 90% para a proporção de aparelhos da população que passam em todos os testes.

9.53 Em uma amostra aleatória de 1.000 casas em certa cidade, sabe-se que 228 têm aquecimento a óleo. Determine o intervalo de confiança de 99% para a proporção de casas com aquecimento a óleo nessa cidade.

9.54 Calcule o intervalo de confiança de 98% para a proporção de itens defeituosos em um processo quando se sabe que uma amostra de tamanho 100 gera oito itens defeituosos.

9.55 Um novo sistema de lançamento de foguetes está sendo considerado para a implementação de foguetes pequenos e de certo alcance. O sistema existente tem $p = 0,8$ como probabilidade de um lançamento bem-sucedido. Uma amostra de 40 lançamentos experimentais com o novo sistema é realizada e 34 obtêm sucesso.
(a) Construa um intervalo de confiança de 95% para p.
(b) Você concluiria que o novo sistema é melhor?

9.56 Um geneticista está interessado na proporção de homens africanos que têm uma disfunção sangüínea. Em uma amostra aleatória de 100 homens, são encontrados 24 com a disfunção.
(a) Calcule um intervalo de confiança de 99% para a proporção de homens africanos atingidos por essa disfunção.
(b) O que podemos afirmar com 99% de confiança sobre o possível tamanho de nosso erro se estimarmos a proporção de homens africanos com essa disfunção como sendo de 0,24?

9.57 (a) De acordo com uma reportagem da *Roanoke Times & World-News*, aproximadamente 2/3 de 1.600 adultos entrevistados por telefone disseram que o programa espacial é um bom investimento para os Estados Unidos. Determine o intervalo de confiança de 95% para a proporção de norte-americanos adultos que acham que o programa espacial é um bom investimento para os Estados Unidos.
(b) O que podemos afirmar com 95% de confiança sobre possível tamanho de nosso erro se estimarmos a proporção de norte-americanos que acreditam que o programa espacial é um bom investimento como sendo de 2/3?

9.58 No artigo de jornal referido no Exercício 9.57, 32% dos adultos entrevistados disseram que o programa espacial norte-americano deveria enfatizar a exploração científica. Qual é o tamanho da amostra de adultos necessário na pesquisa se desejarmos estar 95% confiantes de que a porcentagem estimada estará dentro de 2% da porcentagem real?

9.59 Qual é o tamanho da amostra necessário no Exercício 9.51 se desejamos estar 96% confiantes de que nossa proporção amostral estará a 0,02 da proporção real da população de eleitores?

9.60 Qual é o tamanho da amostra necessário no Exercício 9.53 se desejamos estar 99% confiantes de que nossa proporção amostral estará a 0,05 da proporção real de casas dessa cidade com aquecimento a óleo?

9.61 Qual é o tamanho da amostra necessário no Exercício 9.54 se desejamos estar 98% confiantes de que a proporção amostral estará a 0,05 da proporção real de defeituosos?

9.62 Um estudo será realizado para estimar a porcentagem de cidadãos em uma cidade que são a favor de que o flúor seja adicionado à água. Qual é o tamanho da amostra necessário se desejamos estar pelo menos 95% confiantes de que nossa estimativa estará a 1% da proporção real?

9.63 Uma suposição levantada por um membro do Departamento de Microbiologia da Escola de Medicina Dentária da Universidade de Washington afirma que dois copos de chá verde ou oolong (chá chinês) por dia fornecerá flúor suficiente para proteger os dentes de problemas. Qual é o tamanho da amostra necessário para estimar a porcentagem de cidadãos de certa cidade que é a favor do acréscimo de flúor à água se desejamos estar pelo menos 99% confiantes de que a estimativa estará a 1% da porcentagem real?

9.64 Um estudo será realizado para estimar a proporção de residentes em certa cidade que é a favor da construção de uma usina nuclear. Qual é o tamanho da amostra necessário se desejamos estar pelo menos 95% confiantes de que a estimativa está a 0,04 da real proporção de residentes dessa cidade a favor da construção da usina nuclear?

9.65 Um geneticista está interessado na proporção de homens e mulheres na população que tem certo tipo de disfunção sangüínea. Em uma amostra aleatória de 1.000 homens, 250 apresentam a disfunção, enquanto 275 de 1.000 mulheres testadas parecem ter a disfunção. Calcule um intervalo de confiança de 95% para a diferença entre a proporção de homens e mulheres com a disfunção.

9.66 Dez escolas de engenharia nos Estados Unidos foram pesquisadas. A amostra continha 250 engenheiros elétricos, sendo 80 mulheres; 175 engenheiros químicos, sendo 40 mulheres. Calcule um intervalo de confiança de 90% para a diferença entre a proporção de mulheres nessas duas áreas da engenharia. Há uma diferença significativa entre as proporções?

9.67 Um experimento clínico foi realizado para determinar se um tipo de vacinação tem efeito sobre certa doença. Uma amostra de 1.000 ratos foi mantida em um ambiente controlado por um período de um ano e 500 ratos receberam a vacina. Do conjunto dos que não receberam a vacina, havia 120 casos da doença, enquanto 98 do conjunto vacinado contraíram a doença. Se chamarmos de p_1 a probabilidade de incidência da doença nos ratos não vacinados e de p_2 a probabilidade de incidência da doença nos ratos vacinados, calcule um intervalo de confiança de 90% para $p_1 - p_2$.

9.68 Em um estudo, *Germination and Emergence of Broccoli* (Germinação e florescimento do brócolis), conduzido pelo Departamento de Horticultura do Instituto Politécnico da Universidade da Virgínia, um pesquisador descobriu que, a 5° C, dez sementes de 20 germinaram, enquanto a 15° C, 15 de 20 germinaram. Calcule um intervalo de confiança de 95% para a diferença entre a proporção de germinação nas duas diferentes temperaturas e decida se há uma diferença significativa.

9.69 Uma pesquisa realizada com 1.000 estudantes concluiu que 274 deles escolheram o time de beisebol profissional, *A*, como seu time favorito. Em 1991, a mesma pesquisa foi realizada, envolvendo 760 estudantes. Ela concluiu que 240 deles também escolheram o time *A* como seu favorito. Calcule um intervalo de confiança de 95% para a diferença entre a proporção de estudantes que torcem para o time *A* entre as duas pesquisas. Há uma diferença significativa?

9.70 De acordo com o *US Today* (17 de março de 1997), as mulheres formavam 33,7% do conjunto de pessoas do editorial em estações de TV locais em 1990 e 36,2% em 1994. Assuma que 20 novos funcionários foram contratados para o editorial.

(a) Estime o número de mulheres em cada ano, respectivamente.

(b) Calcule um intervalo de confiança de 95% para ver se há evidência de que a proporção de mulheres contratadas em 1994 foi maior do que em 1990.

9.12 Amostra única: estimando a variância

Se uma amostra de tamanho n é retirada de uma população normal com variância σ^2 e calculamos a variância amostral s^2, obtemos um valor da estatística S^2. Essa variância amostral calculada será usada como uma estimativa pontual de σ^2.

Uma estimativa intervalar de σ^2 pode ser estabelecida usando-se a estatística

$$X^2 = \frac{(n-1)S^2}{\sigma^2}.$$

De acordo com o Teorema 8.4, a estatística X^2 tem distribuição qui-quadrado com $n-1$ graus de liberdade quando a amostra é escolhida de uma população normal. Podemos escrever (veja a Figura 9.7)

$$P(\chi^2_{1-\alpha/2} < X^2 < \chi^2_{\alpha/2}) = 1 - \alpha,$$

onde $\chi^2_{1-\alpha/2}$ e $\chi^2_{\alpha/2}$ são os valores da distribuição qui-quadrado, com $n-1$ graus de liberdade, que deixam uma área de $1-\alpha/2$ e $\alpha/2$, respectivamente, à direita. Substituindo por X^2, escrevemos

$$P\left[\chi^2_{1-\alpha/2} < \frac{(n-1)S^2}{\sigma^2} < \chi^2_{\alpha/2}\right] = 1 - \alpha.$$

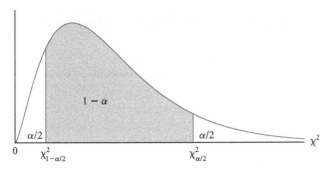

Figura 9.7 $P(\chi^2_{1-\alpha/2} < X^2 < \chi^2_{\alpha/2}) = 1 - \alpha$.

Dividindo cada termo da desigualdade por $(n-1)S^2$ e, então, invertendo cada termo (com isso mudando o sentido das desigualdades), obtemos

$$P\left[\frac{(n-1)S^2}{\chi^2_{\alpha/2}} < \sigma^2 < \frac{(n-1)S^2}{\chi^2_{1-\alpha/2}}\right] = 1 - \alpha.$$

Para nossa amostra em particular de tamanho n, a variância s^2 é calculada, e o intervalo de confiança de $100(1-\alpha)\%$ para σ^2 é obtido.

Intervalo de confiança para σ^2

Se s^2 é a variância da amostra aleatória de tamanho n de uma população normal, um intervalo de confiança de $100(1-\alpha)\%$ para σ^2 é dado por

$$\frac{(n-1)s^2}{\chi^2_{\alpha/2}} < \sigma^2 < \frac{(n-1)s^2}{\chi^2_{1-\alpha/2}},$$

onde $\chi^2_{\alpha/2}$ e $\chi^2_{1-\alpha/2}$ são os valores χ^2 com $v = n - 1$ graus de liberdade, que deixam uma área de $\alpha/2$ e $1 - \alpha/2$ à direita, respectivamente.

Um intervalo de confiança aproximado de $100(1-\alpha)\%$ para σ é obtido ao tomar a raiz quadrada de cada extremidade do intervalo para σ^2.

■ **Exemplo 9.17**

A seguir temos os pesos, em decagramas, de dez pacotes de sementes de grama distribuídos por uma empresa: 46,4; 46,1; 45,8; 47,0; 46,1; 45,9; 45,8; 46,9; 45,2 e 46,0. Determine um intervalo de confiança de 95% para a variância de tais pacotes de sementes distribuídos por essa empresa, assumindo uma população normal.

Solução: Primeiro, determinamos

$$s^2 = \frac{n\sum_{i=1}^{n} x_i^2 - (\sum_{i=1}^{n} x_i)^2}{n(n-1)}$$

$$= \frac{(10)(21\,273,12) - (461,2)^2}{(10)(9)} = 0,286.$$

Para obter um intervalo de confiança de 95%, devemos escolher $\alpha = 0,05$. Então, usando a Tabela A.5 com $v = 9$ graus de liberdade, encontramos $\chi^2_{0,025} = 19,023$ e $\chi^2_{0,975} = 2,700$. Portanto, o intervalo de confiança de 95% para σ^2 é

$$\frac{(9)(0,286)}{19,023} < \sigma^2 < \frac{(9)(0,286)}{2,700},$$

ou, simplesmente, $0,135 < \sigma^2 < 0,953$.

9.13 Duas amostras: estimando a razão de duas variâncias

Uma estimativa pontual da razão de duas variâncias populacionais σ_1^2/σ_2^2 é dada pela razão de s_1^2/s_2^2 das variâncias amostrais. Por isso a estatística S_1^2/S_2^2 é chamada de um estimador de σ_1^2/σ_2^2.

Se σ_1^2 e σ_2^2 são as variâncias de populações normais, podemos estabelecer uma estimativa intervalar para σ_1^2/σ_2^2 usando a estatística

$$F = \frac{\sigma_2^2 S_1^2}{\sigma_1^2 S_2^2}.$$

De acordo com o Teorema 8.8, a variável aleatória F tem uma distribuição F com $v_1 = n_1 - 1$ e $v_2 = n_2 - 1$ graus de liberdade. Então, podemos escrever (veja a Figura 9.8)

$$P[f_{1-\alpha/2}(v_1, v_2) < F < f_{\alpha/2}(v_1, v_2)] = 1 - \alpha,$$

onde $f_{1-\alpha/2}(v_1, v_2)$ e $f_{\alpha/2}(v_1, v_2)$ são os valores da distribuição F, com v_1 e v_2 graus de liberdade, que deixam uma área de $1 - \alpha/2$ e $\alpha/2$, à direita, respectivamente. Substituindo F, escrevemos

$$P\left[f_{1-\alpha/2}(v_1, v_2) < \frac{\sigma_2^2 S_1^2}{\sigma_1^2 S_2^2} < f_{\alpha/2}(v_1, v_2)\right] = 1 - \alpha.$$

Multiplicando cada termo da desigualdade por S_2^2/S_1^2 e, então, invertendo cada termo (novamente trocando o sentido das desigualdades), obtemos

$$P\left[\frac{S_1^2}{S_2^2}\frac{1}{f_{\alpha/2}(v_1, v_2)} < \frac{\sigma_1^2}{\sigma_2^2} < \frac{S_1^2}{S_2^2}\frac{1}{f_{1-\alpha/2}(v_1, v_2)}\right] = 1 - \alpha.$$

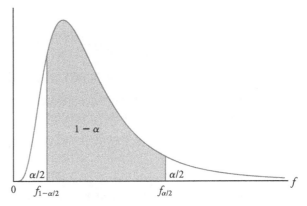

Figura 9.8 $P[f_{1-\alpha/2}(v_1, v_2) < F < f_{\alpha/2}(v_1, v_2)] = 1 - \alpha$.

Os resultados do Teorema 8.7 nos permitem substituir a quantidade $f_{1-\alpha/2}(v_1, v_2)$ por $1/f_{\alpha/2}(v_1, v_2)$. Portanto,

$$P\left[\frac{S_1^2}{S_2^2}\frac{1}{f_{\alpha/2}(v_1,v_2)} < \frac{\sigma_1^2}{\sigma_2^2} < \frac{S_1^2}{S_2^2}f_{\alpha/2}(v_2,v_1)\right] = 1 - \alpha.$$

Para quaisquer duas amostras aleatórias independentes de tamanhos n_1 e n_2, selecionadas de populações normais, a razão das variâncias amostrais s_1^2/s_2^2 é calculada e o intervalo de confiança de $100(1 - \alpha)\%$ para σ_1^2/σ_2^2 é obtido.

Intervalo de confiança para σ_1^2 / σ_2^2

Se s_1^2 e s_2^2 são as variâncias de amostras aleatórias independentes de tamanhos n_1 e n_2, respectivamente, de populações normais, então um intervalo de confiança de $100(1 - \alpha)\%$ para σ_1^2/σ_2^2 é

$$\frac{s_1^2}{s_2^2}\frac{1}{f_{\alpha/2}(v_1,v_2)} < \frac{\sigma_1^2}{\sigma_2^2} < \frac{s_1^2}{s_2^2}f_{\alpha/2}(v_2,v_1),$$

onde $f_{\alpha/2}(v_1, v_2)$ é um valor f, com $v_1 = n_1 - 1$ e $v_2 = n_2 - 1$ graus de liberdade, que deixa uma área de $\alpha/2$ à direita, e $f_{\alpha/2}(v_2, v_1)$ é um valor f similar com $v_2 = n_2 - 1$ e $v_1 = n_1 - 1$ graus de liberdade.

Como na Seção 9.12, um intervalo de confiança de $100(1 - \alpha)\%$ para σ_1/σ_2 é obtido ao tomar-se a raiz quadrada de cada extremidade do intervalo para σ_1^2/σ_2^2.

■ **Exemplo 9.18**

Um intervalo de confiança para a diferença entre as médias dos conteúdos de ácido fosfórico, medidos em miligramas por litro, nas duas estações no rio James foi construído no Exemplo 9.11, assumindo-se que as variâncias populacionais normais são desiguais. Justifique essa suposição ao construir um intervalo de confiança de 98% para σ_1^2/σ_2^2 e para σ_1/σ_2, onde σ_1^2 e σ_2^2 são as variâncias das populações dos conteúdos de ácido fosfórico nas estações 1 e 2, respectivamente.

Solução: Do Exemplo 9.11, temos $n_1 = 15$, $n_2 = 12$, $s_1 = 3,07$ e $s_2 = 0,80$. Para um intervalo de confiança de 98%, $\alpha = 0,02$. Inserindo na Tabela A.6, descobrimos que $f_{0,01}(14,11) \approx 4,30$ e $f_{0,01}(11,14) \approx 3,87$. Portanto, o intervalo de confiança de 98% para σ_1^2/σ_2^2 é

$$\frac{3,07^2}{0,80^2}\left(\frac{1}{4,30}\right) < \frac{\sigma_1^2}{\sigma_2^2} < \frac{3,07^2}{0,80^2}(3,87),$$

que se simplifica para $3,425 < \frac{\sigma_1^2}{\sigma_2^2} < 56,991$. Tomando a raiz quadrada dos limites de confiança, descobrimos que o intervalo de confiança de 98% para σ_1/σ_2 é

$$1,851 < \frac{\sigma_1}{\sigma_2} < 7,549.$$

Já que o intervalo não permite a possibilidade de σ_1/σ_2 ser igual a 1, estamos corretos ao assumir que $\sigma_1 \neq \sigma_2$ ou $\sigma_1^2 \neq \sigma_2^2$ no Exemplo 9.11.

Exercícios

9.71 Um fabricante de baterias para carros afirma que suas baterias duram, em média, três anos, com variância de um ano. Se cinco dessas baterias têm vida útil de 1,9; 2,4; 3,0; 3,5 e 4,2 anos, construa um intervalo de confiança de 95% para σ^2 e decida se a afirmação do fabricante de que $\sigma^2 = 1$ é válida. Assuma que a população da vida útil das baterias tenha distribuição aproximadamente normal.

9.72 Uma amostra aleatória de 20 estudantes obteve uma média de $\bar{x} = 72$ e variância de $s^2 = 16$ em um teste de matemática de uma faculdade. Assumindo as notas como sendo normalmente distribuídas, construa um intervalo de confiança de 98% para σ^2.

9.73 Construa um intervalo de confiança de 95% para σ^2 no Exercício 9.12.

9.74 Construa um intervalo de confiança de 99% para σ^2 no Exercício 9.13.

9.75 Construa um intervalo de confiança de 99% para σ no Exercício 9.14.

9.76 Construa um intervalo de confiança de 90% para σ no Exercício 9.15.

9.77 Construa um intervalo de confiança de 98% para σ_1/σ_2 no Exercício 9.42, onde σ_1 e σ_2 são, respectivamente, os desvios-padrão para as distâncias obtidas por litro de combustível pelas caminhonetes Volkswagen e Toyota.

9.78 Construa um intervalo de confiança de 90% para σ_1^2/σ_2^2 no Exercício 9.43. Podemos justificar termos assumido que $\sigma_1^2 \neq \sigma_2^2$ quando construímos nosso intervalo de confiança para $\mu_1 - \mu_2$?

9.79 Construa um intervalo de confiança de 90% para σ_1^2/σ_2^2 no Exercício 9.46. Deveríamos ter assumido σ_1^2/σ_2^2 ao construirmos nosso intervalo de confiança para $\mu_I - \mu_{II}$?

9.80 Construa um intervalo de confiança de 95% para σ_A^2 / σ_B^2 no Exercício 9.49. A suposição das variâncias iguais deveria ser utilizada?

9.14 Estimação de máxima verossimilhança (opcional)

Freqüentemente, os estimadores de parâmetros são aqueles que apelam para a intuição. O estimador $\bar{X}$ certamente parece razoável como um estimador da média populacional μ. A virtude de S^2 como um estimador de σ^2 é ressaltada por meio da discussão sobre ausência de vício, na Seção 9.3. O estimador para um parâmetro binomial p é meramente uma proporção amostral, o que, é claro, é uma *média* e recorre ao senso comum. Mas há muitas situações nas quais não é totalmente óbvio qual deve ser o estimador apropriado. Como resultado, há muito mais a ser estudado pelo estudante de estatística em relação a diferentes filosofias que produzem métodos de estimação distintos. Nesta seção, lidaremos com o *método da máxima verossimilhança*.

A estimação de máxima verossimilhança representa uma das abordagens mais importantes da estimação em toda a inferência estatística. Não forneceremos um desenvolvimento completo do método. Em vez disso, tentaremos comunicar a filosofia da máxima verossimilhança e ilustraremos com exemplos relacionados com outros problemas de estimação discutidos neste capítulo.

Função de verossimilhança

Como o nome indica, o método da máxima verossimilhança é aquele para o qual a *função de verossimilhança* é maximizada. Tal função é mais bem descrita por meio do uso de um exemplo com uma distribuição discreta e parâmetro único. Denote por $X_1, X_2, ..., X_n$ as variáveis aleatórias independentes retiradas de uma distribuição de probabilidade discreta representada por $f(x, \theta)$, onde θ é o único parâmetro da distribuição. Agora,

$$L(x_1, x_2, ..., x_n; \theta) = f(x_1, x_2, ..., x_n; \theta)$$
$$= f(x_1, \theta)f(x_2, \theta) \cdots f(x_n, \theta)$$

é a *distribuição conjunta das variáveis aleatórias*. Normalmente, nos referimos a isso como função de verossimilhança. Note que a variável da função de verossimilhança é θ, não x. Denote por $x_1, x_2, ..., x_n$ os valores observados na amostra. No caso de uma variável aleatória discreta, a interpretação é muito clara. A quantidade $L(x_1, x_2, ..., x_n; \theta)$, a verossimilhança da amostra, é a seguinte probabilidade conjunta:

$$P(X_1 = x_1, X_2 = x_2, ..., X_n = x_n | \theta),$$

que é a probabilidade de obter os valores amostrais $x_1, x_2, ..., x_n$. Para o caso discreto, o estimador de máxima verossimilhança é aquele que resulta em um valor máximo para essa probabilidade conjunta, ou seja, maximiza a verossimilhança da amostra.

Considere o exemplo fictício em que três itens de uma linha de montagem são inspecionados. Os itens são denominados defeituosos ou não defeituosos e, então, aplica-se um processo de Bernoulli. Ao testar três itens, o resultado são dois itens não defeituosos seguidos por um com defeito. É de interesse estimar p, a proporção de itens não defeituosos no processo. A verossimilhança da amostra, para esse exemplo, é dada por

$$p \cdot p \cdot q = p^2 q = p^2 - p^3,$$

onde $q = 1 - p$. A estimativa de máxima verossimilhança forneceria uma estimativa de p na qual a verossimilhança é maximizada. É claro que se derivarmos a verossimilhança com relação a p, igualando a derivada a 0, e resolvendo, obtemos o valor

$$\hat{p} = \frac{2}{3}.$$

Agora, é claro, nessa situação $\hat{p} = 2/3$ é a proporção amostral de itens defeituosos e é, então, um estimador razoável da probabilidade de um item defeituoso. O leitor deve tentar entender que a filosofia da estimação de máxima verossimilhança desenvolve-se da noção de que o estimador razoável de um parâmetro com base na informação da amostra *é aquele valor de parâmetro que produz a maior probabilidade de se obter aquela amostra*. Isto é, de fato, a interpretação para o caso discreto, já que a verossimilhança é a probabilidade de observar conjuntamente os valores na amostra.

Agora, enquanto a interpretação da função de verossimilhança como uma probabilidade conjunta está confinada ao caso discreto, a noção de máxima verossimilhança se estende à estimação de parâmetros de uma distribuição contínua. Apresentaremos a definição formal da estimação de máxima verossimilhança.

> **Definição 9.3**
> Dadas as observações independentes $x_1, x_2, ..., x_n$ de uma função de densidade de probabilidade (caso contínuo) ou função de massa de probabilidade (caso discreto) $f(x; \theta)$, o estimador de máxima verossimilhança $\hat{\theta}$ é aquele que maximiza a função de verossimilhança
> $$L(x_1, x_2, ..., x_n; \theta) = f(x_1, \theta)f(x_2, \theta) \cdots f(x_n, \theta).$$

Quase sempre é conveniente trabalhar com o log natural da função de verossimilhança ao se encontrar a função de máxima verossimilhança. Considere o exemplo a seguir, que lida com o parâmetro μ da distribuição de Poisson.

■ **Exemplo 9.19**

Considere a distribuição de Poisson com função de massa de probabilidade

$$f(x|\mu) = \frac{e^{-\mu}\mu^x}{x!} \quad x = 0, 1, 2, ...$$

Suponha que uma amostra aleatória $x_1, x_2, ..., x_n$ seja retirada da distribuição. Qual é a estimativa de máxima verossimilhança de μ?

Solução: A função de verossimilhança é

$$L(x_1, x_2, ..., x_n; \mu) = \prod_{i=1}^{n} f(x_i|\mu) = \frac{e^{-n\mu}\mu^{\sum_{i=1}^{n}x_i}}{\prod_{i=1}^{n}x_i!}.$$

Agora, considere

$$\ln L(x_1, x_2, \ldots, x_n; \mu) = -n\mu + \sum_{i=1}^{n} x_i \ln \mu - \ln \prod_{i=1}^{n} x_i!$$

$$\frac{\partial \ln L(x_1, x_2, \ldots, x_n; \mu)}{\partial \mu} = -n + \sum_{i=1}^{n} \frac{x_i}{\mu}.$$

Resolvendo para $\hat{\mu}$, o estimador de máxima verossimilhança envolve igualar a derivada a zero e resolver para o parâmetro. Portanto,

$$\hat{\mu} = \sum_{i=1}^{n} \frac{x_i}{n} = \bar{x}.$$

Já que μ é a média da distribuição de Poisson (Capítulo 5), a média amostral certamente parece ser um estimador razoável.

O próximo exemplo mostra o uso do método da máxima verossimilhança para encontrar estimativas de dois parâmetros. Simplesmente encontramos os valores dos parâmetros que maximizam (conjuntamente) a função de verossimilhança.

■ **Exemplo 9.20**

Considere a amostra aleatória $x_1, x_2, \ldots, x_n$ de uma distribuição normal $N(\mu, \sigma)$. Determine os estimadores de máxima verossimilhança de μ e σ^2.

Solução: A função de verossimilhança para a distribuição normal é

$$L(x_1, x_2, \ldots, x_n; \mu, \sigma^2)$$
$$= \frac{1}{(2\pi)^{n/2}(\sigma^2)^{n/2}} \exp\left[-\frac{1}{2}\sum_{i=1}^{n}\left(\frac{x_i - \mu}{\sigma}\right)^2\right].$$

Tomando o logaritmo, temos

$$\ln L(x_1, x_2, \ldots, x_n; \mu, \sigma^2) =$$
$$-\frac{n}{2}\ln(2\pi) - \frac{n}{2}\ln \sigma^2 - \frac{1}{2}\sum_{i=1}^{n}\left(\frac{x_i - \mu}{\sigma}\right)^2.$$

Então,

$$\frac{\partial \ln L}{\partial \mu} = \sum_{i=1}^{n}\left(\frac{x_i - \mu}{\sigma^2}\right)$$

e

$$\frac{\partial \ln L}{\partial \sigma^2} = -\frac{n}{2\sigma^2} + \frac{1}{2(\sigma^2)^2}\sum_{i=1}^{n}(x_i - \mu)^2.$$

Igualando ambas as derivadas a 0, obtemos

$$\sum_{i=1}^{n} x_i - n\mu = 0 \quad \text{e} \quad n\sigma^2 = \sum_{i=1}^{n}(x_i - \mu)^2.$$

Assim, o estimador de máxima verossimilhança de μ é dado por

$$\hat{\mu} = \frac{1}{n}\sum_{i=1}^{n} x_i = \bar{x},$$

que é um resultado satisfatório, já que $\bar{x}$ tem um papel importante neste capítulo como uma estimativa pontual de μ. Por outro lado, o estimador de máxima verossimilhança de σ^2 é

$$\hat{\sigma}^2 = \frac{1}{n}\sum_{i=1}^{n}(x_i - \bar{x})^2.$$

Verificando a matriz de derivadas parciais de segunda ordem confirma que as soluções resultam no máximo da função de verossimilhança.

É interessante notar a distinção entre o estimador de máxima verossimilhança de σ^2 e o estimador não viciado S^2 desenvolvido anteriormente neste capítulo. O numerador é idêntico, é claro, e o denominador são os 'graus de liberdade' $n - 1$ para o estimador não-viciado e n para o estimador de máxima verossimilhança. Estimadores de máxima verossimilhança não necessariamente satisfazem a propriedade da ausência de vício. No entanto, eles têm propriedades assintóticas muito importantes.

■ **Exemplo 9.21**

Suponha que dez ratos são usados em um estudo biomédico no qual recebem uma injeção com células cancerígenas e depois uma droga contra a doença que foi desenvolvida para aumentar o índice de sobrevida. Os tempos de vida, em meses, são 14, 17, 27, 18, 12, 8, 22, 13, 19 e 12. Assuma que a distribuição exponencial se aplica. Dê o estimador de máxima verossimilhança da sobrevida média.

Solução: Do Capítulo 6, sabemos que a função de densidade de probabilidade para a variável aleatória exponencial X é

$$f(x, \beta) = \begin{cases} \frac{1}{\beta} e^{-x/\beta}, & x > 0, \\ 0, & \text{caso contrário.} \end{cases}$$

Portanto, o log da verossimilhança dos dados fornecidos ($n = 10$) é

$$\ln L(x_1, x_2, \ldots, x_{10}; \beta) = -10 \ln \beta - \frac{1}{\beta}\sum_{i=1}^{10} x_i.$$

Ajustar

$$\frac{\partial \ln L}{\partial \beta} = -\frac{10}{\beta} + \frac{1}{\beta^2}\sum_{i=1}^{10} x_i = 0$$

implica que

$$\hat{\beta} = \frac{1}{10}\sum_{i=1}^{10} x_i = \bar{x} = 16,2.$$

A segunda derivada do log da verossimilhança avaliado no valor de $\hat{\beta}$ dado acima é um valor negativo.

Como resultado, o estimador do parâmetro β, média populacional é a média amostral $\bar{x}$.

O exemplo a seguir mostra o estimador de máxima verossimilhança para uma distribuição que não aparece em capítulos anteriores.

■ **Exemplo 9.22**

Sabe-se que a amostra de 12; 11,2; 13,5; 12,3; 13,8 e 11,9 vem de uma população com função de densidade

$$f(x; \theta) = \begin{cases} \frac{\theta}{x^{\theta+1}}, & x > 1, \\ 0, & \text{caso contrário,} \end{cases}$$

onde $\theta > 0$. Determine a estimativa de máxima verossimilhança de θ.

Solução: A função de verossimilhança de n observações dessa população pode ser escrita como

$$L(x_1, x_2, ..., x_{10}; \theta) = \prod_{i=1}^{n} \frac{\theta}{x_i^{\theta+1}} = \frac{\theta^n}{(\prod_{i=1}^{n} x_i)^{\theta+1}},$$

o que implica que

$$\ln L(x_1, x_2, ..., x_{10}; \theta) = n \ln(\theta) - (\theta + 1) \sum_{i=1}^{n} \ln(x_i).$$

Fazendo $0 = \frac{\partial \ln L}{\partial \theta} = \frac{n}{\theta} - \sum_{i=1}^{n} \ln(x_i)$, resulta em

$$\hat{\theta} = \frac{n}{\sum_{i=1}^{n} \ln(x_i)} =$$

$$\frac{6}{\ln(12) + \ln(11,2) + \ln(13,5) + \ln(12,3) + \ln(13,8) + \ln(11,9)}$$

$= 0{,}3970$.

Já que a segunda derivada de L é $-n/\theta^2$, que é sempre negativa, a função de verossimilhança atinge seu valor máximo em $\hat{\theta}$.

Comentários adicionais sobre a estimação de máxima verossimilhança

Uma discussão minuciosa das propriedades da estimação de máxima verossimilhança vai além do escopo deste livro e, em geral, é a principal matéria de um curso de teoria da inferência estatística. O método de máxima verossimilhança permite que o analista use o conhecimento da distribuição ao determinar um estimador adequado. *O método de máxima verossimilhança não pode ser aplicado sem conhecimento da distribuição subjacente.* Aprendemos no Exemplo 9.20 que o estimador de máxima verossimilhança não é necessariamente não viciado. Esse estimador é não viciado *assintomaticamente* ou *no limite*; ou seja, a quantidade de vício se aproxima de 0 conforme o tamanho da amostra aumenta. Anteriormente neste capítulo,

a noção de eficiência foi discutida como estando ligada à propriedade de variância de um estimador. Os estimadores de máxima verossimilhança possuem propriedades de variância desejáveis no limite. O leitor deve consultar o livro de Lehmann para mais detalhes.

Exercícios

9.81 Suponha que há n tentativas $x_1, x_2, ..., x_n$ de um processo de Bernoulli com parâmetro p, a probabilidade de um sucesso. Ou seja, a probabilidade de r sucessos é dada por $\binom{n}{r} p^r (1-p)^{n-r}$. Encontre o estimador de máxima verossimilhança para o parâmetro p.

9.82 Considere uma amostra de $x_1, x_2, ..., x_n$ observações de uma distribuição de Weibull com parâmetros α e β e função de densidade

$$f(x) = \begin{cases} \alpha \beta x^{\beta-1} e^{-\alpha x^\beta}, & x > 0, \\ 0, & \text{caso contrário,} \end{cases}$$

para $\alpha, \beta > 0$.
(a) Escreva a função de verossimilhança.
(b) Escreva as equações que, quando resolvidas, fornecem os estimadores de máxima verossimilhança de α e β.

9.83 Considere a distribuição log-normal, com função de densidade dada na Seção 6.9. Suponha que temos uma amostra $x_1, x_2, ..., x_n$ de uma distribuição log-normal.
(a) Escreva a função de verossimilhança.
(b) Desenvolva os estimadores de máxima verossimilhança de μ e σ^2.

9.84 Considere as observações $x_1, x_2, ..., x_n$ da distribuição gama discutida na Seção 6.6.
(a) Escreva a função de verossimilhança.
(b) Escreva um conjunto de equações que, quando resolvidas, fornecem os estimadores de máxima verossimilhança de α e β.

9.85 Considere um experimento hipotético no qual um homem com um fungo usa uma droga antifúngica e é curado. Considere isso, então, uma amostra de uma distribuição de Bernoulli com função de probabilidade

$$f(x) = p^x q^{1-x}, \quad x = 0, 1,$$

onde p é a probabilidade de um sucesso (cura) e $q = 1 - p$.

Agora, é claro, a informação da amostra fornece $x = 1$. Escreva um desenvolvimento que mostra que $\hat{p} = 1{,}0$ é o estimador de máxima verossimilhança da probabilidade de cura.

9.86 Considere a observação X da distribuição binomial negativa dada na Seção 5.5. Determine o estimador de máxima verossimilhança para p, dado que k é conhecido.

Exercícios de revisão

9.87 Considere dois estimadores de σ^2 em uma amostra $x_1, x_2, ..., x_n$, que foi retirada de uma distribuição normal com média μ e variância σ^2. Os estimadores são o estimador não viciado $s^2 = \frac{1}{n-1} \sum_{i=1}^{n} (x_i - \bar{x})^2$ e o estimador de máxima verossimilhança $\widehat{\sigma^2} = \frac{1}{n} \sum_{i=1}^{n} (x_i - \bar{x})^2$. Discuta as propriedades da variância desses dois estimadores.

9.88 Afirma-se que uma nova dieta reduzirá o peso de uma pessoa em 4,5 quilos, em média, num período de duas semanas. Os pesos de sete mulheres que seguiram essa dieta estão registrados na tabela a seguir.

Mulher	Peso antes	Peso depois
1	58,5	60,0
2	60,3	54,9
3	61,7	58,1
4	69,0	62,1
5	64,0	58,5
6	62,6	59,9
7	56,7	54,4

Teste a afirmação do fabricante calculando um intervalo de confiança de 95% para a diferença entre as médias de peso. Assuma que as diferenças têm distribuição aproximadamente normal.

9.89 De acordo com a *Roanoke Times* (16 de março de 1997), o McDonald's vendeu 42,1% da cota do mercado de hambúrgueres. Uma amostra aleatória de 75 hambúrgueres vendidos resultou em 28 deles sendo do McDonald's. Use o material da Seção 9.10 para determinar se essa informação apóia a afirmação da publicação.

9.90 Um estudo foi realizado pelo Instituto Politécnico e pela Universidade Estadual da Virgínia para determinar se o fogo pode ser usado como uma ferramenta de manejo viável para aumentar a quantidade de feno disponível para os veados durante os meses críticos do fim do inverno e início da primavera. O cálcio é um elemento necessário para as plantas e animais. A quantidade dele armazenada nas plantas é intimamente relacionada com a quantidade de cálcio no solo. Supôs-se que o fogo pode alterar a quantidade de cálcio presente no solo e, assim, afetar a quantidade disponível para os veados. Uma porção de solo da floresta Fishburn foi selecionada para a queimada descrita. Amostras do solo foram retiradas em 12 porções de áreas iguais instantes antes da queimada e a quantidade de cálcio foi analisada. Os níveis de cálcio após a queimada foram analisados nas mesmas porções de solo. Os valores, em quilogramas por porção, estão na tabela a seguir:

Porção	Nível de cálcio (kg/porção) Antes da queimada	Após a queimada
1	50	9
2	50	18
3	82	45
4	64	18
5	82	18
6	73	9
7	77	32
8	54	9
9	23	18
10	45	9
11	36	9
12	54	9

Construa um intervalo de confiança de 95% para a diferença entre as médias dos níveis de cálcio presentes no solo antes e após a queimada. Assuma que a distribuição das diferenças é aproximadamente normal.

9.91 Um spa afirma que um novo programa de exercícios reduzirá o tamanho da cintura de uma pessoa em dois centímetros, em média, depois de um período de cinco dias. O tamanho das cinturas de seis homens que participaram desse programa, antes e depois do período de cinco dias, estão na tabela que se segue:

Homem	Cintura antes	Cintura depois
1	90,4	91,7
2	95,5	93,9
3	98,7	97,4
4	115,9	112,8
5	104,0	101,3
6	85,6	84,0

Calculando um intervalo de confiança de 95% para a média da redução da cintura, determine se a afirmação do spa é válida. Assuma que a distribuição das diferenças nos tamanhos das cinturas antes e depois do programa é aproximadamente normal.

9.92 O Departamento de Engenharia Civil do Instituto Politécnico da Virgínia comparou uma técnica de teste (M–5 hr) modificada para recuperar coliformes fecais no escoamento das águas pluviais de uma área urbana com uma técnica do número mais provável (NMP). Um total de 12 amostras de escoamento foi colhido e analisado pelas duas técnicas. Os coliformes, por 100 mililitros, foram registrados na tabela a seguir.

Amostra	Contagem NMP	Contagem M–5 hr
1	2300	2010
2	1200	930

(continua)

Amostra	Contagem NMP	Contagem M–5 hr
3	450	400
4	210	436
5	270	4100
6	450	2090
7	154	219
8	179	169
9	192	194
10	230	174
11	340	274
12	194	183

Construa um intervalo de confiança de 90% para as diferenças entre as contagens médias de coliformes fecais das técnicas NMP e M–5 hr. Assuma que as contagens têm distribuição aproximadamente normal.

9.93 Um experimento foi conduzido para determinar se o acabamento da superfície tem efeito no limite da durabilidade do aço. Uma teoria já existente diz que o polimento aumenta a média do limite de durabilidade (reverte a curvatura). De um ponto de vista prático, o polimento não deveria ter nenhum efeito no desvio-padrão do limite de durabilidade, que sabemos ser de 4.000 psi, com base no desempenho de diversos experimentos. Um experimento foi realizado com aço carbono 0,4%, com polimento e sem polimento. Os dados são os seguintes:

Limites de durabilidade (psi) para:	
Aço carbono 0,4% polido	Aço carbono 0,4% não polido
85.500	82.600
91.900	82.400
89.400	81.700
84.000	79.500
89.900	79.400
78.700	69.800
87.500	79.900
83.100	83.400

Determine o intervalo de confiança de 95% para a diferença entre as médias das populações pelos dois métodos, assumindo que as populações têm distribuição aproximadamente normal.

9.94 Um antropólogo está interessado na proporção de indivíduos em duas tribos indígenas com crescimento capilar occipital irregular. Suponha que amostras independentes sejam retiradas das duas tribos e descubra-se que 24 de 100 índios da tribo A e 36 de 120 da tribo B têm essa característica. Construa um intervalo de confiança de 95% para a diferença $p_B - p_A$ entre as proporções com essa característica.

9.95 Um fabricante de ferros elétricos produz os mesmos itens em suas duas fábricas. Ambas as fábricas têm o mesmo fornecedor de peças. Podemos reduzir custos se comprarmos termostatos para a fábricas B do fornecedor local. Um lote é comprado do fornecedor local e desejamos testar se esses novos termostatos são tão precisos quanto os anteriores. Os termostatos foram testados em ferros na temperatura de 550 °F, e as temperaturas reais atuais foram lidas até o 0,1 °F mais próximo. Os dados vêm a seguir.

Novo fornecedor (°F)					
530,3	559,3	549,4	544,0	551,7	566,3
549,9	556,9	536,7	558,8	538,8	543,3
559,1	555,0	538,6	551,1	565,4	554,9
550,0	554,9	554,7	536,1	569,1	

Antigo fornecedor (°F)					
559,7	534,7	554,8	545,0	544,6	538,0
550,7	563,1	551,1	553,8	538,8	564,6
554,5	553,0	538,4	548,3	552,9	535,1
555,0	544,8	558,4	548,7	560,3	

Determine um intervalo de confiança para σ_1^2/σ_2^2 e para σ_1/σ_2, onde σ_1^2 e σ_2^2 são as variâncias das populações das leituras do termostato para os fornecedores novo e antigo, respectivamente.

9.96 Diz-se que a resistência do cabo A é maior do que a do cabo B. Um experimento com ambos os cabos mostra o seguinte resultado (em ohms):

Cabo A	Cabo B
0,140	0,135
0,138	0,140
0,143	0,136
0,142	0,142
0,144	0,138
0,137	0,140

Assumindo variâncias iguais, a que conclusões você pode chegar? Justifique.

9.97 Uma forma alternativa de estimação é realizada por meio do método dos momentos. O método envolve igualar a média e a variância populacionais à média $\bar{x}$ e à variância s^2 amostrais correspondentes e encontrar os parâmetros, resultando nos *estimadores de momentos*. No caso de um parâmetro único, somente as médias são usadas. Forneça um argumento de que, no caso de uma distribuição de Poisson, o estimador de máxima verossimilhança e o estimador de momentos são o mesmo.

9.98 Especifique os estimadores de momentos para μ e σ^2 na distribuição normal.

9.99 Especifique os estimadores de momentos para μ e σ^2 na distribuição log-normal.

9.100 Especifique os estimadores de momentos para α e β na distribuição gama.

9.101 Uma pesquisa foi realizada para comparar os salários dos gerentes de indústrias químicas em duas áreas dos Estados Unidos, as regiões norte e centro-oeste. Amostras aleatórias independentes de 300 gerentes foram selecionadas para cada uma das regiões. Os gerentes foram questionados sobre seus salários anuais. Os resultados são

Norte	Oeste central
$\bar{x}_1$ = \$ 102.300	$\bar{x}_2$ = \$ 98.500
s_1 = \$ 5.700	s_2 = \$ 3.800

(a) Construa um intervalo de confiança de 99% para $\mu_1 - \mu_2$, a diferença nos salários médios.
(b) Que suposição você fez em (a) sobre a distribuição de salários anuais para as duas regiões? A suposição de normalidade é necessária? Por quê?
(c) Que suposição você fez sobre as duas variâncias? A suposição de igualdade das variâncias é razoável? Explique.

9.102 Considere o Exercício de revisão 9.101. Vamos assumir que os dados ainda não foram coletados. E também que estatísticas anteriores sugerem que $\sigma_1 = \sigma_2 =$ \$ 4.000. Os tamanhos das amostras do Exercício 9.101 é suficiente para produzir um intervalo de confiança de 95%, em $\mu_1 - \mu_2$, com amplitude de apenas \$ 1.000? Mostre.

9.103 Um sindicato de trabalhadores específico está se tornando defensivo sobre o absenteísmo de seus membros. E decide checar isso monitorando uma amostra aleatória de seus membros. O número de membros na amostra é 300. O tempo de ausência foi registrado para cada um desses membros. Os resultados foram: $\bar{x}$ = 6,5 horas e s = 2,5 horas. Os líderes do sindicato sempre afirmaram que, em um mês típico, 95% dos membros estiveram ausentes em menos de dez horas por mês. Use os dados para responder a essa afirmação. Utilize um limite de tolerância unilateral e escolha o nível de confiança de 99%. Tenha certeza de interpretar o que você aprendeu sobre os cálculos dos limites de tolerância.

9.104 Uma amostra aleatória de 30 firmas que lidam com produtos sem fio foi selecionada para determinar a proporção das que implementaram um novo *software* para aumentar sua produtividade. O resultado foi que oito das 30 implementaram o *software*. Determine o intervalo de confiança de 95% para p, a real proporção de firmas que o fizeram.

9.105 Volte ao Exercício de revisão 9.104. Suponha que haja uma preocupação sobre se a estimativa pontual $\hat{p}$ = 8/30 está suficientemente correta, pois o intervalo de confiança para p não é estreito o bastante. Usando $\hat{p}$ como estimador de p, quantas empresas seriam necessárias na amostra para termos um intervalo de confiança de 95% com amplitude de apenas 0,05?

9.106 Um fabricante produz itens que são considerados 'defeituosos' ou 'não defeituosos'. Para estimar a proporção de defeituosos, uma amostra aleatória de 100 itens é retirada da produção e dez são considerados defeituosos. Depois da implementação de um programa de qualidade, o experimento foi realizado novamente. Uma nova amostra de 100 itens foi retirada aleatoriamente e, desta vez, seis foram considerados defeituosos.
(a) Dê um intervalo de confiança de 95% para $p_1 - p_2$, onde p_1 é a proporção populacional de defeituosos antes da melhoria e p_2 é a proporção de defeituosos após a melhoria.
(b) Há informação no intervalo de confiança encontrado em (a) que sugere que $p_1 > p_2$? Explique.

9.107 Uma máquina é usada para encher caixas de produtos em uma linha de produção. Há muita preocupação sobre a variabilidade no peso, em número de onças (unidade de peso = 28,34 g) por caixa do produto. O desvio-padrão no peso é 0,3 onça. Uma melhoria foi implementada após uma amostra aleatória de 20 caixas apresentar variância amostral de 0,045 onça. Determine um intervalo de confiança de 95% para a variância do peso do produto. Parece que, da amplitude do intervalo de confiança, a melhoria aumentou a qualidade com relação à variabilidade? Assuma normalidade na distribuição dos pesos.

9.108 Um conjunto de consumidores está interessado em comparar os custos de operação para dois tipos diferentes de motor para automóveis. O conjunto encontrou 15 proprietários cujos carros têm motor tipo *A* e 15 com tipo *B*. Todos os 30 proprietários compraram seus carros na mesma época e mantiveram registros dos últimos 12 meses. Além disso, os proprietários dirigiram a mesma milhagem. As estatísticas de custos são $\bar{y}_A$ = \$ 87,00/1.000 milhas, $\bar{y}_B$ = \$ 75,00/1.000 milhas, s_A = \$ 5,99 e s_B = \$ 4,85. Calcule um intervalo de confiança de 95% para estimar $\mu_A - \mu_B$, a diferença nos custos operacionais médios. Assuma normalidade e variâncias iguais.

9.109 Considere a estatística S_p^2 a estimativa de σ^2. O estimador é discutido na Seção 9.8. Ele é usado quando desejamos assumir que $\sigma_1^2 = \sigma_2^2 = \sigma^2$. Mostre que este estimador é não-viciado para σ^2 (isto é, mostre que $E(S_p^2) = \sigma^2$). Você pode usar os resultados de qualquer teorema ou exemplo do Capítulo 9.

9.110 Um conjunto de pesquisadores do fator humano está preocupado com a reação a um estímulo em pilotos de avião com certa posição no *cockpit*. Um experimento foi conduzido em um laboratório de estimulação e 15 pilotos foram usados, com tempo médio de reação de 3,2 segundos e desvio-padrão de 0,6 segundo. O interesse é caracterizar os extremos (ou seja, o pior cenário). Para solucionar a questão, responda às seguintes perguntas:

(a) Dê um importante limite de confiança unilateral de 99% para o tempo médio de reação. Que suposição, se houver alguma, você deve fazer sobre a distribuição do tempo de reação?
(b) Dê um intervalo de predição unilateral de 99% e sua interpretação. Você deve realizar alguma suposição sobre a distribuição do tempo de reação para calcular esse limite?
(c) Calcule um limite de tolerância unilateral com 99% de confiança que envolva 95% dos tempos de reação. Novamente, dê uma interpretação e suposição na distribuição, se houver. [Nota: Os valores dos limites de tolerância unilaterais também estão incluídos na Tabela A.7.]

9.111 Um fornecedor fabrica um tipo de borracha que é vendido para indústrias automobilísticas. Na aplicação, as peças do material têm de ter uma característica de dureza. Itens defeituosos são descobertos ocasionalmente e, então, descartados. O fornecedor afirma que a proporção de itens defeituosos é de 0,05. Um desafio foi feito por um dos clientes que compraram esse material. Então, um experimento foi conduzido, no qual 400 peças foram testadas e 17 foram consideradas defeituosas.

(a) Calcule o intervalo de confiança bilateral de 95% para a proporção de defeituosos.
(b) Calcule o intervalo de confiança unilateral de 95% para a proporção de defeituosos.
(c) Interprete ambos (a) e (b) e comente a afirmação feita pelo fornecedor.

9.15 Conceitos errôneos e riscos em potencial; relação com material de outros capítulos

O conceito de um *intervalo de confiança para uma amostra grande* em uma população é freqüentemente confuso para o aluno iniciante. Isso se baseia na prescrição de que mesmo quando σ é desconhecido e não estamos convencidos de que a distribuição amostral é normal, então o intervalo de confiança para μ pode ser calculado por

$$\bar{x} \pm z_{\alpha/2} \frac{s}{\sqrt{n}}.$$

Na prática, isto costuma ser usado quando a amostra é muito pequena. A gênese desse intervalo para amostras grandes é, obviamente, o teorema central do limite (TCL), sob o qual a normalidade não é necessária. Aqui o TCL requer um σ conhecido, do qual s é somente uma estimativa. Assim, o requerimento feito é de que n deve ser tão grande quanto 30, pelo menos, e a distribuição é próxima à simetria, caso em que o intervalo ainda é uma aproximação.

Há exemplos nos quais a aplicação prática do material do Capítulo 9 deve ser expressa no contexto do material do capítulo. Uma ilustração muito importante é o uso da distribuição t para o intervalo de confiança para μ quando σ é desconhecido. Estritamente falando, o uso da distribuição t requer que a amostra da distribuição seja normal. Entretanto, sabe-se que qualquer aplicação da distribuição t é razoavelmente insensível (ou seja, *robusta* à suposição de normalidade. Isso representa uma daquelas situações que ocorrem freqüentemente no campo da estatística, na qual uma suposição básica não é mantida e ainda assim 'tudo dá certo!'. Entretanto, a população da qual a amostra é retirada não pode desviar substancialmente da normal. Assim, os gráficos de probabilidade normal discutidos no Capítulo 8 e os testes de qualidade de ajuste introduzidos no Capítulo 10 serão freqüentemente necessários aqui para verificar a 'proximidade da normalidade'. Essa idéia da 'robustez à normalidade' reaparecerá no Capítulo 10.

Pela experiência, sabemos que um dos mais sérios 'usos errôneos da estatística' na prática envolve a confusão na distinção da interpretação dos tipos de intervalos estatísticos. Por isso a subseção neste capítulo, em que as diferenças entre os três tipos de intervalos são discutidas. É muito provável que, na prática, o *intervalo de confiança seja intensamente superusado*. Ou seja, ele é usado quando não há realmente interesse na média. Em vez disso, sempre há questões do tipo "Onde a próxima observação estará?". Ou, freqüentemente, com mais importância, "Onde é a parte mais importante da distribuição?" Essas são questões cruciais que não são respondidas com o cálculo de um intervalo para a média. Um intervalo de confiança costuma ser interpretado erroneamente como se a probabilidade do parâmetro estar neste intervalo é, digamos, de 95%, o que é uma interpretação correta do *intervalo à posteriori bayesiano* (os leitores podem recorrer ao Capítulo 18 para mais informações sobre inferência bayesiana). O intervalo de confiança meramente sugere que, se o experimento ou dados forem observado várias vezes, mais ou menos 95% de tais intervalos conterão o parâmetro real. Qualquer estudante iniciante das práticas estatísticas deveria ter uma idéia muito clara sobre a diferença entre esses intervalos estatísticos.

Outro uso errôneo em potencial das estatísticas diz respeito à utilização da distribuição χ^2 em um intervalo de confiança para uma única variância. Novamente, a normalidade na distribuição da qual a amostra foi retirada é assumida. Diferentemente do uso da distribuição *t*, o uso do teste χ^2 para essa aplicação *não é robusta à suposição de normalidade* (ou seja, a distribuição amostral de $\frac{(n-1)S^2}{\sigma^2}$ desvia muito da χ^2 se a distribuição não for normal). Portanto, o uso estrito dos testes de qualidade de ajuste (Capítulo 10) e/ou dos gráficos de probabilidade normal pode ser extremamente importante aqui. Mais informações sobre esse assunto serão fornecidas em capítulos futuros.

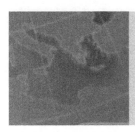

Capítulo 10

Testes de hipóteses em uma e duas amostras

10.1 Hipótese estatística: conceitos gerais

Em geral, o problema enfrentado pelo cientista ou engenheiro não é tanto a estimação dos parâmetros populacionais conforme discutimos no Capítulo 9, mas sim a formação de um procedimento com base em dados que possa produzir uma conclusão sobre algum sistema científico. Por exemplo, um pesquisador da área médica pode decidir, com base em evidências experimentais, se ingerir café aumenta o risco de câncer em seres humanos; um engenheiro pode ter de decidir, baseado nos dados amostrais, se há uma diferença na acurácia entre dois tipos de medidores; ou um sociólogo pode desejar coletar dados apropriados para decidir se o tipo sangüíneo ou a cor dos olhos de uma pessoa são variáveis aleatórias independentes. Em cada um desses casos, o engenheiro ou cientista *postula* ou *conjectura* algo sobre um sistema. Além disso, cada um deve envolver o uso de dados experimentais e a tomada de decisão com base nos dados. Formalmente, em cada caso, a conjectura pode ser colocada na forma de hipótese estatística. Procedimentos que levam à aceitação ou rejeição de hipóteses estatísticas, tais como essas compreendem uma área muito importante da inferência estatística. Primeiro, vamos definir precisamente o que queremos dizer por *hipótese estatística*.

Definição 10.1
Uma *hipótese estatística* é uma afirmação ou conjectura sobre uma ou mais populações.

Nunca sabemos com absoluta certeza se uma hipótese estatística é verdadeira ou falsa, a não ser que examinemos a população inteira. Isso, é claro, seria impraticável na maioria das situações. Em vez disso, retiramos uma amostra aleatória da população de interesse e usamos os dados contidos nela para fornecer evidência que apóie ou refute a hipótese. Evidências amostrais inconsistentes com a hipótese afirmada levam à rejeição desta.

O papel da probabilidade no teste de hipótese

Deve estar claro para o leitor que o procedimento de decisão deve ser feito com a consciência da *probabilidade de uma conclusão errada*. Por exemplo, suponha que a hipótese postulada por um engenheiro é de que a fração p de itens defeituosos em certo processo é 0,10. O experimento consiste em observar uma amostra aleatória do produto em questão. Suponha que cem itens são testados e encontram-se 12 defeituosos. É razoável concluir que essa evidência não refuta a condição $p = 0,10$ e, assim, leva o engenheiro a não rejeitar a hipótese. Entretanto, ela também não refuta $p = 0,12$ ou, talvez, $p = 0,15$. Como resultado, o leitor deve entender que *a rejeição de uma hipótese implica que as evidências da amostra a refutam*. Em outras palavras, *a rejeição significa que há uma pequena probabilidade de se obter a informação amostral observada quando, de fato, a hipótese é verdadeira*. Por exemplo, em nossa hipótese sobre a proporção de itens defeituosos, uma amostra de cem itens com 20 defeituosos é certamente uma evidência de rejeição. Por quê? Porque se, de fato, $p = 0,10$, a probabilidade de obtermos 20 ou mais itens defeituosos em cem é, aproximadamente, 0,002. Com o pequeno risco de se chegar a uma conclusão errada, parece ser seguro *rejeitar a hipótese* de que $p = 0,10$. Em outras palavras, a rejeição de uma hipótese tende a tudo menos à sua 'exclusão'. Por outro lado, é muito importante enfatizar que a aceitação, ou melhor, a não rejeição, não exclui outras possibilidades. Como conseqüência, a *conclusão sólida é estabelecida pelo analista de dados quando uma hipótese é rejeitada*.

A afirmação formal de uma hipótese é freqüentemente influenciada pela estrutura da probabilidade de uma conclusão errônea. Se o cientista está interessado em *apoiar fortemente* uma alegação, ele espera chegar à alegação na forma de rejeição de uma hipótese. Se um pesquisador da área médica deseja mostrar fortes evidências a favor da afirmação de que ingerir café aumenta o risco de câncer, a hipótese testada deve estar na forma 'não há aumento no risco de câncer ao ingerir café'. Como resultado, a alegação é alcançada por uma rejeição. De modo similar, para sustentar a afirmação de que um medidor é mais preciso que o outro, o engenheiro testa a hipótese de que não há diferença na acurácia entre os dois medidores.

O que veremos a seguir implica que, quando o analista de dados formaliza a evidência experimental com base no teste de hipóteses, a *declaração* formal *da hipótese* é muito importante.

Hipóteses nula e alternativa

A estrutura do teste de hipóteses será formulada com o uso do termo *hipótese nula*, que se refere a qualquer hipótese que desejamos testar e é denotada por H_0. A rejeição de H_0 leva à aceitação de uma *hipótese alternativa*, denotada por H_1. Um entendimento dos diferentes papéis desempenhados pela hipótese nula (H_0) e pela hipótese alternativa (H_1) é crucial para o entendimento dos fundamentos do teste de hipóteses. A hipótese alternativa H_1 costuma representar a *questão a ser respondida, a teoria a ser testada* e, assim, sua especificação é crucial. A hipótese nula H_0 anula ou se opõe a H_1 e é, freqüentemente, o complemento lógico de H_1. Conforme o leitor obtém mais entendimento dos testes de hipóteses, deve notar que o analista chega a uma das duas conclusões a seguir:

rejeitar H_0: a favor de H_1, pois há evidência suficiente nos dados.

não rejeitar H_0: pois não há evidência suficiente nos dados.

Note que as *conclusões não envolvem um 'aceitar H_0' literal e formal*. A afirmação em H_0 freqüentemente representa o *status quo* em oposição à nova idéia, conjectura etc. afirmada em H_1, enquanto a não rejeição de H_0 representa uma conclusão apropriada. Em nosso exemplo binomial, a questão prática pode surgir de uma preocupação de que a probabilidade de defeituosos histórica de 0,10 não seja mais verdadeira. Na verdade, a conjectura pode ser que ela exceda 0,10. Podemos então afirmar

$H_0: p = 0{,}10,$

$H_1: p > 0{,}10.$

Agora, 12 itens defeituosos em cem não refutam um $p = 0{,}10$, então a conclusão é 'não rejeitar H_0'. Entretanto, se os dados produzem 20 defeituosos em cem itens, a conclusão é, então, 'rejeitar H_0' em favor de $H_1: p > 0{,}10$.

Embora as aplicações dos testes de hipóteses sejam abundantes nas áreas de ciências e engenharia, talvez a melhor ilustração para o novato seja a difícil situação de um julgamento em um tribunal. As hipóteses nula e alternativa são

H_0: o réu é inocente,

H_1: o réu é culpado.

A acusação vem da suspeita de culpa. A hipótese H_0 (*status quo*) está em oposição a H_1 e é mantida a não ser que H_1 seja apoiada por uma evidência 'além da dúvida lógica'. Entretanto, 'a não rejeição de H_0' neste caso não implica inocência, mas meramente que a evidência não foi suficiente para a condenação. Então, o júri não necessariamente *aceita H_0*, mas *ele não rejeita H_0*.

10.2 Testando uma hipótese estatística

Para ilustrar os conceitos usados no teste de uma hipótese estatística sobre uma população, considere o exemplo a seguir. Sabe-se que um tipo de vacina antigripal é eficaz após um período de dois anos em apenas 25% das vacinadas. Para determinar se uma vacina mais nova e mais cara é melhor ao fornecer proteção contra o mesmo vírus por um período maior, suponha que 20 pessoas são escolhidas aleatoriamente e vacinadas. Em um estudo real desse tipo, o número de participantes que recebem a vacina deve ser alguns milhares. O número 20 é usado aqui somente para demonstrar os estágios básicos para uma estatística de teste. Se mais de oito daqueles que receberam a nova vacina ultrapassam o período de dois anos sem contrair a doença, a nova vacina será considerada melhor que a atual. A exigência de que o número exceda oito é, de algum modo, arbitrária, mas parece razoável, já que representa um ganho modesto sobre as cinco pessoas que esperaríamos receber proteção se as 20 pessoas tivessem recebido a vacina que já está em uso. Estamos, essencialmente, testando a hipótese nula de que a nova vacina tem a mesma eficácia após dois anos que a vacina usada atualmente. A hipótese alternativa é a de que a nova vacina é, de fato, superior. Isso é equivalente a testar a hipótese de que o parâmetro binomial para a probabilidade de um sucesso em certa tentativa seja $p = 1/4$ contra a alternativa de que $p > 1/4$. Isso costuma ser escrito como se segue:

$H_0: p = 0{,}25,$

$H_1: p > 0{,}25.$

A estatística de teste

A *estatística de teste* na qual baseamos nossa decisão é X, o número de indivíduos em nosso conjunto de teste que recebe proteção da nova vacina por um período de pelo menos dois anos. Os valores possíveis de X, de 0 a 20, são divididos em dois conjuntos: aqueles números menores ou iguais a 8 e aqueles maiores de 8. Todos os escores maiores que 8 constituem a *região crítica*. O último número que observarmos ao passarmos para a região crítica é chamado de *valor crítico*. Em nosso exemplo, o valor crítico é o número 8. Portanto, se $x > 8$ rejeitamos H_0 em favor da hipótese alternativa H_1. Se $x \leq 8$, não rejeitarmos H_0. Esse é o critério de decisão ilustrado na Figura 10.1.

O procedimento de decisão descrito poderia levar a uma de duas conclusões errôneas. Por exemplo, a nova vacina pode não ser melhor do que a vacina em uso atualmente e, para esse grupo em particular de indivíduos selecionados

Figura 10.1 Critério de decisão para testar $p = 0{,}25$ versus $p > 0{,}25$.

aleatoriamente, mais de oito ultrapassam o período de dois anos sem contrair o vírus. Estaríamos cometendo um erro ao rejeitar H_0 em favor de H_1 quando, na verdade, H_0 é verdadeira. Tal erro é chamado de *erro tipo I*.

Definição 10.2
A rejeição da hipótese nula quando ela é verdadeira é chamada de *erro tipo I*.

Um segundo tipo de erro é cometido se oito ou menos do grupo ultrapassam o período de dois anos com sucesso e não capazes de concluir que a vacina não é melhor quando, na verdade, ela o é. Neste caso, não rejeitamos H_0 quando, na verdade, ela é falsa. Esse tipo é chamado de *erro tipo II*.

Definição 10.3
A não rejeição da hipótese nula quando ela é falsa é chamada de *erro tipo II*.

Ao testar qualquer hipótese estatística, há quatro situações possíveis que determinam se nossa decisão está correta ou não. As quatro situações estão resumidas na Tabela 10.1.

A probabilidade de cometer um erro tipo I, também chamada de *nível de significância*, é denotada pela letra grega α. Em nossa ilustração, um erro tipo I ocorrerá quando mais de oito indivíduos ultrapassarem dois anos sem contrair o vírus usando a nova vacina quando esta, na verdade, é equivalente àquela já em uso. Portanto, se X é o número de indivíduos que se mantêm livres do vírus por pelo menos dois anos,

$$\alpha = P(\text{erro tipo I})$$
$$= P\left(X > 8 \text{ quando } p = \frac{1}{4}\right) = \sum_{x=9}^{20} b\left(x; 20, \frac{1}{4}\right)$$
$$= 1 - \sum_{x=0}^{8} b\left(x; 20, \frac{1}{4}\right) = 1 - 0{,}9591 = 0{,}0409.$$

Tabela 10.1 Situações possíveis ao testar uma hipótese estatística

	H_0 é verdadeira	H_0 é falsa
Não rejeitar H_0	Decisão correta	Erro tipo II
Rejeitar H_0	Erro tipo I	Decisão correta

Dizemos que a hipótese nula, $p = 1/4$, está sendo testada no nível de significância $\alpha = 0{,}0409$. Algumas vezes, o nível de significância é chamado de *tamanho do teste*. Uma região crítica de tamanho 0,0409 é muito pequena e, portanto, é improvável que o erro tipo I seja cometido. Conseqüentemente, seria muito incomum que mais de oito indivíduos permanecessem imunes ao vírus por um período de dois anos usando a nova vacina quando esta é essencialmente equivalente àquela já no mercado.

Probabilidade de um erro tipo II

A probabilidade de se cometer um erro tipo II, denotada por β, é impossível de ser calculada a não ser que tenhamos uma hipótese alternativa específica. Se testarmos a hipótese nula de que $p = 1/4$ contra a hipótese alternativa de que $p = 1/2$, então poderemos calcular a probabilidade de não rejeitar H_0 quando ela é falsa. Simplesmente encontramos, no grupo, a probabilidade de obter oito ou menos que ultrapassam o período de dois anos quando $p = 1/2$. Neste caso,

$$\beta = P(\text{erro tipo II}) = P\left(X \leq 8 \text{ quando } p = \frac{1}{2}\right)$$
$$= \sum_{x=0}^{8} b\left(x; 20, \frac{1}{2}\right) = 0{,}2517.$$

Essa é uma probabilidade alta, que indica um procedimento de teste no qual é muito provável que rejeitaremos a nova vacina quando, na verdade, ela é superior àquela já em uso. Idealmente, gostaríamos de usar um procedimento de teste para o qual as probabilidades dos erros tipo I e II sejam ambas pequenas.

É possível que o diretor do programa de testes deseje cometer um erro tipo II se a vacina mais cara não for significativamente superior. De fato, o único momento no qual ele deseja se proteger do erro tipo II é quando o valor real de p é, pelo menos, 0,7. Se $p = 0{,}7$, esse procedimento de teste fornece

$$\beta = P(\text{erro tipo II}) = P(X \leq 8 \text{ quando } p = 0{,}7)$$
$$= \sum_{x=0}^{8} b(x; 20, 0{,}7) = 0{,}0051.$$

Com uma probabilidade tão pequena de se cometer um erro tipo II, é extremamente improvável que a nova vacina seja rejeitada quando tem eficácia de 70% depois de um período de dois anos. À medida que a hipótese alternativa aproxima de 1, o valor de β diminui para 0.

O papel de α e β e do tamanho da amostra

Vamos assumir que o diretor de um programa de testes não deseja cometer um erro tipo II quando a hipótese alternativa $p = 1/2$ é verdadeira, embora tenhamos descoberto que a probabilidade de tal erro é de $\beta = 0{,}2517$.

Uma redução em β sempre é possível aumentando o tamanho da região crítica. Por exemplo, considere o que acontece aos valores de α e β quando mudamos nosso valor crítico para 7, de modo que todos os escores maiores que 7 estejam na região crítica e aqueles menores ou iguais a 7 estejam na área de não rejeição. Agora, ao testar $p = 1/4$ contra a hipótese alternativa de $p = 1/2$, descobrimos que

$$\alpha = \sum_{x=8}^{20} b\left(x; 20, \frac{1}{4}\right) = 1 - \sum_{x=0}^{7} b\left(x; 20, \frac{1}{4}\right)$$

$$= 1 - 0{,}8982 = 0{,}1018$$

e

$$\beta = \sum_{x=0}^{7} b\left(x; 20, \frac{1}{2}\right) = 0{,}1316.$$

Adotando um novo procedimento de decisão, reduzimos a probabilidade de cometer um erro tipo II ao custo de aumentar a probabilidade de cometer um erro tipo I. Para um tamanho fixo de amostra, uma redução na probabilidade de um erro normalmente resulta num aumento da probabilidade do outro erro. Felizmente, a *probabilidade de cometer ambos os tipos de erros pode ser reduzida aumentando-se o tamanho da amostra*. Considere o mesmo problema usando uma amostra aleatória de cem indivíduos. Se mais de 36 no conjunto ultrapassarem o período de dois anos, rejeitamos a hipótese nula de que $p = 1/4$ e aceitamos a hipótese alternativa de que $p > 1/4$. Agora, o valor crítico é 36. Todos os escores possíveis acima de 36 constituem a região crítica e todos os escores possíveis menores ou iguais a 36 estão na região de aceitação.

Para determinar a probabilidade de se cometer um erro tipo I, devemos usar a aproximação da curva normal com

$$\mu = np = (100)\left(\frac{1}{4}\right) = 25$$

e

$$\sigma = \sqrt{npq} = \sqrt{(100)(1/4)(3/4)} = 4{,}33.$$

Em relação à Figura 10.2, precisamos da área abaixo da curva normal à direita de $x = 36{,}5$. O valor z correspondente é

$$z = \frac{36{,}5 - 25}{4{,}33} = 2{,}66.$$

Da Tabela A.3, descobrimos que

$\alpha = P(\text{erro tipo I})$

$= P\left(X > 36 \text{ quando } p = \frac{1}{4}\right) \approx P(Z > 2{,}66)$

$= 1 - P(Z < 2{,}66) = 1 - 0{,}9961 = 0{,}0039.$

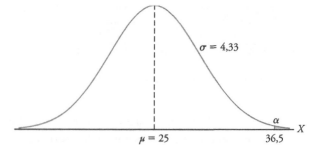

Figura 10.2 Probabilidade de um erro tipo I

Se H_0 for falsa e o valor real em H_1 for $p = 1/2$, podemos determinar a probabilidade de um erro tipo II usando a aproximação da curva normal com

$$\mu = np = (100)(1/2) = 50$$

e

$$\sigma = \sqrt{npq} = \sqrt{(100)(1/2)(1/2)} = 5.$$

A probabilidade de estar na região de não rejeição quando H_0 é verdadeira é dada pela área na região sombreada à esquerda de $x = 36{,}5$, da Figura 10.3. O valor z correspondente a $x = 36{,}5$ é

$$z = \frac{36{,}5 - 50}{5} = -2{,}7.$$

Portanto,

$\beta = P(\text{erro tipo II}) = P\left(X \leq 36 \text{ quando } p = \frac{1}{2}\right)$

$\approx P(Z < -2{,}7) = 0{,}0035.$

Obviamente, os erros tipo I e II raramente ocorrerão se o experimento for composto de cem indivíduos.

A ilustração dada enfatiza a estratégia dos cientistas em testes de hipóteses. Depois que as hipóteses nula e alternativa são enunciadas, é importante considerar a sensibilidade do procedimento de teste. Com isso, queremos dizer que deveria haver uma determinação, para um α fixo, de um valor razoável para a probabilidade de aceitar erroneamente H_0 (ou seja, o valor de β) quando a situação real representa algum *desvio importante de H_0*. O valor do tamanho da amostra normalmente pode ser

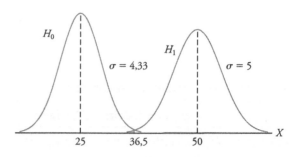

Figura 10.3 Probabilidade de um erro tipo II.

determinado de modo que haja um equilíbrio entre α e o valor de β calculado dessa maneira. O problema da vacina é um exemplo.

Exemplo com uma variável aleatória contínua

Os conceitos discutidos aqui para uma população discreta podem ser igualmente bem aplicados para variáveis aleatórias contínuas. Considere a hipótese nula de que o peso médio de estudantes do sexo masculino em uma universidade é 68 quilogramas, contra a hipótese alternativa de que é diferente de 68. Então, desejamos testar

$$H_0: \mu = 68,$$
$$H_1: \mu \neq 68.$$

A hipótese alternativa permite a possibilidade de que $\mu < 68$ ou $\mu > 68$.

Uma média amostral que esteja próxima ao valor hipotético de 68 seria considerada evidência a favor de H_0. Por outro lado, uma média amostral que seja consideravelmente menor ou maior que 68 seria evidência de inconsistência com H_0 e, então, favoreceria H_1. A média amostral é a estatística de teste neste caso. Uma região crítica para a estatística de teste pode ser escolhida arbitrariamente como sendo os dois intervalos $\bar{x} < 67$ e $\bar{x} > 69$. A região de não rejeição será, então, o intervalo $67 \leq \bar{x} \leq 69$. Esse critério de decisão está ilustrado na Figura 10.4. Vamos, agora, utilizar os critérios de decisão da Figura 10.4 para calcular as probabilidades de cometermos os erros tipo I e II quando testarmos a hipótese nula de que $\mu = 68$ contra a hipótese alternativa de que $\mu \neq 68$.

Assuma que o desvio-padrão da população dos pesos seja $\sigma = 3,6$. Para amostras grandes, podemos substituir s por σ, se nenhum outro estimador de σ estiver disponível. Nossa estatística de decisão baseada numa amostra aleatória de tamanho $n = 36$, será $\bar{X}$, o estimador mais eficiente de μ. Do teorema central do limite, sabemos que a distribuição amostral de $\bar{X}$ é aproximadamente normal com desvio-padrão $\sigma_{\bar{X}} = \sigma/\sqrt{n} = 3,6/6 = 0,6$.

A probabilidade de cometermos um erro tipo I, ou seja, o nível de significância de nosso teste, é igual à soma das áreas sombreadas nas caudas da distribuição na Figura 10.5. Portanto,

$$\alpha = P(\bar{X} < 67 \text{ quando } \mu = 68)$$
$$+ P(\bar{X} > 69 \text{ quando } \mu = 68).$$

Rejeitar H_0 (μ 68)	Não rejeitar H_0 ($\mu = 68$)	Rejeitar H_0 (μ 68)
67	68	69

Figura 10.4 Região crítica (em cinza-escuro).

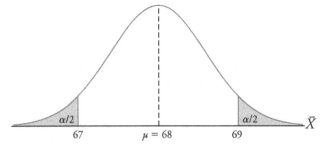

Figura 10.5 Região crítica para testar $\mu = 68$ versus $\mu \neq 68$.

Os valores z correspondentes a $\bar{x}_1 = 67$ e $\bar{x}_2 = 69$, quando H_0 é verdadeira, são

$$z_1 = \frac{67-68}{0,6} = -1,67 \quad \text{e} \quad z_2 = \frac{69-68}{0,6} = 1,67.$$

Portanto,

$$\alpha = P(Z < -1,67) + P(Z > 1,67) = 2P(Z < -1,67)$$
$$= 0,0950.$$

Assim, 9,5% de todas as amostras de tamanho 36 nos levariam a rejeitar que $\mu = 68$ quando, de fato, isto é verdade. Para reduzir α, temos a opção de aumentar o tamanho da amostra ou ampliar a região de não rejeição. Suponha que aumentemos o tamanho da amostra para $n = 64$. Então $\sigma_{\bar{x}} = 3,6/8 = 0,45$. Agora,

$$z_1 = \frac{67-68}{0,45} = -2,22 \quad \text{e} \quad z_2 = \frac{69-68}{0,45} = 2,22.$$

Então,

$$\alpha = P(Z < -2,22) + P(Z > 2,22) = 2P(Z < -2,22)$$
$$= 0,0264.$$

A redução em α não é suficiente para garantir um bom procedimento de teste. Também precisamos avaliar β para várias hipóteses alternativas. Se for importante rejeitar H_0 quando a verdadeira média é algum valor $\mu \geq 70$ ou $\mu \leq 66$, então a probabilidade de cometer um erro tipo II deveria ser calculada e examinada para as alternativas $\mu = 66$ e $\mu = 70$. Por causa da simetria, basta considerar a probabilidade de não rejeitar a hipótese nula de que $\mu = 68$ quando a hipótese alternativa $\mu = 70$ for verdadeira. Um erro tipo II acontecerá quando a média amostral $\tilde{x}$ estiver entre 67 e 69 quando H_1 é verdadeira. Portanto, em relação à Figura 10.6, descobrimos que

$$\beta = P(67 \leq \bar{X} \leq 69 \text{ quando } \mu = 70).$$

Os valores z correspondentes a $\bar{x}_1 = 67$ e $\bar{x}_2 = 69$, quando H_1 é verdadeira, são

$$z_1 = \frac{67-70}{0,45} = -6,67 \quad \text{e} \quad z_2 = \frac{69-70}{0,45} = -2,22.$$

Portanto,

$$\beta = P(-6,67 < Z < -2,22)$$

$$= P(Z < -2,22) - P(Z < -6,67)$$
$$= 0,0132 - 0,0000 = 0,0132.$$

Se o valor verdadeiro de μ for o valor alternativo $\mu = 66$, o valor de β será novamente 0,0132. Para todos os valores possíveis de $\mu < 66$ ou $\mu > 70$, o valor de β será ainda menor quando $n = 64$ e, conseqüentemente, haveria uma chance pequena de não rejeitar H_0 quando for falsa.

A probabilidade de cometer um erro tipo II aumenta rapidamente quando o verdadeiro valor de μ se aproxima do, mas não é igual ao, valor sob H_0. É claro, esta costuma ser uma situação na qual não nos importamos em cometer um erro tipo II. Por exemplo, se a hipótese alternativa $\mu = 68,5$ for verdadeira, não nos importaremos em cometer um erro tipo II ao concluir que a resposta verdadeira é $\mu = 68$. A probabilidade de cometer tal erro é alta quando $n = 64$. Em relação à Figura 10.7, temos

$$\beta = P(67 \leq \bar{X} \leq 69 \text{ quando } \mu = 68,5).$$

Os valores correspondentes de z para $\bar{x}_1 = 67$ e $\bar{x}_2 = 69$, quando $\mu = 68,5$ são

$$z_1 = \frac{67 - 68,5}{0,45} = -3,33 \quad \text{e} \quad z_2 = \frac{69 - 68,5}{0,45} = 1,11.$$

Portanto,

$$\beta = P(-3,33 < Z < 1,11) = P(Z < 1,11) - P(Z < -3,33)$$
$$= 0,8665 - 0,0004 = 0,8661.$$

Os exemplos precedentes ilustram estas importantes propriedades:

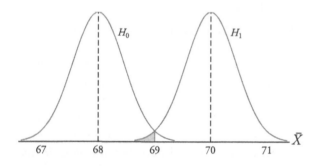

Figura 10.6 Probabilidade de erro tipo II para o teste $\mu = 68$ versus $\mu = 70$.

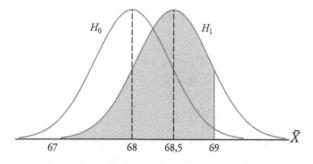

Figura 10.7 Erro tipo II para o teste $\mu = 68$ versus $\mu = 68,5$.

Importantes propriedades de um teste de hipóteses

1. Os erros tipo I e II são relacionados. Uma redução na probabilidade de um geralmente resulta num aumento da probabilidade do outro.
2. O tamanho da região crítica, e, portanto, a probabilidade de se cometer um erro tipo I, pode ser sempre reduzido ajustando-se o(s) valor(es) crítico(s).
3. Um aumento no tamanho da amostra n reduzirá α e β simultaneamente.
4. Se a hipótese nula é falsa, β é máximo quando o valor real de um parâmetro se aproxima do valor hipotético. Quanto maior a distância entre o valor real e o hipotético, menor será o valor de β.

Um conceito muito importante que se relaciona com as probabilidades de erro é a noção de poder de um teste.

Definição 10.4
O *poder* de um teste é a probabilidade de se rejeitar H_0 dado que uma alternativa específica é verdadeira.

O poder de um teste pode ser calculado como $1 - \beta$. Freqüentemente, *diferentes tipos de testes são comparados contrastando-se suas propriedades de poder*. Considere as ilustrações anteriores nas quais testamos $H_0: \mu = 68$ e $H_1: \mu \neq 68$. Como antes, suponha que estamos interessados em avaliar a sensibilidade do teste. O teste é governado pela regra de que não rejeitaremos H_0 se $67 \leq \bar{x} \leq 69$. Procuramos a capacidade do teste em rejeitar H_0 apropriadamente quando $\mu = 68,5$. Vimos que a probabilidade de um erro tipo II é dada por $\beta = 0,8661$. Assim, o *poder* do teste é $1 - 0,8661 = 0,1339$. Neste sentido, o poder é uma medida mais sucinta de quão sensível o teste é para 'detectar diferenças' entre uma média de 68 e 68,5. Neste caso, se μ for verdadeiramente 68,5, o teste, como foi descrito, apropriadamente rejeitará H_0 *apenas em 13,39% das vezes*. Como resultado, o teste não será bom se for importante que o analista tenha uma chance razoável de verdadeiramente distinguir entre a média 68 (especificada por H_0) e uma média de 68,5. Deste resultado, está claro que, para produzir um poder desejável (digamos, maior que 0,8), deve-se aumentar α ou aumentar o tamanho da amostra.

Até agora neste capítulo, muito do texto sobre teste de hipóteses gira em torno de fundamentações e definições. Nas seções a seguir, tornamo-nos mais específicos e colocamos as hipóteses para categorias, bem como discutimos testes de hipóteses em vários parâmetros de interesse. Começaremos mostrando a distinção entre testes de hipóteses uni e bilaterais.

10.3 Testes uni e bilaterais

Um teste de qualquer hipótese estatística, na qual a alternativa é *unilateral*, tal como ou talvez

$$H_0: \theta = \theta_0,$$
$$H_1: \theta > \theta_0,$$

$$H_0: \theta = \theta_0,$$
$$H_1: \theta < \theta_0,$$

é chamado de teste *unicaudal*. Na Seção 10.2, referimo-nos à *estatística de teste* para uma hipótese. Geralmente, a região crítica para a hipótese alternativa $\theta > \theta_0$ está na cauda direita da distribuição da estatística de teste, enquanto a região crítica para a hipótese alternativa $\theta < \theta_0$ está inteiramente na cauda esquerda. De certa forma, o símbolo de desigualdade aponta para a direção em que está a região crítica. Um teste unicaudal foi usado no experimento sobre a vacina na Seção 10.2 para testar a hipótese de $p = 1/4$ contra a alternativa unilateral de $p > 1/4$ para a distribuição binomial. A região crítica unicaudal costuma ser óbvia. Para a compreensão, o leitor deve visualizar o comportamento da estatística de teste e notar o *sinal* claro que produziria a evidência que apóia a hipótese alternativa.

Um teste de qualquer hipótese estatística em que a alternativa é *bilateral*, tal como

$$H_0: \theta = \theta_0,$$
$$H_1: \theta \neq \theta_0,$$

é chamado de *teste bicaudal*, já que a região crítica é dividida em duas partes, tendo freqüentemente probabilidades iguais localizadas em cada cauda da distribuição da estatística de teste. A hipótese alternativa $\theta \neq \theta_0$ afirma que $\theta < \theta_0$ ou $\theta > \theta_0$. Um teste bicaudal foi usado para testar a hipótese nula de que $\mu = 68$ quilogramas contra a alternativa bilateral $\mu \neq 68$ quilogramas para a população contínua de pesos dos estudantes, da Seção 10.2.

Como são escolhidas as hipóteses nula e alternativa?

A hipótese nula H_0 será freqüentemente enunciada usando-se o *sinal de igualdade*. Com essa abordagem, fica claro como a probabilidade do erro tipo I é controlada. Entretanto, há situações nas quais a aplicação sugere que 'não rejeitar H_0' implica que o parâmetro θ pode ser qualquer valor definido pelo complemento natural da hipótese alternativa. Por exemplo, no exemplo da vacina em que a hipótese alternativa é $H_1: p > 1/4$, é bastante possível que a não rejeição de H_0 não possa excluir um valor de p menor que $1/4$. Mas é claro que, no caso de testes unicaudais, a afirmação da alternativa é a consideração mais importante.

Montar um teste uni ou bicaudal depende da conclusão obtida se H_0 for rejeitada. A localização da região crítica pode ser determinada somente após H_1 ter sido afirmada. Por exemplo, ao se testar uma nova droga, monta-se um teste de hipóteses no qual a nova droga não é melhor do que as que já estão no mercado, e testa-se isso contra a hipótese alternativa de que a nova droga seja superior. Tal hipótese alternativa resultará em um teste unicaudal com região crítica na cauda direita. Entretanto, se desejamos comparar uma nova técnica de ensino com os procedimentos tradicionais de sala de aula, a hipótese alternativa deveria permitir que o novo método fosse superior ou inferior ao convencional. Então, o teste é bicaudal com a região crítica dividida igualmente de modo a estar nas caudas da extrema esquerda e direita da distribuição de nossa estatística.

■ Exemplo 10.1

Um fabricante de certo tipo de cereal de arroz afirma que o conteúdo médio de gordura saturada não excede 1,5 grama. Estabeleça as hipóteses nula e alternativa para serem usadas no teste e determine onde a região crítica está localizada.

Solução: A afirmação do fabricante somente deveria ser rejeitada se μ fosse maior que 1,5 miligrama e não deveria ser rejeitada se μ fosse menor ou igual a 1,5 miligrama. Testamos

$$H_0: \mu = 1{,}5,$$
$$H_1: \mu > 1{,}5,$$

a não rejeição de H_0 não exclui os valores menores que 1,5 miligrama. Já que temos um teste unicaudal, o símbolo maior indica que a região crítica está inteiramente na cauda direita da distribuição da nossa estatística de teste $\bar{X}$.

■ Exemplo 10.2

Um corretor de imóveis afirma que 60% de todas as residências privadas construídas este ano são de três dormitórios. Para testar sua afirmação, uma grande amostra de novas residências está sendo inspecionada; a proporção dessas casas com três dormitórios é registrada e usada como nossa estatística de teste. Estabeleça as hipóteses nula e alternativa a serem usadas nesse teste e determine a localização da região crítica.

Solução: Se a estatística de teste for substancialmente maior ou menor que $p = 0{,}6$, nós rejeitamos a afirmação do corretor. Então, deveríamos fazer a hipótese

$$H_0: p = 0{,}6,$$
$$H_1: p \neq 0{,}6.$$

A hipótese alternativa implica um teste bicaudal com região crítica dividida igualmente em ambas as caudas da distribuição de $\hat{P}$, nossa estatística de teste.

10.4 Uso de valores P para tomada de decisão em testes de hipóteses

Ao testar hipóteses nas quais a estatística de teste é discreta, a região crítica pode ser escolhida arbitrariamente e seu tamanho, determinado. Se α for muito grande, pode ser reduzido fazendo-se um ajuste no valor crítico. Pode ser necessário aumentar o tamanho da amostra para contrabalançar a redução que ocorre automaticamente no poder do teste.

Depois de um número de gerações de análises estatísticas, tornou-se costumeiro escolher um α de 0,05 ou 0,01 e selecionar a região crítica correspondente. Então, é claro, a rejeição ou não rejeição estrita de H_0 dependeria da região crítica. Por exemplo, se o teste é bicaudal e α está ajustado no nível de significância 0,05 e o teste envolve, digamos, uma distribuição normal padrão, então um valor z é observado dos dados e a região crítica é

$$z > 1{,}96 \quad \text{ou} \quad z < -1{,}96,$$

onde o valor 1,96 é encontrado como $z_{0,025}$ na Tabela A.3. O valor de z na região crítica leva à afirmação 'O valor da estatística de teste é significante'. Podemos traduzir isso para a língua do usuário. Por exemplo, se o teste de hipóteses é dado por

$$H_0: \mu = 10,$$
$$H_1: \mu \neq 10,$$

pode-se dizer: 'A média difere significativamente do valor 10'.

Pré-seleção de um nível de significância

Essa pré-seleção do nível de significância α tem suas raízes na filosofia de que o risco máximo de se cometer um erro tipo I deve ser controlado. Entretanto, tal abordagem não se responsabiliza por valores da estatística de teste que estão 'próximos' da região crítica. Suponha, por exemplo, no exemplo com $H_0: \mu = 10$ *versus* $H_1: \mu \neq 10$, um valor de $z = 1{,}87$ é observado; a rigor, com $\alpha = 0{,}05$ o valor não é significante. Mas o risco de cometer um erro tipo I se rejeitarmos H_0 neste caso dificilmente poderia ser considerado grave. De fato, em um cenário bicaudal pode-se quantificar esse risco como

$$P = 2P(Z > 1{,}87 \text{ quando } \mu = 10)$$
$$= 2(0{,}0307) = 0{,}0614.$$

Como resultado, 0,0614 é a probabilidade de se obter um valor de z tão grande ou maior (em magnitude) que 1,87 quando, na verdade, $\mu = 10$. Embora essa evidência contra H_0 não seja tão forte quanto aquela que resultaria de uma rejeição em um nível $\alpha = 0{,}05$, trata-se de uma informação importante para o usuário. De fato, o uso continuado de $\alpha = 0{,}05$ ou 0,01 é somente um resultado dos padrões passados através das gerações. A *abordagem do valor P tem sido adotada extensivamente pelos usuários em estatística aplicada*. Ela foi desenvolvida para dar ao usuário uma alternativa (na forma de uma probabilidade) a uma mera conclusão de 'rejeitar' ou 'não rejeitar'. O cálculo do valor P também fornece ao usuário importantes informações quando o valor z está bem na *região crítica ordinária*. Por exemplo, se $z = 2{,}73$, é informativo para o usuário observar que

$$P = 2(0{,}0032) = 0{,}0064,$$

e, então, o valor z é significante em um nível consideravelmente menor que 0,05. É importante saber que sob a condição de H_0, um valor de $z = 2{,}73$ é um evento extremamente raro. Ou seja, um valor com magnitude igual ou maior poderia ocorrer somente 64 vezes em 10.000 experimentos.

Demonstração gráfica de um valor P

Uma maneira bem simples de explicar um valor P graficamente é considerar duas amostras distintas. Suponha que dois materiais estão sendo considerados para revestir um tipo particular de metal para evitar a corrosão. Espécimes são obtidos e um conjunto é revestido com o material 1 e o outro, com o material 2. O tamanho das amostras são $n_1 = n_2 = 10$ e a corrosão foi medida em porcentagem da área da superfície atingida. A hipótese é de que as amostras venham de distribuições comuns com média $\mu = 10$. Vamos assumir que a variância da população é 1,0. Então, testamos

$$H_0: \mu_1 = \mu_2 = 10.$$

A Figura 10.8 mostra um diagrama de pontos dos dados; os dados estão localizados na distribuição afirmada pela hipótese nula. Vamos assumir que o símbolo "×" se refere ao material 1 e o símbolo "o" se refere ao material 2. Agora, parece claro que os dados refutam a hipótese nula. Mas como isso pode ser resumido em um número? *O valor P pode ser visto simplesmente como a probabilidade de obter esses dados quando ambas as amostras vêm da mesma distribuição.* Claramente, tal probabilidade é bem pequena, digamos de 0,00000001! Assim, o pequeno valor P obviamente refuta H_0 e a conclusão é que as médias populacionais são significantemente diferentes.

A abordagem do valor P como uma ajuda na tomada de decisão é bastante natural, pois quase todos os pacotes de software que fornecem cálculos para testes de hipóteses imprimem valores P juntamente com os valores da estatística de teste apropriada. A seguir, temos uma definição formal do valor P.

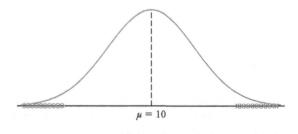

Figura 10.8 Dados que foram provavelmente gerados de populações com duas médias diferentes.

Definição 10.5
Um valor P é o nível (de significância) mais baixo para o qual o valor observado da estatística de teste é significante.

Como o uso de valores P difere do teste de hipóteses clássico?

É tentador, neste ponto, resumir os procedimentos associados ao teste de, digamos, $H_0: \theta = \theta_0$. Entretanto, o aluno novato nesta área deve entender que há diferenças de abordagem e de filosofia entre a abordagem clássica de fixar α e decidir entre 'rejeição de H_0' ou a 'não rejeição de H_0' e a abordagem do valor P. Nesta última, não é determinado um valor fixo de α e as conclusões são tomadas com base no tamanho do valor P em harmonia com o julgamento subjetivo do engenheiro ou cientista. Enquanto os modernos softwares informarão valores P, todavia, é importante que os leitores entendam ambas as abordagens para apreciar a totalidade dos conceitos. Assim, oferecemos uma breve lista de passos de procedimento para as abordagens clássica e do valor P.

Abordagem para teste de hipóteses com probabilidade fixa de erro tipo I
1. Estabeleça as hipóteses nula e alternativa.
2. Escolha o nível de significância α.
3. Escolha uma estatística de teste apropriada e estabeleça a região crítica de α.
4. A partir da estatística de teste calculada, rejeite H_0 se o valor de tal estatística estiver na região crítica. Caso contrário, não rejeite.
5. Tire conclusões científicas ou de engenharia.

Teste de significância (abordagem do valor P)
1. Estabeleça as hipóteses nula e alternativa.
2. Escolha uma estatística de teste apropriada.
3. Calcule o valor P com base no valor calculado da estatística de teste.
4. Use o julgamento baseado no valor P e o conhecimento do sistema científico.

Nas seções deste capítulo e dos seguintes, muitos exemplos e exercícios enfatizam a abordagem do valor P para chegar a decisões científicas.

Exercícios

10.1 Suponha que um alergista deseja testar a hipótese de que pelo menos 30% das pessoas são alérgicas a alguns produtos feitos de queijo. Explique como o alergista poderia cometer

(a) um erro tipo I;
(b) um erro tipo II.

10.2 Uma socióloga está preocupada com a eficácia de um novo curso de treinamento desenvolvido para fazer com que mais motoristas usem o cinto de segurança.
(a) Que hipótese ela está testando se comete um erro tipo I ao concluir erroneamente que o curso é ineficaz?
(b) Que hipótese ela está testando se comete um erro tipo II ao concluir erroneamente que o curso é eficaz?

10.3 Uma grande indústria está sendo acusada de práticas discriminatórias em seu processo de contratação.
(a) Que hipótese está sendo testada se o júri comete um erro tipo I ao concluir que a empresa é culpada?
(b) Que hipótese está sendo testada se o júri comete um erro tipo II ao concluir que a empresa é culpada?

10.4 A proporção de adultos graduados que moram em uma pequena cidade é estimada em $p = 0,6$. Para testar essa hipótese, uma amostra aleatória de 15 adultos é selecionada. Se o número de graduados em nossa amostra estiver entre 6 e 12, não devemos rejeitar a hipótese nula de que $p = 0,6$; caso contrário, devemos concluir que $p \neq 0,6$.
(a) Avalie α assumindo que $p = 0,6$. Use a distribuição binomial.
(b) Avalie β para as alternativas $p = 0,5$ e $p = 0,7$.
(c) Este é um bom procedimento de teste?

10.5 Repita o Exercício 10.4 quando 200 adultos são selecionados e a região de não rejeição for definida como $110 \leq x \leq 130$, onde x é o número de graduados em nossa amostra. Use a aproximação normal.

10.6 Um fabricante de tecidos acredita que a proporção de pedidos de matéria-prima que chegam atrasados é de $p = 0,6$. Se uma amostra aleatória de 10 pedidos entre três ou menos chega atrasada, a hipótese de que $p = 0,6$ deveria ser rejeitada em favor da alternativa $p < 0,6$. Use a distribuição binomial.
(a) Determine a probabilidade de se cometer um erro tipo I se a verdadeira proporção for $p = 0,6$.
(b) Determine a probabilidade de se cometer um erro tipo II para as alternativas $p = 0,3$, $p = 0,4$ e $p = 0,5$.

10.7 Repita o Exercício 10.6 quando 50 pedidos são selecionados e a região crítica é definida por $x \leq 24$, onde x é o número de pedidos de nossa amostra que chegam atrasados. Use a distribuição normal.

10.8 Um estabelecimento de limpeza a seco afirma que um novo produto removerá mais do que 70% das manchas quando aplicado. Para checar essa afirmação, o removedor será usado em 12 manchas escolhidas aleatoriamente. Se menos de 11 manchas forem removidas, não rejeitaremos a hipótese nula de que $p = 0,7$; caso contrário, concluiremos que $p > 0,7$.

(a) Avalie α assumindo que $p = 0,7$.
(b) Avalie β para a alternativa $p = 0,9$.

10.9 Repita o Exercício 10.8 quando 100 manchas são tratadas e a região crítica é definida por $x > 82$, onde x é número de manchas removidas.

10.10 Na publicação *Relief from Arthritis* (Alívio para as artrites), publicada pela Thorsons Publishers, Ltd., John E. Croft afirma que mais de 40% dos que sofrem de osteoartrite recebem alívio considerável de um ingrediente produzido por uma espécie em particular de marisco encontrado na costa da Nova Zelândia. Para testar sua afirmação, o marisco é dado para um grupo de sete pacientes. Se três ou mais sentirem alívio, não devemos rejeitar a hipótese nula de que $p = 0,4$; caso contrário, concluímos que $p < 0,4$.
(a) Avalie α assumindo que $p = 0,4$.
(b) Avalie β para a alternativa $p = 0,3$.

10.11 Repita o Exercício 10.10 quando 70 pacientes recebem o marisco e a região crítica é definida como $x < 24$, onde x é o número de pacientes com osteoartrite que sentem alívio.

10.12 Uma amostra aleatória de 400 eleitores em uma cidade é questionada se é a favor de 4% de imposto adicional no preço da gasolina para a recuperação das ruas. Se mais de 220, porém menos de 260, são a favor do imposto, podemos concluir que 60% dos eleitores são a favor do imposto.
(a) Determine a probabilidade de cometer um erro tipo I se 60% dos eleitores são a favor do imposto.
(b) Qual é a probabilidade de cometer um erro tipo II usando esse procedimento de teste se, na verdade, apenas 48% dos eleitores são a favor do imposto adicional na gasolina?

10.13 Suponha, no Exercício 10.12, que concluímos que 60% dos eleitores são a favor do imposto se mais de 214, porém menos de 266, eleitores em nossa amostra são a favor. Mostre que essa nova região crítica resulta em um valor menor de α à custa de um aumento em β.

10.14 Um fabricante desenvolveu uma nova linha de pesca, que ele afirma ter tensão à ruptura de 15 quilogramas, com desvio-padrão de 0,5 quilograma. Para testar essa hipótese de que $\mu = 15$ quilogramas contra a alternativa de que $\mu < 15$ quilogramas, uma amostra aleatória de 50 linhas será testada. A região crítica é definida como $\bar{x} < 14,9$.
(a) Determine a probabilidade de cometer um erro tipo I quando H_0 é verdadeira.
(b) Avalie β para as alternativas $\mu = 14,8$ e $\mu = 14,9$ quilogramas.

10.15 Uma máquina de refrigerante em uma lanchonete é regulada de modo que a quantidade de refrigerante dispensada tenha distribuição aproximadamente normal, com média de 200 mililitros e desvio-padrão de 15 mililitros. A máquina é checada periodicamente retirando-se uma amostra de nove bebidas e calculando o conteúdo médio. Se $\bar{x}$ está no intervalo $191 < \bar{x} < 209$, considera-se que a máquina está operando normalmente; caso contrário, concluímos que $\mu \neq 200$ mililitros.
(a) Determine a probabilidade de cometer um erro tipo I quando $\mu = 200$ mililitros.
(b) Determine a probabilidade de cometer um erro tipo II quando $\mu = 215$ mililitros.

10.16 Repita o Exercício 10.15 para uma amostra de tamanho $n = 25$. Use a mesma região crítica.

10.17 Uma nova cura foi desenvolvida para um tipo de cimento que resulta em uma força de compressão de 5.000 quilogramas por centímetro quadrado e desvio-padrão de 120. Para testar a hipótese de que $\mu = 5.000$ contra a alternativa de que $\mu < 5.000$, uma amostra aleatória de 50 peças de cimento é testada. A região crítica é definida como $\bar{x} < 4.970$.
(a) Determine a probabilidade de cometer um erro tipo I quando H_0 é verdadeira.
(b) Avalie β para as alternativas $\mu = 4.970$ e $\mu = 4.960$.

10.18 Se representarmos as probabilidades de não rejeição de H_0 correspondente a várias alternativas para μ (incluindo o valor especificado para H_0) e conectarmos todos os pontos por uma curva suave, obtemos a *curva característica operante* do critério de teste, ou simplesmente, a curva CO. Note que a probabilidade de não rejeição de H_0 quando esta é verdadeira é simplesmente $1 - \alpha$. Curvas características de operação são amplamente usadas em aplicações industriais para fornecer uma visualização dos méritos dos critérios de testes. Em relação ao Exercício 10.15, determine as probabilidades de não rejeição de H_0 para os nove valores seguintes de μ e represente a curva CO: 184, 188, 192, 196, 200, 204, 208, 212 e 216.

10.5 Amostra única: testes referentes a uma única média (variância conhecida)

Nesta seção, consideraremos formalmente os testes de hipóteses para uma média de uma única população. Muitas das ilustrações das seções anteriores envolviam testes sobre a média, então o leitor já deve ter uma percepção de alguns dos detalhes que serão mostrados aqui. Primeiro, devemos descrever as suposições em que o experimento se baseia. O modelo para esta situação centra-se em torno de um experimento com $X_1, X_2, ..., X_n$, que representam uma amostra aleatória de uma distribuição com média μ e variância $\sigma^2 > 0$. Considere, primeiro, as hipóteses

$$H_0: \mu = \mu_0,$$
$$H_1: \mu \neq \mu_0.$$

A estatística de teste apropriada deveria ser baseada na variável aleatória $\bar{X}$. O teorema central do limite no Capítulo 8 apresentado essencialmente afirma que, qualquer que seja a distribuição de X, a variável aleatória $\bar{X}$ tem uma distribuição aproximadamente normal, com média μ e variância σ^2/n para amostras de tamanhos razoavelmente grandes. Então, $\mu_{\bar{X}} = \mu$ e $\sigma_{\bar{X}}^2 = \sigma^2/n$. Podemos, então, determinar a região crítica com base na média calculada da amostra, $\bar{x}$. Deve estar claro para o leitor que haverá uma região crítica bicaudal para o teste.

Padronização de $\bar{X}$

É conveniente padronizar $\bar{X}$ e envolver formalmente a variável aleatória *normal padrão Z*, onde

$$Z = \frac{\bar{X} - \mu}{\sigma/\sqrt{n}}.$$

Sabemos que *sob H_0*, ou seja, se $\mu = \mu_0$, então $\sqrt{n}(\bar{X} - \mu_0)/\sigma$ tem uma distribuição $n(x; 0, 1)$ e, assim, a expressão

$$P\left(-z_{\alpha/2} < \frac{\bar{X} - \mu_0}{\sigma/\sqrt{n}} < z_{\alpha/2}\right) = 1 - \alpha$$

pode ser usada para escrevermos apropriadamente uma região de não rejeição. O leitor deve ter em mente que, formalmente, a região crítica é planejada para controlar α, a probabilidade de erro tipo I. Deveria ser óbvio que um *sinal bicaudal* da evidência é necessário para apoiar H_1. Então, dado o valor calculado de $\bar{x}$, o teste formal envolve rejeitar H_0, se a *estatística de teste z* calculada estiver na região crítica descrita abaixo.

Procedimento de teste para uma única média

$$z = \frac{\bar{x} - \mu_0}{\sigma/\sqrt{n}} > z_{\alpha/2} \quad \text{ou} \quad z = \frac{\bar{x} - \mu_0}{\sigma/\sqrt{n}} < -z_{\alpha/2}$$

Se $-z_{\alpha/2} < z < z_{\alpha/2}$, não rejeite H_0. A rejeição de H_0, é claro, implica a aceitação da hipótese alternativa $\mu \neq \mu_0$. Com essa definição da região crítica, deve estar claro que haverá uma probabilidade α de rejeitar H_0 (estar na região crítica) quando, na verdade, $\mu = \mu_0$.

Embora seja mais fácil entender a região crítica escrita em termos de z, escrevemos a mesma região crítica em termos de média calculada $\bar{x}$. O que vem a seguir pode ser escrito como um procedimento de decisão idêntico:

rejeitar H_0 se $\bar{x} < a$ ou $\bar{x} > b$,

onde

$$a = \mu_0 - z_{\alpha/2}\frac{\sigma}{\sqrt{n}}, \qquad b = \mu_0 + z_{\alpha/2}\frac{\sigma}{\sqrt{n}}.$$

Então, para um nível de significância α, os valores críticos das variáveis aleatórias z e $\bar{x}$ são ambos descritos na Figura 10.9.

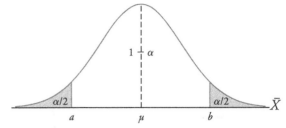

Figura 10.9 Região crítica para as hipóteses alternativas $\mu \neq \mu_0$.

Os testes de hipóteses unilaterais sobre a média envolvem as mesmas estatísticas descritas no caso bilateral. A diferença, é claro, é que a região crítica fica somente em uma cauda da distribuição normal padrão. Como resultado, suponha que procuramos testar, por exemplo,

$$H_0: \mu = \mu_0,$$
$$H_1: \mu > \mu_0.$$

O sinal que favorece H_1 vem dos *valores grandes* de z. Assim, a rejeição de H_0 acontece quando $z > z_\alpha$. Obviamente, se a alternativa for $H_1: \mu < \mu_0$, a região crítica estará inteiramente na cauda inferior e, então, a rejeição resulta em $z < -z_\alpha$. Embora no caso de um teste unilateral a hipótese nula possa ser escrita como $H_0: \mu \leq \mu_0$ ou $H_0: \mu \geq \mu_0$, normalmente escrevemos como $H_0: \mu = \mu_0$.

Os dois exemplos a seguir ilustram testes sobre médias para o caso no qual σ é conhecido.

■ **Exemplo 10.3**

Uma amostra aleatória de cem registros de mortes nos Estados Unidos durante o ano passado mostrou uma expectativa de vida de 71,8 anos. Assumindo um desvio-padrão de 8,9 anos, isso parece indicar que a média da expectativa de vida hoje é maior do que 70 anos? Use um nível de significância de 0,05.

Solução:
1. $H_0: \mu = 70$ anos.
2. $H_1: \mu > 70$ anos.
3. $\alpha = 0,05$.
4. Região crítica: $z > 1,645$, onde $z = \frac{\bar{x} - \mu_0}{\sigma/\sqrt{n}}$.
5. Cálculos: $\bar{x} = 71,8$ anos, $\sigma = 8,9$ anos e $z = \frac{71,8 - 70}{8,9/\sqrt{100}} = 2,02$.
6. Decisão: rejeitar H_0 e concluir que a média da expectativa de vida é maior que 70 anos.

No Exemplo 10.3, o valor P correspondente a $z = 2,02$ é dado pela área da região sombreada na Figura 10.10.

Usando a Tabela A.3, temos

$$P = P(Z > 2,02) = 0,0217.$$

Como resultado, a evidência a favor de H_1 é ainda mais forte do que a sugerida pelo nível de significância 0,05.

■ **Exemplo 10.4**

Um fabricante de equipamentos esportivos desenvolveu uma nova linha de pesca sintética que ele afirma ter mé-

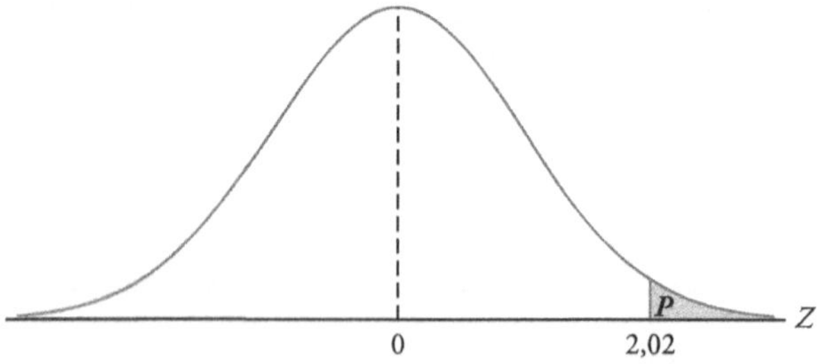

Figura 10.10 Valores P para o Exemplo 10.3.

dia de carga de ruptura de 8 quilogramas com desvio-padrão de 0,5 quilograma. Teste a hipótese de que $\mu = 8$ quilogramas contra a alternativa de que $\mu \neq 8$ quilogramas, se uma amostra aleatória de 50 linhas for testada e descobrir-se uma carga de ruptura de 7,8 quilogramas. Use um nível de significância de 0,01.

Solução:
1. H_0: $\mu = 8$ quilogramas.
2. H_1: $\mu \neq 8$ quilogramas.
3. $\alpha = 0,01$.
4. Região crítica: $z < -2{,}575$ e $z > 2{,}575$, onde $z = \frac{\bar{x} - \mu_0}{\sigma/\sqrt{n}}$.
5. Cálculos: $\bar{x} = 7{,}8$ quilogramas, $n = 50$ quilogramas e, então, $z = \frac{7,8 - 8}{0,5/\sqrt{50}} = -2{,}83$.
6. Decisão: rejeitar H_0 e concluir que a média da carga de ruptura não é igual a 8, mas é, na verdade, menor do que 8.

Já que o teste neste exemplo é bicaudal, o valor P é duas vezes a área da região sombreada na Figura 10.11 à esquerda de $z = -2{,}83$. Então, usando a Tabela A.3, temos

$$P = P(|Z| > 2{,}83) = 2P(Z < -2{,}83) = 0{,}0046,$$

que nos permite rejeitar a hipótese nula de que $\mu = 8$ quilogramas a um nível de significância menor que 0,01.

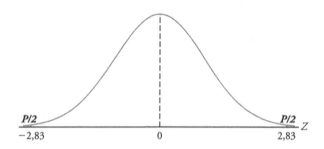

Figura 10.11 Valor P para o Exemplo 10.4.

10.6 Relação com a estimação via intervalo de confiança

O leitor já deve perceber que a abordagem do teste de hipóteses para a inferência estatística é muito próxima à abordagem do intervalo de confiança do Capítulo 9.

A estimação via intervalo de confiança envolve o cálculo de limites dentro dos quais é 'razoável' que o parâmetro em questão esteja. Para o caso de uma única média populacional μ com variância σ^2 conhecida, a estrutura de ambos, testes de hipóteses e estimação via intervalos de confiança, se baseia na variável aleatória

$$Z = \frac{\bar{X} - \mu}{\sigma/\sqrt{n}}.$$

Acontece que o teste de H_0: $\mu = \mu_0$ contra H_1: $\mu \neq \mu_0$ no nível de significância α é *equivalente a calcular o intervalo de confiança* $100(1 - \alpha)\%$ *de μ e rejeitar H_0 se μ_0 estiver fora do intervalo de confiança.* Se μ_0 estiver dentro do intervalo de confiança, a hipótese não é rejeitada. A equivalência é muito intuitiva e bastante simples de se ilustrar. Lembre-se de que, se um valor observado $\bar{x}$ leva a não rejeição de H_0 ao nível de significância α, é porque

$$-z_{\alpha/2} \leq \frac{\bar{x} - \mu_0}{\sigma/\sqrt{n}} \leq z_{\alpha/2},$$

o que equivale a

$$\bar{x} - z_{\alpha/2}\frac{\sigma}{\sqrt{n}} \leq \mu_0 \leq \bar{x} + z_{\alpha/2}\frac{\sigma}{\sqrt{n}}.$$

A equivalência do intervalo de confiança com o teste de hipóteses se estende às diferenças entre as duas médias, variâncias, razão de variâncias e assim por diante. Como resultado, o estudante de estatística não deve considerar a estimação do intervalo de confiança e o teste de hipóteses como formas separadas da inferência estatística. Por exemplo, considere o Exemplo 9.2, do Capítulo 9. O intervalo de confiança de 95% para a média é dado pelos limites (2,50; 2,70). Portanto, com a mesma informação amostral, uma hipótese bilateral para μ que envolva qualquer valor hipotético entre 2,50 e 2,70 não será rejeitada. À medida que mudamos para áreas diferentes do teste de hipóteses, a equivalência da estimação do intervalo de confiança continuará a ser explorada.

10.7 Amostra única: testes para uma única média (variância desconhecida)

Pode-se suspeitar que os testes para a média populacional μ com σ^2 desconhecido, como na estimativa dos intervalos de confiança, deveriam envolver o uso da distribuição t de Student. A rigor, a aplicação da t, tanto para o intervalo de confiança como para o teste de hipóteses, é desenvolvida seguindo as suposições a seguir. As variáveis aleatórias X_1, X_2, ..., X_n representam uma amostra aleatória de uma distribuição normal com μ e σ^2 desconhecidos. Então, a variável aleatória $\sqrt{n}(\bar{X} - \mu)/S$ tem uma distribuição t de Student com $n - 1$ graus de liberdade. A estrutura do teste é idêntica àquela do caso em que σ é conhecido, com exceção de que o valor σ na estatística de teste é substituído pela estimativa calculada S e a distribuição normal padrão é substituída pela distribuição t. Conseqüentemente, para um teste de hipóteses bilateral

$$H_0: \mu = \mu_0,$$
$$H_1: \mu \neq \mu_0,$$

a rejeição de H_0 ao nível de significância α acontece quando uma estatística t, calculada como

Estatística t para um teste de uma única média (variância desconhecida)

$$t = \frac{\bar{x} - \mu_0}{s/\sqrt{n}}$$

excede $t_{\alpha/2, n-1}$ ou é menor do que $-t_{\alpha/2, n-1}$. O leitor deve se lembrar dos capítulos 8 e 9 que a distribuição t é simétrica em torno de 0. Portanto, essa região crítica bicaudal aplica-se de uma maneira similar àquela para o caso de σ conhecido.

Para a hipótese bilateral no nível de significância α, as regiões críticas bicaudais se aplicam. Para $H_1: \mu > \mu_0$, a rejeição acontece quando $t > t_{\alpha/2, n-1}$. Para $H_1: \mu < \mu_0$, a região crítica é dada por $t < -t_{\alpha/2, n-1}$.

■ **Exemplo 10.5**

O Edison Electric Institute publicou os números referentes ao consumo anual de energia elétrica em quilowatts-hora, de vários eletrodomésticos. Afirmou-se que o aspirador de pó gasta uma média de 46 quilowatts-hora por ano. Se uma amostra aleatória de 12 casas incluídas em um estudo planejado indica que os aspiradores de pó gastam uma média de 42 quilowatts-hora anualmente, com desvio-padrão de 11,9 quilowatts-hora, isso sugere, num nível de significância de 0,05, os aspiradores de pó gastam, em média, menos de 46 quilowatts-hora por ano? Assuma que a população de quilowatts-hora seja normal.
Solução:
1. $H_0: \mu = 46$ quilowatts-hora.
2. $H_1: \mu < 46$ quilowatts-hora.
3. $\alpha = 0,05$.
4. Região crítica: $t < -1,796$, onde $t = \frac{\bar{x} - \mu_0}{s/\sqrt{n}}$ com 11 graus de liberdade
5. Cálculos: $\bar{x} = 42$ quilowatts-hora, $s = 11,9$ quilowatts-hora e $n = 12$.
Então,

$$t = \frac{42 - 46}{11,9/\sqrt{12}} = -1,16, \quad P = P(T < -1,16) \approx 0,135.$$

6. Decisão: não rejeitar H_0 e concluir que o número médio de quilowatts-hora gastos anualmente pelos aspiradores de pó domésticos não é significantemente menor que 46.

Comentários sobre o teste t em amostra única

O leitor provavelmente percebeu que a equivalência do teste t bicaudal de uma única média e o cálculo do intervalo de confiança para μ com σ substituído por s está mantida. Por exemplo, considere o Exemplo 9.5, do Capítulo 9. Essencialmente, podemos ver aquele cálculo como um no qual encontramos todos os valores de μ_0, o volume médio hipotético dos contêineres de ácido sulfúrico, para os quais a hipótese $H_0: \mu = \mu_0$ *não será rejeitada* com $\alpha = 0,05$. Novamente, isso é consistente com a afirmação: 'Com base na informação amostral, valores do volume médio populacional entre 9,74 e 10,26 são razoáveis'.

Os comentários sobre a suposição de normalidade são enfatizados nesse momento. Indicamos que, quando σ é conhecido, o teorema central do limite permite o uso de uma estatística de teste ou intervalo de confiança que se baseia em Z, a variável aleatória normal padrão. A rigor, é claro, o teorema central do limite e, portanto, o uso da normal padrão não se aplica a menos que σ seja conhecido. No Capítulo 8, o desenvolvimento da distribuição t é dado. Neste ponto, foi afirmado que a normalidade em $X_1, X_2, ..., X_n$ era uma suposição subjacente. Então, *a rigor*, as tabelas t dos percentis para os testes ou intervalos de confiança não deveriam ser utilizadas, a menos que saibamos que a amostra vem de uma população normal. Na prática, σ raramente pode ser assumido como conhecido. Entretanto, uma boa estimativa de experimentos anteriores pode estar disponível. Muitos livros de estatística sugerem que podemos seguramente substituir σ por s na estatística de teste

$$z = \frac{\bar{x} - \mu_0}{\sigma/\sqrt{n}},$$

quando $n \geq 30$, e ainda usar as tabelas Z para a região crítica apropriada. A implicação aqui é que o teorema central do limite está sendo invocado e confia-se no fato de $s \approx \sigma$. Obviamente, quando isso é feito, os resultados precisam ser vistos como aproximados. Assim, um valor P calculado (da distribuição Z) de 0,15 pode ser 0,12, ou talvez 0,17, ou um intervalo de confiança calculado pode ter confiança de 93% em vez dos 95% desejados. Agora, e as situações onde $n \leq 30$? O usuário não pode confiar em s como sendo próximo de σ e, para se levar em conta a imprecisão da estimativa, o intervalo de confiança deveria ser mais largo ou o valor crítico deveria ser maior em magnitude. Os percentis da distribuição t cumprem isso, mas são corretos somente quando a amostra vem de uma distribuição normal. É claro, os gráficos de probabilidade normal podem ser usadas para encontrar algum sentido do desvio da normalidade no conjunto de dados.

Para amostras pequenas, costuma ser difícil detectar desvios de uma distribuição normal (os testes de qualidade de ajuste serão discutidos em uma seção posterior deste capítulo). Para as distribuições com forma de sino de variáveis aleatórias $X_1, X_2, ..., X_n$, o uso da distribuição t para testes ou intervalos de confiança é provavelmente muito bom. Quando em dúvida, o usuário deve recorrer a procedimentos não paramétricos, que serão apresentados no Capítulo 16.

Impressão de computador detalhada para o teste t para amostra única

Deveria ser de interesse do leitor ver os resultados, impressões detalhadas, de um teste t em amostra única produzido por um software estatístico. Suponha que um engenheiro esteja interessado em testar a tendenciosidade em um medidor de índices de pH. Os dados são coletados em uma substância neutra (pH = 7,0). Uma amostra das medições é retirada com os seguintes dados:

7,07 7,00 7,10 6,97 7,00 7,03 7,01 7,01 6,98 7,08

Então, o interesse do teste é

$$H_0: \mu = 7,0,$$
$$H_1: \mu \neq 7,0.$$

Nesta ilustração, usamos o pacote de computador Minitab para ilustrar a análise do conjunto de dados fornecido. Note os componentes-chave da impressão mostrados na Figura 10.12. É claro, MEAN é $\bar{y} = 7,0250$, StDev é simplesmente o desvio-padrão amostral $s = 0,044$ e SE Mean é o erro-padrão estimado da média e calculado como $s/\sqrt{n} = 0,0139$. O valor t é a razão

$$(7,0250 - 7)/0,0139 = 1,80.$$

O valor P igual a 0,106 sugere que os resultados são inconclusivos. Não há uma forte rejeição de H_0 (baseado em um α de 0,05 ou 0,10) e *mesmo assim não podemos verdadeiramente concluir que o medidor de pH é imparcial*. Note que uma amostra de tamanho 10 é muito pequena. Um aumento no tamanho da amostra (talvez outro experimento) pode esclarecer as coisas. Uma discussão sobre o tamanho da amostra apropriado aparece na Seção 10.9.

10.8 Duas amostras: testes para duas médias

O leitor já entendeu a relação entre testes e intervalos de confiança e pode confiar amplamente nos detalhes fornecidos pelo material sobre intervalos de confiança no Capítulo 9. Os testes relacionados a duas amostras representam um conjunto de importantes ferramentas analíticas para o cientista ou engenheiro. A situação experimental se parece muito com aquele descrito na Seção 9.8. Duas amostras aleatórias independentes de tamanhos n_1 e n_2, respectivamente, são selecionadas de duas populações com médias μ_1 e μ_2 e variâncias σ_1^2 e σ_2^2. Sabemos que a variável aleatória

$$Z = \frac{(\bar{X}_1 - \bar{X}_2) - (\mu_1 - \mu_2)}{\sqrt{\sigma_1^2/n_1 + \sigma_2^2/n_2}}$$

tem uma distribuição normal padrão. Aqui estamos assumindo que n_1 e n_2 são suficientemente grandes para aplicarmos o teorema central do limite. É claro, se duas populações são normais, a estatística dada tem uma distribuição normal padrão, mesmo para n_1 e n_2 pequenos. Obviamente, se podemos assumir que $\sigma_1 = \sigma_2 = \sigma$, a estatística se reduz a

$$Z = \frac{(\bar{X}_1 - \bar{X}_2) - (\mu_1 - \mu_2)}{\sigma\sqrt{1/n_1 + 1/n_2}}.$$

As duas estatísticas fornecidas servem como base para o desenvolvimento dos procedimentos de teste que envolvem duas médias. A equivalência ao intervalo de confiança e a facilidade na transição a partir dos testes para uma média determinam a simplicidade.

A hipótese bilateral para duas médias pode ser escrita de modo geral como

$$H_0: \mu_1 - \mu_2 = d_0.$$

Obviamente, a alternativa pode ser uni ou bilateral. Mais uma vez, a distribuição usada é a distribuição da estatística de teste sob H_0. Os valores $\bar{x}_1$ e $\bar{x}_2$ são calculados e, para σ_1 e σ_2 conhecidos, a estatística de teste é dada por

$$z = \frac{(\bar{x}_1 - \bar{x}_2) - d_0}{\sqrt{\sigma_1^2/n_1 + \sigma_2^2/n_2}},$$

com uma região crítica bicaudal no caso de uma alternativa bilateral. Ou seja, rejeitar H_0 em favor de H_1: $\mu_1 - \mu_2 \neq d_0$ se $z > z_{\alpha/2}$ ou $z < -z_{\alpha/2}$. As regiões críticas unicaudais são usadas no caso de alternativas unilaterais. O leitor deveria, como antes, estudar a estatística de teste e concluir que para, digamos, $H_1: \mu_1 - \mu_2 > d_0$, o sinal que favorece H_1 vem dos valores grandes de z. Então, a região crítica da cauda superior se aplica.

```
pH-meter
   7,07    7,00    7,10    6,97    7,00    7,03    7,01    7,01    6,98    7,08
MTB > Onet 'pH-meter'; SUBC>    Test 7.

One-Sample T: pH-meter Test of mu = 7 vs not = 7
Variable   N     Mean    StDev   SE Mean     95% CI              T      P
pH-meter  10   7,02500  0,04403   0,01392  (6,99350, 7,05650)  1,80  0,106
```

Figura 10.12 Impressão do *Minitab* para um teste t para o medidor de pH.

Variâncias desconhecidas, mas iguais

As situações mais prevalentes que envolvem testes para duas médias são aquelas nas quais as variâncias são desconhecidas. Se o cientista envolvido deseja assumir que ambas as distribuições são normais e que $\sigma_1 = \sigma_2 = \sigma$, o *teste t combinado* (freqüentemente chamado de teste *t* em duas amostras) pode ser utilizado. A estatística de teste (veja a Seção 9.8) é dada pelo procedimento a seguir.

Teste *t* combinado para duas amostras

$$t = \frac{(\bar{x}_1 - \bar{x}_2) - d_0}{s_p\sqrt{1/n_1 + 1/n_2}},$$

onde

$$s_p^2 = \frac{s_1^2(n_1 - 1) + s_2^2(n_2 - 1)}{n_1 + n_2 - 2}.$$

A distribuição *t* é usada e a hipótese bilateral nula, no caso, *não é rejeitada* quando

$$-t_{\alpha/2,\, n_1+n_2-2} < t < t_{\alpha/2,\, n_1+n_2-2}.$$

Lembre-se, do material no Capítulo 9, de que os graus de liberdade da distribuição *t* resultam de uma combinação das informações das duas amostras para estimar σ^2. As alternativas unilaterais sugerem regiões críticas unilaterais, como podemos esperar. Por exemplo, para $H_1: \mu_1 - \mu_2 > d_0$, rejeite $H_1: \mu_1 - \mu_2 = d_0$ quando $t > t_{\alpha,\, n_1+n_2-2}$.

■ Exemplo 10.6

Um experimento foi realizado para comparar o desgaste abrasivo de dois materiais laminados diferentes. Doze peças do material 1 foram testadas ao expor cada peça a uma máquina que mede o desgaste. Dez peças do material 2 foram testadas de maneira similar. Em cada caso, a profundidade do desgaste foi observada. As amostras do material 1 forneceram uma média de desgaste (codificado) de 85 unidades com desvio-padrão de 4, enquanto as amostras do material 2 forneceram uma média de 81 e desvio-padrão de 5. Podemos concluir que, no nível de significância de 0,05, o desgaste abrasivo do material 1 excede aquele do material 2 por mais de duas unidades? Assuma que as populações são aproximadamente normais com variâncias iguais.

Solução: Considere μ_1 e μ_2 as médias populacionais de desgaste abrasivo para o material 1 e 2, respectivamente.
1. $H_0: \mu_1 - \mu_2 = 2$.
2. $H_1: \mu_1 - \mu_2 > 2$.
3. $\alpha = 0,05$.
4. Região crítica: $t > 1,725$, onde $t = \frac{(\bar{x}_1 - \bar{x}_2) - d_0}{s_p\sqrt{1/n_1 + 1/n_2}}$ com $v = 20$ graus de liberdade.
5. Cálculos:

$$\bar{x}_1 = 85, \quad s_1 = 4, \quad n_1 = 12,$$
$$\bar{x}_2 = 81, \quad s_2 = 5, \quad n_2 = 10.$$

Então,

$$s_p = \sqrt{\frac{(11)(16) + (9)(25)}{12 + 10 - 2}} = 4,478,$$

$$t = \frac{(85 - 81) - 2}{4,478\sqrt{1/12 + 1/10}} = 1,04,$$

$$P = P(T > 1,04) \approx 0,16. \quad \text{(Veja a tabela A.4.)}$$

6. Decisão: não rejeitar H_0. Não podemos concluir que o desgaste abrasivo do material 1 excede o do material 2 em mais de duas unidades.

Variâncias desconhecidas, mas desiguais

Há situações em que o analista *não* pode assumir que $\sigma_1 = \sigma_2$. Lembre-se, do Capítulo 9, de que se as populações são normais, a estatística

$$T' = \frac{(\bar{X}_1 - \bar{X}_2) - d_0}{\sqrt{s_1^2/n_1 + s_2^2/n_2}}$$

tem uma distribuição *t* aproximada com graus de liberdade aproximados

$$v = \frac{(s_1^2/n_1 + s_2^2/n_2)^2}{(s_1^2/n_1)^2/(n_1 - 1) + (s_2^2/n_2)^2/(n_2 - 1)}.$$

Como resultado, o procedimento de teste *não rejeita* H_0 quando

$$-t_{\alpha/2, v} < t' < t_{\alpha/2, v},$$

com v dado acima. Novamente, como no caso do teste *t* combinado, uma alternativa unilateral sugere regiões críticas unilaterais.

Observações emparelhadas

Quando o estudante de estatística estuda o teste *t* para duas amostras ou o intervalo de confiança para a diferença entre as médias, deveria perceber que algumas noções elementares no planejamento experimental se tornam relevantes e devem ser discutidas. Lembre-se da discussão sobre unidades experimentais no Capítulo 9, na qual se sugere que as condições das duas populações (freqüentemente chamadas de os dois tratamentos) deveriam ser atribuídas aleatoriamente para as unidades experimentais. Isso é feito para evitar resultados parciais devido às diferenças sistemáticas entre as unidades experimentais. Em outras palavras, no jargão do teste de hipóteses, é importante que a diferença significante encontrada (ou não) entre as médias seja devida às diferentes condições das populações e não devido às unidades experimentais no estudo. Por exemplo, considere o Exercício 9.40, na Seção 9.9. As 20 mudas têm o papel de unidades experimentais. Dez delas são tratadas com nitrogênio e dez sem. Pode ser muito importante que a alocação para os tratamentos 'nitrogênio' e 'sem nitrogênio' seja aleatória para assegurar que a diferença sistemática entre as mudas não interfira na comparação válida entre as médias.

No Exemplo 10.6, a ordem temporal de medição do desgaste é a escolha mais provável de unidade experimental. As 22 peças do material devem ser medidas em uma ordem aleatória. Temos de nos resguardar contra a possibilidade de que as medições dos desgastes feitas próximas em tempo possam tender a dar resultados similares. *Diferenças sistemáticas* (não aleatórias) *em unidades experimentais não são esperadas*. Entretanto, alocações aleatórias nos resguardam desse problema.

Referências ao planejamento de experimentos, aleatorização, escolha do tamanho da amostra, e assim por diante, continuarão a influenciar muito no desenvolvimento dos capítulos 13, 14 e 15. Qualquer cientista ou engenheiro que estiver interessado em dados reais deveria estudar esses assuntos. O teste *t* comerciado é abordado no Capítulo 13 para cobrir mais de duas médias.

O teste para duas médias pode ser feito quando os dados estão na forma de observações emparelhadas, como discutido no Capítulo 9. Nessa estrutura pareada, as condições das duas populações (tratamentos) são atribuídas aleatoriamente dentro de unidades homogêneas. O cálculo do intervalo de confiança para $\mu_1 - \mu_2$, na situação com observações pareadas, é baseado na variável aleatória

$$T = \frac{\bar{D} - \mu_D}{S_d/\sqrt{n}},$$

onde $\bar{D}$ e S_d são variáveis aleatórias que representam a média e o desvio-padrão amostrais das diferenças das observações nas unidades experimentais. Como no caso do *teste t combinado*, a suposição é de que as observações de cada população são normais. Esse problema de duas amostras é essencialmente reduzido para um problema de uma amostra ao usar as diferenças calculadas $d_1, d_2, ..., d_n$. Portanto, a hipótese se reduz a

$$H_0: \mu_D = d_0.$$

A estatística de teste calculada é dada por

$$t = \frac{\bar{d} - d_0}{s_d/\sqrt{n}}.$$

As regiões críticas são construídas usando uma distribuição *t* com $n-1$ graus de liberdade.

■ **Exemplo 10.7**

Em um estudo conduzido no Departamento de Florestas e Vida Selvagem do Instituto Politécnico da Universidade Estadual da Virgínia, J. A. Wesson examinou a influência da droga succinilcolina nos níveis de circulação do andrógeno no sangue. Amostras de sangue de veados livres e selvagens foram obtidas da veia jugular imediatamente após uma injeção intramuscular de succinilcolina usando dardos e uma arma de captura. Os

Tabela 10.2 Dados para o Exemplo 10.7

Veado	Tempo de injeção	Andrógeno (ng/l) 30 minutos após injeção	d_i
1	2,76	7,02	4,26
2	5,18	3,10	2,08
3	2,68	5,44	2,76
4	3,05	3,99	0,94
5	4,10	5,21	1,11
6	7,05	10,26	3,21
7	6,60	13,91	7,31
8	4,79	18,53	13,74
9	7,39	7,91	0,52
10	7,30	4,85	–2,45
11	11,78	11,10	–0,68
12	3,90	3,74	–0,16
13	26,00	94,03	68,03
14	67,48	94,03	26,55
15	17,04	41,70	24,66

veados perderam sangue durante aproximadamente 30 minutos após a injeção e depois foram libertados. Os níveis de andrógeno na hora da captura e 30 minutos depois, medidos em nanogramas por mililitro (ng/ml), para 15 veados estão na Tabela 10.2.

Assumindo que as populações de andrógeno no momento da injeção e 30 minutos depois são normalmente distribuídas, teste no nível de significância 0,05, se as concentrações de andrógeno são alteradas após 30 minutos de contenção.

Solução: Considere μ_1 e μ_2 as médias de concentração de andrógeno no momento da injeção e 30 minutos depois, respectivamente. Procedemos como se segue:

1. $H_0: \mu_1 = \mu_2$ ou $\mu_D = \mu_1 - \mu_2 = 0$.
2. $H_1: \mu_1 \neq \mu_2$ ou $\mu_D = \mu_1 - \mu_2 \neq 0$.
3. $\alpha = 0{,}05$.
4. Região crítica: $t < -2{,}145$ e $t > 2{,}145$, onde $t = \frac{\bar{d} - d_0}{s_D/\sqrt{n}}$ com $v = 14$ graus de liberdade.
5. Cálculos: a média e o desvio-padrão amostrais para d_i são: $\bar{d} = 9{,}848$ e $s_d = 18{,}474$. Então,

$$t = \frac{9{,}848 - 0}{18{,}474/\sqrt{15}} = 2{,}06.$$

6. Embora a estatística *t* não seja significante no nível 0,05, da Tabela A.4,

$$P = P(|T| > 2{,}06) \approx 0{,}06.$$

Como resultado, há alguma evidência de que exista uma diferença na média de circulação dos níveis de andrógeno.

No caso de observações pareadas, é importante que não haja interação entre os tratamentos e as unidades experimentais. Isso foi discutido no Capítulo 9, no desenvolvimento dos intervalos de confiança. A suposição de não interação implica que o efeito da unidade experimental, ou do par, seja o mesmo para cada um dos dois tratamentos. No Exemplo 10.7, estamos assumindo que o efeito do veado é o mesmo para as duas condições estudadas, a saber, 'no momento da injeção' e 30 minutos depois dela.

Impressão do computador detalhada para testes *t* emparelhados

A Figura 10.13 mostra uma impressão do software SAS para o teste *t* emparelhado, usando os dados do Exemplo 10.7. Note que a aparência da impressão é aquela de um teste *t* de amostra única e, é claro, isso é o que é exatamente feito, já que o teste procura determinar se $\bar{d}$ é significativamente diferente de 0.

```
              Analysis Variable : Diff

 N       Mean        Std Error    t Value    Pr > |t|
-------------------------------------------------------
15    9,8480000      4,7698699      2,06      0,0580
-------------------------------------------------------
```

Figura 10.13 Impressão *SAS* do teste *t* emparelhado para os dados do Exemplo 10.7.

Resumo dos procedimentos de teste

Conforme completamos o desenvolvimento formal dos testes sobre médias populacionais, oferecemos a Tabela 10.3, que resume os procedimentos de teste para os casos de uma e duas médias. Observe o procedimento aproximado quando as distribuições são normais e as variâncias são desconhecidas, mas não são assumidas como iguais. Essa estatística foi introduzida no Capítulo 9.

10.9 Escolha do tamanho da amostra para testar médias

Na Seção 10.2, demonstramos como o analista pode explorar as relações entre o tamanho da amostra, o nível de significância α e o poder do teste para atingir certo padrão de qualidade. Na maioria das circunstâncias práticas, o experimento deveria ser planejado com a escolha do tamanho da amostra feita antes do processo de coleta de dados, se possível. O tamanho da amostra normalmente é escolhido para atingir um bom poder para um α fixo e alternativas específicas fixas. Essa alternativa fixa pode estar na forma de $\mu - \mu_0$ no caso de um teste de hipóteses que envolve uma média única ou $\mu_1 - \mu_2$ no caso de duas médias. Casos específicos fornecerão exemplos.

Tabela 10.3 Testes sobre as médias.

H_0	Valor da estatística de teste	H_1	Região crítica
$\mu = \mu_0$	$z = \frac{\bar{x} - \mu_0}{\sigma/\sqrt{n}}$; σ conhecido	$\mu < \mu_0$ $\mu > \mu_0$ $\mu \neq \mu_0$	$z < -z_\alpha$ $z > z_\alpha$ $z < -z_{\alpha/2}$ ou $z > z_{\alpha/2}$
$\mu = \mu_0$	$t = \frac{\bar{x} - \mu_0}{s/\sqrt{n}}$; $v = n - 1$, σ desconhecido	$\mu < \mu_0$ $\mu > \mu_0$ $\mu \neq \mu_0$	$t < -t_\alpha$ $t > t_\alpha$ $t < -t_{\alpha/2}$ ou $t > t_{\alpha/2}$
$\mu_1 - \mu_2 = d_0$	$z = \frac{(\bar{x}_1 - \bar{x}_2) - d_0}{\sqrt{\sigma_1^2/n_1 + \sigma_2^2/n_2}}$; σ_1 e σ_2 conhecidos	$\mu_1 - \mu_2 < d_0$ $\mu_1 - \mu_2 > d_0$ $\mu_1 - \mu_2 \neq d_0$	$z < -z_\alpha$ $z > z_\alpha$ $z < -z_{\alpha/2}$ ou $z > z_{\alpha/2}$
$\mu_1 - \mu_2 = d_0$	$t = \frac{(\bar{x}_1 - \bar{x}_2) - d_0}{s_p \sqrt{1/n_1 + 1/n_2}}$; $v = n_1 + n_2 - 2$, $\sigma_1 = \sigma_2$ mas desconhecidos $s_p^2 = \frac{(n_1 - 1)s_1^2 + (n_2 - 1)s_2^2}{n_1 + n_2 - 2}$	$\mu_1 - \mu_2 < d_0$ $\mu_1 - \mu_2 > d_0$ $\mu_1 - \mu_2 \neq d_0$	$t < -t_\alpha$ $t > t_\alpha$ $t < -t_{\alpha/2}$ ou $t > t_{\alpha/2}$
$\mu_1 - \mu_2 = d_0$	$t' = \frac{(\bar{x}_1 - \bar{x}_2) - d_0}{\sqrt{s_1^2/n_1 + s_2^2/n_2}}$; $v = \frac{(s_1^2/n_1 + s_2^2/n_2)^2}{\frac{(s_1^2/n_1)^2}{n_1 - 1} + \frac{(s_2^2/n_2)^2}{n_2 - 1}}$; $\sigma_1 \neq \sigma_2$ e desconhecidos	$\mu_1 - \mu_2 < d_0$ $\mu_1 - \mu_2 > d_0$ $\mu_1 - \mu_2 \neq d_0$	$t' < -t_\alpha$ $t' > t_\alpha$ $t' < -t_{\alpha/2}$ ou $t' > t_{\alpha/2}$
$\mu_D = d_0$ observações	$t = \frac{\bar{d} - d_0}{s_d/\sqrt{n}}$; $v = n - 1$	$\mu_D < d_0$ $\mu_D > d_0$ $\mu_D \neq d_0$	$t < -t_\alpha$ $t > t_\alpha$ $t < -t_{\alpha/2}$ ou $t > t_{\alpha/2}$

Suponha que desejamos testar a hipótese

$$H_0: \mu = \mu_0,$$
$$H_1: \mu > \mu_0,$$

com um nível de significância α quando a variância σ^2 é conhecida. Para uma alternativa específica, digamos, $\mu = \mu_0 + \delta$, o poder do nosso teste é mostrado na Figura 10.14 como sendo

$$1 - \beta = P(\bar{X} > a \text{ quando } \mu = \mu_0 + \delta).$$

Portanto,

$$\beta = P(\bar{X} < a \text{ quando } \mu = \mu_0 + \delta)$$
$$= P\left[\frac{\bar{X} - (\mu_0 + \delta)}{\sigma/\sqrt{n}} < \frac{a - (\mu_0 + \delta)}{\sigma/\sqrt{n}} \text{ quando } \mu = \mu_0 + \delta\right].$$

Sob a hipótese alternativa $\mu = \mu_0 + \delta$, a estatística

$$\frac{\bar{X} - (\mu_0 + \delta)}{\sigma/\sqrt{n}}$$

é uma variável normal padrão Z. Então

$$\beta = P\left(Z < \frac{a - \mu_0}{\sigma/\sqrt{n}} - \frac{\delta}{\sigma/\sqrt{n}}\right) = P\left(Z < z_\alpha - \frac{\delta}{\sigma/\sqrt{n}}\right),$$

do qual concluímos que

$$-z_\beta = z_\alpha - \frac{\delta\sqrt{n}}{\sigma},$$

e, assim,

Escolha do tamanho da amostra: $n = \dfrac{(z_\alpha + z_\beta)^2 \sigma^2}{\delta^2}$,

um resultado que também é verdadeiro quando a hipótese alternativa é $\mu < \mu_0$.

No caso do teste bicaudal, obtemos o poder $1 - \beta$ para uma alternativa específica quando

$$n \approx \frac{(z_{\alpha/2} + z_\beta)^2 \sigma^2}{\delta^2}.$$

■ **Exemplo 10.8**

Suponha que desejamos testar as hipóteses

$$H_0: \mu = 68 \text{ quilogramas},$$
$$H_1: \mu > 68 \text{ quilogramas},$$

para os pesos de estudantes do sexo masculino em certa universidade, usando nível de significância $\alpha = 0{,}05$ quando sabemos que $\sigma = 5$. Determine o tamanho da amostra necessário se o poder de nosso teste deve ser 0,95 quando a média real é 69 quilogramas.

Solução: Já que $\alpha = \beta = 0{,}05$, temos $z_\alpha = z_\beta = 1{,}645$. Para a alternativa $\mu = 69$, tornamos $\delta = 1$ e, então,

$$n = \frac{(1{,}645 + 1{,}645)^2(25)}{1} = 270{,}6.$$

Dessa forma, são necessárias 271 observações se o teste deve rejeitar a hipótese nula em 95% das vezes quando, na verdade, μ é tão grande quanto 69 quilogramas.

Caso de duas amostras

Um procedimento similar pode ser usado para determinar o tamanho da amostra $n = n_1 = n_2$ necessário para um poder especificado de um teste no qual duas médias populacionais estão sendo comparadas. Por exemplo, suponha que desejamos testar a hipótese

$$H_0: \mu_1 - \mu_2 = d_0,$$
$$H_1: \mu_1 - \mu_2 \neq d_0,$$

quando σ_1 e σ_2 são conhecidos. Para a alternativa específica, digamos, $\mu_1 - \mu_2 = d_0 + \delta$, o poder de nosso teste é mostrado na Figura 10.15 como sendo

$$1 - \beta = P(|\bar{X}_1 - \bar{X}_2| > a \text{ quando } \mu_1 - \mu_2 = d_0 + \delta).$$

Portanto,

$$\beta = P(-a < \bar{X}_1 - \bar{X}_2 < a \text{ quando } \mu_1 - \mu_2 = d_0 + \delta)$$
$$= P\left[\frac{-a - (d_0 + \delta)}{\sqrt{(\sigma_1^2 + \sigma_2^2)/n}} < \frac{(\bar{X}_1 - \bar{X}_2) - (d_0 + \delta)}{\sqrt{(\sigma_1^2 + \sigma_2^2)/n}} \right.$$
$$\left. < \frac{a - (d_0 + \delta)}{\sqrt{(\sigma_1^2 + \sigma_2^2)/n}} \text{ quando } \mu_1 - \mu_2 = d_0 + \delta \right].$$

Sob a hipótese alternativa $\mu_1 - \mu_2 = d_0 + \delta$, a estatística

$$\frac{\bar{X}_1 - \bar{X}_2 - (d_0 + \delta)}{\sqrt{(\sigma_1^2 + \sigma_2^2)/n}}$$

é a variável normal padrão Z. Agora, ao escrever

$$-z_{\alpha/2} = \frac{-a - d_0}{\sqrt{(\sigma_1^2 + \sigma_2^2)/n}} \quad \text{e} \quad z_{\alpha/2} = \frac{a - d_0}{\sqrt{(\sigma_1^2 + \sigma_2^2)/n}},$$

temos

$$\beta = P\left[-z_{\alpha/2} - \frac{\delta}{\sqrt{(\sigma_1^2 + \sigma_2^2)/n}} < Z < z_{\alpha/2} - \frac{\delta}{\sqrt{(\sigma_1^2 + \sigma_2^2)/n}}\right],$$

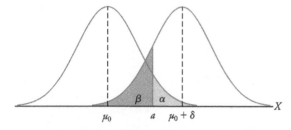

Figura 10.14 Teste de $\mu = \mu_0$ versus $\mu = \mu_0 + \delta$.

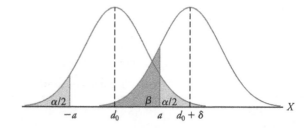

Figura 10.15 Teste de $\mu_1 - \mu_2 = d_0$ versus $\mu_1 - \mu_2 = d_0 + \delta$.

do qual concluímos que

$$-z_\beta \approx z_{\alpha/2} - \frac{\delta}{\sqrt{(\sigma_1^2 + \sigma_2^2)/n}},$$

e, portanto,

$$n \approx \frac{(z_{\alpha/2} + z_\beta)^2 \; (\sigma_1^2 + \sigma_2^2)}{\delta^2}.$$

Para o teste unicaudal, a expressão para o tamanho da amostra necessária quando $n = n_1 = n_2$ é

Escolha do tamanho da amostra:

$$n = \frac{(z_\alpha + z_\beta)^2 \; (\sigma_1^2 + \sigma_2^2)}{\delta^2}.$$

Quando a variância populacional (ou variâncias, na situação com duas amostras) é desconhecida, a escolha do tamanho da amostra não é direta. Ao testar a hipótese $\mu = \mu_0$ quando o valor real é $\mu = \mu_0 + \delta$, a estatística

$$\frac{\bar{X} - (\mu_0 + \delta)}{S/\sqrt{n}}$$

não segue uma distribuição t, como poderia ser esperado, mas, em vez disso, segue a distribuição t não central. Contudo, existem tabelas ou quadros baseados na distribuição t não central para determinar o tamanho apropriado da amostra se algum estimador de σ estiver disponível ou se δ for múltiplo de σ. A Tabela A.8 fornece os tamanhos de amostras necessários para controlar os valores de α e β para vários valores de

$$\Delta = \frac{|\delta|}{\sigma} = \frac{|\mu - \mu_0|}{\sigma}$$

para ambos os testes uni e bicaudais. No caso do teste t para duas amostras, no qual as variâncias são desconhecidas, mas assumidas como iguais, obtemos os tamanhos das amostras $n = n_1 = n_2$ necessárias para controlar os valores de α e β para vários valores de

$$\Delta = \frac{|\delta|}{\sigma} = \frac{|\mu_1 - \mu_2 - d_0|}{\sigma}$$

da Tabela A.9.

■ **Exemplo 10.9**

Ao comparar o desempenho de dois catalisadores no efeito do rendimento de uma reação, foi conduzido um teste t para duas amostras com $\alpha = 0,05$. As variâncias nos rendimentos são consideradas as mesmas para ambos os catalisadores. Qual é o tamanho da amostra para cada catalisador para testar as hipóteses

$$H_0: \mu_1 = \mu_2,$$
$$H_1: \mu_1 \neq \mu_2,$$

se é essencial detectar a diferença de $0,8\sigma$ entre os catalisadores com probabilidade de 0,9?

Solução: Da Tabela A.9, com $\alpha = 0,05$ para um teste bicaudal, $\beta = 0,1$ e

$$\Delta = \frac{|0,8\sigma|}{\sigma} = 0,8,$$

descobrimos que o tamanho da amostra necessário é $n = 34$.

Enfatizamos que, em situações práticas, pode ser difícil forçar um cientista ou engenheiro a ter um comprometimento sobre a informação de qual o valor de Δ pode ser encontrado. Lembramos o leitor que um valor Δ quantifica o tipo de diferença entre as médias que o cientista considera importante, ou seja, uma diferença considerada *significante* de um ponto de vista científico, não estatístico. O Exemplo 10.9 ilustra como essa escolha costuma ser feita, especialmente ao selecionar a fração de σ. Obviamente, se o tamanho da amostra é baseado na escolha de $|\delta|$ como uma pequena fração de σ, o tamanho da amostra resultante pode ser muito grande quando comparado ao que o estudo permite.

10.10 Métodos gráficos para a comparação de médias

No Capítulo 1, direcionamos uma atenção considerável na representação dos dados em forma gráfica. Diagramas de ramos-e-folhas, no Capítulo 8, diagramas de caixa-e-bigodes, gráficos de quantis e gráficos quantil-quantil normais são usados para fornecer uma 'imagem' que resume os dados experimentais. Muitos pacotes de softwares produzem gráficos. Conforme prosseguimos para outras formas de análises de dados (por exemplo, análise de regressão e análise de variância), os métodos gráficos se tornam cada vez mais informativos.

Os auxílios gráficos utilizados em conjunto com o teste de hipóteses não são usados como uma substituição do procedimento de teste. Certamente, o valor de uma estatística de teste indica o tipo de evidência apropriado no apoio de H_0 ou H_1. Entretanto, uma representação gráfica fornece uma boa ilustração e é freqüentemente um meio melhor de comunicação da evidência para o beneficiário da análise. Da mesma forma, uma figura pode esclarecer por que diferenças significativas foram encontradas. A falha de uma importante suposição pode ser exposta por um tipo de gráfico resumido.

Para as comparações de médias, diagramas de caixa-e-bigodes lado a lado fornecem uma exibição eficaz. O leitor deve se lembrar que esse gráfico mostra o 25º percentil, o 75º percentil e a mediana do conjunto de dados. Além disso, os bigodes mostram os extremos no conjunto de dados. Considere o Exercício 10.40 após esta seção. Os níveis de ácido ascórbico no plasma foram medidos em dois conjuntos de mulheres grávidas, fumantes e não-fumantes. A Figura 10.16 mostra um diagrama de caixa-e-bigodes para ambos os conjuntos. Dois fatos são muito aparentes. Levando em conta a variabilidade, parece haver uma diferença insignificante

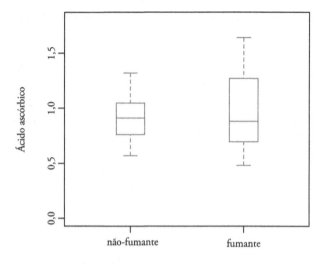

Figura 10.16 Dois diagramas de caixa-e-bigodes para o ácido ascórbico no plasma de fumantes e não–fumantes.

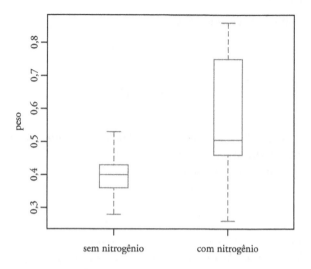

Figura 10.17 Dois diagramas de caixa-e-bigode para os dados das mudas.

nas médias das amostras. Além disso, a variabilidade nos dois conjuntos parece um pouco diferente. É claro, o analista deve ter em mente as diferenças consideráveis entre os tamanhos das amostras neste caso.

Considere o Exercício 9.40, da Seção 9.9. A Figura 10.17 mostra um diagrama de caixa-e-bigodes múltiplo para os dados de dez mudas, metade com nitrogênio e metade sem. O gráfico revela uma variabilidade pequena para o conjunto que não contém nitrogênio. Além disso, a falta de superposição nos gráficos de caixa sugere uma diferença significante entre os pesos médios dos caules entre os dois conjuntos. Parece que a presença de nitrogênio aumenta o peso dos caules e, talvez, a variabilidade nos pesos.

Não há regras específicas sobre quando dois diagramas de caixa-e-bigodes fornecem evidência de diferenças significativas entre as médias. Entretanto, um guia é de que se a linha do 25º percentil de amostra excede a linha mediana da outra amostra, há forte evidência da diferença entre as médias.

Os métodos gráficos receberão mais ênfase no estudo de caso real demonstrado adiante neste capítulo.

Impressão do computador detalhada para o teste *t* em duas amostras

Considere os dados do Exercício 9.40, da Seção 9.9, onde os dados das mudas sob as condições com e sem recebimento de nitrogênio foram coletados. Teste

$$H_0: \mu_{COM} = \mu_{SEM},$$
$$H_1: \mu_{COM} > \mu_{SEM},$$

onde as médias populacionais indicam os pesos médios. A Figura 10.18 é uma impressão detalhada do pacote SAS. Note que o desvio-padrão e o erro-padrão amostrais são exibidos para ambas as amostras. A estatística *t* sob a suposição de 'variâncias iguais' e 'variâncias desiguais' é fornecida. Do diagrama de caixa-e-bigodes da Figura 10.17 parece que a suposição de variâncias iguais é violada. Um valor *P* de 0,0229 sugere uma conclusão de médias desiguais. Isso está de acordo com a informação diagnóstica dada na Figura 10.18. Incidentalmente, observe que *t* e *t'* são iguais neste caso, já que $n_1 = n_2$.

```
                TTEST Procedure
Variable Weight
     Mineral      N      Mean    Std Dev   Std Err
   Nonitrogen    10    0,3990    0,0728    0,0230
     Nitrogen    10    0,5650    0,1867    0,0591

   Variances     DF    t Value     Pr > |t|
       Equal     18      2,62       0,0174
     Unequal   11,7      2,62       0,0229

         Test the Equality of Variances
 Variable    Num DF   Den DF    F Value    Pr > F
   Weight        9        9       6,58    0,0098
```

Figura 10.18 Impressão *SAS* para o teste *t* de duas amostras.

Exercícios

10.19 Uma indústria elétrica fabrica lâmpadas cuja vida útil tem distribuição aproximadamente normal com média de 800 horas e desvio-padrão de 40 horas. Teste a hipótese de que $\mu = 800$ horas contra a alternativa $\mu \neq 800$ horas, se uma amostra aleatória de 30 lâmpadas tem média de vida de 788 horas. Use um valor *P* em suas respostas.

10.20 Uma amostra aleatória de 64 pacotes de pipoca sabor queijo tipo *cheddar* pesa, em média, 5,23 onças (1 oz = 28,69 gramas, 5,23 oz = 150 g aproximadamente) com desvio-padrão de 0,24 oz (aproximadamente 6,8 g).

Teste a hipótese de que μ = 5,5 oz (aproximadamente 157 g) contra a hipótese alternativa μ < 5,5 oz, no nível de significância de 0,05.

10.21 Em uma pesquisa feita por Richard H. Weindruch, da Escola de Medicina da Universidade da Califórnia, afirmou-se que os ratos com média de vida de 32 meses viveriam por mais ou menos 40 meses se 40% das calorias de suas refeições fossem substituídas por vitaminas e proteínas. Há alguma razão para acreditarmos que μ < 40 se 64 ratos colocados sob essa dieta têm uma média de vida de 38 meses com desvio-padrão de 5,8 meses? Use um valor P em sua conclusão.

10.22 A altura média de estudantes calouras do sexo feminino de certa universidade é 162,5 centímetros, com desvio-padrão de 6,9 centímetros. Há alguma razão para acreditar que houve uma mudança na média das alturas se uma amostra de 50 mulheres na atual classe de calouros tem altura média de 165,2 centímetros? Use um valor P em sua conclusão. Assuma que o desvio-padrão continua o mesmo.

10.23 Afirma-se que um automóvel é dirigido, em média, mais de 20.000 quilômetros por ano. Para testar essa afirmação, uma amostra aleatória de cem proprietários de automóveis registra os quilômetros viajados. Você concordaria com essa afirmação, se esta amostra mostrasse uma média de 23.500 quilômetros e desvio-padrão de 3.900 quilômetros? Use um valor P em sua conclusão.

10.24 No periódico da Associação de Cardiologia Americana, *Hypertension*, pesquisadores reportaram que indivíduos que praticam Meditação Transcendental (MT) diminuem sua pressão arterial significativamente. Se uma amostra aleatória de 225 homens praticantes de MT medita por 8,5 horas por semana, com desvio-padrão de 2,25 horas, isso sugere que, em média, homens que usam MT meditam mais do que 8 horas por semana? Use um valor P em sua conclusão.

10.25 Teste a hipótese de que o conteúdo médio de recipientes de certo lubrificante é dez litros, se os conteúdos de uma amostra aleatória de dez recipientes são 10,2; 9,7; 10,1; 10,3; 10,1; 9,8; 9,9; 10,4; 10,3 e 9,8 litros. Use o nível de significância 0,01 e assuma que a distribuição dos conteúdos dos recipientes é normal.

10.26 De acordo com um estudo sobre dietas, uma alta ingestão de sódio pode estar relacionada a úlceras, câncer de estômago e enxaquecas. A necessidade humana de sal é de apenas 220 miligramas por dia, o que é ultrapassado na maioria das porções simples dos cereais prontos para servir. Se uma amostra aleatória de 20 porções similares de certo cereal tem média de conteúdo de sódio de 244 miligramas e desvio-padrão de 24,5 miligramas, isso sugere, no nível de significância 0,05, que a média de sódio contido em uma porção de tal cereal é maior que 220 miligramas? Assuma uma distribuição normal para os conteúdos de sódio.

10.27 Um estudo da Universidade do Colorado, na cidade de Boulder, mostrou que correr aumenta o percentual da taxa metabólica em descanso (TMD) em mulheres mais velhas. A média de TMD de 30 mulheres idosas que praticam corrida foi 34,0% maior do que a média de TMD de 30 mulheres idosas sedentárias, com desvio-padrão de 10,5% e 10,2%, respectivamente. Houve um aumento significativo na TMD das mulheres praticantes de corrida sobre as sedentárias? Assuma que as populações são aproximadamente normais com variâncias iguais. Use um valor P em sua conclusão.

10.28 De acordo com a publicação *Chemical Engineering*, uma importante propriedade das fibras é a absorção de água. A porcentagem de absorção média de 25 pedaços de fibra de algodão selecionados aleatoriamente foi de 20 com desvio-padrão de 1,5. Uma amostra aleatória de 25 pedaços de acetato rendeu uma média de 12, com desvio-padrão de 1,25. Há fortes evidências de que a média populacional da porcentagem de absorção do algodão é significativamente maior que a do acetato? Assuma que a porcentagem de absorção é distribuída aproximadamente de maneira normal e a variância populacional das porcentagens de absorção para os dois tipos de tecido é igual. Use um nível de significância de 0,05.

10.29 Experiências passadas indicam que o tempo para que alunos veteranos do ensino médio completem um teste padronizado é uma variável aleatória normal, com média de 35 minutos. Se uma amostra aleatória de 20 alunos levou uma média de 33,1 minutos para completar o teste, com um desvio-padrão de 4,3 minutos, teste a hipótese, no nível de significância 0,05, de que μ = 35 minutos contra a alternativa de que μ < 35 minutos.

10.30 Uma amostra aleatória de tamanho n_1 = 25, retirada de uma população normal com desvio-padrão σ_1 = 5,2, tem média $\bar{x}_1$ = 81. Uma segunda amostra aleatória de tamanho n_2 = 36, retirada de uma população normal diferente com desvio-padrão σ_2 = 3,4, tem média $\bar{x}_2$ = 76. Teste a hipótese de que $\mu_1 = \mu_2$ contra a alternativa de que $\mu_1 \neq \mu_2$. Use um valor P em sua conclusão.

10.31 Um fabricante afirma que a média da resistência à tensão da corda A excede a média da resistência à tensão da corda B por, pelo menos, 12 quilogramas. Para testar sua afirmação, 50 pedaços de cada corda são testados sob condições similares. A corda tipo A teve uma resistência de 86,7 quilogramas, com desvio-padrão de 6,28 quilogramas, enquanto a do tipo B teve uma resistência de 77,8 quilogramas, com desvio-padrão de 5,61 quilogramas. Teste a afirmação do fabricante usando o nível de significância de 0,05.

10.32 A publicação *Amstat News* (dezembro de 2004) listou a mediana dos salários para professores associados de estatística em institutos de pesquisa, artes liberais e outras instituições nos Estados Unidos. Assuma que uma amostra de 200 professores associados de institutos de pesquisa tenha salário médio de $ 70.750 por ano, com desvio-padrão de $ 6.000. Assuma também que uma amostra aleatória de 200 professores associados de outros tipos de instituição tenha salário médio anual de $ 65.200, com desvio-padrão de $ 5.000. Teste a hipótese de que o salário médio para o professor nos institutos de pesquisa é $ 2.000 mais alto do que o daqueles de outras instituições. Use um nível de significância de 0,01.

10.33 Um estudo é realizado para ver se o aumento da concentração de substrato tem efeito apreciável na velocidade de uma reação química. Com uma concentração de substrato de 1,5 mols por litro, a reação foi feita 15 vezes com velocidade média de 7,5 micromols por 30 minutos e desvio-padrão de 1,5. Com uma concentração de substrato de 2,0 mols por litro, 12 testes foram feitos, com velocidade média de 8,8 micromols por 30 minutos e desvio-padrão de 1,2. Há alguma razão para acreditarmos que o aumento na concentração de substrato causa um aumento na velocidade média por mais de 0,5 micromols por 30 minutos? Use um nível de significância de 0,01 e assuma que as populações têm distribuições aproximadamente normais com variâncias iguais.

10.34 Um estudo foi realizado para determinar se uma matéria em um curso de física é mais bem entendida quando aulas em laboratório fazem parte do curso. Os alunos foram selecionados aleatoriamente para participar de um curso de três horas semestrais sem laboratório ou, um curso de quatro horas semestrais com laboratório. Na seção com laboratório, 11 alunos obtiveram uma nota média de 85, com desvio-padrão de 4,7 e, na seção sem laboratório, 17 alunos tiveram nota média de 79, com desvio-padrão de 6.1. Você diria que o curso com laboratório aumentou a nota média em oito pontos? Use um valor *P* em sua conclusão e assuma que as populações têm distribuições aproximadamente normais com variâncias iguais.

10.35 Para descobrir se um novo soro vai interromper a leucemia, nove ratos, todos com um estágio avançado da doença, são selecionados. Cinco ratos recebem o tratamento e quatro, não. O tempo de sobrevida, em anos, a partir do momento em que o experimento foi iniciado, é o seguinte:

Com tratamento	2,1	5,3	1,4	4,6	0,9
Sem tratamento	1,9	0,5	2,8	3,1	

No nível de significância de 0,05, pode-se dizer que o soro é eficaz? Assuma que as duas distribuições são normais com variâncias iguais.

10.36 Uma grande indústria automobilística está decidindo se compra a marca A ou B de pneus para seus novos modelos. Para ajudá-los a chegar a uma conclusão, um experimento é conduzido usando-se 12 pneus de cada marca. Os pneus são usados até seu desgaste. Os resultados são

Marca A: $\bar{x}_1$ = 37.900 quilômetros,
s_1 = 5.100 quilômetros.
Marca B: $\bar{x}_2$ = 39.800 quilômetros,
s_2 = 5.900 quilômetros.

Teste a hipótese de que não há diferença no desgaste médio das duas marcas. Assuma que as populações são aproximadamente normais com variâncias iguais. Use um valor *P*.

10.37 No Exercício 9.42, teste a hipótese de que as caminhonetes Volkswagen, na média, excedem as caminhonetes Toyota, similarmente equipadas, em quatro quilômetros por litro. Use o nível de significância 0,10.

10.38 Um pesquisador da Universidade da Califórnia afirma que a vida média de ratos pode ser estendida em até oito meses quando as calorias de sua alimentação são reduzidas em aproximadamente 40% a partir do momento em que são desmamados. As dietas restritivas são enriquecidas com proteínas e vitaminas. Suponha que uma amostra aleatória de dez ratos seja alimentada com a dieta normal e tenha média de vida de 32,1 meses, com desvio-padrão de 3,2 meses, enquanto uma amostra aleatória de 15 ratos recebe a dieta restritiva e tem média de vida de 37,6 meses, com desvio-padrão de 2,8 meses. Teste, no nível de significância de 0,05, a hipótese de que a média de vida dos ratos sob a dieta restritiva aumentou oito meses contra a alternativa de que o aumento é menor do que isso. Assuma que as distribuições de vida para as dietas regulares e restritivas são aproximadamente normais com variâncias iguais.

10.39 Os dados a seguir representam os tempos de duração de filmes produzidos por duas indústrias cinematográficas:

Empresa	Tempo (em minutos)						
1	102	86	98	109	92		
2	81	165	97	134	92	87	114

Teste a hipótese de que o tempo médio dos filmes produzidos pela empresa 2 excede o tempo dos filmes da empresa 1 em dez minutos, contra a alternativa unilateral de que a diferença é menor que dez minutos. Use um nível de significância de 0,1 e assuma que as distribuições dos tempos são aproximadamente normais com variâncias desiguais.

10.40 Em um estudo conduzido no Instituto Politécnico e Universidade Estadual da Virgínia, os níveis de ácido ascórbico no plasma de mulheres grávidas foram comparados entre as fumantes e as não-fumantes. Trinta e duas mulheres, nos três últimos meses de gravidez, livres da maioria das doenças e com idades entre 15 e 32 anos, foram selecionadas para o estudo. Antes da coleta de 20 ml de sangue, as mulheres evitaram café da manhã, abriram mão das vitaminas e evitaram alimentos com alta concentração de ácido ascórbico. Nas amostras de sangue, foram determinados os valores de ácido ascórbico no sangue de cada uma, em miligramas por 100 mililitros:

Valores de ácido ascórbico no plasma		
Não-fumantes		**Fumantes**
0,97	1,16	0,48
0,72	0,86	0,71
1,00	0,85	0,98
0,81	0,58	0,68
0,62	0,57	1,18
1,32	0,64	1,36
1,24	0,98	0,78
0,99	1,09	1,64
0,90	0,92	
0,74	0,78	
0,88	1,24	
0,94	1,18	

Há evidências suficientes para concluirmos que há uma diferença entre os níveis de ácido ascórbico no plasma das fumantes e não-fumantes? Assuma que os dois conjuntos de dados vêm de populações normais com variâncias desiguais. Use um valor P.

10.41 Um estudo foi conduzido pelo Departamento de Zoologia da Universidade da Virgínia para determinar se há diferença significativa na densidade dos organismos em duas estações diferentes localizadas no Cedar Run, um rio secundário na bacia hidrográfica do rio Roanoke. O esgoto de uma estação de tratamento e o excesso vindo da bacia da Federal Mogul Corporation entram no rio secundário perto de sua cabeceira. Os dados a seguir fornecem as medidas da densidade, em número de organismos por metro quadrado, nas duas estações de coleta distintas:

Número de organismos por metro quadrado			
Estação 1		**Estação 2**	
5.030	4.980	2.800	2.810
13.700	11.910	4.670	1.330
10.730	8.130	6.890	3.320
11.400	26.850	7.720	1.230
860	17.660	7.030	2.130

(continua)

(continuação)

Número de organismos por metro quadrado			
Estação 1		**Estação 2**	
2.200	22.800	7.330	2.190
4.250	1.130		
15.040	1.690		

Podemos concluir que, no nível de significância de 0,05, as médias das densidades são iguais nas duas estações? Assuma que as observações vêm de populações normais com variâncias diferentes.

10.42 Cinco amostras de uma substância ferrosa serão usadas para determinar se há uma diferença no conteúdo de ferro entre uma análise química laboratorial e uma análise com raios X fluorescentes. Cada amostra foi dividida em duas subamostras e os dois tipos de análises foram aplicados. A seguir, temos os dados codificados que mostram as análises dos conteúdos de ferro.

	Amostra				
Análise	**1**	**2**	**3**	**4**	**5**
Raios X	2,0	2,0	2,3	2,1	2,4
Química	2,2	1,9	2,5	2,3	2,4

Assumindo que as populações são normais, teste a um nível de significância de 0,05 se os dois testes fornecem, em média, os mesmos resultados.

10.43 O gerente de uma empresa de táxis está tentando decidir se é melhor utilizar pneus radiais em vez dos cinturados regulares para promover uma economia de combustível. Doze carros foram equipados com os radiais e dirigidos em um percurso de teste prescrito. Sem trocar os motoristas, os mesmos carros foram equipados com os cinturados e dirigidos no mesmo percurso. O consumo de gasolina, em quilômetros por litro, foi registrado como se segue:

Quilômetros por litro		
Carro	**Pneu radial**	**Pneu cinturado**
1	4,2	4,1
2	4,7	4,9
3	6,6	6,2
4	7,0	6,9
5	6,7	6,8
6	4,5	4,4
7	5,7	5,7
8	6,0	5,8
9	7,4	6,9
10	4,9	4,7
11	6,1	6,0
12	5,2	4,9

Podemos concluir que os carros equipados com os pneus radiais gerem mais economia em combustível do que os com pneus cinturados? Assuma que as populações são normalmente distribuídas. Use um valor P em sua conclusão.

10.44 No Exercício 9.88, use a distribuição t para testar a hipótese de que a dieta reduz o peso de uma pessoa em 4,5 quilogramas, em média, contra a alternativa de que a diferença média nos pesos é menor que 4,5 quilogramas. Use um valor P.

10.45 De acordo com reportagens publicadas, a prática sob condições de fadiga distorce os mecanismos que governam o desempenho. Um experimento foi conduzido, utilizando 15 estudantes universitários do sexo masculino que foram treinados para fazer um movimento contínuo horizontal com o braço, da direita para a esquerda, de uma microchave para uma barreira, batendo sobre a barreira coincidentemente com a chegada do ponteiro de um relógio na posição de 6 horas. O valor absoluto da diferença no tempo, em milissegundos, que levou para que houvesse o toque na barreira e no tempo que levou para que o ponteiro chegasse às 6 horas (500 ms) foi registrado. Cada estudante realizou a tarefa cinco vezes sob condições de pré-fadiga e pós-fadiga, e as somas das diferenças absolutas para as cinco performances foram registradas a seguir:

Diferenças absolutas de tempo		
Indivíduo	Pré-fadiga	Pós-fadiga
1	158	91
2	92	59
3	65	215
4	98	226
5	33	223
6	89	91
7	148	92
8	58	177
9	142	134
10	117	116
11	74	153
12	66	219
13	109	143
14	57	164
15	85	100

Um aumento na média das diferenças absolutas dos tempos quando a tarefa foi realizada pós-fadiga apoiaria a afirmação de que a prática sob condições de fadiga distorce os mecanismos que governam o desempenho. Assumindo que as populações são normalmente distribuídas, teste essa afirmação.

10.46 Em um estudo conduzido pelo Departamento de Nutrição Humana e Alimentos da Universidade da Virgínia, foram registrados os dados de comparação dos resíduos de ácido sórbico, em partes por milhão, em presunto imediatamente depois de mergulhado em uma solução de sorbato e após 60 dias de armazenamento.

Resíduos de ácido sórbico em presunto		
Fatia	Antes do armazenamento	Após armazenamento
1	224	116
2	270	96
3	400	239
4	444	329
5	590	437
6	660	597
7	1400	689
8	680	576

Assumindo que as populações são normalmente distribuídas, há evidência suficiente, num nível de significância de 0,05, para dizermos que o tempo de armazenamento influencia as concentrações residuais de ácido sórbico?

10.47 Qual é o tamanho da amostra necessário no Exercício 10.20 se o poder de nosso teste deve ser de 0,90 quando a média verdadeira é 5,20? Assuma que $\sigma = 0,24$.

10.48 Se a distribuição dos períodos de vida do Exercício 10.21 é aproximadamente normal, qual é o tamanho da amostra necessário de modo que a probabilidade de cometer um erro tipo III seja de 0,1 quando a média real é de 35,9 meses? Assuma que $\sigma = 5,8$ meses.

10.49 Qual é o tamanho da amostra necessário no Exercício 10.22 se o poder de nosso teste deve ser de 0,95 quando a média verdadeira difere de 162,5 por 3,1 centímetros? Use $\alpha = 0,02$.

10.50 Qual é o tamanho da amostra necessário no Exercício 10.31 se o poder de nosso teste é 0,95 quando a real diferença entre as cordas tipo A e B é de oito quilogramas?

10.51 Qual é o tamanho da amostra necessário no Exercício 10.24 se o poder de nosso teste é 0,8 quando a média verdadeira do tempo de meditação excede o valor hipotético em $1,2\sigma$? Use $\alpha = 0,05$.

10.52 Ao testar

$$H_0: \mu = 14,$$
$$H_1: \mu \neq 14,$$

um teste t com nível $\alpha = 0,05$ está sendo considerado. Qual é o tamanho da amostra necessário para que seja igual a 0,1 a probabilidade de não rejeitar H_0 erroneamente quando a verdadeira média populacional difere de 14 por 0,5? De uma amostra preliminar, estimamos σ como sendo 1,25.

10.53 Um estudo foi conduzido no Departamento de Medicina Veterinária da Universidade da Virgínia para determinar se a 'resistência' de uma ferida causada por uma incisão cirúrgica é afetada pela temperatura da faca. Oito cachorros foram utilizados no experimento. A incisão foi realizada no abdômen dos animais. Cada cachorro sofreu uma incisão 'fria' e uma 'quente' e a resistência foi medida. Os dados resultantes aparecem a seguir.

(a) Escreva uma hipótese apropriada para determinar se há uma diferença significativa na resistência entre as incisões frias e quentes.

(b) Teste a hipótese usando um teste t emparelhado. Use um valor P em sua conclusão.

Cachorro	Faca	Resistência
1	Quente	5.120
1	Fria	8.200
2	Quente	10.000
2	Fria	8.600
3	Quente	10.000
3	Fria	9.200
4	Quente	10.000
4	Fria	6.200
5	Quente	10.000
5	Fria	10.000
6	Quente	7.900
6	Fria	5.200
7	Quente	510
7	Fria	885
8	Quente	1.020
8	Fria	460

10.54 Nove pessoas foram utilizados em um experimento para determinar se uma atmosfera que envolve exposição a monóxido de carbono tem impacto na capacidade respiratória. Os dados foram coletados por pessoal qualificado no Departamento de Saúde e Educação Física da Universidade da Virgínia. Os dados foram analisados no Centro de Consultoria Estatística de Hokie Land. Os indivíduos foram expostos a câmaras respiratórias, uma delas com altas concentrações de CO. Diversas medidas respiratórias foram feitas para cada indivíduo em cada câmara. Eles foram expostos às câmaras em ordem aleatória. Os dados fornecem a freqüência respiratória em número de respirações por minuto. Faça um teste de hipóteses unilateral de que a média da freqüência respiratória é a mesma para os dois ambientes. Use $\alpha = 0{,}05$. Assuma que a freqüência respiratória é aproximadamente normal.

Indivíduo	Com CO	Sem CO
1	30	30
2	45	40

(continua)

(continuação)

Indivíduo	Com CO	Sem CO
3	26	25
4	25	23
5	34	30
6	51	49
7	46	41
8	32	35
9	30	28

10.11 Amostra única: teste para uma única proporção

Testes de hipóteses relacionados a proporções são necessários em muitas áreas. O político está certamente interessado em saber qual fração dos eleitores votará a seu favor nas próximas eleições. Todas as indústrias ficam preocupadas com a proporção de itens defeituosos quando é feito um carregamento. O apostador depende do conhecimento da proporção de resultados que ele considera favorável.

Vamos considerar o problema de testar a hipótese de que a proporção de sucessos em um experimento binomial é igual a algum valor específico. Ou seja, estamos testando a hipótese nula H_0 de que $p = p_0$, onde p é o parâmetro da distribuição binomial. A hipótese alternativa pode ser uni ou bilateral:

$$p < p_0, \quad p > p_0 \quad \text{ou} \quad p \neq p_0.$$

A variável aleatória apropriada na qual baseamos nosso critério de decisão é a variável aleatória binomial X, embora pudéssemos usar também a estatística $\hat{p} = X/n$. Os valores de X que estão distantes da média $\mu = np_0$ levarão à rejeição da hipótese nula. Como X é uma variável aleatória discreta, é improvável que uma região crítica possa ser estabelecida com tamanho *exatamente* igual a um valor de α pré-especificado. Por essa razão, é preferível, quando estamos lidando com amostras pequenas, basear nossas decisões em valores P. Para testar a hipótese

$$H_0: p = p_0,$$
$$H_1: p < p_0,$$

usamos a distribuição binomial para calcular o valor P

$$P = P(X \leq x \text{ quando } p = p_0).$$

O valor x é o número de sucessos em nossa amostra de tamanho n. Se esse valor P é menor ou igual a α, nosso teste é significante a este nível e rejeitamos H_0 a favor de H_1. Similarmente, para testar a hipótese

$$H_0: p = p_0,$$
$$H_1: p > p_0,$$

em um nível de significância α, calculamos

$$P = P(X > x \text{ quando } p = p_0)$$

e rejeitamos H_0 a favor de H_1 se este valor P for menor ou igual a α. Finalmente, para testar a hipótese

$$H_0: p = p_0,$$
$$H_1: p \neq p_0,$$

em um nível de significância α, calculamos

$P = 2P(X \leq x$ quando $p = p_0)$ se $x < np_0$ ou

$P = 2P(X \geq x$ quando $p = p_0)$ se $x > np_0$

e rejeitamos H_0 a favor de H_1 se o valor P calculado for menor ou igual a α.

Os passos para testar a hipótese nula sobre uma proporção contra várias alternativas que usam as probabilidades binomiais da Tabela A.1 são os seguintes:

Testando uma proporção: amostras pequenas

1. $H_0: p = p_0$.
2. Uma das alternativas $H_1: p < p_0, p > p_0$ ou $p \neq p_0$.
3. Escolha um nível de significância igual a α.
4. Estatística de teste: variável binomial X com $p = p_0$.
5. Cálculos: determine x, o número de sucessos, e calcule o valor P apropriado.
6. Decisão: chegue às conclusões apropriadas com base no valor P.

■ **Exemplo 10.10**

Um empreiteiro afirma que bombas de aquecimentos estão instaladas em 70% das casas em construção na cidade de Vermont, estado da Virgínia. Você concordaria com essa afirmação se uma pesquisa aleatória em novas casas nessa cidade mostra que oito de cada 15 casas têm bombas de aquecimento instaladas? Use o nível de significância 0,10.

Solução:
1. $H_0: p = 0,7$.
2. $H_1: p \neq 0,7$.
3. $\alpha = 0,10$.
4. Estatística de teste: variável binomial X com $p = 0,7$ e $n = 15$.
5. Cálculos: $x = 8$ e $np_0 = (15)(0,7) = 10,5$. Então, da Tabela A.1, o valor P calculado é

$P = 2P(X \leq 8$ quando $p = 0,7)$

$= 2 \sum_{x=0}^{8} b(x; 15, 0,7) = 0,2622 > 0,10.$

6. Decisão: não rejeitar H_0. Conclua que não há razão suficiente para duvidar da afirmação do empreiteiro.

Na Seção 5.3, vimos que as probabilidades binomiais são obtidas da fórmula binomial ou da Tabela A.1 quando n é pequeno. Para n grande, procedimentos de aproximação são necessários. Quando o valor hipotético de p_0 está muito próximo de 0 ou 1, a distribuição de Poisson com parâmetro $\mu = np_0$ pode ser usada. Entretanto, a aproximação pela curva normal, com parâmetros $\mu = np_0$ e $\sigma^2 = np_0 q_0$, é normalmente preferível quando n é grande, sendo bastante preciso, desde que p_0 não esteja muito próximo de 0 ou 1. Se usarmos a aproximação normal, o valor z para testar $p = p_0$ é dado por

$$z = \frac{x - np_0}{\sqrt{np_0 q_0}} = \frac{\hat{p} - p_0}{\sqrt{p_0 q_0 / n}},$$

que é o valor na variável normal padrão Z. Então, para um teste bicaudal no nível de significância α, a região crítica é $z < -z_{\alpha/2}$ ou $z > z_{\alpha/2}$. Para a alternativa unilateral $p < p_0$, a região crítica é $z < -z_\alpha$ e, para a alternativa $p > p_0$, a região crítica é $z > z_\alpha$.

■ **Exemplo 10.11**

Acredita-se que uma droga comumente prescrita para aliviar a tensão nervosa tem apenas 60% de eficácia. Resultados experimentais com uma nova droga administrada em uma amostra aleatória de cem adultos que sofrem de tensão nervosa mostram que 70 deles sentiram alívio. Isso é evidência suficiente para concluirmos que a nova droga é superior à droga comumente prescrita? Use o nível de significância de 0,05.

Solução:
1. $H_0: p = 0,6$.
2. $H_1: p > 0,6$.
3. $\alpha = 0,05$.
4. Região crítica: $z > 1,645$.
5. Cálculos: $x = 70$, $n = 100$, $\hat{p} = 70/100 = 0,7$ e

$$z = \frac{0,7 - 0,6}{\sqrt{(0,6)(0,4)/100}} = 2,04,$$

$P = P(Z > 2,04) < 0,0207.$

6. Decisão: rejeite H_0 e conclua que a nova droga é superior.

10.12 Duas amostras: teste para duas proporções

Podem surgir situações nas quais desejamos testar a hipótese de que duas proporções são iguais. Por exemplo, podemos tentar mostrar evidências de que a proporção de médicos pediatras em um estado é igual à proporção de pediatras em outro estado. Uma pessoa pode decidir parar de fumar somente se for convencida de que a proporção de fumantes com câncer no pulmão excede a proporção de não-fumantes com câncer.

Em geral, desejamos testar a hipótese nula de que duas proporções, ou parâmetros binomiais, são iguais. Ou seja, estamos testando $p_1 = p_2$ contra uma das alternativas $p_1 < p_2$, $p_1 > p_2$ ou $p_1 \neq p_2$. É claro, isto é equivalente a testar a hipótese nula $p_1 - p_2 = 0$ contra uma das alternativas $p_1 - p_2 < 0$, $p_1 - p_2 > 0$ ou $p_1 - p_2 \neq 0$. A estatística na qual baseamos nossa decisão é a variável aleatória $\hat{P}_1 - \hat{P}_2$. Amostras independentes de tamanho n_1 e n_2 são selecionadas aleatoriamente de duas populações binomiais e a proporção de sucessos $\hat{P}_1$ e $\hat{P}_2$ é calculada para cada uma das amostras.

Em nossa construção dos intervalos de confiança para p_1 e p_2 notamos que, para n_1 e n_2 suficientemente grandes, o estimador pontual $\hat{P}_1 - \hat{P}_2$ tem distribuição aproximadamente normal com média

$$\mu_{\hat{P}_1 - \hat{P}_2} = p_1 - p_2$$

e variância

$$\sigma^2_{\hat{P}_1 - \hat{P}_2} = \frac{p_1 q_1}{n_1} + \frac{p_2 q_2}{n_2}.$$

Então, nossa(s) região(ões) crítica(s) pode(m) ser estabelecida(s) usando-se a variável normal padrão

$$Z = \frac{(\hat{P}_1 - \hat{P}_2) - (p_1 - p_2)}{\sqrt{p_1 q_1 / n_1 + p_2 q_2 / n_2}}.$$

Quando H_0 é verdadeira, podemos substituir $p_1 = p_2 = p$ e $q_1 = q_2 = q$ (onde p e q são os valores em comum) na fórmula anterior de Z e obter

$$Z = \frac{\hat{P}_1 - \hat{P}_2}{\sqrt{pq(1/n_1 + 1/n_2)}}.$$

Para calcular o valor Z, contudo, devemos estimar os parâmetros p e q que aparecem no radical. Unindo os dados de ambas as amostras, a *estimação combinada da proporção p* é

$$\hat{p} = \frac{x_1 + x_2}{n_1 + n_2},$$

onde x_1 e x_2 são os números de sucessos em cada uma das duas amostras. Substituindo p por $\hat{p}$ e q por $\hat{q} = 1 - \hat{p}$, o valor z para testar $p_1 = p_2$ é determinado a partir da fórmula

$$z = \frac{\hat{p}_1 - \hat{p}_2}{\sqrt{\hat{p}\hat{q}(1/n_1 + 1/n_2)}}.$$

As regiões críticas para as hipóteses alternativas apropriadas são estabelecidas como antes, usando os pontos críticos da curva normal padrão. Então, para a alternativa $p_1 \neq p_2$, no nível de significância α, a região crítica é $z < -z_{\alpha/2}$ ou $z > z_{\alpha/2}$. Para um teste em que a alternativa é $p_1 < p_2$, a região crítica é $z < -z_\alpha$ e, quando a alternativa é $p_1 > p_2$, a região crítica é $z > z_\alpha$.

■ **Exemplo 10.12**

Uma votação será realizada entre os residentes de uma cidade e seus arredores para determinar se uma indústria química deveria ser construída. A construção da fábrica é dentro dos limites da cidade e, por essa razão, muitos eleitores dos arredores sentem que a proposta será aprovada por causa da grande proporção dos eleitores da cidade que são a favor de sua construção. Para determinar se há uma diferença significativa na proporção de eleitores da cidade e dos arredores favorecendo a proposta, uma pesquisa foi realizada. Se 120 de 200 eleitores da cidade são a favor da proposta e 240 dos 500 que moram nas redondezas são a favor da proposta, você concordaria que a proporção de eleitores da cidade a favor da proposta é maior do que a proporção de eleitores das redondezas? Use o nível de significância de $\alpha = 0{,}05$.

Solução: Considere p_1 e p_2 as proporções reais de eleitores da cidade e dos arredores, respectivamente, a favor da proposta.

1. $H_0: p_1 = p_2$.
2. $H_1: p_1 > p_2$.
3. $\alpha = 0{,}05$.
4. Região crítica: $z > 1{,}645$.
5. Cálculos:

$$\hat{p}_1 = \frac{x_1}{n_1} = \frac{120}{200} = 0{,}60, \quad \hat{p}_2 = \frac{x_2}{n_2} = \frac{240}{500} = 0{,}48 \quad \text{e}$$

$$\hat{p} = \frac{x_1 + x_2}{n_1 + n_2} = \frac{120 + 240}{200 + 500} = 0{,}51.$$

Portanto,

$$z = \frac{0{,}60 - 0{,}48}{\sqrt{(0{,}51)(0{,}49)(1/200 + 1/500)}} = 2{,}9,$$

$$P = P(Z > 2{,}9) = 0{,}0019.$$

6. Decisão: rejeitar H_0 e concordar que a proporção de eleitores da cidade a favor da proposta é maior que a proporção de eleitores das redondezas.

Exercícios

10.55 Um especialista em marketing de uma fábrica de massas acredita que 40% dos amantes de massas preferem lasanha. Se nove de 20 amantes de massas escolhem lasanha em vez de outras massas, o que podemos concluir sobre a afirmação? Use um nível de significância de 0,05.

10.56 Suponha que, no passado, 40% dos adultos fossem a favor da pena capital. Temos razão para acreditar que a proporção de adultos a favor da pena capital hoje em dia aumentou, se em uma amostra aleatória de 15 adultos, oito são a favor da pena de morte? Use um nível de significância de 0,05.

10.57 Uma moeda é lançada 20 vezes, resultando em cinco caras. Isto é evidência suficiente para rejeitar a hipótese de que a moeda é balanceada em favor da hipótese alternativa de que 'cara' ocorre em menos de 50% das vezes? Use um valor P.

10.58 Acredita-se que pelo menos 60% dos residentes de certa cidade são a favor de um processo de anexação de uma cidade próxima. A que conclusões você poderia chegar se somente 110 em uma amostra de 200 eleitores votassem a favor do processo? Use um nível de significância de 0,05.

10.59 Uma empresa de óleo combustível afirma que 1/5 das casas de certa cidade é aquecido por óleo. Temos razão para acreditar que menos de 1/5 das casas é aquecido por óleo se, em uma amostra aleatória de mil casas dessa cidade, descobrimos que 136 são aquecidas por óleo? Use um valor P em sua conclusão.

10.60 Em uma faculdade, estima-se que 25% dos alunos vão para as aulas de bicicleta. Parece ser uma estimação válida se, em uma amostra aleatória de 90 estudantes, 28 vão de bicicleta para as aulas? Use um nível de significância de 0,05.

10.61 Um novo equipamento de radar está sendo considerado para um sistema de defesa antimíssil. O sistema é experimentado em uma aeronave real, na qual uma morte ou não morte é simulada. Se, de 300 tentativas, ocorrem 250 mortes, aceite ou rejeite, no nível de significância 0,04, a afirmação de que a probabilidade de uma morte com o sistema não excede a probabilidade de 0,8 do equipamento já existente.

10.62 Em um experimento controlado de laboratório, cientistas da Universidade de Minnesota descobriram que 25% de certa descendência de ratos, sujeitos a uma dieta de 20% com grãos de café e, então, alimentados à força com um elemento químico causador de câncer, desenvolveu tumores cancerígenos. Você teria razão para acreditar que a proporção de ratos que desenvolveram tumores quando sujeitos a essa dieta aumentou se o experimento fosse repetido e 16 de 48 ratos desenvolvessem tumores? Use um nível de significância de 0,05.

10.63 Em um estudo para estimar a proporção de residentes em certa cidade e seus arredores que é a favor da construção de uma usina nuclear, descobriu-se que 63 de cem moradores da área urbana são a favor, enquanto somente 59 de 125 moradores dos arredores são a favor. Há uma diferença significante entre a proporção de moradores da área urbana e dos arredores que são a favor da construção da usina? Use um valor P.

10.64 Em um estudo sobre a fertilidade de mulheres casadas, conduzido por Martin O'Connell e Carolyn C. Rogers para o Censo, em 1979, foram formados dois conjuntos de mulheres sem filhos com idades entre 25 e 29, selecionadas aleatoriamente, e elas foram questionadas se planejavam ter filhos. Um conjunto foi selecionado entre as mulheres casadas há menos de dois anos e outro conjunto com aquelas casadas há cinco anos. Suponha que 240 de 300 mulheres casadas há menos de dois anos planejam ter filhos um dia, comparadas a 288 de 400 das mulheres casadas há cinco anos. Podemos concluir que a proporção de mulheres casadas há menos de dois anos que planejam ter filhos é significantemente maior do que a proporção das mulheres casadas há cinco anos? Use um valor P.

10.65 Uma comunidade urbana gostaria de mostrar que a incidência de câncer de mama é maior do que em uma comunidade rural próxima. (Descobriu-se que os níveis de PCB são maiores no solo da comunidade urbana.) Se descobrirmos que 20 de 200 mulheres adultas na comunidade urbana têm câncer de mama e dez de 150 mulheres da comunidade rural têm a doença, podemos concluir que, no nível de significância de 0,05, o câncer de mama é mais incidente na comunidade urbana?

10.66 Durante uma epidemia de resfriado em um inverno, 2.000 bebês foram pesquisados por uma renomada indústria farmacêutica para determinar se o novo medicamento da empresa é eficaz após dois dias. Entre 120 bebês que tiveram resfriado e receberam o medicamento, 29 foram curados dentro desse prazo. Entre 280 bebês que não receberam o medicamento, 56 foram curados em dois dias. Há alguma indicação significativa que apóia a afirmação da empresa sobre a eficácia do medicamento?

10.13 Testes para variâncias em uma e duas amostras

Nesta seção, estamos interessados em testar hipóteses relacionadas a duas variâncias ou desvios-padrão populacionais. Testes de variância com uma ou duas amostras certamente não são difíceis de estimar. Os engenheiros e cientistas são constantemente confrontados com estudos nos quais há a necessidade de mostrar que as medidas que envolvem produtos ou processos estão dentro de especificações geradas pelos consumidores. As especificações costumam ser atendidas se a variância do processo é suficientemente pequena. A atenção também é focada em experimentos comparativos entre método e processos em que a reprodutibilidade ou a variabilidade inata deve ser formalmente comparada. Além disso, um teste comparando duas variâncias é freqüentemente aplicado antes de conduzirmos um teste t para duas médias. O objetivo é determinar se a suposição de igualdade das variâncias é violada.

Vamos considerar primeiro o problema de testarmos a hipótese nula H_0 no qual a variância populacional σ^2 é igual a um valor específico σ_0^2, contra uma das alternativas usuais $\sigma^2 < \sigma_0^2$, $\sigma^2 > \sigma_0^2$ ou $\sigma^2 \neq \sigma_0^2$. A estatística apropriada na qual baseamos nossa decisão é a mesma estatística qui-quadrado do Teorema 8.4, que foi usada no Capítulo 9 para construirmos um intervalo de confiança para σ^2. Então, se assumirmos que a distribuição da população a ser amostrada é normal, o valor qui-quadrado para testar $\sigma^2 = \sigma_0^2$ é dado por

$$\chi^2 = \frac{(n-1)s^2}{\sigma_0^2},$$

onde n é o tamanho da amostra, s^2 é a variância amostral e σ_0^2 é o valor de σ^2 dado pela hipótese nula. Se H_0 for verdadeira, χ^2 é um valor da distribuição qui-quadrado com $v = n - 1$ graus de liberdade. Assim, para um teste bicaudal no nível de significância α, a região crítica é $\chi^2 < \chi^2_{1-\alpha/2}$ ou $\chi^2 > \chi^2_{\alpha/2}$. Para a alternativa unilateral $\sigma^2 < \sigma_0^2$, a região crítica é $\chi^2 < \chi^2_{1-\alpha}$ e, para a alternativa unilateral $\sigma^2 > \sigma_0^2$, a região crítica é $\chi^2 > \chi^2_{\alpha}$.

Robustez do teste χ^2 à suposição de normalidade

O leitor deve ter percebido que vários testes dependem, pelo menos teoricamente, da suposição de normalidade. Em geral, muitos procedimentos em estatística aplicada têm muitos detalhes que dependem da distribuição normal. Esses procedimentos variam no grau de sua dependência da suposição de normalidade. Um procedimento que é razoavelmente insensível a uma suposição é chamado de *procedimento robusto* (ou seja, robusto à normalidade). O teste χ^2 para uma variância única não é muito robusto à normalidade (ou seja, os sucessos práticos do procedimento dependem da normalidade). Como resultado, o valor P calculado pode ser muito diferente do valor P real, se a população amostrada não for normal. De fato, é bastante factível que um valor P estatisticamente significante possa não ser um sinal de que $H_1: \sigma \neq \sigma_0$ é verdadeiro, mas, em vez disso, possa ser resultado da violação da suposição de normalidade. Portanto, o analista deveria usar com atenção esse teste χ^2 em particular.

■ **Exemplo 10.13** ─────────────
Um fabricante de baterias automotivas afirma que a vida útil delas tem distribuição aproximadamente normal, com desvio-padrão de 0,9 ano. Se uma amostra aleatória de dez dessas baterias tem desvio-padrão de 1,2 ano, você acha que $\sigma > 0,9$ ano? Use um nível de significância de 0,05.
Solução:
1. $H_0: \sigma^2 = 0,81$.
2. $H_1: \sigma^2 > 0,81$.
3. $\alpha = 0,05$.
4. Região crítica: na Figura 10.19, vemos que a hipótese nula é rejeitada quando $\chi^2 > 16,919$, onde $\chi^2 = \frac{(n-1)s^2}{\sigma_0^2}$,

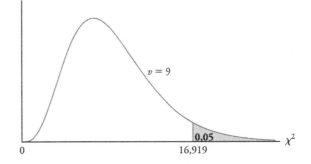

Figura 10.19 Região crítica para a hipótese alternativa $\sigma > 0,9$.

com $v = 9$ graus de liberdade.
5. Cálculos: $s^2 = 1,44$, $n = 10$ e
$$\chi^2 = \frac{(9)(1,44)}{0,81} = 16,0 \qquad P \approx 0,07.$$
6. Decisão: a estatística χ^2 não é significante no nível de 0,05. No entanto, com base no valor P igual a 0,07, há evidência de que $\sigma > 0,9$.

─────────────────────■

Agora, vamos considerar o problema de testar a igualdade das variâncias σ_1^2 e σ_2^2 de duas populações. Ou seja, testaremos a hipótese nula H_0 de que $\sigma_1^2 = \sigma_2^2$ contra uma das alternativas usuais

$$\sigma_1^2 < \sigma_2^2, \quad \sigma_1^2 > \sigma_2^2 \quad \text{ou} \quad \sigma_1^2 \neq \sigma_2^2.$$

Para amostras aleatórias independentes de tamanhos n_1 e n_2, respectivamente, das duas populações, *o valor f para testar $\sigma_1^2 = \sigma_2^2$* é a razão

$$f = \frac{s_1^2}{s_2^2},$$

onde s_1^2 e s_2^2 são as variâncias calculadas das duas amostras. Se duas populações têm distribuição aproximadamente normal e a hipótese nula é verdadeira, de acordo com o Teorema 8.8, a razão $f = s_1^2/s_2^2$ é um valor da distribuição F com $v_1 = n_1 - 1$ e $v_2 = n_2 - 1$ graus de liberdade. Assim, as regiões críticas de tamanho α que correspondem às alternativas unilaterais $\sigma_1^2 < \sigma_2^2$ e $\sigma_1^2 > \sigma_2^2$ são, respectivamente, $f < f_{1-\alpha}(v_1, v_2)$ e $f > f_\alpha(v_1, v_2)$. Para a alternativa bilateral $\sigma_1^2 \neq \sigma_2^2$, a região crítica é $f < f_{1-\alpha/2}(v_1, v_2)$ ou $f > f_{\alpha/2}(v_1, v_2)$.

■ **Exemplo 10.14** ─────────────
Ao testar a diferença no desgaste abrasivo de dois materiais no Exemplo 10.6, assumimos que as duas variâncias populacionais desconhecidas eram iguais. Havia justificativa para fazermos essa suposição? Use um nível de significância de 0,10.
Solução: Considere σ_1^2 e σ_2^2 as variâncias populacionais para o desgaste abrasivo do material 1 e do material 2, respectivamente.
1. $H_0: \sigma_1^2 = \sigma_2^2$.
2. $H_1: \sigma_1^2 \neq \sigma_2^2$.

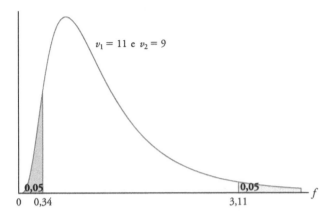

Figura 10.20 Região crítica para a hipótese alternativa $\sigma_1^2 \neq \sigma_2^2$.

3. $\alpha = 0,10$.
4. Região crítica: na Figura 10.20, vemos que $f_{0,05}(11,9) = 3,11$ e, usando o Teorema 8.7,

$$f_{0,95}(11,9) = \frac{1}{f_{0,05}(9,11)} = 0,34.$$

Portanto, a hipótese nula é rejeitada quando $f < 0,34$ ou $f > 3,11$, onde

$f = s_1^2/s_2^2$ com $v_1 = 11$ e $v_2 = 9$ graus de liberdade.

5. Cálculos: $s_1^2 = 16$, $s_2^2 = 25$ e portanto $f = \dfrac{16}{25} = 0,64$.
6. Decisão: não rejeitar H_0. Conclua que não há evidência suficiente de que as variâncias são diferentes.

Teste *F* para variâncias no software SAS

A Figura 10.18 mostra um teste *t* com duas amostras em que duas médias são comparadas, como um exercício, com os dados das mudas. O diagrama de caixa-e-bigodes, na Figura 10.17, sugere que as variâncias não são homogêneas e, portanto, a estatística *t'* e seu valor *P* correspondente são relevantes. Note, também, que a impressão mostra a estatística *F* para H_0: $\sigma_1 = \sigma_2$, com um valor *P* de 0,0098, evidência adicional de que uma maior variabilidade é esperada quando o nitrogênio é usado, em comparação com a situação 'sem nitrogênio'.

Exercícios

10.67 Sabemos que o volume dos recipientes de certo lubrificante é normalmente distribuído com variância de 0,03 litro. Teste a hipótese de que $\sigma^2 = 0,03$ contra a alternativa de que $\sigma^2 \neq 0,03$ para uma amostra aleatória de dez recipientes do Exercício 10.25. Use um valor *P* em suas conclusões.

10.68 Experiências passadas indicam que o tempo necessário para que alunos veteranos de uma escola de ensino médio completem um teste-padrão é uma variável aleatória com desvio-padrão de seis minutos. Teste a hipótese de que $\sigma = 6$ contra a alternativa de que $\sigma < 6$ se uma amostra aleatória de 20 alunos tem desvio-padrão de $s = 4,51$. Use um nível de significância de 0,05.

10.69 A aflatoxina produzida por mofo nas colheitas de amendoim no estado da Virgínia deve ser monitorada. Uma amostra de 64 lotes de amendoins revelou níveis de 24,17 ppm, em média, com variância de 4,25 ppm. Teste a hipótese de que $\sigma^2 = 4,2$ ppm contra a alternativa $\sigma^2 \neq 4,2$ ppm. Use um valor *P* em suas conclusões.

10.70 Dados passados indicam que a contribuição dos trabalhadores moradores de uma grande cidade para um esquadrão de resgate voluntário é uma variável aleatória com desvio-padrão de \$ 1,40. Sugeriu-se que as contribuições para esse esquadrão vindas somente dos funcionários do Departamento de Saneamento eram muito mais variáveis. Se as contribuições de uma amostra aleatória de 12 funcionários do Departamento de Saneamento têm desvio-padrão de \$ 1,75, podemos concluir que, no nível de significância de 0,01, o desvio-padrão das contribuições de todos os funcionários do Departamento de Saneamento é maior do que o de todos os trabalhadores nessa cidade?

10.71 Uma máquina de refrigerantes é considerada fora de controle se a variância dos conteúdos exceder 1,15 decilitros. Se uma amostra aleatória de 25 copos de bebida dessa máquina tem variância de 2,03 decilitros, isso indica, no nível de significância de 0,05, que a máquina está fora de controle? Assuma que os conteúdos têm distribuição aproximadamente normal.

10.72 Teste a hipótese de $\sigma^2 = \sigma_0^2$ para amostra grande. Quando $n \geq 30$, podemos testar a hipótese nula de que $\sigma^2 = \sigma_0^2$, ou $\sigma = \sigma_0$, ao calcular

$$z = \frac{s - \sigma_0}{\sigma_0/\sqrt{2n}},$$

que é o valor de uma variável aleatória cuja distribuição amostral é aproximadamente normal padrão.

(a) Em relação ao Exemplo 10.5, teste, no nível de significância 0,05, se $\sigma = 10,0$ anos contra a alternativa $\sigma \neq 10,0$ anos.

(b) Suspeita-se que a variância da distribuição das distâncias, em quilômetros, alcançadas com cinco litros de combustível por um novo automóvel equipado com motor a diesel é menor do que a variância da distribuição das distâncias do mesmo modelo equipado com um motor a gasolina de seis cilindros, que sabemos que é $\sigma^2 = 6,25$. Se 72 testes feitos em automóveis a diesel têm variância de 4,41, podemos concluir, no nível de significância de 0,05, que a variância das distâncias atingidas pelo modelo a diesel é menor do que a do modelo a gasolina?

10.73 Um estudo é conduzido para comparar o tempo que homens e mulheres levam para montar certo produto. Experiências passadas indicam que a distribuição de tempo para homens e mulheres é aproximadamente normal, mas a variância dos tempos para mulheres é menor do que para homens. Uma amostra aleatória de tempo para 11 homens e 14 mulheres produziu os seguintes dados:

Homens	Mulheres
$n_1 = 11$	$n_2 = 14$
$s_1 = 6{,}1$	$s_2 = 5{,}3$

Teste a hipótese de que σ_1^2 e σ_2^2 contra a alternativa $\sigma_1^2 > \sigma_2^2$. Use um valor P em sua conclusão.

10.74 No Exercício 10.41, teste a hipótese, no nível de significância 0,05, de que $\sigma_1^2 = \sigma_2^2$ contra a alternativa $\sigma_1^2 \neq \sigma_2^2$, onde σ_1^2 e σ_2^2 são as variâncias para o número de organismos por metro quadrado nas duas localizações diferentes do rio Cedar Run.

10.75 Em relação ao Exercício 10.39, teste a hipótese de que $\sigma_1^2 = \sigma_2^2$ contra a alternativa de que $\sigma_1^2 \neq \sigma_2^2$, onde σ_1^2 e σ_2^2 são as variâncias para a duração dos filmes produzidos pela empresa 1 e pela empresa 2, respectivamente. Use um valor P.

10.76 Dois tipos de instrumentos usados para medir a quantidade de monóxido sulfúrico na atmosfera estão sendo comparados em um experimento sobre poluição do ar. Deseja-se determinar se os dois tipos de instrumento rendem medições com a mesma variabilidade. As leituras a seguir foram registradas para os dois instrumentos:

Monóxido sulfúrico	
Instrumento A	Instrumento B
0,86	0,87
0,82	0,74
0,75	0,63
0,61	0,55
0,89	0,76
0,64	0,70
0,81	0,69
0,68	0,57
0,65	0,53

Assumindo que as populações das medidas tenham distribuição aproximadamente normal, teste a hipótese de que $\sigma_A = \sigma_B$ contra a alternativa $\sigma_A \neq \sigma_B$. Use um valor P.

10.77 Um experimento foi conduzido para comparar os conteúdos de álcool em um molho de soja em duas linhas de produção diferentes. A produção foi monitorada oito vezes por dia. Os dados são mostrados a seguir.

```
Linha de produção 1:
    0,48 0,39 0,42 0,52 0,40 0,48 0,52 0,52
Linha de produção 2:
    0,38 0,37 0,39 0,41 0,38 0,39 0,40 0,39
```

Assuma que ambas as populações são normais. Suspeita-se que a linha 1 não está produzindo tão consistentemente como a linha 2 em relação ao conteúdo de álcool. Teste a hipótese de que $\sigma_1 = \sigma_2$ contra a alternativa de que $\sigma_1 \neq \sigma_2$. Use um valor P.

10.78 Sabemos que as emissões de hidrocarboneto decresceram drasticamente durante os anos 1980. Um estudo foi conduzido para comparar as emissões de hidrocarboneto, em partes por milhão (ppm), para automóveis dos anos 1980 e 1990 quando em marcha lenta. Vinte carros de cada ano foram selecionados aleatoriamente e os níveis foram comparados. Os dados são os seguintes:

```
Modelos de 1980:
  141 359 247 940 882 494 306 210 105 880
  200 223 188 940 241 190 300 435 241 380

Modelos de 1990:
  140 160  20  20 223  60  20  95 360  70
  220 400 217  58 235 380 200 175  85  65
```

Teste a hipótese de que $\sigma_1 = \sigma_2$ contra a alternativa de que $\sigma_1 \neq \sigma_2$. Assuma que ambas as populações são normais. Use um valor P.

10.14 Teste da qualidade do ajuste

Ao longo deste capítulo estivemos preocupados com o teste de hipóteses estatísticas sobre parâmetros populacionais únicos, tais como μ, σ^2 e p. Agora, devemos considerar um teste para determinar se uma população tem uma distribuição teórica específica. O teste se baseia em quão bom é o ajuste que temos entre a freqüência da ocorrência das observações em uma amostra observada e as freqüências esperadas obtidas da distribuição hipotética.

Para ilustrar, considere o lançamento de um dado. Nós formulamos a hipótese de que o dado é honesto, o que é equivalente a testar a hipótese de que a distribuição dos resultados é a distribuição discreta uniforme

$$f(x) = \frac{1}{6}, \quad x = 1, 2, \dots, 6.$$

Suponha que o dado seja jogado 120 vezes e que cada resultado seja registrado. Teoricamente, se o dado for balanceado, esperaríamos que cada face ocorresse 20 vezes. Os resultados são dados na Tabela 10.4. Comparando-se as freqüências observadas com as correspondentes esperadas, devemos decidir se essas discrepâncias são prováveis de ocorrer como resultado de flutuações amostrais e, assim, o dado é balanceado ou se o dado não é honesto e a distribuição dos resultados não é uniforme. É uma prática comum referir-se a cada resultado possível de um

Tabela 10.4 Freqüências observadas e esperadas em 120 lançamentos de um dado

Face	1	2	3	4	5	6
Observado	20	22	17	18	19	24
Esperado	20	20	20	20	20	20

experimento como uma célula. Então, em nossa ilustração, temos seis células. A estatística apropriada na qual baseamos nosso critério de decisão para um experimento envolvendo k células é definida pelo teorema a seguir.

Teste da qualidade do ajuste

Um *teste da qualidade do ajuste* entre freqüências observadas e esperadas se baseia na quantidade

$$\chi^2 = \sum_{i=1}^{k} \frac{(o_i - e_i)^2}{e_i},$$

onde χ^2 é um valor de uma variável aleatória cuja distribuição amostral é aproximadamente qui-quadrado com $v = k - 1$ graus de liberdade. Os símbolos o_i e e_i representam as freqüências observadas e esperadas, respectivamente, para a i-ésima célula.

O número de graus de liberdade associados com a distribuição qui-quadrado usada aqui é igual a $k - 1$, já que há somente $k - 1$ células de freqüências determinadas livremente. Ou seja, uma vez que as freqüências de $k - 1$ células são determinadas, também é determinada a freqüência para a k-ésima célula.

Se as freqüências observadas estiverem próximas das esperadas, o valor χ^2 será pequeno, indicando um bom ajuste. Se elas diferirem consideravelmente das freqüências esperadas, o valor χ^2 será grande e, então, o ajuste é ruim. Um bom ajuste leva à aceitação de H_0, enquanto um ajuste ruim leva à sua rejeição. A região crítica, então, estará na cauda à direita da distribuição qui-quadrado. Para um nível de significância igual a α, descobrimos um valor crítico χ^2_α na Tabela A.5 e, portanto, $\chi^2 > \chi^2_\alpha$ constitui a região crítica. *O critério de decisão descrito aqui deve ser usado somente se cada uma das freqüências esperadas é no mínimo 5.* Essa restrição pode exigir a combinação de células adjacentes, resultando na redução no número de graus de liberdade.

Da Tabela 10.4, descobrimos que o valor χ^2 é

$$\chi^2 = \frac{(20-20)^2}{20} + \frac{(22-20)^2}{20} + \frac{(17-20)^2}{20}$$
$$+ \frac{(18-20)^2}{20} + \frac{(19-20)^2}{20} + \frac{(24-20)^2}{20} = 1,7.$$

Usando a Tabela A.5, descobrimos que $\chi^2_{0,05} = 11,070$, para $v = 5$ graus de liberdade. Já que 1,7 é menor do que o valor crítico, não rejeitamos H_0. Concluímos que não há evidência suficiente de que o dado não seja balanceado.

Como segunda ilustração, vamos testar a hipótese de que a distribuição de freqüências da vida útil das baterias, dadas na Tabela 1.7, pode ser aproximada pela distribuição normal com média $\mu = 3,5$ e desvio-padrão $\sigma = 0,7$. As freqüências esperadas para as sete classes (células), listadas na Tabela 10.5, são obtidas calculando-se as áreas sob a curva normal hipotética entre os limites das várias classes.

Por exemplo, os valores z correspondentes aos limites da quarta classe são

$$z_1 = \frac{2,95 - 3,5}{0,7} = -0,79 \quad \text{e} \quad z_2 = \frac{3,45 - 3,5}{0,7} = -0,07.$$

Da Tabela A.3, descobrimos que a área entre $z_1 = -0,79$ e $z_2 = -0,07$ é

área $= P(-0,79 < Z < -0,07)$
$= P(Z < -0,07) - P(Z < -0,79)$
$= 0,4721 - 0,2148 = 0,2573.$

Então, a freqüência esperada para a quarta classe é

$$e_4 = (0,2573)(40) = 10,3.$$

Costumamos arredondar essas freqüências para um decimal.

A freqüência esperada para o intervalo da primeira classe é obtida usando-se a área total sob a curva normal à esquerda do limite 1,95. Para o intervalo da última classe, usamos a área total à direita do limite 4,45. Todas as outras freqüências esperadas são determinadas pelo método descrito para a quarta classe. Note que combinamos as classes adjacentes na Tabela 10.5, onde as freqüências esperadas são menores do que 5. Conseqüentemente, o número total de intervalos é reduzido de 7 para 4, resultando em $v = 3$ graus de liberdade. O valor de χ^2 é dado por

$$\chi^2 = \frac{(7-8,5)^2}{8,5} + \frac{(15-10,3)^2}{10,3} + \frac{(10-10,7)^2}{10,7}$$
$$+ \frac{(8-10,5)^2}{10,5} = 3,05.$$

Já que o valor χ^2 calculado é menor do que $\chi^2_{0,05} = 7,815$ para 3 graus de liberdade, não temos ra-

Tabela 10.5 Freqüências esperadas e observadas da vida útil das baterias, assumindo normalidade

Limites das classes	o_i	e_i
1,45 – 1,95	2 ⎫	0,5 ⎫
1,95 – 2,45	1 ⎬ 7	2,1 ⎬ 8,5
2,45 – 2,95	4 ⎭	5,9 ⎭
2,95 – 3,45	15	10,3
3,45 – 3,95	10	10,7
3,95 – 4,45	5 ⎫ 8	7,0 ⎫ 10,5
4,45 – 4,95	3 ⎭	3,5 ⎭

zão para rejeitar a hipótese nula, concluindo que a distribuição normal com $\mu = 3{,}5$ e $\sigma = 0{,}7$ fornece um bom ajuste para a distribuição da vida das baterias.

O teste da qualidade do ajuste é um recurso importante, particularmente porque muitos procedimentos estatísticos dependem, em teoria, da suposição de que os dados obtidos vêm de um tipo específico de distribuição. Como já vimos, a suposição de normalidade costuma ser feita. Nos próximos capítulos, continuaremos a fazer essa *suposição de normalidade* para fornecer uma base teórica para certos testes e intervalos de confiança.

Há testes na literatura que são mais poderosos do que os testes qui-quadrado para testar a normalidade. Um deles é chamado de *teste de Geary* e se baseia em uma estatística muito simples, que é a razão de dois estimadores do desvio-padrão populacional σ. Suponha que uma amostra aleatória $X_1, X_2, ..., X_n$ seja retirada de uma distribuição normal $N(\mu, \sigma)$. Considere a razão

$$U = \frac{\sqrt{\pi/2} \sum_{i=1}^{n} |X_i - \bar{X}|/n}{\sqrt{\sum_{i=1}^{n} (X_i - \bar{X})^2/n}}.$$

O leitor deveria reconhecer que o denominador é um estimador razoável de σ, independentemente de a distribuição ser normal ou não. O numerador é um bom estimador de σ se a distribuição for normal, mas pode superestimá-lo ou subestimá-lo quando há desvios da normalidade. Assim, os valores de U que diferem consideravelmente de 1,0 são um sinal de que a hipótese de normalidade deve ser rejeitada.

Para amostras grandes, um teste razoável é baseado na normalidade aproximada de U. A estatística de teste é, então, uma padronização de U, dada por

$$Z = \frac{U - 1}{0{,}2661/\sqrt{n}}.$$

É claro que o procedimento de teste envolve uma região crítica bilateral. Calculamos o valor de z dos dados e não rejeitamos a hipótese da normalidade quando

$$-z_{\alpha/2} < Z < z_{\alpha/2}.$$

Uma referência de um trabalho sobre o teste de Geary é citada na seção Referências bibliográficas.

10.15 Teste de independência (dados categóricos)

O procedimento do teste qui-quadrado discutido na Seção 10.14 também pode ser usado para testar a hipótese de independência entre duas variáveis de classificação. Suponha que desejamos determinar se as opiniões de eleitores residentes no estado de Illinois sobre uma reforma dos impostos são independentes de seus níveis de

Tabela 10.6 Tabela de contingência 2×3

Reforma dos impostos	Nível de renda			Total
	Baixa	Média	Alta	
A favor	182	213	203	598
Contra	154	138	110	402
Total	336	351	313	1000

renda. Mil eleitores em uma amostra aleatória são classificados como eleitores de baixa, média ou alta renda e se são a favor ou não da reforma. As freqüências observadas são apresentadas na Tabela 10.6, que é conhecida como *tabela de contingência*.

Uma tabela de contingência com l linhas e c colunas é referida como uma tabela $l \times c$ ($l \times c$ é lido como 'l por c'). Os totais das linhas e das colunas na Tabela 10.6 são chamados de *freqüências marginais*. Nossa decisão de aceitar ou rejeitar a hipótese nula H_0, da independência entre a opinião do eleitor e seu nível de renda, é baseada em quão bom é o ajuste que temos entre as freqüências observadas em cada uma das seis células da Tabela 10.6 e as freqüências que esperaríamos para cada célula sob a suposição de que H_0 é verdadeira. Para determinar essas freqüências esperadas, definimos os seguintes eventos:

B: uma pessoa selecionada é de baixa renda.
M: uma pessoa selecionada é de renda média.
A: uma pessoa selecionada é de alta renda.
F: uma pessoa selecionada é a favor da reforma.
C: uma pessoa selecionada é contra a reforma.

Usando as freqüências marginais, listamos as seguintes estimações de probabilidade:

$$P(B) = \frac{336}{1000}, \quad P(M) = \frac{351}{1000}, \quad P(A) = \frac{313}{1000},$$
$$P(F) = \frac{598}{1000}, \quad P(C) = \frac{402}{1000}.$$

Agora, se H_0 for verdadeira, ou seja, as duas variáveis forem independentes, deveríamos ter

$$P(B \cap F) = P(B)P(F) = \left(\frac{336}{1000}\right)\left(\frac{598}{1000}\right),$$
$$P(B \cap C) = P(B)P(C) = \left(\frac{336}{1000}\right)\left(\frac{402}{1000}\right),$$
$$P(M \cap F) = P(M)P(F) = \left(\frac{351}{1000}\right)\left(\frac{598}{1000}\right),$$
$$P(M \cap C) = P(M)P(C) = \left(\frac{351}{1000}\right)\left(\frac{402}{1000}\right),$$
$$P(A \cap F) = P(A)P(F) = \left(\frac{313}{1000}\right)\left(\frac{598}{1000}\right),$$
$$P(A \cap C) = P(A)P(C) = \left(\frac{313}{1000}\right)\left(\frac{402}{1000}\right).$$

As freqüências esperadas são obtidas ao multiplicar a probabilidade de cada célula pelo número total de observações. Como antes, arredondamos essas freqüências para um decimal. Assim, o número esperado de eleitores de baixa renda em nossa amostra que são a favor da reforma nos impostos é estimado como sendo

$$\left(\frac{336}{1000}\right)\left(\frac{598}{1000}\right)(1000) = \frac{(336)(598)}{1000} = 200{,}9,$$

quando H_0 for verdadeira. A regra geral para obtermos a freqüência esperada de qualquer célula é dada pela seguinte fórmula:

freqüência esperada =

$$\frac{\text{(total das colunas)} \times \text{(total das linhas)}}{\text{total geral}}.$$

A freqüência esperada para cada célula é registrada entre parênteses ao lado do valor observado na Tabela 10.7. Note que as freqüências esperadas em qualquer linha (ou coluna) somam o total marginal. Em nosso exemplo, precisamos calcular somente duas freqüências esperadas na linha superior da Tabela 10.7 e, então, determinar as demais por subtração. O número de graus de liberdade associados com o teste qui-quadrado usado aqui é igual ao número de células de freqüências que podem ser preenchidas livremente quando temos os totais marginais e o total geral — neste exemplo, este número é 2. Uma fórmula simples que fornece o número correto de graus de liberdade é

$$v = (l - 1)(c - 1).$$

Então, para nosso exemplo, $v = (2 - 1)(3 - 1) = 2$ graus de liberdade. Para testar a hipótese nula de independência, usamos o seguinte critério de decisão:

Teste de independência
Calcule

$$\chi^2 = \sum_i \frac{(o_i - e_i)^2}{e_i},$$

onde a soma se estende sobre todas as lc células na tabela de contingência $l \times c$. Se $\chi^2 > \chi_\alpha^2$ com $v = (l-1)(c-1)$ graus de liberdade, rejeite a hipótese nula de independência no nível de significância α; caso contrário, não rejeite a hipótese nula.

Aplicando esse critério em nosso exemplo, descobrimos que

$$\chi^2 = \frac{(182 - 200{,}9)^2}{200{,}9} + \frac{(213 - 209{,}9)^2}{209{,}9} + \frac{(203 - 187{,}2)^2}{187{,}2}$$
$$+ \frac{(154 - 135{,}1)^2}{135{,}1} + \frac{(138 - 141{,}1)^2}{141{,}1} + \frac{(110 - 125{,}8)^2}{125{,}8}$$
$$= 7{,}85,$$

$P \approx 0{,}02.$

Da Tabela A.5, descobrimos que $\chi^2_{0{,}05} = 5{,}991$ para $v = (2-1)(3-1) = 2$ graus de liberdade. A hipótese nula é rejeitada e concluímos que a opinião dos eleitores sobre a reforma dos impostos e seu nível de renda não são independentes.

É importante lembrar que a estatística na qual baseamos nossa decisão tem uma distribuição que é somente aproximada pela distribuição qui-quadrado. Os valores de χ^2 calculados dependem da freqüência das células e, conseqüentemente, são discretos. A distribuição qui-quadrado contínua parece aproximar muito bem a distribuição amostral discreta de χ^2, dado que o número de graus de liberdade é maior que 1. Em uma tabela de contingência 2×2, onde temos somente 1 grau de liberdade, uma correção chamada de *correção de continuidade de Yates* é aplicada. A fórmula corrigida torna-se, então,

$$\chi^2 \text{ (corrigido)} = \sum_i \frac{(|o_i - e_i| - 0{,}5)^2}{e_i}.$$

Se as freqüências esperadas das células são grandes, os resultados corrigidos e não corrigidos são quase os mesmos. Quando as freqüências esperadas estão entre 5 e 10, a correção de Yates deve ser aplicada. Para freqüências menores de 5, o teste exato de Fisher-Irwin deve ser aplicado. Uma discussão sobre esse teste pode ser encontrada em *Basic Concepts of Probability and Statistics* (Conceitos Básicos de Probabilidade e Estatística), de Hodges e Lehmann (ver Referências bibliográficas). O teste de Fisher-Irwin pode ser evitado, entretanto, ao escolher uma amostra maior.

10.16 Teste de homogeneidade

Quando testamos a independência, na Seção 10.15, uma amostra aleatória de mil eleitores foi selecionada e

Tabela 10.7 Freqüências esperadas e observadas

Reforma dos impostos	Nível de renda			Total
	Baixa	Média	Alta	
A favor	182 (200,9)	213 (209,9)	203 (187,2)	598
Contra	154 (135,1)	138 (141,1)	110 (125,8)	402
Total	336	351	313	1000

os totais das linhas e colunas para nossa tabela de contingência foram determinados por acaso. Outro tipo de problema para o qual o método da Seção 10.15 se aplica é aquele no qual os totais nas colunas ou nas linhas são predeterminados. Suponha, por exemplo, que decidimos selecionar antecipadamente 200 democratas, 150 republicanos e 150 independentes dentre os eleitores do estado da Carolina do Norte, e registramos se são a favor, contra ou estão indecisos sobre uma lei proposta sobre aborto. As respostas observadas estão na Tabela 10.8.

Agora, em v ez de um teste de independência, testamos a hipótese de que as proporções populacionais dentro de cada linha são as mesmas. Ou seja, testamos a hipótese de que as proporções de democratas, republicanos e independentes a favor da lei do aborto são as mesmas; as proporções de dentro de cada afiliação política contra a lei são as mesmas; e as proporções de cada afiliação política dos que estão indecisos são as mesmas. Basicamente, estamos interessados em determinar se as três categorias de eleitores são *homogêneas* em relação a suas opiniões referentes à lei do aborto. Esse teste é chamado de teste de homogeneidade.

Assumindo homogeneidade, novamente encontramos freqüências de células multiplicando os totais das colunas e linhas correspondentes e, então, dividindo pelo total geral. A análise, assim, prossegue usando a mesma estatística qui-quadrado anterior. Ilustraremos esse processo no exemplo a seguir, para os dados da Tabela 10.8.

■ **Exemplo 10.15**

Em relação aos dados da Tabela 10.8, teste a hipótese de que as opiniões sobre a lei do aborto são as mesmas dentro de cada afiliação política. Use um nível de significância de 0,05.

Solução:

1. H_0: para cada opinião, as proporções de democratas, republicanos e independentes são as mesmas.
2. H_1: para pelo menos uma opinião, as proporções de democratas, republicanos e independentes não são as mesmas.
3. $\alpha = 0,05$.
4. Região crítica: $\chi^2 > 9,488$ com $v = 4$ graus de liberdade.
5. Cálculos: usando a fórmula da freqüência esperada, da página 238, precisamos calcular quatro freqüências. Todas as outras freqüências são encontradas por subtração. As freqüências observadas e esperadas nas células estão na Tabela 10.9.

Agora

$$\chi^2 = \frac{(82-85,6)^2}{85,6} + \frac{(70-64,2)^2}{64,2} + \frac{(62-64,2)^2}{64,2}$$
$$+ \frac{(93-88,8)^2}{88,8} + \frac{(62-66,6)^2}{66,6} + \frac{(67-66,6)^2}{66,6}$$
$$+ \frac{(25-25,6)^2}{25,6} + \frac{(18-19,2)^2}{19,2} + \frac{(21-19,2)^2}{19,2}$$
$$= 1,53.$$

6. Decisão: não rejeitar H_0. Não há evidência suficiente para concluir que as proporções de democratas, republicanos e independentes diferem entre as opiniões.

10.17 Teste para diversas proporções

A estatística qui-quadrado para testar a homogeneidade também é aplicável quando testamos a hipótese de que os k parâmetros binomiais têm o mesmo valor. Isso é, portanto, uma extensão do teste apresentado na Seção 10.12, para determinar as diferenças entre duas proporções, a um

Tabela 10.8 Freqüências observadas e esperadas

Lei do aborto	Afiliação política			Total
	Democratas	Republicanos	Independentes	
A favor	82	70	62	214
Contra	93	62	67	222
Indecisos	25	18	21	64
Total	200	150	150	500

Tabela 10.9 Freqüências observadas e esperadas

Lei do aborto	Afiliação política			Total
	Democratas	Republicanos	Independentes	
A favor	82 (85,6)	70 (64,2)	62 (64,2)	214
Contra	93 (88,8)	62 (66,6)	67 (66,6)	222
Indecisos	18 (25,6)	25 (19,2)	21 (19,2)	64
Total	200	150	150	500

Tabela 10.10 *k* amostras binomiais independentes

Amostra	1	2	...	*k*
Sucessos	x_1	x_2	...	x_k
Fracassos	$n_1 - x_1$	$n_2 - x_2$	...	$n_k - x_k$

Tabela 10.11 Dados para o Exemplo 10.16

Turno	Dia	Tarde	Noite
Defeituosos	45	55	70
Não defeituosos	905	890	870

teste para determinar diferenças entre *k* proporções. Assim, estamos interessados em testar a hipótese nula

$$H_0: p_1 = p_2 = \ldots = p_k$$

contra a hipótese alternativa, H_1, de que as proporções populacionais *não são todas iguais*. Para realizar esse teste, primeiro observamos amostras aleatórias independentes de tamanhos $n_1, n_2, \ldots, n_k$ de *k* populações e organizamos esses dados em uma tabela de contingência 2 × *k* (veja a Tabela 10.10).

Dependendo se os tamanhos das amostras aleatórias foram predeterminados ou ocorreram aleatoriamente, o procedimento do teste é idêntico ao do teste de homogeneidade ou do teste de independência. Portanto, as freqüências esperadas nas células são calculadas como antes, juntamente com as freqüências observadas substituídas na estatística qui-quadrado.

$$\chi^2 = \sum_i \frac{(o_i - e_i)^2}{e_i},$$

com

$$v = (2-1)(k-1) = k - 1$$

graus de liberdade.

Ao selecionar a região crítica superior apropriada da forma $\chi^2 > \chi^2_\alpha$, podemos agora tomar uma decisão relacionada a H_0.

■ **Exemplo 10.16**

Em um estudo em uma fábrica, um conjunto de dados foi coletado para determinar se a proporção de itens defeituosos era a mesma para os turnos do dia, tarde ou noite. Os dados foram coletados e são mostrados na Tabela 10.11.

Use um nível de significância de 0,025 para determinar se a proporção de defeituosos é a mesma para os três turnos.

Solução: Considere p1, p2 e p3 a proporção verdadeira de defeitosos para os turnos dia, tarde e noite, respectivamente.
1. $H_0: p_1 = p_2 = p_3$.
2. $H_1: p_1, p_2$ e p_3 não são todas iguais.
3. $\alpha = 0,025$.
4. Região crítica: $\chi^2 > 7,378$ para $v = 2$ graus de liberdade.
5. Cálculos: correspondentes às freqüências observadas $o_1 = 45$ e $o_2 = 55$, descobrimos

$$e_1 = \frac{(950)(170)}{2835} = 57,0 \quad \text{e} \quad e_2 = \frac{(945)(170)}{2835} = 56,7.$$

Todas as outras freqüências esperadas são encontradas por subtração e mostradas na Tabela 10.12. Agora

$$\chi^2 = \frac{(45-57,0)^2}{57,0} + \frac{(55-56,7)^2}{56,7} + \frac{(70-56,3)^2}{56,3}$$
$$+ \frac{(905-893,0)^2}{893,0} + \frac{(890-888,3)^2}{888,3}$$
$$+ \frac{(870-883,7)^2}{883,7} = 6,29,$$

$P \approx 0,04$.

6. Decisão: não rejeitamos H_0 com $\alpha = 0,025$. Todavia, com o valor *P* dado, certamente seria perigoso concluir que a proporção de defeituosos produzidos é a mesma para todos os turnos.

10.18 Estudo de caso com duas amostras

Nesta seção, vamos considerar um estudo em que mostramos uma análise completa usando as análises gráfica e formal, juntamente com impressões de computador e conclusões. Em um estudo de análise de dados, conduzido pelos estatísticos do Centro de Consultoria Estatística da Virginia Tech, dois materiais diferentes, digamos, liga *A* e liga *B*, foram comparados em relação à resistência. A liga *B* é mais cara, mas deveria ser certamente adotada se puder demonstrar que é mais forte que a liga *A*. A consistência do desempenho das duas ligas deveria ser levada em consideração.

Amostras aleatórias de barras de cada uma das ligas

Tabela 10.12 Freqüências observadas e esperadas

Turno	Dia	Tarde	Noite	Total
Defeituosos	45 (57,0)	55 (56,7)	70 (56,3)	170
Não defeituosos	905 (893,0)	890 (888,3)	870 (883,7)	2.665
Total	950	945	940	2.835

foram selecionadas e as resistências foram medidas em uma deflexão de 0,001 polegada, à medida que uma força fixa era aplicada em cada extremidade das barras. Foram usados 20 espécimes de cada liga. Os dados são fornecidos na Tabela 10.13.

É importante que o engenheiro compare as duas ligas. Estamos interessados na resistência média e na reprodutibilidade. É de interesse determinar se há uma violação severa da suposição de normalidade requerida para ambos os testes t e F. As figuras 10.21 e 10.22 são os gráficos quantil-quantil das amostras das duas ligas.

Não parece haver nenhuma violação severa da suposição de normalidade. Além disso, a Figura 10.23 mostra dois diagramas de caixa-e-bigodes no mesmo gráfico. Tais diagramas sugerem que não há diferença apreciável na variabilidade da deflexão entre as duas ligas. Entretanto, parece que a média da liga B é significativamente menor, sugerindo, pelo menos graficamente, que essa liga é mais forte. As médias e os desvios-padrão das amostras são

$$\bar{y}_A = 83{,}55, \quad s_A = 3{,}663; \quad \bar{y}_B = 79{,}70, \quad s_B = 3{,}097.$$

A impressão SAS para o PROC TTEST é mostrada na Figura 10.24. O teste F sugere que não há diferença significante nas variâncias ($P = 0{,}4709$) e a estatística t das duas amostras, que testam

$$H_0: \mu_A = \mu_B,$$
$$H_1: \mu_A > \mu_B,$$

($t = 3{,}59$ e $P = 0{,}0009$) rejeita H_0 em favor de H_1 e, então, confirma o que a informação gráfica sugere. Aqui, usamos um teste t que combina as variâncias das duas amostras à luz dos resultados do teste F. Com base nessa análise, a adoção da liga B pareceria estar correta.

Significância estatística e significância científica ou de engenharia

Enquanto os estatísticos se sentem confortáveis com os resultados da comparação entre as duas ligas no estudo de caso citado, o dilema continua para o engenheiro. A análise demonstrou uma melhora estatística significante

Tabela 10.13 Dados para o estudo de caso de duas amostras

Liga A			Liga B		
88	82	87	75	81	80
79	85	90	77	78	81
84	88	83	86	78	77
89	80	81	84	82	78
81	85		80	80	
83	87		78	76	
82	80		83	85	
79	78		76	79	

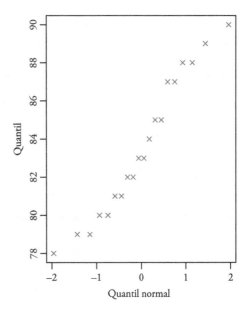

Figura 10.21 Gráfico quantil-quantil normal dos dados para a liga A.

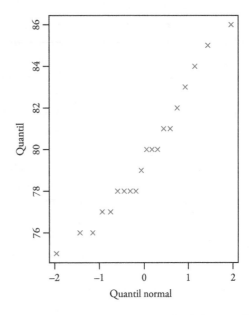

Figura 10.22 Gráfico quantil-quantil normal dos dados para a liga B.

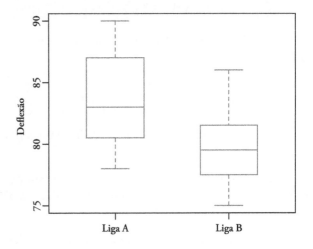

Figura 10.23 Diagramas de caixa-e-bigodes para ambas as ligas.

```
              The TTEST Procedure
   Alloy        N     Mean    Std Dev   Std Err
   Alloy A     20    83,55    3,6631    0,8191
   Alloy B     20    79,7     3,0967    0,6924

   Variances       DF      t Value    Pr > |t|
   Equal           38      3,59       0,0009
   Unequal         37      3,59       0,0010
             Equality of Variances
   Num DF     Den DF    F Value    Pr > F
     19         19       1,40      0,4709
```

Figura 10.24 Impressão do software SAS para os dados das ligas.

com o uso da liga B. Entretanto, a diferença realmente vale a pena já que a liga B é mais cara? Essa ilustração destaca um assunto muito importante que é freqüentemente negligenciado pelos estatísticos e analistas de dados – *a distinção entre a significância estatística e a significância científica ou de engenharia*. Aqui, a diferença média na deflexão é $\bar{y}_A - \bar{y}_B = 0{,}00385$ polegada. Em uma análise completa, o engenheiro deve determinar se a diferença é suficiente para justificar o custo extra no longo prazo. Este é um assunto de economia e engenharia. O leitor deve entender que uma diferença estatística significante meramente implica que a diferença encontrada entre as médias amostrais dificilmente poderia ter ocorrido por acaso. Isso não implica que a diferença nas médias populacionais seja profunda ou particularmente significante no contexto do problema. Por exemplo, na Seção 10.7, uma impressão do computador é usada para mostrar a evidência de que um medidor de pH era, de fato, tendencioso. Ou seja, isso não mostra um pH médio igual a 7,00 para o material no qual foi testado. Mas a variabilidade entre as observações na amostra é muito pequena. O engenheiro pode decidir que pequenos desvios de 7,0 sugerem que o medidor de pH é adequado.

Exercícios

10.79 Um dado é jogado 180 vezes com os seguintes resultados:

x	1	2	3	4	5	6
f	28	36	36	30	28	23

Esse dado é balanceado? Use um nível de significância de 0,01.

10.80 Em cem lançamentos de uma moeda, foram observadas 63 caras e 37 coroas. Essa moeda é balanceada? Use um nível de significância de 0,05.

10.81 Uma máquina deveria misturar amendoins, avelãs, castanhas de caju e nozes em uma razão de 5:2:2:1. Uma lata com 500 dessas frutas secas misturadas contém 269 amendoins, 112 avelãs, 74 castanhas de caju e 45 nozes. Num nível de significância de 0,05, teste a hipótese de que a máquina está misturando as frutas secas em uma razão de 5:2:2:1.

10.82 As notas em um curso de estatística para um semestre em particular são:

Nota	A	B	C	D	F
f	14	18	32	20	16

Teste a hipótese, num nível de significância de 0,05, de que a distribuição das notas é uniforme.

10.83 Três cartas são retiradas de um baralho comum, com reposição, e o número Y de espadas é registrado. Depois de repetirmos o experimento, os seguintes resultados foram registrados:

y	0	1	2	3
f	21	31	12	0

Teste a hipótese, no nível de significância de 0,01, de que os dados registrados podem ser ajustados pela distribuição binomial $b(y; 3, 1/4)$, $y = 0, 1, 2, 3$.

10.84 Três pedras são selecionadas de uma urna com cinco pedras vermelhas e três verdes. Depois de registrado o número X de pedras vermelhas, as pedras são repostas na urna e o experimento é repetido 112 vezes. Os resultados estão a seguir:

x	0	1	2	3
f	1	31	55	25

Teste a hipótese no nível de significância de 0,05 de que os dados registrados podem ser ajustados pela distribuição hipergeométrica $h(x; 8, 3, 5)$, $x = 0, 1, 2, 3$.

10.85 Uma moeda é lançada até que uma cara ocorra e, então, o número X de lançamentos é registrado. Depois de repetirmos o experimento 256 vezes, obtemos os seguintes resultados:

x	1	2	3	4	5	6	7	8
f	136	60	34	12	9	1	3	1

Teste a hipótese no nível de significância de 0,05 de que a distribuição observada de X pode ser ajustada pela distribuição geométrica $g(x; 1/2)$, $x = 1, 2, 3,...$

10.86 Repita o Exercício 10.83 usando um novo conjunto de dados obtido realizando, de fato, o experimento 64 vezes.

10.87 Repita o Exercício 10.85 usando um novo conjunto de dados obtido realizando, de fato, o experimento 256 vezes.

10.88 No Exercício 1.18, teste a qualidade do ajuste entre as freqüências de classe observadas e as freqüências esperadas na distribuição normal, com $\mu = 65$ e $\sigma = 21$, usando um nível de significância de 0,05.

10.89 No Exercício 1.19, teste a qualidade do ajuste entre freqüências de classes observadas e as freqüências esperadas na distribuição normal com $\mu = 1,8$ e $\sigma = 0,4$, usando um nível de significância de 0,01.

10.90 Em um experimento para estudar a relação entre hipertensão e o hábito de fumar, os seguintes dados foram obtidos de 180 indivíduos:

	Não-fumante	Fumante moderado	Fumante inveterado
Hipertenso	21	36	30
Não hipertenso	48	26	19

Teste a hipótese de que a presença ou ausência da hipertensão depende dos hábitos relacionados ao fumo. Use um nível de significância de 0,05.

10.91 Uma amostra aleatória de 90 adultos é classificada de acordo com o gênero e o número de horas que eles assistem à televisão durante a semana:

	Gênero	
	Masculino	Feminino
Mais de 25 horas	15	29
Menos de 25 horas	27	19

Use o nível de significância de 0,01 e teste a hipótese de que o tempo gasto com televisão é independente do gênero do telespectador.

10.92 Uma amostra aleatória de 200 homens casados, todos aposentados, foi classificada de acordo com o nível educacional e o número de filhos.

	Número de filhos		
Educação	0–1	2–3	Acima de 3
Elementar	14	37	32
Média	19	42	17
Superior	12	17	10

Teste a hipótese de que, num nível de significância de 0,05, o tamanho da família é independente do nível de educação obtido pelo pai.

10.93 Um criminologista conduziu uma pesquisa para determinar se a incidência de certos tipos de crime varia de acordo com a região de uma cidade grande. Os tipos de crime de interesse são: agressão, arrombamento, roubo e homicídio. A tabela a seguir mostra o número de crimes cometidos em quatro áreas da cidade no ano passado.

	Tipo de crime			
Bairro	Agressão	Arrombamento	Roubo	Homicídio
1	162	118	451	18
2	310	196	996	25
3	258	193	458	10
4	280	175	390	19

Podemos concluir, com base nesses dados, num nível de significância de 0,01, que a ocorrência desses tipos de crime depende da área da cidade?

10.94 A enfermaria de uma faculdade conduziu um experimento para determinar o grau de alívio fornecido por três remédios antitussígenos. Cada remédio foi testado em 50 estudantes e os seguintes dados foram registrados:

	Remédio antitussígeno		
	NyQuil	Robitussin	Triaminic
Sem alívio	11	13	9
Algum alívio	32	28	27
Alívio total	7	9	14

Teste a hipótese de que os três remédios são igualmente eficazes. Use um valor P em sua conclusão.

10.95 Para determinar as posições atuais sobre preces em escolas públicas, um experimento foi conduzido em quatro distritos do estado da Virgínia. A tabela a seguir contém as posições de 200 pais do distrito de Craig, 150 de Giles, 100 de Franklin e 100 do distrito de Montgomery.

	Distrito			
Posição	Craig	Giles	Franklin	Mont.
A favor	65	66	40	34
Contra	42	30	33	42
Sem opinião	93	54	27	24

Teste a homogeneidade das posições entre os quatro distritos em relação às preces nas escolas públicas. Use um valor P em sua conclusão.

10.96 De acordo com um estudo da Universidade Johns Hopkins, publicado no periódico *American Journal of Public Health*, as viúvas vivem mais tempo do que os viúvos. Considere os dados a seguir sobre a sobrevivência de cem viúvas e cem viúvos após a morte do cônjuge.

Anos vividos	Viúva	Viúvo
Menos de 5	25	39
De 5 a 10	42	40
Mais de 10	33	21

Podemos concluir, no nível de significância de 0,05, que as proporções de viúvas e viúvos são iguais em relação aos diferentes períodos que os cônjuges sobreviveram após a morte de seu(sua) parceiro(a)?

10.97 As respostas a seguir relacionadas ao padrão de vida no momento de uma pesquisa de opinião independente em mil lares *versus* uma realizada um ano depois, parecem estar de acordo com os resultados de um estudo publicado no periódico *Across the Board* (junho de 1981):

	Padrão de vida			
Período	Um pouco melhor	O mesmo	Não tão bom quanto	Total
1980: Jan.	72	144	84	300
Maio	63	135	102	300
Set.	47	100	53	200
1981: Jan.	40	105	55	200

Teste a hipótese de que as proporções de lares em cada categoria de padrão de vida são as mesmas para cada um dos quatro períodos. Use um valor P.

10.98 Uma pesquisa foi conduzida em Indiana, Kentucky e Ohio para determinar a posição de eleitores sobre o transporte escolar. Uma pesquisa com 200 eleitores de cada estado teve os seguintes resultados:

	Posição do eleitor		
Estado	Apóia	Não apóia	Indeciso
Indiana	82	97	21
Kentucky	107	66	27
Ohio	93	74	33

No nível de significância de 0,05, teste a hipótese nula de que as proporções de eleitores em cada categoria de posição são as mesmas em cada um dos três estados.

10.99 Uma pesquisa foi conduzida em duas cidades do estado da Virgínia para determinar a opinião do eleitor sobre dois candidatos ao governo nas próximas eleições. Quinhentos eleitores foram selecionados aleatoriamente em cada cidade, e os dados registrados são:

Sentimento do eleitor	Cidade	
	Richmond	Norfolk
A favor de A	204	225
A favor de B	211	198
Indecisos	85	77

Num nível de significância de 0,05, teste a hipótese nula de que as proporções de eleitores a favor do candidato A, do candidato B ou indecisos são as mesmas para cada cidade.

10.100 Em um estudo para estimar a proporção de esposas que assistem a novelas regularmente, descobre-se que 52 de 200 esposas em Denver, 31 de 150 em Phoenix e 37 de 150 em Rochester assistem a pelo menos uma novela. Use um nível de significância de 0,05 para testar a hipótese de que não há diferença entre as reais proporções de esposas que assistem a novelas nas três cidades.

Exercícios de revisão

10.101 Um geneticista está interessado na proporção de homens e mulheres que tem certo tipo de disfunção sangüínea. Em uma amostra aleatória de cem homens, 31 têm a disfunção, enquanto somente 24 de cem mulheres apresentam a disfunção. Podemos concluir, num nível de significância de 0,01, que a proporção de homens com a disfunção é significativamente maior do que a proporção de mulheres?

10.102 Considere a situação do Exercício 10.54. O consumo de oxigênio em ml/kg/min também foi medido nos nove indivíduos:

Sujeito	Com CO	Sem CO
1	26,46	25,41
2	17,46	22,53
3	16,32	16,32
4	20,19	27,48
5	19,84	24,97
6	20,65	21,77
7	28,21	28,17
8	33,94	32,02
9	29,32	28,96

Supõe-se que o consumo de oxigênio deveria ser maior em ambientes relativamente livres de CO. Faça um teste de significância e discuta a suposição.

10.103 Estabeleça as hipóteses nula e alternativa para serem usadas nas seguintes afirmações e determine de maneira geral onde a região crítica está localizada:

(a) A quantidade média de neve que cai no lago George durante o mês de fevereiro é de 21,8 centímetros.

(b) Não mais do que 20% das faculdades da universidade local contribuem para o fundo anual de doações.

(c) Em média, as crianças vão para a escola num raio de 6,2 quilômetros de suas casas no subúrbio de St. Louis.

(d) Pelo menos 70% dos carros novos do próximo ano serão compactos e subcompactos.

(e) A proporção de eleitores a favor do candidato à reeleição nas próximas eleições é de 0,58.

(f) O peso médio do bife na Longhorn Steak é de pelo menos 340 gramas.

10.104 Um estudo foi feito para determinar se mais italianos do que norte-americanos preferem champanhe branco ao rosé nas festas de casamento. Dos 300 italianos selecionados aleatoriamente, 72 preferem champanhe branco, e dos 400 norte-americanos selecionados, 70 preferem o branco. Podemos concluir que a proporção de italianos que preferem o champanhe branco é maior do que a de norte-americanos? Use um nível de significância de 0,05.

10.105 Em um conjunto de dados analisado pelo Centro de Consultoria Estatística do Instituto Politécnico da Universidade de Virgínia, foi pedido a um conjunto de indivíduos que realizasse determinada tarefa no computador. A resposta medida foi o tempo para completar a tarefa. O propósito do experimento era testar uma série de ferramentas facilitadoras desenvolvidas pelo Departamento de Ciência da Computação local. Havia dez indivíduos envolvidos. Atribuídos aleatoriamente, cinco receberam um procedimento-padrão que usa a linguagem Fortran para completar a tarefa. Os outros cinco completaram a tarefa usando as ferramentas facilitadoras. Os dados sobre os tempos para conclusão das tarefas são fornecidos a seguir. Assumindo que as distribuições das populações são normais e as variâncias são as mesmas para os dois conjuntos, apóie ou refute a suposição de que as ferramentas aumentam a velocidade com a qual cada tarefa pode ser realizada.

Conjunto 1 (procedimento-padrão)	Conjunto 2 (ferramentas facilitadoras)
161	132
169	162
174	134
158	138
163	133

10.106 Estabeleça as hipóteses nula e alternativa usadas para testar as afirmações a seguir e determine onde a região crítica está localizada:
(a) No máximo, 20% da próxima colheita de trigo será exportado para a ex-União Soviética.
(b) Em média, as donas de casa norte-americanas bebem três xícaras de café por dia.
(c) A proporção de formandos em Ciências Sociais na Virgínia este ano é de, pelo menos, 0,15.
(d) Uma doação média para a American Lung Association (Associação Americana de Pulmão) é de cerca de $ 10,00.
(e) Os moradores de Richmond viajam em média 15 quilômetros entre o trabalho e suas casas.

10.107 Se uma lata com 500 frutas secas é selecionada aleatoriamente de cada um dos três distribuidores de frutas secas misturadas e há, respectivamente, 345, 313 e 359 amendoins em cada lata, podemos concluir, no nível de significância de 0,01, que as frutas secas misturadas de cada distribuidor contêm proporções iguais de amendoins?

10.108 *O valor z para testar* $p_1 - p_2 = d_0$: para testar a hipótese nula de que $H_0 = p_1 - p_2 = d_0$, onde $d_0 \neq 0$, baseamos nossa decisão em

$$z = \frac{\hat{p}_1 - \hat{p}_2 - d_0}{\sqrt{\hat{p}_1 \hat{q}_1 / n_1 + \hat{p}_2 \hat{q}_2 / n_2}},$$

que é um valor de uma variável aleatória cuja distribuição se aproxima da distribuição normal padrão desde que n_1 e n_2 sejam suficientemente grandes. Em relação ao Exemplo 10.12, teste a hipótese de que a porcentagem de eleitores da cidade a favor da construção da indústria química não excederá a porcentagem de eleitores dos arredores em mais de 3%. Use um valor P em sua conclusão.

10.109 Um estudo foi feito para determinar se há diferença entre as proporções de pais nos estados de Maryland (MD), Virgínia (VA), Geórgia (GA) e Alabama (AL) que são a favor da colocação de bíblias nas escolas fundamentais. As respostas de cem pais selecionados aleatoriamente em cada um desses estados estão na tabela a seguir:

Preferência	MD	VA	GA	AL
Sim	65	71	78	82
Não	35	29	22	18

Podemos concluir que as proporções de pais que são a favor da colocação de bíblias nas escolas são as mesmas para os quatro estados? Use um nível de significância de 0,01.

10.110 Um estudo foi conduzido no Centro Eqüino da Faculdade Regional de Medicina Veterinária de Maryland – Virgínia, para determinar se o desempenho de um tipo de cirurgia em cavalos jovens tinha algum efeito em certos tipos de células sangüíneas dos animais. Amostras de fluido foram retiradas de cada um dos seis potros antes e após a cirurgia. As amostras foram analisadas para o número de leucogramas de células brancas no sangue após a operação. As células também foram medidas antes da operação. Use um teste t para amostras emparelhadas para determinar se há mudanças significativas nos leucogramas após a cirurgia.

Potro	Pré-cirúrgico	Pós-cirúrgico
1	10,80	10,60
2	12,90	16,60
3	9,59	17,20
4	8,81	14,00
5	12,00	10,60
6	6,07	8,60

*Todos os valores $\times 10^{-3}$.

10.111 Um estudo foi conduzido pelo Departamento de Saúde e Educação Física do Instituto Politécnico da Universidade da Virgínia para determinar se oito semanas de treinamento realmente reduzem o nível de colesterol dos participantes. Um grupo de tratamento com 15 pessoas foi instruído duas vezes por semana sobre como reduzir os níveis de colesterol. Outro grupo de 18 pessoas com idades similares foi escolhido como grupo de controle. Os níveis de colesterol dos participantes foram registrados ao final de um programa de oito semanas e os resultados estão listados a seguir:

```
Tratamento:
    129 131 154 172 115 126 175 191
    122 238 159 156 176 175 126
Controle:
    151 132 196 195 188 198 187 168 115
    165 137 208 133 217 191 193 140 146
```

Podemos concluir, no nível de significância de 5%, que a média do colesterol foi reduzida devido ao tratamento? Faça o teste apropriado das médias.

10.112 Em um estudo conduzido pelo departamento de engenharia mecânica e analisado pelo centro de estatística da Universidade da Virgínia, os vergalhões de aço fornecidos por duas empresas diferentes foram comparados. Dez amostras de molas foram feitas dos vergalhões fornecidos por cada empresa e a 'elasticidade' foi estudada. Os dados são os seguintes:

```
Empresa A:
    9,3 8,8 6,8 8,7 8,5 6,7 8,0 6,5 9,2 7,0
Empresa B:
    11,0 9,8 9,9 10,2 10,1 9,7 11,0 11,1 10,2 9,6
```

Podemos concluir que não há, virtualmente, diferença nas médias entre os vergalhões das duas empresas? Use um valor P para chegar a uma conclusão. As variâncias devem ser combinadas aqui?

10.113 Em um estudo conduzido pelo Centro de Recursos Hídricos e analisado pelo Centro de Consultoria Estatística da Universidade da Virgínia, foram comparadas duas estações de tratamento de esgoto. A estação *A* está localizada onde a renda mediana das famílias é abaixo de $ 22.000 por ano. A estação *B* está localizada onde a renda mediana está acima de $ 60.000 anuais. A quantidade de esgoto tratado em cada estação (milhares de galões/dia) foi amostrada aleatoriamente por dez dias. Os dados estão a seguir:

```
Estação A:
    21 19 20 23 22 28 32 19 13 18
Estação B:
    20 39 24 33 30 28 30 22 33 24
```

Podemos concluir, num nível de significância de 5%, que a quantidade média de esgoto tratado na região de alta renda é maior do que a da região de baixa renda? Assuma normalidade.

10.114 Os dados a seguir mostram o número de defeitos em 100.000 linhas do código de um tipo específico de software feito nos Estados Unidos e no Japão. Há evidências suficientes para afirmar que há uma diferença significativa entre os programas dos dois países? Teste as médias. As variâncias deveriam ser combinadas?

```
Estados Unidos 48 39 42 52 40 48 52 52
               54 48 52 55 43 46 48 52
         Japão 50 48 42 40 43 48 50 46
               38 38 36 40 40 48 48 45
```

10.115 Estudos mostram que a concentração de PCB é muito maior em tecido mamário maligno do que em tecido mamário normal. Se um estudo com 50 mulheres com câncer de mama revela uma concentração média de PCB de $22,8 \times 10^{-4}$ gramas, com desvio-padrão de $4,8 \times 10^{-4}$ gramas, a concentração média de PCBs é menor do que 24×10^{-4} gramas?

10.19 Conceitos errôneos e riscos em potencial; relação com material de outros capítulos

Uma das maneiras mais fáceis de usar erroneamente a estatística está relacionada com a conclusão científica quando o analista não rejeita a hipótese nula H_0. Neste capítulo, tentamos deixar claro o que a hipótese nula significa, o que a hipótese alternativa significa, e que, em um sentido mais amplo, a última é muito mais importante. Colocando na forma de um exemplo, se um engenheiro tenta comparar dois medidores e usar um teste *t* de duas amostras, e H_0 for 'os medidores são equivalentes' enquanto H_1 é 'os medidores não são equivalentes', não rejeitar H_0 não leva à conclusão de que os medidores são equivalentes. De fato, um aviso pode ser dado para nunca escrevermos 'Aceite H_0!'. Não rejeitar H_0 implica meramente evidências insuficientes. Dependendo da natureza da hipótese, muitas possibilidades ainda não estão descartadas.

Como no caso dos intervalos de confiança para amostras grandes, discutidos no Capítulo 9, um teste z para amostras grandes que usa

$$z = \frac{\bar{x} - \mu}{s/\sqrt{n}}$$

com *s* substituindo σ é arriscado quando $n < 30$. Se $n \geq 30$ e a distribuição não for normal, mas, de algum modo, estiver próxima do normal, o teorema central do limite é usado e confia-se no fato de que, com $n \geq 30$, $s \approx \sigma$.

É claro que qualquer teste *t* é acompanhado por suposições concomitantes de normalidade. Como no caso dos intervalos de confiança, o teste *t* é relativamente robusto à normalidade. Entretanto, ainda devemos usar o gráfico de probabilidade normal, os testes de qualidade do ajuste ou outros procedimentos gráficos quando a amostra não for muito pequena.

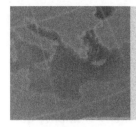

Regressão linear simples e correlação

11.1 Introdução à regressão linear

Com freqüência, na prática, uma pessoa é chamada para resolver problemas que envolvem um conjunto de variáveis quando se sabe que há uma relação inerente entre elas. Por exemplo, em uma situação industrial, sabe-se que a concentração de alcatrão na saída de água corrente em um processo químico está relacionada com a temperatura na entrada. Pode ser de interesse desenvolver um método de previsão, ou seja, um procedimento para estimar o conteúdo de alcatrão para vários combustíveis da temperatura de entrada, a partir de informações experimentais. Agora, é muito provável que para muitos processos nos quais a temperatura de entrada é a mesma, digamos 130° C, o conteúdo de alcatrão na saída não será o mesmo. Isso é muito parecido com o que acontece se estudarmos automóveis com motores do mesmo tamanho. Eles não terão o mesmo consumo de gasolina, em milhas. Se considerarmos casas na mesma parte do país, com a mesma área quadrada, isso não significa que todas serão vendidas pelo mesmo preço. O conteúdo de alcatrão, o consumo de gasolina em milhas (mpg) e o preço das casas (em milhares de dólares) são *variáveis dependentes* ou respostas naturais nesses três cenários. A temperatura de entrada, o tamanho do motor (pés cúbicos) e os metros quadrados da residência são, respectivamente, *variáveis independentes* ou *regressores* naturais. Uma forma razoável de relação entre a *resposta* Y e o regressor x é a relação linear

$$Y = \alpha + \beta x,$$

onde, é claro, α é o *intercepto* e β é a *inclinação*. A relação está ilustrada na Figura 11.1.

Se a relação for exata, então trata-se de uma relação *determinística* entre duas variáveis científicas, e não há componente aleatório ou probabilístico nela. Contudo, nos exemplos dados e em outros inúmeros fenômenos científicos e de engenharia, a relação não é determinística (isto é, um dado x nem sempre fornece o mesmo valor para Y). Como resultado, importantes problemas são probabilísticos em sua natureza, já que a relação acima não pode ser vista como exata. O conceito de *análise de regressão* tenta encontrar a melhor relação entre Y e x, quantificando a força dessa relação, e usando métodos que permitam a previsão dos valores da resposta para valores dados do regressor x.

Em muitas aplicações, haverá mais de um regressor (ou seja, mais de uma variável independente que *ajuda a explicar* Y). Por exemplo, no caso em que a resposta é o preço de uma casa, poderíamos esperar que a idade da casa também contribuísse para a explicação do preço e, neste caso, a estrutura da regressão múltipla poderia ser escrita

$$Y = \alpha + \beta_1 x_1 + \beta_2 x_2,$$

onde Y é o preço, x_1 é a área quadrada e x_2 é a idade em anos. No próximo capítulo, consideraremos problemas de regressão múltipla. A análise resultante é chamada de *regressão múltipla*, enquanto a análise do caso de um único regressor é chamada de *regressão simples*. Como segundo exemplo de regressão múltipla, um engenheiro químico pode estar, de fato, preocupado com a quantidade de hidrogênio perdida das amostras de certo metal quando o material é estocado. Neste caso, pode haver duas entradas: o tempo de estocagem x_1 em horas e a temperatura de estocagem x_2, em graus centígrados. A resposta seria a perda de hidrogênio Y em partes por milhão.

Neste capítulo, lidamos com o tópico da *regressão linear simples*, tratando somente de casos de uma única variável regressora. Para o caso de mais de uma variável regressora, o leitor deve consultar o Capítulo 12. Denote uma amostra aleatória de tamanho n pelo conjunto $\{(x_i, y_i); i = 1, 2, ..., n\}$. Se amostras adicionais fossem retiradas usando

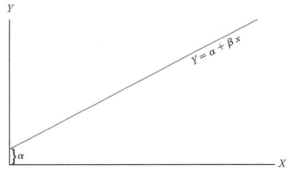

Figura 11.1 Uma relação linear.

exatamente os mesmos valores de *x*, deveríamos esperar que os valores de *y* variassem. Então, o valor y_i no par ordenado (x_i, y_i) é um valor de alguma variável aleatória Y_i.

11.2 O modelo de regressão linear simples

Nós já restringimos a terminologia *análise de regressão* a situações nas quais as relações entre as variáveis não são deterministas (ou seja, não exatas). Em outras palavras, deve haver um *componente aleatório* para a equação que relaciona as variáveis. Esse componente aleatório leva em conta considerações que não estão sendo medidas ou, de fato, não são entendidas pelos cientistas ou engenheiros. Na verdade, na maioria das aplicações da equação da regressão linear, digamos, $Y = \alpha + \beta x$, ela é uma aproximação que é uma simplificação de algo desconhecido e muito mais complexo. Por exemplo, em nossa ilustração que envolve *Y* = conteúdo de alcatrão e *x* = temperatura de entrada, $Y = \alpha + \beta x$ é provavelmente uma aproximação do que pode funcionar em uma completude restrita em torno de *x*. Mais freqüentemente do que se imagina, os modelos que são simplificações de estruturas mais complicadas e desconhecidas são lineares em sua natureza (ou seja, lineares nos *parâmetros* α e β ou, no caso de um modelo que envolve preço, tamanho e idade de uma casa, lineares nos parâmetros α, β_1 e β_2). Essas estruturas lineares são simples e empíricas em sua natureza e por isso são chamadas de *modelos empíricos*.

Uma análise da relação entre *Y* e *x* requer a afirmação de um *modelo estatístico*. Um modelo costuma ser usado pelos estatísticos como uma representação de um *ideal* que, essencialmente, define como percebemos os dados gerados pelo sistema em questão. O modelo deve incluir o conjunto de dados $[(x_i, y_i); i = 1, 2, ..., n]$ que envolve *n* pares de valores (x, y). Devemos ter em mente que o valor y_i depende de x_i por meio de uma estrutura linear que também tem um componente aleatório envolvido. A base para o uso de um modelo estatístico está relacionada com o modo como a variável aleatória *Y* se move com *x* com e com o componente variável. O modelo também inclui o que assumimos sobre as propriedades estatísticas do componente aleatório. O modelo estatístico para a regressão linear é dado a seguir.

Modelo de regressão linear simples

A resposta *Y* está relacionada com a variável independente *x* por meio da equação

$$Y = \alpha + \beta x + \epsilon.$$

Nesse caso, α e β são os parâmetros desconhecidos de inclinação e de intercepto, respectivamente, e ϵ é uma variável aleatória assumida como sendo distribuída com $E(\epsilon) = 0$ e $Var(\epsilon) = \sigma^2$. A quantidade σ^2 é freqüentemente chamada de variância do erro ou variância residual.

Do modelo dado, muitas coisas se tornam aparentes. A quantidade *Y* é uma variável aleatória, já que ϵ é aleatório. O valor *x* da variável regressora não é aleatório e, na verdade, é medido com erro desprezível. A quantidade ϵ, em geral chamada de *erro aleatório* ou *distúrbio aleatório*, tem variância constante. Essa suposição é freqüentemente denominada suposição de variância *homogênea*. A presença desse erro aleatório, ϵ, evita que o modelo se torne simplesmente uma equação determinística. Agora, o fato de que $E(\epsilon) = 0$ implica que, para um *x* específico, os valores *y* são distribuídos ao redor da *reta de regressão real* ou populacional $y = \alpha + \beta x$. Se o modelo for bem escolhido (ou seja, se não houver regressores importantes adicionais e a aproximação linear for boa dentro do intervalo de valores dos dados), os erros positivos e negativos ao redor da regressão real serão razoáveis. Devemos ter em mente que, na prática, α e β não são conhecidos e devem ser estimados dos dados. Além disso, o modelo descrito anteriormente é conceitual em sua natureza. Como resultado, nunca observamos os valores reais de ϵ na prática e, portanto, jamais podemos desenhar a reta de regressão real (mas assumimos que ela está lá). Podemos desenhar somente uma reta estimada. A Figura 11.2 mostra a natureza dos dados hipotéticos (x, y) dispersos ao redor de uma reta de regressão real, para um caso no qual somente *n* = 5 observações estão disponíveis. Vamos enfatizar que o que vemos na Figura 11.2 não é a reta usada pelo cientista ou engenheiro. Em vez disso, a figura meramente descreve o que as suposições significam! A regressão que o usuário tem à sua disposição será descrita agora.

Reta de regressão ajustada

Um importante aspecto da análise de regressão é estimar os parâmetros α e β (ou seja, estimar os chamados *coeficientes de regressão*). O método de estimação será discutido na próxima seção. Suponha que vamos deno-

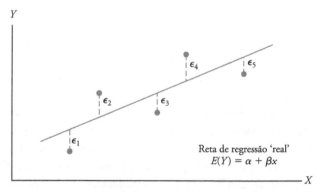

Figura 11.2 Dados hipotéticos (x, y) dispersos ao redor da reta de regressão real, para $n = 5$.

Tabela 11.1 Medidas dos sólidos e demanda de oxigênio químico

Redução de sólidos, x (%)	Demanda de oxigênio químico, y (%)	Redução de sólidos, x (%)	Demanda de oxigênio químico, y (%)
3	5	36	34
7	11	37	36
11	21	38	38
15	16	39	37
18	16	39	36
27	28	39	45
29	27	40	39
30	25	41	41
30	35	42	40
31	30	42	44
31	40	43	37
32	32	44	44
33	34	45	46
33	32	46	46
34	34	47	49
36	37	50	51
36	38		

tar as estimativas de a para α e b para β. Então, a reta de *regressão* estimada ou *ajustada* é dada por

$$\hat{y} = a + bx,$$

onde $\hat{y}$ é o valor predito ou ajustado. Obviamente, a reta ajustada é uma estimativa da reta de regressão real. Esperamos que essa reta esteja próxima da reta de regressão verdadeira quando um grande número de dados estiver disponível. No exemplo a seguir, ilustramos a reta ajustada para um estudo real sobre poluição.

Um dos problemas mais desafiadores enfrentados pela área de controle de poluição nas águas é apresentado pela indústria de couro. Os dejetos dos curtumes são quimicamente complexos. Eles são caracterizados por altos valores de demanda de oxigênio bioquímico, sólidos voláteis e outras medidas de poluição. Considere os dados experimentais da Tabela 11.1, obtidos de 33 amostras de dejetos quimicamente tratados em um estudo conduzido pelo Instituto Politécnico e pela Universidade Estadual da Virgínia. Foram registradas as leituras de x, a porcentagem de redução no total de sólidos, e y, a porcentagem de redução na demanda de oxigênio químico, para as 33 amostras.

Os dados da Tabela 11.1 são apresentados graficamente na Figura 11.3, que mostra um *diagrama de dispersão*. De uma inspeção desse diagrama, parece que os pontos seguem aproximadamente uma linha reta, indicando que a suposição de linearidade entre as duas variáveis parece ser razoável.

As retas de regressão ajustada e real hipotética são mostradas no diagrama de regressão da Figura 11.3. Esse exemplo será revisto assim que abordarmos o método de estimação discutido na Seção 11.3.

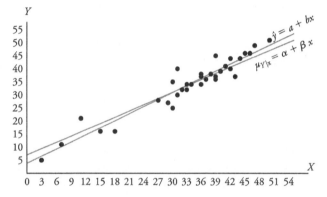

Figura 11.3 Diagrama de dispersão com retas de regressão.

Outro olhar em relação às suposições de modelos

Pode ser instrutivo repassar o modelo de regressão linear simples apresentado anteriormente e discutir, de modo gráfico, como ele se relaciona com a chamada regressão real. Vamos expandir a Figura 11.2, ilustrando não apenas onde ϵ_i está no gráfico, mas também qual é a implicação da suposição de normalidade de ϵ_i.

Suponha que temos uma regressão linear simples com $n = 6$, valores uniformemente espaçados de x e um único valor y para cada x. Considere o gráfico da Figura 11.4. A ilustração deveria fornecer ao leitor uma clara representação do modelo e das suposições envolvidas. A reta no gráfico é a da regressão real. Os pontos representados são os pontos reais (x, y), que estão dispersos em torno da reta. Cada ponto está em sua distribuição normal cujo centro (ou seja, a média de y) está na reta. Isto é certamente esperado, já que $E(Y) = \alpha + \beta x$. Como resultado, a reta de regressão *real passa*

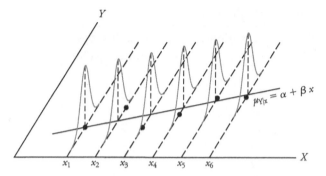

Figura 11.4 Observações individuais em torno da reta de regressão real.

sobre as *médias da resposta*, e as observações reais estão na distribuição em torno das médias. Observe também que todas as distribuições têm a mesma variância, à qual nos referimos como σ^2. É claro, o desvio entre um y individual e o ponto na reta será seu valor individual ϵ. Isto fica óbvio já que

$$y_i - E(Y_i) = y_i - (\alpha + \beta x_i) = \epsilon_i.$$

Então, em um dado x, tanto Y como seu ϵ correspondente terão variância σ^2.

Note, também, que escrevemos a reta de regressão real como $\mu_{Y|x} = \alpha + \beta x$ para reafirmar que a reta passa sobre a média da variável aleatória Y.

11.3 Mínimos quadrados e o modelo ajustado

Nesta seção discutiremos o método de ajuste de uma reta de regressão estimada para os dados, o que equivale à determinação das estimativas a de α e b de β. Isto, é claro, permite o cálculo de valores preditos por uma reta ajustada $\hat{y} = a + bx$ e outros tipos de análises e informações diagnósticas que certificarão a força da relação e a adequação do modelo ajustado. Antes de discutirmos o método da estimação dos mínimos quadrados, é importante introduzirmos o conceito de *resíduo*. Um resíduo é essencialmente um erro no ajuste do modelo $\hat{y} = a + bx$.

Resíduo: Erro no ajuste

Dado um conjunto de dados de regressão $[(x_i, y_i); i = 1, 2, ..., n]$ e um modelo ajustado, $\hat{y}_i = a + bx_i$, o i-ésimo resíduo e_i é dado por

$$e_i = y_i - \hat{y}_i, \quad i = 1, 2, ..., n.$$

Obviamente, se os conjuntos de n resíduos têm valores grandes, então o ajuste do modelo não é bom. Resíduos pequenos são sinal de um bom ajuste. Outra relação interessante, que é útil algumas vezes, é a seguinte:

$$y_i = a + bx_i + e_i.$$

Essa equação deveria esclarecer a distinção entre os resíduos, e_i, e os erros do modelo conceitual, ϵ_i. Devemos ter em mente que ϵ_i não é observado, mas que e_i não somente é observado como também desempenha um papel importante na análise total.

A Figura 11.5 mostra o ajuste da reta para esse conjunto de dados, ou seja, $\hat{y} = a + bx$, e a reta do modelo $\mu_{Y|x} = \alpha + \beta x$. É claro, α e β são parâmetros desconhecidos. A reta ajustada é uma estimativa produzida pelo modelo estatístico. Tenha em mente que a reta $\mu_{Y|x} = \alpha + \beta x$ é desconhecida.

Método dos mínimos quadrados

Devemos determinar a e b, as estimativas de α e β, de modo que a soma dos quadrados dos resíduos seja mínima. Essa soma é freqüentemente chamada de soma dos quadrados dos erros em torno da reta de regressão, e é denotada por SQE. Esse procedimento de minimização para estimar os parâmetros é chamado de *método dos mínimos quadrados*. Então, devemos determinar a e b que minimizem

$$SQE = \sum_{i=1}^{n} e_i^2 = \sum_{i=1}^{n}(y_i - \hat{y}_i)^2 = \sum_{i=1}^{n}(y_i - a - bx_i)^2.$$

Derivando SQE em relação a a e b, temos

$$\frac{\partial(SQE)}{\partial a} = -2\sum_{i=1}^{n}(y_i - a - bx_i),$$

$$\frac{\partial(SQE)}{\partial b} = -2\sum_{i=1}^{n}(y_i - a - bx_i)x_i.$$

Igualando a 0 as derivadas parciais e rearranjando os termos, obtemos as equações (chamadas de *equações normais*)

$$na + b\sum_{i=1}^{n} x_i = \sum_{i=1}^{n} y_i, \quad a\sum_{i=1}^{n} x_i + b\sum_{i=1}^{n} x_i^2 = \sum_{i=1}^{n} x_i y_i,$$

que podem ser resolvidas simultaneamente para gerar as fórmulas de cálculo para a e b.

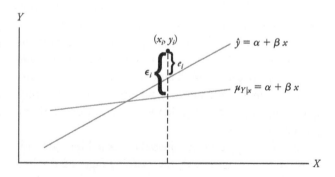

Figura 11.5 Comparação de ϵ_i com o resíduo, e_i.

Estimando os coeficientes de regressão

Dada a amostra $\{(x_i, y_i); i = 1, 2, ..., n,\}$, as estimativas de mínimos quadrados, a e b, dos coeficientes de regressão α e β são calculadas das fórmulas

$$b = \frac{n\sum_{i=1}^{n} x_i y_i - \left(\sum_{i=1}^{n} x_i\right)\left(\sum_{i=1}^{n} y_i\right)}{n\sum_{i=1}^{n} x_i^2 - \left(\sum_{i=1}^{n} x_i\right)^2} = \frac{\sum_{i=1}^{n}(x_i - \bar{x})(y_i - \bar{y})}{\sum_{i=1}^{n}(x_i - \bar{x})^2}$$

e

$$a = \frac{\sum_{i=1}^{n} y_i - b\sum_{i=1}^{n} x_i}{n} = \bar{y} - b\bar{x}.$$

Os cálculos de a e b, usando os dados da Tabela 11.1, são ilustrados no exemplo a seguir.

■ **Exemplo 11.1**

Estime a reta de regressão para os dados sobre poluição da Tabela 11.1.

Solução:

$$\sum_{i=1}^{33} x_i = 1104, \quad \sum_{i=1}^{33} y_i = 1124,$$

$$\sum_{i=1}^{33} x_i y_i = 41.355, \quad \sum_{i=1}^{33} x_i^2 = 41.086$$

Então,

$$b = \frac{(33)(41.355) - (1104)(1124)}{(33)(41.086) - (1104)^2} = 0,903643,$$

e

$$a = \frac{1124 - (0,903643)(1104)}{33} = 3,829633.$$

Portanto, a reta de regressão estimada é dada por

$$\hat{y} = 3,8296 + 0,9036x.$$

Usando a linha de regressão do Exemplo 11.1, poderíamos prever uma redução de 31% na demanda de oxigênio químico quando a redução de sólidos totais é de 30%. A redução de 31% na demanda pode ser interpretada como uma estimativa da média populacional $\mu_{y|30}$ ou como uma estimativa de uma nova observação quando a redução de sólidos totais é de 30%. Tais estimativas, entretanto, estão sujeitas a erro. Mesmo quando o experimento é controlado de modo que a redução nos sólidos totais seja de 30%, é improvável que mediríamos uma redução na demanda de oxigênio químico exatamente igual a 31%. De fato, os dados originais registrados na Tabela 11.1 mostram que medidas de 25% e 35% foram registradas para a redução na demanda de oxigênio quando a redução em sólidos totais foi mantida em 30%.

O que é bom em relação aos mínimos quadrados?

Deveria ser notado que o critério dos mínimos quadrados foi desenvolvido para fornecer uma reta ajustada que resulta em uma 'proximidade' entre a linha e os pontos representados. Há muitas maneiras de se medir a proximidade. Por exemplo, podemos desejar determinar a e b para os quais $\sum_{i=1}^{n} |y_i - \hat{y}_i|$ é minimizado ou para os quais $\sum_{i=1}^{n} |y_i - \hat{y}_i|^{1,5}$ é minimizado. Ambos são métodos viáveis e razoáveis. Note que os dois, bem como o procedimento dos mínimos quadrados, resultam em forçar os resíduos a serem 'pequenos' em algum sentido. Devemos lembrar que os resíduos são as contrapartes empíricas para os valores ϵ. A Figura 11.6 ilustra um conjunto de resíduos. Deveríamos notar que a reta ajustada previu os valores como pontos na reta e, assim, os resíduos são desvios verticais dos pontos à reta. Como resultado, o procedimento dos mínimos quadrados produz uma reta que *minimiza a soma dos quadrados dos desvios verticais* dos pontos até a reta.

Exercícios

11.1 Um estudo foi conduzido pelo Instituto Politécnico e pela Universidade Estadual da Virgínia para determinar se certa medida estática da força do braço tem influência nas características da 'suspensão dinâmica' de certo indivíduo. Vinte e cinco indivíduos foram submetidos a testes de força e, depois, desempenharam um teste de levantamento de peso no qual o peso foi levantado dinamicamente sobre a cabeça. Os dados são fornecidos a seguir.

(a) Estime α e β para a curva de regressão linear $\mu_{Y|x} = \alpha + \beta x$.
(b) Determine uma estimativa pontual de $\mu_{Y|30}$.
(c) Represente os resíduos *versus* os X (força do braço). Comente.

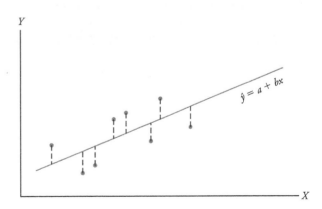

Figura 11.6 Resíduos como desvios verticais.

Indivíduo	Força braçal, x	Levantamento dinâmico, y
1	17,3	71,7
2	19,3	48,3
3	19,5	88,3
4	19,7	75,0
5	22,9	91,7
6	23,1	100,0
7	26,4	73,3
8	26,8	65,0
9	27,6	75,0
10	28,1	88,3
11	28,2	68,3
12	28,7	96,7
13	29,0	76,7
14	29,6	78,3
15	29,9	60,0
16	29,9	71,7
17	30,3	85,0
18	31,3	85,0
19	36,0	88,3
20	39,5	100,0
21	40,4	100,0
22	44,3	100,0
23	44,6	91,7
24	50,4	100,0
25	55,9	71,7

11.2 As notas de uma sala com nove estudantes em um relatório de meio de curso (x) e em um exame final (y) são as seguintes:

x	77	50	71	72	81	94	96	99	67
y	82	66	78	34	47	85	99	99	68

(a) Estime a reta de regressão linear.
(b) Estime a nota do exame final de um aluno que teve uma nota 85 no relatório de meio de curso.

11.3 Um estudo foi realizado sobre a quantidade de açúcar convertido em um processo em várias temperaturas. Os dados foram codificados e registrados a seguir:

Temperatura, x	Açúcar convertido, y
1,0	8,1
1,1	7,8
1,2	8,5
1,3	9,8
1,4	9,5
1,5	8,9
1,6	8,6
1,7	10,2
1,8	9,3
1,9	9,2
2,0	10,5

(a) Estime a reta de regressão linear.
(b) Estime a média da quantidade de açúcar convertido produzida quando a temperatura codificada é 1,75.
(c) Faça um gráfico dos resíduos *versus* a temperatura. Comente.

11.4 Em certo tipo de teste em um espécime de metal, o estresse normal no espécime é conhecido como sendo funcionalmente relacionado com a resistência ao corte. A seguir temos um conjunto de dados experimentais sobre as duas variáveis:

Estresse normal, x	Resistência ao corte, y
26,8	26,5
25,4	27,3
28,9	24,2
23,6	27,1
27,7	23,6
23,9	25,9
24,7	26,3
28,1	22,5
26,9	21,7
27,4	21,4
22,6	25,8
25,6	24,9

(a) Estime a reta de regressão $\mu_{y|x} = \alpha + \beta x$.
(b) Estime a resistência ao corte para um estresse normal de 24,5 quilogramas por centímetro quadrado.

11.5 As quantidades de um composto químico y dissolvido em cem gramas de água sob várias temperaturas, x, foram registradas a seguir:

x (°C)		y (gramas)	
0	8	6	8
15	12	10	14
30	25	21	24
45	31	33	28
60	44	39	42
75	48	51	44

(a) Determine a equação da reta de regressão.
(b) Desenhe a reta no diagrama de dispersão.
(c) Estime a quantidade de composto químico que se dissolverá em cem gramas de água a 50 °C.

11.6 Um teste matemático de colocação é aplicado para todos os calouros que entram em uma pequena faculdade. Um estudante que recebe uma nota abaixo de 35 é recusado para o curso regular de Matemática e colocado em uma aula de reforço. As notas dos testes de colocação e as notas finais de 20 alunos que cursaram Matemática foram registradas como se segue:

Teste de colocação	Nota do curso
50	53
35	41
35	61
40	56
55	68
65	36
35	11
60	70
90	79
35	59
90	54
80	91
60	48
60	71
60	71
40	47
55	53
50	68
65	57
50	79

(a) Faça um diagrama de dispersão.
(b) Determine a equação da reta de regressão para prever as notas de curso com base nas notas do teste de colocação.
(c) Represente a reta em um diagrama de dispersão.
(d) Se 60 é a nota mínima para passar, abaixo de qual nota do teste de colocação os alunos deveriam ser recusados para o curso no futuro?

11.7 Um estudo foi conduzido por um vendedor a varejo para determinar a relação entre os gastos semanais com publicidade e as vendas. Os seguintes dados foram registrados:

Gastos com publicidade ($)	Vendas ($)
40	385
20	400
25	395
20	365
30	475
50	440
40	490
20	420
50	560
40	525
25	480
50	510

(a) Faça um diagrama de dispersão.
(b) Determine a equação da reta de regressão para prever as vendas semanais com base nos gastos com publicidade.
(c) Estime as vendas semanais quando os gastos de publicidade são de $ 35.
(d) Represente os resíduos *versus* os custos com publicidade. Comente.

11.8 Os dados a seguir foram coletados para determinar a relação entre pressão e a leitura da escala correspondente para calibração:

Pressão, x (lb/pol.^{2})	Leitura da escala, y
10	13
10	18
10	16
10	15
10	20
50	86
50	90
50	88
50	88
50	92

(a) Determine a equação da reta de regressão.
(b) O propósito da calibração nessa aplicação é estimar a pressão com base em uma leitura da escala. Estime a pressão para a leitura da escala de 54, usando $\hat{x} = (54 - a)/b$.

11.9 Um estudo sobre a quantidade de chuvas e de poluição do ar removida produziu os seguintes dados:

Chuvas diárias, x (0,01 cm)	Partículas removidas, y ($\mu g/m^3$)
4,3	126
4,5	121
5,9	116
5,6	118
6,1	114
5,2	118
3,8	132
2,1	141
7,5	108

(a) Determine a equação da reta de regressão para prever a quantidade de partículas removidas a partir da quantidade de chuva diária.
(b) Estime a quantidade de partículas removidas quando a chuva diária é x = 4,8 unidades.

11.10 Os dados a seguir são os preços de venda z de um modelo de carro usado com w anos de idade.

w (anos)	z (dólares)
1	6.350
2	5.695
2	5.750
3	5.395

(continua)

(continuação)

w (anos)	z (dólares)
5	4.985
5	4.895

Ajuste uma curva da forma $\mu_{z|w} = \gamma \delta^w$ por meio da equação de regressão não-linear amostral $\hat{z} = cd^w$. [*Sugestão*: Escreva $\ln \hat{z} = \ln c + (\ln d)w = a + bw$.]

11.11 A propulsão de um motor (*y*) é uma função da temperatura de exaustão (*x*) em °F quando outras importantes variáveis são mantidas constantes. Considere os dados:

y	x	y	x
4.300	1.760	4.010	1.665
4.650	1.652	3.810	1.550
3.200	1.485	4.500	1.700
3.150	1.390	3.008	1.270
4.950	1.820		

(a) Represente os dados em um gráfico.
(b) Ajuste uma reta de regressão linear simples para os dados e esboce-a no gráfico.

11.12 Um estudo foi realizado para avaliar os efeitos da temperatura ambiente *x* no consumo de energia elétrica de uma indústria química, *y*. Outros fatores foram mantidos constantes e os dados foram coletados de uma fábrica experimental piloto.
(a) Faça um gráfico dos dados.
(b) Estime a inclinação e o intercepto em um modelo de regressão linear simples.
(c) Preveja o consumo de energia para uma temperatura ambiente de 65 °F.

y (BTU)	x (°F)	y (BTU)	x (°F)
250	27	265	31
285	45	298	60
320	72	267	34
295	58	321	74

11.13 A seguir temos uma parte de um conjunto de dados clássico chamado de 'representação de dados piloto' em *Fitting equations to data* (Ajuste de equações em dados), de Daniel e Wood, publicado em 1971. A resposta *y* é o conteúdo de ácido do material produzido por titulação, enquanto o regressor *x* é o conteúdo de ácido orgânico produzido por extração e pesagem.

y	x	y	x
76	123	70	109
62	55	37	48
66	100	82	138
58	75	88	164
88	159	43	28

(a) Faça um gráfico dos dados; parece que uma regressão linear simples será um modelo adequado?
(b) Ajuste uma regressão linear simples; estime a inclinação e o intercepto.
(c) Faça um gráfico da linha de regressão na representação de (a).

11.14 Um professor em uma escola de negócios de uma universidade entrevistou uma dúzia de colegas sobre o número de reuniões profissionais de que eles participaram nos últimos cinco anos (*X*) e o número de trabalhos enviados por eles a revistas especializadas (*Y*) durante o mesmo período. Um resumo dos dados é fornecido a seguir:

$$n = 12, \quad \bar{x} = 4, \quad \bar{y} = 12,$$
$$\sum_{i=1}^{n} x_i^2 = 232, \quad \sum_{i=1}^{n} x_i y_i = 318.$$

Ajuste um modelo de regressão linear simples entre *x* e *y* determinando as estimativas do intercepto e da inclinação. Comente se o comparecimento em reuniões profissionais resultaria em mais trabalhos publicados.

11.4 Propriedades dos estimadores de mínimos quadrados

Além das suposições de que o termo de erro no modelo

$$Y_i = \alpha + \beta x_i + \epsilon_i$$

é uma variável aleatória com média 0 e variância constante σ^2, suponha que faremos uma nova suposição de que $\epsilon_1, \epsilon_2, ..., \epsilon_n$ são independentes entre as realizações do experimento. Isso fornece uma fundamentação para encontrarmos as médias e variâncias para os estimadores de α e β.

É importante lembrar que nossos valores de *a* e *b*, com base em uma dada amostra de *n* observações, são apenas estimativas dos parâmetros reais α e β. Se o experimento é repetido várias vezes, cada vez usando os mesmos valores fixos de *x*, as estimativas resultantes de α e β provavelmente diferirão de um experimento para outro. Essas estimativas diferentes podem ser vistas como valores assumidos pelas variáveis aleatórias *A* e *B*, enquanto *a* e *b* são realizações específicas.

Já que os valores de *x* permanecem fixos, os de *A* e *B* dependerão das variações nos valores de *y* ou, mais precisamente, dos valores das variáveis aleatórias $Y_1, Y_2, ..., Y_n$. As suposições sobre a distribuição implicam que os Y_i, $i = 1, 2, ..., n$, também são independentemente distribuídos, com média $\mu_{Y|x_i} = \alpha + \beta x_i$ e variâncias σ^2 iguais; ou seja,

$$\sigma^2_{Y|x_i} = \sigma^2 \quad \text{para} \quad i = 1, 2, ..., n.$$

Estimadores da média e da variância

A seguir mostraremos que o estimador *B* é não-viciado para β e demonstraremos a variância tanto para *A* como para B. Isso iniciará uma série de desenvolvimentos que levará ao teste de hipóteses e à estimação por meio de intervalos de confiança para o intercepto e a inclinação.

Já que o estimador

$$B = \frac{\sum_{i=1}^{n}(x_i - \bar{x})(Y_i - \bar{Y})}{\sum_{i=1}^{n}(x_i - \bar{x})^2} = \frac{\sum_{i=1}^{n}(x_i - \bar{x})Y_i}{\sum_{i=1}^{n}(x_i - \bar{x})^2}$$

é da forma $\sum_{i=1}^{n} c_i Y_i$, onde

$$c_i = \frac{x_i - \bar{x}}{\sum_{i=1}^{n}(x_i - \bar{x})^2}, \quad i = 1, 2, ..., n,$$

podemos deduzir do Corolário 4.4 que

$$\mu_B = E(B) = \frac{\sum_{i=1}^{n}(x_i - \bar{x})E(Y_i)}{\sum_{i=1}^{n}(x_i - \bar{x})^2}$$

$$= \frac{\sum_{i=1}^{n}(x_i - \bar{x})(\alpha + \beta x_i)}{\sum_{i=1}^{n}(x_i - \bar{x})^2} = \beta,$$

e, então, ao usar o Corolário 4.10,

$$\sigma_B^2 = \frac{\sum_{i=1}^{n}(x_i - \bar{x})^2 \sigma_{Y_i}^2}{\left[\sum_{i=1}^{n}(x_i - \bar{x})^2\right]^2} = \frac{\sigma^2}{\sum_{i=1}^{n}(x_i - \bar{x})^2}.$$

Pode ser mostrado (Exercício 11.15) que a variável aleatória A tem média

$$\mu_A = \alpha \quad \text{e a variância} \quad \sigma_A^2 = \frac{\sum_{i=1}^{n} x_i^2}{n \sum_{i=1}^{n}(x_i - \bar{x})^2} \sigma^2.$$

Dos resultados anteriores, fica claro que as *estimativas de mínimos quadrados para α e β são não-viciadas*.

Decomposição da variabilidade total e estimação de σ^2

Para fazermos inferências sobre α e β, torna-se necessário chegar a uma estimativa do parâmetro σ^2, que aparece nas duas fórmulas de variância precedentes para A e B. O parâmetro σ^2, a variância do erro do modelo, reflete uma variação aleatória ou uma variação do erro experimental em torno da reta de regressão. Em boa parte do que se segue, é vantajoso usar a notação

$$S_{xx} = \sum_{i=1}^{n}(x_i - \bar{x})^2, \quad S_{yy} = \sum_{i=1}^{n}(y_i - \bar{y})^2,$$

$$S_{xy} = \sum_{i=1}^{n}(x_i - \bar{x})(y_i - \bar{y}).$$

Agora, podemos escrever a soma dos quadrados dos erros como se segue:

$$SQE = \sum_{i=1}^{n}(y_i - a - bx_i)^2 = \sum_{i=1}^{n}[(y_i - \bar{y}) - b(x_i - \bar{x})]^2$$

$$= \sum_{i=1}^{n}(y_i - \bar{y})^2 - 2b\sum_{i=1}^{n}(x_i - \bar{x})(y_i - \bar{y})$$

$$+ b^2 \sum_{i=1}^{n}(x_i - \bar{x})^2$$

$$= S_{yy} - 2bS_{xy} + b^2 S_{xx} = S_{yy} - bS_{xy},$$

o passo final resultante do fato de que $b = S_{xy}/S_{xx}$.

Teorema 11.1
Uma estimativa não-viciada de σ^2 é

$$s^2 = \frac{SQE}{n-2} = \sum_{i=1}^{n} \frac{(y_i - \hat{y}_i)^2}{n-2} = \frac{S_{yy} - bS_{xy}}{n-2}.$$

A prova desse teorema é deixada como um exercício (veja o Exercício de revisão 11.61).

A estimativa de σ^2 como um erro quadrático médio

Deveríamos observar o resultado do Teorema 11.1 para obter alguma intuição sobre o estimador de σ^2. O parâmetro σ^2 mede a variância ou os desvios quadrados entre os valores Y e suas médias dadas por $\mu_{y|x}$ (ou seja, desvios quadrados entre Y e $\alpha + \beta x$). É claro, $\alpha + \beta x$ é estimado por $\hat{y} = a + bx$. Então, faz sentido que a variância σ^2 seja mais bem descrita como um desvio quadrado da observação típica y_i, à média estimada $\hat{y}_i$, que é o ponto correspondente na reta ajustada. Portanto, os valores $(y_i - \hat{y}_i)^2$ revelam a variância apropriada, mais que os valores $(y_i - \bar{y}_i)^2$, que medem a variância quando estamos amostrando em um cenário que não o da regressão. Em outras palavras, $\bar{y}$ estima a média nesta última situação simples, ao passo que $\hat{y}_i$ estima a média de y_i em uma estrutura de regressão. Mas e quanto ao divisor $n-2$? Nas seções futuras, notaremos que esses são os graus de liberdade associados com o estimador s^2 de σ^2. Enquanto no cenário usual de i.i.d. (independentes e identicamente distribuídos (as)) um grau de liberdade é subtraído de n no denominador, com a explicação razoável de que um parâmetro é estimado, ou seja, a média μ por, digamos, $\bar{y}$, no problema de regressão, *dois parâmetros são estimados*, ou seja, α e β por a e b. Então, o importante parâmetro σ^2, estimado por

$$s^2 = \sum_{i=1}^{n}(y_i - \hat{y}_i)^2 / (n-2),$$

é chamado de erro quadrático médio, descrevendo um tipo de média (divisão por $n-2$) quadrado dos resíduos.

11.5 Inferências sobre os coeficientes de regressão

Além de meramente estimar a relação linear entre x e Y para propósito de predição, o pesquisador pode também estar interessado em realizar certas inferências sobre a inclinação e o intercepto. Para permitir o teste de hipóteses e a construção de intervalos de confiança para α e β, devemos fazer uma suposição extra de que $Y_1, Y_2, \ldots, Y_n$ também são normalmente distribuídos, cada um com distribuição de probabilidade $n(y_i; \alpha + \beta x_i, \sigma)$. Já que A e B são funções lineares de variáveis normais independentes, podemos deduzir, do Teorema 7.11, que A e B são normalmente distribuídos, com distribuição de probabilidade $n(a; \alpha, \sigma_A)$ e $n(b, \beta, \sigma_B)$, respectivamente.

Acontece que, sob a suposição de normalidade, um resultado bastante análogo àquele dado no Teorema 8.4 nos permite concluir que $(n-2)S^2/\sigma^2$ é uma variável qui-quadrado com $n-2$ graus de liberdade, independente da variável B. O Teorema 8.5, então, assegura que a estatística

$$T = \frac{(B-\beta)/(\sigma/\sqrt{S_{xx}})}{S/\sigma} = \frac{B-\beta}{S/\sqrt{S_{xx}}}$$

tem uma distribuição t com $n-2$ graus de liberdade. A estatística T pode ser usada para construir um intervalo de confiança de $100(1-\alpha)\%$ para o coeficiente β.

Intervalo de confiança para β

Um intervalo de confiança de $100(1-\alpha)\%$ para o parâmetro β da reta de regressão $\mu_{Y|x_0} = \alpha + \beta x$ é

$$b - t_{\alpha/2}\frac{s}{\sqrt{S_{xx}}} < \beta < b + t_{\alpha/2}\frac{s}{\sqrt{S_{xx}}},$$

onde $t_{\alpha/2}$ é um valor da distribuição t com $n-2$ graus de liberdade.

■ **Exemplo 11.2**

Determine um intervalo de confiança de 95% para β da reta de regressão $\mu_{Y|x_0} = \alpha + \beta x$, com base nos dados sobre poluição da Tabela 11.1.

Solução: Dos resultados dados no Exemplo 11.1, descobrimos que

$$S_{xx} = 4152{,}18, \qquad S_{xy} = 3752{,}09.$$

Além disso, descobrimos que $S_{yy} = 3713{,}88$. Lembre-se de que $b = 0{,}903643$. Assim,

$$s^2 = \frac{S_{yy} - bS_{xy}}{n-2} = \frac{3713{,}88 - (0{,}903643)(3752{,}09)}{31}$$

$$= 10{,}4299.$$

Portanto, tomando a raiz quadrada, obtemos $s = 3{,}2295$. Usando a Tabela A.4, descobrimos $t_{0,025} \approx 2{,}045$ para 31 graus de liberdade. Assim, um intervalo de confiança de 95% para β é

$$0{,}903643 - \frac{(2{,}045)(3{,}2295)}{\sqrt{4152{,}18}} < \beta <$$

$$0{,}903643 + \frac{(2{,}045)(3{,}2295)}{\sqrt{4152{,}18}},$$

que é simplificado para

$$0{,}8012 < \beta < 1{,}0061.$$

Teste de hipóteses para a inclinação

Para testar a hipótese nula H_0 de que $\beta = \beta_0$ contra uma alternativa adequada, novamente usamos a distribuição t com $n-2$ graus de liberdade para estabelecer uma região crítica e, então, basear nossa decisão no valor de

$$t = \frac{b - \beta_0}{s/\sqrt{S_{xx}}}.$$

O método é ilustrado no exemplo a seguir.

■ **Exemplo 11.3**

Usando o valor estimado $b = 0{,}903643$ do Exemplo 11.1, teste a hipótese de que $\beta = 1{,}0$ contra a alternativa de que $\beta < 1{,}0$.

Solução: As hipóteses são $H_0: \beta = 1{,}0$ e $H_1: \beta < 1{,}0$. Então,

$$t = \frac{0{,}903643 - 1{,}0}{3{,}2295/\sqrt{4152{,}18}} = -1{,}92,$$

com $n - 2 = 31$ graus de liberdade ($P \approx 0{,}03$).

Decisão: O valor t é significante no nível 0,03, sugerindo fortes evidências de que $\beta < 1{,}0$.

Um importante teste t para a inclinação é o teste das hipóteses

$$H_0: \beta = 0,$$
$$H_1: \beta \neq 0.$$

Quando a hipótese nula não é rejeitada, a conclusão é que não há relação linear significante entre $E(y)$ e a variável independente x. O gráfico dos dados para o Exemplo 11.1 poderia sugerir que há uma relação linear. Entretanto, em algumas aplicações nas quais σ^2 é grande e, portanto, há um 'ruído' considerável nos dados, um gráfico, embora útil, pode não produzir informação clara para o pesquisador. A rejeição de H_0 acima implica que uma regressão linear significante existe.

A Figura 11.7 mostra uma impressão do software *Minitab* que mostra o teste t para

$$H_0: \beta = 0,$$
$$H_1: \beta \neq 0.$$

para os dados do Exemplo 11.1. Note o coeficiente de regressão (Coef), erro-padrão (SE Coef), o valor t (T)

```
Regression Analysis: COD versus Per_Red
The regression equation is COD = 3,83 + 0,904
  Per_Red

Predictor     Coef   SE Coef      T      P
Constant     3,830     1,768   2,17  0,038
Per_Red    0,90364   0,05012  18,03  0,000


S = 3,22954   R-Sq = 91,3%   R-Sq(adj) = 91,0%
Analysis of Variance
Source         DF       SS       MS      F      P
Regression      1   3390,6   3390,6  325,08  0,000
Residual Error 31    323,3     10,4
Total          32   3713,9
```

Figura 11.7 Impressão *Minitab* do teste t para os dados do Exemplo 11.1.

e o valor P (P). A hipótese nula é rejeitada. Claramente, há uma relação linear significante entre a média da demanda de oxigênio químico e a redução dos sólidos. Observe que a estatística t é calculada como

$$t = \frac{\text{coeficiente}}{\text{erro-padrão}} = \frac{b}{s/\sqrt{S_{xx}}}.$$

A não rejeição de H_0: $\beta = 0$ sugere que não há relação linear entre Y e x. A Figura 11.8 é uma ilustração da implicação desse resultado. Ele pode significar que a mudança em x tem pouco impacto nas mudanças em Y, como visto em (a). No entanto, ele também pode indicar que a verdadeira relação é não-linear, como indicado por (b).

Quando H_0: $\beta = 0$ é rejeitada, há uma implicação de que o termo linear em x no modelo explica uma porção significativa da variabilidade de Y. Os dois gráficos da Figura 11.9 ilustram os cenários possíveis. Como mostrado em (a) da figura, a rejeição pode sugerir que a relação é, de fato, linear. Como indicado em (b), pode sugerir que, embora o modelo contenha um efeito linear, uma melhor representação pode ser encontrada incluindo-se um termo polinomial (talvez quadrático) (ou seja, termos que complementam o termo linear).

Inferência estatística para o intercepto

Os intervalos de confiança e o teste de hipóteses para o coeficiente α podem ser estabelecidos com base no fato de que A também é normalmente distribuída. Não é difícil mostrar que

$$T = \frac{A - \alpha}{S\sqrt{\sum_{i=1}^{n} x_i^2 / (nS_{xx})}}$$

tem uma distribuição t com $n - 2$ graus de liberdade, do qual podemos construir um intervalo de confiança de $100(1 - \alpha)\%$ para α.

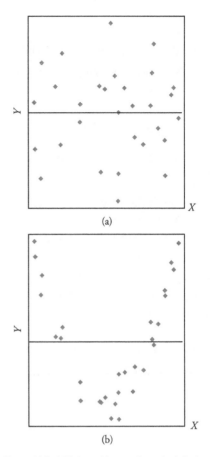

Figura 11.8 A hipótese H_0: $\beta = 0$ não é rejeitada.

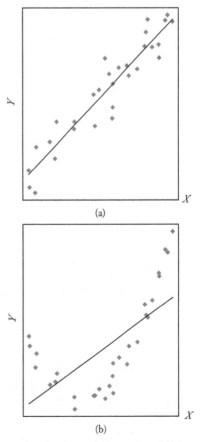

Figura 11.9 A hipótese H_0: $\beta = 0$ é rejeitada.

Intervalo de confiança para α

Um intervalo de confiança de $100(1 - \alpha)\%$ para o parâmetro α da reta de regressão $\mu_{Y|x_0} = \alpha + \beta x$ é

$$a - t_{\alpha/2} \frac{s\sqrt{\sum_{i=1}^{n} x_i^2}}{\sqrt{nS_{xx}}} < \alpha < a + t_{\alpha/2} \frac{s\sqrt{\sum_{i=1}^{n} x_i^2}}{\sqrt{nS_{xx}}},$$

onde $t_{\alpha/2}$ é um valor da distribuição t com $n - 2$ graus de liberdade.

Note que o símbolo α é usado aqui de duas maneiras totalmente não relacionadas, primeiro como o nível de significância e, depois, como o intercepto da reta de regressão.

■ **Exemplo 11.4**

Determine um intervalo de confiança de 95% para α da reta de regressão $\mu_{Y|x_0} = \alpha + \beta x$, com base nos dados da Tabela 11.1.

Solução: Nos exemplos 11.1 e 11.2, descobrimos que

$$S_{xx} = 4152{,}18 \quad \text{e} \quad s = 3{,}2295.$$

Do Exemplo 11.1, temos

$$\sum_{i=1}^{n} x_i^2 = 41.086 \quad \text{e} \quad a = 3{,}829633.$$

Usando a Tabela A.4, descobrimos $t_{0,025} \approx 2{,}045$ para 31 graus de liberdade. Portanto, um intervalo de confiança de 95% para α é

$$3{,}829633 - \frac{(2{,}045)(3{,}2295)\sqrt{41.086}}{\sqrt{(33)(4152{,}18)}} < \alpha < 3{,}829633$$

$$+ \frac{(2{,}045)(3{,}2295)\sqrt{41.086}}{\sqrt{(33)(4152{,}18)}}$$

que é simplificado para $0{,}2132 < \alpha < 7{,}4461$.

Para testar a hipótese nula H_0 de que $\alpha = \alpha_0$ contra uma alternativa adequada, podemos usar a distribuição t com $n - 2$ graus de liberdade para estabelecer a região crítica e, então, basear nossa decisão no valor de

$$t = \frac{a - \alpha_0}{s\sqrt{\sum_{i=1}^{n} x_i^2/(nS_{xx})}}.$$

■ **Exemplo 11.5**

Usando o valor estimado $a = 3{,}829640$ do Exemplo 11.12, teste a hipótese de que $\alpha = 0$, no nível de significância de 0,05, contra a alternativa de que $\alpha \neq 0$.

Solução: As hipóteses são $H_0: \alpha = 0$ e $H_1: \alpha \neq 0$. Então,

$$t = \frac{3{,}829633 - 0}{3{,}2295\sqrt{41.086/((33)(4152{,}18))}} = 2{,}17,$$

com 31 graus de liberdade. Logo, $P =$ valor $P \approx 0{,}038$, e concluímos que $\alpha \neq 0$. Observe que isso é meramente Coef/StDev, como vimos na impressão *Minitab* da Figura 11.7. O SE Coef é o erro-padrão do intercepto estimado.

Uma medida da qualidade do ajuste: coeficiente de determinação

Note, na Figura 11.7, que um item denotado por R-Sq é dado com um valor de 91,3%. Essa quantidade, R^2, é chamada de *coeficiente de determinação*, e é uma medida da *proporção da variabilidade explicada pelo modelo ajustado*. Na Seção 11.8, vamos introduzir a noção da abordagem de análise de variância para o teste de hipóteses em regressão. A abordagem da análise de variância faz uso da soma dos quadrados dos erros $SQE = \sum_{i=1}^{n}(y_i - \hat{y}_i)^2$, e da *soma dos quadrados total corrigida*, $SQT = \sum_{i=1}^{n}(y_i - \bar{y}_i)^2$. Esta última representa a variação nos valores da resposta que *idealmente* seria explicada pelo modelo. O valor SQE é a variação devida ao erro, ou a *variação não explicada*. Claramente, se $SQE = 0$, toda variação é explicada. A quantidade que representa a variação explicada é $SQT - SQE$. O R^2 é

coeficiente de determinação: $R^2 = 1 - \dfrac{SQE}{SQT}.$

Observe que, se o ajuste é perfeito, *todos os resíduos são 0* e, assim, $R^2 = 1{,}0$. Mas, se SQE é somente um pouco menor do que SQT, $R^2 \approx 0$. Note, a partir da impressão da Figura 11.7, que o coeficiente de determinação sugere que o modelo de ajuste para os dados explica 91,3% da variabilidade observada na resposta, a demanda de oxigênio químico.

Os gráficos na Figura 11.10 fornecem uma ilustração de um bom ajuste ($R^2 \approx 1{,}0$) para o gráfico (a) e um ajuste pobre ($R^2 \approx 0$) para o gráfico (b).

Armadilhas no uso de R^2

Os analistas citam valores R^2 com bastante freqüência, talvez devido a sua simplicidade. Entretanto, existem armadilhas em sua interpretação. A confiabilidade de R^2 é uma função do tamanho do conjunto de dados da regressão e dos tipos de aplicação. Claramente, $0 \leq R^2 \leq 1$ e o limite superior é alcançado quando o ajuste dos dados é perfeito (ou seja, todos os resíduos são 0). Qual é um valor aceitável para R^2? Essa é uma pergunta difícil de ser respondida. Um químico, responsável por fazer uma calibração linear de um equipamento de alta precisão, certamente espera experimentar um valor de R^2 muito alto (talvez excedendo 0,99), enquanto um cientista comportamental, que lida com dados impactados pela variabilidade no comportamento humano, pode se sentir com sorte se experimentar um R^2 tão grande quanto 0,70.

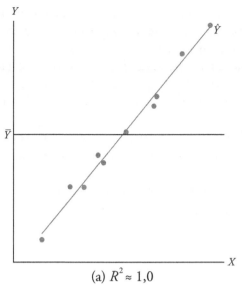

(a) $R^2 \approx 1,0$

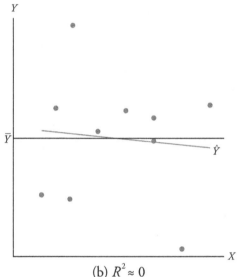

(b) $R^2 \approx 0$

Figura 11.10 Gráficos mostrando um ajuste muito bom e um ajuste pobre.

Um pesquisador experiente no ajuste de modelos sente quando o valor é grande o bastante, dada a situação confrontada. Claramente, algum fenômeno científico pode levá-los a modelar com mais precisão do que outros.

O critério de R^2 é perigoso de se usar quando comparamos *modelos competitivos* no mesmo conjunto de dados. Quando adicionamos termos ao modelo (por exemplo, um regressor adicional), ele diminui SQE e aumenta R^2 (ou, pelo menos, não o diminui). Isso implica que R^2 pode ser feito artificialmente alto pela prática imprudente de *superajuste* (ou seja, a inclusão de muitos termos no modelo). Portanto, o inevitável aumento no R^2 desfrutado ao serem adicionados termos não implica que o termo adicional era necessário. Na verdade, um modelo simples pode ser superior para predizer os valores da resposta. O papel do superajuste e sua influência na capacidade de predição serão discutidos extensamente no Capítulo 12, conforme abordamos a noção de modelos que envolvem *mais de um regressor*. Basta dizer, neste ponto, que *não deveríamos nos apoiar em um processo de seleção de modelo que somente envolva a consideração de R^2*.

11.6 Predição

Há várias razões para se construir uma regressão linear. Uma, obviamente, é para prever os valores da resposta para um ou mais valores das variáveis independentes. Nesta seção, focaremos os erros associados com as predições.

A equação $\hat{y} = a + bx$ pode ser usada para prever ou estimar a média das respostas $\mu_{Y|x_0}$ em $x = x_0$, onde x_0 não é necessariamente um dos valores pré-escolhidos, ou pode ser usada para prever um valor único y_0 da variável Y_0 quando $x = x_0$. Poderíamos esperar um erro de predição maior no caso de um valor único predito do que no caso em que a média é predita. Isso, então, afetará a largura de nossos intervalos para os valores que estão sendo preditos.

Suponha que o pesquisador deseja construir um intervalo de confiança para $\mu_{Y|x_0}$. Podemos usar o estimador pontual $\hat{Y}_0 = A + Bx_0$ para estimar $\mu_{Y|x_0} = \alpha + \beta x$. Pode-se mostrar que a distribuição amostral de $\hat{Y}_0$ é normal com média

$$\mu_{Y|x_0} = E(\hat{Y}_0) = E(A + Bx_0) = \alpha + \beta x_0 = \mu_{Y|x_0}$$

e variância

$$\sigma^2_{\hat{Y}_0} = \sigma^2_{A+Bx_0} = \sigma^2_{\bar{Y}+B(x_0-\bar{x})} = \sigma^2 \left[\frac{1}{n} + \frac{(x_0 - \bar{x})^2}{S_{xx}} \right],$$

esta resultante do fato de que $Cov(\bar{Y}, B) = 0$ (veja o Exercício 11.16). Portanto, um intervalo de confiança de $100(1 - \alpha)\%$ para a resposta média $\mu_{Y|x_0}$ pode agora ser construído com a estatística

$$T = \frac{\hat{Y}_0 - \mu_{Y|x_0}}{S\sqrt{1/n + (x_0 - \bar{x})^2/S_{xx}}},$$

que tem uma distribuição t com $n - 2$ graus de liberdade.

Intervalo de confiança para $\mu_{Y|x_0}$

Um intervalo de confiança de $100(1 - \alpha)\%$ para a resposta média $\mu_{Y|x_0}$ é

$$\hat{y}_0 - t_{\alpha/2}\, s\sqrt{\frac{1}{n} + \frac{(x_0 - \bar{x})^2}{S_{xx}}} < \mu_{Y|x_0} <$$

$$\hat{y}_0 + t_{\alpha/2}\, s\sqrt{\frac{1}{n} + \frac{(x_0 - \bar{x})^2}{S_{xx}}},$$

onde $t_{\alpha/2}$ é um valor da distribuição t com $n - 2$ graus de liberdade.

■ **Exemplo 11.6**

Usando os dados da Tabela 11.1, construa limites de confiança de 95% para a resposta média $\mu_{Y|x_0}$.

Solução: Da equação de regressão, descobrimos que para $x_0 = 20\%$ de redução de sólidos,

$$\hat{y}_0 = 3,829633 + (0,903643)(20) = 21,9025.$$

Além disso, $\bar{x} = 33,4545$, $S_{xx} = 4152,18$, $s = 3,2295$ e $t_{0,025} \approx 2,045$ para 31 graus de liberdade. Portanto, um intervalo de confiança de 95% para $\mu_{Y|20}$ é

$$21,9025 - (2,045)(3,2295)\sqrt{\frac{1}{33} + \frac{(20 - 33,4545)^2}{4152,18}} < \mu_{Y|20}$$

$$< 21,9025 + (2,045)(3,2295)\sqrt{\frac{1}{33} + \frac{(20 - 33,4545)^2}{4152,18}},$$

ou, simplesmente, $20,1071 < \mu_{Y|20} < 23,6979$.

Repetindo os cálculos anteriores para cada valor diferente de x_0, podem-se obter os limites de confiança correspondentes para cada $\mu_{Y|x_0}$. A Figura 11.11 mostra os pontos dos dados, a reta de regressão estimada e os limites de confiança superior e inferior da média de $Y|x$.

No Exemplo 11.6, estamos 95% confiantes de que a população da demanda de oxigênio químico está entre 20,1071% e 23,6979% quando a redução dos sólidos é de 20%.

Intervalos de predição

Outro tipo de intervalo que costuma ser interpretado erroneamente e gera confusão com aquele dado para $\mu_{Y|x}$ é o intervalo de predição para uma futura observação da resposta. Na verdade, em muitas instâncias o intervalo de predição é mais relevante para o cientista ou engenheiro do que o intervalo de confiança para a média. No exemplo da quantidade de alcatrão e temperatura de entrada, citado na Seção 11.1, seria certamente de interesse não somente a estimação da média dos conteúdos de alcatrão em uma temperatura específica, mas também na construção de um intervalo que reflita o erro ao prever uma quantidade do conteúdo de alcatrão observada posteriormente em dada temperatura.

Para obter o *intervalo de predição* para qualquer valor de y_0 da variável Y_0, é necessário estimar a variância das diferenças entre as ordenadas $\hat{y}_0$, obtidas de retas de regressão calculadas em amostragens repetidas quando $x = x_0$ e o valor correspondente da ordenada real y_0, podemos considerar a diferença $\hat{y}_0 - y_0$ como um valor da variável aleatória $\hat{Y}_0 - Y_0$, cuja distribuição amostral pode ser mostrada como normal com média

$$\mu_{\hat{Y}_0 - Y_0} = E(\hat{Y}_0 - Y_0)$$
$$= E[A + Bx_0 - (\alpha + \beta x_0 + \epsilon_0)] = 0$$

e variância

$$\sigma^2_{\hat{Y}_0 - Y_0} = \sigma^2_{A + Bx_0 - \epsilon_0} = \sigma^2_{\bar{Y} + B(x_0 - \bar{x}) - \epsilon_0}$$
$$= \sigma^2 \left[1 + \frac{1}{n} + \frac{(x_0 - \bar{x})^2}{S_{xx}}\right].$$

Logo, um intervalo de predição de $100(1 - \alpha)\%$ para um valor único predito y_0 pode ser construído com a estatística

$$T = \frac{\hat{Y}_0 - Y_0}{S\sqrt{1 + 1/n + (x_0 - \bar{x})^2/S_{xx}}},$$

que tem uma distribuição t com $n - 2$ graus de liberdade.

Intervalo de predição para y_0

Um intervalo de predição de $100(1 - \alpha)\%$ para uma única resposta y_0 é dado por

$$\hat{y}_0 - t_{\alpha/2} s \sqrt{1 + \frac{1}{n} + \frac{(x_0 - \bar{x})^2}{S_{xx}}} < y_0 <$$
$$\hat{y}_0 + t_{\alpha/2} s \sqrt{1 + \frac{1}{n} + \frac{(x_0 - \bar{x})^2}{S_{xx}}},$$

onde $t_{\alpha/2}$ é um valor da distribuição t com $n - 2$ graus de liberdade.

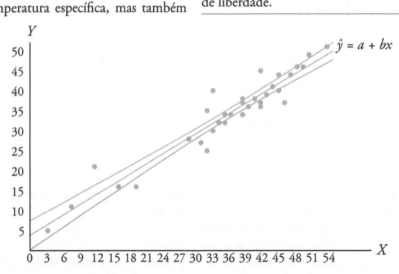

Figura 11.11 Limites de confiança para o valor médio de $Y|x$.

Claramente, há uma distinção entre o conceito de intervalo de confiança e intervalo de predição, descritos anteriormente. A interpretação do intervalo de confiança é idêntica àquela descrita para todos os intervalos de confiança de parâmetros populacionais discutidos neste livro. De fato, $\mu_{Y|x_0}$ é um parâmetro populacional. O intervalo de predição calculado, no entanto, representa um intervalo que tem uma probabilidade igual a $1-\alpha$ de conter não um parâmetro, mas um valor futuro de y_0 da variável aleatória Y_0.

■ **Exemplo 11.7**

Usando os dados da Tabela 11.1, construa um intervalo de predição de 95% para y_0 quando $x_0 = 20\%$.

Solução: Temos $n = 33$, $x_0 = 20$, $\bar{x} = 33{,}4545$, $\hat{y}_0 = 21{,}9025$, $S_{xx} = 4152{,}18$, $s = 3{,}2295$ e $t_{0{,}025} \approx 2{,}045$ com 31 graus de liberdade. Então, um intervalo de predição de 95% para y_0 é

$$21{,}9025 - (2{,}045)(3{,}2295)\sqrt{1 + \frac{1}{33} + \frac{(20 - 33{,}4545)^2}{4.152{,}18}}$$

$$< y_0 < 21{,}9025 + (2{,}045)(3{,}2295)$$

$$\sqrt{1 + \frac{1}{33} + \frac{(20 - 33{,}4545)^2}{4.152{,}18}},$$

que é simplificado para $15{,}0585 < y_0 < 28{,}7464$.

A Figura 11.12 mostra outro gráfico dos dados da demanda de oxigênio químico, com ambos, o intervalo de confiança para a resposta média e o intervalo de predição para a resposta individual, representados. O gráfico reflete um intervalo muito mais estreito ao redor da reta de regressão no caso da resposta média.

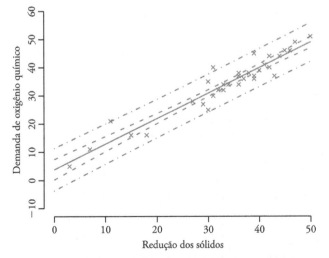

Figura 11.12 Intervalos de confiança e de predição para os dados da demanda de oxigênio químico; as faixas internas indicam os limites de confiança para as respostas médias e as faixas externas indicam os limites de predição para as respostas futuras.

Exercícios

11.15 Assumindo que ϵ_i's são normais, independentes e com média 0 e variância comum σ^2, mostre que A, o estimador dos mínimos quadrados de α em $\mu_{Y|x} = \alpha + \beta x$, é normalmente distribuído com média α e variância

$$\sigma_A^2 = \frac{\sum_{i=1}^{n} x_i^2}{n \sum_{i=1}^{n}(x_i - \bar{x})^2} \sigma^2.$$

11.16 Para um modelo de regressão linear simples

$$Y_i = \alpha + \beta x_i + \epsilon_i, \quad i = 1, 2, \ldots, n,$$

onde ϵ_i's são independentes e normalmente distribuídos com médias zero e variâncias iguais σ^2, mostre que $\hat{Y}$ e

$$B = \frac{\sum_{i=1}^{n}(x_i - \bar{x}) Y_i}{\sum_{i=1}^{n}(x_i - \bar{x})^2}$$

têm covariância 0.

11.17 Em relação ao Exercício 11.1,
(a) avalie s^2;
(b) teste a hipótese de que $\beta = 0$ contra a alternativa de que $\beta \neq 0$, no nível de significância de 0,05, e interprete a decisão resultante.

11.18 Em relação ao Exercício 11.2,
(a) avalie s^2;
(b) construa um intervalo de confiança de 95% para α;
(c) construa um intervalo de confiança de 95% para β.

11.19 Em relação ao Exercício 11.3,
(a) avalie s^2;
(b) construa um intervalo de confiança de 95% para α;
(c) construa um intervalo de confiança de 95% para β.

11.20 Em relação ao Exercício 11.4,
(a) avalie s^2;
(b) construa um intervalo de confiança de 99% para α;
(c) construa um intervalo de confiança de 99% para β.

11.21 Em relação ao Exercício 11.5,
(a) avalie s^2;
(b) construa um intervalo de confiança de 99% para α;
(c) construa um intervalo de confiança de 99% para β.

11.22 Teste a hipótese de que $\alpha = 10$ no Exercício 11.6, contra a alternativa de que $\alpha < 10$. Use um nível de significância de 0,05.

11.23 Teste a hipótese de que $\beta = 6$ no Exercício 11.7, contra a alternativa de que $\beta < 6$. Use um nível de significância de 0,025.

11.24 Usando o valor de s^2 encontrado no Exercício 11.18(a), construa um intervalo de confiança de 95% para $\mu_{Y|85}$ no Exercício 11.2.

11.25 Em relação ao Exercício 11.4, use o valor de s^2 encontrado no Exercício 11.20(a) para calcular
(a) um intervalo de confiança de 95% para a média da resistência de corte quando $x = 24,5$;
(b) um intervalo de predição de 95% para um único valor predito da resistência quando $x = 24,5$.

11.26 Usando o valor de s^2 encontrado no Exercício 11.19(a), faça o gráfico da reta de regressão e as faixas de confiança de 95% para a resposta média $\mu_{Y|x}$ para os dados do Exercício 11.3.

11.27 Usando o valor de s^2 encontrado no Exercício 11.19(a), construa um intervalo de confiança de 95% para a quantidade de açúcar convertido que corresponde a $x = 1,6$ no Exercício 11.3.

11.28 Em relação ao Exercício 11.5, use o valor de s^2 encontrado no Exercício 11.21(a) para calcular
(a) um intervalo de confiança de 99% para a quantidade de produtos químicos que irão se dissolver em cem gramas de água a 50 °C;
(b) um intervalo de predição de 99% para a quantidade de produtos químicos que irão se dissolver em cem gramas de água a 50 °C.

11.29 Considere a regressão da milhagem para certos automóveis, medida em milhas por galão (mpg) em seus pesos em libras (wt). Os dados são do *Consumer Reports* (abril de 1997). Parte de um resultado *SAS* do procedimento é mostrada na Figura 11.13.
(a) Estime a milhagem para um veículo que pesa 4.000 libras (1 libra = 454 gramas).
(b) Suponha que os engenheiros da Honda afirmem que, em média, o Civic (ou qualquer outro modelo de carro que pese, em média, 2.440 libras) faz mais do que 30 mpg. Com base nos resultados da análise de regressão, você acreditaria nessa afirmação? Por quê?
(c) Os engenheiros de design para o Lexus ES300 têm como meta 18 mpg como sendo ideal para esse modelo (ou qualquer outro modelo que pese 3.390 libras), embora seja esperada alguma variação. É provável que o valor alvo seja realista? Discuta.

11.30 Mostre que, no caso de um ajuste por mínimos quadrados do modelo de regressão linear simples,
$$Y_i = \alpha + \beta x_i + \epsilon_i, \quad i = 1, 2, ..., n,$$
$$\sum_{i=1}^{n}(y_i - \hat{y}_i) = \sum_{i=1}^{n} e_i = 0.$$

11.31 Considere a situação do Exercício 11.30, mas suponha $n = 2$ (ou seja, somente dois pontos dos dados estão disponíveis). Dê um argumento de que a reta de regressão de mínimos quadrados resultará em $(y_1 - \hat{y}_1) = (y_2 - \hat{y}_2) = 0$. Também mostre que, para este caso, $R^2 = 1,0$.

11.32 Há importantes aplicações nas quais, devido a restrições científicas conhecidas, a reta de regressão *deve passar na origem* (ou seja, o intercepto deve ser 0). Em outras palavras, o modelo deveria ser
$$Y_i = \beta x_i + \epsilon_i, \quad i = 1, 2, ..., n,$$
e somente um parâmetro requer estimação. O modelo é freqüentemente chamado de *modelo de regressão através da origem*.
(a) Mostre que o estimador de mínimos quadrados da inclinação é $b = \left(\sum_{i=1}^{n} x_i y_i\right) / \left(\sum_{i=1}^{n} x_i^2\right)$.
(b) Mostre que $\sigma_B^2 = \sigma^2 / \left(\sum_{i=1}^{n} x_i^2\right)$.

```
              Root MSE           1,48794    R-Square    0,9509
              Dependent Mean    21,50000    Adj R-Sq    0,9447
                           Parameter Estimates
                         Parameter    Standard
         Variable   DF    Estimate     Error    t Value   Pr > |t|
         Intercept   1    44,78018    1,92919    23,21    < 0,0001
         WT          1    -0,00686   0,00055133  -12,44    < 0,0001
MODEL     WT     MPG   Predict   LMean    UMean    Lpred    Upred    Residual
GMC      4520    15    13,7720   11,9752  15,5688   9,8988  17,6451   1,22804
Geo      2065    29    30,6138   28,6063  32,6213  26,6385  34,5891  -1,61381
Honda    2440    31    28,0412   26,4143  29,6681  24,2439  31,8386   2,95877
Hyundai  2290    28    29,0703   27,2967  30,8438  25,2078  32,9327  -1,07026
Infinit  3195    23    22,8618   21,7478  23,9758  19,2543  26,4693   0,13825
Isuzu    3480    21    20,9066   19,8160  21,9972  17,3062  24,5069   0,09341
Jeep     4090    15    16,7219   15,3213  18,1224  13,0158  20,4279  -1,72185
Land     4535    13    13,6691   11,8570  15,4811   9,7888  17,5493  -0,66905
Lexus    3390    22    21,5240   20,4390  22,6091  17,9253  25,1227   0,47599
Lincoln  3930    18    17,8195   16,5379  19,1011  14,1568  21,4822   0,18051
```

Figura 11.13 Impressão *SAS* para o Exercício 11.29.

(c) Mostre que b na parte (a) é um estimador não-viciado de β. Ou seja, mostre que $E(B) = \beta$.

11.33 Dado o conjunto de dados

y	x	y	x
7	2	40	10
50	15	70	20
100	30		

(a) Faça um gráfico dos dados.
(b) Ajuste a reta de regressão 'através da origem'.
(c) Represente a reta de regressão no gráfico dos dados.
(d) Dê a fórmula geral (em termos de y_i e da inclinação b) para o estimador de σ^2.
(e) Dê a fórmula para $Var(\hat{y}_i)$; $i = 1, 2, ..., n$ para este caso.
(f) Represente os limites de confiança de 95% para a resposta média ao redor da reta de regressão no gráfico.

11.34 Para os dados do Exercício 11.33, determine um intervalo de predição de 95% com $x = 25$.

11.7 Escolha de um modelo de regressão

Muito do que foi apresentado até aqui sobre a regressão envolvendo uma única variável independente depende da suposição de que o modelo escolhido é o correto, a premissa de que $\mu_{y|x}$ está relacionada com x linearmente nos parâmetros. Com certeza, não esperaríamos que a predição da resposta fosse boa se houvesse diversas variáveis independentes, não consideradas no modelo, que afetam a resposta e variam no sistema. Além disso, a predição certamente seria inadequada se a verdadeira estrutura que relaciona $\mu_{y|x}$ a x fosse extremamente não-linear no intervalo de valores considerado para as variáveis.

Com freqüência, o modelo de regressão linear simples é usado ainda que se saiba que o modelo não é linear ou que a verdadeira estrutura é desconhecida. Essa abordagem é freqüentemente sondada, em especial quando a amplitude de valores de x é estreita. Então, o modelo usado se torna uma função aproximada do que se espera ser uma representação adequada do verdadeiro quadro na região de interesse. Deveríamos notar, entretanto, o efeito de um modelo inadequado nos resultados apresentados até aqui. Por exemplo, se o modelo verdadeiro, desconhecido pelo pesquisador, for linear em mais de um x, digamos,

$$\mu_{Y|x_1, x_2} = \alpha + \beta_1 x_1 + \beta_2 x_2,$$

então a estimativa de mínimos quadrados ordinários $b = S_{xy}/S_{xx}$, calculada somente ao considerar x_1 no experimento, é, sob circunstâncias gerais, uma estimativa viciada do coeficiente β_1, o vício é uma função do coeficiente adicional β_2 (veja o Exercício 11.37). Também, o estimador s^2 para σ^2 é viciado devido à variável adicional.

11.8 Abordagem da análise de variância

Em geral, o problema da análise da qualidade da reta de regressão estimada é tratado por uma abordagem da *análise de variância* (ANOVA): um procedimento por meio do qual a variação total na variável dependente é subdividida em componentes significativos que, depois, são observados e tratados de maneira sistemática. A análise de variância, discutida no Capítulo 13, é um recurso poderoso usado em muitas aplicações.

Suponha que temos n dados experimentais na forma usual (x_i, y_i) e que a reta de regressão é estimada. Em nossa estimação de σ^2, na Seção 11.4, estabelecemos a identidade

$$S_{yy} = bS_{xy} + SQE.$$

Uma formulação alternativa e talvez mais informativa é

$$\sum_{i=1}^{n}(y_i - \bar{y})^2 = \sum_{i=1}^{n}(\hat{y}_i - \bar{y})^2 + \sum_{i=1}^{n}(y_i - \hat{y}_i)^2.$$

Então, atingimos uma decomposição da *soma dos quadrados total corrigida de y* em dois componentes que deveriam ter um significado particular para o pesquisador. Indicamos esta decomposição simbolicamente por

$$SQT = SQR + SQE.$$

O primeiro componente à direita, SQR, é chamado de *soma dos quadrados da regressão* e reflete a quantidade da variação nos valores *y explicados pelo modelo*, neste caso, a reta postulada. O segundo componente é a soma dos erros quadrados, já familiar, que reflete a variação em torno da reta de regressão.

Suponha que estejamos interessados em testar as hipóteses

$$H_0: \beta = 0,$$
$$H_1: \beta \neq 0,$$

onde a hipótese nula diz, essencialmente, que o modelo é $\mu_{Y|x} = \alpha$. Ou seja, que a variação em Y resulta do acaso ou de flutuações aleatórias independentes dos valores de x. Essa condição está refletida na Figura 11.10(b). Sob as condições dessa hipótese nula, podemos mostrar que SQR/σ^2 e SQE/σ^2 são valores de variáveis qui-quadrado independentes com 1 e $n - 2$ graus de liberdade, respectivamente, e, portanto, pelo Teorema 7.12, segue-se que SQT/σ^2 também é um valor de uma variável qui-quadrado com $n - 1$ graus de liberdade. Para testar a hipótese dada, calculamos

$$f = \frac{SQR/1}{SQE/(n-2)} = \frac{SQR}{s^2}$$

e rejeitamos H_0 no nível de significância α quando $f > f_\alpha(1, n-2)$.

Os cálculos são normalmente resumidos por meio da *tabela da análise de variância*, como indicado na Tabela 11.2. É comum referir-se às somas dos quadrados divididas por seus respectivos graus de liberdade como os *quadrados médios*.

Quando a hipótese nula é rejeitada, ou seja, quando a estatística F calculada excede o valor crítico $f_\alpha(1, n-2)$, concluímos que *há uma quantidade significativa da variação na resposta que é explicada pelo modelo postulado, a função da reta*. Se a estatística F estiver na região de não rejeição, concluímos que os dados não refletiram evidências suficientes para apoiar o modelo postulado.

Na Seção 11.5, fornecemos um procedimento através do qual a estatística

$$T = \frac{B - \beta_0}{S/\sqrt{S_{xx}}}$$

é usada para testar as hipóteses

$$H_0: \beta = \beta_0,$$
$$H_1: \beta \neq \beta_0,$$

onde T segue uma distribuição t com $n-2$ graus de liberdade. A hipótese é rejeitada se $|t| > t_{\alpha/2}$, para um nível de significância α. É interessante notar que, no caso especial em que estamos testando

$$H_0: \beta = 0,$$
$$H_1: \beta \neq 0,$$

o valor da estatística T torna-se

$$t = \frac{b}{s/\sqrt{S_{xx}}},$$

e a hipótese sob consideração é idêntica àquela que está sendo testada na Tabela 11.2. Ou seja, a hipótese nula afirma que a variação na resposta é devida ao acaso. A análise de variância usa a distribuição F em vez da distribuição t. Para a alternativa bilateral, as duas abordagens são idênticas. Isso pode ser visto ao escrever

Tabela 11.2 Análise de variância para testar $\beta = 0$

Fonte da variação	Soma dos quadrados	Graus de liberdade	Quadrado médio	f calculado
Regressão	SQR	1	SQR	$\frac{SQR}{s^2}$
Erro	SQE	$n-2$	$s^2 = \frac{SQE}{n-2}$	
Total	SQT	$n-1$		

$$t^2 = \frac{b^2 S_{xx}}{s^2} = \frac{bS_{xy}}{s^2} = \frac{SQR}{s^2},$$

que é idêntico ao valor f usado na análise de variância. A relação básica entre a distribuição t com v graus de liberdade e a distribuição F com 1 e v graus de liberdade é

$$t^2 = f(1, v).$$

É claro, o teste t nos permite testar a H_0 contra uma alternativa unilateral, enquanto o teste F está restrito a testar contra a alternativa bilateral.

Impressão do computador detalhada para regressão linear simples

Considere novamente os dados sobre a demanda de oxigênio químico da Tabela 11.1. As figuras 11.14 e 11.15 mostram uma impressão mais completa. Novamente, elas são ilustradas com o software *Minitab*. A coluna da razão t indica os testes para a hipótese nula de os valores dos parâmetros serem iguais a 0. O termo 'FIT' denota os valores $\hat{y}$, geralmente chamados de *valores ajustados*. O termo 'SE FIT' é usado para calcular os intervalos de confiança para as respostas médias. O termo R^2 é calculado como $(SQR/SQT) \times 100$, e significa a proporção da variação em y, explicada pela reta de regressão. Também são mostrados os intervalos de confiança para a resposta média e os intervalos de predição de uma nova observação.

11.9 Teste da linearidade da regressão: dados com observações repetidas

Para certos tipos de situações experimentais, o pesquisador tem a capacidade de obter observações repetidas na resposta para cada valor de x. Embora não seja necessário ter essas repetições para estimar α e β, as repetições permitem ao pesquisador obter informações quantitativas relacionadas à adequabilidade do modelo. De fato, se observações repetidas são geradas, o pesquisador pode fazer um teste de significância para ajudar a determinar se o modelo é adequado ou não.

Vamos selecionar uma amostra aleatória de n observações usando k valores distintos de x, digamos $x_1, x_2, ..., x_n$, de modo que a amostra contenha n_1 valores observados da variável aleatória Y_1 correspondendo a x_1, n_2 valores observados de Y_2 correspondendo a x_2, ..., n_k valores observados de Y_k correspondendo a x_k. Necessitaremos de

$$n = \sum_{i=1}^{k} n_i.$$

Definimos

y_{ij} = o j-ésimo valor da variável aleatória Y_i,

$$y_i = T_i = \sum_{j=1}^{n_i} y_{ij},$$

$$\bar{y}_i = \frac{T_i}{n_i}.$$

```
            The regression equation is COD = 3,83 + 0,904 Per_Red
           Predictor      Coef    SE Coef       T       P
           Constant      3,830     1,768     2,17   0,038
           Per_Red     0,90364    0,05012    18,03   0,000
         S = 3,22954     R-Sq = 91,3%    R-Sq(adj) = 91,0%
                        Analysis of Variance
           Source         DF      SS        MS        F       P
           Regression      1    3390,6    3390,6   325,08   0,000
           Residual Error 31     323,3      10,4
           Total          32    3713,9

    Obs    Per_Red        COD       Fit     SE Fit    Residual    St Resid
     1       3,0        5,000     6,541     1,627     -1,541       -0,55
     2      36,0       34,000    36,361     0,576     -2,361       -0,74
     3       7,0       11,000    10,155     1,440      0,845        0,29
     4      37,0       36,000    37,264     0,590     -1,264       -0,40
     5      11,0       21,000    13,770     1,258      7,230        2,43
     6      38,0       38,000    38,168     0,607     -0,168       -0,05
     7      15,0       16,000    17,384     1,082     -1,384       -0,45
     8      39,0       37,000    39,072     0,627     -2,072       -0,65
     9      18,0       16,000    20,095     0,957     -4,095       -1,33
    10      39,0       36,000    39,072     0,627     -3,072       -0,97
    11      27,0       28,000    28,228     0,649     -0,228       -0,07
    12      39,0       45,000    39,072     0,627      5,928        1,87
    13      29,0       27,000    30,035     0,605     -3,035       -0,96
    14      40,0       39,000    39,975     0,651     -0,975       -0,31
    15      30,0       25,000    30,939     0,588     -5,939       -1,87
    16      41,0       41,000    40,879     0,678      0,121        0,04
    17      30,0       35,000    30,939     0,588      4,061        1,28
    18      42,0       40,000    41,783     0,707     -1,783       -0,57
    19      31,0       30,000    31,843     0,575     -1,843       -0,58
    20      42,0       44,000    41,783     0,707      2,217        0,70
    21      31,0       40,000    31,843     0,575      8,157        2,57
    22      43,0       37,000    42,686     0,738     -5,686       -1,81
    23      32,0       32,000    32,746     0,567     -0,746       -0,23
    24      44,0       44,000    43,590     0,772      0,410        0,13
    25      33,0       34,000    33,650     0,563      0,350        0,11
    26      45,0       46,000    44,494     0,807      1,506        0,48
    27      33,0       32,000    33,650     0,563     -1,650       -0,52
    28      46,0       46,000    45,397     0,843      0,603        0,19
    29      34,0       34,000    34,554     0,563     -0,554       -0,17
    30      47,0       49,000    46,301     0,881      2,699        0,87
    31      36,0       37,000    36,361     0,576      0,639        0,20
    32      50,0       51,000    49,012     1,002      1,988        0,65
    33      36,0       38,000    36,361     0,576      1,639        0,52
```

Figura 11.14 Impressão *Minitab* da regressão linear simples para os dados sobre a demanda de oxigênio químico; parte I.

Então, se $n_4 = 3$, as medições de Y correspondentes a $x = x_4$ são indicadas pelas observações y_{41}, y_{42} e y_{43}. Portanto

$$T_i = y_{41} + y_{42} + y_{43}.$$

Conceito de falta de ajuste

A soma dos quadrados dos erros consiste em duas partes: a quantidade devida à variação entre os valores de Y dentro dos valores dados de x e um componente que é normalmente chamado de contribuição da *falta de ajuste*. O primeiro componente reflete uma variação aleatória ou um *erro puro experimental*, enquanto o segundo componente é uma medida da variação sistemática trazida pelos termos de alta ordem. Em nosso caso, esses são termos em x diferentes da contribuição de primeira ordem ou linear. Note que, ao escolher um modelo linear, estamos essencialmente assumindo que esse segundo componente não existe e, por isso, nossa soma dos quadrados dos erros é completamente devida a erros aleatórios. Se esse for o caso, então $s^2 = SQE/(n-2)$ é uma estimativa não-viciada de σ^2. Contudo, se o modelo não se ajusta adequadamente aos dados, então a soma dos quadrados dos erros está inflada e produz uma estimativa viciada de σ^2. Independentemente de o modelo se ajustar ou não aos dados, uma estimativa não-viciada de σ^2 pode ser obtida sempre quando temos observações repetidas, simplesmente calculando

$$s_i^2 = \frac{\sum_{j=1}^{n_i}(y_{ij} - \bar{y}_{i.})^2}{n_i - 1}; \quad i = 1, 2, ..., k,$$

para cada um dos k valores distintos de x e, depois, combinando essas variâncias, temos

```
Obs        Fit    SE Fit       95% CI              95% PI
  1      6,541    1,627   (  3,223,   9,858)   ( -0,834,  13,916)
  2     36,361    0,576   ( 35,185,  37,537)   ( 29,670,  43,052)
  3     10,155    1,440   (  7,218,  13,092)   (  2,943,  17,367)
  4     37,264    0,590   ( 36,062,  38,467)   ( 30,569,  43,960)
  5     13,770    1,258   ( 11,204,  16,335)   (  6,701,  20,838)
  6     38,168    0,607   ( 36,931,  39,405)   ( 31,466,  44,870)
  7     17,384    1,082   ( 15,177,  19,592)   ( 10,438,  24,331)
  8     39,072    0,627   ( 37,793,  40,351)   ( 32,362,  45,781)
  9     20,095    0,957   ( 18,143,  22,047)   ( 13,225,  26,965)
 10     39,072    0,627   ( 37,793,  40,351)   ( 32,362,  45,781)
 11     28,228    0,649   ( 26,905,  29,551)   ( 21,510,  34,946)
 12     39,072    0,627   ( 37,793,  40,351)   ( 32,362,  45,781)
 13     30,035    0,605   ( 28,802,  31,269)   ( 23,334,  36,737)
 14     39,975    0,651   ( 38,648,  41,303)   ( 33,256,  46,694)
 15     30,939    0,588   ( 29,739,  32,139)   ( 24,244,  37,634)
 16     40,879    0,678   ( 39,497,  42,261)   ( 34,149,  47,609)
 17     30,939    0,588   ( 29,739,  32,139)   ( 24,244,  37,634)
 18     41,783    0,707   ( 40,341,  43,224)   ( 35,040,  48,525)
 19     31,843    0,575   ( 30,669,  33,016)   ( 25,152,  38,533)
 20     41,783    0,707   ( 40,341,  43,224)   ( 35,040,  48,525)
 21     31,843    0,575   ( 30,669,  33,016)   ( 25,152,  38,533)
 22     42,686    0,738   ( 41,181,  44,192)   ( 35,930,  49,443)
 23     32,746    0,567   ( 31,590,  33,902)   ( 26,059,  39,434)
 24     43,590    0,772   ( 42,016,  45,164)   ( 36,818,  50,362)
 25     33,650    0,563   ( 32,502,  34,797)   ( 26,964,  40,336)
 26     44,494    0,807   ( 42,848,  46,139)   ( 37,704,  51,283)
 27     33,650    0,563   ( 32,502,  34,797)   ( 26,964,  40,336)
 28     45,397    0,843   ( 43,677,  47,117)   ( 38,590,  52,205)
 29     34,554    0,563   ( 33,406,  35,701)   ( 27,868,  41,239)
 30     46,301    0,881   ( 44,503,  48,099)   ( 39,473,  53,128)
 31     36,361    0,576   ( 35,185,  37,537)   ( 29,670,  43,052)
 32     49,012    1,002   ( 46,969,  51,055)   ( 42,115,  55,908)
 33     36,361    0,576   ( 35,185,  37,537)   ( 29,670,  43,052)
```

Figura 11.15 Impressão *Minitab* para a regressão linear simples para os dados da demanda de oxigênio químico; parte II.

$$s^2 = \frac{\sum_{i=1}^{k}(n_i - 1)s_i^2}{n-k} = \frac{\sum_{i=1}^{k}\sum_{j=1}^{n_i}(y_{ij} - \bar{y}_i)^2}{n-k}.$$

O numerador de s^2 é uma *medida do erro puro experimental*. Um procedimento de cálculo para uma soma dos quadrados dos erros separando os dois componentes que representam o erro puro e a falta de ajuste é o seguinte:

Cálculo da falta de ajuste na soma dos quadrados
1. Calcule a soma dos quadrados do erro puro

$$\sum_{i=1}^{k}\sum_{j=1}^{n_i}(y_{ij} - \bar{y}_{i.})^2.$$

Essa soma dos quadrados tem $n-k$ graus de liberdade associados a ela e a média quadrada resultante é o nosso estimador imparcial s^2 de σ^2.

2. Subtraia a soma do erro puro dos quadrados da soma dos erros dos quadrados SQE e, com isso, obtenha a soma dos quadrados devida à falta de ajuste. Os graus de liberdade para a falta de ajuste também são obtidos simplesmente subtraindo-se $(n-2) - (n-k) = k-2$.

Os cálculos necessários para testar a hipótese em um problema de regressão com medições repetidas na resposta podem ser resumidos como mostra a Tabela 11.3.

Tabela 11.3 Análise de variância para testar a linearidade da regressão

Fonte de variação	Soma dos quadrados	Graus de liberdade	Quadrado médio	f calculado
Erro de regressão	SQR SQE	1 $n-2$	SQR	$\frac{SQR}{s^2}$
Falta de ajuste	$\begin{cases} SQE - SQE \text{ (puro)} \\ SQE \text{ (puro)} \end{cases}$	$\begin{cases} k-2 \\ n-k \end{cases}$	$\frac{SQE - SQE \text{ (puro)}}{k-2}$ $s^2 = \frac{SQE \text{ (puro)}}{n-k}$	$\frac{SQE - SQE \text{ (puro)}}{s^2(k-2)}$
Erro puro				
Total	SQT	$n-1$		

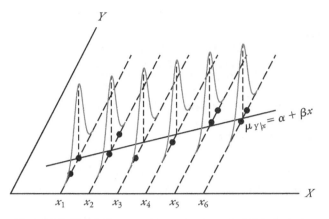

Figura 11.16 Modelo linear correto sem o componente da falta de ajuste.

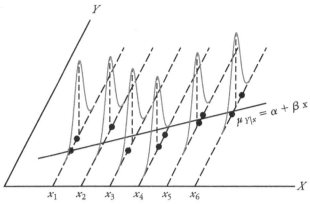

Figura 11.17 Modelo linear incorreto com o componente da falta de ajuste.

As figuras 11.16 e 11.17 mostram os pontos amostrais para as situações de 'modelo correto' e 'modelo incorreto'. Na Figura 11.16, na qual $\mu_{Y|x}$ está na linha reta, não há falta de ajuste quando o modelo linear é assumido, de modo que a variação da amostra em torno da linha de regressão seja um erro puro resultante da variação que ocorre entre observações repetidas. Na Figura 11.17, onde $\mu_{Y|x}$ claramente não está na linha reta, a falta de ajuste a partir da escolha errônea do modelo linear é responsável por uma grande porção da variação em torno da reta de regressão, além do erro puro.

Qual é a importância de se detectar a falta de ajuste?

O conceito de falta de ajuste é extremamente importante em aplicações da análise de regressão. De fato, a necessidade de construirmos ou planejarmos um experimento que leva em conta a falta de ajuste se torna mais crítica conforme o problema e seu mecanismo subjacente se tornam mais complicados. Certamente, não se pode estar sempre certo de que a estrutura postulada, nesse caso o modelo de regressão linear, esteja sempre correta ou mesmo adequada. O exemplo a seguir mostra como a soma dos erros quadrados é dividida em dois componentes que representam o erro puro e a falta de ajuste. A adequação do modelo é testada, no nível de significância α, ao comparar-se o quadrado médio da falta de ajuste dividido por s^2 com $f_\alpha(k-2, n-k)$.

■ **Exemplo 11.8**

As observações dos rendimentos de uma reação química retirados em várias temperaturas foram registradas na Tabela 11.4.

Estime o modelo linear $\mu_{Y|x} = \alpha + \beta x$ e teste a falta de ajuste.

Solução: Os resultados dos cálculos são mostrados na Tabela 11.5.

Conclusão: A divisão da variação total dessa maneira revela uma variação significante explicada pelo modelo linear e uma quantidade insignificante de variação devida à falta de ajuste. Assim, os dados experimentais não parecem sugerir a necessidade de considerarmos termos maiores do que o de primeira ordem no modelo, e a hipótese nula não é rejeitada.

Tabela 11.4 Dados para o Exemplo 11.8

y(%)	x(°C)	y(%)	x(°C)
77,4	150	88,9	250
76,7	150	89,2	250
78,2	150	89,7	250
84,1	200	94,8	300
84,5	200	94,7	300
83,7	200	95,9	300

Tabela 11.5 Análise de variância dos dados de temperatura e rendimento

Fonte da variação	Soma dos quadrados	Graus de liberdade	Quadrado médio	f calculado	Valores P
Regressão	590,2507	1	590,2507	1531,58	< 0,0001
Erro	3,8660	10			
Falta de ajuste	1,2060	2	0,6030	1,81	0,2241
Erro puro	2,6600	8	0,3325		
Total	531,1167	11			

```
Dependent Variable: yield
                                   Sum of
Source                  DF        Squares       Mean Square    F Value    Pr > F
Model                    3    510,4566667      170,1522222      511,74    <,0001
Error                    8      2,6600000        0,3325000
Corrected Total         11    513,1166667

        R-Square      Coeff Var       Root MSE     yield Mean
        0,994816       0,666751       0,576628       86,48333

Source                  DF       Type I SS       Mean Square    F Value    Pr > F
temperature              1    509,2506667      509,2506667     1531,58    <,0001
LOF                      2      1,2060000        0,6030000        1,81    0,2241
```

Figura 11.18 Impressão *SAS*, mostrando a análise dos dados do Exemplo 11.8.

Impressão do computador detalhada para teste da falta de ajuste

A Figura 11.18 é uma impressão de computador detalhada para a análise de dados do Exemplo 11.8 do software *SAS*. Note 'LOF' com 2 graus de liberdade, representando as contribuições quadrática e cúbica para o modelo, e o valor *P* de 0,22, sugerindo que o modelo linear (primeira ordem) é adequado.

Exercícios

11.35 (a) Determine a estimativa dos mínimos quadrados para o parâmetro β na equação linear $\mu_{Y|x} = \beta x$.
(b) Estime a reta de regressão que passa pela origem para os seguintes dados:

x	0,5	1,5	3,2	4,2	5,1	6,5
y	1,3	3,4	6,7	8,0	10,0	13,2

11.36 Suponha que não sabemos, no Exercício 11.35, que a verdadeira regressão deveria passar pela origem. Estime o modelo linear $\mu_{Y|x} = \alpha + \beta x$ e teste a hipótese de que $\alpha = 0$, no nível de significância de 0,10 contra a alternativa de que $\alpha \neq 0$.

11.37 Suponha que um pesquisador postule um modelo do tipo

$$Y_i = \alpha + \beta x_{1i} + \epsilon_i, \quad i = 1, 2, \ldots, n,$$

quando, na verdade, uma variável adicional, digamos x_2, também contribui linearmente para a resposta. O modelo real é dado por

$$Y_i = \alpha + \beta x_{1i} + \gamma x_{2i} + \epsilon_i, \quad i = 1, 2, \ldots, n.$$

Calcule o valor esperado do estimador

$$B = \frac{\sum_{i=1}^{n}(x_{1i} - \bar{x}_1)Y_i}{\sum_{i=1}^{n}(x_{1i} - \bar{x}_1)^2}.$$

11.38 Use uma abordagem da análise de variância para testar a hipótese de que $\beta = 0$ contra a hipótese alternativa de que $\beta \neq 0$, no Exercício 11.3, no nível de significância de 0,05.

11.39 Compostos de organofosfato (OP) são usados como pesticidas. Entretanto, é importante estudar seus efeitos nas espécies expostas a eles. No estudo de laboratório, *Some Effects of Organophosphate Pesticides on Wildlife Species* (Alguns efeitos dos pesticidas de organofosfato em espécies selvagens), realizado pelo Departamento de Pesca e Vida Selvagem do Instituto Politécnico e Universidade Estadual da Virgínia, um experimento foi conduzido no qual diferentes doses de um certo pesticida OP foram administradas para cinco conjuntos de cinco camundongos (*peromysius leucopus*). Os 25 camundongos eram fêmeas de idades e condições similares. Um conjunto não recebeu o componente químico. A resposta básica y foi uma medida da atividade cerebral. Foi postulado que a atividade cerebral iria decrescer com o aumento na dosagem de OP. Os dados são apresentados a seguir:

Animal	Dose, x (mg/kg de peso corporal)	Atividade, y (mols/litros/min)
1	0,0	10,9
2	0,0	10,6
3	0,0	10,8
4	0,0	9,8
5	0,0	9,0
6	2,3	11,0
7	2,3	11,3
8	2,3	9,9
9	2,3	9,2
10	2,3	10,1
11	4,6	10,6
12	4,6	10,4
13	4,6	8,8
14	4,6	11,1
15	4,6	8,4
16	9,2	9,7
17	9,2	7,8
18	9,2	9,0
19	9,2	8,2
20	9,2	2,3
21	18,4	2,9
22	18,4	2,2

(*continua*)

(continuação)

Animal	Dose, x (mg/kg de peso corporal)	Atividade, y (mols/litros/min)
23	18,4	3,4
24	18,4	5,4
25	18,4	8,2

(a) Usando o modelo $Y_i = \alpha + \beta x_i + \epsilon_i$, $i = 1, 2, ..., 25$, determine as estimativas de mínimos quadrados de α e β.

(b) Construa uma tabela de análise de variância na qual a falta de ajuste e o erro puro estejam separados. Determine se a falta de ajuste é significante no nível 0,05. Interprete os resultados.

11.40 Teste a linearidade da regressão do Exercício 11.5. Use o nível de significância de 0,05. Comente.

11.41 Teste a linearidade da regressão do Exercício 11.6. Comente.

11.42 O ganho dos transistores em um equipamento de circuito integrado entre o emissor e o coletor (hFE) está relacionado a duas variáveis [Myers e Montgomery (2002)] que podem ser controladas no processo de deposição, o tempo de introdução do emissor (x_1, em minutos) e a dose do emissor (x_2, em íons $\times 10^{14}$). Quatorze amostras foram observadas após a deposição, e os dados resultantes são mostrados na tabela a seguir. Consideraremos os modelos de regressão linear usando o ganho como a resposta e o tempo de introdução do emissor ou sua dose como as variáveis regressoras.

Obs.	x_1 (tempo de introdução, min.)	x_2 (dose, íons $\times 10^{14}$)	y (ganho ou hFE)
1	195	4,00	1004
2	255	4,00	1636
3	195	4,60	852
4	255	4,60	1506
5	255	4,20	1272
6	255	4,10	1270
7	255	4,60	1269
8	195	4,30	903
9	255	4,30	1555
10	255	4,00	1260
11	255	4,70	1146
12	255	4,30	1276
13	255	4,72	1225
14	340	4,30	1321

(a) Determine se o tempo de introdução do emissor influencia os ganhos por meio de uma relação linear. Ou seja, teste $H_0: \beta_1 = 0$, onde β_1 é a inclinação da variável regressora.

(b) Faça um teste de falta de ajuste para determinar se a relação linear é adequada. Tire suas conclusões.

(c) Determine se a dose de emissão influencia os ganhos por meio de uma relação linear. Qual variável regressora é um melhor instrumento de predição do ganho?

11.43 Os dados a seguir são resultado de uma investigação do efeito da temperatura de reação x na porcentagem de conversão de um processo químico y. [Veja Myers e Montgomery (2002).] Ajuste uma regressão linear simples e use o teste de falta de ajuste para determinar se o modelo é adequado. Discuta.

Observação	Temperatura (°C), x	Conversão %, y
1	200	43
2	250	78
3	200	69
4	250	73
5	189,65	48
6	206,35	78
7	225	65
8	225	74
9	225	76
10	225	79
11	225	83
12	225	81

11.44 Um tratamento por aquecimento costuma ser usado para carburizar peças de metal como engrenagens. A espessura da camada carburizada é considerada uma importante característica das engrenagens e contribui para a confiabilidade geral da peça. Por causa da natureza crítica dessa característica, um teste é realizado após cada abastecimento da fornalha. O teste é destrutivo, no qual a parte real é seccionada em cruz e mergulhada em um produto químico por um período. Esse teste envolve a realização de uma análise de carbono na superfície tanto da inclinação da engrenagem (topo do dente da engrenagem) como da raiz da engrenagem (entre os dentes da engrenagem). Os dados a seguir são o resultado do teste na inclinação feito em 19 peças.

Tempo de mergulho	Inclinação	Tempo de mergulho	Inclinação
0,58	0,013	1,17	0,021
0,66	0,016	1,17	0,019
0,66	0,015	1,17	0,021
0,66	0,016	1,20	0,025
0,66	0,015	2,00	0,025
0,66	0,016	2,00	0,026
1,00	0,014	2,20	0,024
1,17	0,021	2,20	0,025
1,17	0,018	2,20	0,024
1,17	0,019		

(a) Ajuste uma regressão linear simples relacionando a análise de carbono na inclinação y contra o tempo de mergulho. Teste $H_0: \beta_1 = 0$.
(b) Se a hipótese na parte (a) for rejeitada, determine se o modelo linear é apropriado.

11.45 Deseja-se um modelo de regressão que relacione a temperatura e a proporção de impurezas de uma substância sólida que atravessa o hélio sólido. A temperatura é listada em graus centígrados. Os dados são apresentados aqui.
(a) Ajuste um modelo de regressão linear.
(b) Parece que a proporção de impurezas que atravessam o hélio aumenta a temperatura conforme se aproxima de –273 graus centígrados?
(c) Determine R^2.
(d) Com base nas informações dadas, o modelo linear parece apropriado? Quais informações adicionais seriam necessárias para melhor responder a essa questão?

Temperatura (C)	Proporção de impurezas
– 260,5	0,425
– 255,7	0,224
– 264,6	0,453
– 265,0	0,475
– 270,0	0,705
– 272,0	0,860
– 272,5	0,935
– 272,6	0,961
– 272,8	0,979
– 272,9	0,990

11.46 É de interesse estudar o efeito do tamanho da população em várias cidades dos Estados Unidos nas concentrações de ozônio. Os dados consistem na população de 1999, em milhões, e a quantidade de ozônio presente por hora, em ppb (partes por bilhão). Os dados são os seguintes:

Ozônio (ppb/hora), y	População, x
126	0,6
135	4,9
124	0,2
128	0,5
130	1,1
128	0,1
126	1,1
128	2,3
128	0,6
129	2,3

(a) Ajuste o modelo de regressão linear relacionando a concentração de ozônio à população. Teste $H_0: \beta = 0$ usando a abordagem ANOVA.
(b) Faça um teste de falta de ajuste. O modelo linear é apropriado, com base nos resultados de seu teste?

(c) Teste a hipótese da parte (a) usando o erro quadrático médio puro no teste F. Os resultados mudam? Comente a vantagem de cada teste.

11.47 Avaliar a deposição de nitrogênio da atmosfera é o papel principal do Programa Nacional de Deposição Atmosférica (NADP, na sigla em inglês, uma parceria entre várias agências). O NADP está estudando a deposição atmosférica e seus efeitos nas colheitas, nas águas das superfícies das florestas e em outros recursos. O óxido de nitrogênio pode afetar o ozônio na atmosfera e a quantidade de nitrogênio puro no ar que respiramos. Os dados estão a seguir:

Ano	Óxido de nitrogênio
1978	0,73
1979	2,55
1980	2,90
1981	3,83
1982	2,53
1983	2,77
1984	3,93
1985	2,03
1986	4,39
1987	3,04
1988	3,41
1989	5,07
1990	3,95
1991	3,14
1992	3,44
1993	3,63
1994	4,50
1995	3,95
1996	5,24
1997	3,30
1998	4,36
1999	3,33

(a) Faça um gráfico dos dados.
(b) Ajuste um modelo de regressão linear e determine R^2.
(c) O que podemos dizer sobre a tendência dos óxidos de nitrogênio com o passar do tempo?

11.48 Para um tipo de planta em particular, os pesquisadores desejam desenvolver uma fórmula para prever a quantidade de sementes (em gramas) como uma função da densidade das plantas. Eles conduziram um estudo com quatro níveis do fator X, o número de plantas por lote. Quatro réplicas foram usadas para cada nível de X. Os dados são mostrados a seguir:

Plantas por lote x	Quantidade de sementes, y (gramas)			
10	12,6	11,0	12,1	10,9
20	15,3	16,1	14,9	15,6
30	17,9	18,3	18,6	17,8
40	19,2	19,6	18,9	20,0

Um modelo de regressão linear simples é adequado para analisarmos esse conjunto de dados?

11.10 Gráficos dos dados e transformações

Neste capítulo, lidamos com a construção de modelos de regressão em que há um regressor ou variável independente. Além disso, estamos assumindo, por meio da formulação do modelo, que ambos x e y entram no modelo de *modo linear*. Em geral, é aconselhável trabalhar com um modelo alternativo no qual ou x ou y (ou ambos) entrem de maneira não-linear. Uma *transformação* dos dados pode ser indicada por causa das considerações científicas teóricas inerentes ao estudo científico, ou um simples gráfico dos dados pode sugerir a necessidade de expressar novamente as variáveis no modelo. A necessidade de realizarmos uma transformação é simples de ser diagnosticada no caso da regressão linear simples, pois os gráficos bidimensionais fornecem uma imagem real de como cada variável entra no modelo.

Um modelo no qual x ou y é transformada não deveria ser visto como um *modelo de regressão não-linear*. Normalmente nos referimos a um modelo de regressão como linear quando ele é *linear nos parâmetros*. Em outras palavras, suponha que o aspecto geral dos dados ou outra informação científica sugira que devemos *regredir y^* contra x^**, onde cada um é uma transformação nas variáveis naturais x e y. Então, o modelo da forma

$$y_i^* = \alpha + \beta x_i^* + \epsilon_i$$

é um modelo linear já que é linear nos parâmetros α e β. O material dado nas seções 11.2 até 11.9 continua intacto, com y_i^* e x_i^* substituindo y_i e x_i. Um exemplo útil e simples é o modelo log-log

$$\log y_i = \alpha + \beta \log x_i + \epsilon_i.$$

Embora esse modelo não seja linear em x e y, ele o é nos parâmetros e, portanto, é tratado como um modelo linear. Por outro lado, um exemplo de modelo realmente não-linear é

$$y_i = \beta_0 + \beta_1 x^{\beta_2} + \epsilon_i,$$

onde o parâmetro β_2 (bem como β_0 e β_1) é estimado. O modelo é não-linear em β_2.

As transformações que podem melhorar o ajuste e a previsibilidade do modelo são muitas em número. Para uma discussão completa sobre transformações, o leitor pode consultar Myers (1990, veja Referências Bibliográficas). Escolhemos indicar algumas delas e mostrar a aparência dos gráficos que servem como diagnóstico. Considere a Tabela 11.6. São fornecidas diversas funções que descrevem as relações entre y e x que podem produzir uma *regressão linear* por meio da transformação indicada. Além disso, para complementar, fornecemos ao leitor as variáveis dependentes e independentes a serem usadas na *regressão linear simples* resultante. A Figura 11.19 mostra as funções listadas na Tabela 11.6. Elas servem como um guia para o analista ao escolher a transformação a partir das observações do gráfico de y contra x.

Quais são as implicações de um modelo transformado?

O que vimos anteriormente tem a intenção de ajudar o analista quando está aparente que a transformação fornecerá uma melhoria. Entretanto, antes de darmos um exemplo, dois pontos importantes devem ser mencionados. O primeiro gira em torno da expressão matemática formal do modelo quando os dados são transformados. Com freqüência, o analista não pensa a respeito disso. Ele simplesmente realiza a transformação sem nenhuma preocupação sobre a forma do modelo *antes* e *depois* da transformação. O modelo exponencial serve como uma boa ilustração. O modelo nas variáveis naturais (não transformadas) que produz um *modelo de erro aditivo* em variáveis transformadas é dado por

$$y_i = \alpha e^{\beta x_i} \cdot \epsilon_i,$$

que é um *modelo de erro multiplicativo*. Claramente, tomar os logs produz

$$\ln y_i = \ln \alpha + \beta x_i + \ln \epsilon_i.$$

Como resultado, é no $\ln \epsilon_i$ que as suposições básicas são feitas. O propósito dessa apresentação é meramente lembrar o leitor de que não devemos ver a transformação

Tabela 11.6 Algumas transformações úteis para linearização.

Forma funcional relacionando y a x	Transformação apropriada	Forma da regressão linear simples
Exponencial: $y = \alpha e^{\beta x}$	$y^* = \ln y$	Regresse y^* contra x
Potência: $y = \alpha x^\beta$	$y^* = \log y$; $x^* = \log x$	Regresse y^* contra x^*
Recíproca: $y = \alpha + \beta\left(\frac{1}{x}\right)$	$x^* = \frac{1}{x}$	Regresse y contra x^*
Função hiperbólica: $y = \frac{x}{\alpha + \beta x}$	$y^* = \frac{1}{y}$; $x^* = \frac{1}{x}$	Regresse y^* contra x^*

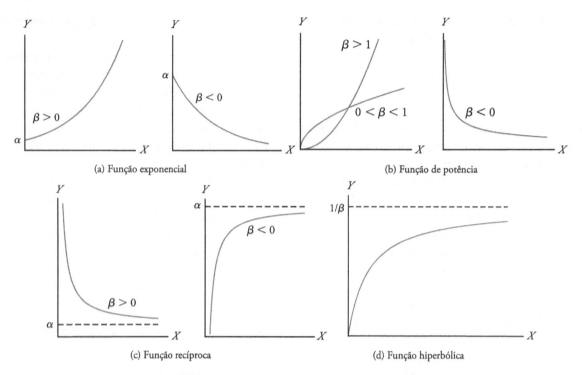

Figura 11.19 Diagramas que representam as funções listadas na Tabela 11.6.

apenas como uma manipulação algébrica com um erro aditivo. Em geral, um modelo nas variáveis transformadas, que tem uma *estrutura de erro aditivo apropriada*, é o resultado de um modelo nas variáveis naturais com uma estrutura de erro diferente.

O segundo ponto importante lida com a noção das medidas de melhoria. Medidas óbvias de comparação são, é claro, R^2 e o quadrado médio residual, s^2. (Outras medidas de desempenho em comparações entre modelos competitivos são dadas no Capítulo 12.) Agora, se a resposta y não é transformada, então s^2 e R^2 podem ser usados para medir a utilidade da transformação. Os resíduos estarão nas mesmas unidades para os modelos transformados e não transformados. Mas quando y é transformado, o critério de desempenho para o modelo transformado deve ser baseado nos valores dos resíduos na métrica da resposta não transformada. Assim, as comparações são feitas de maneira apropriada. O exemplo a seguir fornece uma ilustração.

■ **Exemplo 11.9**

A pressão P de um gás que corresponde a vários volumes V é registrada, e os dados são fornecidos na Tabela 11.7.

Tabela 11.7 Dados para o Exemplo 11.9

V (cm³)	50	60	70	90	100
P (kg/cm²)	64,7	51,3	40,5	25,9	7,8

A lei do gás ideal é dada pela forma funcional $PV^\gamma = C$, onde γ e C são constantes. Estime as constantes C e γ.

Solução: Vamos tomar o log natural de ambos os lados do modelo

$$P_i V^\gamma = C \cdot \epsilon_i, \quad i = 1, 2, 3, 4, 5.$$

Como resultado, um modelo linear pode ser escrito

$$\ln P_i = \ln C - \gamma \ln V_i + \epsilon_i^*, \quad i = 1, 2, 3, 4, 5,$$

onde $\epsilon_i^* = \ln \epsilon_i$. A tabela a seguir apresenta os resultados da regressão linear simples:

Intercepto: $\widehat{\ln C} = 14{,}7589$, $\widehat{C} = 2.568.862{,}88$,

Inclinação: $\hat{\gamma} = 2{,}65347221$.

O que vem a seguir representa a informação retirada da análise de regressão.

P_i	V_i	$\ln P_i$	$\ln V_i$	$\widehat{\ln P_i}$	$\widehat{P_i}$	$e_i = P_i - \widehat{P_i}$
64,7	50	4,16976	3,91202	4,37853	79,7	−15,0
51,3	60	3,93769	4,09434	3,89474	49,1	2,2
40,5	70	3,70130	4,24850	3,48571	32,6	7,9
25,9	90	3,25424	4,49981	2,81885	16,8	9,1
7,8	100	2,05412	4,60517	2,53921	12,7	−4,9

É instrutivo fazer um gráfico dos dados e da equação de regressão. A Figura 11.20 mostra um gráfico dos dados da pressão e do volume não transformados e a curva representa a equação de regressão.

Gráficos de diagnóstico dos resíduos: Detecção gráfica de violação das suposições

Gráficos dos dados brutos podem ser extremamente úteis para determinarmos a natureza do modelo que deveria ser ajustado aos dados quando há uma única variável independente. Tentamos ilustrar isso anteriormente. A detecção da forma apropriada do modelo, entretanto, não é o único benefício obtido dos gráficos de diagnóstico. Assim como em grande parte do material relacionado com testes de significância do Capítulo 10, os métodos gráficos podem ilustrar e detectar violações nas suposições. O leitor deve se lembrar de que muito do que está ilustrado neste capítulo requer suposições feitas sobre os erros do modelo, os ϵ_i. De fato, assumimos que os ϵ_i são variáveis aleatórias $N(0, \sigma)$ independentes. Agora, é claro, os ϵ_i não são observados. No entanto, os $e_i = y_i - \hat{y}_i$, os *resíduos*, são os erros no ajuste da linha de regressão e, por isso, servem para 'imitar' os ϵ_i. Assim, a complexão geral desses resíduos pode, com freqüência, enfatizar as dificuldades. Idealmente, é claro, a representação dos resíduos descrita de acordo com a Figura 11.21. Ou seja, eles deveriam realmente mostrar as flutuações randômicas ao redor de um valor de 0.

Variância não homogênea

A variância homogênea é uma importante suposição feita na análise de regressão. As violações podem ser freqüentemente detectadas por meio da aparência do gráfico dos resíduos. Uma condição comum nos dados científicos é o aumento no erro de variância com um aumento na variável regressora. Grandes variâncias dos erros produzem grandes resíduos e, portanto, um gráfico dos resíduos como o da Figura 11.22 é um sinal de variância não homogênea. No Capítulo 12, no qual lideramos com regressões lineares múltiplas abordaremos mais gráficos dos resíduos e informações sobre os diferentes tipos de resíduos.

Gráfico de probabilidade normal

A suposição de que os erros do modelo são normais é feita quando o analista de dados lida com teste de hipóteses ou com estimação por meio dos intervalos de confiança. Novamente, a contraparte numérica para o ϵ_i, os chamados resíduos, são os objetos dos gráficos de diagnóstico para detectar qualquer violação extre-

ma. No Capítulo 8, introduzimos os gráficos normais quantil-quantil e discutimos brevemente os gráficos de probabilidade normal. Esses gráficos dos resíduos são ilustrados no estudo de caso apresentado na próxima seção.

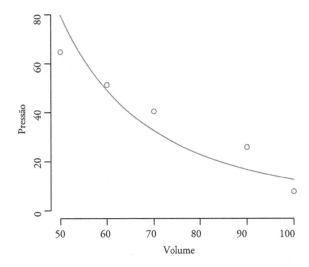

Figura 11.20 Dados de pressão e volume e a regressão ajustada.

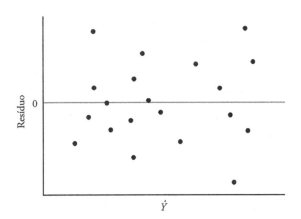

Figura 11.21 Representação ideal dos resíduos.

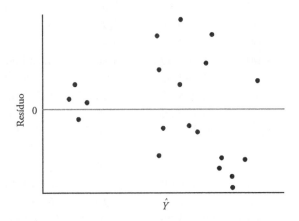

Figura 11.22 Representação dos resíduos que mostram variância do erro heterogênea.

11.11 Estudo de caso de regressão linear simples

Na fabricação de produtos comerciais feitos de madeira, é importante estimar a relação entre a densidade do produto de madeira e sua rigidez. Estamos considerando a idéia de que um tipo relativamente novo de compensado possa ser formado com mais facilidade do que o produto comercial já aceito. Precisamos saber em qual densidade a rigidez se compara à de um produto comercial já bem conhecido e documentado. O estudo foi realizado por Terrance E. Conners, *Investigation of Certain Mechanical Properties of a Wood-Foam Composite* (Investigação de certas propriedades mecânicas de um composto de madeira – Tese de Mestrado, Departamento de Florestas e Gerenciamento da Vida Selvagem, Universidade de Massachusetts). Trinta compensados foram produzidos em densidades que variavam aproximadamente de 8 a 26 libras por pés cúbicos, e a rigidez foi medida em libras por polegada quadrada. A Tabela 11.8 mostra os dados.

É necessário que o analista de dados foque um ajuste apropriado para os dados e use métodos inferenciais discutidos neste capítulo. O teste de hipóteses para a inclinação da regressão, bem como a estimativa por meio de um intervalo de confiança ou de predição, podem ser apropriados. Começamos mostrando um gráfico de dispersão simples dos dados brutos com uma reta de regressão simples sobreposta. A Figura 11.23 mostra esse gráfico.

O ajuste da regressão linear simples para os dados produziu o modelo ajustado

$$\hat{y} = -25.433,739 + 3.884,976x \quad (R^2 = 0,7975),$$

e os resíduos foram calculados. A Figura 11.24 mostra os resíduos representados contra as medidas de densidade. Dificilmente esse é um conjunto de resíduos ideal ou saudável. Eles não mostram uma dispersão aleatória em torno do valor de 0. De fato, os agrupamentos de valores positivos e negativos podem sugerir que a tendência curvilínea nos dados deve ser investigada.

Para obtermos alguma idéia sobre a suposição de erros normais, geramos um gráfico de probabilidade normal dos resíduos. Esse é o tipo de gráfico discutido na Seção 8.3, no qual o eixo vertical representa a função de distribuição empírica em uma escala, que produz uma reta quando representada contra os resíduos. A Figura 11.25 mostra um gráfico de probabilidade normal dos resíduos, que não mostra a aparência de reta que gostaríamos de ver. Este é outro sintoma de uma falha, talvez da escolha de um modelo de regressão excessivamente simplista.

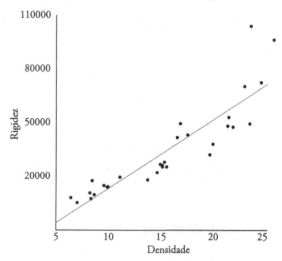

Figura 11.23 Gráfico de dispersão dos dados da densidade da madeira.

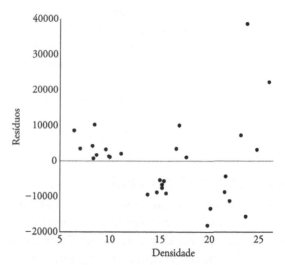

Figura 11.24 Representação dos resíduos para os dados da densidade da madeira.

Tabela 11.8 Densidade e rigidez para os 30 compensados

Densidade, x	Rigidez, y	Densidade, x	Rigidez, y
9,50	14.814,00	8,40	17.502,00
9,80	14.007,00	11,00	19.443,00
8,30	7.573,00	9,90	14.191,00
8,60	9.714,00	6,40	8.076,00
7,00	5.304,00	8,20	10.728,00
17,40	43.243,00	15,00	25.319,00
15,20	28.028,00	16,40	41.792,00
16,70	49.499,00	15,40	25.312,00
15,00	26.222,00	14,50	22.148,00
14,80	26.751,00	13,60	18.036,00
25,60	96.305,00	23,40	104.170,00
24,40	72.594,00	23,30	49.512,00
19,50	32.207,00	21,20	48.218,00
22,80	70.453,00	21,70	47.661,00
19,80	38.138,00	21,30	53.045,00

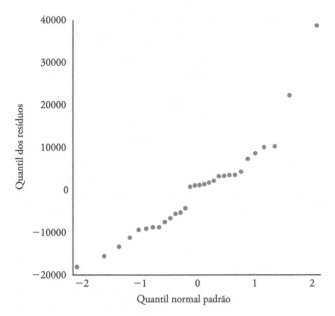

Figura 11.25 Gráfico de probabilidade normal de resíduos para os dados de densidade da madeira.

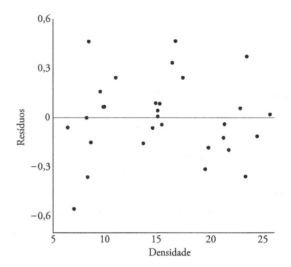

Figura 11.26 Gráfico residual do modelo que usa a transformação log para os dados de densidade da madeira.

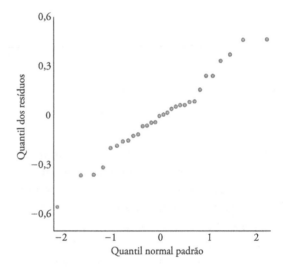

Figura 11.27 Gráfico de probabilidade normal dos resíduos do modelo que usa a transformação log para os dados da densidade da madeira.

Ambos os gráficos residuais e o gráfico de dispersão sugeriram aqui que um modelo um pouco mais complicado seria mais apropriado. Um modelo possível é usar uma transformação log natural. Em outras palavras, podemos escolher regressar ln y contra x. Isso produz a regressão

$$\widehat{\ln y} = 8{,}257 + 0{,}125x \quad (R^2 = 0{,}9016).$$

Para obtermos alguma percepção sobre a adequação do modelo transformado, considere as figuras 11.26 e 11.27, que mostram gráficos dos resíduos na rigidez [ou seja, y_i-antilog $(\widehat{\ln y})$] contra a densidade. A Figura 11.26 parece estar próxima de um padrão aleatório em torno de zero, enquanto a Figura 11.27 está certamente próxima de uma reta. Isso, com o valor R^2 mais alto, sugere que o modelo transformado é mais apropriado.

11.12 Correlação

Até aqui, assumimos que a variável regressora independente x é uma variável física ou científica, mas não uma variável aleatória. Na verdade, neste contexto, x é freqüentemente chamada de *variável matemática*, que, no processo amostral, é medida com erro desprezível. Em muitas aplicações das técnicas de regressão, é mais realista assumir que ambas X e Y são variáveis aleatórias e que as medidas $\{(x_i, y_i); i = 1, 2, ..., n\}$ são observações de uma população que tem função de densidade conjunta $f(x, y)$. Vamos considerar o problema da medição da relação entre as duas variáveis X e Y. Por exemplo, se X e Y representam a extensão e a circunferência de um osso do corpo de um adulto, podemos conduzir um estudo antropológico para determinar se grandes valores de X estão associados a grandes valores de Y, e vice-versa.

Por outro lado, se X representa a idade de um automóvel usado e Y representa o valor de revenda desse automóvel, esperaríamos que grandes valores de X correspondessem a pequenos valores de Y e pequenos valores de X correspondessem a grandes valores de Y. A *análise de correlação* tenta medir a força de tais relações entre duas variáveis por meio de um único número chamado de *coeficiente de correlação*.

Na teoria, é comum assumirmos que a distribuição condicional $f(y|x)$ de Y, para valores fixos de X, é normal com média $\mu_{Y|x} = \alpha + \beta x$ e variância $\sigma^2_{Y|x} = \sigma^2$ e que os valores de X são normalmente distribuídos com média μ e variância σ^2_x. A densidade conjunta de X e Y é portanto

$$f(x,y) = n(y|x; \alpha + \beta x, \sigma)n(x; \mu_X, \sigma_X)$$
$$= \frac{1}{2\pi\sigma_x\sigma} \exp\left\{-\frac{1}{2}\left[\left(\frac{y-\alpha-\beta x}{\sigma}\right)^2 + \left(\frac{x-\mu_X}{\sigma_X}\right)^2\right]\right\},$$

para $-\infty < x < \infty$ e $-\infty < y < \infty$.

Vamos escrever a variável aleatória Y na forma
$$Y = \alpha + \beta X + \epsilon,$$
onde X é agora uma variável aleatória independente de erro aleatório ϵ. Já que a média do erro aleatório ϵ é 0, segue-se que
$$\mu_Y = \alpha + \beta\mu_X \quad \text{e} \quad \sigma_Y^2 = \sigma^2 + \beta^2\sigma_X^2.$$

Substituindo α e σ^2 na expressão precedente para $f(x, y)$, obtemos a *distribuição normal bivariada*
$$f(x,y) = \frac{1}{2\pi\sigma_X\sigma_Y\sqrt{1-\rho^2}}$$
$$\times \exp\left\{-\frac{1}{2(1-\rho^2)}\left[\left(\frac{x-\mu_X}{\sigma_X}\right)^2\right.\right.$$
$$\left.\left.-2\rho\left(\frac{x-\mu_X}{\sigma_X}\right)\left(\frac{y-\mu_Y}{\sigma_Y}\right) + \left(\frac{y-\mu_Y}{\sigma_Y}\right)^2\right]\right\},$$

para $-\infty < x < \infty$ e $-\infty < y < \infty$, onde
$$\rho^2 = 1 - \frac{\sigma^2}{\sigma_Y^2} = \beta^2\frac{\sigma_X^2}{\sigma_Y^2}.$$

A constante ρ (rô) é chamada de *coeficiente de correlação populacional* e tem papel importante em muitos problemas de análise de dados bivariados. É importante para o leitor entender a interpretação física desse coeficiente de correlação e a distinção entre correlação e regressão. O termo *regressão* ainda tem um significado aqui. De fato, a reta dada por $\mu_{Y|x} = \alpha + \beta x$ ainda é chamada de reta de regressão como antes, e as estimativas de α e β são idênticas àquelas dadas na Seção 11.3. O valor de ρ é 0 quando $\beta = 0$, o que acontece quando não há essencialmente regressão linear; ou seja, a reta de regressão é horizontal e qualquer conhecimento de X é inútil para prever Y. Já que $\sigma_y^2 \geq \sigma^2$, devemos ter $\rho^2 \leq 1$ e, portanto, $-1 \leq \rho \leq 1$. Os valores de $\rho = \pm 1$ somente ocorrem quando $\sigma^2 = 0$, caso em que temos uma relação linear perfeita entre duas variáveis. Contudo, um valor de ρ igual a +1 implica uma relação linear perfeita com inclinação positiva, enquanto um valor de ρ igual a -1 resulta de uma relação linear perfeita com inclinação negativa. Podemos dizer, então, que estimativas amostrais de ρ próximas da unidade em magnitude implicam uma boa correlação ou *associação linear* entre X e Y, enquanto valores próximos a zero indicam pouca ou nenhuma correlação.

Para obtermos uma estimativa amostral de ρ, lembre-se, da Seção 11.4, de que a soma dos quadrados dos erros é
$$SQE = S_{yy} - bS_{xy}.$$

Dividindo ambos os lados dessa equação por S_{yy} e substituindo S_{xy} por bS_{xx}, obtemos a relação
$$b^2\frac{S_{xx}}{S_{yy}} = 1 - \frac{SQE}{S_{yy}}.$$

O valor de b^2S_{xx}/S_{yy} é zero quando $b = 0$, que ocorrer quando os pontos amostrais mostram ausência de uma relação linear. Como $S_{yy} \geq SQE$, concluímos que b^2S_{xx}/S_{yy} deve estar entre 0 e 1. Conseqüentemente, $b\sqrt{S_{xx}/S_{yy}}$ deve estar entre -1 e $+1$, com valores negativos correspondendo a retas com inclinação negativa e valores positivos correspondendo a retas com inclinação positiva. Um valor de -1 ou $+1$ ocorrerá quando $SQE = 0$, mas este é o caso em que todos os pontos amostrais estão em linha reta. Assim, uma relação linear perfeita aparece nos dados amostrais quando $b\sqrt{S_{xx}/S_{yy}} = \pm 1$. Claramente, a quantidade $b\sqrt{S_{xx}/S_{yy}}$, que daqui por diante será designada como r, pode ser usada como uma estimativa do coeficiente de correlação populacional ρ. É comum se referir à estimativa r como o *coeficiente de correlação produto-momento de Pearson* ou simplesmente *coeficiente de correlação amostral*.

Coeficiente de correlação

A medida ρ da associação linear entre duas variáveis X e Y é estimada pelo *coeficiente de correlação amostral r*, onde
$$r = b\sqrt{\frac{S_{xx}}{S_{yy}}} = \frac{S_{xy}}{\sqrt{S_{xx}S_{yy}}}.$$

Para valores de r entre -1 e $+1$, devemos ter cuidado em nossa interpretação. Por exemplo, valores de r iguais a 0,3 e 0,6 significam apenas que temos duas correlações positivas, uma mais forte do que a outra. É errado concluir que $r = 0{,}6$ indica uma relação linear duas vezes melhor do que a indicada pelo valor $r = 0{,}3$. Por outro lado, se escrevermos
$$r^2 = \frac{S_{xy}^2}{S_{xx}S_{yy}} = \frac{SQR}{S_{yy}},$$

então r^2, a que nos referimos normalmente como *coeficiente de determinação amostral*, representa a proporção da variação de S_{yy} explicada pela regressão de Y em x, ou seja, por SQR. Isto é, r^2 expressa a proporção da variação total nos valores da variável Y que é devida a, ou pode ser explicada por uma relação linear com os valores da variável aleatória X. Contudo, uma correlação de 0,6 significa que 0,36, ou 36%, da variação total dos valores de Y em nossa amostra é explicada por uma relação linear com valores de X.

■ **Exemplo 11.10**

É importante que os pesquisadores científicos da área de produtos florestais sejam capazes de estudar a correlação entre a anatomia e as propriedades mecânicas das árvores. De

Tabela 11.9 Dados de 29 pinheiros para o Exemplo 11.10

Gravidade específica, x (g/cm³)	Módulo de ruptura, y (kPa)	Gravidade específica, x (g/cm³)	Módulo de ruptura, y (kPa)
0,414	29.186	0,581	85.156
0,383	29.266	0,557	69.571
0,399	26.215	0,550	84.160
0,402	30.162	0,531	73.466
0,442	38.867	0,550	78.610
0,422	37.831	0,556	67.657
0,466	44.576	0,523	74.017
0,500	46.097	0,602	87.291
0,514	59.698	0,569	86.836
0,530	67.705	0,544	82.540
0,569	66.088	0,557	81.699
0,558	78.486	0,530	82.096
0,577	89.869	0,547	75.657
0,572	77.369	0,585	80.490
0,548	67.095		

acordo com o estudo *Quantitative Anatomical Characteristics of Plantation Grown Loblolly Pine (Pinus Taeda L.) and Cottonwood (Populus deltoides Bart. Ex Marsh.) and Their Relationships to Mechanical Properties* [Características anatômicas quantitativas sobre o crescimento das plantações de pinheiro Loblolly (*Pinus Taeda L.*) e o choupo (*Populus deltoides Bart. Ex Marsh.*) e sua relação com as propriedades mecânicas], conduzido pelo Departamento de Florestas e Produtos Florestais do Instituto Politécnico e Universidade Estadual da Virgínia, um experimento no qual 29 pinheiros foram selecionados aleatoriamente para investigação gerou os dados da Tabela 11.9, com gravidade específica em gramas/cm³ e módulos de ruptura em quilopascals (kPa). Calcule e interprete o coeficiente de correlação amostral.

Solução: Dos dados, descobrimos que

$$S_{xx} = 0{,}11273 \quad S_{yy} = 11.807.324.805$$
$$S_{xy} = 34.422{,}27572.$$

Então,

$$r = \frac{34.422{,}27572}{\sqrt{(0{,}11273)(11.807.324.805)}} = 0{,}9435.$$

Um coeficiente de correlação de 0,9435 indica uma boa relação linear entre X e Y. Já que $r^2 = 0{,}8902$, podemos dizer que aproximadamente 89% da variação nos valores de Y é explicada por uma relação linear com X.

Um teste da hipótese especial $\rho = 0$ *versus* uma alternativa apropriada é equivalente a testar $\beta = 0$ para o modelo de regressão linear simples e, portanto, os procedimentos da Seção 11.8, que usam a distribuição t com $n-2$ graus de liberdade ou a distribuição F com 1 e $n-2$ graus de liberdade, são aplicáveis. Entretanto, se desejamos evitar o procedimento da análise de variância e calcular somente o coeficiente de correlação amostral, pode ser verificado (veja o Exercício 11.51) que o valor t

$$t = \frac{b}{s/\sqrt{S_{xx}}}$$

também pode ser escrito como

$$t = \frac{r\sqrt{n-2}}{\sqrt{1-r^2}},$$

o que, como antes, é um valor da estatística T que tem uma distribuição t com $n-2$ graus de liberdade.

■ **Exemplo 11.11**

Para os dados do Exemplo 11.10, teste a hipótese de que não há associação linear entre as variáveis.

Solução:
1. $H_0: \rho = 0$.
2. $H_1: \rho \neq 0$.
3. $\alpha = 0{,}05$.
4. Região crítica: $t < -2{,}052$ ou $t > 2{,}052$.
5. Cálculos: $t = \frac{0{,}9435\sqrt{27}}{\sqrt{1 - 0{,}9435^2}} = 14{,}79$, $P < 0{,}0001$.
6. Decisão: rejeitar a hipótese de não haver associação linear.

Um teste da hipótese mais geral $\rho = \rho_0$ contra uma alternativa apropriada, é mais fácil de ser conduzido com base na informação da amostra. Se X e Y seguem uma distribuição normal bivariada, a quantidade

$$\frac{1}{2}\ln\left(\frac{1+r}{1-r}\right)$$

é um valor de uma variável aleatória que segue aproximadamente uma distribuição normal, com média $\frac{1}{2}\ln\frac{1+\rho}{1-\rho}$ e variância $1/(n-3)$. Então, o procedimento de teste é calcular

$$z = \frac{\sqrt{n-3}}{2}\left[\ln\left(\frac{1+r}{1-r}\right) - \ln\left(\frac{1+\rho_0}{1-\rho_0}\right)\right]$$
$$= \frac{\sqrt{n-3}}{2}\ln\left[\frac{(1+r)(1-\rho_0)}{(1-r)(1+\rho_0)}\right]$$

e compará-lo com os pontos críticos da distribuição normal padrão.

■ **Exemplo 11.12**

Para os dados do Exemplo 11.10, teste a hipótese nula de que $\rho = 0{,}9$, contra a alternativa de que $\rho > 0{,}9$. Use um nível de significância de 0,05.

Solução:
1. $H_0: \rho = 0{,}9$.
2. $H_1: \rho > 0{,}9$.

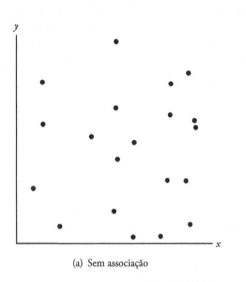
(a) Sem associação

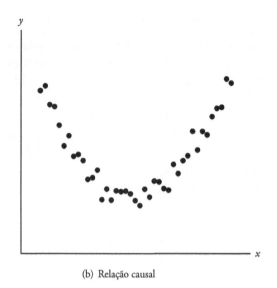
(b) Relação causal

Figura 11.28 Diagrama de dispersão que mostra correlação zero.

3. $\alpha = 0,05$.
4. Região crítica: $z > 1,645$.
5. Cálculos:

$$z = \frac{\sqrt{26}}{2} \ln\left[\frac{(1 + 0,9435)(0,1)}{(1 - 0,9435)(1,9)}\right] = 1,51, \quad P = 0,0655.$$

6. Decisão: Há certamente alguma evidência de que o coeficiente de correlação não excede 0,9.

Deveria ser apontado nos estudos de correlação, como nos problemas de regressão linear, que os resultados obtidos são somente tão bons quanto os modelos assumidos. Nas técnicas de correlação estudadas aqui, uma densidade normal bivariada é assumida para as variáveis X e Y, com o valor da média de Y em cada valor x sendo linearmente relacionado a x. Para observar a adequação da suposição de linearidade, uma representação preliminar dos dados experimentais costuma ser útil. Um valor do coeficiente da correlação da amostra próximo de 0 resultará dos dados que mostram um efeito estritamente aleatório, como na Figura 11.28(a), implicando assim pouca ou nenhuma relação casual. É importante lembrar que o coeficiente de correlação entre duas variáveis é uma medida de sua relação linear e que um valor de $r = 0$ implica *falta de linearidade e não falta de associação*. Logo, se há uma forte relação quadrática entre X e Y, como indicado na Figura 11.28(b), ainda podemos obter uma correlação 0, que indica uma relação não-linear.

Exercícios

11.49 Calcule e interprete o coeficiente de correlação para as notas de seis estudantes selecionados aleatoriamente apresentadas a seguir:

Notas de matemática	70	92	80	74	65	83
Notas de inglês	74	84	63	87	78	90

11.50 No Exercício 11.49, teste a hipótese de que $\rho = 0$ contra a alternativa de que $\rho \neq 0$. Use um nível de significância de 0,05.

11.51 Mostre os passos necessários ao converter a equação $r = \frac{b}{s/\sqrt{S_{xx}}}$ para a forma equivalente $t = \frac{r\sqrt{n-2}}{\sqrt{1-r^2}}$.

11.52 Os dados a seguir foram obtidos em um estudo da relação entre o peso e o tamanho do peito das crianças no nascimento:

Peso (kg)	Tamanho do peito (cm)
2,75	29,5
2,15	26,3
4,41	32,2
5,52	36,5
3,21	27,2
4,32	27,7
2,31	28,3
4,30	30,3
3,71	28,7

(a) Calcule r.
(b) Teste a hipótese nula de que $\rho = 0$ contra a alternativa de que $\rho > 0$, no nível de significância de 0,01.
(c) Qual é a porcentagem da variação no tamanho do peito das crianças que é explicada pela diferença nos pesos?

11.53 Em relação ao Exercício 11.1, assuma que x e y são variáveis aleatórias com distribuição normal bivariada:
(a) Calcule r.
(b) Teste a hipótese de que $\rho = 0$, contra a alternativa de que $\rho \neq 0$, no nível de significância de 0,05.

11.54 Em relação ao Exercício 11.9, assuma uma distribuição normal bivariada para x e y.
(a) Calcule r.
(b) Teste a hipótese nula de que $\rho = -0,5$ contra a alternativa de que $\rho < -0,5$, no nível de significância de 0,025.
(c) Determine a porcentagem da variação da quantidade de partículas removidas que é devida à quantidade de chuva diária.

Exercícios de revisão

11.55 Em relação ao Exercício 11.6, construa
(a) um intervalo de confiança de 95% para a nota média no curso dos estudantes que fizeram 35 pontos no teste de colocação.
(b) um intervalo de predição de 95% para a nota no curso de um estudante que teve 35 pontos em seu teste de colocação.

11.56 O Centro de Consultoria Estatística do Instituto Politécnico e Universidade Estadual da Virgínia analisou os dados sobre as marmotas para o Departamento de Medicina Veterinária. As variáveis de interesse foram o peso corporal, em gramas, e o peso do coração, em gramas. Também era de interesse desenvolver uma equação de regressão linear para determinar se havia relação linear significante entre o peso do coração e o peso total do corpo. Use o peso do coração como a variável independente e ajuste uma regressão linear simples usando os dados a seguir. Além disso, teste a hipótese $H_0: \beta = 0$ versus $H_1: \beta \neq 0$. Tire suas conclusões.

Peso corporal (gramas)	Peso do coração (gramas)
4.050	11,2
2.465	12,4
3.120	10,5
5.700	13,2
2.595	9,8
3.640	11,0
2.050	10,8
4.235	10,4
2.935	12,2
4.975	11,2
3.690	10,8
2.800	14,2
2.775	12,2
2.170	10,0
2.370	12,3
2.055	12,5
2.025	11,8
2.645	16,0
2.675	13,8

11.57 As quantidades de sólidos removidos de um material em particular quando exposto a diferentes períodos de secagem são mostradas a seguir.

x (horas)	y (gramas)	
4,4	13,1	14,2
4,5	9,0	11,5
4,8	10,4	11,5
5,5	13,8	14,8
5,7	12,7	15,1
5,9	9,9	12,7
6,3	13,8	16,5
6,9	16,4	15,7
7,5	17,6	16,9
7,8	18,3	17,2

(a) Estime a reta de regressão linear.
(b) Teste, no nível de significância de 0,05, se o modelo linear é adequado.

11.58 Em relação ao Exercício 11.7, construa
(a) um intervalo de confiança de 95% para a média das vendas semanais quando são gastos \$ 45 em publicidade;
(b) um intervalo de predição de 95% para a venda semanal quando são gastos \$ 45 em publicidade.

11.59 Um experimento foi desenvolvido pelo Departamento de Engenharia de Materiais do Instituto Politécnico e Universidade Estadual da Virgínia, para estudar as propriedades de fragilização do hidrogênio com base nas medidas de pressão eletrolítica do hidrogênio. A solução usada foi 0,1 N NaOH e o material usado era um tipo de aço inoxidável. A densidade de carregamento catódico da corrente foi controlada e variada em quatro níveis. A pressão efetiva do hidrogênio foi observada como resposta. Os dados são apresentados a seguir.

Série	Densidade de carregamento de corrente, x (mA/cm^2)	Pressão efetiva do hidrogênio, y (atm)
1	0,5	86,1
2	0,5	92,1
3	0,5	64,7
4	0,5	74,7
5	1,5	223,6
6	1,5	202,1
7	1,5	132,9
8	2,5	413,5
9	2,5	231,5
10	2,5	466,7
11	2,5	365,3
12	3,5	493,7

(continua)

(*continuação*)

Série	Densidade de carregamento de corrente, x (mA/cm²)	Pressão efetiva do hidrogênio, y (atm)
13	3,5	382,3
14	3,5	447,2
15	3,5	563,8

(a) Ajuste uma regressão linear simples de y contra x.
(b) Calcule a soma dos quadrados do erro puro e faça um teste de falta de ajuste.
(c) A informação na parte (b) indica necessidade de um modelo em x mais completo que uma regressão de primeira ordem? Explique.

11.60 Os seguintes dados representam as notas de química para uma amostra aleatória de 12 calouros de certa universidade juntamente com suas pontuações em um teste de inteligência administrado enquanto ainda estavam no ensino médio:

Estudante	Nota no teste, x	Nota de química, y
1	65	85
2	50	74
3	55	76
4	65	90
5	55	85
6	70	87
7	65	94
8	70	98
9	55	81
10	70	91
11	50	76
12	55	74

(a) Calcule e interprete o coeficiente de correlação amostral.
(b) Enuncie as suposições necessárias sobre as variáveis aleatórias.
(c) Teste a hipótese de que $\rho = 0,5$ contra a alternativa de que $\rho > 0,5$. Use um valor P em sua conclusão.

11.61 Para o modelo de regressão linear simples, prove que $E(s^2) = \sigma^2$.

11.62 A seção de negócios do *Washington Times* de março de 1997 listou 21 diferentes impressoras e computadores usados e seus preços de venda. Também listou o preço médio da concorrência. Os resultados parciais da análise de regressão usando o software *SAS* são mostrados na Figura 11.29.
(a) Explique a diferença entre o intervalo de confiança para a média e o intervalo de predição.
(b) Explique por que os erros-padrão da predição variam de observação para observação.
(c) Qual observação tem o menor erro-padrão de predição? Por quê?

11.63 Considere os dados sobre veículos da Figura 11.30, da *Consumer Reports*. Os pesos estão em toneladas, as milhagens estão em milhas por galão e a razão de dirigibilidade também está indicada. Um modelo de regressão foi ajustado relacionando o peso x à milhagem y. Uma impressão *SAS* parcial, na Figura 11.30, mostra alguns resultados da análise de regressão e a Figura 11.31 mostra o gráfico dos resíduos contra os pesos dos veículos.
(a) Da análise e do gráfico dos resíduos, parece que podemos encontrar um modelo melhorado usando uma transformação? Explique.
(b) Ajuste o modelo substituindo o peso por log (peso). Comente os resultados.
(c) Ajuste um modelo substituindo 'milhas por galão' por 'galões por cem milhas viajadas', como a milhagem é freqüentemente reportada em outros países. Qual dos três modelos é preferível? Explique.

11.64 Observações sobre os rendimentos de uma reação química tomados em várias temperaturas foram registradas como se segue:

x (°C)	y (%)	x (°C)	y (%)
150	75,4	150	77,7
150	81,2	200	84,4
200	85,5	200	85,7
250	89,0	250	89,4
250	90,5	300	94,8
300	96,7	300	95,3

(a) Faça um gráfico dos dados.
(b) Parece, com base na representação, que a relação é linear?
(c) Ajuste uma regressão linear simples e teste a falta de ajuste.
(d) Tire suas conclusões com base no resultado em (c).

11.65 Os testes de aptidão física são um importante aspecto do treino atlético. Uma medida comum da magnitude da aptidão física cardiovascular é o volume máximo de oxigênio absorvido durante exercícios extenuantes. Um estudo foi conduzido com 24 homens de meia-idade para estudar a influência do tempo que se leva para completar uma corrida de duas milhas. A medição da absorção de oxigênio foi feita com métodos laboratoriais padrão conforme os indivíduos realizavam a corrida na esteira. O trabalho foi publicado no artigo "Maximal Oxygen Intake Prediction in Young and Middle Aged Males" (Previsão de máxima absorção de oxigênio em homens jovens e de meia-idade), no *Journal of Sports Medicine* 9, 1969, p. 17-22. Os dados são apresentados a seguir:

Capítulo 11 - Regressão linear simples e correlação | 281

Indivíduo	y, volume máximo de O$_2$	x, tempo em segundos
1	42,33	918
2	53,10	805
3	42,08	892
4	50,06	962
5	42,45	968
6	42,46	907
7	47,82	770
8	49,92	743
9	36,23	1.045
10	49,66	810
11	41,49	927
12	46,17	813
13	46,18	858
14	43,21	860
15	51,81	760
16	53,28	747
17	53,29	743

(*continua*)

(*continuação*)

Indivíduo	y, volume máximo de O$_2$	x, tempo em segundos
18	47,18	803
19	56,91	683
20	47,80	844
21	48,65	755
22	53,67	700
23	60,62	748
24	56,73	775

(a) Estime os parâmetros de um modelo de regressão linear simples.

(b) O tempo que se leva para correr duas milhas tem uma influência significante na absorção máxima de oxigênio? Use

$$H_{0:}\ \beta = 0,$$
$$H_1: \beta \neq 0.$$

(c) Faça um gráfico dos resíduos contra x e comente a adequação do modelo linear simples.

```
    R-Square      Coeff Var      Root MSE     Price Mean
    0,967472      7,923338       70,83841      894,0476
                                 Standard
Parameter         Estimate         Error      t Value    Pr > |t|
Intercept        59,93749137    38,34195754     1,56      0,1345
Buyer             1,04731316     0,04405635    23,77     <,0001
                                 Predict  Std Err  Lower 95%  Upper 95%  Lower 95%  Upper 95%
product                    Buyer Price   Value    Predict     Mean       Mean      Predict    Predict
IBM PS/1 486/66 420MB       325   375    400,31   25,8906    346,12     454,50     242,46     558,17
IBM ThinkPad 500            450   625    531,23   21,7232    485,76     576,70     376,15     686,31
IBM Think-Dad 755CX        1700  1850   1840,37   42,7041   1750,99    1929,75    1667,25    2013,49
AST Pentium 90 540MB        800   875    897,79   15,4590    865,43     930,14     746,03    1049,54
Dell Pentium 75 1GB         650   700    740,69   16,7503    705,63     775,75     588,34     893,05
Gateway 486/75 320MB        700   750    793,06   16,0314    759,50     826,61     641,04     945,07
Clone 586/133 1GB           500   600    583,59   20,2363    541,24     625,95     429,40     737,79
Compaq Contura 4/25 120MB   450   600    531,23   21,7232    485,76     576,70     376,15     686,31
Compaq Deskpro P90 1,2GB    800   850    897,79   15,4590    865,43     930,14     746,03    1049,54
Micron P75 810MB            800   675    897,79   15,4590    865,43     930,14     746,03    1049,54
Micron P100 1,2GB           900   975   1002,52   16,1176    968,78    1036,25     850,46    1154,58
Mac Quadra 840AV 500MB      450   575    531,23   21,7232    485,76     576,70     376,15     686,31
Mac Performer 6116 700MB    700   775    793,06   16,0314    759,50     826,61     641,04     945,07
PowerBook 540c 320MB       1400  1500   1526,18   30,7579   1461,80    1590,55    1364,54    1687,82
PowerBook 5300 500MB       1350  1575   1473,81   28,8747   1413,37    1534,25    1313,70    1633,92
Power Mac 7500/100 1GB     1150  1325   1264,35   21,9454   1218,42    1310,28    1109,13    1419,57
NEC Versa 486 340MB         800   900    897,79   15,4590    865,43     930,14     746,03    1049,54
Toshiba 1960CS 320MB        700   825    793,06   16,0314    759,50     826,61     641,04     945,07
Toshiba 4800VCT 500MB      1000  1150   1107,25   17,8715   1069,85    1144,66     954,34    1260,16
HP Laser jet III            350   475    426,50   25,0157    374,14     478,86     269,26     583,74
Apple Laser Writer Pro 63   750   800    845,42   15,5930    812,79     878,06     693,61     997,24
```

Figura 11.29 Impressão *SAS* da análise parcial dos dados do Exercício de revisão 11.62.

```
Obs    Model                         WT       MGP      DR_RATIO
  1    Buick Estate Wagon            4,360    16,9     2,73
  2    Ford Country Squire Wagon     4,054    15,5     2,26
  3    Chevy Malibu Wagon            3,605    19,2     2,56
  4    Chrysler LeBaron Wagon        3,940    18,5     2,45
  5    Chevette                      2,155    30,0     3,70
  6    Toyota Corona                 2,560    27,5     3,05
  7    Datsun 510                    2,300    27,2     3,54
  8    Dodge Omni                    2,230    30,9     3,37
  9    Audi 5000                     2,830    20,3     3,90
 10    Volvo 240 CL                  3,140    17,0     3,50
 11    Saab 99 GLE                   2,795    21,6     3,77
 12    Peugeot 694 SL                3,410    16,2     3,58
 13    Buick Century Special         3,380    20,6     2,73
```

(*continua*)

(*continuação*)

```
14    Mercury Zephyr           3,070      20,8      3,08
15    Dodge Aspen              3,620      18,6      2,71
16    AMC Concord D/L          3,410      18,1      2,73
17    Chevy Caprice Classic    3,840      17,0      2,41
18    Ford LTP                 3,725      17,6      2,26
19    Mercury Grand Marquis    3,955      16,5      2,26
20    Dodge St Regis           3,830      18,2      2,45
21    Ford Mustang 4           2,585      26,5      3,08
22    Ford Mustang Ghia        2,910      21,9      3,08
23    Macda GLC                1,975      34,1      3,73
24    Dodge Colt               1,915      35,1      2,97
25    AMC Spirit               2,670      27,4      3,08
26    VW Scirocco              1,990      31,5      3,78
27    Honda Accord LX          2,135      29,5      3,05
28    Buick Skylark            2,570      28,4      2,53
29    Chevy Citation           2,595      28,8      2,69
30    Olds Omega               2,700      26,8      2,84
31    Pontiac Phoenix          2,556      33,5      2,69
32    Plymouth Horizon         2,200      34,2      3,37
33    Datsun 210                 2,020     31,8      3,70
34    Fiat Strada              2,130      37,3      3,10
35    VW Dasher                2,190      30,5      3,70
36    Datsun 810               2,815      22,0      3,70
37    BMW 320i                 2,600      21,5      3,64
38    VW Rabbit                1,925      31,9      3,78

    R-Square     Coeff Var    Root MSE    MPG Mean
    0,817244     11,46010     2,837580    24,76053
                              Standard
Parameter     Estimate          Error     t Value    Pr>|t|
Intercept     48,67928080     1,94053995   25,09     <,0001
WT            -8,36243141     0,65908398  -12,69     <,0001
```

Figura 11.30 Impressão *SAS* da análise parcial dos dados do Exercício de revisão 11.63.

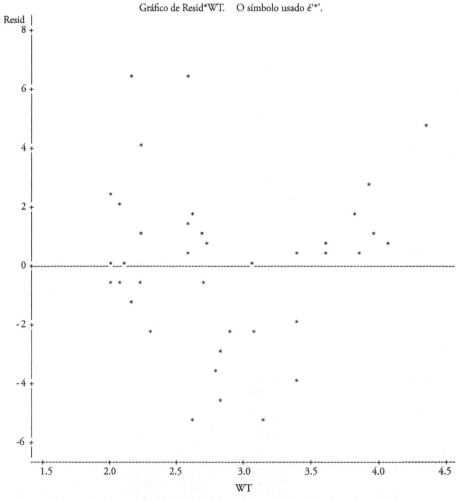

Figura 11.31 Impressão *SAS* do gráfico dos resíduos do Exercício de revisão 11.63.

11.66 Suponha que um cientista postule o modelo
$$Y_i = \alpha + \beta x_i + \epsilon_i, \quad i = 1, 2, ..., n,$$
e α é um *valor conhecido*, não necessariamente 0.
(a) Qual é o estimador de mínimos quadrados de β? Justifique.
(b) Qual é a variância do estimador da inclinação?

11.67 No Exercício 11.30, foi pedido ao estudante que mostrasse que $\sum_{i=1}^{n}(y_i - \hat{y}_i) = 0$ para um modelo de regressão linear simples padrão. O mesmo acontece para um modelo com intercepto 0? Mostre por que sim ou por que não.

11.68 Considere o conjunto de dados fictício mostrado a seguir, em que a reta que atravessa os dados é a reta de regressão linear simples ajustada. Faça o esboço de um gráfico dos resíduos.

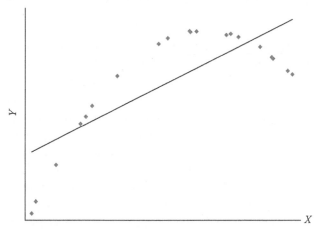

11.13 Conceitos errôneos e riscos em potencial; relação com material de outros capítulos

Toda vez que consideramos usar uma regressão linear simples, um gráfico dos dados não somente é recomendado como também é essencial. Um gráfico dos resíduos, tanto dos resíduos 'estudentizados' como o gráfico de probabilidade normal dos resíduos, é sempre edificante. Todos esses gráficos foram projetados para detectar violações das suposições.

O uso da estatística t para testes dos coeficientes de regressão é razoavelmente robusto à suposição de normalidade. A suposição de variância homogênea é crucial e os gráficos dos resíduos são planejados para detectar violações.

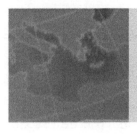

Capítulo 12

Regressão linear múltipla e alguns modelos de regressão não-linear

12.1 Introdução

Na maioria dos problemas em que a análise de regressão é aplicada, necessitamos de mais de uma variável independente no modelo de regressão. A complexidade de muitos dos mecanismos científicos é tamanha que, para prevermos uma importante resposta, precisamos de um *modelo de regressão múltipla*. Quando esse modelo é linear nos coeficientes, ele é chamado de *modelo de regressão linear múltipla*. Para o caso de k variáveis independentes $x_1, x_2, ..., x_k$, a média de $Y|x_1, x_2, ..., x_k$ é dada pelo modelo de regressão linear múltipla

$$\mu_{Y|x_1,x_2,...,x_k} = \beta_0 + \beta_1 x_1 + \cdots + \beta_k x_k,$$

e a resposta estimada é obtida da equação de regressão amostral

$$\hat{y} = b_0 + b_1 x_1 + \cdots + b_k x_k,$$

onde cada coeficiente de regressão β_i é estimado por b_i com base nos dados da amostra, usando o método dos mínimos quadrados. Como no caso de uma única variável independente, o modelo de regressão linear múltipla pode ser, com freqüência, uma representação adequada de uma estrutura mais complexa, dentro de certos intervalos de valores das variáveis independentes.

Técnicas similares de mínimos quadrados também podem ser aplicadas na estimação dos coeficientes quando o modelo linear envolve, digamos, potências e produtos das variáveis independentes. Por exemplo, quando $k = 1$, o pesquisador pode sentir que as médias $\mu_{Y|x}$ não estão em uma linha reta, e são mais apropriadamente descritas pelo *modelo de regressão polinomial*

$$\mu_{Y|x} = \beta_0 + \beta_1 x + \beta_2 x^2 + \cdots + \beta_r x^r,$$

e a resposta estimada é obtida da equação de regressão polinomial

$$\hat{y} = b_0 + b_1 x + b_2 x^2 + \cdots + b_r x^r.$$

Ocasionalmente, pode haver confusão quando falamos de um modelo polinomial como se fosse linear. Entretanto, os estatísticos se referem ao modelo linear como aquele no qual os parâmetros ocorrem linearmente, sem levar em consideração como as variáveis independentes entram no modelo. Um exemplo de modelo não-linear é a *relação exponencial*

$$\mu_{Y|x} = \alpha \beta^x,$$

que é estimada pela equação de regressão

$$\hat{y} = ab^x.$$

Há muitos fenômenos em engenharia e ciências que são inerentemente não-lineares em sua natureza e, quando a verdadeira estrutura é conhecida, devemos certamente tentar ajustar o modelo real. A literatura sobre estimação por mínimos quadrados de modelos não-lineares é volumosa. Embora não tentemos cobrir a regressão não-linear de modo rigoroso neste livro, lidaremos com certos tipos específicos de modelos desse tipo na Seção 12.12. Os modelos não-lineares discutidos neste capítulo lidam com situações não ideais nas quais o analista está certo de que a resposta e, conseqüentemente, o erro do modelo da resposta, não são normalmente distribuídos, mas, em vez disso, têm uma distribuição binomial ou Poisson. Essas situações costumam ocorrer bastante na prática.

Um estudante que deseja uma visão mais geral sobre a regressão não-linear deve consultar *Classical and modern regression with applications*, de Myers (veja a seção Referências bibliográficas).

12.2 Estimação dos coeficientes

Nesta seção, obteremos os estimadores dos mínimos quadrados dos parâmetros $\beta_0, \beta_1, ..., \beta_k$, ajustando o modelo de regressão linear múltipla

$$\mu_{Y|x_1, x_2,...,x_k} = \beta_0 + \beta_1 x_1 + \cdots + \beta_k x_k$$

aos dados

$$\{(x_{1i}, x_{2i}, ..., x_{ki}, y_i), \quad i = 1, 2, ..., n \text{ e } n > k\},$$

onde y_i é a resposta observada para os valores $x_{1i}, x_{2i}, ..., x_{ki}$ de k variáveis independentes $x_1, x_2, ..., x_k$. Assume-se que cada observação $(x_{1i}, x_{2i}, ..., x_{ki}, y_i)$ satisfaz a equação a seguir:

Modelo de regressão linear múltipla

$$y_i = \beta_0 + \beta_1 x_{1i} + \beta_2 x_{2i} + \cdots + \beta_k x_{ki} + \epsilon_i$$

ou

$$y_i = \hat{y}_i + e_i = b_0 + b_1 x_{1i} + b_2 x_{2i} + \cdots + b_k x_{ki} + e_i,$$

onde ϵ_i e e_i são o erro aleatório e o resíduo, respectivamente, associados com a resposta y_i e com valor ajustado $\hat{y}_i$.

Como no caso da regressão linear simples, assumimos que os ϵ_i são independentes, identicamente distribuídos com média zero e variância comum σ^2.

Ao usarmos o conceito dos mínimos quadrados para chegar às estimativas $b_0, b_1, ..., b_k$, minimizamos a expressão

$$SQE = \sum_{i=1}^{n} e_i^2$$

$$= \sum_{i=1}^{n} (y_i - b_0 - b_1 x_{1i} - b_2 x_{2i} - \cdots - b_k x_{ki})^2.$$

Diferenciando SQE um após o outro em relação a $b_0, b_1, ..., b_k$, e igualando a zero, geramos um conjunto de $k + 1$ *equações normais de estimação para a regressão linear múltipla.*

Equações normais de estimação para a regressão linear múltipla

$$nb_0 + b_1 \sum_{i=1}^{n} x_{1i} + b_2 \sum_{i=1}^{n} x_{2i} + \cdots + b_k \sum_{i=1}^{n} x_{ki} = \sum_{i=1}^{n} y_i$$

$$b_0 \sum_{i=1}^{n} x_{1i} + b_1 \sum_{i=1}^{n} x_{1i}^2 + b_2 \sum_{i=1}^{n} x_{1i} x_{2i} + \cdots + b_k \sum_{i=1}^{n} x_{1i} x_{ki} = \sum_{i=1}^{n} x_{1i} y_i$$

$$\vdots$$

$$b_0 \sum_{i=1}^{n} x_{ki} + b_1 \sum_{i=1}^{n} x_{ki} x_{1i} + b_2 \sum_{i=1}^{n} x_{ki} x_{2i} + \cdots + b_k \sum_{i=1}^{n} x_{ki}^2 = \sum_{i=1}^{n} x_{ki} y_i$$

Essas equações podem ser resolvidas para $b_0, b_1, ..., b_k$, por qualquer método apropriado para resolver sistemas de equações lineares.

■ Exemplo 12.1

Um estudo foi realizado em um caminhão de cargas leves movido a diesel para verificar se umidade, temperatura do ar e pressão barométrica influenciam na emissão de óxido nitroso (em ppm). As medições das emissões foram tomadas em momentos diferentes, com condições experimentais variadas. Os dados são fornecidos na Tabela 12.1. O modelo é

$$\mu_{Y|x_1,x_2,x_3} = \beta_0 + \beta_1 x_1 + \beta_2 x_2 + \beta_3 x_3,$$

ou, de modo equivalente,

$$y_i = \beta_0 + \beta_1 x_{1i} + \beta_2 x_{2i} + \beta_3 x_{3i} + \epsilon_i, \quad i = 1, 2, \ldots, 20.$$

Ajuste esse modelo de regressão linear múltipla para os dados fornecidos e, então, estime a quantidade de óxido nitroso para as condições em que a umidade é de 50%, a temperatura é de 76 °F e a pressão barométrica é de 29,30.

Solução: A solução do conjunto de equações de estimação gera as estimativas pontuais

Tabela 12.1 Dados para o Exemplo 12.1

Óxido Nitroso, y	Umidade, x_1	Temperatura, x_2	Pressão, x_3	Óxido Nitroso, y	Umidade, x_1	Temperatura, x_2	Pressão, x_3
0,90	72,4	76,3	29,18	1,07	23,2	76,8	29,38
0,91	41,6	70,3	29,35	0,94	47,4	86,6	29,35
0,96	34,3	77,1	29,24	1,10	31,5	76,9	29,63
0,89	35,1	68,0	29,27	1,10	10,6	86,3	29,56
1,00	10,7	79,0	29,78	1,10	11,2	86,0	29,48
1,10	12,9	67,4	29,39	0,91	73,3	76,3	29,40
1,15	8,3	66,8	29,69	0,87	75,4	77,9	29,28
1,03	20,1	76,9	29,48	0,78	96,6	78,7	29,29
0,77	72,2	77,7	29,09	0,82	107,4	86,8	29,03
1,07	24,0	67,7	29,60	0,95	54,9	70,9	29,37

Fonte: Charles T. Hare, "Light-Duty Diesel Emission Correction Factors for Ambient Conditions" (Fatores de correlação da emissão de diesel de cargas leves com as condições ambientais), EPA-600/2-77-116, Agência de Proteção Ambiental Norte-Americana.

$$b_0 = -3{,}507778, \quad b_1 = -0{,}002625$$
$$b_2 = 0{,}000799, \quad b_3 = 0{,}154155.$$

Portanto, a equação de regressão é

$$\hat{y} = -3{,}507778 - 0{,}002625\, x_1 + 0{,}000799\, x_2 + 0{,}154155 x_3$$

Para 50% de umidade, temperatura de 76 °F e pressão barométrica de 29,30, a quantidade estimada de óxido nitroso é

$$\hat{y} = -3{,}507778 - 0{,}002625(50{,}0) + 0{,}000799(76{,}0) + 0{,}1541553(29{,}30)$$
$$= 0{,}9384 \text{ ppm.}$$

Regressão polinomial

Agora, suponha que desejamos ajustar a equação polinomial

$$\mu_{Y|x} = \beta_0 + \beta_1 x + \beta_2 x^2 + \cdots + \beta_r x^r$$

para os n pares de observações $\{(x_i, y_i); i = 1, 2, \ldots, n\}$. Cada observação, y_i, satisfaz a equação

$$y_i = \beta_0 + \beta_1 x_i + \beta_2 x_i^2 + \cdots + \beta_r x_i^r + \epsilon_i$$

ou

$$y_i = \hat{y}_i + e_i = b_0 + b_1 x_i + b_2 x_i^2 + \cdots + b_r x_i^r + e_i,$$

onde r é o grau do polinômio e ϵ_i e e_i são, novamente, o erro aleatório e o resíduo associados à resposta y_i e ao valor ajustado $\hat{y}_i$, respectivamente. Aqui, o número de pares, n, deve ser tão grande quanto $r + 1$, o número de parâmetros a serem estimados.

Note que o modelo polinomial pode ser considerado um caso especial do modelo de regressão linear múltipla mais geral, onde usamos $x_1 = x$, $x_2 = x^2$, ..., $x_r = x^r$. As equações normais assumem a mesma forma daquelas dadas na página 285. Elas são resolvidas para $b_0, b_1, b_2, \ldots, b_r$.

■ **Exemplo 12.2**

Fornecidos os dados

x	0	1	2	3	4	5	6	7	8	9
y	9,1	7,3	3,2	4,6	4,8	2,9	5,7	7,1	8,8	10,2

ajuste uma curva de regressão da forma $\mu_{Y|x} = \beta_0 + \beta_1 x + \beta_2 x^2$ e, então, estime $\mu_{Y|2}$.

Solução: Com base nos dados fornecidos, descobrimos que

$$10 b_0 + 45 b_1 + 285 b_2 = 63{,}7,$$
$$45 b_0 + 285 b_1 + 2.025 b_2 = 307{,}3,$$
$$285 b_0 + 2.025 b_1 + 15.333 b_2 = 2153{,}3.$$

Resolvendo as equações normais, obtemos

$$b_0 = 8{,}698; \quad b_1 = -2{,}341; \quad b_2 = 0{,}288.$$

Portanto,

$$\hat{y} = 8{,}698 - 2{,}341 x + 0{,}288 x^2.$$

Quando $x = 2$, nossa estimação de $\mu_{Y|2}$ é

$$\hat{y} = 8{,}698 - (2{,}341)(2) + (0{,}288)(2^2) = 5{,}168.$$

12.3 Modelo de regressão linear usando matrizes (opcional)

Ao ajustar o modelo de regressão linear múltipla, particularmente quando o número de variáveis excede dois, um conhecimento da teoria de matrizes pode facilitar consideravelmente as manipulações matemáticas. Suponha que o pesquisador tenha k variáveis independentes $x_1, x_2, \ldots, x_k$ e n observações $y_1, y_2, \ldots, y_n$, cada qual podendo ser expressa pela equação

$$y_i = \beta_0 + \beta_1 x_{1i} + \beta_2 x_{2i} + \cdots + \beta_k x_{ki} + \epsilon_i.$$

Esse modelo, essencialmente, representa n equações que descrevem como os valores da resposta são gerados no processo científico. Usando a notação matricial, podemos escrever a seguinte equação

Modelo linear geral

$$y = \mathbf{X}\beta + \epsilon,$$

onde

$$y = \begin{bmatrix} y_1 \\ y_2 \\ \vdots \\ y_n \end{bmatrix}, \quad \mathbf{X} = \begin{bmatrix} 1 & x_{11} & x_{21} & \cdots & x_{k1} \\ 1 & x_{12} & x_{22} & \cdots & x_{k2} \\ \vdots & \vdots & \vdots & & \vdots \\ 1 & x_{1n} & x_{2n} & \cdots & x_{kn} \end{bmatrix},$$

$$\beta = \begin{bmatrix} \beta_0 \\ \beta_1 \\ \vdots \\ \beta_k \end{bmatrix}, \quad \epsilon = \begin{bmatrix} \epsilon_1 \\ \epsilon_2 \\ \vdots \\ \epsilon_n \end{bmatrix}.$$

Assim, a solução dos mínimos quadrados para a estimação de β, ilustrada na Seção 12.2, envolve encontrar $\mathbf{b}$ para o qual

$$SQE = (\mathbf{y} - \mathbf{Xb})'(\mathbf{y} - \mathbf{Xb})$$

é minimizado. Esse processo de minimização envolve solucionar a equação em relação a $\mathbf{b}$

$$\frac{\partial}{\partial \mathbf{b}}(SQE) = \mathbf{0}.$$

Não apresentaremos os detalhes da solução dessas equações. O resultado é reduzido à solução de $\mathbf{b}$ em

$$(\mathbf{X}'\mathbf{X})\mathbf{b} = \mathbf{X}'\mathbf{y}.$$

Note a natureza da matriz $\mathbf{X}$. Sem considerar o elemento inicial, a i-ésima linha representa os valores x que dão origem à resposta y_i. Ao escrever

$$A = X'X$$

$$= \begin{bmatrix} n & \sum_{i=1}^{n} x_{1i} & \sum_{i=1}^{n} x_{2i} & \cdots & \sum_{i=1}^{n} x_{ki} \\ \sum_{i=1}^{n} x_{1i} & \sum_{i=1}^{n} x_{1i}^2 & \sum_{i=1}^{n} x_{1i}x_{2i} & \cdots & \sum_{i=1}^{n} x_{1i}x_{ki} \\ \vdots & \vdots & \vdots & & \vdots \\ \sum_{i=1}^{n} x_{ki} & \sum_{i=1}^{n} x_{ki}x_{1i} & \sum_{i=1}^{n} x_{ki}x_{2i} & \cdots & \sum_{i=1}^{n} x_{ki}^2 \end{bmatrix}$$

e

$$g = X'y = \begin{bmatrix} g_0 = \sum_{i=1}^{n} y_i \\ g_1 = \sum_{i=1}^{n} x_{1i}y_i \\ \vdots \\ g_k = \sum_{i=1}^{n} x_{ki}y_i \end{bmatrix},$$

as equações normais podem ser colocadas na forma matricial

$$Ab = g.$$

Se a matriz **A** é não-singular, podemos escrever a solução para os coeficientes de regressão como

$$b = A^{-1}g = (X'X)^{-1}X'y.$$

Então, obtemos a equação de predição ou a equação de regressão ao resolver um conjunto de equações $k + 1$ em um número igual de valores desconhecidos. Isso envolve a inversão da matriz $x'x$, que tem dimensão $k + 1$ por $k + 1$. As técnicas para inverter essa matriz são explicadas na maioria dos livros elementares sobre determinantes e matrizes. É claro, há muitos pacotes de computador de alta velocidade para os problemas de regressão múltipla, os quais não somente fornecem as estimativas dos coeficientes de regressão, mas também outras informações relevantes para fazermos inferências sobre a equação de regressão.

■ **Exemplo 12.3**

O percentual de sobrevivência de certo tipo de sêmen animal, depois de armazenado, foi medido em várias combinações de concentrações de três materiais usados para aumentar as chances de sobrevida. Os dados são fornecidos na Tabela 12.2. Estime o modelo de regressão linear múltipla para os dados.

Solução: As equações de estimação dos mínimos quadrados, $(X'X)b = X'y$, são

$$\begin{bmatrix} 13 & 59,43 & 81,82 & 115,40 \\ 59,43 & 394,7255 & 360,6621 & 522,0780 \\ 81,82 & 360,6621 & 576,7264 & 728,3100 \\ 115,40 & 522,0780 & 728,3100 & 1035,9600 \end{bmatrix} \begin{bmatrix} b_0 \\ b_1 \\ b_2 \\ b_3 \end{bmatrix}$$

$$= \begin{bmatrix} 377,5 \\ 1877,567 \\ 2246,661 \\ 3337,780 \end{bmatrix}.$$

Tabela 12.2 Dados para o Exemplo 12.3

y (% de sobrevivência)	x_1 (% de peso)	x_2 (% de peso)	x_3 (% de peso)
25,5	1,74	5,30	10,80
31,2	6,32	5,42	9,40
25,9	6,22	8,41	7,20
38,4	10,52	4,63	8,50
18,4	1,19	11,60	9,40
26,7	1,22	5,85	9,90
26,4	4,10	6,62	8,00
25,9	6,32	8,72	9,10
32,0	4,08	4,42	8,70
25,2	4,15	7,60	9,20
39,7	10,15	4,83	9,40
35,7	1,72	3,12	7,60
26,5	1,70	5,30	8,20

Usando um programa de computador, obtemos os elementos da matriz inversa

$$(X'X)^{-1} = \begin{bmatrix} 8,0648 & -0,0826 & -0,0942 & -0,7905 \\ -0,0826 & 0,0085 & 0,0017 & 0,0037 \\ -0,0942 & 0,0017 & 0,0166 & -0,0021 \\ -0,7905 & 0,0037 & -0,0021 & 0,0886 \end{bmatrix}$$

e, então, ao usar a relação $b = (X'X)^{-1}X'y$, os coeficientes de regressão estimados são

$$b_0 = 39{,}1574, \quad b_1 = 1{,}0161,$$
$$b_2 = -1{,}8616, \quad b_3 = -0{,}3433.$$

Logo, nossa equação de regressão estimada é

$$\hat{y} = 39{,}1574 + 1{,}0161\,x_1 - 1{,}8616\,x_2 - 0{,}3433\,x_3.$$

■ **Exemplo 12.4**

Os dados da Tabela 12.3 representam a porcentagem de impurezas que ocorre em várias temperaturas e tempos de esterilização durante uma reação associada à manufatura de certo tipo de bebida.

Estime os coeficientes de regressão no modelo polinomial

$$y_i = \beta_0 + \beta_1 x_{1i} + \beta_2 x_{2i} + \beta_{11} x_{1i}^2 + \beta_{22} x_{2i}^2 + \beta_{12} x_{1i} x_{2i} + \epsilon_i,$$

para $i = 1, 2, \ldots, 18$.

Tabela 12.3 Dados para o Exemplo 12.4

Tempo de esterilização, x_2 (min)	Temperatura, x_1 (°C) 75	100	125
15	14,05	10,55	7,55
	14,93	9,48	6,59
20	16,56	13,63	9,23
	15,85	11,75	8,78
25	22,41	18,55	15,93
	21,66	17,98	16,44

Solução:

$b_0 = 56{,}4411$; $b_1 = -0{,}36190$; $b_2 = -2{,}75299$;
$b_{11} = 0{,}00081$; $b_{22} = 0{,}08173$; $b_{12} = 0{,}00314$;

e nossa equação de regressão estimada é

$\hat{y} = 56{,}4411 - 0{,}36190 x_1 - 2{,}75299 x_2 + 0{,}00081 x_1^2$
$+ 0{,}08173 x_2^2 + 0{,}00314 x_1 x_2.$

Muitos dos princípios e procedimentos associados à estimativa de funções de regressão polinomial estão na categoria da *metodologia de superfície de resposta*, uma coleção de técnicas usada por engenheiros e cientistas de diversas áreas com bastante sucesso. Os x_i^2 são chamados de termos quadráticos puros e os $x_i x_j$ ($i \neq j$) são chamados de termos de interação. Problemas como a seleção de um planejamento experimental apropriado, particularmente nos casos em que um grande número de variáveis está no modelo, e a escolha das condições de operação ótimas em $x_1, x_2, \ldots, x_k$, são abordados com freqüência por meio do uso desses métodos. Para uma exposição mais extensiva sobre esses métodos, o leitor pode consultar *Response Surface Methodology: Process and Product Optimization Using Designed Experiments* (Metodologia de superfície de resposta: Otimização de processo e produto usando experimentos planejados), de Myers e Montgomery (veja as Referências bibliográficas).

Exercícios

12.1 Suponha que, no Exercício de revisão 11.60, também são fornecidos os números de aulas perdidas pelos 12 estudantes do curso de química. Os dados completos são mostrados a seguir:

Estudante	Nota de química, y	Nota do teste, x_1	Aulas perdidas, x_2
1	85	65	1
2	74	50	7
3	76	55	5
4	90	65	2
5	85	55	6
6	87	70	3
7	94	65	2
8	98	70	5
9	81	55	4
10	91	70	3
11	76	50	1
12	74	55	4

(a) Ajuste uma equação de regressão linear múltipla da forma $\hat{y} = b_0 + b_1 x_1 + b_2 x_2$.

(b) Estime a nota de química para um aluno que obteve 60 no teste de inteligência e que perdeu quatro aulas.

12.2 Em *Applied Spectroscopy* (Espectroscopia aplicada), foram estudadas as propriedades de reflexão no espectro infravermelho de um líquido viscoso usado na indústria eletrônica como lubrificante. O experimento planejado consistiu do efeito de freqüência da banda x_1 e da espessura do filme x_2 na densidade ótica y, usando um espectrômetro infravermelho Perkin-Elmer modelo 621. [*Fonte*: Pachansky, J., England, C. D. e Wattman, R. "Infrared spectroscopic studies of poly (perflouropropyleneoxide) on gold substrate. A classical dispersion analysis for the refractive index". *Applied Spectroscopy*, v. 40, n. 1, jan. 1986, p. 9, Tabela 1.]

y	x_1	x_2
0,231	740	1,10
0,107	740	0,62
0,053	740	0,31
0,129	805	1,10
0,069	805	0,62
0,030	805	0,31
1,005	980	1,10
0,559	980	0,62
0,321	980	0,31
2,948	1.235	1,10
1,633	1.235	0,62
0,934	1.235	0,31

Estime a equação de regressão linear múltipla

$$\hat{y} = b_0 + b_1 x_1 + b_2 x_2.$$

12.3 Um conjunto de experimentos foi realizado para determinar uma maneira de prever o tempo de cozimento y em junção de vários níveis da largura do forno x_1 e da temperatura do gás x_2. Os dados codificados foram registrados como se segue.

y	x_1	x_2
6,40	1,32	1,15
15,05	2,69	3,40
18,75	3,56	4,10
30,25	4,41	8,75
44,85	5,35	14,82
48,94	6,20	15,15
51,55	7,12	15,32
61,50	8,87	18,18
100,44	9,80	35,19
111,42	10,65	40,40

Estime a equação de regressão linear múltipla

$$\mu_{Y|x_1,x_2} = \beta_0 + \beta_1 x_1 + \beta_2 x_2.$$

12.4 Um estudo foi conduzido para determinar se o peso de um animal pode ser previsto depois de um período com base no seu peso inicial e na quantidade de ração que ele comeu. Os seguintes dados, em quilogramas, foram registrados:

Peso final, y	Peso inicial, x_1	Peso da ração, x_2
95	42	272
77	33	226
80	33	259
100	45	292
97	39	311
70	36	183
50	32	173
80	41	236
92	40	230
84	38	235

(a) Ajuste uma equação de regressão múltipla da forma
$$\mu_{Y|x_1,x_2} = \beta_0 + \beta_1 x_1 + \beta_2 x_2.$$

(b) Dê uma previsão para o peso final de um animal que tinha como peso inicial 35 quilogramas e foi alimentado com 250 quilogramas de ração.

12.5 (a) Ajuste uma equação de regressão múltipla da forma $\mu_{Y|x} = \beta_0 + \beta_1 x + \beta_2 x^2$ para os dados do Exemplo 11.8.

(b) Estime o rendimento da reação química para uma temperatura de 225 °C.

12.6 Um experimento foi conduzido em um novo modelo de automóvel de certa marca para determinar a distância de frenagem em várias velocidades. Os dados foram registrados a seguir.

Velocidade, v (km/h)	35	50	65	80	95	110
Distância de frenagem, d (m)	16	26	41	62	88	119

(a) Ajuste uma curva de regressão múltipla da forma $\mu_{D|v} = \beta_0 + \beta_1 v + \beta_2 v^2$.

(b) Estime a distância de frenagem quando o carro está a 70 quilômetros por hora.

12.7 Um experimento foi conduzido para determinar se o fluxo sangüíneo no cérebro de seres humanos pode ser previsto com base na tensão do oxigênio arterial (milímetros de mercúrio). Foram usados 15 pacientes no estudo e os seguintes dados foram observados:

Fluxo sangüíneo, y	Tensão do oxigênio arterial, x
84,33	603,40
87,80	582,50
82,20	556,20
78,21	594,60
78,44	558,90
80,01	575,20
83,53	580,10

(continua)

(continuação)

Fluxo sangüíneo, y	Tensão do oxigênio arterial, x
79,46	451,20
75,22	404,00
76,58	484,00
77,90	452,40
78,80	448,40
80,67	334,80
86,60	320,30
78,20	350,30

Estime a equação de regressão quadrática
$$\mu_{Y|x} = \beta_0 + \beta_1 x + \beta_2 x^2.$$

12.8 A seguir estão os dados experimentais codificados da força compressiva de uma liga de metais em vários valores de concentração de alguns aditivos:

Concentração, x	Força compressiva, y		
10,0	25,2	27,3	28,7
15,0	29,8	31,1	27,8
20,0	31,2	32,6	29,7
25,0	31,7	30,1	32,3
30,0	29,4	30,8	32,8

(a) Estime a equação de regressão quadrática $\mu_{Y|x} = \beta_0 + \beta_1 x + \beta_2 x^2$.

(b) Teste a falta de ajuste do modelo.

12.9 A energia elétrica consumida mensalmente por uma fábrica está relacionada com a média da temperatura ambiente, x_1, com o número de dias do mês, x_2, a média da pureza do produto, x_3, e as toneladas de produto produzido, x_4. Os dados históricos estão disponíveis e são apresentados na tabela a seguir.

y	x_1	x_2	x_3	x_4
240	25	24	91	100
236	31	21	90	95
290	45	24	88	110
274	60	25	87	88
301	65	25	91	94
316	72	26	94	99
300	80	25	87	97
296	84	25	86	96
267	75	24	88	110
276	60	25	91	105
288	50	25	90	100
261	38	23	89	98

(a) Ajuste um modelo de regressão linear múltipla usando o conjunto de dados fornecido.

(b) Dê uma previsão para o consumo de energia elétrica para um mês no qual x_1 = 75 °F, x_2 = 24 dias, x_3 = 90% e x_4 = 98 toneladas.

12.10 Para os dados seguintes:

x	0	1	2	3	4	5	6
y	1	4	5	3	2	3	4

(a) Ajuste o modelo cúbico $\mu_{Y|x} = \beta_0 + \beta_1 x + \beta_2 x^2 + \beta_3 x^3$.
(b) Dê uma previsão para Y quando $x = 2$.

12.11 O departamento de pessoal de uma indústria usou 12 indivíduos em um estudo para determinar a relação entre o índice de desempenho no trabalho (y) e os resultados de quatro testes. Os dados são os seguintes:

y	x_1	x_2	x_3	x_4
11,2	56,5	71,0	38,5	43,0
14,5	59,5	72,5	38,2	44,8
17,2	69,2	76,0	42,5	49,0
17,8	74,5	79,5	43,4	56,3
19,3	81,2	84,0	47,5	60,2
24,5	88,0	86,2	47,4	62,0
21,2	78,2	80,5	44,5	58,1
16,9	69,0	72,0	41,8	48,1
14,8	58,1	68,0	42,1	46,0
20,0	80,5	85,0	48,1	60,3
13,2	58,3	71,0	37,5	47,1
22,5	84,0	87,2	51,0	65,2

Estime os coeficientes de regressão no modelo

$$\hat{y} = b_0 + b_1 x_1 + b_2 x_2 + b_3 x_3 + b_4 x_4.$$

12.12 Os dados a seguir refletem as informações colhidas em 17 hospitais navais norte-americanos em várias localidades ao redor do mundo. As variáveis regressoras são variáveis relacionadas à carga de trabalho, ou seja, itens que resultam na necessidade de pessoal na instalação de um hospital. Uma breve descrição das variáveis está a seguir:

y = horas trabalhadas no mês,
x_1 = média da carga diária de pacientes,
x_2 = exposições mensais aos raios X,
x_3 = dias por mês em que as camas ficaram ocupadas,
x_4 = população elegível na área/1000,
x_5 = média do tempo de estada do paciente, em dias.

Hosp.	x_1	x_2	x_3	x_4	x_5	y
1	15,57	2463	472,92	18,0	4,45	566,52
2	44,02	2048	1339,75	9,5	6,92	696,82
3	20,42	3940	620,25	12,8	4,28	1033,15
4	18,74	6505	568,33	36,7	3,90	1003,62
5	49,20	5723	1497,60	35,7	5,50	1611,37
6	44,92	11520	1365,83	24,0	4,60	1613,27
7	55,48	5779	1687,00	43,3	5,62	1854,17
8	59,28	5969	1639,92	46,7	5,15	2160,55
9	94,39	8461	2872,33	78,7	6,18	2305,58

(continua)

(continuação)

Hosp.	x_1	x_2	x_3	x_4	x_5	y
10	128,02	20106	3655,08	180,5	6,15	3503,93
11	96,00	13313	2912,00	60,9	5,88	3571,59
12	131,42	10771	3921,00	103,7	4,88	3741,40
13	127,21	15543	3865,67	126,8	5,50	4026,52
14	252,90	36194	7684,10	157,7	7,00	10343,81
15	409,20	34703	12446,33	169,4	10,75	11732,17
16	463,70	39204	14098,40	331,4	7,05	15414,94
17	510,22	86533	15524,00	371,6	6,35	18854,45

O objetivo aqui é produzir uma equação empírica que irá estimar (ou prever) a necessidade de pessoal para os hospitais navais. Estime a equação de regressão linear múltipla

$$\mu_{Y|x_1,x_2,x_3,x_4,x_5} = \beta_0 + \beta_1 x_1 + \beta_2 x_2 + \beta_3 x_3 + \beta_4 x_4 + \beta_5 x_5.$$

12.13 Um experimento foi conduzido para estudar o tamanho das lulas comidas por tubarões e atuns. As variáveis regressoras são as características do bico ou boca da lula. As variáveis regressoras e as respostas consideradas para o estudo são:

x_1 = comprimento do bico, em polegadas,
x_2 = comprimento do flanco, em polegadas,
x_3 = comprimento do bico à fenda, em polegadas,
x_4 = comprimento da fenda ao flanco, em polegadas,
x_5 = largura, em polegadas,
y = peso, em libras.

x_1	x_2	x_3	x_4	x_5	y
1,31	1,07	0,44	0,75	0,35	1,95
1,55	1,49	0,53	0,90	0,47	2,90
0,99	0,84	0,34	0,57	0,32	0,72
0,99	0,83	0,34	0,54	0,27	0,81
1,01	0,90	0,36	0,64	0,30	1,09
1,09	0,93	0,42	0,61	0,31	1,22
1,08	0,90	0,40	0,51	0,31	1,02
1,27	1,08	0,44	0,77	0,34	1,93
0,99	0,85	0,36	0,56	0,29	0,64
1,34	1,13	0,45	0,77	0,37	2,08
1,30	1,10	0,45	0,76	0,38	1,98
1,33	1,10	0,48	0,77	0,38	1,90
1,86	1,47	0,60	1,01	0,65	8,56
1,58	1,34	0,52	0,95	0,50	4,49
1,97	1,59	0,67	1,20	0,59	8,49
1,80	1,56	0,66	1,02	0,59	6,17
1,75	1,58	0,63	1,09	0,59	7,54
1,72	1,43	0,64	1,02	0,63	6,36
1,68	1,57	0,72	0,96	0,68	7,63
1,75	1,59	0,68	1,08	0,62	7,78
2,19	1,86	0,75	1,24	0,72	10,15
1,73	1,67	0,64	1,14	0,55	6,88

Estime a equação de regressão = linear múltipla

$$\mu_{Y|x_1,x_2,x_3,x_4,x_5} = \beta_0 + \beta_1 x_1 + \beta_2 x_2 + \beta_3 x_3 + \beta_4 x_4 + \beta_5 x_5.$$

12.14 Vinte e três professores participaram de um programa de avaliação criado para medir a eficácia do professor e determinar quais fatores são importantes. Onze professoras participaram. A medida da resposta foi uma avaliação quantitativa feita com os professores que cooperaram. As variáveis regressoras foram os resultados de quatro testes padronizados dados a cada professor. Os dados estão a seguir.

y	x_1	x_2	x_3	x_4
410	69	125	59,00	55,66
569	57	131	31,75	63,97
425	77	141	80,50	45,32
344	81	122	75,00	46,67
324	0	141	49,00	41,21
505	53	152	49,35	43,83
235	77	141	60,75	41,61
501	76	132	41,25	64,57
400	65	157	50,75	42,41
584	97	166	32,25	57,95
434	76	141	54,50	57,90

Estime a equação de regressão linear múltipla

$$\mu_{Y|x_1,x_2,x_3,x_4} = \beta_0 + \beta_1 x_1 + \beta_2 x_2 + \beta_3 x_3 + \beta_4 x_4.$$

12.15 Um estudo foi realizado sobre o desgaste de um coxim, y, e sua relação com x_1 = viscosidade do óleo e x_2 = carga. Foram obtidos os dados a seguir. [De *Response Surface Methodology*, Myers e Montgomery (2002).]

y	x_1	x_2	y	x_1	x_2
193	1,6	851	230	15,5	816
172	22,0	1.058	91	43,0	1.201
113	33,0	1.357	125	40,0	1.115

(a) Estime os parâmetros desconhecidos da equação de regressão linear múltipla $\mu_{Y|x_1,x_2} = \beta_0 + \beta_1 x_1 + \beta_2 x_2$.
(b) Dê uma previsão para o desgaste quando a viscosidade do óleo é 20 e a carga é 1.200.

12.16 Um engenheiro de uma indústria de semicondutores deseja modelar a relação entre o ganho de um equipamento ou hFE (y) e três parâmetros: emissor-RS (x_1), base-RS (x_2) e emissor para a base-RS (x_3). Os dados são fornecidos a seguir:

x_1, Emissor-RS	x_2, Base-RS	x_3, E-B-RS	y, hFE-1M-5V
14,62	226,0	7,000	128,40
15,63	220,0	3,375	52,62
14,62	217,4	6,375	113,90
15,00	220,0	6,000	98,01

(continua)

(continuação)

x_1, Emissor-RS	x_2, Base-RS	x_3, E-B-RS	y, hFE-1M-5V
14,50	226,5	7,625	139,90
15,25	224,1	6,000	102,60
16,12	220,5	3,375	48,14
15,13	223,5	6,125	109,60
15,50	217,6	5,000	82,68
15,13	228,5	6,625	112,60
15,50	230,2	5,750	97,52
16,12	226,5	3,750	59,06
15,13	226,6	6,125	111,80
15,63	225,6	5,375	89,09
15,38	234,0	8,875	171,90
15,50	230,0	4,000	66,80
14,25	224,3	8,000	157,10
14,50	240,5	10,870	208,40
14,62	223,7	7,375	133,40

(a) Ajuste uma regressão linear múltipla aos dados.
(b) Dê uma previsão para hFE quando $x_1 = 14$, $x_2 = 220$ e $x_3 = 5$. [dados de Myers e Montgomery (2002)].

12.4 Propriedades dos estimadores de quadrados mínimos

As médias e variâncias dos estimadores $b_0, b_1, ..., b_k$ são facilmente obtidas sob certas suposições nos erros randômicos $\epsilon_1, \epsilon_2, ..., \epsilon_k$, que são idênticas àquelas feitas no caso da regressão linear simples. Quando assumimos esses erros como independentes, todos com média zero e variância σ^2, podemos mostrar que $b_0, b_1, ..., b_k$ são, respectivamente, estimadores não-viciados dos coeficientes de regressão $\beta_0, \beta_1, \beta_2, ..., \beta_k$. Além disso, as variâncias dos b's são obtidas por meio dos elementos da inversa da matriz **A**. Note que os elementos fora da diagonal de **A** = **X′X** representam a soma dos produtos dos elementos nas colunas de **X**, enquanto os elementos na diagonal de **A** representam a soma dos quadrados dos elementos nas colunas de **X**. A matriz inversa, **A**⁻¹, sem considerar o multiplicador σ^2, representa a *matriz de variância covariâncias* dos coeficientes de regressão estimados. Ou seja, os elementos da matriz **A**⁻¹σ^2 mostram as variâncias de $b_0, b_1, ..., b_k$ na diagonal principal e as covariâncias fora da diagonal. Por exemplo, em um problema de regressão linear múltipla com $k = 2$, podemos escrever

$$(\mathbf{X'X})^{-1} = \begin{bmatrix} c_{00} & c_{01} & c_{02} \\ c_{10} & c_{11} & c_{12} \\ c_{20} & c_{21} & c_{22} \end{bmatrix}$$

com os elementos abaixo da diagonal principal determinados por meio da simetria da matriz. Então, podemos escrever

$$\sigma^2_{b_i} = c_{ii}\sigma^2, \quad i = 0, 1, 2,$$
$$\sigma_{b_i b_j} = Cov(b_i, b_j) = c_{ij}\sigma^2, \quad i \neq j.$$

É claro, as estimativas das variâncias e, por conseqüência, os erros-padrão desses estimadores são obtidos substituindo-se σ^2 pela estimativa apropriada obtida por meio dos dados experimentais. Uma estimativa não-viciada de σ^2 é, novamente, definida em relação à soma dos erros dos quadrados, que é calculada usando a fórmula estabelecida no Teorema 12.1. No teorema, estamos fazendo suposições com base no ϵ_i descrito anteriormente.

Teorema 12.1

Para a equação de regressão linear

$$y = X\beta + \epsilon,$$

uma estimativa não viciada de σ^2 é dada pelo quadrado médio residual ou do erro

$$s^2 = \frac{SQE}{n-k-1}, \text{ onde}$$

$$SQE = \sum_{i=1}^{n} e_i^2 = \sum_{i=1}^{n}(y_i - \hat{y}_i)^2.$$

Podemos ver que o Teorema 12.1 representa uma generalização do Teorema 11.1 para o caso da regressão linear simples. A prova é deixada para o leitor. Como no caso da regressão linear simples, o estimador s^2 é uma medida da variação nos erros de predição ou resíduos. Outras inferências importantes sobre a equação de regressão ajustada, baseadas nos valores dos resíduos individuais $e_i = y_i - \hat{y}_i$, $i = 1, 2, \ldots, n$, serão discutidas nas seções 12.10 e 12.11.

A soma dos quadrados dos erros e da regressão têm a mesma forma e desempenham o mesmo papel como no caso da regressão linear simples. De fato, a igualdade das somas dos quadrados

$$\sum_{i=1}^{n}(y_i - \bar{y})^2 = \sum_{i=1}^{n}(\hat{y}_i - \bar{y})^2 + \sum_{i=1}^{n}(y_i - \hat{y}_i)^2$$

continua válida e mantemos a notação prévia, ou seja

$$SQT = SQR + SQE$$

com

$$SQT = \sum_{i=1}^{n}(y_i - \bar{y})^2 = \text{soma total dos quadrados}$$

e

$$SQR = \sum_{i=1}^{n}(\hat{y}_i - \bar{y})^2 = \text{soma dos quadrados da regressão}$$

Há k graus de liberdade associados a SQR e, como sempre, SQT tem $n - 1$ graus de liberdade. Portanto, após subtração, SQE tem $n - k - 1$ graus de liberdade. Então, nosso estimador de σ^2 é dado novamente pela soma dos quadrados dos erros dividida pelos seus graus de liberdade. Todas essas três somas aparecerão os resultados da maioria softwares de regressão múltipla.

Análise de variância na regressão múltipla

A decomposição da soma dos quadrados total em seus componentes, as somas dos quadrados da regressão e dos erros, tem papel importante. Uma *análise de variância* pode ser conduzida de modo a iluminar a qualidade da equação de regressão. Uma hipótese útil que determina se uma quantidade significativa de variação é explicada pelo modelo é

$$H_0: \beta_1 = \beta_2 = \beta_3 = \cdots = \beta_k = 0.$$

A análise de variância envolve um teste F por meio da tabela a seguir:

Fonte de variação	Soma dos quadrados	Graus de liberdade	Quadrados médios	F
Regressão	SQR	k	$QMR = \frac{SQR}{k}$	$f = \frac{QMR}{QME}$
Erro	SQE	$n - (k+1)$	$QME = \frac{SQE}{n-(k+1)}$	
Total	SQT	$n - 1$		

O teste envolvido é um *teste de cauda superior*. A rejeição de H_0 implica que a *equação de regressão difere de uma constante*. Ou seja, pelo menos uma variável regressora é importante. O uso da análise de variância será discutido nas seções subseqüentes.

Outra utilidade do quadrado médio do erro (ou quadrado médio residual) está em seu uso nos testes de hipóteses e na estimação via intervalos de confiança, que serão discutidos na Seção 12.5. Além disso, o quadrado médio do erro tem um papel importante nas situações em que o cientista está procurando pelo melhor modelo de um conjunto de modelos competitivos. Muitos critérios para a construção de modelos envolvem a estatística s^2. Os critérios para comparação de modelos competitivos serão discutidos na Seção 12.11.

12.5 Inferências na regressão linear múltipla

Uma das inferências mais úteis que podem ser feitas sobre a qualidade da resposta predita y_0, correspondendo aos valores $x_{10}, x_{20}, \ldots, x_{k0}$, é o intervalo de confiança para a resposta média $\mu_{Y|x_{10}, x_{20}, \ldots, x_{k0}}$. Estamos interessados em construir um intervalo de confiança para a resposta média para o conjunto de condições dadas por

$$x_0' = [1, \ x_{10}, \ x_{20}, \ldots, x_{k0}].$$

Nós ampliamos as condições nos x's pelo número 1 para facilitar a notação matricial. A normalidade em ϵ_i resulta em normalidade dos b_j's, e a média, a variância e a covariância continuam as mesmas indicadas na Seção 12.4. Assim

$$\hat{y} = b_0 + \sum_{j=1}^{k} b_j x_{j0}$$

é, da mesma forma, normalmente distribuído e é, na verdade, um estimador não-viciado para a resposta média na qual estamos tentando anexar os intervalos de confiança. A variância de $\hat{y}_0$, escrita na notação matricial simplesmente uma função de σ^2, $(\mathbf{X'X})^{-1}$ e do vetor de condições $\mathbf{x'}_0$, é

$$\sigma_{\hat{y}_0}^2 = \sigma^2 \mathbf{x}'_0 (\mathbf{X'X})^{-1} \mathbf{x}_0.$$

Se essa expressão for expandida para um determinado caso, digamos $k = 2$, pode-se rapidamente ver que a ela apropriadamente envolve as variâncias e covariâncias dos b_j's. Depois, substituindo σ^2 por s^2, dado no Teorema 12.1, o intervalo de confiança $100(1 - \alpha)\%$ para $\mu_{Y|x_{10}, x_{20},..., x_{k0}}$ pode ser construído a partir da estatística

$$T = \frac{\hat{y}_0 - \mu_{Y|x_{10}, x_{20}, ..., x_{k0}}}{s\sqrt{\mathbf{x}'_0(\mathbf{X'X})^{-1}\mathbf{x}_0}},$$

que tem distribuição t com $n - k - 1$ graus de liberdade.

Intervalo de confiança para $\mu_{Y|x_{10}, x_{20},..., x_{k0}}$

Um intervalo de confiança de $100(1 - \alpha)\%$ para a *resposta média* $\mu_{Y|x_{10}, x_{20},..., x_{k0}}$ é

$$\hat{y}_0 - t_{\alpha/2}s\sqrt{\mathbf{x}'_0(\mathbf{X'X})^{-1}\mathbf{x}_0} < \mu_{Y|x_{10}, x_{20}, ..., x_{k0}}$$
$$< \hat{y}_0 + t_{\alpha/2}s\sqrt{\mathbf{x}'_0(\mathbf{X'X})^{-1}\mathbf{x}_0},$$

onde $t_{\alpha/2}$ é um valor da distribuição t com $n - k - 1$ graus de liberdade.

A quantidade $s\sqrt{\mathbf{x}'_0(\mathbf{X'X})^{-1}\mathbf{x}_0}$ é freqüentemente chamada de *erro-padrão de predição* e costuma aparecer nos resultados de muitos softwares de análise de regressão.

■ **Exemplo 12.5**

Usando os dados do Exemplo 12.3, construa um intervalo de confiança de 95% para a resposta média quando $x_1 = 3\%$, $x_2 = 8\%$ e $x_3 = 9\%$.

Solução: Da equação de regressão do Exemplo 12.3, a porcentagem de sobrevivência estimada quando $x_1 = 3\%$, $x_2 = 8\%$ e $x_3 = 9\%$ é

$\hat{y} = 39{,}1574 + (1{,}0161)(3) - (1{,}8616)(8) - (0{,}3433)(9)$
$= 24{,}2232.$

Depois, descobrimos que

$\mathbf{x}'_0(\mathbf{X'X})^{-1}\mathbf{x}_0 = [1, 3, 8, 9] \times$

$$\begin{bmatrix} 8{,}0648 & -0{,}0826 & -0{,}0942 & -0{,}7905 \\ -0{,}0826 & 0{,}0085 & 0{,}0017 & 0{,}0037 \\ -0{,}0942 & 0{,}0017 & 0{,}0166 & -0{,}0021 \\ -0{,}7905 & 0{,}0037 & -0{,}0021 & 0{,}0886 \end{bmatrix} \begin{bmatrix} 1 \\ 3 \\ 8 \\ 9 \end{bmatrix}$$

$= 0{,}1267.$

Usando o quadro médio do erro, $s^2 = 4{,}298$ ou $s = 2{,}073$ e a Tabela A.4, vemos que $t_{0,025} = 2{,}262$ para 9 graus de liberdade. Portanto, um intervalo de confiança de 95% para o percentual de sobrevivência médio, quando $x_1 = 3\%$, $x_2 = 8\%$ e $x_3 = 9\%$ é dado por

$24{,}2232 - (2{,}262)(2{,}073)\sqrt{0{,}1267} < \mu_{Y|3,8,9}$
$< 24{,}2232 + (2{,}262)(2{,}073)\sqrt{0{,}1267}$

ou, simplesmente, $22{,}5541 < \mu_{Y|3,8,9} < 25{,}8923$.

Como no caso da regressão linear simples, precisamos fazer uma distinção clara entre os intervalos de confiança para uma resposta média e os intervalos de predição para uma *resposta observada*. O último fornece um limite dentro do qual podemos dizer que, com um grau pré-selecionado de certeza, a resposta observada estará.

Um intervalo de predição para uma única resposta y_0 é, novamente, estabelecido ao considerar-se a diferença $\hat{y}_0 - y_0$. Pode ser mostrado que essa diferença tem distribuição normal com média

$$\mu_{\hat{y}_0 - y_0} = 0,$$

e variância

$$\sigma_{\hat{y}_0 - y_0}^2 = \sigma^2[1 + \mathbf{x}'_0(\mathbf{X'X})^{-1}\mathbf{x}_0].$$

Logo, um intervalo de predição de $100(1-\alpha)\%$ para um único valor predito y_0 pode ser construído a partir da estatística

$$T = \frac{\hat{y}_0 - y_0}{s\sqrt{1 + \mathbf{x}'_0(\mathbf{X'X})^{-1}\mathbf{x}_0}},$$

que tem distribuição t com $n - k - 1$ graus de liberdade.

Intervalo de predição para y_0

Um intervalo de predição $100(1 - \alpha)\%$ para uma *resposta única* y_0 é dado por

$$\hat{y}_0 - t_{\alpha/2}s\sqrt{1 + \mathbf{x}'_0(\mathbf{X'X})^{-1}\mathbf{x}_0} < y_0 <$$
$$\hat{y}_0 + t_{\alpha/2}s\sqrt{1 + \mathbf{x}'_0(\mathbf{X'X})^{-1}\mathbf{x}_0},$$

onde $t_{\alpha/2}$ é o valor de uma distribuição t com $n - k - 1$ graus de liberdade.

■ **Exemplo 12.6**

Usando os dados do Exercício 12.3, construa um intervalo de predição de 95% para uma resposta de percentual de sobrevivência individual quando $x_1 = 3\%$, $x_2 = 8\%$ e $x_3 = 9\%$.

Solução: Em relação aos resultados do Exemplo 12.5, descobrimos que o intervalo de predição de 95% para a resposta y_0, quando $x_1 = 3\%$, $x_2 = 8\%$ e $x_3 = 9\%$, é

$24{,}2232 - (2{,}262)(2{,}073)\sqrt{1{,}1267} < y_0 <$
$24{,}2232 + (2{,}262)(2{,}073)\sqrt{1{,}1267},$

que reduz para $19{,}2459 < y_0 < 29{,}2005$. Note, como esperado, que o intervalo de predição é consideravelmente mais amplo do que o intervalo de confiança para o percentual de sobrevivência médio do Exemplo 12.5.

Um conhecimento das distribuições dos estimadores dos coeficientes individuais permite ao pesquisador construir intervalos de confiança para os coeficientes e testar hipóteses sobre eles. Lembre-se da Seção 12.4 que os b_j's ($j = 0, 1, 2, ..., k$) são normalmente distribuídos com média β_j e variância $c_{jj}\sigma^2$. Portanto, podemos usar a estatística

$$t = \frac{b_j - \beta_{j0}}{s\sqrt{c_{jj}}}$$

com $n - k - 1$ graus de liberdade para testar as hipóteses e construir um intervalo de confiança para β_j. Por exemplo, se desejamos testar

$$H_0: \beta_j = \beta_{j0},$$
$$H_1: \beta_j \neq \beta_{j0},$$

calculamos a estatística t acima e não rejeitamos H_0 se $-t_{\alpha/2} < t < t_{\alpha/2}$, onde $t_{\alpha/2}$ tem $n - k - 1$ graus de liberdade.

■ **Exemplo 12.7**

Para o modelo do Exemplo 12.3, teste a hipótese de que $\beta_2 = -2,5$, no nível de significância de 0,05, contra a alternativa de que $\beta_2 > -2,5$.

Solução:

$$H_0: \beta_2 = -2,5,$$
$$H_1: \beta_2 > -2,5.$$

Cálculos:

$$t = \frac{b_2 - \beta_{20}}{s\sqrt{c_{22}}} = \frac{-1,8616 + 2,5}{2,073\sqrt{0,0166}} = 2.390,$$
$$P = P(T > 2,390) = 0,04.$$

Decisão: Rejeitar H_0 e concluir que $\beta_2 > -2,5$.

Testes *t* individuais para seleção das variáveis

O teste *t* mais freqüentemente usado em regressão múltipla é aquele que avalia a importância dos coeficientes individuais (ou seja, $H_0: \beta_j = 0$ contra a alternativa $H_1: \beta_j \neq 0$). Esses testes freqüentemente contribuem para o que é chamado de *seleção de variáveis*, em que o analista tenta chegar ao modelo mais útil (ou seja, a escolha de quais regressores usar). Deveríamos enfatizar aqui que, se um coeficiente for considerado insignificante (ou seja, a hipótese $H_0: \beta_j = 0$ *não é rejeitada*), a conclusão a que chegamos é que a *variável* é insignificante (ou seja, explica uma quantidade insignificante da variação de *y*) *na presença de outros regressores no modelo*. Este ponto será discutido novamente adiante.

Impressões para os dados do Exemplo 12.3

A Figura 12.1 mostra o resultado impresso de computador para o ajuste de regressão linear múltipla dos dados do Exemplo 12.3. O pacote usado foi o *SAS*.

Note as estimativas dos parâmetros do modelo, os erros-padrão e as estatísticas *t* mostradas no resultado. Os erros-padrão são calculados das raízes quadradas dos elementos da diagonal de $(\mathbf{X'X})^{-1}s^2$. Nessa ilustração, a variável x_3 é insignificante na presença de x_1 e x_2 com base no teste *t* e no valor $P = 0,5916$ correspondente. Os termos CLM e CLI são os intervalos de confiança na resposta média e os limites de predição para uma observação individual, respectivamente. O teste *f*, na análise de variância, indica que uma quantidade significativa de variabilidade é explicada. Como exemplo da interpretação de CLM e CLI, considere a observação 10. Com uma observação de 25,2 e um valor predito de 26,068, estamos 95% confiantes de que a resposta média está entre 24,502 e 27,633, e uma nova observação estará entre 21,124 e 31,011, com probabilidade de 0,95. O valor R^2 de 0,9117 implica que o modelo explica 91,17% da variabilidade na resposta. Mais discussão sobre R^2 aparecerá na Seção 12.6.

Mais sobre a análise de variância na regressão múltipla (opcional)

Na Seção 12.4 discutimos brevemente a decomposição da soma dos quadrados total $\sum_{i=1}^{n}(y_i - \bar{y})^2$ em dois componentes, as somas dos quadrados do modelo de regressão e dos erros (ilustrada na Figura 12.1). A análise de variância leva ao teste de

$$H_0: \beta_1 = \beta_2 = \beta_3 = \cdots = \beta_k = 0.$$

A rejeição da hipótese nula tem uma importante interpretação para o cientista ou engenheiro. (Para aqueles interessados em mais abordagens do assunto usando as matrizes, é útil discutir o desenvolvimento dessas somas dos quadrados usadas na análise de variância — ANOVA.)

Primeiro, lembre-se da definição de $\mathbf{y}$, $\mathbf{X}$ e β da Seção 12.3, bem como de **b**, o vetor dos estimadores de mínimos quadrados, dados por

$$\mathbf{b} = (\mathbf{X'X})^{-1}\mathbf{X'y}.$$

Uma divisão da *soma dos quadrados não-corrigida*

$$\mathbf{y'y} = \sum_{i=1}^{n} y_i^2$$

em dois componentes é dada por

$$\mathbf{y'y} = \mathbf{b'X'y} + (\mathbf{y'y} - \mathbf{b'X'y})$$
$$= \mathbf{y'X(X'X)}^{-1}\mathbf{X'y} + [\mathbf{y'y} - \mathbf{y'X(X'X)}^{-1}\mathbf{X'y}].$$

```
                        Sum of      Mean
Source           DF     Squares     Square      F Value    Pr > F
Model             3    399,45437    133,15146    30,98     <,0001
Error             9     38,67640      4,29738
Corrected Total  12    438,13077


Root MSE           2,07301    R-Square    0,9117
Dependent Mean    29,03846    Adj R-Sq    0,8823
Coeff Var          7,13885


                    Parameter    Standard
Variable    DF      Estimate       Error     t Value    Pr > |t|
Intercept    1      39,15735      5,88706      6,65     <,0001
x1           1       1,01610      0,19090      5,32      0,0005
x2           1      -1,86165      0,26733     -6,96     <,0001
x3           1      -0,34326      0,61705     -0,56      0,5916


      Dependent  Predicted    Std Error
Obs   Variable     Value    Mean Predict   95% CL Mean     95% CL Predict    Residual
 1    25,5000    27,3514    1,4152 24,1500    30,5528    21,6734  33,0294    -1,8514
 2    31,2000    32,2623    0,7846 30,4875    34,0371    27,2482  37,2764    -1,0623
 3    25,9000    27,3495    1,3588 24,2757    30,4234    21,7425  32,9566    -1,4495
 4    38,4000    38,3096    1,2818 35,4099    41,2093    32,7960  43,8232     0,0904
 5    18,4000    15,5447    1,5789 11,9730    19,1165     9,6499  21,4395     2,8553
 6    26,7000    26,1081    1,0358 23,7649    28,4512    20,8658  31,3503     0,5919
 7    26,4000    28,2532    0,8094 26,4222    30,0841    23,2189  33,2874    -1,8532
 8    25,9000    26,2219    0,9732 24,0204    28,4233    21,0414  31,4023    -0,3219
 9    32,0000    32,0882    0,7828 30,3175    33,8589    27,0755  37,1008    -0,0882
10    25,2000    26,0676    0,6919 24,5024    27,6329    21,1238  31,0114    -0,8676
11    39,7000    37,2524    1,3070 34,2957    40,2090    31,7086  42,7961     2,4476
12    35,7000    32,4879    1,4648 29,1743    35,8015    26,7459  38,2300     3,2121
13    26,5000    28,2032    0,9841 25,9771    30,4294    23,0122  33,3943    -1,7032
```

Figura 12.1 Impressão SAS para os dados do Exemplo 12.3.

O segundo termo (entre colchetes) no lado direito é simplesmente a soma dos quadrados dos erros $\sum_{i=1}^{n}(y_i - \hat{y}_i)^2$. O leitor deve ver que a expressão alternativa para a soma dos quadrados dos erros é

$$SQE = \mathbf{y'}[\mathbf{I_n} - \mathbf{X}(\mathbf{X'X})^{-1}\mathbf{X'}]\mathbf{y}.$$

O termo $\mathbf{y'X(X'X)}^{-1}\mathbf{X'y}$ é chamado de *soma dos quadrados da regressão*. Entretanto, esta não é a expressão $\sum_{i=1}^{n}(\hat{y}_i - \bar{y})^2$ usada para testar a 'importância' dos termos $b_1, b_2, ..., b_k$, mas, em vez disso,

$$\mathbf{y'X(X'X)}^{-1}\mathbf{X'y} = \sum_{i=1}^{n}\hat{y}_i^2,$$

que é a soma dos quadrados da regressão não corrigida pela média. Como tal, ela seria somente usada no teste da hipótese de que a "equação de regressão difere significativamente de zero". Ou seja, de

$$H_0 : \beta_0 = \beta_1 = \beta_2 = \cdots = \beta_k = 0.$$

Em geral, isso não é tão importante quanto testar

$$H_0 : \beta_1 = \beta_2 = \cdots = \beta_k = 0,$$

já que a última afirma que a resposta média é uma constante, não necessariamente zero.

Graus de liberdade

Dessa forma, a decomposição da soma dos quadrados e graus de liberdade se reduz a

Fonte de variação	Soma dos quadrados	g.l.
Regressão	$\sum_{i=1}^{n}\hat{y}_i^2 = \mathbf{y'X(X'X)}^{-1}\mathbf{X'y}$	$k + 1$
Erro	$\sum_{i=1}^{n}(y_i - \hat{y}_i)^2$ $= \mathbf{y'}[\mathbf{I_n} - \mathbf{X}(\mathbf{X'X})^{-1}\mathbf{X'}]\mathbf{y}$	$n - (k + 1)$
Total	$\sum_{i=1}^{n} y_i^2 = \mathbf{y'y}$	n

Hipóteses de interesse

Agora, é claro, as hipóteses de interesse para uma ANOVA devem eliminar o papel do intercepto, como descrito previamente. A rigor, se $H_0: \beta_1 = \beta_2 = ... = \beta_k = 0$, então a reta de regressão estimada é meramente $\hat{y}_i = \bar{y}$. Como resultado, estamos, na verdade, buscando evidências de que a equação de regressão 'varia além de uma constante'.

Então, as somas dos quadrados total e da regressão devem ser 'corretas pela média'.

Como conseqüência, temos

$$\sum_{i=1}^{n}(y_i - \bar{y})^2 = \sum_{i=1}^{n}(\hat{y}_i - \bar{y})^2 + \sum_{i=1}^{n}(y_i - \hat{y}_i)^2.$$

Na notação de matriz, isto é simplesmente

$$\mathbf{y}'[\mathbf{I_n} - \mathbf{1}(\mathbf{1}'\mathbf{1})^{-1}\mathbf{1}']\mathbf{y} = \mathbf{y}'[\mathbf{X}(\mathbf{X}'\mathbf{X})^{-1}\mathbf{X}' - \mathbf{1}(\mathbf{1}'\mathbf{1})^{-1}\mathbf{1}']\mathbf{y}$$
$$+ \mathbf{y}'[\mathbf{I_n} - \mathbf{X}(\mathbf{X}'\mathbf{X})^{-1}\mathbf{X}']\mathbf{y}.$$

Nessa expressão, **1** é meramente um vetor com n valores iguais a um. Como resultado, estamos meramente subtraindo

$$\mathbf{y}'\mathbf{1}(\mathbf{1}'\mathbf{1})^{-1}\mathbf{1}'\mathbf{y} = \frac{1}{n}\left(\sum_{i=1}^{n}y_i\right)^2$$

de **y'y** e de **y'X(X'X)⁻¹X'y** (ou seja, corrigindo a soma dos quadrados total e da regressão pela média).

Finalmente, a decomposição apropriada das somas dos quadrados e seus graus de liberdade é

Fonte de variação	Soma dos quadrados	g.l.
Regressão	$\sum_{i=1}^{n}(\hat{y}_i - \bar{y})^2$ $= \mathbf{y}'[\mathbf{X}(\mathbf{X}'\mathbf{X})^{-1}\mathbf{X}'$ $- \mathbf{1}(\mathbf{1}'\mathbf{1})^{-1}\mathbf{1}']\mathbf{y}$	k
Erro	$\sum_{i=1}^{n}(y_i - \hat{y}_i)^2$ $= \mathbf{y}'[\mathbf{I_n} - \mathbf{X}(\mathbf{X}'\mathbf{X})^{-1}\mathbf{X}']\mathbf{y}$	$n - (k+1)$
Total	$\sum_{i=1}^{n}(y_i - \bar{y})^2$ $= \mathbf{y}'[\mathbf{I_n} - \mathbf{1}(\mathbf{1}'\mathbf{1})^{-1}\mathbf{1}']\mathbf{y}$	$n - 1$

Esta é a tabela ANOVA que aparece nos resultados impressos de computador da Figura 12.1. A expressão $\mathbf{y}'[\mathbf{1}(\mathbf{1}'\mathbf{1})^{-1}\mathbf{1}']\mathbf{y}$ é freqüentemente chamada de *soma dos quadrados da regressão associada à média*, e 1 grau de liberdade é alocado a ela.

Exercícios

12.17 Para os dados do Exercício 12.2, estime σ^2.

12.18 Para os dados do Exercício 12.3, estime σ^2.

12.19 Para os dados do Exercício 12.9, estime σ^2.

12.20 Obtenha as estimativas das variâncias e covariâncias dos estimadores b_1 e b_2 do Exercício 12.2.

12.21 Em relação ao Exercício 12.9, encontre a estimativa de
(a) $\sigma_{b_2}^2$,
(b) $Cov(b_1, b_4)$.

12.22 Usando os dados do Exercício 12.2 e a estimativa de σ^2 do Exercício 12.17, calcule o intervalo de confiança de 95% para a resposta predita e para a resposta média quando $x_1 = 900$ e $x_2 = 1,00$.

12.23 Para o Exercício 12.8, construa um intervalo de confiança de 90% para a força compressiva média quando a concentração é $x = 19,5$ e é usado um modelo quadrático.

12.24 Usando os dados do Exercício 12.9 e a estimativa de σ^2 do Exercício 12.19, calcule o intervalo de confiança de 95% para a resposta predita e para a resposta média quando $x_1 = 75$, $x_2 = 24$, $x_3 = 90$ e $x_4 = 98$.

12.25 Para o modelo do Exercício 12.7, teste a hipótese de que $\beta_2 = 0$ num nível de significância de 0,05 contra a alternativa de que $\beta_2 \neq 0$.

12.26 Para o modelo do Exercício 12.2, teste a hipótese de que $\beta_1 = 0$, num nível de significância de 0,05, contra a alternativa de que $\beta_1 \neq 0$.

12.27 Para o modelo do Exercício 12.3, teste a hipótese de que $\beta_1 = 2$ contra a alternativa de que $\beta_1 \neq 2$. Use um valor P em sua conclusão.

12.28 Considere os dados a seguir listados no Exercício 12.15.

y (desgaste)	x_1 (viscosidade do óleo)	x_2 (carga)
193	1,6	851
230	15,5	816
172	22,0	1058
91	43,0	1201
113	33,0	1357
125	40,0	1115

(a) Estime σ^2 usando a regressão múltipla de y em x_1 e x_2.
(b) Calcule os valores preditos, um intervalo de confiança de 95% para a média do desgaste e um intervalo de predição de 95% para o desgaste observado se $x_1 = 20$ e $x_2 = 1.000$.

12.29 Usando os dados do Exercício 12.28, teste, num nível de 0,05
(a) $H_0: \beta_1 = 0$ versus $H_1: \beta_1 \neq 0$;
(b) $H_0: \beta_2 = 0$ versus $H_1: \beta_2 \neq 0$;
(c) Você tem alguma razão para acreditar que o modelo do Exercício 12.28 deveria ser mudado? Por quê?

12.30 Usando os dados do Exercício 12.16,
(a) Estime σ^2 usando a regressão múltipla de y em x_1, x_2 e x_3;

(b) Calcule um intervalo de predição de 95% para o valor observado do ganho no equipamento para os três regressores em $x_1 = 15.0$ $x_2 = 220.0$, e $x_3 = 6.0$.

12.6 Escolha de um modelo ajustado por meio de testes de hipóteses

Em muitas situações de regressão, os coeficientes individuais são de importância para o pesquisador. Por exemplo, em uma aplicação de economia, $\beta_1, \beta_2, \ldots$ podem ter alguma importância em particular e, portanto, os intervalos de confiança e testes de hipóteses nesses parâmetros são de interesse para o economista. Entretanto, considere uma situação numa indústria química na qual o modelo postulado assume que o rendimento de uma reação depende linearmente da temperatura da reação e da concentração de um catalisador. Provavelmente, sabe-se que esse não é o modelo real, mas uma aproximação adequada, então o interesse não são os parâmetros individuais, mas sim a habilidade da função inteira para prever a resposta verdadeira no intervalo de valores considerado para as variáveis. Assim, nessa situação, pode-se colocar mais ênfase nos intervalos de confiança $\sigma_{\hat{Y}}^2$ para a resposta média, e assim por diante, e não enfatizar as inferências nos parâmetros individuais.

O pesquisador que usa a análise de regressão também está interessado na supressão de variáveis, quando a situação dita que, além de chegar a uma equação de predição trabalhável, ele deve encontrar a 'melhor regressão' envolvendo somente as variáveis que são instrumentos de predição úteis. Há muitos programas de computador disponíveis que chegam seqüencialmente à chamada melhor equação de regressão, dependendo de certos critérios. Discutiremos isso futuramente na Seção 12.9.

Um critério que é bastante usado para ilustrar a adequação de um modelo de regressão ajustado é o *coeficiente de determinação múltipla*:

$$R^2 = \frac{SQR}{SQT} = \frac{\sum_{i=1}^{n}(\hat{y}_i - \bar{y})^2}{\sum_{i=1}^{n}(y_i - \bar{y})^2} = 1 - \frac{SQE}{SQT}.$$

Note que isso está em paralelo com a descrição de R^2 no Capítulo 11. Neste ponto, a explicação pode ser mais clara, já que focamos agora SQR como a *variabilidade explicada*. A quantidade R^2 meramente indica que proporção da variação total na resposta Y é explicada pelo modelo ajustado. Com freqüência, o pesquisador reportará $R^2 \times 100\%$ e interpretará esse resultado como a porcentagem de variação explicada pelo modelo postulado. A raiz quadrada de R^2 é chamada de *coeficiente de correlação múltipla* entre Y e o conjunto $x_1, x_2, \ldots, x_k$. No Exemplo 12.3, o valor de R^2, que indica a proporção de variação explicada pelas três variáveis independentes x_1, x_2 e x_3, é

$$R^2 = \frac{SQR}{SQT} = \frac{399{,}45}{438{,}13} = 0{,}9117,$$

o que significa que 91,17% da variação no percentual de sobrevivência foi explicada pelo modelo de regressão linear.

A soma dos quadrados da regressão pode ser usada para fornecer alguma indicação relacionada ao fato de o modelo ser ou não uma explicação adequada da situação real. Podemos testar a hipótese H_0 de que a *regressão não é significante* apenas construindo a razão

$$f = \frac{SQR/k}{SQE/(n-k-1)} = \frac{SQR/k}{s^2}$$

e rejeitar H_0, no nível de significância α, quando $f > f_\alpha$ $n - k - 1$). Para os dados do Exemplo 12.3, obtemos

$$f = \frac{399{,}45/3}{4{,}298} = 30{,}98.$$

A partir da Figura 12.1, podemos ver que o valor P é menor do que 0,0001. Isso não deveria ser interpretado de maneira errônea. Embora indique que a regressão explicada pelo modelo é significante, isso não exclui a possibilidade de que

1. O modelo de regressão linear nesse conjunto de x's não é o único modelo que pode ser usado para explicar os dados; na verdade, pode haver outros modelos com transformações nos x's que podem fornecer um valor maior da estatística F.

2. O modelo poderia ser mais eficaz com a inclusão de outras variáveis além de x_1, x_2 e x_3 ou, talvez, com a exclusão de uma ou mais variáveis do modelo, digamos x_3, que mostra $P = 0{,}5916$.

O leitor deve se lembrar da discussão na Seção 11.5 sobre as armadilhas no uso de R^2 como critério de comparação entre modelos concorrentes. Essas armadilhas são certamente relevantes na regressão linear múltipla. De fato, os perigos de seu uso na regressão múltipla são ainda mais pronunciados, já que a tentação do superajuste é muito maior. Devemos sempre ter em mente o fato de que um $R^2 \approx 1{,}0$ pode ser sempre obtido à custa dos graus de liberdade do erro, quando um modelo com excesso de termos é aplicado. No entanto, um $R^2 = 1$, que descreve um modelo com um ajuste próximo à perfeição, nem sempre resulta em um modelo que prevê bem.

O coeficiente de determinação ajustado (R^2 ajustado)

No Capítulo 11, diversas figuras mostram as impressões de computador, tanto do *SAS* quanto do *Minitab*, retratando uma estatística chamada R^2 *ajustado* ou a coeficiente de determinação ajustado. O R^2 ajustado é uma variação do R^2 que fornece um *ajuste pelos graus de liberdade*. O coeficiente de determinação, como definido anteriormente, não pode decrescer conforme termos são adicionados ao modelo. Em outras palavras, o R^2 não diminui conforme os graus de liberdade do erro $n - k - 1$ são reduzidos, sendo o último resultado produzido por um aumento em k, o número de termos no modelo. O R^2 *ajustado* é calculado dividindo SQE e SQT por seus respectivos valores de graus de liberdade (ou seja, R^2 ajustado como segue).

R^2 ajustado

$$R^2_{ajt} = 1 - \frac{SQE/(n-k-1)}{SQT/(n-1)}.$$

Para ilustrar o uso de R^2_{ajt}, o Exemplo 12.3 é revisto.

Como R^2 e R^2_{ajt} são afetados pela remoção de x_3?

O teste t (ou o correspondente F) para x_3, a porcentagem do peso para o ingrediente 3, certamente iria sugerir que um modelo mais simples que envolva somente x_1 e x_2 pode ser uma melhoria. Em outras palavras, o modelo completo com todos os regressores pode ser um modelo superajustado. Com certeza, é de interesse investigar R^2 e R^2_{ajt} para ambos os modelos, o completo $(x_1, x_2$ e $x_3)$ e o restrito (x_1, x_2). Já sabemos que $R^2_{completo}$ = 0,9117, pela Figura 12.1. O SQE para um modelo reduzido é 40,01 e, portanto, $R^2_{restrito} = 1 - \frac{40,01}{438,13}$ = 0,9087. Logo, mais variabilidade é explicada com x_3 no modelo. Entretanto, como já indicamos, isso ocorrerá mesmo se o modelo for superajustado. Agora, é claro, R^2_{ajt} foi planejado para fornecer uma estatística que pune um modelo superajustado, então podemos esperar favorecer o modelo restrito. De fato, para o modelo completo

$$R^2_{ajt} = 1 - \frac{38,6764/9}{438,1308/12} = 1 - \frac{4,2974}{36,5109} = 0,8823,$$

enquanto para o modelo reduzido (supressão de x_3)

$$R^2_{ajt} = 1 - \frac{40,01/10}{438,1308/12} = 1 - \frac{4,001}{36,5109} = 0,8904.$$

Assim, R^2_{ajt} favorece realmente o modelo restrito e, de fato, confirma a evidência produzida pelos testes t e F que sugerem que o modelo reduzido é preferível ao modelo que contém todos os três regressores. O leitor pode esperar que outra estatística possa sugerir a rejeição do modelo superajustado. Veja o Exercício 12.40.

Teste de subconjuntos de coeficientes e coeficientes individuais

A adição de qualquer variável a um sistema de regressão *aumentará a soma dos quadrados da regressão* e, então, *reduzirá a soma dos quadrados do erro*. Conseqüentemente, devemos decidir se o aumento na regressão é suficiente para garantir seu uso no modelo. Como podemos esperar, o uso de variáveis não importantes pode reduzir a eficácia da equação de predição ao aumentar a variável da resposta estimada. Podemos perseguir este ponto considerando a importância de x_3 no Exemplo 12.3. Inicialmente, podemos testar

$$H_0: \beta_3 = 0,$$
$$H_1: \beta_3 \neq 0$$

usando a distribuição t com 9 graus de liberdade. Temos

$$t = \frac{b_3 - 0}{s\sqrt{c_{33}}} = \frac{-0,3433}{2,073\sqrt{0,0886}} = -0,556,$$

que indica que β_3 não difere significativamente de zero e, portanto, podemos nos sentir muito bem justificados para remover x_3 do modelo. Suponha que consideramos a regressão de Y no conjunto (x_1, x_2), as equações normais dos mínimos quadrados, reduzindo-se para

$$\begin{bmatrix} 13 & 59,43 & 81,82 \\ 59,43 & 394,7255 & 360,6621 \\ 81,82 & 360,6621 & 576,7264 \end{bmatrix} \begin{bmatrix} b_0 \\ b_1 \\ b_2 \end{bmatrix} = \begin{bmatrix} 377,50 \\ 1877,5670 \\ 2246,6610 \end{bmatrix}.$$

Os coeficientes de regressão estimados para esse modelo reduzido são

$$b_0 = 36,094, \quad b_1 = 1,031, \quad b_2 = -1,870,$$

e a soma dos quadrados da regressão resultantes, com 2 graus de liberdade, é

$$R(\beta_1, \beta_2) = 398,12.$$

Aqui, usamos a notação $R(\beta_1, \beta_2)$ para indicar a soma dos quadrados da regressão do modelo restrito e não deve ser confundida com SQR, a soma dos quadrados da regressão do modelo original, com 3 graus de liberdade. A nova soma dos quadrados do erro é

$$SQT - R(\beta_1, \beta_2) = 438,13 - 398,12 = 40,01$$

e o quadrado médio do erro resultante, com 10 graus de liberdade, torna-se

$$s^2 = \frac{40,01}{10} = 4,001.$$

Um teste t de uma única variável tem uma contraparte F?

A quantidade de variação na resposta, a porcentagem de sobrevivência, que é atribuída a x_3, a porcentagem de peso do terceiro aditivo, na presença das variáveis x_1 e x_2, é

$$R(\beta_3 | \beta_1, \beta_2) = SQR - R(\beta_1, \beta_2)$$
$$= 399,45 - 398,12 = 1,33$$

que representa uma pequena proporção da variação inteira da regressão. Essa quantidade da regressão adicionada é estatisticamente insignificante, como indicado por nosso teste anterior em β_3. Um teste equivalente envolve a construção da razão

$$f = \frac{R(\beta_3|\beta_1,\beta_2)}{s^2} = \frac{1,33}{4,298} = 0,309,$$

que é um valor da distribuição F com 1 e 9 graus de liberdade. Lembre-se de que a relação básica entre a distribuição t com v graus de liberdade e a distribuição F com 1 e v graus de liberdade é

$$t^2 = f(1, v),$$

e notamos que o valor f de 0,309 é, de fato, o quadrado do valor t de –0,56.

Para generalizar os conceitos dados, podemos avaliar o papel de uma variável independente x_i no modelo geral de regressão linear múltipla

$$\mu_{Y|x_1,x_2,...,x_k} = \beta_0 + \beta_1 x_1 + \cdots + \beta_k x_k$$

ao observar a quantidade de regressão atribuída a x_i *além da que é atribuída a outras variáveis*, ou seja, a regressão em x_i *ajustada pelas outras variáveis*. Isso é calculado subtraindo-se a soma dos quadrados da regressão por um modelo com x_i removido de *SQR*. Por exemplo, digamos que x_1 seja avaliado calculando-se

$$R(\beta_1|\beta_2,\beta_3,...,\beta_k) = SQR - R(\beta_2,\beta_3,...,\beta_k),$$

onde $R(\beta_2, \beta_3, ..., \beta_k)$ é a soma dos quadrados da regressão com $\beta_1 x_1$ removido do modelo. Para testar a hipótese

$$H_0: \beta_1 = 0,$$
$$H_1: \beta_1 \neq 0,$$

calcule

$$f = \frac{R(\beta_1|\beta_2,\beta_3,...,\beta_k)}{s^2},$$

e compare com $f_\alpha(1, n-k-1)$.

De maneira similar, podemos testar a significância de um *conjunto* de variáveis. Por exemplo, para investigar simultaneamente a importância de incluir x_1 e x_2 no modelo, testamos a hipótese

$$H_0: \beta_1 = \beta_2 = 0,$$
$$H_1: \beta_1 \text{ e } \beta_2 \text{ não são ambos zero},$$

calculando

$$f = \frac{[R(\beta_1,\beta_2|\beta_3,\beta_4,...,\beta_k)]/2}{s^2}$$
$$= \frac{[SQR - R(\beta_3,\beta_4,...,\beta_k)]/2}{s^2}$$

e comparando-o com $f_\alpha(2, n-k-1)$. O número de graus de liberdade associados ao numerador, neste caso 2, iguala ao número de variáveis que estão sendo investigadas no conjunto.

12.7 Caso especial de ortogonalidade (opcional)

Anterior ao nosso desenvolvimento original do problema geral da regressão linear, a suposição feita foi a de que as variáveis independentes são medidas sem erro e, freqüentemente, controladas pelo pesquisador. Em geral, elas ocorrem como um resultado de um *experimento planejado* cuidadosamente. De fato, podemos aumentar a eficácia da equação de predição resultante com o uso de um plano experimental adequado.

Suponha que, novamente, consideramos a matriz **X** definida na Seção 12.3. Podemos reescrevê-la como

$$\mathbf{X} = [\mathbf{1}, \mathbf{x}_1, \mathbf{x}_2, ..., \mathbf{x}_k],$$

onde **1** representa uma coluna de uns e $\mathbf{x}_j$ é vetor numa coluna que representa os níveis de x_j. Se

$$\mathbf{x}_p' \mathbf{x}_q = 0, \quad \text{para } p \neq q,$$

as variáveis x_p e x_q são ditas *ortogonais* uma a outra. Há certas vantagens óbvias em relação à situação completamente ortogonal, na qual $\mathbf{x}_p' \mathbf{x}_q = 0$ para todos os p e q, $p \neq q$ e, além disso,

$$\sum_{i=1}^{n} x_{ji} = 0, \quad j = 1, 2, ..., k.$$

O **X'X** resultante é uma matriz diagonal e as equações normais da Seção 12.3 são reduzidas a

$$nb_0 = \sum_{i=1}^{n} y_i,$$
$$b_1 \sum_{i=1}^{n} x_{1i}^2 = \sum_{i=1}^{n} x_{1i} y_i,$$
$$\vdots \qquad \vdots$$
$$b_k \sum_{i=1}^{n} x_{ki}^2 = \sum_{i=1}^{n} x_{ki} y_i.$$

Uma importante vantagem é que podemos facilmente dividir *SQR* em *componentes com grau de liberdade único*, cada um correspondendo à quantidade de variação em *Y* explicada por uma dada variável controlada. Na situação ortogonal, podemos escrever

$$SQR = \sum_{i=1}^{n} (\hat{y}_i - \bar{y})^2 = \sum_{i=1}^{n} (b_0 + b_1 x_{1i} + \cdots + b_k x_{ki} - b_0)^2$$
$$= b_1^2 \sum_{i=1}^{n} x_{1i}^2 + b_2^2 \sum_{i=1}^{n} x_{2i}^2 + \cdots + b_k^2 \sum_{i=1}^{n} x_{ki}^2$$
$$= R(\beta_1) + R(\beta_2) + \cdots + R(\beta_k).$$

A quantidade $R(\beta_i)$ é a quantidade da soma dos quadrados da regressão associada a um modelo que envolve x_i como única variável independente.

Tabela 12.4 Análise de variância para variáveis ortogonais

Fonte da variação	Soma dos quadrados	Graus de liberdade	Quadrado médio	f calculado
β_1	$R(\beta_1) = b_1^2 \sum_{i=1}^{n} x_{1i}^2$	1	$R(\beta_1)$	$\frac{R(\beta_1)}{s^2}$
β_2	$R(\beta_2) = b_2^2 \sum_{i=1}^{n} x_{2i}^2$	1	$R(\beta_2)$	$\frac{R(\beta_2)}{s^2}$
$\vdots$	$\vdots$	$\vdots$	$\vdots$	$\vdots$
β_k	$R(\beta_k) = b_k^2 \sum_{i=1}^{n} x_{ki}^2$	1	$R(\beta_k)$	$\frac{R(\beta_k)}{s^2}$
Erro	SQE	$n - k - 1$	$s^2 = \frac{SQE}{n-k-1}$	
Total	$SQT = S_{yy}$	$n - 1$		

Para testar simultaneamente a significância de um conjunto de m variáveis em uma situação ortogonal, a soma dos quadrados da regressão se torna

$$R(\beta_1, \beta_2, ..., \beta_m | \beta_{m+1}, \beta_{m+2}, ..., \beta_k)$$
$$= R(\beta_1) + R(\beta_2) + \cdots + R(\beta_m),$$

e, então, temos a simplificação

$$R(\beta_1 | \beta_2, \beta_3, ..., \beta_k) = R(\beta_1)$$

quando avaliamos uma única variável independente. Portanto, a contribuição de uma variável dada ou um conjunto de variáveis é essencialmente encontrada ao *ignorar* as outras variáveis no modelo. Avaliações independentes das variáveis individuais importantes são realizadas usando-se as técnicas de análise de variância, conforme a Tabela 12.4. A variação total na resposta é dividida em componentes com grau de liberdade único mais o termo do erro com $n - k - 1$ graus de liberdade. Cada valor calculado de f é usado para testar uma das hipóteses

$$\left. \begin{array}{l} H_0: \ \beta_i = 0 \\ H_1: \ \beta_i \neq 0 \end{array} \right\} \quad i = 1, 2, ..., k,$$

ao comparar com o ponto crítico $f_\alpha(1, n-k-1)$ ou apenas interpretando o valor P calculado da distribuição f.

■ **Exemplo 12.8**

Suponha que um cientista retira dados experimentais do raio de uma partícula propelente Y como uma função da temperatura do pó x_1, taxa de extrusão x_2 e temperatura de evaporação x_3. Ajuste um modelo de regressão linear para prever o raio da partícula e determine a eficácia de cada variável no modelo. Os dados são fornecidos na Tabela 12.5.

Solução: Note que cada variável é controlada em dois níveis, e o experimento representa cada uma das oito combinações possíveis. Os dados das variáveis independentes estão codificados convenientemente pelas seguintes fórmulas:

$$x_1 = \frac{\text{temperatura do pó} - 170}{20},$$
$$x_2 = \frac{\text{taxa de extrusão} - 18}{6},$$
$$x_3 = \frac{\text{temperatura de evaporação} - 235}{15}.$$

Os níveis resultantes de x_1, x_2 e x_3 assumem os valores -1 e $+1$ como indicado na tabela dos dados. Esse experimento planejado em particular permite a ortogonalidade que estamos ilustrando aqui. Uma visão mais detalhada desse tipo de experimento será fornecida no Capítulo 15. A matriz **X** é

$$\mathbf{X} = \begin{bmatrix} 1 & -1 & -1 & -1 \\ 1 & 1 & -1 & -1 \\ 1 & -1 & 1 & -1 \\ 1 & -1 & -1 & 1 \\ 1 & 1 & 1 & -1 \\ 1 & 1 & -1 & 1 \\ 1 & -1 & 1 & 1 \\ 1 & 1 & 1 & 1 \end{bmatrix},$$

e as condições de ortogonalidade são prontamente verificadas. Agora, podemos calcular os coeficientes

Tabela 12.5 Dados para o Exemplo 12.8

Raio da partícula	Temperatura do pó	Taxa de extrusão	Temperatura de evaporação
82	150 (−1)	12 (−1)	220 (−1)
93	190 (+1)	12 (−1)	220 (−1)
114	150 (−1)	24 (+1)	220 (−1)
124	150 (−1)	12 (−1)	250 (+1)
111	190 (+1)	24 (+1)	220 (−1)
129	190 (+1)	12 (−1)	250 (+1)
157	150 (−1)	24 (+1)	250 (+1)
164	190 (+1)	24 (+1)	250 (+1)

Tabela 12.6 Análise de variância para os dados do raio da partícula

Fonte da variação	Soma dos quadrados	Graus de liberdade	Quadrado médio	f calculado	Valor P
β_1	$(2,5)^2 (8) = 50$	1	50	2,16	0,2156
β_2	$(14,75)^2 (8) = 1.740,50$	1	1.740,50	75,26	0,0010
β_k	$(21,75)^2 (8) = 3.784,50$	1	3.784,50	163,65	0,0002
Erro	92,5	4	23,1250		
Total	5.667,50	7			

$$b_0 = \frac{1}{8}\sum_{i=1}^{8} y_i = 121,75,$$

$$b_1 = \frac{1}{8}\sum_{i=1}^{8} x_{1i}y_i = \frac{20}{8} = 2,5,$$

$$b_2 = \frac{\sum_{i=1}^{8} x_{2i}y_i}{8} = \frac{118}{8} = 14,75,$$

$$b_3 = \frac{\sum_{i=1}^{8} x_{3i}y_i}{8} = \frac{174}{8} = 21,75,$$

e, portanto, em função das variáveis codificadas, a equação de predição é

$$\hat{y} = 121,75 + 2,5x_1 + 14,75x_2 + 21,75x_3.$$

A Tabela 12.6 de análise de variância mostra as contribuições independentes para SQR para cada variável. Os resultados, quando comparados ao ponto crítico $f_{0,05}(1,4)$ de 7,71, indicam que x_1 não contribui significativamente no nível 0,05, ao passo que as variáveis x_2 e x_3 são significantes. Neste exemplo, a estimativa para σ^2 é 23,1250. Como no caso de uma única variável independente, ressaltamos que essa estimativa sozinha não contém apenas a variação do erro experimental, a menos que o modelo postulado esteja correto. Caso contrário, a estimativa estará 'contaminada' pela falta de ajuste, em adição ao erro puro, e a falta de ajuste somente pode ser separada se obtivermos observações experimentais múltiplas em várias combinações (x_1, x_2 e x_3).

Já que x_1 não é significativo, ela pode ser simplesmente eliminada do modelo, sem alteração dos efeitos das outras variáveis. Note que x_2 e x_3 impactam o raio da partícula de maneira positiva, com x_3 sendo o fator mais importante, conclusão baseada no seu pequeno valor P.

Exercícios

12.31 Calcule e interprete o coeficiente de determinação múltipla para as variáveis do Exercício 12.3.

12.32 Teste se a regressão explicada pelo modelo do Exercício 12.3 é significante no nível de significância de 0,01.

12.33 Teste se a regressão explicada pelo modelo do Exercício 12.9, é significante no nível de significância de 0,01.

12.34 Para o modelo do Exercício 12.9, teste a hipótese:

H_0: $\beta_1 = \beta_2 = 0$
H_1: β_1 e β_2 não são ambos zero.

12.35 Repita o Exercício 12.17, usando uma estatística f.

12.36 Um pequeno experimento foi conduzido para ajustar uma equação de regressão múltipla relacionando o rendimento y à temperatura x_1, ao tempo de reação x_2 e à concentração dos reagentes x_3. Foram escolhidos dois níveis de cada variável e as medidas que correspondem às variáveis independentes codificadas foram registradas na tabela a seguir:

y	x_1	x_2	x_3
7,6	−1	−1	−1
8,4	1	−1	−1
9,2	−1	1	−1
10,3	−1	−1	1
9,8	1	1	−1
11,1	1	−1	1
10,2	−1	1	1
12,6	1	1	1

(a) Usando as variáveis codificadas, estime a equação de regressão linear múltipla $\mu_{y|x_1, x_2, x_3} = \beta_0 + \beta_1 x_1 + \beta_2 x_2 + \beta_3 x_3$.

(b) Divida SQR, a soma dos quadrados da regressão, em três componentes, com graus de liberdade únicos, atribuíveis a x_1, x_2 e x_3, respectivamente. Mostre uma tabela de análise de variância, indicando os testes de significância de cada variável.

12.37 Considere os dados sobre o consumo de energia elétrica do Exercício 12.9. Teste H_0: $\beta_1 = \beta_2 = 0$ usando $R(\beta_1, \beta_2|\beta_3, \beta_4)$. Dê um valor P e chegue a conclusões.

12.38 Considere os dados do Exercício 12.36. Calcule:

$$R(\beta_1|\beta_0), \quad R(\beta_1|\beta_0,\beta_2,\beta_3),$$
$$R(\beta_2|\beta_0,\beta_1), \quad R(\beta_2|\beta_0,\beta_1,\beta_3),$$
$$R(\beta_3|\beta_0,\beta_1,\beta_2).$$

Comente.

12.39 Considere os dados do Exercício 11.63. Ajuste um modelo de regressão usando o peso e a razão de dirigibilidade como variáveis explicativas. Compare esse modelo ao modelo *RLS* (modelo de regressão linear simples) usando somente o peso. Use R^2, R^2_{ajt} e qualquer estatística t (ou F) de que você precise para comparar o modelo *RLS* com o modelo de regressão linear múltipla.

12.40 Considere o Exemplo 12.3. A Figura 12.1 mostra uma impressão *SAS* de uma análise do modelo que contém as variáveis x_1, x_2 e x_3. Foque o intervalo de confiança para a resposta média μ_Y nas localizações (x_1, x_2 e x_3) que representam os 13 pontos dos dados. Considere um item na impressão indicado por C.V. Este é o coeficiente de variação, que é definido por

$$\text{C.V.} = \frac{s}{\bar{y}} \cdot 100,$$

onde $s = \sqrt{s^2}$ é a *raiz média do erro quadrado*. O coeficiente de variação é freqüentemente usado como outro critério para comparação de modelos concorrentes. É uma quantidade livre de escalas, que expressa a estimativa de σ, especialmente s, como uma porcentagem da média da resposta $\bar{y}$. Na competição pelo 'melhor' dentre um conjunto de modelos concorrentes, aspiramos a um modelo com um valor 'pequeno' de C.V. Faça uma análise de regressão para o conjunto de dados mostrado no Exemplo 12.3, mas elimine x_3. Compare o modelo inteiro (x_1, x_2 e x_3) com o modelo restrito (x_1, x_2) e foque dois critérios: (i) C.V.; (ii) as larguras dos intervalos de confiança para μ_Y. Para o segundo critério você pode desejar usar a largura média. Comente.

12.41 Considere o Exemplo 12.4. Compare os dois modelos concorrentes

Primeira ordem: $\quad y_i = \beta_0 + \beta_1 x_{1i} + \beta_2 x_{2i} + \epsilon_i,$
Segunda ordem: $\quad y_i = \beta_0 + \beta_1 x_{1i} + \beta_2 x_{2i}$
$\quad\quad\quad\quad\quad\quad\quad + \beta_{11} x_{1i}^2 + \beta_{22} x_{2i}^2 + \beta_{12} x_{1i} x_{2i} + \epsilon_i.$

Use R^2_{ajt} em sua comparação, além de testar H_0: $\beta_{11} = \beta_{22} = \beta_{12} = 0$. Além disso, use o C.V. discutido no Exercício 12.40.

12.42 No Exemplo 12.8, propôs-se eliminar do modelo x_1, a temperatura do pó, já que seu valor P baseado no teste F é 0,2156, enquanto os valores P para x_2 e x_3 estão próximos de zero.

(a) Reduza o modelo eliminando x_1, produzindo com isso um modelo completo e um restrito (ou reduzido), e compare-os com base em R^2_{ajt}.

(b) Compare os modelos completo e restrito usando a largura dos intervalos de predição de 95% para uma nova observação. O 'melhor' dentre os modelos seria aquele com intervalos de predição mais 'estreitos'. Use a média da largura dos intervalos de predição.

12.43 Considere os dados do Exercício 12.5. A resposta, desgaste, pode ser explicada adequadamente por uma única variável (viscosidade ou a carga) em um modelo *RLS* em vez de uma regressão completa com duas variáveis? Justifique sua resposta por meio de testes de hipóteses, bem como pela comparação dos três modelos concorrentes.

12.44 Para o conjunto de dados do Exercício 12.16, a resposta pode ser explicada adequadamente pelas duas variáveis regressoras? Discuta.

12.8 Variáveis categóricas ou indicadoras

Um caso especial extremamente importante da aplicação da regressão linear múltipla ocorre quando uma ou mais variáveis regressoras são *categóricas* ou *indicadoras*. Em um processo químico, o engenheiro pode desejar um modelo para processar o rendimento contra regressores tais como a temperatura do processo e o tempo de reação. Entretanto, há interesse em usar dois catalisadores diferentes e, de algum modo, incluir 'o catalisador' no modelo. O efeito catalisador não pode ser mensurado continuamente e, por isso, é uma variável categórica. Um analista pode desejar modelar o preço de casas contra regressores que incluem os metros quadrados do imóvel x_1, os acres do terreno x_2 e a idade do imóvel x_3. Esses regressores são claramente contínuos em sua natureza. No entanto, está claro que o custo do imóvel pode variar substancialmente nas diferentes regiões do país. Assim, os dados podem ser coletados em imóveis nas regiões Leste, Oeste, Sul e Centro-Oeste. Como resultado, temos uma variável indicadora com *quatro categorias*. No exemplo do processo químico, se dois catalisadores forem utilizados, teremos uma variável indicadora com duas categorias. Em um exemplo biomédico, uma droga é comparada a um placebo e todos os indivíduos passam por diversas medições contínuas, como idade, pressão sangüínea, e assim por diante, sendo observado também o gênero, que, é claro, é categórico com duas categorias. Portanto, há duas variáveis indicadoras incluídas com as variáveis contínuas, o tratamento em duas categorias (droga ativa e placebo) e o gênero em duas categorias (masculino e feminino).

Modelo com variáveis categóricas

Vamos usar o exemplo do processo químico para ilustrar como as variáveis indicadoras são envolvidas no modelo. Suponha que y = rendimento, x_1 = temperatura e x_2 = tempo de reação. Agora, vamos denotar a variável indicadora por z. Considere $z = 0$ para o catalisador 1 e $z = 1$ para o catalisador 2. A designação do indicador (0, 1) para os catalisadores é arbitrária. Como resultado, o modelo se torna

$$y_i = \beta_0 + \beta_1 x_{1i} + \beta_2 x_{2i} + \beta_3 z_i + \epsilon_i, \quad i = 1, 2, \ldots, n.$$

Três categorias

A estimação dos coeficientes pelo método dos mínimos quadrados continua a ser aplicada. No caso de três níveis ou categorias de uma única variável indicadora, o modelo incluirá *dois* regressores, digamos z_1 e z_2, onde a atribuição (0, 1) é como se segue:

$$\begin{matrix} z_1 & z_2 \\ \begin{bmatrix} 1 & 0 \\ 1 & 0 \\ \vdots & \vdots \\ 1 & 0 \\ \hdashline 0 & 1 \\ \vdots & \vdots \\ 0 & 1 \\ \hdashline 0 & 0 \\ \vdots & \vdots \\ 0 & 0 \end{bmatrix} \end{matrix}$$

Em outras palavras, se há ℓ categorias, o modelo inclui $\ell - 1$ termos.

Pode ser instrutivo observar a aparência gráfica do modelo com três categorias. Em nome da simplicidade, vamos assumir uma única variável contínua x. Como conseqüência, o modelo é dado por

$$y_i = \beta_0 + \beta_1 x_i + \beta_2 z_{1i} + \beta_3 z_{2i} + \epsilon_i.$$

Portanto, a Figura 12.2 reflete a natureza do modelo. A seguir, temos as expressões do modelo para as três categorias.

$E(Y) = (\beta_0 + \beta_2) + \beta_1 x,$ categoria 1,
$E(Y) = (\beta_0 + \beta_3) + \beta_1 x,$ categoria 2,
$E(Y) = \beta_0 + \beta_1 x,$ categoria 3.

Como resultado, o modelo que inclui variáveis categóricas essencialmente envolve uma *mudança no intercepto*, conforme mudamos de uma categoria para a outra. Aqui, é claro, estamos assumindo que os *coeficientes das variáveis contínuas se mantêm os mesmos em todas as categorias*.

■ **Exemplo 12.9**

Considere os dados da Tabela 12.7. A resposta y é a quantidade de sólidos suspensos em um sistema de limpeza por carvão. A variável x é o pH do sistema. Três polímeros diferentes são usados no sistema. Logo, 'polí-

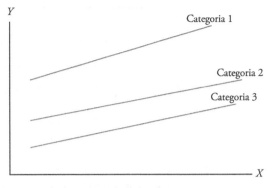

Figura 12.2 Caso de três categorias.

mero' é categórica com três categorias e, então, produz dois termos do modelo. O modelo é dado por

$$y_i = \beta_0 + \beta_1 x_i + \beta_2 z_{1i} + \beta_3 z_{2i} + \epsilon_i, \quad i = 1, 2, \ldots, 18.$$

Aqui temos

$$z_1 = \begin{cases} 1, & \text{para o polímero 1,} \\ 0, & \text{caso contrário,} \end{cases} \quad \text{e}$$

$$z_2 = \begin{cases} 1, & \text{para o polímero 2,} \\ 0, & \text{caso contrário.} \end{cases}$$

Alguns comentários são válidos em relação às conclusões retiradas da análise da Figura 12.3. O coeficiente b_1 para o pH é a estimativa da *inclinação comum* assumida na análise de regressão. Todos os termos do modelo são estatisticamente significantes. Portanto, o pH e a natu-

Tabela 12.7 Dados para o Exemplo 12.9

x (pH)	y (Quantidade de sólidos suspensos)	Polímero
6,5	292	1
6,9	329	1
7,8	352	1
8,4	378	1
8,8	392	1
9,2	410	1
6,7	198	2
6,9	227	2
7,5	277	2
7,9	297	2
8,7	364	2
9,2	375	2
6,5	167	3
7,0	225	3
7,2	247	3
7,6	268	3
8,7	288	3
9,2	342	3

```
                              Sum of
         Source    DF        Squares    Mean Square    F Value    Pr > F
         Model      3     80181,73127    26727,24376     73,68    <,0001
         Error     14      5078,71318      362,76523
Corrected Total    17     85260,44444

  R-Square    Coeff Var    Root MSE      y Mean
  0,940433     6,316049    19,04640    301,5556
                                                  Standard
Parameter       Estimate         Error    t Value    Pr > |t|
Intercept   -161,8973333   37,43315576      -4,32      0,0007
        x     54,2940260    4,75541126      11,42     <,0001
       z1     89,9980606   11,05228237       8,14     <,0001
       z2     27,1656970   11,01042883       2,47      0,0271
```

Figura 12.3 Impressão SAS para o Exemplo 12.9.

reza do polímero têm impacto na quantidade de limpeza. Os sinais e a magnitude dos coeficientes de z_1 e z_2 indicam que o polímero 1 é mais eficaz (produz mais sólidos suspensos) para a limpeza, seguido pelo polímero 2. O polímero 3 é o menos eficaz.

A inclinação pode variar com as categorias indicadoras

Na discussão realizada aqui, assumimos que os termos da variável indicadora entram no modelo de maneira aditiva. Isso sugere que as inclinações, como na Figura 12.2, são constantes entre as categorias. Obviamente, esse não será sempre o caso. Temos de contar com a possibilidade de inclinações variáveis para, então, testar a condição de *paralelismo*, pela inclusão de termos de produto de *interação* entre os termos das indicadoras e das variáveis contínuas. Por exemplo, suponha que escolhemos um modelo com um regressor contínuo e uma variável indicadora com dois níveis. Temos o modelo

$$y = \beta_0 + \beta_1 x + \beta_2 z + \beta_3 xz + \epsilon$$

Este modelo sugere que, para a categoria 1 ($z = 1$),

$$E(y) = (\beta_0 + \beta_2) + (\beta_1 + \beta_3)x,$$

enquanto, para a categoria 2 ($z = 0$),

$$E(y) = \beta_0 + \beta_1 x.$$

Assim, permitimos a variação do intercepto e das inclinações para as duas categorias. A Figura 12.4 mostra as retas de regressão com inclinações variáveis para as duas categorias.

Neste caso, β_0, β_1 e β_2 são positivos, enquanto β_3 é negativo com $|\beta_3| < \beta_1$. Obviamente, se o coeficiente de interação β_3 for insignificante, voltamos para o modelo de inclinação comum.

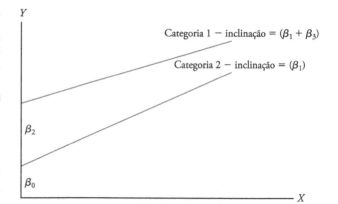

Figura 12.4 Não-paralelismo em variáveis categóricas.

Exercícios

12.45 Um estudo foi realizado para avaliar a eficácia, em relação ao custo, de se dirigir um sedan de quatro portas em vez de uma van ou um SUV (veículo utilitário esportivo). As variáveis contínuas são as leituras do hodômetro e a octanagem da gasolina usada. A variável resposta está em milhas por galão. Os dados são apresentados aqui.

(a) Ajuste um modelo de regressão linear incluindo duas variáveis indicadoras. Use (0,0) para denotar o sedan de quatro portas.
(b) Que tipo de veículo parece ter a melhor milhagem com gasolina?
(c) Discuta a diferença entre uma van e um SUV em relação ao desempenho da milhagem com gasolina.

MPG (milhas por galão)	Tipo de carro	Hodômetro	Octanagem
34,5	sedan	75.000	87,5
33,3	sedan	60.000	87,5
30,4	sedan	88.000	78,0
32,8	sedan	15.000	78,0

(continua)

(continuação)

MPG (milhas por galão)	Tipo de carro	Hodômetro	Octanagem
35,0	sedan	25.000	90,0
29,0	sedan	35.000	78,0
32,5	sedan	102.000	90,0
29,6	sedan	98.000	87,5
16,8	van	56.000	87,5
19,2	van	72.000	90,0
22,6	van	14.500	87,5
24,4	van	22.000	90,0
20,7	van	66.500	78,0
25,1	van	35.000	90,0
18,8	van	97.500	87,5
15,8	van	65.500	78,0
17,4	van	42.000	78,0
15,6	SUV	65.000	78,0
17,3	SUV	55.500	87,5
20,8	SUV	26.500	87,5
22,2	SUV	11.500	90,0
16,5	SUV	38.000	78,0
21,3	SUV	77.500	90,0
20,7	SUV	19.500	78,0
24,1	SUV	87.000	90,0

12.46 Um estudo foi realizado para determinar se o gênero do usuário de um cartão de crédito é um fator importante para a geração de lucros para uma certa empresa de cartões de crédito. As variáveis consideradas foram renda, número de membros na família e o gênero do usuário do cartão. Os dados são apresentados a seguir:

Lucro	Renda	Gênero	Membros na família
157	45.000	M	1
−181	55.000	M	2
−253	45.800	M	4
158	38.000	M	3
75	75.000	M	4
202	99.750	M	4
−451	28.000	M	1
146	39.000	M	2
89	54.350	M	1
−357	32.500	M	1
522	36.750	F	1
78	42.500	F	3
5	34.250	F	2
−177	36.750	F	3
123	24.500	F	2
251	27.500	F	1
−56	18.000	F	1
453	24.500	F	1
288	88.750	F	1
−104	19.750	F	2

(a) Ajuste um modelo de regressão linear usando as variáveis disponíveis. Com base no modelo ajustado, a empresa iria preferir clientes do sexo masculino ou feminino?

(b) Você diria que a renda foi um fator importante para explicar a variabilidade nos lucros?

12.9 Métodos seqüenciais para seleção de modelos

Algumas vezes, os testes de significância descritos na Seção 12.6 são bastante adequados para determinarmos quais variáveis deveriam ser usadas no modelo de regressão final. Tais testes são certamente eficazes se o experimento pode ser planejado e as variáveis são ortogonais umas às outras. Mesmo se as variáveis não forem ortogonais, os testes t individuais podem ter alguma utilidade em muitos problemas em que o número de variáveis sob investigação é pequeno. Entretanto, há muitos problemas em que é necessário usar técnicas mais elaboradas para a seleção de variáveis, particularmente quando o experimento exibe um desvio substancial da ortogonalidade. Medidas úteis de *multicolinearidade* (dependência linear) entre as variáveis independentes são fornecidas pelos coeficientes de correlação amostral $r_{x_i x_j}$. Já que estamos preocupados somente com a dependência linear entre as variáveis independentes, não haverá confusão se retirarmos os x's de nossa notação e usarmos simplesmente $r_{x_i x_j} = r_{ij}$, onde

$$r_{ij} = \frac{S_{ij}}{\sqrt{S_{ii}S_{jj}}}.$$

Note que os r_{ij}'s não fornecem as verdadeiras estimativas dos coeficientes de correlação populacional no sentido estrito, já que os x's não são, na verdade, variáveis aleatórias no contexto descrito aqui. Portanto, o termo *correlação*, embora seja padrão, talvez seja inapropriado.

Quando um ou mais desses coeficientes de correlação amostrais desviam substancialmente de zero, pode ser bastante difícil encontrar o subconjunto de variáveis mais eficaz ser incluído em nossa equação de predição. De fato, alguns problemas de multicolinearidade serão tão extremos que não poderemos encontrar um instrumento de predição adequado, a não ser que todos os subconjuntos de variáveis sejam investigados. Discussões informativas sobre a seleção de modelos em regressão, feitas por Hocking são citadas nas Referências bibliográficas. Os procedimentos para a detecção da multicolinearidade são discutidos no livro de Myers (1990), também citado.

O usuário da regressão linear múltipla tenta cumprir um de três objetivos:

1. Obter estimadores dos coeficientes individuais em um modelo completo.
2. Classificar as variáveis para determinar qual tem um efeito significante na resposta.

3. Chegar à equação de predição mais eficaz.

Em (1) sabe-se, *a priori*, que todas as variáveis serão incluídas no modelo. Em (2), a predição é secundária, enquanto em (3), os coeficientes individuais de regressão não são tão importantes quanto a qualidade da resposta estimada $\hat{y}$. Para cada uma dessas situações, a multicolinearidade no experimento tem um efeito profundo no sucesso da regressão.

Nesta seção, são discutidos alguns procedimentos seqüenciais padrão para a seleção de variáveis. Eles são baseados na noção de que uma única variável, ou uma coleção de variáveis, não deveria aparecer na equação de estimativa, a menos que resulte em um aumento significativo na soma dos quadrados da regressão ou, de maneira equivalente, em um aumento significativo em R^2, o coeficiente de determinação múltipla.

Ilustração da seleção de variáveis na presença de colinearidade

■ Exemplo 12.10

Considere os dados da Tabela 12.8, que mostra medidas tomadas de nove crianças. O propósito do experimento era chegar a uma equação de estimação adequada que relacionasse o comprimento da criança a todas ou a um subconjunto de variáveis independentes. Os coeficientes de correlação amostrais, que indicam a dependência linear entre variáveis independentes, são mostrados na matriz simétrica

$$\begin{matrix} & x_1 & x_2 & x_3 & x_4 \end{matrix}$$
$$\begin{bmatrix} 1,0000 & 0,9523 & 0,5340 & 0,3900 \\ 0,9523 & 1,0000 & 0,2626 & 0,1549 \\ 0,5340 & 0,2626 & 1,0000 & 0,7847 \\ 0,3900 & 0,1549 & 0,7847 & 1,0000 \end{bmatrix}$$

Observe que parece haver uma quantidade apreciável de multicolinearidade. Usando a técnica dos mínimos quadrados descrita na Seção 12.2, a equação de regressão estimada para o modelo completo é

$$\hat{y} = 7,1475 + 0,1000x_1 + 0,7264x_2 + 3,0758x_3 - 0,0300x_4.$$

O valor de s^2, com 4 graus de liberdade, é 0,7414, e o valor do coeficiente de determinação para este modelo é 0,9908. A soma dos quadrados da regressão, que mede a variação atribuída a cada variável individual na presença das outras, e os valores t correspondentes são dados na Tabela 12.9.

Uma região crítica bicaudal com 4 graus de liberdade, no nível de significância de 0,05, é dada por $|t| > 2,776$. Dos quatro valores t calculados, *somente a variável x_3 parece ser significante*. Entretanto, lembre-se de que, embora a estatística t descrita na Seção 12.6 meça a importância de uma variável, ajustada pelas outras variáveis, ela não detecta a importância potencial de uma variável em combinação com um subconjunto das viaráveis. Por exemplo, considere o modelo apenas com as variáveis x_2 e x_3 na equação. A análise de dados fornece a função de regressão

Tabela 12.8 Dados relacionados ao comprimento das crianças*

Comprimento da criança, y (cm)	Idade, x_1 (dias)	Comprimento ao nascimento, x_2 (cm)	Peso no nascimento, x_3 (kg)	Tamanho do peito no nascimento, x_4 (cm)
57,5	78	48,2	2,75	29,5
52,8	69	45,5	2,15	26,3
61,3	77	46,3	4,41	32,2
67,0	88	49,0	5,52	36,5
53,5	67	43,0	3,21	27,2
62,7	80	48,0	4,32	27,7
56,2	74	48,0	2,31	28,3
68,5	94	53,0	4,30	30,3
69,2	102	58,0	3,71	28,7

*Dados analisados pelo Centro de Consultoria Estatística, do Instituto Politécnico e Universidade Estadual da Virgínia, em Blacksburg, Virgínia.

Tabela 12.9 Valores t para os dados de regressão da Tabela 12.8

Variável x_1	Variável x_2	Variável x_3	Variável x_4
$R(\beta_1|\beta_2, \beta_3, \beta_4)$	$R(\beta_2|\beta_1, \beta_3, \beta_4)$	$R(\beta_3|\beta_1, \beta_2, \beta_4)$	$R(\beta_4|\beta_1, \beta_2, \beta_3)$
= 0,0644	= 0,6334	= 6,2523	= 0,0241
$t = 0,2947$	$t = 0,9243$	$t = 2,9040$	$t = 0,1805$

$$\hat{y} = 2{,}1833 + 0{,}9576x_2 + 3{,}3253x_3$$

com $R^2 = 0{,}9905$, certamente uma redução não substancial do $R^2 = 0{,}9907$ para o modelo completo. Entretanto, a menos que as características de desempenho dessa combinação em particular tenham sido observadas, não estaríamos cientes do potencial de predição. Isso, é claro, dá suporte para uma metodologia que observa *todas as regressões possíveis* ou um procedimento seqüencial sistemático projetado para testar diversos subconjuntos.

Regressão pela técnica 'stepwise'

Um procedimento-padrão para a busca do 'subconjunto ótimo' de variáveis, na ausência da ortogonalidade, é uma técnica chamada de *regressão 'stepwise' (gradual)*. Ela se baseia no procedimento de introduzir seqüencialmente as variáveis no modelo, uma por vez. A descrição da rotina stepwise será mais bem entendida se os métodos de *seleção 'forward'* ('para a frente') e eliminação 'backward' ('para trás') forem descritos primeiro.

A seleção 'forward' é baseada na noção de que as variáveis devem ser inseridas uma por vez, até que uma equação de regressão satisfatória seja obtida. O procedimento é o seguinte:

PASSO 1 – Escolha a variável que fornece a maior soma dos quadrados da regressão em regressão linear simples com y ou, de maneira equivalente, que forneça o maior valor de R^2. Chamaremos essa variável inicial de x_1.

PASSO 2 – Escolha a variável que, quando inserida no modelo, fornece o maior aumento em R^2, na presença de x_1, sobre o valor de R^2 encontrado no passo 1. Isto, é claro, é a variável x_j para a qual

$$R(\beta_j | \beta_1) = R(\beta_1, \beta_j) - R(\beta_1)$$

é maior. Vamos chamá-la de variável x_2. O modelo de regressão com x_1 e x_2 é, então, ajustado e R^2 é observado.

PASSO 3 – Escolha a variável x_j que fornece o maior valor de

$$R(\beta_j | \beta_1, \beta_2) = R(\beta_1, \beta_2, \beta_j) - R(\beta_1, \beta_2),$$

resultando novamente em um aumento em R^2 sobre aquele dado no passo 2. Ao chamar essa variável de x_3, agora temos um modelo de regressão que envolve x_1, x_2 e x_3.

Esse processo é continuado até que a variável inserida mais recentemente falhe ao produzir um aumento significativo na regressão explicada. Tal aumento pode ser determinado em cada passo ao usar o teste F ou t apropriado. Por exemplo, no passo 2, o valor

$$f = \frac{R(\beta_2 | \beta_1)}{s^2}$$

pode ser determinado para testar a adequação de x_2 no modelo. Aqui, o valor de s^2 é o quadrado do erro médio para o modelo que contém as variáveis x_1 e x_2. De maneira similar, no passo 3 a razão

$$f = \frac{R(\beta_3 | \beta_1, \beta_2)}{s^2}$$

testa a adequação de x_3 no modelo. Entretanto, o valor de s^2 é agora o quadrado médio do erro para o modelo que contém as três variáveis x_1, x_2 e x_3. Se $f < f_\alpha(1, n-3)$ no passo 2, para um nível de significância pré-selecionado, x_2 não é incluído e o processo é encerrado, resultando em uma equação linear simples que relaciona y e x_1. Contudo, se $f > f_\alpha(1, n-3)$ nós seguimos para o passo 3. Novamente, se $f < f_\alpha(1, n-4)$ no passo 3, x_3 não é incluído e o processo é encerrado com a equação de regressão apropriada que contém as variáveis x_1 e x_2.

A *eliminação 'backward'* ('*para trás*') envolve os mesmos conceitos da seleção 'forward', exceto que ela começa com todas as variáveis no modelo. Suponha, por exemplo, que há cinco variáveis sob consideração. Os passos são os seguintes:

PASSO 1 – Ajuste uma equação de regressão com todas as cinco variáveis no modelo. Escolha a variável que fornece o menor valor da soma dos quadrados da regressão *ajustada às outras*. Suponha que essa variável seja x_2. Remova x_2 do modelo se

$$f = \frac{R(\beta_2 | \beta_1, \beta_3, \beta_4, \beta_5)}{s^2}$$

for insignificante.

PASSO 2 – Ajuste uma equação de regressão usando as variáveis restantes x_1, x_3, x_4 e x_5 e repita o passo 1. Suponha que a variável x_5 seja escolhida dessa vez. Novamente, se

$$f = \frac{R(\beta_5 | \beta_1, \beta_3, \beta_4)}{s^2}$$

for insignificante, a variável x_5 é removida do modelo. Em cada passo, o s^2 usado no teste F é o quadrado médio do erro para o modelo de regressão naquele estágio.

Esse processo é repetido até que, em certo passo, a variável com a menor soma dos quadrados da regressão ajustada resulte em um valor f significante para algum nível de significância predeterminado.

A *regressão 'stepwise'* é completada com uma pequena, mas importante, modificação no processo de seleção 'forward'. A modificação envolve mais testes em cada estágio para assegurar a eficácia das variáveis que foram inseridas no modelo em estágios anteriores. Isso representa uma melhoria sobre a seleção 'forward', já que é bem possível que a variável que entra na equação de regressão em um estágio inicial forneça uma imagem redundante ou sem importância por causa das relações existentes entre ela e as outras variáveis que entraram nos estágios finais. Portanto, em um estágio no qual uma nova variável entra na equação de regressão por meio de um aumento significativo em R^2, como determinado no teste F, todas as variáveis já presentes no modelo estão sujeitas a testes F (ou, de maneira equivalente, a testes t) à luz dessa nova variável e são retiradas se não mostrarem um valor f significante. O procedimento continua até que um estágio seja alcançado no qual as variáveis não possam ser inseridas ou apagadas. Ilustramos o procedimento 'stepwise' no exemplo a seguir.

■ **Exemplo 12.11**

Usando as técnicas de regressão 'stepwise', determine um modelo apropriado de regressão linear para predição do comprimento das crianças para os dados da Tabela 12.8.

Solução: PASSO 1 – Considerando cada variável separadamente, quatro equações de regressão linear simples são ajustadas. As seguintes somas dos quadrados da regressão são calculadas:

$R(\beta_1) = 288{,}1468, \quad R(\beta_2) = 215{,}3013,$
$R(\beta_3) = 186{,}1065, \quad R(\beta_4) = 100{,}8594.$

A variável x_1 claramente fornece a maior soma dos quadrados da regressão. O quadrado médio do erro para a equação que envolve somente x_1 é $s^2 = 4{,}7276$ e, já que

$$f = \frac{R(\beta_1)}{s^2} = \frac{288{,}1468}{4{,}7276} = 60{,}9500,$$

que excede $f_{0,05}(1,7) = 5{,}59$, a variável x_1 entra no modelo.
PASSO 2 – Três equações de regressão são ajustadas nesse estágio, todas contendo x_1. Os resultados importantes para as combinações (x_1, x_2), (x_1, x_3) e (x_1, x_4) são

$R(\beta_2|\beta_1) = 23{,}8703, \quad R(\beta_3|\beta_1) = 29{,}3086$
$R(\beta_4|\beta_1) = 13{,}8178.$

A variável x_3 mostra a maior soma dos quadrados da regressão na presença de x_1. A regressão que envolve x_1 e x_3 fornece um novo valor de $s^2 = 0{,}6307$ e, já que

$$f = \frac{R(\beta_3|\beta_1)}{s^2} = \frac{29{,}3086}{0{,}6307} = 46{,}47,$$

excede $f_{0,05}(1,6) = 5{,}99$, a variável x_3 é incluída no modelo juntamente com x_1. Agora, precisamos submeter x_1, na presença de x_3, a um teste de significância. Descobrimos que $R(\beta_1|\beta_3) = 131{,}349$ e, assim,

$$f = \frac{R(\beta_1|\beta_3)}{s^2} = \frac{131{,}349}{0{,}6307} = 208{,}26,$$

que é altamente significante. Portanto, x_1 é retido juntamente com x_3.
PASSO 3 – Com x_1 e x_3 já no modelo, agora requeremos $R(\beta_2|\beta_1, \beta_3)$ e $R(\beta_4|\beta_1, \beta_3)$ para determinar qual, se houver, das duas variáveis restantes entrará nesse estágio. Da análise de regressão que usa x_2 com x_1 e x_3,

determinamos $R(\beta_2|\beta_1, \beta_3) = 0{,}7948$ e, quando x_4 é usado com x_1 e x_3, obtemos $R(\beta_4|\beta_1, \beta_3) = 0{,}1855$. O valor de s^2 é $0{,}5979$ para a combinação $(x_1, x_2$ e $x_3)$ e $0{,}7198$ para a combinação $(x_1, x_2$ e $x_4)$. Já que nenhum valor f é significante no nível $\alpha = 0{,}05$, o modelo final de regressão inclui somente as variáveis x_1 e x_3. A equação estimada é

$$\hat{y} = 20{,}1084 + 0{,}4136x_1 + 2{,}0253x_3,$$

e o coeficiente de determinação para esse modelo é $R^2 = 0{,}9882$.

Embora (x_1, x_3) seja a combinação escolhida pela regressão 'stepwise', não é necessariamente a combinação de duas variáveis que fornece o maior valor de R^2. De fato, já observamos que a combinação (x_2, x_3) fornece um $R^2 = 0{,}9905$. É claro, o procedimento 'stepwise' nunca observou essa combinação. Um argumento racional poderia ser o de que há, realmente, uma diferença desprezível na performance entre essas duas equações de estimação, pelo menos em termos de porcentagem de variação explicada. É interessante observar, entretanto, que o procedimento de eliminação 'backward' fornece a combinação (x_2, x_3) na equação final (veja o Exercício 12.49).

Resumo

A principal função de cada um dos procedimentos explicados nesta seção é expor as variáveis a uma metodologia sistemática planejada para assegurar a inclusão eventual das melhores combinações das variáveis. Obviamente, não há segurança de que isso ocorrerá em todos os problemas e, é claro, pode ser que a multicolinearidade seja tão extensiva que não haja alternativa a não ser recorrer a outros procedimentos de estimação que não o dos mínimos quadrados. Esses procedimentos de estimação são discutidos em Myers (1990), listado na seção Referências bibliográficas.

Os procedimentos seqüenciais discutidos aqui representam três de muitos métodos que têm sido apresentados na literatura e aparecem em vários pacotes de computador para regressão disponíveis. Esses métodos foram planejados para serem computacionalmente eficientes, mas, é claro, não fornecem resultados para todos os subconjuntos de variáveis possíveis. Como resultado, os procedimentos são mais eficazes em conjuntos de dados que envolvem um *grande número de variáveis*. Nos problemas de regressão que envolvem um número relativamente pequeno de variáveis, os pacotes modernos de computador para regressão permitem o cálculo e resumo de informações quantitativas em todos os modelos para cada subconjunto possível de variáveis. Exemplos são fornecidos na Seção 12.11.

12.10 Estudo dos resíduos e violação das hipóteses (verificação do modelo)

Sugerimos anteriormente, neste capítulo, que os resíduos, ou erros, no ajuste da regressão, costumam carregar informações que podem ser muito úteis para o analista de dados. Os $e_i = y_i - \hat{y}_i$, $i = 1, 2, \ldots, n$, que são a contraparte numérica aos ϵ_i's, os erros do modelo, freqüentemente mostram uma possível violação das suposições ou a presença de pontos de dados 'suspeitos'. Suponha que o vetor $\mathbf{x}_i$ denote os valores das variáveis regressoras que correspondem ao i-ésimo ponto de dado, suplementado por um 1 na posição inicial. Ou seja,

$$\mathbf{x}'_i = [1, x_{1i}, x_{2i}, \ldots, x_{ki}].$$

Considere a quantidade

$$h_{ii} = \mathbf{x}'_i (\mathbf{X}'\mathbf{X})^{-1} \mathbf{x}_i, \quad i = 1, 2, \ldots, n.$$

O leitor deve reconhecer que h_{ii} é usado no cálculo dos intervalos de confiança para a resposta média na Seção 12.5. Com exceção de σ^2, h_{ii} representa a variância do valor ajustado $\hat{y}_i$. Os valores h_{ii} são os elementos da diagonal da **matriz HAT** ('chapéu' em inglês)

$$\mathbf{H} = \mathbf{X}(\mathbf{X}'\mathbf{X})^{-1}\mathbf{X}',$$

que desempenha um importante papel no estudo dos resíduos e outros aspectos modernos da análise de regressão (veja a referência a Myers, 1990, listada na seção Referências bibliográficas). O termo *matriz HAT* deriva do fato de que **H** gera os 'y-chapéu' ou valores ajustados quando multiplicados pelo vetor **y** das respostas observadas. Ou seja, $\hat{\mathbf{y}} = \mathbf{X}\mathbf{b}$ e, portanto,

$$\hat{\mathbf{y}} = \mathbf{X}(\mathbf{X}'\mathbf{X})^{-1}\mathbf{X}'\mathbf{y} = \mathbf{H}\mathbf{y},$$

onde $\hat{\mathbf{y}}$ é o vetor cujo i-ésimo elemento é $\hat{y}_i$.

Se fizermos as suposições usuais de que os ϵ_i's são independentes e normalmente distribuídos, com média zero e variância σ^2, as propriedades estatísticas dos resíduos são prontamente caracterizadas. Assim,

$$E(e_i) = E(y_i - \hat{y}_i) = 0 \quad \text{e} \quad \sigma^2_{e_i} = (1 - h_{ii})\sigma^2,$$

para $i = 1, 2, \ldots, n$. (Veja a referência Myers, 1990, para detalhes.) Podemos mostrar que os valores da diagonal de HAT são limitados de acordo com a desigualdade

$$\frac{1}{n} \leq h_{ii} \leq 1.$$

Além disso, $\sum_{i=1}^{n} h_{ii} = k + 1$, o número de parâmetros de regressão. Como resultado, qualquer ponto dos dados cujo elemento da diagonal de HAT é grande, ou seja, bem acima do valor médio de $(k + 1)/n$, está em uma posição em que a variância de $\hat{y}_i$ é relativamente grande e a variância do resíduo é relativamente pequena. Como conseqüência, o analista de dados pode ganhar alguma percepção sobre quão grande um resíduo pode se tornar antes que seu desvio de zero possa ser atribuído a algo que não o acaso. Muitos dos pacotes comerciais de computador para regressão produzem o conjunto de *resíduos 'estudentizados'*.

Resíduo 'estudentizados'

$$r_i = \frac{e_i}{s\sqrt{1 - h_{ii}}}, \quad i = 1, 2, \ldots, n$$

Aqui, cada resíduo foi dividido por uma *estimativa de seu desvio-padrão*, criando uma estatística do *tipo t* designada para dar ao analista uma quantidade livre de escalas que fornece informações sobre o *tamanho* do resíduo. Além disso, os pacotes de computadores padrão fornecem valores de outro conjunto de resíduos do tipo '*estudentizado*', chamados de *valores R-student*.

Resíduo R-student

$$t_i = \frac{e_i}{s_{-i}\sqrt{1 - h_{ii}}}, \quad i = 1, 2, \ldots, n$$

Onde s_{-i} é uma estimativa do desvio-padrão do erro, calculado sem o *i-ésimo ponto dos dados do conjunto de dados*.

Há três tipos de violações das suposições que são prontamente detectados por meio do uso dos resíduos ou dos *gráficos residuais*. Embora os gráficos de resíduos brutos, os e_i, possam ser úteis, costuma ser mais informativo representar graficamente os resíduos 'estudentizados'. As três violações são as seguintes:

1. Presença de valores discrepantes
2. Variância do erro heterogênea
3. Especificações errôneas do modelo

No caso 1, escolhemos definir um valor *discrepante* como uma observação para a qual há um desvio da suposição usual $E(\epsilon_i) = 0$ para um valor específico de i. Se houver uma razão para acreditar que uma observação específica é um valor discrepante, que manifesta uma grande influência no modelo ajustado, r_i ou t_i podem ser muito úteis. Podemos esperar que os valores R-student sejam mais sensíveis aos valores discrepantes do que os valores r_i.

De fato, sob a condição de que $E(\epsilon_i) = 0$, t_i é o valor de uma variável aleatória que segue uma distribuição t com $n - 1 - (k + 1) = n - k - 2$ graus de liberdade. Então, um teste t bilateral pode ser usado para fornecer informações para detectar se a i-ésima é discrepante ou não.

Embora a estatística R-student t_i produza um teste t exato para a detecção de uma discrepância em uma localização específica dos dados, a distribuição t não se aplicaria para um teste simultâneo para os valores discrepantes em todas as localizações. Como resultado, os resíduos 'estudentizados' ou valores R-estudante deveriam ser estritamente usados como uma ferramenta de diagnóstico *sem* um teste de hipóteses formal como mecanismo. A implicação disto é que essas estatísticas ressaltam observações para as quais o erro de ajuste é maior do que o esperado pelo acaso. Valores *R*-student maiores em magnitude sugerem a necessidade de uma 'verificação' dos dados com todos os recursos possíveis. A prática de eliminar as observações dos conjuntos de dados de regressão não deveria ser feita indiscriminadamente. (Para mais informações sobre o uso de diagnóstico dos valores discrepantes, veja Myers, 1990, listado na seção Referências bibliográficas.)

Ilustração da detecção de um valor discrepante

■ Exemplo 12.12

Em um experimento biológico conduzido no Instituto Politécnico e Universidade Estadual da Virgínia pelo Departamento de Entomologia, foram realizadas n tentativas experimentais com dois métodos diferentes para a captura de gafanhotos. Os métodos são: captura com rede quadrada e com rede de varredura. O número médio de gafanhotos capturados em um conjunto de quadrantes de campo em certa data foi registrado para cada um dos métodos. Uma variável regressora adicional, a altura média das plantas nos quadrantes, também foi registrada. Os dados experimentais estão na Tabela 12.10.

O objetivo é sermos capazes de estimar a captura de gafanhotos usando somente o método da rede de varredura, que gera menos custos. Houve alguma preocupação sobre a validade da quarta observação. A captura observada que foi reportada usando o método da rede quadrada parece excepcionalmente alta, dadas as outras condições e, na verdade, sentiu-se que os números podiam estar errados. Ajuste um modelo do tipo

$$y_i = \beta_0 + \beta_1 x_1 + \beta_2 x_2$$

para as 17 observações e estude os resíduos para determinar se a quarta observação é um valor discrepante.
Solução: Um pacote de computador gerou o modelo de regressão ajustado

Tabela 12.10 Conjunto de dados para o Exemplo 12.12

Observação	Captura com rede quadrada, y	Captura com rede de varredura, x_1	Altura das plantas, x_2 (cm)
1	18,0000	4,15476	52,705
2	8,8750	2,02381	42,069
3	2,0000	0,15909	34,766
4	20,0000	2,32812	27,622
5	2,3750	0,25521	45,879
6	2,7500	0,57292	97,472
7	3,3333	0,70139	102,062
8	1,0000	0,13542	97,790
9	1,3333	0,12121	88,265
10	1,7500	0,10937	58,737
11	4,1250	0,56250	42,386
12	12,8750	2,45312	31,274
13	5,3750	0,45312	31,750
14	28,0000	6,68750	35,401
15	4,7500	0,86979	64,516
16	1,7500	0,14583	25,241
17	0,1333	0,01562	36,354

Tabela 12.11 Informação residual para o conjunto de dados do Exemplo 12.12

Obs.	y_i	$\hat{y}_i$	$y_i - \hat{y}_i$	h_{ii}	$s\sqrt{1-h_{ii}}$	r_i	t_i
1	18,000	18,809	−0,809	0,2291	2,074	−0,390	−0,3780
2	8,875	10,452	−1,577	0,0766	2,270	−0,695	−0,6812
3	2,000	3,065	−1,065	0,1364	2,195	−0,485	−0,4715
4	20,000	12,231	7,769	0,1256	2,209	3,517	9,9315
5	2,375	3,052	−0,677	0,0931	2,250	−0,301	−0,2909
6	2,750	2,464	0,286	0,2276	2,076	0,138	0,1329
7	3,333	2,823	0,510	0,2669	2,023	0,252	0,2437
8	1,000	0,656	0,344	0,2318	2,071	0,166	0,1601
9	1,333	0,947	0,386	0,1691	2,153	0,179	0,1729
10	1,750	1,982	−0,232	0,0852	2,260	−0,103	−0,0989
11	4,125	4,442	−0,317	0,0884	2,255	−0,140	−0,1353
12	12,875	12,610	0,265	0,1152	2,222	0,119	0,1149
13	5,375	4,383	0,992	0,1339	2,199	0,451	0,4382
14	28,000	29,841	−1,841	0,6233	1,450	−1,270	−1,3005
15	4,750	4,891	−0,141	0,0699	2,278	−0,062	−0,0589
16	1,750	3,360	−1,610	0,1891	2,127	−0,757	−0,7447
17	0,133	2,418	−2,285	0,1386	2,193	−1,042	−1,0454

$$\hat{y} = 3{,}6870 + 4{,}1050x_1 - 0{,}0367x_2$$

com $R^2 = 0{,}9244$ e $s^2 = 5{,}580$. Os resíduos e outras informações de diagnóstico foram gerados e registrados na Tabela 12.11.

Como esperado, o resíduo na quarta observação parece ser excepcionalmente alto, a saber, 7,769. O ponto vital aqui é se esse resíduo é ou não maior do que esperaríamos ao acaso. O erro-padrão residual para a quarta observação é 2,209. O valor R-student t_4 é 9,9315. Vendo isso como um valor de uma variável aleatória que possui distribuição t com 13 graus de liberdade, certamente concluiríamos que o resíduo da quarta observação está estimando algo maior do que 0, e que a suspeita de erro de medição é apoiada pelo estudo dos resíduos. Note que nenhum outro resultado residual resulta em um valor R-student que produz qualquer razão para alarme.

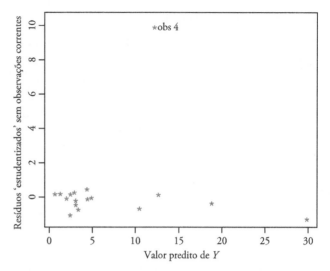

Figura 12.5 Valores R-student representados graficamente contra os valores preditos para os dados do Exemplo 12.12.

Gráficos dos resíduos

No Capítulo 11 discutimos, com algum detalhe, a utilidade da representação gráfica dos resíduos na análise de regressão. A violação das suposições do modelo pode ser freqüentemente detectada por meio desses gráficos. Na regressão múltipla, os gráficos de probabilidade normal dos resíduos ou o gráfico do resíduo contra $\hat{y}$ podem ser úteis. Entretanto, costuma ser preferível representar resíduos 'estudentizados'.

Tenha em mente que a preferência por resíduos 'estudentizados' em vez de resíduos comuns, nos gráficos é oriunda do fato de que, já que a variância do i-ésimo resíduo depende do i-ésimo elemento da diagonal da matriz HAT, as variâncias dos resíduos diferirão se houver uma dispersão nos elementos da diagonal da HAT. Portanto, a aparência dos gráficos dos resíduos pode descrever uma heterogeneidade porque os resíduos não se comportam, em geral, de modo ideal. O propósito de uso dos resíduos 'estudentizados' é fornecer uma *padronização*. Claramente, se σ for conhecido, então, sob as condições ideais (ou seja, um modelo correto e uma variância homogênea), temos

$$E\left(\frac{e_i}{\sigma\sqrt{1-h_{ii}}}\right) = 0 \quad \text{e} \quad Var\left(\frac{e_i}{\sigma\sqrt{1-h_{ii}}}\right) = 1.$$

Assim, os resíduos 'estudentizados' produzem um conjunto de estatísticas que se comportam de maneira padrão sob as condições ideais. A Figura 12.5 mostra um gráfico dos valores R-student para os dados do Exemplo 12.12. Note como o valor para a observação 4 se destaca dos demais. O gráfico foi gerado pelo software *SAS*. O gráfico mostra os resíduos contra os valores $\hat{y}$.

Verificação de normalidade

O leitor deveria se lembrar da importância da verificação da normalidade por meio de um gráfico de probabilidade normal, como discutido no Capítulo 11. A mesma recomendação se mantém para o caso da regressão linear múltipla. Os gráficos de probabilidade normal podem ser gerados usando-se um software padrão para regressão. Novamente, todavia, eles podem ser mais eficazes quando não usamos os resíduos comuns, mas sim os resíduos 'estudentizados' ou valores R-student.

12.11 Validação cruzada, C_p, e outros critérios para seleção de modelos

Para muitos problemas de regressão, o pesquisador deve escolher entre várias alternativas de modelos ou formas de modelos que são desenvolvidas com base no mesmo conjunto de dados. Com freqüência, na verdade, é necessário o modelo que melhor prevê ou estima a resposta média. O pesquisador deveria levar em conta os tamanhos relativos dos valores s^2 para os modelos candidatos e, certamente, a natureza geral dos intervalos de confiança para resposta média. Também devemos considerar quão bem o modelo prevê os valores da resposta que não *foram usados na construção dos modelos candidatos*. Os modelos deveriam ser submetidos a uma *validação cruzada*. O que requeremos, então, são os erros da validação cruzada, em vez dos erros de ajuste. Tais erros de predição são chamados de *resíduos PRESS*

$$\delta_i = y_i - \hat{y}_{i,-i}, \quad i = 1, 2, \ldots, n,$$

onde $\hat{y}_{i,-i}$ é a predição da i-ésima observação por um modelo que não faz uso do i-ésima ponto no cálculo dos coeficientes. Esses resíduos PRESS são calculados pela fórmula

$$\delta_i = \frac{e_i}{1 - h_{ii}}, \quad i = 1, 2, \ldots, n,$$

(A derivação pode ser encontrada no livro de Myers sobre regressão, 1990.)

Uso da estatística PRESS

O estímulo e a utilidade do resíduo PRESS são muito simples de ser entendidos. O propósito de extrair ou *deixar de lado* as observações, uma por vez, é permitir o uso de metodologias separadas para o ajuste e avaliação de um modelo específico. Para a avaliação de um modelo, o '–i' indica que o resíduo PRESS fornece o erro de predição em que a observação que está sendo prevista é *independente do ajuste do modelo*.

Os critérios que fazem uso dos resíduos PRESS são dados por

$$\sum_{i=1}^{n} |\delta_i| \quad \text{e} \quad \text{PRESS} = \sum_{i=1}^{n} \delta_i^2.$$

O termo PRESS é um acrônimo, em inglês, para *soma dos quadrados da predição* (*prediction sum of squares*). Sugerimos que ambos os critérios sejam usados. É possível para o PRESS ser dominado por um ou alguns resíduos PRESS grandes. Claramente, o critério $\sum_{i=1}^{n} |\delta_i|$ é menos sensível a um número pequeno de valores grandes.

Além da estatística PRESS, o analista pode simplesmente calcular uma estatística 'tipo R^2' que reflita o desempenho preditivo. A estatística é, freqüentemente, chamada R^2_{pred} e é dada como se segue:

R^2 de predição

Dado um modelo ajustado com um valor específico para PRESS, R^2_{pred} é dado por

$$R^2_{\text{pred}} = 1 - \frac{\text{PRESS}}{\sum_{i=1}^{n}(y_i - \bar{y})^2}.$$

Note que R^2_{pred} é apenas a estatística R^2 usual com SQE substituída pela estatística PRESS.

No exemplo a seguir, fornecemos uma ilustração de um 'estudo de caso', no qual muitos modelos são ajustados ao conjunto de dados, e o melhor dentre eles é escolhido. Os procedimentos seqüenciais descritos na Seção 12.9 não são usados. Em vez disso, são ilustrados os papéis dos resíduos PRESS e de outros valores estatísticos na seleção da melhor equação de regressão.

■ **Exemplo 12.13**

Estudo de caso A força das pernas é um item necessário para um bom chutador no futebol americano. Uma medida de qualidade de um bom chute é o "tempo em que a bola paira no ar". Este é o tempo em que a bola se mantém no ar antes de ser pega pelo chutador de retorno. Para determinar quais fatores da força das pernas influenciam no tempo em que a bola paira no ar e desenvolver um modelo empírico para prever essa resposta, o estudo (*The Relationship Between Selected Physical Performance Variables and Football Puting Ability*) foi desenvolvido pelo Departamento de Saúde, Educação Física e Recreação no Instituto Politécnico e Universidade Estadual da Virgínia. Treze chutadores foram escolhidos para o experimento e cada um chutou uma bola dez vezes. O tempo médio em que a bola pairou no ar e as medidas de força usadas na análise foram registrados na Tabela 12.12.

Cada variável regressora está definida a seguir:

1. FPD, força da perna direita (libras)
2. FPE, força da perna esquerda (libras)
3. FTD, flexibilidade do tendão do músculo direito (graus)
4. FTE, flexibilidade do tendão do músculo esquerdo (graus)
5. Potência, força total da perna (pés libras)

Determine o modelo mais apropriado para prever o tempo em que a bola paira no ar.

Tabela 12.12 Dados para o Exemplo 12.13

Chutador	Tempo em que a bola paira no ar y(s)	FPD x_1	FPE x_2	FTD x_3	PTE x_4	Potência x_5
1	4,75	170	170	106	106	240,57
2	4,07	140	130	92	93	195,49
3	4,04	180	170	93	78	152,99
4	4,18	160	160	103	93	197,09
5	4,35	170	150	104	93	266,56
6	4,16	150	150	101	87	260,56
7	4,43	170	180	108	106	219,25
8	3,20	110	110	86	92	132,68
9	3,02	120	110	90	86	130,24
10	3,64	130	120	85	80	205,88
11	3,68	120	140	89	83	153,92
12	3,60	140	130	92	94	154,64
13	3,85	160	150	95	95	240,57

Solução: Na busca pelo 'melhor' dentre os modelos candidatos, a informação da Tabela 12.13 foi obtida de um pacote de computador para regressão. Os modelos são classificados em ordem crescente dos valores da estatística PRESS. Esse quadro fornece informações suficientes sobre todos os modelos possíveis, permitindo que o usuário elimine os modelos que não forem adequados. O modelo que contém x_2 e x_5 (*FPE* e *potência*), denotado por x_2x_5, aparenta ser superior para prever o tempo em que a bola paira no ar. Também note que todos os modelos com um PRESS baixo, um s^2 baixo, um $\sum_{i=1}^{n} |\delta_i|$ baixo e valor alto de R^2 contêm essas duas variáveis.

Para obtermos alguma percepção sobre os resíduos da regressão ajustada

$$\hat{y}_i = b_0 + b_2 x_{2i} + b_5 x_{5i},$$

os resíduos e os resíduos PRESS foram gerados. O modelo atual de predição (veja o Exercício 12.47) é dado por

$$\hat{y} = 1{,}10765 + 0{,}01370x_2 + 0{,}00429x_5.$$

Os resíduos, os valores da diagonal HAT e os valores PRESS estão listados na Tabela 12.14.

Observe o ajuste relativamente bom do modelo de regressão das duas variáveis aos dados. Os resíduos PRESS refletem a capacidade de a equação de regressão prever o tempo em que a bola paira no ar se predições independentes forem realizadas. Por exemplo, para o chutador número 4, o tempo em que a bola paira no ar de 4,180 encontraria um erro de predição de 0,039 se o modelo construído fosse

Tabela 12.13 Comparação de diferentes modelos de regressão

Modelo	s^2	$\sum \|\delta_i\|$	PRESS	R^2
x_2x_5	0,036907	1,93583	0,54683	0,871300
$x_1x_2x_5$	0,041001	2,06489	0,58998	0,871321
$x_2x_4x_5$	0,037708	2,18797	0,59915	0,881658
$x_2x_3x_5$	0,039636	2,09553	0,66182	0,875606
$x_1x_2x_4x_5$	0,042265	2,42194	0,67840	0,882093
$x_1x_2x_3x_5$	0,044578	2,26283	0,70958	0,875642
$x_2x_3x_4x_5$	0,042421	2,55789	0,86236	0,881658
$x_1x_3x_5$	0,053664	2,65276	0,87325	0,831580
$x_1x_4x_5$	0,056279	2,75390	0,89551	0,823375
x_1x_5	0,059621	2,99434	0,97483	0,792094
x_2x_3	0,056153	2,95310	0,98815	0,804187
x_1x_3	0,059400	3,01436	0,99697	0,792864
$x_1x_2x_3x_4x_5$	0,048302	2,87302	1,00920	0,882096
x_2	0,066894	3,22319	1,04564	0,743404
x_3x_5	0,065678	3,09474	1,05708	0,770971
x_1x_2	0,068402	3,09047	1,09726	0,761474
x_3	0,074518	3,06754	1,13555	0,714161
$x_1x_3x_4$	0,065414	3,36304	1,15043	0,794705
$x_2x_3x_4$	0,062082	3,32392	1,17491	0,805163
x_2x_4	0,063744	3,59101	1,18531	0,777716
$x_1x_2x_3$	0,059670	3,41287	1,26558	0,812730
x_3x_4	0,080605	3,28004	1,28314	0,718921
x_1x_4	0,069965	3,64415	1,30194	0,756023
x_1	0,080208	3,31562	1,30275	0,692334
$x_1x_3x_4x_5$	0,059169	3,37362	1,36867	0,834936
$x_1x_2x_4$	0,064143	3,89402	1,39834	0,798692
$x_3x_4x_5$	0,072505	3,49695	1,42036	0,772450
$x_1x_2x_3x_4$	0,066088	3,95854	1,52344	0,815633
x_5	0,111779	4,17839	1,72511	0,571234
x_4x_5	0,105648	4,12729	1,87734	0,631593
x_4	0,186708	4,88870	2,82207	0,283819

aquele que usa os 12 chutadores restantes. Para esse modelo, o erro de predição médio ou o erro de validação cruzada é

$$\frac{1}{13}\sum_{i=1}^{n}|\delta_i| = 0{,}1489 \text{ segundo},$$

que é pequeno se comparado ao tempo médio em que a bola paira no ar para os 13 chutadores.

Indicamos, na Seção 12.9 que o uso de todos os subconjuntos de regressão possíveis é freqüentemente aconselhável na procura pelo melhor modelo. A maioria dos softwares comerciais contém a rotina de *todas as regressões possíveis*. Esses algoritmos calculam vários critérios para todos os subconjuntos dos termos dos modelos. Obviamente, critérios como R^2, s^2 e PRESS são razoáveis para escolher entre os subconjuntos candidatos. Outra estatística muito popular e útil, principalmente nas áreas das ciências físicas e de engenharia, é a estatística C_p, descrita a seguir.

A estatística C_p

Em geral, a escolha do modelo mais apropriado envolve muitas considerações. Obviamente, o número de termos nos modelos é importante; a parcimônia é uma consideração que não pode ser ignorada. Por outro lado, o analista não pode se sentir realizado com um modelo muito simples, a ponto de haver sérias subespecificações. Uma única estatística que representa um bom compromisso em relação a isso é a C_p. (Veja a referência a Mallows em Referências bibliográficas)

A estatística C_p apela ao senso comum e é desenvolvida com base em considerações do compromisso apropriado entre uma parcialidade excessiva incorrida quando subajustamos (escolhemos poucos termos do modelo) e uma variância de predição excessiva produzida quando superajustamos (há redundâncias no modelo). A estatística C_p é uma função simples do número total de parâmetros no modelo candidato e do quadrado médio do erro s^2.

Não apresentaremos o desenvolvimento total da estatística C_p. (Para detalhes, o leitor pode consultar o livro de Myers que consta em Referências bibliográficas) A C_p para um modelo de um subconjunto em particular é *uma estimativa* de

$$\Gamma_{(p)} = \frac{1}{\sigma^2}\sum_{i=1}^{n}\text{Var}(\hat{y}_i) + \frac{1}{\sigma^2}\sum_{i=1}^{n}(\text{Vício }\hat{y}_i)^2.$$

O que ocorre é que, sob as suposições dos mínimos quadrados indicadas anteriormente neste capítulo, e assumindo que o modelo 'real' é modelo com todas as variáveis candidatas,

$$\frac{1}{\sigma^2}\sum_{i=1}^{n}\text{Var}(\hat{y}_i) = p \text{ (número de parâmetros no modelo candidato)}$$

(veja o Exercício de revisão 12.61) e uma estimativa não-viciada de

$$\frac{1}{\sigma^2}\sum_{i=1}^{n}(\text{Vício }\hat{y}_i)^2 \text{ é dada por}$$

$$\frac{1}{\sigma^2}\sum_{i=1}^{n}(\widehat{\text{Vício }}y_i)^2 = \frac{(s^2 - \sigma^2)(n-p)}{\sigma^2}$$

Neste caso, o s^2 é o quadrado médio do erro para o modelo candidato e σ^2 é a variância populacional do erro. Então, se assumirmos que há alguma estimativa de $\hat{\sigma}^2$ disponível para σ^2, C_p é dada por

Estatística C_p

$$C_p = p + \frac{(s^2 - \hat{\sigma}^2)(n-p)}{\hat{\sigma}^2},$$

onde p é o número de parâmetros do modelo, s^2 é o quadrado médio do erro para o modelo candidato e $\hat{\sigma}^2$ é uma estimativa de σ^2.

Tabela 12.14 Resíduos PRESS

Chutador	y_i	$\hat{y}_i$	$\sigma_i = y_i - \hat{y}_i$	h_{ii}	δ_i
1	4,750	4,470	0,280	0,198	0,349
2	4,070	3,728	0,342	0,118	0,388
3	4,040	4,094	−0,054	0,444	−0,097
4	4,180	4,146	0,034	0,132	0,039
5	4,350	4,307	0,043	0,286	0,060
6	4,160	4,281	−0,121	0,250	−0,161
7	4,430	4,515	−0,085	0,298	−0,121
8	3,200	3,184	0,016	0,294	0,023
9	3,020	3,174	−0,154	0,301	−0,220
10	3,640	3,636	0,004	0,231	0,005
11	3,680	3,687	−0,007	0,152	−0,008
12	3,600	3,553	0,047	0,142	0,055
13	3,850	4,196	−0,346	0,154	−0,409

Capítulo 12 - Regressão linear múltipla e alguns modelos de regressão não-linear | 315

Tabela 12.15 Dados para o Exemplo 12.14

Distrito	Contas promocionais x_1	Contas ativas x_2	Marcas concorrentes x_3	Potencial x_4	Vendas, y (milhares)
1	5,5	31	10	8	79,3
2	2,5	55	8	6	200,1
3	8,0	67	12	9	163,2
4	3,0	50	7	16	200,1
5	3,0	38	8	15	146,0
6	2,9	71	12	17	177,7
7	8,0	30	12	8	30,9
8	9,0	56	5	10	291,9
9	4,0	42	8	4	160,0
10	6,5	73	5	16	339,4
11	5,5	60	11	7	159,6
12	5,0	44	12	12	86,3
13	6,0	50	6	6	237,5
14	5,0	39	10	4	107,2
15	3,5	55	10	4	155,0

É claro que o cientista deveria adotar modelos com valores pequenos de C_p. O leitor deveria notar que, diferentemente da estatística PRESS, a C_p não tem escala. Além disso, obtemos alguma percepção sobre a adequação do modelo candidato observando seus valores de C_p. Por exemplo, $C_p > p$ indica um modelo que é viciado devido ao fato de ser um modelo subajustado, enquanto $C_p \approx p$ indica um modelo razoável.

Costuma haver confusão sobre de onde vem $\hat{\sigma}^2$ na fórmula para C_p. Obviamente, o engenheiro ou cientista não tem acesso à quantidade populacional σ^2. Nas aplicações em que tentativas repetidas estão disponíveis, digamos, em uma situação de planejamento experimental, uma estimativa independente de modelo de σ^2 do erro está disponível (veja os capítulos 11 e 15). Entretanto, a maioria dos softwares usa $\hat{\sigma}^2$ como o *quadrado médio do erro do modelo mais completo*. Obviamente, se essa não for uma boa estimativa, a parcela do vício de C_p pode ser negativa. Então, C_p pode ser menor do que p.

■ **Exemplo 12.14**

Considere o conjunto de dados da Tabela 12.15, em que um fabricante de placas de asfalto está interessado na relação entre as vendas em determinado ano e fatores que influenciam as vendas. (Os dados foram retirados de Neter, Wassermann e Kutner; veja Referências bibliográficas.)

Dos subconjuntos de modelos possíveis, três são de interesse. Estes três são x_2x_3, $x_1x_2x_3$ e $x_1x_2x_3x_4$. A tabela abaixo apresenta as informações pertinentes para a comparação dos três modelos. Incluímos a estatística PRESS para os três modelos, para suplementar a decisão a ser tomada.

Parece estar claro, da informação na tabela, que o modelo $x_1x_2x_3$ é preferível aos outros dois. Observe que, para o modelo completo, C_p = 5,0. Isso ocorre porque a *parcela do vício* é zero e $\hat{\sigma}^2$ = 26,2073 é o quadrado médio do erro do modelo completo.

A Figura 12.6 é uma impressão detalhada *SAS PROC REG* que mostra as informações para todas as regressões possíveis. Aqui, podemos mostrar as comparações de outros modelos com (x_1, x_2, x_3). Note que (x_1, x_2, x_3) parece ser bastante bom quando comparado a todos os modelos.

Como verificação final no modelo (x_1, x_2, x_3), a Figura 12.7 mostra um gráfico de probabilidade normal dos resíduos para esse modelo.

Exercícios

12.47 Considere os dados do tempo em que a bola paira no ar fornecidos no Exemplo 12.13, usando somente as variáveis x_2 e x_3.

Modelo	R^2	R^2_{pred}	s^2	PRESS	C_p
x_2x_3	0,9940	0,9913	44,5552	782,1896	11,4013
$x_1x_2x_3$	0,9970	0,9928	24,7956	643,3578	3,4075
$x_1x_2x_3x_4$	0,9971	0,9917	26,2073	741,7557	5,0

```
                        Dependent Variable: sales
         Number in                   Adjusted
          Model       C(p)  R-Square  R-Square      MSE     Variables in Model

             3       3,4075   0,9970    0,9961    24,79560   x1 x2 x3
             4       5,0000   0,9971    0,9959    26,20728   x1 x2 x3 x4
             2      11,4013   0,9940    0,9930    44,55518   x2 x3
             3      13,3770   0,9940    0,9924    48,54787   x2 x3 x4
             3    1053,643    0,6896    0,6049  2526,96144   x1 x3 x4
             2    1082,670    0,6805    0,6273  2384,14286   x3 x4
             2    1215,316    0,6417    0,5820  2673,83349   x1 x3
             1    1228,460    0,6373    0,6094  2498,68333   x3
             3    1653,770    0,5140    0,3814  3956,75275   x1 x2 x4
             2    1668,699    0,5090    0,4272  3663,99357   x1 x2
             2    1685,024    0,5042    0,4216  3699,64814   x2 x4
             1    1693,971    0,5010    0,4626  3437,12846   x2
             2    3014,641    0,1151    0,0324  6603,45109   x1 x4
             1    3088,650    0,0928    0,0231  6248,72283   x4
             1    3364,884    0,0120    0,0640  6805,59568   x1
```

Figura 12.6 Impressão SAS de todos os subconjuntos possíveis para os dados para o Exemplo 12.14.

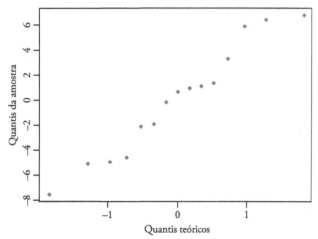

Figura 12.7 Gráfico de probabilidade normal dos resíduos do modelo $x_1 x_2 x_3$ para o Exemplo 12.14.

(a) Verifique a equação de regressão mostrada na página 313.
(b) Preveja o tempo em que a bola paira no ar de um chutador com FPE = 180 libras e potência = 260 pés-libras.
(c) Construa um intervalo de confiança de 95% para o tempo médio que a bola paira no ar de um chutador com FPE = 180 libras e potência = 260 pés-libras.

12.48 Para os dados do Exercício 12.11, use as técnicas de
(a) seleção 'forward', com um nível de significância de 0,05, para escolher o modelo de regressão linear;
(b) eliminação 'backward' com um nível de significância de 0,05 para escolher um modelo de regressão linear;
(c) regressão 'stepwise', com um nível de significância de 0,05 para escolher um modelo de regressão linear.

12.49 Use as técnicas de eliminação 'backward', com $\alpha = 0,05$, para escolher uma equação de previsão para os dados da Tabela 12.8.

12.50 Para os dados dos chutadores do Exemplo 12.13, uma resposta adicional, 'distância do chute', também foi registrada. A seguir, temos os valores das distâncias médias para cada um dos 13 chutadores:

Chutador	Distância, y (pés)
1	162,50
2	144,00
3	147,50
4	163,50
5	192,00
6	171,75
7	162,00
8	104,93
9	105,67
10	117,59
11	140,25
12	150,17
13	165,16

(a) Usando os dados de distância em vez dos dados de tempo em que a bola paira no ar, estime um modelo de regressão linear múltipla do tipo

$\mu_{Y|x_1,x_2,x_3,x_4,x_5}$
$= \beta_0 + \beta_1 x_1 + \beta_2 x_2 + \beta_3 x_3 + \beta_4 x_4 + \beta_5 x_5$

para prever a distância do chute.

(b) Use a regressão 'stepwise' com nível de significância de 0,10 para selecionar uma combinação de variáveis.

(c) Gere os valores de s^2, R^2, PRESS e $\sum_{i=1}^{13}|\delta_i|$ para o conjunto inteiro dos 31 modelos. Use essa informação para determinar a melhor combinação de variáveis para prever a distância dos chutes.

(d) Para o modelo final escolhido por você, represente os resíduos-padrão contra Y e faça um gráfico de probabilidade normal dos resíduos ordinários. Comente.

12.51 A seguir, temos um conjunto de dados para y, a quantia (milhares de dólares) doada para uma associação estudantil da Virginia Tech por uma classe de 1960, e x, o número de anos que se seguiram à graduação.

y	x	y	x
812,52	1	2755,00	11
822,50	2	4390,50	12
1211,50	3	5581,50	13
1348,00	4	5548,00	14
1301,00	8	6068,00	15
2567,50	9	5764,00	16
2526,50	10	8903,00	17

(a) Ajuste um modelo de regressão do tipo

$$\mu_{Y|x} = \beta_0 + \beta_1 x.$$

(b) Ajuste um modelo quadrático do tipo

$$\mu_{Y|x} = \beta_0 + \beta_1 x + \beta_{11} x^2.$$

(c) Determine qual dos modelos em (a) ou (b) é preferível. Use s^2, R^2 e resíduos PRESS para apoiar sua decisão.

12.52 Para o modelo do Exercício 12.50(a), teste a hipótese:

$$H_0: \beta_4 = 0,$$
$$H_1: \beta_4 \neq 0.$$

Use um valor P em sua conclusão.

12.53 Para o modelo quadrático do Exercício 12.51(b), dê estimativas das variâncias e covariâncias das estimativas de β_1 e β_{11}.

12.54 Em um esforço para modelar a compensação executiva para o ano de 1979, 33 empresas foram selecionadas e seus dados de compensação, vendas, lucros e emprego foram reunidos. Considere o modelo

$$y_i = \beta_0 + \beta_1 \ln x_{1i} + \beta_2 \ln x_{2i}$$
$$+ \beta_3 \ln x_{3i} + \epsilon_i, \quad i = 1, 2, \ldots, 33.$$

(a) Ajuste a regressão com o modelo dado.
(b) Um modelo com um subconjunto de variáveis é preferível ao modelo completo?

Empresa	Compensação, y (milhares)	Vendas, x_1 (milhões)	Lucros, x_2 (milhões)	Empregos, x_3
1	$450	$4.600,6	$128,1	48.000
2	387	9.255,4	783,9	55.900
3	368	1.526,2	136,0	13.783
4	277	1.683,2	179,0	27.765
5	676	2.752,8	231,5	34.000
6	454	2.205,8	329,5	26.500
7	507	2.384,6	381,8	30.800
8	496	2.746,0	237,9	41.000
9	487	1.434,0	222,3	25.900
10	383	470,6	63,7	8.600
11	311	1.508,0	149,5	21.075
12	271	464,4	30,0	6.874
13	524	9.329,3	577,3	39.000
14	498	2.377,5	250,7	34.300
15	343	1.174,3	82,6	19.405
16	354	409,3	61,5	3.586
17	324	724,7	90,8	3.905
18	225	578,9	63,3	4.139
19	254	966,8	42,8	6.255
20	208	591,0	48,5	10.605
21	518	4.933,1	310,6	65.392
22	406	7.613,2	491,6	89.400
23	332	3.457,4	228,0	55.200
24	340	545,3	54,6	7.800
25	698	22.862,8	3011,3	337.119
26	306	2.361,0	203,0	52.000
27	613	2.614,1	201,0	50.500
28	302	1.031,2	121,3	18.625
29	540	4.560,3	194,6	97.937
30	293	855,7	63,4	12.300
31	528	4.211,6	352,1	71.800
32	456	5.440,4	655,2	87.700
33	417	1.229,9	97,5	14.600

12.55 A brancura da seda é um fator importante para os cientistas que lidam com a fabricação de tecidos. A brancura é afetada pela qualidade da polpa e outras variáveis do processo. Algumas das variáveis incluem a temperatura do banho ácido, em °C (x_1); a concentração do ácido, em % (x_2); a temperatura da água, em °C (x_3); a concentração sulfídica, em % (x_4); a quantidade de alvejante de cloro, em lb/min (x_5); a temperatura final da manta, em °C (x_6). Um conjunto de dados retirados dos espécimes de seda é fornecido aqui. A resposta y é a medida da brancura.

(a) Use os critérios QME, C_p e PRESS para fornecer o melhor modelo de todos os subconjuntos de modelos.
(b) Faça um gráfico de probabilidade normal dos resíduos para o 'melhor' modelo. Comente.

y	x_1	x_2	x_3	x_4	x_5	x_6
88,7	43	0,211	85	0,243	0,606	48
89,3	42	0,604	89	0,237	0,600	55
75,5	47	0,450	87	0,198	0,527	61
92,1	46	0,641	90	0,194	0,500	65
83,4	52	0,370	93	0,198	0,485	54
44,8	50	0,526	85	0,221	0,533	60
50,9	43	0,486	83	0,203	0,510	57
78,0	49	0,504	93	0,279	0,489	49
86,8	51	0,609	90	0,220	0,462	64
47,3	51	0,702	86	0,198	0,478	63
53,7	48	0,397	92	0,231	0,411	61
92,0	46	0,488	88	0,211	0,387	88
87,9	43	0,525	85	0,199	0,437	63
90,3	45	0,486	84	0,189	0,499	58
94,2	53	0,527	87	0,245	0,530	65
89,5	47	0,601	95	0,208	0,500	67

12.56 Um cliente do Departamento de Engenharia Mecânica pediu ajuda ao Centro de Consultoria do Instituto Politécnico e Universidade Estadual da Virgínia para analisar um experimento que lida com turbinas a gás. A voltagem de saída dos motores foi medida em várias combinações de velocidades das lâminas e a voltagem que mede a extensão do sensor. Os dados são os seguintes:

y (volts)	Velocidade, x_1 (pol./s)	Extensão, x_2 (pol.)
1,95	6336	0,000
2,50	7099	0,000
2,93	8026	0,000
1,69	6230	0,000
1,23	5369	0,000
3,13	8343	0,000
1,55	6522	0,006
1,94	7310	0,006
2,18	7974	0,006
2,70	8501	0,006
1,32	6646	0,012
1,60	7384	0,012
1,89	8000	0,012
2,15	8545	0,012
1,09	6755	0,018
1,26	7362	0,018
1,57	7934	0,018
1,92	8554	0,018

(a) Ajuste um modelo de regressão linear aos dados.
(b) Calcule testes *t* nos coeficientes. Dê os valores *P*.
(c) Comente a qualidade do modelo ajustado.

12.57 A força de ruptura das ligações de um fio é uma característica importante. A tabela seguinte fornece informações sobre a força de ruptura, y; altura do molde, x_1; altura do poste, x_2; altura do circuito, x_3; comprimento do fio, x_4; largura da ligação no molde, x_5, e largura da ligação no poste, x_6. [Dados de Myers e Montgomery (2002).]

y	x_1	x_2	x_3	x_4	x_5	x_6
8,0	5,2	19,6	29,6	94,9	2,1	2,3
8,3	5,2	19,8	32,4	89,7	2,1	1,8
8,5	5,8	19,6	31,0	96,2	2,0	2,0
8,8	6,4	19,4	32,4	95,6	2,2	2,1
9,0	5,8	18,6	28,6	86,5	2,0	1,8
9,3	5,2	18,8	30,6	84,5	2,1	2,1
9,3	5,6	20,4	32,4	88,8	2,2	1,9
9,5	6,0	19,0	32,6	85,7	2,1	1,9
9,8	5,2	20,8	32,2	93,6	2,3	2,1
10,0	5,8	19,9	31,8	86,0	2,1	1,8
10,3	6,4	18,0	32,6	87,1	2,0	1,6
10,5	6,0	20,6	33,4	93,1	2,1	2,1
10,8	6,2	20,2	31,8	83,4	2,2	2,1
11,0	6,2	20,2	32,4	94,5	2,1	1,9
11,3	6,2	19,2	31,4	83,4	1,9	1,8
11,5	5,6	17,0	33,2	85,2	2,1	2,1
11,8	6,0	19,8	35,4	84,1	2,0	1,8
12,3	5,8	18,8	34,0	86,9	2,1	1,8
12,5	5,6	18,6	34,2	83,0	1,9	2,0

(a) Ajuste um modelo de regressão usando todas as variáveis independentes.
(b) Use a regressão gradual com nível de significância de entrada igual a 0,25 e de remoção igual a 0,05. Dê seu modelo final.
(c) Use todos os modelos de regressão possíveis e calcule R^2, C_p, s^2 e R^2 ajustado para todos os modelos.
(d) Dê o modelo final.
(e) Para seu modelo na parte (d), faça um gráfico dos resíduos 'estudentizados' (ou *R*-student) e comente.

12.58 Para o Exercício 12.57, teste H_0: $\beta_1 = \beta_6 = 0$. Calcule os valores *P* e comente.

12.59 No Exercício 12.28, temos os seguintes dados sobre o desgaste de um coxim:

y (desgaste)	x_1 (viscosidade)	x_2 (carga)
193	1,6	851
230	15,5	816
172	22,0	1058
91	43,0	1201
113	33,0	1357
125	40,0	1115

(a) O modelo a seguir pode ser considerado para descrever os dados:

$$y_i = \beta_0 + \beta_1 x_{1i} + \beta_2 x_{2i} + \beta_{12} x_{1i} x_{2i} + \epsilon_i,$$

para i = 1, 2,..., 6. O termo x_1x_2 é um termo de 'interação'. Ajuste esse modelo e estime os parâmetros.

(b) Use os modelos (x_1), (x_1, x_2), (x_2), (x_1, x_2, x_1x_2) e calcule PRESS, C_p e s^2 para determinar o 'melhor' modelo.

12.12 Modelos não-lineares especiais para condições não ideais

Em muito do material anterior deste capítulo e do Capítulo 11 nos beneficiamos substancialmente da suposição de que os erros dos modelos, os ϵ_i, são normais com média zero e variância σ^2 constante. Entretanto, há muitas situações reais nas quais a resposta é claramente não normal. Por exemplo, existe uma variedade de aplicações em que a *resposta é binária* (0 ou 1) e, então, é Bernoulli em sua natureza. Nas ciências sociais, o problema pode ser o desenvolvimento de um modelo para prever se um indivíduo é ou não um bom risco para crédito (0 ou 1) como uma função de certos regressores socioeconômicos, como renda, idade, gênero e nível educacional. Em um experimento biomédico com uma droga, a resposta é, freqüentemente, se o paciente responde positivamente ou não ao uso da droga, enquanto os regressores podem incluir a dosagem da droga bem como fatores biológicos — idade, peso e pressão arterial. Novamente, a resposta é binária em sua natureza. As aplicações também são abundantes em áreas de manufatura em que certos fatores controláveis influenciam se o item fabricado é *defeituoso ou não*.

Um segundo tipo de aplicação não normal sobre o qual falaremos brevemente tem a ver com *dados de contagem*. Aqui, a suposição de uma resposta de Poisson costuma ser conveniente. Em aplicações biomédicas, o número de colônias de células cancerígenas pode ser a resposta que é modelada contra a dosagem da droga. Na indústria têxtil, o número de imperfeições por medida de tecido pode ser uma resposta razoável que é modelada contra certas variáveis do processo.

Variância não homogênea

O leitor deve notar a comparação da situação ideal (ou seja, a resposta normal) com aquela da resposta de Bernoulli (ou binomial) ou de Poisson. Nós nos acostumamos ao fato de que o caso normal é muito especial no que diz respeito ao fato de a variância *ser independente da média*. Claramente, esse não é o caso nem da resposta Bernoulli nem da Poisson. Por exemplo, se a resposta for 0 ou 1, sugerindo uma resposta de Bernoulli, então o modelo é da forma

$$p = f(x, \beta),$$

onde p é a *probabilidade de um sucesso* (digamos, resposta = 1). O parâmetro p tem o papel de $\mu_{y|x}$ no caso normal.

Entretanto, a variância de Bernoulli é $p(1 - p)$, que, é claro, também é uma função do regressor x. Como resultado, a variância não é constante. Isso exclui o uso dos mínimos quadrados padrão que utilizamos na regressão linear até este ponto. O mesmo é verdade para o caso Poisson, já que o modelo é da forma

$$\lambda = f(x, \beta),$$

com Var(y) = μ_y = λ, que varia com x.

Resposta binária (regressão logística)

A abordagem mais popular para modelar respostas binárias é uma técnica chamada de *regressão logística*. Ela é usada extensivamente em ciências biológicas, pesquisas biomédicas e engenharia. Na verdade, até nas respostas binárias das ciências sociais ela é amplamente usada. A distribuição básica para a resposta é Bernoulli ou binomial. A primeira é encontrada em estudos observacionais nos quais não há tentativas repetidas em cada nível do regressor, enquanto a última acontecerá quando um experimento é planejado. Por exemplo, em um experimento clínico no qual uma nova droga está sendo avaliada, o objetivo pode ser determinar a dose da droga que se mostre eficaz. Então, certas doses serão empregadas no experimento e mais de um indivíduo será usado para dose. Esse caso é chamado de *caso agrupado*.

Qual é o modelo para a regressão logística?

No caso das respostas binárias, a resposta média é uma probabilidade. Na ilustração anterior do experimento clínico, podemos dizer que desejamos estimar a probabilidade de que o paciente responda adequadamente à droga (P (sucesso)). Assim, o modelo é escrito em termos de uma probabilidade. Dados os regressores x, a função logística é dada por

$$p = \frac{1}{1 + e^{-x'\beta}}.$$

A porção $x'\beta$ é chamada de *preditor linear* e, no caso de um único regressor, x, ela pode ser escrita $x'\beta = \beta_0 + \beta_1 x$. É claro, não excluímos envolver regressores múltiplos e termos polinomiais no chamado preditor. No caso agrupado, o modelo envolve modelar a média de uma binomial em vez de uma Bernoulli e, portanto, temos a média dada por

$$np = \frac{n}{1 + e^{-x'\beta}}.$$

Características da função logística

Um gráfico da função logística revela muito sobre suas características e o porquê de ela ser utilizada para esse tipo de problema. Primeiramente, a função é não-linear. Além disso, o gráfico da Figura 12.8 revela uma

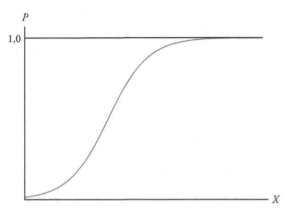

Figura 12.8 Função logística.

forma em S com a função se aproximando de $p = 1,0$ como uma assíntota. Neste caso, $\beta_1 > 0$. Então, nunca experimentaríamos uma probabilidade estimada excedendo 1,0.

Os coeficientes de regressão no preditor linear podem ser estimados pelo método de máxima verossimilhança, como descrito no Capítulo 9. A solução das equações de verossimilhança envolve uma metodologia iterativa que não será descrita aqui. No entanto, apresentaremos um exemplo e discutiremos a impressão de computador e suas conclusões.

■ **Exemplo 12.15**

O conjunto de dados da Tabela 12.16 é um exemplo do uso da regressão logística para analisar o agente único de uma atividade biológica quântica de um experimento sobre toxicidade. Os resultados mostram o efeito de diferentes doses de nicotina em moscas de frutas comuns.

O propósito do experimento era usar a regressão logística para chegar a um modelo apropriado relacionando a probabilidade de 'morte' à concentração. Além disso, o analista procurava a chamada *dose efetiva* (DE), ou seja, a concentração de nicotina que resulta em uma certa probabilidade. Temos interesse particu-

Tabela 12.16 Conjunto de dados para o Exemplo 12.15

x Concentração (gramas /100cc)	n_i Número de insetos	y Número de morte	Porcentagem de morte
0,10	47	8	17,0
0,15	53	14	26,4
0,20	55	24	43,6
0,30	52	32	61,5
0,50	46	38	82,6
0,70	54	50	92,6
0,95	52	50	96,2

lar em DE_{50}, a concentração que produz uma probabilidade de 0,5 de 'morte do inseto'.

Esse exemplo é agrupado e, então, o modelo é dado por

$$E(Y_i) = n_i p_i = \frac{n_i}{1 + e^{-(\beta_0 + \beta_1 x_i)}}.$$

As estimativas de β_0 e β_1 e seus erros-padrão são encontrados por máxima verossimilhança. Os testes nos coeficientes individuais são encontrados usando a estatística χ^2 em vez da estatística t, já que não há σ^2 comum. O dado estatístico χ^2 é derivada de $\left(\frac{coef}{erro\text{-}padrão}\right)^2$.

Então, temos a seguinte impressão SAS PROC LOGISTIC.

		Análise das estimativas dos parâmetros			
	gl	Estimativa	Erro-padrão	Qui-quadrado	Valor P
β_0	1	–1,7361	0,2420	51,4482	< 0,0001
β_1	1	6,2954	0,7422	71,9399	< 0,0001

Ambos os coeficientes são significantemente diferentes de zero. Então, o modelo ajustado usado para prever a probabilidade de uma 'morte' é dado por

$$\hat{p} = \frac{1}{1 + e^{-(-1,7361 + 6,2954x)}}.$$

Estimativa da dose efetiva

A estimação de DE_{50} é determinada de maneira muito simples a partir das estimativas b_0 para β_0 e b_1 para β_1. Da função logística, vemos que

$$\log\left(\frac{p}{1-p}\right) = \beta_0 + \beta_1 x.$$

Como resultado para $p = 0,5$, uma estimativa de x é determinada a partir de

$$b_0 + b_1 x = 0.$$

Então, DE_{50} é dada por

$$x = -\left(\frac{b_0}{b_1}\right) = 0,276 \text{ gramas}/100 \text{ cc}$$

Conceito de razão de chances

Outra forma de inferência que é convenientemente cumprida usando a regressão logística é derivada do uso da razão de chances. A razão de chances é planejada para determinar como os *sucessos das chances* $= \frac{p}{1-p}$ aumenta conforme certas mudanças ocorrem nos valores do regressor. Por exemplo, no caso do Exemplo 12.15, podemos desejar saber como a chance aumenta se elevarmos a dosagem em, digamos, 0,2 grama/100 cc.

Definição 12.1
Em regressão logística, uma *razão de chances* é a razão da chance de sucesso sob a condição 2 sobre a chance de sucesso sob a condição 1 nos regressores, ou seja,

$$\frac{[p/(1-p)]_2}{[p/(1-p)]_1}.$$

Isso permite ao analista encontrar o sentido da utilidade da mudança do regressor em um certo número de unidades. Agora, já que $\left(\frac{p}{1-p}\right) = e^{\beta_0 + \beta_1 x}$, então para nosso Exemplo 12.15, a razão que reflete o aumento na chance de sucessos quando a dosagem de nicotina é aumentada em 0,2 grama/100 cc é dada por

$$e^{0,2b_1} = e^{(0,2)(6,2954)} = 3,522.$$

A implicação de uma razão de chances de 3,522 é a de que a chance de sucesso é aumentada por um fator de 3,522 quando a dose de nicotina é aumentada em 0,2 grama/100 cc.

Exercícios de revisão

12.60 No Departamento de Pesca e Vida Selvagem do Instituto Politécnico e Universidade Estadual da Virgínia, um experimento foi conduzido para estudar o efeito das correntes na biomassa de peixes. As variáveis regressoras são: a profundidade média (de 50 células) (x_1); área de cobertura de entrada de água (ou seja, bancos de areia, toras de madeira, pedras etc.) (x_2); porcentagem de cobertura de árvores (média de 12) (x_3); área ≥ 25 centímetros de profundidade (x_4). A resposta é y, a biomassa de peixes. Os dados são os seguintes:

Obs.	y	x_1	x_2	x_3	x_4
1	100	14,3	15,0	12,2	48,0
2	388	19,1	29,4	26,0	152,2
3	755	54,6	58,0	24,2	469,7
4	1288	28,8	42,6	26,1	485,9
5	230	16,1	15,9	31,6	87,6
6	0	10,0	56,4	23,3	6,9
7	551	28,5	95,1	13,0	192,9
8	345	13,8	60,6	7,5	105,8
9	0	10,7	35,2	40,3	0,0
10	348	25,9	52,0	40,3	116,6

(a) Ajuste uma regressão linear múltipla incluindo as quatro variáveis regressoras.
(b) Use C_p, R^2 e s^2 para determinar o melhor subconjunto de variáveis. Calcule essas estatísticas para todos os subconjuntos possíveis.
(c) Compare a adequação dos modelos das partes (a) e (b) para prever a biomassa de peixes.

12.61 Mostre que, em um conjunto de dados de regressão linear múltipla,

$$\sum_{i=1}^{n} h_{ii} = p.$$

12.62 Um pequeno experimento foi conduzido para ajustar uma equação de regressão múltipla relacionando o rendimento y à temperatura x_1, ao tempo de reação x_2 e à concentração de um dos reagentes x_3. Dois níveis de cada variável foram escolhidos e as medidas correspondentes às variáveis independentes codificadas são mostradas a seguir:

y	x_1	x_2	x_3
7,6	−1	−1	−1
5,5	1	−1	−1
9,2	−1	1	−1
10,3	−1	−1	1
11,6	1	1	−1
11,1	1	−1	1
10,2	−1	1	1
14,0	1	1	1

(a) Usando as variáveis codificadas, estime a equação de regressão linear múltipla

$$\mu_{Y|x_1, x_2, x_3} = \beta_0 + \beta_1 x_1 + \beta_2 x_2 + \beta_3 x_3.$$

(b) Decomponha SQR, a soma dos quadrados da regressão, em três componentes com grau de liberdade único atribuíveis a x_1, x_2 e x_3, respectivamente. Mostre uma tabela de análise de variância, indicando os testes de significância em cada variável. Comente os resultados.

12.63 Em um experimento de engenharia química que lida com a transferência de calor em uma camada superficial fluida, dados foram coletados nas quatro seguintes variáveis regressoras: índice de fluxo do gás de liquefação, lb/h (x_1), índice de fluxo do gás flutuante, lb/h (x_2); abertura do bocal de entrada do gás flutuante, milímetros (x_3); temperatura de entrada do gás flutuante, °F (x_4). As respostas medidas são a eficiência na transferência de calor (y_1); a eficiência térmica (y_2). Os dados são mostrados a seguir.

Obs.	y_1	y_2	x_1	x_2	x_3	x_4
1	41,852	38,75	69,69	170,83	45	219,74
2	155,329	51,87	113,46	230,06	25	181,22
3	99,628	53,79	113,54	228,19	65	179,06
4	46,409	53,84	118,75	117,73	65	281,30
5	72,958	49,17	119,72	117,69	25	282,20
6	107,702	47,61	168,38	173,46	45	216,40
7	97,239	64,19	169,85	169,85	45	223,88
8	105,856	52,73	169,85	170,86	45	222,80

(continua)

(continuação)

Obs.	y_1	y_2	x_1	x_2	x_3	x_4
9	99,348	51,00	170,89	173,92	80	218,84
10	111,907	47,37	171,31	173,34	25	218,12
11	100,008	43,18	171,43	171,43	45	219,20
12	175,380	71,23	171,59	263,49	45	168,62
13	117,800	49,30	171,63	171,63	45	217,58
14	217,409	50,87	171,93	170,91	10	219,92
15	41,725	54,44	173,92	71,73	45	296,60
16	151,139	47,93	221,44	217,39	65	189,14
17	220,630	42,91	222,74	221,73	25	186,08
18	131,666	66,60	228,90	114,40	25	285,80
19	80,537	64,94	231,19	113,52	65	286,34
20	152,966	43,18	236,84	167,77	45	221,72

Considere o modelo para prever a resposta do coeficiente de transferência de calor

$$y_{1i} = \beta_0 + \sum_{j=1}^{4}\beta_j x_{ji} + \sum_{i=1}^{4}\beta_{jj} x_{ji}^2 + \sum_{j \neq l}\sum \beta_{jl} x_{ji} x_{li} + \epsilon_i, \quad i = 1, 2, ..., 20.$$

(a) Calcule a estatística PRESS e $\sum_{i=1}^{n}|y_i - \hat{y}_{i,-i}|$ para o ajuste dos mínimos quadrados ao modelo dado.
(b) Ajuste um modelo de segunda ordem com x_4 completamente eliminado (ou seja, apagando todos os termos que envolvem x_4). Calcule o critério de predição para o modelo reduzido. Comente a adequação de x_4 para a predição do coeficiente de transferência de calor.
(c) Repita as partes (a) e (b) para a eficiência termal.

12.64 Em um exercício de fisiologia, uma medição objetiva da optidão aeróbica é o consumo de oxigênio em volume por unidade de peso corporal por unidade de tempo. Trinta e um indivíduos foram utilizados em um experimento para modelar o consumo de oxigênio contra: idade em anos (x_1), peso em quilogramas (x_2), tempo para correr 1 ½ milha (x_3), taxa de pulsação em repouso (x_4), taxa de pulsação no final da corrida (x_5) e taxa de pulsação máxima durante a corrida (x_6).

ID	y	x_1	x_2	x_3	x_4	x_5	x_6
1	44,609	44	89,47	11,37	62	178	182
2	45,313	40	75,07	10,07	62	185	185
3	54,297	44	85,84	8,65	45	156	168
4	59,571	42	68,15	8,17	40	166	172
5	49,874	38	89,02	9,22	55	178	180
6	44,811	47	77,45	11,63	58	176	176
7	45,681	40	75,98	11,95	70	176	180
8	49,091	43	81,19	10,85	64	162	170
9	39,442	44	81,42	13,08	63	174	176
10	60,055	38	81,87	8,63	48	170	186
11	50,541	44	73,03	10,13	45	168	168

(continua)

(continuação)

ID	y	x_1	x_2	x_3	x_4	x_5	x_6
12	37,388	45	87,66	14,03	56	186	192
13	44,754	45	66,45	11,12	51	176	176
14	47,273	47	79,15	10,60	47	162	165
15	51,855	54	83,12	10,33	50	166	170
16	49,156	49	81,42	8,95	44	180	185
17	40,836	51	69,63	10,95	57	168	172
18	46,672	51	77,91	10,00	48	162	168
19	46,774	48	91,63	10,25	48	162	164
20	50,388	49	73,37	10,08	76	168	168
21	39,407	57	73,37	12,63	58	174	176
22	46,080	54	79,38	11,17	62	156	165
23	45,441	52	76,32	9,63	48	164	166
24	54,625	50	70,87	8,92	48	146	155
25	45,118	51	67,25	11,08	48	172	172
26	39,203	54	91,63	12,88	44	168	172
27	45,790	51	73,71	10,47	59	186	188
28	50,545	57	59,08	9,93	49	148	155
29	48,673	49	76,32	9,40	56	186	188
30	47,920	48	61,24	11,50	52	170	176
31	47,467	52	82,78	10,50	53	170	172

(a) Utilize o método de seleção 'stepwise' com nível de significância de entrada de 0,25. Cite o modelo final.
(b) Faça todos os subconjuntos possíveis usando s^2, C_p, R^2 e R^2_{ajt}. Tome uma decisão e cite o modelo final.

12.65 Considere os dados do Exercício de revisão 12.62. Suponha que seja de interesse adicionar alguns termos de 'interação'. Considere o modelo

$$y_i = \beta_0 + \beta_1 x_{1i} + \beta_2 x_{2i} + \beta_3 x_{3i} + \beta_{12} x_{1i} x_{2i} + \beta_{13} x_{1i} x_{3i} + \beta_{23} x_{2i} x_{3i} + \beta_{123} x_{1i} x_{2i} x_{3i} + \epsilon_i.$$

(a) Ainda temos ortogonalidade? Comente.
(b) Com o modelo ajustado da parte (a), podemos encontrar o intervalo de confiança para a resposta média e o intervalo de predição? Justifique.
(c) Considere um modelo com $\beta_{123}x_1x_2x_3$ removido. Para determinar se as interações (como um todo) são necessárias, teste

$$H_0: \beta_{12} = \beta_{13} = \beta_{23} = 0.$$

Dê o valor P e suas conclusões.

12.66 Uma técnica de alagamento com dióxido de carbono (CO_2) é usada para a extração de óleo bruto. O CO_2 inunda bolsas de óleo e separa o óleo bruto. Em um experimento, tubos de fluxo foram mergulhados nas bolsas de óleo de amostras que continham uma quantidade desconhecida de óleo. Usando três valores diferentes de pressão de fluxo e três valores diferentes dos ângulos de mergulho nos quais as bolsas de óleo foram inundadas com CO_2, a porcentagem de óleo foi registrada. Considere o modelo

$$y_i = \beta_0 + \beta_1 x_{1i} + \beta_2 x_{2i} + \beta_{11} x_{1i}^2 + \beta_{22} x_{2i}^2 + \beta_{12} x_{1i} x_{2i} + \epsilon_i.$$

Ajuste este modelo aos dados e sugira qualquer mudança no modelo que possa ser necessária.

Pressão lb/pol.², x_1	Ângulo de mergulho, x_2	Óleo recuperado, %, y
1000	0	60,58
1000	15	72,72
1000	30	79,99
1500	0	66,83
1500	15	80,78
1500	30	89,78
2000	0	69,18
2000	15	80,31
2000	30	91,99

Fonte: Wang, G. C. "Microscopic Investigations of CO_2 Flooding Process", *Journal of Petroleum Technology*, v. 34, n. 8, ago. 1982.

12.67 Um artigo do *Journal of Pharmaceutical Sciences* (v. 80, 1991) apresentou dados sobre a solubilidade da fração de mols de um soluto em temperatura constante. Também foram medidos a dispersão x_1 e os parâmetros de ligação de solubilidade dipolar e do hidrogênio, x_2 e x_3. Uma parte dos dados é mostrada na tabela a seguir. No modelo, y é o logaritmo negativo da fração de mols. Ajuste o modelo

$$y_i = \beta_0 + \beta_1 x_{1i} + \beta_2 x_{2i} + \beta_3 x_{3i} + \epsilon_i,$$

para i = 1, 2, ..., 20.
(a) Teste H_0: $\beta_1 = \beta_2 = \beta_3 = 0$.
(b) Faça os gráficos dos resíduos 'estudentizados' contra x_1, x_2 e x_3 (três gráficos). Comente.
(c) Considere dois modelos adicionais que são competidores do modelo dado:

Modelo 2:   Adicionar x_1^2, x_2^2, x_3^2
Modelo 3:   Adicionar $x_1^2, x_2^2, x_3^2, x_1 x_2, x_1 x_3, x_2 x_3$.

Com esses três modelos, use a estatística PRESS e C_p para chegar ao melhor dentre os três.

Obs.	y	x_1	x_2	x_3
1	0,2220	7,3	0,0	0,0
2	0,3950	8,7	0,0	0,3
3	0,4220	8,8	0,7	1,0
4	0,4370	8,1	4,0	0,2
5	0,4280	9,0	0,5	1,0
6	0,4670	8,7	1,5	2,8
7	0,4440	9,3	2,1	1,0
8	0,3780	7,6	5,1	3,4
9	0,4940	10,0	0,0	0,3
10	0,4560	8,4	3,7	4,1
11	0,4520	9,3	3,6	2,0
12	0,1120	7,7	2,8	7,1
13	0,4320	9,8	4,2	2,0

(*continua*)

(*continuação*)

Obs.	y	x_1	x_2	x_3
14	0,1010	7,3	2,5	6,8
15	0,2320	8,5	2,0	6,6
16	0,3060	9,5	2,5	5,0
17	0,0923	7,4	2,8	7,8
18	0,1160	7,8	2,8	7,7
19	0,0764	7,7	3,0	8,0
20	0,4390	10,3	1,7	4,2

12.68 Um estudo foi conduzido para determinar se as mudanças nos estilos de vida poderiam substituir medicações para reduzir a pressão arterial em hipertensos. Os fatores considerados foram uma dieta saudável com um programa de exercícios, uma dosagem típica de um medicamento para hipertensão e nenhuma intervenção. O índice de massa corporal (IMC) do pré-tratamento também foi medido porque se sabe que ele afeta a pressão sangüínea. A resposta considerada nesse estudo foi a mudança na pressão arterial. A variável de grupo tem os seguintes níveis:

1 = Dieta saudável e um programa de exercícios
2 = Medicamento
3 = Nenhuma intervenção

Mudança na pressão sangüínea	Conjunto	IMC
−32	1	27,3
−21	1	22,1
−26	1	26,1
−16	1	27,8
−11	2	19,2
−19	2	26,1
−23	2	28,6
−5	2	23,0
−6	3	28,1
5	3	25,3
−11	3	26,7
14	3	22,3

(a) Ajuste o modelo apropriado usando os dados fornecidos. Parece que dieta e exercícios podem ser usados efetivamente para baixar a pressão arterial? Explique sua resposta com base nos resultados.
(b) Os exercícios e a dieta seriam uma alternativa efetiva aos medicamentos?
(*Sugestão*: Você pode desejar formular o modelo em mais de uma maneira para responder a ambas as questões.)

12.69 Estudo de caso: Considere o conjunto de dados para o Exercício 12.12 (dados dos hospitais). O conjunto de dados é repetido aqui.
(a) A impressão da rotina do software *SAS* PROC REG fornecida pelas figuras 12.9 e 12.10 oferece uma quantidade considerável de informações. Os

objetivos são fazer uma detecção dos valores discrepantes e, eventualmente, determinar quais termos do modelo serão usados no modelo final.
(b) Comente sobre quais outras análises devem ser realizadas.
(c) Faça as análises apropriadas e escreva sua conclusão sobre o modelo final.

12.70 Mostre que, ao escolher o chamado melhor modelo de subconjunto de uma série de modelos concorrentes, se o modelo escolhido tiver o menor s^2, isso é equivalente a escolher o modelo com o menor $R^2_{ajt.}$.

12.71 De um conjunto de dados de dose-resposta de estreptomicina, um pesquisador deseja desenvolver uma relação entre a proporção de linfoblastos amostrados que contêm aberrações e a dosagem de estreptomicina. Cinco níveis de dosagem foram aplicados em coelhos usados no experimento. Os dados são

Dose (mg/kg)	Número de linfoblastos	Número com aberrações
0	600	15
30	500	96
60	600	187
75	300	100
90	300	145

Veja Myers, 1990, em Referências bibliográficas.
(a) Ajuste uma regressão logística ao conjunto de dados e, então, estime β_0 e β_1 no modelo

$$p = \frac{1}{1 + e^{-(\beta_0 + \beta_1 x)}},$$

onde n é o número de linfoblastos, x é a dose e p é a probabilidade de uma aberração.
(b) Mostre os resultados de testes χ^2, que revelam a significância dos coeficientes de regressão β_0 e β_1.
(c) Estime DE_{50} e interprete.

12.72 Em um experimento para verificar o efeito de certa carga, x, em libras/pol.², na probabilidade de falha de um espécime de certo tipo de tecido, um pesquisador conduziu um experimento no qual vários espécimes foram expostos a uma carga que varia de 5 lb/pol.² a 90 lb/pol.². O número de 'falhas' foi observado. Os dados estão a seguir.

Carga	Número de espécimes	Número de falhas
5	600	13
35	500	95
70	600	189
80	300	95
90	300	130

(a) Use uma regressão logística para ajustar o modelo

$$p = \frac{1}{1 + e^{-(\beta_0 + \beta_1 x)}},$$

onde p é a probabilidade de falha e x é a carga.
(b) Use o conceito de razão de chances para determinar o aumento nas chances de falha que resulta de aumentar a carga em 20 lb/pol.².

Hospital	x_1	x_2	x_3	x_4	x_5	y
1	15,57	2463	472,92	18,0	4,45	566,52
2	44,02	2048	1339,75	9,5	6,92	696,82
3	20,42	3940	620,25	12,8	4,28	1033,15
4	18,74	6505	568,33	36,7	3,90	1003,62
5	49,20	5723	1497,60	35,7	5,50	1611,37
6	44,92	11520	1365,83	24,0	4,60	1613,27
7	55,48	5779	1687,00	43,3	5,62	1854,17
8	59,28	5969	1639,92	46,7	5,15	2160,55
9	94,39	8461	2872,33	78,7	6,18	2305,58
10	128,02	20106	3655,08	180,5	6,15	3503,93
11	96,00	13313	2912,00	60,9	5,88	3571,59
12	131,42	10771	3921,00	103,7	4,88	3741,40
13	127,21	15543	3865,67	126,8	5,50	4026,52
14	252,90	36194	7684,10	157,7	7,00	10343,81
15	409,20	34703	12446,33	169,4	10,75	11732,17
16	463,70	39204	14098,40	331,4	7,05	15414,94
17	510,22	86533	15524,00	371,6	6,35	18854,45

```
Dependent Variable: y
                Analysis of Variance
                        Sum of          Mean
Source              DF  Squares         Square      F Value    Pr > F
Model                5  490177488       98035498    237,79     <,0001
Error               11  4535052         412277
Corrected Total     16  494712540
            Root MSE            642,08838   R-Square    0,9908
            Dependent Mean      4978,48000  Adj R-Sq    0,9867
            Coeff Var           12,89728
                        Parameter Estimates
                                    Parameter    Standard
Variable  Label                  DF  Estimate     Error     t Value  Pr > |t|
Intercept Intercept               1  1962,94816   1071,36170  1,83    0,0941
x1        Average Daily Patient Load 1  -15,85167  97,65299  -0,16    0,8740
x2        Monthly X-Ray Exposure  1   0,05593     0,02126     2,63    0,0234
x3        Monthly Occupied Bed Days 1  1,58962    3,09208     0,51    0,6174
x4        Eligible Population in the 1  -4,21867   7,17656    -0,59    0,5685
          Area/100
x5        Average Length of Patients 1  -394,31412 209,63954  -1,88    0,0867
          Stay in Days
```

Figura 12.9 Impressão SAS para o Exercício de revisão 12.69, parte I.

```
        Dependent  Predicted   Std Error
Obs     Variable   Value       Mean Predict   95% CL Mean      95% CL Predict
  1     566,5200   775,0251    241,2323       244,0765  1306   -734,6494  2285
  2     696,8200   740,6702    331,1402        11,8355  1470   -849,4275  2331
  3     1033       1104        278,5116       490,9234  1717   -436,5244  2644
  4     1604       1240        268,1298       650,3459  1831   -291,0028  2772
  5     1611       1564        211,2372       1099      2029    76,6816   3052
  6     1613       2151        279,9293       1535      2767   609,5796   3693
  7     1854       1690        218,9976       1208      2172   196,5345   3183
  8     2161       1736        468,9903       703,9948  2768   -13,8306   3486
  9     2306       2737        290,4749       2098      3376   1186       4288
 10     3504       3682        585,2517       2394      4970   1770       5594
 11     3572       3239        189,0989       2823      3655   1766       4713
 12     3741       4353        328,8507       3630      5077   2766       5941
 13     4027       4257        314,0481       3566      4948   2684       5830
 14     10344      8768        252,2617       8213      9323   7249      10286
 15     11732      12237       573,9168       10974     13500  10342     14133
 16     15415      15038       585,7046       13749     16328  13126     16951
 17     18854      19321       599,9780       18000     20641  17387     21255

                    Std Error    Student
        Obs  Residual  Residual  Residual    -2-1 0 1 2
         1   -208,5051  595,0    -0,350      |      |       |
         2   -43,8502   550,1    -0,0797     |      |       |
         3   -70,7734   578,5    -0,122      |      |       |
         4    363,1244  583,4     0,622      |      |*      |
         5    46,9483   606,3     0,0774     |      |       |
         6   -538,0017  577,9    -0,931      |    * |       |
         7    164,4696  603,6     0,272      |      |       |
         8    424,3145  438,5     0,968      |      |*      |
         9   -431,4090  572,6    -0,753      |    * |       |
        10   -177,9234  264,1    -0,674      |    * |       |
        11    332,6011  613,6     0,542      |      |*      |
        12   -611,9330  551,5    -1,110      |   ** |       |
        13   -230,5684  560,0    -0,412      |      |       |
        14    1576      590,5     2,669      |      |*****  |
        15   -504,8574  287,9    -1,753      |  *** |       |
        16    376,5491  263,1     1,431      |      |**     |
        17   -466,2470  228,7    -2,039      | **** |       |
```

Figura 12.10 Impressão SAS para o Exercício de revisão 12.69, parte II.

12.13 Conceitos errôneos e riscos em potencial; relação com material de outros capítulos

Há diversos procedimentos, discutidos neste capítulo, para uso na 'tentativa' de se encontrar o melhor modelo. Entretanto, um dos conceitos errôneos mais importantes sob o qual cientistas ou engenheiros inexperientes trabalham é de que há um *modelo linear real* e que ele pode ser encontrado. Na maioria dos fenômenos científicos, a relação entre as variáveis é não-linear e o modelo real é desconhecido. Os modelos estatísticos lineares são *aproximações empíricas*.

Às vezes, a escolha de um modelo a ser adotado pode depender de qual informação precisa ser derivada do modelo. É para ser usado para predição? É para a explicação do papel de cada regressor? Essa 'escolha' pode ser difícil na presença da colinearidade. É verdade que, para muitos problemas de regressão, há modelos múltiplos que são similares em desempenho. Veja a referência a Myers (1990) para detalhes.

Um dos usos errôneos mais danosos deste material é dar muita importância a R^2 na escola do chamado melhor modelo. É importante lembrar que, para qualquer conjunto de dados, podemos obter R^2 tão grande quanto desejarmos, dentro do limite $0 \leq R^2 \leq 1$. *Muita atenção a R^2 geralmente leva a um superajuste.*

Muita atenção é dada, neste capítulo, à detecção de valores discrepantes. Um uso errôneo sério clássico da estatística pode se centrar em torno da tomada de decisão relacionada à detecção de valores discrepantes. Esperamos que esteja claro que o analista não deve, absolutamente, realizar o exercício de detecção de discrepantes, eliminá-los do conjunto de dados, ajustar um novo modelo, reportar a detecção de discrepantes e assim por diante. Trata-se de um procedimento desastroso para se chegar a um modelo que se ajusta bem aos dados, com o resultado sendo um exemplo de *como mentir com estatística*. Se um valor discrepante for localizado, o histórico dos dados deve ser checado para um possível erro de digitação ou de procedimento antes de o eliminarmos do conjunto de dados. Devemos lembrar que, por definição, um ponto discrepante é um ponto nos dados ao qual o modelo não se ajustou bem. O problema pode não estar no dado, mas na seleção do modelo. Com um modelo alterado, pode-se ter que o dado não seja detectado como um valor discrepante.

Experimentos com um fator: geral

13.1 Técnica da análise de variância

No material sobre estimação e teste de hipóteses coberto pelos capítulos 9 e 10, ficamos restritos, em cada um dos casos, à consideração de até dois parâmetros. Esse foi o caso, por exemplo, do teste de igualdade de duas médias populacionais, que usava amostras independentes de populações normais, com variâncias comuns, mas desconhecidas, em que era necessário obter um estimador combinado de σ^2.

Esse material que lida com inferência em duas amostras representa um caso especial que podemos chamar de *problema com um único fator*. Por exemplo, no Exercício 35 da Seção 10.8, foi medido o tempo de sobrevivência para duas amostras de camundongos, sendo que uma delas recebeu um novo soro contra leucemia e a outra não recebeu o tratamento. Nesse caso, dizemos que há *um fator*, chamado de *tratamento*, e o fator tem *dois níveis*. Se diversos tratamentos concorrentes fossem usados no processo amostral, mais amostras de camundongos seriam necessárias. Dessa forma, o problema envolveria um fator com mais de dois níveis e, portanto, mais de duas amostras.

No problema de $k > 2$ amostral, será assumido que há k amostras de k populações. Um procedimento muito comum usado para lidar com testes de médias populacionais é chamado de *análise de variância* ou ANOVA.

A análise de variância não é, certamente, uma técnica nova se o leitor já tiver acompanhado o material sobre a teoria da regressão. Usamos a abordagem da análise de variância para dividir a soma dos quadrados total em uma porção devido à regressão e outra devido ao erro.

Suponha, em um experimento industrial, que um engenheiro está interessado em saber como a absorção média de uma mistura em concreto varia entre cinco agregados de concreto. As amostras foram expostas à mistura por 48 horas. Decidiu-se que seis amostras seriam testadas para cada agregado, requerendo um total de 30 amostras para serem testadas. Os dados estão registrados na Tabela 13.1.

O modelo para essa situação é considerado como se segue. Foram retiradas seis observações de cada uma das cinco populações com médias $\mu_1, \mu_2, ..., \mu_5$, respectivamente. Podemos desejar testar

$H_0: \mu_1 = \mu_2 = ... = \mu_5$,
H_1: pelo menos duas médias não são iguais.

Além disso, podemos estar interessados em realizar comparações individuais entre essas cinco médias populacionais.

Duas fontes de variabilidade nos dados

Em um procedimento de análise de variância, assume-se que qualquer variação existente entre as médias dos agregados é atribuída à (1) variação na absorção entre as observações dentro dos tipos de agregados e (2) variação

Tabela 13.1 Absorção de mistura dos agregados de concreto

Agregado:	1	2	3	4	5	
	551	595	639	417	563	
	457	580	615	449	631	
	450	508	511	517	522	
	731	583	573	438	613	
	499	633	648	415	656	
	632	517	677	555	679	
Total	3320	3416	3663	2791	3664	16.854
Média	553,33	569,33	610,50	465,17	610,67	561,80

devido aos tipos de agregados, ou seja, devido às diferenças na composição química dos agregados. A *variação dentro dos agregados* é, obviamente, produzida por vários fatos. Talvez as condições de umidade e temperatura não tivessem sido mantidas inteiramente constantes durante o experimento. É possível que houvesse certa quantidade de heterogeneidade nos lotes das matérias-primas usadas. Em qualquer taxa, devemos considerar a variação dentro da amostra uma *variação aleatória ou ao acaso*, e parte do objetivo da análise de variância é determinar se as diferenças entre as cinco médias amostrais são aquelas que esperaríamos ser devido somente a uma variação aleatória.

Muitas das questões apontadas aparecem nesse estágio relacionadas ao problema anterior. Por exemplo, quantas amostras devem ser testadas para cada agregado? Essa é uma questão que persegue continuamente o pesquisador. Além disso, e se a variação dentro da amostra for tão grande que se torna difícil para o procedimento estatístico detectar as diferenças sistemáticas? Podemos controlar, sistematicamente, as fontes de variação extrínsecas e, então, removê-las da porção que chamamos de variação aleatória? Tentaremos responder a essas e outras questões nas seções seguintes.

13.2 A estratégia do delineamento experimental

Nos capítulos 9 e 10, foram cobertas a noção de estimação e teste para duas amostras, sob o importante pano de fundo do modo como o experimento é conduzido. Isso está na categoria mais ampla de delineamento de experimentos. Por exemplo, para o *teste t combinado*, discutido no Capítulo 10, assumimos que os níveis dos fatores (tratamentos no exercício sobre os camundongos) são atribuídos aleatoriamente para as unidades experimentais (camundongos). A noção de unidades experimentais é discutida nos capítulos 9 e 10 e é ilustrada por meio de exemplos. Explicando brevemente, as unidades experimentais são as unidades (camundongos, pacientes, espécimes de concreto, tempo) que *produzem a heterogeneidade que leva ao erro experimental* em uma investigação científica. A atribuição aleatorizada elimina a tendenciosidade que poderia resultar de uma atribuição sistemática. O objetivo é distribuir uniformemente os riscos fornecidos pela heterogeneidade das unidades experimentais entre os níveis dos fatores. Uma atribuição aleatorizada simula melhor as condições que são assumidas pelo modelo. Na Seção 13.8, discutiremos o *bloqueio* nos experimentos. A noção de bloqueio está presente nos capítulos 9 e 10, quando as comparações entre as médias foram realizadas com a *correlação*, ou seja, a divisão das unidades experimentais em pares homogêneos chamados de *blocos*. Os níveis do fator ou tratamento são, portanto, atribuídos aleatoriamente nos blocos. O propósito do uso de blocos é reduzir o erro experimental efetivo. Neste capítulo, estendemos o emparelhamento para blocos de tamanho maior, e a análise de variância é a primeira ferramenta analítica.

13.3 Análise de variância simples: delineamento completamente aleatorizado (ANOVA simples)

Amostras aleatórias de tamanho n são selecionadas de cada população k. As k diferentes populações são classificadas com base em um único critério, como diferentes conjuntos ou tratamentos. Hoje em dia, o termo *tratamento* costuma ser usado para se referir a várias classificações, sejam elas diferentes agregados, análises, fertilizantes ou regiões de um país.

Suposições e hipóteses na ANOVA simples

Assume-se que as k populações são independentes e normalmente distribuídas com médias $\mu_1, \mu_2, ..., \mu_k$ e variância comum σ^2. Como indicamos na Seção 13.2, essas suposições são mais palatáveis por meio da aleatorização. Desejamos derivar o método apropriado para testar a hipótese

$H_0: \mu_1 = \mu_2 = ... = \mu_k$,
H_1: pelo menos duas médias não são iguais.

Deixe y_{ij} denotar a j-ésima observação do i-ésimo tratamento e organize os dados como na Tabela 13.2. Aqui, Y_i é o total de observações na amostra do i-ésimo tratamento, $\bar{y}_i$ é a média de todas as observações na amostra do i-ésimo tratamento, $Y..$ é o total de todas as nk observações e $\bar{y}..$ é a média de todas as nk observações.

Modelo para a ANOVA simples

Cada observação pode ser escrita na forma

$$Y_{ij} = \mu_i + \epsilon_{ij},$$

onde ϵ_{ij} mede o desvio da j-ésima observação da i-ésima média amostral do tratamento correspondente. O termo ϵ_{ij} representa o erro aleatório que tem o mesmo papel dos termos de erro nos modelos de regressão. Uma forma alternativa e preferível dessa equação é obtida ao substituir $\mu_i = \mu + \alpha_i$ sujeito à restrição $\sum_{i=1}^{k} \alpha_i = 0$. Logo, podemos escrever

$$Y_{ij} = \mu + \alpha_i + \epsilon_{ij},$$

onde μ é somente a *média geral* de todos os μ_i's; ou seja,

$$\mu = \frac{1}{k} \sum_{i=1}^{k} \mu_i,$$

e α_i é chamado de *efeito* do i-ésimo tratamento.

A hipótese nula de que as k médias populacionais são iguais, contra a alternativa de que pelo menos duas das

Tabela 13.2 Amostras aleatórias

Tratamento:	1	2	...	i	...	k	
	y_{11}	y_{21}	...	y_{i1}	...	y_{k1}	
	y_{12}	y_{22}	...	y_{i2}	...	y_{k2}	
	$\vdots$	$\vdots$		$\vdots$		$\vdots$	
	y_{1n}	y_{2n}	...	y_{in}	...	y_{kn}	
Total	$Y_{1.}$	$Y_{2.}$	...	$Y_{i.}$	...	$Y_{k.}$	$Y_{..}$
Média	$\bar{y}_{1.}$	$\bar{y}_{2.}$	...	$\bar{y}_{i.}$	...	$\bar{y}_{k.}$	$\bar{y}_{..}$

médias são desiguais, pode agora ser substituída pela hipótese equivalente.

H_0: $\alpha_1 = \alpha_2 = \ldots = \alpha_k = 0$,
H_1: pelo menos um dos α_i's não é igual a zero.

Resolução da variabilidade total nos componentes

Nosso teste será baseado na comparação de duas estimativas independentes da variância populacional comum σ^2. Essas estimações serão obtidas dividindo-se a variabilidade total de nossos dados, atribuída pela soma dupla

$$\sum_{i=1}^{k}\sum_{j=1}^{n}(y_{ij} - \bar{y}_{..})^2,$$

em dois componentes.

Teorema 13.1
Identidade da soma dos quadrados

$$\sum_{i=1}^{k}\sum_{j=1}^{n}(y_{ij} - \bar{y}_{..})^2 = n\sum_{i=1}^{k}(\bar{y}_{i.} - \bar{y}_{..})^2 + \sum_{i=1}^{k}\sum_{j=1}^{n}(y_{ij} - \bar{y}_{i.})^2$$

Será conveniente, no que vem a seguir, identificar os termos da identidade da soma dos quadrados pela seguinte notação:

Três importantes medidas de variabilidade

$SQT = \sum_{i=1}^{k}\sum_{j=1}^{n}(y_{ij} - \bar{y}_{..})^2$ = soma dos quadrados total,

$SQA = n\sum_{i=1}^{k}(\bar{y}_{i.} - \bar{y}_{..})^2$ = soma dos quadrados do tratamento,

$SQE = \sum_{i=1}^{k}\sum_{j=1}^{n}(y_{ij} - \bar{y}_{i.})^2$ = soma dos quadrados do erro.

A identidade da soma dos quadrados pode, então, ser representada simbolicamente pela equação

$$SQT = SQA + SQE$$

Essa identidade expressa como as variações entre os tratamentos adicionam à soma dos quadrados total. No entanto, podemos obter muita percepção ao investigar os *valores esperados de SQA e SQE*. Eventualmente, deve-

mos desenvolver estimativas das variâncias que formulam a razão a ser usada para testar a igualdade das médias populacionais.

Teorema 13.2

$$E(SQA) = (k - 1)\sigma^2 + n\sum_{i=1}^{k}\alpha_i^2.$$

A prova desse teorema é deixada como um exercício (veja o Exercício 13.2).

Se H_0 for verdadeira, uma estimativa de σ^2, baseada em $k - 1$ graus de liberdade, é fornecida pela expressão

Quadrado médio do tratamento

$$s_1^2 = \frac{SQA}{k - 1}.$$

Se H_0 for verdadeira e, então, cada α_i no Teorema 13.2 for igual a zero, vemos que

$$E\left(\frac{SQA}{k - 1}\right) = \sigma^2,$$

e s_1^2 é uma estimativa não-viciada de σ^2. Entretanto, se H_1 for verdadeira, temos

$$E\left(\frac{SQA}{k - 1}\right) = \sigma^2 + \frac{n}{k - 1}\sum_{i=1}^{k}\alpha_i^2,$$

e s_1^2 estima σ^2 mais um termo adicional, que mede a variação devido a efeitos sistemáticos.

Uma segunda estimação independente de σ^2, baseada em $k(n - 1)$ graus de liberdade, é a fórmula familiar

Quadrado médio do erro

$$s^2 = \frac{SQE}{k(n - 1)}.$$

É instrutivo apontar a importância dos valores esperados dos quadrados médios indicados anteriormente. Na próxima seção, discutiremos o uso de uma *razão F* que tem o quadrado médio dos tratamentos no numerador. Ocorre que, quando H_1 for verdadeira, a presença da condição $E(s_1^2) > E(s^2)$ sugere que a razão F seja usada no contexto de um *teste unilateral de cauda superior*. Ou seja, quando H_1 for verdadeira, podemos esperar que o numerador s_1^2 exceda o denominador.

Uso do teste *F* na ANOVA

A estimativa s^2 é não-viciada, independentemente da verdade ou a falsidade da hipótese nula (veja o Exercício 13.1). É importante notar que a identidade da soma dos quadrados dividiu não apenas a variabilidade total dos dados, mas também o número total de graus de liberdade. Ou seja,

$$nk - 1 = k - 1 + k(n - 1).$$

Razão F para testar a igualdade das médias

Quando H_0 é verdadeira, a razão $f = s_1^2/s^2$ é um valor da variável aleatória F que tem a distribuição F com $k-1$ e $k(n-1)$ graus de liberdade. Já que s_1^2 superestima σ^2 quando H_0 é falsa, temos um teste unicaudal com a região crítica inteiramente na cauda direita da distribuição.

A hipótese nula H_0 é rejeitada, no nível de significância α, quando

$$f > f_\alpha[k-1, k(n-1)].$$

Outra abordagem, a do valor P, sugere que a evidência a favor de ou contra H_0 é

$$P = P[f[k-1, k(n-1)] > f].$$

Os cálculos para o problema da análise de variância são resumidos na forma tabular, como mostrado na Tabela 13.3.

■ **Exemplo 13.1**

Teste a hipótese $\mu_1 = \mu_2 = ... = \mu_5$, no nível de significância de 0,05, para os dados da Tabela 13.1 sobre a absorção das misturas por vários tipos de agregados de cimento.

Solução:

H_0: $\mu_1 = \mu_2 = ... = \mu_5$,
H_1: pelo menos duas médias não são iguais.
$\alpha = 0,05$.

Região crítica: $f > 2,76$ com $v_1 = 4$ e $v_2 = 25$ graus de liberdade. Os cálculos das somas dos quadrados fornecem

$SQT = 209.377,$
$SQA = 85.356,$
$SQE = 209.377 - 85.356 = 124,021.$

Esses resultados e os cálculos remanescentes são mostrados na Figura 13.1 para o procedimento *SAS* ANOVA.

Decisão: Rejeitar H_0 e concluir que os agregados não têm a mesma média de absorção. O valor P para $f = 4,30$ é menor que 0,01.

Durante o trabalho experimental, freqüentemente há perda de algumas das observações desejadas. Animais que participam do experimento morrem, materiais podem ser danificados ou pessoas podem abandonar um estudo. A análise prévia para tamanhos de amostras iguais ainda será válida modificando-se levemente as fórmulas das somas dos quadrados. Agora, assumimos k amostras aleatórias de tamanhos $n_1, n_2, ..., n_k$, respectivamente.

Soma dos quadrados; tamanhos de amostras desiguais

$$SQT = \sum_{i=1}^{k} \sum_{j=1}^{n_i} (y_{ij} - \bar{y}_{..})^2,$$

$$SQA = \sum_{i=1}^{k} n_i(\bar{y}_{i.} - \bar{y}_{..})^2, \quad SQE = SQT - SQA$$

Os graus de liberdade são divididos como antes: $N-1$ para SQT, $k-1$ para SQA e $N-1-(k-1) = N-k$ para SQE, onde $N = \sum_{i=1}^{k} n_i$.

Tabela 13.3 Análise de variância para a ANOVA simples

Fonte de variação	Soma dos quadrados	Graus de liberdade	Quadrado médio	f calculado
Tratamentos	SQA	$k-1$	$s_1^2 = \frac{SQA}{k-1}$	$\frac{s_1^2}{s^2}$
Erro	SQE	$k(n-1)$	$s^2 = \frac{SQE}{k(n-1)}$	
Total	SQT	$kn-1$		

```
                         The GLM Procedure
         Dependent Variable: moisture

                                  Sum of
         Source            DF    Squares      Mean Square   F Value   Pr > F
         Model              4    85356,4667   21339,1167      4,30    0,0088
         Error             25   124020,3333    4960,8133
         Corrected Total   29   209376,8000


              R-Square    Coeff Var    Root MSE    moisture Mean
              0,407669    12,53703     70,43304       561,8000


         Source            DF    Type I SS    Mean Square   F Value   Pr > F
         aggregate          4    85356,46667  21339,11667     4,30    0,0088
```

Figura 13.1 – Impressão *SAS* para o procedimento da análise de variância.

Exemplo 13.2

Parte de um estudo conduzido pelo Instituto Politécnico e Universidade Estadual da Virgínia foi planejada para medir os níveis de atividade da fosfatase alcalina do soro (unidades Bessey–Lowry) em crianças com epilepsia que receberam terapia anticonvulsiva sob cuidados de um médico particular. Quarenta e cinco indivíduos foram encontrados para o estudo e categorizados em quatro conjuntos de drogas:

G-1: Controle (sem receber anticonvulsivos e com histórico de epilepsia)
G-2: Fenobarbital
G-3: Carbamapezina
G-4: Outros anticonvulsivos

Das amostras de sangue coletadas de cada indivíduo, foi determinado o nível de atividade da fosfatase alcalina do soro e registrado como mostrado na Tabela 13.4. Teste a hipótese, no nível de significância de 0,05, de que a média do nível de atividade da fosfatase alcalina do soro é a mesma para os quatro conjuntos.

Solução:

H_0: $\mu_1 = \mu_2 = \mu_3 = \mu_4$,
H_1: pelo menos duas médias não são iguais.
$\alpha = 0{,}05$.

Região crítica: $f > 2{,}836$, por interpolação na Tabela A.6.
Cálculos: $y_{1.} = 1460{,}25$, $y_{2.} = 440{,}36$, $y_{3.} = 842{,}45$, $y_{4.} = 707{,}41$ e $y_{..} = 3450{,}47$. A análise de variância é mostrada na impressão *Minitab*, da Figura 13.2.

Decisão: Rejeitar H_0 e concluir que as médias do nível de atividade da fosfatase alcalina do soro para os quatro conjuntos não são as mesmas. O valor P é 0,02.

Tabela 13.4 Nível de atividade da fosfatase alcalina do soro

G-1	G-2	G-3	G-4
49,20	97,50	97,07	62,10	110,60
44,54	105,00	73,40	94,95	57,10
45,80	58,05	68,50	142,50	117,60
95,84	86,60	91,85	53,00	77,71
30,10	58,35	106,60	175,00	150,00
36,50	72,80	0,57	79,50	82,90
82,30	116,70	0,79	29,50	111,50
87,85	45,15	0,77	78,40	
105,00	70,35	0,81	127,50	
95,22	77,40			

tagens de escolher amostras de tamanhos iguais sobre a escolha de amostras de tamanhos desiguais. A primeira vantagem é que a razão *f* é insensível a leves desvios da suposição de variâncias iguais para *k* populações quando as amostras são de tamanhos iguais. A segunda vantagem é que a escolha de populações de tamanhos iguais minimiza a probabilidade de se cometer um erro tipo II.

13.4 Testes da igualdade de diversas variâncias

Embora a razão *f* obtida do procedimento de análise de variância seja insensível aos desvios da suposição de variâncias iguais para as *k* populações normais quando as amostras são de tamanhos iguais, podemos preferir, ainda, exercitar certo cuidado e realizar um teste preliminar para a homogeneidade das variâncias. Tal teste seria certamente aconselhável para o caso de amostras de tamanhos desiguais se houver uma dúvida razoável sobre a

Para concluir nossa discussão sobre a análise de variância para a classificação simples, afirmamos as van-

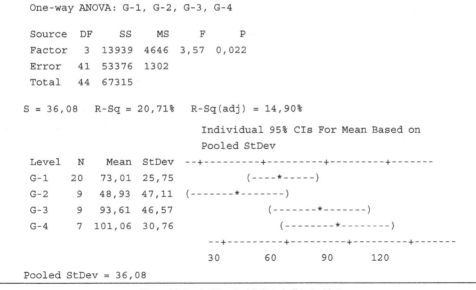

```
One-way ANOVA: G-1, G-2, G-3, G-4

Source   DF      SS      MS      F       P
Factor    3   13939    4646    3,57   0,022
Error    41   53376    1302
Total    44   67315

S = 36,08    R-Sq = 20,71%    R-Sq(adj) = 14,90%

                           Individual 95% CIs For Mean Based on
                           Pooled StDev
Level    N     Mean   StDev  --+---------+---------+---------+-------
G-1     20    73,01   25,75              (----*-----)
G-2      9    48,93   47,11   (-------*-------)
G-3      9    93,61   46,57                    (-------*-------)
G-4      7   101,06   30,76                        (--------*--------)
                             --+---------+---------+---------+-------
                               30        60        90       120

Pooled StDev = 36,08
```

Figura 13.2 – Análise do *Minitab* da Tabela 13.4.

homogeneidade das variâncias populacionais. Suponha, por exemplo, que desejamos testar a hipótese nula

$$H_0: \sigma_1^2 = \sigma_2^2 = \ldots = \sigma_k^2$$

contra a alternativa

H_1: as variâncias não são todas iguais.

O teste que vamos usar, chamado de *teste de Bartlett*, é baseado em uma estatística cuja distribuição amostral fornece valores críticos exatos quando os tamanhos das amostras são iguais. Esses valores críticos para amostras de tamanhos iguais também podem ser usados para gerar aproximações precisas para os valores críticos de amostras de tamanhos desiguais.

Primeiro, calculamos as k variâncias amostrais $s_1^2, s_2^2, \ldots, s_k^2$ das amostras de tamanhos $n_1, n_2, \ldots, n_k$ com $\sum_{i=1}^{k} n_i = N$. Em segundo lugar, combinamos as variâncias das amostras para gerar a estimativa combinada

$$s_p^2 = \frac{1}{N - k} \sum_{i=1}^{k} (n_i - 1) s_i^2.$$

Agora,

$$b = \frac{[(s_1^2)^{n_1 - 1} (s_2^2)^{n_2 - 1} \cdots (s_k^2)^{n_k - 1}]^{1/(N - k)}}{s_p^2}$$

é um valor de uma variável aleatória B que tem *distribuição de Bartlett*. Para o caso especial em que $n_1 = n_2 = \cdots = n_k = n$, rejeitamos H_0, no nível de significância α, se

$$b < b_k(\alpha; n),$$

onde $b_k(\alpha; n)$ é o valor crítico que deixa uma área de tamanho α na cauda esquerda da distribuição de Bartlett. A Tabela A.10 fornece os valores críticos, $b_k(\alpha; n)$, para $\alpha = 0{,}01$ e $0{,}05$; $k = 2, 3, \ldots, 10$; e valores selecionados de n de 3 a 100.

Quando os tamanhos das amostras são desiguais, a hipótese nula é rejeitada, no nível de significância α se

$$b < b_k(\alpha; n_1, n_2, \ldots, n_k),$$

onde

$$b_k(\alpha; n_1, n_2, \ldots, n_k)$$
$$\approx \frac{n_1 b_k(\alpha; n_1) + n_2 b_k(\alpha; n_2) + \cdots + n_k b_k(\alpha; n_k)}{N}.$$

Como antes, todos os $b_k(\alpha; n_i)$ para os tamanhos de amostra $n_1, n_2, \ldots, n_k$ são obtidos da Tabela A.10.

■ **Exemplo 13.3**

Use um teste de Bartlett para testar a hipótese, no nível de significância de 0,01, de que as variâncias populacionais para os quatro conjuntos do Exemplo 13.2 são iguais.

Solução:

$$H_0: \sigma_1^2 = \sigma_2^2 = \sigma_3^2 = \sigma_4^2,$$
H_1: as variâncias não são iguais.
$$\alpha = 0{,}01.$$

Região crítica: Em relação ao Exemplo 13.2, temos $n_1 = 20$, $n_2 = 9$, $n_3 = 9$, $n_4 = 7$, $N = 45$ e $k = 4$. Portanto, rejeitamos quando

$$b < b_4(0{,}01; 20, 9, 9, 7) \approx$$

$$\frac{(20)(0{,}8586) + (9)(0{,}6892) + (9)(0{,}6892) + (7)(0{,}6045)}{45}$$

$= 0{,}7513$.

Cálculos: Primeiro calcule

$$s_1^2 = 662{,}862, \quad s_2^2 = 2219{,}781,$$
$$s_3^2 = 2168{,}434, \quad s_4^2 = 946{,}032,$$

e, depois,

$$s_p^2 = \frac{(19)(662{,}862) + (8)(2219{,}781)}{41}$$
$$+ \frac{(8)(2168{,}434) + (6)(946{,}032)}{41}$$

$$= 1301{,}861.$$

Agora,

$$b =$$
$$\frac{[(662{,}862)^{19} (2219{,}781)^8 (2168{,}434)^8 (946{,}032)^6]^{1/41}}{1301{,}861}$$

$= 0{,}8557$.

Decisão: Não rejeitar a hipótese e concluir que as variâncias populacionais para os quatro conjuntos não são significativamente diferentes.

───

Embora o teste de Bartlett seja mais freqüentemente usado para testar a homogeneidade das variâncias, existem outros métodos disponíveis. Um deles, atribuído a Cochran, fornece um procedimento de cálculos simples, mas restrito a situações nas quais os tamanhos das amostras são iguais. O *teste de Cochran* é particularmente útil para detectar se uma variância é muito maior do que as outras. A estatística usada é

$$G = \frac{\text{o maior } S_i^2}{\sum_{i=1}^{k} S_i^2},$$

e a hipótese de igualdade das variâncias é rejeitada se $g > g_\alpha$, onde o valor de g_α é obtido da Tabela A.11.

Para ilustrar o teste de Cochran, vamos nos referir novamente aos dados da Tabela 13.1 sobre a absorção da mistura dos agregados de concreto. Estaríamos justificados ao assumirmos variâncias iguais quando realizamos a análise de variância para o Exemplo 13.1? Descobrimos que

$$s_1^2 = 12.134, \quad s_2^2 = 2303, \quad s_3^2 = 3594,$$
$$s_4^2 = 3319, \quad s_5^2 = 3455.$$

Portanto,

$$g = \frac{12.134}{24.805} = 0{,}4892,$$

que não excede o valor da tabela $g_{0,05} = 0{,}5065$. Então, concluímos que a suposição de variâncias iguais é razoável.

Exercícios

13.1 Mostre que o quadrado médio do erro

$$s^2 = \frac{SQE}{k(n-1)}$$

da análise de variância em uma classificação simples é uma estimativa não-viciada de σ^2.

13.2 Prove o Teorema 13.2.

13.3 Seis máquinas diferentes estão sendo consideradas para uso na fabricação de selos de borracha. As máquinas estão sendo comparadas em relação à resistência à tensão do produto. Uma amostra aleatória de quatro selos de cada máquina é utilizada para determinar se a resistência da tensão varia de máquina para máquina. A seguir, temos as medidas das resistências à tensão, em quilogramas por centímetro quadrado $\times 10^{-1}$:

Máquina					
1	2	3	4	5	6
17,5	16,4	20,3	14,6	17,5	18,2
16,9	19,2	15,7	16,7	19,2	16,2
15,8	17,7	17,8	20,8	16,5	17,5
18,6	15,4	18,9	18,9	20,5	20,1

Faça uma análise de variância, no nível de significância de 0,05, e indique se as resistências à tensão diferem significativamente ou não entre as seis máquinas.

13.4 Os dados da tabela a seguir representam o número de horas de alívio para cinco marcas diferentes de comprimidos para dor de cabeça, administrados em 25 indivíduos com febre de 38 °C ou mais. Faça uma análise de variância e teste a hipótese, no nível de significância de 0,05, de que a média do número de horas de alívio fornecidas pelos comprimidos é a mesma para todas as cinco marcas. Discuta os resultados.

Comprimido				
A	B	C	D	E
5,2	9,1	3,2	2,4	7,1
4,7	7,1	5,8	3,4	6,6
8,1	8,2	2,2	4,1	9,3
6,2	6,0	3,1	1,0	4,2
3,0	9,1	7,2	4,0	7,6

13.5 No artigo 'Shelf – Space Strategy in Retailing', publicado em *Proceedings: Southern Marketing Association*, é investigado o efeito da altura das prateleiras de supermercados para a venda de comida enlatada para cachorros. Um experimento foi conduzido em um pequeno supermercado por um período de oito dias nas vendas de uma única marca de comida para cachorros, referida aqui como comida para cachorro Arf, envolvendo três níveis de altura de prateleiras: altura do joelho, da cintura e dos olhos. Durante o dia, a altura da prateleira das latas de comida foi trocada aleatoriamente em três ocasiões diferentes. As seções remanescentes da gôndola que mantinham a marca dada foram preenchidas com uma mistura de marcas de comida para cachorros, conhecidas e desconhecidas dos clientes de certa área geográfica em particular. As vendas, em dólares, da comida para cães Arf, por dia e para as três alturas de prateleiras são apresentadas a seguir:

Altura da prateleira		
Nível do joelho	Nível da cintura	Nível dos olhos
77	88	85
82	94	85
86	93	87
78	90	81
81	91	80
86	94	79
77	90	87
81	87	93

Há alguma diferença significativa na média das vendas diárias dessa marca de comida para cachorros com base na altura das prateleiras? Use um nível de significância de 0,01.

13.6 A imobilização por drogas do veado selvagem de cauda branca fornece aos pesquisadores a oportunidade de examinar esse animal de perto e reunir informações fisiológicas valiosas. No estudo *Influence of Physical Restraint and Restraint Facilitating Drugs on Blood Measurements of White-Failed Deer and Other Selected Mammals*, sobre a influência das restrições físicas e drogas facilitadoras de restrição nas medidas sangüíneas do veado de cauda branca e outros mamíferos selecionados, conduzido pelo Instituto Politécnico e Universidade Estadual da Virgínia, os biólogos testaram o tempo que os animais demoram para 'ser anestesiados' (tempo da injeção até a imobilização) usando três drogas diferentes. A imobilização, nesse caso, é definida como um ponto em que o animal não tem controle muscular suficiente para se manter de pé. Trinta veados machos de cauda branca foram atribuídos aleatoriamente para cada um dos três tratamentos. O conjunto A recebeu 5 miligramas de cloreto de succinilcolina (SSC); o conjunto B recebeu 8 miligramas de SSC em pó; e o conjunto C recebeu 200 miligramas de hidrocloreto de fenilciclidina.

Os tempos de anestesia, em minutos, foram registrados a seguir. Faça uma análise de variância de nível de significância 0,01 e determine se a média dos tempos para as três drogas é a mesma ou não.

Conjunto		
A	B	C
11	10	4
5	7	4
14	16	6
7	7	3
10	7	5
7	5	6
23	10	8
4	10	3
11	6	7
11	12	3

13.7 Foi mostrado que o fertilizante fosfato de amônio magnésio, $MgNH_4PO_4$, é um fornecedor eficaz dos nutrientes necessários para o crescimento de plantas. Os compostos fornecidos por esse fertilizante são altamente solúveis em água, permitindo que ele seja aplicado diretamente na superfície do solo ou misturado com substratos de crescimento durante o processo de plantação. O estudo *Effect of Magnesium Ammonium Phosphate on Height of Chrysanthemums*, sobre o efeito do fosfato magnésio de amônia na altura dos crisântemos, foi conduzido pela Universidade George Mason para determinar um nível ótimo de fertilização, baseado no aumento vertical da altura dos crisântemos. Quarenta mudas de crisântemos foram divididas em quatro conjuntos, cada um com dez mudas. Cada muda foi plantada em vasos similares, com médias de crescimento uniformes. Para cada conjunto de plantas, foi adicionada uma concentração crescente de $MgNH_4PO_4$, medida em gramas por alqueire. Os quatro conjuntos de plantas cresceram sob condições uniformes em uma estufa pelo período de quatro semanas. Os tratamentos e as respectivas mudanças na altura, medida em centímetros, são mostrados na tabela a seguir:

Tratamento			
50 g/alq	100 g/alq	200 g/alq	400 g/alq
13,2	16,0	7,8	21,0
12,4	12,6	14,4	14,8
12,8	14,8	20,0	19,1
17,2	13,0	15,8	15,8
13,0	14,0	17,0	18,0
14,0	23,6	27,0	26,0
14,2	14,0	19,6	21,1
21,6	17,0	18,0	22,0
15,0	22,2	20,2	25,0
20,0	24,4	23,2	18,2

Podemos concluir, no nível de significância de 0,05, que as diferentes concentrações de $MgNH_4PO_4$ afetam a altura média dos crisântemos? Qual quantidade de $MgNH_4PO_4$ parece ser mais eficiente?

13.8 Um estudo mediu os índices de absorção de três diferentes tipos de solventes químicos orgânicos. Esses solventes são usados para a limpeza de peças de metal fabricadas industrialmente e são resíduos tóxicos potenciais. Amostras independentes dos três tipos de solvente foram testadas e suas taxas de absorção foram registradas como uma porcentagem molar. [Veja McClave, Dictrich e Sincich (1997).]

Aromáticos		Cloroalcanos		Ésters		
1,06	0,95	1,58	1,12	0,29	0,43	0,06
0,79	0,65	1,45	0,91	0,06	0,51	0,09
0,82	1,15	0,57	0,83	0,44	0,10	0,17
0,89	1,12	1,16	0,43	0,55	0,53	0,17
1,05				0,61	0,34	0,60

Há uma diferença significante na média do índice de absorção para os três solventes? Use um valor P em sua conclusão. Qual solvente você usaria?

13.9 A enzima mitocondrial 'NAPH:NAD transhydrogenase' de um parasita intestinal de ratos (*Hymenolepiasis diminuta*) catalisa o hidrogênio na transferência de NADYH para NAD, produzindo NADH. Sabe-se que essa enzima serve como um controle vital do metabolismo anaeróbico do parasita, e há uma hipótese recente de que ela possa servir como uma bomba de transferência de prótons através da membrana mitocondrial. O estudo *Effect of Various Substrate Concentrations on the Conformational Variation of the NADPH:NAD Transhydrogenase of Hymenolepiasis diminuta*, sobre o efeito de várias concentrações de substratos na variação adaptável de NADPH:NAD transhydrogenase do *Hymenolepiasis diminuta*, conduzido pela Universidade Estadual Bowling Green, foi planejado para avaliar a habilidade dessa enzima em passar por uma adaptação ou mudança de forma. Mudanças na atividade específica da enzima, causadas pelas variações na concentração de NADP, poderiam ser interpretadas como um apoio à teoria da mudança de forma. A enzima em questão está localizada na membrana interna da mitocôndria do parasita. Esses parasitas foram homogeneizados e, por meio de uma série de centrifugações, a enzima foi isolada. Foram adicionadas diversas concentrações de NADP à solução de enzimas isoladas e a mistura foi, então, incubada em um banho de água a 56 °C por três minutos. A enzima foi, depois, analisada em um espectrômetro de feixe duplo, e os resultados foram calculados em função da atividade específica da enzima, em nanomoles por minuto por miligrama de proteína.

Concentração de NADP (nm)				
0	80	160	360	
11,01	11,38	11,02	6,04	10,31
12,09	10,67	10,67	8,65	8,30
10,55	12,33	11,50	7,76	9,48
11,26	10,08	10,31	10,13	8,89
			9,36	

Teste a hipótese, no nível de significância de 0,01 de que a média da atividade específica é a mesma para as quatro concentrações.

13.10 Para os dados do Exercício 13.7, use o teste de Bartlett para verificar se as variâncias são iguais.

13.5 Comparações grau de liberdade único

A análise de variância em uma classificação simples, ou o experimento com fator único, como ela costuma ser chamada, meramente indica se a hipótese de médias dos tratamentos iguais pode ser rejeitada ou não. Em geral, o pesquisador prefere que sua análise seja mais profunda. Por exemplo, no Exemplo 13.1, ao rejeitarmos a hipótese nula, concluímos que as médias não são iguais, mas ainda não sabemos onde há diferença entre os agregados. O engenheiro pode ter a sensibilidade, *a priori*, de que os agregados 1 e 2 deve ter propriedades de absorção similares, e que o mesmo é verdade para os agregados 3 e 5. No entanto, é de interesse estudar a diferença entre os dois conjuntos. Pareceria, então, apropriado testar a hipótese

$$H_0: \mu_1 + \mu_2 - \mu_3 - \mu_5 = 0,$$
$$H_1: \mu_1 + \mu_2 - \mu_3 - \mu_5 \neq 0.$$

Notamos que a hipótese é uma função linear das médias populacionais, na qual a soma dos coeficientes é zero.

Definição 13.1
Qualquer função linear da forma

$$\omega = \sum_{i=1}^{k} c_i \mu_i,$$

onde $\sum_{i=1}^{k} c_i = 0$, é chamada de *comparação* ou *contraste* nas médias dos tratamentos.

O pesquisador pode, freqüentemente, fazer comparações múltiplas, testando a significância dos contrastes nas médias dos tratamentos, ou seja, testando uma hipótese do tipo

Hipótese para um contraste

$$H_0: \sum_{i=1}^{k} c_i \mu_i = 0,$$

$$H_1: \sum_{i=1}^{k} c_i \mu_i \neq 0,$$

onde $\sum_{i=1}^{k} c_i = 0$.

O teste é conduzido primeiro ao calcular-se um contraste similar nas médias amostrais,

$$w = \sum_{i=1}^{k} c_i \bar{y}_{i.}.$$

Já que $\bar{Y}_1, \bar{Y}_2, ..., \bar{Y}_k$ são variáveis aleatórias independentes com distribuições normais com médias $\mu_1, \mu_2, ..., \mu_k$ e variâncias $\sigma_1^2/n_1, \sigma_2^2/n_2, ..., \sigma_k^2/n_k$, respectivamente, o Teorema 7.11 assegura que w é um valor da variável aleatória normal W com média

$$\mu_W = \sum_{i=1}^{k} c_i \mu_i$$

e variância

$$\sigma_W^2 = \sigma^2 \sum_{i=1}^{k} \frac{c_i^2}{n_i}.$$

Portanto, quando H_0 é verdadeira, $\mu_W = 0$ e, pelo Exemplo 7.5, a estatística

$$\frac{W^2}{\sigma_W^2} = \frac{\left(\sum_{i=1}^{k} c_i \bar{Y}_{i.}\right)^2}{\sigma^2 \sum_{i=1}^{k} (c_i^2/n_i)}$$

é distribuída como uma variável aleatória qui-quadrado com 1 grau de liberdade. Nossa hipótese é testada, no nível de significância α, calculando

Estatística de teste para tentar um contraste

$$f = \frac{\left(\sum_{i=1}^{k} c_i \bar{y}_{i.}\right)^2}{s^2 \sum_{i=1}^{k} (c_i^2/n_i)} = \frac{\left[\sum_{i=1}^{k} (c_i Y_{i.}/n_i)\right]^2}{s^2 \sum_{i=1}^{k} (c_i^2/n_i)} = \frac{SQw}{s^2}.$$

Aqui, f é um valor da variável aleatória F que tem distribuição F com 1 e $N-k$ graus de liberdade.

Quando os tamanhos das amostras são todos iguais a n,

$$SQw = \frac{\left(\sum_{i=1}^{k} c_i Y_{i.}\right)^2}{n \sum_{i=1}^{k} c_i^2}.$$

A quantidade SQw, chamada *soma dos quadrados do contraste*, indica a porção da SQA que é explicada pelo contraste em questão.

Essa soma dos quadrados será usada para testar a hipótese de que o contraste

$$\sum_{i=1}^{k} c_i \mu_i = 0.$$

Costuma ser de interesse testar contrastes múltiplos, particularmente os que são linearmente independentes ou ortogonais. Como resultado, precisamos da seguinte definição:

Definição 13.2
Os dois contrastes

$$\omega_1 = \sum_{i=1}^{k} b_i \mu_i \quad \text{e} \quad \omega_2 = \sum_{i=1}^{k} c_i \mu_i$$

são ditos *ortogonais* se $\sum_{i=1}^{k} b_i c_i / n_i = 0$ ou, quando todos os n_i's são iguais a n, se

$$\sum_{i=1}^{k} b_i c_i = 0.$$

Se w_1 e w_2 são ortogonais, então as quantidades SQw_1 e SQw_2 serão componentes de SQA, cada uma com um único grau de liberdade. A soma dos quadrados do tratamento, com $k-1$ graus de liberdade, pode ser dividida em, no máximo, $k-1$ somas dos quadrados de contrastes independentes com grau de liberdade único, satisfazendo a identidade

$$SQA = SQw_1 + SQw_2 + \cdots + SQw_{k-1},$$

se os contrastes forem ortogonais um ao outro.

■ **Exemplo 13.4**
Em relação ao Exemplo 13.1, determine a soma dos quadrados do contraste correspondente para os contrastes ortogonais

$$\omega_1 = \mu_1 + \mu_2 - \mu_3 - \mu_5,$$
$$\omega_2 = \mu_1 + \mu_2 + \mu_3 - 4\mu_4 + \mu_5,$$

e faça o teste de significância apropriado. Neste caso, é de interesse, *a priori*, comparar os dois conjuntos (1, 2) e (3, 5). Um contraste importante e independente é a comparação entre os conjuntos de agregados (1, 2, 3, 5) e o agregado 4.
Solução: É óbvio que os dois contrastes são ortogonais, já que

$$(1)(1) + (1)(1) + (-1)(1) + (0)(-4) + (-1)(1) = 0.$$

O segundo contraste indica uma comparação entre os agregados (1, 2, 3 e 5) e o agregado 4. Podemos escrever dois contrastes adicionais ortogonais aos dois primeiros, ou seja:

$\omega_3 = \mu_1 - \mu_2$ (agregado 1 *versus* agregado 2),
$\omega_4 = \mu_3 - \mu_5$ (agregado 3 *versus* agregado 5).

Dos dados da Tabela 13.1, temos

$$SQw_1 = \frac{(3320 + 3416 - 3663 - 3664)^2}{6[(1)^2 + (1)^2 + (-1)^2 + (-1)]} = 14.553,$$

$$SQw_2 = \frac{[3320 + 3416 + 3663 + 3664 - 4(2791)]^2}{6[(1)^2 + (1)^2 + (1)^2 + (1)^2 + (-4)^2]}$$
$$= 70.035.$$

Uma tabela de análise de variância mais ampla é mostrada na Tabela 13.5. Notamos que a soma dos quadrados dos dois contrastes é responsável por quase toda a soma dos quadrados dos agregados. Há uma diferença significativa entre os agregados em suas propriedades de absorção, e o contraste ω_1 é marginalmente significante. Entretanto, o valor f de 14,12 para ω_2 é mais significante e a hipótese

$$H_0: \mu_1 + \mu_2 + \mu_3 + \mu_5 = 4\mu_4$$

é rejeitada.

Os contrastes ortogonais permitem ao pesquisador dividir a variação do tratamento em componentes independentes. Há diversas escolhas disponíveis ao selecionar os contrastes ortogonais, com exceção do último. Normalmente, o pesquisador teria certos contrastes que são de interesse. Esse foi o facilitador de nosso exemplo, no qual, *a priori*, as considerações sugerem que os agregados (1, 2) e (3, 5) constituem conjuntos distintos com propriedades de absorção diferentes, uma postulação que não foi fortemente apoiada pelo teste de significância. Contudo, a segunda comparação apóia a conclusão de que o agregado 4 parece se 'destacar' dos demais. Nesse caso, a divisão completa de SQA não foi necessária, já que duas das quatro comparações independentes possíveis foram responsáveis pela maior parte da variação nos tratamentos.

A Figura 13.3 mostra um procedimento SAS GLM que traz um conjunto completo de contrastes ortogo-

Tabela 13.5 Análise de variância usando contrastes ortogonais

Fonte de variação	Soma dos quadrados	Graus de liberdade	Quadrados médios	f calculado
Agregados	85,356	4	21,339	4,30
(1, 2) vs. (3, 5) (1, 2, 3, 5) vs. 4	{ 14,553 { 70,035	{ 1 { 1	{ 14,533 { 70,035	2,93 14,12
Erro	124,021	25	4,961	
Total	209,377	29		

```
                      The GLM Procedure
Dependent Variable: moisture
                            Sum of
Source               DF    Squares      Mean Square   F Value   Pr > F
Model                 4    85356,4667   21339,1167     4,30     0,0088
Error                25   124020,3333    4960,8133
Corrected Total      29   209376,8000


          R-Square         Coeff Var         Root MSE    moisture Mean
          0,407669         12,53703         70,43304        561,8000


Source               DF    Type I SS    Mean Square   F Value   Pr > F
aggregate             4    85356,46667  21339,11667    4,30     0,0088


Source               DF    Type III SS  Mean Square   F Value   Pr > F
aggregate             4    85356,46667  21339,11667    4,30     0,0088


Contrast             DF    Contrast SS  Mean Square   F Value   Pr > F
(1,2,3,5) vs. 4       1    70035,00833  70035,00833   14,12     0,0009
(1,2) vs.(3,5)        1    14553,37500  14553,37500    2,93     0,0991
1 vs. 2               1      768,00000    768,00000    0,15     0,6973
3 vs. 5               1        0,08333      0,08333    0,00     0,9968
```

Figura 13.3 Um conjunto de procedimentos ortogonais.

nais. Note que a soma dos quadrados dos quatro contrastes é a soma dos quadrados do agregado. Da mesma forma, os últimos dois contrastes (1 *versus* 2, 3 *versus* 5) revelam comparações insignificantes.

13.6 Comparações múltiplas

A análise de variância é um procedimento poderoso para testar a homogeneidade de um conjunto de médias. Entretanto, se rejeitarmos a hipótese nula e aceitarmos a alternativa — de que as médias não são iguais — ainda não saberemos quais dentre as médias populacionais são iguais e quais são diferentes.

Na Seção 13.5, descrevemos o uso dos contrastes ortogonais para fazer comparações entre conjuntos de níveis de fatores ou tratamentos. A noção de ortogonalidade permite ao analista fazer testes que envolvem contrastes *independentes*. Então, a variação entre tratamentos, SQA, pode ser dividida em componentes com grau de liberdade único e, depois, porções dessa variação podem ser atribuídas a contrastes específicos. Contudo, há situações nas quais o uso dos contrastes não é uma abordagem adequada. Em geral, é de interesse realizar diversas (talvez, todas as possíveis) *comparações correlacionadas* entre os tratamentos. Na verdade, uma comparação correlacionada pode ser vista como um contraste simples, quer dizer, um teste de

$$H_0: \mu_i - \mu_j = 0,$$
$$H_1: \mu_i - \mu_j \neq 0,$$

para todos os $i \neq j$. Todas as comparações correlacionadas possíveis entre as médias podem ser bastante benéficas quando certos contrastes complexos não são conhecidos *a priori*. Por exemplo, nos dados sobre agregados da Tabela 13.1, suponha que desejamos testar

$$H_0: \mu_1 - \mu_5 = 0,$$
$$H_1: \mu_1 - \mu_5 \neq 0,$$

O teste é desenvolvido por meio do uso de um F, t ou uma abordagem de intervalo de confiança. Usando t, temos

$$t = \frac{\bar{y}_{1.} - \bar{y}_{5.}}{s\sqrt{2/n}},$$

onde s é a raiz quadrada do erro do quadrado médio e $n = 6$ é o tamanho da amostra por tratamento. Neste caso,

$$t = \frac{553,33 - 610,67}{\sqrt{4961}\sqrt{1/3}} = -1,41.$$

O valor P para o teste t com 25 graus de liberdade é 0,17. Logo, não há evidência suficiente para rejeitar H_0.

Relação entre *t* e *F*

Anteriormente, mostramos o uso de um teste t combinado com as linhas discutidas no Capítulo 10. A estimativa combinada vem do quadrado médio do erro para aproveitarmos os graus de liberdade que são combinados de todas as cinco amostras. Além disso, testamos um contraste. O leitor deve notar que, se o valor t for elevado ao quadrado, o resultado é exatamente da forma do valor de f para um teste de um contrate, discutido na seção anterior. Na verdade,

$$f = \frac{(\bar{y}_{1.} - \bar{y}_{5.})^2}{s^2(1/6 + 1/6)} = \frac{(553{,}33 - 610{,}67)^2}{4961(1/3)} = 1{,}988,$$

o que, é claro, é t^2.

Abordagem do intervalo de confiança para uma comparação em pares

Não há dificuldade em resolver o mesmo problema de uma comparação em pares (ou um contraste) usando uma abordagem de intervalo de confiança. Claramente, se calcularmos um intervalo de confiança de $100(1-\alpha)\%$ para $\mu_1 - \mu_5$, temos

$$\bar{y}_{1.} - \bar{y}_{5.} \pm t_{\alpha/2} s \sqrt{\frac{2}{6}},$$

onde $t_{\alpha/2}$ é o percentil $100(1-\alpha/2)\%$ de uma distribuição t com 25 graus de liberdade (graus de liberdade vindos de s^2). Essa conexão direta entre os testes de hipóteses e os intervalos de confiança deveria ser óbvia com base nas discussões dos capítulos 9 e 10. O teste do contraste simples $\mu_1 - \mu_5$ se resume a observar se o intervalo de confiança dado incluir ou não o valor zero.

Substituindo os números, temos, como intervalo de confiança de 95%,

$$(553{,}33 - 610{,}67) \pm 2{,}060 \sqrt{4961} \sqrt{\frac{1}{3}} = -57{,}34 \pm 83{,}77.$$

Então, já que o intervalo inclui o zero, o contraste não é significante. Em outras palavras, não encontramos uma diferença significante entre as médias dos agregados 1 e 5.

Taxa de erro 'sensata' do experimento

Demonstramos que um contraste simples (ou seja, a comparação de duas médias) pode ser feito por meio de um teste F, como mostrado na Seção 13.5, um teste t ou calculando-se um intervalo de confiança para a diferença entre as duas médias. No entanto, dificuldades sérias ocorrem quando o analista tenta realizar muitas ou todas as comparações em pares possíveis. Para o caso de k médias, haverá, é claro, $r = k(k-1)/2$ pares de comparações possíveis. Assumindo comparações independentes, a *taxa de erro 'sensata' do experimento* (ou seja, a probabilidade de uma falsa rejeição de, pelo menos, uma das hipóteses) é dado por $1 - (1-\alpha)^r$, α é a probabilidade selecionada de erro tipo I para uma comparação específica. Claramente, essa medição do erro tipo I 'sensata' do experimento pode ser bastante grande. Por exemplo, mesmo se houver somente seis comparações, digamos, no caso de quatro médias, e $\alpha = 0{,}05$, a taxa 'sensata' do experimento é

$$1 - (0{,}95)^6 \approx 0{,}26.$$

Na tarefa de testar muitas comparações em pares, há usualmente a necessidade de se fazer um contraste eficaz com uma comparação única mais conservadora. Ou seja, usando a abordagem do intervalo de confiança, tais intervalos seriam muito mais amplos do que o $\pm t_{\alpha/2} s \sqrt{2/n}$ utilizado para o caso em que somente uma comparação é feita.

Teste de Tukey

Há diversos métodos-padrão para realizar comparações relacionadas que sustentem a credibilidade da taxa do erro tipo I. Discutiremos e ilustraremos dois deles aqui. O primeiro, chamado de *procedimento de Tukey*, permite a formação de intervalos de confiança $100(1-\alpha)\%$ simultâneos para todas as comparações em pares. O método é baseado em uma distribuição de amplitude '*estudantizada*'. O percentil apropriado é uma função de α, k e v = graus de liberdade para s^2. Uma lista de percentis superiores para $\alpha = 0{,}05$ é mostrada na Tabela A.12. O método de comparações em pares por Tukey envolve a descoberta de uma diferença de significante entre as médias i e j ($i \neq j$) se $|\bar{y}_{i.} - \bar{y}_{j.}|$ exceder $q[\alpha, k, v] \sqrt{\frac{s^2}{n}}$.

O procedimento de Tukey é facilmente ilustrado. Considere o exemplo hipotético no qual temos seis tratamentos em um desenho completamente aleatorizado de fator único, com cinco observações retiradas por tratamento. Suponha que o quadrado médio do erro, retirado da tabela de análise de variância, é $s^2 = 2{,}45$ (24 graus de liberdade). As médias amostrais são, em ordem ascendente,

$\bar{y}_{2.}$	$\bar{y}_{5.}$	$\bar{y}_{1.}$	$\bar{y}_{3.}$	$\bar{y}_{6.}$	$\bar{y}_{4.}$
14,50	16,75	19,84	21,12	22,90	23,20

Com $\alpha = 0{,}05$, o valor de $q(0{,}05, 6, 24) = 4{,}37$. Assim, todas as diferenças absolutas são comparadas a

$$4{,}37 \sqrt{\frac{2{,}45}{5}} = 3{,}059.$$

Como resultado, o que temos a seguir representa as médias que são significativamente diferentes usando o procedimento Tukey:

4 e 1, 4 e 5, 4 e 2, 6 e 1, 6 e 5,
6 e 2, 3 e 5, 3 e 2, 1 e 5, 1 e 2.

De onde vem o nível α no teste de Tukey?

Brevemente nos referimos ao conceito de *intervalos de confiança simultâneos* que são empregados pelo procedimento Tukey. O leitor ganhará uma percepção útil sobre a noção de comparações múltiplas se tiver um entendimento do que queremos dizer por intervalos de confiança simultâneos. No Capítulo 9, aprendemos que, se calcularmos um intervalo de confiança para, digamos, uma média μ, então a probabilidade de que o intervalo cubra a média verdadeira μ é de 0,95. Entretanto, conforme discutimos no caso de comparações múltiplas, a probabilidade efetiva de interesse está relacionada à taxa de erro 'sensata' do experimento, e deveríamos enfatizar que os intervalos de confiança do tipo $\bar{y}_{i.} - \bar{y}_{j.} \pm q[\alpha, k, v]\, s\sqrt{1/n}$ não são independentes, já que todos envolvem s e muitos envolvem o uso das mesmas médias, os $\bar{y}_{i.}$. Apesar das dificuldades, se usarmos $q(0,05, k, v)$, o nível de confiança simultâneo é controlado em 95%. O mesmo se mantém para $q(0,01, k, v)$, para o qual o nível de confiança é controlado em 99%. No caso de $\alpha = 0,05$, há uma probabilidade de 0,05 de que pelo menos um par das medições será falsamente considerado diferente (falsa rejeição de pelo menos uma hipótese). No caso de $\alpha = 0,01$, a probabilidade correspondente será 0,01.

Teste de Duncan

O segundo procedimento que discutiremos é chamado de *procedimento de Duncan* ou *teste de amplitude múltipla de Duncan*. Esse procedimento também se baseia na noção geral de uma amplitude 'estudentizada' A abrangência de qualquer subconjunto de p médias amostrais deve exceder certo valor antes de qualquer uma das p médias ser considerada diferente. Tal valor é chamado de *amplitude menos significante* para p médias e é denotado por R_p, onde

$$R_p = r_p \sqrt{\frac{s^2}{n}}.$$

Os valores da quantidade r_p, chamada de *amplitude 'estudentizada' menos significante*, dependem do nível de significância desejado e do número de graus de liberdade do erro do quadrado médio. Esses valores podem ser obtidos da Tabela A.13 para $p = 2, 3, \ldots, 10$ médias.

Para ilustrar o procedimento de amplitude múltipla, vamos considerar um exemplo hipotético em que seis tratamentos são comparados com cinco observações por tratamento. Este é o mesmo exemplo que o usado para ilustrar o teste de Tukey. Obtemos R_p ao multiplicar cada r_p por 0,70. Os resultados desses cálculos são resumidos a seguir:

p	2	3	4	5	6
r_p	2,919	3,066	3,160	3,226	3,276
R_p	2,043	2,146	2,212	2,258	2,293

Comparando essas amplitudes menos significantes com as diferenças nas médias ordenadas, chegamos às seguintes conclusões:

1. Já que $\bar{y}_{4.} - \bar{y}_{2.} = 8,70 > R_6 = 2,293$, concluímos que μ_4 e μ_2 são significativamente diferentes.
2. Comparando $\bar{y}_{4.} - \bar{y}_{5.}$ e $\bar{y}_{6.} - \bar{y}_{2.}$ com R_5, concluímos que μ_4 é significativamente maior que μ_5 e μ_6 é significativamente maior que μ_2.
3. Comparando $\bar{y}_{4.} - \bar{y}_{1.}$ e $\bar{y}_{6.} - \bar{y}_{5.}$ e $\bar{y}_{3.} - \bar{y}_{2.}$ com R_4, concluímos que cada diferença é significante.
4. Comparando $\bar{y}_{4.} - \bar{y}_{3.}$ e $\bar{y}_{6.} - \bar{y}_{1.}$ e $\bar{y}_{3.} - \bar{y}_{5.}$ e $\bar{y}_{1.} - \bar{y}_{2.}$ com R_3, determinamos todas as diferenças significativas, com exceção de $\mu_4 - \mu_3$. Portanto, μ_3, μ_4 e μ_6 constituem um subconjunto de médias homogêneas.
5. Comparando $\bar{y}_{3.} - \bar{y}_{1.}$ e $\bar{y}_{1.} - \bar{y}_{5.}$ e $\bar{y}_{5.} - \bar{y}_{2.}$ com R_2, concluímos que apenas μ_3 e μ_1 não são significativamente diferentes.

É comum resumir essas conclusões desenhando uma linha sob qualquer subconjunto de médias adjacentes que não forem significativamente diferentes. Assim, temos

$\bar{y}_{2.}$	$\bar{y}_{5.}$	$\bar{y}_{1.}$	$\bar{y}_{3.}$	$\bar{y}_{6.}$	$\bar{y}_{4.}$
14,50	16,75	19,84	21,12	22,90	23,20

Está claro que, neste caso, os resultados dos procedimentos de Tukey e Duncan são muito similares. O procedimento de Tukey não detectou a diferença entre 2 e 5, mas o procedimento de Duncan, sim.

13.7 Comparando tratamentos com um controle

Em muitos problemas de ciências e engenharia, não estamos interessados em fazer inferências relativas a todas as comparações possíveis, entre as médias dos tratamentos do tipo $\mu_i - \mu_j$. De certa forma, o experimento costuma ditar a necessidade de se comparar simultaneamente cada *tratamento* com um *controle*. Um procedimento de teste, desenvolvido por C.W. Dunnett, determina diferenças significativas entre cada média de tratamento e o controle, em um nível de significância conjunto único α. Para ilustrar o procedimento de Dunnett, vamos considerar os dados experimentais da Tabela 13.6, para uma classificação simples, nos quais estudamos o efeito de três catalisadores no rendimento de uma reação. Um quarto tratamento no catalisador é usado como um controle.

Em geral, desejamos testar k hipóteses

$$\left.\begin{array}{l} H_0: \mu_0 = \mu_i \\ H_1: \mu_0 \neq \mu_i \end{array}\right\} \quad i = 1, 2, \ldots, k,$$

Tabela 13.6 Rendimento da reação

Controle	Catalisador 1	Catalisador 2	Catalisador 3
50,7	54,1	52,7	51,2
51,5	53,8	53,9	50,8
49,2	53,1	57,0	49,7
53,1	52,5	54,1	48,0
52,7	54,0	52,5	47,2
$\bar{y}_{0.} = 51,44$	$\bar{y}_{1.} = 53,50$	$\bar{y}_{2.} = 54,04$	$\bar{y}_{3.} = 49,38$

onde μ_0 representa o rendimento médio para a população de medições na qual o controle é usado. Espera-se que as suposições usuais da análise de variância, como descritas na Seção 13.3, continuem válidas. Para testar a hipótese nula especificada por H_0, contra alternativas bilaterais, para uma situação experimental na qual há k tratamentos, excluindo-se o controle, e n observações por tratamento, primeiro calculamos os valores

$$d_i = \frac{\bar{y}_{i.} - \bar{y}_{0.}}{\sqrt{2s^2/n}}, \qquad i = 1, 2, \ldots, k.$$

A variância amostral s^2 é obtida, como antes, do quadrado médio do erro na análise de variância. Agora, a região crítica para a rejeição de H_0, no nível de significância α, é estabelecida pela desigualdade

$$|d_i| > d_{\alpha/2}(k, v),$$

onde v é o número de graus de liberdade para o quadrado médio do erro. Os valores da quantidade $d_{\alpha/2}(k, v)$ para um teste bicaudal, são dados na Tabela A.14, para $\alpha = 0{,}05$ e $\alpha = 0{,}01$ e vários valores de k e v.

■ **Exemplo 13.5**

Para os dados da Tabela 13.6, teste a hipótese comparando cada catalisador com o controle, usando alternativas bilaterais. Escolha $\alpha = 0{,}05$ como o nível de significância conjunto.

Solução: O quadrado médio do erro, com 16 graus de liberdade, é obtido da tabela da análise de variância usando todos os $k + 1$ tratamentos. O quadrado médio do erro é fornecido por

$$s^2 = \frac{36{,}812}{16} = 2{,}30075,$$

e

$$\sqrt{\frac{2s^2}{n}} = \sqrt{\frac{(2)(2{,}30075)}{5}} = 0{,}9593.$$

Logo,

$$d_1 = \frac{53{,}50 - 51{,}44}{0{,}9593} = 2{,}147,$$

$$d_2 = \frac{54{,}04 - 51{,}44}{0{,}9593} = 2{,}710,$$

$$d_3 = \frac{49{,}38 - 51{,}44}{0{,}9593} = -2{,}147.$$

Com base na Tabela A.14, o valor crítico para $\alpha = 0{,}05$ é

$$d_{0{,}025}(3, 16) = 2{,}59.$$

Já que $|d_1| < 2{,}59$ e $|d_3| < 2{,}59$, concluímos que apenas o rendimento médio do catalisador 2 é significativamente diferente do rendimento médio da reação usando o controle.

Muitas aplicações práticas ditam a necessidade de um teste unicaudal para a comparação dos tratamentos com um controle. Certamente, quando um farmacologista está preocupado com a comparação de várias dosagens de uma droga no efeito da redução dos níveis de colesterol, e seu controle é a dose zero, é de interesse determinar se cada dosagem produz uma redução significativamente maior do que aquela do controle. A Tabela A.15 mostra os valores críticos de $d_{\alpha/2}(k, v)$ para as alternativas unilaterais.

Exercícios

13.11 Considere os dados do Exercício de revisão 13.58. Faça testes de significância dos seguintes contrastes:
B versus A, C e D;
C versus A e D;
A versus D.

13.12 O estudo *Loss of Nitrogen Through Sweat by Preadolescent Boys Consuming Three Levels of Dietary Protein* (Perda de nitrogênio através do suor em meninos pré-adolescentes que consumem três níveis de dietas de proteínas) foi conduzido pelo Departamento de Nutrição Humana e Alimentos do Instituto Politécnico e Universidade Estadual da Virgínia para determinar a perda de nitrogênio através do suor sob várias dietas de proteínas. Doze meninos pré-adolescentes, com idades entre 7 anos e 8 meses e 9 anos e 8 meses, considerados clinicamente saudáveis, foram usados no experimento. Cada menino foi submetido a uma das três dietas controladas, nas quais 29, 54 e 84 gramas de proteínas por dia foram consumidos. Os dados a seguir representam a perda de nitrogênio através da transpiração corporal, em miligramas, coletada durante os últimos dois dias do período experimental:

Nível de proteína		
29 gramas	**54 gramas**	**84 gramas**
190	318	390
266	295	321
270	271	396
	438	399
	402	

(a) Faça uma análise de variância, no nível de significância de 0,05, para mostrar que as médias da transpiração da perda de nitrogênio por transpiração nos três níveis de proteínas são diferentes.

(b) Use um contraste com grau de liberdade único, com $\alpha = 0{,}05$ para comparar a perda de média nitrogênio através da transpiração para os meninos que consumiram 29 gramas de proteína por dia *versus* os meninos que consumiram 54 ou 84 gramas de proteína.

13.13 O propósito do estudo *The Incorporation of a Chelating Agent into a Flame Retardant Finish of a Cotton Flannelette and the Evaluation of Selected Fabric Properties* (A incorporação de um agente quelante em acabamentos antichamas em flanelas de algodão e a avaliação das propriedades dos tecidos selecionados), conduzido pelo Instituto Politécnico e Universidade Estadual da Virgínia, era avaliar o uso de um agente quelante como parte de um acabamento antichamas de flanelas de algodão para determinar seus efeitos na inflamabilidade depois que o tecido é lavado sob condições específicas. Dois banhos foram preparados, um com celulose de carboximetilo e um sem. Doze peças de tecido foram lavadas cinco vezes no banho I e outras 12 foram lavadas dez vezes no banho I. Isso foi repetido usando outras 24 peças de tecido no banho II. Depois das lavagens, os tecidos foram queimados e os tempos de queima foram medidos. Por conveniência, vamos definir os tratamentos a seguir:

Tratamento 1: 5 lavagens no banho I,
Tratamento 2: 5 lavagens no banho II,
Tratamento 3: 10 lavagens no banho I,
Tratamento 4: 10 lavagens no banho II.

Os tempos de queima, em segundos, foram registrados como se segue:

Tratamento			
1	2	3	4
13,7	6,2	27,2	18,2
23,0	5,4	16,8	8,8
15,7	5,0	12,9	14,5
25,5	4,4	14,9	14,7
15,8	5,0	17,1	17,1
14,8	3,3	13,0	13,9
14,0	16,0	10,8	10,6
29,4	2,5	13,5	5,8
9,7	1,6	25,5	7,3
14,0	3,9	14,2	17,7
12,3	2,5	27,4	18,3
12,3	7,1	11,5	9,9

(a) Faça uma análise de variância usando um nível de significância de 0,01 e determine se há diferenças significantes entre as médias dos tratamentos.

(b) Use contrastes com grau de liberdade único, com $\alpha = 0,01$ para comparar a média do tempo de queima do tratamento 1 contra o tratamento 2 e também do tratamento 3 contra o 4.

13.14 Use um teste de Tukey, com nível de significância de 0,05, para analisar as médias das cinco marcas diferentes de comprimidos para dor de cabeça do Exercício 13.4.

13.15 Para os dados usados no Exercício de revisão 13.58, faça um teste de Tukey com um nível de significância de 0,01, para determinar quais laboratórios diferem, em média, em suas análises.

13.16 Uma investigação foi conduzida para determinar a fonte de redução no rendimento de certo produto químico. Sabe-se que a perda no rendimento ocorreu no líquido mãe, ou seja, o material removido no estágio de filtragem. Percebeu-se que marcas diferentes do material original podem resultar em diferentes reduções no rendimento no estágio do líquido mãe. A seguir temos os resultados da redução percentual para os três lotes de cada uma das quatro marcas pré-selecionadas:

Marca			
1	2	3	4
25,6	25,2	20,8	31,6
24,3	28,6	26,7	29,8
27,9	24,7	22,2	34,3

(a) Faça uma análise de variância no nível de significância $\alpha = 0,05$.

(b) Use o teste de Duncan de amplitude múltipla para determinar quais marcas diferem.

(c) Faça a parte (b) usando um teste de Tukey.

13.17 No estudo *An Evaluation of the Removal Method for Estimating Benthic Populations and Diversity* (Uma avaliação do método de remoção para estimação das populações marinhas e da diversidade), conduzido pelo Instituto Politécnico e Universidade Estadual da Virgínia no rio Jackson, cinco procedimentos amostrais diferentes foram usados para determinar a contagem de espécies. Vinte amostras foram selecionadas aleatoriamente e cada um dos cinco procedimentos amostrais foi repetido quatro vezes. As contagens das espécies foram registradas como se segue:

Procedimentos amostrais				
Depleção	Hess modificado	Surber	Remoção de substrato Kicknet	Kicknet
85	75	31	43	17
55	45	20	21	10
40	35	9	15	8
77	67	37	27	15

(a) Há uma diferença significante na média da contagem das espécies para os diferentes procedimentos amostrais? Use um valor P em sua conclusão.

(b) Use um teste de Tukey, com $\alpha = 0,05$, para determinar qual(is) dos procedimentos amostrais diferem.

13.18 Os dados a seguir são valores da pressão (psi) em uma mola de torção para diversos cenários de ângulos entre as pernas da mola em uma posição livre:

\multicolumn{5}{c	}{Ângulo (°)}
67	71	75	79	83
83	84	86	87	89	90
85	85	87	87	90	92
	85	88	88	90	
	86	88	88	91	
	86	88	89		
	87	90			

Faça uma análise de variância simples para esse experimento e enuncie sua conclusão relacionada ao efeito do ângulo na pressão da mola. (C. R. Hicks, *Fundamental Concepts in the Design of Experiments*, Nova York: Holt, Rinehart and Winston, 1973.)

13.19 No experimento biológico a seguir, quatro concentrações de certo produto químico são usadas para aumentar o crescimento de certo tipo de planta ao longo do tempo. Cinco plantas foram utilizadas e o crescimento de cada uma delas foi medido, em centímetros. Os dados a seguir foram obtidos. Um controle (sem produto químico) também foi aplicado.

	\multicolumn{4}{c}{Concentração}
Controle	1	2	3	4
6,8	8,2	7,7	6,9	5,9
7,3	8,7	8,4	5,8	6,1
6,3	9,4	8,6	7,2	6,9
6,9	9,2	8,1	6,8	5,7
7,1	8,6	8,0	7,4	6,1

Use o teste de Dunnett bilateral, no nível de significância de 0,05, para comparar simultaneamente as concentrações com o controle.

13.20 A tabela a seguir (A. Hald, *Statistical Theory with Engineering Applications*, Nova York: John Wiley & Sons, 1952) fornece as resistências à tensão, de desvios de 340, para fios retirados de nove cabos que serão usados para uma rede de alta voltagem. Cada cabo é composto por 12 fios. Queremos saber se as resistências médias dos nove cabos são as mesmas. Se os cabos forem diferentes, qual(is) deles difere(em)? Use um valor P em sua análise de variância.

13.21 As informações da impressão na Figura 13.4 fornecem um teste de Duncan que usa PROC GLM em *SAS* para os dados dos agregados do Exemplo 13.1. Dê as conclusões sobre as comparações usando os resultados do teste de Duncan.

13.22 A estrutura financeira de uma empresa se refere ao modo como os ativos fixos são divididos em valor líquido e débito, e a alavancagem financeira se refere à porcentagem do ativo fixo por débito. Em um trabalho chamado *The Effect of Financial Leverage on Return* (O efeito da alavancagem financeira nos retornos), Tai Ma, do Instituto Politécnico e Universidade Estadual da Virgínia, afirma que a alavancagem financeira pode ser usada para aumentar o retorno no valor líquido. Em outras palavras, os acionistas podem receber retornos mais altos com a mesma quantia de investimentos por meio do uso da alavancagem. Os dados a seguir mostram os índices de retorno no valor líquido usando três níveis diferentes de alavancagem financeira e um nível de controle (débito zero) para 24 empresas selecionadas aleatoriamente.

	\multicolumn{3}{c}{Alavancagem financeira}
Controle	Baixo	Médio	Alto
2,1	6,2	9,6	10,3
5,6	4,0	8,0	6,9
3,0	8,4	5,5	7,8
7,8	2,8	12,6	5,8
5,2	4,2	7,0	7,2
2,6	5,0	7,8	12,0

Fonte: Standard & Poor's *Machinery Industry Survey*, 1975.

(a) Faça uma análise de variância no nível de significância de 0,05.
(b) Use o teste de Dunnett no nível de significância de 0,01, para determinar se a média das taxas de retorno no valor líquido, nos níveis baixo, médio e alto de alavancagem financeira, é maior do que no nível de controle.

Cabo	\multicolumn{11}{c}{Resistência à tensão}
1	5	−13	−5	−2	−10	−6	−5	0	−3	2	−7	−5
2	−11	−13	−8	8	−3	−12	−12	−10	5	−6	−12	−10
3	0	−10	−15	−12	−2	−8	−5	0	−4	−1	−5	−11
4	−12	4	2	10	−5	−8	−12	0	−5	−3	−3	0
5	7	1	5	0	10	6	5	2	0	−1	−10	−2
6	1	0	−5	−4	−1	0	2	5	1	−2	6	7
7	−1	0	2	1	−4	2	7	5	1	0	−4	2
8	−1	0	7	5	10	8	1	2	−3	6	0	5
9	2	6	7	8	15	11	−7	7	10	7	8	1

13.23 Suspeita-se que a temperatura do ambiente no qual baterias são ativadas afeta sua vida útil. Trinta baterias homogêneas foram testadas, seis em cada uma das cinco temperaturas, e os dados são mostrados abaixo (vida ativada, em segundos). Analise e interprete os dados. (C. R. Hicks, *Fundamental Concepts in Design of Experiments*, Nova York: Holt, Rinehart and Winston, 1973.)

Temperatura (°C)				
0	25	50	75	100
55	60	70	72	65
55	61	72	72	66
57	60	72	72	60
54	60	68	70	64
54	60	77	68	64
56	60	77	69	65

13.24 Faça o teste de Duncan para as comparações em pares para os dados do Exercício 13.8. Discuta os resultados.

13.8 Comparação de um conjunto de tratamentos em blocos

Na Seção 13.2, discutimos a idéia formação de blocos, ou seja, a divisão de conjuntos de unidades experimentais que são razoavelmente homogêneas e atribuídas aleatoriamente para essas unidades. Esta é uma extensão do conceito de 'correlação' que foi discutido nos capítulos 9 e 10, e é feito para reduzir o erro experimental, já que as unidades em um bloco têm mais características em comum do que as unidades que estão em blocos diferentes.

O leitor não deveria ver esses blocos como um fator secundário, embora essa seja uma maneira tentadora de se visualizar o delineamento. De fato, o fator principal (tratamentos) ainda é o ponto principal do experimento. As unidades experimentais continuam sendo fonte de erro, como no delineamento completamente aleatorizado. Nós apenas tratamos os conjuntos dessas unidades mais sistematicamente quando os blocos são utilizados. Dessa maneira, dizemos que há restrições na aleatorização. Por exemplo, para um experimento químico planejado para determinar se há uma diferença no rendimento médio da reação entre quatro catalisadores, amostras dos materiais a serem testados foram retiradas do mesmo lote de matérias-primas, embora outras condições, como temperatura e concentração dos reagentes, tenham sido mantidas constantes. Neste caso, as horas do dia para as tentativas experimentais podem representar as unidades experimentais e, se o pesquisador sentir que poderia possivelmente haver um efeito do tempo, ele poderia aleatorizar a atribuição dos catalisadores às tentativas para neutralizar uma possível tendência. Esse tipo de estratégia experimental é o *delineamento completamente aleatorizado*. Como segundo exemplo desse delineamento, considere um experimento para comparar quatro métodos de se medir uma propriedade física em particular de uma substância fluida. Suponha que o processo amostral seja destrutivo; ou seja, uma vez que uma substância é medida por um método, ela não pode

```
                    The GLM Procedure
              Duncan's Multiple Range Test for moisture
    NOTE: This test controls the Type I comparisonwise error rate,
          not the experimentwise error rate.
                  Alpha                        0,05
                  Error Degrees of Freedom       25
                  Error Mean Square          4960,813

      Number of Means        2        3        4        5
      Critical Range      83,75    87,97    90,69    92,61


    Means with the same letter are not significantly different.
            Duncan Grouping         Mean     N    aggregate
                          A        610,67    6    5
                          A
                          A        610,50    6    3
                          A
                          A        569,33    6    2
                          A
                          A        553,33    6    1

                          B        465,17    6    4
```

Figura 13.4 Impressão *SAS* para o Exercício 13.21.

ser medida novamente por nenhum outro método. Se for decidido que serão feitas cinco medições para cada método, então 20 amostras do material são selecionadas de um grande lote e usadas no experimento para comparar os quatro equipamentos de medição. As unidades experimentais são amostras selecionadas aleatoriamente. Qualquer variação de amostra para amostra aparecerá na variação do erro, conforme medido por s^2 na análise.

Qual é o objetivo do uso de blocos?

Se a variação devida à heterogeneidade nas unidades experimentais for muito grande, de modo que a sensibilidade de detecção das diferenças nos tratamentos seja reduzida por causa de um valor inflacionado de s^2, um plano melhor pode ser 'bloquear' a variação devida a essas unidades e, então, reduzir a variação extrínseca para aquela calculada para blocos menores ou mais homogêneos. Por exemplo, suponha que, na ilustração anterior sobre os catalisadores, sabemos *a priori* que há, definitivamente, um efeito diário no rendimento e que podemos medi-lo para os quatro catalisadores em certo dia. Em vez de atribuir os quatro catalisadores para os 20 testes de modo completamente aleatorizado, escolhemos, digamos, cinco dias e fazemos testes com cada um dos quatro catalisadores em cada dia, atribuindo aleatoriamente os catalisadores aos testes nesses dias. Dessa maneira, a variação diária é removida da análise e, conseqüentemente, o erro experimental, que ainda inclui a tendência de qualquer hora *dentro dos dias*, representa mais corretamente a variação aleatória. Cada dia é referido como um *bloco*.

O mais objetivo dos delineamentos de blocos aleatorizados é aquele no qual atribuímos aleatoriamente cada tratamento uma vez para cada bloco. Tal esquema experimental é chamado de *delineamento completamente aleatorizado em blocos*, e cada bloco constitui uma única réplica dos tratamentos.

13.9 Delineamento completamente aleatorizado em blocos

Um delineamento completamente aleatorizado dos blocos, típico para esquema (CAB) usando três medições em quatro blocos, é:

Bloco 1	Bloco 2	Bloco 3	Bloco 4
t_2	t_1	t_3	t_2
t_1	t_3	t_2	t_1
t_3	t_2	t_1	t_3

Os *t*'s denotam a atribuição, para os blocos, de cada um dos três tratamentos. É claro, a verdadeira alocação dos tratamentos para as unidades dentro dos blocos é feita aleatoriamente. Uma vez completado o experimento, os dados podem ser registrados na seguinte ordenação 3 × 4:

Tratamento Bloco:	1	2	3	4
1	y_{11}	y_{12}	y_{13}	y_{14}
2	y_{21}	y_{22}	y_{23}	y_{24}
3	y_{31}	y_{32}	y_{33}	y_{34}

onde y_{11} representa a resposta obtida ao usar o tratamento 1 no bloco 1, y_{12} representa a resposta obtida ao usar o tratamento 1 no bloco 2, ..., e y_{34} representa a resposta obtida ao usar o tratamento 3 no bloco 4.

Vamos, agora, generalizar e considerar o caso de k tratamentos atribuídos para b blocos. Os dados podem ser resumidos conforme mostrado na ordenação retangular $k \times b$ da Tabela 13.7. Vamos assumir que y_{ij}, $i = 1, 2, ..., k$ e $j = 1, 2, ..., b$, são valores de variáveis aleatórias independentes que têm distribuições normais com médias μ_{ij} e variância comum σ^2.

Deixe $\mu_{i.}$ representar a média (em vez do total) das b médias populacionais para o i-ésimo tratamento. Ou seja,

$$\mu_{i.} = \frac{1}{b}\sum_{j=1}^{b}\mu_{ij}.$$

De maneira similar, a média das médias populacionais para o j-ésimo bloco, $\mu_{.j}$, é definida por

$$\mu_{.j} = \frac{1}{k}\sum_{i=1}^{k}\mu_{ij},$$

e a média das bk médias populacionais, μ, é definida por

$$\mu = \frac{1}{bk}\sum_{i=1}^{k}\sum_{j=1}^{b}\mu_{ij}.$$

Para determinar se parte da variação em nossas observações se deve às diferenças entre os tratamentos, consideramos o teste

Hipótese de médias de tratamentos iguais

$H'_0: \mu_{1.} = \mu_{2.} = ... = \mu,$
$H'_1:$ Os $\mu_{i.}$'s não são todos iguais.

Tabela 13.7 $k \times b$ para o delineamento CAB

	\multicolumn{5}{c}{Bloco:}		
Tratamento	1	2	$\cdots$	j	$\cdots$	b	Total	Média
1	y_{11}	y_{12}	$\cdots$	y_{1j}	$\cdots$	y_{1b}	$T_{1.}$	$\bar{y}_{1.}$
2	y_{21}	y_{22}	$\cdots$	y_{2j}	$\cdots$	y_{2b}	$T_{2.}$	$\bar{y}_{2.}$
$\vdots$	$\vdots$	$\vdots$		$\vdots$		$\vdots$	$\vdots$	$\vdots$
i	y_{i1}	y_{i2}	$\cdots$	y_{ij}	$\cdots$	y_{ib}	$T_{i.}$	$\bar{y}_{i.}$
$\vdots$	$\vdots$	$\vdots$		$\vdots$		$\vdots$	$\vdots$	$\vdots$
k	y_{k1}	y_{k2}	$\cdots$	y_{kj}	$\cdots$	y_{kb}	$T_{k.}$	$\bar{y}_{k.}$
Total	$T_{.1}$	$T_{.2}$	$\cdots$	$T_{.j}$	$\cdots$	$T_{.b}$	$T_{..}$	
Média	$\bar{y}_{.1}$	$\bar{y}_{.2}$	$\cdots$	$\bar{y}_{.j}$	$\cdots$	$\bar{y}_{.b}$		$\bar{y}_{..}$

Modelo para o delineamento CAB

Toda observação pode ser escrita na forma

$$y_{ij} = \mu_{ij} + \epsilon_{ij},$$

onde ϵ_{ij} mede o desvio do valor observado y_{ij} da média populacional μ_{ij}. A forma preferível dessa equação é obtida substituindo-se

$$\mu_{ij} = \mu + \alpha_i + \beta_j,$$

onde α_i é, como antes, o efeito do i-ésimo tratamento e β_j é o efeito no j-ésimo bloco. Assume-se que os efeitos do tratamento e do bloco são aditivos. Então, podemos escrever

$$y_{ij} = \mu + \alpha_i + \beta_j + \epsilon_{ij}.$$

Note que o modelo lembra aquele da classificação simples e a diferença essencial é a introdução do efeito do bloco β_j. O conceito básico é muito parecido com o da classificação simples exceto pelo fato de que devemos levar em conta na análise o efeito adicional devido aos blocos, já que agora estamos controlando sistematicamente a variação em *duas direções*. Se impusermos as restrições de que

$$\sum_{i=1}^{k} \alpha_i = 0 \quad \text{e} \quad \sum_{j=1}^{b} \beta_j = 0,$$

então

$$\mu_{i.} = \frac{1}{b} \sum_{j=1}^{b} (\mu + \alpha_i + \beta_j) = \mu + \alpha_i$$

e

$$\mu_{.j} = \frac{1}{k} \sum_{i=1}^{k} (\mu + \alpha_i + \beta_j) = \mu + \beta_j.$$

A hipótese nula de que as médias dos k tratamentos, $\mu_{i.}$'s são iguais e, portanto, iguais a μ, é agora *equivalente a testar a hipótese*:

H'$_0$: $\alpha_1 = \alpha_2 = ... = \alpha_k = 0$,
H'$_1$: pelo menos um α_i's não é igual a zero.

Cada um dos testes nos tratamentos será baseado na comparação de estimativas independentes da variância populacional σ^2 comum. Essas estimativas são obtidas dividindo-se a soma dos quadrados total de nossos dados em três componentes, por meio da identidade a seguir.

Teorema 13.3
Identidade da soma dos quadrados

$$\sum_{i=1}^{k}\sum_{j=1}^{b}(y_{ij}-\bar{y}_{..})^2 = b\sum_{i=1}^{k}(\bar{y}_{i.}-\bar{y}_{..})^2 + k\sum_{j=1}^{b}(\bar{y}_{.j}-\bar{y}_{..})^2$$

$$+ \sum_{i=1}^{k}\sum_{j=1}^{b}(y_{ij}-\bar{y}_{i.}-\bar{y}_{.j}+\bar{y}_{..})^2$$

A prova é deixada para o leitor.

A identidade da soma dos quadrados pode ser apresentada simbolicamente pela equação

$$SQT = SQA + SQB + SQE$$

onde

$$SQT = \sum_{i=1}^{k}\sum_{j=1}^{b}(y_{ij}-\bar{y}_{..})^2 \quad = \text{a soma dos quadrados total},$$

$$SQA = b\sum_{i=1}^{k}(\bar{y}_{i.}-\bar{y}_{..})^2 \quad = \text{soma dos quadrados do tratamento},$$

$$SQB = k\sum_{j=1}^{b}(\bar{y}_{.j}-\bar{y}_{..})^2 \quad = \text{soma dos quadrados dos blocos},$$

$$SQE = \sum_{i=1}^{k}\sum_{j=1}^{b}(y_{ij}-\bar{y}_{i.}-\bar{y}_{.j}+\bar{y}_{..})^2 = \text{soma dos quadrados do erro}.$$

Depois do procedimento descrito no Teorema 13.2, no qual interpretamos a soma dos quadrados como uma função das variáveis independentes $Y_{11}, Y_{12},...., Y_{kb}$, podemos mostrar que os valores esperados da soma dos quadrados do tratamento, do bloco e do erro são dados por

$$E(SQA) = (k-1)\sigma^2 + b\sum_{i=1}^{k}\alpha_i^2,$$

$$E(SQB) = (b-1)\sigma^2 + k\sum_{j=1}^{b}\beta_j^2,$$

$$E(SQE) = (b-1)(k-1)\sigma^2.$$

Como no caso do problema de fator único, temos o quadrado médio do tratamento

$$s_1^2 = \frac{SQA}{k-1}.$$

Se os efeitos dos tratamentos $\alpha_1 = \alpha_2 = ... = \alpha_k = 0$, s_1^2 é uma estimativa não viciada de σ^2. Entretanto, se os efeitos dos tratamentos não forem todos zero, temos

---

Valor esperado do quadrado médio do tratamento

$$E\left(\frac{SQA}{k-1}\right) = \sigma^2 + \frac{b}{k-1}\sum_{i=1}^{k}\alpha_i^2,$$

---

e s_1^2 superestima σ^2. Uma segunda estimação de σ^2, baseada em $b-1$ graus de liberdade, é

$$s_2^2 = \frac{SQB}{b-1}.$$

O estimador s_2^2 é uma estimativa não viciada de σ^2 se os efeitos dos blocos $\beta_1 = \beta_2 = ... = \beta_b = 0$. Se os efeitos dos blocos não forem todos zero, então

$$E\left(\frac{SQB}{b-1}\right) = \sigma^2 + \frac{k}{b-1}\sum_{j=1}^{b}\beta_j^2,$$

e s_2^2 superestima σ^2. Uma terceira estimativa de σ^2, baseada em $(k-1)(b-1)$ graus de liberdade, e independente de s_1^2 e s_2^2, é

$$s^2 = \frac{SQE}{(k-1)(b-1)},$$

que é não viciada independentemente de as hipóteses nulas serem verdadeiras ou falsas.

Para testar a hipótese nula de que os efeitos dos tratamentos são todos iguais a zero, calculamos a razão $f_1 = s_1^2/s^2$, que é um valor da variável aleatória F_1 que tem distribuição F com $k-1$ e $(k-1)(b-1)$ graus de liberdade quando a hipótese nula é verdadeira. A hipótese nula é rejeitada, no nível de significância α, quando

$$f_1 > f_\alpha[k-1, (k-1)(b-1)].$$

Na prática, primeiro calculamos SQT, SQA e SQB e, depois, usando a identidade da soma dos quadrados, obtemos SQE por subtração. Os graus de liberdade associados a SQE também são obtidos por subtração; ou seja,

$$(k-1)(b-1) = kb - 1 - (k-1) - (b-1).$$

Os cálculos em um problema de análise de variância para um delineamento completamente aleatorizado com blocos podem ser resumidos como mostrado na Tabela 13.8.

■ **Exemplo 13.6**

Quatro máquinas diferentes M_1, M_2, M_3 e M_4 estão sendo consideradas para a produção de certo produto. Para comparar as máquinas, decidiu-se que seis operadores diferentes serão usados em um delineamento completamente aleatorizado em blocos. As máquinas foram atribuídas em uma ordem aleatória para cada operador. A operação das máquinas requer destreza física, e já foi antecipado que haverá diferença entre os operadores na velocidade com que cada um opera as máquinas (Tabela 13.9). A quantidade de tempo (em segundos) foi registrada para a montagem do produto.

Teste a hipótese H_0, no nível de significância de 0,05, de que as máquinas trabalham na mesma média de velocidade.

Solução: H_0: $\alpha_1 = \alpha_2 = \alpha_3 = \alpha_4 = 0$ (os efeitos das máquinas são zero),

H_1: Pelo menos um dos α_i's não é igual a zero.

As fórmulas das somas dos quadrados são mostradas na página 345 e os graus de liberdade são usados para produzir a análise de variância da Tabela 13.10. O valor $f = 3,34$ é significante, com $P = 0,048$. Se usarmos $\alpha = 0,05$ como, pelo menos, um limite aproximado,

Tabela 13.8 Análise de variância para o desenho de blocos completamente aleatorizados

Fonte de variação	Soma dos quadrados	Graus de liberdade	Quadrado médio	f calculado
Tratamentos	SQA	$k-1$	$s_1^2 = \frac{SQA}{k-1}$	$f_1 = \frac{s_1^2}{s^2}$
Blocos	SQB	$b-1$	$s_2^2 = \frac{SQB}{b-1}$	
Erro	SQE	$(k-1)(b-1)$	$s^2 = \frac{SQE}{(k-1)(b-1)}$	
Total	SQT	$kb-1$		

Tabela 13.9 Tempo, em segundos, para a montagem do produto

	\multicolumn{6}{c}{Operador}	
Máquina	1	2	3	4	5	6	Total
1	42,5	39,3	39,6	39,9	42,9	43,6	247,8
2	39,8	40,1	40,5	42,3	42,5	43,1	248,3
3	40,2	40,5	41,3	43,4	44,9	45,1	255,4
4	41,3	42,2	43,5	44,2	45,9	42,3	259,4
Total	163,8	162,1	164,9	16,98	176,2	174,1	1010,9

Tabela 13.10 Análise de variância para os dados da Tabela 13.9

Fonte de variação	Soma dos quadrados	Graus de liberdade	Quadrado médio	f calculado
Máquinas	15,93	3	5,31	3,34
Operadores	42,09	5	8,42	
Erro	23,84	15	1,59	
Total	81,86	23		

concluímos que as máquinas não trabalham na mesma média de velocidade.

Mais comentários sobre o uso de blocos

No Capítulo 10, apresentamos um procedimento para comparação das médias quando as observações estavam *emparelhadas*. O procedimento envolvia 'subtrair' do efeito devido ao par homogêneo e, então, trabalhar com as diferenças. Esse é um caso especial de delineamento completamente aleatorizado em blocos com $k = 2$ tratamentos. As n unidades homogêneas para as quais os tratamentos são atribuídos têm o papel de blocos.

Se há heterogeneidade nas unidades experimentais, o pesquisador não deve se deixar levar pela idéia de que é sempre vantajoso reduzir o erro experimental por meio do uso de pequenos blocos homogêneos. De fato, pode haver momentos em que não será desejável usar blocos. O propósito da redução da variância do erro é aumentar a *sensibilidade* do teste para detectar as diferenças nas médias dos tratamentos. Isso é refletido no poder do procedimento de teste. (O poder do procedimento de teste na análise de variância será discutido mais extensivamente na Seção 13.13.) O poder para a detecção de certas diferenças entre as médias dos tratamentos aumenta com o decréscimo na variância do erro. No entanto, o poder também pode ser afetado pelos graus de liberdade com os quais a variância é estimada, e os blocos reduzem os graus de liberdade que estão disponíveis, de $k(b-1)$, para a classificação simples, para $(k-1)(b-1)$. Assim, pode-se perder poder se não houver uma redução significativa na variância do erro.

Interação entre blocos e tratamentos

Outra importante suposição que está implícita ao escrever o modelo para o delineamento completamente aleatorizado em blocos é aquela que diz que os efeitos do tratamento e dos blocos são assumidos como aditivos. Isto é equivalente a afirmar que

$$\mu_{ij} - \mu_{ij'} = \mu_{i'j} - \mu_{i'j'} \quad \text{ou} \quad \mu_{ij} - \mu_{i'j} = \mu_{ij'} - \mu_{i'j'},$$

para cada valor de i, i', j e j'. Ou seja, a diferença entre as médias populacionais para os blocos j e j' é a mesma para todos os tratamentos e a diferença entre as médias populacionais para os tratamentos i e i' é a mesma para todos os blocos. As linhas paralelas da Figura 13.5(a) ilustram um conjunto de respostas médias para as quais os efeitos dos blocos e dos tratamentos são aditivos, enquanto as linhas que se interceptam da Figura 13.5(b) mostram uma situação na qual os efeitos dos blocos e tratamentos *interagem*. Em relação ao Exemplo 13.6, se o operador 3 é 0,5 segundo mais rápido, em média, que o operador 2 quando a máquina 1 é usada, então o operador 3 ainda será 0,5 segundo mais rápido, em média, do que o operador 2 quando as máquinas 2, 3 ou 4 forem usadas. Em muitos experimentos, a suposição de aditividade não se mantém e a análise da Seção 13.9 leva a conclusões errôneas. Suponha, por exemplo, que o operador 3 é 0,5 segundo mais rápido, em média, do que o operador 2 quando a máquina 1 está sendo usada, mas é 0,2 segundo mais lento, em média, do que o operador 2 quando a máquina 2 é usada. Os operadores e máquinas estão, agora, interagindo.

Uma inspeção da Tabela 13.9 sugere a presença da possibilidade de interação. Essa interação aparente pode ser real ou ocorrer devido ao erro experimental. A análise do Exemplo 13.6 foi baseada na suposição de que a aparente interação aconteceu inteiramente devido ao erro experimental. Se a variabilidade total de nossos dados foi, em parte, devida a um efeito de interação, essa fonte de variação continuou parte da soma dos quadrados dos erros, *levando o quadrado médio do erro a superestimar* σ^2 e, com isso, aumentando a probabilidade de se cometer um erro tipo II. Assumimos, de fato, um modelo incorreto. Se deixarmos $(\alpha\beta)_{ij}$ denotar o efeito de interação do i-ésimo tratamento como j-ésimo bloco, podemos escrever um modelo mais apropriado na forma

$$y_{ij} = \mu + \alpha_i + \beta_j + (\alpha\beta)_{ij} + \epsilon_{ij},$$

no qual impomos as restrições adicionais

$$\sum_{i=1}^{k}(\alpha\beta)_{ij} = \sum_{j=1}^{b}(\alpha\beta)_{ij} = 0.$$

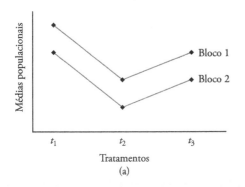
(a)

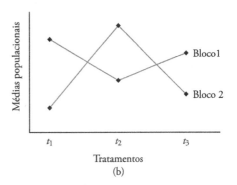
(b)

Figura 13.5 Médias populacionais para (a) resultados aditivos e (b) efeitos interativos.

Podemos agora verificar que

$$E\left[\frac{SQE}{(b-1)(k-1)}\right] = \sigma^2 + \frac{1}{(b-1)(k-1)}\sum_{i=1}^{k}\sum_{j=1}^{b}(\alpha\beta)_{ij}^2.$$

Portanto, o quadrado médio parece ser um *estimador parcial de* σ^2 *quando a interação existente é ignorada*. Pareceria necessário, neste ponto, chegar a um procedimento para a detecção de interação para os casos em que há a suspeita de que ela exista. Tal procedimento requer a disponibilidade de uma estimativa não viciada e independente de σ^2. Infelizmente, o delineamento aleatorizado em blocos não se presta para tal teste a não ser que a configuração experimental seja alterada. Esse assunto será discutido extensamente no Capítulo 14.

13.10 Métodos gráficos e verificação do modelo

Em diversos capítulos fazemos referência a procedimentos gráficos que mostram os dados e os resultados analíticos. Nos capítulos anteriores, usamos os diagramas de ramo-e-folhas e caixa-e-bigodes como recursos visuais para resumir as amostras. Usamos diagnósticos similares para entender melhor os dados em problemas com duas amostras dos capítulos 9 e 10. No Capítulo 9, introduzimos a noção de gráficos de resíduos (resíduos comuns e 'estudentizados') para detectar violações das suposições-padrão. Recentemente, em análise de dados, muita atenção foi dada aos *métodos gráficos*. Como a regressão, a análise de variância se permite gráficos que ajudam a resumir os dados, bem como a detectar violações. Por exemplo, um gráfico simples das observações brutas em torno de cada média de tratamento pode fornecer ao analista uma idéia da variabilidade entre as médias amostrais e dentro das amostras. A Figura 13.6 descreve tal gráfico para os dados dos agregados da Tabela 13.1. Pela aparência do gráfico, podemos obter uma percepção gráfica sobre quais agregados (se houver) se destacam dos outros. Está claro que o agregado 4 se destaca dos outros. Os agregados 3 e 5 certamente formam um conjunto homogêneo, bem como os agregados 1 e 2.

Como no caso da regressão, os resíduos podem ser úteis na análise de variância ao fornecer um diagnóstico que pode detectar violações das suposições. Para formar os resíduos, nós precisamos apenas considerar o modelo do problema de fator único, ou seja

$$y_{ij} = \mu_i + \epsilon_{ij}.$$

É simples determinar que a estimativa de μ_i é $\bar{y}_{i.}$. Logo, o ij-ésimo resíduo é $\bar{y}_{i.} - \bar{y}_{..}$. Isto é facilmente estendido para o modelo completamente aleatorizados em blocos. Pode ser instrutivo representar os resíduos para cada agregado e obter alguma percepção a respeito da suposição de variância homogênea. Tal gráfico é mostrado na Figura 13.7.

Tendências como essas em gráficos podem revelar dificuldades em algumas situações, particularmente quando a violação de certa suposição é gráfica. No caso da Figura 13.7, os resíduos parecem indicar que as variâncias *dentro dos tratamentos* são razoavelmente homogêneas, com exceção do agregado 1. Há alguma evidência gráfica de que a variância para o agregado 1 é maior do que para o restante.

O que é um resíduo para o delineamento CAB?

O delineamento completamente aleatorizado em blocos é outra situação experimental na qual os gráficos podem fazer com que o analista se sinta confortável com um 'quadro ideal' ou talvez fazer com que as dificuldades se destaquem. Lembre-se de que o modelo para os blocos completamente aleatorizados é

$$y_{ij} = \mu + \alpha_i + \beta_j + \epsilon_{ij}, \quad i = 1, \ldots, k, \quad j = 1, \ldots, b,$$

que impõe as restrições

$$\sum_{i=1}^{k}\alpha_i = 0, \qquad \sum_{j=1}^{b}\beta_j = 0.$$

Para determinar o que, de fato, constitui um resíduo, considere que

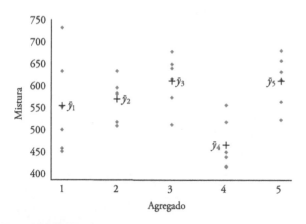

Figura 13.6 Gráfico das observações ao redor da média para os dados dos agregados da Tabela 13.1.

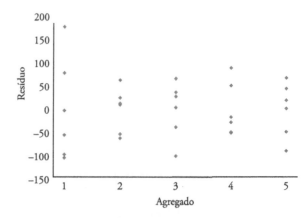

Figura 13.7 Gráfico dos resíduos para os cinco agregados, usando a Tabela 13.1.

$$\alpha_i = \mu_{i.} - \mu, \qquad \beta_j = \mu_{.j} - \mu$$

e que μ é estimado por $\bar{y}_{..}$, $\mu_{i.}$ é estimado por $\bar{y}_{i.}$, e $\mu_{.j}$ é estimado por $\bar{y}_{.j}$. Como resultado, o *valor ajustado* ou predito $\hat{y}_{ij}$ é dado por

$$\hat{y}_{ij} = \hat{\mu} + \hat{\alpha}_i + \hat{\beta}_j = \bar{y}_{i.} + \bar{y}_{.j} - \bar{y}_{..},$$

e, então, o resíduo da observação (i, j) é dado por

$$y_{ij} - \hat{y}_{ij} = y_{ij} - \bar{y}_{i.} - \bar{y}_{.j} + \bar{y}_{..}.$$

Note que $\hat{y}_{ij}$, o valor ajustado, é uma estimativa da média μ_{ij}. Isso é consistente com a divisão da variabilidade dada no Teorema 13.3, onde a soma dos quadrados erros dos é

$$SQE = \sum_i \sum_j (y_{ij} - \bar{y}_{i.} - \bar{y}_{.j} + \bar{y}_{..})^2.$$

Os gráficos no delineamento completamente aleatorizado em blocos envolvem gráficos dos resíduos separadamente para cada tratamento e para cada bloco. O analista deveria esperar, grosso modo, variabilidades iguais se a suposição de variância homogênea se mantiver. O leitor deve se lembrar que, no Capítulo 12, discutimos gráficos nos quais os resíduos são representados para o propósito de detecção de especificações errôneas no modelo. No caso do delineamento completamente aleatorizados em blocos, a especificação errônea séria do modelo pode estar relacionada à nossa suposição de aditividade (ou seja, não há interação). Se não há interação presente, um padrão aleatório deve aparecer.

Considere os dados do Exemplo 13.6, no qual os tratamentos são quatro máquinas e os blocos são seis operadores. As figuras 13.8 e 13.9 fornecem os gráficos dos resíduos separados para tratamentos e blocos. A Figura 10.10 mostra um gráfico de resíduos contra os valores ajustados. A Figura 13.8 revela que a variância do erro pode não ser a mesma para todas as máquinas. O mesmo pode ser verdade para a variância de erro em cada um dos seis operadores. Entretanto, dois resíduos excepcionalmente grandes parecem produzir a dificuldade aparente. A Figura 13.10 revela um gráfico dos resíduos que mostra razoável evidência de

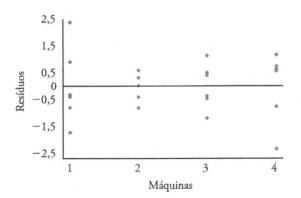

Figura 13.8 Gráfico dos resíduos das quatro máquinas para os dados do Exemplo 13.6.

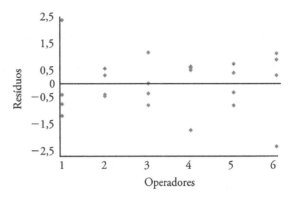

Figura 13.9 Gráfico dos resíduos dos seis operadores para os dados do Exemplo 13.6.

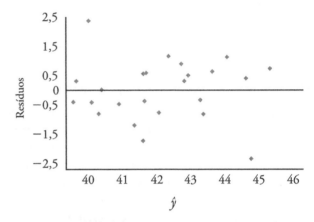

Figura 13.10 Gráfico dos resíduos contra os valores ajustados para os dados do Exemplo 13.6.

um comportamento aleatório. Contudo, os dois resíduos grandes mostrados anteriormente ainda se destacam.

13.11 Transformações dos dados na análise de variância

No Capítulo 11, foi dada atenção considerável à transformação da resposta y em situações para as quais o modelo de regressão linear foi ajustado para um conjunto de dados. Obviamente, os mesmos conceitos se aplicam à regressão linear múltipla, apesar de não terem sido discutidos no Capítulo 12. Na discussão sobre modelagem de regressão, foram enfatizadas as transformações de y que produziriam um modelo que se ajustasse aos dados de uma maneira melhor do que aquela descrita na qual y entra linearmente. Como um exemplo, se a estrutura de 'tempo' for exponencial em sua natureza, então uma transformação log em y torna a estrutura linear e, portanto, mais sucesso é antecipado quando usamos a resposta transformada.

Enquanto o propósito principal da transformação de dados discutida até aqui tem sido de melhorar o ajuste do modelo, há certamente outras razões para transformar ou re-expressar a resposta y, e muitas delas estão relacionadas com as suposições que estão sendo feitas (ou seja, suposições das quais depende a validade da análise).

Uma suposição muito importante na análise de variância é a da variância homogênea, discutida anteriormente na Seção 13.4. Assumimos uma *variância comum* σ^2. Se a variância difere muito de tratamento para tratamento e realizamos a ANOVA padrão discutida neste capítulo (e em capítulos futuros), os resultados podem ser substancialmente falhos. Em outras palavras, a análise de variância não é *robusta* à suposição de variâncias homogêneas. Como discutimos até aqui, essa é a parte principal do estímulo para os gráficos dos resíduos, discutidos na última seção e ilustradas nas figuras 13.8, 13.9 e 13.10. Esses gráficos permitem a detecção do problemas de variâncias não homogêneas. Mas o que sabemos sobre elas? Como podemos acomodá-las?

De onde vêm as variâncias não homogêneas?

Com freqüência, mas nem sempre, as variâncias não homogêneas na ANOVA estão presentes por causa da distribuição das respostas. É claro que assumimos normalidade da resposta, mas certamente há situações nas quais os testes das médias são necessários, embora a distribuição da resposta seja uma daquelas distribuições não normais discutidas nos capítulos 5 e 6 — por exemplo, Poisson, lognormal, exponencial, gama, entre outras. Problemas tipo ANOVA certamente existem com dados de contagem, dados de tempo até a falha e assim por diante.

Demonstramos nos capítulos 5 e 6 que, com exceção do caso normal, a variância de uma distribuição será freqüentemente uma função da média, digamos $\sigma_i^2 = g(\mu_i)$. Por exemplo, no caso de Poisson $Var(Y_i) = \mu_i = \sigma_i^2$ (ou seja, a *variância é igual à média*). No caso da distribuição exponencial, a $Var(Y_i) = \sigma_i^2 = \mu_i^2$ (ou seja, a *variância é igual ao quadrado da média*). Para o caso de uma lognormal, uma transformação log produz uma distribuição normal com variância constante σ^2.

Os mesmos conceitos que usamos no Capítulo 4 para determinar a variância de uma função não-linear podem ser usados como um auxílio para determinar a natureza da *variância que estabiliza a transformação $g(y_i)$*. Lembre-se da primeira ordem da série expansão de Taylor de $g(y_i)$ em torno de $y_i = \mu_i$ quando $g'(\mu_i) = g'(\mu_i) = \left[\frac{\partial g(y_i)}{\partial y_i}\right]_{y_i = \mu_i}$.

A função de transformação $g(y)$ deve ser independente de μ, de acordo com transformação que estabiliza a variância. A partir do que foi dito,

$$Var[g(y_i)] = [g'(\mu_i)]^2 \sigma_i^2.$$

Como resultado, $g(y_i)$ deve ser tal de modo que $g'(\mu_i) \propto \frac{1}{\sigma}$. Então, se suspeitarmos que a resposta tem distribuição no de Poisson, $\sigma_i = \mu_i^{1/2}$, $g'(\mu_i) \propto \frac{1}{\mu_i^{1/2}}$ en-

tão. Logo, a transformação que estabiliza a variância se torna $g(y_i) = y_i^{1/2}$. Dessa ilustração e da manipulação similar para as distribuições gama e exponencial, temos o que se segue.

Distribuição	Transformação que estabiliza a variância
Poisson	$g(y) = y^{1/2}$
Exponencial	$g(y) = \ln y$
Gama	$g(y) = \ln y$

13.12 Quadrados latinos (opcional)

O delineamento aleatorizado em blocos é muito eficaz para reduzir o erro experimental ao remover uma fonte de variação. Outro delineamento que é particularmente útil para controlar duas fontes de variação, enquanto o número requerido de combinações de tratamentos é reduzido, é chamado de *quadrado latino*. Suponha que estejamos interessados nos rendimentos de quatro variedades de trigo que usam quatro fertilizantes diferentes por um período de quatro anos. O número total de combinações de tratamentos para um delineamento completamente aleatorizado seria 64. Ao selecionar o mesmo número de categorias para todos os três critérios de classificação, podemos selecionar um delineamento do quadrado latino e fazer uma análise de variância usando os resultados de somente 16 combinações de tratamentos. Um quadrado latino típico, selecionado aleatoriamente a partir de todos os quadrados 4×4 possíveis, é o seguinte:

	\multicolumn{4}{c}{Coluna}
Linha	1	2	3	4
1	A	B	C	D
2	D	A	B	C
3	C	D	A	B
4	B	C	D	A

As quatro letras, A, B, C e D, representam as quatro variedades de trigo às quais nos referimos como *tratamentos*. As linhas e colunas, representando os quatro fertilizantes e os quatro anos, respectivamente, são as duas fontes de variação que desejamos controlar. Agora vemos que cada tratamento ocorre exatamente uma vez em cada linha e em cada coluna. Com um arranjo tão balanceado, a análise de variância permite separar a variação devido aos diferentes fertilizantes e diferentes anos da soma dos quadrados dos erros e, com isso, obter um teste mais preciso para as diferenças nas capacidades de rendimentos para as quatro variedades de trigo. Quando há interação presente entre qualquer uma das fontes de variação, os valores *f* na análise de variância não são mais válidos. Nesse caso, o delineamento do quadrado latino seria inadequado.

Generalização para o quadrado latino

Agora, vamos generalizar e considerar o quadrado latino $r \times r$ onde y_{ijk} denota uma observação na i-ésima linha e na j-ésima coluna que correspondem à k-ésima letra. Note que, uma vez que i e j são especificados para um quadrado latino em particular, automaticamente sabemos a letra dada por k. Por exemplo, quando $i = 2$ e $j = 3$ no quadrado latino 4×4 anterior, temos $k = B$. Então, k é uma função de i e j. Se α_i e β_j são os efeitos da i-ésima linha e da j-ésima coluna, T_k é o efeito do k-ésimo tratamento, μ é a média geral e ϵ_{ijk} é o erro aleatório, então podemos escrever

$$y_{ijk} = \mu + \alpha_i + \beta_j + \tau_k + \epsilon_{ijk},$$

no qual impomos as restrições

$$\sum_i \alpha_i = \sum_j \beta_j = \sum_k \tau_k = 0.$$

Como antes, assume-se que y_{ijk} são valores de variáveis aleatórias independentes que têm distribuição normal com médias

$$\mu_{ijk} = \mu + \alpha_i + \beta_j + \tau_k$$

e variância comum σ^2. A hipótese a ser testada é

H_0: $\tau_1 = \tau_2 = \cdots = \tau_r = 0$,

H_1: pelo menos um dos τ_i's não é igual a zero.

Esse teste será baseado na comparação de estimativas independentes de σ^2 fornecidas ao dividir a soma dos quadrados total de nossos dados em quatro componentes pela identidade a seguir. O leitor deve encontrar a prova no Exercício 13.37.

Teorema 13.4

Identidade da soma dos quadrados

$$\sum_i \sum_j \sum_k (y_{ijk} - \bar{y}_{...})^2 =$$

$$r\sum_i (\bar{y}_{i..} - \bar{y}_{...})^2 + r\sum_j (\bar{y}_{.j.} - \bar{y}_{...})^2 + r\sum_k (\bar{y}_{..k} - \bar{y}_{...})^2$$

$$+ \sum_i \sum_j \sum_k (y_{ijk} - \bar{y}_{i..} - \bar{y}_{.j.} - \bar{y}_{..k} + 2\bar{y}_{...})^2$$

Simbolicamente, escrevemos a identidade da soma dos quadrados como

$$SQT = SQR + SQC + SQTr + SQE,$$

onde SQR e SQC são chamados de *linha* da soma dos quadrados e *coluna* da soma dos quadrados, respectivamente. $SQTr$ é chamado de *tratamento* da soma dos quadrados; e SQE é o *erro* da soma dos quadrados. Os graus de liberdade são divididos de acordo com a identidade

$$r^2 - 1 = (r-1) + (r-1) + (r-1) + (r-1)(r-2).$$

Dividindo-se cada uma das somas dos quadrados no lado direito da identidade da soma dos quadrados por seus números correspondentes de graus de liberdade, obtemos os quatro estimadores independentes

$$s_1^2 = \frac{SQR}{r-1}, \qquad s_2^2 = \frac{SQC}{r-1},$$

$$s_3^2 = \frac{SQTr}{r-1}, \qquad s^2 = \frac{SQE}{(r-1)(r-2)}$$

de σ^2. Interpretando as somas dos quadrados como funções das variáveis aleatórias independentes, não é difícil verificar que

$$E(S_1^2) = E\left[\frac{SQR}{r-1}\right] = \sigma^2 + \frac{r}{r-1}\sum_i \alpha_i^2,$$

$$E(S_2^2) = E\left[\frac{SQC}{r-1}\right] = \sigma^2 + \frac{r}{r-1}\sum_j \beta_j^2,$$

$$E(S_3^2) = E\left[\frac{SQTr}{r-1}\right] = \sigma^2 + \frac{r}{r-1}\sum_k \tau_k^2,$$

$$E(S^2) = E\left[\frac{SQE}{(r-1)(r-2)}\right] = \sigma^2.$$

A análise de variância (Tabela 13.11) indica o teste F apropriado para os tratamentos.

■ Exemplo 13.7

Para ilustrar a análise de variância de um delineamento de quadrado latino, vamos retornar ao experimento em que as letras A, B, C e D representam as quatro variedades de trigo; as linhas representam os quatro fertilizantes diferentes; e as colunas representam quatro anos diferentes. Os dados da Tabela 13.12 são os rendimentos de quatro variedades de trigo, medidos em quilogramas por lote. Assume-se que as várias fontes de variação não interagem. Usando um nível de significância de 0,05,

Tabela 13.11 Análise de variância para um quadrado latino $r \times r$

Fonte de variação	Soma dos quadrados	Graus de liberdade	Quadrado médio	f calculado
Linhas	SQR	$r-1$	$s_1^2 = \frac{SQR}{r-1}$	
Colunas	SQC	$r-1$	$s_2^2 = \frac{SQC}{r-1}$	
Tratamentos	$SQTr$	$r-1$	$s_3^2 = \frac{SQTr}{r-1}$	$f = \frac{s_3^2}{s^2}$
Erro	SQE	$(r-1)(r-2)$		
Total	SQT	$r^2 - 1$	$s^2 = \frac{SQE}{(r-1)(r-2)}$	

Tabela 13.12 Rendimentos do trigo (quilogramas por lote)

Tratamento Fertilizante	1981	1982	1983	1984
t_1	A: 70	B: 75	C: 68	D: 81
t_2	D: 66	A: 59	B: 55	C: 63
t_3	C: 59	D: 66	A: 39	B: 42
t_4	B: 41	C: 57	D: 39	D: 55

teste a hipótese H_0: não há diferença entre as médias dos rendimentos das quatro variedades de trigo.

Solução: H_0: $\tau_1 = \tau_2 = \tau_3 = \tau_4 = 0$,

H_1: pelo menos um dos τ_i's não é igual a zero. A soma dos quadrados e os graus de liberdade mostrados na Tabela 13.11 são usados. As fórmulas da soma dos quadrados aparecem no Teorema 13.4. Aqui, é claro, a tabela de análise de variância (Tabela 13.13) deve refletir a variabilidade calculada devida os fertilizantes, aos anos e aos tipos de tratamento. O $f = 2{,}02$ tem 3 e 6 graus de liberdade. O valor P de aproximadamente 0,2 é muito grande para concluir que as variedades afetam significativamente os rendimentos do trigo.

Exercícios

13.25 Mostre que o cálculo da fórmula para SQB, na análise de variância do delineamento completamente aleatorizado em blocos, é equivalente ao termo correspondente na identidade do Teorema 13.13.

13.26 Para o delineamento completamente aleatorizado em blocos com k tratamentos e b blocos, mostre que

$$E(SSB) = (b-1)\sigma^2 + k\sum_{j=1}^{b}\beta_j^2.$$

13.27 Quatro tipos de fertilizantes, f_1, f_2, f_3 e f_4, são usados em um estudo sobre o rendimento de feijões. O solo é dividido em três blocos, cada um contendo quatro lotes homogêneos. O rendimento, em quilogramas por lote, e os tratamentos correspondentes são os seguintes:

Bloco 1	Bloco 2	Bloco 3
$f_1 = 42{,}7$	$f_3 = 50{,}9$	$f_4 = 51{,}1$
$f_3 = 48{,}5$	$f_1 = 50{,}0$	$f_2 = 46{,}3$
$f_4 = 32{,}8$	$f_2 = 38{,}0$	$f_1 = 51{,}9$
$f_2 = 39{,}3$	$f_4 = 40{,}2$	$f_3 = 53{,}5$

(a) Faça uma análise de variância, no nível de significância de 0,05, usando o modelo completamente aleatorizado em blocos.

(b) Use contrastes com grau de liberdade único e um nível de significância de 0,01 para comparar os fertilizantes (f_1, f_3) versus (f_2, f_4) e f_1 versus f_3. Tire suas conclusões.

13.28 Três variedades de batatas estão sendo comparadas em seus rendimentos. O experimento é conduzido ao atribuir cada variedade a três lotes de tamanhos iguais em cada uma de quatro localizações diferentes. A seguir temos os rendimentos para as variedades A, B e C, em 100 quilogramas por lote.

Local 1	Local 2	Local 3	Local 4
B : 13	C : 21	C : 9	A : 11
A : 18	A : 20	B : 12	C : 10
C : 12	B : 23	A : 14	B : 17

Faça uma análise de variância do delineamento completamente aleatorizado em blocos para testar a hipótese de que não há diferença nas capacidades de rendimentos das três variedades de batatas. Use um nível de significância de 0,05. Tire suas conclusões.

13.29 Os dados a seguir são as porcentagens de aditivos estranhos medidos por cinco analistas, para três marcas similares de geléia de morango, A, B e C.

Analista 1	Analista 2	Analista 3	Analista 4	Analista 5
B: 2,7	C: 7,5	B: 2,8	A: 1,7	C: 8,1
C: 3,6	A: 1,6	A: 2,7	B: 1,9	A: 2,0
A: 3,8	B: 5,2	C: 6,4	C: 2,6	B: 4,8

Faça uma análise de variância e teste a hipótese, no nível de significância de 0,05, de que a porcentagem de aditivos estranhos é a mesma para todas as três marcas de geléia. Qual marca aparenta ter menos aditivos?

13.30 Os dados a seguir representam as notas finais obtidas por cinco estudantes de matemática, inglês, francês e biologia.

Tabela 13.13 Análise de variância para os dados da Tabela 13.12

Fonte de variação	Soma dos quadrados	Graus de liberdade	Quadrado médio	f calculado	Valor P
Fertilizante	1557	3	519,000		
Ano	418	3	139,333		
Tratamentos	264	3	88,000	2,02	0,21
Erro	261	6	43,500		
Total	2500	15			

	Matérias			
Estudante	Matemática	Inglês	Francês	Biologia
1	68	57	73	61
2	83	94	91	86
3	72	81	63	59
4	55	73	77	66
5	92	68	75	87

Teste a hipótese de que os cursos apresentam grau de dificuldade igual. Use um valor P em sua conclusão e discuta os resultados.

13.31 Em um estudo denominado *The Periphyton of the South River, Virginia: Mercury Concentration, Productivity, and Autotropic Index Studies* (O perifíton do South River, na Virgínia: Concentração de mercúrio, produtividade e estudos autotróficos), conduzido pelo Departamento de Ciências Ambientais e Engenharia do Instituto Politécnico e Universidade Estadual da Virgínia, a concentração de mercúrio nos sólidos totais de perifíton foi medida em seis estações diferentes em seis dias diferentes. Os dados foram registrados a seguir:

	Estação					
Data	CA	CB	E1	E2	E3	E4
8 abril	0,45	3,24	1,33	2,04	3,93	5,93
23 junho	0,10	0,10	0,99	4,31	9,92	6,49
1º julho	0,25	0,25	1,65	3,13	7,39	4,43
8 julho	0,09	0,06	0,92	3,66	7,88	6,24
15 julho	0,15	0,16	2,17	3,50	8,82	5,39
23 julho	0,17	0,39	4,30	2,91	5,50	4,29

Determine se o conteúdo de mercúrio médio é significativamente diferente entre as estações. Use um valor P e discuta seus resultados.

13.32 Uma usina nuclear produz uma grande quantidade de calor que é geralmente descarregada em sistemas aquáticos. Esse calor aumenta a temperatura do sistema aquático, resultando em uma maior concentração de clorofila *a*, o que, por sua vez, estende a estação de cultivo. Para estudar esse efeito, amostras da água foram coletadas mensalmente em três estações, por um período de 12 meses. A estação A está localizada próxima da descarga em potencial da água aquecida, a estação C está localizada longe da descarga, e a estação B está localizada entre as estações A e C. As seguintes concentrações de clorofila *a* foram registradas.

	Estação		
Mês	A	B	C
Janeiro	9,867	3,723	4,410
Fevereiro	14,035	8,416	11,100

(*continua*)

(*continuação*)

	Estação		
Mês	A	B	C
Março	10,700	20,723	4,470
Abril	13,853	9,168	8,010
Maio	7,067	4,778	34,080
Junho	11,670	9,145	8,990
Julho	7,357	8,463	3,350
Agosto	3,358	4,086	4,500
Setembro	4,210	4,233	6,830
Outubro	3,630	2,320	5,800
Novembro	2,953	3,843	3,480
Dezembro	2,640	3,610	3,020

Faça uma análise de variância e teste a hipótese, no nível de significância de 0,05, de que não há diferenças nas média das concentrações de clorofila *a* entre as três estações.

13.33 Em um estudo conduzido pelo Departamento de Saúde e Educação Física do Instituto Politécnico e Universidade Estadual da Virgínia, três dietas foram atribuídas por um período de três dias para cada um de seis indivíduos, em um delineamento aleatorizado em blocos. Os indivíduos, desempenhando o papel de blocos, foram atribuídos para as três dietas em uma ordem aleatória:

Dieta 1: gorduras e carboidratos misturados,
Dieta 2: alto teor de gorduras,
Dieta 3: alto teor de carboidratos.

No final do período de três dias, cada indivíduo foi colocado em uma esteira e o tempo até a exaustão foi medido, em segundos. Os dados foram registrados a seguir:

		Indivíduo					
		1	2	3	4	5	6
	1	84	35	91	56	45	
Dieta	2	91	48	71	61	61	
	3	122	53	110	91	122	

Faça uma análise de variância, separando as somas dieta, do indivíduo e do erro dos quadrados da. Use um valor P para determinar se há diferenças significantes entre as dietas.

13.34 Os arsênicos orgânicos são usados pelo pessoal da administração florestal como herbicidas. A quantidade de arsênico absorvida pelo corpo exposto a esses herbicidas causa problemas de saúde. É importante que a quantidade de exposição seja rapidamente determinada de modo que um trabalhador de campo com um alto nível de arsênico possa ser retirado do trabalho. Em um experimento registrado formalmente, "A Rapid Method for the Determination of Arsenic Concentrations in Urine at Field Locations" (Um método rápido para a determinação da concentração de arsênico na urina em localizações de campo), publicado no *Amer. Ind. Hyg.*

Assoc. J. (v. 37, 1976), espécimes de urina de quatro indivíduos da administração florestal foram divididos igualmente em três amostras, de modo que cada um pudesse ser analisado para arsênico por um laboratório da universidade, por um químico que usa um sistema portátil e pelo empregador florestal depois de uma breve orientação. Os níveis de arsênico, em partes por milhão, foram registrados:

	Analista		
Indivíduo	Empregador	Químico	Laboratório
1	0,05	0,05	0,04
2	0,05	0,05	0,04
3	0,04	0,04	0,03
4	0,15	0,17	0,10

Faça uma análise de variância e teste a hipótese, no nível de significância de 0,05, de que não há diferenças entre os níveis de arsênico para os três métodos de análise.

13.35 Cientistas do Departamento de Patologia de Plantas da Virginia Tech desenvolveram um experimento no qual cinco tratamentos diferentes foram aplicados em seis localizações diferentes em um pomar de macieiras para determinar se há diferenças significantes no crescimento entre os tratamentos. Os tratamentos de 1 a 4 representam diferentes herbicidas e o tratamento 5 representa um controle. O período de crescimento foi de maio a novembro de 1982, e o novo crescimento, medido em centímetros, para as amostras selecionadas nas seis locações no pomar foi registrado como se segue:

	Locações					
Tratamento	1	2	3	4	5	6
1	455	72	61	215	695	501
2	622	82	444	170	437	134
3	695	56	50	443	701	373
4	607	650	493	257	490	262
5	388	263	185	103	518	622

Faça uma análise de variância, separando as somas dos quadrados do tratamento, da localização e do erro. Determine se há diferenças significantes entre as médias dos tratamentos. Cite um valor *P*.

13.36 No trabalho "Self-Control and Therapist Control in the Behavioral Treatment of Overweight Women" (Controle próprio e controle terapêutico no tratamento terapêutico de mulheres com sobrepeso), publicado em *Behavioral Research and Therapy* (v. 10, 1972), dois tratamentos de redução e um tratamento de controle tiveram seus efeitos na mudança de peso de mulheres obesas estudados. Os dois tratamentos de redução envolvidos foram, respectivamente, um programa de redução de peso auto-induzido e um programa de redução de peso controlado por terapia. Cada um dos 10 indivíduos foi atribuído para os três programas de tratamento em ordem aleatória e os pesos foram medidos. As seguintes mudanças de peso foram registradas:

	Tratamento		
Indivíduo	Controle	Auto-induzido	Terapia
1	1,00	−2,25	−10,50
2	3,75	−6,00	−13,50
3	0,00	−2,00	0,75
4	−0,25	−1,50	−4,50
5	−2,25	−3,25	−6,00
6	−1,00	−1,50	4,00
7	−1,00	−10,75	−12,25
8	3,75	−0,75	−2,75
9	1,50	0,00	−6,75
10	0,50	−3,75	−7,00

Faça uma análise de variância e teste a hipótese, no nível de significância de 0,01, de que não há diferenças entre as médias de perda de pesos para os três tratamentos. Qual tratamento é o melhor?

13.37 Verifique a identidade da soma dos quadrados do Teorema 13.4.

13.38 Para o delineamento do quadrado latino $r \times r$, mostre que

$$E(SQTr) = (r-1)\sigma^2 + r\sum_{k}\tau_k^2$$

13.39 O Departamento de Matemática de uma grande universidade deseja avaliar a capacidade de ensino de quatro professores. Para eliminar quaisquer efeitos devido a cursos de matemática diferentes e dos diferentes momentos do dia, decidiu-se conduzir o experimento usando um delineamento de quadrado latino no qual as letras A, B, C e D representam os quatro professores diferentes. Cada professor lecionou uma seção de cada um dos quatro cursos diferentes em quatro períodos diferentes durante o dia. Os dados a seguir mostram as notas atribuídas por esses professores para 16 alunos com habilidades aproximadamente iguais. Use um nível de significância de 0,05 para testar a hipótese de que professores diferentes não têm efeito nas notas.

	Curso			
Hora	Álgebra	Geometria	Estatística	Cálculo
1	A: 84	B: 79	C: 63	D: 97
2	B: 91	C: 82	D: 80	A: 93
3	C: 59	D: 70	A: 77	B: 80
4	D: 75	A: 91	B: 75	C: 68

13.40 Uma indústria quer investigar os efeitos de cinco aditivos de cor no tempo de preparação de uma nova mistura de concreto. As variações nos tempos de preparação podem ser esperadas em mudanças diárias na temperatura e umidade e também dos trabalhadores diferentes que preparam os moldes de teste. Para eliminar essas fontes de variação, um delineamento de quadrado latino 5 × 5 foi usado, no qual as letras A, B, C, D e E representam os cinco aditivos. Os tempos de preparação, em horas, para os 25 moldes são mostrados na tabela a seguir.

Traba-	Dia				
lhador	1	2	3	4	5
1	D: 10,7	E: 10,3	B: 11,2	A: 10,9	C: 10,5
2	E: 11,3	C: 10,5	D: 12,0	B: 11,5	A: 10,3
3	A: 11,8	B: 10,9	C: 10,5	D: 11,3	E: 7,5
4	B: 14,1	A: 11,6	E: 11,0	C: 11,7	D: 11,5
5	C: 14,5	D: 11,5	A: 11,5	E: 12,7	B: 10,9

No nível de significância de 0,05, podemos dizer que os aditivos de cor têm algum efeito no tempo de preparação da mistura de concreto?

13.41 No livro *Design of Experiments for the Quality Improvement* (Delineamento de experimentos para o aumento da qualidade), publicado pela Japanese Standards Association (1989), foi conduzido um estudo sobre a quantidade de corante necessária para se conseguir a melhor cor para certo tipo de tecido. Três quantidades de corante, 1/3% wof (1/3% do peso de um tecido = wof), 1% wof e 3% wof, foram administradas em duas fábricas diferentes. A densidade da cor de um tecido foi observada quatro vezes para cada nível de corante em cada fábrica.

	Quantidade de corante					
	1/3%		1%		3%	
Fábrica 1	5,2	6,0	12,3	10,5	22,4	17,8
	5,9	5,9	12,4	10,9	22,5	18,4
Fábrica 2	6,5	5,5	14,5	11,8	29,0	23,2
	6,4	5,9	16,0	13,6	29,7	24,0

Faça uma análise de variância para testar a hipótese, no nível de significância de 0,05, de que não há diferença na densidade da cor do tecido para os três níveis de corante. Considere as fábricas como blocos.

13.42 Um experimento foi conduzido para comparar três tipos de materiais para revestimento de cabos de cobre. O propósito do revestimento é eliminar as 'falhas' nos fios. Dez espécimes diferentes de comprimento igual a cinco milímetros foram atribuídos aleatoriamente para receber cada processo de revestimento e os 30 espécimes foram submetidos a um tipo de processo de desgaste abrasivo. O número de falhas foi medido para cada um e os resultados são os seguintes:

Material												
1				2				3			
6	8	4	5	3	3	5	4	12	8	7	14
7	7	9	6	2	4	4	5	18	6	7	18
7	8			4	3			8	5		

Suponha que seja assumido que um processo de Poisson se aplica esta situação e, portanto, o modelo é $Y_{ij} = \mu_i + \epsilon_{ij}$, onde μ_i é a média de uma distribuição de Poisson e $\sigma^2_{Yij} = \mu_i$.

(a) Faça uma transformação apropriada nos dados e realize uma análise de variância.
(b) Determine se há evidência suficiente ou não para escolhermos o material de revestimento. Mostre os resultados que sugerem uma conclusão.
(c) Faça um gráfico dos resíduos e comente.
(d) Dê o propósito da sua transformação dos dados.
(e) Quais suposições adicionais são feitas aqui que podem não ser completamente satisfeitas por sua transformação?
(f) Comente (e) depois de fazer um gráfico de probabilidade normal dos resíduos.

13.13 Modelos com efeitos aleatórios

Ao longo deste capítulo, lidamos com os procedimentos de análise de variância nos quais o objetivo principal é estudar os efeitos em alguma resposta de certos tratamentos fixos ou predeterminados. Os experimentos nos quais os níveis do tratamento ou tratamentos são pré-selecionados pelo pesquisador, em oposição a serem selecionados aleatoriamente, são chamados de *experimentos de efeitos fixos ou experimentos modelo I*. Para os modelos de efeitos fixos, as inferências são feitas somente naqueles tratamentos em particular usados no experimento.

Freqüentemente é importante que o pesquisador seja capaz de realizar inferências sobre a população dos tratamentos por meio de um experimento no qual os tratamentos usados são escolhidos aleatoriamente desta população. Por exemplo, um biólogo pode estar interessado em saber se há ou não variância significativa em alguma característica fisiológica devida ao tipo de animal. Os tipos de animais usados no experimento são, então, escolhidos aleatoriamente, e representam os efeitos dos tratamentos. Um químico pode estar interessado em estudar o efeito de laboratórios analíticos na análise química de uma substância. Ele não está preocupado com laboratórios em particular, mas sim com uma população maior de laboratórios. Sendo assim, ele pode selecionar aleatoriamente um conjunto de laboratórios e alocar amostras para cada um para análise. A inferência estatística envolveria, então, (1) testar se os laboratórios contribuem ou não para uma variância diferente de zero dos resultados analíticos e (2) estimar a variância devida dentro dos laboratórios e a variância nos laboratórios.

Modelo e suposição para o modelo de efeitos aleatórios

O *modelo de efeitos aleatórios* simples, freqüentemente referido como *modelo II*, é escrito como o modelo de efeitos fixos, mas com termos que assumem significados diferentes. A resposta

$$y_{ij} = \mu + \alpha_i + \epsilon_{ij}$$

é, agora, um valor da variável aleatória

$$Y_{ij} = \mu + A_i + E_{ij},$$

com $i = 1, 2,..., k$ e $j = 1, 2,..., n$ onde os A_i's são normal e independentemente distribuídos com média zero e variância σ_α^2 e são independentes dos E_{ij}'s. Como no modelo de efeitos fixos, os E_{ij}'s são também normal e independentemente distribuídos, com média zero e variância σ^2. Note que, para um experimento modelo II, a variável aleatória $\sum_{i=1}^{k} A_i$ assume o valor $\sum_{i=1}^{k} \alpha_i$; e a restrição de que esses α_i's somam zero não se aplica mais.

Teorema 13.5
Para o modelo de análise de variância de efeitos aleatórios simples,

$$E(SQA) = (k-1)\sigma^2 + n(k-1)\sigma_\alpha^2$$
e $\quad E(SQE) = k(n-1)\sigma^2.$

A Tabela 13.14 mostra os quadrados médios esperados para ambos os experimentos modelos I e II. Os cálculos para o experimento modelo II são realizados exatamente da mesma maneira que para o experimento modelo I. Ou seja, as colunas das somas dos quadrados, os graus de liberdade e os quadrados médios em uma tabela da análise de variância são os mesmos para ambos os modelos.

Para o modelo de efeitos aleatórios, a hipótese de que os efeitos dos tratamentos são todos iguais a zero é escrita como se segue:

Hipótese para o experimento modelo II

$$H_0: \sigma_\alpha^2 = 0,$$
$$H_1: \sigma_\alpha^2 \neq 0.$$

Essa hipótese diz que tratamentos diferentes não contribuem para a variabilidade da resposta. É óbvio, da Tabela 13.14, que s_1^2 e s^2 são ambos estimativas de σ^2 quando H_0 é verdadeira e, então, a razão

$$f = \frac{s_1^2}{s^2}$$

é um valor de uma variável aleatória F com distribuição F com $k - 1$ e $k(n - 1)$ graus de liberdade. A hipótese nula é rejeitada, no nível de significância α quando

$$f > f_\alpha[k-1, k(n-1)].$$

Em muitos estudos de ciências e engenharia, o interesse não está centrado no teste F. O cientista sabe que o efeito aleatório é, de fato, significativo. O que é mais importante é a estimação dos vários componentes da variância. Isso produz um sentido de *classificação* em relação a quais fatores produzem a maior variabilidade e quanto. No contexto atual, pode ser de interesse quantificar quão maior é o *componente de variância de fator único* do que aquele produzido pelo acaso (variação aleatória).

Estimação dos componentes da variância

A Tabela 13.14 também pode ser usada para estimar os componentes da variância σ^2 e σ_α^2. Já que s_1^2 estima $\sigma^2 + n\sigma_\alpha^2$ e s^2 estima σ^2,

$$\hat{\sigma}^2 = s^2, \qquad \hat{\sigma}_\alpha^2 = \frac{s_1^2 - s^2}{n}.$$

■ **Exemplo 13.8**

Os dados da Tabela 13.15 são observações codificadas sobre o rendimento de um processo químico que usa cinco lotes de matéria-prima selecionados aleatoriamente.

Mostre que o componente de variância do lote é significativamente maior que zero e obtenha sua estimativa.

Solução: As somas dos quadrados, lote e dos erros são

$$SQT = 194,64, \qquad SQA = 72,60,$$
$$SQE = 194,64 - 72,60 = 122,04.$$

Tabela 13.14 Quadrados médios esperados para o experimento com fator único

Fonte de variação	Graus de liberdade	Quadrados médios	Quadrados médio esperados Modelo I	Modelo II
Tratamentos	$k - 1$	s_1^2	$\sigma^2 + \frac{n}{k-1}\sum_i \alpha_i^2$	$\sigma^2 + n\sigma_\alpha^2$
Erro	$k(n-1)$	s^2	σ^2	σ^2
Total	$nk - 1$			

Tabela 13.15 Dados para o Exemplo 13.8

Lote	1	2	3	4	5	
	9,7	10,4	15,9	8,6	9,7	
	5,6	9,6	14,4	11,1	12,8	
	8,4	7,3	8,3	10,7	8,7	
	7,9	6,8	12,8	7,6	13,4	
	8,2	8,8	7,9	6,4	8,3	
	7,7	9,2	11,6	5,9	11,7	
	8,1	7,6	9,8	8,1	10,7	
Total	55,6	59,7	80,7	58,4	75,3	329,7

Esses resultados, juntamente com os cálculos restantes, são mostrados na Tabela 13.16.

A razão f é significante no nível $\alpha = 0,05$, indicando que a hipótese de que o componente do lote zero é igual a zero é rejeitada. Uma estimativa do componente da variância do lote é

$$\hat{\sigma}_\alpha^2 = \frac{18,15 - 4,07}{7} = 2,01.$$

Note que, embora o *componente de variância do lote* seja significativamente diferente de zero, quando comparado com a estimativa de σ^2, a saber, $\hat{\sigma}^2 = MQE = 4,07$, parece que o componente de variância no lote não é apreciavelmente grande.

Delineamento completamente aleatorizado em blocos

Em um experimento completamente aleatorizado em blocos, em que os blocos representam dias, é concebível que o pesquisador goste que o resultado se aplique não somente aos dias usados na análise, mas a todos os dias no ano. Então, ele poderia selecionar aleatoriamente os dias nos quais realizaria o experimento, bem como os tratamentos, e usar o modelo de efeitos aleatórios

$$Y_{ij} = \mu + A_i + B_j + \epsilon_{ij},$$
$$i = 1, 2, \ldots, k, \quad \text{e} \quad j = 1, 2, \ldots, b,$$

com A_i, B_j e ϵ_{ij} sendo variáveis aleatórias independentes com médias zero e variâncias σ_α^2, σ_β^2 e σ^2, respectivamente. Os quadrados médios esperados para um delineamento modelo II de blocos aleatorizados são obtidos com usando o mesmo procedimento daquele para o problema de fator único, e são apresentados juntamente com aqueles do experimento modelo I, na Tabela 13.17.

Novamente, os cálculos para a soma dos quadrados individuais e para os graus de liberdade são idênticos aos dos modelos de efeitos fixos. A hipótese

$$H_0: \sigma_\alpha^2 = 0,$$
$$H_1: \sigma_\alpha^2 \neq 0,$$

é realizada calculando

$$f = \frac{s_1^2}{s^2},$$

e rejeitando H_0 quando $f > f_\alpha[k - 1, (b - 1)(k - 1)]$.

Tabela 13.16 Análise de variância para o Exemplo 13.8

Fonte de variação	Soma dos quadrados	Graus de liberdade	Quadrado médio	f calculado
Lotes	72,60	4	18,15	4,46
Erro	122,04	30	4,07	
Total	194,64	34		

Tabela 13.17 Quadrados médios esperados para o delineamento completamente aleatorizado em blocos

Fonte de variação	Graus de liberdade	Quadrados médios	Quadrados médios esperados Modelo I	Quadrados médios esperados Modelo II
Tratamentos	$k - 1$	s_1^2	$\sigma^2 + \frac{b}{k-1}\sum_i \alpha_i^2$	$\sigma^2 + b\sigma_\alpha^2$
Blocos	$b - 1$	s_2^2	$\sigma^2 + \frac{k}{b-1}\sum_j \beta_j^2$	$\sigma^2 + k\sigma_\beta^2$
Erro	$(k-1)(b-1)$	s^2	σ^2	σ^2
Total	$kb - 1$			

As estimativas não variadas dos componentes da variância são

$$\hat{\sigma}^2 = s^2, \quad \hat{\sigma}_\alpha^2 = \frac{s_1^2 - s^2}{b}, \quad \hat{\sigma}_\beta^2 = \frac{s_2^2 - s^2}{k}.$$

Para o delineamento de quadrado latino, o modelo de efeitos aleatórios é escrito

$$Y_{ijk} = \mu + A_i + B_j + T_k + \epsilon_{ijk},$$

para $i = 1, 2, \ldots, r, j = 1, 2, \ldots, r$ e $k = A, B, C, \ldots$, com A_i, B_j, T_k e ϵ_{ijk} sendo variáveis aleatórias independentes com média zero e variâncias σ_α^2, σ_β^2 e σ_τ^2 e σ^2, respectivamente. A derivação do quadrado médio esperado para um delineamento modelo II de quadrado latino é direta, e, por comparação, apresentamos a derivação juntamente com a do experimento modelo I na Tabela 13.18.

Testes de hipóteses relacionados a vários componentes de variância são feitos calculando-se as razões dos quadrados médios apropriados, conforme indicado na Tabela 13.18, e ao comparando-as aos valores f correspondentes da Tabela A.6.

13.14 Poder dos testes na análise de variância

Como indicamos anteriormente, o pesquisador costuma ser importunado pelo problema de não saber que *tamanho* de amostra escolher. Ao organizar um delineamento completamente aleatorizados de fator único com n observações por tratamento, o objetivo principal é testar a hipótese de igualdade das médias do tratamento.

$H_0: \alpha_1 = \alpha_2 = \cdots \alpha_k = 0$,
H_1: Pelo menos um dos α_i's é diferente de zero.

Com muita freqüência, a variância do erro experimental σ^2 é tão grande que o procedimento de teste será insensível às diferenças reais entre as médias dos tratamentos k. Na Seção 13.3 os valores esperados dos quadrados médios para o modelo simples são dados por

$$E(S_1^2) = E\left(\frac{SQA}{k-1}\right) = \sigma^2 + \frac{n}{k-1}\sum_{i=1}^k \alpha_i^2, \quad E(S^2)$$

$$= E\left(\frac{SQE}{k(n-1)}\right) = \sigma^2.$$

Então, para um certo desvio da hipótese nula H_0, medido por

$$\frac{n}{k-1}\sum_{i=1}^k \alpha_i^2,$$

grandes valores de σ^2 diminuem a chance de se obter um valor $f = s_1^2/s^2$ que está na região crítica do teste. A sensibilidade do teste descreve a habilidade do procedimento em detectar diferenças nas médias populacionais e é medida pelo poder do teste (veja a Seção 10.2), que é meramente $1 - \beta$, onde β é a probabilidade de aceitar uma hipótese falsa. Portanto, podemos interpretar o poder dos nossos testes na análise de variância, como a probabilidade de que a estatística F esteja na região crítica quando, de fato, a hipótese nula é falsa e as médias dos tratamentos diferem. Para o teste de análise de variância simples, o poder $1 - \beta$ é

$$1 - \beta = P\left[\frac{S_1^2}{S^2} > f_\alpha(v_1, v_2) \text{ quando } H_1 \text{ é verdadeira}\right]$$

$$= P\left[\frac{S_1^2}{S^2} > f_\alpha(v_1, v_2) \text{ quando } \sum_{i=1}^k \alpha_i^2 = 0\right].$$

O termo $f_\alpha(v_1, v_2)$ é, claramente, o ponto crítico da cauda superior da distribuição F com v_1 e v_2 graus de liberdade. Para certos valores de $\sum_{i=1}^k \alpha_i^2/(k-1)$ e σ^2, o poder pode ser aumentado usando-se uma amostra de tamanho maior n. O problema acaba sendo planejar o experimento com um valor de n de modo que as necessidades de poder sejam atendidas. Por exemplo, podemos requerer que, para valores específicos de $\sum_{i=1}^k \alpha_i^2 \ne 0$ e σ^2, a hipótese seja rejeitada com probabilidade de 0,9. Quando o poder do teste é baixo, ele limita severamente

Tabela 13.18 Quadrados médios esperados para o delineamento de quadrado latino

Fonte de variação	Graus de liberdade	Quadrados médios	Quadrados médios esperados Modelo I	Modelo II
Linhas	$r - 1$	s_1^2	$\sigma^2 + \frac{r}{r-1}\sum_i \alpha_i^2$	$\sigma^2 + r\sigma_\alpha^2$
Colunas	$r - 1$	s_2^2	$\sigma^2 + \frac{r}{r-1}\sum_j \beta_j^2$	$\sigma^2 + r\sigma_\beta^2$
Tratamentos	$r - 1$	s_3^2	$\sigma^2 + \frac{r}{r-1}\sum_k \tau_k^2$	$\sigma^2 + r\sigma_\tau^2$
Erro	$(r-1)(r-2)$	s^2	σ^2	σ^2
Total	$r^2 - 1$			

o escopo das inferências que podem ser realizadas como os dados experimentais.

Caso de efeitos fixos

Na análise de variância, o poder depende da distribuição da razão F sob a hipótese alternativa de que as médias dos tratamentos diferem. Portanto, no caso do modelo simples com efeitos fixos, precisamos da distribuição de S_1^2/S^2 quando, na verdade,

$$\sum_{i=1}^{k} \alpha_i^2 \neq 0 .$$

É claro que, quando a hipótese nula é verdadeira, $\alpha_i = 0$ para $i = 1, 2,..., k$, e a estatística segue uma distribuição F com $k-1$ e $N-k$ graus de liberdade. Se $\sum_{i=1}^{k} \alpha_i^2 \neq 0$, a razão segue uma *distribuição F não central.*

A variável aleatória básica da distribuição F não central é denotada por F'. Considere $f_\alpha(v_1, v_2, \lambda)$ um valor de F' com parâmetros v_1, v_2 e λ. Os parâmetros v_1 e v_2 da distribuição são os graus de liberdade associados com S_1^2 e S^2, respectivamente, e λ é chamado de *parâmetro de não centralidade.* Quando $\lambda = 0$, a F não central simplesmente se reduz à distribuição F comum com v_1 e v_2 graus de liberdade.

Para a análise de variância simples com efeitos fixos, com amostras de tamanhos $n_1, n_2,..., n_k$, definimos

$$\lambda = \frac{1}{2\sigma^2} \sum_{i=1}^{k} n_i \alpha_i^2.$$

Se tivermos tabelas da distribuição não central à disposição, o poder de detecção de uma alternativa em particular é obtido avaliando a seguinte probabilidade:

$$1 - \beta = P\left[\frac{S_1^2}{S^2} > f_\alpha(k-1, N-k) \text{ quando } \lambda = \frac{1}{2\sigma^2} \sum_{i=1}^{k} n_i \alpha_i^2\right]$$

$$= P(F' > f_\alpha(k-1, N-k)].$$

Embora a F não central seja normalmente definida em função de λ, é mais conveniente, para propósitos de tabulação, trabalhar com

$$\phi^2 = \frac{2\lambda}{v_1 + 1}.$$

A Tabela A.16 mostra os gráficos do poder da análise de variância como uma função de ϕ para vários valores de v_1, v_2 e o nível de significância α. Esses *gráficos de poder* podem ser usados não somente para os modelos de efeitos fixos discutidos neste capítulo, mas também para os modelos multifatoriais do Capítulo 14. Falta, agora, fornecermos um procedimento por meio do qual o parâmetro de não centralidade λ, e assim ϕ, possa ser encontrado para esse caso de efeitos fixos.

O parâmetro de não centralidade λ pode ser escrito em função dos *valores esperados do quadrado médio do numerador* da razão F na análise de variância. Temos

$$\lambda = \frac{v_1 [E(S_i^2)]}{2\sigma^2} - \frac{v_1}{2}$$

e, portanto,

$$\phi^2 = \frac{[E(S_i^2) - \sigma^2]}{\sigma^2} \frac{v_1}{v_1 + 1}.$$

As expressões para λ e ϕ^2 para o modelo simples, o delineamento completamente aleatorizado em blocos e o delineamento de quadrado latino são mostradas na Tabela 13.19.

Note, da Tabela A.16, que para certos valores de v_1 e v_2, o poder de teste aumenta com valores crescentes de ϕ. O valor de λ depende, é claro, de σ^2, e em um problema prático costuma ser necessário substituir σ^2 pelo quadrado médio do erro para obter uma estimativa de ϕ^2.

■ Exemplo 13.9

Em um experimento aleatorizado com blocos, quatro tratamentos são comparados em seis blocos, resultando em 15 graus de liberdade para o erro. Seis blocos serão suficientes se o poder de nosso teste para detectar diferenças entre as médias dos tratamentos, no nível de significância de 0,05, tiver de ser pelo menos 0,8, quando as médias verdadeiras forem $\mu_{1.} = 5,0$, $\mu_{2.} = 7,0$, $\mu_{3.} = 4,0$ e $\mu_{4.} = 4,0$? Uma estimativa de σ^2 para ser usada nos cálculos é dada por $\hat{\sigma}^2 = 2,0$.

Solução: Lembre-se de que as médias dos tratamentos são dadas por $\mu_{i.} = \mu + \alpha_i$. Se invocarmos a restrição de que $\sum_{i=1}^{4} \alpha_i = 0$, temos

$$\mu = \frac{1}{4} \sum_{i=1}^{4} \mu_{i.} = 5,0,$$

e, então, $\alpha_1 = 0$, $\alpha_2 = 2,0$, $\alpha_3 = -1,0$ e $\alpha_4 = -1,0$. Portanto,

$$\phi^2 = \frac{b}{k\sigma^2} \sum_{i=1}^{4} \alpha_i^2 = \frac{(6)(6)}{(4)(2)} = 4,5,$$

do qual obtemos $\phi = 2,121$. Usando a Tabela A.16, o poder é aproximadamente 0,89 e, portanto, os reque-

Tabela 13.19 Parâmetros de não centralidade λ e ϕ^2 para o modelo de efeitos fixos

	Classificação simples	Bloco completamente aleatorizados	Quadrado latino
λ:	$\frac{1}{2\sigma^2} \sum_i n_i \alpha_i^2$	$\frac{b}{2\sigma^2} \sum_i \alpha_i^2$	$\frac{r}{2\sigma^2} \sum_k \tau_k^2$
ϕ^2:	$\frac{1}{k\sigma^2} \sum_i n_i \alpha_i^2$	$\frac{b}{k\sigma^2} \sum_i \alpha_i^2$	$\frac{1}{\sigma^2} \sum_k \tau_k^2$

rimentos do poder são atendidos. Isso significa que, se $\sum_{i=1}^{4} \alpha_i^2 = 6$ e $\sigma^2 = 2{,}0$, o uso dos seis blocos resultará na rejeição da hipótese de médias de tratamento iguais com probabilidade de 0,89.

Caso de efeitos aleatórios

No caso dos efeitos fixos, o cálculo dos poderes requer o uso de uma distribuição F não central. Esse não é o caso do modelo de efeitos aleatórios. Na verdade, o poder é calculado de maneira simples por meio do uso das tabelas F padrão. Considere, por exemplo, o modelo com efeitos aleatórios simples, n observações por tratamento, com a hipótese

$$H_0: \sigma_\alpha^2 = 0,$$
$$H_1: \sigma_\alpha^2 \neq 0.$$

Se H_1 é verdadeira, a razão

$$f = \frac{SQA/[(k-1)(\sigma^2 + n\sigma_\alpha^2)]}{SQE/[k(n-1)\sigma^2]} = \frac{s_1^2}{s^2(1 + n\sigma_\alpha^2/\sigma^2)}$$

é um valor de uma variável aleatória F com distribuição F com $k-1$ e $k(n-1)$ graus de liberdade. O problema se torna o da determinação da probabilidade de rejeição de H_0 sob a condição de que o componente real da variância dos tratamentos seja $H_1: \sigma_\alpha^2 \neq 0$. Temos, então,

$$1 - \beta = P\left\{\frac{S_1^2}{S^2} > f_\alpha[k-1, k(n-1)] \text{ quando } H_1 \text{ é verdadeira}\right\}$$

$$= P\left\{\frac{S_1^2}{S^2(1 + n\sigma_\alpha^2/\sigma^2)} > \frac{f_\alpha[k-1, k(n-1)]}{1 + n\sigma_\alpha^2/\sigma^2}\right\}$$

$$= P\left\{F > \frac{f_\alpha[k-1, k(n-1)]}{1 + n\sigma_\alpha^2/\sigma^2}\right\}.$$

Note que, conforme n aumenta, o valor $f_\alpha[k-1, k(n-1)]/(1 + n\sigma_\alpha^2/\sigma^2)$ se aproxima de zero, resultando em um aumento no poder do teste. Uma ilustração do poder para esse tipo de situação é mostrada na Figura 13.11. A área sombreada mais *clara* é o nível de significância α, enquanto a área *total* sombreada é o *poder* do teste.

Exemplo 13.10

Suponha que, em um problema de fator único, o interesse é testar a significância do componente de variância σ_α^2. Quatro tratamentos serão usados no experimento, com cinco observações por tratamento. Qual será a probabilidade de se rejeitar a hipótese $\sigma_\alpha^2 = 0$, quando, na verdade, o componente da variância no tratamento for $(3/4)\sigma^2$?

Solução: Usando o nível de significância $\alpha = 0{,}05$, temos

$$1 - \beta = P\left[F > \frac{f_{0{,}05}(3,16)}{1 + (5)(3)/4}\right]$$

$$= P\left[F > \frac{f_{0{,}05}(3,16)}{4{,}75}\right] = P\left(F > \frac{3{,}24}{4{,}75}\right)$$

$$= P(F > 0{,}682) = 0{,}58.$$

Portanto, somente em torno de 58% das vezes o teste detectará o componente de variância que é $(3/4)\sigma^2$.

13.15 Estudo de caso

Os funcionários do Departamento de Química da Virginia Tech foram designados para analisar um conjunto de dados produzido para comparar quatro métodos diferentes de análise de alumínio em certa mistura sólida de ignição. Para se obter uma ampla gama de laboratórios envolvidos, cinco deles foram usados nesse experimento. Tais laboratórios foram selecionados porque estão aptos a realizar esse tipo de análise. Vinte amostras do material de ignição com 2,70% de alumínio foram atribuídas aleatoriamente, quatro para cada laboratório, e foram fornecidas as instruções sobre como realizar a análise química usando os quatro métodos. Os dados estão a seguir:

Método	Laboratório 1	2	3	4	5	Média
A	2,67	2,69	2,62	2,66	2,70	2,668
B	2,71	2,74	2,69	2,70	2,77	2,722
C	2,76	2,76	2,70	2,76	2,81	2,758
D	2,65	2,69	2,60	2,64	2,73	2,662

Os laboratórios não são considerados efeitos aleatórios, já que não foram selecionados aleatoriamente de uma população maior de laboratórios. Os dados foram analisados como um delineamento completamente aleatorizado em blocos. Os gráficos desses dados foram usados para determinar se um modelo aditivo do tipo

$$y_{ij} = \mu + m_i + l_j + \epsilon_{ij}$$

é apropriado: em outras palavras, um modelo com efeitos aditivos. O uso dos blocos aleatorizados não é apropriado

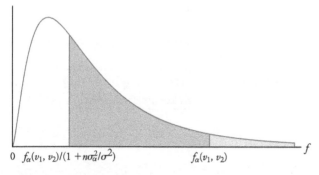

Figura 13.11 Poder para a análise de variância simples com efeitos aleatórios.

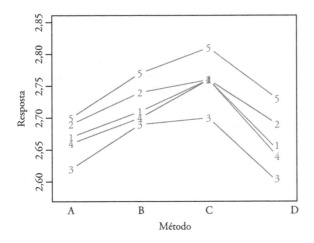

Figura 13.12 Representação da interação para os dados do estudo de caso.

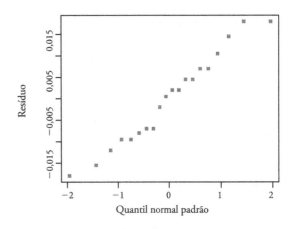

Figura 13.14 Gráfico de probabilidade normal dos resíduos para os dados do estudo de caso.

quando há interação entre os laboratórios e os métodos. Considere o gráfico mostrado na Figura 13.12. Embora ele seja difícil de ser interpretado, pois cada ponto é uma observação única, o gráfico mostra que, aparentemente, há uma interação considerável entre os laboratórios e os métodos.

Gráficos dos resíduos

Os gráficos dos resíduos foram usados como indicações diagnósticas sobre a suposição de variância homogênea. A Figura 13.13 mostra um gráfico dos resíduos contra os métodos analíticos. A variabilidade descrita pelos resíduos parece ser bastante homogênea. Para completar, um gráfico de probabilidade normal de resíduos é mostrado na Figura 13.14.

Os gráficos dos resíduos não mostram dificuldades nem com a suposição de erros normais nem com a de variância homogênea. O *SAS PROC GLM* foi usado para conduzir a análise de variância. A Figura 13.15 mostra a impressão detalhada.

Os valores P e f calculados indicam uma diferença significante entre os métodos analíticos. Essa análise pode ser seguida de uma análise de comparação múltipla para determinar onde estão as diferenças entre os métodos.

Exercícios

13.43 Os dados a seguir mostram os efeitos de quatro operadores, escolhidos aleatoriamente, na saída de certa máquina:

	Operador			
	1	2	3	4
	175,4	168,5	170,1	175,2
	171,7	162,7	173,4	175,7
	173,0	165,0	175,7	180,1
	170,5	164,1	170,7	183,7

(a) Faça uma análise de variância do modelo II, no nível de significância de 0,05.
(b) Calcule uma estimativa do componente de variância do operador e do componente de variância do erro experimental.

13.44 Assumindo um modelo de efeitos aleatórios, mostre que

$$E(SQB) = (b-1)\sigma^2 + k(b-1)\sigma_\beta^2$$

para o delineamento completo com blocos aleatorizados.

13.45 Um experimento é conduzido no qual quatro tratamentos são comparados em cinco blocos. Os seguintes dados foram gerados:

	Bloco				
Tratamento	1	2	3	4	5
1	12,8	10,6	11,7	10,7	11,0
2	11,7	14,2	11,8	9,9	13,8
3	11,5	14,7	13,6	10,7	15,9
4	12,6	16,5	15,4	9,6	17,1

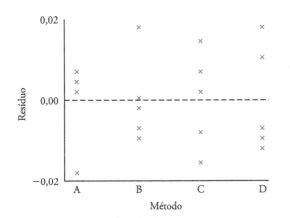

Figura 13.13 Gráfico de resíduos contra o método para os dados do estudo de caso.

(a) Assumindo um modelo de efeitos aleatórios, teste a hipótese, no nível de significância de 0,05, de que não há diferença entre as médias dos tratamentos.

(b) Calcule as estimativas dos componentes da variância do bloco e do tratamento.

13.46 Assumindo um modelo de efeitos aleatórios, mostre que

$$E(SQTr) = (r-1)(\sigma^2 + r\sigma_r^2)$$

para um delineamento de quadrado latino.

13.47 (a) Usando uma abordagem de regressão para o delineamento completamente aleatorizado em blocos, obtenha a equação normal **Ab = g** na forma matricial.

(b) Mostre que

$$R(\beta_1, \beta_2, \ldots, \beta_b | \alpha_1, \alpha_2, \ldots, \alpha_k) = SQB$$

13.48 No Exercício 13.43, se estivermos interessados em testar a significância do componente de variância do operador, teríamos amostras grandes o suficiente para assegurar, com uma probabilidade tão grande quanto 0,95% um componente de variância significante, se o σ_α^2 real for $1,5\sigma^2$? Se não, quantas execuções são necessárias para cada operador? Use um nível de significância de 0,05.

13.49 Se assumirmos um modelo de efeitos fixos no Exercício 13.45 e usarmos um nível de teste $\alpha = 0,05$, quantos blocos são necessários para que aceitemos a hi-

```
                    The GLM Procedure
                  Class Level Information
            Class        Levels       Values
            Method          4         A B C D
            Lab             5         1 2 3 4 5
         Number of Observations Read        20
         Number of Observations Used        20

Dependent Variable: Response
                          Sum of
Source            DF      Squares      Mean Square    F Value    Pr > F
Model              7    0,05340500     0,00762929      42,19     <,0001
Error             12    0,00217000     0,00018083
Corrected Total   19    0,05557500

R-Square       Coeff Var      Root MSE      Response Mean
0,960954       0,497592       0,013447        2,702500

Source            DF    Type III SS    Mean Square    F Value    Pr > F
Method             3    0,03145500     0,01048500      57,98     <,0001
Lab                4    0,02195000     0,00548750      30,35     <,0001

Observation         Observed         Predicted         Residual
    1              2,67000000       2,66300000        0,00700000
    2              2,71000000       2,71700000       -0,00700000
    3              2,76000000       2,75300000        0,00700000
    4              2,65000000       2,65700000       -0,00700000
    5              2,69000000       2,68550000        0,00450000
    6              2,74000000       2,73950000        0,00050000
    7              2,76000000       2,77550000       -0,01550000
    8              2,69000000       2,67950000        0,01050000
    9              2,62000000       2,61800000        0,00200000
   10              2,69000000       2,67200000        0,01800000
   11              2,70000000       2,70800000       -0,00800000
   12              2,60000000       2,61200000       -0,01200000
   13              2,66000000       2,65550000        0,00450000
   14              2,70000000       2,70950000       -0,00950000
   15              2,76000000       2,74550000        0,01450000
   16              2,64000000       2,64950000       -0,00950000
   17              2,70000000       2,71800000       -0,01800000
   18              2,77000000       2,77200000       -0,00200000
   19              2,81000000       2,80800000        0,00200000
   20              2,73000000       2,71200000        0,01800000
```

Figura 13.15 Impressão *SAS* para os dados do estudo de caso.

pótese de igualdade das médias dos tratamentos com probabilidade de 0,1, quando, na verdade,

$$\frac{1}{\sigma^2} \sum_{i=1}^{4} \alpha_i^2 = 2,0?$$

13.50 Verifique os valores dados para λ e ϕ^2 na Tabela 13.19 para o delineamento completamente aleatorizado em blocos.

13.51 Ao testar amostras sangüíneas para anticorpos HIV, um espectrômetro determina a densidade ótica de cada amostra. A densidade ótica é medida como a absorção da luz em certa extensão de onda. A amostra sangüínea é positiva se excede certo valor-limite, que é determinado pelas amostras de controle para aquela execução. Os pesquisadores estão interessados em comparar a variabilidade laboratorial para valores positivos de controle. Os dados representam os valores positivos de controle para dez execuções diferentes em quatro laboratórios escolhidos aleatoriamente.
(a) Escreva um modelo apropriado para este experimento.
(b) Estime o componente de variância laboratorial e a variância dentro dos laboratórios.

Execução	Laboratório 1	2	3	4
1	0,888	1,065	1,325	1,232
2	0,983	1,226	1,069	1,127
3	1,047	1,332	1,219	1,051
4	1,087	0,958	0,958	0,897
5	1,125	0,816	0,819	1,222
6	0,997	1,015	1,140	1,125
7	1,025	1,071	1,222	0,990
8	0,969	0,905	0,995	0,875
9	0,898	1,140	0,928	0,930
10	1,018	1,051	1,322	0,775

13.52 Cinco 'correntes' de metal tiveram cinco amostras de seus núcleos analisadas para a quantidade de microelementos. Os dados para as cinco correntes escolhidas aleatoriamente são os seguintes:

Núcleo	Corrente 1	2	3	4	5
1	0,98	0,85	1,21	1,12	1,00
2	1,02	0,92	1,68	1,19	1,21
3	1,57	1,16	0,99	1,32	0,93
4	1,25	1,43	1,26	1,08	0,86
5	1,16	0,99	1,05	0,94	1,41

(a) A intenção é que as correntes sejam idênticas. Então, teste e o componente da variância das 'correntes' é zero. Dê suas conclusões.

(b) Mostre uma ANOVA completa e uma estimativa da variância dentro das correntes.

13.53 Uma empresa têxtil tece certo tecido em um grande número de tecelagens. Os gerentes gostariam que os aparelhos de tecelagem fossem homogêneos, para que os tecidos tivessem resistência uniforme. Suspeita-se que possa haver variância significante na resistência entre as tecelagens. Considere os dados a seguir, para quatro tecelagens selecionadas aleatoriamente. Cada observação é uma determinação da resistência do tecido em libras por polegada quadrada.

Tecelagem			
1	2	3	4
99	97	94	93
97	96	95	94
97	92	90	90
96	98	92	92

(a) Escreva um modelo para o experimento.
(b) O componente de variância da tecelagem difere significativamente de zero?
(c) Comente a suspeita.

Exercícios de revisão

13.54 Uma análise foi conduzida pelo Centro de Consultoria Estatística do Instituto Politécnico e Universidade Estadual da Virgínia em conjunto com o Departamento Florestal. Um tratamento foi aplicado em um conjunto de partes de troncos de árvores. A substância química Garlon foi usada com o propósito de regenerar as raízes dos troncos. Um spray foi usado com quatro níveis de concentração de Garlon. Depois de certo período, as alturas foram observadas. Trate os dados a seguir com uma análise de variância de um único fator. Teste se a concentração de Garlon teve impacto significativo na altura dos ramos. Use $\alpha = 0,05$.

Nível de Garlon			
1	2	3	4
2,87	3,27	2,39	3,05
2,31	2,66	1,91	0,91
3,91	3,15	2,89	2,43
2,04	2,00	1,89	0,01

13.55 Considere os dados dos agregados do Exemplo 13.1. Faça um teste de Bartlett para determinar se há heterogeneidade na variância entre os agregados.

13.56 Em 1983, o Departamento de Ciências de Laticínios no Instituto Politécnico e Universidade Estadual da Virgínia conduziu um experimento para estudar os efeitos de rações alimentares, diferenciadas pelas fontes de proteínas, na produção diária de leite de vacas. Cinco rações foram usadas. Um quadrado latino 5 × 5 foi usado, no qual as linhas representavam as diferentes vacas e as colunas, os diferentes períodos de lactação. Os dados a seguir, registrados em quilogramas, foram analisados pelo Centro de Consultoria Estatística da Virginia Tech.

Vacas	\multicolumn{5}{c}{Períodos de lactação}
	1	2	3	4	5
1	A: 33,1	C: 30,7	D: 28,7	E: 31,4	B: 28,9
2	B: 34,4	D: 28,7	E: 28,8	A: 22,3	C: 22,3
3	C: 26,4	E: 24,9	A: 20,0	B: 18,7	D: 15,8
4	D: 34,6	A: 28,8	B: 31,9	C: 31,0	E: 30,9
5	E: 33,9	B: 28,0	C: 22,7	D: 21,3	A: 19,0

No nível de significância 0,01, podemos concluir que as rações com diferentes fontes de proteína têm efeito na produção diária de leite?

13.57 Três catalisadores foram usados em um processo químico com um controle (sem catalisador) incluído. Os dados a seguir são os rendimentos do processo:

	\multicolumn{3}{c}{Catalisador}	
Controle	1	2	3
74,5	77,5	81,5	78,1
76,1	82,0	82,3	80,2
75,9	80,6	81,4	81,5
78,1	84,9	79,5	83,0
76,2	81,0	83,0	82,1

Use um teste de Dunnett, no nível de significância α = 0,01 para determinar se um rendimento significativamente maior é obtido com os catalisadores.

13.58 Quatro laboratórios são usados para realizar uma análise química. Amostras do mesmo material são enviadas aos laboratórios para análise, como parte do estudo para determinar se elas fornecem ou não, em média, os mesmos resultados. Os resultados analíticos para os quatro laboratórios são os seguintes:

\multicolumn{4}{c}{Laboratório}
A	B	C	D
58,7	62,7	55,9	60,7
61,4	64,5	56,1	60,3
60,9	63,1	57,3	60,9
59,1	59,2	55,2	61,4
58,2	60,3	58,1	62,3

(a) Use um teste de Bartlett para mostrar que as variâncias dentro dos laboratórios não são significativamente diferentes, no nível de significância de α = 0,05.
(b) Faça uma análise de variância e dê as conclusões relacionadas aos laboratórios.

(c) Faça um gráfico de probabilidade normal dos resíduos.

13.59 Use um teste de Bartlett, no nível de significância de 0,01, para testar a homogeneidade das variâncias no Exercício 13.9.

13.60 Use um teste de Cochran, no nível de significância de 0,01, para testar a homogeneidade das variâncias no Exercício 13.6.

13.61 Use um teste de Bartlett, no nível de significância de 0,05, para testar a homogeneidade das variâncias no Exercício 13.8.

13.62 Um experimento foi planejado pelo pessoal do Departamento de Ciências Animais do Instituto Politécnico e Universidade Estadual da Virgínia com o propósito de estudar o tratamento com uréia e amônia aquosa de palha de trigo. O propósito era melhorar o valor nutricional dos carneiros machos. Os tratamentos da dieta são: controle, uréia nas rações, palha tratada com amônia e palha tratada com uréia. Vinte e quatro carneiros foram usados no experimento e separados de acordo com seu peso relativo. Havia seis carneiros em cada conjunto homogêneo. Cada um deles recebeu as quatro dietas aleatoriamente. Para cada um dos 24 carneiros, a porcentagem de matéria seca digerida foi medida. Os dados estão a seguir:

Dieta	\multicolumn{6}{c}{Conjunto por peso (bloco)}
	1	2	3	4	5	6
Controle	32,68	36,22	36,36	40,95	34,99	33,89
Uréia na ração	35,90	38,73	37,55	34,64	37,36	34,35
Tratada com amônia	49,43	53,50	52,86	45,00	47,20	49,76
Tratada com uréia	46,58	42,82	45,41	45,08	43,81	47,40

(a) Use uma análise tipo de bloco aleatorizado para testar para as diferenças entre as dietas. Use α = 0,05.
(b) Use um teste de Dunnett para comparar as três dietas com o controle. Use α = 0,05.
(c) Faça um gráfico de probabilidade normal de resíduos.

13.63 Em um conjunto de dados que foi analisado pelo pessoal do Departamento de Bioquímica do Instituto Politécnico e Universidade Estadual da Virgínia, três dietas foram dadas a um conjunto de ratos para estudar o efeito de cada uma no zinco residual das dietas na corrente sangüínea. Cinco ratazanas grávidas foram atribuídas aleatoriamente para cada conjunto de dietas no 22º dia de gravidez. A quantidade de zinco, em partes por milhão, foi medida. Os dados são os seguintes:

	1	0,50	0,42	0,65	0,47	0,44
Dieta	2	0,42	0,40	0,73	0,47	0,69
	3	1,06	0,82	0,72	0,72	0,82

Determine se há diferença significante no zinco residual entre as três dietas. Use $\alpha = 0,05$. Faça uma ANOVA simples.

13.64 Um estudo foi conduzido para comparar a milhagem para três marcas concorrentes de gasolina. Quatro modelos de automóveis diferentes e de tamanhos variados foram selecionados aleatoriamente. Os dados, em milhas por galão, estão a seguir. A ordem dos testes é aleatória para cada modelo.

	Marca de gasolina		
Modelo	A	B	C
A	32,4	35,6	38,7
B	28,8	28,6	29,9
C	36,5	37,6	39,1
D	34,4	36,2	37,9

(a) Discuta a necessidade de uso de mais de um modelo de carro.
(b) Considere a ANOVA da impressão SAS na Figura 13.16. A marca da gasolina importa?
(c) Qual marca de gasolina você escolheria? Consulte o resultado de um teste de Duncan.

13.65 Um empresa que sela vedações de borracha, plástico e cortiça quer comparar o número médio de vedações produzidas por hora para os três tipos de material. Duas máquinas de selagem são escolhidas aleatoriamente como blocos. Os dados representam o número de vedações (em milhares) produzidas por hora. A impressão da análise é fornecida na Figura 13.17.

	Material		
Máquina	Cortiça	Borracha	Plástico
A	4,31	3,36	4,01
	4,27	3,42	3,94
	4,40	3,48	3,89
B	3,94	3,91	3,48
	3,81	3,80	3,53
	3,99	3,85	3,42

(a) Por que as máquinas foram escolhidas como blocos?
(b) Faça um gráfico das seis médias das combinações de máquinas e materiais.
(c) Algum material é melhor para ser usado?
(d) Há interação entre os tratamentos e os blocos? Se sim, a interação causa alguma dificuldade séria para chegar a conclusões apropriadas? Explique.

13.66 Um experimento foi conduzido para comparar três tipos de tinta para determinar se há evidência de diferen-

```
                          The GLM Procedure
     Dependent Variable: MPG
                              Sum of
     Source              DF   Squares      Mean Square   F Value   Pr > F
     Model                5   153,2508333  30,6501667    24,66     0,0006
     Error                6   7,4583333    1,2430556
     Corrected Total     11   160,7091667

     R-Square   Coeff Var    Root MSE     MPG Mean
     0,953591   3,218448     1,114924     34,64167

     Source              DF   Type III SS  Mean Square   F Value   Pr > F
     Model                3   130,3491667  43,4497222    34,95     0,0003
     Brand                2   22,9016667   11,4508333    9,21      0,0148
                   Duncan's Multiple Range Test for MPG
     NOTE: This test controls the Type I comparisonwise error rate, not
     the experimentwise error rate.

                Alpha                              0,05
                Error Degrees of Freedom              6
                Error Mean Square              1,243056

                Number of Means           2        3
                Critical Range        1,929    1,999
     Means with the same letter are not significantly different.
           Duncan Grouping            Mean    N    Brand
                          A        36,4000    4    C
                          A
                       B  A        34,5000    4    B
                       B
                       B           33,0250    4    A
```

Figura 13.16 Impressão *SAS* para o Exercício de revisão 13.64.

```
                           The GLM Procedure
Dependent Variable: gasket
                          Sum of
Source              DF    Squares       Mean Square   F Value   Pr > F
Model                5    1,68122778    0,33624556    76,52     <,0001
Error               12    0,05273333    0,00439444
Corrected Total     17    1,73396111
R-Square       Coeff Var       Root MSE      gasket Mean
0,969588       1,734095        0,066291      3,822778

Source              DF    Type III SS   Mean Square   F Value   Pr > F
material             2    0,81194444    0,40597222    92,38     <,0001
machine              1    0,10125000    0,10125000    23,04     0,0004
material*machine     2    0,76803333    0,38401667    87,39     <,0001
Level of       Level of              ------------gasket----------
material       machine      N              Mean           Std Dev
cork           A            3         4,32666667      0,06658328
cork           B            3         3,91333333      0,09291573
plastic        A            3         3,94666667      0,06027714
plastic        B            3         3,47666667      0,05507571
rubber         A            3         3,42000000      0,06000000
rubber         B            3         3,85333333      0,05507571

Level of                ------------gasket----------
material       N            Mean           Std Dev
cork           6         4,12000000      0,23765521
plastic        6         3,71166667      0,26255793
rubber         6         3,63666667      0,24287171

Level of                ------------gasket----------
machine        N            Mean           Std Dev
A              9         3,89777778      0,39798800
B              9         3,74777778      0,21376259
```

Figura 13.17 Impressão *SAS* para o Exercício de revisão 13.65.

ças em seus desgastes. Elas foram expostas à ação abrasiva e o tempo, em horas, foi observado até que a abrasão fosse notada. Seis espécimes foram usados para cada tipo de tinta. Os dados estão a seguir:

Tipo de tinta								
1			2			3		
158	97	282	515	264	544	317	662	213
315	220	115	525	330	525	536	175	614

(a) Faça uma análise de variância para determinar se a evidência sugere que o desgaste varia para as três tintas. Use um valor *P* em suas conclusões.
(b) Se há diferenças significantes, caracterize-as. Alguma tinta se destaca? Discuta.
(c) Faça uma análise gráfica qualquer para determinar se as suposições usadas em (a) são válidas. Discuta.
(d) Suponha que seja determinado que os dados para cada tratamento seguem uma distribuição exponencial. Isso sugere uma análise alternativa? Se sim, faça essa análise e dê os resultados.

13.67 Quatro localizações diferentes no nordeste são usadas para a coleta de medições de ozônio, em partes por milhão. As quantidades de ozônio foram coletadas em cinco amostras em cada localização.

Localização			
1	2	3	4
0,09	0,15	0,10	0,10
0,10	0,12	0,13	0,07
0,08	0,17	0,08	0,05
0,08	0,18	0,08	0,08
0,11	0,14	0,09	0,09

(a) Há informações suficientes aqui para sugerir que há diferenças nos níveis médios de ozônio nas diferentes localizações? Use um valor *P*.
(b) Se houver diferenças significantes em (a), caracterize a natureza delas. Use qualquer um dos métodos estudados.

13.16 Conceitos errôneos e riscos em potencial; relação com o material de outros capítulos

Como em outros procedimentos cobertos nos capítulos anteriores, a análise de variância é razoavelmente robusta à suposição de normalidade, mas nem tanto à suposição de variância homogênea.

O teste de Bartlett para igualdade de variâncias é extremamente não robusto à normalidade.

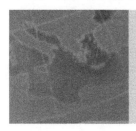

Experimentos fatoriais (dois ou mais fatores)

14.1 Introdução

Considere uma situação em que o interesse é estudar o efeito de *dois fatores*, A e B, em alguma resposta. Por exemplo, em um experimento químico, gostaríamos de variar simultaneamente a pressão e o tempo de reação e estudar o efeito de cada um no rendimento. Em um experimento biológico, o interesse é estudar o efeito do tempo de secagem e da temperatura na quantidade de sólidos (porcentagem por peso) deixada em amostras de levedura. Como no Capítulo 13, o termo *fator* é usado, em um sentido geral, para denotar qualquer característica do experimento, como temperatura, tempo ou pressão, que pode variar de tentativa para tentativa. Definimos os *níveis* de um fator como sendo seus valores usados no experimento.

Para cada um desses casos, é importante determinar não somente se cada um dos dois fatores tem influência na resposta, mas também se há interação significante entre os fatores. Até onde a terminologia é de interesse, o experimento descrito aqui é um experimento com dois fatores e o planejamento experimental pode ser um delineamento completamente aleatorizado, no qual as várias combinações de tratamentos são atribuídas aleatoriamente para todas as unidades experimentais, ou um planejamento completo de blocos aleatórios, no qual as combinações dos fatores são atribuídas aleatoriamente aos blocos. No caso do exemplo da levedura, as várias combinações dos tratamentos da temperatura e do tempo de secagem seriam atribuídas aleatoriamente às amostras de levedura se usarmos um delineamento completamente aleatorizado.

Muitos dos conceitos estudados no Capítulo 13 serão ampliados neste capítulo para dois ou três fatores. O ponto principal deste material é o uso do delineamento completamente aleatorizado em um *experimento fatorial*. Um experimento fatorial com dois fatores envolve tentativas experimentais (ou uma tentativa única) em todas as combinações de fatores. Por exemplo, no caso que envolve temperatura e tempo de secagem com, digamos, três níveis cada, e $n = 2$ execuções em cada uma das nove combinações, temos *um fatorial de dois fatores em um delineamento completamente aleatorizado*. Nenhum deles é um fator de bloco; estamos interessados no modo em que cada um influencia a porcentagem de sólidos nas amostras e se interagem ou não. O biólogo teria, portanto, 18 amostras físicas de material disponíveis, que são as unidades experimentais. Estas seriam, então, atribuídas aleatoriamente às 18 combinações (nove combinações de tratamento, todas duplicadas).

Antes de entrarmos em detalhes analíticos, como soma dos quadrados etc., pode ser de interesse para o leitor observar a conexão óbvia entre o que descrevemos e a situação do problema de fator único. Considere o experimento da levedura. A explicação sobre os graus de liberdade ajuda o leitor ou o analista na visualização da extensão. Inicialmente, deveríamos ver as nove combinações de tratamento como se elas representassem um fator com nove níveis (oito graus de liberdade). Logo, um olhar inicial nos graus de liberdade fornece

Combinações de tratamentos	8
Erro	9
Total	17

Efeitos principais e interação

Na verdade, o experimento poderia ser analisado conforme descrito na tabela acima. Entretanto, o teste F para as combinações provavelmente não forneceria ao analista as informações desejadas, ou seja, aquelas que consideram o papel da temperatura e do tempo de secagem. Três tempos de secagem têm dois graus de liberdade associados, e três temperaturas têm dois graus de liberdade. Os fatores principais, temperatura e tempo de secagem, são chamados de *efeitos principais*. Esses efeitos representam quatro dos oito graus de liberdade das *combinações de fatores*. Os quatro graus de liberdade adicionais são associados com a *interação* entre os dois fatores. Como resultado, a análise envolve

Combinações	8
Temperatura	2
Tempo de secagem	2
Interação	4
Erro	9
Total	17

Lembre-se, do Capítulo 13, de que os fatores em uma análise de variância podem ser vistos como fixos ou aleatórios, dependendo do tipo de inferência desejada e de como os níveis foram escolhidos. Aqui, devemos considerar efeitos fixos, efeitos aleatórios e até mesmo o caso em que os efeitos são mistos. Mais atenção será dada aos quadrados médios esperados conforme avançamos nesses tópicos. Na seção a seguir, focaremos o conceito de interação.

14.2 Interação no experimento com dois fatores

No modelo aleatorizado em blocos discutido previamente, assumimos que uma observação de cada tratamento é retirada em cada bloco. Se a suposição do modelo estiver correta, ou seja, se os blocos e os tratamentos são os únicos efeitos reais e não existe interação, o valor esperado do quadrado médio do erro é a variância do erro experimental, σ^2. Suponha, entretanto, que exista interação entre os tratamentos e os blocos, conforme indicado pelo modelo

$$y_{ij} = \mu + \alpha_i + \beta_j + (\alpha\beta)_{ij} + \epsilon_{ij}$$

da Seção 13.9. O valor esperado do quadrado médio do erro seria, então, dado por

$$E\left[\frac{SQE}{(b-1)(k-1)}\right] = \sigma^2 + \frac{1}{(b-1)(k-1)}\sum_{i=1}^{k}\sum_{j=1}^{b}(\alpha\beta)_{ij}^2.$$

Os efeitos do tratamento e do bloco não aparecem no valor esperado do quadrado médio do erro, mas o efeito da interação, sim. Então, se há interação no modelo, o quadrado médio do erro reflete a variação devida ao erro experimental mais uma contribuição da interação e, para esse plano experimental, não há forma de separá-los.

Interação e interpretação dos efeitos principais

Do ponto de vista de um pesquisador, deveria parecer necessário chegar a um teste de significância sobre a existência de interação separando-se a variação real do erro daquela que ocorre devido à interação. Os efeitos principais, A e B, têm um significado diferente na presença de interação. No experimento biológico anterior, o efeito que o tempo de secagem tem na quantidade de sólidos deixada na levedura pode depender bastante da temperatura à qual as amostras estavam expostas. Em geral, pode haver situações experimentais nas quais o fator A tenha um efeito positivo na resposta em um nível do fator B, enquanto em um nível diferente do fator B, o efeito de A pode ser negativo. Usamos o termo *efeito positivo* aqui para indicar que o rendimento ou a resposta aumenta conforme os níveis de certo fator aumentam de acordo com alguma ordem definida. Nesse mesmo sentido, um *efeito negativo* corresponde a uma diminuição no rendimento para um aumento nos níveis do fator. Considere, por exemplo, os seguintes dados de temperatura (fator A, nos níveis t_1, t_2 e t_3, em ordem crescente) e tempos de secagem (fator B, com níveis d_1, d_2 e d_3, também em ordem crescente). A resposta é a porcentagem de sólidos. Esses dados são completamente hipotéticos e fornecidos como ilustração.

		B		
A	d_1	d_2	d_3	Total
t_1	4,4	8,8	5,2	18,4
t_2	7,5	8,5	2,4	18,4
t_3	9,7	7,9	0,8	18,4
Total	21,6	25,2	8,4	55,2

Claramente, o efeito da temperatura é positivo na porcentagem dos sólidos no tempo de secagem baixo d_1, mas negativo para o tempo de secagem alto d_3. Essa *interação clara* entre a temperatura e o tempo de secagem é, obviamente, de interesse para o biólogo, mas, com base nos totais das respostas para as temperaturas t_1, t_2 e t_3, a soma dos quadrados das temperaturas, SQA, terá o valor zero. Dizemos, então, que a presença da interação está *mascarando* o efeito da temperatura. Assim, se considerarmos o efeito médio da temperatura, calculada entre os tempos de secagem, *não há efeito*. Isso, portanto, define o efeito principal. Mas isto, é claro, provavelmente não é pertinente para o biólogo.

Antes de chegar a qualquer conclusão resultante dos testes de significância nos efeitos principais e dos efeitos da interação, o *pesquisador deve, primeiro, observar se o teste de interação é ou não significante*. Se a interação não for significante, os resultados de todos os testes dos efeitos principais são significantes. Entretanto, se a interação deve ser significante, somente aqueles testes nos efeitos principais que se mostrarem significantes. Os efeitos principais não significantes na presença da interação podem ser resultado de mascaramento e ditar a necessidade de se observar a influência de cada fator nos níveis fixos dos outros.

Uma análise gráfica da interação

A presença de interação, bem como seu impacto científico, pode ser bem interpretada por meio de *gráficos de interação*. Os gráficos fornecem uma visão clara da tendência dos dados, ao mostrarem a mudança do efeito de um

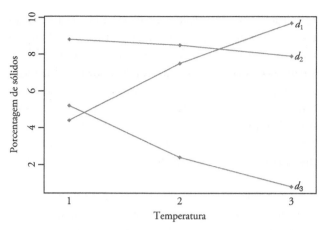

Figura 14.1 Gráfico de interação para os dados de temperatura e tempo de secagem.

fator conforme nos movemos de um nível para outro de um segundo fator. A Figura 14.1 ilustra a forte interação temperatura alta com o tempo de secagem. A interação é revelada pelas linhas não paralelas.

O relativamente forte *efeito da temperatura* na porcentagem de sólidos em tempos de secagem baixos é refletido na inclinação íngreme em d_1. No tempo de secagem médio d_2, a temperatura tem pouco efeito, enquanto no tempo de secagem alto, d_3, a inclinação negativa ilustra um efeito negativo na temperatura. Gráficos de interação como esse conjunto fornecem ao cientista uma interpretação rápida e expressiva da interação que está presente. Deve ficar evidente que o *paralelismo* nos gráficos sinaliza uma *ausência de interação*.

Necessidade de observações múltiplas

A interação e o erro experimental são separados no experimento de dois fatores somente se forem feitas observações múltiplas em várias combinações de tratamentos. Para eficiência máxima, deve haver o mesmo número n de observações em cada combinação. Devem ser replicações verdadeiras, não somente medições repetidas. Por exemplo, na ilustração da levedura, se assumirmos $n = 2$ observações em cada combinação de temperatura e tempo de secagem, deve haver duas amostras separadas e não apenas medições repetidas na mesma amostra. Isso permite que a variabilidade devida às unidades experimentais apareça no 'erro', de modo que a variação não seja meramente um erro de medição.

14.3 Análise de variância com dois fatores

Para apresentar as fórmulas gerais da análise de variância de um experimento de dois fatores usando observações repetidas em um delineamento completamente aleatorizado, devemos considerar o caso de n replicações das combinações dos tratamentos determinadas por a níveis do fator A e b níveis do fator B. As observações podem ser classificadas por meio de uma tabela na qual as linhas representam os níveis do fator A e as colunas representam os níveis do fator B. Cada combinação de tratamento define uma célula em nossa tabela. Então, temos ab células, cada uma com n observações. Denotando por y_{ijk} a k-ésima observação feita no i-ésimo nível do fator A e no j-ésimo nível do fator B, as abn observações são mostradas na Tabela 14.1.

Tabela 14.1 Experimento de dois fatores com n replicações

A	1	2	...	b	Total	Média
1	y_{111} y_{112} ⋮ y_{11n}	y_{121} y_{122} ⋮ y_{12n}	... ...	y_{1b1} y_{1b2} ⋮ y_{1bn}	$Y_{1..}$	$\bar{y}_{1..}$
2	y_{211} y_{212} ⋮ y_{21n}	y_{221} y_{222} ⋮ y_{22n}	... ...	y_{2b1} y_{2b2} ⋮ y_{2bn}	$Y_{2..}$	$\bar{y}_{2..}$
⋮	⋮	⋮		⋮	⋮	⋮
a	y_{a11} y_{a12} ⋮ y_{a1n}	y_{a21} y_{a22} ⋮ y_{a2n}	... ...	y_{ab1} y_{ab2} ⋮ y_{abn}	$Y_{a..}$	$\bar{y}_{a..}$
Total Média	$Y_{.1.}$ $\bar{y}_{.1.}$	$Y_{.2.}$ $\bar{y}_{.2.}$	... ...	$Y_{.b.}$ $\bar{y}_{.b.}$	$Y_{...}$	$\bar{y}_{...}$

As observações na (*ij*)-ésima célula constituem uma amostra aleatória de tamanho *n* de uma população que é assumida como normalmente distribuída com média μ_{ij} e variância σ^2. Todas as *ab* populações são assumidas como tendo a mesma variância σ^2. Vamos definir os seguintes símbolos úteis, alguns dos quais são usados na Tabela 14.1:

$Y_{ij.}$ = soma das observações na (*ij*)-ésima célula,
$Y_{i..}$ = soma das observações para o *i*-ésima nível do fator *A*,
$Y_{.j.}$ = soma das observações para o *j*-ésima nível do fator *B*,
$Y_{...}$ = soma de todas as observações *abn*,
$\bar{y}_{ij.}$ = média das observações na (*ij*)-ésima célula,
$\bar{y}_{i..}$ = média das observações para o *i*-ésimo nível do fator *A*,
$\bar{y}_{.j.}$ = média das observações para o *j*-ésimo nível do fator *B*,
$\bar{y}_{...}$ = média de todas as *abn* observações.

Diferentemente da situação com um fator estudada no Capítulo 13, aqui estamos assumindo que as *populações*, em que *n* observações distribuídas independente e identicamente são retiradas, são *combinações* dos fatores. Também assumimos que um número igual (*n*) de observações é feito em cada combinação dos fatores. Nos casos em que os tamanhos das amostras nas combinações são desiguais, os cálculos são mais complicados, mas os conceitos são transferíveis.

Modelo e hipóteses para o problema de dois fatores

Cada observação na Tabela 14.1 pode ser escrita na forma

$$y_{ijk} = \mu_{ij} + \epsilon_{ijk},$$

onde ϵ_{ijk} mede os desvios dos valores y_{ijk} observados na (*ij*)-ésima célula da média da população μ_{ij}. Se denotarmos por $(\alpha\beta)_{ij}$ o efeito da interação do *i*-ésimo nível do fator *A* com o *j*-ésimo nível do fator *B*, α_i o efeito do *i*-ésimo nível do fator *A*, β_j o efeito do *j*-ésimo nível do fator *B* e μ a média geral, podemos escrever

$$\mu_{ij} = \mu + \alpha_i + \beta_j + (\alpha\beta)_{ij},$$

e então

$$y_{ijk} = \mu + \alpha_i + \beta_j + (\alpha\beta)_{ij} + \epsilon_{ijk},$$

na qual impomos as restrições

$$\sum_{i=1}^{a} \alpha_i = 0, \quad \sum_{j=1}^{b} \beta_j = 0, \quad \sum_{i=1}^{a} (\alpha\beta)_{ij} = 0, \quad \sum_{j=1}^{b} (\alpha\beta)_{ij} = 0.$$

As três hipóteses a serem testadas são as seguintes:

1. H_0': $\alpha_1 = \alpha_2 = \ldots \alpha_a = 0$,
   H_1': pelo menos um dos α_i's é diferente de zero.
2. H_0'': $\beta_1 = \beta_2 = \ldots \beta_b = 0$,
   H_1'': pelo menos um dos β_j's é diferente de zero.
3. H_0''': $(\alpha\beta)_{11} = (\alpha\beta)_{12} = \ldots (\alpha\beta)_{ab} = 0$,
   H_1''': pelo menos um dos $(\alpha\beta)_{ij}$'s é diferente de zero.

Alertamos o leitor sobre o problema de mascarar os efeitos principais quando a interação tem a grande contribuição no modelo. É recomendável que o resultado do teste de interação seja considerado primeiro. A interpretação dos testes dos efeitos principais vem em seguida, e a natureza da conclusão científica depende de a interação ser encontrada. Se não houver interação, então as hipóteses 1 e 2 citadas podem ser testadas, e a interpretação é muito simples. Entretanto, se houver interação, a interpretação pode ser mais complicada, conforme vimos na discussão do tempo de secagem e temperatura na seção anterior. A seguir, as estruturas dos testes das hipóteses 1, 2 e 3 serão discutidas. A interpretação dos resultados será incorporada na discussão da análise do Exemplo 14.1.

Os testes das hipóteses acima serão baseados na comparação de estimativas independentes de σ^2, fornecidas pela decomposição da soma dos quadrados total de nossos dados em quatro componentes pela identidade a seguir.

Decomposição da variabilidade no caso de dois fatores

Teorema 14.1
Identidade da soma dos quadrados

$$\sum_{i=1}^{a}\sum_{j=1}^{b}\sum_{k=1}^{n}(y_{ijk} - \bar{y}_{...})^2 = bn\sum_{i=1}^{a}(\bar{y}_{i..} - \bar{y}_{...})^2$$

$$+ an\sum_{j=1}^{b}(\bar{y}_{.j.} - \bar{y}_{...})^2 + n\sum_{i=1}^{a}\sum_{j=1}^{b}(\bar{y}_{ij.} - \bar{y}_{i..} - \bar{y}_{.j.} + \bar{y}_{...})^2$$

$$+ \sum_{i=1}^{a}\sum_{j=1}^{b}\sum_{k=1}^{n}(y_{ijk} - \bar{y}_{ij.})^2$$

Simbolicamente, escrevemos a identidade da soma dos quadrados como

$$SQT = SQA + SQB + SQ(AB) + SQE,$$

onde *SQA* e *SQB* são chamadas de soma dos quadrados dos efeitos principais *A* e *B*, respectivamente; *SQ(AB)* é chamada de soma dos quadrados da interação entre *A* e *B*; e *SQE* é a soma dos quadrados do erro. Os graus de liberdade são divididos de acordo com a identidade

$$abn - 1 = (a - 1) + (b - 1)$$
$$+ (a - 1)(b - 1) + ab(n - 1).$$

Formação dos quadrados médios

Se dividirmos cada soma dos quadrados no lado direito da identidade da soma dos quadrados por seu número correspondente de graus de liberdade, obtemos as quatro estatísticas

$$S_1^2 = \frac{SQA}{a-1}, \quad S_2^2 = \frac{SQB}{b-1},$$

$$S_3^2 = \frac{SQ(AB)}{(a-1)(b-1)}, \quad S^2 = \frac{SQE}{ab(n-1)}.$$

Todas essas estimativas de variância são estimativas independentes de σ^2, sob a condição de que não há efeitos α_i, β_j, e, é claro, $(\alpha\beta)_{ij}$. Se interpretarmos a soma dos quadrados como funções das variáveis independentes $y_{111}, y_{112}, ..., y_{abn}$, não é difícil verificar que

$$E(S_1^2) = E\left[\frac{SQA}{a-1}\right] = \sigma^2 + \frac{nb}{a-1}\sum_{i=1}^{a}\alpha_i^2,$$

$$E(S_2^2) = E\left[\frac{SQB}{b-1}\right] = \sigma^2 + \frac{na}{b-1}\sum_{j=1}^{b}\beta_j^2,$$

$$E(S_3^2) = E\left[\frac{SQ(AB)}{(a-1)(b-1)}\right]$$
$$= \sigma^2 + \frac{n}{(a-1)(b-1)}\sum_{i=1}^{a}\sum_{j=1}^{b}(\alpha\beta)_{ij}^2,$$

$$E(S^2) = E\left[\frac{SQE}{ab(n-1)}\right] = \sigma^2,$$

das quais imediatamente observamos que todas as quatro estimativas de σ^2 são não viciadas se H_0', H_0'' e H_0''' forem verdadeiras.

Para testar a hipótese H_0' de que todos os efeitos do fator de A são iguais a zero, calculamos a razão

Teste F para o fator A

$$f_1 = \frac{s_1^2}{s^2},$$

que é um valor da variável aleatória F_1 que tem distribuição F com $a-1$ e $ab(n-1)$ graus de liberdade quando H_0' é verdadeira. A hipótese nula é rejeitada, no nível de significância α, quando $f_1 > f_\alpha[a-1, ab(n-1)]$. Similarmente, para testar a hipótese H_0'' de que os efeitos do fator B são iguais a zero, calculamos a razão

Teste F para o fator B

$$f_2 = \frac{s_2^2}{s^2},$$

que é um valor da variável aleatória F_2 que tem distribuição F com $b-1$ e $ab(n-1)$ graus de liberdade quando H_0'' é verdadeira. Essa hipótese é rejeitada, no nível de significância α, quando $f_2 > f_\alpha[b-1, ab(n-1)]$. Finalmente, para testar a hipótese H_0''', de que os efeitos de interação são todos iguais a zero, calculamos a razão

Teste F para interação

$$f_3 = \frac{s_3^2}{s^2},$$

que é o valor da variável aleatória F_3 que tem distribuição F com $(a-1)(b-1)$ e $ab(n-1)$ graus de liberdade quando H_0''' é verdadeira. Concluímos que a interação está presente quando $f_3 > f_\alpha[(a-1)(b-1), ab(n-1)]$.

Como indicado na Seção 14.2, é aconselhável interpretar o teste da interação antes de tentarmos realizar inferências sobre os efeitos principais. Se a interação não for significante, certamente há evidências de que os testes nos efeitos principais são interpretáveis. A rejeição da hipótese 1 implica que as médias da resposta nos níveis do fator A são significativamente diferentes, enquanto a rejeição da hipótese 2 implica uma condição similar para as médias nos níveis do fator B. Entretanto, uma interação significante poderia muito bem implicar que os dados deveriam ser analisados de uma maneira diferente — *talvez observando-se o efeito do fator A em níveis fixos do fator B*, e assim por diante.

Os cálculos em um problema de análise de variância, para o experimento de dois fatores com n replicações, são geralmente resumidos como na Tabela 14.2.

■ **Exemplo 14.1**

Em um experimento conduzido para determinar qual de três sistemas de mísseis é preferível, foi medida a taxa de queima do propelente para 24 lançamentos estáticos. Quatro tipos diferentes de propelentes foram usados. O experimento rendeu observações duplicadas das taxas de queima em cada combinação de tratamentos.

Tabela 14.2 Análise de variância para o experimento de dois fatores com *n* replicações

Fonte de variação	Soma dos quadrados	Graus de liberdade	Quadrado médio	f calculado
Efeito principal				
A	SQA	$a-1$	$s_1^2 = \frac{SQA}{a-1}$	$f_1 = \frac{s_1^2}{s^2}$
B	SQB	$b-1$	$s_2^2 = \frac{SQB}{b-1}$	$f_2 = \frac{s_2^2}{s^2}$
Interações de dois fatores				
AB	$SQ(AB)$	$(a-1)(b-1)$	$s_3^2 = \frac{SQ(AB)}{(a-1)(b-1)}$	$f_3 = \frac{s_3^2}{s^2}$
Erro	SQE	$ab(n-1)$	$s^2 = \frac{SQE}{ab(n-1)}$	
Total	SQT	$abn-1$		

Os dados, depois de codificados, são fornecidos na Tabela 14.3. Teste as seguintes hipóteses: (a) H'_0: não há diferença na média das taxas de queima dos propelentes quando diferentes sistemas de mísseis são usados, (b) H''_0: não há diferença na média das taxas de queima dos propelentes dos quatro tipos de propelentes, (c) H'''_0: não há interação entre os diferentes sistemas de mísseis e tipos de propelentes.

Solução:

1. (a) H'_0: $\alpha_1 = \alpha_2 = \alpha_3 = 0$.
   (b) H''_0: $\beta_1 = \beta_2 = \beta_3 = \beta_4 = 0$.
   (c) H'''_0: $(\alpha\beta)_{11} = (\alpha\beta)_{12} = \ldots (\alpha\beta)_{34} = 0$.
2. (a) H'_1: pelo menos um dos α_i's não é igual a zero.
   (b) H''_1: pelo menos um dos β_j's não é igual a zero.
   (c) H'''_1: pelo menos um dos $(\alpha\beta)_{ij}$'s não é igual a zero.

A fórmula da soma dos quadrados é usada conforme descrito no Teorema 14.1. A análise de variância é mostrada na Tabela 14.4.

O leitor é direcionado à Figura 14.2, que mostra os resultados da análise destes dados no procedimento *SAS* GLM. Note como o 'modelo' (11 graus de liberdade) é inicialmente testado e o sistema, o tipo e a interação do sistema com o tipo são testados separadamente. O teste *f* no modelo (*P* = 0,0030) testa o efeito acumulado dos dois efeitos principais e da interação.

(a) Rejeite H'_0 e conclua que diferentes sistemas de mísseis resultam em diferentes médias da taxa de queima do propelente. O valor *P* é aproximadamente 0,017.
(b) Rejeite H''_0 e conclua que a média das taxas de queima do propelente não é a mesma para os quatro tipos de propelentes. O valor *P* é menor que 0,0010.
(c) A interação é quase insignificante no nível 0,05, mas o valor *P* de aproximadamente 0,0512 indicaria que a interação deve ser levada a sério.

Neste ponto, deveríamos chegar a algum tipo de interpretação da interação. Deveríamos enfatizar que a sig-

Tabela 14.3 Taxas de queima dos propelentes

Sistema de mísseis	Tipo de propelente			
	b_1	b_2	b_3	b_4
a_1	34,0	30,1	29,8	29,0
	32,7	32,8	26,7	28,9
a_2	32,0	30,2	28,7	27,6
	33,2	29,8	28,1	27,8
a_3	28,4	27,3	29,7	28,8
	29,3	28,9	27,3	29,1

Tabela 14.4 Análise de variância para os dados da Tabela 14.3

Fonte de variação	Soma dos quadrados	Graus de liberdade	Quadrado médio	*f* calculado
Sistema de mísseis	14,52	2	7,26	5,84
Tipo de propelente	40,08	3	13,36	10,75
Interação	22,16	6	3,69	2,97
Erro	14,91	12	1,24	
Total	91,68	23		

```
                        The GLM Procedure
Dependent Variable: rate
                           Sum of
    Source           DF    Squares       Mean Square   F Value   Pr > F
    Model            11    76,76833333   6,97893939    5,62      0,0030
    Error            12    14,91000000   1,24250000
    Corrected Total  23    91,67833333

    R-Square   Coeff Var   Root MSE    rate Mean
    0,837366   3,766854    1,114675    29,59167

    Source        DF   Type III SS    Mean Square   F Value   Pr > F
    system        2    14,52333333    7,26166667    5,84      0,0169
    type          3    40,08166667    13,36055556   10,75     0,0010
    system*type   6    22,16333333    3,69388889    2,97      0,0512
```

Figura 14.2 Impressão *SAS* da análise dos dados da taxa do propelente da Tabela 14.3.

Tabela 14.5 Interpretação da interação

	b_1	b_2	b_3	b_4	Média
a^1	33,35	31,45	28,25	28,95	30,50
a_2	32,60	30,00	28,40	27,70	29,68
a_3	28,85	28,10	28,50	28,95	28,60
Média	31,60	29,85	28,38	28,53	

nificância estatística de um efeito principal meramente implica que *as médias marginais são significativamente diferentes*. Entretanto, considere a tabela bidirecional de médias na Tabela 14.5.

É aparente que as informações mais importantes existentes no corpo das tendências da tabela são inconsistentes com a tendência descrita pelas médias marginais. A Tabela 14.5 certamente sugere que o efeito do tipo de propelente depende do sistema que está sendo usado. Por exemplo, para o sistema 3, o efeito do tipo de propelente não parece ser importante, embora tenha um grande efeito se o sistema 1 ou o 2 forem usados. Isso explica a interação 'significante' entre esses dois fatores. Revelaremos mais sobre essa interação a seguir.

■ **Exemplo 14.2**

Em relação ao Exemplo 14.1, escolha dois contrastes ortogonais para a decomposição da soma dos quadrados para os sistemas de mísseis em dois componentes com grau de liberdade único, para serem usados na comparação dos sistemas 1 e 2 com 3 e do sistema 1 *versus* 2.
Solução: O contraste para comparação dos sistemas 1 e 2 com 3 é

$$\omega_1 = \mu_{1.} + \mu_{2.} - 2\mu_{3.}$$

Um segundo contraste, ortogonal a ω_1, para a comparação do sistema 1 com o sistema 2, é dado por $\omega_2 = \mu_{1.} - \mu_{2.}$. As somas dos quadrados com grau de liberdade único são

$$SQ\omega_1 = \frac{[244{,}0 + 237{,}4 - (2)(228{,}8)]^2}{(8)[(1)^2 + (1)^2 + (-2)^2]} = 11{,}80$$

e

$$SQ\omega_2 = \frac{(244{,}0 - 237{,}4)^2}{(8)[(1)^2 + (-1)^2]} = 2{,}72$$

Note que $SQ\omega_1 + SQ\omega_2 = SQA$, como esperado. Os valores f calculados correspondentes a ω_1 e ω_2 são, respectivamente,

$$f_1 = \frac{11{,}80}{1{,}24} = 9{,}5 \quad \text{e} \quad f_2 = \frac{2{,}72}{1{,}24} = 2{,}2.$$

Comparados com o valor crítico $f_{0,05}(1,12) = 4{,}75$, descobrimos que f_1 é significante. Na verdade, o valor P é menor que 0,01. Portanto, o primeiro contraste indica que a hipótese

$$H_0: \frac{1}{2}(\mu_{1.} + \mu_{2.}) = \mu_{3.}$$

é rejeitada. Já que $f_2 < 4{,}75$, as médias das taxas de queima do primeiro e do segundo sistemas não são significativamente diferentes.

Impacto da interação significante no Exemplo 14.1

Se a hipótese de não interação no Exemplo 14.1 for verdadeira, poderíamos fazer as comparações *gerais* do Exemplo 14.2 em relação ao sistema de mísseis em vez de fazer comparações em separado para cada propelente. Similarmente, podemos fazer comparações gerais entre os propelentes em vez de comparações em separado para cada sistema de míssil. Por exemplo, poderíamos comparar os propelentes 1 e 2 com o 3 e 4 e também o propelente 1 *versus* o 2. As razões *f* resultantes, cada uma com 1 e 12 graus de liberdade, seriam 24,86 e 7,41, respectivamente, e ambas seriam bastante significantes no nível de 0,05.

Da análise das médias dos propelentes parece haver evidência de que o propelente 1 fornece a maior taxa média de queima. Um pesquisador prudente deve ter cuidado ao chegar a conclusões gerais em um problema como este, em que a razão *f* para a interação está quase abaixo do valor crítico de 0,05. Por exemplo, a evidência geral, 31,60 *versus* 29,85 na média para os dois propelentes, certamente indica que o propelente 1 é superior em relação à taxa de queima mais alto do que o propelente 2. No entanto, se nos restringirmos ao sistema 3, no qual temos uma média de 28,85 para o propelente 1 em oposição a 28,10 para o propelente 2, parece haver pouca ou nenhuma diferença entre ambos. De fato, parece haver uma estabilização das taxas de queima para diferentes propelentes se operarmos com o sistema 3. Há, certamente, uma evidência geral que indica que o sistema 1 fornece um a maior taxa de queima do que o sistema 3, mas se nos restringirmos ao propelente 4, essa conclusão não parece se manter.

O analista pode conduzir um teste *t* simples, usando as taxas de queima médias no sistema 3 para mostrar evidências conclusivas de que a interação *está produzindo dificuldades consideráveis de se permitirem conclusões nos efeitos principais*. Considere a comparação do propelente 1 contra o 2 usando somente o sistema 3. Tomando emprestada uma estimativa de σ^2 da análise geral, ou seja, utilizando $s^2 = 1{,}24$, com 12 graus de liberdade, podemos usar

$$|t| = \frac{0{,}75}{\sqrt{2s^2/n}} = \frac{0{,}75}{\sqrt{1{,}24}} = 0{,}67,$$

que não está nem próxima de ser significante. Essa ilustração sugere que devemos ter cuidado nas interpretações estritas dos efeitos principais na presença de interação.

Análise gráfica para o problema de dois fatores do Exemplo 14.1

Muitos dos mesmos tipos de gráficos o que foram sugeridos nos problemas de fator único certamente se aplicam ao caso de dois fatores. Gráficos bidimensionais das médias das células ou das médias das combinações de tratamentos podem fornecer uma percepção sobre a presença de interação entre os dois fatores. Além disso, um gráfico dos resíduos contra os valores ajustados também pode fornecer uma indicação da validade ou não da suposição de variância homogênea. Com freqüência, é claro, a violação da suposição de variância homogênea envolve o aumento na de variância do erro conforme o *valor da resposta aumenta*. Como resultado, esse gráfico pode apontar a violação.

A Figura 14.3 mostra o gráfico das médias das células na ilustração do caso do propelente do sistema de mísseis do Exemplo 14.1. Note como a falta de paralelismo (nesse caso) é mostrada no gráfico. Observe o achatamento da parte da figura que mostra o efeito do propelente no sistema 3. Isso ilustra a interação entre os fatores. A Figura 14.4 mostra o gráfico dos resíduos contra os valores ajustados para os mesmos dados. Não há sinal de dificuldade aparente com a suposição de variância homogênea.

■ Exemplo 14.3

Um engenheiro elétrico está investigando um processo de corrosão de plasma usado na fabricação de semicondutores. O interesse é estudar o efeito de dois fatores, a taxa de fluxo do gás C_2F_6 (A) e a força aplicada no catodo (B). A resposta é o índice de corrosão. Cada fator é executado em três níveis e duas execuções experimentais na taxa de corrosão são feitas para cada uma das nove combinações. A estrutura é a de um delineamento completamente aleatorizado. Os dados são fornecidos na Tabela 14.6. A taxa de corrosão está em A°/min.

Os níveis dos fatores estão em ordem ascendente com o nível 1 sendo o nível mais baixo e o 3 sendo o mais alto.

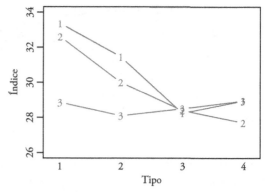

Figura 14.3 Gráfico das médias das células para os dados do Exemplo 14.1. Os números representam os sistemas de mísseis.

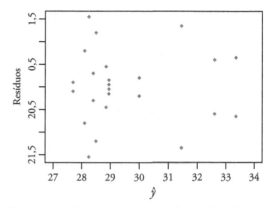

Figura 14.4 Gráfico residual para os dados do Exemplo 14.1.

Tabela 14.6 Dados para o Exemplo 14.3

Taxa de fluxo de C_2F_6	Força fornecida		
	1	2	3
1	288	488	670
	360	465	720
2	385	482	692
	411	521	724
3	488	595	761
	462	612	801

```
                        The GLM Procedure
Dependent Variable: etchrate
                              Sum of
Source              DF       Squares     Mean Square    F Value    Pr > F
Model                8    379508,7778      47438,5972      61,00    <,0001
Error                9      6999,5000        777,7222
Corrected Total     17    386508,2778

R-Square      Coeff Var      Root MSE     etchrate Mean
0,981890       5,057714      27,88767          551,3889

Source              DF    Type III SS    Mean Square    F Value    Pr > F
c2f6                 2     46343,1111     23171,5556      29,79    0,0001
power                2    330003,4444    165001,7222     212,16    <,0001
c2f6*power           4      3162,2222       790,5556       1,02    0,4485
```

Figura 14.5 Impressão *SAS* para o Exemplo 14.3.

```
         Duncan Grouping       Mean    N  c2f6              Duncan Grouping       Mean    N  power
                        A    619,83    6   3                              A    728,00    6   3
                        B    535,83    6   2                              B    527,17    6   2
                        C    498,50    6   1                              C    399,00    6   1
                             (a)                                               (b)
```

Figura 14.6 (a) Resultado *SAS* lidando com o Exemplo 14.3 (teste de Duncan para a taxa de fluxo do gás); (b) Resultado *SAS* para o Exemplo 14.3 (teste de Duncan para a força).

(a) Mostre uma tabela de análise de variância e chegue a conclusões, começando com o teste da interação.
(b) Faça testes dos efeitos principais e tire conclusões.
Solução: Uma impressão *SAS* é fornecida na Figura 14.5. Dos resultados, aprendemos o seguinte.
(a) O valor P para o teste da interação é 0,4485. Podemos concluir que não há interação significante.
(b) Há uma diferença significativa na média da taxa de corrosão para os três níveis da taxa de fluxo de C_2F_6. O teste de Duncan mostra que a média da taxa de corrosão para o nível 3 é significativamente maior do que para o nível 2, e a taxa para o nível 2 é significativamente maior do que para o nível 1. Veja a Figura 14.6(a).

Há uma diferença significativa na taxa de corrosão média no nível de força para o catodo. O teste de Duncan revela que a taxa de corrosão para o nível 3 é significativamente maior do que para o nível 2, e a taxa para o nível 2 é significativamente maior do que para o nível 1. Veja a Figura 14.60(b).

Exercícios

14.1 Um experimento foi conduzido para estudar o efeito da temperatura e do tipo de forno na vida útil de certo componente. Quatro tipos de fornos e três níveis de temperatura foram usados no experimento. Vinte e quatro peças foram atribuídas aleatoriamente, duas para cada combinação de tratamentos, e os resultados foram registrados a seguir.

Temperatura	Forno			
(Graus)	O_1	O_2	O_3	O_4
500	227	214	225	260
	221	259	236	229
550	187	181	232	246
	208	179	198	273
600	174	198	178	206
	202	194	213	219

Usando um nível de significância de 0,05, teste a hipótese de que

(a) temperaturas diferentes não têm efeito na vida útil do componente;
(b) fornos diferentes não têm efeito na vida útil do componente;
(c) o tipo de forno e a temperatura não interagem.

14.2 Para verificar a estabilidade da vitamina C no suco de laranja concentrado, congelado e restituído armazenado em um refrigerador por um período de uma semana, o estudo *Vitamin C Retention in Reconstituted Frozen Orange Juice* (Retenção da vitamina C no suco de laranja congelado e restituído) foi conduzido pelo Departamento de Nutrição Humana e Alimentos do Instituto Politécnico e Universidade Estadual da Virgínia. Três tipos de suco de laranja concentrado congelado foram testados usando três períodos. Os períodos se referem ao número de dias decorridos desde em que o suco foi misturado até o teste. Os resultados, em miligramas de ácido ascórbico por litro, foram registrados. Use um nível de significância de 0,05 para testar a hipótese de que

(a) não há diferença no conteúdo de ácido ascórbico entre as marcas diferentes de suco de laranja concentrado;
(b) não há diferença no conteúdo de ácido ascórbico para os diferentes períodos;
(c) as marcas de suco de laranja concentrado e o número de dias decorridos, desde o dia em que foram misturados até o teste, não interagem.

Marca	Tempo (dias)					
	0		3		7	
Richfood	52,6	54,2	49,4	49,2	42,7	48,8
	49,8	46,5	42,8	53,2	40,4	47,6
Sealed-Sweet	56,0	48,0	48,8	44,0	49,2	44,0
	49,6	48,4	44,0	42,4	42,0	43,2
Minute Maid	52,5	52,0	48,0	47,0	48,5	43,3
	51,8	53,6	48,2	49,6	45,2	47,6

14.3 Três raças de camundongos foram estudadas sob duas condições ambientais, para seu desempenho em um teste em um labirinto. Os escores de erro para os 48 camundongos foram registrados como se segue:

	Raça		
Ambiente	Inteligente	Misturada	Estúpida
Livre	28 12	33 83	101 94
	22 23	36 14	33 56
	25 10	41 76	122 83
	36 86	22 58	35 23
Restrito	72 32	60 89	136 120
	48 93	35 126	38 153
	25 31	83 110	64 128
	91 19	99 118	87 140

Use o nível de significância de 0,01 para testar a hipótese de que
(a) não há diferença nos escores de erro para ambientes diferentes;
(b) não há diferença nos escores de erro para raças diferentes;
(c) os ambientes e as raças não interagem.

14.4 A corrosão por fadiga nos metais foi definida como uma ação simultânea entre o estresse cíclico e o ataque químico em uma estrutura de metal. Uma técnica amplamente usada para minimizar a corrosão por fadiga no alumínio envolve a aplicação de um revestimento protetor. Em um estudo conduzido pelo Departamento de Engenharia Mecânica do Instituto Politécnico e Universidade Estadual da Virgínia, os diferentes níveis de umidade

Baixo: 20%–25% de umidade relativa
Médio: 55%–60% de umidade relativa
Alto: 86%–91% de umidade relativa

e os três tipos de revestimento

Não revestido: sem revestimento
Anodizado: revestimento de óxido de ácido sulfúrico anódico
Conversão: revestimento de conversão de cromato químico

foram usados. Os dados da corrosão por fadiga, expressos em milhares de ciclos até a falha, foram registrados a seguir:

	Umidade relativa		
Revestimento	Baixa	Média	Alta
Sem	361 469	314 522	1344 1216
revestimento	466 937	244 739	1027 1097
	1069 1357	261 134	1011 1011
Anodizado	114 1032	322 471	78 466
	1236 92	306 130	387 407
	533 211	68 398	130 327
Conversão	130 1482	252 874	586 524
	841 529	105 755	402 751
	1595 754	847 573	846 529

(a) Faça uma análise de variância, com $\alpha = 0{,}05$, para testar os efeitos principais e os efeitos de interação.
(b) Use o teste de amplitude múltipla de Duncan, no nível de significância de 0,05, para determinar quais níveis de umidade resultam em diferentes danos por fadiga.

14.5 Para determinar quais músculos precisam se submeter a um programa de condicionamento para melhorar o desempenho de uma pessoa no saque em um jogo de tênis, um estudo foi conduzido pelo Departamento de Saúde, Educação Física e Recreação do Instituto Politécnico e Universidade Estadual da Virgínia. Cinco músculos diferentes

1: Deltóide anterior   4: Deltóide mediano
2: Peitoral maior   5: Tríceps
3: Deltóide posterior

foram testados em cada um dos três indivíduos e o experimento foi realizado três vezes para cada combinação de tratamento. Os dados eletromiográficos, registrados durante o saque, são apresentados aqui. Use um nível de significância de 0,01 para testar a hipótese de que
(a) diferentes indivíduos têm medidas eletromiográficas iguais;
(b) músculos diferentes não têm efeito nas medidas eletromiográficas;
(c) os indivíduos e os tipos de músculos não interagem.

			Músculo		
Indivíduo	1	2	3	4	5
1	32	5	58	10	19
	59	1,5	61	10	20
	38	2	66	14	23
2	63	10	64	45	43
	60	9	78	61	61
	50	7	78	71	42
3	43	41	26	63	61
	54	43	29	46	85
	47	42	23	55	95

14.6 Um experimento foi conduzido para aumentar a adesão de produtos de borracha. Dezesseis produtos foram feitos com um novo aditivo e 16 sem ele. A adesão observada foi registrada a seguir.

		Temperatura (°C)		
	50	60	70	80
Sem	2,3	3,4	3,8	3,9
aditivos	2,9	3,7	3,9	3,2
	3,1	3,6	4,1	3,0
	3,2	3,2	3,8	2,7

(*continua*)

(*continuação*)

	Temperatura (°C)			
	50	60	70	80
Com aditivos	4,3	3,8	3,9	3,5
	3,9	3,8	4,0	3,6
	3,9	3,9	3,7	3,8
	4,2	3,5	3,6	3,9

Faça uma análise de variância para testar se os efeitos principais e os efeitos de interação são significantes.

14.7 A taxa de extração de certo polímero é conhecida como dependente da temperatura de reação e da quantidade de catalisador usada. Um experimento foi conduzido em quatro níveis de temperatura e cinco níveis de catalisadores, e a taxa de extração foi registrada na seguinte tabela.

	Quantidade de catalisador				
	0,5%	0,6%	0,7%	0,8%	0,9%
50 °C	38	45	57	59	57
	41	47	59	61	58
60 °C	44	56	70	73	61
	43	57	69	72	58
70 °C	44	56	70	73	61
	47	60	67	61	59
80 °C	49	62	70	62	53
	47	65	55	69	58

Faça uma análise de variância. Teste a significância dos efeitos principais significativos e dos efeitos de interação.

14.8 Em Myers e Montgomery (2002), um cenário é discutido no qual o processo de chapeamento dos pára-choques de automóveis é descrito. A resposta é a espessura do material. Os fatores que podem impactar a espessura incluem a quantidade de níquel (A) e o pH (B). Um experimento de dois fatores é planejado. O plano é um delineamento completamente aleatorizado, no qual os pára-choques individuais são atribuídos aleatoriamente para as combinações de fatores. Três níveis de pH e dois níveis de conteúdo de níquel estão envolvidos nesse experimento. Os dados da espessura, em cm × 10^{-3}, são os seguintes:

Conteúdo de níquel (gramas)	pH		
	5	5,5	6
18	250	211	221
	195	172	150
	188	165	170
10	115	88	69
	165	112	101
	142	108	72

(a) Mostre a tabela de análise de variância com os testes para os efeitos principais e de interação. Mostre os valores P.
(b) Dê conclusões de engenharia. O que você aprendeu com a análise desses dados?
(c) Mostre um gráfico que descreva a presença ou ausência de interação.

14.9 Um engenheiro está interessado no efeito da velocidade de corte e da geometria da ferramenta na vida útil, em horas, de uma máquina. Duas velocidades de corte e duas geometrias diferentes são usadas. Três testes experimentais são realizados em cada uma das quatro combinações de tratamentos. Os dados estão a seguir:

Geometria da ferramenta	Velocidade de corte					
	Baixa			Alta		
1	22	28	20	34	37	29
2	18	15	16	11	10	10

(a) Mostre uma tabela de análise de variância com testes nos efeitos principais e de interação.
(b) Comente o efeito que a interação tem no teste na velocidade de corte.
(c) Faça testes secundários que permitirão ao engenheiro entender o real impacto da velocidade de corte.
(d) Faça um gráfico que mostre o efeito da interação.

14.10 Dois fatores, em um processo de manufatura de circuitos integrados, foram estudados em um experimento bifatorial. O propósito do experimento é entender o efeito desses fatores na resistência do soquete. Os fatores são a dose de implante (2 níveis) e a posição da fornalha (3 níveis). Como o experimento tem um custo alto, somente uma execução é realizada em cada combinação. Os dados são apresentados a seguir.

Dose	Posição		
1	15,5	14,8	21,3
2	27,2	24,9	26,1

Assume-se que não haja interação entre esses dois fatores.
(a) Escreva o modelo e explique os termos.
(b) Mostre a tabela de análise de variância.
(c) Explique os dois graus de liberdade do 'erro'.
(d) Use o teste de Tukey para fazer testes de comparação múltipla na posição da fornalha. Explique o que mostram os resultados.

14.11 Um estudo foi realizado para determinar o impacto de dois fatores, método de análise e laboratório, no nível do conteúdo de enxofre no carvão. Vinte e oito espécimes de carvão foram atribuídos aleatoriamente para 28 combinações de fatores, nas quais a estrutura das unidades experimentais foi representada pela combinação de sete laboratórios e dois métodos de análise com dois espécimes por combinação de fator. Os dados são apresentados a seguir. A resposta é a porcentagem de enxofre.

Laboratório	Método			
	1		2	
1	1,109	0,105	0,105	0,108
2	0,129	0,122	0,127	0,124
3	0,115	0,112	0,109	0,111
4	0,108	0,108	0,117	0,118
5	0,097	0,096	0,110	0,097
6	0,114	0,119	0,116	0,122
7	0,155	0,145	0,164	0,160

Os dados foram retirados de Taguchi, G. "Signal to Noise Ratio and Its Applications to Testing Material", *Reports of Statistical Application Research*, Union of Japanese scientists and engineers, v. 18, n. 4, 1971.

(a) Faça uma análise de variância e mostre os resultados em uma tabela.
(b) Há interação significativa? Se sim, discuta o que ela significa para o cientista. Use um valor P em sua conclusão.
(c) Os efeitos principais individuais, do laboratório e do método de análise, são estatisticamente significantes? Discuta o que foi aprendido e expresse sua resposta no contexto de qualquer interação significante.
(d) Faça um gráfico de interação que ilustre o efeito da interação.
(e) Faça um teste comparando os métodos 1 e 2 no laboratório 1 e depois no laboratório 7. Comente o que resultados ilustram.

14.12 Em um experimento conduzido no Departamento de Engenharia Civil da Virginia Tech, foi observado o crescimento de certo tipo de alga em água em função do tempo e dosagem de cobre adicionada à água. Os dados são apresentados a seguir. A resposta é dada em unidades de alga.

	Tempo em dias		
Cobre	5	12	18
1	0,30	0,37	0,25
	0,34	0,36	0,23
	0,32	0,35	0,24
2	0,24	0,30	0,27
	0,23	0,32	0,25
	0,22	0,31	0,25
3	0,20	0,30	0,27
	0,28	0,31	0,29
	0,24	0,30	0,25

(a) Faça uma análise de variância e mostre a tabela de análise de variância.
(b) Comente se os dados fornecidos são suficientes para mostrar um efeito do tempo na concentração de algas.
(c) Faça o mesmo com o conteúdo de cobre. O nível de cobre tem impacto na concentração de algas?
(d) Comente os resultados do teste de interação. Como o efeito do conteúdo de cobre é influenciado pelo tempo?

14.13 Em Myers, *Classical and Modern Regression with Applications* (Regressão clássica e moderna com aplicações), Duxbury Classic Series, 2. ed., 1990, o experimento descrito é aquele no qual a Agência de Proteção Ambiental procura determinar o efeito de dois métodos de tratamento da água na absorção de magnésio. Os níveis de magnésio, em gramas por centímetro cúbico (cc), são medidos e dois níveis diferentes de tempo são incorporados ao experimento. Os dados são apresentados a seguir.

Tempo	Tratamento					
(horas)	1			2		
1	2,19	2,15	2,16	2,03	2,01	2,04
2	2,01	2,03	2,04	1,88	1,86	1,91

(a) Faça um gráfico de interação. Qual é sua impressão?
(b) Faça uma análise de variância e mostre os testes dos efeitos principais e de interação.
(c) Dê os resultados científicos sobre como o tempo e o tratamento influenciam a absorção de magnésio.
(d) Ajuste o modelo de regressão apropriado com o tratamento como uma variável categórica. Inclua a interação em seu modelo.
(e) A interação é significativa no modelo de regressão?

14.14 Considere o conjunto de dados do Exercício 14.12 e responda às seguintes perguntas:
(a) Ambos os fatores, cobre e tempo, são quantitativos em sua natureza. Como resultado, um modelo de regressão pode ser de interesse. Descreva qual modelo poderia ser apropriado usando x_1 = conteúdo de cobre e x_2 = tempo. Ajuste o modelo aos dados, mostrando os coeficientes de regressão e um teste t para cada um.
(b) Ajuste o modelo

$$Y = \beta_0 + \beta_1 x_1 + \beta_2 x_2 + \beta_{12} x_1 x_2 + \beta_{11} x_1^2 + \beta_{22} x_2^2 + \epsilon$$

e compare-o àquele escolhido em (a). Qual é mais apropriado? Use R^2_{ajt} como um critério.

14.4 Experimentos com três fatores

Nesta seção, consideraremos um experimento com três fatores, A, B e C, com a, b e c níveis, respectivamente, em um delineamento experimental completamente aleatorizado. Assumimos novamente que temos n observações para cada uma das abc combinações de tratamentos. Procedemos descrevendo testes de significância dos três efeitos principais e das interações envolvidas. Esperamos que o leitor possa, então, usar a descrição dada aqui para generalizar a análise para $k > 3$ fatores.

Modelo para o experimento com três fatores

O modelo para o experimento com três fatores é

$$y_{ijkl} = \mu + \alpha_i + \beta_j + \gamma_k + (\alpha\beta)_{ij} + (\alpha\gamma)_{ik}$$
$$+ (\beta\gamma)_{jk} + (\alpha\beta\gamma)_{ijk} + \epsilon_{ijkl},$$
$$i = 1, 2, \ldots, a; \quad j = 1, 2, \ldots, b; \quad k = 1, 2, \ldots, c;$$
$$\text{e} \quad l = 1, 2, \ldots, n,$$

onde α_i, β_j e γ_k são os efeitos principais; $(\alpha\beta)_{ij}$, $(\alpha\gamma)_{ik}$ e $(\beta\gamma)_{jk}$ são os efeitos das interações de dois fatores, que têm a mesma interpretação que no experimento com dois fatores. O termo $(\alpha\beta\gamma)_{ijk}$ é chamado de *efeito de interação de três fatores*, um termo que representa a não aditividade de $(\alpha\beta)_{ij}$ sobre os diferentes níveis do fator C. Como antes, a soma de todos os efeitos principais é zero e a soma sobre qualquer subscrito (i, j ou k) dos efeitos da interação de dois ou três fatores é zero. Em muitas situações experimentais, essas interações de alta ordem são insignificantes e seus quadrados médios refletem somente a variação aleatória, mas vamos resumir a análise em seus detalhes mais gerais.

Novamente, para realizarmos testes de significância válidos, devemos assumir que os erros são valores de variáveis aleatórias independentes e normalmente distribuídas, cada um com média zero e variância comum σ^2.

A filosofia geral relacionada à análise é a mesma discutida para os experimentos com um ou dois fatores. A soma dos quadrados é dividida em oito termos, cada um representando uma fonte de variação, das quais obtemos estimativas independentes de σ^2 quando todos os efeitos principais e os de interação são zero. Se os efeitos de um fator ou interação não forem todos zero, então o quadrado médio estimará a variância do erro mais um componente devido ao efeito sistemático em questão.

Soma dos quadrados para um experimento com três fatores

$$SQA = bcn \sum_{i=1}^{a} (\bar{y}_{i\ldots} - \bar{y}_{\ldots})^2$$

$$SQ(AB) = cn \sum_{i} \sum_{j} (\bar{y}_{ij\ldots} - \bar{y}_{i\ldots} - \bar{y}_{\cdot j\ldots} + \bar{y}_{\ldots})^2$$

$$SQB = acn \sum_{j=1}^{b} (\bar{y}_{\cdot j\ldots} - \bar{y}_{\ldots})^2$$

$$SQ(AC) = bn \sum_{i} \sum_{k} (\bar{y}_{i\cdot k\cdot} - \bar{y}_{i\ldots} - \bar{y}_{\cdot\cdot k\cdot} + \bar{y}_{\ldots})^2$$

$$SQC = abn \sum_{k=1}^{c} (\bar{y}_{\cdot\cdot k\cdot} - \bar{y}_{\ldots})^2$$

$$SQ(BC) = an \sum_{j} \sum_{k} (\bar{y}_{\cdot jk\cdot} - \bar{y}_{\cdot j\ldots} - \bar{y}_{\cdot\cdot k\cdot} + \bar{y}_{\ldots})^2$$

$$SQ(ABC) = n \sum_{i} \sum_{j} \sum_{k} (\bar{y}_{ijk\cdot} - \bar{y}_{ij\ldots} - \bar{y}_{i\cdot k\cdot} - \bar{y}_{\cdot jk\cdot} + \bar{y}_{i\ldots} + \bar{y}_{\cdot j\ldots} + \bar{y}_{\cdot\cdot k\cdot} - \bar{y}_{\ldots})^2$$

$$SQT = \sum_{i} \sum_{j} \sum_{k} \sum_{l} (y_{ijkl} - \bar{y}_{\ldots})^2$$

$$SQE = \sum_{i} \sum_{j} \sum_{k} \sum_{l} (y_{ijkl} - \bar{y}_{ijk\cdot})^2$$

Embora enfatizemos a interpretação da impressão detalhada de computador nesta seção, em vez de nos preocuparmos com cálculos estafantes das somas dos quadrados, oferecemos o que vem a seguir como as somas dos quadrados para os três efeitos principais e interações. Note a extensão óbvia do problema de dois fatores para o de três.

As médias nas fórmulas são definidas como se segue:

$\bar{y}_{\ldots}$ = média de todas as $abcn$ observações,
$\bar{y}_{i\ldots}$ = média das observações para o i-ésimo nível do fator A,
$\bar{y}_{\cdot j\ldots}$ = média das observações para o j-ésimo nível do fator B,
$\bar{y}_{\cdot\cdot k\cdot}$ = média das observações para o k-ésimo nível do fator C,
$\bar{y}_{ij\ldots}$ = média das observações para o i-ésimo nível de A e o j-ésimo nível de B,
$\bar{y}_{i\cdot k\cdot}$ = média das observações para o i-ésimo nível de A e o k-ésimo nível de C,
$\bar{y}_{\cdot jk\cdot}$ = média das observações para o j-ésimo nível de B e o k-ésimo nível de C,
$\bar{y}_{ijk\cdot}$ = média das observações para a (ijk)-ésima combinação dos tratamentos.

Os cálculos em uma tabela de análise de variância para o problema de três fatores, com n execuções repetidas em cada combinação de fator, são resumidos na Tabela 14.7.

Para o experimento com três fatores, com uma única execução experimental por combinação, podemos usar a análise da Tabela 14.7 colocando $n = 1$ e usando a soma dos quadrados da interação ABC como SQE. Neste caso, estamos assumindo que os efeitos da interação $(\alpha\beta\gamma)_{ijk}$ são todos iguais a zero, de modo que

$$E\left[\frac{SQ(ABC)}{(a-1)(b-1)(c-1)}\right] = \sigma^2 +$$

$$\frac{n}{(a-1)(b-1)(c-1)} \sum_{i=1}^{a} \sum_{j=1}^{b} \sum_{k=1}^{c} (\alpha\beta\gamma)_{ijk}^2 = \sigma^2.$$

Tabela 14.7 ANOVA para o experimento com três fatores e n replicações

Fonte de variação	Soma dos quadrados	Graus de liberdade	Quadrado médio	f calculado
Efeito principal:				
A	SQA	$a-1$	s_1^2	$f_1 = \frac{s_1^2}{s^2}$
B	SQB	$b-1$	s_2^2	$f_2 = \frac{s_2^2}{s^2}$
C	SQC	$c-1$	s_3^2	$f_3 = \frac{s_3^2}{s^2}$
Interação de dois fatores				
AB	SQ(AB)	$(a-1)(b-1)$	s_4^2	$f_4 = \frac{s_4^2}{s^2}$
AC	SQ(AC)	$(a-1)(c-1)$	s_5^2	$f_5 = \frac{s_5^2}{s^2}$
BC	SQ(BC)	$(b-1)(c-1)$	s_6^2	$f_6 = \frac{s_6^2}{s^2}$
Interação de três fatores				
ABC	SQ(ABC)	$(a-1)(b-1)(c-1)$	s_7^2	$f_7 = \frac{s_7^2}{s^2}$
Erro	SQE	$abc(n-1)$	s^2	
Total	SQT	$abcn-1$		

Ou seja, SQ(ABC) representa a variação devida somente ao erro experimental. Seu quadrado médio, com isso, fornece uma estimativa não viciada imparcial da variância do erro. Com $n=1$ e $SQE = SQ(ABC)$, a soma dos quadrados dos erros é encontrada ao subtrair as somas dos quadrados dos efeitos principais e das interações de dois fatores da soma dos quadrados total.

■ **Exemplo 14.4**

Na produção de certo material, três variáveis são de interesse: A, o efeito do operador (três operadores); B, o catalisador usado no experimento (três catalisadores); e C, o tempo de lavagem do produto que segue o processo de resfriamento (15 e 20 minutos). São realizadas três execuções em cada combinação de fatores. Sentiu-se que todas as interações entre os fatores devem ser estudadas. Os rendimentos codificados são mostrados na Tabela 14.8. Faça uma análise de variância para testar se os efeitos são significantes.

Solução: A Tabela 14.9 mostra uma análise de variância dos dados fornecidos. Nenhuma das interações mostra um efeito significante no nível $\alpha = 0,05$. Entretanto, o valor P para BC é 0,0610 e, portanto, não deve ser ignorado. Os efeitos do operador e do catalisador são significantes, enquanto o efeito do tempo de lavagem não é.

Tabela 14.8 Dados para o Exemplo 14.4

	Tempo de lavagem, C					
	15 minutos B (catalisador)			20 minutos B (catalisador)		
A (operador)	1	2	3	1	2	3
1	10,7	10,3	11,2	10,9	10,5	12,2
	10,8	10,2	11,6	12,1	11,1	11,7
	11,3	10,5	12,0	11,5	10,3	11,0
2	11,4	10,2	10,7	9,8	12,6	10,8
	11,8	10,9	10,5	11,3	7,5	10,2
	11,5	10,5	10,2	10,9	9,9	11,5
3	13,6	12,0	11,1	10,7	10,2	11,9
	14,1	11,6	11,0	11,7	11,5	11,6
	14,5	11,5	11,5	12,7	10,9	12,2

Impacto da interação BC

Deve-se discutir mais a respeito do Exemplo 14.4, particularmente em relação ao efeito que a interação entre o catalisador e o tempo de lavagem têm no teste do efeito principal do tempo de lavagem (fator C). Lembre-se de nossa discussão na Seção 14.2. Fornecemos ilustrações de como a presença da interação poderia mudar a interpretação que fazemos dos efeitos principais. No Exemplo 14.4, a interação BC é significante, aproximadamente, no nível 0,06. Suponha, entretanto, que observamos uma tabela bidirecional das médias, como na Tabela 14.10.

Está claro porque o tempo de lavagem (C) não foi considerado significante. Um analista não muito criterioso pode ter a impressão de que o tempo de lavagem pode ser eliminado de qualquer estudo futuro no qual os rendimentos são medidos. Contudo, é óbvio como o efeito do tempo de lavagem muda de um efeito negativo, para o primeiro catalisador, para o que parece ser um

Tabela 14.9 ANOVA para o experimento com três fatores em um delineamento completamente aleatorizado

Fonte	gl	Soma dos quadrados	Quadrado médio	Valor F	Valor P
A	2	13,98	6,99	11,64	0,0001
B	2	10,18	5,09	8,48	0,0010
AB	4	4,77	1,19	1,99	0,1172
C	1	1,19	1,19	1,97	0,1686
AC	2	2,91	1,46	2,43	0,1027
BC	2	3,63	1,82	3,03	0,0610
ABC	4	4,91	1,23	2,04	0,1089
Erro	36	21,61	0,60		
Total	53	63,19			

Tabela 14.10 Tabela bidirecional de médias para o Exemplo 14.4

	Tempo de lavagem, C	
Catalisador, B	15 min	20 min
1	12,19	11,29
2	10,86	10,50
3	11,09	11,46
Médias	11,38	11,08

efeito positivo, para o terceiro catalisador. Se focarmos apenas os dados para o catalisador 1, uma comparação simples entre as médias dos dois tempos de lavagem produzirá uma estatística t simples:

$$t = \frac{12,19 - 11,29}{\sqrt{0,6(2/9)}} = 2,5,$$

o que é significante em um nível menor que 0,02. Logo, um importante efeito negativo do tempo de lavagem para o catalisador 1 pode ser ignorado se o analista fizer a interpretação errada da razão F insignificante ao tempo de lavagem.

Combinação em modelos multifatoriais

Descrevemos o modelo de três fatores e sua análise na forma mais geral, incluindo todas as interações possíveis no modelo. É claro, há muitas situações em que se sabe, *a priori*, que o modelo não deveria conter certas interações. Podemos, então, tirar vantagem desse conhecimento ao combinar ou fundir as somas dos quadrados que correspondem às interações insignificantes com a soma dos quadrados dos erros para formar um novo estimador de σ^2 com um número maior de graus de liberdade. Por exemplo, em um experimento de metalurgia planejado para estudar o efeito da espessura do filme de três importantes variáveis do processo, suponha que sabemos que o fator A, concentração de ácidos, não interage com os fatores B e C. As somas dos quadrados SQA, SQB, SQC e $SQ(BC)$ são calculadas usando os métodos descritos anteriormente nesta seção. Os quadrados médios para os efeitos restantes irão, agora, estimar independentemente a variância do erro, σ^2. Portanto, formamos nosso novo *quadrado médio do erro combinando* $SQ(AB)$, $SQ(AC)$, $SQ(ABC)$ e SQE, com os graus de liberdade correspondentes. O denominador resultante para os testes de significância é, portanto, o quadrado médio do erro, dado por

$$s^2 = \frac{SQ(AB) + SQ(AC) + SQ(ABC) + SQE}{(a-1)(b-1) + (a-1)(c-1) + (a-1)(b-1)(c-1) + abc(n-1)}.$$

Tabela 14.11 ANOVA sem interação com fator A

Fonte de variação	Soma dos quadrados	Graus de liberdade	Quadrado médio	f calculado
Efeito principal:				
A	SQA	$a-1$	s_1^2	$f_1 = \frac{s_1^2}{s^2}$
B	SQB	$b-1$	s_2^2	$f_2 = \frac{s_2^2}{s^2}$
C	SQC	$c-1$	s_3^2	$f_3 = \frac{s_3^2}{s^2}$
Interação de dois fatores				
BC	$SQ(BC)$	$(b-1)(c-1)$	s_4^2	$f_4 = \frac{s_4^2}{s^2}$
Erro	SQE	Subtração	s^2	
Total	SQT	$abcn-1$		

De forma computacional, é claro, obtemos a soma dos quadrados combinada e os graus de liberdade combinados por subtração, uma vez que SQT e as somas dos quadrados dos efeitos existentes são calculadas. A tabela de análise de variância terá a forma da Tabela 14.11.

Experimentos fatoriais em blocos

Neste capítulo, assumimos que o planejamento experimental usado é o delineamento completamente aleatorizado. Ao interpretar os níveis do fator A na Tabela 14.11 como *blocos diferentes*, temos o procedimento de análise de variância para um experimento de dois fatores em um delineamento aleatorizado em blocos. Por exemplo, se interpretarmos os operadores no Exemplo 14.4 como blocos e assumirmos que não há interação entre os blocos e os outros dois fatores, a análise de variância assume a forma da Tabela 14.12, em vez daquela da Tabela 14.9. O leitor pode verificar que o quadrado médio do erro é também

$$s^2 = \frac{4{,}77 + 2{,}91 + 4{,}91 + 21{,}61}{4 + 2 + 4 + 36} = 0{,}74,$$

que demonstra a combinação das somas dos quadrados para os efeitos das interações não-existentes. Observe que o fator B, o catalisador, tem efeito significante no rendimento.

■ **Exemplo 14.5**

Um experimento é conduzido para determinar o efeito da temperatura, da pressão e da taxa de movimento na taxa de filtragem do produto. Isso foi realizado em uma fábrica piloto. O experimento é realizado em dois níveis de cada fator. Além disso, decidiu-se que dois lotes de matéria-prima deveriam ser usados e tratados como blocos.

Oito execuções experimentais são realizadas aleatoriamente para cada lote de matéria-prima. Sente-se que todas as interações de dois fatores podem ser de interesse. Não assumimos a existência de interações com os lotes. Os dados aparecem na Tabela 14.13. 'B' e 'A' implicam níveis baixos e altos, respectivamente. A taxa de filtragem está em galões por hora.

(a) Mostre uma tabela ANOVA completa. Combine todas as 'interações' com o bloco dentro do erro.
(b) Quais interações parecem ser significantes?
(c) Crie gráficos para revelar e interpretar as interações significantes. Explique o que o gráfico significa para o engenheiro.

Tabela 14.12 ANOVA para o experimento de dois fatores em um delineamento aleatorizado de blocos

Fonte de variação	Soma dos quadrados	Graus de liberdade	Quadrado médio	f calculado	Valor P
Blocos	13,98	2	6,99		
Efeito principal:					
B	10,18	2	5,09	6,88	0,0024
C	1,18	1	1,18	1,59	0,2130
Interação de dois fatores:					
BC	3,64	2	1,82	2,46	0,0966
Erro	34,21	46	0,74		
Total	63,19	53			

Tabela 14.13 Dados para o Exemplo 14.5

Lote 1

	Taxa de movimentação baixa			Taxa de movimentação alta	
Temp.	Pressão B	Pressão A	Temp.	Pressão B	Pressão A
B	43	49	B	44	47
A	64	68	A	97	102

Lote 2

	Taxa de movimentação baixo			Taxa de movimentação alta	
Temp.	Pressão B	Pressão A	Temp.	Pressão B	Pressão A
B	49	57	B	51	55
A	70	76	A	103	106

Source	DF	Type III SS	Mean Square	F Value	Pr > F
batch	1	175,562500	175,562500	177,14	<,0001
pressure	1	95,062500	95,062500	95,92	<,0001
temp	1	5292,562500	5292,562500	5340,24	<,0001
pressure*temp	1	0,562500	0,562500	0,57	0,4758
strate	1	1040,062500	1040,062500	1049,43	<,0001
pressure*strate	1	5,062500	5,062500	5,11	0,0583
temp*strate	1	1072,562500	1072,562500	1082,23	<,0001
pressure*temp*strate	1	1,562500	1,562500	1,58	0,2495
Error	7	6,937500	0,991071		
Corrected Total	15	7689,937500			

Figura 14.7 ANOVA para o Exemplo 14.5, interação no lote combinada com o erro.

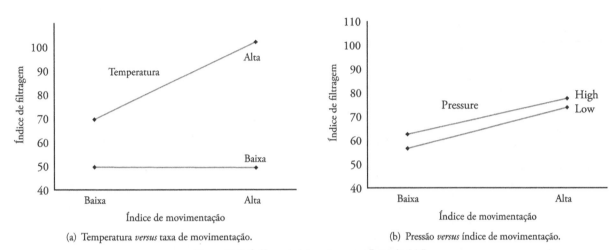

(a) Temperatura *versus* taxa de movimentação.

(b) Pressão *versus* índice de movimentação.

Figura 14.8 Gráficos de interação para o Exemplo 14.5.

Solução:

(a) A impressão SAS é dada na Figura 14.7.

(b) Como visto na Figura 14.7, a interação da temperatura com a taxa de movimentação (estrato) parece ser bastante significante. A interação da pressão com a taxa de movimentação também parece sê-lo. Incidentalmente, se alguém fosse mais longe das interações insignificantes no erro, a conclusão permaneceria a mesma e o valor P para a interação da pressão com a taxa de movimentação se torna mais forte, a saber, 0,0517.

(c) Os efeitos principais da taxa de movimentação e da temperatura são altamente significantes, conforme mostrado na Figura 14.7. Ao verificar o gráfico de interação da Figura 14.8(a), vemos que o efeito da taxa de movimentação é dependente do nível de temperatura. Em um nível baixo de temperatura, o efeito da taxa de movimentação é desprezível, enquanto em altos níveis de temperatura a taxa de movimentação tem um forte efeito positivo na taxa de filtragem médio. Para a Figura 14.8(b), a interação entre a pressão e a taxa de movimentação, embora não seja tão pronunciada quanto na Figura 14.8(a), ainda mostra uma pequena inconsistência do efeito da taxa de movimentação e dos níveis de pressão.

Exercícios

14.15 Os dados a seguir foram retirados de um estudo envolvendo medições. Um experimento foi conduzido usando três fatores A, B e C, todos efeitos fixos:

	C_1			C_2			C_3		
	B_1	B_2	B_3	B_1	B_2	B_3	B_1	B_2	B_3
A_1	15,0	14,8	15,9	16,8	14,2	13,2	15,8	15,5	19,2
	18,5	13,6	14,8	15,4	12,9	11,6	14,3	13,7	13,5
	22,1	12,2	13,6	14,3	13,0	10,1	13,0	12,6	11,1
A_2	11,3	17,2	16,1	18,9	15,4	12,4	12,7	17,3	7,8
	14,6	15,5	14,7	17,3	17,0	13,6	14,2	15,8	11,5
	18,2	14,2	13,4	16,1	18,6	15,2	15,9	14,6	12,2

(a) Faça testes de significância de todas as interações, no nível $\alpha = 0{,}05$.

(b) Faça testes de significância dos efeitos principais, no nível α = 0,05.
(c) Dê uma explicação de como uma interação significante mascarou o efeito do fator C.

14.16 Considere uma situação experimental envolvendo os fatores A, B e C, em que assumimos um modelo tridirecional de efeitos fixos da forma

$$y_{ijkl} = \mu + \alpha_i + \beta_j + \gamma_k + (\beta\gamma)_{jk} + \epsilon_{ijkl}.$$

Todas as outras interações são consideradas não-existentes ou desprezíveis. Os dados são apresentados aqui.

(a) Faça um teste de significância da interação BC, no nível α = 0,05.
(b) Faça testes de significância dos efeitos principais A, B e C, usando um quadrado médio do erro combinado, no nível a = 0,05.

	B_1			B_2		
	C_1	C_2	C_3	C_1	C_2	C_3
A_1	4,0	3,4	3,9	4,4	3,1	3,1
	4,9	4,1	4,3	3,4	3,5	3,7
A_2	3,6	2,8	3,1	2,7	2,9	3,7
	3,9	3,2	3,5	3,0	3,2	4,2
A_3	4,8	3,3	3,6	3,6	2,9	2,9
	3,7	3,8	4,2	3,8	3,3	3,5
A_4	3,6	3,2	3,2	2,2	2,9	3,6
	3,9	2,8	3,4	3,5	3,2	4,3

14.17 A fadiga por corrosão é definida como uma ação simultânea do estresse cíclico e ataque químico em estruturas de metal. No estudo *Effect of Humidity and Several Surface Coatings on the Fatigue Life of 2024-T351 Aluminum Alloy* (O efeito da umidade e diversos revestimentos de superfícies na vida da fadiga de ligas de alumínio 2024-T351), conduzido pelo Departamento de Engenharia Mecânica do Instituto Politécnico e Universidade Estadual da Virgínia, uma técnica que envolve a aplicação de um revestimento cromado de proteção foi usada para minimizar os danos causados pela fadiga por corrosão no alumínio. Três fatores foram utilizados na investigação, com cinco reaplicações para cada combinação de tratamento: o revestimento, em dois níveis; a umidade e o estresse de corte, ambos com três níveis. Os dados sobre a fadiga, registrados em milhares de ciclos até a falha, são apresentados a seguir.

(a) Faça uma análise de variância, com α = 0,01, para testar os efeitos principais e de interação.
(b) Faça uma recomendação para as combinações de três fatores que resultariam em baixo dano por fadiga.

		Estresse de corte (psi)		
Revestimento	Umidade	13.000	17.000	20.000
Sem revestimento	Baixa: (20–25% UR)	4580	5252	361
		10126	897	466
		1341	1465	1069
		6414	2694	469
		3549	1017	937
	Média: (50–60% UR)	2858	799	314
		8829	3471	244
		10914	685	261
		4067	810	522
		2595	3409	739
	Alta: (86–91% UR)	6489	1862	1344
		5248	2710	1027
		6816	2632	663
		5860	2131	1216
		5901	2470	1097
Cromado	Baixa: (20–25% UR)	5395	4035	130
		2768	2022	841
		1821	914	1595
		3604	2036	1482
		4106	3524	529
	Média: 50–60% UR	4833	1847	252
		7414	1684	105
		10022	3042	847
		7463	4482	874
		21906	996	755
	Alta: 86–91% UR	3287	1319	586
		5200	929	402
		5493	1263	846
		4145	2236	524
		3336	1392	751

14.18 O método de fluorescência de raio X é uma importante ferramenta analítica para determinar a concentração de material em propelentes sólidos para mísseis. No artigo *An X-ray Fluorescence Method for Analyzing Polybutadiene Acrylic Acid (PBAA) Propellants* [Um método de fluorescência por raio X para análise dos propelentes de ácido acrílico polibutadieno (PBAA)], *Quarterly Report*, RK-TR=62-1, Army Ordinance missile Command (1962), está postulado que o processo de mistura dos propelentes e o tempo de análise têm influência na homogeneidade do material e, portanto, na acurácia das de medições intensidade do raio X. Um experimento foi conduzido usando três fatores: A, as condições de mistura (quatro níveis); B, o tempo de análise (dois níveis); e C, o método para carregar os propelentes nos recipientes (temperaturas alta e ambiente). Os dados a seguir, que representam a análise em porcentagem de peso de perclorato de amônia em um propelente em particular, foram registrados.

	Método de carregamento, C			
	Alta		Temperatura ambiente	
	B		B	
A	1	2	1	2
1	38,62	38,45	39,82	39,82
	37,20	38,64	39,15	40,26
	38,02	38,75	39,78	39,72
2	37,67	37,81	39,53	39,56
	37,57	37,75	39,76	39,25
	37,85	37,91	39,90	39,04
3	37,51	37,21	39,34	39,74
	37,74	37,42	39,60	39,49
	37,58	37,79	39,62	39,45
4	37,52	37,60	40,09	39,36
	37,15	37,55	39,63	39,38
	37,51	37,91	39,67	39,00

(a) Faça uma análise de variância, com $\alpha = 0,01$, para testar a significância dos efeitos principais e de interação.

(b) Discuta a influência dos três fatores na porcentagem de peso do perclorato de amônia. Envolva qualquer interação significante em sua discussão.

14.19 Copiadoras eletrônicas fazem cópias ao colar tinta preta em papel, usando eletricidade estática. O último estágio do processo de cópia envolve aquecer e colar a tinta no papel. O poder de colagem durante esse processo final determina a qualidade da cópia. É postulado que a temperatura, o estado da superfície do cilindro de colagem e a dureza do cilindro de impressão influenciam o poder de colagem da copiadora. Um experimento é realizado com os tratamentos e consiste de uma combinação desses três fatores, cada um com três níveis. Os dados a seguir mostram o poder de cola para cada combinação dos tratamentos. Faça uma análise de variância, com $\alpha = 0,05$, para testar a significância dos efeitos principais e de interação.

	Estado da superfície do cilindro de colagem	Dureza do cilindro de impressão		
		20	40	60
Temp. baixa	Macio	0,52 0,44	0,54 0,52	0,60 0,55
		0,57 0,53	0,65 0,56	0,78 0,68
	Médio	0,64 0,59	0,79 0,73	0,49 0,48
		0,58 0,64	0,79 0,78	0,74 0,50
	Duro	0,67 0,77	0,58 0,68	0,55 0,65
		0,74 0,65	0,57 0,59	0,57 0,58

(continua)

(continuação)

	Estado da superfície do cilindro de colagem	Dureza do cilindro de impressão		
		20	40	60
Temp. média	Macio	0,46 0,40	0,31 0,49	0,56 0,42
		0,58 0,37	0,48 0,66	0,49 0,49
	Médio	0,60 0,43	0,66 0,57	0,64 0,54
		0,62 0,61	0,72 0,56	0,74 0,56
	Duro	0,53 0,65	0,53 0,45	0,56 0,66
		0,66 0,56	0,59 0,47	0,71 0,67
Temp. alta	Macio	0,52 0,44	0,54 0,52	0,65 0,49
		0,57 0,53	0,65 0,56	0,65 0,52
	Médio	0,53 0,65	0,53 0,45	0,49 0,48
		0,66 0,56	0,59 0,47	0,74 0,50
	Duro	0,43 0,43	0,48 0,31	0,55 0,65
		0,47 0,44	0,43 0,27	0,57 0,58

14.20 Em a um estudo sobre a resistência de preenchimentos dentários de ouro, cinco dentistas foram escolhidos aleatoriamente e foram atribuídos as combinações de três métodos de condensação e dois tipos de ouro. A resistência foi medida. [Veja Hoaglin, Mosteller e Tukey (1991).] Os dados são apresentados a seguir. Os dentistas assumem o papel de blocos.

(a) Enuncie o modelo apropriado com as suposições.
(b) Há uma interação significativa entre o método de condensação e o tipo de preenchimento de ouro?
(c) Há um método de condensação que parece ser melhor? Explique.

		Tipo	
Bloco Dentista	Método	Folha de ouro	Dente de ouro
1	1	792	824
	2	772	772
	3	782	803
2	1	803	803
	2	752	772
	3	715	707
3	1	715	724
	2	792	715
	3	762	606
4	1	673	946
	2	657	743
	3	690	245
5	1	634	715
	2	649	724
	3	724	627

14.21 Considere as combinações de três fatores na remoção de sujeira em roupas típicas de lavanderia. O primeiro fator é a marca do sabão, X, Y e Z. O segundo fator é o tipo de sabão, líquido ou em pó. O terceiro fator é a temperatura da água, quente ou morna. O experimento foi replicado três vezes. A resposta é a porcentagem de sujeira removida. Os dados são mostrados a seguir:

Marca	Tipo	Temperatura			
X	Pó	Quente	85	88	80
		Morna	82	83	85
	Líquido	Quente	78	75	72
		Morna	75	75	73
Y	Pó	Quente	90	92	92
		Morna	88	86	88
	Líquido	Quente	78	76	70
		Morna	76	77	76
Z	Pó	Quente	85	87	88
		Morna	76	74	78
	Líquido	Quente	60	70	68
		Morna	55	57	54

(a) Há efeitos de interação significantes no nível $\alpha = 0{,}05$?
(b) Há diferenças significantes entre as três marcas de sabão?
(c) Qual combinação de fatores você usaria?

14.22 Um cientista coleta dados experimentais sobre o raio de um grão de propelente, y, como uma função da temperatura do pó, taxa de extrusão e temperatura de evaporação. O experimento de três fatores é o seguinte:

	Temp. do pó			
	Temp. evaporação 150		Temp. evaporação 190	
Taxa	220	250	220	250
12	82	124	88	129
24	114	157	121	164

Não havia recursos disponíveis para realizar tentativas experimentais repetidas nas oito combinações de fatores. Sente-se que a taxa de extrusão não interage com a temperatura de evaporação e que a interação dos três fatores deve ser desprezível. Então, essas duas interações podem ser combinadas para produzir um termo de 'erro' com 2 g.l.

(a) Faça uma análise de variância que inclua os três efeitos principais e as duas interações de dois fatores. Determine quais efeitos influenciam o raio do grão propelente.
(b) Construa gráficos de interação para as interações temperatura do pó pela temperatura de evaporação e para a temperatura do pó pelas interações do índice de extrusão.

(c) Comente a consistência entre a aparência dos gráficos de interação e os testes das duas interações na ANOVA.

14.23 No livro *Design of Experiments for Quality Improvement* (Planejamento de experimentos para melhoria na qualidade), publicado pela Japanese Standards Association (1989), é relatado um estudo sobre a extração de polietileno usando um solvente e como a quantidade de gel (em proporção) é influenciada por três fatores: o tipo de solvente, a temperatura de extração e o tempo de extração. Um experimento fatorial foi planejado e os seguintes dados sobre a proporção de gel foram coletados.

Temp. Solvente		Tempo		
		4	8	16
Etanol	120	94,0 94,0	93,8 94,2	91,1 90,5
	80	95,3 95,1	94,9 95,3	92,5 92,4
Tolueno	120	94,6 94,5	93,6 94,1	91,1 91,0
	80	95,4 95,4	95,6 96,0	92,1 92,1

(a) Faça uma análise de variância e determine quais fatores e interações influenciam a proporção de gel.
(b) Construa um gráfico de interação para quaisquer dois fatores que seja significante. Além disso, explique que conclusões podem ser tomadas com base na presença da interação.
(c) Faça um gráfico de probabilidade normal dos resíduos e comente.

14.24 Considere o conjunto de dados do Exercício 14.19.
(a) Construa um gráfico de interação para qualquer interação de dois fatores que seja significante.
(b) Faça um gráfico de probabilidade normal dos resíduos e comente.

14.5 Experimentos fatoriais modelos II e III

Em um experimento de dois fatores com efeitos aleatórios, temos o modelo II:

$$Y_{ijk} = \mu + A_i + B_j + (AB)_{ij} + \epsilon_{ijk},$$

para $i = 1, 2, \ldots, a$; $j = 1, 2, \ldots, b$ e $k = 1, 2, \ldots, n$, onde A_i, B_j, $(AB)_{ij}$ e ϵ_{ijk} são variáveis aleatórias independentes com médias zero e variâncias σ_α^2, σ_β^2, $\sigma_{\alpha\beta}^2$ e σ^2, respectivamente. As somas dos quadrados para são experimentos modelo II são calculadas exatamente da mesma maneira como nos experimentos modelo I. Estamos, agora, interessados em testar as hipóteses da forma

H_0': $\sigma_\alpha^2 = 0$, $\quad H_0''$: $\sigma_\beta^2 = 0$, $\quad H_0'''$: $\sigma_{\alpha\beta}^2 = 0$,

H_1': $\sigma_\alpha^2 \neq 0$, $\quad H_1''$: $\sigma_\beta^2 \neq 0$, $\quad H_1'''$: $\sigma_{\alpha\beta}^2 \neq 0$,

Tabela 14.14 Quadrados médios esperados para um experimento de dois fatores modelo II

Fonte de variação	Graus de liberdade	Quadrado médio	Quadrado médio esperado
A	$a-1$	s_1^2	$\sigma^2 + n\sigma_{\alpha\beta}^2 + bn\sigma_\alpha^2$
B	$b-1$	s_2^2	$\sigma^2 + n\sigma_{\alpha\beta}^2 + an\sigma_\beta^2$
AB	$(a-1)(b-1)$	s_3^2	$\sigma^2 + n\sigma_{\alpha\beta}^2$
Erro	$ab(n-1)$	s^2	σ^2
Total	$abn-1$		

Tabela 14.15 Quadrados médios esperados para um experimento de três fatores modelo II

Fonte de variação	Graus de liberdade	Quadrado médio	Quadrado médio esperado
A	$a-1$	s_1^2	$\sigma^2 + n\sigma_{\alpha\beta\gamma}^2 + cn\sigma_{\alpha\beta}^2 + bn\sigma_{\alpha\gamma}^2 + bcn\sigma_\alpha^2$
B	$b-1$	s_2^2	$\sigma^2 + n\sigma_{\alpha\beta\gamma}^2 + cn\sigma_{\alpha\beta}^2 + an\sigma_{\beta\gamma}^2 + acn\sigma_\beta^2$
C	$c-1$	s_3^2	$\sigma^2 + n\sigma_{\alpha\beta\gamma}^2 + bn\sigma_{\alpha\gamma}^2 + an\sigma_{\beta\gamma}^2 + abn\sigma_\gamma^2$
AB	$(a-1)(b-1)$	s_4^2	$\sigma^2 + n\sigma_{\alpha\beta\gamma}^2 + cn\sigma_{\alpha\beta}^2$
AC	$(a-1)(c-1)$	s_5^2	$\sigma^2 + n\sigma_{\alpha\beta\gamma}^2 + bn\sigma_{\alpha\gamma}^2$
BC	$(b-1)(c-1)$	s_6^2	$\sigma^2 + n\sigma_{\alpha\beta\gamma}^2 + an\sigma_{\beta\gamma}^2$
ABC	$(a-1)(b-1)(c-1)$	s_7^2	$\sigma^2 + n\sigma_{\alpha\beta\gamma}^2$
Erro	$abc(n-1)$	s^2	σ^2
Total	$abcn-1$		

nas quais o denominador na razão f não é necessariamente o quadrado médio do erro. O denominador apropriado pode ser determinado ao examinar os valores esperados dos vários quadrados médios. Estes são mostrados na Tabela 14.14.

Da Tabela 14.14, vemos que H_0' e H_0'' são testadas usando-se s_3^2 no denominador da razão f, enquanto H_0''' é testada usando-se s^2 no denominador. As estimativas não viciadas dos componentes da variância são

$$\hat{\sigma}^2 = s^2, \qquad \hat{\sigma}_{\alpha\beta}^2 = \frac{s_3^2 - s^2}{n},$$

$$\hat{\sigma}_\alpha^2 = \frac{s_1^2 - s_3^2}{bn}, \qquad \hat{\sigma}_\beta^2 = \frac{s_2^2 - s_3^2}{an}.$$

Os quadrados médios esperados para o experimento de três fatores com efeitos aleatórios em um delineamento completamente aleatorizado, são mostrados na Tabela 14.15. É evidente que, com base nos quadrados médios esperados da Tabela 14.15, podemos formar razões f para testar todos os componentes de variância da interações de dois e três fatores. Entretanto, para testar uma hipótese da forma

$$H_0: \sigma_\alpha^2 = 0,$$
$$H_1: \sigma_\alpha^2 \neq 0,$$

parece não haver razão f apropriada, a menos que um ou mais componentes de variância de interações não sejam significantes. Suponha, por exemplo, que comparamos s_5^2 (quadrado médio AC) com s_7^2 (quadrado médio ABC) e descobrimos que $\sigma_{\alpha\gamma}^2$ é desprezível. Poderíamos, então, argumentar que o termo $\sigma_{\alpha\gamma}^2$ deveria ser de todos os quadrados médios esperados da Tabela 14.15; então, a razão de s_1^2/s_4^2 fornece um teste para a significância do componente de variância σ_α^2. Portanto, se vamos testar a hipótese relacionada aos componentes de variância dos efeitos principais, primeiro é necessário investigar a significância dos componentes da interação de dois fatores. Um teste aproximado derivado de Satterthwaite (veja Referências bibliográficas) pode ser usado quando certos componentes de variância de dois fatores são considerados significantes e, por isso, devem permanecer como parte do quadrado médio esperado.

■ **Exemplo 14.6**

Em um estudo para determinar quais são as fontes de variação importantes em um processo industrial, são retiradas três medições de rendimento para três operadores escolhidos aleatoriamente e quatro lotes de matéria-prima, também selecionados aleatoriamente. Decidiu-se que um teste de significância deveria ser feito, no nível de significância de 0,05, para determinar se os componentes de variância devida aos lotes, operadores e interação são significantes. Além disso, as estimativas dos componentes da variância precisam ser calculadas. Os dados são dados na Tabela 14.16, e a resposta é a porcentagem por peso.

Tabela 14.16 Dados para o Exemplo 14.6

Operador	Lote 1	2	3	4
1	66,9	68,3	69,0	69,3
	68,1	67,4	69,8	70,9
	67,2	67,7	67,5	71,4
2	66,3	68,1	69,7	69,4
	65,4	66,9	68,8	69,6
	65,8	67,6	69,2	70,0
3	65,6	66,0	67,1	67,9
	66,3	66,9	66,2	68,4
	65,2	67,3	67,4	68,7

Solução: As somas dos quadrados são encontradas da maneira usual, com os seguintes resultados:

SQT (total) = 84,5564,
SQA (operadores) = 18,2106,
$SQ(AB)$ (interação) = 5,5161.
SQE (erro) = 10,6733,
SQB (lotes) = 50,1564,

Todos os outros cálculos são realizados e exibidos na Tabela 14.17. Já que

$f_{0,05}(2.6) = 5,14 \quad f_{0,05}(3.6) = 4,76$

e $f_{0,05}(6.24) = 2,51$,

descobrimos que os componentes de variância dos operadores e do lote são significantes. Embora a variância da interação não seja significante no nível $\alpha = 0,05$, o valor P é 0,095. As estimativas dos componentes de variância dos efeitos principais são

$$\hat{\sigma}_\alpha^2 = \frac{9,1053 - 0,9194}{12} = 0,68,$$

$$\hat{\sigma}_\beta^2 = \frac{16,7188 - 0,9144}{9} = 1,76.$$

Experimento modelo III (modelo misto)

Há situações em que o experimento dita a suposição de um *modelo misto* (ou seja, uma mistura de efeitos fixos e aleatórios). Por exemplo, para o caso de dois fatores, temos

$Y_{ijk} = \mu + A_i + B_j + (AB)_{ij} + \epsilon_{ijk},$

para $i = 1, 2,..., a; j = 1, 2, ..., b; k = 1, 2,..., n$. Os A_i podem ser variáveis aleatórias, independentes dos ϵ_{ijk}, e os B_j podem ser efeitos fixos. A natureza mista do modelo requer que os termos de interação sejam variáveis aleatórias. Como resultado, as hipóteses relevantes são da forma

$H_0': \sigma_\alpha^2 = 0, \quad H_0'': B_1 = B_2 = \cdots = B_b = 0$

$H_0''': \sigma_{\alpha\beta}^2 = 0,$

$H_1': \sigma_\alpha^2 \neq 0, \quad H_1'':$ pelo menos um dos B_j's não é zero

$H_1''': \sigma_{\alpha\beta}^2 \neq 0.$

Novamente, os cálculos das somas dos quadrados são idênticos àqueles das situações de efeitos fixos e modelo II, e o teste *f* é ditado pelos quadrados médios esperados. A Tabela 14.18 fornece os quadrados médios esperados para o problema do modelo III de dois fatores.

Tabela 14.18 Quadrado médio esperado para o experimento de dois fatores modelo III

Fator	Quadrado médio esperado
A (aleatório)	$\sigma^2 + bn\sigma_\alpha^2$
B (fixo)	$\sigma^2 + n\sigma_{\alpha\beta}^2 + \frac{an}{b-1}\sum_j B_j^2$
AB (aleatório)	$\sigma^2 + n\sigma_{\alpha\beta}^2$
Erro	σ^2

Da natureza dos quadrados médios esperados, fica claro que o *teste dos efeitos aleatórios emprega o quadrado médio do erro*, s^2, como denominador, enquanto o *teste dos efeitos fixos* usa o quadrado médio da interação. Suponha, agora, que vamos considerar três fatores. Aqui, é claro, devemos levar em conta a situação em que um fator é fixo e a situação na qual dois fatores são fixos. A Tabela 14.19 cobre as duas situações.

Note que, no caso de *A* aleatório, todos os efeitos têm testes *f* apropriados. Mas, no caso de *A* e *B* aleatórios, o efeito principal *C* deve ser testado usando um procedimento tipo Satterthwaite, similar ao experimento modelo II.

14.6 Escolha do tamanho da amostra

Nosso estudo de experimentos fatoriais ao longo deste capítulo esteve restrito ao uso de um delineamento completamente aleatorizado, com exceção da Seção 14.4, em

Tabela 14.17 Análise de variância para o Exemplo 14.6

Fonte de variação	Soma dos quadrados	Graus de liberdade	Quadrado médio	*f* calculado
Operadores	18,2106	2	9,1053	9,90
Lotes	50,1564	3	16,7188	18,18
Interação	5,5161	6	0,9194	2,07
Erro	10,6733	24	0,4447	
Total	84,5564	35		

Tabela 14.19 Quadrados médios esperados para os experimentos fatoriais modelo III em três fatores

	A aleatório	A aleatório, B aleatório
A	$\sigma^2 + bcn\sigma_\alpha^2$	$\sigma^2 + cn\sigma_{\alpha\beta}^2 + bcn\sigma_\alpha^2$
B	$\sigma^2 + cn\sigma_{\alpha\beta}^2 + acn\sum_{j=1}^{b}\frac{B_j^2}{b-1}$	$\sigma^2 + cn\sigma_{\alpha\beta}^2 + acn\sigma_\beta^2$
C	$\sigma^2 + bn\sigma_{\alpha\gamma}^2 + abn\sum_{k=1}^{c}\frac{C_k^2}{c-1}$	$\sigma^2 + n\sigma_{\alpha\beta\gamma}^2 + an\sigma_{\beta\gamma}^2 + bn\sigma_{\alpha\gamma}^2 + abn\sum_{k=1}^{c}\frac{C_k^2}{c-1}$
AB	$\sigma^2 + cn\sigma_{\alpha\beta}^2$	$\sigma^2 + cn\sigma_{\alpha\beta}^2$
AC	$\sigma^2 + bn\sigma_{\alpha\gamma}^2$	$\sigma^2 + n\sigma_{\alpha\beta\gamma}^2 + bn\sigma_{\alpha\gamma}^2$
BC	$\sigma^2 + n\sigma_{\alpha\beta\gamma}^2 + an\sum_j\sum_k\frac{(BC)_{jk}^2}{(b-1)(c-1)}$	$\sigma^2 + n\sigma_{\alpha\beta\gamma}^2 + an\sigma_{\beta\gamma}^2$
ABC	$\sigma^2 + n\sigma_{\alpha\beta\gamma}^2$	$\sigma^2 + n\sigma_{\alpha\beta\gamma}^2$
Erro	σ^2	σ^2

Tabela 14.20 Parâmetros λ e ϕ^2 para os modelos de dois e três fatores

	Experimentos de dois fatores		Experimentos de três fatores		
	A	B	A	B	C
λ	$\frac{bn}{2\sigma^2}\sum_{i=1}^{a}\alpha_i^2$	$\frac{an}{2\sigma^2}\sum_{j=1}^{b}\beta_j^2$	$\frac{bcn}{2\sigma^2}\sum_{i=1}^{a}\alpha_i^2$	$\frac{acn}{2\sigma^2}\sum_{j=1}^{b}\beta_j^2$	$\frac{abn}{2\sigma^2}\sum_{k=1}^{c}\gamma_k^2$
ϕ^2	$\frac{bn}{a\sigma^2}\sum_{i=1}^{a}\alpha_i^2$	$\frac{an}{b\sigma^2}\sum_{j=1}^{b}\beta_j^2$	$\frac{bcn}{a\sigma^2}\sum_{i=1}^{a}\alpha_i^2$	$\frac{acn}{b\sigma^2}\sum_{j=1}^{b}\beta_j^2$	$\frac{abn}{c\sigma^2}\sum_{k=1}^{c}\gamma_k^2$

que demonstramos a análise de um experimento com dois fatores em um delineamento aleatorizado em blocos. O delineamento completamente aleatorizado é fácil de esquematizar e sua análise, fácil de ser realizada; contudo, ele deveria ser usado somente quando o número de combinações de tratamentos é pequeno e o material experimental é homogêneo. Embora o delineamento aleatorizado em blocos seja ideal para dividirmos um conjunto grande de unidades heterogêneas em subconjuntos de unidades homogêneas, em geral é difícil obtermos blocos uniformes com unidades suficientes para as quais um grande número de combinações de tratamentos possa ser atribuído. Essa desvantagem pode ser superada escolhendo-se um delineamento do catálogo de *delineamento em blocos incompletos*. Esses delineamento permitem a investigação das diferenças entre os t tratamentos organizados em b blocos, cada um com k unidades experimentais, onde $k < t$. O leitor pode consultar Box, Hunter e Hunter para mais detalhes.

Uma vez selecionado um delineamento completamente aleatorizado, devemos decidir se o número de replicações é suficiente para gerar testes com alto poder na análise de variância. Se não, replicações adicionais devem ser adicionadas, o que, por sua vez, pode exigir um delineamento em blocos. Após começarmos com um delineamento aleatorizado em bloco, ainda seria necessário determinar se o número de blocos é suficiente para gerar testes bastante eficazes. Basicamente, voltamos à questão do tamanho da amostra.

O poder do teste de efeitos fixos para certo tamanho de amostra é encontrado na Tabela A.16, calculando-se o parâmetro de não centralidade λ e a função ϕ^2, discutidos na Seção 13.14. As expressões para λ e ϕ^2 para os experimentos de efeitos fixos de dois ou três fatores são fornecidas na Tabela 14.20.

Os resultados da Seção 13.14 para o modelo de efeitos aleatórios podem ser facilmente estendidos para os modelos de dois ou três fatores. Novamente, o procedimento geral é baseado nos valores dos quadrados médios esperados. Por exemplo, se estivermos testando $\sigma^2_\alpha = 0$ em um experimento com dois fatores calculando a razão s_1^2/s_{3}^2 (quadrado médio A/quadrado médio AB), então

$$f = \frac{s_1^2/(\sigma^2 + n\sigma_{\alpha\beta}^2 + bn\sigma_\alpha^2)}{s_3^2/(\sigma^2 + n\sigma_{\alpha\beta}^2)}$$

é um valor de uma variável aleatória F que possui distribuição F com $a-1$ e $(a-1)(b-1)$ graus de liberdade, e o poder do teste é

$$\begin{aligned}1 - \beta &= P\left\{\frac{S_1^2}{S_3^2} > f_\alpha[(a-1),(a-1)(b-1)] \text{ quando } \sigma_\alpha^2 \neq 0\right\} \\ &= P\left\{F > \frac{f_\alpha[(a-1),(a-1)(b-1)](\sigma^2 + n\sigma_{\alpha\beta}^2)}{\sigma^2 + n\sigma_{\alpha\beta}^2 + bn\sigma_\alpha^2}\right\}.\end{aligned}$$

Exercícios

14.25 Para estimar os vários componentes de variabilidade em um processo de filtragem, a porcentagem de material perdido no líquido-mãe é medida para 12 condições experimentais, com três execuções para cada condição. Três filtros e quatro operadores são selecionados aleatoriamente para serem usados no experimento, resultando nas seguintes medições:

Filtro	Operador 1	Operador 2	Operador 3	Operador 4
1	16,2	15,9	15,6	14,9
	16,8	15,1	15,9	15,2
	17,1	14,5	16,1	14,9
2	16,6	16,0	16,1	15,4
	16,9	16,3	16,0	14,6
	16,8	16,5	17,2	15,9
3	16,7	16,5	16,4	16,1
	16,9	16,9	17,4	15,4
	17,1	16,8	16,9	15,6

(a) Teste a hipótese de não interação no componente de variância entre os filtros e os operadores, no nível de significância $\alpha = 0{,}05$.
(b) Teste a hipótese de que os operadores e os filtros não têm efeito na variabilidade do processo de filtragem, no nível de significância $\alpha = 0{,}05$.
(c) Estime os componentes da variância devido aos filtros, operadores e erro experimental.

14.26 Assumindo um experimento modelo II para o Exercício 14.2, estime os componentes da variância para a marca de suco de laranja concentrado, para o número de dias desde quando o suco foi misturado até o dia do teste e para o erro experimental.

14.27 Considere a análise de variância a seguir para um experimento modelo II:

Fonte de variação	Graus de liberdade	Quadrado médio
A	3	140
B	1	480
C	2	325
AB	3	15
AC	6	24
BC	2	18
ABC	6	2
Erro	24	5
Total	47	

Teste os componentes de variância significantes entre todos os efeitos principais e de interação, no nível de significância de 0,01
(a) usando uma estimativa combinada de erro, quando apropriado;
(b) sem combinar as somas dos quadrados dos efeitos insignificantes.

14.28 Duas observações para cada combinação de tratamentos no Exercício 14.16 são suficientes, se o poder de nosso teste para detectar as diferenças entre os níveis do fator C, no nível de significância de 0,05 é de pelo menos 0,8, quando $\gamma_1 = -0{,}2$, $\gamma_2 = -0{,}4$ e $\gamma_3 = -0{,}2$? Use a mesma estimativa combinada de σ^2 que foi usada na análise de variância.

14.29 Usando as estimativas dos componentes de variância do Exercício 14.25, avalie o poder quando testamos se o componente da variância devido aos filtros é zero.

14.30 Um fornecedor militar está interessado em estudar o processo de inspeção para detectar falha ou fadiga das peças de transformadores. Três níveis de inspeção são usados por três inspetores escolhidos aleatoriamente. Cinco lotes são usados para cada combinação no estudo. Os níveis dos fatores são fornecidos nos dados a seguir. A resposta é dada em falhas por mil peças.

Inspetor	Inspeção militar completa		Especificação militar reduzida		Comercial	
A	7,50	7,42	7,08	6,17	6,15	5,52
	5,85	5,89	5,65	5,30	5,48	5,48
	5,35		5,02		5,98	
B	7,58	6,52	7,68	5,86	6,17	6,20
	6,54	5,64	5,28	5,38	5,44	5,75
	5,12		4,87		5,68	
C	7,70	6,82	7,19	6,19	6,21	5,66
	6,42	5,39	5,85	5,35	5,36	5,90
	5,35		5,01		6,12	

(a) Escreva um modelo apropriado, com suposições.
(b) Use a análise de variância para testar as hipóteses apropriadas para o inspetor, o nível de inspeção e a interação.

14.31 Um fabricante de tinta látex usadas em casas (marca A) gostaria de mostrar que sua tinta é mais robusta ao material a ser pintado do que as tintas de seus dois concorrentes mais próximos. A resposta é o tempo, em anos, até que ocorra o desprendimento de lascas. O estudo envolve as três marcas de tinta e três materiais escolhidos aleatoriamente. Dois materiais são usados para cada combinação.

Material	Marca de tinta					
	A		B		C	
A	5,50	5,15	4,75	4,60	5,10	5,20
B	5,60	5,55	5,50	5,60	5,40	5,50
C	5,40	5,48	5,05	4,95	4,50	4,55

(a) Como se chama esse tipo de modelo?
(b) Analise os dados, usando o modelo apropriado.
(c) O fabricante da tinta A sustenta sua afirmação com os dados?

14.32 Um gerente deseja mostrar que o rendimento de um tecido em sua fábrica não depende do operador da máquina ou da hora do dia e é consistentemente alto. Quatro operadores e três horas do dia foram selecionados aleatoriamente para o estudo. O rendimento é medido em jardas produzidas por minuto. As amostras foram retiradas em três dias escolhidos aleatoriamente. Os dados são os seguintes:

Hora	Operador			
	1	2	3	4
1	9,5	9,8	9,8	10,0
	9,8	10,1	10,3	9,7
	10,0	9,6	9,7	10,2
2	10,2	10,1	10,2	10,3
	9,9	9,8	9,8	10,1
	9,5	9,7	9,7	9,9
3	10,5	10,4	9,9	10,0
	10,2	10,2	10,3	10,1
	9,3	9,8	10,2	9,7

(a) Escreva o modelo apropriado.
(b) Avalie os componentes da variância para operador e hora.
(c) Tire conclusões.

14.33 Um engenheiro de processos quer determinar se a configuração de força nas máquinas usadas para encher caixas de cereais resulta em um efeito significante no peso real do produto. O estudo consiste em três tipos de cereais fabricados pela empresa, escolhidos aleatoriamente, e três configurações de força fixas. O peso é medido para quatro caixas selecionadas aleatoriamente em cada combinação. O peso desejado é de 400 gramas. Os dados são apresentados aqui.

Configuração de força	Tipo de cereal					
	1		2		3	
Baixa	395	390	392	392	402	405
	401	400	394	401	399	399
Corrente	396	399	390	392	404	403
	400	402	395	502	400	399
Alta	410	408	404	406	415	412
	408	407	401	400	413	415

(a) Dê o modelo apropriado e liste as suposições a serem que são feitas.
(b) Há um efeito significantes devido à configuração de força?
(c) O componente de variância significantes devido ao tipo de cereal é significante?

Exercícios de revisão

14.34 O Centro de Consultoria Estatística do Instituto Politécnico e Universidade Estadual da Virgínia esteve envolvido na análise de um conjunto de dados coletado pelo pessoal do Departamento de Nutrição Humana e Alimentos, na qual o interesse é estudar os efeitos do tipo de farinha e a porcentagem de adoçante em certos atributos físicos de um tipo de bolo. Foram utilizadas farinha integral e farinha refinada, e a porcentagem de adoçante variou em quatro níveis. Os dados a seguir mostram informações sobre a gravidade específica das amostras de bolo. Três bolos foram preparados em cada uma das oito combinações de fatores.

Concentração de adoçante	Farinha					
	Integral			Refinada		
0	0,90	0,87	0,90	0,91	0,90	0,80
50	0,86	0,89	0,91	0,88	0,82	0,83
75	0,93	0,88	0,87	0,86	0,85	0,80
100	0,79	0,82	0,80	0,86	0,85	0,85

(a) Trate a análise como uma análise de variância de dois fatores. Teste as diferenças entre os tipos de farinha. Teste as diferenças entre as concentrações de adoçante.
(b) Discuta o efeito da interação, se houver. Dê um valor P em todos os testes.

14.35 Um experimento foi conduzido pelo Departamento de Ciências Alimentares do Instituto Politécnico e Universidade Estadual da Virgínia. O interesse era caracterizar a textura de certos tipos de peixe na família arenque. O efeito dos tipos de molhos usados na preparação dos peixes também foi estudado. A resposta no experimento era o 'valor da textura' medido com uma máquina que fatiou o produto do peixe. Os dados da textura estão a seguir:

Tipo de molho	Menhaden cru		Menhaden branqueado		Arenque	
Creme de leite azedo	27,6 47,8 53,8	57,4 71,1	64,0 66,5 53,8	66,9 66,8	107,0 110,4 83,1	83,9 93,4
Molho de vinho	49,8 11,8 16,1	31,0 35,1	48,3 54,6 41,8	62,2 43,6	88,0 108,2 105,2	95,2 86,7

(a) Faça uma análise de variância. Determine se há ou não interação entre os tipos de molho e de peixe.

(b) Com base nos resultados da parte (a) e em testes F nos efeitos principais, determine se há uma diferença na textura devida aos tipos de molho e se há diferença significante nos tipos de peixe.

14.36 Um estudo foi realizado para determinar se as condições de umidade têm efeito na força requerida para descolar pedaços de plástico grudados. Três tipos de plástico foram testados usando quatro níveis diferentes de umidade. Os resultados, em quilogramas, são os seguintes:

Tipo de plástico	Umidade			
	30%	50%	70%	90%
A	39,0 42,8	33,1 37,8	33,8 30,7	33,0 32,9
B	36,9 41,0	27,2 26,8	29,7 29,1	28,5 27,9
C	27,4 30,3	29,2 29,9	26,7 32,0	30,9 31,5

(a) Supondo um experimento modelo I, faça uma análise de variância e teste a hipótese de não interação entre a umidade e o tipo de plástico, no nível de significância de 0,05.

(b) Usando somente os plásticos A e B, e o valor de s^2 da parte (a), teste novamente a presença de interação, no nível de significância de 0,05.

(c) Use uma comparação de grau de liberdade único e o valor de s^2 da parte (a) para comparar, no nível de significância de 0,05, a força necessária em 30% de umidade *versus* 50%, 70% e 90% de umidade.

(d) Usando apenas o plástico C e o valor de s^2 da parte (a), repita a parte (c).

14.37 O pessoal do Departamento de Engenharia de Materiais do Instituto Politécnico e Universidade Estadual da Virgínia conduziu um experimento para estudar os efeitos dos fatores ambientais na estabilidade de certo tipo de liga de cobre e níquel. A resposta básica foi o tempo até a fadiga do material. Os fatores foram o *nível* de estresse e o *ambiente*. Os dados estão a seguir.

Ambiente	Nível de estresse		
	Baixo	Médio	Alto
Hidrogênio seco	11,08 10,98 11,24	13,12 13,04 13,37	14,18 14,90 15,10
Alta umidade 95%	10,75 10,52 10,43	12,73 12,87 12,95	14,15 14,42 14,25

(a) Faça uma análise de variância para testar a interação entre os fatores. Use $\alpha = 0,05$.

(b) Baseado na parte (a), faça uma análise dos dois efeitos principais e dê suas conclusões. Use um valor P.

14.38 No experimento do Exercício de revisão 14.34, o volume do bolo também foi usado como resposta. As unidades são em polegadas cúbicas. Teste a interação entre os fatores e discuta os efeitos principais. Assuma que ambos os fatores são efeitos fixos.

Concentração de adoçante	Farinha					
	Integral			Refinada		
0	4,48	3,98	4,42	4,12	4,92	5,10
50	3,68	5,04	3,72	5,00	4,26	4,34
75	3,92	3,82	4,06	4,82	4,34	4,40
100	3,26	3,80	3,40	4,32	4,18	4,30

14.39 Uma válvula de controle precisa ser muito sensível à voltagem de entrada, para gerar uma boa voltagem de saída. Um engenheiro muda o parafuso do controle para alterar a voltagem de entrada. No livro *SN-Ratio for the quality evaluation*, publicado pela Japanese Standards Association (1988), foi conduzido um estudo sobre como esses três fatores (posição relativa dos parafusos de controle, amplitude dos parafusos de controle e voltagem de entrada) afetam a sensibilidade da válvula de controle. Os fatores e seus níveis são mostrados a seguir. Os dados mostram a sensibilidade de uma válvula de controle.

Fator A: Posição relativa dos parafusos de controle:
    Centro – 0,5, centro e centro +0,05

Fator B: Amplitude dos parafusos de controle:
    2, 4,5 e 7 (mm)

Fator C: Voltagem de entrada:
    100, 120 e 150 (V)

		\multicolumn{6}{c}{C}
A	B	\multicolumn{2}{c}{C_1}	\multicolumn{2}{c}{C_2}	\multicolumn{2}{c}{C_3}
A_1	B_1	151	135	151	135	151	138
A_1	B_2	178	171	180	173	181	174
A_1	B_3	204	190	205	190	206	192
A_2	B_1	156	148	158	149	158	150
A_2	B_2	183	168	183	170	183	172
A_2	B_3	210	204	211	203	213	204
A_3	B_1	161	145	162	148	163	148
A_3	B_2	189	182	191	184	192	183
A_3	B_3	215	202	216	203	217	205

Faça uma análise de variância com $\alpha = 0,05$ para testar a significância dos efeitos principais e de interação. Tire suas conclusões.

14.40 O Exercício 14.23 descreve um experimento que envolve a extração de polietileno por meio do uso de um solvente.

Solvente	temp.	\multicolumn{3}{c}{Tempo}
		4	8	16
Etanol	120	94,0 94,0	93,8 94,2	91,1 90,5
	80	95,3 95,1	94,9 95,3	92,5 92,4
Tolueno	120	94,6 94,5	93,6 94,1	91,1 91,0
	80	95,4 95,4	95,6 96,0	92,1 92,1

(a) Faça um tipo diferente de análise dos dados. Ajuste um modelo de regressão apropriado com uma variável categórica do solvente, um termo de temperatura, um termo de tempo e uma interação de temperatura e tempo, uma interação de solvente e temperatura e uma interação de solvente e tempo. Faça testes t em todos os coeficientes e relate seus resultados.
(b) Seus resultados sugerem que os diferentes modelos são apropriados para o etanol e o tolueno ou eles são equivalentes exceto pelos interceptos? Explique.
(c) Você encontrou alguma conclusão aqui que contradiz as conclusões encontradas no Exercício 14.23? Explique.

14.41 No livro *SN-Ratio for the Quality Evaluation*, publicado pela Japanese Standards Association (1988), foi conduzido um estudo sobre como a pressão do ar nos pneus afeta a dirigibilidade de um automóvel. Três diferentes pressões de pneus foram comparadas em três superfícies diferentes. As três pressões nos pneus eram em ambos os lados, direito e esquerdo, com pneus inflados com 6 kgf/cm²; os pneus do lado esquerdo inflados com 6 kgf/cm² e os do lado direito com 3 kgf/cm², e ambos com pneus do lado direito e esquerdo, inflados com 3 kgf/cm². As três superfícies eram: asfalto, asfalto seco e cimento seco. O raio de manobra do veículo de teste foi observado duas vezes para cada nível de pressão de pneus em cada uma das três superfícies.

	\multicolumn{6}{c}{Pressão de ar no pneu}
	\multicolumn{2}{c}{1}	\multicolumn{2}{c}{2}	\multicolumn{2}{c}{3}
Asfalto	44,0	25,5	34,2	37,2	27,4	42,8
Asfalto seco	31,9	33,7	31,8	27,6	43,7	38,2
Cimento seco	27,3	39,5	46,6	28,1	35,5	34,6

Faça uma análise de variância dos dados fornecidos. Comente sobre a interpretação dos efeitos principais e de interação.

14.42 O fabricante de certa marca de café desidratado espera encurtar o tempo do processo sem prejudicar a integridade do produto. Ele quer usar três temperaturas na câmara de desidratação e quatro tempos de secagem. O tempo de secagem atual é de três horas a uma temperatura de –15 °C. A resposta do sabor é uma média dos pontos de quatro juízes profissionais. Os pontos estão em uma escala de 1 a 10, com 10 sendo a melhor nota. Os dados estão a seguir.

	\multicolumn{3}{c}{Pressão de ar no pneu}
Tempo	–20 °C	–15 °C	–10 °C
1 h	9,60 9,63	9,55 9,50	9,40 9,43
1,5 h	9,75 9,73	9,60 9,61	9,55 9,48
2 h	9,82 9,93	9,81 9,78	9,50 9,52
3 h	9,78 9,81	9,80 9,75	9,55 9,58

(a) Que tipo de modelo deveria ser usado? Enuncie as suposições.
(b) Analise os dados apropriadamente.
(c) Faça um breve relatório para o vice-presidente dessa empresa e faça uma recomendação para a fabricação futura desse produto.

14.43 Para verificar o número de caixas necessários durante os horários de pico, um banco urbano coletou dados. Quatro caixas foram estudados durante três horários de pico, (1) dias de semana entre 10h e 11h; dia de semana entre 14h e 15h; e manhãs de sábado entre 11h e 12h. Um analista escolheu quatro horas selecionadas aleatoriamente dentro de cada um dos três períodos para cada um dos caixas, durante alguns meses, e o número de clientes atendidos foi observado. Os dados estão a seguir:

	\multicolumn{3}{c}{Período}
Caixa	1	2	3
1	18, 24, 17, 22	25, 29, 23, 32	29, 30, 21, 34
2	16, 11, 19, 14	23, 32, 25, 17	27, 29, 18, 16
3	12, 19, 11, 22	27, 33, 27, 24	25, 20, 29, 15
4	11, 9, 13, 8	10, 7, 19, 8	11, 9, 17 9

Assume-se que o número de clientes atendidos é uma variável aleatória de Poisson.

(a) Discuta o perigo de se fazer uma análise de variância padrão desses dados. Que suposições, se houver alguma, seriam violadas?
(b) Construa uma tabela ANOVA padrão que inclua testes F dos efeitos principais e de interação. Se os efeitos principais e de interação forem significantes, dê as conclusões científicas. O que aprendemos? Esteja certo de interpretar qualquer interação significante. Use seu julgamento em relação aos valores P.
(c) Faça uma análise completa usando novamente uma transformações apropriadas na resposta. Você encontrou alguma diferença em seus resultados? Comente.

14.7 Conceitos errôneos e riscos em potencial; relação com material de outros capítulos

Um dos assuntos mais confusos na análise de experimentos fatoriais é a interpretação dos efeitos principais na presença de interação. A presença de um valor P relativamente grande para um efeito principal, quando interações estão claramente presentes, pode fazer com que o analista conclua que "não há efeito principal significante". Entretanto, devemos entender que, se um efeito principal está envolvido em uma interação significante, então o efeito principal está *influenciando a resposta*. A natureza do efeito é inconsistente nos níveis dos outros efeitos. A natureza do papel do efeito principal pode ser deduzida dos *gráficos de interação*.

Em vista do que foi dito no parágrafo anterior, há o perigo de um uso errôneo substancial da estatística quando se emprega um teste de comparação múltipla na clara presença da interação entre os fatores.

Devemos ter cuidado na análise de um experimento fatorial ao adotar a suposição de um planejamento completamente aleatorizado quando, na verdade, a aleatorização completa não é realizada. Por exemplo, é comum encontrar fatores que são muito *difíceis de mudar*. Como resultado, os níveis dos fatores podem precisar ser mantidos sem mudanças por longos períodos durante o experimento. Por exemplo, um fator de temperatura é um exemplo comum. Mover a temperatura para cima e para baixo em um esquema de aleatorizada tem custo alto e a maioria dos pesquisadores se recusará a fazê-lo. Os delineamentos experimentais com *restrições na aleatorização* são bastante comuns e chamados de *delineamentos split-plot*. Eles estão além do escopo deste livro, mas apresentações podem ser encontradas em Montgomery, 2001.

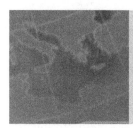

Capítulo 15

Experimentos fatoriais 2^k e frações

15.1 Introdução

Já fomos expostos a certos conceitos de delineamentos experimentais. O plano amostral para um teste t simples da média de uma população normal e também a análise de variância envolvem tratamentos pré-selecionados e alocados aleatoriamente às unidades experimentais. O delineamento aleatorizado em blocos, no qual os tratamentos são atribuídos às unidades em blocos relativamente homogêneos, envolve aleatorização restrita.

Neste capítulo, daremos uma atenção especial aos delineamentos experimentais nos quais os planos experimentais requerem o estudo do efeito de k fatores em uma resposta, cada fator com dois níveis. Eles são comumente conhecidos como *experimentos fatoriais 2^k*. Freqüentemente, denotamos os níveis como 'alto' e 'baixo', embora essa notação possa ser arbitrária no caso de variáveis qualitativas. O delineamento fatorial completo requer que cada nível de todos os fatores ocorra com cada nível de todos os outros fatores, dando um total de 2^k *combinações de tratamentos*.

Seleção de fatores e experimentação seqüencial

Freqüentemente, quando a experimentação é conduzida na fase de pesquisa ou desenvolvimento, um delineamento experimental bem planejado é um *estágio* do que é verdadeiramente um *plano seqüencial* de experimentação. Com freqüência, os cientistas e engenheiros, no início de um estudo, podem não estar cientes de quais fatores são importantes nem de quais são as amplitudes nos fatores potenciais nas quais a experimentação deveria ser conduzida. Por exemplo, no livro *Response Surface Methodology*, de Myers e Montgomery (2002), é fornecido um exemplo de uma investigação de um experimento em uma fábrica piloto, no qual quatro fatores — temperatura, pressão, concentração de formaldeídos e taxa de direção — são variados para que sua influência na resposta, a taxa de filtragem de certo produto químico, seja estabelecida.

Mesmo no nível de uma fábrica piloto, os cientistas não têm certeza se todos os quatro fatores deveriam estar envolvidos no modelo. Além disso, o objetivo final é determinar as configurações apropriadas dos fatores contribuintes que maximizam a taxa de filtragem. Portanto, há uma necessidade de se determinar a *região de experimentação apropriada*. As perguntas podem ser respondidas somente se o plano experimental total for feito seqüencialmente. Muitos esforços experimentais são planos que descrevem a *aprendizagem iterativa*, o tipo de aprendizagem que é consistente com o método científico, com a palavra *iterativa* implicando uma experimentação em estágios.

Geralmente, o estágio inicial de um plano seqüencial ideal é a selecionada variável ou *fator*, um procedimento que envolve um delineamento experimental de baixo custo com os *fatores candidatos*. Isso é particularmente importante quando o plano envolve um sistema complexo como um processo de produção. As informações recebidas dos resultados de um *delineamento de seleção* são usadas para planejar um ou mais experimentos subseqüentes, nos quais são realizados ajustes nos fatores importantes — ajustes que fornecem melhorias no sistema ou no processo.

Os experimentos fatoriais 2^k e as frações de 2^k são ferramentas poderosas e delineamentos de seleção ideais. Eles são simples, práticos e intuitivos. Muitos dos conceitos gerais discutidos no Capítulo 14 continuam sendo aplicados. Entretanto, há métodos gráficos que fornecem uma intuição útil na análise dos delineamentos em dois níveis.

Delineamentos de seleção para um grande número de fatores

Quando k é pequeno, digamos $k = 2$ ou mesmo $k = 3$, a utilidade do fatorial 2^k para a seleção dos fatores é clara. A análise de variância e/ou a análise de regressão, conforme discutidas e ilustradas nos capítulos 12, 13 e 14, continuam sendo ferramentas úteis. Além disso, as abordagens gráficas se tornam mais aparentes.

Se k for grande, digamos tão grande quanto 6, 7 ou 8, o número de combinações de fatores e, então, as execuções experimentais se tornarão proibitivas. Por exemplo, suponha que estejamos interessados em realizar um planejamento de classificação envolvendo $k = 8$ fatores. Pode haver interesse em obter informações sobre todos os $k = 8$ efeitos principais bem como as $\frac{k(k-1)}{2} = 28$ interações de dois fatores. No entanto, $2^8 = 256$ execuções parece ser grande demais e pode ser dispendioso estudarmos $28 + 8 = 36$ efeitos. Mas, como ilustraremos nas seções a seguir, quando k é grande, podemos obter informações consideráveis de maneira eficiente usando somente uma fração do experimento fatorial 2^k completo. Essa classe de delineamentos é a classe de *delineamentos fatoriais fracionários*. O objetivo é reter informações de alta qualidade sobre os efeitos principais e interações de interesse, embora o tamanho do planejamento seja consideravelmente reduzido.

15.2 O fatorial 2^k: cálculo de efeitos e análise de variância

Considere, inicialmente, um fatorial 2^2 com fatores A e B e *n observações experimentais por combinação dos fatores*. É útil usarmos os símbolos (1) a, b e ab para denotar os pontos do planejamento, nos quais a presença de uma letra minúscula implica que o fator (A ou B) está em um *nível alto*. Portanto, a ausência de uma letra minúscula implica que o fator está em um *nível baixo*. Logo, ab é o ponto de planejamento (+, +), a é (+, −), b é (−, +) e (1) é (−, −). Há situações, a seguir, nas quais a notação também representa os dados da resposta no ponto do planejamento em questão. Como uma introdução ao cálculo de importantes *efeitos* que auxiliam na determinação da influência dos fatores e da *soma dos quadrados* que são incorporadas nos cálculos da análise de variância, temos a Tabela 15.1.

Nesta tabela, (1), a, b e ab são os totais dos n valores da resposta nos pontos de planejamento individuais. A simplicidade do fatorial 2^2 é definida pelo fato de que, com exceção do erro experimental, as informações importantes surgem para o analista com componentes de grau de liberdade único, um para cada um dos dois efeitos principais A e B, e um grau de liberdade para a interação AB. As informações resgatadas em tudo isso têm a forma de três *contrastes*. Vamos definir os contrastes a seguir entre os totais dos tratamentos:

$$\text{Contraste } A = ab + a - b - (1),$$
$$\text{Contraste } B = ab - a + b - (1),$$
$$\text{Contraste } AB = ab - a - b + (1).$$

Os três *efeitos* do experimento envolvem esses contrastes e apelam para o senso comum e a intuição. Os dois efeitos principais calculados são da forma:

$$\text{efeito} = \bar{y}_H - \bar{y}_L,$$

Tabela 15.1 Um experimento fatorial 2^2

		A		Média
B		b	ab	$\frac{b+ab}{2n}$
		(1)	a	$\frac{(1)+a}{2n}$
Média		$\frac{(1)+b}{2n}$	$\frac{a+ab}{2n}$	

onde $\bar{y}_H$ e $\bar{y}_L$ são a resposta média no nível alto ou 'nível +' e a média no nível baixo ou 'nível −', respectivamente. Como resultado,

Cálculo dos efeitos principais

$$A = \frac{ab + a - b - (1)}{2n} = \frac{A \text{ contraste}}{2n},$$

e

$$B = \frac{ab - a + b - (1)}{2n} = \frac{B \text{ contraste}}{2n}.$$

A quantidade A é vista como *a diferença entre as respostas médias nos níveis alto e baixo do fator A*. Na verdade, chamamos A de *efeito principal* de A. De modo similar, B é o efeito principal do fator B. Uma interação aparente nos dados é observada por meio da inspeção da diferença entre $ab − b$ e $a − (1)$ ou entre $ab − a$ e $b − (1)$ na Tabela 15.1. Se, por exemplo,

$$ab - a \approx b - (1) \quad \text{ou} \quad ab - a - b + (1) \approx 0,$$

uma linha conectando as respostas para cada nível do fator A no nível alto do fator B será aproximadamente paralela à linha que conecta a resposta para cada nível do fator A no nível baixo do fator B. As linhas não paralelas da Figura 15.1 sugerem a presença de interação. Para testar se essa interação aparente é significante, um terceiro contraste nos totais dos tratamentos ortogonais aos contrastes dos efeitos principais, chamado de *efeito de interação*, é construído ao se avaliar

Efeito de interação

$$AB = \frac{ab - a - b + (1)}{2n} = \frac{AB \text{ contraste}}{2n}.$$

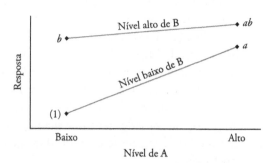

Figura 15.1 Resposta que sugere interação aparente.

■ **Exemplo 15.1**

Considere os dados das tabelas 15.2 e 15.3 com $n = 1$ para um experimento fatorial 2^2.

Os números nas células das tabelas 15.2 e 15.3 claramente ilustram como os contrastes e os cálculos dos dois efeitos principais e as conclusões resultantes podem ser altamente influenciados pela presença de interação. Na Tabela 15.2, o efeito de A é -30 em ambos os níveis, alto e baixo, de B e o efeito de B é 20 em ambos os níveis, alto e baixo, do fator A. Essa 'consistência de efeito' (não interação) pode ser uma informação muito importante para o analista. Os efeitos principais são

$$A = \frac{70 + 50}{2} - \frac{100 + 80}{2} = 60 - 90 = -30,$$

$$B = \frac{100 + 70}{2} - \frac{80 + 50}{2} = 85 - 65 = 20,$$

enquanto o efeito de interação é

$$AB = \frac{100 + 50}{2} - \frac{80 + 70}{2} = 75 - 75 = 0.$$

Por outro lado, na Tabela 15.3, o efeito de A é novamente -30 no nível baixo de B, mas é $+30$ no nível alto de B. Essa 'inconsistência de efeito' (interação) também está presente para B nos níveis de A. Nesses casos, os efeitos principais podem não ter sentido e, na verdade, estarem altamente equivocados. Por exemplo, o efeito de A é

$$A = \frac{50 + 70}{2} - \frac{80 + 40}{2} = 0,$$

já que há um 'mascaramento' completo do efeito conforme calculamos a média sobre os níveis de B. A forte interação é ilustrada pelo efeito calculado

$$AB = \frac{70 + 80}{2} - \frac{50 + 40}{2} = 30.$$

Aqui é conveniente ilustrar os cenários das tabelas 15.2 e 15.3 com gráficos de interação. Note o paralelismo no gráfico da Figura 15.2 e a interação que é aparente na Figura 15.3.

■

Cálculo de somas de quadrados

Tiramos vantagem do fato de que, em um fatorial 2^2, ou para um experimento fatorial 2^k em geral, cada efeito principal e cada efeito de interação têm um *grau de liberdade único* associado. Portanto, podemos escrever $2^k - 1$ contrastes ortogonais com grau de liberdade único nas combinações de tratamentos, cada um responsável pela variação devida a algum efeito principal ou de interação. Então, sob as suposições usuais de independência e normalidade no modelo experimental, podemos fazer testes para determinar se o contraste reflete uma variação sistemática ou apenas uma variação ao acaso ou aleatória.

Tabela 15.2 Fatorial 2^2 sem interação

A	B –	B +
+	50	70
–	80	100

Tabela 15.3 Fatorial 2^2 com interação

A	B –	B +
+	50	70
–	80	40

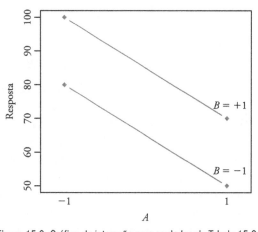

Figura 15.2 Gráfico de interação para os dados da Tabela 15.2.

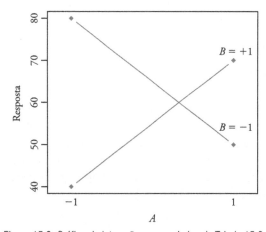

Figura 15.3 Gráfico de interação para os dados da Tabela 15.3.

As somas dos quadrados para cada contraste são determinadas pelos procedimentos dados na Seção 13.5. Escrevendo

$$Y_{1..} = b + (1), \quad Y_{2..} = ab + a, \quad c_1 = -1, \quad \text{e} \quad c_2 = 1,$$

onde $Y_{1..}$ e $Y_{2..}$ são os totais de $2n$ observações, temos

$$SSA = SSw_A = \frac{\left(\sum_{i=1}^{2} c_i Y_{i..}\right)^2}{2n\sum_{i=1}^{2} c_i^2}$$

$$= \frac{[ab + a - b - (1)]^2}{2^2 n} = \frac{(A \text{ contraste})^2}{2^2 n},$$

com 1 grau de liberdade. Similarmente, descobrimos que

$$SSB = \frac{[ab + b - a - (1)]^2}{2^2 n} = \frac{(B \text{ contraste})^2}{2^2 n},$$

e

$$SS(AB) = \frac{[ab + (1) - a - b]^2}{2^2 n} = \frac{(AB \text{ contraste})^2}{2^2 n}.$$

Cada contraste tem 1 grau de liberdade, ao passo que a soma dos quadrados dos erros, com $2^2(n-1)$ graus de liberdade, é obtida, por subtração, da fórmula

$$SSE = SST - SSA - SSB - SS(AB).$$

Ao calcularmos as somas dos quadrados para os efeitos principais A e B e o efeito de interação AB, é conveniente apresentar os rendimentos totais das combinações de tratamentos com os sinais algébricos apropriados para cada contraste, como na Tabela 15.4. Os efeitos principais são obtidos como simples comparações entre os níveis alto e baixo. Portanto, atribuímos um sinal positivo para a combinação dos tratamentos que está no nível alto de certo fator e um sinal negativo para a combinação dos tratamentos no nível mais baixo. Os sinais positivo e negativo para o efeito de interação são obtidos ao multiplicar os sinais correspondentes dos contrastes dos fatores que estão interagindo.

O fatorial 2^3

Vamos considerar um experimento que usa três fatores, A, B e C, cada um com níveis -1 e $+1$. Esse é um experimento fatorial 2^3, que fornece as oito combinações de tratamentos (1), a, b, c, ab, ac, bc e abc. As combinações de tratamentos e os sinais algébricos apropriados para cada contraste usado no cálculo das somas dos quadrados para os efeitos principais e efeitos de interação são apresentados na Tabela 15.5.

Tabela 15.4 Sinais para os contrastes no experimento fatorial 2^2

Combinação de tratamento	Efeito fatorial		
	A	B	AB
(1)	−	−	+
a	+	−	−
b	−	+	−
ab	+	+	+

Tabela 15.5 Sinais para os contrastes em um experimento fatorial 2^3

Combinação de tratamento	Efeito fatorial (simbólico)						
	A	B	C	AB	AC	BC	ABC
(1)	−	−	−	+	+	+	−
a	+	−	−	−	−	+	+
b	−	+	−	−	+	−	+
c	−	−	+	+	−	−	+
ab	+	+	−	+	−	−	−
ac	+	−	+	−	+	−	−
bc	−	+	+	−	−	+	−
abc	+	+	+	+	+	+	+

É útil discutir e ilustrar a geometria do fatorial 2^3, assim como ilustramos o fatorial 2^2 na Figura 15.1. Para o 2^3, os *oito pontos do delineamento* representam os vértices de um cubo, conforme mostrado na Figura 15.4.

As colunas da Tabela 15.5 representam os sinais usados para os contrastes e, portanto, para o cálculo dos sete efeitos e das somas dos quadrados correspondentes. Essas colunas são análogas àquelas dadas na Tabela 15.4 para o caso de 2^2. Sete efeitos estão disponíveis, já que há oito pontos de delineamento. Por exemplo,

$$A = \frac{a + ab + ac + abc - (1) - b - c - bc}{4n},$$

$$AB = \frac{(1) + c + ab + abc - a - b - ac - bc}{4n},$$

e assim por diante. As somas dos quadrados são dadas por

$$SS(\text{efeito}) = \frac{(\text{contraste})^2}{2^3 n}.$$

Uma inspeção da Tabela 15.5 revela que, para o experimento 2^3, todos os sete contrastes são mutuamente ortogonais e, portanto, os sete efeitos são avaliados independentemente.

Efeitos e soma dos quadrados para o 2^k

Para um experimento fatorial 2^k, as somas dos quadrados com grau de liberdade único para os efeitos principais e

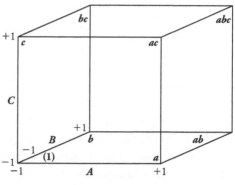

Figura 15.4 Visão geométrica de 2^3.

efeitos de interação são obtidas elevando ao quadrado os contrastes apropriados nos totais dos tratamentos e dividindo por $2^k n$, onde n é o número de replicações das combinações dos tratamentos.

Como antes, um efeito é sempre calculado ao subtrair a resposta média em um nível 'baixo' da resposta média em um nível 'alto'. Os níveis alto e baixo para os efeitos principais estão bastante claros. Os níveis alto e baixo simbólicos para as interações são evidentes com base nas informações da Tabela 15.5.

A propriedade de ortogonalidade tem a mesma importância aqui que aquela no material sobre comparações discutido no Capítulo 13. A ortogonalidade dos contrastes implica que os efeitos estimados e, portanto, as somas dos quadrados são independentes. Essa independência é prontamente ilustrada em um experimento fatorial 2^3 se os rendimentos, com o fator A em seu nível alto, forem aumentados por uma quantidade x na Tabela 15.5. Somente o contraste A leva a uma soma dos quadrados maior, já que o efeito x se cancela na formação dos seis contrastes restantes como resultado dos dois sinais positivos e dois sinais negativos associados com as combinações de tratamentos nas quais A está em seu nível alto.

Há vantagens adicionais produzidas pela ortogonalidade. Elas serão mostradas quando discutirmos o experimento fatorial 2^k em situações de regressão.

15.3 Experimento fatorial 2^k não replicado

O fatorial 2^k completo pode, freqüentemente, envolver experimentações consideráveis, particularmente quando k é grande. Como resultado, a replicação de cada combinação dos fatores não costuma ser permitida. Se todos os efeitos, incluindo todas as interações, estão incluídos no modelo do experimento, não sobram graus de liberdade para o erro. Em geral, quando k é grande, o analista de dados combina as somas dos quadrados e os graus de liberdade correspondentes às interações de alta ordem que são conhecidas, ou assumidas, como desprezíveis. Isso produz testes F para os efeitos principais e para as interações de baixa ordem.

Gráfico de diagnóstico com experimentos fatoriais 2^k não replicados

Os gráficos de probabilidade normal podem ser uma metodologia muito útil para determinar a importância relativa dos efeitos em um experimento fatorial com dois níveis relativamente grande, quando não há replicação. Esse tipo de gráfico de diagnóstico pode ser particularmente útil quando o analista de dados hesita em combinar as interações de alta ordem por medo de que alguns dos efeitos combinados no 'erro' possam ser efeitos reais e não apenas aleatórios. O leitor deve ter em mente que todos os efeitos que não são reais (ou seja, são *estimativas independentes de zero*) seguem uma distribuição normal com média próxima de zero e variância constante. Por exemplo, em um experimento fatorial 2^4, lembramos que todos os efeitos (tenha em mente $n = 1$) são da forma

$$AB = \frac{\text{contraste}}{8} = \bar{y}_H - \bar{y}_L,$$

onde $\bar{y}_H$ é a média das oito execuções experimentais independentes no nível alto ou '+' e $\bar{y}_L$ é a média das oito execuções experimentais independentes no nível baixo ou '−'. Portanto, a variância de cada contraste é $Var(\bar{y}_H - \bar{y}_L) = \sigma^2/4$. Para quaisquer efeitos reais, $E(\bar{y}_H - \bar{Y}_L) \neq 0$. Logo, o gráfico de probabilidade normal deve revelar efeitos 'significantes' como aqueles que caem fora da linha reta que descreve as realizações de variáveis aleatórias independentes, idêntica e normalmente distribuídas.

O gráfico de probabilidade pode assumir uma dentre muitas formas. O leitor pode consultar o Capítulo 8, no qual esses gráficos foram apresentados. O gráfico empírico quantil-quantil normal pode ser usado. O procedimento gráfico que faz uso do papel de probabilidade normal também pode ser usado. Além disso, há diversos outros tipos de gráficos diagnósticos de probabilidade normal. Resumindo, os gráficos de diagnósticos dos efeitos são como se segue.

Gráficos de probabilidade dos efeitos para experimentos fatoriais 2^4 não replicados

1. Calcule os efeitos como

$$\text{efeito} = \frac{\text{contraste}}{2^{k-1}}.$$

2. Construa um gráfico de probabilidade normal de todos os efeitos.
3. Os efeitos que caírem fora da linha reta devem ser considerados efeitos reais.

Há outros comentários sobre os gráficos de probabilidade normal dos efeitos. Primeiro, o analista de dados pode se sentir frustrado se usar esses gráficos com um experimento pequeno. O gráfico provavelmente fornecerá resultados satisfatórios quando há o *efeito escassez* — muitos efeitos que não são, na verdade, reais. Essa escassez será evidente em experimentos grandes nos quais as interações de alta ordem não parecem ser reais.

15.4 Estudo de caso de modelagem por injeção

■ **Exemplo 15.2**

Muitas indústrias nos Estados Unidos e em outros países utilizam partes moldadas como componentes de um processo. O encolhimento é um grande problema. Em geral, um molde para uma peça é montado em tamanho maior do que o nominal para permitir o encolhimento da peça. Na situação experimental a seguir, um novo molde está sendo produzido e, essencialmente, é importante determinar as configurações apropriadas do processo para minimizar o encolhimento. No experimento, os valores da resposta são os desvios do valor nominal (ou seja, o encolhimento). Os fatores e níveis são os seguintes:

	Níveis codificados	
	−1	+1
A. Velocidade de injeção (pés/s)	1,0	2,0
B. Temperatura do molde (°C)	100	150
C. Pressão do molde (psi)	500	1000
D. Pressão traseira (psi)	75	120

O propósito do experimento era determinar quais efeitos (efeitos principais e efeitos de interação) influenciam o encolhimento. O experimento foi considerado um experimento de seleção preliminar, a partir do qual podem ser determinados os fatores para uma análise mais completa. Adicionalmente, esperava-se ter alguma percepção sobre como os fatores importantes impactam o encolhimento. Os dados de um experimento fatorial 2^4 não replicado são fornecidos na Tabela 15.6.

Inicialmente, os efeitos foram calculados e colocados em um gráfico de probabilidade normal. Os efeitos calculados estão a seguir:

$A = 10,5613,$ $BD = -2,2787,$
$C = 2,4138,$ $D = 2,1438,$
$AC = 1,2613,$ $AD = -1,8238,$
$CD = 1,4088,$ $ABC = 2,8588,$
$ACD = -3,0438,$ $BCD = -0,4788,$

$B = 12,4463,$
$AB = 11,4038,$
$BC = 1,8163,$
$ABD = -1,7813,$
$ABCD = -1,3063.$

Tabela 15.6 Dados para o Exemplo 15.2

Combinação dos fatores	Resposta (cm x 10⁴)	Combinação dos fatores	Resposta (cm x 10⁴)
(1)	72,68	d	73,52
a	71,74	ad	75,97
b	76,09	bd	74,28
ab	93,19	abd	92,87
c	71,25	cd	79,34
ac	70,59	acd	75,12
bc	70,92	bcd	79,67
abc	104,96	abcd	97,80

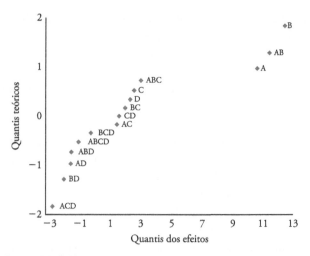

Figura 15.5 Gráfico quantil-quantil normal dos efeitos para o estudo de caso do Exemplo 15.2.

O gráfico de probabilidade normal é mostrado na Figura 15.5. O gráfico parece implicar que os efeitos A, B e AB se destacam como sendo importantes. Os sinais dos efeitos importantes indicam que as conclusões preliminares são as seguintes:

1. Um aumento na velocidade de injeção de 1,0 para 2,0 aumenta o encolhimento.
2. Um aumento na temperatura de molde de 100 °C para 150 °C aumenta o encolhimento.
3. Há uma interação entre a velocidade de injeção e a temperatura de molde; embora os efeitos principais sejam importantes, é crucial entendermos o impacto da interação dos dois fatores.

Análise com quadrado médio do erro combinado: impressão de computador detalhada

Pode ser de interesse observar uma análise de variância dos dados do molde por injeção com interações de alta ordem combinadas para formar o quadrado médio do erro. As interações de ordem três e quatro são combinadas. A Figura 15.6 mostra uma impressão SAS PROC GLM. A análise de variância revela essencialmente as mesmas conclusões daquelas do gráfico de probabilidade normal.

Os testes e os valores P mostrados na Figura 15.6 requerem interpretação. Um valor P significante sugere que o efeito difere significantemente de zero. O teste dos efeitos principais (que, na presença de interações, podem ser considerados os efeitos médios sobre os níveis dos outros fatores) indica significância para os efeitos A e B. Os sinais dos efeitos também são importantes. Um aumento nos níveis de baixo para alto de A, velocidade de injeção, resulta em um aumento no encolhimento. O mesmo é verdade para B. Contudo, por causa da interação significativa AB, as interpretações dos efeitos principais podem ser vistas como

```
                              The GLM Procedure
          Dependent Variable: y
                                    Sum of
          Source              DF    Squares        Mean Square    F Value    Pr > F
          Model               10    1689,237462    168,923746     9,37       0,0117
          Error                5      90,180831     18,036166
          Corrected Total     15    1779,418294

          R-Square     Coeff Var      Root MSE      y Mean
          0,949320     5,308667       4,246901      79,99938

          Source         DF    Type III SS    Mean Square    F Value    Pr > F
          A               1    446,1600062    446,1600062    24,74      0,0042
          B               1    619,6365563    619,6365563    34,36      0,0020
          C               1     23,3047563     23,3047563     1,29      0,3072
          D               1     18,3826563     18,3826563     1,02      0,3590
          A*B             1    520,1820562    520,1820562    28,84      0,0030
          A*C             1      6,3630063      6,3630063     0,35      0,5784
          A*D             1     13,3042562     13,3042562     0,74      0,4297
          B*C             1     13,1950562     13,1950562     0,73      0,4314
          B*D             1     20,7708062     20,7708062     1,15      0,3322
          C*D             1      7,9383063      7,9383063     0,44      0,5364

                                         Standard
          Parameter       Estimate        Error       t Value    Pr > |t|
          Intercept     79,99937500     1,06172520     75,35     <,0001
          A              5,28062500     1,06172520      4,97     0,0042
          B              6,22312500     1,06172520      5,86     0,0020
          C              1,20687500     1,06172520      1,14     0,3072
          D              1,07187500     1,06172520      1,01     0,3590
          A*B            5,70187500     1,06172520      5,37     0,0030
          A*C            0,63062500     1,06172520      0,59     0,5784
          A*D           -0,91187500     1,06172520     -0,86     0,4297
          B*C            0,90812500     1,06172520      0,86     0,4314
          B*D           -1,13937500     1,06172520     -1,07     0,3322
          C*D            0,70437500     1,06172520      0,66     0,5364
```

Figura 15.6 Impressão *SAS* para os dados do estudo de caso do Exemplo 15.2.

tendências por meio dos níveis dos outros fatores. O impacto da significante interação *AB* é mais bem entendido usando-se uma tabela bidirecional de médias.

Interpretação da interação de dois fatores

Como poderíamos esperar, uma tabela bidirecional das médias facilita a interpretação da interação *AB*. Considere a situação de dois fatores na Tabela 15.7.

Observe que uma média amostral grande em alta velocidade e alta temperatura criou uma interação significante. O *encolhimento aumenta de maneira não aditiva*. A temperatura de molde parece ter um efeito positivo em qualquer nível de velocidade. Mas o efeito é maior em alta velocidade. O efeito da velocidade é muito sutil em temperaturas baixas, mas é claramente positivo em uma temperatura de molde alta. Para controlar o encolhimento em um nível baixo, *devemos evitar usar simultaneamente velocidade de injeção alta e temperatura de molde alta*. Todos esses resultados são ilustrados graficamente na Figura 15.7.

Tabela 15.7 Ilustração da interação entre dois fatores

	B (temperatura)	
A (velocidade)	100	150
2	73,355	97,205
1	74,1975	75,240

Exercícios

15.1 Os dados a seguir foram obtidos de um experimento fatorial 2^3 replicado três vezes. Avalie as somas dos quadrados para todos os efeitos fatoriais pelo método de contraste. Dê suas conclusões.

Combinação de tratamento	Rep 1	Rep 2	Rep 3
(1)	12	19	10
a	15	20	16
b	24	16	17
ab	23	17	27
c	17	25	21
ac	16	19	19
bc	24	23	29
abc	28	25	20

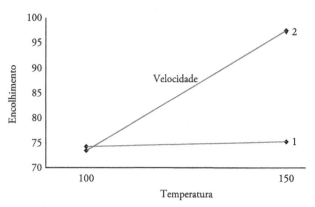

Figura 15.7 Gráfico de interação para o Exemplo 15.2.

15.2 Em um experimento conduzido pelo Departamento de Engenharia de Minas do Instituto Politécnico e Universidade Estadual da Virgínia para estudar certo sistema de filtragem para carvão, um coagulante foi adicionado em uma solução em um tanque com carvão e sedimentos, que foi, então, colocado em um sistema de recirculação para que o carvão fosse lavado. Três fatores foram alterados no processo do experimento:

Fator A: porcentagem de sólidos circulando inicialmente no excesso de fluxo
Fator B: taxa de fluxo do polímero
Fator C: pH do tanque

A quantidade de sólidos com baixo fluxo do sistema de limpeza determina quão limpo o carvão se tornou. Dois níveis de cada fator foram usados e duas execuções experimentais foram realizadas para cada uma das $2^3 = 8$ combinações. A resposta, a porcentagem de sólidos por peso no baixo fluxo do sistema de circulação são especificadas na tabela a seguir:

Combinação	Resposta	
de tratamento	Replicação 1	Replicação 2
(1)	4,65	5,81
a	21,42	21,35
b	12,66	12,56
ab	18,27	16,62
c	7,93	7,88
ac	13,18	12,87
bc	6,51	6,26
abc	18,23	17,83

Assumindo que todas as interações são potencialmente importantes, faça uma análise completa dos dados. Use valores P em sua conclusão.

15.3 Em um experimento metalúrgico, deseja-se testar o efeito de quatro fatores e suas interações na concentração (porcentagem por peso) de certo composto de fosfato em material de fundição. As variáveis são A, porcentagem de fosfato no refinamento; B, porcentagem de material refundido; C, tempo de fluxo; e D, tempo de retenção. Os quatro fatores são variados em um experimento fatorial 2^4 com duas moldagens retiradas de cada combinação dos fatores. As 32 moldagens são feitas em ordem aleatória. A tabela a seguir mostra os dados e uma tabela ANOVA é fornecida na Figura 15.8. Discuta os efeitos dos fatores e de suas interações na concentração de componente de fosfato.

Combinação de tratamento	Peso % de composto de fosfato		
	Rep 1	Rep 2	Rep 3
(1)	30,3	28,6	58,9
a	28,5	31,4	59,9
b	24,5	25,6	50,1
ab	25,9	27,2	53,1
c	24,8	23,4	48,2
ac	26,9	23,8	50,7
bc	24,8	27,8	52,6
abc	22,2	24,9	47,1
d	31,7	33,5	65,2
ad	24,6	26,2	50,8
bd	27,6	30,6	58,2
abd	26,3	27,8	54,1
cd	29,9	27,7	57,6
acd	26,8	24,2	51,0
bcd	26,4	24,9	51,3
abcd	26,9	29,3	56,2
Total	428,1	436,9	865,0

15.4 Um experimento preliminar é conduzido para estudar os efeitos de quatro fatores e de suas interações no resultado de certa operação de máquina. Duas execuções são realizadas em cada uma das combinações dos tratamentos, com o objetivo de fornecer uma medida do erro puro experimental. Dois níveis de cada fator são usados, resultando nos dados mostrados aqui. Faça testes em todos os efeitos principais e de interação ao nível de significância de 0,05. Dê suas conclusões.

Combinação dos tratamentos	Replicação 1	Replicação 2
(1)	7,9	9,6
a	9,1	10,2
b	8,6	5,8
c	10,4	12,0
d	7,1	8,3
ab	11,1	12,3
ac	16,4	15,5
ad	7,1	8,7
bc	12,6	15,2
bd	4,7	5,8
cd	7,4	10,9
abc	21,9	21,9
abd	9,8	7,8
acd	13,8	11,2
bcd	10,2	11,1
abcd	12,8	14,3

15.5 No estudo *An X-Ray Fluorescence Method for Analyzing Polybutadiene-Acrilic Acid (PBAA) Propellants*, Quartely Reports, RK-TR-62-1, do Comando de Armamento e Mísseis do Exército, um experimento foi conduzido para determinar se há ou não diferença significante na quantidade de alumínio alcançada na análise entre certos níveis de certas variáveis de processamento. Os dados fornecidos na tabela foram registrados.

Obs.	Estado físico	Tempo de mistura	Velocidade da lâmina	Condição de nitrogênio	Alumínio
1	1	1	2	2	16,3
2	1	2	2	2	16,0
3	1	1	1	1	16,2
4	1	2	1	2	16,1
5	1	1	1	2	16,0
6	1	2	1	1	16,0
7	1	2	2	1	15,5
8	1	1	2	1	15,9
9	2	1	2	2	16,7
10	2	2	2	2	16,1
11	2	1	1	1	16,3
12	2	2	1	2	15,8
13	2	1	1	2	15,9
14	2	2	1	1	15,9
15	2	2	2	1	15,6
16	2	1	2	2	15,8

As variáveis são dadas abaixo.

A: Tempos de mistura
  Nível 1 – 2 horas
  Nível 2 – 4 horas

B: Velocidade da lâmina
  Nível 1 – 36 rpm
  Nível 2 – 78 rpm
C: Condição do nitrogênio passando sobre o propelente
  Nível 1 – seco
  Nível 2 – 72% de umidade relativa
D: Estado físico do propelente
  Nível 1 – não preservado
  Nível 2 – preservado

Assumindo todas as interações de três e quatro fatores como insignificantes, analise os dados. Use um nível de significância de 0,05. Escreva um breve relatório resumindo suas descobertas.

15.6 É importante estudar o efeito da concentração de um reagente e a taxa de alimentação na viscosidade do produto de um processo químico. Considere a concentração do reagente o fator *A* nos níveis de 15% e 25%. Considere a taxa de alimentação o fator *B* com níveis de 20 lb/h e 30 lb/h. O experimento envolve duas execuções experimentais em cada uma das quatro combinações (b = baixo e a = alto). As leituras de viscosidade estão a seguir.

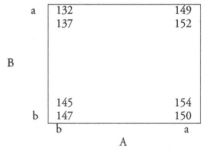

(a) Assumindo um modelo com dois efeitos principais e uma interação, calcule os três efeitos. Você tem alguma interpretação?
(b) Faça uma análise de variância e teste a interação. Dê suas conclusões.
(c) Teste os efeitos principais e dê suas conclusões finais sobre a importância de todos esses efeitos.

15.7 Considere o Exercício 15.3 novamente. É de interesse para o pesquisador aprender não apenas que *AD*, *BC* e, possivelmente, *AB* são importantes. Também há interesse em saber o que eles significam cientificamente. Mostre gráficos de interação bidimensionais para os três e interprete.

15.8 Considere o Exercício 15.3 mais uma vez. As interações de três fatores são, em geral, insignificantes e, mesmo se não o forem, são difíceis de interpretar. A interação *ABD* parece ser importante. Para obter algum sentido de interpretação, mostre dois gráficos da interação *AD*, um para *B* = −1 e outro para *B* = +1. Com base na aparência desses gráficos, faça a interpretação da interação *ABD*.

15.9 Considere o Exercício 15.6. Use uma escala '+1' e '−1' para 'alto' e 'baixo', respectivamente, e faça uma regressão linear múltipla com o modelo

$$Y_i = \beta_0 + \beta_1 x_{1i} + \beta_2 x_{2i} + \beta_{12} x_{1i} x_{2i} + \epsilon_i,$$

com x_{1i} = concentração do reagente (−1, +1) e x_{2i} = índice de alimentação (−1, +1).
(a) Calcule os coeficientes de regressão.
(b) Como os coeficientes b_1, b_2 e b_{12} se relacionam com os efeitos encontrados no Exercício 15.6(a)?
(c) Em sua análise de regressão, faça testes t de b_1, b_2 e b_{12}. Como os resultados desses testes se relacionam com aqueles do Exercício 15.6(b) e (c)?

15.10 Considere o Exercício 15.5. Calcule todos os 15 efeitos e faça gráficos de probabilidade normal dos efeitos.
(a) Sua suposição de insignificância das interações de três e quatro fatores parece ter mérito?
(b) Os resultados dos gráficos dos efeitos são consistentes com o que você comunicou sobre a importância dos efeitos principais e das interações de dois fatores em seu relatório?

15.11 Em Myers e Montgomery (2002), um conjunto de dados é discutido, no qual um fatorial 2^3 é usado por um engenheiro para estudar os efeitos da velocidade de corte (A), a geometria da ferramenta (B) e o ângulo de corte (C) na vida útil (em horas) de uma ferramenta. Dois níveis de cada fator são escolhidos, e duplicações são executadas em cada ponto do delineamento, com uma ordem aleatória de execuções. Os dados são apresentados aqui.
(a) Calcule todos os sete efeitos. Com base na magnitude deles, qual(is) parece(m) ser importante(s)?
(b) Faça uma análise de variância e observe os valores P.
(c) Os resultados em (a) e (b) coincidem?
(d) O engenheiro se sente confiante de que a velocidade de corte e o ângulo de corte devem interagir. Se essa interação for significativa, faça um gráfico de interação e discuta o significado dessa interação em engenharia.

	A	B	C	Vida
(1)	−	−	−	22, 31
a	+	−	−	32, 43
b	−	+	−	35, 34
ab	+	+	−	35, 47
c	−	−	+	44, 45
ac	+	−	+	40, 37
bc	−	+	+	60, 50
abc	+	+	+	39, 41

15.12 Considere o Exercício 15.11. Suponha que houve alguma dificuldade experimental em realizar as execuções. Na verdade, o experimento total teve de ser parado após somente quatro execuções. Como resultado, o experimento abreviado é dado por

	Vida
a	43
b	35
c	44
abc	39

Com apenas três execuções, temos os sinais para os contrastes dados por

	A	B	C	AB	AC	BC	ABC
a	+	−	−	−	−	+	+
b	−	+	−	−	+	−	+
c	−	−	+	+	−	−	+
abc	+	+	+	+	+	+	+

Comente. Em seus comentários, determine se os contrastes são ortogonais ou não. Quais o são e quais não o são? Os efeitos principais são ortogonais uns aos outros? Nesse experimento abreviado (chamado de *fatorial fracionário*), podemos estudar as interações de modo independente dos efeitos principais? Este é um experimento útil se estivermos convencidos de que as interações são desprezíveis? Explique.

15.5 Experimentos fatoriais no contexto de regressão

Em boa parte do Capítulo 15, restringimos nossas discussões da análise de dados para um fatorial 2^k para o método de análise de variância. A única referência a uma análise alternativa está no Exercício 15.9. De fato, esse exercício certamente introduz muito do que motiva a presente seção. Há situações nas quais o ajuste do modelo é importante *e* os fatores sob estudo *podem ser controlados*. Por exemplo, um biólogo pode desejar estudar o crescimento de certo tipo de alga na água e, portanto, um modelo que relacione as unidades de alga como uma função da *quantidade de poluentes* e, digamos, o *tempo* seria bastante útil. Assim, o estudo envolve um experimento fatorial em um ambiente laboratorial na qual a concentração de poluentes e o tempo são os fatores. Como discutiremos mais tarde nesta seção, um modelo mais preciso pode ser ajustado se os fatores são controlados em um arranjo fatorial, com o fatorial 2^k sendo, freqüentemente, uma escolha útil. Em muitos processos biológicos e químicos, os níveis das variáveis regressoras podem ser controlados.

Lembre-se de que o modelo de regressão usado no Capítulo 12 pode ser escrito na notação matricial como

$$\mathbf{y} = \mathbf{X}\boldsymbol{\beta} + \boldsymbol{\epsilon}.$$

A matriz $\mathbf{X}$ é referida como *matriz do modelo*. Suponha, por exemplo, que um experimento fatorial 2^3 é empregado com as variáveis

Fonte de variação	Efeitos	Soma dos quadrados	Graus de liberdade	Quadrado médio	f calculado	Valor P
Efeito principal:						
A	−1,2000	11,52	1	11,52	4,68	0,0459
B	−1,2250	12,01	1	12,01	4,88	0,0421
C	−2,2250	39,61	1	39,61	16,10	0,0010
D	1,4875	17,70	1	17,70	7,20	0,0163
Interação de dois fatores:						
AB	0,9875	7,80	1	7,80	3,17	0,0939
AC	−0,6125	3,00	1	3,00	1,22	0,2857
AD	−1,3250	14,05	1	14,05	5,71	0,0295
BC	1,1875	11,28	1	11,28	4,59	0,0480
BD	0,6250	3,13	1	3,13	1,27	0,2763
CD	0,7000	3,92	1	3,92	1,59	0,2249
Interação de três fatores:						
ABC	−0,5500	2,42	1	2,42	0,98	0,3360
ABD	1,7375	24,15	1	24,15	9,82	0,0064
ACD	1,4875	17,70	1	17,70	7,20	0,0163
BCD	−0,8625	5,95	1	5,95	2,42	0,1394
Interação de quatro fatores:						
$ABCD$	0,7000	3,92	1	3,92	1,59	0,2249
Erro		39,36	16	2,46		
Total		217,51	31			

Figura 15.8 Tabela ANOVA para o Exercício 15.3.

Temperatura: 150 °C 200 °C
Umidade: 15%   20%
Pressão (psi): 1.000 1.500

Os níveis familiares +1, −1 podem ser gerados por meio da seguinte centralização e escalonamento para as *unidades de delineamento*:

$$x_1 = \frac{\text{temperatura} - 175}{25}, \quad x_2 = \frac{\text{umidade} - 17,5}{2,5},$$

$$x_3 = \frac{\text{pressão} - 1250}{250}.$$

Como resultado, a matriz **X** se torna

$$X = \begin{bmatrix} 1 & -1 & -1 & -1 \\ 1 & 1 & -1 & -1 \\ 1 & -1 & 1 & -1 \\ 1 & -1 & -1 & 1 \\ 1 & 1 & 1 & -1 \\ 1 & 1 & -1 & 1 \\ 1 & -1 & 1 & 1 \\ 1 & 1 & 1 & 1 \end{bmatrix} \begin{matrix} \text{Identificação do planejamento} \\ (1) \\ a \\ b \\ c \\ ab \\ ac \\ bc \\ abc \end{matrix}$$

Agora, vemos que os contrastes ilustrados e discutidos na Seção 15.2 estão diretamente relacionados aos coeficientes de regressão. Note que todas as colunas da matriz **X** em nosso exemplo 2^3 são *ortogonais*. Como resultado, os cálculos dos coeficientes de regressão, como descritos na Seção 12.3, se tornam

$$b = \begin{bmatrix} b_0 \\ b_1 \\ b_2 \\ b_3 \end{bmatrix} = (\mathbf{X}'\mathbf{X})^{-1}\mathbf{X}'\mathbf{y} = \left(\frac{1}{8}\mathbf{I}\right)\mathbf{X}'\mathbf{y}$$

$$= \frac{1}{8}\begin{bmatrix} a + ab + ac + abc + (1) + b + c + bc \\ a + ab + ac + abc - (1) - b - c - bc \\ b + ab + bc + abc - (1) - a - c - ac \\ c + ac + bc + abc - (1) - a - b - ab \end{bmatrix},$$

onde a, ab, e assim por diante, são as medidas das respostas.

Agora, podemos ver que a noção de *efeitos principais calculados*, que tem sido enfatizada no decorrer deste capítulo com fatoriais 2^k, está relacionada com os coeficientes em um modelo de regressão ajustado quando os fatores são quantitativos. De fato, para um 2^k com, digamos, n execuções experimentais por ponto de delineamento, a relação entre os efeitos e os coeficientes de regressão é a seguinte:

$$\text{Efeito} = \frac{\text{contraste}}{2^{k-1}(n)}$$

$$\text{Coeficiente de regressão} = \frac{\text{contraste}}{2^k(n)} = \frac{\text{efeito}}{2}.$$

Essa relação deve fazer sentido para o leitor, já que o coeficiente de regressão b_j é uma taxa de mudança média na resposta *por unidade mudada* em x_j. É claro, conforme vamos de –1 para +1 em x_j (baixo e alto), a variável do delineamento muda em duas unidades.

■ **Exemplo 15.3**

Considere um experimento no qual um engenheiro deseja ajustar uma regressão linear do rendimento y contra o tempo de retenção x_1 e o tempo de flexão x_2 em certo sistema químico. Todos os outros fatores são mantidos fixos. Os dados, nas unidades originais, são fornecidos na Tabela 15.8. Estime o modelo de regressão linear múltipla.
Solução: Como resultado, o modelo de regressão ajustado é

$$\hat{y} = b_0 + b_1 x_1 + b_2 x_2.$$

As unidades de planejamento são

$$x_1 = \frac{\text{tempo de retenção} - 0{,}65}{0{,}15},$$

$$x_2 = \frac{\text{tempo de flexão} - 0{,}15}{0{,}05}$$

e a matriz **X** é

$$\begin{array}{cc} & x_1 \quad x_2 \end{array}$$
$$\begin{bmatrix} 1 & -1 & -1 \\ 1 & 1 & -1 \\ 1 & -1 & 1 \\ 1 & 1 & 1 \end{bmatrix}$$

com os coeficientes de regressão

$$\begin{bmatrix} b_0 \\ b_1 \\ b_2 \end{bmatrix} = (\mathbf{X'X})^{-1}\mathbf{X'y} = \begin{bmatrix} \frac{(1)+a+b+ab}{4} \\ \frac{a+ab-(1)-b}{4} \\ \frac{b+ab-(1)-a}{4} \end{bmatrix} = \begin{bmatrix} 36{,}25 \\ 6{,}25 \\ 2{,}75 \end{bmatrix}.$$

Portanto, a equação de regressão dos quadrados mínimos é

$$\hat{y} = 36{,}25 + 6{,}25 x_1 + 2{,}75 x_2.$$

Tabela 15.8 Dados para o Exemplo 15.3

Tempo de retenção (h)	Tempo de flexão (h)	Rendimento (%)
0,5	0,10	28
0,8	0,10	39
0,5	0,20	32
0,8	0,20	46

Esse exemplo fornece uma ilustração do uso do experimento fatorial de dois níveis no contexto de regressão. As quatro execuções experimentais no delineamento 2^2 foram usadas para calcular a equação de regressão, com a interpretação óbvia dos coeficientes de regressão. O valor $b_1 = 6{,}25$ representa o aumento estimado na resposta (porcentagem de rendimento) por mudança em *unidade de delineamento* (0,15 hora) no tempo de retenção. O valor $b_2 = 2{,}75$ representa uma taxa similar de mudança para o tempo de flexão.

Interação no modelo de regressão

Os contrastes de interação discutidos na Seção 15.2 têm interpretações definidas no contexto de regressão. De fato, as interações são responsáveis, nos modelos de regressão, pelos termos de produto. Por exemplo, no Exemplo 15.3, o modelo com interação é

$$y = b_0 + b_1 x_1 + b_2 x_2 + b_{12} x_1 x_2$$

com b_0, b_1, b_2 como antes e

$$b_{12} = \frac{ab + (1) - a - b}{4} = \frac{46 + 28 - 39 - 32}{4} = 0{,}75.$$

Então, a equação de regressão que expressa dois *efeitos principais lineares* e a interação é

$$\hat{y} = 36{,}25 + 6{,}25 x_1, + 2{,}75 x_2 + 0{,}75 x_1 x_2.$$

O contexto de regressão fornece uma estrutura na qual o leitor deve entender melhor a vantagem da ortogonalidade que é apreciada pelo fatorial 2^k. Na Seção 15.2, os méritos da ortogonalidade são discutidos sob o ponto de vista da *análise de variância* dos dados em um experimento fatorial 2^k. Destacamos que a ortogonalidade entre os efeitos leva à independência entre as somas dos quadrados. É claro que a presença de variáveis de regressão não exclui o uso da análise de variância. De fato, os testes F são conduzidos exatamente como descritos na Seção 15.2. Mas é óbvio que uma distinção deve ser feita. No caso da ANOVA, as hipóteses envolvem as médias populacionais, enquanto no caso da regressão a hipótese envolve os coeficientes de regressão.

Por exemplo, considere o planejamento experimental do Exercício 15.2. Cada fator é contínuo, e suponha que os níveis sejam

$$\begin{array}{lll} A\ (x_1): & 20\% & 40\% \\ B\ (x_2): & 5\ \text{lb/s} & 10\ \text{lb/s} \\ C\ (x_3): & 5 & 5{,}5 \end{array}$$

e temos, para os níveis de planejamento,

$$x_1 = \frac{\text{sólidos} - 30}{10}, \quad x_2 = \frac{\text{índice de fluxo} - 7{,}5}{2{,}5},$$

$$x_3 = \frac{\text{pH} - 5{,}25}{0{,}25}.$$

Suponha que o interesse seja ajustar um modelo de regressão múltipla, no qual todos os coeficientes lineares e interações disponíveis serão considerados. Além disso, é de interesse do engenheiro fornecer também alguma percepção sobre quais níveis do fator *maximizarão* a limpeza (ou seja, maximizarão a resposta). Esse problema será o tema do estudo de caso no Exemplo 15.4.

■ **Exemplo 15.4**

Estudo de caso: Experimento de limpeza do carvão (veja o Exercício 15.2) – A Figura 15.9 apresenta a impressão detalhada de computador da análise de regressão do modelo ajustado

$$\hat{y} = b_0 + b_1 x_1 + b_2 x_2 + b_3 x_3 + b_{12} x_1 x_2$$
$$+ b_{13} x_1 x_3 + b_{23} x_2 x_3 + b_{123} x_1 x_2 x_3,$$

onde x_1, x_2 e x_3 são as porcentagens de sólidos, a taxa de fluxo e o pH do sistema, respectivamente. O programa de computador usado é o *SAS* PROC REG.

Observe as estimativas de parâmetro, os erros-padrão e os valores *P* na impressão. As estimativas dos parâmetros representam os coeficientes do modelo. Todos os coeficientes do modelo são significantes, com exceção do termo $x_2 x_3$ (interação *BC*). Note também que os resíduos, os intervalos de confiança e os intervalos de predição aparecem conforme discutido no material sobre regressão dos capítulos 11 e 12.

O leitor pode usar os valores dos coeficientes do modelo e os valores preditos na impressão para verificar que combinação de fatores resulta na *eficiência máxima de limpeza*. O fator *A* (porcentagem de sólidos em circulação) tem um alto coeficiente positivo, sugerin-

```
Dependent Variable: Y
                  Analysis of Variance
                    Sum of      Mean
Source         DF   Squares     Square   F Value  Pr > F
Model           7   490,23499   70,03357  254,43  <,0001
Error           8     2,20205    0,27526
Corrected Total 15  492,43704

Root MSE           0,52465    R-Square   0,9955
Dependent Mean    12,75188    Adj R-Sq   0,9916
Coeff Var          4,11429
                   Parameter Estimates
              Parameter  Standard
Variable  DF  Estimate   Error     t Value   Pr > |t|
Intercept  1  12,75188   0,13116    97,22    <,0001
A          1   4,71938   0,13116    35,98    <,0001
B          1   0,86563   0,13116     6,60    0,0002
C          1  -1,41563   0,13116   -10,79    <,0001
AB         1  -0,59938   0,13116    -4,57    0,0018
AC         1  -0,52813   0,13116    -4,03    0,0038
BC         1   0,00562   0,13116     0,04    0,9668
ABC        1   2,23063   0,13116    17,01    <,0001
      Dependent  Predicted  Std Error
Obs   Variable   Value Mean Predict    95% CL Mean    95% CL Predict  Residual
  1    4,6500     5,2300    0,3710    4,3745  6,0855  3,7483  6,7117  -0,5800
  2   21,4200    21,3850    0,3710   20,5295 22,2405 19,9033 22,8667   0,0350
  3   12,6600    12,6100    0,3710   11,7545 13,4655 11,1283 14,0917   0,0500
  4   18,2700    17,4450    0,3710   16,5895 18,3005 15,9633 18,9267   0,8250
  5    7,9300     7,9050    0,3710    7,0495  8,7605  6,4233  9,3867   0,0250
  6   13,1800    13,0250    0,3710   12,1695 13,8805 11,5433 14,5067   0,1550
  7    6,5100     6,3850    0,3710    5,5295  7,2405  4,9033  7,8667   0,1250
  8   18,2300    18,0300    0,3710   17,1745 18,8855 16,5483 19,5117   0,2000
  9    5,8100     5,2300    0,3710    4,3745  6,0855  3,7483  6,7117   0,5800
 10   21,3500    21,3850    0,3710   20,5295 22,2405 19,9033 22,8667  -0,0350
 11   12,5600    12,6100    0,3710   11,7545 13,4655 11,1283 14,0917  -0,0500
 12   16,6200    17,4450    0,3710   16,5895 18,3005 15,9633 18,9267  -0,8250
 13    7,8800     7,9050    0,3710    7,0495  8,7605  6,4233  9,3867  -0,0250
 14   12,8700    13,0250    0,3710   12,1695 13,8805 11,5433 14,5067  -0,1550
 15    6,2600     6,3850    0,3710    5,5295  7,2405  4,9033  7,8667  -0,1250
 16   17,8300    18,0300    0,3710   17,1745 18,8855 16,5483 19,5117  -0,2000
```

Figura 15.9 Impressão *SAS* para os dados do Exemplo 15.4.

do um alto valor para a porcentagem de sólidos. Além disso, um valor baixo para o fator C (pH do tanque) é sugerido. Embora o coeficiente do efeito principal B (taxa de fluxo do polímero) seja positivo, o coeficiente positivo alto de $x_1 x_2 x_3$ (ABC) sugere que a taxa de fluxo deve estar em um nível baixo para aumentar a eficiência. Na verdade, o modelo de regressão gerado na impressão SAS sugere que a combinação de fatores que pode produzir resultados otimizados, ou talvez sugerir a direção para experimentos futuros, é dadas por

A: nível alto
B: nível baixo
C: nível baixo

15.6 O delineamento ortogonal

Em situações experimentais em que é apropriado ajustar modelos lineares em suas variáveis de planejamento e, possivelmente, envolver interações ou produtos de termos, há vantagens obtidas de um *delineamento ortogonal* de dois níveis, ou arranjo ortogonal. Por delineamento ortogonal queremos dizer ortogonalidade entre as colunas da matriz **X**. Por exemplo, considere a matriz **X** do fatorial 2^k do Exemplo 15.3. Note que todas as três colunas são mutuamente ortogonais. A matriz **X** para o fatorial 2^3 também contém colunas ortogonais. O fatorial 2^3 com interações renderia uma matriz **X** do tipo

$$\mathbf{X} = \begin{bmatrix} & x_1 & x_2 & x_3 & x_1x_2 & x_1x_3 & x_2x_3 & x_1x_2x_3 \\ 1 & -1 & -1 & -1 & 1 & 1 & 1 & -1 \\ 1 & 1 & -1 & -1 & -1 & -1 & 1 & 1 \\ 1 & -1 & 1 & -1 & -1 & 1 & -1 & 1 \\ 1 & -1 & -1 & 1 & 1 & -1 & -1 & 1 \\ 1 & 1 & 1 & -1 & 1 & -1 & -1 & -1 \\ 1 & 1 & -1 & 1 & -1 & 1 & -1 & -1 \\ 1 & -1 & 1 & 1 & -1 & -1 & 1 & -1 \\ 1 & 1 & 1 & 1 & 1 & 1 & 1 & 1 \end{bmatrix}$$

O resumo dos graus de liberdade é

Fonte	g.l.	
Regressão	3	
Falta de ajuste	4	($x_1x_2, x_1x_3, x_2x_3, x_1x_2x_3$)
Erro (puro)	8	
Total	15	

Os oito graus de liberdade para o erro puro são obtidos de *execuções duplicadas* em cada ponto do delineamento. Os graus de liberdade da falta de ajuste podem ser vistos como a diferença entre o número de pontos de delineamento distintos e o número total de termos do modelo; neste caso, há oito pontos e quatro termos do modelo.

Erros-padrão dos coeficientes e testes *t*

Nas seções anteriores, mostramos como o criador do experimento pode explorar a noção de ortogonalidade para planejar um experimento de regressão com coeficientes que atingem uma variância mínima em uma base por custos. Devemos ser capazes de usar nossa exposição sobre regressão na Seção 12.4 para calcular as estimativas das variâncias dos coeficientes e, então, de seus erros-padrão. Também é de interesse notar a relação entre as estatísticas t de um coeficiente e a estatística F descrita e ilustrada em capítulos anteriores.

Lembre-se, da Seção 12.4, de que as variâncias e covariâncias dos coeficientes aparecem em A^{-1}, ou em relação à notação atual, a *matriz de variâncias e covariâncias* dos coeficientes é

$$\sigma^2 A^{-1} = \sigma^2 (\mathbf{X'X})^{-1}.$$

No caso de um experimento fatorial 2^k, as colunas de **X** são mutuamente ortogonais, impondo uma estrutura especial. Em geral, para o 2^k podemos escrever

$$\mathbf{X} = \begin{bmatrix} & x_1 & x_2 & \cdots & x_k & x_1x_2 & \cdots \\ 1 & \pm 1 & \pm 1 & \cdots & \pm 1 & \pm 1 & \cdots \end{bmatrix},$$

onde cada coluna contém 2^k ou $2^k n$ entradas, onde n é o número de execuções replicadas em cada ponto do delineamento. Então, a formação de $\mathbf{X'X}$ gera

$$\mathbf{X'X} = 2^k n \mathbf{I}_p,$$

onde **I** é a matriz da identidade de dimensão p, o número de parâmetros do modelo.

■ **Exemplo 15.5**

Considere um 2^3 com execuções replicadas ajustado ao modelo

$$E(Y) = \beta_0 + \beta_1 x_1 + \beta_2 x_2 + \beta_3 x_3 +$$
$$+ \beta_{12} x_1 x_2 + \beta_{13} x_1 x_3 + \beta_{23} x_2 x_3.$$

Dê as expressões para os erros-padrão das estimativas de mínimos quadrados de $b_0, b_1, b_2, b_3, b_{12}, b_{13}$ e b_{23}.

Solução:

$$\mathbf{X} = \begin{bmatrix} & x_1 & x_2 & x_3 & x_1x_2 & x_1x_3 & x_2x_3 \\ 1 & -1 & -1 & -1 & 1 & 1 & 1 \\ 1 & 1 & -1 & -1 & -1 & -1 & 1 \\ 1 & -1 & 1 & -1 & -1 & 1 & -1 \\ 1 & -1 & -1 & 1 & 1 & -1 & -1 \\ 1 & 1 & 1 & -1 & 1 & -1 & -1 \\ 1 & 1 & -1 & 1 & -1 & 1 & -1 \\ 1 & -1 & 1 & 1 & -1 & -1 & 1 \\ 1 & 1 & 1 & 1 & 1 & 1 & 1 \end{bmatrix}$$

com cada unidade vista como sendo *repetida* (ou seja, cada observação é duplicada). Como resultado,

$$\mathbf{X'X} = 16\mathbf{I}_7.$$

Portanto,

$$(\mathbf{X'X})^{-1} = \frac{1}{16}\mathbf{I}_7.$$

Com base no que vimos anteriormente, deve estar claro que as variâncias de todos os coeficientes para um fatorial 2^k, com n execuções em cada ponto, são

$$Var(b_j) = \frac{\sigma^2}{2^k n},$$

e, é claro, todas as covariâncias são zero. Como resultado, os erros-padrão dos coeficientes são calculados como

$$s_{b_j} = s\sqrt{\frac{1}{2^k n}},$$

onde s é determinado da raiz quadrada do quadrado médio do erro (esperançosamente, obtido da replicação adequada). Portanto, em nosso caso com o 2^3,

$$s_{b_j} = s\left(\frac{1}{4}\right).$$

■ Exemplo 15.6

Considere o experimento em metalurgia do Exercício 15.3. Suponha que o modelo ajustado seja

$$E(Y) = \beta_0 + \beta_1 x_1 + \beta_2 x_2 + \beta_3 x_3 + \beta_4 x_4$$
$$+ \beta_{12} x_1 x_2 + \beta_{13} x_1 x_3 + \beta_{14} x_1 x_4$$
$$+ \beta_{23} x_2 x_3 + \beta_{24} x_2 x_4 + \beta_{34} x_3 x_4.$$

Quais são os erros-padrão dos coeficientes de regressão de mínimos quadrados?

Solução: Os erros-padrão de todos os coeficientes para o fatorial 2^k são iguais e são

$$s_{b_j} = s\sqrt{\frac{1}{2^k n}},$$

que, nessa ilustração, é

$$s_{b_j} = s\sqrt{\frac{1}{(16)(2)}}.$$

Neste caso, o quadrado médio do erro puro é dado por $s^2 = 2,46$ (16 graus de liberdade). Então,

$$s_{b_j} = 0,28.$$

Os erros-padrão de coeficientes podem ser usados na construção de uma estatística t em todos os coeficientes. Esses valores t são relacionados com as estatísticas F na análise de variância. Já demonstramos que uma estatística F em um coeficiente, usando o fatorial 2^k, é

$$F = \frac{(\text{contraste})^2}{(2^k)(n)s^2}.$$

Essa é a forma da estatística F para o experimento em metalurgia (Exercício 15.3). É fácil verificar que, se escrevermos

$$t = \frac{b_j}{s_{b_j}}, \quad \text{onde} \quad b_j = \frac{\text{contraste}}{2^k n},$$

então,

$$t^2 = \frac{(\text{contraste})^2}{s^2 2^k n} = F.$$

Como conseqüência, a relação usual entre as estatísticas t nos coeficientes e valores F é mantida. Como podemos esperar, a única diferença entre o uso de t ou F para avaliar a significância está no fato de que a estatística t indica o sinal ou a direção do efeito no coeficiente.

Pode parecer que o plano fatorial 2^k lida com muitas situações práticas nas quais os modelos de regressão são ajustados. Ele pode acomodar termos lineares e de interação, fornecendo estimativas ótimas de todos os coeficientes (do ponto de vista da variância). Entretanto, quando k é grande, o número de pontos de delineamento necessários é muito grande. Em geral, porções do planejamento total podem ser usadas e, ainda assim, permitir a ortogonalidade com todas as suas vantagens. Esses delineamentos são discutidos na Seção 15.8, que vem a seguir.

Um olhar mais detalhado para a propriedade de ortogonalidade no fatorial 2^k

Aprendemos que, para o caso do fatorial 2^k, todas as informações entregues ao analista sobre os efeitos principais e as interações estão na forma de contrastes. Essas '2^{k-1} informações' carregam um grau de liberdade único e são independentes umas das outras. Na análise de variância, elas se manifestam como *efeitos*, ao passo que, se um modelo de regressão for construído, os efeitos se tornam coeficientes de regressão, a menor de um fator de 2. Com qualquer uma das formas de análise, os testes de significância podem ser realizados e os testes t para certo efeito são numericamente os mesmos que aqueles para os coeficientes de regressão correspondentes. No caso da ANOVA, a classificação de variáveis e a interpretação científica das interações são importantes, embora, no caso da análise de regressão, o modelo possa ser usado para prever a resposta e/ou determinar quais combinações dos níveis dos fatores são ótimas (ou seja, maximizam o rendimento ou geram a máxima eficiência na limpeza, como no estudo de caso do Exemplo 15.4).

O que acontece é que a propriedade de ortogonalidade é importante se a análise for ANOVA ou de regressão. A ortogonalidade entre as colunas de X, o modelo matricial no, digamos, Exemplo 15.5, fornece condições especiais que têm importante impacto na *variância dos efeitos* ou nos *coeficientes de regressão*. Na verdade, já se tornou evidente que o delineamento ortogonal resulta na igualdade das variâncias para todos os efeitos ou coeficientes. Dessa forma, a precisão, para propósitos de estimação ou teste, é a mesma para todos os coeficientes, efeitos principais ou interações. Além disso, se o modelo de regressão contém apenas termos lineares e, portanto, somente os efeitos principais são de interesse, as condições a seguir resultam na minimização das variâncias de todos os efeitos (ou, de maneira correspondente, dos coeficientes de regressão de primeira ordem).

Condições para variâncias mínimas dos coeficientes

Se o modelo de regressão contém termos não maiores do que a primeira ordem, e se as amplitudes nas variáveis forem dadas por $x_j \in [-1, +1]$, para $j = 1, 2,...., k$, então $Var(b_j)/\sigma^2$, para $j = 1, 2, ..., k$, é minimizada se o delineamento for ortogonal e todos os níveis x_i forem ± 1, para $i = 1, 2,...., k$.

Portanto, em relação aos coeficientes do modelo ou efeitos principais, a ortogonalidade em 2^k é uma propriedade bastante desejável.

Outra abordagem para um melhor entendimento do 'equilíbrio' fornecido por 2^3 pode ser vista graficamente. Cada um dos contrastes que são ortogonais e, portanto, mutuamente independentes é mostrado graficamente na Figura 15.10. Os gráficos são dados mostrando os planos dos quadrados cujos vértices contêm as respostas que são classificadas como '+' e comparadas àquelas classificadas como '−'. Aquelas dadas em (a) mostram contrastes para os efeitos principais e deveriam ser óbvias para o leitor. Aquelas dadas em (b) mostram os planos que representam os vértices '+' e '−' para os contrastes de interação de três fatores. Em (c), vemos a representação geométrica dos contrastes para a interação de três fatores (ABC).

Execuções centrais com delineamentos 2^k

Na situação na qual o delineamento 2^k é implementado com variáveis de delineamento *contínuas* e procuramos ajustar um modelo de regressão linear, o uso de execuções replicadas no *delineamento central* pode ser extremamente útil. Na verdade, muito além das vantagens que discutiremos a seguir, a maioria dos cientistas e engenheiros consideraria execuções centrais (ou seja, as execuções em $x_i = 0$ para $i = 1, 2,...., k$) não apenas uma prática razoável, mas também intuitivamente interessantes. Em muitas áreas de aplicação do delineamento 2^k, o cientista deseja determinar se poderia se beneficiar ao mover-se para outra região de interesse nos fatores. Em muitos casos, o centro (ou seja, o ponto $(0, 0,..., 0)$ nos fatores codificados) costuma ser tanto as condições de operação atuais do processo ou, pelo menos, aquelas consideradas 'atualmente ótimas'. Portanto, é comum o cientista requerer os dados da resposta no centro.

Execuções centrais e falta de ajuste

Além do apelo intuitivo do aumento do 2^k com as execuções centrais, uma segunda vantagem é aquela que se relaciona ao tipo de modelo que é ajustado aos dados. Considere o exemplo do caso com $k = 2$, conforme ilustrado na Figura 15.11.

Está claro que, *sem as execuções centrais*, os termos do modelo são, além de intercepto, x_1, x_2, x_1, x_2. Esses são responsáveis pelos quatro graus de liberdade do modelo entregue pelos quatro pontos de delineamento, exceto qualquer replicação. Já que cada fator tem informações de resposta disponíveis *somente em duas localizações* $\{-1, +1\}$, não podem ser acomodados termos de curvatura de segunda ordem 'puros' no modelo (ou seja, x_1^2 ou x_2^2). Mas a informação em $(0, 0)$ produz um grau de liberdade adicional no modelo. Embora esse importante grau de liberdade não permite que ambos x_1^2 e x_2^2 sejam usados no modelo, ele permita testar a significância da

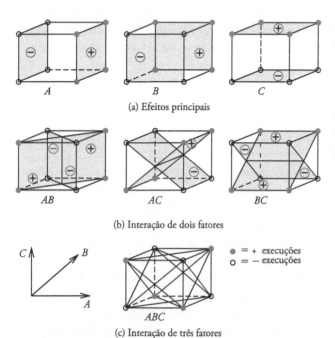

Figura 15.10 Apresentação geométrica dos contrastes do delineamento fatorial 2^3.

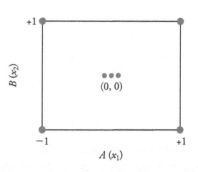

Figura 15.11 Um delineamento 2^2 com execuções centrais.

combinação linear de x_1^2 e x_2^2. Para n_c execuções centrais, há, então, $n_c - 1$ graus de liberdade disponíveis para replicação ou para o erro 'puro'. Isso permite uma estimativa de σ^2 para testar os termos do modelo e a significância de 1 g.l. para a *falta de ajuste quadrática*. O conceito aqui é muito parecido com o discutido no material sobre falta de ajuste do Capítulo 11.

Para obtermos um completo entendimento de como o teste da falta de ajuste funciona, assuma que, para $k = 2$, o *modelo real* contém o complemento de segunda ordem total de termos, incluindo x_1^2 e x_2^2. Em outras palavras,

$$E(Y) = \beta_0 + \beta_1 x_1 + \beta_2 x_2 + \beta_{12} x_1 x_2 + \beta_{11} x_1^2 + \beta_{22} x_2^2.$$

Agora, considere o contraste

$$\bar{y}_f - \bar{y}_0,$$

onde $\bar{y}_f$ é a resposta média nas localizações fatoriais e $\bar{y}_0$ é a resposta média no ponto central. Pode ser facilmente mostrado (veja o Exercício de revisão 15.50) que

$$E(\bar{y}_f - \bar{y}_0) = \beta_{11} + \beta_{22},$$

e, de fato, para o caso geral com k fatores

$$E(\bar{y}_f - \bar{y}_0) = \sum_{i=1}^{k} \beta_{ii}.$$

Como resultado, o teste de falta de ajuste é um teste t simples (ou $F = t^2$) com

$$t_{n_c-1} = \frac{\bar{y}_f - \bar{y}_0}{s_{\bar{y}_f - \bar{y}_0}} = \frac{\bar{y}_f - \bar{y}_0}{\sqrt{MSE(1/n_f + 1/n_c)}},$$

onde n_c é o número de pontos fatoriais e QME é, simplesmente, a variância amostral dos valores de resposta em $(0, 0, ..., 0)$.

■ **Exemplo 15.7**

Um exemplo foi retirado de Myers e Montgomery (2002). Um engenheiro químico está tentando modelar a porcentagem de conversão em um processo. Há duas variáveis de interesse, o tempo e a temperatura de reação. Em uma tentativa de chegar ao modelo apropriado, um experimento preliminar é conduzido em um fatorial 2^2 que usa a região atual de interesse no tempo e temperatura de reação. Execuções únicas foram realizadas em cada um dos quatro pontos fatoriais e cinco execuções foram realizadas no centro do delineamento para que um teste de falta de ajuste da curvatura fosse conduzido. A Figura 15.12 mostra a região de delineamento e as execuções experimentais nos rendimentos.

As leituras de tempo e de temperatura no centro são, obviamente, 35 minutos e 145 °C. As estimativas dos efeitos principais e do coeficiente da única interação são calculadas por meio dos contrastes, como antes. As execuções centrais *não têm papel nos cálculos de* b_1, b_2 e b_{12}.

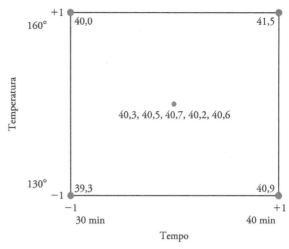

Figura 15.12 O fatorial 2^2 com cinco execuções centrais.

Isso deveria ser intuitivamente razoável para o leitor. O intercepto é apenas o $\bar{y}$ para o experimento inteiro. Esse valor é $\bar{y} = 40,4444$. Os erros-padrão são encontrados por meio do uso de elementos da diagonal de $(\mathbf{X'X})^{-1}$, conforme discutido anteriormente. Para esse caso

$$\mathbf{X} = \begin{bmatrix} & x_1 & x_2 & x_1x_2 \\ 1 & -1 & -1 & 1 \\ 1 & -1 & 1 & -1 \\ 1 & 1 & -1 & -1 \\ 1 & 1 & 1 & 1 \\ 1 & 0 & 0 & -0 \\ 1 & 0 & 0 & 0 \\ 1 & 0 & 0 & 0 \\ 1 & 0 & 0 & 0 \\ 1 & 0 & 0 & 0 \end{bmatrix}$$

Depois dos cálculos, temos

$b_0 = 40,4444,$ $b_1 = 0,7750,$
$s_{b_0} = 0,06231,$ $s_{b_1} = 0,09347,$
$t_{b_0} = 649,07$ $t_{b_1} = 8,29$

$b_2 = 0,3250,$ $b_{12} = -0,0250,$
$s_{b_2} = 0,09347,$ $s_{b_{12}} = 0,09347,$
$t_{b_2} = 3,48$ $t_{b_{12}} = 0,018,$ $(P = 0,800).$

O contraste $\bar{y}_f - \bar{y}_0 = 40,425 - 40,46 = -0,035$, e a estatística t que *testa a curvatura* é dada por

$$t = \frac{40,425 - 40,46}{\sqrt{0,0430(1/4 + 1/5)}} = 0,252, \quad (P = 0,814).$$

Como resultado, parece que o modelo apropriado deve conter somente termos de primeira ordem (além do intercepto).

Um olhar intuitivo para o teste da curvatura

Se considerarmos o caso simples de uma única vairável de delineamento, com execuções em -1 e $+1$, deveria estar claro que a resposta média em -1 e $+1$ estaria próxima

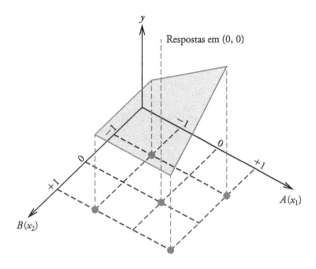

Figura 15.13 O fatorial 2^2 com execuções em (0, 0).

da resposta em 0, o centro, se o modelo for de primeira ordem em sua natureza. Quaisquer desvios certamente sugeririam uma curvatura. Isso é simples de se estender às duas variáveis. Considere a Figura 15.13.

A figura mostra o plano em que y passa pelos pontos fatoriais. Isso é o plano que representaria o ajuste perfeito para o modelo que contém x_1, x_2 e x_1x_2. Se o modelo não contém curvatura quadrática (ou seja, $\beta_{11} = \beta_{22} = 0$), esperaríamos que a resposta em (0, 0) estivesse no plano ou próxima dele. Se a resposta estiver distante do plano, como na Figura 15.13, então podemos ver graficamente que a curvatura quadrática está presente.

15.7 Experimentos fatoriais em blocos incompletos

O experimento fatorial 2^k se presta para a divisão em *blocos incompletos*. Para um experimento de fator k, costuma ser útil usar um delineamento em 2^p blocos ($p < k$) quando todas as 2^k combinações dos tratamentos não podem ser aplicadas sob condições homogêneas. A desvantagem dessa configuração experimental é que certos efeitos são completamente sacrificados como resultado do uso de blocos, a quantidade de sacrifício dependendo do número de blocos requeridos. Por exemplo, suponha que as oito combinações de tratamentos em um experimento fatorial 2^3 devam ser executadas em dois blocos de tamanho 4. Suponha, também, que podemos sacrificar a interação ABC. Note os 'sinais dos contrastes' na Tabela 15.5. Uma configuração razoável é

Bloco 1	Bloco 2
(1)	a
ab	b
ac	c
bc	abc

Conceito de confundimento

Se assumirmos o modelo usual com efeito de bloco aditivo, este efeito se cancela na formação dos contrastes em todos os efeitos, exceto ABC. Para ilustrar, deixe x denotar a contribuição para o rendimento devido à diferença entre os blocos. Ao escrever os rendimentos no planejamento como

Bloco 1	Bloco 2
(1)	$a + x$
ab	$b + x$
ac	$c + x$
bc	$abc + x$

vemos que o contraste ABC e também o contraste que compara os dois blocos são ambos dados por

Contraste ABC = (
$$= (abc + x) + (c + x) + (b + x)$$
$$+ (a + x) - (1) - ab - ac - bc$$
$$= abc + a + b + c - (1) - ab - ac - bc + 4x.$$

Portanto, estamos medindo o *efeito ABC mais o efeito do bloco* e não há maneira de avaliar o efeito da interação ABC independentemente dos blocos. Dizemos, então, que a interação ABC está *completamente confundida com os blocos*. Por necessidade, a informação em ABC foi sacrificada. Por outro lado, o efeito do bloco se cancela na formação de todos os outros contrastes. Por exemplo, o contraste A é dado por

Contraste A
$$= (abc + x) + (a + x) + ab + ac$$
$$- (b + x) - (c + x) - bc - (1)$$
$$= abc + a + ab + ac - b - c - bc - (1),$$

como no caso de um delineamento completamente aleatorizado. Dizemos que os efeitos A, B, C, AB, AC e BC são *ortogonais aos blocos*. Geralmente, para um experimento fatorial 2^k em 2^p blocos, o número de efeitos confundidos com os blocos é $2^p - 1$, que é equivalente aos graus de liberdade para os blocos.

Fatorial 2^k em dois blocos

Quando dois blocos são usados com um fatorial 2^k, um efeito, geralmente de interação de alta ordem, é escolhido como o *contraste definido*. Este efeito será confundido com os blocos. Os $2^k - 2$ efeitos adicionais são ortogonais ao contraste definido e, portanto, aos blocos.

Suponha que representamos o contraste definido como $A_1^{\gamma} B_2^{\gamma} C_3^{\gamma} \ldots$, onde γ_i é 0 ou 1. Isso gera a expressão

$$L = \gamma_1 + \gamma_2 + \cdots + \gamma_k,$$

que é avaliada para cada uma das 2^k combinações dos tratamentos ao configurar-se γ_i igual a 0 ou 1 de acordo com o fato de a combinação dos tratamentos conter o i-ésimo fator em seu nível alto ou baixo. Os valores L são, então, reduzidos (módulo 2) para 0 ou 1 e, então, determinam para qual bloco as combinações de tratamento são atribuídas. Em outras palavras, as combinações dos tratamentos são divididas em dois blocos dependendo se os valores L deixarem um resto igual a 0 ou 1 quando divididos por 2.

■ **Exemplo 15.8**

Determine os valores de L (módulo 2) para um experimento fatorial 2^3 quando o contraste definido é ABC.
Solução: Com ABC sendo o contraste definido, temos

$$L = \gamma_1 + \gamma_2 + \gamma_3,$$

que é aplicado para cada combinação dos tratamentos como se segue:

(1): $L = 0 + 0 + 0 = 0 = 0$ (módulo 2)
a: $L = 1 + 0 + 0 = 1 = 1$ (módulo 2)
b: $L = 0 + 1 + 0 = 1 = 1$ (módulo 2)
ab: $L = 1 + 1 + 0 = 2 = 0$ (módulo 2)
c: $L = 0 + 0 + 1 = 1 = 1$ (módulo 2)
ac: $L = 1 + 0 + 1 = 2 = 0$ (módulo 2)
bc: $L = 0 + 1 + 1 = 2 = 0$ (módulo 2)
abc: $L = 1 + 1 + 1 = 3 = 1$ (módulo 2).

A configuração dos blocos, com os quais ABC é confundido, é, como antes,

Bloco 1	Bloco 2
(1)	a
ab	b
ac	c
bc	abc

Os efeitos A, B, C, AB, AC e BC e as somas dos quadrados são calculados da maneira usual, ignorando os blocos.

Note que essa configuração é o mesmo esquema de blocos que resultaria da atribuição de combinações de fatores de sinal '+' para o contraste ABC para um bloco e a combinação de fatores de sinal '−' para o contraste ABC para o outro bloco.

O bloco que contém a combinação de tratamento (1) é chamado de *bloco principal*. Este bloco forma um conjunto algébrico com respeito à multiplicação quando os expoentes são reduzidos para a base módulo 2. Por exemplo, a propriedade de fechamento se mantém, já que

$$(ab)(bc) = ab^2c = ac, \qquad (ab)(ab) = a^2b^2 = (1),$$

e assim por diante.

Fatorial 2^k em quatro blocos

Se o pesquisador precisa alocar as combinações dos tratamentos para quatro blocos, dois contrastes definidos são escolhidos por ele. Um terceiro efeito, conhecido como sua *interação generalizada*, é automaticamente confundido com os blocos, esses três efeitos correspondendo aos três graus de liberdade dos blocos. O procedimento para a construção do delineamento é mais bem explicado por meio de um exemplo. Suponha que se decidiu que, para um fatorial 2^4, AB e CD são os contrastes definidos. O terceiro efeito confundido, sua interação generalizada, é formado ao multiplicar juntos os dois módulos 2 iniciais. Então, o efeito

$$(AB)(CD) = ABCD$$

é também confundido com os blocos. Construímos o delineamento ao calcular as expressões

$$L_1 = \gamma_1 + \gamma_2 \qquad (AB),$$
$$L_2 = \gamma_3 + \gamma_4 \qquad (CD)$$

módulo 2 para cada uma das 16 combinações dos tratamentos para gerar o esquema de blocos a seguir:

Bloco 1	Bloco 2	Bloco 3	Bloco 4
(1)	a	c	ac
ab	b	abc	bc
cd	acd	d	ad
abcd	bcd	abd	bd
$L_1 = 0$	$L_1 = 1$	$L_1 = 0$	$L_1 = 1$
$L_2 = 0$	$L_2 = 0$	$L_2 = 1$	$L_2 = 1$

Um procedimento de 'atalho' pode ser usado para construir os blocos restantes depois que o bloco principal foi gerado. Começamos colocando qualquer combinação de tratamento que não está no bloco principal no segundo bloco e construímos o bloco ao multiplicar (módulo 2) pela combinação de tratamento no bloco principal. No exemplo anterior, o segundo, o terceiro e o quarto blocos são gerados como se segue:

Bloco 2	Bloco 3	Bloco 4
a (1) = a	c (1) = c	ac (1) = ac
a (ab) = b	c (ab) = abc	ac (ab) = bc
a (cd) = acd	c (cd) = d	ac (cd) = ad
a (abcd) = bcd	c (abcd) = abd	ac (abcd) = bd

A análise para o caso de quatro blocos é bastante simples. Todos os efeitos que são ortogonais aos blocos (aqueles que não são os contrastes definidos) são calculados da maneira usual.

Fatorial 2^k em 2^p blocos

O esquema geral para o experimento fatorial 2^k em 2^p blocos não é difícil. Selecionamos p definindo os contrastes de modo que nenhum seja a interação generalizada de quaisquer dois no conjunto. Já que há $2^p - 1$ graus de liberdade para os blocos, temos $2^p - 1 - p$ efeitos adicionais confundidos com os blocos. Por exemplo, em um experimento fatorial 2^6 em oito blocos, podemos escolher ACF, $BCDE$ e $ABDF$ como os contrastes definidos. Então,

$$(ACF)(BCDE) = ABDEF,$$
$$(ACF)(ABDF) = BCD,$$
$$(BCDE)(ABDF) = ACEF,$$
$$(ACF)(BCDE)(ABDF) = E$$

são os quatro efeitos adicionais confundidos com os blocos. Esse não é um esquema de blocos desejável, já que um dos efeitos confundidos é o efeito principal E. O delineamento é construído ao avaliar

$$L_1 = \gamma_1 + \gamma_3 + \gamma_6,$$
$$L_2 = \gamma_2 + \gamma_3 + \gamma_4 + \gamma_5,$$
$$L_3 = \gamma_1 + \gamma_2 + \gamma_4 + \gamma_6$$

e ao atribuir os tratamentos em combinações para os blocos de acordo com o seguinte esquema:

Bloco 1: $L_1 = 0$, $L_2 = 0$, $L_3 = 0$
Bloco 2: $L_1 = 0$, $L_2 = 0$, $L_3 = 1$
Bloco 3: $L_1 = 0$, $L_2 = 1$, $L_3 = 0$
Bloco 4: $L_1 = 0$, $L_2 = 1$, $L_3 = 1$
Bloco 5: $L_1 = 1$, $L_2 = 0$, $L_3 = 0$
Bloco 6: $L_1 = 1$, $L_2 = 0$, $L_3 = 1$
Bloco 7: $L_1 = 1$, $L_2 = 1$, $L_3 = 0$
Bloco 8: $L_1 = 1$, $L_2 = 1$, $L_3 = 1$.

O procedimento de atalho que foi ilustrado para o caso de quatro blocos também se aplica aqui. Logo, podemos construir os sete blocos restantes a partir do bloco principal.

■ **Exemplo 15.9**

É de interesse estudar o efeito de cinco fatores em alguma resposta, com a suposição de que a interação que envolve três, quatro ou cinco dos fatores é desprezível. Vamos dividir as 32 combinações de tratamentos em quatro blocos usando os contrastes definidos $BCDE$ e $ABCD$. Portanto,

Tabela 15.9 Dados para um experimento 2^5 em quatro blocos

Bloco 1	Bloco 2	Bloco 3	Bloco 4
(1) = 30,6	a = 32,4	b = 32,6	e = 30,7
bc = 31,5	abc = 32,4	c = 31,9	bce = 31,7
bd = 32,4	abd = 32,1	d = 33,3	bde = 32,2
cd = 31,5	acd = 35,3	bcd = 33,0	cde = 31,8
abe = 32,8	be = 31,5	ae = 32,0	ab = 32,0
ace = 32,1	ce = 32,7	abce = 33,1	ac = 33,1
ade = 32,4	de = 33,4	abde = 32,9	ad = 32,2
abcde = 31,8	bcde = 32,9	acde = 35,0	abcd = 32,3

$$(BCDE)(ABCD) = AE$$

é também confundido com os blocos. O planejamento experimental e as observações são dados na Tabela 15.9.

A alocação das combinações dos tratamentos às unidades experimentais nos blocos é, obviamente, aleatória. Combinando as interações não confundidas de três, quatro e cinco fatores para formar o termo de erro, faça uma análise de variância para os dados da Tabela 15.9.

Solução: A soma dos quadrados para cada um dos 31 contrastes é calculada e a soma dos quadrados do bloco é determinada como

$$SS(\text{blocos}) = SS(ABCD) + SS(BCDE) + SS(AE) = 7{,}538.$$

A análise de variância é dada na Tabela 15.10. Nenhuma das interações de dois fatores é significante no nível $\alpha = 0{,}05$ quando comparadas a $f_{0{,}05}(1,14) = 4{,}60$. Os efeitos principais A e D são significantes e ambos fornecem efeitos positivos na resposta conforme vamos do nível mais baixo para o mais alto.

Tabela 15.10 Análise de variância para os dados da Tabela 15.9

Fonte de variação	Soma dos quadrados	Graus de liberdade	Quadrado médio	f calculado
Efeito principal:				
A	3,251	1	3,251	6,32
B	0,320	1	0,320	0,62
C	1,361	1	1,361	2,64
D	4,061	1	4,061	7,89
E	0,005	1	0,005	0,01
Interação de dois fatores:				
AB	1,531	1	1,531	2,97
AC	1,125	1	1,125	2,18
AD	0,320	1	0,320	0,62
BC	1,201	1	1,201	2,33
BD	1,711	1	1,711	3,32
BE	0,020	1	0,020	0,04
CD	0,045	1	0,045	0,09
CE	0,001	1	0,001	0,002
DC	0,001	1	0,001	0,002
Blocos ($ABCD$, $BCDE$, AE):	7,538	3	2,513	
Erro	7,208	14	0,515	

Confundimento parcial

É possível confundir qualquer efeito com os blocos por meio dos métodos descritos na Seção 15.7. Suponha que consideramos um experimento fatorial 2^3 em dois blocos com três replicações completas. Se ABC for confundido com os blocos nas três replicações, podemos proceder como antes e determinar as somas dos quadrados, com grau de liberdade único, para todos os efeitos principais e efeitos de interação de dois fatores. A soma dos quadrados para os blocos tem cinco graus de liberdade, deixando $23 - 5 - 6 = 12$ graus de liberdade para o erro.

Agora, vamos confundir ABC em uma replicação, AC na segunda e BC na terceira. O plano para esse tipo de experimento seria o seguinte:

Bloco 1	Bloco 2	Bloco 1	Bloco 2	Bloco 1	Bloco 2
abc	ab	abc	ab	abc	ab
a	ac	ac	ac	bc	ac
b	bc	b	a	a	b
c	(1)	(1)	c	(1)	c

Replicação 1 — ABC confundido
Replicação 2 — AC confundido
Replicação 3 — BC confundido

Os efeitos ABC, AC e BC são ditos *parcialmente confundidos com os blocos*. Esses três efeitos podem ser estimados com base nas três replicações. A razão 2/3 serve como medida da extensão do confundimento. Essa razão fornece a quantidade de informação disponível no efeito parcialmente confundido relativo àquelas disponíveis nos efeitos não confundidos.

A aparência da análise de variância é dada na Tabela 15.11. As somas dos quadrados dos blocos e dos efeitos não confundidos A, B, C e AB são encontradas da maneira usual. As somas dos quadrados para AC, BC e ABC são calculadas das duas replicações nas quais o particular efeito não está confundido. Devemos ter cuidado ao dividir por 16, em vez de 24, quando obtemos as somas dos quadrados para os efeitos parcialmente confundidos, já que estamos usando somente 16 observações. Na Tabela 15.11, os apóstrofos (') são inseridos com os graus de liberdade, como um lembrete de que esses efeitos são parcialmente confundidos e requerem cálculos especiais.

Exercícios

15.13 Em um experimento fatorial 2^3 com três replicações, mostre a organização dos blocos e indique, por meio de uma tabela de análise de variância, os efeitos a serem testados e seus graus de liberdade quando a interação AB é confundida com os blocos.

15.14 O experimento a seguir foi realizado para estudar os efeitos principais e as interações. Quatro fatores foram usados em cada um dos dois níveis. O experimento foi replicado e dois blocos são necessários em cada replicação. Os dados são apresentados a seguir.

(a) Qual efeito é confundido com blocos na primeira replicação do experimento? E na segunda?

(b) Conduza uma análise de variância apropriada mostrando testes em todos os efeitos principais e de interação. Use um nível de significância de 0,05.

Replicação 1		Replicação 2	
Bloco 1	**Bloco 2**	**Bloco 3**	**Bloco 4**
(1) = 17,1	a = 15,5	(1) = 18,7	a = 17,0
d = 16,8	b = 14,8	ab = 18,6	b = 17,1
ab = 16,4	c = 16,2	ac = 18,5	c = 17,2
ac = 17,2	ad = 17,2	ad = 18,7	d = 17,6
bc = 16,8	bd = 18,3	bc = 18,9	abc = 17,5
abd = 18,1	cd = 17,3	bd = 17,0	abd = 18,3
acd = 19,1	abc = 17,7	cd = 18,7	acd = 18,4
bcd = 18,4	abcd = 19,2	abcd = 19,8	bcd = 18,3

15.15 Divida as combinações dos tratamentos de um experimento fatorial 2^4 em quatro blocos, confundindo ABC e ABD. Que efeito adicional também é confundido com os blocos?

15.16 Um experimento é conduzido para determinar a força de ruptura de certa liga contendo cinco metais, A, B, C, D e E. Duas porcentagens diferentes de cada material são usadas, formando $2^5 = 32$ ligas diferentes. Já que somente oito ligas podem ser testadas em certo dia, o experimento é conduzido em um período de quatro dias, no qual os efeitos $ABDE$ e AE são confundidos com os dias. Os dados experimentais são fornecidos a seguir.

(a) Configure o esquema de blocos para os quatro dias.
(b) Que efeito adicional é confundido com os dias?
(c) Obtenha a soma dos quadrados para todos os efeitos principais.

Tabela 15.11 Análise de variância com confundimento parcial

Fonte de variação	Graus de liberdade
Blocos	5
A	1
B	1
C	1
AB	1
AC	1'
BC	1'
ABC	1'
Erro	11
Total	23

Combinação de tratamento	Força de ruptura	Combinação de tratamento	Força de ruptura
(1)	21,4	e	29,5
a	32,5	ae	31,3
b	28,1	be	33,0
ab	25,7	abe	23,7
c	34,2	ce	26,1
ac	34,0	ace	25,9
bc	23,5	bce	35,2
abc	24,7	abce	30,4
d	32,6	de	28,5
ad	29,0	ade	36,2
bd	30,1	bde	24,7
abd	27,3	abde	29,0
cd	22,0	cde	31,3
acd	35,8	acde	34,7
bcd	26,8	bcde	26,8
abcd	36,4	abcde	23,7

15.17 Ao confundir ABC em duas replicações e AB na terceira, mostre a organização dos blocos e a tabela de análise de variância para um experimento fatorial 2^3 com três replicações. Qual é a informação relativa nos efeitos confundidos?

15.18 Os dados codificados a seguir representam a resistência de certo tipo de embalagem para pães, produzida sob 16 condições diferentes, a última representando dois níveis de cada uma das quatro variáveis do processo. O efeito de um operador foi introduzido no modelo, já que foi necessário obter metade das execuções experimentais sob o operador 1 e metade sob o operador 2. Sentiu-se que os operadores não têm efeito na qualidade do produto.
(a) Assumindo que todas as interações são desprezíveis, faça testes de significância para os fatores A, B, C e D. Use o nível de significância de 0,05.
(b) Qual interação está confundida com os operadores?

Operador 1	Operador 2
(1) = 18,8	a = 14,7
ab = 16,5	b = 15,1
ac = 17,8	c = 14,7
bc = 17,3	abc = 19,0
d = 13,5	ad = 16,9
abd = 17,6	bd = 17,5
acd = 18,5	cd = 18,2
bcd = 17,6	abcd = 20,1

15.19 Considere um experimento fatorial 2^5, em que as execuções experimentais ocorrem em quatro máquinas diferentes. Use as máquinas como blocos e assuma que todos os efeitos principais e as interações de dois fatores podem ser importantes.

(a) Que execuções seriam feitas em cada uma das quatro máquinas?
(b) Que efeitos são confundidos com os blocos?

15.20 Em um experimento revelado em Myers e Montgomery (2002) são procuradas as condições ótimas para a estocagem de sêmen bovino para obter sobrevivência máxima. As variáveis são a porcentagem de citrato de sódio, a porcentagem de glicerol e o tempo de equilíbrio em horas. A resposta é a porcentagem de sobrevivência do espermatozóide móvel. Os níveis originais são determinados na referência dada. A seguir, temos os dados com níveis codificados para a porção fatorial do delineamento e as execuções centrais.

x_1, Porcentagem de citrato de sódio	x_2, Porcentagem de glicerol	x_3, Tempo de equilíbrio	Porcentagem de Sobrevivência
−1	−1	−1	57
1	−1	−1	40
−1	1	1	19
1	1	1	40
−1	−1	−1	54
1	−1	−1	41
−1	1	1	21
1	1	1	43
0	0	0	63
0	0	0	61

(a) Ajuste um modelo de regressão linear aos dados e determine quais termos lineares e de interação são significantes. Assuma que a interação $x_1x_2x_3$ seja desprezível.
(b) Teste a falta de ajuste quadrática e comente.

15.21 Produtores de óleo estão interessados em ligas de níquel de alta resistência que sejam fortes e resistentes à corrosão. Um experimento é conduzido no qual as resistências são comparadas para a tensão de espécimes de ligas de níquel carregadas em uma solução de ácido sulfúrico saturada com bissulfeto de carbono. Duas ligas foram combinadas; uma com composição de 75% de níquel e outra com 30% de níquel em sua composição. As ligas foram testadas sob dois tempos de carga, 25 e 50 dias. Um fatorial 2^3 foi conduzido com os seguintes fatores:

% de ácido sulfúrico 4%, 6%: (x_1)
Tempo de carga, 25 dias, 50 dias: (x_2)
Composição de níquel, 30%, 75%: (x_3)

Um espécime foi preparado para cada uma das oito condições. Já que os engenheiros não estavam certos sobre a natureza do modelo (ou seja, se os termos quadráticos seriam necessários ou não), um terceiro nível (nível médio) foi incorporado e quatro execuções centrais foram empregadas usando quatro espécimes em 5% de ácido sulfúrico, 37,5 dias e 52,5% de composição de níquel. A seguir temos as forças obtidas, em quilogramas por polegada quadrada.

Composição de níquel	Tempo de carga			
	25 dias		50 dias	
	Ácido sulfúrico		Ácido sulfúrico	
	4%	6%	4%	6%
75%	52,5	56,5	47,9	47,2
30%	50,2	50,8	47,4	41,7

As execuções centrais forneceram as seguintes forças:
51,6, 51,4, 52,4, 52,9

(a) Faça um teste para determinar quais efeitos principais e interações deveriam estar envolvidos nesse modelo ajustado.
(b) Teste a curvatura quadrática.
(c) Se a curvatura quadrática for significante, quantos pontos de delineamento adicionais serão necessários para determinar quais termos quadráticos devem ser incluídos no modelo?

15.22 Suponha que uma segunda replicação do experimento do Exercício 15.19 seja realizada.
(a) Uma segunda replicação do esquema de blocos do Exercício 15.19 seria a melhor escolha?
(b) Se a resposta da parte (a) for não, dê o esquema para uma melhor escolha para a segunda replicação.
(c) Qual conceito você usou para a seleção do delineamento?

15.23 Considere a Figura 15.14, que representa um fatorial 2^2 com três execuções centrais. Se a curvatura quadrática for significante, que pontos adicionais do delineamento você selecionaria de modo que seja permitido a estimação dos termos x_1^2, x_2^2? Explique.

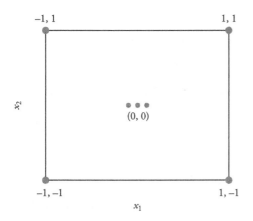

Figura 15.14 Gráfico para o Exercício 15.23.

15.8 Experimentos fatoriais fracionados

O experimento fatorial 2^k pode se tornar bastante exigente, em relação ao número de unidades experimentais necessárias, quando k for grande. Uma vantagem real desse plano experimental é que ele permite um grau de liberdade para cada interação. Entretanto, em muitas situações experimentais, sabemos que certas interações são insignificantes e, então, seria perda de esforço experimental usar o experimento fatorial completo. Na verdade, o pesquisador pode ter restrições econômicas que não permitem fazer observações de todas as 2^k combinações dos tratamentos. Quando k é grande, freqüentemente fazemos uso de um *experimento fatorial fracionado*, em que talvez metade, um quarto ou até mesmo um oitavo do plano fatorial total é realmente realizado.

A construção de uma fração ½

A construção de um delineamento replicado pela metade é idêntica para a alocação do experimento fatorial 2^k em dois blocos. Começamos selecionando um contraste definido a ser completamente sacrificado. Então, construímos os dois blocos dessa forma e escolhemos um dos dois como o plano experimental.

Uma fração ½ de um fatorial 2^k normalmente é referida por delineamento 2^{k-1}, com o último indicando o número de pontos do delineamento. A primeira ilustração de um 2^{k-1} é um ½ de um delineamento 2^3 ou 2^{3-1}. Em outras palavras, o cientista ou engenheiro não pode usar o complemento completo (ou seja, o 2^3 completo com oito pontos de delineamento) e, portanto, deve se conformar com um delineamento com apenas quatro pontos. A questão é, dos pontos de delineamento (1), *a, b, ab, ac, c, bc* e *abc*, quais quatro pontos resultariam em um delineamento mais útil? A resposta, juntamente com os importantes conceitos envolvidos, aparece na tabela de sinais + e – mostrando os contrastes para o 2^3 completo. Considere a Tabela 15.12.

Note que as duas frações ½ são {*a, b, c, abc*} e {*ab, ac, bc,* (1)}. Observe também, da Tabela 15.12, que, em ambos, os delineamentos *ABC* não têm contrastes, mas todos os outros efeitos possuem contrastes. Em uma das frações temos *ABC* com todos os sinais +, e em outra fração, o efeito *ABC* contém todos os sinais –. Como resultado, dizemos que o delineamento superior na tabela é descrito por ***ABC*** = ***I*** e o delineamento inferior por ***ABC*** = –***I***. A interação ***ABC*** é chamada de *gerador do delineamento,* e *ABC* = *I* (ou *ABC* = –*I* para o segundo delineamento) é chamado de *relação definida.*

Aliases no 2^{3-1}

Se focarmos o delineamento *ABC* = *I*, (o 2^{3-1} superior), fica evidente que os seis efeitos têm contrastes. Isso produz uma aparência inicial de que todos os *efeitos* podem ser estudados

Tabela 15.12 Contrastes para os sete efeitos disponíveis para o experimento fatorial 2^3

Combinação de tratamento		I	A	B	C	AB	AC	BC	ABC
2^{3-1}	a	+	+	−	−	−	−	+	+
	b	+	−	+	−	−	+	−	+
	c	+	−	−	+	+	−	−	+
	abc	+	+	+	+	+	+	+	+
2^{3-1}	ab	+	+	+	−	+	−	−	−
	ac	+	+	−	+	−	+	−	−
	bc	+	−	+	+	−	−	+	−
	(1)	+	−	−	−	+	+	+	−

com exceção de ABC. Entretanto, o leitor pode certamente lembrar que com apenas quatro pontos de delineamento, mesmo se eles forem replicados, os graus de liberdade disponíveis (com exceção do erro experimental) são

Termos de regressão do modelo 3
Intercepto $\underline{1}$
4

Um olhar mais atento sugere que os sete efeitos não são ortogonais e, na verdade, cada contraste é representado em outro efeito. De fato, ao usar ≡ para significar *contrastes idênticos*, temos

$$A \equiv BC; \quad B \equiv AC; \quad C \equiv AB.$$

Como conseqüência, dentro de um par, um efeito não pode ser estimado independentemente de seu 'parceiro' *alias*. De fato, os efeitos

$$A = \frac{a + abc - b - c}{2}, \quad e \quad BC = \frac{a + abc - b - c}{2}$$

produzirão o mesmo resultado numérico e, portanto, conterão a mesma informação. Na verdade, costumamos dizer que eles *compartilham um grau de liberdade*. Na verdade, o efeito estimado realmente estima a soma, a saber $A + BC$. Dizemos que A e BC são *aliases*, B e AC são *aliases* e C e AB são *aliases*.

Para a fração $ABC = -I$, podemos observar que os *aliases* são os mesmos que aqueles para $ABC = I$, exceto pelo sinal. Portanto, temos

$$A \equiv -BC; \quad B \equiv -AC; \quad C \equiv -AB.$$

As duas frações aparecem nos cantos do cubo da Figura 15.15(a) e 15.15 (b).

Como os *aliases* costumam ser determinados

Em geral, para um 2^{k-1}, a menos do que é definido pelo gerador, teremos um *único parceiro* alias. O efeito definido pelo gerador não será *alias* de outro fator, mas sim com a média, já que o estimador dos mínimos quadrados será a média. Para determinar o *alias* de cada efeito, começamos meramente com a relação definida, digamos $ABC = I$ para o 2^{3-1}. Logo, para encontrarmos o *alias* para, digamos, o efeito A, multiplicamos A pelos dois lados da equação $ABC = I$ e reduzimos qualquer expoente pelo módulo 2. Por exemplo,

$$A \cdot ABC = A, \quad \text{então} \quad BC \equiv A.$$

De maneira similar,

$$B \equiv B \cdot ABC \equiv AB^2C \equiv AC,$$

e, é claro,

$$C \equiv C \cdot ABC \equiv ABC^2 \equiv AB.$$

Agora, para a segunda fração (ou seja, definida pela relação $ABC = -I$),

$$A \equiv -BC; \quad B \equiv -AC; \quad C \equiv -AB.$$

Como resultado, o valor numérico do efeito A está, na verdade, estimando $A - BC$. De modo similar, o valor de B estima $B - AC$ e o valor para C estima $C - AB$.

Construção formal do 2^{k-1}

Um entendimento claro do conceito de *aliases* torna muito simples o entendimento da construção do 2^{k-1}. Começamos com a investigação de 2^{3-1}. Há três fatores e quatro pontos de delineamento requeridos. O procedimento começa com um *fatorial completo* em $k - 1 = 2$ fatores A e B. Então, um terceiro fator é adicionado de acordo com as estruturas de *aliases* desejadas. Por exem-

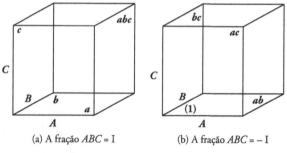

(a) A fração $ABC = I$ (b) A fração $ABC = -I$

Figura 15.15 As frações ½ do fatorial 2^3.

plo, com *ABC* como gerador, claramente $C = \pm AB$. Então, $C = AB$ ou $-AB$ é determinado para suplementar o fatorial completo em *A* e *B*. A Tabela 15.13 ilustra o que é um procedimento muito simples.

Note que vimos anteriormente que $ABC = I$ fornece os pontos de delineamento *a*, *b* e *abc*, enquanto $ABC = -I$ fornece (1), *ac*, *bc* e *ab*. Anteriormente, pudemos construir os mesmos delineamentos usando os contrastes da Tabela 15.12. Entretanto, conforme o delineamento se torna mais complexo, com frações maiores, fica mais difícil lidar com essas tabelas de contrastes.

Considere agora um 2^{4-1} (ou seja, um ½ de um planejamento fatorial 2^4) que envolve os fatores *A*, *B*, *C* e *D*. Como no caso de 2^{3-1}, a interação de alta ordem, neste caso *ABCD*, é usada como gerador. Devemos ter em mente que $ABCD = I$, a relação definida sugere que a informação em *ABCD* é sacrificada. Aqui, começamos com o 2^3 completo em *A*, *B* e *C* e formamos $D = \pm ABC$ para gerar os dois delineamentos 2^{4-1}. A Tabela 15.14 ilustra a construção de ambos os delineamentos.

Aqui, ao usar as notações de *a*, *b*, *c*, e assim por diante, temos os seguintes planejamentos:

$ABCD = I$, (1), *ad, bd, ab, cd, ac, bc, abcd*
$ABCD = -I$, *d, a, b, abc, c, acd, bcd, abc*.

Os *aliases*, no caso de 2^{4-1}, são encontrados conforme ilustrado anteriormente para o 2^{3-1}. Todo efeito tem um único parceiro delineamentos e é encontrado pela multiplicação através do uso da relação definida. Por exemplo, o *alias* de *A* para o delineamento $ABCD = I$ é dado por

$$A = A \cdot ABCD = A^2 BCD = BCD.$$

O *alias* de *AB* é dado por

$$AB = AB \cdot ABCD = A^2 B^2 CD = CD.$$

Conforme podemos observar facilmente, os efeitos principais são *aliases* das interações de três fatores e as interações de dois fatores são *aliases* de outras interações de dois fatores. Uma lista completa é dada por

$$A = BCD \quad AB = CD$$
$$B = ACD \quad AC = BD$$
$$C = ABD \quad AD = BC$$
$$D = ABC.$$

Construção da fração ¼

No caso da fração $\frac{1}{4}$, em vez de uma, duas interações são selecionadas para serem sacrificadas, e a terceira resulta da interação generalizada das duas selecionadas. Observe que isso é muito parecido com a construção dos quatro blocos discutidos na Seção 15.7. A fração usada é simplesmente um dos blocos. Um exemplo simples ajuda muito para vermos a conexão com a construção de uma fração $\frac{1}{2}$. Considere a construção de $\frac{1}{4}$ de um fatorial 2^5 (ou seja, 2^{5-2}), com fatores *A*, *B*, *C*, *D* e *E*. Um procedimento que *evita o confundimento de dois efeitos principais* é a escolha de *ABD* e *ACE* como as interações correspondentes aos dois geradores, dando $ABD = I$ e $ACE = I$ como relações definidas. A terceira interação sacrificada seria então $(ABD)(ACE) = A^2 BCDE = BCDE$. Para a construção do

Tabela 15.13 Construção de dois delineamentos 2^{3-1}

2^2 básico		2^{3-1}; $ABC = I$				2^{3-1}; $ABC = -I$			
A	*B*	*A*	*B*	*C*	$= AB$	*A*	*B*	*C*	$= -ABC$
−	−	−	−	−	+	−	−	−	−
+	−	+	−	−	−	+	−	−	+
−	+	−	+	−	−	−	+	−	+
+	+	+	+	+	+	+	+	+	−

Tabela 15.14 Construção de dois delineamentos 2^{4-1}

2^3 básico			2^{4-1}; $ABCD = I$				2^{4-1}; $ABCD = -I$			
A	*B*	*C*	*A*	*B*	*C*	$D = ABC$	*A*	*B*	*C*	$D = -ABC$
−	−	−	−	−	−	−	−	−	−	+
+	−	−	+	−	−	+	+	−	−	−
−	+	−	−	+	−	+	−	+	−	−
+	+	−	+	+	−	−	+	+	−	+
−	−	+	−	−	+	+	−	−	+	−
+	−	+	+	−	+	−	+	−	+	+
−	+	+	−	+	+	−	−	+	+	+
+	+	+	+	+	+	+	+	+	+	−

delineamento, começamos com um fatorial $2^{5-2} = 2^3$ em A, B e C. Usamos as interações ABD e ACE para suprir os geradores, portanto, o fatorial 2^3 em A, B e C é suplementado pelo fator $D = \pm AB$ e $E = \pm AC$.

Logo, uma das frações é dada por

$$\begin{bmatrix} A & B & C & D=AB & E=AC \\ - & - & - & + & + \\ + & - & - & - & - \\ - & + & - & - & + \\ + & + & - & + & - \\ - & - & + & + & - \\ + & - & + & - & + \\ - & + & + & - & - \\ + & + & + & + & + \end{bmatrix} \begin{matrix} de \\ a \\ be \\ abd \\ cd \\ ace \\ bc \\ abcde \end{matrix}$$

As outras três frações são determinadas usando-se o gerador $\{D = -AB, E = AC\}$, $\{D = AB, E = -AC\}$ e $\{D = -AB, E = -AC\}$. Considere a análise do delineamento 2^{5-2} acima. Ela contém oito pontos de delineamento para o estudo de cinco fatores. Os *aliases* para os efeitos principais são dados por

$$A(ABD) \equiv BD;\qquad A(ACE) \equiv CE,$$
$$B \equiv AD \qquad\qquad \equiv ABCE$$
$$C \equiv ABCD \qquad \equiv AE$$
$$D \equiv AB \qquad\qquad \equiv ACDE$$
$$E \equiv ABDE \qquad \equiv AC$$

$$A(BCDE) \equiv ABCDE$$
$$\equiv CDE$$
$$\equiv BDE$$
$$\equiv BCE$$
$$\equiv BCD$$

Os *aliases* para os outros efeitos podem ser determinados da mesma forma. A divisão dos graus de liberdade é dada por (a menos de replicação)

Efeitos principais	5	
Falta de ajuste	2	($CD = BE$, $BC = DE$)
Total	7	

Listamos as interações somente através do grau dois na falta de ajuste.

Considere, agora, o caso de um 2^{6-2}, que permite 16 pontos de delineamento para o estudo de seis fatores. Novamente, escolhemos dois geradores de delineamento. Uma escolha pragmática para suplementar um $2^{6-2} = 2^4$ fatorial completo em A, B, C e D é usar $E = \pm ABC$ e $F = \pm BCD$. A construção é dada na Tabela 15.15.

Obviamente, com mais oito pontos de delineamento do que o 2^{5-2}, os *aliases* para os efeitos principais não se apresentarão como um problema difícil. De fato, note que, com as relações definidas $ABCE = \pm I$, $BCDF = \pm I$ e $(ABCE)(BCDF) = ADEF = \pm I$, os efeitos principais serão *aliases* das interações que não são menos complexas do que aquelas de terceira ordem. A estrutura de *aliases* para os efeitos principais é escrita

$$A \equiv BCE \equiv ABCDF \equiv DEF,$$
$$B \equiv ACE \equiv CDF \equiv ABDEF,$$
$$C \equiv ABE \equiv BDF \equiv ACDEF,$$
$$D \equiv ABCDE \equiv BCF \equiv AEF,$$
$$E \equiv ABC \equiv BCDEF \equiv ADF,$$
$$F \equiv ABCEF \equiv BCD \equiv ADE,$$

cada um com um grau de liberdade. Para as interações de dois fatores,

Tabela 15.15 Um planejamento 2^{6-2}

A	B	C	D	$E = ABC$	$F = BCD$	Combinação de tratamento
−	−	−	−	−	−	(1)
+	−	−	−	+	−	ae
−	+	−	−	+	+	bef
+	+	−	−	−	+	abf
−	−	+	−	+	+	cef
+	−	+	−	−	+	acf
−	+	+	−	−	−	bc
+	+	+	−	+	−	$abce$
−	−	−	+	−	+	df
+	−	−	+	+	+	$adef$
−	+	−	+	+	−	bde
+	+	−	+	−	−	abd
−	−	+	+	+	−	cde
+	−	+	+	−	−	acd
−	+	+	+	−	+	$bcdf$
+	+	+	+	+	+	$abcdef$

Tabela 15.16 Sinais para contrastes em um experimento fatorial 2³ com meia replicação

Combinação de tratamentos	A	B	C	AB	AC	BC	ABC
a	+	−	−	−	−	+	+
b	−	+	−	−	+	−	+
c	−	−	+	+	−	−	+
abc	+	+	+	+	+	+	+

$AB \equiv CE \equiv ACDF \equiv BDEF,$
$AC \equiv BE \equiv ABDF \equiv CDEF,$
$AD \equiv BCDE \equiv ABCF \equiv EF,$
$AE \equiv BC \equiv ABCDEF \equiv DF,$
$AF \equiv BCEF \equiv ABCD \equiv DE,$
$BD \equiv ACDE \equiv CF \equiv ABEF,$
$BF \equiv ACEF \equiv CD \equiv ABDE,$

Aqui, é claro, há uma redundância entre as interações de dois fatores. Os dois graus de liberdade restantes são responsáveis pelos seguintes conjuntos:

$ABD \equiv CDE \equiv ACF \equiv BEF,$
$ACD \equiv BDE \equiv ABF \equiv CEF.$

Torna-se evidente que devemos sempre estar atentos ao que a estrutura de *aliases* é para um experimento fracionário, antes de finalmente recomendarmos o plano experimental. A escolha apropriada dos contrastes definidos é importante, já que dita a estrutura de *aliases*.

15.9 Análise de experimentos fatoriais fracionados

A dificuldade de fazer testes de significância formais usando os dados de experimentos fatoriais fracionados está na determinação do termo de erro apropriado. A menos que haja dados disponíveis de experimentos anteriores, o erro deve vir de uma combinação dos contrastes que representem os efeitos que são presumidos como desprezíveis.

As somas dos quadrados dos efeitos individuais são encontradas usando-se essencialmente os mesmos procedimentos dados para o fatorial completo. Podemos formar um contraste das combinações dos tratamentos construindo a tabela de sinais positivos e negativos. Por exemplo, para uma meia replicação de um experimento fatorial 2³, com *ABC* como contraste definido, um possível conjunto de combinações dos tratamentos, o sinal algébrico apropriado para cada contraste usado no cálculo dos efeitos e das somas dos quadrados para os vários efeitos são apresentados na Tabela 15.16.

Observe, na Tabela 15.16, que os contrastes *A* e *BC* são idênticos, ilustrando a redundância. Também, $B \equiv AC$ e $C \equiv AB$. Nessa situação, temos três contrastes ortogonais que representam os três graus de liberdade disponíveis. Se duas observações são obtidas para cada uma das quatro combinações dos tratamentos, teríamos então uma estimativa da variância do erro com quatro graus de liberdade. Assumindo os efeitos das interações como insignificantes, poderíamos então testar a significância de todos os efeitos principais.

Um exemplo de efeito e a soma dos quadrados correspondente é

$$A = \frac{a - b - c + abc}{2n}, \quad SSA = \frac{(a - b - c + abc)^2}{2^2 n}.$$

Em geral, a soma dos quadrados com grau de liberdade única para qualquer efeito em uma fração 2^{-p} de um experimento fatorial 2^k ($p < k$) é obtida elevando ao quadrado os contrastes dos totais dos tratamentos selecionados e por $2^{k-p}n$, onde n é o número de replicações dessas combinações dos tratamentos.

■ Exemplo 15.10

Suponha que desejamos usar uma meia réplica para estudar os efeitos de cinco fatores, cada um em dois níveis, em alguma resposta, e sabemos que qualquer que seja o efeito de cada fator, ele será constante para cada nível dos outros fatores. Em outras palavras, não há interações. Considere *ABCDE* o contraste definido, fazendo com que os efeitos principais sejam *aliases* das interações de quatro fatores. A combinação dos contrastes que envolvem as interações fornece 15 − 5 = 10 graus de liberdade para o erro. Faça uma análise de variância nos dados da Tabela 15.17, testando a significância de todos os efeitos principais, no nível de 0,05.

Tabela 15.17 Dados para o Exemplo 15.10

Tratamento	Resposta	Tratamento	Resposta
a	11,3	bcd	14,1
b	15,6	abe	14,2
c	12,7	ace	11,7
d	10,4	ade	9,4
e	9,2	bce	16,2
abc	11,0	bde	13,9
abd	8,9	cde	14,7
acd	9,6	abcde	13,2

Solução: As somas dos quadrados e efeitos para efeitos principais são

$$SQA = \frac{(11,3 - 15,6 - \cdots - 14,7 + 13,2)^2}{2^{5-1}}$$

$$= \frac{(-17,5)^2}{16} = 19,14,$$

$A = -\frac{17,5}{8} = -2,19,$

$$SQB = \frac{(-11,3 + 15,6 - \cdots - 14,7 + 13,2)^2}{2^{5-1}}$$

$$= \frac{(18,1)^2}{16} = 20,48,$$

$B = \frac{18,1}{8} = 2,26,$

$$SQC = \frac{(-11,3 - 15,6 + \cdots + 14,7 + 13,2)^2}{2^{5-1}}$$

$$= \frac{(10,3)^2}{16} = 6,63,$$

$C = \frac{10,3}{8} = 1,31,$

$$SSD = \frac{(-11,3 - 15,6 - \cdots + 14,7 + 13,2)^2}{2^{5-1}}$$

$$= \frac{(-7,7)^2}{16} = 3,71,$$

$D = \frac{-7,7}{8} = -0,96,$

$$SS(E) = \frac{(-11,3 - 15,6 - \cdots + 14,7 + 13,2)^2}{2^{5-1}}$$

$$= \frac{(8,9)^2}{16} = 4,95,$$

$E = \frac{8,9}{8} = 1,11.$

Todos os outros cálculos e testes de significância são resumidos na Tabela 15.18. Os testes indicam que o fator A tem um efeito negativo significante na resposta, enquanto o fator B tem efeito positivo significante. Os fatores C, D e E não são significantes no nível de 0,05.

Exercícios

15.24 Liste os *aliases* para os vários efeitos em um experimento fatorial 2^5 quando o contraste definido é *ACDE*.

15.25 (a) Obtenha uma fração $\frac{1}{2}$ do delineamento fatorial 2^4 usando *BCD* como contraste definido.
(b) Divida a fração $\frac{1}{2}$ em dois blocos de quatro unidades cada confundindo *ABC*.
(c) Mostre a tabela de análise de variância (fontes de variação e graus de liberdade) para testar todos os efeitos principais não confundidos, assumindo que os efeitos de interação são insignificantes.

15.26 Construa uma fração $\frac{1}{4}$ de um delineamento fatorial 2^6 usando *ABCD* e *BDEF* como contrastes definidos. Mostre quais efeitos são *aliases* dos seis efeitos principais.

15.27 (a) Usando os contrastes definidos *ABCE* e *ABDF*, obtenha uma fração $\frac{1}{4}$ de um delineamento 2^6.
(b) Mostre a tabela de análise de variância (fontes de variação e graus de liberdade) para todos os testes apropriados, assumindo que E e F não interagem e que todas as interações com três ou mais fatores são insignificantes.

15.28 Sete fatores são variados em dois níveis em um experimento que envolve somente 16 tentativas. Uma fração $\frac{1}{8}$ de um experimento fatorial 2^7 é usada com os contrastes definidos sendo *ACD*, *BEF* e *CEG*. Os dados são os seguintes:

Combinação de tratamentos	Resposta	Combinação de tratamentos	Resposta
(1)	31,6	acg	31,1
ad	28,7	cdg	32,0
abce	33,1	beg	32,8
cdef	33,6	adefg	35,3
acef	33,7	efg	32,4
bcde	34,2	abdeg	35,3
abdf	32,5	bcdfg	35,6
bf	27,5	abcfg	35,1

Tabela 15.18 Análise de variância para os dados de um experimento fatorial 2^5 com meia replicação

Fonte de variação	Soma dos quadrados	Grau de liberdade	Quadrado médio	f calculado
Efeito principal				
A	19,14	1	19,14	6,21
B	20,48	1	20,48	6,65
C	6,63	1	6,63	2,15
D	3,71	1	3,71	1,20
E	4,95	1	4,95	1,61
Erro	30,83	10	3,08	
Total	85,74	15		

Faça uma análise de variância em todos os sete efeitos principais, assumindo que as interações sejam desprezíveis. Use um nível de significância de 0,05.

15.29 Um experimento é conduzido de modo que um engenheiro possa obter alguma percepção sobre a influência da temperatura de selagem A, da temperatura da barra de resfriamento B, da porcentagem de polietileno aditivo C e da pressão D na resistência da selagem (em gramas por polegada) de uma embalagem para pães. Uma fração $\frac{1}{2}$ de um experimento fatorial 2^4 é usada com o contraste definido sendo $ABCD$. Os dados são apresentados aqui. Faça uma análise de variância dos efeitos principais e das interações de dois fatores, assumindo que todas as interações com três ou mais fatores são desprezíveis. Use o nível de significância $\alpha = 0,05$.

A	B	C	D	Resposta
−1	−1	−1	−1	6,6
1	−1	−1	1	6,9
−1	1	−1	1	7,9
1	1	−1	−1	6,1
−1	−1	1	1	9,2
1	−1	1	−1	6,8
−1	1	1	−1	10,4
1	1	1	1	7,3

15.30 Em um experimento conduzido no Departamento de Engenharia Mecânica e analisado pelo Centro de Consultoria Estatística do Instituto Politécnico e Universidade Estadual da Virgínia, um sensor detecta uma carga elétrica cada vez que a lâmina de uma turbina faz uma rotação. O sensor, então, mede a amplitude da corrente elétrica. Os seis fatores são rpm A, temperatura B, vão entre as lâminas C, vão entre a lâmina e a armação D, localização da entrada E e localização do detector F. Uma fração $\frac{1}{4}$ de um experimento fatorial 2^6 é usada, com o contraste definido sendo $ABCE$ e $BCDF$. Os dados são apresentados a seguir:

A	B	C	D	E	F	Resposta
−1	−1	−1	−1	−1	−1	3,89
1	−1	−1	−1	1	−1	10,46
−1	1	−1	−1	1	1	25,98
1	1	−1	−1	−1	1	39,88
−1	−1	1	−1	1	1	61,88
1	−1	1	−1	−1	1	3,22
−1	1	1	−1	−1	−1	8,94
1	1	1	−1	1	−1	20,29
−1	−1	−1	1	−1	1	32,07
1	−1	−1	1	1	1	50,76
−1	1	−1	1	1	−1	2,80
1	1	−1	1	−1	−1	8,15
−1	−1	1	1	1	−1	16,80

(continua)

(continuação)

A	B	C	D	E	F	Resposta
1	−1	1	1	−1	−1	25,47
−1	1	1	1	−1	1	44,44
1	1	1	1	1	1	2,45

Faça uma análise de variância dos efeitos principais e das interações de dois fatores, assumindo que todas as interações com três ou mais fatores são desprezíveis. Use $\alpha = 0,05$.

15.31 No estudo *Durability of rubber to steel adhesively bonded joints*, conduzido pelo Departamento de Ciências Ambientais e Mecânicas e analisado pelo Centro de Consultoria Estatística do Instituto Politécnico e Universidade Estadual da Virgínia, um pesquisador mediu o número de rupturas em uma selagem adesiva. Foi postulado que a concentração de água salgada A, a temperatura B, o pH C, a voltagem D e o estresse E influenciam a ruptura da selagem adesiva. Uma fração ½ de um experimento fatorial 2^5 é usada, com o contraste definido sendo $ABCDE$. Os dados são os seguintes:

A	B	C	D	E	Resposta
−1	−1	−1	−1	1	462
1	−1	−1	−1	−1	746
−1	1	−1	−1	−1	714
1	1	−1	−1	1	1070
−1	−1	1	−1	−1	474
1	−1	1	−1	1	832
−1	1	1	−1	1	764
1	1	1	−1	−1	1087
−1	−1	−1	1	−1	522
1	−1	−1	1	1	854
−1	1	−1	1	1	773
1	1	−1	1	−1	1068
−1	−1	1	1	1	572
1	−1	1	1	−1	831
−1	1	1	1	−1	819
1	1	1	1	1	1104

Faça uma análise de variância dos efeitos principais e das interações de dois fatores, assumindo que todas as interações com três ou mais fatores sejam insignificantes. Use $\alpha = 0,05$.

15.32 Considere um delineamento 2^{5-1} com fatores A, B, C, D e E. Construa um delineamento começando com um 2^4 e use $E = ABCD$ como gerador. Mostre todos os *aliases*.

15.33 Há seis fatores e somente oito pontos de delineamento que podem ser usados. Construa um 2^{6-3} começando com 2^3 e use $D = AB$, $E = AC$ e $F = BC$ como geradores.

15.34 Considere o Exercício 15.33. Construa outro 2^{6-3} que seja diferente do delineamento escolhido no Exercício 15.33.

15.35 Para o Exercício 15.33, dê todos os *aliases* para os seis efeitos principais.

15.36 Em Myers e Montgomery (2002), uma aplicação foi discutida, na qual um engenheiro está preocupado com os efeitos da ruptura de uma liga de titânio. Os três fatores são *A*, temperatura, *B*, conteúdo de titânio e *C*, quantidade de refinador de grãos. A seguir temos uma parte do delineamento e da resposta, o tempo para ruptura induzido na amostra da liga.

A	*B*	*C*	**Resposta**
−1	−1	−1	0,5269
1	1	−1	2,3380
1	−1	1	4,0060
−1	1	1	3,3640

(a) Qual é a relação definida?
(b) Dê os *aliases* para os três efeitos principais assumindo que as interações de dois fatores possam ser reais.
(c) Assumindo que as interações sejam desprezíveis, qual fator principal é o mais importante?
(d) Para o fator nomeado em (c), você sugeriria o nível alto ou baixo deste fator na produção final?
(e) Em quais níveis você sugeriria que os outros fatores estivessem na produção final?
(f) Quais problemas existem nas recomendações feitas por você em (e) e (f)? Seja minucioso em sua resposta.

15.10 Frações maiores e delineamento de seleção

Algumas situações industriais requerem que o analista determine quais, dentre um grande número de fatores controláveis, têm impacto em alguma resposta importante. Os fatores podem ser qualitativos ou variáveis de classificação, variáveis de regressão ou uma mistura de ambas. O procedimento analítico pode envolver análise de variância, regressão ou ambas. Freqüentemente, o modelo de regressão usado envolve somente efeitos principais lineares, embora algumas poucas interações possam ser estimadas. A situação requer uma seleção de variáveis e os delineamentos experimentais resultantes são conhecidos como *delineamentos de seleção*. Claramente, delineamentos ortogonais de dois níveis que sejam saturados ou quase saturados são candidatos viáveis.

Resolução do delineamento

Os delineamentos ortogonais de dois níveis são freqüentemente classificados de acordo com sua *resolução*, determinada por meio da definição a seguir.

> **Definição 15.1**
> A *resolução* de um delineamento ortogonal de dois níveis é a duração da menor (menos complexa) interação entre o conjunto de contrastes definidos.

Se o delineamento for construído com um fatorial completo ou fracionado [ou seja, um delineamento 2^k ou um 2^{k-p} ($p = 1, 2,..., k − 1$)], a noção de resolução do delineamento é um auxílio na categorização do impacto dos *aliases*. Por exemplo, um delineamento de resolução II teria pouca utilidade já que haveria pelo menos uma ocorrência de *alias* de um dos efeitos principais com o outro. Um delineamento de resolução III terá todos os efeitos principais (efeitos lineares) ortogonais uns aos outros. Entretanto, haverá alguma redundância entre os efeitos lineares e as interações de dois fatores. Claramente, então, se o analista estiver interessado em estudar os efeitos principais (efeitos lineares no caso de regressão) e não houver interações de dois fatores, então é necessário um delineamento de resolução de pelo menos III.

15.11 Construção do delineamento e da resolução III e IV com 8, 16 e 32 pontos de delineamento

Delineamentos úteis de resolução III e IV podem ser construídos para duas a sete variáveis com oito pontos de delineamento. Nós simplesmente começamos com um fatorial 2^3 que foi simbolicamente saturado com interações.

$$\begin{bmatrix} x_1 & x_2 & x_3 & x_1x_2 & x_1x_3 & x_2x_3 & x_1x_2x_3 \\ -1 & -1 & -1 & 1 & 1 & 1 & -1 \\ 1 & -1 & -1 & -1 & -1 & 1 & 1 \\ -1 & 1 & -1 & -1 & 1 & -1 & 1 \\ -1 & -1 & 1 & 1 & -1 & -1 & 1 \\ 1 & 1 & -1 & 1 & -1 & -1 & -1 \\ 1 & -1 & 1 & -1 & 1 & -1 & -1 \\ -1 & 1 & 1 & -1 & -1 & 1 & -1 \\ 1 & 1 & 1 & 1 & 1 & 1 & 1 \end{bmatrix}$$

Está claro que o delineamento de resolução III pode ser construído substituindo as colunas de interação pelos novos efeitos principais por meio das sete variáveis. Por exemplo, podemos definir

$x_4 = x_1x_2$ (contraste definido ABD)
$x_5 = x_1x_3$ (contraste definido ACE)
$x_6 = x_2x_3$ (contraste definido BCF)
$x_7 = x_1x_2x_3$ (contraste definido $ABCG$)

e obter uma fração 2^{-4} de um fatorial 2^7. As expressões precedentes identificam os contrastes definidos escolhidos. Os 11 contrastes definidos adicionais resultam daí e todos contêm pelo menos três letras. Portanto, o delineamento é um de resolução III. Claramente, se começarmos com um *subconjunto* das colunas aumentadas e

Tabela 15.19 Algumas resoluções III, IV e V de delineamentos 2^{k-p}

Número de fatores	Delineamento	Número de pontos	Geradores
3	2^{3-1}_{III}	4	$C = \pm AB$
4	2^{4-1}_{IV}	8	$D = \pm ABC$
5	2^{5-2}_{IV}	8	$D = \pm AB; E = \pm AC$
6	2^{6-1}_{VI}	32	$F = \pm BCD$
6	2^{6-2}_{VI}	16	$E = \pm ABC; F = \pm BCD$
6	2^{6-3}_{III}	8	$D = \pm AB; F = \pm BC; E = \pm AC$
7	2^{7-1}_{VII}	64	$G = \pm ABCDEF$
7	2^{7-2}_{IV}	32	$E = \pm ABC; G = \pm ABDE$
7	2^{7-3}_{IV}	16	$E = \pm ABC; F = \pm BCD; G = \pm ACD$
7	2^{7-4}_{III}	8	$D = \pm AB; E = \pm AC; F = \pm BC; G = \pm ABC$
8	2^{8-2}_{V}	64	$G = \pm ABCD; H = \pm ABEF$
8	2^{8-3}_{IV}	32	$F = \pm ABC; G = \pm ABD; H = \pm BCDE$
8	2^{8-4}_{IV}	16	$E = \pm BCD; F = \pm ACD; G = \pm ABC; H = \pm ABD$

concluirmos com um delineamento que envolve menos de sete variáveis, o resultado é um delineamento de resolução III em menos de sete variáveis.

Um conjunto similar de delineamentos possíveis pode ser construído para 16 pontos de delineamento ao começar com um 2^4 saturado com interações. As definições das variáveis que correspondem a essas interações produzem delineamentos de resolução III por meio de 15 variáveis. De maneira similar, o delineamento que contém 32 execuções pode ser construído começando com um 2^5.

A Tabela 15.19 fornece ao usuário as indicações para a construção de 8, 16, 32 e 64 pontos de delineamento que são resolução II, IV e até mesmo V. A tabela mostra o número de fatores, o número de execuções e os geradores que são usados para produzir os delineamentos 2^{k-p}. O gerador dado é usado para *aumentar o fatorial completo* que contém $k - p$ fatores.

A técnica de Foldover

Podemos suplementar os delineamentos de resolução III descritos anteriormente para produzir um delineamento de resolução IV usando uma *técnica de foldover*. Essa técnica envolve a duplicação do tamanho do delineamento pela adição da *negativa* da matriz construída conforme descrito antes. A Tabela 15.20 mostra um delineamento de resolução IV com 16 execuções em sete variáveis, construído usando-se a técnica de foldover. Obviamente, podemos construir delineamentos de resolução IV envolvendo até 15 variáveis usando a técnica de foldover em delineamentos desenvolvidos pelo delineamento 2^4 saturado.

Esse delineamento é construído 'dobrando-se' uma fração $\frac{1}{8}$ de um 2^6. A última coluna é adicionada como um sétimo fator. Na prática, a última coluna freqüentemente tem o papel de uma variável de bloco. A técnica de foldover costuma ser usada em experimentos seqüenciais em que os dados do delineamento de resolução III inicial são analisados. O pesquisador pode sentir, com base na análise, que um delineamento de resolução IV é necessário. Como resultado, uma variável de bloco pode ser necessária por conta da separação no tempo que ocorre entre as duas porções do experimento. Exceto pela variável de bloco, o delineamento final é uma fração $\frac{1}{4}$ de um experimento 2^6.

15.12 Outros delineamentos de resolução III em dois níveis; os delineamentos de Plackett-Burman

Uma família de delineamentos desenvolvida por Plackett e Burman (veja a Referências bibliográficas) preenche os vazios do tamanho de amostra existentes com fatoriais fracionários. Os últimos são muito úteis com tamanho de amostras 2^r (ou seja, eles envolvem tamanhos de amostras 4, 8, 16, 32, 64,...). Os delineamentos de Plackett-Burman envolvem 2^r pontos de delineamento e, portanto, os delineamentos de tamanhos 12, 20, 24, 28, e assim por diante, estão disponíveis. Esses delineamentos em dois níveis de Plackett-Burman são

Tabela 15.20 Planejamento de dois níveis com resolução IV, usando a técnica de foldover

x_1	x_2	x_3	$x_4 = x_1 x_2$	$x_5 = x_1 x_3$	x_6	x_7
−1	−1	−1	1	1	1	−1
1	−1	−1	−1	−1	1	−1
−1	1	−1	−1	1	−1	−1
−1	−1	1	1	−1	−1	−1
1	1	−1	1	−1	−1	−1
1	−1	1	−1	1	−1	−1
−1	1	1	−1	−1	1	−1
1	1	1	1	1	1	−1
\multicolumn{7}{c}{**Foldover**}
1	1	1	−1	−1	−1	1
−1	1	1	1	1	−1	1
1	−1	1	1	−1	1	1
1	1	−1	−1	1	1	1
−1	−1	1	−1	1	1	1
−1	1	−1	1	−1	1	1
1	−1	−1	1	1	−1	1
−1	−1	−1	−1	−1	−1	1

de resolução III e bastante simples de serem construídos. 'Linhas básicas' são fornecidas para cada tamanho de amostra. Essas linhas de sinais de + e − são $n − 1$ em número. Para construirmos as colunas da matriz de delineamento, começamos com uma linha básica e realizamos permutações cíclicas nas colunas até que k (o número desejado de variáveis) colunas sejam formadas. Depois, preenchemos a última fileira com sinais negativos. O resultado será um delineamento de resolução III com k variáveis ($k = 1, 2,..., N$). As linhas básicas estão a seguir:

$N = 12$ + + − + + + − − − + −

$N = 16$ + + + + − + − + + − − + − − −

$N = 20$ + + − − + + + + − + − + − − − − + + −

$N = 24$ + + + + + − + − + + − − + + − − + − + − − − −

■ **Exemplo 15.11**

Construa um delineamento de seleção de dois níveis com seis variáveis contendo 12 pontos de delineamento.

Solução: Comece com a linha básica na coluna inicial. A segunda coluna é formada ao trazer a entrada inferior da primeira coluna para a parte superior da segunda coluna e repetindo-se a primeira coluna. A terceira coluna é formada da mesma forma, usando as entradas na segunda coluna. Quando houver um número suficiente de colunas, *simplesmente preencha a última linha com sinais negativos*. O planejamento resultante é como se segue:

$$\begin{bmatrix} x_1 & x_2 & x_3 & x_4 & x_5 & x_6 \\ + & - & + & - & - & - \\ + & + & - & + & - & - \\ - & + & + & - & + & - \\ + & - & + & + & - & + \\ + & + & - & + & + & - \\ + & + & + & - & + & + \\ - & + & + & + & - & + \\ - & - & + & + & + & - \\ - & - & - & + & + & + \\ + & - & - & - & + & + \\ - & + & - & - & - & + \\ - & - & - & - & - & - \end{bmatrix}$$

Os delineamentos de Plackett-Burman são populares na indústria para situações de seleção. Como os delineamentos de resolução III, todos os efeitos lineares são ortogonais. Para qualquer tamanho de amostra, o usuário tem disponível um delineamento para $k = 2, 3,..., N − 1$ variáveis.

A estrutura de *aliases* para o delineamento de Plackett-Burman é bastante complicada e, portanto, o usuário não pode construir o delineamento com controle completo sobre a estrutura de *aliases* como no caso dos delineamentos 2^k ou 2^{k-p}. No entanto, no caso dos modelos de regressão, o delineamento de Plackett-Burman pode acomodar as interações (embora elas não sejam ortogonais) quando graus de liberdade suficientes estão disponíveis.

15.13 Delineamento de parâmetro robusto

Neste capítulo, enfatizamos a noção do uso dos delineamentos de experimentos (DDE) para aprender sobre processos de engenharia e ciências. No caso em que o processo envolve um produto, o DDE pode ser usado para fornecer um aperfeiçoamento do produto ou melhoria na qualidade. Conforme mostramos no Capítulo 1, muita importância foi dada ao uso dos métodos estatísticos no aperfeiçoamento de produtos. Um aspecto importante desse esforço para a melhoria da qualidade dos anos 1980 e 1990 foi planejar a qualidade nos processos e produtos no estágio de pesquisa ou no estágio de planejamento do processo. Freqüentemente, necessitamos de um DDE no desenvolvimento de processos que tenha as seguintes propriedades:

1. Insensíveis (robustos) às condições ambientais
2. Insensíveis (robustos) a fatores de difícil controle
3. Fornecem variação mínima no desempenho

Esses métodos são geralmente chamados de *delineamento de parâmetro robusto* (veja Taguchi, Taguchi e Wu, e Kackar nas Referências bibliográficas). O termo *delineamento* nesse contexto se refere ao planejamento do processo ou sistema; *parâmetro* se refere aos parâmetros no sistema. Estes são os que temos chamado de *fatores* ou *variáveis*.

Está muito claro que os objetivos 1, 2 e 3 citados são bastante nobres. Por exemplo, um engenheiro petrolífero pode ter uma boa mistura de gasolina que desempenha bem contanto que as condições sejam ideais e estáveis. Entretanto, o desempenho pode se deteriorar por conta de mudanças nas condições ambientais, como o tipo de motorista, condições climáticas, tipo de motor etc. Um cientista em uma indústria alimentícia pode ter uma mistura para bolos muito boa, a menos que o usuário não siga exatamente as instruções sobre a temperatura do forno, o tempo de cozimento, e assim por diante. Um produto ou processo cujo desempenho é consistente quando exposto a essas mudanças nas condições ambientais é chamado de *produto robusto* ou *processo robusto*. [Veja Myers e Montgomery (2002) nas Referências bibliográficas.]

Variáveis de controle e de ruído

Taguchi enfatiza a noção do uso de dois tipos de variáveis de delineamento em um estudo. Esses fatores são os fatores de controle e os fatores de ruído.

Definição 15.2
Fatores de controle são as variáveis que podem ser controladas tanto no experimento quanto no processo. *Fatores de ruído* são as variáveis que podem ou não ser controladas no experimento, mas não podem ser controlados no processo (ou não podem ser bem controladas no processo).

Uma importante abordagem é usar variáveis de controle e variáveis de ruído no mesmo experimento, como efeitos fixos. Os delineamentos ortogonais ou os arranjos ortogonais são delineamentos populares para uso nesse esforço.

Objetivo do delineamento de parâmetro robusto

O objetivo do delineamento de parâmetro robusto é escolher os níveis das variáveis de controle (ou seja, o delineamento do processo) que sejam mais robustos (insensíveis) às variáveis de ruído.

Devemos notar que *mudanças nas variáveis de ruído* implicam, provavelmente, mudanças durante o processo, mudanças no campo, no ambiente, na maneira de lidar ou de usar do consumidor, e assim por diante.

O arranjo do produto

Uma abordagem para o delineamento de experimentos que envolve tanto as variáveis de controle quanto as variáveis de ruído é o uso de um plano experimental que exige um delineamento ortogonal para ambas as variáveis separadamente. O experimento completo, então, é apenas um produto ou um cruzamento desses dois planejamentos ortogonais. A seguir temos um exemplo simples de um arranjo de produto com duas variáveis de controle e duas variáveis de ruído.

■ **Exemplo 15.12**

No artigo "The Taguchi Approach to Parameter Design", de D. M. Byrne e S. Taguchi, em *Quality Progress*, de dezembro de 1987, os autores discutem um exemplo interessante no qual um método é procurado para a montagem de um conector eletromecânico para um tubo de náilon que fornece o desempenho necessário para remoção para que seja adequada a uma aplicação de um motor automotivo. O objetivo é encontrar condições controláveis que maximizem a força de remoção. Entre as variáveis de controle estão A, a largura da parede do conector, e B, a profundidade de inserção. Durante uma operação de rotina há diversas variáveis que não podem ser controladas, embora sejam controladas durante o experimento. Entre elas temos C, o tempo de condicionamento, e D, a temperatura de condicionamento. São retirados três níveis para cada variável de controle e dois para cada variável de ruído. Como resultado, o arranjo cruzado é como mostra-

Tabela 15.21 Planejamento para o Exemplo 15.12

		\multicolumn{3}{c}{B (profundidade)}
		Rasa	Média	Profunda
A (espessura da parede)	Fina	(1) c d cd	(1) c d cd	(1) c d cd
	Média	(1) c d cd	(1) c d cd	(1) c d cd
	Grossa	(1) c d cd	(1) c d cd	(1) c d cd

do a seguir. O arranjo de controle é um arranjo 3 × 3 e o arranjo de ruído é um fatorial 2^2 familiar, com (1), c, d e cd representando as combinações de fatores. O propósito do fator de ruído é criar *o tipo de variabilidade na resposta, a força de remoção, que pode ser esperada na operação diária do processo*. O delineamento é mostrado na Tabela 15.21.

Análise

Há diversos procedimentos para a análise do arranjo do produto. A abordagem defendida por Taguchi e adotada por muitas empresas nos Estados Unidos que lidam com processos de fabricação envolve, inicialmente, a formação de uma estatística-resumo em cada combinação no arranjo de controle. Essa estatística-resumo é chamada de *razão sinal-para-ruído*. Suponha que chamamos de $y_1, y_2, \ldots, y_n$ um conjunto de execuções experimentais típicas para um arranjo de ruído em uma combinação fixa de arranjo de controle. A Tabela 15.22 descreve algumas razões SR típicas.

Para cada um dos casos citados, procuramos encontrar combinações de variáveis de controle que *maximizem SR*.

■ **Exemplo 15.13**

Estudo de caso – Em um experimento descrito em *Understanding Industrial Designed Experiments*, de Schmidt e

Tabela 15.22 Razões SR típicas sob diferentes objetivos

Objetivo	Razão SN
Maximizar a resposta	$SR_L = -10 \log \left(\frac{1}{n} \sum_{i=1}^{n} \frac{1}{y_i^2} \right)$
Atingir o alvo	$SR_T = 10 \log \left(\frac{\bar{y}^2}{s^2} \right)$
Minimizar a resposta	$SR_S = -10 \log \left(\frac{1}{n} \sum_{i=1}^{n} y_i^2 \right)$

Tabela 15.23 Fatores de controle para o Exemplo 15.13

Fator	(−1)	(+1)
A, temperatura de solda (°F)	480	510
B, velocidade do condutor (pés/min)	7,2	10
C, densidade do fluxo	0,9°	1,0°
D, temperatura de pré-aquecimento	150	200
E, altura da esteira (pol.)	0,5	0,6

Launsby (veja Referências bibliográficas), a otimização de um processo de solda é atingida por uma fábrica de montagem de placas de circuito impressas. As partes são inseridas manual ou automaticamente em uma placa vazia com um circuito impresso nela. Depois de as partes serem inseridas, a placa é colocada por uma máquina de solda, que é usada para conectar todas as partes no circuito. As placas são colocadas em um condutor e retiradas por meio de uma série de etapas. Elas são banhadas em uma mistura para remoção de óxidos. Para minimizar a aglutinação de partículas, elas são pré-aquecidas antes de a solda ser aplicada. A solda acontece conforme as placas se movimentam sobre a esteira de solda. O objetivo do experimento é minimizar o número de defeitos de solda por milhão de junções. O fator de controle e os níveis são dados na Tabela 15.23.

Esses fatores são facilmente controlados no nível experimental, mas são difíceis na fábrica ou no nível de processo.

Fatores de ruído: tolerâncias nos fatores de controle

Em geral, em um processo como esse, os fatores de ruídos naturais são tolerâncias nos fatores de controle. Por exemplo, no processo on-line real, a temperatura da solda e a velocidade do condutor são difíceis de serem controlados. Sabe-se que o controle da temperatura está entre ±5 °F e o controle da velocidade do cinto condutor está entre ±0,2 pés/min. É certamente concebível que a variabilidade na resposta do produto (desempenho de solda) seja aumentada por causa da incapacidade de controle desses dois fatores em alguns níveis nominais. O terceiro fator de ruído é o tipo de montagem envolvida. Na prática, um entre dois tipos de montagem será usado. Logo, temos os fatores de ruído fornecidos na Tabela 15.24.

Ambos os arranjos de controle (arranjo interno) e de ruído (arranjo externo) foram escolhidas como sendo fatoriais fracionados, o primeiro um $\frac{1}{4}$ de um 2^5 e o segundo um $\frac{1}{2}$ de um 2^3. O *arranjo cruzado* e os valores da resposta são mostrados na Tabela 15.25. As três primeiras colunas do arranjo interno representam um 2^3. As colunas são formadas por $D = -AC$ e $E = -BC$. Assim, as interações definidas para o arranjo interno são *ACD*, *BCE* e *ADE*. O arranjo externo é uma fração de resolução III padrão de um 2^3. Note que cada ponto do arranjo interno contém execuções do arranjo externo. Portanto, quatro valores da resposta são observados em cada combinação do arranjo de controle. A Figura 15.16 mostra os gráficos que revelam o efeito da temperatura e da densidade na resposta média.

Os fatores mais importantes são a temperatura e a densidade do fluxo. Eles parecem influenciar ambas (*SR*)s e ȳ. Felizmente, *a alta temperatura* e *a baixa densidade de fluxo* são preferíveis para ambas (*SR*)s e a resposta média. Então, as condições 'ótimas' são

Temperatura de solda = 510 °F,
Densidade de fluxo = 0,9°.

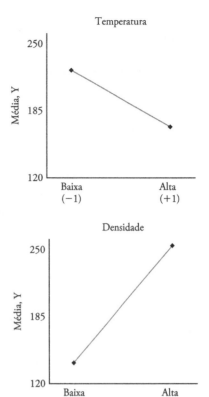

Figura 15.16 Gráfico que mostra a influência dos fatores na resposta média.

Abordagens alternativas para o planejamento de parâmetros robustos

Uma abordagem sugerida por muitos é modelar a média amostral e a variância amostral separadamente em vez de combinar os dois conceitos separados por uma razão sinal–ruído. A modelagem separada costuma auxiliar o pesquisador a obter um melhor entendimento do processo envolvido. No exemplo a seguir, ilustraremos essa abordagem com o experimento do processo de solda.

■ **Exemplo 15.14**

Considere o conjunto de dados do Exemplo 15.13. Uma análise alternativa é ajustar separadamente modelos para

Tabela 15.24 Fatores de ruído para o Exemplo 15.13

Fator	(−1)	(+1)
A^*, tolerância da temperatura de solda (°F) (desvio do nominal)	−5°	−5°
B^*, tolerância do deslize do condutor (pés/min) (desvio do ideal)	−0,2	+0,2
C^*, tipo de montagem	1	2

Tabela 15.25 Arranjos cruzados e valores da resposta para o Exemplo 15.13

Arranjo interno						Arranjo externo				
A	B	C	D	E	(1)	a*b*	a*c*	b*c*	SNs
1	1	1	−1	−1	194	197	193	275	−46,75
1	1	−1	1	1	136	136	132	136	−42,61
1	−1	1	−1	1	185	261	264	264	−47,81
1	−1	−1	1	−1	47	125	127	42	−39,51
−1	1	1	1	−1	295	216	204	293	−48,15
−1	1	−1	−1	1	234	159	231	157	−45,97
−1	−1	1	1	1	328	326	247	322	−45,76
−1	−1	−1	−1	−1	186	187	105	104	−43,59

a média $\bar{y}$ e para o desvio-padrão amostral. Suponha que usaremos a codificação usual +1 e −1 para os fatores de controle. Com base na aparente importância da temperatura de solda x_1 e da densidade de fluxo x_2, o modelo de regressão linear na resposta (número de erros por milhares de junções) produz o modelo

$$\hat{y} = 197{,}125 - 27{,}5x_1 + 57{,}875x_2.$$

Para determinarmos os níveis de temperatura e da densidade de fluxo mais robustos, é importante obter um termo em comum entre a resposta média e a variabilidade, o que requer uma modelagem da variabilidade. Uma ferramenta importante neste aspecto é a transformação log (veja Bartlett e Kendall ou Carroll e Ruppert):

$$\ln s^2 = \gamma_0 + \gamma_1(x_1) + \gamma_2(x_2).$$

Esse processo de modelagem fornece o seguinte resultado:

$$\widehat{\ln s^2} = 6{,}7692 - 0{,}8178x_1 + 0{,}6877x_2.$$

A análise que é importante para o cientista ou engenheiro usa os dois modelos simultaneamente. Uma abordagem gráfica pode ser bastante útil. A Figura 15.17 mostra gráficos simples da média e do desvio-padrão simultaneamente. Como poderíamos esperar, a localização da temperatura e da densidade de fluxo que minimizam o número médio de erros é a mesma que minimiza a variabilidade, ou seja, alta temperatura e baixa densidade de fluxo. A abordagem gráfica de respostas múltiplas permite ao usuário ver as trocas entre a média e a variabilidade do processo. Para esse exemplo, o engenheiro pode não ficar satisfeito com as condições extremas na temperatura de solda e na densidade de fluxo. A figura oferece estimativas das condições de média e de variabilidade que indicam quanto é perdido conforme nos movemos de condições ótimas para intermediárias.

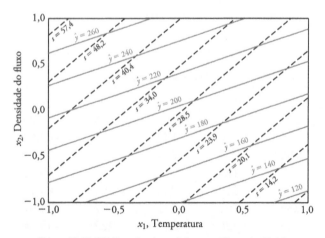

Figura 15.17 Média e desvio-padrão para o Exemplo 15.14.

Exercícios

15.37 Use os dados de limpeza de carvão do Exercício 15.2 para ajustar um modelo do tipo

$$E(Y) = \beta_0 + \beta_1 x_1 + \beta_2 x_2 + \beta_3 x_3,$$

onde os níveis são

x_1: porcentagem de sólidos: 8; 12
x_2: índice de fluxo: 150; 250 gal/min
x_3: PH: 5; 6

Centralize e escalone as variáveis para as unidades de delineamento. Também conduza um teste para falta de ajuste e comente a adequação do modelo de regressão linear.

15.38 Um plano fatorial 2^5 é usado para a construção de um modelo de regressão que contém coeficientes de primeira ordem e termos de modelo para todas as interações de dois fatores. São realizadas execuções duplicadas para cada fator. Faça uma tabela de análise de variância mostrando os graus de liberdade para a regressão, a falta de ajuste e o erro puro.

15.39 Considere o $\frac{1}{16}$ do fatorial 2^7 discutido na Seção 15.11. Liste os 11 contrastes definidos adicionais.

15.40 Construa um delineamento de Plackett-Burman para dez variáveis com 24 execuções experimentais.

Exercícios de revisão

15.41 Um delineamento de Plackett-Burman é usado com o propósito de estudar as propriedades reológicas do peso molecular de copolímeros. Dois níveis de cada uma das seis variáveis são fixados no experimento. A viscosidade do polímero é a resposta. Os dados foram analisados pelo Centro de Consultoria Estatística da Virginia Tech pelo pessoal do Departamento de Engenharia Química. As variáveis são: química de bloco duro x_1, taxa de fluxo de nitrogênio x_2, tempo de aquecimento x_3, porcentagem de compressão x_4, varreduras altas e baixas x_5 e porcentagem de tensão x_6. Os dados são apresentados aqui. Construa uma equação de regressão relacionando a viscosidade em níveis das seis variáveis. Faça testes t para todos os efeitos principais. Recomende fatores que devem ser retidos para estudos futuros e aqueles que não devem. Use o quadrado médio do resíduo (5 graus de liberdade) como uma medida do erro experimental.

Obs.	x_1	x_2	x_3	x_4	x_5	x_6	y
1	1	−1	1	−1	−1	−1	194.700
2	1	1	−1	1	−1	−1	588.400
3	−1	1	1	−1	1	−1	7.533
4	1	−1	1	1	−1	1	514.10
5	1	1	−1	1	1	−1	277.300

(continua)

(*continuação*)

6	1	1	1	−1	1	1	493.500
7	−1	1	1	1	−1	1	8.969
8	−1	−1	1	1	1	−1	18.340
9	−1	−1	−1	1	1	1	6.793
10	1	−1	−1	−1	1	1	160.400
11	−1	1	−1	−1	−1	1	7.008
12	−1	−1	−1	−1	−1	−1	3.637

15.42 Uma grande empresa petrolífera no sudoeste dos Estados Unidos conduziu experimentos para testar aditivos para fluidos de perfuração. A viscosidade plástica é uma medida reológica que reflete a espessura do fluido. Vários polímeros são adicionados ao fluido para aumentar a viscosidade. A seguir, temos o conjunto de dados no qual dois polímeros são usados em dois níveis cada e a viscosidade é medida. A concentração de polímeros é indicada como 'alta' e 'baixa'. Conduza uma análise do experimento fatorial 2^2. Teste os efeitos de dois polímeros e as interações.

	Polímero 1			
Polímero 2	Baixo		Alto	
Baixo	3	3,5	11,3	12,0
Alto	11,7	12,0	21,7	22,4

15.43 Um experimento fatorial 2^2 é analisado pelo Centro de Consultoria Estatística no Instituto Politécnico e Universidade Estadual da Virgínia. O cliente é membro do Departamento de Moradia, *Design* de Interiores e Gerenciamento de Recursos. Ele está interessado em comparar fornos de começo frio e pré-aquecidos em relação à energia total que é entregue ao produto. Além disso, as condições de condução de calor são comparadas com o modo regular. Quatro execuções experimentais são realizadas em cada uma das combinações dos fatores. A seguir, temos os dados do experimento:

	Pré-aquecido		Frio	
Modo de condução de calor	618	619,3	575	573,7
	629	611	574	572
Modo regular	581	585,7	558	562
	581	595	562	566

Faça uma análise de variância para estudar os efeitos principais e as interações. Dê as conclusões.

15.44 Construa um delineamento envolvendo 12 execuções em que dois fatores são variados em dois níveis cada. Você está restrito ao fato de que blocos de tamanho 2 devem ser usados, e você deve ser capaz de fazer testes de significância dos efeitos principais e do efeito de interação.

15.45 No estudo *The Use of Regression Analysis for Correcting Matrix Effects in X-Ray Fluorescence Analysis of Pyrotechnic Compositions*, publicado em *Proceedings of the Tenth Conference on the Design of Experiments in Army Research Development and Testing*, ARO-D Report 65-3 (1965), um experimento foi conduzido no qual foi permitida a variação das concentrações de quatro componentes de uma mistura propelente e os pesos de partículas refinadas e não refinadas em uma mistura fraca. Os fatores *A*, *B*, *C* e *D*, cada um em dois níveis, representam as concentrações dos quatro componentes, e os fatores *E* e *F*, também em dois níveis, representam os pesos das partículas refinadas e não refinadas na mistura. O objetivo da análise era determinar se as razões da intensidade do raio X associada ao componente 1 do propelente foram influenciadas significativamente pela variação das concentrações dos vários componentes e pelos pesos das partículas na mistura. Uma fração $\frac{1}{8}$ de um experimento fatorial 2^6 foi usada com os contrastes definidos sendo *ADE*, *BCE* e *ACF*. Os dados a seguir representam o total de um par das leituras de intensidade:

Lote	Combinação de tratamento	Total da razão da intensidade
1	*abef*	2,2480
2	*cdef*	1,8570
3	(1)	2,2428
4	*ace*	2,3270
5	*bde*	1,8830
6	*abcd*	1,8078
7	*adf*	2,1424
8	*bcf*	1,9122

O quadrado médio do erro combinado com 8 graus de liberdade é dado por 0,02005. Analise os dados usando um nível de significância de 0,05 para determinar se as concentrações dos componentes e os pesos das partículas refinadas e não refinadas presentes na mistura têm influência significante nas razões da intensidade associadas com o componente 1. Assuma que não haja interação existente entre os seis fatores.

15.46 Mostre o esquema de blocos para um experimento fatorial 2^7 em oito blocos de tamanho 16 cada, usando *ABCD*, *CDEFG* e *BDF* como contrastes definidos. Indique quais interações são completamente sacrificadas no experimento.

15.47 Use a Tabela 15.19 para construir um delineamento com 16 execuções e oito fatores, que seja uma resolução IV.

15.48 Verifique se seu delineamento do Exercício de revisão 15.47 é, de fato, uma resolução IV.

15.49 Construa um delineamento que contenha nove pontos de delineamento, seja ortogonal, contenha 12 execuções totais, 3 graus de liberdade para o erro de replicação e permita um teste de falta de ajuste para a curvatura quadrática pura.

15.50 Considere um delineamento que seja um 2_{III}^{3-1} com duas execuções centrais. Considere $\bar{y}_f$ a resposta média no parâmetro de delineamento e $\bar{y}_0$ a resposta média no centro do delineamento. Suponha que o modelo de regressão real seja

$$E(y) = \beta_0 + \beta_1 x_1 + \beta_2 x_2 + \beta_3 x_3 + \beta_{11} x_1^2 + \beta_{22} x_2^2 + \beta_{33} x_3^2.$$

(a) Dê (e verifique) que $E(\bar{y}_f - \bar{y}_0)$.
(b) Explique o que você aprendeu a partir do resultado em (a).

15.14 Conceitos errôneos e riscos em potencial; relação com material de outros capítulos

No uso de experimentos fatoriais fracionados, uma das considerações mais importantes a que o analista deve estar atento é a *resolução do delineamento*. Um delineamento de baixa resolução é menor (e, por isso, mais barato) do que um de alta resolução. Entretanto, um preço é pago por um delineamento mais barato. O delineamento de baixa resolução tem redundância mais pesada do que um de alta resolução. Por exemplo, se o pesquisador tem a expectativa de que interações de dois fatores possam ser importantes, então a resolução III não deve ser usada. Um delineamento de resolução III é estritamente um *plano de efeitos principais*.

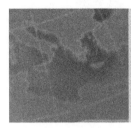

Capítulo 16

Estatísticas não-paramétricas

16.1 Testes não-paramétricos

A maioria dos procedimentos para teste de hipóteses discutidos nos capítulos anteriores é baseada na suposição de que amostras aleatórias são selecionadas de populações normais. Felizmente, a maioria desses testes ainda é confiável quando experimentamos pequenos desvios da normalidade, em particular quando o tamanho amostral é grande. Tradicionalmente, esses procedimentos de teste têm sido chamados de *métodos paramétricos*. Neste capítulo, consideraremos alguns testes alternativos, chamados de *métodos livres de distribuição* ou *não-paramétricos*, que freqüentemente presume-se não ter conhecimento sobre as distribuições que fundamentam as populações, exceto talvez por serem contínuas.

Os procedimentos não-paramétricos ou livres de distribuição são usados com freqüência cada vez maior pelos analistas de dados. Há muitas aplicações em ciências e engenharia nas quais os dados são reportados como valores não em uma seqüência contínua, mas, em vez disso, em uma *escala ordinal*, de modo que é muito natural designar classificações para os dados. Na verdade, o leitor poderá notar já no início deste capítulo que os métodos livres de distribuição descritos aqui, envolvem uma *análise de postos*. Muitos analistas acham que os cálculos envolvidos em métodos não-paramétricos são bastante intuitivos e interessantes.

Para um exemplo em que um teste não-paramétrico é aplicável, dois juízes podem classificar cinco marcas de cerveja designando um nível 1 para a marca que tem melhor qualidade, nível 2 para a segunda melhor e assim por diante. Um teste não-paramétrico poderia, então, ser usado para determinar se há um acordo entre os dois juízes.

Também deveríamos destacar que há diversas desvantagens associadas aos testes não-paramétricos. Primeiro, eles não utilizam todas as informações fornecidas pela amostra e, portanto, um teste desse tipo será menos eficiente do que o procedimento paramétrico correspondente quando ambos os métodos são aplicáveis. Em conseqüência, para atingir o mesmo poder, um teste não-paramétrico exigirá um tamanho de amostra maior do que o teste paramétrico correspondente.

Como indicamos anteriormente, pequenos desvios da normalidade resultam em menores desvios do ideal para os testes paramétricos padrão. Isso é particularmente verdadeiro para os testes t e F. No caso desses testes, o valor P citado pode estar ligeiramente em erro se houver uma violação moderada da suposição de normalidade.

Em resumo, se os testes paramétricos e não-paramétricos forem aplicáveis ao mesmo conjunto de dados, devemos realizar a técnica paramétrica mais eficiente. Entretanto, devemos reconhecer que as suposições de normalidade não podem, com freqüência, ser justificadas e que nem sempre temos as medidas quantitativas. Felizmente, os estatísticos nos forneceram um grande número de procedimentos não-paramétricos úteis. Armados de técnicas não-paramétricas, os analistas de dados têm mais munição para acomodar uma ampla variedade de situações experimentais. Devemos destacar que, mesmo sob a teoria da suposição de normalidade padrão, a eficiência das técnicas não-paramétricas é muito próxima daquela dos procedimentos paramétricos. Por outro lado, graves desvios da normalidade renderão um método não-paramétrico muito mais eficiente do que o método paramétrico.

Teste dos sinais

O leitor deve se lembrar de que os procedimentos discutidos na Seção 10.7 para testar a hipótese nula de que $\mu = \mu_0$ são válidos somente se a população for aproximadamente normal ou se a amostra for grande. Entretanto, se $n < 30$ e a população for decididamente não normal, devemos escolher um teste não-paramétrico.

O teste de sinais é usado para testar a hipótese sobre uma *mediana* populacional. No caso de muitos procedimentos não-paramétricos, a média é substituída pela mediana como *parâmetro de locação* pertinente sob teste. Lembre-se que a mediana amostral é definida na Seção 1.4. A contraparte populacional, denotada por $\tilde{\mu}$, tem uma definição análoga. Dada uma variável aleatória X, $\tilde{\mu}$ é definida de modo que $P(X > \tilde{\mu}) \leq 0,5$ e $P(X < \tilde{\mu}) \leq 0,5$. No caso contínuo,

$$P(X > \tilde{\mu}) = P(X < \tilde{\mu}) = 0,5.$$

É claro, se a distribuição for simétrica, a média populacional e a mediana são iguais. Ao testar a hipótese nula H_0 de que $\tilde{\mu} = \tilde{\mu}_0$ contra uma alternativa apropriada, com base em uma amostra aleatória de tamanho n, substituímos cada valor de amostra excedendo $\tilde{\mu}_0$ com um sinal de *mais* e cada valor de amostra menor do que $\tilde{\mu}_0$ com um sinal de *menos*. Se a hipótese nula for verdadeira e a população, simétrica, a soma dos sinais positivos deveria ser aproximadamente igual à soma dos sinais negativos. Quando um sinal aparece com mais freqüência do que deveria, baseado somente no acaso, rejeitamos a hipótese de que a mediana populacional $\tilde{\mu}$ é igual a $\tilde{\mu}_0$.

Na teoria, o teste de sinais é aplicado apenas em situações onde $\tilde{\mu}_0$ não possa ser igual ao valor de qualquer uma das observações. Embora haja probabilidade zero de se obter uma observação de amostra exatamente igual a $\tilde{\mu}_0$ quando a população for contínua, mesmo assim, na prática, um valor de amostra igual a $\tilde{\mu}_0$ irá ocorrer freqüentemente a partir de uma falta de precisão ao registrar os dados. Quando valores de amostra iguais a $\tilde{\mu}_0$ são observados, eles são excluídos da análise e o tamanho amostral é reduzido de maneira correspondente.

O teste estatístico apropriado para o teste de sinais é a variável aleatória binomial X, que representa o número de sinais positivos em nossa amostra aleatória. Se a hipótese nula de que $\tilde{\mu} = \tilde{\mu}_0$ é verdadeira, a probabilidade de que um valor de amostra resulte em um sinal positivo ou negativo é igual a 1/2. Portanto, para testar a hipótese nula de que $\tilde{\mu} = \tilde{\mu}_0$, testamos, na verdade, a hipótese nula de que o número de sinais positivos é um valor de uma variável aleatória que tem distribuição binomial com parâmetro $p = 1/2$. Os valores P para ambas as alternativas uni e bilaterais podem ser, então, calculados usando essa distribuição binomial. Por exemplo, ao testar

$$H_0: \tilde{\mu} = \tilde{\mu}_0,$$
$$H_1: \tilde{\mu} < \tilde{\mu}_0,$$

devemos rejeitar H_0 em favor de H_1 somente se a proporção de sinais positivos for suficientemente menor do que ½, ou seja, quando o valor x de nossa variável aleatória for pequeno. Então, se o valor P calculado

$$P = P(X \leq x \text{ quando } p = 1/2)$$

for menor do que ou igual a algum nível de significância α pré-selecionado, rejeitamos H_0 em favor de H_1. Por exemplo, quando $n = 15$ e $x = 3$, descobrimos, a partir da Tabela A.1, que

$$P = P(X \leq 3 \text{ quando } p = 1/2)$$
$$= \sum_{x=0}^{3} b\left(x; 15, \frac{1}{2}\right) = 0,0176,$$

de modo que a hipótese nula $\tilde{\mu} = \tilde{\mu}_0$ pode ser certamente rejeitada no nível 0,05 de significância, mas não no nível 0,01.

Para testar a hipótese

$$H_0: \tilde{\mu} = \tilde{\mu}_0,$$
$$H_1: \tilde{\mu} > \tilde{\mu}_0,$$

rejeitamos H_0 em favor de H_1 somente se a proporção de sinais positivos for suficientemente maior do que 1/2, ou seja, quando x for grande. Então, se o valor P calculado

$$P = P(X \geq x \text{ quando } p = 1/2)$$

for menor do que α, rejeitamos H_0 em favor de H_1. Finalmente, para o teste de hipótese

$$H_0: \tilde{\mu} = \tilde{\mu}_0,$$
$$H_1: \tilde{\mu} \neq \tilde{\mu}_0,$$

rejeitamos H_0 em favor de H_1, quando a proporção de sinais positivos for significativamente menor ou maior do que 1/2. Isso, é claro, é equivalente a x ser suficientemente pequeno ou grande. Portanto, se $x < n/2$ e o valor P calculado

$$P = 2P(X \leq x \text{ quando } p = 1/2)$$

for menor ou igual a α, ou se $x > n/2$ e o valor P calculado

$$P = 2P(X \geq x \text{ quando } p = 1/2)$$

for menor ou igual a α, rejeitamos H_0 em favor de H_1.

Sempre que $n > 10$, as probabilidades binomiais com $p = 1/2$ podem ser aproximadas da curva normal, já que $np = nq > 5$. Suponha, por exemplo, que desejamos testar a hipótese

$$H_0: \tilde{\mu} = \tilde{\mu}_0,$$
$$H_1: \tilde{\mu} < \tilde{\mu}_0,$$

no nível $\alpha = 0,05$ de significância para a amostra aleatória de tamanho $n = 20$ que rende $x = 6$ sinais positivos. Usando a aproximação da curva normal com

$$\tilde{\mu} = np = (20)(0,5) = 10$$

e

$$\sigma = \sqrt{npq} = \sqrt{(20)(0,5)(0,5)} = 2,236,$$

descobrimos que

$$z = \frac{6,5 - 10}{2,236} = -1,57.$$

Portanto,

$$P = P(X \leq 6) \approx P(Z < -1,57) = 0,0582,$$

que leva à não rejeição da hipótese nula.

Exemplo 16.1

Os dados a seguir representam o número de horas em que um aparador de cerca viva recarregável opera antes de ser recarregado:

1,5; 2,2; 0,9; 1,3; 2,0; 1,6; 1,8; 1,5; 2,0; 1,2; 1,7.

Use o teste de sinais para testar a hipótese, no nível 0,05 de significância, de que esse aparador em particular opera com uma mediana de 1,8 hora antes de ser recarregado.

Solução:
1. H_0: $\tilde{\mu} = 1,8$.
2. H_1: $\tilde{\mu} \neq 1,8$.
3. $\alpha = 0,05$.
4. Teste estatístico: Variável binomial X com $p = 1/2$.
5. Cálculos: Substituindo-se cada valor pelo símbolo '+', se exceder 1,8, pelo símbolo '−', se for menor que 1,8, e descartando a medida que se iguala a 1,8, obtemos a seqüência

   − + − − + − − + − −

   para a qual $n = 10$, $x = 3$ e $n/2 = 5$. Portanto, da Tabela A.1, o valor P calculado é

   $$P = 2P(X \leq 3 \text{ quando } p = \frac{1}{2})$$
   $$= 2 \sum_{x=0}^{3} b(x; 10, \frac{1}{2}) = 0,3438 > 0,05.$$

6. Decisão: Não rejeitar a hipótese nula e concluir que a mediana do tempo de operação não é significativamente diferente de 1,8 hora.

Podemos também usar o teste de sinais para testar a hipótese nula $\tilde{\mu}_1 - \tilde{\mu}_2 = d_0$ para observações pareadas. Aqui estabelecemos cada diferença, d_i, com um sinal positivo ou negativo, dependendo de a diferença ajustada, $d_i - d_0$, ser positiva ou negativa. Ao longo desta seção, presumimos que as populações são simétricas. No entanto, mesmo que elas tenham desvios, podemos realizar o mesmo procedimento, mas as hipóteses se referem às medianas das populações, não às médias.

Exemplo 16.2

Uma empresa de táxi tenta decidir se o uso de pneus radiais em vez dos cinturados tradicionais aumenta a economia de combustível. Dezesseis carros são equipados com pneus radiais e conduzidos em um percurso de teste. Sem trocar os motoristas, os mesmos carros são, então, equipados com os pneus tradicionais e conduzidos novamente no percurso de teste. O consumo de gasolina, em quilômetros por litro, é dado na Tabela 16.1. Podemos concluir, no nível de significância de 0,05, que os carros com pneus radiais obtêm maior economia do que aqueles equipados com os pneus tradicionais?

Tabela 16.1 Dados para o Exemplo 16.2

Carro	1	2	3	4	5	6	7	8
Pneus radiais	4,2	4,7	6,6	7,0	6,7	4,5	5,7	6,0
Pneus cinturados	4,1	4,9	6,2	6,9	6,8	4,4	5,7	5,8
Carro	9	10	11	12	13	14	15	16
Pneus radiais	7,4	4,9	6,1	5,2	5,7	6,9	6,8	4,9
Pneus cinturados	6,9	4,9	6,0	4,9	5,3	6,5	7,1	4,8

Solução: Considere $\tilde{\mu}_1$ e $\tilde{\mu}_2$ a mediana dos quilômetros por litro para os carros equipados com pneus radiais e pneus cinturados, respectivamente.

1. H_0: $\tilde{\mu}_1 - \tilde{\mu}_2 = 0$.
2. H_1: $\tilde{\mu}_1 - \tilde{\mu}_2 > 0$.
3. $\alpha = 0,05$.

Teste estatístico: Variável binomial X com $p = 1/2$.

Cálculos: Depois de substituir cada diferença positiva por um símbolo '+' e cada diferença negativa por um símbolo '−', e, então, descartando as duas diferenças zero, obtemos a seqüência

+ − + + − + + + + + + + − +

para a qual $n = 14$ e $x = 11$. Usando a aproximação de curva normal, descobrimos

$$z = \frac{10,5 - 7}{\sqrt{(14)(0,5)(0,5)}} = 1,87,$$

e, depois,

$$P = P(X \geq 11) \approx P(Z > 1,87) = 0,0307.$$

Decisão: Rejeitar H_0 e concluir que, na média, os pneus radiais aumentam a economia de combustível.

O teste de sinais não é somente o procedimento não-paramétrico mais simples de ser aplicado, como também tem a vantagem adicional de ser aplicável em dados dicotômicos que não podem ser registrados em uma escala numérica, mas que podem ser representados por respostas positivas e negativas. Por exemplo, o teste de sinal é aplicável em experimentos nos quais uma resposta qualitativa como 'acerto' ou 'erro' é registrada, e em experimentos do tipo sensorial, nos quais um sinal positivo ou negativo é registrado dependendo do fato de o provador de sabor identificar corretamente ou não o ingrediente desejado.

Devemos tentar fazer comparações entre muitos dos procedimentos não-paramétricos e os testes paramétricos correspondentes. No caso do teste de sinais, a competição é, obviamente, o teste t. Se estivermos amostrando de uma distribuição normal, o uso do teste t resultará em um amplo poder de teste. Se a distribuição for meramente simétrica, embora não normal, o teste t é preferível em relação a poder a menos que a distribuição tenha 'caudas extremamente pesadas' em comparação com a distribuição normal.

16.2 Teste dos postos sinalizados

O leitor deve notar que o teste de sinais utiliza não somente sinais positivos e negativos das diferenças entre as observações e $\tilde{\mu}_0$ no caso de amostra única, ou os sinais positivos e negativos das diferenças entre pares de observações no caso de amostra pareada, mas sem levar em conta a magnitude dessas diferenças. Um teste que utiliza tanto a direção como a magnitude, proposto em 1945 por Frank Wilcoxon, é comumente chamado de *teste dos postos sinalizados de Wilcoxon*.

O analista pode extrair mais informações dos dados de maneira não-paramétrica se for razoável invocar uma restrição adicional na distribuição da qual os dados foram retirados. O teste de sinais ordenados de Wilcoxon se aplica no caso de *uma distribuição simétrica contínua*. Sob essa condição, podemos testar a hipótese nula $\tilde{\mu} = \tilde{\mu}_0$. Primeiro, subtraímos $\tilde{\mu}_0$ de cada valor amostral, descartando todas as diferenças iguais a zero. As diferenças restantes são, então, classificadas sem observar o sinal. O posto 1 é designado para a menor diferença absoluta (ou seja, sem sinal), o posto 2, para o próximo menor valor, e assim por diante. Quando o valor absoluto de duas ou mais diferenças é o mesmo, designamos para cada um a média dos postos que seriam designados se as diferenças fossem distinguíveis. Por exemplo, se a quinta e a sexta diferenças menores forem iguais em valores absolutos, cada uma será designada com um posto de 5,5. Se a hipótese $\tilde{\mu} = \tilde{\mu}_0$ for verdadeira, o total de classificações que correspondem às diferenças positivas deverá quase igualar o total dos postos que correspondem às diferenças negativas. Vamos representar esses totais por w_+ e w_-, respectivamente. Designamos o menor de w_+ e w_- como w.

Ao selecionar amostras repetidas, esperaríamos que w_+ e w_- e, portanto, w, variassem. Sendo assim, podemos pensar em w_+, w_- e w como valores das variáveis aleatórias correspondentes a W_+, W_- e W. A hipótese nula $\tilde{\mu} = \tilde{\mu}_0$ pode ser rejeitada a favor da alternativa $\tilde{\mu} < \tilde{\mu}_0$ somente se w_+ for pequeno e w_- for grande. De maneira semelhante, a alternativa $\tilde{\mu} > \tilde{\mu}_0$ pode ser aceita somente se w_+ for grande e w_- pequeno. Para uma alternativa bilateral, podemos rejeitar H_0 em favor de H_1 se w_+ ou w_- e, portanto, w, forem suficientemente pequenos. Portanto, não importa qual seja a hipótese alternativa, rejeitamos a hipótese nula quando o valor do estatístico apropriado W_+, W_- ou W for suficientemente pequeno.

Duas amostras com observações pareadas

Para testar a hipótese nula na qual amostramos duas populações simétricas contínuas com $\tilde{\mu}_1 = \tilde{\mu}_2$ para o caso de amostra pareada, classificamos as diferenças das observações pareadas sem considerar o sinal e procedemos como no caso da amostra única. Os vários procedimentos de teste para ambos os casos de amostras únicas e pareadas estão resumidos na Tabela 16.2.

Não é difícil mostrar que sempre que $n > 5$ e o nível de significância não exceder 0,05 para um teste unicaudal ou 0,10 para o teste bicaudal, todos os valores possíveis de w_+, w_- ou w levarão à aceitação da hipótese nula. Entretanto, quando $5 \leq n \leq 30$, a Tabela A.17 mostra os valores críticos aproximados de W_+ e W_- para os níveis de significância iguais a 0,01, 0,025 e 0,05 para um teste unicaudal, e valores críticos de W para os níveis de significância iguais a 0,02, 0,05 e 0,10 para um teste bicaudal. A hipótese nula é rejeitada se os valores calculados w_+, w_- ou w forem *menores ou iguais* ao valor apropriado

Tabela 16.2 Teste de sinais ordenados

H_0	H_1	Calcular
$\tilde{\mu} = \tilde{\mu}_0$	$\tilde{\mu} < \tilde{\mu}_0$	w_+
	$\tilde{\mu} > \tilde{\mu}_0$	w_-
	$\tilde{\mu} \neq \tilde{\mu}_0$	w
$\tilde{\mu} = \tilde{\mu}_2$	$\tilde{\mu}_1 < \tilde{\mu}_2$	w_+
	$\tilde{\mu}_1 > \tilde{\mu}_2$	w_-
	$\tilde{\mu}_1 \neq \tilde{\mu}_2$	w

da tabela. Por exemplo, quando $n = 12$, a Tabela A.17 mostra que um valor de $w_+ \leq 17$ é necessário para que a alternativa $\tilde{\mu} < \tilde{\mu}_0$ seja significativa no nível de 0,05.

■ **Exemplo 16.3**

Refaça o Exemplo 16.1 usando um teste de sinais ordenados.

Solução:

1. H_0: $\tilde{\mu} = 1,8$.
2. H_1: $\tilde{\mu} \neq 1,8$.
3. $\alpha = 0,05$.
4. Região crítica: Já que $n = 10$, depois de descartar uma medida que iguale 1,8, a Tabela A.17 mostra a região crítica como sendo $w \leq 8$.
5. Cálculos: Subtraindo-se 1,8 de cada medição e, então, a classificando as diferenças sem considerar o sinal, temos

d_i	−0,3	0,4	−0,9	−0,5	0,2	−0,2	−0,3	0,2	−0,6	−0,1
Classificação	5,5	7	10	8	3	3	5,5	3	9	1

Agora, $w_+ = 13$ e $w_- = 42$ de modo que $w = 13$, o menor de w_+ e w_-.

6. Decisão: Como antes, não rejeitamos H_0 e concluímos que a mediana do tempo de operação não é significativamente diferente de 1,8.

O teste de sinais ordenados pode também ser usado para testar a hipótese nula de que $\tilde{\mu}_1 - \tilde{\mu}_2 = d_0$. Nesse caso, as populações não precisam ser simétricas. Como no teste de sinais, subtraímos d_0 de cada diferença, classificamos as diferenças ajustadas sem considerar o sinal e aplicamos o mesmo procedimento citado anteriormente.

■ **Exemplo 16.4**

Afirma-se que um veterano de faculdade pode aumentar sua pontuação em um exame de uma disciplina de sua graduação em pelo menos 50 pontos se receber amostras dos problemas com antecedência. Para testar essa afirmação, 20 veteranos são divididos em dez pares, de modo que cada par tem quase a mesma qualidade média em seus três primeiros anos de faculdade. As amostras de problemas e as respostas são dadas aleatoriamente para um membro de cada par uma semana antes do exame. Os resultados dos exames são fornecidos na Tabela 16.3.

Teste a hipótese nula, no nível de significância de 0,05, de que os problemas de amostras aumentam os resultados em 50 pontos contra a hipótese alternativa de que o aumento é menor do que 50 pontos.

Solução: Considere $\tilde{\mu}_1 - \tilde{\mu}_2 = 50$ a mediana do resultado de todos os estudantes que fizeram o teste em questão com e sem os problemas de amostras, respectivamente.
1. H_0: $\tilde{\mu}_1 - \tilde{\mu}_2 = 50$.
2. H_1: $\tilde{\mu}_1 - \tilde{\mu}_2 < 50$.
3. $\alpha = 0,05$.
4. Região crítica: já que $n = 10$, a Tabela A.17 mostra que a região crítica é $w_+ \leq 11$.
5. Cálculos:

Agora, descobrimos que $w_+ = 6 + 3,5 + 1 = 10,5$.

6. Decisão: Rejeitar H_0 e concluir que os problemas não aumentam, na 'média', o resultado de um estudante em até 50 pontos.

Aproximação normal para grandes amostras

Quando $n \geq 15$, a distribuição amostral de W_+ (ou W_-) se aproxima da distribuição normal com média

$$\mu_{W_+} = \frac{n(n+1)}{4} \text{ e variância } \sigma^2_{W_+} = \frac{n(n+1)(2n+1)}{24}.$$

Portanto, quando n excede o maior valor na Tabela A.17, a estatística

$$Z = \frac{W_+ - \mu_{W_+}}{\sigma_{W_+}}$$

pode ser usado para determinar a região crítica para nosso teste.

Exercícios

16.1 Os dados a seguir representam o tempo, em minutos, que um paciente tem de esperar durante 12 visitas a um consultório antes de ser atendido pelo médico:

| 17 | 15 | 20 | 20 | 32 | 28 |
| 12 | 26 | 25 | 25 | 35 | 24 |

Use um teste de sinais, no nível de significância de 0,05, para testar a afirmação do médico de que a mediana do tempo de espera para seus pacientes não é maior do que 20 minutos antes de serem atendidos em seu consultório.

16.2 Os dados a seguir representam o número de horas de um treinamento de vôo recebido por 18 estudantes de certo instrutor antes do primeiro vôo sem acompanhamento:

| 9 | 12 | 18 | 14 | 12 | 14 | 12 | 10 | 16 |
| 11 | 9 | 11 | 13 | 11 | 13 | 15 | 13 | 14 |

	\multicolumn{10}{c}{Par}
	1	2	3	4	5	6	7	8	9	10
d_i	22	81	−25	77	27	−23	23	−29	13	51
$d_i - d_0$	−28	31	−75	27	−23	−73	−27	−79	−37	1
Postos	5	6	9	3,5	2	8	3,5	10	7	1

Tabela 16.3 Dados para o Exemplo 16.4

	\multicolumn{10}{c}{Par}
	1	2	3	4	5	6	7	8	9	10
Com amostras de problemas	531	621	663	579	451	660	591	719	543	575
Sem amostras de problemas	509	540	688	502	424	683	568	748	530	524

Usando probabilidades binomiais da Tabela A.1, faça um teste de sinais no nível de significância de 0,02 para testar a afirmação do instrutor de que a mediana do tempo necessário antes do vôo sem acompanhamento de seus alunos é de 12 horas de treinamento.

16.3 Um inspetor de alimentos examina 16 potes de uma marca de geléia para determinar a porcentagem de impurezas. Os seguintes dados foram registrados:

2,4   2,3   3,1   2,2   2,3   1,2   1,0   2,4
1,7   1,1   4,2   1,9   1,7   3,6   1,6   2,3

Usando a aproximação normal para a distribuição binomial, faça um teste de sinais no nível de significância de 0,05 para testar a hipótese nula de que a mediana da porcentagem de impurezas dessa marca de geléia é 2,5% contra a alternativa de que a mediana não é de 2,5%.

16.4 Um fornecedor de tintas afirma que um novo aditivo reduzirá o tempo de secagem de sua tinta acrílica. Para testar essa afirmação, 12 painéis de madeira são pintados, metade de cada painel com a tinta com aditivo regular e a outra metade com um novo aditivo. Os tempos de secagem, em horas, foram registrados a seguir:

Painel	Tempo de secagem (horas) Novo aditivo	Aditivo regular
1	6,4	6,6
2	5,8	5,8
3	7,4	7,8
4	5,5	5,7
5	6,3	6,0
6	7,8	8,4
7	8,6	8,8
8	8,2	8,4
9	7,0	7,3
10	4,9	5,8
11	5,9	5,8
12	6,5	6,5

Use um teste de sinais no nível de significância de 0,05 para testar a hipótese nula de que o novo aditivo não é melhor do que o aditivo regular na redução do tempo de secagem desse tipo de tinta.

16.5 Afirma-se que uma nova dieta reduzirá o peso de uma pessoa em 4,5 quilogramas, em média, em um período de duas semanas. Os pesos de dez mulheres que seguiram essa dieta foram registrados antes e depois de um período de duas semanas:

Mulher	Peso antes	Peso depois
1	58,5	60,0
2	60,3	54,9
3	61,7	58,1

(continua)

(continuação)

Mulher	Peso antes	Peso depois
4	69,0	62,1
5	64,0	58,5
6	62,6	59,9
7	56,7	54,4
8	62,6	60,2
9	68,2	62,3
10	59,4	58,7

Use um teste de sinais no nível de significância de 0,05 para testar a hipótese de que a dieta reduz mediana do peso em 4,5 quilogramas contra a hipótese alternativa de que a mediana da diferença é menor do que 4,5 quilogramas.

16.6 Dois tipos de instrumentos para medição da quantidade de monóxido sulfúrico na atmosfera estão sendo comparados em um experimento sobre a poluição do ar. As leituras a seguir foram registradas diariamente por um período de duas semanas:

Dia	Monóxido sulfúrico Instrumento A	Instrumento B
1	0,96	0,87
2	0,82	0,74
3	0,75	0,63
4	0,61	0,55
5	0,89	0,76
6	0,64	0,70
7	0,81	0,69
8	0,68	0,57
9	0,65	0,53
10	0,84	0,88
11	0,59	0,51
12	0,94	0,79
13	0,91	0,84
14	0,77	0,63

Usando a aproximação normal para a distribuição binomial, faça um teste de sinais para determinar se diferentes instrumentos levam a resultados diferentes. Use um nível de significância de 0,05.

16.7 Os números a seguir fornecem a pressão sangüínea sistólica de 16 praticantes de corrida antes e depois de uma corrida de oito quilômetros:

Corredor	Antes	Depois
1	158	164
2	149	158
3	160	163
4	155	160
5	164	172
6	138	147

(continua)

(*continuação*)

7	163	167
8	159	169
9	165	173
10	145	147
11	150	156
12	161	164
13	132	133
14	155	161
15	146	154
16	159	170

Use um teste de sinais no nível de significância de 0,05 para testar a hipótese nula de que a corrida de oito quilômetros aumenta a pressão sangüínea sistólica em oito pontos contra a alternativa de que o aumento na mediana é menor do que oito pontos.

16.8 Analise os dados do Exercício 16.1 usando um teste de postos sinalizados.

16.9 Analise os dados do Exercício 16.2 usando um teste de postos sinalizados.

16.10 O peso de cinco pessoas antes e cinco semanas após pararem de fumar, em quilogramas, são os seguintes:

	Indivíduo				
	1	2	3	4	5
Antes	66	80	69	52	75
Depois	71	82	68	56	73

Use um teste de postos sinalizados para observações pareadas para testar a hipótese, no nível de significância de 0,05, de que parar de fumar não tem efeito no peso da pessoa contra alternativa de que o peso da pessoa aumenta quando ela pára de fumar.

16.11 Refaça o Exercício 16.5 usando um teste de postos sinalizados.

16.12 A seguir temos os números de prescrições feitas por dois farmacêuticos em um período de 20 dias.

Dia	Farmacêutico A	Farmacêutico B
1	19	17
2	21	15
3	15	12
4	17	12
5	24	16
6	12	15
7	19	11
8	14	13
9	20	14
10	18	21
11	23	19
12	21	15

(*continua*)

(*continuação*)

13	17	11
14	12	10
15	16	20
16	15	12
17	20	13
18	18	17
19	14	16
20	22	18

Use um teste de postos sinalizados no nível de significância de 0,01 para determinar se os dois farmacêuticos, 'em média', preenchem o mesmo número de prescrições contra a alternativa de que a farmácia A preenche mais prescrições do que a B.

16.13 Refaça o Exercício 16.7 usando um teste de postos sinalizados.

16.14 Refaça o Exercício 16.6 usando um teste de postos sinalizados.

16.3 Teste da soma de postos de Wilcoxon

Como indicamos anteriormente, o procedimento não-paramétrico é geralmente uma alternativa apropriada para testes de teoria normais quando a suposição de normalidade não se mantém. Quando estamos interessados em testar a igualdade das médias de duas distribuições contínuas que são obviamente não normais e as amostras são independentes (ou seja, não há pareamento de observações), o teste da soma dos postos de Wilcoxon ou *teste em duas amostras de Wilcoxon* é uma alternativa apropriada ao teste t em duas amostras descrito no Capítulo 10.

Vamos testar a hipótese nula H_0 de que $\tilde{\mu}_1 = \tilde{\mu}_2$ contra alguma alternativa apropriada. Primeiro, selecionamos uma amostra aleatória de cada uma das populações. Considere n_1 o número de observações na amostra menor e n_2 o número de observações na amostra maior. Quando as amostras forem de tamanhos iguais, n_1 e n_2 podem ser designados aleatoriamente. Organize $n_1 + n_2$ observações de amostras combinadas em ordem ascendente e substitua um posto de 1, 2, ..., $n_1 + n_2$ para cada observação. No caso de empates (observações idênticas), substituímos a observação pela média dos postos que as observações teriam se pudessem ser distinguidas. Por exemplo, se a sétima e oitava observações forem idênticas, designaríamos um posto de 7,5 para cada uma dessas duas observações.

A soma dos postos correspondente a n_1 na amostra menor é denotada por w_1. De modo similar, o valor w_2 representa a soma dos postos n_2 correspondentes à amostra maior. O total $w_1 + w_2$ depende somente do número de observações nas duas amostras e não é afetado de maneira nenhuma pelos resultados do experimento. Portanto, se

$n_1 = 3$ e $n_2 = 4$, então $w_1 + w_2 = 1 + 2 + \ldots + 7 = 28$, sem considerar os valores numéricos das observações. Em geral,

$$w_1 + w_2 = \frac{(n_1 + n_2)(n_1 + n_2 + 1)}{2},$$

a soma aritmética dos números inteiros 1, 2, ..., $n_1 + n_2$. Uma vez que determinamos w_1, pode ser mais fácil encontrar w_2 pela fórmula

$$w_2 = \frac{(n_1 + n_2)(n_1 + n_2 + 1)}{2} - w_1.$$

Ao escolher amostras repetidas de tamanhos n_1 e n_2, esperaríamos que w_1 e, portanto, w_2 variassem. Então, podemos pensar em w_1 e w_2 como valores das variáveis aleatórias W_1 e W_2, respectivamente. A hipótese nula $\tilde{\mu}_1 = \tilde{\mu}_2$ será rejeitada a favor da alternativa $\tilde{\mu}_1 < \tilde{\mu}_2$ somente se w_1 for pequeno e w_2 for grande. De maneira semelhante, a alternativa $\tilde{\mu}_1 > \tilde{\mu}_2$ pode ser aceita somente se w_1 for pequeno e w_2 for grande. Para um teste bicaudal, podemos rejeitar H_0 em favor de H_1 se w_1 for pequeno e w_2 for grande ou se w_1 for grande e w_2 for pequeno. Em outras palavras, a alternativa $\tilde{\mu}_1 < \tilde{\mu}_2$ será aceita se w_1 for suficientemente pequeno; a alternativa $\tilde{\mu}_1 > \tilde{\mu}_2$ será aceita se w_2 for suficientemente pequeno; e a alternativa $\tilde{\mu}_1 \neq \tilde{\mu}_2$ será aceita se o mínimo de w_1 e w_2 for suficientemente pequeno. Na prática real, costumamos basear nossa decisão no valor

$$u_1 = w_1 - \frac{n_1(n_1 + 1)}{2} \quad \text{ou} \quad u_2 = w_2 - \frac{n_2(n_2 + 1)}{2}$$

da estatística relacionada U_1 ou U_2 ou o valor u do estatístico U, o mínimo de U_1 e U_2. Esses dados estatísticos simplificam a construção das tabelas de valores críticos, já que ambos, U_1 e U_2, têm distribuições amostrais simétricas e assumem valores em intervalos de 0 a $n_1 n_2$, de modo que $u_1 + u_2 = n_1 n_2$.

A partir das fórmulas para u_1 e u_2, vemos que u_1 será pequeno quando w_1 for pequeno e u_2 será pequeno quando w_2 for pequeno. Conseqüentemente, a hipótese nula será rejeitada quando o estatístico apropriado U_1, U_2 ou U assumir um valor menor ou igual ao valor crítico desejado dado na Tabela A.18. Os vários procedimentos de teste estão resumidos na Tabela 16.4.

A Tabela A.18 fornece os valores críticos de U_1 e U_2 para os níveis de significância iguais a 0,001; 0,002; 0,01; 0,02; 0,025 e 0,05 para um teste unicaudal, e os valores críticos de U para os níveis de significância iguais a 0,002; 0,02; 0,05 e 0,10 para um teste bicaudal. Se os valores observados de u_1, u_2 ou u for *menor ou igual* ao valor crítico da tabela, a hipótese nula é rejeitada no nível de significância indicado pela tabela. Suponha, por exemplo, que desejamos testar a hipótese nula de que $\tilde{\mu}_1 = \tilde{\mu}_2$ contra a alternativa unilateral de que $\tilde{\mu}_1 < \tilde{\mu}_2$ no nível de significância de 0,05 para as amostras aleatórias de tamanho $n_1 = 3$ e $n_2 = 5$, que produz o valor $w_1 = 8$. Segue-se que

$$u_1 = 8 - \frac{(3)(4)}{2} = 2.$$

Nosso teste unicaudal é baseado na estatística U_1. Usando a Tabela A.18, rejeitamos a hipótese nula de médias iguais quando $u_1 \leq 1$. Já que $u_1 = 2$ não está na área de rejeição, a hipótese nula não pode ser rejeitada.

■ **Exemplo 16.5**

O conteúdo de nicotina de duas marcas de cigarro, medido em miligramas, é apresentado a seguir:

Marca A	2,1 4,0 6,3 5,4 4,8 3,7 6,1 3,3
Marca B	4,1 0,6 3,1 2,5 4,0 6,2 1,6 2,2 1,9 5,4

Teste a hipótese, no nível de significância de 0,05, de que as medianas dos conteúdos de nicotina das duas marcas são iguais contra a alternativa de que elas não o são.

Solução:
1. $H_0: \tilde{\mu}_1 = \tilde{\mu}_2$.
2. $H_1: \tilde{\mu}_1 \neq \tilde{\mu}_2$.
3. $\alpha = 0,05$.
4. Região crítica: $u \leq 17$ (da Tabela A.18).
5. Cálculos: As observações são organizadas em ordem ascendente e classificadas de 1 a 18.

Dados originais	Postos	Dados originais	Postos
0,6	1	4,0	10,5*
1,6	2	4,0	10,5
1,9	3	4,1	12
2,1	4*	4,8	13*
2,2	5	5,4	14,5*
2,5	6	5,4	14,5
3,1	7	6,1	16*
3,3	8*	6,2	17
3,7	9*	6,3	18*

* As classificações marcadas com um asterisco pertencem à amostra A.

Agora,

$$w_1 = 4 + 8 + 9 + 10,5 + 13 + 14,5 + 16 + 18 = 93,$$

e

$$w_2 = \frac{(18)(19)}{2} - 93 = 78.$$

Portanto,

Tabela 16.4 Teste da soma dos postos

H_0	H_1	Calcular
$\tilde{\mu}_1 = \tilde{\mu}_2$	$\begin{cases} \tilde{\mu}_1 < \tilde{\mu}_2 \\ \tilde{\mu}_1 > \tilde{\mu}_2 \\ \tilde{\mu}_1 \neq \tilde{\mu}_2 \end{cases}$	u_1 u_2 u

$$u_1 = 93 - \frac{(8)(9)}{2} = 57, \qquad u_2 = 78 - \frac{(10)(11)}{2} = 23.$$

6. Decisão: Não rejeitar a hipótese nula H_0 e concluir que não há diferença significante na mediana dos conteúdos de nicotina das duas marcas de cigarro.

Teoria da aproximação normal para duas amostras

Quando ambos, n_1 e n_2, excedem 8, a distribuição amostral de U_1 (ou U_2) se aproxima da distribuição normal com média

$$\mu_{U_1} = \frac{n_1 n_2}{2} \quad \text{e variância} \quad \sigma^2_{U_1} = \frac{n_1 n_2 (n_1 + n_2 + 1)}{12}.$$

Em conseqüência, quando n_2 é maior do que 20, o valor máximo na Tabela A.18, e n_1 é pelo menos 9, poderíamos usar o estatístico

$$Z = \frac{U_1 - \mu_{U_1}}{\sigma_{U_1}}$$

para nosso teste, com a região crítica caindo em uma ou ambas as caudas da distribuição normal padrão, dependendo da forma de H_1.

O uso do teste da soma de postos de Wilcoxon não está restrito às populações não normais. Ele pode ser usado no lugar do teste t para duas amostras quando as populações são normais, embora o poder seja menor. O teste da soma dos postos de Wilcoxon é sempre superior ao teste t para populações decididamente não normais.

16.4 Teste de Kruskal-Wallis

Nos capítulos 13, 14 e 15, a técnica da análise de variância é proeminente como uma técnica analítica para testar a igualdade de $k \geq 2$ médias populacionais. Novamente, entretanto, o leitor deve se lembrar de que a normalidade deve ser suposta para que o teste F seja teoricamente correto. Nesta seção, investigaremos a alternativa não-paramétrica à análise de variância.

O *teste de Kruskal-Wallis*, também chamado de teste *Kruskal-Wallis H*, é uma generalização do teste da soma de postos para o caso de $k > 2$ amostras. Ele é usado para testar a hipótese nula H_0 de que k amostras independentes vêm de populações idênticas. Introduzido em 1952 por W. H. Kruskal e W. A. Wallis, o teste é um procedimento não-paramétrico para testar a igualdade das médias na análise de variância em um fator quando o pesquisador deseja evitar a suposição de que as amostras foram selecionadas de populações normais.

Considere n_i ($i = 1, 2, ..., k$) o número de observações na i-ésima amostra. Primeiro, combinamos todas as k amostras e organizamos as $n = n_1 + n_2 + ... + n_k$ observações em ordem ascendente, substituindo o posto apropriado de 1, 2, ..., n de cada observação. No caso de empates (observações idênticas), seguimos o procedimento usual de substituição das observações pelas médias dos postos que as observações teriam se fossem distinguíveis. A soma dos postos que correspondem a n_i observações na i-ésima amostra é denotada pela variável aleatória R_i. Agora, vamos considerar a estatística

$$H = \frac{12}{n(n+1)} \sum_{i=1}^{k} \frac{R_i^2}{n_i} - 3(n+1),$$

que é aproximado muito bem pela distribuição qui-quadrado com $k - 1$ graus de liberdade quando H_0 for verdadeira e se cada amostra consistir em pelo menos cinco observações. O fato de que h, o valor assumido de H, é grande quando amostras independentes vêm de populações que não são idênticas nos permite estabelecer o critério de decisão a seguir para testar H_0:

Teste de Kruskal-Wallis

Para testar a hipótese nula H_0 de que k amostras independentes são de populações idênticas, calcule

$$h = \frac{12}{n(n+1)} \sum_{i=1}^{k} \frac{r_i^2}{n_i} - 3(n+1),$$

onde r_i é o valor assumido de R_i, para $i = 1, 2, ..., k$. Se h cai na região crítica $H > \chi^2_\alpha$ com $v = k - 1$ graus de liberdade, rejeitamos H_0 no nível de significância α; caso contrário, falhamos ao rejeitar H_0.

■ Exemplo 16.6

Em um experimento para determinar quais de três diferentes sistemas de mísseis é preferível, o índice de queima do propelente é medido. Os dados, depois de codificados, são dados na Tabela 16.5. Use o teste de Kruskal-Wallis e um nível de significância de $\alpha = 0,05$ para testar a hipótese de que o índice de queima dos propelentes é o mesmo para os três sistemas.

Solução:
1. H_0: $\mu_1 = \mu_2 = \mu_3$.
2. H_1: Os três meios não são iguais
3. $\alpha = 0,05$.
4. Região crítica: $h > \chi^2_{0,05} = 5,991$, para $v = 2$ para $v = 2$ graus de liberdade.

Tabela 16.5 Índices de queima de propelente

\multicolumn{3}{c}{Sistema de míssil}		
1	2	3
24,0 16,7 22,8	23,2 19,8 18,1	18,4 19,1 17,3
19,8 18,9	17,6 20,2 17,8	17,3 19,7 18,9
		18,8 19,3

Tabela 16.6 Postos para os índices de queima de propelente

\multicolumn{3}{c}{Sistema de míssil}		
1	2	3
19	18	7
1	14,5	11
17	6	2,5
14,5	4	2,5
9,5	16	13
	5	9,5
$r_1 = 61,0$		8
	$r_2 = 63,5$	12
		$r_3 = 65,5$

5. Cálculos: Na Tabela 16.6 convertemos as 19 observações para postos e somamos os postos para cada sistema de míssil.

Agora, substituindo $n_1 = 5$, $n_2 = 6$, $n_3 = 8$ e $r_1 = 61,0$, $r_2 = 63,5$ e $r_3 = 65,5$, nossa estatística H assume o valor

$$h = \frac{12}{(19)(20)} \left(\frac{61,0^2}{5} + \frac{63,5^2}{6} + \frac{65,5^2}{8} \right) - (3)(20) = 1,66.$$

6. Decisão: Já que $h = 1,66$ não cai na região crítica $h > 5,991$, não temos evidência suficiente para rejeitar a hipótese de que os índices de queima dos propelentes são os mesmos para os três sistemas de mísseis.

Exercícios

16.15 Um fabricante de cigarro afirma que o conteúdo de alcatrão da marca B é menor do que o da marca A. Para testar essa afirmação, as seguintes determinações dos conteúdos de alcatrão, em miligramas, foram registradas:

Marca A	1	12	9	13	11	14
Marca B	8	10	7			

Use o teste da soma dos postos com $\alpha = 0,05$ para testar se a afirmação é válida.

16.16 Para descobrirmos se um novo soro deterá a leucemia, nove pacientes, que estão em um estágio avançado da doença, são selecionados. Apenas cinco pacientes receberam o tratamento. Os tempos de sobrevivência, em anos, a partir do tempo que se inicia o experimento são:

Tratamento	2,1	5,3	1,4	4,6	0,9
Sem tratamento	1,9	0,5	2,8	3,1	

Use o teste da soma de postos, no nível de significância de 0,05, para determinar se o soro é eficaz.

16.17 Os dados a seguir representam o número de horas que dois tipos de calculadoras científicas operam antes de serem recarregadas.

Calculadora A	5,5	5,6	6,3	4,6	5,3	5,0	6,2	5,8	5,1
Calculadora B	3,8	4,8	4,3	4,2	4,0	4,9	4,5	5,2	4,5

Use o teste da soma de postos com $\alpha = 0,01$ para determinar se a calculadora A opera mais tempo do que a B com um carregamento completo de bateria.

16.18 Uma linha de pesca está sendo fabricada por dois processos. Para determinar se há diferença na média da carga de ruptura das linhas, dez peças de cada processo são selecionadas e, então, testadas para carga de ruptura. Os resultados são os seguintes:

Processo 1	10,4	9,8	11,5	10,0	9,9
	9,6	10,9	11,8	9,3	10,7
Processo 2	8,7	11,2	9,8	10,1	10,8
	9,5	11,0	9,8	10,5	9,9

Use o teste da soma de postos com $\alpha = 0,1$ para determinar se há diferença entre a média da carga de ruptura das linhas fabricadas pelos dois processos.

16.19 De uma classe de matemática com 12 estudantes igualmente capacitados que usam materiais programados, cinco são selecionados aleatoriamente e recebem instruções adicionais do professor. Os resultados nos exames finais foram registrados como se segue:

	\multicolumn{7}{c}{Nota}						
Instrução adicional	87	69	78	91	80		
Sem instrução adicional	75	88	64	82	93	79	67

Use o teste da soma de postos com $\alpha = 0,05$ para determinar se as instruções adicionais afetam a nota média.

16.20 Os dados a seguir representam os pesos, em quilogramas, de bagagens pessoais em vários vôos de um membro de um time de beisebol e de um membro de um time de basquete.

\multicolumn{4}{c}{Peso das bagagens (quilogramas)}			
\multicolumn{2}{c}{Jogador de beisebol}		\multicolumn{2}{c}{Jogador de basquete}	
16,3	20,0	18,6	15,4	16,3
18,1	15,0	15,4	17,7	18,1
15,9	18,6	15,6	18,6	16,8
14,1	14,5	18,3	12,7	14,1
17,7	19,1	17,4	15,0	13,6
16,3	13,6	14,8	15,9	16,3
13,2	17,2	16,5		

Use o teste da soma de postos com α = 0,05 para testar a hipótese nula de que os atletas carregam o mesmo peso nas bagagens, em média, contra a alternativa de que a média dos pesos das bagagens para os dois atletas é diferente.

16.21 Os dados a seguir representam o tempo de operação, em horas, para os três tipos diferentes de calculadoras científicas antes de a recarga ser requerida:

Calculadora		
A	**B**	**C**
4,9 6,1 4,3	5,5 5,4 6,2	6,4 6,8 5,6
4,6 5,2	5,8 5,5 5,2	6,5 6,3 6,6
	4,8	

Use o teste de Kruskal-Wallis, no nível de significância de 0,01, para testar a hipótese de que os tempos de operação para as três calculadoras são iguais.

16.22 No Exercício 13.8, use o teste de Kruskal-Wallis no nível de significância de 0,05 para determinar se os solventes químicos orgânicos diferem significativamente no índice de absorção.

16.5 Teste de corridas

Ao aplicar os muitos conceitos estatísticos discutidos no decorrer deste livro, sempre presumimos que nossos dados amostrais foram coletados para algum procedimento de aleatorização. Os *testes de corridas*, baseados na ordem em que as observações amostrais são obtidas, são uma técnica útil para testar a hipótese nula H_0 de que as observações têm sido retiradas aleatoriamente.

Para ilustrar esses testes, vamos supor que 12 pessoas são escolhidas para usar certo produto. Questionaríamos seriamente a aleatorização presumida na amostra se todas as 12 pessoas fossem do mesmo sexo. Vamos designar o masculino como *M* e o feminino como *F*, e registrar os resultados de acordo com o sexo na ordem em que ocorrem. Uma seqüência típica para o experimento pode ser

$\underline{M\,M}\ \underline{F\,F\,F}\ \underline{M}\ \underline{F\,F}\ \underline{M\,M\,M\,M}$,

onde agrupamos as subseqüências de símbolos similares. Tais agrupamentos são chamados de *corridas*.

Definição 16.1
Uma *corrida* é uma subseqüência de um ou mais símbolos idênticos que representam uma propriedade comum do dado.

Sem considerarmos se nossas medidas de amostra representam dados qualitativos ou quantitativos, o teste de corridas dividem os dados em duas categorias mutuamente exclusivas: masculino e feminino; defeituosos e não defeituosos; caras e coroas; acima ou abaixo da mediana; e assim por diante. Conseqüentemente, uma seqüência será sempre limitada a dois símbolos distintos. Considere n_1 o número de símbolos associados com a categoria que ocorre por último e n_2 o número de símbolos que pertencem a outra categoria. Então, o tamanho amostral $n = n_1 + n_2$.

Para $n = 12$ símbolos em nosso agrupamento, temos cinco corridas, com a primeira contendo dois Ms, a segunda contendo três Fs, e assim por diante. Se o número de corridas for maior ou menor do que esperaríamos ao acaso, a hipótese de que a amostra foi retirada aleatoriamente seria rejeitada. Certamente, uma amostra que resulta em apenas duas corridas,

M M M M M M M F F F F F,

ou o reverso, é mais improvável de acontecer de um processo de seleção aleatório. Tal resultado indica que as sete primeiras pessoas entrevistadas foram todas do sexo masculino seguidas por cinco do sexo feminino. Da mesma forma, se a amostra resultou no número máximo de 12 corridas, como na seqüência alternativa

M F M F M F M F M F M F,

novamente estaríamos desconfiados da ordem na qual os indivíduos foram selecionados no agrupamento.

O teste de corridas para aleatorização é baseado na variável aleatória *V*, o número total de corridas que ocorre na seqüência completa de nosso experimento. Na Tabela A.19, os valores de $P(V \leq v*$ quando H_0 é verdadeira) são dados para $v* = 2, 3, ..., 20$ corridas, e valores de n_1 e n_2 menores ou iguais a 10. Os valores *P* para ambos os testes uni e bicaudais podem ser obtidos usando esses valores da tabela.

No agrupamento retirado previamente, exibimos um total de cinco Fs e sete Ms. Portanto, com $n_1 = 5$, $n_2 = 7$ e $v = 5$, notamos, da Tabela A.19 para os testes bicaudais, que o valor *P* é

$P = 2P(V \leq 5$ quando H_0 for verdadeira)
$= 0,394 > 0,05$.

Ou seja, o valor $v = 5$ é razoável no nível de significância de 0,05 quando H_0 for verdadeira, e, portanto, não temos evidências suficientes para rejeitar a hipótese de aleatorização em nossa amostra.

Quando o número de corridas for grande (por exemplo, se $v = 11$, enquanto $n_1 = 5$ e $n_2 = 7$), o valor *P* em um teste bicaudal é

$P = 2P(V \geq 11$ quando H_0 for verdadeira)
$= 2[1 - P(V \leq 10$ quando H_0 for verdadeira)]
$2(1 - 0,992) = 0,016 < 0,05$,

o que nos leva a rejeitar a hipótese de que os valores de amostra ocorrem aleatoriamente.

O teste de corridas pode também ser usado para detectar desvios na aleatorização de uma seqüência de medições quantitativas no tempo, causados por tendências ou periodicidades. Ao substituir cada medida na ordem em que elas são coletadas por um símbolo *positivo* se estiver acima da mediana e por um símbolo *negativo* se estiver abaixo da mediana, e omitindo todas as medidas que são exatamente iguais à mediana, geramos uma seqüência de símbolos que são testados para aleatorização conforme ilustrado no exemplo a seguir.

■ **Exemplo 16.7**

Uma máquina é ajustada para liberar um solvente de tinta acrílica em um contêiner. Você diria que a quantidade de solvente de tinta sendo liberada por essa máquina varia aleatoriamente se o conteúdo dos próximos 15 contêineres forem medidos e encontrarmos 3,6; 3,9; 4,1; 3,6; 3,8; 3,7; 3,4; 4,0; 3,8; 4,1; 3,9; 4,0; 3,8; 4,2 e 4,1 litros? Use um nível de significância de 0,1.

Solução:
1. H_0: A seqüência é aleatória
2. H_1: A seqüência não é aleatória
3. $\alpha = 0,1$.
4. Teste estatístico: V, o número total de corridas.
5. Cálculos: Para a amostra dada, descobrimos $\tilde{x} = 3,9$. Substituindo cada medição pelo símbolo '+', se estiver acima de 3,9, pelo símbolo '−', se estiver abaixo de 3,9, e omitindo as duas medidas iguais a 3,9, obtemos a seqüência

$$- + - - - - + - + + - + +$$

para a qual $n_1 = 6$, $n_2 = 7$ e $v = 8$. Portanto, da Tabela A.19, o valor P calculado é

$$P = 2P(V \geq 8 \text{ quando } H_0 \text{ for verdadeira}) = 2(0,5) = 1.$$

6. Decisão: Não rejeitar a hipótese de que a seqüência das medições varia aleatoriamente.

O teste de corridas, embora menos poderoso, pode ser também usado como uma alternativa para o teste de duas amostras de Wilcoxon para testar a afirmação de que duas amostras aleatórias vêm de populações com as mesmas distribuições e, portanto, com médias iguais. Se as populações forem simétricas, a rejeição da afirmação de distribuições iguais é equivalente a aceitar a hipótese alternativa de que as médias não são iguais. Ao realizar o teste, primeiro combinamos as observações de ambas as amostras e as organizamos em ordem ascendente. Agora, designamos a letra A para cada observação retirada de uma das populações e a letra B para cada observação de uma segunda população, gerando assim uma seqüência que consiste nos símbolos A e B. Se as observações de uma população forem ligadas às observações da outra população, a seqüência de símbolos A e B gerada não será única e, conseqüentemente, o número de corridas provavelmente não será igual. Os procedimentos para ruptura de empates em geral resultam em cálculos enfadonhos iguais e, por essa razão, podemos preferir aplicar o teste dos pontos sinalizados de Wilcoxon sempre que essa situação ocorrer.

Para ilustrar o uso de corridas no teste de médias iguais, considere os tempos de sobrevivência para os pacientes de leucemia do Exercício 16.16, para o qual temos

0,5 0,9 1,4 1,9 2,1 2,8 3,1 4,6 5,3
 B   A   A   B   A   B   B   A   A

resultando em $v = 6$ corridas. Se duas populações simétricas tiverem médias iguais, as observações das duas amostras serão mescladas, resultando em muitas corridas. Entretanto, se as médias populacionais forem significativamente diferentes, espera-se que a maioria das observações para uma das duas amostras seja menor do que aquelas para a outra amostra. No caso extremo em que as populações não se sobrepõem, obteríamos a seqüência da forma

$$A A A A A \ B B B B \text{ ou } B B B B \ A A A A A$$

e, em ambos os casos, há somente duas corridas. Em consequência, a hipótese de médias populacionais iguais será rejeitada no nível de significância α somente quando v for pequeno o suficiente de modo que

$$P = P(V \leq v \text{ quando } H_0 \text{ for verdadeira}) \leq \alpha,$$

implicando um teste unicaudal.

Retornando aos dados do Exercício 16.16, para o qual $n_1 = 4$, $n_2 = 5$ e $v = 6$, determinamos a partir da Tabela A.19 que

$$P = P(V \leq 6 \text{ quando } H_0 \text{ for verdadeira}) = 0,786 > 0,05$$

e, portanto, falhamos em rejeitar a hipótese nula de médias iguais. Assim, concluímos que o novo soro não prolonga a vida ao eliminar a leucemia.

Quando n_1 e n_2 aumentam em tamanho, a distribuição amostral de V se aproxima da distribuição normal com média

$$\mu_V = \frac{2n_1 n_2}{n_1 + n_2} + 1 \text{ e variância}$$

$$\sigma_V^2 = \frac{2n_1 n_2 (2n_1 n_2 - n_1 - n_2)}{(n_1 + n_2)^2 (n_1 + n_2 - 1)}.$$

Consequentemente, quando n_1 e n_2 forem ambos maiores que 10, poderemos usar a estatística

$$Z = \frac{V - \mu_V}{\sigma_V}$$

para estabelecer a região crítica para o teste de corridas.

16.6 Limites de tolerância

Os limites de tolerância para uma distribuição normal das medidas são discutidas no Capítulo 9. Nesta seção, consideramos um método para construção dos intervalos de tolerância que são independentes da forma da distribuição subjacente. Como podemos suspeitar, para um grau de confiança razoável, eles serão substancialmente maiores do que aqueles construídos ao se supor a normalidade, e o tamanho amostral exigido é geralmente muito grande. Os limites de tolerância não-paramétricos são afirmados em relação às observações menor e maior em nossa amostra.

Limites de tolerância bilateral

Para qualquer distribuição de medidas, os limites de tolerância são indicados pelas observações menor e maior na amostra de tamanho n, onde n é determinado de modo que podemos afirmar com $100(1 - \gamma)\%$ de confiança que *pelo menos* a proporção $1 - \alpha$ da distribuição está incluída entre os extremos da amostra.

A Tabela A.20 fornece os tamanhos de amostra necessários para os valores selecionados de γ e $1 - \alpha$. Por exemplo, quando $\gamma = 0{,}01$ e $1 - \alpha = 0{,}95$, devemos escolher uma amostra aleatória de tamanho $n = 130$ para estarmos 99% confiantes de que pelo menos 95% da distribuição das medidas esteja incluída entre os extremos da amostra.

Em vez de determinarmos o tamanho amostral n de modo que uma proporção específica das medidas esteja contida entre os extremos da amostra, é desejável, em muitos processos industriais, determinarmos o tamanho amostral de modo que uma proporção fixa populacional esteja abaixo da observação maior (ou acima do menor) na amostra. Tais limites são chamados de limites de tolerância unilaterais.

Limites de tolerância unilaterais

Para qualquer distribuição de medidas, um limite de tolerância unilateral é determinado pela observação menor (maior) na amostra de tamanho n, onde n é determinado de modo que possamos afirmar com $100(1 - \gamma)\%$ de confiança que *pelo menos* a proporção $1 - \alpha$ da distribuição excederá a observação menor (sendo menor que a maior) na amostra.

A Tabela A.21 mostra os tamanhos de amostra necessários que correspondem aos valores selecionados de γ e $1 - \alpha$. Então, quando $\gamma = 0{,}05$ e $1 - \alpha = 0{,}70$, devemos escolher uma amostra de tamanho $n = 9$ para estarmos 95% confiantes de que 70% de nossa distribuição das medidas excederá a menor observação na amostra.

16.7 Coeficiente de correlação de postos

No Capítulo 11, usamos o coeficiente de correlação da amostra r para medir a relação linear entre duas variáveis contínuas X e Y. Se os postos 1, 2, ..., n são designadas para x observações em ordem de magnitude e, de modo similar, para as y observações, e se esses postos são, depois, substituídas pelos valores numéricos reais na fórmula para o coeficiente de correlação no Capítulo 11, obtemos a contraparte não-paramétrica do coeficiente de correlação convencional. Um coeficiente de correlação calculado dessa maneira é conhecido por *coeficiente de correlação de postos Spearman* e é denotado por r_s. Quando não há empates entre um grupo de medidas, a fórmula para r_s se reduz a uma expressão muito mais simples que envolve as diferenças d_i entre as classificações designadas para n pares de x's e e y's, que descrevermos agora.

Coeficiente de correlação rank

Uma medida não-paramétrica de associação entre duas variáveis X e Y é dada pelo *coeficiente de correlação de postos*

$$r_s = 1 - \frac{6}{n(n^2 - 1)} \sum_{i=1}^{n} d_i^2,$$

onde d_i é a diferença entre os postos designados para x_i e y_i e n é o número de pares de dados.

Na prática, a fórmula precedente também é usada quando há empates entre x ou y observações. Os postos para as observações empatadas são designados como no teste ao se efetuar a média dos postos que teriam sido designados se as observações fossem distinguíveis.

O valor r_s será usualmente próximo ao valor obtido ao determinar-se r baseado nas medidas numéricas e é interpretado da mesma maneira. Como antes, o valor r_s abrangerá de -1 a $+1$. O valor de $+1$ ou -1 indica a associação perfeita entre X e Y, o sinal de mais ocorre para postos iguais e o sinal de menos ocorre para postos reversas. Quando r_s for próximo a zero, concluiremos que as variáveis não são correlacionadas.

■ **Exemplo 16.8**

As figuras listadas na Tabela 16.7, lançadas pela Federal Trade Comission, mostra os miligramas de alcatrão e nicotina encontrados em dez marcas de cigarro. Calcule o coeficiente de correlação de postos para medir o grau de relação entre os conteúdos de alcatrão e nicotina em cigarros.

Solução: Considere X e Y os conteúdos de alcatrão e nicotina, respectivamente. Primeiro, designamos os postos para cada grupo de medidas, com o posto 1 designado para o menor número em cada grupo, o posto 2 para o segundo menor número em cada grupo, e assim por diante, até que o posto 10 seja designado para o maior número. A Tabela 16.8 mostra os postos individuais das medidas e as diferenças nos postos para os dez pares de observações.

Substituindo na fórmula por r_s, descobrimos que

$$r_s = 1 - \frac{(6)(5,50)}{(10)(100-1)} = 0,967,$$

indicando uma correlação altamente positiva entre a quantidade de alcatrão e nicotina encontrada nos cigarros.

Existem algumas vantagens em usar r_s em vez de r. Por exemplo, não precisamos mais considerar a relação entre X e Y como sendo linear e, portanto, quando os dados têm uma relação curvilínea distinta, o coeficiente de correlação dos postos será mais confiável do que a medida convencional. Uma segunda vantagem ao usar o coeficiente de correlação dos postos é o fato de que não são feitas suposições de normalidade relacionadas às distribuições de X e Y. Talvez, a grande vantagem ocorra quando não formos capazes de fazer medidas numéricas significativas, mas mesmo assim pudermos estabelecer postos. Esse é o caso, por exemplo, quando diferentes juízes classificam um grupo de indivíduos de acordo com algum atributo. O coeficiente de correlação de postos pode ser usado nessas situações como uma medida da consistência dos dois juízes.

Tabela 16.7 Conteúdos de alcatrão e nicotina

Marca de cigarro	Conteúdo de alcatrão	Conteúdo de nicotina
Viceroy	14	0,9
Marlboro	17	1,1
Chesterfield	28	1,6
Kool	17	1,3
Kent	16	1,0
Raleigh	13	0,8
Old Gold	24	1,5
Philip Morris	25	1,4
Oasis	18	1,2
Players	31	2,0

Tabela 16.8 Classificação para os conteúdos de alcatrão e nicotina

Marca de cigarro	x_i	y_i	d_i
Viceroy	2	2	0
Marlboro	4,5	4	0,5
Chesterfield	9	9	0
Kool	4,5	6	−1,5
Kent	3	3	0
Raleigh	1	1	0
Old Gold	7	8	−1
Philip Morris	8	7	1
Oasis	6	5	1
Players	10	10	0

Para testar a hipótese de que $\rho = 0$ ao usar o coeficiente de correlação de postos, precisamos considerar a distribuição amostral dos valores r_s sob a suposição de não-correlação. Os valores críticos para $\alpha = 0,05$; $0,025$; $0,01$ e $0,005$ foram calculados e aparecem na Tabela A.22. A configuração dessa tabela é similar à tabela de valores críticos da distribuição t exceto para a coluna esquerda, que agora nos fornece o número de pares das observações em vez dos graus de liberdade. Já que a distribuição dos valores r_s é simétrica sobre zero quando $\rho = 0$, o valores r_s que deixam uma área de α à esquerda é igual à negativa do valor r_s que deixa uma área de α à direita. Para uma hipótese alternativa bilateral, a região crítica de tamanho α está igualmente nas duas caudas da distribuição. Para um teste no qual a hipótese alternativa é negativa, a região crítica está inteiramente na cauda esquerda da distribuição, e quando a alternativa é positiva, a região crítica está inteiramente na cauda direita.

■ **Exemplo 16.9**

Volte ao Exemplo 16.8 e teste a hipótese de que a correlação entre a quantidade de alcatrão e nicotina encontrada nos cigarros é zero contra a alternativa de que é maior do que zero. Use um nível de significância de 0,01.

Solução:

1. H_0: $\rho = 0$.
2. H_1: $\rho > 0$.
3. $\alpha = 0,01$.
4. Região crítica: $r_s > 0,745$ com base na Tabela A.22.
5. Cálculos: Do Exemplo 16.8, $r_s = 0,967$.
6. Decisão: Rejeitar H_0 e concluir que há correlação significante entre a quantidade de alcatrão e nicotina encontrada nos cigarros.

Sob a suposição de não-correlação, pode ser mostrado que a distribuição dos valores r_s se aproxima de uma distribuição normal com média de 0 e desvio-padrão de $1/\sqrt{n-1}$ conforme n aumenta. Conseqüentemente, quando n excede os valores dados na Tabela A.22, podemos testar uma correlação significante ao calcular

$$z = \frac{r_s - 0}{1/\sqrt{n-1}} = r_s \sqrt{n-1}$$

e comparar com os valores críticos da distribuição normal padrão mostrada na Tabela A.3.

Exercícios

16.23 Uma amostra aleatória de 20 adultos que vivem em uma pequena cidade é selecionada para estimar a proporção de eleitores a favor de certo candidato a prefeito. Cada indivíduo também foi questionado se possui graduação universitária. Considerando S e N as respostas 'sim' ou 'não' para a pergunta sobre o nível universitário, foi obtida a seqüência a seguir:

N N N N S S N S S N S N N N N

Use o teste de corridas no nível de significância de 0,1 para determinar se a seqüência apóia a opinião de que a amostra foi selecionada aleatoriamente.

16.24 Um processo de revestimento de prata está sendo usado para revestir um tipo de bandeja. Quando o processo está sob controle, a espessura da prata nas bandejas varia aleatoriamente seguindo uma distribuição normal com uma média de 0,02 milímetro e desvio-padrão de 0,005 milímetro. Suponha que as próximas 12 bandejas examinadas mostrem a espessura da prata: 0,019, 0,021, 0,020, 0,019, 0,020, 0,018, 0,023, 0,021, 0,024, 0,022, 0,023, 0,022. Use o teste de corridas para determinar se as flutuações na espessura de uma bandeja para outra são aleatórias. Considere $\alpha = 0,05$.

16.25 Use o teste de corridas para saber se há uma diferença na média do tempo de operação para as duas calculadoras do Exercício 16.17.

16.26. Em uma linha de produção industrial, itens são inspecionados periodicamente para defeitos. A seguir temos uma seqüência de itens defeituosos, *D*, e não defeituosos, *N*, produzidos por essa linha de produção:

*D D N N N D N N D D N N N
N D D D N N D N N N N D N D*

Use a teoria para grandes amostras para o teste de corridas, com um nível de significância de 0,05, para determinar se os defeituosos ocorrem aleatoriamente.

16.27 Supondo que as medidas do Exercício 1.14 foram registradas em linhas sucessivas, da esquerda para a direita, conforme foram coletadas, use o teste de corridas, com $\alpha = 0,05$, para testar a hipótese de que os dados representam uma seqüência aleatória.

16.28 Qual é o tamanho amostral requerido para estarmos 95% confiantes de que pelo menos 85% da distribuição das medidas está incluída entre os extremos da amostra?

16.29 Qual é a probabilidade de que a amplitude de uma amostra aleatória de tamanho 24 inclua pelo menos 90% da população?

16.30 Qual é o tamanho amostral requerido para estarmos 99% confiantes de que pelo menos 80% da população será menor do que a observação maior da amostra?

16.31 Qual é a probabilidade de que pelo menos 95% da população excederá o menor valor em uma amostra aleatória de tamanho $n = 135$?

16.32 A tabela a seguir fornece as notas registradas para dez estudantes em um teste de meio de curso e um exame final em um curso de cálculo:

Estudante	Teste de meio de curso	Teste final
L. S. A.	84	73
W. P. B.	98	63
R. W. K.	91	87
J. R. L.	72	66
J. K. L.	86	78
D. L. P.	93	78
B. L. P.	80	91
D. W. M.	0	0
M. N. M.	92	88
R. H. S.	87	77

(a) Calcule o coeficiente de correlação de postos.
(b) Teste a hipótese nula de que $\rho = 0$ contra a alternativa de que $\rho > 0$. Use $\alpha = 0,025$.

16.33 Em relação aos dados do Exercício 11.1,
(a) calcule o coeficiente de correlação rank;
(b) teste a hipótese nula no nível de significância de 0,05 de que $\rho = 0$ contra a alternativa de que $\rho \neq 0$. Compare seus resultados com aqueles obtidos no Exercício 11.53.

16.34 Calcule o coeficiente de correlação de postos para as chuvas diárias e a quantidade de partículas removidas no Exercício 11.9.

16.35 Em relação aos pesos e tamanhos dos troncos das crianças no Exercício 11.52,
(a) calcule o coeficiente de correlação de postos;
(b) teste a hipótese no nível de significância de 0,025 de que $\rho = 0$ contra a alternativa de que $\rho > 0$.

16.36 Um painel de consumidores testa nove marcas de fornos de microondas para qualidade. Os postos foram designadas pelo painel e os preços sugeridos de revenda são os seguintes:

Fabricante	Classificação do painel	Preço sugerido
A	6	$480
B	9	395
C	2	575
D	8	550
E	5	510
F	1	545
G	7	400
H	4	465
I	3	420

Há uma relação significante entre a qualidade e o preço do microondas? Use um nível de significância de 0,05.

16.37 Dois juízes em um desfile de 'volta para casa' de uma faculdade classificaram oito carros na seguinte ordem:

	Carro							
	1	2	3	4	5	6	7	8
Juiz A	5	8	4	3	6	2	7	1
Juiz B	7	5	4	2	8	1	6	3

(a) Calcule a correlação de postos.
(b) Teste a hipótese nula de que $\rho = 0$ contra a alternativa de que $\rho > 0$. Use $\alpha = 0{,}05$.

16.38 No artigo chamado "Risk Assumptions" (Suposições de risco), de Paul Slovic, Baruch Fischoff e Sarah Linchtenstein, publicado em *Psychology Today* (junho 1980), o risco de morte nos Estados Unidos de 30 atividades e tecnologias é classificado pelos membros da League of Women Voters (Liga das mulheres eleitoras) e também por especialistas que estão profissionalmente envolvidos em avaliar riscos. As classificações são mostradas na Tabela 16.9.
(a) Calcule o coeficiente de correlação de postos.
(b) Teste a hipótese nula de correlação zero entre as classificações da League of Women Voters e dos especialistas contra a alternativa de que a correlação não é zero. Use um nível de significância de 0,05.

Exercícios de revisão

16.39 Um estudo em uma indústria química comparou as propriedades de drenagem de dois polímeros diferentes. Dez diferentes sedimentos foram usados e ambos os polímeros drenaram cada sedimento. A drenagem livre foi medida em ml/min.
(a) Use o teste de sinais no nível de significância de 0,05 para testar a hipótese nula de que o polímero A tem a mesma mediana de drenagem do polímero B.
(b) Use um teste de sinais ordenados para testar a hipótese da parte (a).

	Calculadora	
Tipo de sedimento	Polímero A	Polímero B
1	12,7	12,0
2	14,6	15,0
3	18,6	19,2
4	17,5	17,3
5	11,8	12,2
6	16,9	16,6
7	19,9	20,1
8	17,6	17,6
9	15,6	16,0
10	16,0	16,0

16.40 No Exercício de revisão 13.58, use o teste de Kruskal-Wallis, no nível de significância de 0,05, para determinar se a análise química realizada por quatro laboratórios fornecem, em média, os mesmos resultados.

16.41 Use os dados do Exercício 13.12 para ver se a mediana da quantidade de nitrogênio perdida na transpiração é diferente para três níveis da dieta de proteínas.

Tabela 16.9 Dados dos postos para o Exercício 16.38

Atividade ou tecnologia de risco	Eleitoras	Especialistas	Atividade ou tecnologia de risco	Eleitoras	Especialistas
Energia nuclear	1	20	Veículos motores	2	1
Armas	3	4	Fumo	4	2
Motocicletas	5	6	Bebidas alcoólicas	6	3
Avião particular	7	12	Trabalho de polícia	8	17
Pesticidas	9	8	Cirurgia	10	5
Combate a incêndios	11	18	Grandes construções	12	13
Caça	13	23	Latas de spray	14	26
Escalada de montanhas	15	29	Bicicletas	16	15
Aviação comercial	17	16	Energia elétrica	18	9
Natação	19	10	Contraceptivos	20	11
Esqui	21	30	Raios X	22	7
Futebol	23	27	Estradas	24	19
Conservação de alimentos	25	14	Colorantes alimentícios	26	21
Cortador de grama	27	28	Antibióticos	28	24
Eletrodomésticos	29	22	Vacinas	30	25

Controle de qualidade estatístico

17.1 Introdução

A noção do uso de amostragem de técnicas de análise estatística em uma configuração de produção teve seu início nos anos 1920. O objetivo desse bem-sucedido conceito é a redução sistemática da variabilidade e o isolamento das fontes de dificuldades *durante a produção*. Em 1924, Walter A. Shewhart, do Laboratório Bell Telephone, desenvolveu o conceito de um gráfico de controle. Entretanto, até a Segunda Guerra Mundial o uso desses gráficos de controle não era difundido. Isso aconteceu devido à importância de se manter a qualidade nos processos de produção durante aquele período. Nos anos 1950 e 1960, o desenvolvimento do controle de qualidade e da área geral de garantia de qualidade cresceu rapidamente, particularmente com a emergência do programa espacial nos Estados Unidos. Houve um uso abrangente e bem-sucedido do controle de qualidade no Japão, graças aos esforços de W. Edwards Deming, que trabalhou como consultor no Japão após a Segunda Guerra Mundial. O controle de qualidade foi, e é, um ingrediente importante no desenvolvimento da indústria e da economia do Japão.

O controle de qualidade está recebendo atenção crescente como uma ferramenta de gerenciamento por meio da qual importantes características de um produto são observadas, avaliadas e comparadas com algum tipo de padrão. Os vários procedimentos no controle de qualidade envolvem uso considerável dos procedimentos de amostragem dos princípios estatísticos que foram apresentados nos capítulos anteriores. Os usuários do controle de qualidade são, é claro, as corporações industriais. Ficou claro que um programa eficaz de controle de qualidade melhora a qualidade do produto que está sendo produzido e aumenta os lucros. Isso é verdade principalmente hoje, já que os produtos são produzidos em grande volume. Antes do movimento em direção aos métodos de controle de qualidade, a qualidade costumava sofrer por causa da falta de eficiência, o que, obviamente, aumentava os custos.

O gráfico de controle

O propósito do gráfico de controle é determinar se o desempenho de um processo está mantendo um nível de qualidade aceitável. Espera-se, é claro, que qualquer processo experimente uma variabilidade natural, ou seja, a variabilidade devido a fontes de variação e essencialmente sem importância e incontroláveis. Por outro lado, um processo pode experimentar tipos mais sérios de variabilidade em medidas de desempenho importantes.

Essas fontes de variabilidade podem surgir de uma dentre várias 'causas transferíveis' não aleatórias, como erros de operador ou mostradores ajustados inadequadamente em uma máquina. Um processo que opera nessa situação é chamado *fora de controle*. Um processo que experimenta somente variação ao acaso é dito estar sob *controle estatístico*. Obviamente, um processo de produção de sucesso pode operar em um estado sob controle durante muito tempo. Presume-se que, durante esse período, o processo esteja produzindo um produto aceitável. Entretanto pode haver uma 'mudança' gradual ou repentina que requer detecção.

Um gráfico de controle tem a intenção de ser um equipamento para detecção de estados não aleatórios ou fora de controle de um processo. Normalmente, o gráfico de controle tem a forma indicada na Figura 17.1. É importante que a mudança seja detectada rapidamente de modo que o problema possa ser corrigido. Obviamente, se a detecção for lenta, muitos itens defeituosos ou fora das

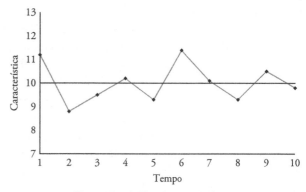

Figura 17.1 Gráfico de controle típico.

conformidades podem ser produzidos, resultando em um desperdício considerável e em um aumento nos custos.

Alguns tipos de características de qualidade devem estar sob consideração, e as unidades do processo são amostradas ao longo do tempo. Digamos, por exemplo, que a característica pode ser a circunferência de um coxim de motor. A linha central representa o valor médio da característica quando o processo está sob controle. Os pontos descritos na figura podem representar os resultados de, digamos, médias amostrais dessa característica, com as amostras sendo retiradas ao longo do tempo. Os limites de controle superior e o inferior são escolhidos de maneira que esperaríamos que todos os pontos amostrais fossem cobertos por esses limites se o processo estivesse sob controle. Em resultado, o aspecto geral dos pontos representados ao longo do tempo determina se concluímos que o processo está ou não sob controle. A evidência para 'sob controle' é produzida por um padrão aleatório de pontos, com todos os valores dentro dos limites de controle. Quando um ponto está fora dos limites de controle, isso é tido como uma evidência de que o processo está fora de controle, e sugerimos uma busca da causa. Além disso, um padrão não aleatório pode ser considerado suspeito e, certamente, uma indicação de que é necessária uma investigação, para que uma ação corretiva apropriada seja feita.

17.2 Natureza dos limites de controle

As idéias fundamentais nas quais os gráficos de controle se baseiam são similares em estrutura ao teste de hipóteses. Os limites de controle são estabelecidos para controlar a probabilidade de se cometer um erro ao concluir que um processo está fora de controle quando, na verdade, ele não está. Isso corresponde à probabilidade de cometermos um erro tipo I se estivermos testando a hipótese nula de que o processo está sob controle. Por outro lado, devemos estar atentos ao erro do segundo tipo, isto é, encontrar que o processo não está fora de controle quando ele, na verdade, está (erro tipo II). Então, a escolha dos limites de controle é similar à escolha de uma região crítica.

Como no caso do teste de hipóteses, o tamanho da amostra em cada ponto é importante. A consideração do tamanho da amostra depende amplamente da sensibilidade ou do poder de detecção do estado fora de controle. Nessa aplicação, a noção de *poder* é muito similar àquela da situação de teste de hipóteses. Claramente, quanto maior a amostra em cada período, mais rápida é a detecção de um processo fora de controle. De certa maneira, os limites de controle definem o que o usuário considera estar *sob controle*. Em outras palavras, a latitude dada pelos limites de controle obviamente deve depender, em algum sentido, da variabilidade do processo. Em resultado, o cálculo dos limites de controle dependerá, naturalmente, dos dados retirados dos resultados do processo. Portanto, qualquer controle de qualidade deve ter seu começo com o cálculo de uma amostra preliminar ou um conjunto de amostras que estabelecerão tanto a linha central quanto os limites de controle de qualidade.

17.3 Propósitos do gráfico de controle

Um propósito óbvio do gráfico de controle é mera vigilância do processo, ou seja, determinar se mudanças precisam ser feitas. Além disso, a obtenção sistemática e constante de dados freqüentemente permite ao gerente a avaliação da capacidade do processo. Claramente, se uma única característica de desempenho é importante, a amostragem e estimação contínuas da média e do desvio-padrão da característica de desempenho oferecem uma atualização do que o processo possa fazer em relação ao desempenho médio e à variação aleatória. Isso é valioso mesmo que o processo fique sob controle por longos períodos. A estrutura sistemática e formal do gráfico de controle pode, com freqüência, prevenir reações exageradas que representam somente flutuações aleatórias. Obviamente, em muitas situações, mudanças trazidas por uma reação exagerada podem criar problemas sérios que são difíceis de resolver.

As características de qualidade dos gráficos de controle estão geralmente em *duas* categorias, *variáveis* e *atributos*. Em resultado, os tipos de gráficos de controle costumam ter as mesmas classificações. No caso do gráfico de variáveis, a característica é usualmente uma medição contínua, tal como um diâmetro, um peso, e assim por diante. Para o gráfico de atributos, a característica reflete se um produto individual está *conforme* (defeituoso ou não). As aplicações para essas duas situações distintas são óbvias.

No caso de um gráfico de variáveis, o controle deve ser feito tanto sobre a tendência central quanto sobre a variabilidade. Um analista de controle de qualidade deve estar preocupado se há uma mudança na média nos valores das características de desempenho. Além disso, sempre há uma preocupação se alguma mudança nas condições do processo resulta em um decréscimo na precisão (ou seja, um aumento na variabilidade). Gráficos de controles separados são essenciais para lidar com esse dois conceitos. A tendência central é controlada pelo gráfico $\bar{X}$, onde as médias de amostras relativamente pequenas são representadas no gráfico de controle. A variabilidade em torno da média é controlada pela *amplitude* na amostra, ou pelo *desvio-padrão amostral*. No caso da uma amostragem de atributos, *a proporção de defeituosos* de uma amostra costuma ser a quantidade representada no gráfico. Na seção a seguir, discutiremos o desenvolvimento dos gráficos de controle para a característica de desempenho do tipo variável.

17.4 Gráficos de controle para variáveis

Fornecer um exemplo é uma maneira relativamente fácil para entender os princípios de um gráfico $\bar{X}$ para variáveis. Suponha que gráficos de controle de qualidade sejam usados no processo de fabricação de certa peça de um motor. Suponha que a média do processo seja $\mu = 50$ mm e o desvio-padrão $\sigma = 0{,}01$ mm. Suponha, também, que grupos de cinco sejam amostrados a cada hora e os valores da *média amostral* $\bar{X}$ sejam registrados e representados graficamente como na Figura 17.2. Os limites para os gráficos $\bar{X}$ são baseados no desvio-padrão da variável aleatória $\bar{X}$. Sabemos, com base no material do Capítulo 8, que para a média de observações independentes em uma amostra de tamanho n,

$$\sigma_{\bar{X}} = \frac{\sigma}{\sqrt{n}},$$

onde σ é o desvio-padrão de uma observação individual. Os limites de controle são calculados para resultar em uma pequena probabilidade de que um valor dado de $\bar{X}$ está fora dos limites, dado que, efetivamente, o processo está sob controle (ou seja, $\mu = 50$). Se invocarmos o teorema central do limite, temos, sob a condição de o processo estar sob controle, de

$$\bar{X} \sim N\left(50, \frac{0{,}01}{\sqrt{5}}\right).$$

Como resultado, $100(1 - \alpha)\%$ dos valores $\bar{X}$ estão dentro dos limites quando o processo está sob controle se usarmos os limites

$$\text{LCI} = \mu - z_{\alpha/2}\frac{\sigma}{\sqrt{n}} = 50 - z_{\alpha/2}(0{,}0045),$$

$$\text{LCS} = \mu + z_{\alpha/2}\frac{\sigma}{\sqrt{n}} = 50 + z_{\alpha/2}(0{,}0045).$$

Aqui, LCI e LCS representam os limites de controle inferior e superior, respectivamente. Freqüentemente, os gráficos $\bar{X}$ se baseiam em limites que são chamados de limites 'três sigma', referindo-se, é claro, a $z_{\alpha/2} = 3$, que resultam em

$$\mu \pm 3\frac{\sigma}{\sqrt{n}}.$$

Em nossa ilustração, os limites superiores e inferiores se tornam

$$\text{LCI} = 50 - 3(0{,}0045) = 49{,}9865,$$

$$\text{LCS} = 50 + 3(0{,}0045) = 50{,}0135.$$

Portanto, se virmos a estrutura dos limites 3σ do ponto de vista do teste de hipóteses, para um dado ponto amostral, a probabilidade é de 0,0026 de que os valores $\bar{X}$ estão fora dos limites de controle, dado que processo está sob controle. Essa é a probabilidade de o analista determinar *erroneamente* que o processo está fora de controle (veja a Tabela A.3).

O exemplo dado não somente ilustra o gráfico $\bar{X}$ para as variáveis, mas também fornece ao leitor uma percepção sobre a natureza dos gráficos de controle em geral. A linha central geralmente reflete o valor ideal de um importante parâmetro. Os limites de controle são estabelecidos do conhecimento das propriedades amostrais da estatística que estima o parâmetro em questão. Eles costumam envolver um múltiplo do desvio-padrão da estatística. O uso dos limites 3σ se tornou uma prática geral. No caso do gráfico $\bar{X}$ fornecido aqui, o teorema central do limite fornece ao usuário uma boa aproximação da probabilidade de afirmarmos falsamente que o processo está fora de controle. Em geral, no entanto, o usuário pode não ser capaz de confiar na normalidade da estatística na linha central. Dessa forma, a probabilidade exata de 'erro tipo I' pode não ser conhecida. Apesar disso, o uso de limites $k\sigma$ tornou-se padrão. Embora o uso dos limites 3σ seja bastante comum, às vezes, o usuário pode desejar se desviar dessa abordagem. Um múltiplo menor de σ pode ser apropriado quando for importante detectar rapidamente uma situação fora de controle. Por causa de considerações econômicas, pode ser custoso permitir a continuação de um processo que está fora de controle mesmo por períodos curtos, enquanto o custo da busca e correção das causas pode ser relativamente pequeno. Claramente, nesse caso, os limites de controle que são mais estreitos do que 3σ são apropriados.

Subgrupos racionais

Os valores amostrais a serem usados nos esforços de controle de qualidade são divididos em subgrupos, com uma *amostra* representando um subgrupo. Como indicado anteriormente, a ordem de tempo na produção é

Figura 17.2 Os limites de controle 3σ para o exemplo da peça de motor.

certamente uma base natural para a seleção dos subgrupos. Podemos ver o esforço de controle de qualidade, de modo muito simples como (1) amostragem, (2) detecção de um estado fora de controle e (3) uma busca das causas que possam ocorrer com o tempo. A seleção da base para esses grupos amostrais pareceria direta. A escolha desses subgrupos de informação amostral pode ter um efeito importante no sucesso do programa de controle de qualidade. Esses subgrupos são freqüentemente chamados de *subgrupos racionais*. Em geral, se o analista está interessado em detectar uma *mudança na localização*, sente-se que os subgrupos deveriam ser escolhidos de modo que a variabilidade dentro dos subgrupos seja pequena e que as causas, se estiverem presentes, possam ter a maior chance de serem detectadas. Portanto, queremos escolher os subgrupos de modo a maximizar a variabilidade entre os subgrupos. A escolha de unidades, para um subgrupo, que são produzidas próximas no tempo, por exemplo, é uma abordagem razoável. Por outro lado, os gráficos de controle costumam ser usados para controlar a variabilidade, caso em que a estatística de desempenho é a *variabilidade dentro da amostra*. Então, é mais importante escolher os subgrupos racionais para maximizar a variabilidade dentro da amostra. Nesse caso, as observações nos subgrupos deveriam se comportar mais como uma amostra aleatória e essa variabilidade dentro da amostra precisa ser uma descrição da variabilidade do processo.

É importante observar que os gráficos de controle na variabilidade deveriam ser estabelecidos antes do desenvolvimento de gráficos no centro da localização (digamos, gráficos $\bar{X}$). Qualquer gráfico de controle no centro da localização certamente dependerá da variabilidade. Por exemplo, vimos uma ilustração de um gráfico de tendência central e ele depende de σ. Nas seções a seguir, uma estimativa de σ com base nos dados será discutida.

Gráfico $\bar{X}$ com parâmetros estimados

Anteriormente, ilustramos as noções de gráficos $\bar{X}$ que fazem uso do teorema central do limite e empregam valores *conhecidos* da média e do desvio-padrão do processo. Como já indicamos, os limites de controle

$$\text{LCI} = \mu - z_{\alpha/2} \frac{\sigma}{\sqrt{n}}, \qquad \text{LCS} = \mu + z_{\alpha/2} \frac{\sigma}{\sqrt{n}},$$

são usados e o valor $\bar{X}$ que está fora desses limites é visto como uma evidência de que a média μ mudou e, portanto, o processo pode estar fora de controle.

Em muitas situações práticas, não é razoável supor que conhecemos μ e σ. Em resultado, estimativas devem ser supridas dos dados retirados quando o processo está sob controle. Normalmente, as estimativas são determinadas durante o período no qual *uma informação subjacente ou a informação inicial* é reunida. Uma base para os subgrupos racionais é escolhida e os dados são reunidos com amostras de tamanho n em cada subgrupo. Os tamanhos das amostras são geralmente pequenos, digamos, 4, 5 ou 6 e k amostras são retiradas, com k sendo pelo menos 20. Durante esse período no qual supõe-se que o processo está sob controle, o usuário estabelece as estimativas de μ e σ, nas quais o gráfico de controle se baseia. As informações importantes reunidas durante esse período incluem as médias amostrais no 'subgrupo', a média geral e a amplitude amostral em cada subgrupo. Nos parágrafos a seguir, descrevemos como essa informação é usada para desenvolver o gráfico de controle.

Uma parte da informação dessas k amostras assume a forma $\bar{X}_1, \bar{X}_2, \ldots, \bar{X}_k$, em que a variável aleatória $\bar{X}_i$ é a média dos valores na i-ésima amostra. Obviamente, a média geral é a variável aleatória

$$\bar{\bar{X}} = \frac{1}{k} \sum_{i=1}^{k} \bar{X}_i.$$

Esse é o estimador apropriado da média do processo e, em resultado, é a linha central no gráfico de controle $\bar{X}$. Nas aplicações de controle de qualidade, costuma ser conveniente estimar σ com base na informação relacionada às *amplitudes* nas amostras em vez dos desvios-padrão amostrais. Vamos definir, para a i-ésima amostra

$$R_i = X_{\max,i} - X_{\min,i}$$

como a amplitude dos dados na i-ésima amostra. Aqui, $X_{\max,i}$ e $X_{\min,i}$ são a maior e a menor observação na amostra, respectivamente. A estimativa apropriada de σ é uma função da amplitude média

$$\bar{R} = \frac{1}{k} \sum_{i=1}^{k} R_i.$$

Uma estimativa de σ, digamos $\hat{\sigma}$, é obtida por

$$\hat{\sigma} = \frac{\bar{R}}{d_2},$$

onde d_2 é uma constante que depende do tamanho da amostra. Os valores de d_2 são mostrados na Tabela A.23.

O uso da amplitude na produção de uma estimativa de σ tem origem em aplicações do tipo controle de qualidade, principalmente porque a amplitude era muito fácil de ser calculada numa época anterior àquela na qual tempo computacional não é considerado uma dificuldade. A suposição de normalidade das observações individuais está implícita no gráfico $\bar{X}$. É claro, a existência do teorema central do limite é certamente útil nesse aspecto. Sob a suposição de normalidade, fazemos uso da variável aleatória chamada de amplitude relativa, dada por

$$W = \frac{R}{\sigma}.$$

O que acontece é que os momentos de W funções são simples das amostras de tamanho n (veja a referência a Montgomery, 2000, em Referências Bibliográficas). O valor esperado de W é freqüentemente referido como d_2. Então, tornando-se o valor esperado de W,

$$\frac{E(R)}{\sigma} = d_2.$$

Em resultado, o fundamento lógico para a estimativa $\hat{\sigma} = \bar{R}/d_2$ é prontamente entendido. É bem conhecido que o método da amplitude produz um estimador eficiente de σ em amostras relativamente pequenas. Isso faz que o estimador seja particularmente atraente em aplicações de controle de qualidade, já que os tamanhos das amostras nos subgrupos costumam ser pequenos. O uso do método de amplitude para estimar σ resulta em gráficos de controle com os seguintes parâmetros:

$$\text{LCS} = \bar{\bar{X}} + \frac{3\bar{R}}{d_2\sqrt{n}}, \qquad \text{linha central} = \bar{\bar{X}},$$

$$\text{LCI} = \bar{\bar{X}} - \frac{3\bar{R}}{d_2\sqrt{n}}.$$

Definindo a quantidade

$$A_2 = \frac{3}{d_2\sqrt{n}},$$

temos que

$$\text{LCS} = \bar{\bar{X}} + A_2\bar{R}, \qquad \text{LCI} = \bar{\bar{X}} - A_2\bar{R}.$$

Para simplificar a estrutura, o usuário dos gráficos $\bar{X}$ freqüentemente encontra valores de A_2 tabulados. As tabelas dos valores de A_2 são dadas na Tabela A.23 para amostras de vários tamanhos.

Gráficos R para controle de variação

Até aqui, todas as ilustrações e detalhes lidaram com a tentativa do analista de controle de qualidade em detectar as condições fora de controle produzidas por *uma mudança na média*. Os limites de controle são baseados na distribuição da variável aleatória $\bar{X}$ e dependem da suposição de normalidade nas observações individuais. É importante que o controle seja aplicado para a variabilidade, bem como para o centro da localização. Na verdade, muitos especialistas sentem que o controle da variabilidade da característica de desempenho é mais importante, e deveria ser estabelecido antes de o centro da localização ser considerado. A variabilidade do processo pode ser controlada por meio do uso de *gráficos da amplitude amostral*. Um gráfico das amplitudes amostrais ao longo do tempo é chamado de *gráfico R*. A mesma estrutura geral do gráfico $\bar{X}$, pode ser usada, com $\bar{R}$ sendo *a linha central* e os limites de controle dependendo de uma estimativa do desvio-padrão da variável aleatória R. Então, como no caso do gráfico $\bar{X}$, os limites 3σ são estabelecidos onde '3σ' implica $3\sigma_R$. A quantidade σ_R deve ser estimada dos dados exatamente como $\sigma_{\bar{x}}$ é estimado.

A estimativa de σ_R, o desvio-padrão, também é baseado na distribuição da amplitude relativa

$$W = \frac{R}{\sigma}.$$

O desvio-padrão de W é uma função conhecida do tamanho da amostra e costuma ser denotado por d_3. Em resultado,

$$\sigma_R = \sigma d_3.$$

Podemos, agora, substituir σ por $\hat{\sigma} = \bar{R}/d_2$ e, assim, o estimador de σ_R é

$$\hat{\sigma}_R = \frac{\bar{R}d_3}{d_2}.$$

Portanto, as quantidades que definem o gráfico R são

$$\text{LCS} = \bar{R}D_4, \quad \text{linha central} = \bar{R}, \quad \text{LCI} = \bar{R}D_3,$$

onde as constantes D_4 e D_3 (dependendo somente de n) são

$$D_4 = 1 + 3\frac{d_3}{d_2}, \qquad D_3 = 1 - 3\frac{d_3}{d_2}.$$

As constantes D_4 e D_3 estão tabuladas na Tabela A.23.

Gráficos $\bar{X}$ e R para variáveis

Um processo de fabricação de peças de componentes de mísseis está sendo controlado, com a característica de desempenho sendo a resistência à tensão, em libras por polegada quadrada. Amostras de tamanho 5 cada uma são retiradas a cada hora e 25 amostras são reportadas. Os dados são mostrados na Tabela 17.1.

Como já indicamos, é importante inicialmente estabelecer condições 'sob controle' na variabilidade. A linha central calculada para o gráfico R é

$$\bar{R} = \frac{1}{25}\sum_{i=1}^{25} R_i = 10{,}72.$$

Descobrimos, na Tabela A.23, que, para $n = 5$, $D_3 = 0$ e $D_4 = 2{,}114$. Como resultado, os limites de controle para o gráfico R são

$$\text{LCI} = \bar{R}D_3 = (10{,}72)(0) = 0,$$
$$\text{LCS} = \bar{R}D_4 = (10{,}72)(2{,}114) = 22{,}6621.$$

O gráfico R é mostrado na Figura 17.3. Nenhuma das amplitudes representadas está fora dos limites de controle. Dessa forma, não há indicação de uma situação fora de controle.

O gráfico $\bar{X}$ pode agora ser construído para as leituras de resistência à tensão. A linha central é

Tabela 17.1 – Informação amostral dos dados de resistência à tensão

Número da amostra	Observações					$\bar{X}_i$	R_i
1	1515	1518	1512	1498	1511	1510,8	20
2	1504	1511	1507	1499	1502	1504,6	12
3	1517	1513	1504	1521	1520	1515,0	17
4	1497	1503	1510	1508	1502	1504,0	13
5	1507	1502	1497	1509	1512	1505,4	15
6	1519	1522	1523	1517	1511	1518.4	12
7	1498	1497	1507	1511	1508	1504,2	14
8	1511	1518	1507	1503	1509	1509,6	15
9	1506	1503	1498	1508	1506	1504,2	10
10	1503	1506	1511	1501	1500	1504,2	11
11	1499	1503	1507	1503	1501	1502,6	8
12	1507	1503	1502	1500	1501	1502,6	7
13	1500	1506	1501	1498	1507	1502,4	9
14	1501	1509	1503	1508	1503	1504,8	8
15	1507	1508	1502	1509	1501	1505,4	8
16	1511	1509	1503	1510	1507	1508,0	8
17	1508	1511	1513	1509	1506	1509,4	7
18	1508	1509	1512	1515	1519	1512,6	11
19	1520	1517	1519	1522	1516	1518,8	6
20	1506	1511	1517	1516	1508	1511,6	11
21	1500	1498	1503	1504	1508	1502,6	10
22	1511	1514	1509	1508	1506	1509,6	8
23	1505	1508	1500	1509	1503	1505,0	9
24	1501	1498	1505	1502	1505	1502,2	7
25	1509	1511	1507	1500	1499	1505,2	12

$$\bar{\bar{X}} = \frac{1}{25}\sum_{i=1}^{25}\bar{X}_i = 1507,328.$$

Para amostras de tamanho 5, encontramos $A_2 = 0,577$ na Tabela A.23. Então, os limites de controle são

LCS = $\bar{\bar{X}} + A_2\bar{R}$ = 1507,328 + (0,577)(10,72)
    = 1513,5134,

LCI = $\bar{\bar{X}} - A_2\bar{R}$ = 1507,328 − (0,577)(10,72)
    = 1501,1426.

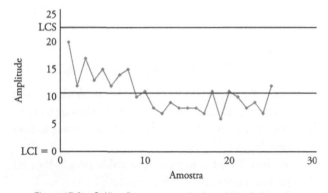

Figura 17.3 – Gráfico R para o exemplo de resistência à tensão.

O gráfico $\bar{X}$ é mostrado na Figura 17.4. Como o leitor pode observar, três valores estão fora dos limites de controle. Em resultado, os limites de controle para $\bar{X}$ não deveriam ser usados para o controle de qualidade da linha.

Comentários adicionais sobre os gráficos de controle para variáveis

Um processo pode parecer estar sob controle e, de fato, permanecer sob controle por um longo período. Isso significa necessariamente que o processo está operando com sucesso? Um processo que está operando *sob controle* é apenas aquele no qual a média e a variabilidade são estáveis. Aparentemente, não há mudanças sérias ocorrendo. 'Sob controle' implica que o processo se mantém consistente com variabilidade natural. Os gráficos de controle de qualidade podem ser vistos como um método no qual a variabilidade natural inerente governa a amplitude dos limites de controle. Isso não implica, entretanto, que um processo sob controle satisfaz *especificações* predeterminadas requeridas pelo processo. As especificações são limites estabelecidos pelo consumidor. Se a variabilidade natural corrente do processo for maior do que aquela ditada pela especifi-

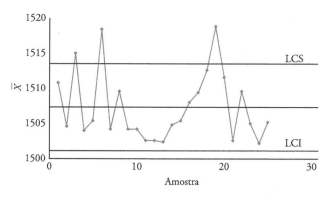

Figura 17.4 – Gráfico $\bar{X}$ para o exemplo de resistência à tensão.

cação, o processo não produzirá itens que atendam às especificações com alta freqüência, embora o processo seja estável e esteja sob controle.

Aludimos à suposição de normalidade nas observações individuais em um gráfico de controle de variáveis. Para o gráfico $\bar{X}$, se as observações individuais forem normais, a estatística $\bar{X}$ será normal. Como resultado, o analista de controle de qualidade tem controle sobre a probabilidade do erro tipo I nesse caso. Se os X's individuais não forem normais, $\bar{X}$ será aproximadamente normal e, portanto, haverá um controle aproximado sobre a probabilidade do erro tipo I para o caso em que σ é conhecido. No entanto, o uso do método da amplitude para estimar o desvio-padrão também depende da suposição de normalidade. Os estudos sobre a robustez do gráfico $\bar{X}$ a desvios da normalidade indicam que, para amostras de tamanho $k \geq 4$, o gráfico $\bar{X}$ resulta em um risco α próximo daquele anunciado (veja o trabalho de Montgomery, 2000, e Schilling e Nelson, 1976, em Referências bibliográficas). Indicamos anteriormente que a abordagem $\pm k\sigma_R$ para o gráfico R é uma questão de conveniência e tradição. Mesmo que a distribuição das observações individuais seja normal, a distribuição de R não o será. Na verdade, a distribuição de R não é nem simétrica. Os limites de controle simétricos de $\pm k\sigma_R$ somente fornecem uma aproximação para o risco α, e, em alguns casos, essa aproximação não é particularmente boa.

Escolha do tamanho da amostra (Função característica de operação) no caso do gráfico $\bar{X}$

Os cientistas e os engenheiros que lidam com controle de qualidade freqüentemente se referem a fatores que afetam o *delineamento do gráfico de controle*. Os componentes que determinam o delineamento dos gráficos incluem o tamanho da amostra retirada de cada subgrupo, a amplitude dos limites de controle e a freqüência da amostragem. Todos esses fatores dependem amplamente de considerações econômicas e práticas. A freqüência de amostragem obviamente depende do custo da amostragem e do custo decorrente se o processo continuar fora de controle por um longo período. Esses mesmos fatores afetam a amplitude da região 'sob controle'. O custo associado à investigação e procura pelas causas tem um impacto na amplitude da região e na freqüência de amostragem. Uma atenção considerável tem sido devotada para o delineamento de gráficos de controle ótimos. Os detalhes não serão fornecidos aqui. O leitor pode consultar o trabalho de Montgomery (2000), citado nas Referências bibliográficas, para um relato histórico excelente sobre boa parte dessa pesquisa.

A escolha do tamanho da amostra e da freqüência de amostragem envolve balancear os recursos disponíveis para esses dois esforços. Em muitos casos, o analista pode precisar fazer alterações na estratégia até que o balanço adequado seja alcançado. Ele deve sempre estar atento ao fato de que, se o custo de se produzir itens não conformes for grande, uma freqüência de amostragem mais alta, maior com um tamanho de amostra consideravelmente pequeno é uma estratégia apropriada.

Muitos fatores devem ser levados em consideração na escolha do tamanho da amostra. Nas ilustrações e discussões, temos enfatizado o uso de $n = 4$, 5 ou 6. Esses valores são considerados relativamente pequenos para problemas gerais na inferência estatística, mas talvez sejam tamanhos apropriados de amostras para o controle de qualidade. Uma justificativa, obviamente, é que o controle de qualidade é um processo contínuo, e os resultados produzidos por uma amostra ou um conjunto de unidades serão seguidos por resultados de muitos outros. Assim, o tamanho de amostra 'efetivo' de um esforço inteiro de controle de qualidade é, muitas vezes, maior do que o usado no subgrupo. Costuma ser considerado mais eficaz *amostrar freqüentemente* com um tamanho de amostra pequeno.

O analista pode fazer uso da noção do poder de um teste para obter alguma percepção sobre a eficácia da escolha do tamanho da amostra. Isso é particularmente importante já que tamanhos de amostra pequenos costumam ser usados em cada subgrupo. Volte aos capítulos 10 e 13 para uma discussão do poder dos testes formais de médias e da análise de variância. Embora testes formais de hipóteses não sejam realmente conduzidos em controle de qualidade, podemos tratar as informações amostrais como se a estratégia em cada subgrupo fosse testar a hipótese, da média populacional μ ou do desvio-padrão σ. O que interessa é a *probabilidade de detecção* de uma condição fora de controle para certa amostra e, talvez ainda mais importante, o número de execuções esperadas requerido para detecção. A probabilidade de detecção de uma condição fora de controle específica corresponde ao poder de um teste. Não é nossa intenção mostrar o desenvolvimento do poder para todos os tipos de gráficos de controle apresentados aqui, mas sim mostrar o desenvolvimento para o gráfico $\bar{X}$ e apresentar os resultados do poder para o gráfico R.

Considere o gráfico $\bar{X}$ para σ conhecido. Suponha que o estado sob controle tenha $\mu = \mu_0$. Um estudo do papel do tamanho da amostra do subgrupo é equivalente à investigação do risco β, ou seja, a probabilidade de que um valor $\bar{X}$ se mantenha nos limites de controle, dado que, na verdade, uma mudança na média ocorreu. Suponha que a forma da mudança seja

$$\mu = \mu_0 + r\sigma.$$

Novamente, fazendo uso da normalidade de $\bar{X}$, temos

$$\beta = P\{\text{LCI} \leq \bar{X} \leq \text{LCS} \mid \mu = \mu_0 + r\sigma\}.$$

Para o caso dos limites $k\sigma$,

$$\text{LCI} = \mu_0 - \frac{k\sigma}{\sqrt{n}} \quad \text{e} \quad \text{LCS} = \mu_0 + \frac{k\sigma}{\sqrt{n}}.$$

Em resultado, se denotarmos por Z a variável aleatória normal padrão,

$$\beta = P\left\{Z < \left[\frac{\mu_0 + k\sigma/\sqrt{n} - \mu}{\sigma/\sqrt{n}}\right]\right\}$$
$$- P\left\{Z < \left[\frac{\mu_0 - k\sigma/\sqrt{n} - \mu}{\sigma/\sqrt{n}}\right]\right\}$$
$$= P\left\{Z < \left[\frac{\mu_0 + k\sigma/\sqrt{n} - (\mu + r\sigma)}{\sigma/\sqrt{n}}\right]\right\}$$
$$- P\left\{Z < \left[\frac{\mu_0 - k\sigma/\sqrt{n} - (\mu + r\sigma)}{\sigma/\sqrt{n}}\right]\right\}$$
$$= P(Z < k - r\sqrt{n}) - P(Z < -k - r\sqrt{n}).$$

Note os papéis de n, r e k na expressão para risco β. A probabilidade de não detecção de uma mudança específica claramente aumenta com um aumento em k, como esperado. β decresce com um aumento em r, a magnitude da mudança, e diminui com um aumento no tamanho de amostra n.

Deveríamos enfatizar que a expressão acima resulta no risco β (probabilidade de erro tipo II) para o caso de uma *amostra única*. Por exemplo, suponha que, no caso de uma amostra de tamanho 4, uma mudança de σ ocorra na média. A probabilidade de se detectar a mudança (poder) *na primeira amostra após a mudança* é (considere os limites 3σ)

$$1 - \beta = 1 - [P(Z < 1) - P(Z < -5)] = 0{,}1587.$$

Por outro lado, a probabilidade de se detectar uma mudança de 2σ é

$$1 - \beta = 1 - [P(Z < -1) - P(Z < -7)] = 0{,}8413.$$

Esses resultados ilustram uma probabilidade bastante modesta de se detectar uma mudança de magnitude σ e uma probabilidade razoavelmente alta de detecção de uma mudança de magnitude 2σ. O quadro completo de como é o desempenho dos limites de controle 3σ para o gráfico $\bar{X}$ descrito aqui é mostrado na Figura 17.5. Em vez de representar o poder, é dado um gráfico de β contra r, no qual a mudança na média é de magnitude $r\sigma$. É claro, os tamanhos de amostra $n = 4, 5, 6$ resultam em uma pequena probabilidade de se detectar uma mudança de $1{,}0\sigma$ ou até mesmo $1{,}5\sigma$ na primeira amostra após a mudança.

Mas se a amostragem é feita freqüentemente, a probabilidade pode não ser tão importante quanto o número médio ou esperado de execuções requeridas antes da detecção da mudança. Uma detecção rápida é importante e certamente possível, mesmo que a probabilidade de detecção na primeira amostra não seja alta. Acontece que os gráficos com essas pequenas amostras resultarão em uma detecção relativamente rápida. Se β for a probabilidade de não detecção de uma mudança na primeira amostra após a mudança, então a probabilidade de detecção da mudança na s-ésima amostra após a mudança é (supondo amostras independentes)

$$P_s = (1 - \beta)\beta^{s-1}.$$

O leitor deve reconhecer isso como uma aplicação da distribuição geométrica. A média ou valor esperado do número de amostras necessárias para detecção é

$$\sum_{s=1}^{\infty} s\beta^{s-1}(1-\beta) = \frac{1}{1-\beta}.$$

Portanto, o número esperado de amostras necessários para detectar a mudança na média é *recíproco ao poder* (ou seja, a probabilidade de detecção na primeira amostra após a mudança).

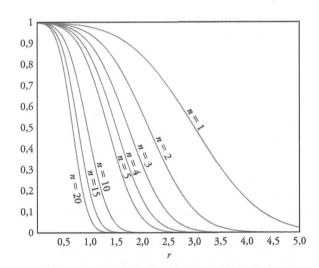

Figura 17.5 Curvas características de operação para o gráfico $\bar{X}$ com limites 3σ. Aqui, β é a probabilidade do erro tipo II na primeira amostra, após uma mudança de $r\sigma$ na média.

Exemplo 17.1

Em certo esforço para controle de qualidade, é importante para o analista de controle de qualidade detectar rapidamente mudanças na média de $\pm\sigma$, quando usa um gráfico de controle 3σ com um tamanho de amostra $n = 4$. O número esperado de amostras necessárias, após a mudança para a detecção de um estado fora de controle pode ser um auxílio na avaliação do procedimento de controle de qualidade.

Com base na Figura 17.5, para $n = 4$ e $r = 1$, podemos ver que $\beta \approx 0{,}84$. Se s denotar o número de amostras necessárias para detectar a mudança, a média de s é

$$E(s) = \frac{1}{1-\beta} = \frac{1}{0{,}16} = 6{,}25.$$

Assim, em média, sete subgrupos são necessários antes da detecção de uma mudança de $\pm\sigma$.

Escolha do tamanho da amostra para o gráfico R

A curva CO para o gráfico R é mostrada na Figura 17.6. Já que o gráfico R é usado para o controle do desvio-padrão do processo, o risco β é representado como uma função do desvio-padrão sob controle, σ_0, e do desvio-padrão depois que o processo sai de controle, será denotado por σ_1. Considere

$$\lambda = \frac{\sigma_1}{\sigma_0}.$$

β é representado contra λ para vários tamanhos de amostra.

Gráficos $\bar{X}$ e S para variáveis

É natural, para o estudante de estatística, usar a variância amostral no gráfico $\bar{X}$ e em um gráfico para controle de variabilidade. A amplitude é eficiente como um estimador de σ, mas essa eficiência decresce conforme o tamanho da amostra aumenta. Para n maior ou igual a 10, a estatística familiar

$$S = \sqrt{\frac{1}{n-1}\sum_{i=1}^{n}(X_i - \bar{X})^2}$$

deve ser usada no gráfico de controle para ambas, média e variabilidade. O leitor deve se lembrar, do Capítulo 9, que S^2 é um estimador não viciado de σ^2, mas que S não é não viciado de σ. Tornou-se costumeiro corrigir S para o vício nas aplicações do gráfico de controle. Sabemos, em geral, que

$$E(S) \neq \sigma.$$

No caso em que os X_i são independentes, e normalmente distribuídas com média μ e variância σ^2,

$$E(S) = c_4\sigma, \quad \text{onde} \quad c_4 = \left(\frac{2}{n-1}\right)^{1/2}\frac{\Gamma(n/2)}{\Gamma[(n-1)/2]},$$

e $\Gamma(.)$ se refere à função gama (veja o Capítulo 6). Por exemplo, para $n = 50$, $c_4 = 3/8\sqrt{2\pi}$. Além disso, a variância do estimador S é

$$Var(S) = \sigma^2(1 - c_4^2).$$

Estabelecemos as propriedades de S que nos permitirão escrever os limites de controle para $\bar{X}$ e S. Para construirmos uma estrutura apropriada, começaremos supondo que σ seja conhecido. Posteriormente discutiremos a estimativa de σ a partir de um grupo de amostras preliminares.

Se a estatística S é representada graficamente, os parâmetros óbvios do gráfico de controle são

$$\text{LCS} = c_4\sigma + 3\sigma\sqrt{1-c_4^2}, \quad \text{linha central} = c_4\sigma,$$
$$\text{LCI} = c_4\sigma - 3\sigma\sqrt{1-c_4^2}.$$

Como sempre, os limites de controle são definidos mais sucintamente por meio do uso de constantes tabuladas. Considerando

$$B_5 = c_4 - 3\sqrt{1-c_4^2}, \quad B_6 = c_4 + 3\sqrt{1-c_4^2},$$

temos, então,

$$\text{LCS} = B_6\sigma, \quad \text{linha central} = c_4\sigma, \quad \text{LCI} = B_5\sigma.$$

Os valores de B_5 e B_6, para vários tamanhos de amostra, estão tabulados na Tabela A.23.

Agora, é claro, os limites de controle acima servem como uma base para o desenvolvimento dos parâmetros de controle de qualidade para a situação que é mais vista na prática, ou seja, naquela em que σ é desconhecido. Devemos, novamente, supor que um conjunto de *amostras-base*, ou amostras preliminares, é retirado para produzir uma estimativa de σ durante o que é suposto como um período 'sob controle'. Os desvios-padrão amostrais $S_1, S_2, ..., S_m$ são obtidos das

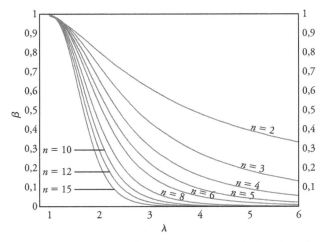

Figura 17.6 Curva característica de operação para os gráficos R com limites 3σ.

amostras, cada uma com tamanho n. Um estimador não viciado do tipo

$$\frac{\bar{S}}{c_4} = \left(\frac{1}{m}\sum_{i=1}^{m} S_i\right)/c_4$$

costuma ser usado para σ. Aqui, é claro, $\bar{S}$, o valor médio do desvio-padrão amostral na amostra preliminar, é a linha central lógica no gráfico de controle para controlar variabilidade. Os limites de controle superior e inferior são estimadores não viciados dos limites de controle apropriados para o caso em que σ é conhecido. Já que

$$E\left(\frac{\bar{S}}{c_4}\right) = \sigma,$$

a estatística S é uma linha central apropriada (como um estimador não viciado de $c_4\sigma$) e as quantidades

$$\bar{S} - 3\frac{\bar{S}}{c_4}\sqrt{1-c_4^2} \quad \text{e} \quad \bar{S} + 3\frac{\bar{S}}{c_4}\sqrt{1-c_4^2}$$

são os limites de controle 3σ inferior e superior, respectivamente. Em resultado, a linha central e os limites para o gráfico S para controle da variabilidade são

$$\text{LCI} = B_3\bar{S}, \quad \text{linha central} = \bar{S}, \quad \text{LCS} = B_4\bar{S},$$

onde

$$B_3 = 1 - \frac{3}{c_4}\sqrt{1-c_4^2}, \quad B_4 = 1 + \frac{3}{c_4}\sqrt{1-c_4^2}.$$

As constantes B_3 e B_4 aparecem na Tabela A.23.

Podemos, agora, escrever os parâmetros do gráfico $\bar{X}$ correspondente que envolvem o uso do desvio-padrão amostral. Vamos supor que S e $\bar{X}$ estão disponíveis na amostra preliminar base. A linha central se mantém em $\bar{X}$ e os limites 3σ são meramente da forma $\bar{\bar{X}} \pm 3\hat{\sigma}/\sqrt{n}$, onde $\hat{\sigma}$ é um estimador não viciado. Simplesmente suprimos $\bar{S}/c_4$ como um estimador de σ e, depois, temos

$$\text{LCI} = \bar{\bar{X}} - A_3\bar{S},$$
$$\text{LCS} = \bar{\bar{X}} + A_3\bar{S}, \quad \text{linha central} = \bar{\bar{X}},$$

onde

$$A_3 = \frac{3}{c_4\sqrt{n}}.$$

A constante A_3 aparece na Tabela A.23 para vários tamanhos de amostras.

■ **Exemplo 17.2**

Embalagens são produzidas por um processo no qual seu volume está sujeito a um controle de qualidade. Vinte e cinco amostras de tamanho 5 cada uma foram usadas para estabelecer os parâmetros do controle de qualidade. As informações dessas amostras estão documentadas na Tabela 17.2.

Da Tabela A.23, $B_3 = 0$, $B_4 = 2{,}089$, $A_3 = 1{,}427$. Como resultado, os limites de controle para $\bar{X}$ são dados por

$$\bar{\bar{X}} + A_3\bar{S} = 62{,}3771, \quad \bar{\bar{X}} - A_3\bar{S} = 62{,}2740,$$

e os limites de controle para o gráfico S são

$$\text{LCI} = B_3\bar{S} = 0, \quad \text{LCS} = B_4\bar{S} = 0{,}0754.$$

As figuras 17.7 e 17.8 mostram os gráficos de controle $\bar{X}$ e S, respectivamente, para este exemplo. As informações para as 25 amostras no conjunto de dados preliminar estão representadas nos gráficos. O controle parece ter sido estabelecido depois das primeiras poucas amostras.

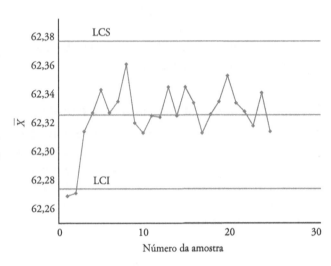

Figura 17.7 Gráfico $\bar{X}$ com limites de controle estabelecidos pelos dados do Exemplo 17.2.

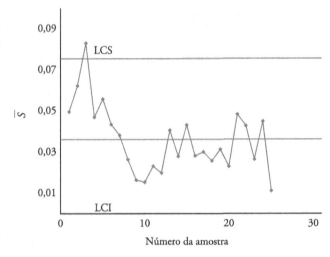

Figura 17.8 Gráfico S com limites de controle estabelecidos pelos dados do Exemplo 17.2.

17.5 Gráficos de controle para atributos

Como indicamos anteriormente neste capítulo, muitas aplicações industriais de controle de qualidade exigem que as características de qualidade indiquem apenas a

Tabela 17.2 Volume de amostras de contêineres para 25 amostras em uma amostra preliminar (em centímetros cúbicos).

Amostra		Observações				$\bar{X}_i$	S_i
1	62,255	62,301	62,289	62,289	62,311	62,269	0,0495
2	62,187	62,225	62,337	62,297	62,307	62,271	0,0622
3	62,421	62,377	62,257	62,295	62,222	62,314	0,0829
4	62,301	62,315	62,293	62,317	62,409	62,327	0,0469
5	62,400	62,375	62,295	62,272	62,372	62,343	0,0558
6	62,372	62,275	62,315	62,372	62,302	62,327	0,0434
7	62,297	62,303	62,337	62,392	62,344	62,335	0,0381
8	62,325	62,362	62,351	62,371	62,397	62,361	0,0264
9	62,327	62,297	62,318	62,342	62,318	62,320	0,0163
10	62,297	62,325	62,303	62,307	62,333	62,313	0,0153
11	62,315	62,366	62,308	62,318	62,319	62,325	0,0232
12	62,297	62,322	62,344	62,342	62,313	62,324	0,0198
13	62,375	62,287	62,362	62,319	62,382	62,345	0,0406
14	62,317	62,321	62,297	62,372	62,319	62,325	0,0279
15	62,299	62,307	62,383	62,341	62,394	62,345	0,0431
16	62,308	62,319	62,344	62,319	62,378	62,334	0,0281
17	62,319	62,357	62,277	62,315	62,295	62,313	0,0300
18	62,333	62,362	62,292	62,327	62,314	62,326	0,0257
19	62,313	62,387	62,315	62,318	62,341	62,335	0,0313
20	62,375	62,321	62,354	62,342	62,375	62,353	0,0230
21	62,399	62,308	62,292	62,372	62,299	62,334	0,0483
22	62,309	62,403	62,318	62,295	62,317	62,328	0,0427
23	62,293	62,293	62,342	62,315	62,349	62,318	0,0264
24	62,388	62,308	62,315	62,392	62,303	62,341	0,0448
25	62,328	62,318	62,317	62,295	62,319	62,314	0,0111

$$\bar{\bar{X}} = 62{,}3256$$
$$\bar{S} = 0{,}0361$$

afirmação de que o item 'está conforme'. Em outras palavras, não há medições contínuas que sejam cruciais para o desempenho do item. Uma ilustração óbvia deste tipo de amostragem, chamada de *amostragem para atributos*, é o desempenho de uma lâmpada que, ou funciona satisfatoriamente ou não funciona. O item é *defeituoso ou não defeituoso*. Peças de metal fabricadas podem conter deformidades. Embalagens de uma linha de produção podem ter buracos. Em ambos os casos, um item defeituoso não pode ser usado pelo consumidor. O gráfico de controle padrão para essa situação é o gráfico *p*, ou o *gráfico para a fração de defeituosos*. Conforme esperado, a distribuição de probabilidade envolvida é a binomial. O leitor pode consultar o Capítulo 5 para ter um conhecimento básico sobre a distribuição binomial.

Gráfico *p* para a fração de defeituosos

Qualquer item fabricado pode ter diversas características que são importantes e deveriam ser examinadas por um inspetor. Entretanto, todo o desenvolvimento aqui foca uma única característica. Suponha que, para todos os itens, a probabilidade de um item defeituoso seja p e que todos os itens sejam produzidos independentemente. Então, em uma amostra aleatória de n itens produzidos, considerando X o número de itens defeituosos, temos

$$P(X = x) = \binom{n}{x} p^x (1-p)^{n-x}, \qquad x = 0, 1, 2, \ldots, n.$$

Como poderíamos suspeitar, a média e a variância da variável aleatória binomial terão papel importante no desenvolvimento do gráfico de controle. O leitor deve se lembrar de que

$$E(X) = np \qquad \text{e} \qquad Var(X) = np(1-p).$$

Um estimador não viciado de p é a *fração de defeituosos* ou a *proporção de defeitos*, $\hat{p}$, na qual

$$\hat{p} = \frac{\text{número de defeituosos na amostra de tamanho } n}{n}.$$

Como no caso dos gráficos de controle de variáveis, as propriedades de distribuição de p são importantes no desenvolvimento dos gráficos de controle. Sabemos que

$$E(\hat{p}) = p, \qquad Var(\hat{p}) = \frac{p(1-p)}{n}.$$

Aqui, aplicamos os mesmos princípios 3σ usados para os gráficos de variáveis. Vamos supor, inicialmente, que p seja conhecido. Então, a estrutura dos gráficos de controle envolve o uso de limites 3σ com

$$\hat{\sigma} = \sqrt{\frac{p(1-p)}{n}}.$$

Portanto, os limites são

$$\text{LCI} = p - 3\sqrt{\frac{p(1-p)}{n}}, \qquad \text{LCS} = p + 3\sqrt{\frac{p(1-p)}{n}},$$

e o processo é considerado sob controle quando os valores $\hat{p}$ da amostra estiverem dentro dos limites de controle.

Em geral, é claro, o valor de p não é conhecido e deve ser estimado a partir de um conjunto-base de amostras muito similar ao caso de μ e σ nos gráficos de variáveis. Suponha que há m amostras preliminares de tamanho n. Para uma dada amostra, cada uma das n observações é relatada 'defeituosa' ou 'não defeituosa'. O estimador não viciado óbvio de p, a ser utilizado no gráfico de controle é

$$\bar{p} = \frac{1}{m}\sum_{i=1}^{m} \hat{p}_i,$$

onde $\hat{p}_i$ é a proporção de defeituosos na i-ésima amostra. Em resultado, os limites de controle são

$$\text{LCI} = \bar{p} - 3\sqrt{\frac{\bar{p}(1-\bar{p})}{n}},$$

$$\text{linha central} = \bar{\bar{X}},$$

$$\text{LCS} = \bar{p} + 3\sqrt{\frac{\bar{p}(1-\bar{p})}{n}}.$$

■ **Exemplo 17.3**

Considere os dados da Tabela 17.3, sobre o número de componentes eletrônicos defeituosos em amostras de tamanho 50. Vinte amostras são retiradas para se estabelecer valores preliminares para os gráficos de controle. Os gráficos de controle determinados por esse período preliminar terão linha central $p = 0,088$ e limites de controle

$$\text{LCI} = \bar{p} - 3\sqrt{\frac{\bar{p}(1-\bar{p})}{50}} = -0,0322,$$

$$\text{LCS} = \bar{p} + 3\sqrt{\frac{\bar{p}(1-\bar{p})}{50}} = 0,2082.$$

Obviamente, como seu valor calculado é negativo, o LCI será configurado como zero. Fica claro, com base

Tabela 17.3 Dados do Exemplo 17.3 para estabelecer os limites de controle para os gráficos p. Amostras de tamanho 50

Amostra	Número de componentes defeituosos	Fração de defeitos $\hat{p}_i$
1	8	0,16
2	6	0,12
3	5	0,10
4	7	0,14
5	2	0,04
6	5	0,10
7	3	0,06
8	8	0,16
9	4	0,08
10	4	0,08
11	3	0,06
12	1	0,02
13	5	0,10
14	4	0,08
15	4	0,08
16	2	0,04
17	3	0,06
18	5	0,10
19	6	0,12
20	3	0,06
		$\bar{p} = 0,088$

nos valores dos limites de controle, que o processo está sob controle durante esse período preliminar.

Escolha do tamanho da amostra para o gráfico p

A escolha do tamanho da amostra para o gráfico p para atributos envolve as mesmas considerações gerais dos gráficos de variáveis. É necessário um tamanho de amostra suficientemente grande para termos uma grande probabilidade de detecção de uma condição fora de controle quando, de fato, ocorreu uma mudança específica em p. Não há *método melhor* para a escolha do tamanho da amostra. No entanto, uma abordagem razoável, sugerida por Ducan (veja Referências Bibliográficas), é escolher n de modo que haja uma probabilidade de 0,5 de detectarmos uma mudança, em p, de uma quantidade em particular. A solução resultante para n é bastante simples. Suponha que a aproximação normal para a distribuição binomial possa ser aplicada. Desejamos, sob a condição de que p tenha mudado para, digamos, $p_1 > p_0$, que

$$P(\hat{p} \geq \text{LCS}) = P\left[Z \geq \frac{\text{LCS} - p_1}{\sqrt{p_1(1-p_1)/n}}\right] = 0,5.$$

Já que $P(Z > 0) = 0,5$, fazemos

$$\frac{\text{LCS} - p_1}{\sqrt{p_1(1-p_1)/n}} = 0.$$

Substituindo

$$p + 3\sqrt{\frac{p(1-p)}{n}} = \text{LCS},$$

temos

$$(p - p_1) + 3\sqrt{\frac{p(1-p)}{n}} = 0.$$

Podemos, agora, resolver em n, o tamanho de cada amostra:

$$n = \frac{9}{\Delta^2} p(1-p),$$

onde, é claro, Δ é a 'mudança' no valor de p, e p é a probabilidade de um item defeituoso na qual os limites de controle são baseados. Entretanto, se os gráficos de controle forem baseados nos limites $k\sigma$, então

$$n = \frac{k^2}{\Delta^2} p(1-p).$$

■ Exemplo 17.4

Suponha que um gráfico de controle de qualidade de atributos seja planejado com um valor de $p = 0{,}01$ para a probabilidade sob controle de um item defeituoso. Qual é o tamanho da amostra por subgrupo que produz uma probabilidade de 0,5 de que uma mudança no processo para $p = p_1 = 0{,}05$ seja detectada? O gráfico p resultante envolverá limites 3σ.

Solução: Aqui, temos $\Delta = 0{,}04$. O tamanho de amostra apropriado é

$$n = \frac{9}{(0{,}04)^2}(0{,}01)(0{,}99) = 55{,}68 \approx 56.$$

Gráficos de controle para defeitos (uso do modelo de Poisson)

No desenvolvimento anterior, supusemos que o item sob consideração é ou defeituoso (ou seja, não funcional) ou não defeituoso. No último caso, o item é funcional e aceitável pelo consumidor. Em muitas situações, essa abordagem 'defeituoso ou não' é bastante simplista. As unidades podem conter defeitos ou não conformidades, mas ainda assim funcionarem bastante bem para o consumidor. De fato, nesse caso, pode ser importante exercer controle sobre o *número de defeitos* ou *número de não conformidades*. Esse tipo de esforço para o controle da qualidade encontra aplicações quando as unidades são não-simplistas, ou talvez grandes. Por exemplo, o número de defeitos pode ser bastante útil como objeto do controle quando o único item ou unidade é, digamos, um computador pessoal. Outros exemplos são uma unidade definida por 50 pés de um encanamento manufaturado, em que o número de sol-

das é o objeto do controle de qualidade, o número de defeitos em 50 pés de tapetes fabricados ou o número de 'bolhas' em uma lâmina de vidro.

Está claro, com base no que descrevemos aqui, que a distribuição binomial não é apropriada. O número total de não conformidades em uma unidade ou o número médio por unidade pode ser usado como medida para o gráfico de controle. Com freqüência, supomos que o número de não conformidades em uma amostra de itens segue uma distribuição de Poisson. Este tipo de gráfico costuma ser chamado de *gráfico C*.

Suponha que o número de defeitos X em uma unidade siga a distribuição de Poisson com parâmetro λ. (Aqui $t = 1$ para o modelo Poisson). Lembre-se de que, para a distribuição de Poisson,

$$P(X = x) = \frac{e^{-\lambda}\lambda^x}{x!}, \quad x = 0, 1, 2, \ldots$$

Aqui, a variável aleatória X é o número de não conformidades. No Capítulo 5, vimos que a média e a variância da variável aleatória Poisson são ambas λ. Portanto, se o gráfico de controle de qualidade foi estruturado de acordo com os limites 3σ usuais, poderíamos ter, para λ conhecido,

$$\text{LCS} = \lambda + 3\sqrt{\lambda},$$
$$\text{LCI} = \lambda - 3\sqrt{\lambda}. \qquad \text{linha central} = \lambda$$

Como é usual, λ deve vir de um estimador calculado dos dados. Uma estimativa não viciada de λ é o número *médio* de não conformidades por amostra. Identifique essa estimativa por $\hat{\lambda}$. Assim, o gráfico de controle tem os limites

$$\text{LCS} = \hat{\lambda} + 3\sqrt{\hat{\lambda}},$$
$$\text{LCI} = \hat{\lambda} - 3\sqrt{\hat{\lambda}}. \qquad \text{linha central} = \hat{\lambda}$$

■ Exemplo 17.5

A Tabela 17.4 apresenta o número de defeitos em 20 amostras sucessivas de rolos de lâminas de metal, cada um com 100 pés de comprimento. Um gráfico de controle será desenvolvido com base nesses dados preliminares, com o propósito de controlar o número de defeitos em tais amostras. A estimativa do parâmetro λ de Poisson é dada por $\hat{\lambda} = 5{,}95$. Em resultado, os limites de controle sugeridos por esses dados preliminares são

$$\text{LCS} = \hat{\lambda} + 3\sqrt{\hat{\lambda}} = 13{,}2678$$

e $\quad \text{LCI} = \hat{\lambda} - 3\sqrt{\hat{\lambda}} = -1{,}3678,$

com LCI configurado para 0.

A Figura 17.9 mostra um gráfico dos dados preliminares mostrando os limites de controle.

A Tabela 17.5 mostra dados adicionais retirados do processo de produção. Para cada amostra, foi inspecionada a unidade na qual o gráfico foi baseado — isto é, os

Tabela 17.4 Dados para o Exemplo 17.5; o controle envolve o número de defeitos nos rolos de lâminas de metal

Número da amostra	Número de defeitos
1	8
2	7
3	5
4	4
5	4
6	7
7	6
8	4
9	5
10	6
11	3
12	7
13	5
14	9
15	7
16	7
17	8
18	6
19	7
20	4
	Média 5,95

Tabela 17.5 Dados adicionais para o processo de produção do Exemplo 17.5

Número da amostra	Número de defeitos
1	3
2	5
3	8
4	5
5	8
6	4
7	3
8	6
9	5
10	2
11	7
12	5
13	9
14	4
15	6
16	5
17	6
18	2
19	1
20	6

100 pés do metal. A informação de 20 amostras é mostrada. A Figura 17.10 mostra um gráfico dos dados de produção adicionais. Está claro que o processo está sob controle, pelo menos durante o período em que os dados foram retirados.

No Exemplo 17.5, deixamos muito claro que a unidade amostral ou unidade de inspeção, no caso, 100 pés de metal. Em muitos casos, em que o item é específico (por exemplo, um computador pessoal ou um tipo específico de equipamento eletrônico), a unidade de inspeção pode ser um *conjunto de itens*. Por exemplo, o analista pode decidir usar dez computadores em cada subgrupo e, depois, observar uma contagem do número total de defeitos encontrados. Portanto, a amostra preliminar para a construção do gráfico de controle envolveria o uso de diversas amostras, cada uma contendo dez computadores. A escolha do tamanho da amostra pode depender de vários fatores. Em geral, podemos querer um tamanho de amostra que assegurará que o LCI será positivo.

O analista pode desejar usar o número médio de defeitos por unidade amostral como a medida básica no gráfico de controle. Por exemplo, para o caso do computador pessoal, considere que a variável aleatória do número total de itens defeituosos

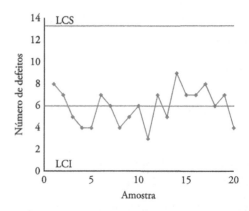

Figura 17.9 Dados preliminares representados no gráfico de controle para o Exemplo 17.5.

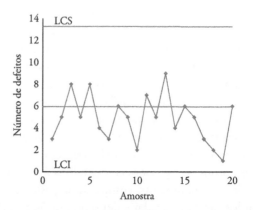

Figura 17.10 Dados de produção adicionais para o Exemplo 17.5.

$$U = \frac{\text{número total de defeitos}}{n}$$

medida para cada amostra com, digamos, $n = 10$. Podemos usar o método das funções geradoras de momentos para mostrar que U é uma variável aleatória de Poisson (veja o Exercício de revisão 17.1) se supusermos que o número de defeitos por unidade amostral é Poisson com parâmetro λ. Então, o gráfico de controle para essa situação é caracterizado como segue:

$$\text{LCS} = \bar{U} + 3\sqrt{\frac{\bar{U}}{n}}, \qquad \text{linha central} = \bar{U},$$

$$\text{LCI} = \bar{U} - 3\sqrt{\frac{\bar{U}}{n}}.$$

Aqui, é claro, $\bar{U}$ é a média dos valores U no conjunto de dados preliminar ou base. O termo $\bar{U}/n$ é derivado do resultado de que

$$E(U) = \lambda, \qquad Var(U) = \frac{\lambda}{n},$$

e, então, $\bar{U}$ é uma estimativa não viciada de $E(U) = \lambda$, e $\bar{U}/n$ é uma estimativa não viciada de $Var(U) = \lambda/n$. Esse tipo de gráfico de controle costuma ser chamado de *gráfico U*.

No desenvolvimento desta seção, baseamos nosso desenvolvimento dos gráficos de controle no modelo de probabilidade de Poisson. Esse modelo tem sido usado em combinação com o conceito 3σ. Conforme mencionado anteriormente neste capítulo, a noção dos limites 3σ tem sua origem na aproximação normal, embora muitos usuários sintam que o conceito funcione bem como uma ferramenta pragmática, mesmo que a normalidade não seja nem mesmo aproximadamente correta. A dificuldade, é claro, é que, na ausência de normalidade, não podemos controlar a probabilidade da especificação incorreta de um estado fora de controle. No caso do modelo de Poisson, quando λ é pequeno, a distribuição é bastante assimétrica, uma condição que pode produzir resultados indesejáveis se mantivermos a abordagem 3σ.

17.6 Gráficos de controle Cusum

A desvantagem dos gráficos de controle do tipo Shewhart, desenvolvidos e ilustrados nas seções anteriores, está em sua inabilidade para detectar pequenas mudanças na média. Um mecanismo de controle de qualidade que tem recebido considerável atenção na literatura estatística e tem sido usado na indústria é o *gráfico (cusum) da soma acumulada*. O método para o gráfico cusum é simples e seu apelo é intuitivo. Deveria estar óbvio para o leitor por que ele responde melhor às pequenas mudanças na média. Considere um gráfico de controle para a média, com um nível de referência estabelecido no valor W.

Considere as observações particulares $X_1, X_2, ..., X_r$. Os primeiros r cusums são

$$S_1 = X_1 - W$$
$$S_2 = S_1 + (X_2 - W)$$
$$S_3 = S_2 + (X_3 - W)$$
$$\vdots$$
$$S_r = S_{r-1} + (X_r - W).$$

Torna-se claro que a cusum é apenas uma acumulação das diferenças do nível de referência. Ou seja,

$$S_k = \sum_{i=1}^{k}(X_i - W), \qquad k = 1, 2, ...$$

O gráfico cusum é, então, uma representação de S_k contra o tempo.

Suponha que consideramos o nível de referência w como um valor aceitável da média μ. Claramente, se não houver mudança em μ, o gráfico cusum deve ser aproximadamente horizontal, com algumas pequenas flutuações balanceadas em torno de zero. Agora, se houver somente uma mudança moderada na média, deve haver uma mudança relativamente grande na *inclinação* do gráfico cusum, já que cada nova observação tem uma chance de contribuir com a mudança, e a medida que está sendo representada no gráfico acumula essas mudanças. Obviamente, o sinal da mudança na média está na natureza da inclinação do gráfico cusum. O propósito do gráfico é detectar mudanças que estão se movimentando para longe do nível de referência. Uma inclinação não nula (em qualquer direção) representa uma mudança para longe do nível de referência. Uma inclinação positiva indica um aumento na média acima do nível de referência, enquanto uma inclinação negativa sinaliza uma diminuição.

Os gráficos cusum são freqüentemente projetados com um *nível de qualidade aceitável* definido (NQA) e um *nível de qualidade rejeitável* (NQR), preestabelecidos pelo usuário. Ambos representam os valores da média. Estes podem ser vistos como tendo papéis similares àqueles das médias das hipóteses nula e alternativa do teste de hipóteses. Considere uma situação na qual o analista espera detectar um aumento no valor da média do processo. Vamos usar a notação μ_0 para NQA e μ_1 para NQR e considere $\mu_1 > \mu_0$. O nível de referência é agora estabelecido em

$$W = \frac{\mu_0 + \mu_1}{2}.$$

Os valores de S_r ($r = 1, 2, ...$) terão uma inclinação negativa se a média do processo estiver em μ_0 e uma inclinação positiva se a média do processo estiver em μ_1.

Regra de decisão para gráficos cusum

Como indicamos anteriormente, a inclinação do gráfico cusum fornece o sinal de ação para o analista de controle de qualidade. A regra de decisão pede uma ação se, no r-ésimo período de amostragem,

$$d_r > h,$$

onde h é um valor pré-especificado chamado de *duração do intervalo de decisão* e

$$d_r = S_r - \min_{1 \leq i \leq r-1} S_i.$$

Em outras palavras, uma ação é tomada se os dados revelarem que os valores cusum atuais excedem, por uma quantidade especificada, o menor valor cusum anterior.

Uma modificação no mecanismo descrito acima permite uma facilidade no uso do método. Descrevemos um procedimento que representa graficamente as cusums diretamente e calcula diferenças. Uma modificação simples envolve fazer um gráfico das diferenças e permitir a verificação contra o intervalo de decisão. A expressão geral para d_r é bastante simples. Para o procedimento cusum em que estamos detectando um aumento na média,

$$d_r = \max[0, d_{r-1} + (X_r - W)].$$

A escolha do valor de h é, obviamente, muito importante. Não escolhemos, neste livro, fornecer muitos detalhes da literatura que lida com essa escolha. O leitor pode consultar Ewan e Kemp, 1960, e Montgomery, 2000 (veja a Referências Bibliográficas), para uma discussão mais completa. Uma importante consideração é **a duração esperada das execuções**. Idealmente, a duração esperada das execuções é bastante grande sob $\mu = \mu_0$, e bastante pequena quando $\mu = \mu_1$.

Exercícios de revisão

17.1 Considere $X_1, X_2, \ldots, X_n$ variáveis aleatórias independentes de Poisson, com parâmetros $\mu_1, \mu_2, \ldots, \mu_n$. Use as propriedades das funções geradoras de momentos para mostrar que a variável aleatória $\sum_{i=1}^{n} X_i$ é uma variável aleatória de Poisson com média $\sum_{i=1}^{n} \mu_i$ e variância $\sum_{i=1}^{n} \mu_i$.

17.2 Considere os dados a seguir, retirados de subgrupos de tamanho 5. Os dados contêm 20 médias e amplitudes do diâmetro (em milímetros) de uma importante peça de um motor. Mostre os gráficos $\bar{X}$ e R. O processo parece estar sob controle?

Amostra	$\bar{X}$	R
1	2,3972	0,0052
2	2,4191	0,0117
3	2,4215	0,0062
4	2,3917	0,0089
5	2,4151	0,0095
6	2,4271	0,0101

(continua)

(continuação)

Amostra	$\bar{X}$	R
7	2,3921	0,0091
8	2,4171	0,0059
9	2,3951	0,0068
10	2,4215	0,0048
11	2,3887	0,0082
12	2,4107	0,0032
13	2,4009	0,0077
14	2,3992	0,0107
15	2,3889	0,0025
16	2,4107	0,0138
17	2,4109	0,0037
18	2,3944	0,0052
19	2,3951	0,0038
20	2,4015	0,0017

17.3 Suponha, para o Exercício de revisão 17.2, que o comprador tem especificações para a peça. As especificações exigem que o diâmetro esteja na amplitude coberta por 2,40000 ± 0,0100 mm. Que proporção de unidades produzidas por esse processo não estarão de acordo com essas especificações?

17.4 Para a situação do Exercício de revisão 17.2, dê estimativas numéricas da média e do desvio-padrão do diâmetro da peça que está sendo fabricada no processo.

17.5 Considere os dados da Tabela 17.1. Suponha que amostras adicionais de tamanho 5 são retiradas e a resistência à tensão, registrada. A amostragem produz os seguintes resultados (em libras por polegada quadrada):

Amostra	$\bar{X}$	R
1	1511	22
2	1508	14
3	1522	11
4	1488	18
5	1519	6
6	1524	11
7	1519	8
8	1504	7
9	1500	8
10	1519	14

(a) Represente estes dados usando os gráficos $\bar{X}$ e R para os dados preliminares da Tabela 17.1.
(b) Parece que o processo está sob controle? Se não, explique.

17.6 Considere um processo sob controle, com média $\mu = 25$ e $\sigma = 1,0$. Suponha que subgrupos de tamanho 5 são usados com limites de controle $\mu \pm 3\sigma/\sqrt{n}$ e linha central em μ. Suponha que uma mudança ocorreu na média e, então, a nova média é $\mu = 26,5$.

(a) Qual o número médio de amostras necessário (seguindo a mudança) para detectar uma situação fora de controle?

(b) Qual o desvio-padrão do número de execuções necessárias?

17.7 Considere a situação do Exemplo 17.2. Os dados a seguir são retirados de amostras adicionais de tamanho 5. Represente os valores de $\bar{X}$ e S nos gráficos $\bar{X}$ e S produzidos pelos dados na amostra preliminar. Parece que o processo está sob controle? Explique.

Amostra	$\bar{X}$	S_i
1	62,280	0,0062
2	62,319	0,049
3	62,297	0,077
4	62,318	0,042
5	62,315	0,038
6	62,389	0,052
7	62,401	0,059
8	62,315	0,042
9	62,298	0,036
10	62,337	0,068

17.8 Amostras de tamanho 50 são retiradas a cada hora de um processo que produz certo tipo de item que é considerado defeituoso ou não defeituoso. Vinte amostras são retiradas.

Amostra	Número de itens defeituosos	Amostra	Número de itens defeituosos
1	4	11	2
2	3	12	4
3	5	13	1
4	3	14	2
5	2	15	3
6	2	16	1
7	2	17	1
8	1	18	2
9	4	19	3
10	3	20	1

(a) Construa um gráfico de controle da proporção de defeituosos.

(b) O processo parece estar sob controle? Explique.

17.9 Para a situação do Exercício de revisão 17.8, suponha que os dados adicionais a seguir são coletados:

Amostra	Número de itens defeituosos
1	3
2	4
3	2
4	2
5	3
6	1
7	3
8	5
9	7
10	7

O processo parece estar sobre controle? Explique.

17.10 Um esforço para o controle da qualidade está sendo feito para um processo em que grandes placas de aço são produzidas e os defeitos na sua superfície são de interesse. O objetivo é estabelecer um gráfico de controle de qualidade para o número de defeitos por placa. Os dados são fornecidos a seguir. Estabeleça o gráfico de controle apropriado, usando essas informações da amostra. O processo parece estar sob controle?

Amostra	Número de itens defeituosos	Amostra	Número de itens defeituosos
1	4	11	1
2	2	12	2
3	1	13	2
4	3	14	3
5	0	15	1
6	4	16	4
7	5	17	3
8	3	18	2
9	2	19	1
10	2	20	3

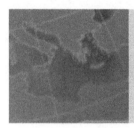

Estatística bayesiana (opcional)

18.1 Conceitos bayesianos

Os métodos clássicos de estimativa que estudamos até aqui são baseados somente nas informações fornecidas pela amostra aleatória. Esses métodos essencialmente interpretam as probabilidades como freqüências relativas. Por exemplo, ao chegar a um intervalo de confiança de 95% para μ, interpretamos a afirmação

$$P(-1,96 < Z < 1,96) = 0,95$$

para mostrar que, em 95% do tempo em experimentos repetidos, Z estará entre $-1,96$ e $1,96$. Já que

$$Z = \frac{\bar{X} - \mu}{\sigma/\sqrt{n}}$$

para uma amostra normal com variância conhecida, a afirmação de probabilidade aqui significa que 95% dos intervalos aleatórios $(\bar{X} - 1,96\sigma/\sqrt{n}, \bar{X} + 1,96\sigma/\sqrt{n})$ contêm a média real μ. Outra abordagem para os métodos estatísticos de estimação é chamada de *metodologia bayesiana*. A idéia principal desse método vem da regra de Bayes, descrita na Seção 2.8. A principal diferença entre a abordagem bayesiana e a clássica (ou seja, a que discutimos no livro até aqui) é que, nos conceitos bayesianos, os parâmetros são vistos como variáveis aleatórias.

Probabilidade subjetiva

A probabilidade subjetiva é a base dos conceitos bayesianos. No Capítulo 2, discutimos duas abordagens possíveis de probabilidade, ou seja, a freqüência relativa e as abordagens da indiferença. A primeira define a probabilidade como uma conseqüência de experimentos repetidos. Por exemplo, para decidir a porcentagem de arremessos livres de um jogador de basquete, podemos registrar o número de lances feitos e o número total de tentativas que esse jogador teve. A probabilidade de esse jogador acertar um lance livre pode ser calculada como a razão desses dois números. Por outro lado, se não tivermos conhecimento de nenhum vício de um dado, a probabilidade de um 3 aparecer na próxima jogada do dado será de 1/6. Tal abordagem na interpretação de probabilidade se baseia na regra da indiferença.

Entretanto, em muitas situações, as interpretações de probabilidades anteriores não podem ser aplicadas. Por exemplo, considere as questões: "Qual é a probabilidade de que choverá amanhã?", "Qual é a probabilidade de que essas ações subam até o final do mês?" e "Qual é a probabilidade de que duas empresas se fundam?". Elas dificilmente poderiam ser interpretadas por uma das abordagens anteriores, e as respostas para essas questões podem variar de pessoa para pessoa. Ainda assim, elas são feitas diariamente e a abordagem usada para explicar essas probabilidades é chamada de *probabilidade subjetiva*, que reflete a opinião subjetiva de alguém.

Perspectiva condicional

Lembre-se de que do Capítulo 9 ao 17, todas as inferências estatísticas são baseadas no fato de que os parâmetros são desconhecidos, mas as quantidades são fixas, exceto pela Seção 9.14, na qual os parâmetros são tratados como variáveis e as estimativas de máxima verossimilhança são calculadas por um condicionamento nos dados. Na estatística bayesiana, os parâmetros são tratados como aleatórios e desconhecidos pelo pesquisador.

Como os dados são os únicos resultados experimentais para o pesquisador, a inferência estatística se baseia nos dados reais observados de um experimento. Tal visão é chamada de *perspectiva condicional*. Além disso, no conceito bayesiano, já que o parâmetro é tratado como aleatório, a distribuição de probabilidade pode ser especificada, usando-se geralmente a *probabilidade subjetiva* para o parâmetro. Tal distribuição é chamada de *distribuição a priori* e geralmente reflete a crença inicial do pesquisador sobre o parâmetro. Na perspectiva bayesiana, uma vez que o experimento é conduzido e os dados são observados, todo o conhecimento sobre um parâmetro está contido nos dados reais observados bem como nas informações iniciais.

Aplicações bayesianas

Embora a regra de Bayes seja creditada a Thomas Bayes, as aplicações bayesianas foram inicialmente introduzidas pelo cientista francês Pierre Simon Laplace, que publicou um artigo sobre o uso da inferência bayesiana nos parâmetros binomiais desconhecidos. Entretanto, devido à sua algumas vezes complicada abordagem de modelagem e às objeções de muitos outros contra o uso da distribuição *a priori subjetiva*, as aplicações bayesianas não foram amplamente aceitas pelos pesquisadores e cientistas até o início dos anos 1990, quando foram feitas descobertas de métodos computacionais bayesianos. Desde então, os métodos bayesianos têm sido usados com sucesso em áreas como engenharia, agricultura, ciências biomédicas, ciências ambientais e assim por diante.

18.2 Inferências bayesianas

Considere o problema de se encontrar um estimador pontual do parâmetro θ para a população com distribuição $f(x|\theta)$, dado θ. Denote por $\pi(\theta)$ a distribuição *a priori* sobre θ. Suponha que uma amostra aleatória de tamanho n, denotada por $\boldsymbol{x} = (\boldsymbol{x}_1, \boldsymbol{x}_2, ..., \boldsymbol{x}_n)$, é observada.

Definição 18.1

A distribuição de θ, dado os dados $\boldsymbol{x}$, que é chamada de distribuição a *posteriori*, é dada por

$$\pi(\theta|\boldsymbol{x}) = \frac{f(\boldsymbol{x}|\theta)\pi(\theta)}{g(\boldsymbol{x})},$$

onde $g(\boldsymbol{x})$ é a distribuição marginal de $\boldsymbol{x}$.

A distribuição marginal de $\boldsymbol{x}$ na definição citada pode ser calculada usando a fórmula a seguir:

$$g(\boldsymbol{x}) = \begin{cases} \sum_{\theta} f(\boldsymbol{x}|\theta)\pi(\theta), & \theta \text{ é discreto,} \\ \int_{-\infty}^{\infty} f(\boldsymbol{x}|\theta)\pi(\theta)\, d\theta, & \theta \text{ é contínuo.} \end{cases}$$

■ **Exemplo 18.1**

Considere que a distribuição *a priori* para a proporção de itens defeituosos produzidos por uma máquina é

p	0,1	0,2
$\pi(p)$	0,6	0,4

Denote por $\boldsymbol{x}$ o número de itens defeituosos em uma amostra aleatória de tamanho 2. Encontre a distribuição de probabilidade *a posteriori* de p, dado que $\boldsymbol{x}$ é observado.

Solução: A variável aleatória X segue uma distribuição binomial

$$f(x|p) = b(x;2,p) = \binom{2}{x} p^x q^{2-x}, \quad x = 0, 1, 2.$$

A distribuição marginal de x pode ser calculada como

$g(x) = f(x|\,0{,}1)\pi(0{,}1) + f(x|\,0{,}2)\pi(0{,}2)$

$= \binom{2}{x}[(0{,}1)^x (0{,}9)^{2-x} (0{,}6) + (0{,}2)^x (0{,}8)^{2-x} (0{,}4)].$

Então, a probabilidade *a posteriori* de $p = 0{,}1$, dado x, é

$\pi(0{,}1|\,x) = \dfrac{f(x|\,0{,}1)\pi(0{,}1)}{g(x)}$

$= \dfrac{(0{,}1)^x (0{,}9)^{2-x} (0{,}6)}{(0{,}1)^x (0{,}9)^{2-x} (0{,}6) + (0{,}2)^x (0{,}8)^{2-x} (0{,}4)},$

e $\pi(0{,}2|\,x) = 1 - \pi(0{,}1|\,x)$.

Suponha que $x = 0$ é observado.

$\pi(0{,}1|0) = \dfrac{(0{,}1)^0 (0{,}9)^{2-0} (0{,}6)}{(0{,}1)^0 (0{,}9)^{2-0} (0{,}6) + (0{,}2)^0 (0{,}8)^{2-0} (0{,}4)}$

$= 0{,}6550,$

e $\pi(0{,}2|0) = 0{,}3450$. Se $x = 1$ é observado, $\pi(0{,}1|1) = 0{,}4576$ e $\pi(0{,}2|1) = 0{,}5424$. Finalmente, $\pi(0{,}1|2) = 0{,}2727$ e $\pi(0{,}2|2) = 0{,}7273$.

A distribuição *a priori* do Exemplo 18.1 é discreta, embora a amplitude natural de p seja de 0 a 1. Considere o exemplo a seguir onde temos uma distribuição *a priori* cobrindo o espaço total para p.

■ **Exemplo 18.2**

Suponha que a distribuição *a priori* de p seja uniforme (ou seja, $\pi(p) = 1$, para $0 < p < 1$). Use a mesma variável aleatória X do Exemplo 18.1 para determinar a distribuição *a posteriori* de p.

Solução: Como no Exemplo 18.1, temos

$$f(x|p) = b(x;2,p) = \binom{2}{x} p^x q^{2-x}, \quad x = 0, 1, 2.$$

A distribuição marginal de x pode ser calculada como

$$g(x) = \int_0^1 f(x|p)\pi(p)\, dp = \binom{2}{x} \int_0^1 p^x (1-p)^{2-x}\, dp.$$

A integral acima pode ser avaliada em cada x diretamente como $g(0) = 1/3$ e $g(1) = 1/3$ e $g(L) = 1/3$. Portanto, a distribuição *a posteriori* de p, dado x, é

$$\pi(p|x) = \frac{\binom{2}{x} p^x (1-p)^{2-x}}{1/3}$$

$$= 3\binom{2}{x} p^x (1-p)^{2-x}, \quad 0 < p < 1.$$

Usando a distribuição *a posteriori*, podemos estimar o(s) parâmetro(s) em uma população, de maneira direta.

Estimação usando a distribuição *a posteriori*

Uma vez que a distribuição *a posteriori* é derivada, podemos facilmente usar um resumo dela para fazer inferências sobre os parâmetros populacionais. Por exemplo, a média *a posteriori*, mediana ou moda podem ser todas usadas para estimar o parâmetro.

Exemplo 18.3

Suponha que $x = 1$ é observado para o Exemplo 18.2. Encontre a média *a posteriori* e a moda *a posteriori*.

Solução: Quando $x = 1$, a distribuição *a posteriori* de p pode ser expressa como

$$\pi(p|1) = 6p(1 - p), \quad \text{para } 0 < p < 1.$$

Para calcular a média dessa distribuição, precisamos determinar

$$\int_0^1 6p^2(1 - p)\, dp = 6\left(\frac{1}{3} - \frac{1}{4}\right) = \frac{1}{2}.$$

Para determinar a moda *a posteriori*, precisamos obter o valor de p de modo que a distribuição *a posteriori* seja maximizada. Tomando a derivada de $\pi(p)$ em relação a p, obtemos $6 - 12p$. Resolvendo para p em $0 = 6 - 12p$, obtemos $p = 1/2$. A segunda derivada é -12, o que implica que a moda *a posteriori* é $p = 1/2$.

Os métodos bayesianos para a estimação da média μ de uma população normal são baseados no exemplo a seguir.

Exemplo 18.4

Se $\bar{x}$ é a média de uma amostra aleatória de tamanho n de uma população normal com variância σ^2 conhecida, e a distribuição *a priori* da média populacional é uma distribuição normal com média μ_0 conhecida e variância σ_0^2 conhecida, então, a distribuição *a posteriori* da média populacional também é uma distribuição normal com média μ^* e desvio-padrão σ^*, onde

$$\mu^* = \frac{\sigma_0^2}{\sigma_0^2 + \sigma^2/n}\bar{x} + \frac{\sigma^2/n}{\sigma_0^2 + \sigma^2/n}\mu_0$$

e

$$\sigma^* = \sqrt{\frac{\sigma_0^2 \sigma^2}{n\sigma_0^2 + \sigma^2}}.$$

Solução: Multiplicando-se a densidade de nossa amostra

$$f(x_1, x_2, \ldots, x_n | \mu) = \frac{1}{(2\pi)^{n/2}\sigma^n}\exp\left[-\frac{1}{2}\sum_{i=1}^n\left(\frac{x_i - \mu}{\sigma}\right)^2\right],$$

para $-\infty < x_i < \infty$ e $i = 1, 2, \ldots, n$ por nossa *a priori*

$$\pi(\mu) = \frac{1}{\sqrt{2\pi}\sigma_0}\exp\left[-\frac{1}{2}\left(\frac{\mu - \mu_0}{\sigma_0}\right)^2\right], \quad -\infty < \mu < \infty,$$

obtemos a densidade conjunta da amostra aleatória e da média populacional da qual a amostra é selecionada. Ou seja,

$$f(x_1, x_2, \ldots, x_n, \mu) = \frac{1}{(2\pi)^{(n+1)/2}\sigma^n\sigma_0}$$

$$\times \exp\left\{-\frac{1}{2}\left[\sum_{i=1}^n\left(\frac{x_i - \mu}{\sigma}\right)^2 + \left(\frac{\mu - \mu_0}{\sigma_0}\right)^2\right]\right\}.$$

Na Seção 8.6, estabelecemos a identidade

$$\sum_{i=1}^n(x_i - \mu)^2 = \sum_{i=1}^n(x_i - \bar{x})^2 + n(\bar{x} - \mu)^2,$$

que nos permite escrever

$$f(x_1, x_2, \ldots, x_n, \mu)$$

$$= \frac{1}{(2\pi)^{(n+1)/2}\sigma^n\sigma_0}\exp\left[-\frac{1}{2}\sum_{i=1}^n\left(\frac{x_i - \bar{x}}{\sigma}\right)^2\right]$$

$$\times \exp\left\{-\frac{1}{2}\left[\frac{n(\bar{x} - \mu)^2}{\sigma^2} + \frac{(\mu - \mu_0)^2}{\sigma_0^2}\right]\right\}.$$

Completando os quadrados no segundo expoente, podemos escrever a densidade conjunta da amostra aleatória e da média populacional na forma

$$f(x_1, x_2, \ldots, x_n, \mu) = K\exp\left[-\frac{1}{2}\left(\frac{\mu - \mu^*}{\sigma^*}\right)^2\right],$$

onde

$$\mu^* = \frac{n\bar{x}\sigma_0^2 + \mu_0\sigma^2}{n\sigma_0^2 + \sigma^2}, \quad \sigma^* = \sqrt{\frac{\sigma_0^2\sigma^2}{n\sigma_0^2 + \sigma^2}},$$

e K é uma função dos valores de amostra e dos parâmetros conhecidos. A distribuição marginal da amostra é, portanto,

$$g(x_1, x_2, \ldots, x_n)$$

$$= K\sqrt{2\pi}\sigma^*\int_{-\infty}^{\infty}\frac{1}{\sqrt{2\pi}\sigma^*}\exp\left[-\frac{1}{2}\left(\frac{\mu - \mu^*}{\sigma^*}\right)^2\right]d\mu$$

$$= K\sqrt{2\pi}\sigma^*,$$

e a distribuição *a posteriori* é

$$\pi(\mu|x_1, x_2, \ldots, x_n)$$

$$= \frac{f(x_1, x_2, \ldots, x_n, \mu)}{g(x_1, x_2, \ldots, x_n)}$$

$$= \frac{1}{\sqrt{2\pi}\sigma^*}\exp\left[-\frac{1}{2}\left(\frac{\mu - \mu^*}{\sigma^*}\right)^2\right], \quad -\infty < \mu < \infty,$$

que é identificada como uma distribuição normal com média μ^* e desvio-padrão σ^*, onde μ^* e σ^* são definidos conforme mostrado.

O teorema central do limite permite o uso do Exemplo 18.4 também quando selecionamos amostras aleatórias ($n \geq 30$ para muitos casos experimentais de engenharia) de populações não normais (a distribuição não está muito distante da simetria), e quando a distribuição *a priori* da média é aproximadamente normal.

Diversos comentários precisam ser feitos sobre o Exemplo 18.4. A média *a posteriori* μ^* também pode ser escrita como

$$\mu^* = \frac{\sigma_0^2}{\sigma_0^2 + \sigma^2/n}\bar{x} + \frac{\sigma^2/n}{\sigma_0^2 + \sigma^2/n}\mu_0,$$

que é a média ponderada da média amostral $\bar{x}$ e da média *a priori* μ_0. Já que ambos os coeficientes estão entre 0 e 1 e a soma é 1, a média *a posteriori* μ^* está sempre entre $\bar{x}$ e μ_0. Isso significa que a estimativa *a posteriori* da locação de μ é influenciada tanto por $\bar{x}$ quanto por μ_0. Além disso, o peso de $\bar{x}$ depende da variância *a priori* bem como da variância da média amostral. Para um problema de amostra grande ($n \to \infty$), a média *a posteriori* é $\mu^* \to \bar{x}$. Isso significa que a média *a priori* não tem nenhum papel na estimativa da média populacional μ, que usa a distribuição *a posteriori*. Isso é muito razoável já que indica que, quando a quantidade de dados é substancial, as informações dos dados dominarão a informação de μ, fornecida pela *a priori*. Por outro lado, quando a variância *a priori* é grande ($\sigma_0^2 \to \infty$), a média posterior μ^* também vai para $\bar{x}$. Note que, para uma distribuição normal, quanto maior for a variância, mais plana será a função densidade. O grau de achatamento da distribuição normal nesse caso significa que quase não há informação *a priori* subjetiva disponível sobre o parâmetro μ. Portanto, é razoável que a estimativa *a posteriori* de μ dependa apenas dos valores do dado $\bar{x}$.

Agora, considere o desvio-padrão *a posteriori* σ^*. Esse valor pode ser também escrito como

$$\sigma^* = \sqrt{\frac{\sigma_0^2 \sigma^2/n}{\sigma_0^2 + \sigma^2/n}}.$$

É óbvio que o valor σ^* é menor que ambos, σ_0 e $\sigma/\sqrt{n}$, o desvio-padrão *a priori* e o desvio-padrão de $\bar{x}$, respectivamente. Isso sugere que a estimativa *a posteriori* é mais precisa do que a *a priori* e os dados da amostra. Então, incorporar ambos os dados e as informações *a priori* resulta em melhores informações *a posteriori* do que qualquer dado *a priori* sozinho. Esse é um fenômeno comum na inferência bayesiana. Além disso, para calcular μ^* e σ^* pelas fórmulas do Exemplo 18.4, supomos que σ^2 seja conhecido. Já que esse não costuma ser o caso, vamos substituir σ^2 pela variância da amostra s^2 sempre que $n \geq 30$.

Estimação intervalar bayesiana

Similar ao intervalo de confiança clássico, na análise bayesiana podemos calcular um intervalo bayesiano $100(1 - \alpha)\%$ usando a distribuição *a posteriori*.

Definição 18.2
O intervalo $a < \theta < b$ será chamado de intervalo bayesiano $100(1 - \alpha)\%$ para θ se

$$\int_{-\infty}^{a} \pi(\theta|x) \, d\theta = \int_{b}^{\infty} \pi(\theta|x) \, d\theta = \frac{\alpha}{2}.$$

Lembre-se de que sob uma abordagem freqüentista, a probabilidade de um intervalo de confiança, digamos de 95%, é interpretada como uma probabilidade de cobertura, o que significa que, se um experimento é repetido várias vezes (com dados não observados consideráveis), a probabilidade de que os intervalos calculados de acordo com a regra cobrirão o parâmetro real é de 95%. Entretanto, em uma interpretação bayesiana do intervalo, digamos para um intervalo de 95%, podemos simplesmente expressar que a probabilidade de um parâmetro desconhecido estar no intervalo calculado (que depende somente do dado observado) é de 95%.

■ **Exemplo 18.5**

Suponha que $X \sim b(x; n, p)$ com $n = 2$, e a distribuição *a priori* de p é uniforme $\pi(p) = 1$, para $0 < p < 1$. Determine um intervalo bayesiano de 95% para p.

Solução: Como no Exemplo 18.2, quando $x = 0$, a distribuição posterior é $\pi(p|0) = 3(1 - p)^2$, para $0 < p < 1$. Portanto, precisamos resolver para a e b usando a Definição 18.2, o que nos dá o seguinte:

$$0{,}025 = \int_0^a 3(1-p)^2 \, dp = 1 - (1-a)^3,$$

e

$$0{,}025 = \int_b^1 3(1-p)^2 \, dp = (1-b)^3.$$

As soluções para as equações dadas resultam em $a = 0{,}0084$, $b = 0{,}7076$. Portanto, a probabilidade de que p esteja em $(0{,}0084;\ 0{,}7076)$ é de 95%.

Para o caso normal (população) e normal (*a priori*) descrito no Exemplo 18.4, a média *a posteriori* μ^* é a estimativa bayesiana da média populacional μ, e um *intervalo bayesiano* $100(1 - \alpha)\%$ para μ pode ser construído ao calcular-se o intervalo

$$\mu^* - z_{\alpha/2} \sigma^* < \mu < \mu^* + z_{\alpha/2} \sigma^*,$$

que é centrado na média *a posteriori* e contém $100(\alpha - 1)\%$ da probabilidade *a posteriori*.

■ **Exemplo 18.6**

Uma indústria elétrica fabrica lâmpadas que têm uma vida útil que tem distribuição aproximadamente normal com desvio-padrão de 100 horas. Experiências anteriores nos levam a acreditar que μ é um valor de uma variável aleatória normal com média $\mu_0 = 800$ horas e desvio-padrão $\sigma_0 = 10$ horas. Se uma amostra aleatória de 25 lâmpadas tem vida útil média de 780 horas, determine o intervalo bayesiano de 95% para μ.

Solução: De acordo com o Exemplo 18.4, a distribuição posterior da média é também uma distribuição normal com média

$$\mu^* = \frac{(25)(780)(10)^2 + (800)(100)^2}{(25)(10)^2 + (100)^2} = 796,$$

e desvio-padrão

$$\sigma^* = \sqrt{\frac{(10)^2 (100)^2}{(25)(10)^2 + (100)^2}} = \sqrt{80}.$$

O intervalo bayesiano de 95% para μ é, portanto, dado por

$$796 - 1{,}96\sqrt{80} < \mu < 796 + 1{,}96\sqrt{80},$$

ou

$$778{,}5 < \mu < 813{,}5.$$

Assim, estamos 95% certos de que μ estará entre 778,5 e 813,5.

Por outro lado, ao ignorar a informação *a priori* sobre μ, poderíamos proceder como na Seção 9.4 e construir o intervalo de confiança clássico de 95%

$$780 - (1{,}96)\left(\frac{100}{\sqrt{25}}\right) < \mu < 780 + (1{,}96)\left(\frac{100}{\sqrt{25}}\right),$$

ou $740{,}8 < \mu < 819{,}2$, que é mais amplo do que o intervalo bayesiano correspondente.

18.3 Estimativas de Bayes usando a estrutura da Teoria da Decisão

Ao usar a metodologia bayesiana, pode-se obter a distribuição *a posteriori* do parâmetro. As estimativas de Bayes também podem ser derivadas usando-se a distribuição *a posteriori* quando uma função de perda é incorrida. Por exemplo, a estimativa de Bayes mais popular usada é sobre a *função de perda do erro quadrado*, que é similar às estimativas dos mínimos quadrados que foram apresentados no Capítulo 11 em nossa discussão sobre a análise de regressão.

Definição 18.3
A média da distribuição *a posteriori* $\pi(\theta|x)$ denotada por θ^*, é chamada de *estimativa de Bayes para θ*, sob a função de perda do erro quadrado.

■ **Exemplo 18.7**
Determine as estimativas de Bayes de p, para todos os valores de x, para o Exemplo 18.1.
Solução: Quando $x = 0$, $p^* = (0{,}1)(0{,}6550) + (0{,}2)(03450) = 0{,}1345$
Quando $x = 1$, $p^* = (0{,}1)(0{,}4576) + (0{,}2)(0{,}5424) = 0{,}1542$.
Quando $x = 2$, $p^* = (0{,}1)(0{,}2727) + (0{,}2)(0{,}7273) = 0{,}1727$.

Observe que o estimativa clássica de p é $\hat{p} = x/n = 0$, 1/2 e 1, respectivamente, para os valores de x em 0, 1 e 2. Essas estimativas clássicas são muito diferentes das estimativas de Bayes correspondentes.

■ **Exemplo 18.8**
Repita o Exemplo 18.7 na situação do Exemplo 18.2.
Solução: Já que a distribuição *a posteriori* de p pode ser expressa como

$$\pi(p|x) = \frac{\binom{2}{x}p^x(1-p)^{2-x}}{1/3} = 3\binom{2}{x}p^x(1-p)^{2-x}, \quad 0 < p < 1,$$

o estimador de Bayes de p é

$$p^* = E(p|x) = 3\binom{2}{x}\int_0^1 p^{x+1}(1-p)^{2-x}\,dp,$$

que produz $p^* = 1/4$ para $x = 0$, $p^* = 1/2$ para $x = 1$ e $p^* = 3/4$ para $x = 2$, respectivamente. Note que, quando $x = 1$ é observado, o estimador de Bayes e o estimador clássico de $\hat{p}$ são equivalentes.

Para a situação normal descrita no Exemplo 18.4, o estimador de Bayes de μ sob a perda do erro quadrado será a média *a posteriori* μ^*.

■ **Exemplo 18.9**
Suponha que a distribuição amostral de uma variável aleatória, X, é de Poisson com parâmetro λ. Considere que a distribuição *a priori* de λ siga uma distribuição gama com parâmetros (α, β). Determine o estimador de Bayes de λ sob a função de perda do erro quadrado.
Solução: A função densidade de X é

$$f(x|\lambda) = e^{-\lambda}\frac{\lambda^x}{x!}, \quad \text{para } x = 0, 1, \ldots,$$

e a distribuição *a priori* de λ é

$$\pi(\lambda) = \frac{1}{\beta^\alpha \Gamma(\alpha)}\lambda^{\alpha-1}e^{-\lambda/\beta}, \quad \text{para } \lambda > 0.$$

Portanto, a distribuição *a posteriori* de λ pode ser expressa por

$$\pi(\lambda|x) = \frac{\frac{\lambda^x e^{-\lambda}}{x!}\frac{\lambda^{\alpha-1}e^{-\lambda/\beta}}{\beta^\alpha \Gamma(\alpha)}}{\int_0^\infty \frac{\lambda^x e^{-\lambda}}{x!}\frac{\lambda^{\alpha-1}e^{-\lambda/\beta}}{\beta^\alpha \Gamma(\alpha)}\,d\lambda} =$$

$$\frac{\lambda^{x+\alpha-1}e^{-(1+1/\beta)\lambda}}{\int_0^\infty \lambda^{x+\alpha-1}e^{-(1+1/\beta)\lambda}\,d\lambda} =$$

$$\frac{1}{(1+1/\beta)^{-(x+\alpha)}\Gamma(x+\alpha)}\lambda^{x+\alpha-1}e^{-(1+1/\beta)\lambda},$$

que segue outra distribuição gama com parâmetros $(x + \alpha, (1 + 1/\beta)^{-1})$. Usando o Teorema 6.3, obtemos a média posterior

$$\hat{\lambda} = \frac{x+\alpha}{1+1/\beta}.$$

Já que a média *a posteriori* é um estimador de Bayes sob a perda do erro quadrado, $\hat{\lambda}$ é nosso estimador de Bayes.

Exercícios

18.1 Estime a proporção de itens defeituosos produzidos por uma máquina no Exemplo 18.1 se a amostra aleatória de tamanho 2 produz dois itens defeituosos.

18.2 Vamos supor que a distribuição *a priori* para a proporção p de bebidas de uma máquina de refrigerantes que transborda do copo é

p	0,05	0,10	0,15
$\pi(p)$	0,3	0,5	0,2

Se duas das próximas nove bebidas dessa máquina transbordarem do copo, determine
(a) a distribuição *a posteriori* para a proporção p;
(b) as estimativas de Bayes de p.

18.3 Repita o Exercício 18.2 quando uma das próximas quatro bebidas transbordar do copo e a distribuição anterior uniforme for

$$\pi(p) = 10, \quad 0{,}05 < p < 0{,}15.$$

18.4 O construtor de um novo complexo de condomínios afirma que três de cinco compradores preferirão uma unidade com dois dormitórios, enquanto seu financiador afirma que sete de dez compradores preferirão uma unidade com dois dormitórios. Em previsões anteriores desse tipo, o financiador tem sido duas vezes mais confiável do que o construtor. Se 12 dos próximos 15 condomínios vendidos nesse complexo forem unidades de dois dormitórios, determine
(a) as probabilidades *a posteriori* associadas com as afirmações do construtor e do financiador;
(b) um estimador pontual da proporção de compradores que preferem uma unidade de dois dormitórios.

18.5 O tempo de queima para o primeiro estágio de um foguete é uma variável aleatória normal com desvio-padrão de 0,8 minuto. Considere uma distribuição *a priori* normal para μ com uma média de oito minutos e desvio-padrão de 0,2. Se dez desses foguetes são lançados e o primeiro estágio tem média de queima de nove minutos, determine o intervalo bayesiano de 95% para μ.

18.6 O lucro diário de uma máquina que vende suco de laranja localizada em um edifício de escritórios é uma variável aleatória normal com média desconhecida μ e variância σ^2. É claro, a média variará de alguma maneira de edifício para edifício, e o distribuidor sente que esses lucros diários médios podem ser mais bem descritos por uma distribuição normal com média μ_0 = $ 30,00 e desvio-padrão σ_0 = $ 1,75. Se uma dessas máquinas de suco, localizada em certo prédio, mostra uma média diária de lucro de $\bar{x}$ = $ 24,90 durante os 30 primeiros dias com desvio-padrão de s = $ 2,10, determine
(a) uma estimativa de Bayes da média de lucros diários real para esse prédio;
(b) um intervalo bayesiano para μ desse prédio;
(c) a probabilidade de que o lucro médio diário dessa máquina esteja entre $ 24,00 e $ 26,00.

18.7 O departamento de matemática de uma grande universidade está criando um teste de colocação para ser dado aos calouros. Os membros do departamento sentem que a nota média para esse teste variará de uma sala para outra. Essa variação da média da classe é expressa subjetivamente por uma distribuição normal com média $\mu_0 = 72$ e variância $\sigma_0^2 = 5{,}76$.
(a) Qual é a probabilidade *a priori* que o departamento designa para que a média real da nota esteja em algum ponto entre 71,8 e 73,4 para a próxima classe de calouros?
(b) Se o teste é usado em uma amostra aleatória de 100 calouros da próxima turma que resulta em uma média de 70 com variância de 64, construa um intervalo bayesiano de 95% para μ.
(c) Que probabilidade *a posteriori* o departamento deveria designar para o evento da parte (a)?

18.8 Suponha que, no Exemplo 18.6, a indústria elétrica não tenha informações *a priori* suficientes sobre a média populacional da vida útil das lâmpadas para ser capaz de considerar uma distribuição normal para μ. A firma acredita, entretanto, que μ está certamente entre 770 e 830 horas e sente que uma abordagem bayesiana mais realista seria supor uma distribuição *a priori*

$$\pi(\mu) = \frac{1}{60}, \quad 770 < \mu < 830.$$

Se uma amostra aleatória de 25 lâmpadas fornece uma vida útil média de 780 horas, siga os passos de prova para o Exemplo 18.4 para determinar a distribuição *a posteriori*

$$\pi(\mu | x_1, x_2, \ldots, x_{25}).$$

18.9 Suponha que o tempo para falha T de certa articulação é uma variável aleatória exponencial com densidade de probabilidade

$$f(t) = \theta e^{-\theta t}, \quad t > 0.$$

Com base em experiências anteriores, somos levados a acreditar que θ é um valor de uma variável aleatória exponencial com densidade de probabilidade

$$\pi(\theta) = 2e^{-2\theta}, \quad \theta > 0.$$

Se tivermos uma amostra de n observações em T, mostre que a distribuição *a posteriori* de Θ é uma distribuição gama com parâmetros

$$\alpha = n+1, \quad \text{e} \quad \beta = \left(\sum_{i=1}^{n} t_i + 2 \right)^{-1}.$$

18.10 Suponha que uma amostra consiste de 5, 6, 6, 7, 5, 6, 4, 9, 3, 6 e que vem de uma população de Poisson com média λ. Considere que o parâmetro λ segue uma distribuição gama com parâmetros (3,2). Sob a função da perda do erro quadrado, determine o estimador para Bayes para λ.

18.11 Uma variável aleatória X segue uma distribuição binomial negativa com parâmetros $k = 5$ e p (ou seja, $b^*(x; 5, p)$). Além disso, sabemos que p segue uma distribuição uniforme no intervalo (0,1). Determine o estimador de Bayes para p sob a perda do erro quadrado. [Sugestão: Você pode achar a função densidade do Exercício 6.50 útil. Da mesma forma, a média da distribuição beta com parâmetros (α, β) é $\alpha/(\alpha + \beta)$.]

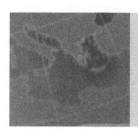

Apêndice B
Respostas para os exercícios ímpares
(não inclui os exercícios de revisão)

Capítulo 1

1.1 (a) Tamanho da amostra = 15
(b) Média amostral = 3,787
(c) Mediana amostral = 3,6
(e) $\bar{x}_{tr(20)} = 3,678$

1.3 (b) Sim, o processo de envelhecimento reduz a resistência à tensão.
(c) $\bar{x}_{Envelhecimento} = 209,90$; $\bar{x}_{Não\ envelhecimento} = 222,10$
(d) $\tilde{x}_{Envelhecimento} = 210,00$; $\tilde{x}_{Não\ envelhecimento} = 221,50$. As médias e medianas são similares para cada grupo.

1.5 (b) Controle: $\bar{x} = 5,60$, $\tilde{x} = 5,00$, $\bar{x}_{tr(10)} = 5,13$.
Tratamento: $\bar{x} = 7,60$, $\tilde{x} = 4,50$, $\bar{x}_{tr(10)} = 5,63$
(c) O valor extremo de 37 no grupo de tratamento tem um forte papel de alavancagem para o cálculo da média.

1.7 Variância amostral = 0,943
Desvio-padrão amostral = 0,971

1.9 Sem envelhecimento: variância amostral = 23,62, Desvio-padrão amostral = 4,86.
Envelhecimento: variância amostral = 42,12, Desvio-padrão amostral = 6,49.

1.11 Controle: variância amostral = 69,38, Desvio-padrão amostral = 8,33.
Tratamento: variância amostral = 128,04, Desvio-padrão amostral = 11,32.

1.13 (a) Média = 124,3, mediana = 120;
(b) 175 é uma observação extrema.

1.15 Sim, valor $P = 0,03125$; a probabilidade de se obter *HHHHH* com uma moeda não-viciada.

1.17 Não-fumantes (a) 30,32; (b) 7,13
Fumantes (a) 43,70; (b) 16,93
(d) Fumantes parecem levar mais tempo para dormir. Para os fumantes, o tempo para dormir é mais variável.

1.19 (a)

Caule	Folha	Freqüência
0	22233457	8
1	023558	6
2	035	3
3	03	2
4	057	3
5	0569	4
6	0005	4

(b)

Intervalo de classe	Ponto médio da classe	Freq.	Freq. rel.
0,0–0,9	0,45	8	0,267
1,0–1,9	1,45	6	0,200
2,0–2,9	2,45	3	0,100
3,0–3,9	3,45	2	0,067
4,0–4,9	4,45	3	0,100
5,0–5,9	5,45	4	0,133
6,0–6,9	6,45	4	0,133

(c) Média amostral = 2,7967
Amplitude amostral = 6,3
Desvio-padrão amostral = 2,2273

1.21 (a) Média amostral = 1,7742
Mediana amostral = 1,77
(b) Desvio-padrão amostral = 0,3905.

1.23 (b) $\bar{x}_{1990} = 160,15$; $\bar{x}_{1980} = 395,10$
(c) A média de emissão caiu entre 1980 e 1990, a variabilidade também caiu, porque não houve emissões extremamente grandes.

1.25 (a) Média amostral = 33,31
(b) Mediana amostral = 26,35
(c) $\bar{x}_{tr}(10) = 30,97$

Capítulo 2

2.1 (a) $S = \{8, 16, 24, 32, 40, 48\}$
(b) $S = \{-5, 1\}$
(c) $S = \{T, HT, HHT, HHH\}$

(d) S = {África, Antártica, Ásia, Austrália, Europa, América do Norte, América do Sul}
(e) S = ϕ

2.3 A = C

2.5 S = { 1HH, 1HT, 1TH, 1TT, 2H, 2T, 3HH, 3HT, 3TH, 3TT, 4H, 4T, 5HH, 5HT, 5TH, 5TT, 6H, 6T }

2.7 S_1 = {MMMM, MMMF, MMFM, MFMM, FMMM, MMFF, MFMF, MFFM, FMFM, FFMM, FMMF, MFFF, FMFF, FFMF, FFFM, FFFF};
S_2 = { 0, 1, 2, 3, 4 };

2.9 (a) A = {1HH, 1HT, 1TH, 1TT, 2H, 2T}
(b) B = {1TT, 3TT, 5TT}
(c) A' = {3HH, 3HT, 3TH, 3TT, 4H, 4T, 5HH, 5HT, 5TH, 5TT, 6H, 6T}
(d) A' ∩ B = {3TT, 5TT}
(e) A ∪ B = {1HH, 1HT, 1TH, 1TT, 2H, 2T, 3TT, 5TT}

2.11 (a) S = {M_1M_2, M_1F_1, M_1F_2, M_2M_1, M_2F_1, M_2F_2, F_1M_1, F_1M_2, F_1F_2, F_2M_1, F_2M_2, F_2F_1}
(b) A = { M_1M_2, M_1F_1, M_1F_2, M_2M_1, M_2F_1, M_2F_2}
(c) B = { M_1F_1, M_1F_2, M_2F_1, M_2F_2, F_1M_1, F_1M_2, F_2M_1, F_2M_2}
(d) C = { F_1F_2, F_2F_1}
(e) A ∩ B = {M_1F_1, M_1F_2, M_2F_1, M_2F_2}
(f) A ∪ B = { M_1M_2, M_1F_1, M_1F_2, M_2M_1, M_2F_1, M_2F_2, F_1F_2, F_2F_1}

2.15 (a) {nitrogênio, potássio, urânio, oxigênio}
(b) {cobre, sódio, zinco, oxigênio}
(c) {cobre, sódio, nitrogênio, potássio, urânio, zinco}
(d) {cobre, urânio, zinco}
(e) ϕ
(f) {oxigênio}

2.19 (a) A família passará por problemas mecânicos, mas não receberá multa de trânsito e não chegará a um camping que não tem vagas.
(b) A família receberá uma multa de trânsito e chegará a um camping que não tem vagas, mas não terá problemas mecânicos.
(c) A família terá problemas mecânicos e chegará a um camping que não tem vagas.
(d) A família receberá uma multa, mas não chegará a um camping que não tem vagas.
(e) A família não terá problemas mecânicos.

2.21 18

2.23 156

2.25 20

2.27 48

2.29 210

2.31 (a) 1024; (b) 243

2.33 72

2.35 362.880

2.37 2.880

2.39 (a) 40.320; (b) 336

2.41 360

2.43 24

2.45 3.360

2.47 7.920

2.49 56

2.51 (a) A soma das probabilidades excede 1.
(b) A soma das probabilidades é menor que 1.
(c) Uma probabilidade negativa.
(d) A probabilidade de uma carta de copas de cor preta é zero.

2.53 S = {$10, $25, $100}, P(10) = $\frac{11}{20}$; P(25) = $\frac{3}{10}$, P(100) = $\frac{15}{100}$; $\frac{17}{20}$

2.55 (a) 0,3; (b) 0,2

2.57 (a) 5/26; (b) 9/26; (c) 19/26

2.59 10/117

2.61 95/663

2.63 (a) 94/54.145; (b) 143/39.984

2.65 (a) 22/25; (b) 3/25; (c) 17/50

2.67 (a) 0,32; (b) 0,68; (c) escritório ou gabinete

2.69 (a) 0,8; (b) 0,45; (c) 0,55

2.71 (a) 0,31; (b) 0,93; (c) 0,01

2.73 (a) 0,009; (b) 0,999; (c) 0,01

2.75 (a) 0,048; (b) $50.000; (c) 0 $12.500

2.77 (a) A probabilidade de que um condenado que tenha feito tráfico de drogas também tenha cometido assalto à mão armada.
(b) A probabilidade de que um condenado que tenha feito assalto à mão armada não tenha sido condenado por tráfico de drogas.
(c) A probabilidade de que um condenado que não cometeu tráfico de drogas também não tenha cometido assalto à mão armada.

2.79 (a) 14/39; (b) 95/112

2.81 (a) 5/34; (b) 3/8

2.83 (a) 0,018; (b) 0,614; (c) 0,166; (d) 0,479

2.85 (a) 0,35; (b) 0,875; (c) 0,55

2.87 (a) 9/28; (b) 3/4; (c) 0,91

2.89 0,27

2.91 5/8

2.93 (a) 0,0016; (b) 0,9984

2.95 (a) 1/5; (b) 4/15; (c) 3/5

2.97 (a) 91/323; (b) 91/323

2.99 (a) 0,75112; (b) 0,2045

2.101 0,0960

2.103 0,40625

2.105 0,1124

2.107 (a) 0,045; (b) 0,564; (c) 0,630; (d) 0,1064

Capítulo 3

3.1 Discreta; contínua; contínua; discreta; discreta; contínua.

3.3

Espaço amostral	w
HHH	3
HHT	1
HTH	1
THH	1
HTT	−1
THT	−1
TTH	−1
TTT	−3

3.5 (a) 1/30; (b) 1/10

3.7 (a) 0,68; (b) 0,375

3.9 (b) 19/80

3.11

x	0	1	2
f(x)	2/7	4/7	1/7

3.13
$$F(x) = \begin{cases} 0, & \text{para } x < 0, \\ 0{,}41, & \text{para } 0 \le x < 1, \\ 0{,}78, & \text{para } 1 \le x < 2, \\ 0{,}94, & \text{para } 2 \le x < 3, \\ 0{,}99, & \text{para } 3 \le x < 4, \\ 1, & \text{para } x \ge 4 \end{cases}$$

3.15
$$F(x) = \begin{cases} 0, & \text{para } x < 0, \\ \frac{2}{7}, & \text{para } 0 \le x < 1, \\ \frac{6}{7}, & \text{para } 1 \le x < 2, \\ 1, & \text{para } x \ge 2 \end{cases}$$

(a) 4/7; (b) 5/7

3.17 (b) 1/4; (c) 0,3

3.19 $F(x) = (x-1)/2$, para $0 \le x < 3$; 1/4

3.21 (a) 3/2; (b) $F(x) = x^{3/2}$, para $0 \le x < 1$; 0,3004

3.23
$$F(w) = \begin{cases} 0, & \text{para } w < -3, \\ \frac{1}{27}, & \text{para } -3 \le w < -1, \\ \frac{7}{27}, & \text{para } -1 \le w < 1, \\ \frac{19}{27}, & \text{para } 1 \le w < 3, \\ 1, & \text{para } w \ge 3 \end{cases}$$

3.25

t	20	25	30
P(T=t)	1/5	3/5	1/5

3.27 (a) $F(x) = \begin{cases} 0, & x < 0, \\ 1 - \exp(-x/2000), & x \ge 0. \end{cases}$

(b) 0,6065; (c) 0,2212

3.29 (b) $F(x) = \begin{cases} 0, & x < 1, \\ 1 - x^{-3}, & x \ge 1. \end{cases}$

(c) 0,0156

3.31 (a) 0,2231; (b) 0,2212

3.33 $k = 280$; (b) 0,3633; (c) 0,0563

3.35 (a) 0,1528; (b) 0,446

3.37 (a) 1/36; (b) 1/15

3.39 (a)

f(x,y)	x=0	x=1	x=2	x=3
y=0	0	3/70	9/70	3/70
y=1	2/70	18/70	18/70	2/70
y=2	3/70	9/70	3/70	

(b) 1/2

3.41 (a) 1/16; (b) $g(x) = 12x(1-x)^2$, para $0 \le x \le 1$; (c) 1/4

3.43 (a) 3/64; (b) 1/2

3.45 0,6534

3.47 (a) Dependente; (b) 1/3

3.49 (a)

x	1	2	3
g(x)	0,10	0,35	0,55

(b)

y	1	2	3
h(y)	0,20	0,50	0,30

(c) 0,5714

3.51 (a)

f(x,y)	x=0	x=1	x=2
y=0	16/36	8/36	1/36
y=1	8/36	2/36	0
y=2	1/36	0	0

(b) 11/12

3.53 (a)

$f(x,y)$	0	1	2	3
y = 0	$\frac{1}{55}$	$\frac{6}{55}$	$\frac{6}{55}$	$\frac{1}{55}$
y = 1	$\frac{6}{55}$	$\frac{16}{55}$	$\frac{6}{55}$	0
y = 2	$\frac{6}{55}$	$\frac{6}{55}$	0	0
y = 3	$\frac{1}{55}$	0	0	0

(b) 42/55

3.55 5/8

3.57 Independente

3.59 (a) 3; (b) 21/512

3.61 Dependente

Capítulo 4

4.1 0

4.3 25 centavos

4.5 0,88

4.7 $500

4.9 $1,23

4.11 $6.900

4.13 $(\ln 4)/\pi$

4.15 100 horas

4.17 209

4.19 $1.855

4.21 $833,33

4.23 (a) 35,2; (b) $\mu_X = 3{,}20$, $\mu_Y = 3{,}00$

4.25 2

4.27 2.000 horas

4.29 (b) 3/2

4.31 (a) 1/6; (b) $(5/6)^5$

4.33 $ 5.250.000

4.35 0,74

4.37 1/18; no lucro real a variância é $(1/18)(5000)^2$

4.39 1/6

4.41 118,9

4.43 $\mu_Y = 10$; $\sigma_Y^2 = 144$

4.45 $\sigma_{XY} = 0{,}005$

4.47 − 0,0062

4.49 $\sigma_X^2 = 0{,}84456$; $\sigma_X = 0{,}9196$

4.51 10,33; 6,66

4.53 80 centavos

4.55 209

4.57 $\mu = 7/2$; $\sigma^2 = 15/4$

4.59 3/14

4.61 0,03125

4.63 0,9340

4.65 52

4.67 (a) No máximo 4/9; (b) pelo menos 5/9; (c) pelo menos 21/25; (d) 10.

4.69 (a) 7; (b) 0; (c) 12,25

4.71 46/63

4.73 (a) 2,5; 2,08

4.75 (a) $E(X) = E(Y) = 1/3$ e $Var(X) = Var(Y) = 4/9$; (b) $E(Z) = 2/3$ e $Var(Z) = 8/9$

4.77 (a) 4; (b) 32; 16

4.79 Pelo cálculo direto, $E(e^Y) = 1.884{,}32$. Usando a aproximação de ajuste de segunda ordem, $E(e^Y) \approx 1.883{,}38$, que é muito próxima do valor real.

Capítulo 5

5.1 3/10

5.3 $\mu = 5{,}5$; $\sigma^2 = 8{,}25$

5.5 (a) 0,0480; (b) 0,2375; (c) $P(X=5|p=0{,}3) = 0{,}1789$; $P = 0{,}3$ é razoável.

5.7 (a) 0,0474; (b) 0,0171

5.9 (a) 0,7073; (b) 0,4613; (c) 0,1484

5.11 0,1240

5.13 0,8369

5.15 (a) 0,0778; (b) 0,3370; (c) 0,0870

5.17 $\mu \pm 2\sigma = 3{,}5 \pm 2{,}05$

5.19 $f(x_1, x_2, x_3) = \binom{n}{x_1, x_2, x_3} 0{,}35^{x_1} 0{,}05^{x_2} 0{,}60^{x_3}$

5.21 0,0095

5.23 0,0077

5.25 0,8670

5.27 (a) 0,2852; (b) 0,9887; (c) 0,6083

5.29 (a) 0,3246; (b) 0,4496

5.31 5/14

5.33 $h(x; 6, 3, 4) = \frac{\binom{4}{x}\binom{2}{3-x}}{\binom{6}{3}}$, para $x = 1, 2, 3$; $P(2 \leq X \leq 3) = 4/5$

5.35 0,9517

5.37 (A) 0,6815; (b) 0,1153

5.39 3,25; de 0,52 a 5,98

5.41 0,9453

5.43 0,6077

5.45 (a) 4/33; (b) 8/165

5.47 0,2315

5.49 (a) 0,3991; (b) 0,1316

5.51 0,0515

5.53 (A) 0,3840; (b) 0,0067

5.55 63/64

5.57 (a) 0,0630; (b) 0,9730

5.59 (a) 0,1429; (b) 0,1353

5.61 (a) 0,1638; (b) 0,032

5.63 (a) 0,3840; (b) 0,1395; (c) 0,0553

5.65 0,2657

5.67 (a) $\mu = 4$; $\sigma^2 = 4$; (b) De 0 a 8

5.69 (a) 0,2650; (b) 0,9596

5.71 (a) 0,8243; (b) 14

5.73 4

5.75 $5,53 \times 10^{-4}$; $\mu = 7,5$

5.77 (a) 0,0137; (b) 0,0830

5.79 0,4686

Capítulo 6

6.1 (a) 0,9236; (b) 0,8133; (c) 0,2424; (d) 0,0823; (e) 0,0250; (f) 0,6435

6.3 (a) − 1,72; (b) 0,54; (c) 1,28

6.5 (a) 0,1151; (b) 16,1; (c) 20,275; (d) 0,5403

6.7 (a) 0,8980; (b) 0,0287; (c) 0,6080

6.9 (a) 0,0548; (b) 0,4514; (c) 23; (d) 189,95 mililitros.

6.11 (a) 0,0571; (b) 99,11%; (c) 0,3974; (d) 27,952 minutos; (e) 0,0092

6.13 6,24 anos

6.15 (a) 51%; (b) $18,37

6.17 (a) 0,0401; (b) 0,0244

6.19 26

6.21 (a) 0,6; (b) 0,7; (c) 0,5

6.23 (a) 0,8006; (b) 0,7803

6.25 (a) 0,3085; (b) 0,0197

6.27 (a) 0,9514; (b) 0,0668

6.29 (a) 0,1171; (b) 0,2049

6.31 0,1357

6.33 (a) 0,0778; (b) 0,0571; (c) 0,6811

6.35 (a) 0,8749; (b) 0,0059

6.37 (a) 0,0228; (b) 0,3974

6.39 $2,8e^{-1,8} - 3,4e^{-2,4} = 0,1545$

6.43 (a) $\mu = 6$; $\sigma^2 = 18$; (b) De 0 a 14,485 milhões de litros.

6.45 $\sum_{x=4}^{6} \binom{6}{x}(1-e^{-3/4})^x (e^{-3/4})^{6-x} = 0,3968$

6.47 (a) $\sqrt{\pi/2} = 1,2533$; (b) e^{-2}

6.49 $e^{-4} = 0,0183$

6.51 (a) $\mu = \alpha\beta = 50$; (b) $\sigma^2 = \alpha/\beta^2 = 500$; $\sigma = \sqrt{500}$; (c) 0,815

6.53 (a) 0,1889; (b) 0,0357

6.55 Média = e^6, variância = $e^{12}(e^4 - 1)$

6.57 (a) e^{-10}; (b) $\beta = 0,10$

Capítulo 7

7.1 $g(y) = 1/3$; para $y = 1, 3, 5$

7.3 $g(y_1, y_2) = \left(\frac{y_1+y_2}{2}, \frac{y_1-y_2}{2}, 2-y_1\right)$
$\times \left(\frac{1}{4}\right)^{(y_1+y_2)/2} \left(\frac{1}{3}\right)^{(y_1-y_2)/2} \left(\frac{5}{12}\right)^{2-y_1}$;

para $y_1 = 0, 1, 2$; $y_2 = -2, -1, 0, 1, 2$; $y_2 \le y_1$; $y_1 + y_2 = 0, 2, 4$

7.7 Distribuição gama com $\alpha = 3/2$ e $\beta = m/2b$

7.9 (a) $g(y) = 32/y^3$, para $y > 4$; (b) 1/4

7.11 $h(z) = 2(1 - z)$, para $0 < z < 1$

7.13 $h(w) = 6 + 6w - 12w^{1/2}$, para $0 < w < 1$

7.15 $g(y) = \begin{cases} \frac{2}{9\sqrt{y}}, & 0 < y < 1, \\ \frac{\sqrt{y}+1}{9\sqrt{y}}, & 1 < y < 4 \end{cases}$

7.19 Ambas iguais a μ.

7.23 (a) Gama (2,1); (b) Uniforme (0,1)

Capítulo 8

8.1 (a) Respostas de todas as pessoas em Richmond que têm um telefone;
(b) Resultados de um número grande ou infinito de jogadas de uma moeda;

(c) Duração da vida de tal tênis quando usado em uma turnê profissional;
(d) Todos os intervalos de tempo possíveis para esta advogada dirigir de casa para o escritório.

8.3 (a) $\bar{x} = 2,4$; (b) $\tilde{x} = 2$; (c) $m = 3$

8.5 (a) $\bar{x} = 3,2$ segundos; (b) $\tilde{x} = 3,1$ segundos

8.7 (a) 53,75; (b) 75 e 100

8.9 (a) A amplitude é 10; (b) s = 3,307

8.11 (a) 2,971; (b) 2,971

8.13 s = 0,585

8.15 (a) 45,9; (b) 5,1

8.17 0,3159

8.19 (a) Reduzido de 0,7 a 0,4;
(c) Aumentado de 0,2 a 0,8

8.21 Sim.

8.23 (a) $\mu = 5,3$; $\sigma^2 = 0,81$;
(b) $\mu_{\bar{X}} = 5,3$; $\sigma^2_{\bar{X}} = 0,0225$;
(c) 0,9082

8.25 (a) 0,6898; (b) 7,35

8.29 0,5596

8.33 (a) 0,1977; (b) Não

8.35 (a) 1/2; (b) 0,3085

8.37 $P(\bar{X} \leq 775 \mid \mu = 760) = 0,9332$

8.39 (a) 27,488; (b) 18,475; (c) 36,415

8.41 (a) 0,297; (b) 32,852; (c) 46,928

8.43 (a) 0,05; (b) 0,94

8.47 (a) 0,975; (b) 0,10; (c) 0,875; (d) 0,99

8.49 (a) 2,500; (b) 1,319; (c) 1,714

8.51 Não; $\mu > 20$

8.53 (a) 2,71; (b) 3,51; (c) 2,92; (d) 0,47; (e) 0,34

8.55 A razão F é 1,44. As variâncias não são significantemente diferentes.

Capítulo 9

9.5 $0,3097 < \mu < 0,3103$

9.7 (a) $22,496 < \mu < 24,504$; (b) erro ≤ 1004

9.9 35

9.11 56

9.13 $0,978 < \mu < 1,033$

9.15 $47,722 < \mu < 49,278$

9.17 323,946 para 326,154

9.19 11.426 para 35.574

9.23 A variância de S'^2 é menor.

9.25 (6,05; 16,55)

9.27 (1,6358; 5,9376)

9.29 Limite de predição superior: 9,42;
Limite de tolerância superior: 11,72

9.33 Sim, o valor de 6,9 está fora do intervalo de predição.

9.35 $2,9 < \mu_1 - \mu_2 < 7,1$

9.37 $2,80 < \mu_1 - \mu_2 < 3,40$

9.39 $1,5 < \mu_1 - \mu_2 < 12,5$

9.41 $0,70 < \mu_1 - \mu_2 < 3,30$

9.43 $-6,536 < \mu_1 - \mu_2 < 2,936$

9.45 (−0,74, 6,29)

9.47 (−6,92, 36,70)

9.49 $0,54652 < \mu_B - \mu_A < 1,69348$

9.51 $0,498 < p < 0,642$; (b) erro ≤ 0,072

9.53 $0,194 < p < 0,262$

9.55 (a) $0,739 < p < 0,961$; (b) não

9.57 (a) $0,644 < p < 0,690$; (b) erro ≤ 0,023

9.59 2.576

9.61 160

9.63 16.577

9.65 $-0,0136 < p_F - p_M < 0,0636$

9.67 $0,0011 < p_1 - p_2 < 0,0869$

9.69 (−0,0849; 0,0013); não é significantemente diferente.

9.71 $0,293 < \sigma^2 < 6,736$; afirmação válida

9.73 $3,472 < \sigma^2 < 12,804$

9.75 $9,27 < \sigma < 34,16$

9.77 $0,549 < \sigma_1/\sigma_2 < 2,690$

9.79 $0,016 < \sigma_1^2/\sigma_2^2 \; 0,454$; não

9.81 $\frac{1}{n}\sum_{i=1}^{n} x_i$

9.83 (a) $L(x_1, x_2, ..., x_n) = \frac{1}{(2\pi)^{n/2}\sigma^n} \prod_{i=1}^{n}\left(\frac{1}{x_i}\right) e^{-\sum_{i=1}^{n}(\ln x_i - \mu)^2/2\sigma^2}$

(b) $\hat{\mu} = \frac{1}{n}\sum_{i=1}^{n}\ln x_i$;

$$\hat{\sigma}^2 = \frac{1}{n}\sum_{i=1}^{n}\left[\ln x_i - \left(\frac{1}{n}\sum_{j=1}^{n}\ln x_j\right)\right]^2$$

9.85 $x\ln p + (1-x)\ln(1-p)$. Escreva a derivada em junção de $p = 0$; $\hat{p} = x = 1,0$

Capítulo 10

10.1 (a) Concluir que menos de 30% do público é alérgico a alguns produtos derivados de queijo quando, na verdade, 30% ou mais é alérgico.
(b) Concluir que pelo menos 30% do público é alérgico a algum derivado de queijo quando, na verdade, menos de 30% é alérgico.

10.3 (a) A empresa não é culpada;
(b) A empresa é culpada.

10.5 (a) 0,1286
(b) $\beta = 0,0901$; $\beta = 0,0708$
(c) A probabilidade de um erro tipo I é, razoavelmente, grande.

10.7 (a) 0,0559;
(b) $\beta = 0,0017$, $\beta = 0,00968$, $\beta = 0,5557$

10.9 (a) $\alpha = 0,0032$; (b) $\beta = 0,0062$

10.11 (a) $\alpha = 0,1357$, (b) $\beta = 0,2578$

10.13 $\alpha = 0,0094$, $\beta = 0,0122$

10.15 (a) $\alpha = 0,0718$; (b) $\beta = 0,1151$

10.17 (a) $\alpha = 0,0384$; (b) $\beta = 0,2776$

10.19 $z = -1,64$; Valor $P = 0,10$

10.21 $z = -2,76$; sim, $\mu < 40$ meses; Valor $P = 0,0029$

10.23 $z = 8,97$; sim, $\mu > 20.000$ quilômetros; Valor $P < 0,001$

10.25 $t = 0,77$; não rejeitar H_0.

10.27 $z = 12,72$; Valor $P < 0,0005$

10.29 $t = -1,98$; Rejeitar H_0; Valor $P = 0,0312$

10.31 $z = -2,60$; concluir que $\mu_A - \mu_B \leq 12$ quilogramas.

10.33 $t = 1,50$; não há evidência suficiente para concluir que o aumento na concentração de substrato causaria um aumento na velocidade média em mais de 0,5 micromol por 30 minutos.

10.35 $t = 0,70$; não há evidências suficientes para apoiar que o soro é eficaz.

10.37 $t = 2,55$; rejeitar H_0: $\mu_1 - \mu_2 > 4$ quilômetros.

10.39 $t' = 0,22$; não rejeitar rejeitar H_0.

10.41 $t' = 2,76$, rejeitar H_0.

10.43 $t = 2,48$; valor $P < 0,02$; rejeitar H_0.

10.45 $t = -2,53$; rejeitar H_0, a afirmação é válida.

10.47 $n = 6$

10.49 $78,28 \approx 79$ devido ao arredondamento.

10.51 5

10.53 (a) $H_0: M_{quente} - M_{frio} = 0$
$H_1: M_{quente} - M_{frio} \neq 0$
(b) t emparelhado, $t = 0,99$; Valor $P > 0,30$; não rejeitar H_0.

10.55 Valor $P = 0,4044$ (com teste unicaudal); a afirmação não é refutada.

10.57 Valor $P = 0,0207$; sim, a moeda não é balanceada.

10.59 $z = -5,06$ e valor $P \approx 0$; conclua que menos de 1/5 das casas é aquecida a óleo.

10.61 $z = 1,44$; não rejeitar H_0.

10.63 $z = 2,36$ com valor $P = 0,0182$; sim, a diferença é significativa.

10.65 $z = 1,10$ com valor $P = 0,1357$; não temos evidências suficientes para concluir que o câncer de mama atinge mais a comunidade urbana.

10.67 $X^2 = 18,13$ com valor $P = 0,0676$ (da impressão de computador); não rejeitar H_0: $\sigma^2 = 0,03$

10.69 $X^2 = 63,75$ com valor $P = 0,8998$ (da impressão de computador); não rejeitar H_0

10.71 $X^2 = 42,37$ com valor $P = 0,0117$ (da impressão de computador); a máquina está fora de controle.

10.73 $f = 1,33$ com valor $P = 0,3095$ (da impressão de computador); não rejeitar H_0: $\sigma_1 = \sigma_2$

10.75 $x^2 = 0,75$ com valor $P = 0,3186$ (da impressão de computador); não rejeitar H_0: $\sigma_1 = \sigma_2$

10.77 $f = 19,67$ com valor $P = 0,0008$ (da impressão de computador); rejeitar H_0: $\sigma_1 = \sigma_2$

10.79 $\chi^2 = 4,47$; não há evidência suficiente para afirmar que a moeda não é balanceada.

10.81 $\chi^2 = 10,14$; rejeitar H_0, a razão não é 5:2:2:1.

10.83 $\chi^2 = 2,33$; não rejeitar H_0: distribuição binomial.

10.85 $\chi^2 = 2,57$; não rejeitar H_0: distribuição geométrica.

10.89 $\chi^2 = 5,19$; não rejeitar H_0: distribuição normal.

10.91 $\chi^2 = 5,47$; não rejeitar H_0.

10.93 χ^2 = 124,59; sim, a ocorrência desses tipos de crimes depende do bairro.

10.95 χ^2 = 31.17, com valor $P < 0,0001$; as atitudes não são homogêneas.

10.97 χ^2 = 5,92, com valor $P = 0,4332$; não rejeitar H_0.

10.99 χ^2 = 1,84; não rejeitar H_0.

Capítulo 11

11.1 (a) $a = 64,529$, $b = 0,561$; (b) $\hat{y} = 81,4$

11.3 (a) $\hat{y} = 6,4136 + 1,8091x$
(b) $\hat{y} = 9,560$ na temperatura 1,75

11.5 (a) $\hat{y} = 5,8254 + 0,5676x$
(c) $\hat{y} = 34,205$ a 50 °C

11.7 (a) $\hat{y} = 343,706 + 3,221x$
(c) $\hat{y} = \$456$ com os custos de propaganda sendo $\$35$

11.9 (a) $\hat{y} = 153,175 - 6,324x$
(b) $\hat{y} = 123$ em $x = 4,8$ unidades

11.11 (b) $\hat{y} = -1847,633 + 3,653x$

11.13 (b) $\hat{y} = 31,709 + 0,353x$

11.17 (a) $s^2 = 176,4$
(b) $t = 2,04$; não rejeitar H_0: $\beta = 0$

11.19 (a) $s^2 = 0,40$
(b) $4,324 < \alpha < 8,503$
(c) $0,446 < \beta < 3,172$

11.21 (a) $s^2 = 6,626$
(b) $2,684 < \alpha < 8,968$
(c) $0,498 < \beta < 0,637$

11.23 $t = -2,24$; rejeitar H_0: $\beta < 6$

11.25 (a) $24,438 < \mu_{Y|24,5} < 27,106$
(b) $21,88 < y_0 < 29,66$

11.27 $7,81 < \mu_{Y|1,6} < 10,81$

11.29 (a) 17,1812
(b) não (o intervalo de confiança da mpg média é (27,95, 29,60));
(c) as milhas por galão excederão 18

11.33 (b) $\hat{y} = 3,4156x$

11.35 (a) $b = \dfrac{\sum_{i=1}^{n} x_i y_i}{\sum_{i=1}^{n} x_i^2}$;
(b) $\hat{y} = 2,003x$

11.37 $E(B) = \beta + \gamma \dfrac{\sum_{i=1}^{n}(x_{1i}-\bar{x}_1)x_{2i}}{\sum_{i=1}^{n}(x_{1i}-\bar{x}_1)^2}$.

11.39 (a) $a = 10,812$, $b = -0,3437$
(b) $f = 0,43$; a regressão é linear.

11.41 $f = 1,12$; a regressão é linear.

11.43 $f = 1,71$ e valor $P = 0,2517$; a regressão é linear.

11.45 (a) $\hat{P} = -11,3251 - 0,0449T$;
(b) sim;
(c) $R^2 = 0,9355$;
(d) sim

11.47 (b) $\hat{N} = -175,9025 + 0,0902Y$; $R^2 = 0,3322$

11.49 $r = 0,240$

11.53 (a) $r = 0;392$
(b) $t = 2,04$; falha para rejeitar H_0: $\rho = 0$; entretanto, o valor $P = 0,053$ é marginal.

Capítulo 12

12.1 (a) $\hat{y} = 27,547 + 0,922x_1 + 0.284x_2$
(b) $\hat{y} = 84$ em $x_1 = 64$ e $x_2 = 4$

12.3 $\hat{y} = 0,5800 + 2,7122x_1 + 2,0497x_2$

12.5 (a) $\hat{y} = 56,4633 + 0.1525x - 0.00008x^2$
(b) $\hat{y} = 86,7\%$ quando a temperatura está em 225 °C.

12.7 $\hat{y} = 141,6118 - 0,2819x + 0,0003x^2$

12.9 (a) $\hat{y} = -102,7132 + 0,6054x_1 + 8,9236x_2 + 1,4374x_3 + 0,0136x_4$
(b) $\hat{y} = 287,6$

12.11 $\hat{y} = 3,3205 + 0,4210x_1 - 0,2958x_2 + 0,0164x_3 + 0,1247x_4$

12.13 $\hat{y} = -6,5122 + 1,9994x_1 - 3,6751x_2 + 2,5245x_3 + 5,1581x_4 + 14,4012x_5$

12.15 (a) $\hat{y} = 350,9943 - 1,2720x_1 - 0,1539x_2$
(b) $\hat{y} = 140,9$

12.17 0,1651

12.19 242,72

12.21 (a) $\hat{\sigma}^2_{B_2} = 28,0955$; (b) $\hat{\sigma}_{B_1 B_2} = -0,0096$

12.23 $29,93 < \mu_{Y|19,5} < 31,97$

12.25 $t = 2,86$; rejeitar H_0 e a favor de $\beta_2 > 0$

12.27 $t = 3,55$ com valor $P = 0,01$; rejeitar H_0 e a favor de $\beta_1 > 2$

12.29 (a) $t = -1,09$ com valor $P = 0,3562$
(b) $t = -1,72$ com valor $P = 0,1841$
(c) Sim; não há evidência suficiente para mostrar que x_1 e x_2 sejam significantes.

12.31 $R^2 = 0,9997$

12.33 $f = 5{,}106$ com valor $P = 0{,}0303$; a regressão não é significante no nível 0,01.

12.35 $f = 34{,}90$ com valor $P = 0{,}0002$; rejeitar H_0 e concluir que $\beta_1 > 0$.

12.37 $f = 10{,}18$ com valor $P < 0{,}01$; x_1 e x_2 são significantes na presença de x_3 e x_4.

13.39 Um modelo de duas variáveis é melhor.

12.41 Primeiro modelo: R^2_{ajt} 92,7%, $CV = 9{,}0385$
Segundo modelo : R^2_{ajt} 98,1%, $CV = 4{,}6287$
O teste f parcial mostra o valor $P = 0{,}0002$; o modelo 2 é melhor.

12.43 Usar x_2 sozinho não é muito diferente de usar x_1 e x_2 juntos já que os R^2_{ajt} são 0,7696 *versus* 0,7591.

12.45 (a) $\widehat{mpg} = 5{,}9593 - 0{,}00003773$ hodômetro $+ 0{,}3374$ octano $- 12{,}6266 z_1 - 12{,}9846 z_2$
(b) sedan;
(c) não são significantemente diferentes.

12.47 (b) $\hat{y} = 4{,}690$ segundos;
(c) $4{,}450 < \mu_{Y\setminus\{180,260\}} < 4{,}930$

12.49 $\hat{y} = 2{,}1833 + 0{,}9576 x_2 + 3{,}3253 x_3$

12.51 (a) $\hat{y} = -587{,}211 + 428{,}433 x$
(b) $\hat{y} = 1180 - 191{,}691 x + 35{,}20945 x^2$
(c) modelo quadrático

12.53 $\hat{\sigma}^2_{B_1} = 20{,}588$; $\hat{\sigma}^2_{B_{11}} = 62{,}6502$; $\hat{\sigma}_{B_1 B_{11}} = -1103{,}5$

12.55 (a) Modelo com intercepto é o melhor.

12.57 (a) $\hat{y} = 3{,}1368 + 0{,}6444 x_1 - 0{,}0104 x_2 + 0{,}5046 x_3 - 0{,}1197 x_4 - 2{,}4618 x_5 + 1{,}5044 x_6$
(b) $\hat{y} = 4{,}6563 + 0{,}5133 x_3 - 0{,}1242 x_4$
(d) $\hat{y} = 4{,}6563 + 0{,}5133 x_3 - 0{,}1242 x_4$
(e) duas observações têm valores R 'estudentizados' grandes e deveriam ser checados.

12.59 (a) $\hat{y} = 125{,}8655 + 7{,}7586 x_1 + 0{,}0943 x_2 - 0{,}0092 x_1 x_2$
(b) o modelo com x_2 sozinho é o melhor.

Capítulo 13

13.3 $f = 0{,}31$; não há evidências suficientes para apoiar a hipótese de que não há diferenças entre as seis máquinas.

13.5 $f = 14{,}52$; sim, a diferença é significante.

13.7 $f = 2{,}25$; não há evidência suficiente para apoiar a hipótese de que as diferentes concentrações de $MgNH_4PO_4$ afetam significativamente a altura dos crisântemos.

13.9 $f = 8{,}38$; as médias das atividades específicas diferem significativamente.

13.11 (a) $f = 14{,}27$; rejeitar H_0;
(b) $f = 23{,}23$; rejeitar H_0;
(c) $f = 2{,}48$; não rejeitar H_0.

13.13 (a) $f = 13{,}50$; as médias dos tratamentos diferem;
(b) $f(1 \text{ vs. } 2) = 29{,}35$; significante;
(c) $f(3 \text{ vs } 4) = 3{,}59$ não significante.

13.15

$\bar{x}_3$	$\bar{x}_1$	$\bar{x}_4$	$\bar{x}_2$
56,52	59,66	61,12	61,96

13.17 (a) $f = 9{,}01$; sim, significante;

(b)

Depleção	Hess modificado	Remoção de substrato Kicknet	Surber	Kicknet

13.19 Comparando o controle 1 e 2: significante; Comparando o controle 3 e 4: insignificante.

13.21 A absorção média para o agregado 4 é significantemente menor do que o outro agregado.

13.23 $f = 70{,}27$ com valor $P < 0{,}0001$; rejeitar H_0.

$\bar{x}_0$	$\bar{x}_{25}$	$\bar{x}_{100}$	$\bar{x}_{75}$	$\bar{x}_{50}$
55,167	60,167	64,167	70,500	72,833

A temperatura é importante; Tanto 75 °C como 50 °C rendem baterias com vida útil mais longa.

13.27 (a) $f(\text{fertilizante}) = 6{,}11$; significante;
(b) $f = 17{,}37$; significante;
$f = 0{,}96$; não significante.

13.29 $f = 5{,}99$; porcentagem de aditivos estranhos não é a mesma para as três marcas de geléia; Marca A.

13.31 $f(\text{estação}) = 26{,}14$; significante

13.33 $f(\text{dieta}) = 11{,}86$; significante

13.35 $f = 0{,}58$; não significante

13.39 $f = 5{,}03$; as notas são afetadas por diferentes professores.

13.41 $p > 0{,}0001$
$f = 122{,}37$; a quantidade de tinta tem efeito na cor do tecido.

13.43 (a) $f = 14{,}9$; os operadores diferem significativamente;
(b) $\hat{\sigma}^2_\alpha = 28{,}91$; $s^2 = 8{,}32$

13.45 (a) $f = 3{,}33$; não há diferença significante; entretanto, o valor $P = 0{,}0564$ é marginal.
(b) $\hat{\sigma}^2_\alpha = 1{,}08$: $s^2 = 2{,}25$

13.49 9

13.51 (a) $y_{ij} = \mu + \alpha_i + \epsilon_{ij}$, $\alpha_i \sim n(x; 0, \sigma\alpha)$;
(b) $\hat{\alpha}^2_\alpha = 0$ (o componente de variância estimado é $-0{,}00027$); $\hat{\sigma}^2 = 0{,}0206$.

13.53 (a) $y_{ij} = \mu + \alpha_i + \epsilon_{ij}$, $\alpha_i \sim n(x; 0, \sigma\alpha)$;
(b) sim; $f = 5{,}63$ com valor $P = 0{,}0121$;
(c) há um componente de variância no tear.

Capítulo 14

14.1 (a) $f = 8{,}13$; significante;
(b) $f = 5{,}18$; significante;
(c) $f = 1{,}63$; insignificante.

14.3 (a) $f = 14{,}81$; significante;
(b) $f = 9{,}04$; significante;
(c) $f = 0{,}61$; insignificante.

14.5 (a) $f = 34{,}40$; significante;
(b) $f = 26{,}95$; significante;
(c) $f = 20{,}30$; significante.

14.7 Teste do efeito na quantidade de catalisador;
$f = 46{,}63$ com valor $P = 0{,}0001$;
Teste do efeito da temperatura; $f = 10{,}85$ com valor $P = 0{,}0002$;
Teste do efeito de interação; $f = 2{,}06$ com valor $P = 0{,}074$.

14.9 (a)

Fonte de variação	g.l.	Soma dos quadrados	Quadrados médios	f	p
Velocidade de corte	1	12,000	12,000	1,32	0,2836
Ferramenta geométrica	1	675,000	675,000	74,31	< 0,0001
Interação	1	192,000	192,000	21,14	0,0018
Erro	8	72,667	9,083		
Total	11	951,667			

(b) O efeito de interação mascara o efeito da velocidade de corte;
(d) $f_{\text{ferramenta geométrica}=1}$ e valor $P = 0{,}0036$
$f_{\text{ferramenta geométrica}=2}$ e valor $P = 0{,}0407$

14.11 (a)

Fonte de variação	g.l.	Soma dos quadrados	Quadrados médios	f	p
Método	1	0,00010414	0,00010414	6,57	0,0226
Laboratório	6	0,00805843	0,00134307	84,70	< 0,0001
Interação	6	0,00019786	0,00003298	2,08	0,1215
Erro	14	0,000222	0,00001586		
Total	27	0,00858243			

(b) A interação não é significante;
(c) Ambos os efeitos principais são significantes;

(e) $f_{\text{laboratório}=1}$ e valor $P = 0{,}9019$; não há diferença significante dos métodos no laboratório 1;
$f_{\text{ferramenta geométrica}=2}$ e valor $P = 0{,}0093$.

14.13 (b)

Fonte de variação	g.l.	Soma dos quadrados	Quadrados médios	f	p
Método	1	0,06020833	0,06020833	157,07	< 0,0001
Laboratório	1	0,06020833	0,06020833	157,07	< 0,0001
Interação	1	0,00000833	0,0000833	0,02	0,8864
Erro	8	0,00306667	0,00038333		
Total	11	0,12349167			

(c) O tempo e o tratamento influenciam a percepção de magnésio significativamente, embora não haja interação significante entre eles.
(d) $y = \mu + \beta_T \text{Tempo} + \beta_Z Z + \beta T_Z \text{Tempo}^* Z = \epsilon$,
onde $Z = 1$, quando tratamento = 1, e $Z = 0$, quando tratamento = 2;
(e) $f = 0{,}02$ com valor $P = 0{,}8864$; a interação no modelo é insignificante.

14.15 (a) $AB: f = 3{,}83$; significante;
$AC: f = 3{,}79$; significante;
$BC: f = 1{,}31$; insignificante;
$ABC: f = 1{,}63$; insignificante;
(b) $A: f = 0{,}54$; insignificante;
$B: f = 6{,}85$; significante;
$C: f = 2{,}15$; insignificante.
(c) A presença da interação AC mascara o efeito principal C.

14.17 (a) Estresse $f = 45{,}96$ com valor $P < 0{,}0001$;
Revestimento $f = 0{,}05$ com valor $P = 0{,}8299$;
Umidade $f = 2{,}13$ com valor $P = 0{,}1257$;
Revestimento × Umidade $f = 3{,}41$ com valor $P = 0{,}0385$;
Revestimento × estresse $f = 0{,}08$ com valor $P = 0{,}9277$;
Umidade × estresse $f = 3{,}15$ com valor $P = 0{,}0192$;
Revestimento × Umidade × estresse $f = 1{,}93$ com valor $P = 0{,}1138$.
(b) A melhor combinação parece ser sem revestimento, com umidade média e nível de estresse de 20.

14.19

Efeito	f	p
Temperatura	14,122	< 0,0001
Superfície	6,70	0,0020
HRC	1,67	0,1954
T × S	5,50	0,0006
T × HRC	2,69	0,0369

(continua)

(continuação)

Efeito	f	p
S × HRC	5,41	0,0007
T × S × HRC	3,02	0,0051

14.21 (a) sim; marca × tipo; marca × temperatura;
(b) sim;
(c) marca Y; sabão em pó; temperatura alta.

14.23 (a)

Efeito	f	p
Tempo	543,53	< 0,0001
Temperatura	209,79	< 0,0001
Solvente	4,97	0,0457
Tempo × Temperatura	2,66	0,1103
Tempo × Solvente	2,04	0,1723
Temperatura × Solvente	0,03	0,8558
Tempo × Temperatura × Solvente	6,22	0,0140

Embora três interações de dois fatores se mostrem insignificantes, elas são mascaradas pela interação significante de três fatores.

14.25 (a) $f = 1,49$; não há interação significante;
(b) f(operadores) = 12,45; significante;
f(filtros) = 8,39; significante;
(c) $\hat{\sigma}_\alpha^2 = 0,1701$ (filtros)
$\hat{\sigma}_\beta^2 = 0,3514$ (operadores)
$s^2 = 0,1867$

14.27 (a) $\hat{\sigma}_\beta^2, \hat{\sigma}_\gamma^2, \hat{\sigma}_{\alpha\gamma}^2$ são significantes;
(b) $\hat{\sigma}_\gamma^2, \hat{\sigma}_{\alpha\gamma}^2$ são significantes.

14.29 0,57

14.31 (a) Modelo misto;
(b) Material: $f = 47,42$ com valor $P < 0,0001$;
Marca: $f = 1,73$ com valor $P = 0,2875$;
Material × Marca: 16,06 com valor $P = 0,0004$;
(c) não

14.33 (a) $y_{ijk} = \mu + \alpha_i + \beta_j + (\alpha\beta)_{ij} + \epsilon_{ijk}$, (modelo misto);
A = configuração de potência, B = tipo de cereal;
$\beta_j \sim n(x; 0, \sigma_\beta^2)$ independente;
$(AB)_{ij} \sim n(x; 0, \sigma_{\alpha\beta}^2)$, independente;
$\epsilon_{ijk} \sim n(x; 0, \sigma^2)$ independente;
(b) não;
(c) não.

Capítulo 15

15.1 $SQA = 2,6667$; $SQB = 170,6667$; $SQC = 104,1667$;
$SQ_i(AB) = 1,5000$; $SQ(AC) = 42,6667$; $SQ(BC) = 0,0000$; $SQ(ABC) = 1,5000$

15.3 Os fatores A, B e C têm efeitos negativos no composto de fósforo e o fator D tem um efeito positivo. Entretanto, a interpretação dos efeitos dos fatores individuais deveria envolver o uso dos gráficos de interação.

15.5 Efeitos significantes
A: $f = 9,98$; C: $f = 6,54$; BC: $f = 19,3$
Efeitos insignificantes
B: $f = 0,20$; D: $f = 0,02$; AB: $f = 1,83$; AC: $f = 0,20$;
AD: $f = 0,57$; BD: $f = 1,83$; CD: $f = 0,02$

15.9 (a) $b_A = 5,5$, $b_B = -3,25$; $b_{AB} = 2,5$
(b) Os valores dos coeficientes são metade daqueles dos efeitos;
(c) $t_A = 5.99$ com valor $P = 0,0039$
$t_B = -3,54$ com valor $P = 0,0241$
$t_{AB} = 2,72$ com valor $P = 0,0529$
$t^2 = F$

15.11 (a) $A = -0,8750$; $B = 5,8750$; $C = 9,6250$; $AB = -3,3750$; $AC = -9,6250$; $BC = 0,1250$; $ABC = -1,1250$; B, C, AB e AC parecem importantes com base em sua magnitude.

(b)

Efeito	Valor P
A	0,7528
B	0,0600
C	0,0071
AB	0,2440
AC	0,0071
BC	0,9640
ABC	0,6861

(c) Sim;
(d) No nível mais alto de A, C essencialmente não tem efeito. Em um nível mais baixo de A, C tem um efeito positivo.

15.13 A, B, C, AC, BC e ABC, cada um com um grau de liberdade, podem ser testados usando o quadrado médio do erro, com 12 graus de liberdade. Cada uma das três replicações contém dois blocos com AB confundidos.

15.15

Bloco 1	Bloco 2	Bloco 3	Bloco 4
(1)	c	d	a
ab	abc	ac	b
acd	ad	bc	cd
bcd	bd	abd	abcd

CD também é confundido com blocos.

15.17

Replicação 1

B1	B2
abc	ab
a	ac
b	bc
c	(1)

ABC confundido

Replicação 1

B1	B2
abc	ab
a	ac
b	bc
c	(1)

ABC confundido

Replicação 1

B1	B2
(1)	a
c	b
ab	ac
abc	bc

AB confundido

CD também é confundido com blocos.

15.19

Máquina			
1	2	3	4
(1)	c	a	ac
ab	d	b	ad
cd	e	acd	ae
ce	abc	ace	bc
de	abd	ade	bd
abcd	abe	bcd	be
abce	cde	bce	acde
abde	abcde	bde	bcde

(b) *AB, CDE, ABCDE* (um possível delineamento).

15.21 (a) x_2, x_3, x_1x_2 e x_1x_2
(b) Curvatura: valor $P = 0{,}0073$;
(c) Um ponto de delineamento adicional diferente dos originais.

15.23 $(0, -1)$, $(0, 1)$, $(-1, 0)$, $(1, 0)$ podem ser usados.

15.25 (a) Com *BCD* como contraste definido, o bloco principal contém *a, bc, abc, bd, abd, cd, acd*

(b)

Bloco 1	Bloco 2
(1)	a
bc	abc
abd	bd
acd	cd

confundido por *ABC*;

(c) O contraste definido *BCD* produz os seguintes sinônimos: $A = ABCD$, $B = CD$, $C = BD$, $D = BC$, $AB = ACD$, $AC = ABD$ e $AD = ABC$. Já que *AD* e *ABC* são confundidos com blocos, há somente dois graus de liberdade para o erro com base nas interações não confundidas.

Fonte de variação	Grau de liberdade
A	1
B	1
C	1
D	1
Blocos	1
Erros	2
Total	7

15.27 (a) Com os contrastes definidos *ABCE* e *ABDF*, o bloco principal contém (1) *ab, acd, bcd, ce, abce, ade, bde, acf, bcf, df, abdf, aef, bef, cdef, abcdef*

(b) $A \equiv BCE \equiv BDF \equiv ACDEF$,
$AD \equiv BCDE \equiv BF \equiv ACEF$,
$B \equiv ACE \equiv ADF \equiv BCDEF$,
$AE \equiv BC \equiv BDEF \equiv ACDF$,
$C \equiv ABE \equiv ABCDF \equiv DEF$,
$AF \equiv BCEF \equiv BD \equiv ACDE$,
$D \equiv ABCDE \equiv ABF \equiv CEF$,
$CE \equiv AB \equiv ABCDEF \equiv DF$,
$E \equiv ABC \equiv ABDEF \equiv CDF$,
$DE \equiv ABCD \equiv ABEF \equiv CF$,
$F \equiv ABCEF \equiv ABD \equiv CDE$,
$BCD \equiv ADE \equiv ACF \equiv BEF$,
$AB \equiv CE \equiv DF \equiv ABCDEF$,
$BCF \equiv AEF \equiv ACD \equiv BDE$,
$AC \equiv BE \equiv BCDF \equiv ADEF$;

Fonte de variação	Grau de liberdade
A	1
B	1
C	1
D	1
E	1
F	1
AB	1
AC	1
AD	1
BC	1
BD	1
CD	1
Erros	3
Total	15

15.29

Fonte de variação	g.l.	SQ	QM	f	P
A	1	6,1250	6,1250	5,81	0,0949
B	1	0,6050	0,6050	0,57	0,5036
C	1	4,8050	4,8050	4,56	0,1223
D	1	0,2450	0,2450	0,23	0,6626
Erro	3	3,1600	1,0533		
Total	7	14,9400			

15.31

Fonte	g.l.	SQ	QM	f	P
A	1	388129,00	388129,00	3585,49	0,0001
B	1	277202,25	277202,25	2560,76	0,0001
C	1	4692,25	4692,25	43,35	0,0006
D	1	9702,25	9702,25	89,63	0,0001
E	1	1806,25	1806,25	16,69	0,0065
AD	1	862,25	1406,25	12,99	0,113
AE	1	1156,00	462,25	4,27	0,0843
BD	1	961,00	1156,00	10,68	0,0171
BE	1	649,50	961,00	8,88	0,0247
Erro	6		108,25		
Total	15	686167,00			

Todos os efeitos principais são significantes no nível 0,05; *AD*, *BD* e *BE* também são significantes no nível 0,05.

15.33 O bloco principal contém *af, be, cd, abd, ace, bcf, def, abcdef*.

15.35 $A \equiv BD \equiv CE \equiv CDF \equiv BEF \equiv ABCF \equiv ADEF \equiv ABCDE$;
$B \equiv AD \equiv CF \equiv CDE \equiv AEF \equiv ABCE \equiv BDEF \equiv ABCDF$;
$C \equiv AE \equiv BF \equiv BDE \equiv ADF \equiv CDEF \equiv ABCD \equiv ABCEF$;
$D \equiv AB \equiv EF \equiv BCE \equiv ACF \equiv BCDF \equiv ACDE \equiv ABDEF$;
$E \equiv AC \equiv DF \equiv ABF \equiv BCD \equiv ABDE \equiv BCEF \equiv ACDEF$;
$F \equiv BC \equiv DE \equiv ACD \equiv ABE \equiv ACEF \equiv ABDF \equiv BCDEF$;

15.37 $\hat{y} = 12{,}7519 + 4{,}7194x_1 + 0{,}8656x_2 - 1{,}4156x_3$ unidades são centradas e escaladas; teste da falta de ajuste, F = 81,58 com valor $P < 0{,}001$.

15.39 *AFG, BEG, CDG, DEF, CEFG, BDFG, BCDE, ADEG, ACDF, ABEF e ABCDEFG*

Capítulo 16

16.1 $x = 7$ com valor $P = 0{,}1719$; não rejeitar H_0.

16.3 $x = 3$ com valor $P = 0{,}0244$; rejeitar H_0.

16.5 $x = 4$ com valor $P = 0{,}3770$; não rejeitar H_0.

16.7 $x = 4$ com valor $P = 0{,}1335$; não rejeitar H_0.

16.9 $w = 43$; não rejeitar H_0.

16.11 $w_+ = 17{,}5$; não rejeitar H_0.

16.13 $z = -2{,}13$; rejeitar H_0 a favor de $\mu_1 - \mu_2 < 8$.

16.15 $u_1 = 1$; a afirmação é válida.

16.17 $u_2 = 5$; A opera por mais tempo.

16.19 $u = 15$; falha para rejeitar H_0.

16.21 $h = 10{,}47$; os tempos de operação são diferentes.

16.23 $v = 7$ com valor $P = 0{,}910$; amostra aleatória.

16.25 $v = 6$ com valor $P = 0{,}044$; não rejeitar H_0.

16.27 $z = 1{,}11$; amostra aleatória.

16.29 0,70

16.31 0,995

16.33 (a) $r_s = 0{,}39$
(b) não rejeitar H_0.

16.35 (a) $r_s = 0{,}72$
(b) rejeitar H_0; então $\rho > 0$.

16.37 (a) $r_s = 0{,}71$
(b) rejeitar H_0; então $\rho < 0$.

Capítulo 18

18.1 $p^* = 0{,}173$

18.3 (a) $f(p \mid x = 1) = 40\,p\,(1-p)^3 / 0{,}2844$; $00{,}5 < p < 0{,}15$
(b) $p^* = 0{,}106$

18.5 $8{,}077 < \mu < 8{,}692$

18.7 (a) 0,2509; (b) $68{,}71 < \mu < 71{,}69$; (c) 0,0174

18.11 $p^* = \dfrac{6}{x+2}$

Referências bibliográficas

[1] BARTLETT, M. S.; KENDALL, D. G. "The Statistical Analysis of Variance Heterogeneity and Logarithmic Transformation", *Journal of the Royal Statistical Society*, Ser. B. 8, 1946, p. 128-138.

[2] BOWKER, A. H.; LIEBERMAN, G. J. *Engineering Statistics*, 2. ed. Upper Saddle River, NJ: Prentice Hall, 1972.

[3] BOX, G. E. P. "Signal to Noise Ratios, Performance Criteria and Transformations (with discussion)", *Technometrics*, 30, 1988, p. 1-17.

[4] BOX, G. E. P.; FUNG, C. A. "Studies in Quality Improvement: Minimizing Transmitted Variation by Parameter Design", Report 8. University of Wisconsin-Madison, Center for Quality and Productivity Improvement, 1986.

[5] BOX, G. E. P.; HUNTER, W. G.; HUNTER, J. S. *Statistics for Experimenters*. Nova York: John Wiley & Sons, 1978.

[6] BROWNLEE, K. A. *Statistical Theory and Methodology: in Science and Engineering*, 2. ed. Nova York: John Wiley & Sons, 1984.

[7] CARROLL, R. J. e RUPPERT, D. *Transformation and Weighting in Regression*. Nova York: Chapman and Hall, 1988.

[8] CHATTERJEE, S.; HADI, A. S.; PRICE, B. *Regression Analysis by Example*, 3. ed. Nova York: John Wiley & Sons, 1999.

[9] COOK, R. D.; WEISBERG, S. *Residuals and Influence in Regression*. Nova York: Chapman and Hall, 1982.

[10] DANIEL, C.; WOOD, F. S. *Fitting Equations to Data: Computer Analysis of Multifactor Data*, 2. ed. Nova York: John Wiley & Sons, 1999.

[11] DANIEL, W. W. *Applied Nonparameiric Statistics*, 2. ed. Belmont, Califórnia: Wadsworth Publishing Company, 1989.

[12] DEVORE, J. L. *Probability and Statistics for Engineering and the Sciences*, 6. ed. Belmont, Califórnia: Duxbury Press, 2003.

[13] DIXON, W. J. *Introduction to Statistical Analysis*, 4. ed. Nova York: McGraw-Hill, 1983.

[14] DRAPER, N. R.; SMITH, H. *Applied Regression Analysis*, 3. ed. Nova York: John Wiley & Sons, 1998.

[15] DUNCAN, A. *Quality Control and Industrial Statistics*, 5. ed. Homewood, Illinois: Irwin, 1986.

[16] DYER, D. D.; KEATING, J. P. "On the Determination of Critical Values for Bartlett's Test", *J. Am. Stat. Assoc.*, 75, 1980, p. 313-319.

[17] EWAN, W. D.; KEMP, K. W. "Sampling Inspection of Continuous Processes with no Autocorrelation between Successive Results", *Biometrika*, Vol. 47, 1960, p. 363-380.

[18] GUNST, R. F.; MASON, R. L. *Regression Analysis and Its Application: A Data-Oriented Approach*. Nova York: Marcel Dekker, 1980.

[19] GUTTMAN, I.; WILKS, S. S.; HUNTER, J. S. *Introductory Engineering Statistics*. Nova York: Wiley & Sons, 1971.

[20] HICKS, C. R.; TURNER, K. V. *Fundamental Concepts in the Design of Experiments*, 5. ed. Oxford: Oxford University Press, 1999.

[21] HOAGLIN, D. C., MOSTELLER, F. e TUKEY, J. W. *Fundamentals of Exploratory Analysis of Variance*. Nova York: Wiley & Sons, 1991.

[22] HOCKING, R.R. "The Analysis and Selection of Variables in Linear Regression", *Biometrics*, 32, 1976, p. 1-49.

[23] HOERL, A. E.; WENNARD, R. W. "Ridge Regression: Applications to Nonorthogonal Problems", *Technometrics*, 12, 1970, p. 55-67.

[24] HOGG, R. V., CRAIG, A.; McKEAN, J. W. *Introduction to Mathematical Statistics*, 6. ed. Upper Saddle River, NJ: Prentice Hall, 2004.

[25] HOGG, R. V.; LEDOLTER, J. *Applied Statistics for Engineers and Physical Scientists*, 2. ed. Upper Saddle River: NJ: Prentice Hall, 1992.

[26] HOLLANDER, M. e WOLFE, D. *Nonparameiric Statistical Methods*. Nova York: John Wiley & Sons, 1999.

[27] JOHNSON, N. L.; LEONE, F. C. *Statistics and Experimental Design: In Engineering and the Physical Sciences*, Vols. I e II, 2. ed. Nova York: John Wiley & Sons, 1977.

[28] KACKAR, R "Off-Line Quality Control, Parameter Design, and the Taguchi Methods", *Journal of Quality Technology*, 17, 1985, p. 176-188.

[29] KOOPMANS, L. H. *An Introduction to Contemporary Statistics*, 2. ed. Boston: Duxbury Press, 1987.

[30] LARSEN, R. J.; MORRIS, M. L. *An Introduction to Mathematical Statistics and its Applications*, 3. ed. Upper Saddle River, NJ: Prentice Hall, 2000.

[31] LEHMANN, E. L.; D'ABRERA, H. J. M. *Nonparameirics: Statistical Methods Based on Ranks*, ed. rev. Upper Saddle River: NJ: Prentice Hall, 1998.

[32] LENTNER, M.; BISHOP, T. *Design and Analysis of Experiments*, 2. ed. Blacksburg, VA: Valley Book Co, 1986.

[33] MALLOWS, C. L. "Some comments of C_p", *Technometrics*, 15, 1973, p. 661-675.

[34] McCLAVE, J. T.; DIETRICH, F. H.; SINCICH, T. *Statistics*, 7. ed. Upper Saddle River, NJ: Prentice Hall, 1997.

[35] MONTGOMERY, D. C. *Introduction to Statistical Quality Control*, 4. ed. Nova York: John Wiley & Sons, 2000.

[36] _____. *Design and Analysis of Experiments*, 5. ed. Nova York: John Wiley & Sons, 2001.

[37] MOSTELLER, F.; TUKEY, J. *Data Analysis and Regression*. Reading, MA: Addison-Wesley Publishing Co, 1977.

[38] MYERS, R. H. *Classical and Modern Regression with Applications*, 2. ed. Boston: Duxbury Press, 1990.

[39] MYERS, R. H.; KHURI, A. I.; VINING, G. G. (1992). "Response Surface Alternatives to the Taguchi Robust Parameter Design Approach," *The American Statistician*, 46, 131-139.

[40] MYERS, R. H.; MONTGOMERY, D. C. *Response Surface Methodology: Process and Product Optimization Using Designed Experiments*, 2. ed. Nova York: John Wiley & Sons, 2002.

[41] NETER, J.; WASSERMANN, W.; KUTNER, M. H. *Applied Linear Regression Models*, 2. ed. Burr Ridge, Illinois: Irwin, 1989.

[42] NOETHER, G. E. *Introduction to Statistics: A Nonparameiric Approach*, 2. ed. Boston: Houghton Mifflin Company, 1976.

[43] OLKIN, I.; GIESER, L. J.; DERMAN, C. *Probability Models and Applications*, 2. ed. Nova York: Prentice Hall, 1994.

[44] OTT, R. L.; LONGNECKER, M. T. *An Introduction to Statistical Methods and Data Analysis*, 5. ed. Boston: Duxbury Press, 2000.

[45] PLACKETT, R. L.; BURMAN, J. P. "The Design of Multifactor Experiments," *Biometrika*, 33, 1946, p. 305-325.

[46] ROSS, S. M. *Introduction to Applied Probability Models*, 8. ed. Nova York: Academic Press, Inc., 2002.

[47] SATTERTHWAITE, F. E. "An approximate distribution of estimates of variance components", *Biometrics*, 2, 1946, p. 110-114.

[48] SCHILLING, E. G.; NELSON, P. R. "The Effect of Nonnormality on the Control Limits of X Charts" *J. Quality Tech.*, 8, 1976, p. 347-373.

[49] SCHMIDT, S. R.; LAUNSBY, R. G. *Understanding Industrial Designed Experiments*. Colorado Springs, CO: Air Academy Press, 1991.

[50] SHOEMAKER, A. C., TSUI, K.-L.; WU, C. F. J. "Economical Experimentation Methods for Robust Parameter Design," *Technometrics*, 33, 1991, p. 415-428.

[51] SNEDECOR, G. W.; COCHRAN, W. G. *Statistical Methods*, 8. ed. Allies, Iowa: The Iowa State University Press, 1989.

[52] STEEL, R. G. D.; TORRIE, J. H.; DICKEY, D. A. *Principles and Procedures of Statistics: A Biometrical Approach*, 3. ed. Nova York: McGraw-Hill, 1996.

[53] TAGUCHI, G. *Introduction to Quality Engineering*. White Plains, NY: Unipub/Kraus International, 1991.

[54] TAGUCHI, G.; WU, Y. *Introduction to Off-Line Quality Control*. Nagoya, Japão: Central Japan Quality Control Association, 1985.

[55] THOMPSON, W. O.; CADY, F. B. *Proceedings of the University of Kentucky Conference on Regression with a Large Number of Predictor Variables*. Lexington, Kentucky: University of Kentucky Press, 1973.

[56] TUKEY, J. W. *Exploratory Data Analysis*. Reading, MA: Addison-Wesley Publishing Co., 1977.

[57] VINING, G. G.; MYERS, R. H. "Combining Taguchi and Response Surface Philosophies: A Dual Response Approach", *Journal of Quality Technology*, 22, 1990, p. 38-45.

[58] WELCH, W. J.; YU, T. K.; KANG, S. M.; SACKS, J. "Computer Experiments for Quality Control by Parameter Design", *Journal of Quality Technology*, 22, 1990, p. 15-22.

[59] WINER, B. J. *Statistical Principles In Experimental Design*, 3. ed. Nova York: McGraw-Hill, 1991.

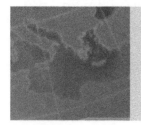

Índice remissivo

A

Aleatória
  amostra, 147
Amostra, 1, 146
  aleatória, 147
  amplitude, 9, 17, 18
  desvio padrão, 2, 9, 10, 17, 18, 148
  média, 2, 7-9, 12, 18, 19, 146, 148
  mediana, 2, 7-9, 18, 19, 148
  moda, 148
  variância, 9, 10, 17, 146, 148
Amostra aleatória, 147
  simples, 5
Amostragem aleatória, 146
Amplitude interquartílica, 150-151
Análise de variância, 167, 327
Anova simples, 328
  contraste com grau de liberdade único, 340
  contraste, 335
  efeitos do tratamento, 328
  soma dos quadrados do contraste, 335
  tratamento, 328
Aproximação
  binomial para hipergeométrica, 101
  normal para binomial, 122
  Poisson para binomial, 111

B

Bayasiano
  inferência, 466
  intervalo, 469
  metodologia, 171, 466
  perspectiva, 466
Bernoulli
  processo, 92
  tentativa, 92
Blocos, 328

C

Coeficiente de correlação, 78, 275
  amostra, 276
  momento de produção de Pearson, 276
  população, 276
Coeficiente de correlação rank, 445
  Spearman, 445
Coeficiente de determinação, 258, 276
  ajustado, 298
Coeficiente de determinação múltipla, 297
Coeficiente de variação, 302
Combinação, 29
Confiabilidade
  índice de falha, 132
Confiança
  coeficiente, 173
  grau de, 173
  limites, 173, 174
Contrastes ortogonais, 336
Controle de qualidade, 449
  fora de controle, 449
  gráfico de controle, 449
  limites de controle, 450
  sob controle, 449
Correção de continuidade, 123
Covariância, 75, 77
Curva CO, 214

D

Dado estatístico C_p, 320
Dados históricos, 16
Delineamento completamente aleatório, 328
Delineamento completamente aleatorizado emblocos, 344
Delineamento de experimentos
  bloqueio, 342
  conceito de confundimento, 412
  contraste, 396

contraste definido, 412
delineamento completamente aleatório, 343
delineamento em blocos incompletos, 389
delineamento ortogonal, 408
efeitos principais, 367
fator de ruído, 427
fatores de controle, 427
fatorial fracionário, 404, 417
foldover, 425
fração ½, 417
interação, 367
planejamento de blocos aleatórios, 344
quadrados latinos, 350
resolução, 425
Delineamento de parâmetro robusto, 42
  fatorial fracionário, 396
Desvio, 75
Desvio-padrão, 75, 76, 79
Diagrama de caixa, 2, 150
Diagrama de pontos, 2, 5, 17
Diagrama de ramo-e-folhas, 2, 13, 14, 17, 18
Diagrama de Venn, 24
Discrepância, 150, 309
Distribuição
  anterior, 466
  assimétrica, 14
  beta, 134
  binomial negativa, 102-103
  binomial, 91, 92, 122
  empírica, 150
  erlang, 133
  exponencial, 126-127
  gama, 126
  geométrica, 103, 104
  hipergeométrica multivariada, 100
  hipergeométrica, 100-101

lognormal, 130
normal bivariada, 276
normal, 12, 112, 113, 122
poisson, 110, 111
polinomial, 92, 95
posterior, 467
qui-quadrado, 129
razão de variância, 166
simétrica, 14
t-, 162, 163
uniforme discreta, 91
Weibull, 131
Distribuição amostral, 154
  da média, 155
Distribuição anterior, 466
Distribuição Beta, 134
Distribuição binomial, 92
  média da, 94
  variância da, 94
Distribuição binomial negativa, 102, 103
Distribuição condicional, 61
  conjunta, 63
Distribuição contínua
  exponencial, 126-127
  gama, 126
  log-normal, 130
  normal, 112
  uniforme, 112
  Weibull, 131
Distribuição da razão da variância, 166
Distribuição de probabilidade, 52
  conjunta, 59, 62
  contínua, 54
  discreta, 52
  média da, 70
  variância da, 75
Distribuição discreta
  binomial, 91, 92
  binomial negativa, 102, 103
  geométrica, 103, 104
  hipergeométrica, 100, 101

polinomial, 92, 95
poisson, 104
uniforme, 91
Distribuição Earling, 133
Distribuição exponencial, 126-127
　média da, 127
　propriedade de falta de memória, 128
　relação com o processo poisson, 127
　variância, 127
Distribuição exponencial negativa, 127
Distribuição F, 165-167
Distribuição F não central, 359
Distribuição gama, 126-127
　média da, 127
　relação com o processo Poisson, 127
　variância da, 127
Distribuição geométrica, 103, 104
　média da, 105
　variância da, 105
Distribuição hipergeométrica, 100, 101
　média da, 101
　variância da, 101
Distribuição hipergeométrica multivariada, 100
Distribuição log-normal, 130
　média da, 130
　variância da, 130
Distribuição marginal, 61, 63
　conjunta, 63
Distribuição multinomial, 95
Distribuição normal, 112, 113
　curva normal, 112, 113, 114
　média da, 114
　padrão, 115
　variância da, 114
Distribuição normal padrão, 115
Distribuição Poisson, 104
　média da, 105
　variância da, 105
Distribuição posterior, 467
Distribuição qui-quadrado, 129
Distribuição t, 162-163, 164
Distribuição uniforme, 91, 92, 112
　discreta, 91, 92
Distribuição Weibull, 130-131
　média da, 131
　variância da, 131

E

Eliminação backward, 307
Erro
　ao estimar a média, 176
　ao estimar a mediana, 176
　tipo i, 207
　tipo II, 207
Erro quadrado da média, 181
Espaço amostral, 20
　contínuo, 51
　discreto, 51
　divisão, 29
Esquemas de amostragem, 94
Estatística, 148
Estatística descritiva, 2
Estimação, 171
　da razão entre variâncias, 196
　de uma única variância, 195
　diferença de duas médias de amostra, 182
　duas proporções, 192
　máxima verossimilhança, 197, 199
　observações emparelhadas, 185
　proporção, 190
Estimador, 172
　eficiente, 172
　imparcial, 192
　máxima verossimilhança, 197, 198
Estimador de Bayes, 470
Estimador não-viciado, 172
Estimativa, 9
Estimativa de máxima verossimilhança, 197
Estudo observacional, 2, 16
Evento, 22
Esperança
　matemática, 70, 72
Estudo retrospectivo, 16
Experimento de efeitos aleatórios
　componentes de variância, 356
Experimento de efeitos fixos, 355
Experimento fatorial, 367
　Anova dois fatores, 369
　Anova três fatores, 385-386
　em blocos, 382
　mascarando o efeito, 368
　modelo ii, 386-387
　modelo iii, 388
　modelos misto, 388
　quadrado médio combinado, 381
Experimento fatorial 2^k, 396
　bloco principal, 413
　blocos incompletos, 412
　classificação de fatores, 396
　confusão parcial, 415
　contraste definido, 412-413
　delineamento ortogonal, 408
　delineamento Plackett-Burman, 426
　equação de regressão, 406
　execuções centrais, 410
　fatorial fracionário, 416
　foldover, 425
　gerador do delineamento, 417
　gráficos de diagnóstico, 399
　relação definida, 417
　resolução, 425
　sinônimos, 417-418
Experimento modelo I, 355
Experimento modelo II, 355

F

Falta de ajuste, 265
Fator, 16
Função de distribuição cumulativa, 53, 55
Função densidade de probabilidade, 54, 55
　conjunta, 59
Função de probabilidade, 52
Função de verossimilhança, 197
Função gama, 126
Função geradora de momento, 140
Função massa da probabilidade, 52
　conjunta, 59

G

Gráfico
　caixa, 150
　normal quantil-quantil, 153
　quantil, 153
Gráfico de barras, 307
Gráfico de controle
　gráfico Cusum, 463
　gráfico p, 459
　gráfico R, 453
　gráfico S, 457
　gráfico U, 462
　gráfico $\bar{X}$, 452
　para atributos, 458-459
　para variáveis, 451

Gráfico de poder
　modelo Anova, 359
Gráfico de probabilidade
　normal, 150
Gráfico normal quantil-quantil, 153
Gráfico quantil, 150, 152, 153
Gráfico R, 453
Gráfico S, 458
Gráfico $\bar{X}$, 450
　função característica de operação, 456
Graus de liberdade, 9, 10, 161

H

Hipótese, 206
　alternativa, 206
　estatística, 205
　nula, 206
　teste, 206

I

Independência, 39-40, 41
　estatística, 62-63
Inferência estatística, 171
Interação, 15
Intervalo de confiança, 173, 179
　de amostras grandes, 178
　interpretação do, 184
　para a diferença de duas médias, 182, 183, 185
　para desvios-padrão, 195
　para diferença de duas proporções, 192
　para média única, 173-177
　para observações emparelhadas, 187
　para proporção única, 191
　para razão dos desvios padrão, 196
　para razão das variâncias, 196
　para variância única, 195
Intervalo de estimação, 172
　bayesiana, 469
Intervalo de predição, 177, 178, 180
　para observação futura, 178

L

Limite de confiança unilateral, 176

M

Mascarando o efeito, 368
Média, 12, 70, 70, 71
　amostral, 148
Média aparada, 7, 8

Média quadrada, 266
Médias quadradas esperadas modelos Anova, 356
Metodologia de superfície de resposta, 288
Métodos dos quadrados mínimos, 250
Métodos livres de distribuição, 433
Métodos não-paramétricos, 433
  limites de tolerância, 444-445
  teste da soma dos Wilcoxon, 439
  teste de corrida, 443
  teste de sinais, 443
  teste dos postos sinalizados, 436
Moda, 467
Modelos com efeitos aleatórios, 355
Momentos
  sobre a origem, 140
Multicolinearidade, 305

N
Nível de qualidade aceitável, 463
Nível de qualidade rejeitável, 463
Nível de significância, 207, 217

O
Observações correlacionadas, 186
  estimativa de, 186

P
Parâmetro de não centralidade, 359
Perda do erro quadrado, 470
Permutação, 27
  circulares, 28
Perspectiva condicional, 466
Poder de um teste, 210
  modelo Anova, 358
Ponto de estimação, 171, 172
  erro padrão, 178
População
  média da, 146
  variância da, 146
Preditor linear, 319
Probabilidade, 20, 31, 32
  escopo, 469
Probabilidade condicional, 37-39, 41, 44-45
Probabilidade subjetiva, 466
Probabilidade total, 44
Processo Poisson, 104

relação com a distribuição gama, 127

Q
Quadrados latinos, 350
Quantil, 153

R
Regra aditiva, 33
Regra da multiplicação, 26
Regra de Bayes, 43, 45
Regra de eliminação, 44
Regra multiplicativa, 39
Regressão, 12
Regressão linear
  Anova, 263
  através da origem, 262
  coeficiente de determinação, 258
  coeficiente de regressão, 249
  correlação, 274
  equação normal, 251
  erro aleatório, 248
  erro puro experimental, 265
  falta de ajuste, 265
  intervalo de previsão, 260-261
  modelo empírico, 248
  modelo estatístico, 248
  múltipla, 247, 284
  predição, 259
  quadrados mínimos, 250
  regressão ajustada, 248
  regressor, 247
  resíduo, 250
  resposta média, 250, 259
  seleção de modelo, 305, 311
  simples, 247
  sobre ajuste, 258
  soma dos erros quadrados, 263
  soma dos quadrados da regressão, 297
  soma total dos quadrados, 263
  teste de linearidade, 264
  transformação de dados, 271
  valor ajustado, 264
  variável categórica, 302-303
  variável dependente, 247
  variável independente, 247
Regressão linear múltipla, 284
  Anova, 292
  coeficiente de múltipla

  determinação, 296
  discrepância, 309
  equações normais, 305
  inferência, 292
  matriz de variância e covariância, 291
  multicolonieridade, 305
  polinomial, 286
  R^2 ajustado, 297
  resíduos R-estudante, 309
  resíduos estudentizados, 311
  seleção de variáveis, 294
  soma dos erros quadrados, 299
  soma dos quadrados da regressão, 295
  variáveis ortogonais, 300
Regressão logística, 319
  dose efetiva, 320
  razão das chances, 320
Regressão múltipla
  matriz HAT, 309
Regressão não-linear
  dados de contagem, 319
  logística, 319
  resposta binária, 319
Regressão polinomial, 284, 286
  estimativa da variância correlacionada, 183
Representação de dados, 150
Resíduo, 250, 273
R^2, 258-259
R^2 ajustado, 297, 298

S
Seleção avante, 307, 397
Seleção de modelos, 306
  eliminação backward, 307
  estatística C_p, 314, 315
  métodos seqüenciais, 306
  PRESS, 311
  regressão gradual, 307
  seleção avante, 307
Soma dos quadrados
  da regressão, 263
  erro da, 263
  total, 258

T
Tabela Anova, 263
Tabela de contingência, 237
  freqüência marginal, 237
Tamanho da amostra, 5
  ao estimar a média, 176
  ao estimar a proporção, 191
  em teste de hipóteses, 221

Taxa de erro do experimento, 339
Tendenciosidade, 147
Teorema de Chebyshev, 84-87
Teste
  da qualidade de ajuste, 153, 236
Teste da qualidade do ajuste, 153, 235-236
Teste de amplitude múltipla de Duncan, 339
Teste de Bartlett, 332
Teste de Cochran, 332
Teste de comparação múltipla, 337
  taxa de erro do experimento, 338
  teste de Duncan, 339
  teste de Dunnett, 339
  teste de Tukey, 338
Teste de hipóteses, 13, 172, 205
  amostra única, variância conhecida, 214
  amostra única, variância desconhecida, 216
  bicaudal, 211
  duas médias com variâncias desconhecidas, mas desiguais, 219
  duas médias com variâncias desconhecidas, mas iguais, 219
  duas variâncias, 233
  em duas médias, 218
  escolha do tamanho da amostra, 220, 221
  importantes propriedades, 210
  observações emparelhadas, 219
  proporção única, 229
  qualidade do ajuste, 236
  região crítica, 229
  tamanho do teste, 207
  teste estatístico, 209
  teste para diversas proporções, 239
  teste para homogeneidade, 238
  teste para independência, 237
  unicaudal, 223
  valor crítico, 229
  valor p, 212, 213
  variância única, 233

Teste de proporção única, 229
Teste estatístico, 207
Teste para igualdade das variâncias, 332
    teste de Bartlett, 332
    teste Cochran, 332
Tolerância
    intervalo, 179-180
    limites, 179

Transformação de variáveis discretas, 136
Tratamento
    efeito negativo, 368
    efeito positivo, 368

U

Unidade experimental, 182, 186, 367

V

Validação cruzada, 311
Valor esperado, 70-72
Valor P, 3, 212, 213
Variabilidade, 4, 6-7, 75, 79, 148, 165, 166
    dentro das amostras, 166
    entre amostras, 166
Variância, 75, 76

amostra, 148
Variáveis ortogonais, 300
Variável aleatória, 50
    contínua, 52
    discreta, 51
    média da, 70, 73
    variância da, 75, 76
Variável categórica, 302
Variável indicadora, 302